赣州至深圳铁路广东段工程总结

（下　册）

中国铁路广州局集团有限公司深圳工程建设指挥部　编著

中国铁道出版社有限公司

2024年·北　京

目录

（下　册）

第四篇　工程施工

第五篇 科研与技术创新

第四篇

工程施工

第一章 大型临时设施工程

大型临时设施工程的场地布置本着“因地制宜、便于管理、方便施工”的原则进行布置，保护环境，节约土地，并注意保护好施工场地周围的农田、沟渠、构筑物、林地等。大型临时设施主要包括：施工便道、混凝土集中拌和站、电力线路、制梁场、铺轨基地、施工用水、生产及生活房屋等。本章重点以 3 标段、5 标段为工程案例对大型临时设施的施工进行阐述。

一、3 标段大型临时工程施工

(一)施工便道

在本线建设过程中，充分利用沿线位附近的国道、省道及县道等既有公路作为主要的贯通运输道路，全线大部分桥涵、路基土石方工点修建临时引入便道。

本标段计划新修施工便道 28.7 km；拓宽既有道路 18.4 km。

1 号便道：途经旅游公路，行至河道边(现公路搅拌站旁)，新建栈桥一座，跨越浰江至河对岸，新修便道顺接至 287 乡道，新修便道顺接至既有乡村道路，扩宽该乡村道路至社排中桥、鸡心大桥等小里程处(需增设一处管涵)。便道所到达工点：路基→社排隧道→路基→社排中桥→路基→鸡心大桥→路基→桃里窝隧道→上坝大桥→排里隧道→路基→学子山大桥→路基→下墩隧道→路基→黄石中桥→井头排隧道→路基→莲塘大桥→路基→河龙园大桥→路基→秧角中桥→路基(标段起点)。

2 号便道：利用 287 乡道至乌坭中桥，一处加宽既有管涵，沿浰江河边既有乡道，转入松树滩，由山坳处新修便道至新聚隧道进口。便道所到达工点：乌坭中桥→聚兴隧道→路基→新聚隧道进口。

3 号便道：途经旅游公路，转入水口村及黄泥潭，经过项目二分部施工便道，行至浰江边，新建栈桥一座，跨越浰江，沿山边新修便道一条，加固拓宽既有乡村小桥，增设两处管涵跨越浰江支流，至新聚隧道明挖段(DK181＋250)。便道所到达工点：路基→新聚隧道出口→明挖段。

4 号便道：从旅游公路下道至水口村后，向小里程方向跨越浰江到达黄坭潭大桥起点位置及区间路基(DK182＋062～＋102.6)；需利用水口村村道 400 m，既有村道宽约 3.5 m；跨浰江搭设钢栈桥(水面宽 20 m，常年水深 4 m)，桥面宽 4.5 m，基础采用钢管桩，梁体采用型钢结构。便道所到达工点：黄坭潭大桥。

5 号便道：从旅游公路经农场土路到达桂坡头中心里程，往大里程新建便道 350 m 到达低山中桥，往小里程方向修建贯通便道到达水口中桥。便道所到达工点：水口中桥→路基→桂坡头大桥→路基→低山中桥→路基。

6 号便道：从 S229 省道经 230、228 乡道到达浰江，修建钢栈桥跨越浰江，往大里程方向利用当地土路达到尖石下大桥中心里程，修建贯通便道到达两端桥台，往小里程方向利用当地土路(局部新建)途径上新楼大桥、楼镇大桥、岩背大桥，最后到达马塘中桥，因地形高差较大，红线内便道无法贯通。便道所到达工点：尖石下特大桥→路基→上新楼大桥→路基→楼镇中桥→路基→岩背大桥→路基→马塘中桥。

7 号便道：从 S229 省道经 226 乡道到达上角特大桥中心里程，修建贯通便道到达两端桥台及伍屋隧道进口；往小里程方向利用当地土路(局部新建)到达岭排隧道出口，修建红线贯通便道到达明星大桥及枫树塘中桥。便道所到达工点：伍屋隧道→路基→上角特大桥→路基→枫树塘中桥→路基→明星大桥→路基→岭排隧道。

8 号便道：从 S229 省道新修便道到达林寨隧道进口及伍屋特大桥线路中心，修建贯通便道到达两侧桥台。便道所到达工点：林寨隧道进口→伍屋特大桥→路基。

9 号便道(X173 县道→林寨隧道斜井)：从 X173 县道利用 227 乡道(5.5 km)到达杨洞村，沿途需加固桥梁4处,新增会车道28处。从杨洞村新修便道700 m到达林寨隧道斜井。

10号便道:从X173县道利用243乡道(800 m)到达焦坑存,新增会车道5处;从焦坑村新修便道1.2 km到达林寨隧道出口。

11号便道:从林寨隧道出口的施工便道,沿线路方向的红线用地新修便道,途经九龙大桥→路基→江子中桥→路基→陂塘大桥→路基→甘石中桥→松树头隧道进口。

12号便道:成塬特大桥上跨173县道,就近施作路基→松树头隧道出口,从173县道沿线路大里程方向的红线用地新修便道和便桥,途经成塬特大桥→路基→桃坑隧道进口,从线路左侧绕行桃坑隧道→路基→马兰大桥→路基→成功中桥→路基→矮寨大桥→路基→矮径隧道进口。

13号便道:圆背大桥上跨242乡道,沿线路小里程方向红线用地新修便道和便桥,途经圆背大桥→路基→中塘大桥→秆维隧道;从线路右侧绕行秆维隧道→新开田大桥→路基→林木大桥→矮径隧道出口。

14号便道:从圆背大桥附近的242乡道新修便道800 m至老石寨隧道进口,大里程施作老石寨隧道进口,小里程施作骆屋隧道。

15号便道:老石寨隧道出口和黄塘嶂隧道进口施工便道,从173县道绕行围下村修建800 m便道接213乡道→476乡道→前塘大桥沿线路小里程方向的红线用地新修便道和便桥,途经前塘大桥→路基→前塘中桥→路基→百子大桥→路基→长兴大桥→路基→里英大桥→绕行长兴隧道→路基→老石寨隧道出口。沿线路大里程方向的红线用地新修便道和便桥,途经前塘大桥→路基→绕行红星隧道→路基→杉树中桥→绕行寨里隧道→路基→黄塘嶂隧道进口。

16号便道:围下大桥上跨173县道,小里程为黄塘嶂隧道出口,沿线路小里程方向的红线用地新修便道和便桥,途经路基→围下大桥→燕子英隧道→路基。

17号便道:四角楼特大桥距离173县道600 m,可以扩宽既有的122乡道并沿线路红线用地新修便道,途经四角楼特大桥→四角楼广梅汕下行联络线大桥→四角楼广梅汕上行联络线大桥→路基→田龙特大桥→路基。

18号便道:东岭特大桥上跨既有村路,扩宽既有村路和新修沿线便道,途经东岭特大桥→路基→跨龙怀高速中桥→路基→明竹中桥。

(二)电力线路

根据本标段施工特点,桥涵工程、路基工程、隧道工程、钢筋加工场和型钢加工中心、混凝土拌和站、碎石加工场及中心试验室等用电较为集中场所采用沿线安装变压器供电,每台变压器供电范围每侧按不超过1.5 km考虑,按施工进度及设备配置,沿线设置各功率变压器共计44台,经变压器降压,沿线架设临时电力干线至主要用电工点,无法接入的地段采用自发电。

(三)给水干线管路

线路所经地区地下水丰富,地表水属季节性水流,施工时经水质化验合格后,可采用就近利用既有水源或自行打井取用地下水;生活用水就近接引当地居民生活水源。

(四)生产及生活房屋

项目部在河源市龙川县佗城镇205国道旁租赁房屋;项目一分部驻地在河源市和平县公白镇旅游公路旁租赁房屋;项目二分部在河源市和平县林寨镇租赁房屋;项目三分部在河源市龙川县佗城镇205国道旁租赁房屋;项目四分部河源市和平县林寨镇旅游公路旁。项目部(分部)驻地设有会议室、招待室、小餐厅能够满足项目部(分部)的会议需求,同时也能解决项目部(分部)对外接待问题,提升项目部(分部)形象;设置办公室、职工宿舍能够满足各部门及相关人员的办公、住宿需要;设有厨房、职工餐厅、盥洗室、洗衣房、男浴室、女浴室、男卫、女卫能够满足员工的生活需求;设有篮球场、羽毛球场,丰富员工的业余生活。

(五)集中拌和站、构件预制场

1. 集中拌和站

根据工程特点,本标段在标段范围新建5座混凝土搅拌站,供应标段内混凝土的使用。

1号拌和站:负责标段起点(DK172+670.44)~新聚隧道出口(DK182+143.2)的混凝土供应,设在公白镇汤子村的旅游公路旁，本站采用 2 台 HZS180 机组，计划供应混凝土 42 万 m^3，拌和站占地约 36 亩。

2 号拌和站：负责新聚隧道出口（DK182＋143.2）～林寨隧道出口（DK194＋480）的混凝土供应，设在林寨隧道进口的旅游公路旁，位于林寨镇山前村，本站采用 2 台 HZS180 机组，计划供应混凝土 40 万 m^3，占地约 25 亩。

3 号拌和站：负责 149 孔箱梁预制，设在林寨镇旅游公路旁，采用 2 台 HZS180 机组，计划供应混凝土 13 万 m^3，占地约 22 亩。

4 号拌和站：负责林寨隧道出口（DK194＋480）～长兴隧道出口（DK203＋184）的混凝土供应，设在老石寨隧道进口右侧 200 位置处，采用 2 台 HZS120 机组，计划供应混凝土 26 万 m^3，占地约 15 亩。

5 号拌和站：负责长兴隧道出口（DK203＋184）～标段终点（DK212＋263.91）范围内的混凝土供应，位于 DK212＋050（跨幸福互通高速中桥）线路左侧 100 m，占地面积约 38 亩，本站采用 2 台 HZS180 机组，计划供应混凝土 36 万 m^3。

2. 构件预制场

根据工程需要，在本标段内新建 4 座构件预制厂，分别建在新建混凝土拌和站内，避免成品混凝土的运输。负责本施工区段路基排水工程的水沟盖板、防护工程的各型预制块、桥梁小型混凝土构件、隧道边沟盖板等其他设计要求的小型构件预制。

（六）中心试验室

中心试验室设在 5 号拌和站左侧，建设面积 3 200 m^2，负责本标段的试验检测的管理工作及施工区段的试验、检测工作。中心试验室设土工室、样品室、力学室、砂石室、水泥室、混凝土室、标养室。中心试验室通过质量监督站的临时试验资质认证，试验设备在开工前按规定委托法定计量部门标定，并获得证书，并在有效期内使用，每年标定一次。

（七）钢筋加工场

本工程设置 3 处集中的专业化钢筋加工场。为规范钢筋构件加工，控制原材浪费，在每处拌和站旁建设钢筋加工厂，厂内设原材料区、主筋加工区、辅筋加工区、型钢加工区、成品存放区、周转料区及废料区。

二、5 标段大型临时工程施工

（一）施工便道

1. 设置原则

施工便道优先采用地方既有道路，当不能利用既有道路时，新建便道应该遵循“永临结合、节约土地、保护环境、耐久适用”的原则一次修建达标。

（1）充分利用有利地形，线路尽可能顺直，少占或不占良田好土。

（2）便道干线尽可能地靠近主要工点，以减少引入线长度。引入线以直达用料地点为原则，避免二次倒运。

（3）便道干线不应占用路基，减少施工与运输的相互干扰，困难地段占用路基时应采取临时过渡性措施。路堤段便道内边线为路堤侧沟外边线，路堑段便道内边线为路堑天沟外边线，桥梁段便道内边线与承台边线的距离根据地质情况、基坑放坡情况而定，并尽量少征临时用地。

（4）合理布局，尽量使便道与地方交通运输道路形成网络。

（5）施工便道设计荷载按机械、车辆满载最大重量计算。经过灌溉水渠的地段，要埋置钢筋混凝土圆管或设置便桥。

（6）施工便道在危险地段要设置防撞墙或护栏，在急转弯、S 形地段、大坡度、靠近居民区地段要设置警示标志。

2. 具体施工方案

本标段施工便道从等级公路以及乡村道路引入，考虑施工沿线地形地貌多为山地，地形起伏较大，但均无既有道路进入施工场地,不能满足施工机械设备正常行使要求,为保证施工人员、机具设备、施工材料等进场,确保施工进度,必须修筑贯通临时便道。

考虑到施工区域经济发达,地少人多,征拆困难,为节约用地,在满足承台开挖放坡后,利用铁路红线内用地修筑便道,尽量减少红线外临时征地。

3. 技术要求

(1)便道混凝土硬化宽度为 6.0 m,双车道,每车道宽度 3 m;便道两侧各设置 50 cm 土路肩,路肩坡脚设置土沟;便道顶面总宽度 7 m,直线地段便道横断面设计为人字坡,横向排水坡度 2%;曲线地段设置外侧超高及内侧道路加宽。

(2)便道基础:软土地带采取换填 50 cm 厚灰渣加 10 cm 厚石粉封闭层处理,硬土地带采取换填 30 cm 厚级配碎石或石粉处理;路肩必须碾压密实且平整。

(3)便道面层硬化采用 20 cm 厚、6 m 宽 C30 混凝土,弃渣场便道硬化采用 24 cm 厚、3.5 m 宽 C30 混凝土;实际施工中混凝土超量不收方。

(4)便道沿线路方向每 5 m 设置横向缝、切缝深度为 5 cm,宽度 2~5 mm。

(5)纵向便道线路外侧设置一道纵向排水土沟,内净尺寸:上口宽度 0.7 m,下口宽度 0.4 m,深度 0.4 m。

(6)便道横向沿中线向两边设置 2%的排水坡;面层必须压槽、刻槽,槽深度为 0.5~1 mm。

(7)上下坡段当坡度<7%时,起坡前 5 m、坡头 15 m、坡尾 15 m、坡完后 5 m,设 30 cm 厚 C30 混凝土;上下坡段当坡度≥7%时,起坡前 5 m、坡头 15 m、坡尾 15 m、坡完后 5 m,设 30 cm 厚 C30 混凝土,并布设 ϕ12 mm@250 mm 单层钢筋网片。

(8)填方边坡坡率按照 1∶1 施工,挖方边坡坡率按照 1∶0.75 施工。

(9)陡坡及弯道转弯处便道外侧路肩沿线路方向每隔 1.5 m 设置 50 cm×150 cm×100 cm 防撞墩,防撞墩埋深 40 cm,外露 60 cm,每隔 20 cm 漆成 45°角的红白相间斜杠条纹,条纹宽度 8 cm。

(10)边坡绿化采用喷播植草、挂钢筋网喷混凝土;局部边坡防护高度大于 10 m 时,每 8 m 高设置 2 m 宽平台;平台顶设置 30 cm×40 cm 截水沟。

(11)标识标志:进入施工现场的路边,设置"进入施工现场,请减速慢行"提示牌(0.8 m×0.6 m);在道路危险段设置"危险地段,注意安全"(0.8 m×0.6 m)警示标志,在拐弯处,设置拐弯指向标志,并设置防撞墩、防撞柱等防护措施。

(12)便道基底进行彻底处理,清除表土及腐殖土。对便道填料进行严格检查,不合格材料不准填筑。便道要挂线施工,从而保证其线条顺畅。对填筑厚度及压实度进行严格控制,确保达到要求。

(13)在跨越河道位置设置栈桥,根据计算承载力和宽度设置限高、限重、限速标志牌,便桥两侧设置防坠落护栏,防护栏杆高度 1.2 m,每隔 30 m 安放一个救生圈,桥面净宽 6 m。

(14)施工期间应指定专人负责对施工便道、便桥进行日常检查、保养和维修,做到雨天清沟排水,晴天洒水除尘。

(二)临时用电

1. 主要设备变压器选型

施工现场变压器配置见表 4-1-1。

表 4-1-1 施工现场变压器配置

序号	用电工号	里 程	变压器(kVA)	供电范围
1	1 号变压器	DK250+700	800+630	东源隧道进口
2	2 号变压器	DK250+700	630+630	东源隧道碎石场
3	3 号变压器	DK252+700	800+800	东源隧道斜井
4	4 号变压器	DK255+750	800+630	东源隧道出口

续上表

序号	用电工号	里　　程	变压器(kVA)	供 电 范 围
5	5 号变压器	DK255+750	630+630	东源隧道碎石场
6	6 号变压器		630	1 号拌和站
7	7 号变压器	DK256+250	500	高英中桥、彭屋中桥、古洞中桥、坪石中桥、马屋中桥
8	8 号变压器	DK256+470	800	大石峡隧道
9	9 号变压器	DK256+700	630+630	轨板厂
10	10 号变压器	DK257+100	800	老甘坑梁场
11	11 号变压器	DK257+350	630	老甘坑特大桥、牛栏屋大桥、边凹大桥
12	12 号变压器	DK258+100	500	格田大桥、大演铺中桥、月坑中桥
13	13 号变压器	DK250+350	800	古寨隧道
14	14 号变压器	DK258+850	500	石贝中桥、石径中桥、李岩中桥、双曲大桥
15	15 号变压器	DK259+200	800	高车隧道
16	16 号变压器	DK259+950	800	新村隧道
17	17 号变压器	DK260+870	630	高车大桥、久社河特大桥(0-15 号墩)
18	18 号变压器	DK261+800	500+500	久社河特大桥(16-32 号墩)
19	19 号变压器	DK263+000	500	奖尾坑特大桥
20	20 号变压器	DK264+300	500	黄少坑大桥、西坑特大桥
21	21 号变压器	DK281+100	630	跨省道 242 特大桥
22	22 号变压器	DK282+100	630	迎客大桥、钢筋厂、河源东梁厂
23	23 号变压器	DK282+100	630	4 号搅拌站
24	24 号变压器	DK282+750	500	柏埔河特大桥
25	25 号变压器	DK283+500	500	
26	26 号变压器	DK284+700	630	上田大桥、山下围大桥
27	27 号变压器	DK285+600	500	福田浦特大桥
28	28 号变压器	DK286+400	500	
29	29 号变压器	DK287+300	630	草塘特大桥、高塘中桥
30	30 号变压器	高岭隧道	800	高岭隧道
31	31 号变压器	DK288+400	500	上岭大桥
32	32 号变压器	田心隧道	800+800+500	田心隧道,下岭大桥
33	33 号变压器	DK290+300	800	田螺坑中桥、马鞍山隧道、月坡大桥
34	34 号变压器	DK291+005	800+630	博罗隧道进口
35	35 号变压器	DK291+100	800+315	3 号拌和站、钢构场、三分部驻地
36	36 号变压器	DK292+000	800+630	天猫斜井
37	37 号变压器	DK292+000	630+630	天猫斜井碎石场
38	38 号变压器	DK296+890	800+630	博罗隧道出口
39	39 号变压器	DK296+890	630+630	博罗隧道出口碎石场
合　　计			34 905(54 台)	

2. 施工供电

各施工场地内设置配电房,由沿线高压电力线路就近引入高压电源,在各主要特大桥、隧道口和混凝土搅拌站设变压器,其他工点可利用现有电网就近驳接引出,以满足施工及生活用电的需要。

配电房高压线路由线路产权单位负责。配电房内设置变压器和发电机等配电设施，场地内所有用电均由配电房采用 220/380 V 三相四线制供给。不设变配电房的工点用电尽量使用现场附近低压动力线路，现场周边无相应线路时自备发电机组发电。路基、涵洞工程耗电量较小，由就近设置的桥隧变电站供电外，困难时采用移动发电机现场发电。

(三)施工用水

线路地表水、地下水较丰富。铁路工程施工用水，可采用河中取水和打井取水。生活用水采用自来水或打井取水，待检测合格后方可使用。个别地段重点工程采用给水干管路接入。本标段临时给水干管路新建 15.25 km。混凝土拌和站及填料拌和站设置容量 100 m^3 水池，隧道口设置高位水池，容量 50 m^3。

(四)炸药库

炸药库布置满足《爆破安全规程》及当地公安部门的规定及要求，分别设置在隧道洞口附近距施工驻地和村庄较远的位置，炸药库、雷管库、看守房均采用砖砌房屋，库容按 8～10 t 规划设计。炸药库具体位置在施工进场后，在当地公安部门指导下确定。

炸药库设置见表 4-1-2。

表 4-1-2　炸药库设置

序　　号	所属项目分部	位　　置	面　　积(m^2)	库容量(t)
1	一分部	DK260+000 右侧	2 590	9.5
2	三分部	DK296+700 左侧	2 100	10

(五)材料加工场

1. 设置原则

(1)材料加工场应合理选择设置地点，减少进入现场的二次搬运量，同时要做到加工与施工互不干扰。

(2)应实行封闭管理，并设置明显的标志标牌。

(3)场内加工棚采用轻钢结构搭设，可根据需要设围墙或围栏防护。

(4)场内施工用电应规范管理，各作业区用电回路分开设置，加设断路器和漏电保护器。

(5)各种机械加工设备必须经有关部门检查验收合格后方可使用，并且做好验收合格记录，以备检查。

(6)场内消防设施符合防火要求。

(7)各类材料分类存放，存放符合有关要求。

(8)各类成品、半成品均要有统一的材料标示牌。

(9)已经加工好的钢筋半成品应编号堆放，在旁边设置钢筋加工标识牌，表明其型号、规格、长度、编号等参数，防止用错。

(10)各种气瓶应有标准色，气瓶间距不小于 5 m，距明火不小于 10 m 且采取隔离措施。气瓶使用或存放符合要求，应有防震圈和防护帽。

(11)卷扬机应安装牢固、稳定，防止受力时位移和倾斜。

2. 原材料、半成品、成品存放场

(1)基本要求

①原材料、半成品、成品存放场、材料加工场应合理选择设置地点，应尽量靠近使用地点，确保运输及卸料方便。模板、脚手架等周转材料，选择在装卸、取用、整理方便和靠近拟建工程地方放置。水泥、砂石料等原材料应靠近拌和站放置。

②各种原材料应分别存放，堆放场地需要进行硬化；存放场应留有足够宽度的通道，便于装运。

③各种材料的堆放应做到一头齐，一条线，沙石成堆，设置标示牌。

④预制构件的堆放位置要考虑吊装顺序，力求直接装卸就位。

⑤材料场做到整齐干净，无砖瓦块、钢筋头等，无杂草、杂物。

⑥场内消防设施符合防火要求。

(2)水泥

①袋装水泥按厂家、品种、批号、标号堆垛,并挂有明显标识,且底层离开地面 30 cm,堆高不超过 10 包,距墙保持 20～30 cm 空隙,并做到先进先用,零星先用。水泥库做到上不漏水,下排水畅通,满足防潮要求。

②散装水泥应储存于密封良好,能确保上进下出的罐体中。有夏季高温施工时,应在罐体设置降温设施。

(3)钢材

①材料标识牌设置规范,详细标识钢材的直径、产地、用途和检验状态。

②钢筋与钢筋加工厂要统一考虑布置,并按进场、加工和使用的先后顺序,按型号、直径、用途分门别类垫方木摆放。

③加工好的半成品要规范堆放,施行工厂化管理,即按钢筋的编号分类堆放,标明型号、品种、规格、尺寸等,且堆放整齐,要求一头齐、一条线。

(六)混凝土拌和站

1. 设置原则及要求

(1)选址要合理,站点尽量靠近施工现场,以缩短混凝土的运输距离。

(2)平面布置根据施工场地的大小,合理布置站楼、料场、通道及办公、生活区,并考虑水、电的引入及站区排水。

(3)搅拌设备选型应根据生产规模的大小,施工进度的要求综合考虑确定混凝土搅拌设备的生产能力,配套运输罐车及输送泵车。

(4)设备技术性能主要从设备的先进性、可靠性、优良性和通用性几方面考虑。应当具备工作原理先进、自动化程度高、管理功能强大和环保性能好的特点。

2. 混凝土拌和站设置

混凝土集中拌和站设置见表 4-1-3。

表 4-1-3 混凝土拌和站设置

序　号	拌和站位置	拌和站型号	供 应 范 围	供应半径(km)
1	DK257+500 线左	2HZS-180	DK250+584.27～DK255+751.5	7.5
2	DK261+900 线左	2HZS-180	DK255+747.5～DK264+384.5	6.0
3	DK282+250 线左	2HZS-180	DK290+240～DK296+809.45	5.8
4	DK282+100 线右	2HZS-180	DK280+758.27～DK290+240	8.1

3. 填料集中拌和站

路基基床表层及路桥、路涵过渡段采用级配碎石混合料,填料集中拌和站设置见表 4-1-4。

表 4-1-4 填料拌和站设置

编号	填料拌和站位置	配 置 设 备	供 应 范 围	占地(亩)
1	DK260+800 线左	WCZ400(400 t/h)稳定土拌和机 1 台,装载机 2 台	DK250+584.27～DK264+384.50	25
2	DK281+800 线右	WCZ400(400 t/h)稳定土拌和机 1 台,装载机 2 台	DK281+499.40～DK296+809.45	25

(七)制(存)梁场

本标段共设置两处箱梁制(存)梁场,梁场地基采用 CFG 桩或管桩等进行加固处理,地面采用混凝土硬化处理,设置完善的排水系统。梁场设办公生活区、混凝土拌和区、钢筋加工区、制梁区、存梁区五大功能区。预制场具有良好的防风、排水、防雨条件,确保任何天气条件下的不间断生产。梁场设置工地试验室。

1. 东源箱梁预制场

本标段在 DK262+225 左 100 m 设置东源箱梁预制场,供应起讫里程 DK255+752~DK264+984.91,承担 177 孔(32 m/157 孔,24 m/20 孔)箱梁预制。

东源箱梁预制场占地面积 120 亩,场内配置 50 t 龙门吊 2 台,20 t 龙门吊 2 台,混凝土运输泵 2 台,拌和站利用二分部拌和站,位于 DK261+900 处(2HZS-180),场内搬梁机 1 台。

预制区设预制台座 4 个(32 m 台座 3 个、24 m 与 32 m 共用台座 1 个),最大生产能力 24 孔/月。设置钢筋绑扎胎具 2 个、内模拼装台座 2 个。箱梁存梁区设置存梁台座 26 个(双层存梁台座 24 个,单层存梁台座 1 个、静载试验台座 1 个);最大存梁能力 52 孔。配置侧模及底模 4 套、内模 2 套;钢筋在制梁区 2 个台座上整体绑扎成型,整体吊装入模,本梁场采用路基运梁上桥方式。

2. 河源东箱梁预制场

本标段在 DK282+250 左 100 m 设置河源东箱梁预制场,供应起讫里程 DK280+758.27~DK290+972.63,承担 158 孔(32 m/143 孔,24 m/15 孔)箱梁预制。

河源东箱梁预制场占地面积 120 亩,场内配置 50 t 龙门吊 2 台,20 t 龙门吊 2 台,混凝土运输泵 2 台,拌和站利用 4 号拌和站,位于 DK282+100 线右(2HZS-180),场内搬梁机 1 台。

预制区设预制台座 4 个(32 m 台座 3 个、24 m 与 32 m 共用台座 1 个),最大生产能力 24 孔/月。设置钢筋绑扎胎具 2 个、内模拼装台座 2 个。箱梁存梁区设置存梁台座 25 个(双层存梁台座 24 个,单层存梁台座 1 个、静载试验台座 1 个);最大存梁能力 52 孔。配置侧模及底模 4 套、内模 2 套;钢筋在制梁区 2 个台座上整体绑扎成型,整体吊装入模,本梁场采用路基运梁上桥方式。

(八)轨道板预制厂

本标段设置轨道板预制厂 2 处,预制场设置情况见表 4-1-5。

表 4-1-5 轨道板预制厂设置情况

板厂名称	中心里程	制板/枕数(块)	用地(亩)	供应范围里程
龙川 CRTS Ⅲ型板预制厂	DK282+100	105 000	100	DK133+893~DK284+025
惠州北 CRTS Ⅲ型板预制厂	DK352+800	185 000	100	DK284+025~DK437+791

1. 轨道板厂厂建选址原则

轨道板厂的选址应本着“因地制宜、节省费用、确保安全质量”的原则,全线考虑,统筹规划。

(1)轨道板厂大临用地形状、面积应满足轨道板生产的专业化、流水化、标准化的施工。

(2)场地位置利用既有场地,节约用地、投资。

(3)轨道板厂设置靠近正线,物流方便需考虑材料进场、轨道板产品运输、水电供应等因素。

(4)轨道板厂用地应考虑附近高压电力线的分布及“T”接便利。

(5)轨道板的运输距离较为合理,经济性适合。

(6)土地易于征用,尽量不占用农田。

(7)必要时可以考虑与地方合作采用永临结合的模式,充分利用地方资源。

2. 轨道板厂总体布置

(1)惠州轨道板厂

板厂共设置生产区、存板区、混凝土拌和区、生活办公区 4 个区。

①生产区主要为型钢的厂房结构。厂房分为生产车间和辅助车间;生产车间按功能区分为轨道板预制区;辅助车间按功能区分为钢筋加工绑扎区、拆装区、封锚区、养护区、成品检测区等。

②存板区分为 4 个存板区。设计长度:存板区一为 213 m×26 m;存板区二为 213 m×26 m;存板区三为 151 m×26 m;存板区四为 151 m×26 m。为便于轨道板的运输,在一、二存板区各修建一条 3.5 m 宽运

板通道，三、四存板区各修建一条 3.5 m 宽运板通道；单个存板区采用 2 台 16 t 龙门吊配合吊装作业。龙门吊轨道跨度 26 m，可分 4 排存板，存板区最大能力为(213＋213＋151＋151)/0.4×4＝7 280 块。

③办公生活区为惠州工务段博罗东线路工区的既有楼房及新建板房。既有房屋部作为职工宿舍，部分作为食堂。活动板房第一栋作为办公楼，设置各部门办公室、会客室等，第二栋为住宿楼，办公、生活区分开。板厂场地内办公区主要为试验室、物机部料库、门卫、地磅房等。

④混凝土拌和区分为砂石料存放区、搅拌区。

(2)龙川轨道板厂

该板共设置生产区、存板区、混凝土拌和区、生活办公区 4 个区。

①生产区：型钢厂房结构，设计尺寸：长 225 m×宽(21＋27)m。生产区按功能划分为三型板预制区、钢筋绑扎区、钢筋笼存放区、原材料存放区、封锚区、养护区、成品检测区等；预制车间设 2 台 10 t 和 2 台 16 t 天车，钢筋车间设 2 台 10 t 天车和 2 台 16 t 天车。

②存板区：为便于三型板的运输，修建一条 7 m 的运板通道分隔开 2 个存板区；采用 2 台 16 t 龙门吊配合吊装作业，龙门吊轨道跨度 40 m，可分 6 排存板，存板区最大能力为 3 405 块。

③办公生活区：单独租赁一栋楼，一楼办公，二楼住宿，办公、生活区分开；房间设有经理室、书记室、总工室、副经理室、工程管理部、工程技术部、安质环保部、设备部、物资部、经管部、财务部、综合办公室、监理室等。

④混凝土拌和区：分为砂石储料场、搅拌区。

3. 轨道板厂建设方案

(1)生产区

两板厂共设置 18 个张拉窑池，每窑池能生产 8 块轨道板，轨道板生产窑池的生产周期均为 24 h，窑池分别是 13 个 P5600 型、2 个 P5760＋P4856 型、3 个 P4925 型。

窑池开挖大小为 210 m×16.6 m，开挖深度 2.8 m，底层先铺设 15 cm 碎石垫层，压实，并安装预埋件，浇筑 15 cm 厚 C30 混凝土，然后进行张拉台座基础钢筋绑扎，并安装波纹管及钢绞线，支模并浇筑 C30 混凝土，待满足张拉强度要求时，进行预应力张拉，台座基础回填，再进行地脚钢筋绑扎，支模并浇筑 C30 混凝土，随后进行张拉横梁基础预埋件安装，支模并浇筑混凝土，再进行设备安装。

(2)存板区

存板区场地按照设计高程整平、压实，再铺设 10 cm 的碎石垫层，并对地面进行压实。

存板台座为通长的 C30 混凝土条形基础，分两次浇筑成型，下部为扩大基础，扩大基础宽 1.2 m×厚 0.6 m；上部采用立模浇筑，基础宽 0.5 m×厚 0.4 m；两侧为龙门吊轨道基础，也分两次浇筑，下部基础宽 1 m×厚 0.5 m，上部基础立模浇筑，基础宽 0.4 m×厚 0.4 m。

轨道板采用立放，依次排列，板下面垫橡胶板，板与板之间采用方木进行隔离，同时采取可靠的防倾倒措施。

(3)混凝土拌和区

混凝土拌和区主要分为砂石料场存料区和混凝土搅拌区两大区域。

①砂石料存料区

砂石料场设置存料区，存料区共设置 6 个储料仓，每个仓面积 288 m^2，分为 3 个待检区、3 个合格区。

砂石料棚采用砌体与钢结构(12 m×24 m×6 跨)结合设计。储料仓围墙采用 C30 混凝土浇筑，净高 2.5 m。

②混凝土搅拌区

混凝土拌和站设立 HZS180 搅拌站 1 台，共设置 6 个储料罐(其中 4 个 200 t 水泥罐、2 个 200 t 掺合料罐)，单个料罐基础 3.6 m×3.6 m，深 2 m，采用两层钢筋网片 ϕ12 mm@250 mm，网片间距为 1 m，料罐支腿基础 600 mm×600 mm，高出地面 300 mm，预埋件 500 mm×500 mm。混凝土搅拌区设置 5 m×8 m×2 m 蓄水池一个，满足生产用水供给。搅拌站配备 2 辆混凝土运输车。搅拌站上料斗、外加剂存放仓、蓄水池等采用彩钢瓦全封闭遮盖。

上料仓采用下沉式设计,取消上料斜坡,可大大节省装载机油料消耗。

搅拌站基础应根据地勘结果进行设计,采用片石混凝土加钢筋混凝土结构方案。

(九)铺轨基地

本标段在河源市埔前镇(DK300+500)设铺轨基地,负责赣粤省界至塘厦(含)及塘厦至深圳北站正线DK133+893～DK437+790.9范围内铺轨工程。

进轨径路:依托既有河源电厂铁路专用线区间出岔运输轨料,平均运距78 km,利用红海长钢轨焊接基地供应长轨。

铺轨径路:由铺轨基地经过临时线路进入新建工程线。

在埔前铺轨基地新建道砟存储场1处,与铺轨基地合并设置,负责车站到发线、走行线及联络线有砟轨道面砟供应。综合维修工区、走行线及联络线(底砟)等有砟轨道所需道砟不另设存砟场,采取直接供应措施。

铺轨基地主要由轨枕存放区、长轨存放区、道岔及扣件存放区、道砟存放区、生产生活区等组成。长轨条吊装采用66台3 t-21 m固定式龙门吊装卸,轨枕、扣件及道岔存放区配备3台12.5 t-21 m移动式龙门吊及2台12.5 t-17 m移动式龙门吊。

埔前铺轨基地铺设5股道,其中:长轨、道砟装卸线1条、长钢轨装卸线1条,调车线1条、轨枕装卸线1条、道岔、扣件装卸线1条。铺前铺轨基地存放500 m长钢轨400 km,存放轨枕20 km、扣配件20 km、道岔20组,存道砟约3万m^3。

第二章　路基工程

赣深铁路广东段有路基249段，共计38.896 km，工点主要有深路堑、松软土路基、陡坡路堤、顺层路堑、高路堤、岩溶路基等类型。重难点工程为DK370＋411.47～＋921.67顺层深路堑及DK398＋588.15～＋660.37深路堑开挖。针对路基类型复杂、周边环境多变、短小路基偏多等建设特点，深圳指挥部以“实体优质、附属优美”为总体建设理念，积极组织设计技术交底指导，严格各参建单位落实路基建设各项技术要求，在路基施工组织管理、填筑工艺、边坡防护和人文景观等方面进行优化，确保赣深铁路路基工程一次成型、一次成优，势在攻坚克难打造高铁建设与地方绿化相融的路基工程。

在新工艺、新工法、新装备方面，路基段提出了连续压实控制技术、土模嵌槽法、矩形抗滑桩工法，形成了水沟滑模施工工艺、软土路基信息化施工工法、深挖路堑土喷播施工工法，研制了路基骨架护坡泄水管定位装置、路基核心土夯实机、水沟专用开槽设备、骨架护坡施工一体化机具。

第一节　工艺试验

一、CFG桩工艺试验

CFG桩即水泥粉煤灰碎石桩，由碎石、石屑、砂、粉煤灰掺水泥加水拌和，用各种成桩机械制成的可变强度桩。通过调整水泥掺量及配合比，其强度等级在C5～C25之间，是介于刚性桩与柔性桩之间的一种桩型。CFG桩和桩间土一起，通过褥垫层形成CFG桩复合地基共同工作，具有承载力提高幅度大、地基变形小等特点。本线在大面积施工前进行了成桩工艺试验。

(一)试验概述

1. CFG桩施工工艺

CFG桩施工工艺流程如图4-2-1所示。

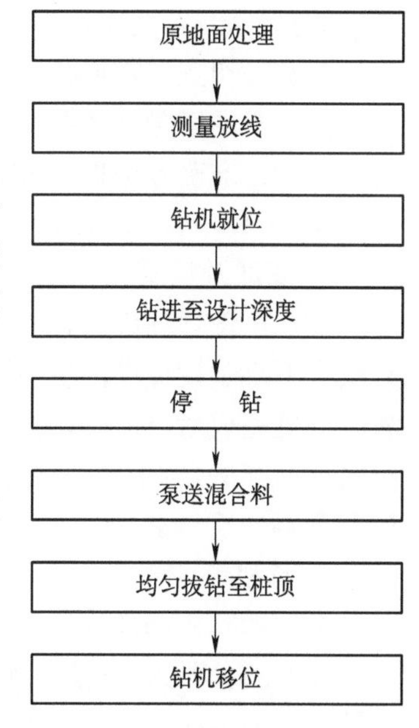

图4-2-1　CFG桩施工工艺流程

2. 试验地点

DK199＋786～DK200＋020段路堤采用CFG桩加固，CFG桩加固段路基长234 m，桩径0.5 m，桩底至硬底顶面，桩长8～9.5 m，采用梅花形布置，桩间距1.6 m，桩打入至硬底。将试桩位置选定为DK199＋800里程处，路基填筑坡脚以外为地界之内，具有代表性的地质地段进行CFG试桩试验。

3. 材料配合比选择

P·O 42.5级普通硅酸盐水泥掺入量不大于200 kg/m³；优质粉煤灰(等级不低于Ⅲ级)掺入量为70～90 kg/m³；碎石粗骨料满足级配要求，松散堆积密度大于1 500 kg/m³。碎石最大粒径：长螺旋钻孔，管内泵压混合料灌注法粒径不大于25 mm。

(二)试验内容

(1)验证CFG桩施工工艺及成桩质量；

(2)验证CFG桩机械设备及人员配置；

(3)验证CFG桩施打顺序；

(4)验证CFG桩混合料配合比、坍落度、拌和时间；

(5)复核设计地质情况。

(三)工程设备配置

工程设备配置见表4-2-1。

表4-2-1 机械设备及检测设备配置

序号	设备名称	单位	数量
1	拌和站	座	1
2	KLB630型长螺旋液压步履式钻机	台	1
3	混凝土输送泵(HBT40A)	台	1
4	发电机(250 kW)	台	1
5	捣固器	台	2
6	挖掘机	台	1
7	混凝土罐车	辆	1

(四)施工要点

1. 测量放样

施工测量严格按测量规范要求进行,所有测量仪器都已进行校核和检定,能够保证测量精度。施工前在施工场地上放出各施工桩位,桩位中心点用钎子插入地下,并用白灰(或使用红绳系上)标识。

2. 钻机就位

场地清理施工完毕后,长螺旋钻机进场,使用汽车吊拼装。长螺旋钻机自带行走部分(或履带)可进行短距离的移动。钻机就位时,应使钻杆垂直对准桩位中心,确保CFG桩垂直度容许偏差不大于1%。现场控制采用在钻架上挂垂球的方法测量钻杆的垂直度,也可采用钻机自带垂直度调整器控制钻杆垂直度。

3. 混合料拌制

混合料搅拌进行集中拌和,按照配合比进行配料,每盘料搅拌时间按照普通混凝土的搅拌时间进行控制。

4. 钻进成孔

钻孔开始时,关闭钻头阀门,向下移动钻杆至钻头触地时,启动电机钻进,先慢后快,同时检查钻孔的偏差并及时纠正。在成孔过程中发现钻杆摇晃或钻进困难时,应放慢进尺,防止桩孔偏斜、位移和钻具损坏。在钻机的塔身上标明准确刻度,最小刻度宜为50 cm(如钻机上有标识,施工前要对刻度进行检查,看其标示是否准确),根据钻机塔身上的进尺标记,成孔到达设计高程时,对随着螺旋上升的地下土样进行分析判断,看其是否已达到设计要求的持力层位置,如果与设计稳合,则可停止钻进,进行下一道工序施工。

5. 灌注及拔管

钻孔至设计高程后,停止钻进,开始进行泵送混合料,当钻杆芯管充满混合料后开始拔管,每根桩的投料量应不小于设计灌注量,并保证连续拔管,严禁先提管后泵送。施工桩顶高程宜高出设计高程50 cm,灌注成桩完成后,桩顶采用湿黏土封顶进行养护。在灌注混合料时,对于混合料的灌入量控制采用记录泵压次数的办法,对于同一种型号的输送泵每次输送量基本上是一个固定值,因此,可以根据泵压次数来计量混合料的投料量。

6. 移机

灌注达到控制高程后移机进行下一根桩的施工。施工时由于CFG桩的土较多,经常将临近的桩位覆盖,有时还会因钻机支撑时支撑脚压在桩位旁使原标定的桩位发生移动。因此,下一根桩施工时,还应根据轴线或周围桩的位置对需施工的桩位进行复核,保证桩位准确。

(五)试验成果

1. 钻机速度和提升速度

提升速度采用1.79～2.24 m/min,允许偏差≤0.45 m/min,钻进速度采用1.19～1.37 m/min,钻进过程中电流值为55～86 A。

2. 施工配合比确定

混合料配合比为水泥：砂：石：粉煤灰：外加剂＝320：738：1 106：48：1.8(kg/m^3)，桩体混合料试块无侧限抗压强度不小于 20 MPa。

3. 每米混凝土用量

根据设计要求，桩径为 0.5 m，每米混凝土用量：$0.25^2 \times 3.14 = 0.20$ m^3。

4. 混合料搅拌时间

每盘料搅拌时间不小于 180 s，混合料坍落度控制在 160～200 mm。

5. 泵送压力

泵送混合料压力为 12～14 MPa。

二、变截面挤密螺纹桩工艺试验

变截面挤密螺纹桩是目前广泛使用的长螺旋 CFG 桩桩体和大截面搅拌桩机进行技术改造，降低回转速度，增大回转扭矩，增设向下的加压力和起拨力，开发专用挤土钻具，实现长螺旋桩机的挤土功能而形成的一种变截面挤土桩。

(一)试验概述

1. 变截面挤密螺纹桩施工工艺

变截面挤密螺纹桩施工工艺流程如图 4-2-2 所示。

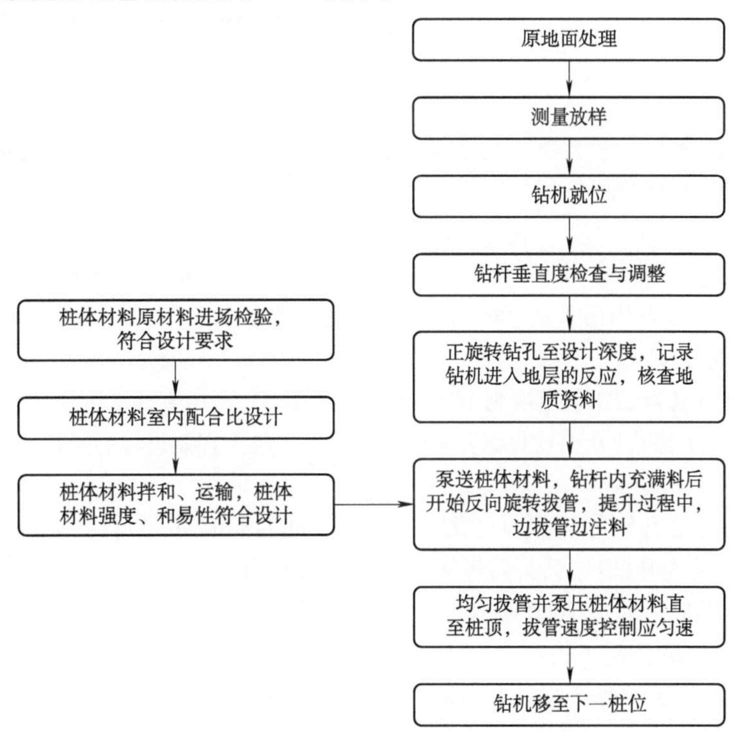

图 4-2-2 变截面挤密螺纹桩施工工艺流程

2. 试验地点

本次试桩选择在 DK199＋800 处，采用变截面挤密螺纹桩复合地基加固，桩长 8～9.5 m，桩径 0.5 m，桩间距 1.6 m，梅花形布置。

3. 材料配合比选择

(1)P·O 42.5 级普通硅酸盐水泥掺入量不大于 200 kg/m^3；优质粉煤灰(等级不小于Ⅲ级)掺入量为 70～90 kg/m^3；碎石粗骨料满足级配要求，松散堆积密度大于 1 500 kg/m^3。碎石最大粒径：长螺旋钻孔，管内泵压混合料灌注法粒径不大于 25 mm。

(2)混合料坍落度控制标准:长螺旋钻孔,管内泵压混合料灌注法为160~200 mm。

(3)水泥、河砂、碎石、外加剂、粉煤灰均符合现行规范及设计要求。

(二)试验内容

(1)验证机械性能、施工工艺和方法、施工顺序;

(2)确定桩体材料,并验证该材料配合比,确保该材料强度满足设计要求;

(3)确定桩体材料坍落度,保证桩体材料的和易性和流动性及保水性,确保该材料适合泵送;

(4)确定桩体材料的搅拌时间,确保桩体材料搅拌均匀;

(5)确定桩体材料灌注过程中拔管速度、泵送时间、泵送压力;

(6)确定变截面挤密螺纹桩施工进程中进入硬质土层的电流,从而确定实际桩长。

(三)工程设备配置

工程设备配置见表4-2-2。

表4-2-2 主要机具及技术参数

名称	型号	数量(台)
KLB630型长螺旋液压步履式钻机	KLB630型	1
混凝土输送泵(HBT40A)	HBT40A	1
发电机	250 kW	1
罐车	8 m^3	3

(四)施工要点

1. 原地面处理和桩位放点

施工前先平整场地,整平高程按设计图纸要求执行。施工前按照设计要求进行测量放线,并用竹签定出桩位,撒白灰,并对桩位进行编号。

2. 桩机就位

桩机就位,调整机身,使桩机保持水平,钻杆呈垂直状态。钻头对位后调平桩机机台,精确对位,确保桩中心偏位不大于1.6 cm,采用吊垂法,保证钻杆垂直度不大于1%。

3. 混合料配制与输送

桩体材料采用强度等级为C20,坍落度为160~200 mm的混凝土,粗骨料采用5~20级配;拌和后的材料由3号搅拌站集中供应。C20混凝土配合比见试验室配合比单。混凝土拌制过程中搅拌时间不小于180 s。

4. 钻进成孔

启动钻机,正向回转提升钻杆边提升边灌注混凝土,此时桩径带螺牙为340 mm,提升至距离桩顶1/3~1/2处时,反向回转提升钻杆,钻头内带螺牙的扩展片打开,桩径由340 mm变成460 mm边提升边灌注混凝土直至桩顶,形成上大下小,外侧有螺纹的桩体。

5. 泵送桩体材料

C20混凝土运输至现场,待钻至设计孔深后。向管内泵料,钻杆芯管充满混凝土后开始拔管。

6. 拔管送料

启动钻机,钻杆钻头提离孔底10 cm左右,正向回转提升,钻头叶片打开,边提升边灌注混凝土,此时桩径变成340 mm。变截面在距离桩顶1/3桩长处时,反向回转提升扩展片打开,边提升边灌注混凝土直至桩顶,桩径由300 mm变成400 mm,形成上大下小,桩体外侧有螺纹。

7. 关闭地泵,清洗

地泵中注入适量清水,开启注地泵,清洗管路中残存的桩体材料,直到基本干净,并将黏附在桩机钻头的泥土清理干净。当连续施工,移位时间不长时,可不用每次清洗钻机。

8. 移位至下一根桩

钻机移位到下一根桩重复以上工序,按照上述流程完成下一根桩施工。

(五)试验成果

1. 钻机速度和提升速度

提升速度采用 1.6～2.0 m/min,允许偏差≤0.5 m/min,钻进速度采用 0.76～1.0 m/min,钻进过程中电流值为 55～82 A。

2. 施工配合比确定

混合料配合比为水泥∶砂∶石∶粉煤灰∶外加剂=320∶738∶1 106∶48∶1.8(kg/m^3),桩体混合料试块无侧限抗压强度不小于 20 MPa。

3. 每米混凝土用量

根据设计要求,桩径为 0.3～0.4 m,变径位置为桩长的 1/3,每米用量:$0.2^2\times3.14\times0.3+0.15^2\times3.14\times0.7=0.087\ m^3$。

4. 混合料搅拌时间

每盘料搅拌时间不小于 180 s,混合料坍落度控制在 160～200 mm。

5. 泵送压力

泵送混合料压力为 12～14 MPa。

三、基床以下路堤填筑工艺试验

A、B 组填料是路堤的主要填料,其施工工艺直接影响到路基的施工质量和施工速度。基床以下路堤填料施工前,必须进行施工工艺试验,优化和确定施工参数,指导大面积施工。

(一)试验概述

路基填筑工艺试验段选为 DK198+101.11～+374.07 段,路基填高为 7.5 m。填筑工艺试验的主要内容有:确定路基填筑施工合理的资源配置,通过室内土工试验和现场对每层碾压后的地基系数 K_{30}、压实系数 K、动态变形模量 E_{vd} 的测设采集及分析,找到该种填料的最优含水率、最佳碾压组合及遍数、最合理的摊铺厚度。DK198+101.11～+374.07 段填筑基床以下路堤分三层填筑,填料选取 B 组填料。

(二)现场试验方案

路基填筑前需进行基底处理,然后可进行基床以下路堤填料填筑施工。填筑时采用"四区段、八流程"的施工工艺,填料采用全幅纵向水平分层方法摊铺,采用推土机初平、人工配合平地机精平的方法整平,20 t 压路机采用静压、弱振、强振、弱振组合振压方法施工。基床以下路堤施工试验工艺流程如图 4-2-3 所示。

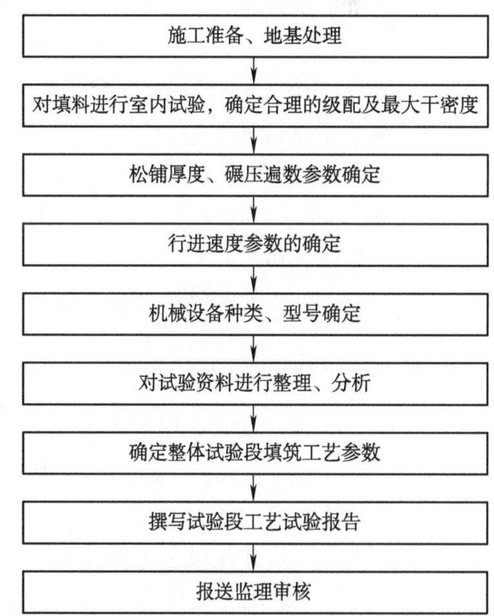

图 4-2-3　基床以下路堤施工试验工艺流程

试验段填料基床以下路堤虚铺厚度选取 30 cm、35 cm、40 cm 三级,进行工艺试验,首先对试验段区域分为 1 区、2 区,不同区域进行不同碾压遍数。1 区:1 遍静压+1 遍弱振+3 遍强振+1 遍弱振;2 区:1 遍静压+2 遍弱振+3 遍强振+1 遍弱振。

(三)施工要点

1. 虚铺厚度的控制

采用方格网法与挂线法相结合的方式。

路基土摊铺方格网法:上土前事先打好 10 m×10 m 的方格网,按车斗容量和预定摊铺厚度计算出每个方格网倒土车数,上土过程中设专人现场指挥倒土。

挂线法:在路基中线及两侧路肩处分别打入钢钎,钢钎上以油漆标出预定摊铺高度,相邻两钢钎用颜色醒目的细线连接,推土机及平地机司机据此进行摊铺平整。这两种方法结合起来使用,以达到最佳效果。

2. 摊铺平整

填筑区段完成一层卸土后,先用推土机将成堆的卸土大致摊铺整平,平整时用推土机对路肩进行初步压实,避免压路机碾压压到路肩时发生滑坡现象,不断检查施工高程,且每层填筑时均须形成4%的人字形横坡。推土机初平后,由平地机进一步整平到规定的虚铺层厚,做到摊铺面纵向和横向平顺均匀,以保证压路机压轮表面能基本均匀接触地面进行碾压,达到理想的压实效果。

3. 碾压

碾压前由主管技术人员、压路机司机进行检查,确认分层厚度、平整程度,符合要求后进行碾压。地形狭窄或长度较短的地段,冲击压路机不能达到有效运行速度时,采用20 t以上重型振动压路机碾压,压实标准满足设计压实质量检验要求。碾压压实顺序应按先两侧后中间,先静压后弱振再强振的操作程序进行碾压。各区段交接处,应互相重叠压实,纵向搭接长度不应小于2 m,沿线路纵向行与行之间压实重叠不应小于40 cm,上下两层填筑接头应错开不小于3 m,以保证无死角、无漏压,确保碾压的均匀性。

4. 质量验收

在填料质量、填筑厚度、填筑面纵横方向平整均匀度等均符合要求的基础上进行路基压实测定,经试验合格后转入下道工序,不合格时进行补压后再做试验,直到合格为止。

5. 主要检测项目与方法

(1)压实系数K:由灌沙法测出。

(2)地基系数K_{30}:由K_{30}平板荷载试验确定。

(3)动态变形模量E_{vd}:由E_{vd}检测仪检测确定。

6. 结果整理

试验段施工结束后立即将试验结果整理出来,上报监理审批,待得到明确批复后用于指导路基填筑施工。

(四)试验成果

1. 确定最优含水率

达到现场地基压实质量的最优含水率为6.8%~9.8%。

2. 确定摊铺厚度

根据现场施工实际情况和实验数据,达到压实质量的最佳地基系数K_{30}和压实系数K、动态变形模量E_{vd}的虚铺厚度为33~37 cm,压实厚度为29~31 cm。

3. 确定压路机压实遍数

达到路堤和基床底层压实质量的最佳地基系数K_{30}、动态变形模量E_{vd}和压实系数K均需要碾压6遍(静压1遍+弱振1遍+强振3遍+静压1遍)。

4. 压路机速度

达到路堤和基床底层最佳地基系数K_{30}和压实系数,压路机碾压作业时行驶速度为2.0~3.0 km/h。

四、基床底层填筑工艺试验

A、B组填料是基床底层的主要填料,其施工工艺直接影响到路基的施工质量和施工速度。基床底层填料施工前,必须进行施工工艺试验,优化和确定施工参数,指导大面积施工。

(一)试验概述

路基填筑工艺试验段选为DK198+101.11~+374.07段路基,路基换填基床底层1.5 m。

填筑工艺试验的主要内容有:确定路基填筑施工合理的资源配置,通过室内土工试验和现场对每层碾压后的地基系数K_{30}、压实系数K、动态变形模量E_{vd}的测设采集及分析,找到该种填料的最优含水率、最佳碾压组合及遍数、最合理的摊铺厚度。DK198+101.11~+374.07段填筑基床底层分两层填筑,填料选取B组填料。

(二)现场试验方案

基床以下路堤填筑后,即可进行基床底层填筑施工。填筑时采用"四区段、八流程"的施工工艺进行,填料采用全幅纵向水平分层方法摊铺，采用推土机初平、人工配合平地机精平的方法整平，20 t 压路机采用静压、弱振、强振组合振压方法施工。填筑时采用“四区段、八流程”的施工工艺进行，填料采用全幅纵向水平分层方法摊铺，推土机初平、人工配合平地机精平的方法整平，20 t 压路机采用静压、弱振、强振组合振压方法施工。基床底层施工试验工艺流程如图 4-2-4 所示。

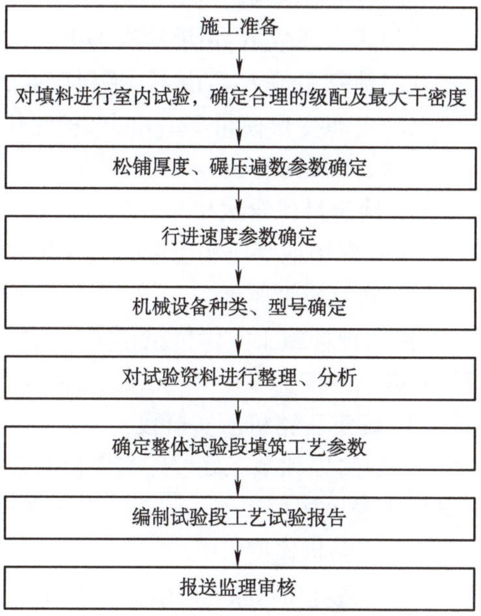

施工准备
↓
对填料进行室内试验，确定合理的级配及最大干密度
↓
松铺厚度、碾压遍数参数确定
↓
行进速度参数确定
↓
机械设备种类、型号确定
↓
对试验资料进行整理、分析
↓
确定整体试验段填筑工艺参数
↓
编制试验段工艺试验报告
↓
报送监理审核

图 4-2-4 基床底层施工试验工艺流程

填料试验段基床以下路堤虚铺厚度选取 30 cm、35 cm、40 cm 三级，进行工艺试验。对试验段区域分为 1 区、2 区，不同区域进行不同碾压遍数。1 区：1 遍静压＋1 遍弱振＋3 遍强振＋1 遍弱振；2 区：1 遍静压＋1 遍弱振＋4 遍强振＋1 遍弱振。基床底层虚铺厚度选取 35 cm，进行工艺试验。

(三)施工要点

1. 虚铺厚度的控制

采用方格网法与挂线法相结合的方式。

2. 摊铺平整

填筑区段完成一层卸土后，先用推土机将成堆的卸土大致摊铺整平，平整时用推土机对路肩进行初步压实，避免压路机碾压压到路肩时发生滑坡现象，在摊平过程中要不断检查施工高程，且每层填筑时均须形成 4%的人字形横坡。

3. 碾压

碾压前由主管技术人员、压路机司机进行检查，确认分层厚度、平整程度，符合要求后进行碾压。地形狭窄或长度较短的地段，冲击压路机不能达到有效运行速度时，采用 20 t 以上重型振动压路机碾压，压实标准满足设计压实质量检验要求。

碾压压实顺序应按先两侧后中间，先静压后弱振再强振的操作程序进行碾压。各区段交接处，应互相重叠压实，纵向搭接长度不应小于 2 m，沿线路纵向行与行之间压实重叠不应小于 40 cm，上下两层填筑接头应错开不小于 3 m，以保证无死角、无漏压，确保碾压的均匀性。基床底层碾压如图 4-2-5 所示。

图 4-2-5 基床底层碾压

4. 质量验收

在填料质量、填筑厚度、填筑面纵横方向平整均匀度等均符合要求的基础上进行路基压实测定，经试验合格后转入下道工序，不合格时进行补压后再做试验，直到合格为止。

5. 主要检测项目与方法

(1)压实系数 K:由灌沙法测出。

(2)地基系数 K_{30}:由 K_{30} 平板荷载试验确定。

(3)动态变形模量 E_{vd}:由 E_{vd} 检测仪检测确定。

(四)试验成果

1. 确定最优含水率

达到现场地基压实质量的最优含水率为6.8%～9.8%。

2. 确定摊铺厚度

根据现场施工实际情况和实验数据,达到压实质量的最佳地基系数 K_{30} 和压实系数 K、动态变形模量 E_{vd} 的虚铺厚度为33～37 cm,压实厚度为29～31 cm。

3. 确定压路机压实遍数

达到路堤和基床底层压实质量的最佳地基系数 K_{30}、动态变形模量 E_{vd} 和压实系数 K 均需要碾压6遍(静压1遍+弱振1遍+强振3遍+弱振1遍)。

4. 压路机速度

达到路堤和基床底层压实质量的最佳地基系数 K_{30} 和压实系数 K,压路机碾压作业时行驶速度为2.0～3.0 km/h。

五、基床表层级配碎石填筑

对于作为轨道基础的路基基床,其上部受列车动荷载作用和自然条件因素影响最为严重,为了防止沉降超标,就要求基床具备一定的条件,如合理的结构形式、优质的填料、高标准的压实质量等,以控制填料的压密沉降和重复荷载作用下的累计塑性变形。路基基床表层厚0.4 m,设计为级配碎石填筑。

(一)试验概述

路基填筑工艺试验段选为DK198+101.11～+374.07段路基,试验段长273 m,基床表层填高0.40 m。根据对试验工艺需求方法的确定,将试验段区域分为1区、2区、3区、4区四个不同的区段,对不同区域进行含水率碾压试验,确定适合施工的最优含水率范围,最后对不同碾压厚度数据分析,确定松铺系数。试验段测点位置及分区如图4-2-6所示。

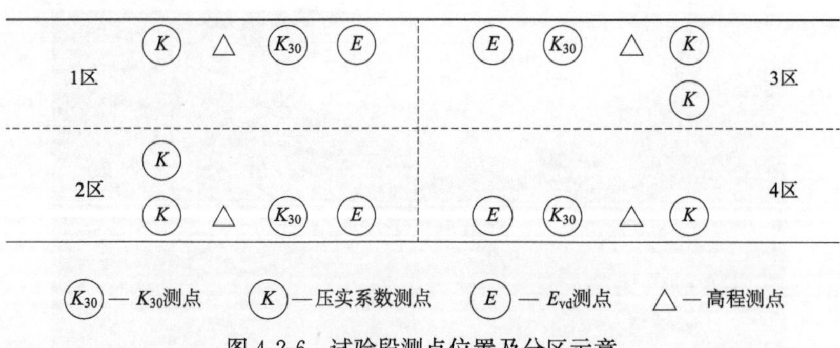

图4-2-6 试验段测点位置及分区示意

(二)现场试验方案

基床表层施工试验工艺流程如图4-2-7所示。

(三)施工要点

1. 虚铺厚度的控制

采用方格网法与挂线法相结合的方式。

2. 摊铺平整

填筑一层级配碎石后,先用推土机大致摊铺整平,平整时用推土机对路肩进行初步压实,避免压路机碾压压到路肩时发生滑坡现象,不断检查施工高程,且每层填筑时均须形成4%的人字形横坡。

3. 碾压

碾压时由路基两侧开始向中心纵向碾压,压路机行驶速度控制在 2 km/h 以内,按照“初压、复压、终压”三步骤进行。初压宜低速,复压宜中速,终压应快速;碾压遵循“先轻后重、先慢后快”的原则。各区段交接处应相互重叠压实,纵向搭接长度不小于 2.0 m,纵向行与行之间的轮迹重叠不小于 40 cm,上下两层填筑接头应错开不小于 3.0 m;做到无漏压、无死角、碾压均匀。基床表层碾压实景如图 4-2-8 所示。

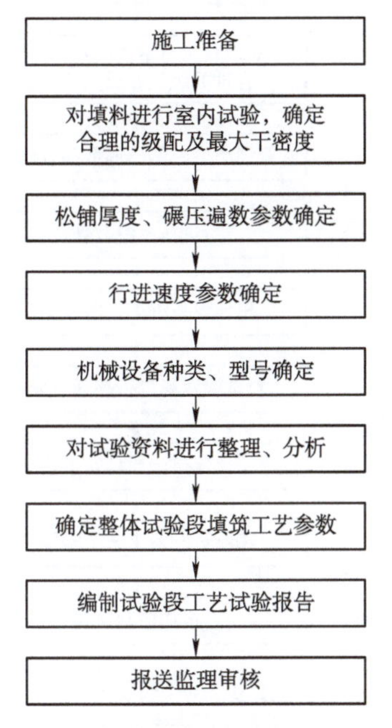

图 4-2-7 基床表层施工试验工艺流程

图 4-2-8 基床表层碾压

4. 质量验收

在填料质量、填筑厚度、填筑面纵横方向平整均匀度等均符合要求的基础上进行路基压实测定,经试验合格后转入下道工序。

5. 主要检测项目与方法

(1)压实系数 K:由灌沙法测出。

(2)地基系数 K_{30}:由 K_{30} 平板荷载试验确定。

(3)动态变形模量 E_{vd}:由 E_{vd} 检测仪检测确定。

6. 结果整理

试验段结束后,立即将试验结果整理出来,上报监理审批,待得到明确批复后,用于指导路基填筑施工。

(四)试验成果

(1)确定摊铺厚度及碾压组合,平均松铺系数为 1.13;碾压组合为碾压 6 遍(静压 1 遍+弱振 1 遍+强振 3 遍+弱振 1 遍)。

(2)确定最优含水率为 6.0%。

(3)压路机碾压速度为 2~4 km/h。

六、过渡段试验段

(一)试验概述

选用 DK183+385 涵洞两侧作为过渡段试验段。过渡段采用倒梯形,基床表层以下填筑料为掺加 3%(质量比)的 P·O 42.5 级普通硅酸盐水泥的级配碎石,压实标准应满足压实系数 $K\geqslant0.95$、$K_{30}\geqslant150$ MPa/m、

E_{vd}≥50 MPa。基床表层填料为掺加5%(质量比)的P·O 42.5级普通硅酸盐水泥的级配碎石,压实标准应满足压实系数K≥0.97、K_{30}≥190 MPa/m、E_{vd}≥55 MPa。

(二)现场试验方案

过渡段施工试验工艺流程如图4-2-9所示。

(三)施工要点

1. 施工准备

正式施工前进行基底压实和检测,基底压实满足设计和规范要求后再进行过渡段填筑。根据结构物高度计算填筑高度及填筑层数,填筑前用红漆自上而下以20 cm的间距在涵背上标出填筑层次。

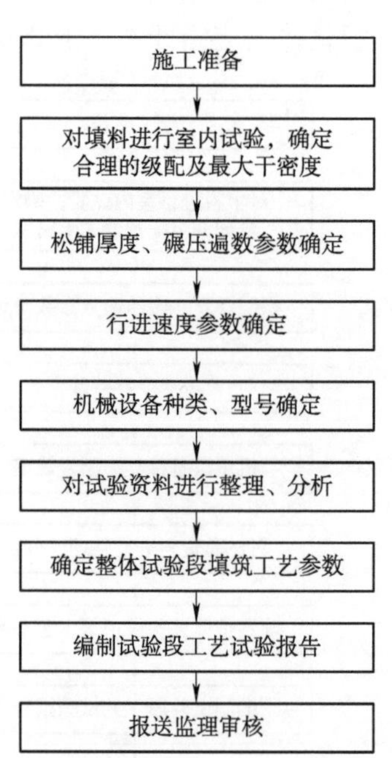

图4-2-9 过渡段施工试验工艺流程

2. 填料的加工

过渡段掺水泥的级配碎石选用搅拌站进行生产的级配碎石,混合料须经充分拌和方可出料,拌制好的混合料要求色泽均匀、一致。

3. 填料运输

根据填筑用量确定拌和量,拌和好的混合料尽快运到填筑现场。混合料覆盖运输,以免水分散发太多;混合料在拌和过程中,根据拌和时的气温适当调整混合料的含水量。

4. 分层填筑

运输车在结构物两侧对称卸料,边卸边前行,根据每填筑层的宽度和长度计算出每层的方量,确保松铺厚度达到要求,同时确保过渡段横断面全宽水平分层填筑到位,以保证过渡段的填筑质量。

5. 推土机推平

结构物0.5 m范围之外采用推土机进行初平作业,同时进行松铺高度控制,结构物0.5 m范围内采用机械配合人工平整,确保第一层推平后的松铺填料厚度能够满足23 cm的要求。其他分层厚度参照第一层实施。

6. 平地机整形

推土机推平后,对凹凸不平处辅以人工修补,接着压路机快速碾压一遍,再用平地机精平,使填层表面形成4%的横向排水坡。

7. 压路机碾压

由路基边缘开始纵向碾压,横断面全宽压实,压实速度先慢后快,先静压后振动碾压,至表面无轮迹。结构物0.5 m范围内的填料采用小型振动机碾压成型。松铺厚度、压实遍数及振动方式见表4-2-3、表4-2-4。

表4-2-3 基床表层以下过渡段松铺厚度、压实遍数及振动方式

层数	部位	松铺厚度	遍数	振动方式	备注
各层	台后0.5 m范围外	23 cm	前4遍	静压1遍,弱振1遍,强振2遍	完后检测
			5、6遍	强振1遍,弱振1遍	
	台后0.5 m范围内	23 cm	前4遍	小型振动压实机械	完后检测
			5、6遍		

表4-2-4 基床表层过渡段松铺厚度、压实遍数及振动方式

层数	松铺厚度	遍数	振动方式	备注
第一层	32 cm	前4遍	静压1遍,弱振1遍,强振2遍	完后检测
		5、6遍	强振1遍,弱振1遍	
第二层	25 cm	前4遍	静压1遍,弱振1遍,强振2遍	完后检测
		5、6遍	强振1遍,弱振1遍	

(四)试验成果

1. 基床表层以下过渡段结构物 0.5 m 范围外施工要求

(1)确定摊铺厚度及碾压组合，平均松铺系数为 1.15，碾压 6 遍(静压 1 遍＋弱振 1 遍＋强振 3 遍＋弱振 1 遍)。

(2)确定级配碎石掺 3%水泥最大干密度 2.06 g/cm³，最优含水率为 3.4%～6.2%。

(3)20 t 压路机碾压速度为 3～4 km/h。

2. 基床表层以下过渡段结构物 0.5 m 范围内施工要求

(1)确定摊铺厚度及碾压组合，平均松铺系数为 1.15，碾压 6 遍(静压 1 遍＋弱振 1 遍＋强振 3 遍＋弱振 1 遍)。

(2)确定级配碎石掺 3%水泥最大干密度 2.06 g/cm³，最优含水率为 3.4%～6.2%。

(3)手扶汽油夯锤碾压。

3. 基床表层过渡段结构物 0.5 m 范围外施工要求

(1)确定摊铺厚度及碾压组合，平均松铺系数为 1.13，碾压 6 遍(静压 1 遍＋弱振 1 遍＋强振 3 遍＋弱振 1 遍)。

(2)确定级配碎石掺 3%水泥最大干密度 2.06 g/cm³，最优含水率为 3.4%～6.2%。

(3)20 t 压路机碾压速度为 3～4 km/h。

第二节　地基处理

一、挖除换填

当地基条件良好时，对水田、雨季滞水或地下水位高的低洼地段，清除表层种植土，路堤底部填筑渗水性填料，并采用重型机械振动碾压技术压实至路堤本体压实标准；对旱地或山地，清除地表杂草，地表松土厚度≤0.3 m 时，原地采用压实技术进行填前压实；松土厚度>0.3 m 时，采用翻挖、分层回填压实，或采取其他加固措施。当基底土密实且地面横坡缓于 1∶10 时清除草皮杂物，地面横坡为 1∶10～1∶5 时，将原地表土翻挖后压实至符合设计要求，地面横坡陡于 1∶5 时，自上而下挖台阶，台阶顶面作成 4%的内倾斜坡。沿线路横向挖台阶宽度、高度满足设计要求，沿线路纵向挖台阶宽度不小于 2.0 m。

根据现场实际情况，可以采用推土机等大型机械辅以人工进行施工。

(一)换填施工方法及工艺

施工前应注意在两侧地面上挖临时排水沟，避免雨水流到基坑内。换填施工工艺流程如图 4-2-10 所示。

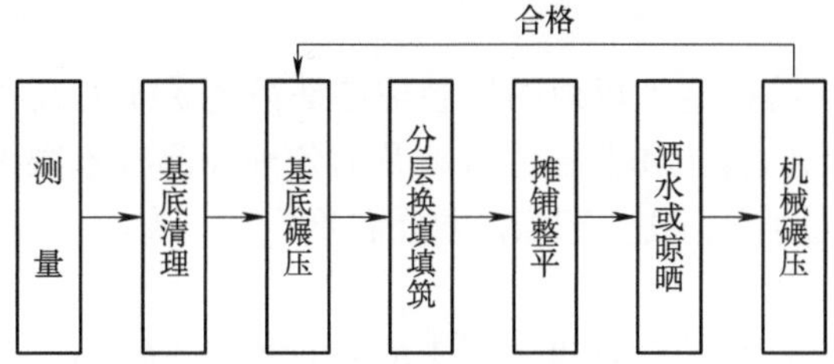

图 4-2-10　换填施工工艺

1. 基底处理

首先清除加固范围内地面上的浮土、积水、泥浆及垃圾等杂物，并在换填范围内(一般填方路基坡脚外 1 m)两侧按 1∶0.5 的坡度开挖边坡。需挖除换填的厚度、范围按设计要求进行，若施工中发现设计换填底面以下仍存在软弱土层或人工弃土时，应全部清除至硬底。将基底大致整平，推成坡度为 2%的横坡，并碾压密实。半挖半填地段或路堑地段挖除换填时，注意保证换填底部纵横向的排水坡度，以避免局部积水、淤水。换填区域采用机械开挖时，留有 30～50 cm 厚的人工清理层，换填底面应平整，排水通畅。

2. 分层填筑

置换材料如A、B组填料、改良类料等分层填筑,每层压实厚度25 cm,按照经过试验确定的合格填料和经过试验确定的工艺参数,进行分层填筑压实。

3. 摊铺整平

为了保证路堤压实均匀和填层厚度符合规定,填料采用推土机初平,平地机进行二次平整,使填料摊铺表面平整度符合要求。

4. 洒水或晾晒

置换采用材料的含水率直接影响压实密度。在相同的碾压条件下,当达到最佳含水率时密实度最大,填料含水率波动范围控制在最佳含水率的+2%~-3%范围内,超出最佳含水率2%时应晾晒,含水率低于最佳含水率时应洒水。洒水采用洒水车喷洒,晾晒采取自然晾晒。

5. 机械碾压

碾压是保证换填层达到密实度要求的关键工序。碾压按照“先静压后振动碾压、先轻后重、先慢后快、先两侧后中间”的原则。

换填顶面高程、横坡的允许偏差、检验数量及检验方法按规范规定执行。

(二)垫层施工方法

(1)施工前应做压实工艺性试验、确定主要工艺参数,报监理单位确认。

(2)垫层用碎石、砂进场时应进行验收,并对其杂质含量、粒径级配进行检验。垫层铺设宽度及厚度应符合设计要求。

(3)垫层基底应平整,碾压,无植物根系、浮土,平整度、排水坡符合设计要求。

(4)垫层的施工方法、分层铺填厚度、每层压实遍数等宜通过试验确定,一般情况下,垫层的分层铺填厚度可取200~300 mm。施工方法同换填土施工方法。

(5)垫层应分层填筑碾压,碾压后的压实层面不得有明显轮迹,压实层面平整。

(6)垫层压实标准满足设计及规范要求。

二、CFG桩施工

(一)作业准备

1. 内业技术准备

作业指导书编制后,在开工前组织技术人员认真学习实施性施工组织设计,阅读、审核施工图纸,澄清有关技术问题,熟悉规范和技术标准。制订CFG桩布桩图,图中注明桩位编号。制订出施工安全保证措施,提出应急预案。对施工人员进行技术交底,对参加施工人员进行上岗前的技术培训,考核合格后持证上岗。

2. 外业技术准备

测量放线,准确确定桩位,检查施工场地的控制桩点是否会受施工振动的影响;确定施工机具:GZL-90 FG长螺旋钻孔机及配套设备;施工作业层中所涉及的各种外部技术数据收集;修建生活房屋,配齐生活、办公设施,满足主要管理、技术人员进场生活、办公需要。

(二)技术要求

CFG桩长30 m,桩径0.5 m,桩顶中部设置0.1 m碎石垫层+0.5 m C30钢筋混凝土面板,桩顶两侧分层铺筑0.6 m碎石垫层夹土工格栅。CFG桩桩体采用C20级混合料,混合料由普通硅酸盐水泥、粉煤灰、碎石、砂组成,混凝土采用拌和站集中拌和。

施工前按审批的配合比对原材料进行检测,确定施工配合比。

(三)施工程序与工艺流程

1. 施工程序

每一根成桩作为一个完整的施工过程,施工程序为原地面处理→测量放线→钻机就位→钻进至设计深度→停钻→泵送混合料→均匀拔钻至桩顶→钻机移位。

2. 工艺流程

CFG 桩施工工艺流程如图 4-2-11 所示。

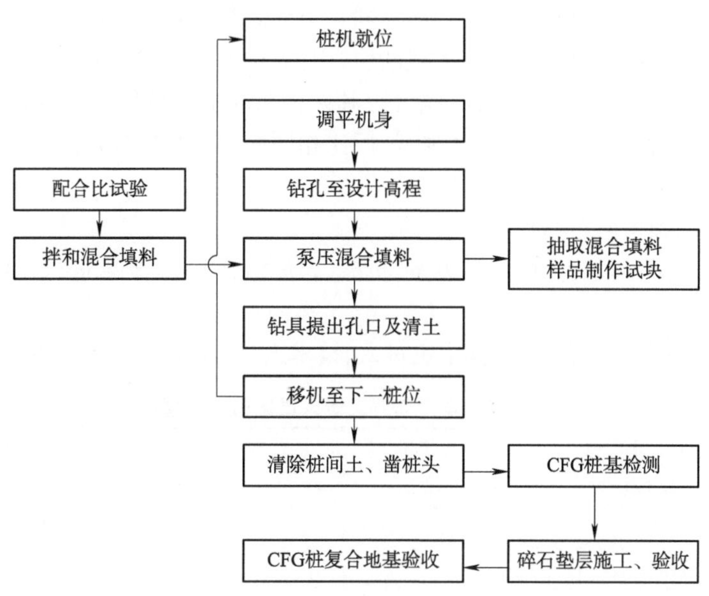

图 4-2-11　CFG 桩施工工艺流程

(四)施工质量控制要求

1. 钻机就位

钻机就位后,应用钻机塔身前后左右的垂直标杆检查塔身导杆,校正位置,使钻机垂直对准桩位中心,钻孔控制采用在钻架上挂垂球的方法测量该孔的垂直度,也可采用钻机自带垂直度调整器控制钻杆垂直度。每根桩施工前现场工程技术人员进行桩位对中及垂直度检查,CFG 桩垂直度允许偏差≤1%,桩位允许偏差≤5 cm。满足要求后方可开钻。

2. 钻进成孔

钻孔开始时,关闭钻头阀门,向下移动钻杆至钻头触地时,启动电机钻进,先慢后快,同时检查钻孔的偏差并及时纠正。在成孔过程中发现钻杆摇晃或钻进困难时,应放慢进尺,防止桩孔偏斜、位移和钻具损坏。根据钻机塔身上的进尺标记,成孔到达设计高程时,停止钻进。

3. 混合料搅拌

混合料搅拌进行集中拌和,按照配合比进行配料,计量准确,上料顺序为先装碎石,再加水泥、粉煤灰和泵送剂,最后加砂,使水泥、粉煤灰和泵送剂夹在砂、石之间,每盘料搅拌时间按照普通混凝土的搅拌时间进行控制。一般不少于 1.5 min,具体搅拌时间根据试验确定。混合料出厂时坍落度控制在 160～200 mm。

4. 灌注及拔管

钻孔至设计高程后,停止钻进,开始泵送混合料,当钻杆芯管充满混合料后开始拔管,严禁先提管后泵料。成桩的提拔速度控制在每分钟 2～3 m,成孔过程连续进行,避免因供料慢而导致停机待料。灌注成桩完成后,用水泥袋盖好桩头,进行保护。施工桩顶高程高出设计桩顶不少于 0.5 m,桩长允许偏差不大于 10 cm,桩径不小于设计值。

5. 现场试验

对于每盘混合料,试验人员都要进行坍落度的监测,合格后方可进行混合料的投料,在成桩过程中抽样作混合料试块,每台班做 3 组(各 3 块)试块,测定其 7 d、28 d 抗压强度,另一组试块备用。

6. 清理

CFG 桩施工完毕在其混合料初凝后,进行打桩弃土清运,清运时不可对设计桩顶高程以下的桩身造成损害,不可扰动桩间土,不可破坏工作面未施工的桩位。清运完毕后人工开挖其下 50 cm 保护土层,清运保护土层时不得扰动基底土,防止形成橡皮土。施工时严格控制高程,不得超挖。保护土层清除后,截除桩顶设计高程以上桩头,截桩时在同一水平面按同一角度对称放置 2 个或 4 个钢钎,用大锤同时击打将桩头截断,条件许可时采用截桩机截桩。桩头截断后,用钢钎、手锤将桩顶从四周向中间修平至桩顶设计高程,桩顶允许偏差 0～+20 mm。如果在基槽开挖和截桩头时造成桩体断至桩顶设计高程以下,必须接桩至设计桩顶高程,剔平凿毛桩顶,用与桩体材料、配比相同的混合料接桩,并超出桩周 200 mm。

(五)劳动组织

(1)劳动力组织采用架子队组织模式。

(2)施工人员应结合试验段确定的施工方案、机械、人员组合、工期要求进行合理配置。每个作业工班人员配备见表 4-2-5。

按 4 台钻机 8 h 为一作业工班计算,其中负责人、技术人员、安全员、工班长由所属单位职工担任。

表 4-2-5 每个作业工班人员配备人数情况

作业人员类型	配备人数
负责人	1
技术主管	1
技术、质检、测量及实验人员	4
专职安全员	1
工班长	2
机 长	4
普 工	16
电 工	1
挖土机司机	4
汽车司机	8
泵机操作手	8

(六)材料要求

所用的水泥和粗细骨料品种、规格及质量应符合设计要求;检验数量:同一产地、品种、规格、批号的水泥、粉煤灰,袋装每 200 t 为一批、散装 500 t 为一批,当袋装不足 200 t 或散装不足 500 t 时也按一批计;同一产地、品种、规格且连续进场的粗、细骨料,分别每 400 m^3 为一批,当不足 400 m^3 时也按一批计;同一产地、品种、规格且连续进场的外加剂,每 60 t 为一批,当不足 60 t 时也按一批计。各种原材料每批抽样检验 1 组。检验方法:检查产品质量证明文件。在水泥库抽样检验水泥强度、安定性、凝结时间,在料场抽样检验粗细骨料含泥量、筛分试验颗粒级配。

(七)设备机具配备

CFG 桩施工机械设备配置分三大部分,即混凝土拌制及运输部分、CFG 桩钻孔及泵送部分、打桩弃土清运部分。主要机具设备见表 4-2-6。

表 4-2-6 CFG 桩施工主要机具设备

序 号	机械设备名称	规格及型号	单 位	数 量
1	强制式搅拌机	120 型	台	2
2	装载机	50 型	台	2
3	混凝土罐车	8 m^3	台	12
4	长螺旋钻机	GZL-90	台	4
5	混凝土输送泵	90 型	台	4
6	发电机	80 kW	组	1

续上表

序 号	机械设备名称	规格及型号	单 位	数 量
7	挖掘机	60型	台	4
8	自卸汽车	8 m^3	台	8
9	洒水车	8 m^3	台	2
10	油 车	8 m^3	台	1
11	其他小型机具			若 干

(八)质量控制及检验

1. 质量控制

(1)测量桩位前应对施工现场原地面高程进行抄平测量,并用平地机平整碾压后放出各桩的准确位置,将施工区域进行划分,并将各桩进行编号,定机定人进行管理。布桩时,CFG 桩的数量、布置形式及间距必须严格按设计要求。并遵循从中心向外推进施工,或从一边向另一边推进施工的原则,不宜从四周转向内推进施工。

(2)对进场施工的所有长螺旋钻机在开钻前应由施工技术人员对标尺、刻画进行复核,消除标识误差。使用反差大的反光贴条,每隔 0.5 m 进行标识,粘贴在钻机导向架上,以利于夜间记录人员识别读数。现场管理人员每根桩都要根据桩机上的垂球目测导向架垂直度,以保证桩身垂直度允许偏差不大于 1%,确保桩体的正常受力。

(3)钻孔开始时,关闭钻头阀门,向下移动钻杆至钻头触及地面时,启动电机钻进,先慢后快。在成孔过程中,如发现钻杆摇晃或钻进困难时,应放慢进尺,否则容易导致桩孔偏斜、位移,甚至使钻杆、钻具损坏。CFG 桩成桩过程由现场值班人员指挥,桩机操作手和地泵操作手密切配合,按照先泵料后拔管的原则,防止先拔管后泵料,防止 CFG 桩成吊脚桩。

(4)严格控制拔管速率。拔管速率太快可能导致桩径偏小或缩颈断桩,而拔管速率过慢又会造成水泥浆分布不匀,桩顶浮浆过多,桩身强度不足和形成混合料离析的现象,导致桩身强度不足。

(5)整个施工过程中,应安排质检人员旁站监督,并做好施工原始记录。记录的内容主要有桩号、钻孔深度、瞬间电流值、孔深、拔管速度、单孔混合料灌入量、堵管及处理措施等。提钻泵送过程中,旁站人员要经常敲打输送管,确认管内混合料是否充实,以保证桩体密实。

(6)由于桩管存在垂直度的偏差,在拔管过程中若出现反插,容易使土与桩体材料混合,导致桩身掺土而影响桩身质量,所以,施工中应避免反插。

(7)桩顶混凝土的停灰面由值班人员根据导向架上的标识判断,控制在桩顶高程以上 0.5 m 位置。控制好混合料的坍落度。混合料坍落度过大,会形成桩顶浮浆过多,从而影响桩体强度。坍落度控制在 160~200 mm。要求混凝土和易性好。桩顶浮浆控制在 20 cm 以内。

(8)设置保护桩长。在泵送混合料时,比设计桩长多加灌注 0.5 m 的料。将沉管拔出后,用插入式振捣棒对桩顶混合料加振 3~5 s,提高桩顶混合料密实度,桩顶上部用土封顶,以提高混合料抵抗周围土体挤压的能力,避免出现新打桩的振动导致已打桩因受振动挤压而出现混合料上涌使桩径缩小的情形。

(9)在截取桩头前应准确测量桩顶高程,并在纵横向挂线标示桩头水平位置。凿除桩头时严禁单边打眼凿桩头,防止桩头成斜面或破损,截取后的桩头面应是水平面。清理桩间土和截取桩头时,应采取相应的预防措施,防止造成桩顶高程以下桩身断裂和扰动桩间土。

(10)冬季施工时混合料入孔温度不得低于 5 ℃,对桩头和桩间土应采取保温措施,保证桩顶覆土厚度不小于 1.2 m。

2. 质量检验

(1)CFG 桩的数量、布桩形式应符合设计要求;检验数量:全部检查,检验方法:计数。

(2)每根桩的投料量不得少于设计灌注量;检验数量:每根桩检验,检验方法:料斗现场计量。

(3)CFG 桩的有效长度应满足设计要求;检验数量:每根桩检验,检验方法:测量钻杆长度,并在施工过程中检查是否达到设计深度标志,施工后检查浮浆厚度,计算出桩的有效长度。

(4)CFG 桩身施工完毕,28 d 后对 CFG 桩进行检测,检测项目包括低应变法对桩身质量的检测和静载荷试验对单桩承载力的检测。静载荷试验所测试验桩的数量取桩总根数的 2‰,且不小于 3 根;低应变检测所测试验桩的数量取总桩数的 10%。

(5)CFG 桩的桩位、垂直度、有效直径的允许偏差应符合表 4-2-7 的规定。

表 4-2-7 CFG 桩的桩位、垂直度、有效直径的允许偏差

序 号	项 目	允许偏差
1	桩位(纵横向)	50 mm
2	桩身垂直度	1.0%
3	桩体有效直径	不小于设计值

三、螺杆桩施工

(一)作业准备

(1)核查地质资料,结合设计参数,选择合适的施工机械和施工方法。

(2)进行满足桩体设计强度的配合比试验,确定各种材料的施工用配比。

(3)平整场地,清除障碍物,标记处理场地范围内地下构造物及管线。

(4)测量放线,定出控制轴线、打桩场地边线并标识。

(5)施工前清除地表耕植土,进行成桩工艺试验,确定施工工艺和参数。

(二)技术要求

螺杆桩是一种上部为圆柱形、下部为螺丝型的组合式地基加固桩,采用钻机钻具旋转挤压土体成孔,管内泵压细石混凝土成桩。采用变截面的构造形状,满足了附加应力的分布规律和应力分担比及刚度变化的要求,调整了土体与桩之间相互的作用,桩侧土体应力分担比及应力扩散度提高,桩端荷载减少,使桩身受力与土体受力协调一致。对原材料及施工的要求见表 4-2-8、表 4-2-9。

表 4-2-8 原材料每盘称重的允许偏差、检验数量及检验方法

序 号	材料名称	允许偏差	检验数量	检验方法
1	水泥、矿物掺合料	±1%	施工单位每工班各抽样检验不少于 1 次	施工单位复称,监理单位见证检验
2	粗、细骨料	±2%		
3	外加剂、拌和用水	±1%		

表 4-2-9 螺杆桩施工的允许偏差、检验数量及检验方法

序 号	检验项目	允许偏差	施工单位	检验方法
1	桩位(纵横向)	50 mm	按成桩总数的 10% 抽样检验,且每检验批不少于 5 根	测 量
2	桩体垂直度	1%		经测量仪器或吊线测钻杆倾斜度
3	桩体有效直径	不小于设计值		开挖 50～100 cm 深后,钢卷尺测量周长,计算桩体直径
4	桩顶高程	±50 mm		仪器测量

(三)施工流程及施工工艺

施工前应进行室内配比试验,并分段进行现场成桩工艺性试验,确定施工参数后,进行单桩或复合地基承载力试验。

螺杆桩具体施工工艺:施工准备→测量放线→钻机就位调平→钻进成孔→至设计高程停钻→泵送混凝土、提钻→至设计高程停泵→提钻至孔口→成孔→下道工序。钻进过程中随时观察仪表电流不得超过额定电流值。在钻至设计深度后，对于螺杆桩下段螺纹部分而言，反转动力头随之与提钻是同时进行的，而且每次旋转出的高度等于提升装置提升的高度。

(四)施工要求

螺杆桩桩径 0.5 m，螺杆桩桩体材料的粗骨料宜选用卵石或碎石，料径一般为 5～25 mm。细骨料应选用干净的中粗砂，含泥量小于5%，砂率控制在 40%～50%。水泥应选用 P·O 42.5 级普通硅酸盐水泥或矿渣硅酸盐水泥；可根据不同的使用要求掺加外加剂(如减水剂、增强剂、缓凝剂、细磨粉煤灰等)，外加剂的掺入应根据施工条件、气候条件和混凝土性能要求等因素综合确定。在施工前。应将原材料送至检测中心进行化验和做混合料的配合比试验。

螺杆桩施工工艺流程如下：

(1)桩机就位：按照测量放线的位置将桩机就位，桩位允许偏差 50 mm。

(2)对中调平：桩机就位后调平并确保其稳固，确保成孔垂直度，垂直度偏差不应大于 1%。

(3)钻孔至设计深度：下钻过程中桩机自控系统严格控制钻杆下降速度和旋转速度，使二者匹配，要求钻杆旋转两周以上，下降一个螺距，钻至螺杆桩直线段设计深度，此段在土体中形成的是圆柱状孔段，此后钻杆旋转一周，下降一个螺距，钻至螺杆桩螺纹段设计深度，在土体中形成的是螺纹桩孔段。

(4)钻头钻至设计高程后，桩机反向旋转提升钻杆，提升过程中自控系统严格控制钻杆提升速度和旋转速度，保持同步和匹配。与此同时将制备好的混凝土采用泵送方式迅速填满由钻杆旋转提升所产生的螺纹状空间，提到螺纹部分的顶段设计深度后，螺杆钻杆继续直接提升产生柱状空间，并同时向钻杆内继续泵压灌注混凝土。对于螺杆桩复合地基，根据承载力的情况本标段采用泵压细石混凝土。

(5)停泵：提钻时钻头达到桩顶设计高程时停止泵压混凝土，但应考虑灌注余量。

(6)提出钻头：待钻孔中心泵压混凝土形成桩体后，缓慢的提出钻头。

(7)成桩、验收。成桩验收符合要求后，准备下一循环作业。

螺杆桩施工工艺流程如图 4-2-12 所示。

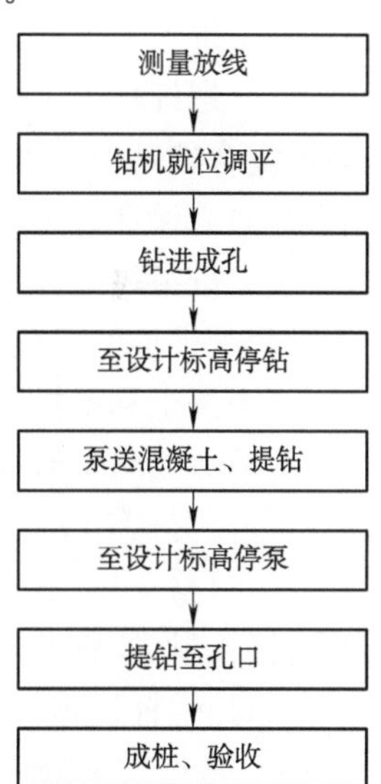

图 4-2-12 螺杆桩施工工艺流程

桩的施工顺序应根据桩间距和周围建筑物的情况，按流水法分区考虑。对于较密集的满堂布桩可采取成排推进，并从中间向四周进行；若一侧靠近既有建筑物，宜从毗邻建筑物的一侧由近及远进行。同时根据桩的规格，宜先长后短进行施工。当桩距小于 1.2 m 且地下有深厚淤泥层及松散砂层时，因采取跳跃式施工，或采用控制凝固时间间隔施工，以防桩孔间窜浆。

(五)质量检测

桩身完整性在施工完成 28 d 后采用无损检测方法进行成桩质量检测，无损检测检测桩数不少于总桩数的 10%，且每个工点不少于 3 根；单桩竖向承载力检测应在施工完成 28 d 后采用现场荷载试验方法检测，检测数不少于总桩数的 0.2%，且每一工点不少于 3 根。

(六)劳动组织

劳动力组织见表 4-2-10。

表 4-2-10 劳动力组织

序　　号	工　　种	人数(每班)	职　　责
1	工区长	1	做好施工管理工作，负责劳动力安排
2	机修工	2	负责排除机械故障和管路的清洗
3	钻　工	10	负责机械的操作及施工记录
4	灌　注	5	负责混合料的灌注
5	值班技术员	2	负责现场技术指导和管理
6	值班施工员	2	负责工程总体安排
合　　计		22	

(七)材料要求

桩体材料采用碎石、石屑或砂、粉煤灰、水泥加水配合而成。桩身水泥采用P·O 42.5级普通硅酸盐水泥,水泥掺入量不大于200 kg/m³,掺加优质粉煤灰(等级不低于Ⅲ级),粉煤灰掺量为70～90 kg/m³,石屑率一般在0.3左右,碎石粗骨料应满足级配要求,其松散堆积密度大于1 500 kg/m³。碎石最大粒径:振动沉管法不大于40 mm,长螺旋钻孔、管内泵压混合料灌注法不大于25 mm。混合料28 d标准立方体无侧限抗压强度不小于15 MPa。

(八)设备机具配置

螺杆桩主要施工机械及设备见表4-2-11。

表4-2-11 螺杆桩主要施工机械及设备

序号	机械设备名称	型号	规格(mm)
1	螺杆桩钻桩机	TWZGZ62	
2	混凝土输送泵		5 226×2 200×5 460

(九)质量控制及检验

1. 施工质量控制

(1)为检验螺杆桩施工工艺、机械性能及质量控制,核对地质资料,在工程桩施工前,应先做不少于3根试验桩,检查桩身混凝土密实度、强度和桩身垂直度,根据发现的问题修订施工工艺。

(2)螺杆桩的数量、布置形式及间距符合设计要求。

(3)桩长、桩顶高程及直径应符合设计要求。

(4)螺杆桩施工中,每台班均须制作1组试件,进行28 d强度检验,成桩28 d后应及时进行单桩承载力或复合地基承载力试验,其承载力、变形模量应符合设计要求。

(5)为保证施工中混合料的顺利输送,施工中采取强制式搅拌机。

(6)桩身每方混合料掺加粉煤灰量及坍落度控制根据设计和采用的施工方法按工艺试验确定并经监理工程师批准的参数进行控制。

(7)清土和截桩时,不得造成桩顶高程以下的桩身断裂和扰动桩间土。

(8)冬期施工时混合料入孔温度不得低于5 ℃,对桩头和桩间土应采取保温措施。

(9)跳打施工时应及时清除成桩时排出的弃土,否则会影响施工进度。

(10)整个施工过程中,安排质检人员旁站监督,并做好施工原始记录,记录钻压电流值、孔深、单孔混凝土灌入量、堵管及处理措施等。

(11)螺杆桩施工属隐蔽工程,施工完毕报监理签字确认后方可进行下一道工序施工。

2. 常见质量缺陷的原因及控制技术

(1)导管堵塞

由于混凝土配比或坍落度不符合要求、导管过于弯折或者前后台配合不够紧密。

控制措施:

①保证粗骨料的粒径、混凝土的配比和坍落度符合要求;

②灌注管路避免过大变径和弯折,每次拆卸导管都必须清洗干净;

③加强施工管理,保证前后台配合紧密,及时发现和解决问题。

(2)偏桩

一般有桩平移偏差和垂直度超标偏差两种,多由于场地原因、桩机对位不仔细、地层原因使钻孔对钻杆跑偏等造成。

控制措施:

①施工前清除地下障碍,平整压实场地以防钻机偏斜;

②放桩位时认真仔细，严格控制误差。桩机的水平度和垂直度在开钻前和钻进过程中注意检查复核。

(3)断桩、夹层

由于提钻太快泵送混凝土跟不上提钻速度或者是相邻桩太近串孔造成。

控制措施：

①保持混凝土灌注的连续性，可以采取加大混凝土泵量，配备储料罐等措施；

②严格控制提速，确保中心钻杆内有 0.1 m^3 以上的混凝土，如灌注过程中因意外原因造成灌注停滞时间大于混凝土的初凝时间时，应重新成孔灌桩。

(4)桩身混凝土强度不足

受泵送混凝土技术要求，坍落度一般不小于 18～20 cm，因此要求和易性好。配比中一般加粉煤灰，这样会使混凝土前期强度低，加上粗骨料粒径小，如果不注意对用水量的控制容易造成混凝土强度低。

(5)桩身混凝土收缩

桩身回缩是普遍现象，一般通过外加剂和超灌予以解决，施工中保证充盈系数>1。

控制措施：

①桩顶至少超灌 0.5 m，并防止孔口土混入；

②选择减水效果好的减水剂。

(6)桩头质量问题

多为夹泥、气泡、混凝土不足、浮浆太厚等，一般是由于操作控制不当造成。

控制措施：

①保持钻杆顶端气阀开启自如，防止混凝土中积气造成桩顶混凝土含气泡；

②桩顶浮浆多因孔内出水或混凝土离析造成，应超灌排除浮浆后再终孔成桩。

3. 质量检验

螺杆桩施工的允许偏差、检验数量及检验方法见表 4-2-12。

表 4-2-12　螺杆桩施工的允许偏差、检验数量及检验方法

检验项目	质量要求	检验数量	检验方法
水泥和外加剂	品种、规格及质量应符合施工图要求	同一产地、品种、规格、批号的水泥和外加剂，袋装水泥每 200 t、散装水泥 500 t 为一检验批，当袋装水泥及外加剂不足 200 t 或散装水泥不足 500 t 时也按一批计	检查产品质量证明文件及抽样检验
混合料坍落度	符合设计要求	每台班抽样检验 3 次	现场坍落度试验
布桩数量、形式	符合施工图要求	全部检验	观察、现场清点
长　度	符合施工图要求	每根桩检验	测量钻杆或沉管长度，并在施工中检查是否达到目的设计深度标志，施工后检查并清理浮浆，计算出桩的有效长度
桩身质量、完整性	符合施工图要求	不少于总桩数 10%的桩	低应变检测
复合地基承载力	满足施工图要求	总桩数的 2%，且每检验批不少于 3 根	平板载荷试验
桩位(纵横向)	50 mm	按成桩总数的 10%抽样检验，且每检验批不少于 5 根	经纬仪或钢尺丈量
桩体垂直度	1%		成孔夯实孔底后吊垂球测量垂直度
桩体有效直径	不小于施工图标示值		开挖 50～100 cm 深后，钢尺丈量

(十)安全及环保要求

1. 安全要求

(1)钻孔作业施工应做好孔口防护，防止人或异物坠入。

(2)夜间施工应有足够的照明。

(3)钻机放置平稳，安装后钻杆中心线偏斜应不小于全长的 1%。

(4)高压泵管不得超过压力范围使用,防止高压管破裂。

(5)钻杆上的土应及时清理干净,防止坠落伤人。

2. 环保要求

(1)在距离居民生活区的施工现场,须采取必要的噪声控制措施,如设置声屏障等;在振动和噪声敏感区,不宜采用振动沉管法,或将其施工时间调整到非敏感时段。

(2)生产及生活垃圾要用封闭运土车运走,不得随处遗撒。

(3)夜间施工灯光集中照射,避免灯光扰民。

(4)现场的散水泥、砂石料等必须遮盖存放,废水泥应回收,避免扬尘。

第三节　一般路基施工

一、施工准备

(一)技术准备

根据设计及补勘的土质情况按照设计或变更规定进行严格的基底处理。基底处理完成后,按照设计和有关规范、规定对地基进行检测,经检测符合设计要求后,才可进行上部填料的填筑。

本标段设计路堤填料为 A、B 组填料。施工前,应做好土石方的调配方案。取土场应根据设计要求和施工地段总的土石方调配计划,并结合路基排水和当地土地利用、环保规划进行布置,不得任意挖取。

路堤填筑采取机械化施工作业,施工过程中做好设备的选型配套及各环节的配合工作,组织好土石方运输,使挖装、运输、摊铺、碾压各工序的作业连续、紧凑和互不干扰。按照“三阶段、四区段、八流程”的作业程序进行填筑作业,每层填筑须按规定的方法和频度进行检测,达到要求后,方可进行下一层的填筑施工。各区段或流程内只允许进行该段和该流程的作业,不允许几种作业交叉进行。

采取必要的路基加固措施控制工后沉降,同时根据各种土类压实试验所取得的参数,设置填层厚度控制杆,严格控制碾压厚度和填土速率,加强碾压以确保施工质量。

(二)现场准备

路堤工程开工前组织技术人员认真完成技术准备工作,主要包括全面熟悉施工设计图并进行核对;全面进行地质核查;交接桩及施工复测;测量、补桩、划线、复测导线点和水准控制点,并在施工范围内全面恢复中线;填料调查及试验;建设工地试验室;编制实施性施工组织设计及开工报告;进行技术培训等,同时架子队完成现场各项准备工作,主要包括修建进场便道、设置排水系统,建拌和站等。

二、施工工艺

(一)清基及地表处理

路基放样结束后,按照设计和规范要求进行清基及地表处理。先将路基填筑范围内的树木进行砍伐清理,将原地面表层的杂草、树根等杂物全部清理干净,并挖好临时排水沟。对于基底为耕地或松土地段,则根据具体情况将土翻松、打碎,进行分层碾压,将挖除的腐质土用自卸汽车运至建设单位指定的地点堆放。当原地面坡度为 1∶5～1∶2.5 时,采用人工配合推土机开挖台阶,台阶宽度不小于 2 m。对于沟渠、鱼塘地段的淤泥和耕植土,按规范和设计图纸要求将其清除,然后按设计文件中该部位的地基处理的方法进行处理。

清基及地表土处理结束后,用推土机配合平地机进行基底平整,振动压路机碾压,并根据不同的地表土用不同的试验方法进行基底试验,先用核子密度仪检验压实度,再使用 K_{30} 承载板检验地基系数,检测符合规定要求后再进行填筑施工。

(二)路堤试验段填筑

为指导路基填筑施工,掌握路基填筑施工的参数,保证路基工程达到优良,在正式进行路基填筑前,选取地质条件、断面形式均具有代表性的路基填筑地段进行路基试验段填筑施工。填筑时先对各种填料分别做不同的填筑试验，试验段长度按 100～200 m 考虑，通过试验段确定本标段各种路基填料的填筑厚度、最佳含水率、碾压遍数及各类机具的合理配置等，结合设计、规范要求，以此指导本标段的路基填筑施工。

（三）一般填料路基填筑方法及工艺

一般填料指 A、B 组填料及符合要求的块石、碎石、砾石类填料。一般路基填筑施工工艺流程如图 4-2-13 所示。

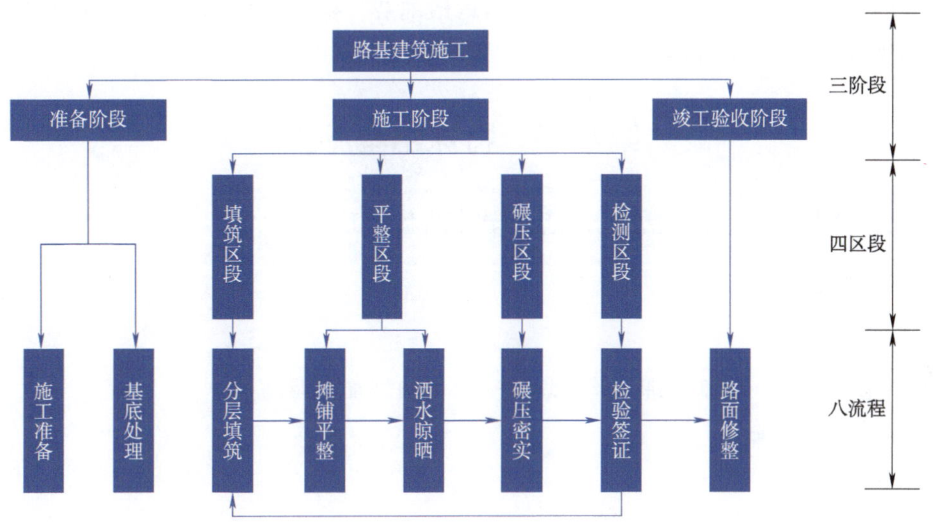

图 4-2-13 一般填料路基填筑施工工艺流程

1. 分层填筑

为节省摊铺平整时间，在运送填料时，严格控制倒土密度，根据车载量及松铺厚度计算卸车密度。一般自卸车卸土间隔为 4～5 m。

用不同填料填筑路堤时，各种填料禁止混杂填筑，每一水平层的全宽用同一种填料填筑，并做成不小于 4％的横向排水坡。

2. 摊铺整平

填筑区段完成一层卸土后，用推土机、平地机摊铺平整，做到填铺面在纵向和横向平顺均匀，以保证压路机压轮表面能均匀地接触填铺面进行碾压，达到碾压效果。

摊铺时边坡两侧各加宽 0.3～0.5 m，在推铺的同时利用推土机对路肩进行初步压实，并保证压路机压到路肩时不致发生滑坡。

3. 含水率控制

施工控制含水率范围将根据填料性质、要求的压实度和机械压实能力综合确定。当含水率过大，可采用在取土场内翻挖晾晒和用推土机松土器松土晾晒的方法，或将填料运至路堤摊铺晾晒，经再次检测，填料含水率符合要求后方可进行下道工序施工。

4. 机械碾压

填土压实作业用光轮压路机配合重型振动压路机碾压。

压实前，由领工员、值班班长、压路机司机进行检查，确认层厚及平整度符合要求后，再进行碾压。用振动压路机进行碾压时，第一遍静压，然后先慢后快，由弱振至强振，最快行驶速度控制在 4 km/h，由两边向中央纵向进退式进行。横向接头重叠 0.4～0.5 m，前后相邻两区段间纵向重叠 1.5～2.0 m。做到压实均匀，没有漏压、死角。

按照压实部位密度标准、填层厚度及控制压实遍数进行压实。经密度和 K_{30} 检测合格，且监理平行检测合格后，方可转入下一道工序。不合格时进行补压，直至合格。

5. 检验签认

按检验标准对填料质量、填筑厚度、填层面纵横方向平整均匀度、路面坡、压实质量、边坡质量等进行检查验收。达不到标准的按要求进行整修合格后再予以签认。

6. 路面、边坡整形

路堤按设计高程填筑完成后,每 20 m 设 3 个桩(2 个边桩,1 个中桩)。进行高程测量,计算平整高度,施放路肩边线桩,修筑路拱,并用光轮压路机碾压一遍,使路面光洁无浮土,横向排水坡符合要求。

依据路肩边线桩,用人工按设计坡率挂线刷去超填部分。然后进行整修夯实,达到坡面平顺没有凹凸,转折处棱线明显,直线处平直,变化处平顺,压实度合格。

第四节 特殊路基施工

赣深铁路特殊路基施工类型包括浸水路基和软土路基施工。

一、浸水路基施工

(一)施工工艺流程

鱼塘排水→清基换填→软基处理→路堤填筑→路堤边坡加固及防护。

(二)施工工艺与技术要点

1. 鱼塘排水

(1)鱼塘路堤

①一般采用草袋围堰后抽水疏干清淤,防护高程(塘埂高程+0.5 m)处留边坡平台,平台以下填筑渗水填料,压实标准同路基相应部分。边坡平台采用≥C30 混凝土浇筑,平台以下采用干砌片石防护,后设 0.15 m 袋装砂夹卵砾石反滤层。坡脚设≥C30 混凝土脚墙,脚墙高 2 m,胸背坡率 1∶0.3,宽 1.0 m,埋深在清淤底线以下不小于 1.0 m。临时围堰顶高程=常水位+0.5 m;当围堰高 $H \leqslant 2.0$ m 时,围堰顶宽 b 取 1.0 m,当围堰高 $H > 2.0$ m 时,b 取 1.5 m。当围堰高 $H > 3.0$ m 时,围堰迎水面坡率采用 1∶1.5,背水面坡率采用 1∶1.0。

②防护高程(塘埂高程+0.5 m)大于路肩高程时,路基近鱼塘侧设测沟,在堑顶外 5.0~8.0 m 处设挡水捻。挡水捻顶面防护高程=塘埂高程+0.5 m,挡水捻顶宽 2.0 m,挡水捻边坡采用干砌片石防护,厚 0.3 m,后设 0.15 m 袋装砂夹卵砾石反滤层,坡脚设≥C30 的混凝土脚墙,脚墙高 2.0 m,胸背坡率 1∶0.3,宽 1.0 m,埋深在清淤底线以下不小于 1.0 m,脚墙外设宽 2.0 m,厚 0.3 m 的不小于 C30 的混凝土防渗层。

③当鱼塘较小时,抽水疏干清淤后,全塘平塘埂部分填平。

(2)需深层处理地段的水塘路堤

①桩加固顶面位于地面时,路堤形式同一般鱼塘路堤形式。

②当桩加固顶面至防护高程时,在防护高程处留 2 m 宽边坡平台,采用≥C30 混凝土浇筑,防护高程以下填筑夯填土,压实标准同路堤相应部分,在路堤坡脚处设永久性围堰,围堰顶高程=塘埂高程+0.5 m,当围堰高 $H \leqslant 2.0$ m 时,围堰顶宽 b 取 1.0 m,当 $H > 2.0$ m 时,b 取 1.5 m。当 $H > 3.0$ m 时,围堰迎水面坡率采用 1∶1.5,背水面坡率采用 1∶1.0。路堤边坡与永久性围堰之间回填夯填土。

线路跨越鱼塘地段的路堤,一般采用围堰抽水疏干后清淤,围堰顶高出正常水位 50 cm,然后进行路堤填筑,塘埂高程以下填筑渗水性较好的 A、B 组填料,填料与填土之间填碎石垫层及砂砾石垫层;当清除淤泥困难时,采用抛填片石挤淤,并用重型碾压机械加强碾压,使之满足相应的密实度要求。软土地段的水塘路基在围堰抽水疏干清淤后,先填筑渗水性土至塘埂高程,再按设计路基加固处理方案进行出露处理。

2. 清基换填

(1)施工方案

惠州北站施工区域暗沟、暗塘较多,换填法一般用于处理暗沟、暗塘等局部范围的浅层软土地基。根据换填深度选择机械或人工施工。可采用挖掘机或推土机挖除换填深度范围内表层的软弱土层，再由人工将软土挖除到达设计高程，自卸汽车运输换填料，后倾法卸料，推土机摊铺，平地机平整，压路机碾压，分层填筑，直至达到设计高程。

(2)施工方法

①施工放样，确定需要进行原地面处理或换填的范围，设置临时防排水设施，在开工前对现场需处理的范围、深度进行复查；备足换填材料。

②对于需换填处理的情况，采用机械挖除换填深度内表层的部分土层，直至高于设计换填深度 30 cm 处，再由人工清除剩余软土层，达到设计高程；采用自卸汽车将挖除的土体运至指定的弃土场。对于原地面处理的情况，采用推土机推除表层需清除的松软土、腐殖土、植被等，斜坡陡于 1∶5 的地段，采用人工划定台阶范围，挖土机进行开挖，形成台阶，沿线路横向台阶宽度、高度符合设计要求，纵向台阶宽度不小于 2 m。

③换填施工采用自卸汽车运输换填料进场，后倾法卸料，推土机进行初摊铺，平整，压路机碾压。避免自卸汽车直接驶上原位土层，防止对其造成扰动。

④据换填层所处路堤部位进行相应的质量检验。在原地面处理之后应对地基承载力进行核查，确认是否满足设计要求，不符合设计要求者，报监理单位确认后采取措施进行处理。

(三)质量控制与要求

浸水路基质量控制要点主要是清基换填工程，相关质量控制与要求如下：

(1)换填分层压实质量应根据换填料种类及换填所处路堤部位进行相应的压实质量检测控制。

(2)换填顶面高程、横坡应符合表 4-2-13 要求。

表 4-2-13 换填顶面高程、横坡允许偏差及检查要求

序 号	检验项目	容许偏差	施工单位检验数量	检测方法
1	顶面高程	±50 mm	沿线路纵向每 100 m 抽样检验 5 处	水准仪测
2	横 坡	±0.5%	沿线路纵向每 100 m 抽样检验 5 个断面	坡度尺量

(3)换填地基位置允许偏差、检验数量及方法应符合设计或者是验收标准的要求。

(4)原地面处理完毕后，应根据设计要求或者验收标准的要求对处理后的地基进行验收检测，且应对开挖的台阶宽度、高度等进行检查验收。

(5)换填基坑坡脚线位置的允许偏差为−50 mm，采用经纬仪在每个换填基坑沿线路纵向及横向各抽样检验 4 处。

(6)原地面处理前，应对地基地质条件进行核查，路堤地基条件应与设计文件相符，施工单位通过静力触探等方法沿线路纵向每 100 m 检验 2 次。

(7)原地面处理后的外观应满足如下要求：

①无草皮、树根等杂物，无积水；

②基底密实、平整，坑穴处理彻底，无质量隐患；

③横坡符合设计要求。

二、软土路基施工

(一)施工参数

路堤建筑前对原地面存在的植被、树根、松软表土、腐殖土进行清除，对大于 1∶5 的陡坡进行台阶处理根据现场实际情况，可采用推土机等大型机械辅以人工进行施工。

换填法一般用于软土厚度较小(一般小于 3 m)的浅层软土地基。根据换填深度选择机械或人工施工。可采用挖掘机或推土机挖除换填深度内表层的软弱土层，再由人工将软土挖除到达设计高程，自卸汽车运输换填料，后倾法卸料，推土机摊铺，平地机平整，压路机碾压，分层填筑，直至达到设计高程。

(二)施工方法

(1)施工放样,确定需进行原地面处理或是换填的范围,设置临时防排水设施,在开工前对现场需处理的范围、深度进行复查;备足换填材料。

(2)对于需换填处理的情况采用机械挖除换填深度内表层的部分土层,直至高于设计换填深度 30 cm 处,再由人工清除剩余的软土层,达到设计高程;采用自卸汽车将挖除的土壤运至指定的弃土场。对于原地面处理的情况,采用推土机推除表层需清除的松软土、腐殖土、植被等,斜坡陡于 1∶5 的地段,采用人工划定台阶范围,挖土机进行开挖,形成台阶,沿线路横向台阶宽度、高度符合设计要求,纵向台阶宽度不小于 2 m。

(3)换填施工采用自卸汽车运输换填料进场,后倾法卸料,推土机进行初摊铺,平整,压路机碾压。避免自卸汽车直接驶上原位土层,防止对其造成扰动。

(4)根据换填层所处路堤部位进行相应的质量检验。在原地面处理之后应对地基承载力进行核查,确认是否满足设计要求,不符合设计要求者,报监理单位确认后采取措施进行处理。

(三)施工要求

(1)换填分层压实质量应根据换填料种类及换填所处路堤部位进行相应的压实质量检测控制。

(2)换填顶面高程、横坡应符合表 4-2-14 的要求。

表 4-2-14 换填顶面高程、横坡允许偏差及检查要求

序号	检验项目	允许偏差	施工单位检验数量	检验方法
1	高 程	±50 mm	每 100 m 等间距检查 3 点	水准仪测
2	中线至边缘距离	±50 mm	每 100 m 等间距检查 3 点	尺 量
3	宽 度	不小于设计值	每 100 m 等间距检查 3 点	尺 量
4	横 坡	±0.5%	每 100 m 抽样检验 3 个断面	尺 量
5	平整度	填土 50 mm 填石 100 mm	每 100 m 等间距检查 5 点	2.5 m 直尺量测

(3)换填地基位置允许偏差、检验数量及方法应符合设计或者是验收标准的要求。

(4)原地面处理后的外观应满足如下要求:

①基底无草皮、树根等杂物,无积水;

②原地面基底密实、平整,坑穴处理彻底,无质量隐患;

③地面横坡符合设计要求。

(四)质量控制

(1)严格控制换填所用填料,其种类及技术条件应符合设计要求。

(2)原地面处理及松软土开挖换填范围必须满足设计要求,必须要适当向外扩大 30~50 cm,确保路基基底范围全部换填。

(3)开挖前后应对地质条件进行核对,对于在换填范围内发现的换填施工有影响的洞穴、墓穴等,或在开挖后发现底部的地质条件下不满足设计要求等情况,应向设计单位进行反馈,采取措施处理。

(4)在采取机械施工的情况下,应预留底部 30~50 cm 的土层人工清理,尽量减少对下伏土层的扰动。

(5)当软土底部起伏较大时,设置台阶,分层填筑。

(6)安排好作业时间,避开雨季或雨天施工。做好换填范围的防、排水措施,避免基底浸水。

(五)主要机具设备

挖掘机、自卸汽车、推土机、压路机。

(六)劳动力组织

现场负责 1 人、技术(兼安全及质量)3 人、机械操作人员 5~15 人、辅助人员 5~10 人。

第五节 路堑施工

赣深铁路路堑施工主要包括土质、软质岩及石质路堑开挖施工，地质类型繁多，施工验收标准高，包括“两路七桥八隧”中的“两路”重难点工程，为DK370＋411.47～＋921.67顺层深路堑及DK398＋588.15～＋660.37深路堑开挖、施工，此地段地势起伏大，属丘陵陡坡地貌，坡度及高差极大，且植被发育、交通不便，须严格按照设计及施工要求，进行路堑开挖及边坡防护工程施工。

一、总体施工方案

(一)土质、软质岩

当路堑中心高度大于5 m时，采用分层逐层顺坡开挖或纵向台阶法开挖方式。

路堑开挖前，做好堑顶防排水设施，临时排水设施应与永久性排水设施相结合，并与原排水系统顺接。路堑开挖过程中为保证雨水不冲刷边坡和基底，边坡和基底预留不少于50 cm待开挖至设计高程或平台位置时一次开挖完成。刷坡应保证边坡坡度及平整度，对特殊部位做好边坡防护工作。路堑开挖时应合理分段并自上而下分层开挖分层加固，不得采用大拉槽方式一次开挖到位。设有支挡结构的路堑边坡应分段开挖、分段施工。设计要求分层开挖、分层防护的路堑边坡，应自上至下分层开挖、分层施工，支挡工程施工应与开挖紧密衔接。如防护工程施工不能紧跟完成，应预留厚度不小于50 cm的保护层。

开挖至预定高程后，按设计要求对路基基床厚度内的地层和基底进行工程地质描绘、原位测试、电法物探，基床土质压实指标检测($P_s \geqslant 1.8$ MPa、$\delta_0 \geqslant 0.2$ MPa)，必要时采用钻探取样等方法，进行地基土地质条件的核查与检测，根据试验结果对不具有足够强度与抗变形能力的土质，根据设计图纸，按设计要求采取换填或其他措施进行地基加固施工。

(二)次坚石路堑

次坚石、坚石开挖采用爆破法松动，挖掘机装车，自卸汽车运输。爆破后产生的大块石采用改炮并配液压破碎锤改小。根据路堑挖深不同分别采用深孔爆破和浅孔爆破，挖深小于5 m时用浅孔爆破，挖深大于5 m时用深孔爆破。

二、土质路堑开挖

(一)施工方法

土质路堑主要采用机械开挖，机械开挖不到的边角采用人工开挖。边坡坡面人工整修。

根据地形条件和土方调配运距，采用如下不同的机械组合和开挖方法：

(1)逐层顺坡开挖：对于土方数量相对集中、土方调运距离在500 m以下的路堑开挖，采用推土机配合挖掘机逐层顺坡开挖施工，其中运距100 m以内的土方采用推土机直接推送到位。

(2)纵、横向台阶开挖：对于地形较缓、土方调运距离在500 m以上的路堑开挖，采用推土机配合挖掘机或装载机纵、横向台阶开挖施工，自卸汽车运输。边坡较高时分层开挖，台阶高度3～4 m。

(二)工艺流程

土质路堑开挖工艺流程如图4-2-14所示。

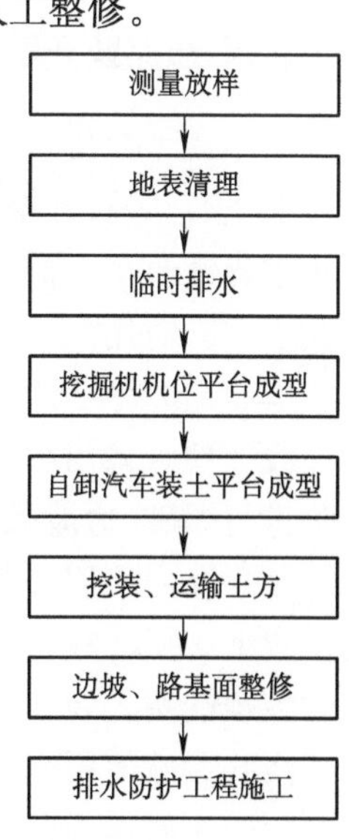

图4-2-14 工艺流程

(三)技术要求和标准

开挖后的路基面平顺，路肩线流畅，路拱明显、坡面合度、过渡段顺接流畅，边坡平顺、无明显高低差。

路堑边坡坡率、变坡点、平台位置、侧沟排水坡度允许偏差及检验标准应满足表4-2-15要求。

表 4-2-15 路堑边坡坡率、变坡点、平台位置、侧沟排水坡度允许偏差及检验标准

序号	项　目	允许偏差	施工单位检验数量	检验方法
1	边坡坡率(偏陡量)	不陡于设计坡率	每 50 m 单侧检查 8 点,上、下部各 4 点	用坡度尺量、计算
2	变坡点位置	±100 mm	每 100 m 单侧检查 6 点	水准仪测或尺量
3	平台位置	±100 mm	每 100 m 单侧检查 6 点	水准仪测或尺量
4	平台宽度	±50 mm	每 100 m 单侧检查 6 点	尺　量
5	侧沟排水坡度	不得积水	每条沟全验	目　测

路基面中线高程、路肩高程、中线至路肩边缘距离、宽度、横坡、平整度允许偏差、检验数量及检验方法见表 4-2-16。

表 4-2-16 路基面中线高程、路肩高程、中线至路肩边缘距离、宽度、横坡、平整度允许偏差、检验数量及检验方法

序号	检验项目	允许偏差	沿线路纵向每 100 m 检验数量	检验方法
1	中线高程	±10 mm	抽样检验 5 点	水准仪测
2	路肩高程	±10 mm	抽样检验 5 点	水准仪测
3	中线至路肩边缘距离	0～+20 mm	抽样检验 5 处	尺　量
4	宽　度	不小于设计值	抽样检验 5 处	尺　量
5	横　坡	±0.5%	抽样检验 5 个断面	坡度尺量
6	平整度	不大于 10 mm	抽样检验 10 点	2.5 m 长尺量

(四)技术质量措施

(1)勤测量:开挖前对整个挖方段测量放样,并埋设必要的护桩,以后每开挖 3 m 左右重新测量一次,进行收坡,严防超挖和损伤边坡。

(2)预留边坡保护层:机械开挖时预留 50 cm 的边坡保护层,该保护层由人工开挖以保证边坡的坡率和平整度。有边坡防护地段在防护工程施工前开挖该保护层。

(3)预留基底保护层:路基开挖至距设计高程 0.3～0.5 m 时停止机械开挖,待边坡防护和堑底水沟施工完后与边坡土方、水沟土方一起施工,采用人工开挖。

(4)跟班指挥:每作业点每班都设现场领工员跟班指挥,随时掌握路基宽度和高程情况,协调机械设备的作业效率,及时处理现场出现的各类事件。

三、石质路堑开挖

(一)施工方法

次坚石、坚石开挖采用爆破法松动,挖掘机装车,自卸汽车运输。爆破后产生的大块石采用改炮并配液压破碎锤改小。根据路堑挖深不同分别采用深孔爆破和浅孔爆破方法,挖深小于 5 m 时用浅孔爆破,挖深大于 5 m 时用深孔爆破。

(二)浅孔爆破设计

浅孔爆破采用小型凿岩机钻孔,炮孔直径 38～50 mm,孔深 2～4 m,根据开挖深度大小分一个或两个台阶进行爆破,边坡采用预裂爆破。炮孔方向:中间主炮孔取垂直孔,边坡预裂孔与边坡坡率相同。

预裂孔内采用分散不耦合装药,具体方法是将炸药分别绑扎于长 2.4 m、有一定强度的竹签两端和中间位置上,每条炸药各插入一个毫秒雷管。装药时仔细地牵住雷管线,将绑有炸药的竹签缓慢放入孔底,在竹签顶端塞入 20 cm 水泥纸,再在水泥纸上面填入 1 m 黏土堵塞并夯实。

浅孔爆破使用毫秒雷管起爆,每排用同段雷管同时起爆,各排按从前到后的顺序起爆。

(三)深孔爆破设计

深孔爆破采用微差挤压梯段爆破方法施工。大型潜孔钻机钻孔,钻头直径为 90 mm,成孔直径为

100 mm,孔深 5～10 m,路堑挖深大于 10 m 时分层开挖,边坡采用预裂爆破或光面爆破。当路堑挖深较大、边坡设置变坡时,在变坡点高度处分层。除预裂孔和光面孔按坡面坡率钻孔外,其余中间主爆孔均为垂直孔。

预裂孔内采用分散不耦合装药,具体方法是将以上炸药分散绑扎于长 6.4 m、有一定强度的竹竿上,其中底部 1 m 长范围的装药量为其余段的 2.5 倍,分散装入 3 个毫秒雷管,竹竿长度不够时采用搭接绑扎加长。装药时仔细地牵住雷管线,将绑有炸药的竹竿缓慢放入孔底,在竹竿顶端塞入 20 cm 水泥纸,再在水泥纸上面填入 1 m 黏土堵塞并夯实。

(四)工艺流程

石质路堑开挖工艺流程如图 4-2-15 所示。

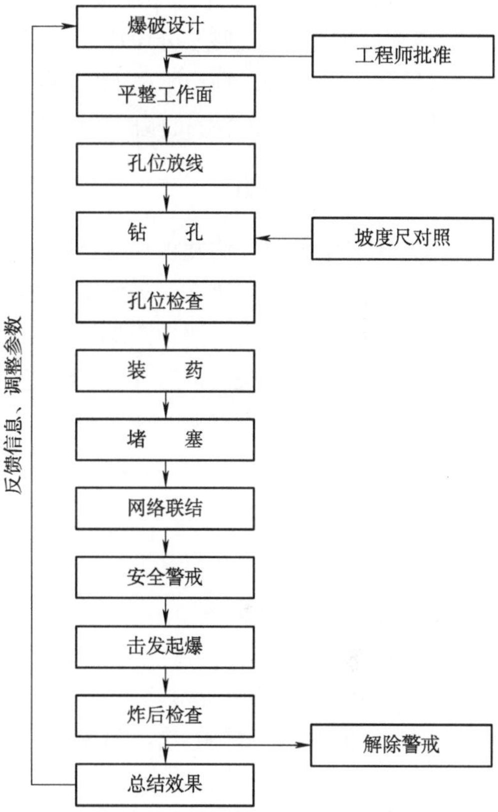

爆破设计
工程师批准
平整工作面
孔位放线
钻 孔
坡度尺对照
孔位检查
装 药
堵 塞
网络联结
安全警戒
击发起爆
炸后检查
解除警戒
总结效果
反馈信息、调整参数

图 4-2-15 石质路堑开挖工艺流程

四、安全质量措施

(一)质量保证措施

(1)路基施工首先处理好基底。按照现场调查资料,区别不同的土质类别配备各类相应的施工机械,并留有一定备用余地。施工机械要配套,能力和型号满足施工需要。

(2)开工前,先进行施工测量,准确确定线路中桩、边桩的位置和高程。

(3)路基开工前首先应做好堑顶天沟,施工场地内水沟、排水涵渠、永久和临时排水相结合,保证排水通畅。

(4)路堑应采用纵向分段、分层拉槽方式开挖,采用大型机械作业时边坡预留保护层,保护层以人工刷坡,边坡成型一段防护一段,刷坡后要尽快按设计要求进行防护。

(5)当路堑开挖至设计高程后,应核对路基面和边坡的水文地质和工程地质情况资料,当与设计不符时,应提出变更设计。

(6)边坡按设计要求及时施作防护工程,以保证边坡稳定,免于受到冲刷、侵蚀等。

(7)排水、截水系统完善,排水通畅;地面水沟位置符合设计及实际地形情况,沟底、边坡平顺、整齐,砌筑牢固。

(二)安全保证措施

(1)路基工程施工应做好前期准备,进行全面安排,正确选用施工方法,编制施工实施细则。施工前应详细调查并掌握地质、水文资料,检查易于发生水害地段的施工安全隐患,做好施工中的临时防护工作。对路堑施工,还需预先检查边坡山体有无塌方、滑坡的可能,并拟定防护措施。

(2)路基工程采用新技术、新工艺、新机具和新的施工方法时,应制订相应的安全技术措施。

(3)施工现场设立安全标志。危险地区必须悬挂"危险"或者"禁止通行""严禁烟火"等标志,夜间设红灯示警。在施工便道间的交叉口、与公路的交叉口,应设立指示标志。所有道路的便桥,都应该在桥头树立标志,注明载重能力和限制速度。

(4)路堑开挖时,要经常注意检查、落实坡面的稳定性。每天开工前、收工前应对坡面、坡顶及附近相关位置进行检查,如发现有裂缝和塌方的迹象或有危石、危土时,立即处理,凡不能处理且对施工安全有威胁时,要暂时停止施工,并报告上级处理。

(5)在高于 3 m 的坡面上作业时,必须拴安全绳;严禁在同一安全桩上拴几根安全绳和在一根安全绳上拴几个人。在路堑内作业时,必须戴安全帽。

(6)开挖作业应与装、运作业面相互错开,严禁上下重叠作业。

(7)路堑开挖放炮后,在清理过程中,如发现有瞎炮、残药、雷管等应及时报告,设立警戒区,由专业爆破人员处理。边坡开挖中如遇地下水出露,应在采取临时排水措施后方可继续开挖。岩溶地区,对堑顶或基底的岩溶水、上升泉水应按设计要求进行治理,不得任意堵塞出水口或任意抽水,以免导致突发性坍陷。

(8)弃土应保证弃土堆的自身稳定,其位置与高度应根据地形情况并考虑对附近建筑物以及农田、水利、河道、交通的安全影响,合理设置,先防护后弃土。

(9)严禁有间发性癫痫、高血压、心脏病和恶性贫血患者担任撬石和高边坡作业。

(10)路堑开挖应自上而下纵向、水平分层开挖,纵向坡度不得小于4%。严禁掏底开挖。设有支挡结构的路堑边坡应分段开挖、分段施工。半填半挖路基轨道下横跨挖方和填方两部分时,应按设计要求开挖换填,填筑区域基底表面应平整,片石码砌边坡与填筑同时成型,嵌缝密贴,坡面稳定。各种机械要有专人负责维修、保养,并经常对机械的关键部位进行检查,预防机械故障及机械伤害事故的发生。

五、环保水保措施

(1)施工中采取措施减少粉尘,减少对生产人员和当地居民造成危害,必要时进行洒水。

(2)居民区尽量安排在白天施工,避免夜间施工噪声影响居民休息。

(3)工程完工后及时清理现场垃圾,做到文明退场。

(4)弃土场必须先防护后弃土,确保弃土场的环保达标。

第六节　填料改良施工

一、改良土

(一)改良土的设计要求

1. 填料勘察和试验

改良土设计前应首先对填料及外掺料进行勘察和试验。对一般细粒土应进行颗粒分析(黏粒、粉粒含量)试验、界限含水率试验、击实试验、无侧限抗压强度试验及回弹模量、夯后快剪强度、有机质含量、硫酸盐含量试验。膨胀土等特殊土,除按做细粒土的一般试验项目外,尚应进行矿物成分分析、湿化试验、膨胀试验及设计要求的其他试验。对于外掺料:水泥应进行强度等级试验、凝结时间试验、安定性试验;石灰应进行CaO与MgO含量试验、未消化残渣含量试验;粉煤灰应进行矿物成分($SiO_2+Al_2O_3+Fe_2O_3$含量)试验、SO_3含量试验、烧失量试验、细度试验。

2. 改良土设计技术指标

(1)当改良土外掺料为水泥时,宜采用普通硅酸盐水泥或矿渣硅酸盐水泥,强度等级为32.5或42.5,初凝时间不宜小于3.0 h,终凝时间不宜小于6.0 h,不应使用快硬水泥、早强水泥,不得使用受潮变质水泥。用水泥改良的原土料,其塑性指数宜小于12,有机质含量不宜超过2%,硫酸盐含量不大于0.25%。

(2)当改良土外掺料为石灰时,宜采用一等建筑钙质生石灰粉或合格建筑钙质生石灰,其石灰的CaO+MgO含量不小于80%,CO_2含量不大于9%,未消化残渣含量(5 mm圆孔筛余)不大于15%。用石灰改良的原土料,其塑性指数宜大于12,有机质含量不大于5%,硫酸盐含量不大于0.8%。

(3)当改良土外掺料为粉煤灰时,宜用$SiO_2+Al_2O_3+Fe_3O_4$含量不小于70%的粉煤灰,其质量应符合现行《粉煤灰标准》(GB 1596)Ⅱ级粉煤灰的要求,即细度(0.045 mm方孔筛余)不大于25%,SO_3含量不大于3%、烧失量不大于8%。

3. 改良土设计方案

细粒土一般宜根据土的性质,选择适宜的外掺料,采用改变土的物理、力学性质的化学改良方法。配制不少于三个不同掺合量的混合料进行击实试验,以确定各种混合料的最优含水率和最大干密度。击实试验按现行《铁路工程土工试验规程》(TB 10102)中改良土试验相关规定进行。当采用水泥基类作为外掺料时,其击实最大干密度取延迟一定时间的试验值,延迟时间根据所选工艺经试验确定。按改良土所处路基结构不同部位的压实度要求计算干密度。按最优含水率、计算干密度并延迟一定的时间制备试件进行无侧限抗压强度试验。无侧限抗压强度试验按现行《铁路工程土工试验规程》(TB 10102)中改良土试验相关规定进行。根据路基结构不同部位对改良土强度的要求,选定合适的外掺料及掺入比。

(二)改良土的施工要求

1. 石灰改良土

石灰改良土具有较高的抗压强度,强度形成好的石灰改良土是一种整体材料,具有板体作用和较好的水稳性和一定的冰冻稳定性。由于石灰属于中缓凝慢硬材料,从加水拌和到碾压成型的延迟时间对其压实度和强度没有明显的影响,其延迟时间可达 2~3 d。这种改良措施主要在沿线石灰储量丰富的地区应用。另外,从试验分析证明,用相同剂量的石灰改良不同的黏性土时,改良后的强度随土中黏粒含量的增加和塑性指数的增大而增大,石灰宜改良黏粒粒径 $d<0.002$ m 且黏粒含量>10%及 $I_p>12$ 的黏性土。

(1)施工工艺。根据用土比例和每车土量将素土按指定位置堆放,均卸在路槽顶面,并用推土机和平地机粗平,用轻型压路机稳压一遍,检查布土厚度和含水率。石灰应在使用前一周充分消解,并通过 10 mm 筛孔,用布灰机或打方格人工布灰,布灰后均摊平。

(2)拌和。拌和采用专用拌和机械,施工时有专人检查拌和的深度,使稳定土层全部翻透,严禁在稳定土层与下承层之间残留一层素土,但也要防止翻犁过深。检查松铺厚度和混合料含水率、石灰剂量,并按规定取样制备抗压试件。根据天气情况,夏天混合料含水率应较最佳含水率高出 1~2 个百分点。用石灰稳定塑性指数大的黏土时,应采用两次拌和。第一次加 70%~100%预定剂量的石灰进行拌和,闷放 1~2 d,此后补足需用的石灰,再进行第二次拌和。表面高出设计高程部分应予刮除并将刮下的石灰土扫出路外;局部低于高程之处,不能进行贴补,必须将其铲除重铺。

(3)碾压。用轻型压路机碾压一遍,再用平地机进行整平、整型,经检查达到规定高程后再进行压实。用 12 t 以上压路机全宽碾压 1~2 遍,每次重叠 1/2 碾压宽度;用压路机碾压到规定压实度。一般需碾压 6~8 遍。用人工摊铺和整形的稳定土层,宜先用 6~8 t 两轮压路机或轮胎压路机碾压 1~2 遍,然后再用重型压路机碾压。碾压应遵循由路边向路中、先轻后重、先下部密实后上部密实、低速行驶碾压的原则,避免出现推移、起皮和漏压的现象。碾压程序和碾压遍数并不是唯一的,应通过试铺确定。

(4)接缝。基层的横向施工接缝、应采用与表面垂直的平接缝处理,确保接缝处横向与纵向平整度。同日施工的两工作段的衔接处,应采用搭接。前一段整形后,留 5~8 m 不进行碾压,与后一段重新拌和碾压。

(5)养生及交通管制。石灰土在养生期间应保持一定的湿度,不应过湿或忽干忽湿。养生期不宜少于 7 d。每次洒水后,应用两轮压路机将表层压实。石灰土碾压结束 1~2 d,当其表面达到干燥(含水率不大于 10%)要求后,可进行下一步施工。在养生期间未采用覆盖措施的石灰稳定土层上,除洒水车外应封闭交通。在采用覆盖措施的石灰稳定土层上,不能封闭交通时,应限制车速不得超过 30 km/h,禁止重型卡车通行。

2. 石灰、粉煤灰改良土

石灰、粉煤灰改良土俗称二灰土,二灰土具有较高的强度,虽然早期强度偏低,但后期强度较高。二灰土在形成过程中,内部进行物理化学反应,形成致密整体,具有较好的水稳定性和抗冻性。由于土的塑性指数变化,特别是塑性指数在 10~20 之间时,二灰土的强度变化尤为明显,塑性指数高的土,强度亦高,另外,当沿线粉煤灰储量较多时,可以考虑废物利用。

(1)备土。在冬季覆盖土基础上由测量人员测量放点,用平地机精平,厚度按 15 cm 控制,多清少补,然后压路机快速碾压 1 遍,使素土表面平整,并具有一定密实度,以便摊铺粉煤灰。整平后,由试验人员测其含水率,如含水率不足,及时洒水。

(2)布粉煤灰。根据计算出每延米粉煤灰用量,在素土表面人工码成两个标准断面的梯形,并做出相应标尺进行量方。然后沿两侧及中心各打一条灰线,人工进行摊铺,采用扣锹法,禁止扬锹,将粉煤灰均与摊铺,摊铺后,适当洒水,防止粉煤灰飞扬。粉煤灰撒布均匀后,用旋耕机进行拌和,拌和深度不宜到底,拌和完后用东方红推土机进行排压,平地机整平后,再用压路机快速静压一遍。

(3)备石灰。根据计算出的每延长米石灰用量,按梯形断面人工码成两个标准梯形断面,并做出相应标尺进行量方。然后沿两侧及中心各打一条灰线,用人工均摊铺石灰摊铺均匀后,用路拌机进行拌和,拌和深度达到下承层 1 cm 左右,拌和机后设专人检查拌和深度,严禁拌和层底部留有素土夹层,拌和遍数视拌和情况而定,直至达到拌和均匀,没有超粒径土块为止。拌和完后用东方红推土机进行排压,试验人员现场检测石灰剂量及含水率,如含水率不足及时洒水。洒水后闷料时间不少于 4 h,自检石灰剂量合格后报监理抽检,合格后进行放点整形。

(4)整修。排压后测量放点平地机初平,再测量放点平地机精平,松铺厚度按 22 cm 控制。

(5)碾压。经终拌和及整形的二灰土在半幅全宽范围内进行碾压,碾压横向轮迹重叠 1/2 轮,不能出现漏压现象,确保碾压均。碾压采用羊足碾及 yz16b 压路机各振一遍,速度为 2.0～2.5 km/h,然后用 yz18 或三光轮压路机静压一遍,后用 yz16b 压路机静压一遍,消除表面轮迹。压实度采用灌砂法进行检测,并且在全厚度范围进行取样。碾压过程中对有起皮或翻浆处设专人进行处理,保证碾压段落的整体外观质量。碾压过程中严禁压路机在已完成的或正在碾压的路段处调头或急刹车,保证表面不受破坏。

(6)养护。碾压完后对二灰土表面进行洒水养生,养生期不小于 7 d,在养护过程中要始终保持二灰土表面潮湿。养护期间,除洒水车外,严禁其他车辆行驶。

3. 水泥改良土

水泥改良土的优点是具有足够高的强度,其 7 d 的无侧限抗压强度可达几个兆帕,能满足铁路对基床底层的要求;受水分变化的影响不大,并且其强度越高,稳定性越好。它的缺点是在施工过程中容易产生收缩裂缝,当水泥用量超过一定比例时,改良后的土体收缩性增大,从而容易产生较多的收缩裂缝,并且伴随着水泥等级的提高,水泥中细颗粒的增多,更容易产生收缩裂缝。当裂缝发生后,可能会导致基床表层的级配粗粒料与基床底层改良土相互侵入,严重影响排水效果。在列车荷载重复作用下,发生翻浆冒泥的可能性大大增加,从而引起路基病害,影响列车的高速、安全、平稳运行。因此,采用 22.5 级水泥可以保证改良填料有较好的弹塑性特征。避免填料产生过多裂缝,影响路基的稳定性。另外,由于水泥的水化和水解作用进行得较快,因此在实际施工中,应该使用拌和效率高的机械,并使拌和、整平、碾压几道工序紧密相接,尽可能缩短从加水拌和到压实的间隔时间,这对路拌法施工特别重要。水泥改良土不宜在雨季施工。

(1)施工工艺

铺原状土→推土机推平→压路机静压一遍→撒水泥→路拌机搅拌→压路机静压一遍→平地机精平→压路机碾压至符合压实度为止。施工方法同石灰稳定材料施工。

(2)注意事项

碾压过程中,混合料的表面要始终保持潮湿,如果表面水蒸发得快,应及时用洒水车补洒少量的水。从加水拌和到碾压终了的延迟时间不超过 6 h。严禁压路机在已完成的或正在碾压的路段上"调头"和急刹车,以保证混合料表面不受破坏。

二、级配碎石

所谓级配碎石是指选用 3～4 种碎石集料按一定比例混合,经充分搅拌而成的一种混合料,混合料级配是一个关键参数,它的好坏直接影响到压实效果和施工质量。

(一)颗粒级配及击实标准

通过材料选样采用 0～31.5 mm 级配碎石进行施工,分别采用 0～5 mm、5～10 mm、10～20 mm、16～31.5 mm 的单粒径级配进行筛分,进行理论曲线试配找出最佳级配,级配碎石的合成级配曲线图如图 4-2-16 所示。以级配碎石各单粒径筛分结果,按照最佳级配曲线筛分结果确定的各粒径掺配比例要求(0～

5 mm：5～10 mm：10～20 mm：16～31.5 mm＝35%：25%：30%：10%)进行标准试验配样，得出该级配碎石的最佳含水率为 4.9%，最大干密度为 2.33 g/cm³。

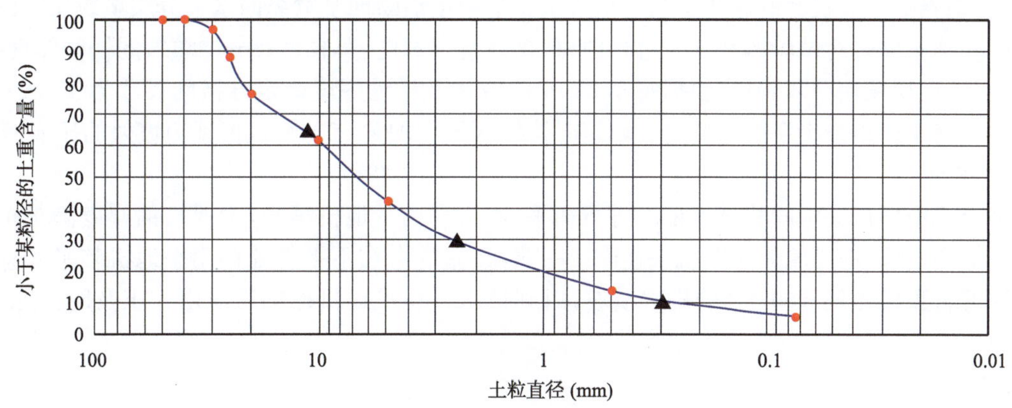

图 4-2-16　级配碎石合成级配曲线

(二)施工机械

配备自卸汽车 6 台，洒水车 1 台，推土机 1 台，平地机 1 台，26 t 压路机 1 台，见表 4-2-17。

表 4-2-17　主要施工机械配备

序　号	机械名称	规格或型号	单　位	数　量
1	洒水车	10 000 L	台	1
2	推土机	山推 SD16	台	1
3	平地机	常林 PY180	台	1
4	振动压路机	XS263JS	台	1
5	自卸汽车	解放 22 m³	台	6
6	打夯机	平板震动夯 4 t	台	2

(三)级配碎石拌和

(1)为快速稳步推进基床表层级配碎石现场连续施工，对基床表层用级配碎石提前备料，采用粒料混凝土拌和站集中拌和后外运至施工现场。

(2)级配碎石拌和站采用稳定土厂拌设备，装载机配合上料、电脑程控计量、对实际用料配比应打印出相应记录备查。在开始生产拌和级配碎石之前，对拌和计量设备进行计量核准，精度满足要求后方可开始生产，并在以后每工作班生产过程中定时进行校准复核，以确保计量误差满足规范要求。

(3)在生产厂、搅拌场、搅拌设备料斗内的集料储备应分类存放、相互隔开。其中石屑应现用现备，防止多备后因下雨造成水化板结失去胶粘力。

(4)防止将泥土铲入，装车前车内要进行清扫，车厢应严密防止小颗粒渗漏。按照搅拌站试拌时确定的最佳组合方式生产。搅拌产量 150 m³/h，装载机上料，6 台汽车运输。

(5)搅拌的混合料要现拌现用，严禁存放。施工中拌和能力、运输能力、摊铺能力要相互匹配、相互衔接。

(6)拌和中要根据配比要求结合天气、运输等条件、认真掌握好含水率，这对级配碎石的质量影响极大，水少难以压实，水多会造成离析，试验室要随时掌握控制材料含水率，并对拌和好的级配碎石含水率进行控制检测。

(四)基床表层级配碎石填筑方法及工艺

1. 施工准备

摊铺前先在路基的中桩和沉降观测板处 1 m² 内人工摊铺，两侧边桩上标示出摊铺厚度(采用涂红白相间的木杆在相应的点位埋设稳固)，用白线在 25 cm 处挂线。

2. 填筑

基床表层的填筑按验收基床底层、搅拌运输、摊铺碾压、检测、修整"四区段"和拌和、运输、摊铺、碾压、检测试验、修整养护"六流程"的施工工艺组织施工。采用按横断面全宽纵向水平分层填筑压实的方法，填筑按拟定的松铺厚度进行试验。在填筑过程中，根据填筑层宽度、车容量及分层填筑的松铺厚度事先计算出堆料间距，并在现场用石灰画格(根据每车 22 m^3 的容量及松铺厚度确定方格网尺寸为 15 m×7.4 m)，由专人指挥运料车严格按十字网格卸料。填筑时边坡两侧各加宽 50 cm，以保证边坡处的压实密度。

3. 摊铺平整

先用推土机由两侧往中间将填料依次进行初平，然后利用平地机精平，确保松铺厚度满足拟定要求。用平地机摊铺的地段，应用轮胎压路机快速碾压一遍，暴露的潜在不平整处再用平地机整平和整形，摊铺时应同时注意将顶面做成双向 4%的排水横坡，以利排水。在平地机摊铺后应由人工及时消除粗细集料的离析现象。

4. 洒水晾晒

填筑施工中，先进行填料含水率检测，当级配碎石含水率较低时，应及时采用洒水措施，当级配碎石含水率过大时，采用将填料在路堤上摊铺晾晒的方法进行处理，以确保在最佳的含水率时进行碾压施工。

5. 碾压夯实

经现场检测填料含水量满足要求后，采用 26 t 振动压路机进行碾压，沉降观测板处采用小型振动夯实设备碾压。压实顺序按先两侧后中间，先静压后弱振、强振、静压的顺序进行。沉降观测桩附近 1 m^2 范围内用 4 t 小型夯机人工夯实，遍数为 6 遍。压路机具体碾压方式为：碾压时先静压一遍，弱振压 1 遍，然后进行强振，第三遍后，每振动一遍后都要检测压实度、地基系数和动态模量，当达到验收标准的要求后停振，以确定强振的遍数，指导以后大面积路基填土施工，最后再静压一遍消除轮迹、收光。压路机最大行走速度不超过 4 km/h，振动频度先弱后强，直线段由两侧向中间，行间轮迹重叠不小于 40 cm，以保证无漏压、无死角，确保碾压的均匀性。横向接缝处填料应翻挖并与新铺的填料混合均匀后再进行碾压，并注意调整含水率，纵向应避免工作缝。碾压后局部地方出现的不平整应补平并补压。

第七节　过渡段施工

赣深铁路过渡段类型主要有隧路过渡段、桥路过渡段、路基与横向结构物过渡段、路堤与路堑过渡段、路基横向过渡段等多种形式。结构类型多，施工工序复杂。填料来自填料生产场或混凝土拌和站，压实标准及检测频率均按路基相应部位要求控制。过渡段填筑前的地基压实采用冲击压实或重型机械碾压。

一、路堤地段桥路过渡段

路基与桥台连接时的桥路过渡段采用倒梯形过渡(包芯形式)，基床表层采用级配碎石掺 5%水泥填筑，基床表层以下倒梯形部分采用级配碎石掺入 3%水泥填筑；桥路过渡段长度 $L=a+(H-h)\times n$，且 $L\geqslant 20$ m。其中，H 为桥台后路基填筑高度；h 为基床表层厚度(无砟为 0.4 m)；正线路基 a 取 5.0 m，n 取 3。基床表层以下压实标准应满足 $K\geqslant 0.95$、$K_{30}\geqslant 150$ MPa/m、$E_{vd}\geqslant 50$ MPa。混凝土满足设计强度要求。为防止每层填土厚度超标，在桥涵过渡段施工前，在桥涵台背上标记分层填筑刻度，按照设定的厚度逐层回填。分层填筑时每层松铺厚度不宜超过 15 cm。

过渡段填筑分在台阶填筑时，台阶宽度为 2 m、高 60 cm。级配碎石采用分层填筑，每层铺设厚不超过 30 cm。桥台后 2.0 m 范围外大型压路机能碾压到的部位应采用大型压路机械碾压，大型压路机碾压不到的部位及在桥台后 2.0 m 范围内应采用小型振动压实设备进行压实，并适当减少分层填筑厚度。

桥台与路基结合部设带排水槽的渗水墙，渗水墙采用无砂混凝土块砌筑，长 30 cm、厚 10 cm、宽 15 cm。渗水墙底部设直径 ϕ150 mm 的内支撑渗排水管，将渗流水排除至路基以外。过渡段桥台基坑采用 C25 混凝土回填。

过渡段路堤应与其连接的正线路堤同时施工，并按大致相同的高度进行分层填筑、分层碾压。

正线路堤地段桥路过渡段形式如图 4-2-17 所示。

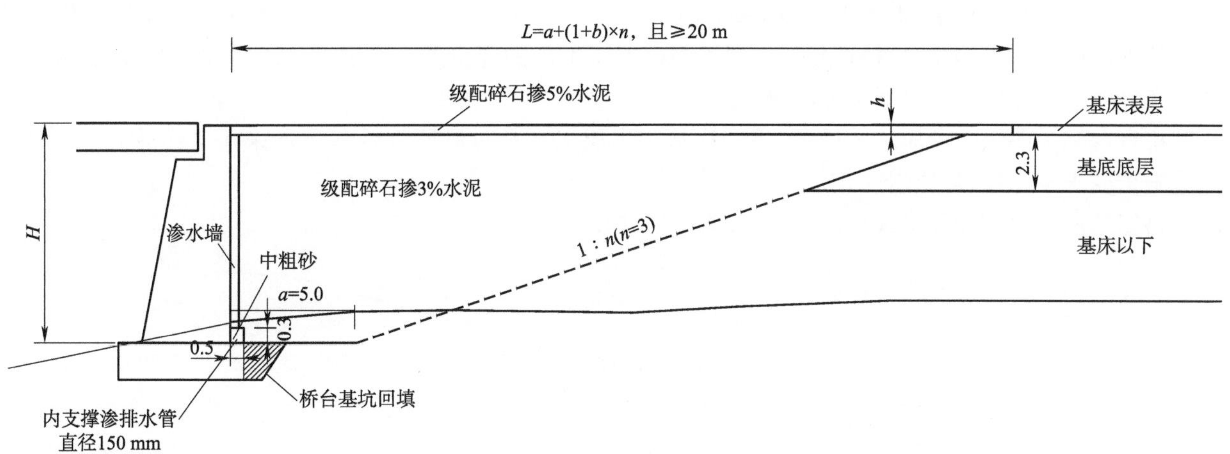

图 4-2-17 路堤地段桥路过渡段形式(单位:m)

路堤与桥台过渡段横断面形式如图 4-2-18、图 4-2-19 所示。

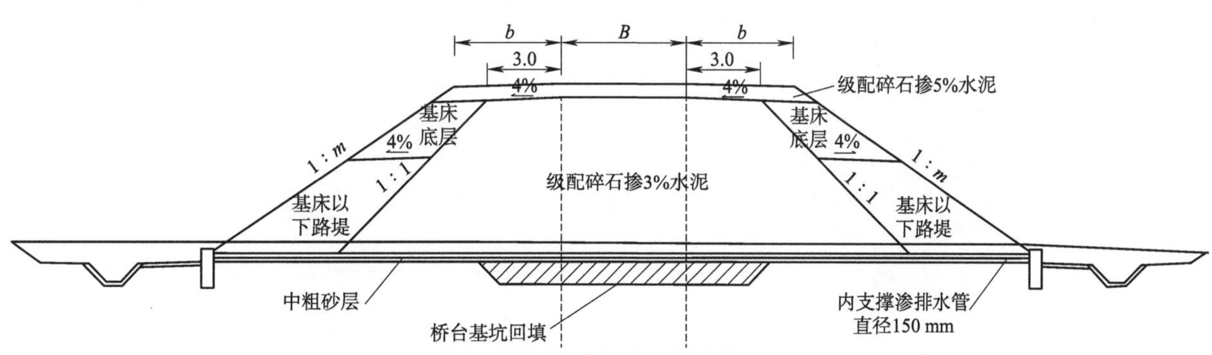

图 4-2-18 路堤与桥台过渡段横断面形式 1(单位:m)

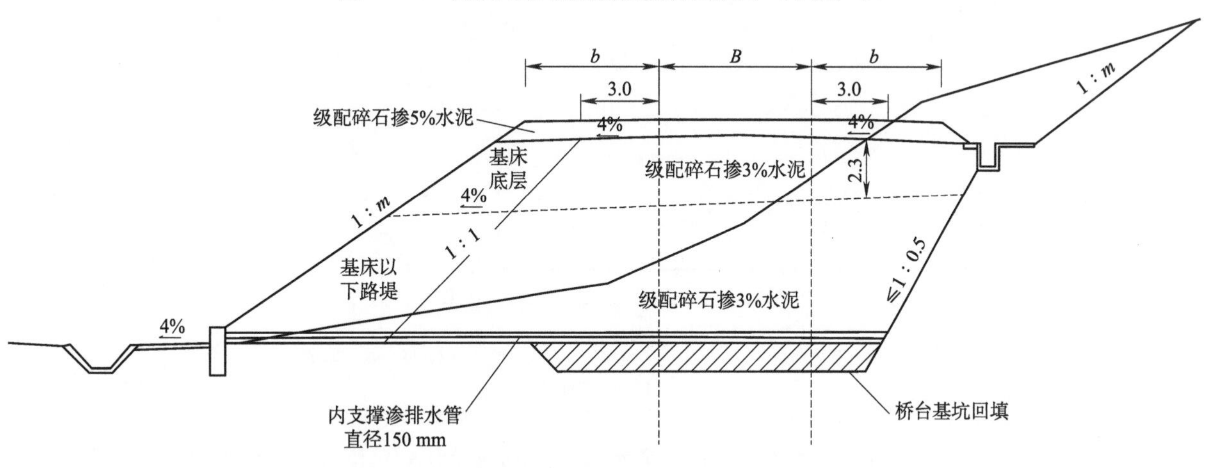

图 4-2-19 路堤与桥台过渡段横断面形式 2(单位:m)

二、路堑地段桥路过渡段

(一)施工概况

桥台台尾路基为土质、软质岩时的正线路堑与桥相连接时的桥路过渡段采用倒梯形过渡段(过渡段掺

长 $L \geqslant 20$ m)基床表层采用级配碎石掺 5%水泥填筑;基床底层换填范围($d=1.0\sim2.3$ m)及以下采用级配碎石掺 3%水泥填筑。级配碎石掺水泥压实标准应满足 $K\geqslant0.95$、$K_{30}\geqslant150$ MPa/m、$E_{vd}\geqslant50$ MPa。

过渡段填筑时,在路堑侧基床以下深度范围内距桥台 5 m 处,沿纵向 1∶1 坡率开挖台阶,台阶宽度为 2 m,高 60 cm。级配碎石采用分层填筑,每层铺设厚不超过 30 cm。桥台后 2.0 m 范围外大型压路机能碾压到的部位应采用大型压路机械碾压,大型压路机碾压不到的部位及在台后 2.0 m 范围内应采用小型振动压实设备进行压实并适当减少分层填筑厚度。

桥台台尾为弱风化硬质岩的桥路过渡段,基床表层以下及过渡段桥台基坑均采用 C25 混凝土填筑,其他施工要求与土质、软质岩一致。

路堑地段桥路过渡段形式如图 4-2-20、图 4-2-21 所示。

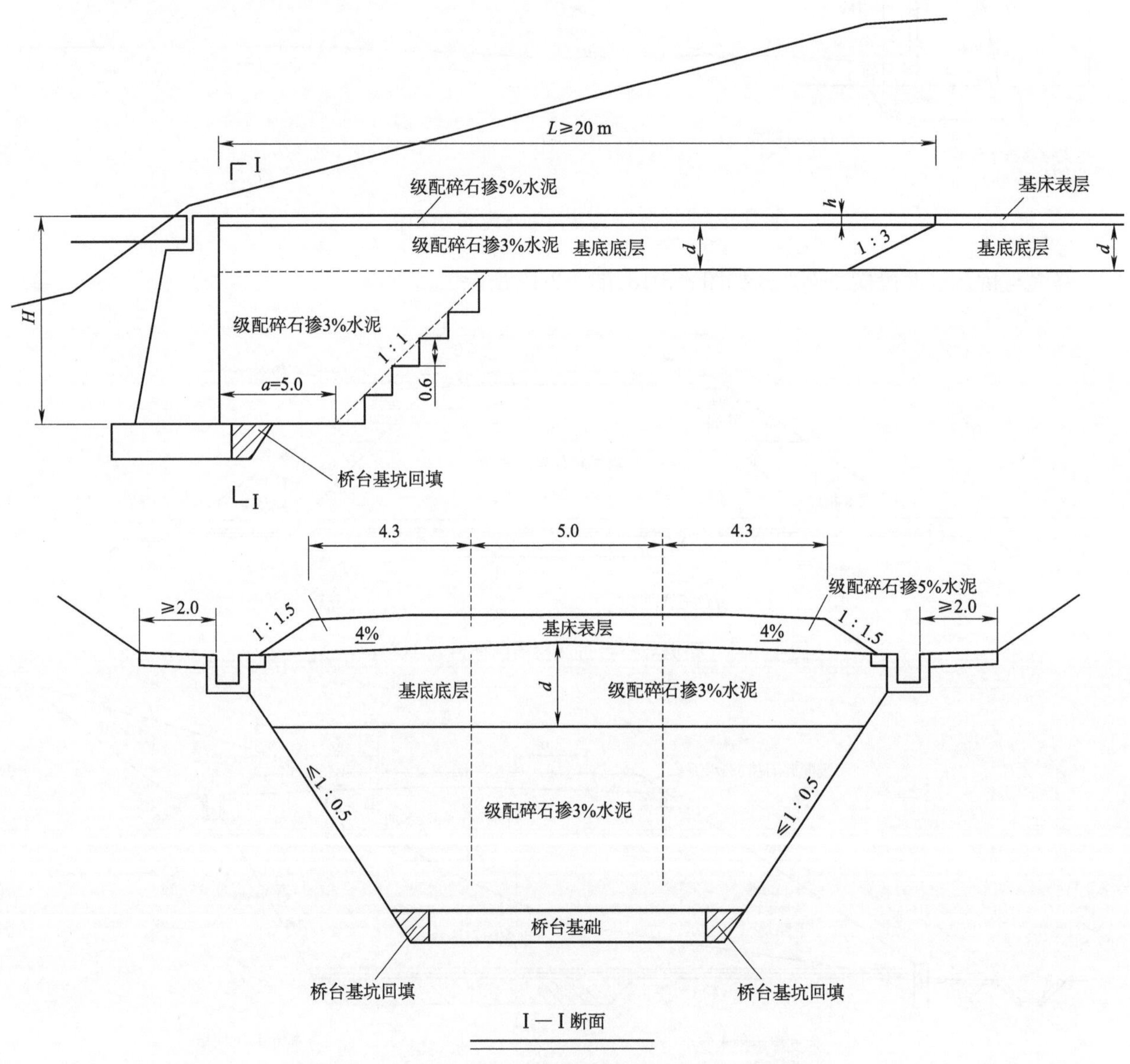

图 4-2-20 土质、软质岩路堑地段桥路过渡段形式(单位:m)

(二)施工方法

(1)施工前,做好桥头路基的排水施工,防止水流对填料的浸泡或冲刷。

(2)桥台基础顶面以下应以 C25 混凝土回填或以碎石分层填筑并用小型平板振动机压实。桥台基础顶面以上过渡段沿线路纵向为倒梯形,采用级配碎石掺水泥分层填筑,用振动碾压机碾压密实。

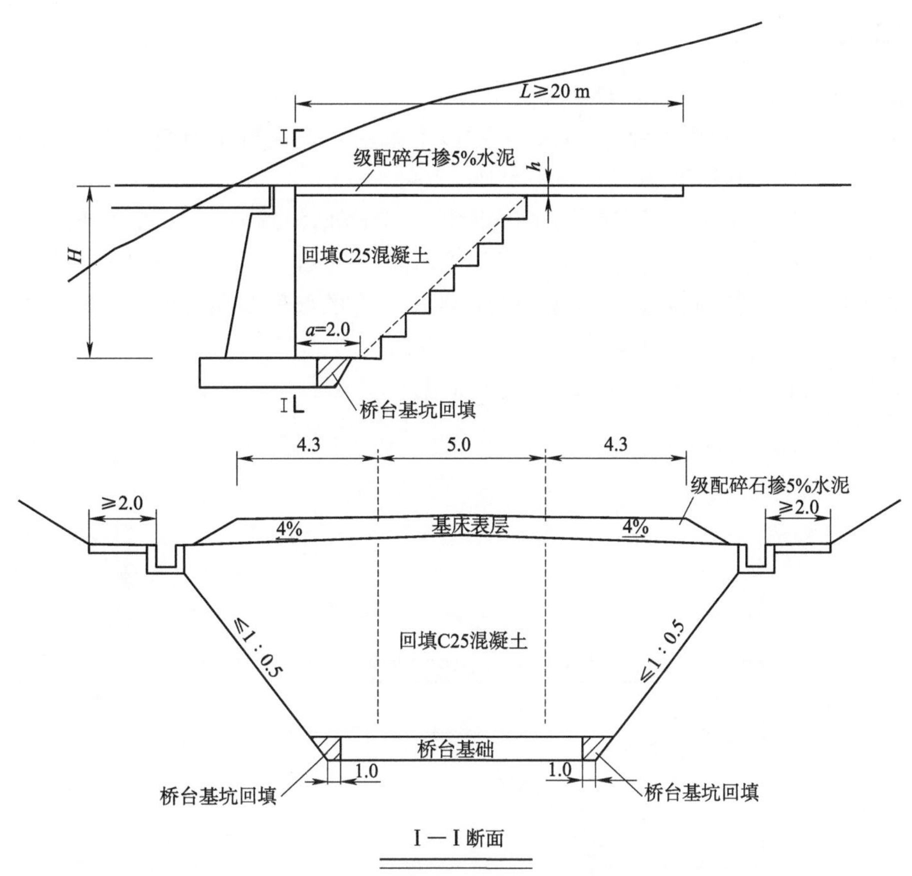

图 4-2-21　弱风化硬质岩路堑地段桥路过渡段形式(单位:m)

摊铺后,先静压、后弱振压、再强振压、最后静压收光。碾压时从两侧向中心碾压,钢轮重叠宽度不小于 40 cm。碾压一直进行到要求的密实度为止。检测填筑压实指标满足地基系数 $K_{30}\geqslant150$ MPa/m,空隙率 $n<28\%$,动态变形模量 $E_{vd}\geqslant50$ MPa、静态二次变形模量 $E_{v2}\geqslant80$ MPa。

(3)在桥台达到设计及规范允许强度后,及时进行台后过渡段填筑,其压实度要求均与一般路基一致。

(4)桥路过渡段桥台锥体填筑按水平分层一体同时施工。

(5)水泥级配碎石过渡段与路基填筑的相应部位同步施工。

路堑与桥台过渡段施工工艺流程如图 4-2-22 所示。

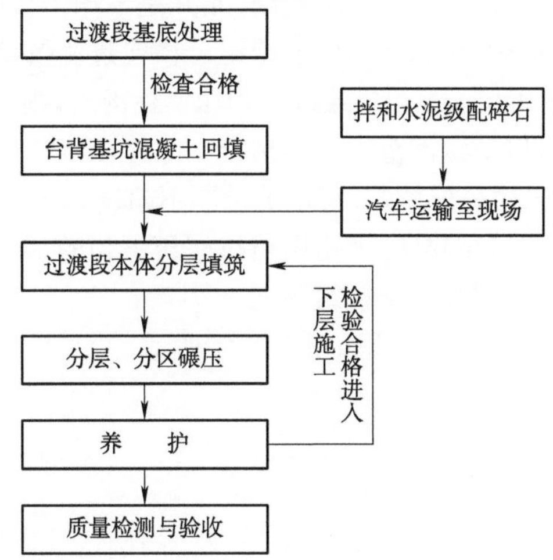

图 4-2-22　路堑与桥台过渡段施工工艺流程

三、桥隧过渡段

(一)桥隧间短路基($L\leqslant 20$ m)过渡段

基床表层采用掺8%水泥的级配碎石填筑,表层以下采用C25混凝土填筑。级配碎石掺水泥压实标准应满足$K\geqslant 0.95$、$K_{30}\geqslant 150$ MPa/m、$E_{vd}\geqslant 50$ MPa。

过渡段填筑时,在路堑侧基床以下深度范围内距桥台5 m处,沿纵向1∶1坡率开挖台阶,台阶宽度为2 m,高60 cm。级配碎石采用分层填筑,每层铺设厚度不超过30 cm。桥台后2.0 m范围外大型压路机能碾压到的部位应采用大型压路机械碾压,大型压路机碾压不到的部位及在台后2.0 m范围内应采用小型振动压实设备进行压实并适当减少分层填筑厚度。

桥隧短路基过渡段形式($L\leqslant 20$ m)如图4-2-23所示。

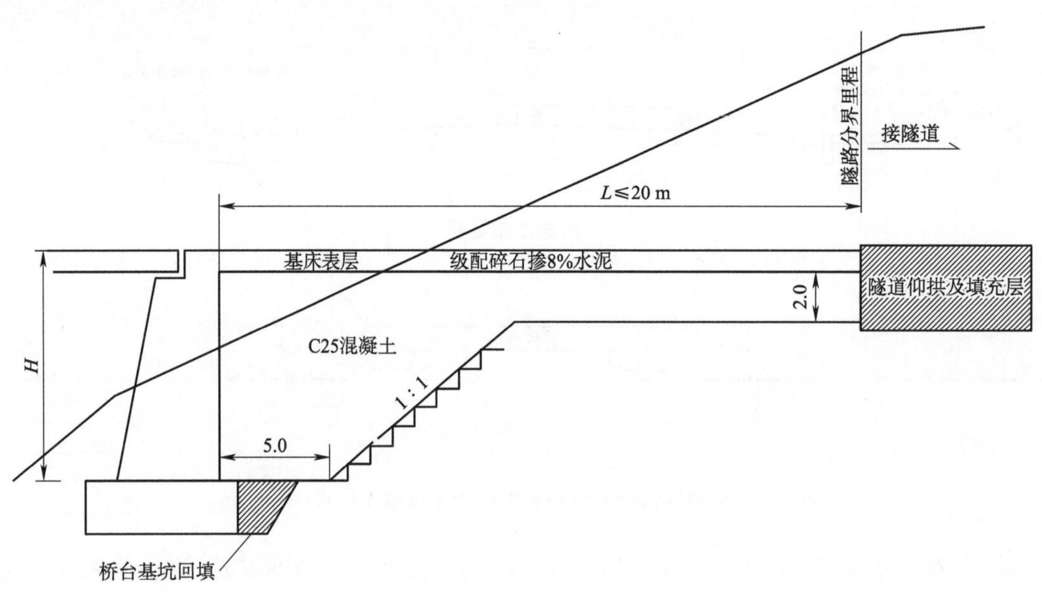

图4-2-23 桥隧短路基($L\leqslant 20$ m)过渡段形式(单位:m)

(二)桥隧间短路基($20\text{ m}\leqslant L\leqslant 60$ m)过渡段

基床表层及以下(包含路堑基床换填部分)均采用掺8%水泥的级配碎石填筑,级配碎石掺水泥压实标准应满足$K\geqslant 0.95$、$K_{30}\geqslant 150$ MPa/m、$E_{vd}\geqslant 50$ MPa。隧道线间排水沟中水需引入路堑侧沟时应满足隧路过渡段的要求。

当填方基底为土质地基时,必须加强工后沉降控制,尤其是不均匀沉降的控制与监测,工后沉降满足无砟轨道的要求。当横向存在斜坡时,应满足不同岩组组合横向过渡及半填半挖横向过渡设置要求。当一侧为挖方桥台,采用级配碎石掺8%水泥填筑难以达到压实标准时,则应采用C25混凝土填筑。

过渡段填筑时,在路堑侧基床以下深度范围内距桥台5 m处,沿缓于1∶1坡率的斜坡开挖台阶,台阶宽度为2 m,高60 cm。级配碎石采用分层填筑,每层铺设厚不超过30 cm。桥台后2.0 m范围外大型压路机能碾压到的部位应采用大型压路机械碾压,大型压路机碾压不到的部位及在台后2.0 m范围内应采用小型振动压实设备进行压实,并适当减少分层填筑厚度。

桥隧短路基过渡段形式($20\text{ m}\leqslant L\leqslant 60$ m)如图4-2-24所示。

四、桥桥间过渡段

(一)桥桥间短路基($60\text{ m}\leqslant L\leqslant 150$ m)过渡段

两桥间路基长度L在60~150 m之间时,对于土质、软质岩、强风化硬质岩路堑挖方桥台:两桥间路基基床表层采用级配碎石掺5%水泥填筑;过渡段填筑时,在路堑一侧沿纵向1∶1坡率的斜坡开挖台阶

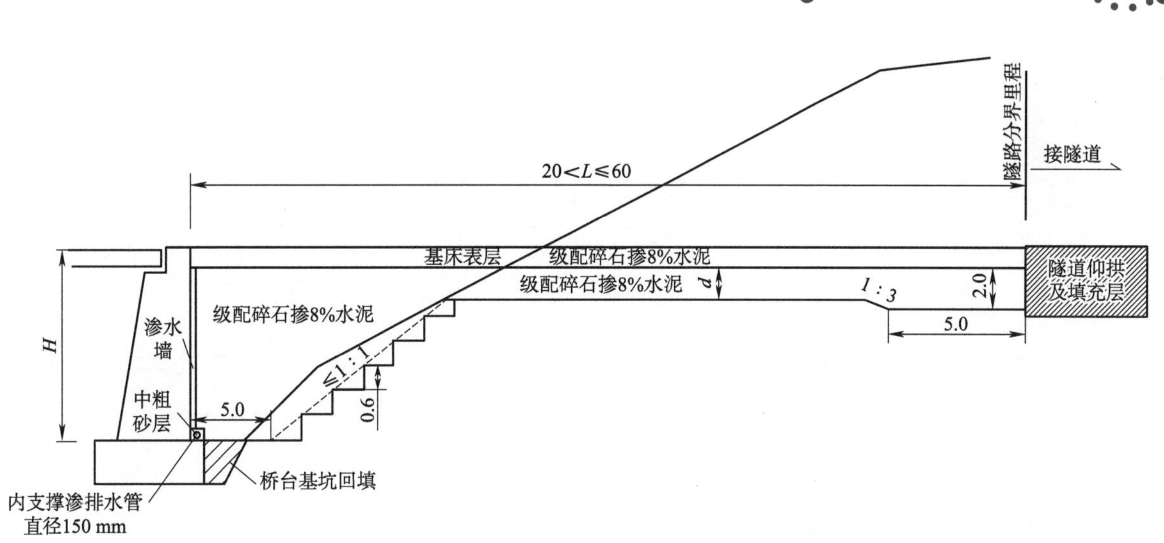

图 4-2-24　桥隧短路基(20 m⩽L⩽60 m)过渡段形式(单位:m)

(如设计图纸坡度比有出入,则按设计图坡度比开挖),台阶高度 0.6 m 左右。过渡段长度⩾20 m,两侧过渡段范围内基床底层及以下采用级配碎石掺 3%水泥填筑。级配碎石掺水泥压实标准应满足 K⩾0.95、K_{30}⩾150 MPa/m、E_{vd}⩾50 MPa。

当基底为土质地基时,必须加强工后沉降,尤其是不均匀沉降的控制与监测,满足无砟轨道的要求。当横向存在斜坡时,应满足不同岩组组合横向过渡、以及半填半挖横向过渡设置要求。

桥隧短路基(60 m⩽L⩽150 m)过渡段形式如图 4-2-25 所示。

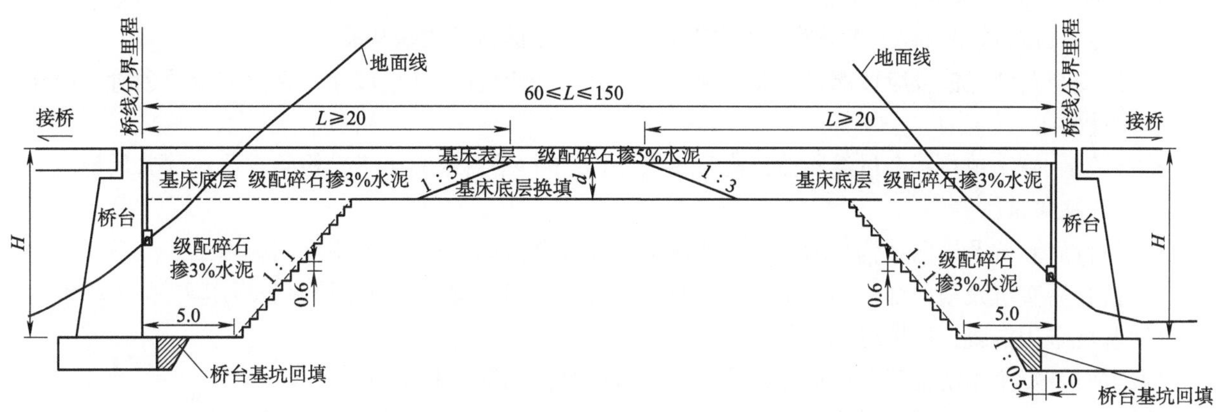

图 4-2-25　桥隧短路基(60 m⩽L⩽150 m)过渡段形式(单位:m)

(二)桥桥间短路基(20 m⩽L⩽60 m)过渡段

在路堑一侧原地面纵向开挖台阶,每级台阶自原坡面的挖入深度不应小于 1.0 m,台阶高度 0.6 m,挖方地段基床底层换填部分采用级配碎石掺 8%水泥填筑。级配碎石掺水泥压实标准应满足 K⩾0.95、K_{30}⩾150 MPa/m、E_{vd}⩾50 MPa。

桥桥短路基(20 m⩽L⩽60 m)过渡段形式如图 4-2-26 所示。

五、过渡段检查验收标准

(一)过渡段基底处理

(1)过渡段基底处理过程中及处理后按照设计要求做好地面排水,软土、松软土、膨胀土和黄土地基地段,应确保降水及地表径流对施工质量无不利影响。

(2)过渡段基底范围及其两侧排水、防渗和地下水的拦截、引排应符合设计要求。地下水的出露位置

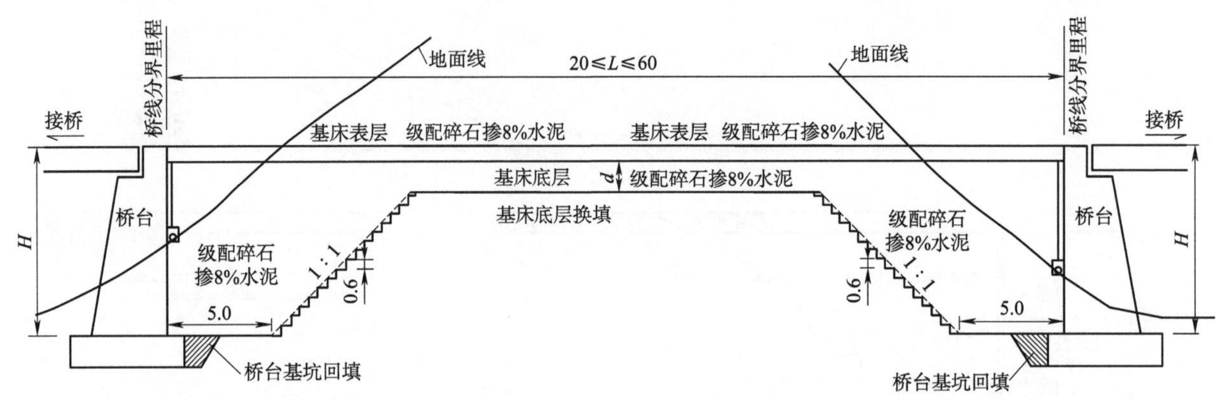

图 4-2-26 桥桥短路基(20 m≤L≤60 m)过渡段形式(单位:m)

和处理前、后的出水情况要有记录。

(3)过渡段基底处理按照设计要求与桥台、横向结构物、相邻路堤、相邻隧道的基底处理同时进行,开挖处理后的基底碾压密实,压实质量控制见表 4-2-18。

表 4-2-18 压实质量控制指标

指 标	过渡段路堤高度≤3 m	过渡段路堤高度>3 m
动态变形模量 E_{vd}	≥40 MPa	≥30 MPa

检验数量:施工单位每个过渡段抽样检验 3 点,其中,距路基边线 1 m 处左、右各 1 点,路基中部 1 点。监理单位每个过渡段抽样检验 1 点。

检验方法:按《铁路工程土工试验规程》(TB 10102)规定的试验方法检验。

(4)路堤与路堑过渡段应按照设计要求顺原地面纵向开挖台阶,开挖坡面的纵向坡度及台阶开挖高度应符合设计要求。

检验数量:施工单位每个过渡段抽样检验 3 点,监理单位平行检验 1 点。检验方法:观测、尺量。

(二)基坑回填

(1)桥台后基坑及横向结构物的基坑必须在基底验收合格后,方可进行基坑回填施工。

(2)桥台后基坑及横向结构物的基坑应按照设计选用的回填材料及时回填并分层压实,避免积水。

(3)基坑采用混凝土回填时,混凝土强度等级应符合设计要求。

检验数量:每个基坑施工单位抽样检验 2 组。监理单位见证检验 1 组。

检验方法:在浇筑地点抽样检验成型混凝土试件,标准养护 28 d,进行抗压强度试验。

(4)基坑回填顶面高程的允许偏差为±50 mm。

检验数量:施工单位每个基坑抽样检验 2 点。

检验方法:水准仪测量。

(三)基床表层以下过渡段级配碎石填层

(1)过渡段应与相邻的路堤及锥体按一个整体同时施工,并将过渡段与连接路堤的碾压面按大致相同的水平分层高度同步填筑并均匀压实。

(2)桥台后 2.0 m 范围外大型压路机能碾压到的部位应采用大型压路机碾压,大型压路机碾压不到的部位及在桥台后 2.0 m 范围内应采取小型振动压实设备进行压实。

(3)横向结构物两侧的过渡段填筑必须对称进行,并与相邻路堤同步施工。

(4)涵洞背部两端大型压路机能碾压到的部位宜采用大型压路机碾压。大型压路机碾压不到的部位应采用小型振动压实设备进行压实。靠近横向结构物的部位,应平行于横向结构物背壁面进行横向碾压。

(5)横向结构物的顶部填土厚度小于 1 m 时,不应采用大型振动压路机进行碾压。

(6)掺入水泥的级配碎石混合料应在 4 h 内使用完毕。

(7)在填筑压实过程中,应保证桥台、横向结构物稳定且无损伤。

检验数量:施工单位、监理单位全部检验。检验方法:观察。

(8)基床表层以下过渡段级配碎石填筑应按工艺试验确定,并经监理单位确定的摊铺厚度及碾压遍数等工艺参数进行控制。

检验数量:施工单位每过渡段每填一层检验 1 次。监理单位每过渡段每填 3 层平行检验 1 次。检验方法:观察,尺量。

(9)级配碎石中水泥掺加量应符合设计要求,允许偏差为试验配合比的 0～+1.0%。

检验数量:施工单位每过渡段每填高约 90 cm 抽样检验 3 处(左中右各 1 处)。监理单位按施工单位每抽检次数的 20%见证检验。

检验方法:按《铁路工程土工试验规程》(TB 10102)规定的 EDTA 容量法进行检验。

(10)基床表层以下过渡段级配碎石填层的压实质量应按表 4-2-19 规定的地基系数 K_{30}、动态变形模量 E_{vd}和压实系数 K 三项指标控制。

表 4-2-19　基床表层以下过渡段级配碎石填层的压实质量控制指标

指　　标	地基系数 K_{30}(MPa/m)	动态变形模量 E_{vd}(MPa)	压实系数 K
压实标准	≥150	≥50	≥0.95

检验数量:施工单位每过渡段每压实层抽样检验压实系数 3 点,其中距路基两侧填筑级配碎石边线 1 m 处左右各 1 点,路基中部 1 点。每填高约 30 cm 抽样检验动态变形模量 3 点,其中 1 点应靠近桥台或横向结构物边缘处;每填高约 60 cm 抽样检验地基系数 2 点,其中距路基填筑级配碎石边线 2 m 处 1 点,路基中部 1 点。监理单位按施工单位检验数量的 20%进行平行检验。

检验方法:按《铁路工程土工试验规程》(TB 10102)规定的试验方法进行检验。

(四)基床表层以下过渡段两侧及锥体填土

1. 基床表层以下过渡段两侧及锥体填筑压实质量应符合表 4-2-20 的规定。

表 4-2-20　基床表层以下过渡段两侧及锥体填筑压实质量控制指标

指　　标	压实标准		
	化学改良土	砂类土及细砾土	碎石类及粗砾土
地基系数 K_{30}(MPa/m)	—	≥130	≥150
动态变形模量 E_{vd}(MPa)	—	≥40	≥40
压实系数 K	≥0.95	≥0.95	≥0.95
7 d 饱和无侧限抗压强度 q_u(kPa)	≥350(550)	—	—

注:括号内数字为寒冷地区化学改良土考虑冻融循环作用所需强度值。

检验数量:每过渡段施工单位每压实约 60 cm 厚抽样检验地基系数 2 点;基床以下每压实层抽样检验压实系数 3 点。基床底层每压实层抽样检验压实系数和动态变形模量各 3 点;改良土填筑时,每压实约 60 cm 厚抽样检验 1 组无侧限抗压强度。监理单位按施工单位检验数量的 20%进行平行检验,且每个过渡段每个指标至少平行检验 1 次。

检验方法:按《铁路工程土工试验规程》(TB 10102)规定的试验方法进行检验。无侧限抗压强度试样应从已摊铺好填料的地段现场抽样,在室内按要求的压实密度成型,并按规定进行养护和无侧限抗压强度试验。

2. 在填筑压实过程中,应保证桥台、横向物结构稳定且无损伤。

校验数量:施工单位、监理单位全部检查。

(五)过渡段混凝土填层

(1)混凝土施工前,应按设计要求进行基底处理,基底应平整、密实、无积水,处理后的基底压实质量应符合设计要求。

检验数量:施工单位每个过渡段抽样检验 3 点,其中:距路基边线 1 m 处左、右各 1 点,路基中部 1 点。监理单位在每个过渡段抽样检验 1 点。

检验方法:观察基底外观,按《铁路工程土工试验规程》(TB 10102)规定的试验方法进行检验。

(2)混凝土所用水泥、粗骨料、细骨料、矿物掺合料、外加剂等材料的品种、规格、质量应符合设计要求,其进场检验应符合《铁路混凝土工程施工质量验收标准》(TB 10424—2018)的有关规定。

(3)模板应支撑牢固,无变形、漏浆,模板安装应符合《铁路混凝土工程施工质量验收标准》(TB 10424—2018)的有关规定。

(4)混凝土强度应符合设计要求,其施工和检验应符合《铁路混凝土工程施工质量验收标准》(TB 10424—2018)第 6.3.1 条、第 6.4.1 条~第 6.4.11 条的有关规定。

(5)过渡段混凝土填层表面应密实、平整、不应有孔洞、疏松等缺陷。检验数量:施工单位、监理单位全部检验。

(6)过渡段混凝土填层的允许偏差、检验数量及检验方法见表 4-2-21。

表 4-2-21 过渡段混凝土填层的允许偏差、检验数量及检验方法

序号	检验项目	允许偏差	施工单位检验数量	检验方法
1	中线高程	±10 mm	每过渡段抽样检验 3 点	测量仪器测量
2	中线位置	20 mm	每过渡段抽样检验 3 处	测量仪器测量,尺量
3	纵向长度	不小于设计值	每过渡段抽样检验 3 处,左、中、右各 1 处	尺 量
4	横向宽度	不小于设计值	每过渡段抽样检验 3 处	尺 量
5	厚 度	±10 mm	每过渡段抽样检验 3 个断面,沿过渡段纵向均匀分布	测量仪器测量,尺量
6	横 坡	±0.50%	每过渡段抽样检验 3 个断面	坡度尺量

六、施工注意事项

(1)横向结构物基坑(混凝土)回填,按照横向结构物的沉降缝位置相应设置沉降缝。

(2)在混凝土施工前,应保证地基表面清洁湿润,并采取相应防排水措施。对未风化的岩石基面用水清洗,但其表面不得有积水。

(3)混凝土浇筑前应将模板内的杂物等清除干净,木模板应用水湿润,但不能留有积水,当模板有缝隙和孔洞时应予堵塞,保证模板不漏浆。

(4)混凝土浇筑时的自由倾落高度不得大于 2 m,当大于 2 m 时,应采用滑槽、漏斗等器具浇筑。

(5)混凝土浇筑应分层进行,其分层厚度为插入式振捣器作用部分长度的 1.25 倍;移动间距不宜大于振捣器作用半径的 1.5 倍,且插入下层混凝土内的深度宜为 5~10 cm;表面振捣器的移动距离应能覆盖已振动部分的边缘;振捣时不得碰撞模板、钢筋及预埋件;每一振捣点的振捣延续时间为 20~30 s,以混凝土不再沉落、不出现气泡、表面呈现浮浆为度。

(6)混凝土浇筑应连续进行。当因故间歇时,其间歇时间宜缩短,对于不掺外加剂的混凝土,其允许间歇时间不应大于 2 h;当气温达 30 ℃左右时,不应大于 1.5 h;当气温至 10 ℃左右时,可延长至 2.5 h。对于掺外加剂或有特定要求的混凝土,其允许间歇时间应根据环境温度、水泥性能、水灰比和外加剂类型等条件通过试验确定。当允许间歇时间已超过时,应按浇筑中断处理,同时应留置施工缝,并作出记录。施工缝的平面应与结构的轴线相垂直,施工缝处应埋入适量的接茬片石、钢筋或型钢,并使其体积露出前层混凝土外一半左右。在混凝土施工缝处接续浇筑新混凝土时,应符合下列规定:

①前层混凝土的强度不得小于 1.2 MPa;

②施工缝处的水泥砂浆薄膜、松动石子或松弱混凝土层应凿除,并应用水冲净、湿润,但不得存有积水;

③新混凝土浇筑前,宜在横向施工缝处先铺一层厚约 15 mm 并与混凝土灰砂比相同而水灰比略小的

水泥砂浆(竖向施工缝处可刷一层水灰比为 0.3 左右的薄水泥浆),或铺一层厚约 30 cm 的混凝土,其粗骨料宜比新浇筑混凝土减少 10%,然后再接续浇筑新层混凝土;

④施工缝处的新层混凝土应捣实。

(7)混凝土浇筑后,12 h 内应覆盖和洒水,直至规定的养护时间,操作时,不得使混凝土受到污染和损伤。当日平均气温低于 5 ℃时,应采取保温养护措施(用稻草制作厚 10 cm 厚草连覆盖),并不得对混凝土洒水养护。

(8)混凝土洒水养护时间根据相对湿度确定:在干燥环境下为 14 d,较湿环境为 7 d;洒水次数应以混凝土表面保持润湿状态为度。

七、主要机料具配备

过渡段施工主要机具设备配备如下:挖掘机、推土机、压路机、打夯机、振捣器、抽水机、小型发电机(10~15 kW)。

八、人员配置

技术员 1 人、施工员 1 人、操作司机 3 人、杂工 5~6 人。

九、过渡段路基工程施工质量保证措施

(1)施工中把路基工程作为主体结构工程来对待,保证路基工程质量零缺陷。

(2)施工前组织参加施工的管理人员、技术人员、作业人员进行技术培训和交底,使全体施工人员了解设计意图,熟悉工程内容、特点、施工方案及各项要求,确保工程顺利进行。

(3)在进行地基处理前,根据施工图设计提供的地质资料进行现场复核和补充地质勘探,并结合室内土工试验进行地基条件评价,确定地基处理措施。

(4)路基填筑施工前对设计取土场及利用的填料进行核对、确认,并在施工中对进场填料进行复查和试验,确保填料种类、质量符合设计要求。填料拌和、加工实行工厂化生产。

(5)填筑施工时选取有代表性的填料进行摊铺压实工艺试验,试验填料碾压含水率、摊铺厚度、碾压机械、碾压遍数等施工工艺参数,经检验地基系数 K_{30}、压实系数 K、动态变形模量 E_{vd}(级配碎石)、孔隙率 n 均满足设计要求后,确定施工工艺参数,再进行大面积路基填筑。路基填筑施工严格按工艺试验确定的参数施工,严格过程监控和质量检验、记录。

(6)路基作为变形控制十分严格的土工构筑物,施工中根据设计要求对沉降变形进行动态监测,构筑纵横立体监测网络,对路基本体及地基沉降进行全面、系统的监测,并通过沉降预测、评估技术,达到优化设计、控制工后沉降。

(7)过渡段严格采用设计的填料类型与路基同步施工,保证刚度均匀过渡,使不均匀沉降满足设计及规范要求。

十、安全、环保措施

(一)安全措施

(1)各种机械要有专人负责维修、保养,并经常对机械的关键部位进行检查,预防机械故障及机械伤害的发生。

(2)经常对电线及用电设备进行检查,防止触电。

(二)环保措施

(1)施工中采取措施减少粉尘,减少对生产人员和当地居民造成危害,必要时进行洒水。

(2)居民区尽量安排在白天施工,避免夜间施工噪声影响居民休息。

(3)工程完工后及时清理现场垃圾,做到文明退场。

第八节 路基基床施工

一、路基基床施工

(一)施工工艺流程

路基基床施工工艺流程如图 4-2-27 所示。

(二)施工关键工序及技术要点

1. 下承层处理

在填筑基床底层施工前,应对下承层面进行清理,浮土、松散层及其他杂物、垃圾等要清理干净,露出下承层的硬面,处理并经验收合格后才能进行上层填筑。

2. 填土、摊铺、平整

填土区段按照 6 m×10 m 网格化布料,用推土机或平地机摊铺平整,使填层在纵向和横向平顺均匀,以保证压路机碾压轮表面能基本均匀接触层面进行压实,达到最佳碾压效果。为保证边坡的压实,填筑时超宽 50 cm,推土机摊铺平整的同时,对路肩进行初步压实,保证压路机进行压实时,压到路肩而不致滑坡。初平后用平地机精平,局部凹坑采用人工修整,局部超径的填料人工清理出工作面。

3. 碾压

振动压路机吨位不小于 18 t。碾压时由路基两侧开始向中心纵向碾压,按照"初压、复压、终压"三步骤进行。初压宜低速,复压宜中速,终压应快速;碾压遵行"先轻后重、先慢后快"的原则。各区段交接处应相互重叠压实,纵向搭接长度不小于 2.0 m,纵向行与行之间的轮迹重叠不小于 40 cm,上下两层填筑接头应错开不小于 3.0 m;做到无漏压、无死角、碾压均匀,达到施工图及质量标准规定的压实度。

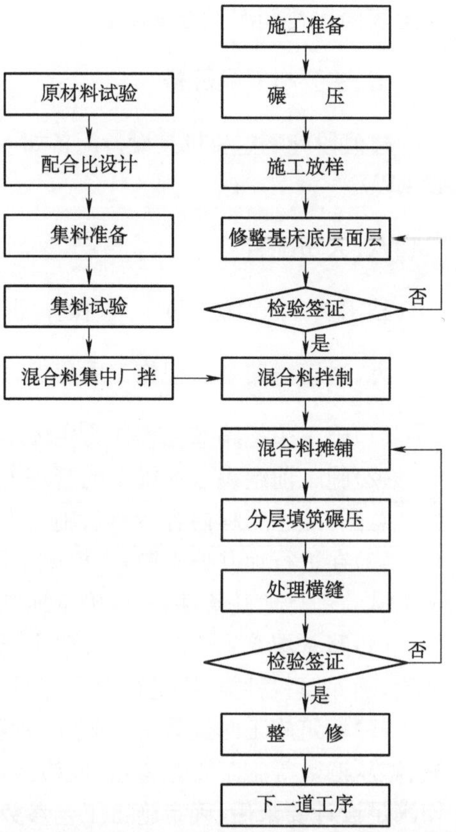

图 4-2-27 路基基床底层填筑施工工艺流程

施工过程中跟踪检测路堤实际压实度。压实度检测合格后,可转入下一道工序。含水率适宜的填料及时碾压,防止松散填料在空气中暴露时间过长,导致含水量损失难以压实。含水率不适宜的填料进行调整处理后碾压。

4. 检测

压实质量检验随分层填筑碾压施工分层检测。用核子密度仪进行密实度检测,同时检验路基宽度、曲线地段加宽值、路拱情况、平整度、排水坡、边坡坡度等。

5. 路基整修

包括路基面的排水横坡、平整度、边坡等整修内容,路基整修应严格按照设计结构尺寸进行,对于加宽部分在整修阶段人工挂线清刷夯拍。

(三)施工技术措施

(1)填筑施工前,对下承层(或基底)进行复查、核对,必要时与设计方联系。对低矮路堤段,根据设计的要求进行地基处理并检验合格后才能进入填筑施工。

(2)施工前进行现场填筑压实试验,确定不同压实机械、不同填料施工含水率的控制范围、松铺厚度、碾压遍数、最佳的机械组合工艺性试验。

(3)严格执行有关技术规范,把好试验关,定期对试验、检测、测量仪器标定。严格按试验路段取得的试验数据进行施工，控制填料含水率和松铺厚度。

(4)严格按设计施工，确保路基宽度、横向坡度达到标准，要求路基面平整、路拱明显、坡面平顺、路肩边缘线条清晰顺直，无缺损、坑洼、裂纹等现象。

(5)严格按规范要求，分层填筑、碾压，经检验合格后，方可继续施工。如有检验不合格的填层，必须返工，直至检验合格。

(6)施工期间做好现场排水，保持作业面排水畅通，做到施工场地雨后无积水。雨季施工时，采取措施防止地表水流入细粒土的粉、黏砂取土坑(场)内；并随时排除坑(场)内积水。对雨季滞水及排水不畅的低洼地段，以渗水性填料或水稳性好的填料填筑，并采取疏导措施。不在雨天进行非渗水土填料的填筑施工。雨后路基面经晾干后复压，经检验合格后再进行下一道工序。

二、路堑基床施工

路堑基床施工与路堤基床施工相同。

三、主要经验及体会

(1)级配碎石施工时，常因未及时摊铺，造成水分流失，导致级配碎石不能够板结，填筑碾压完成一段时间后，级配碎石松散，达不到设计要求。

(2)运输车在运送级配碎石时，要经常性清理车轮泥土，采用喷水的方式容易去除尘土，避免对级配碎石表面造成污染，导致两层级配碎石不能够良好的板结成整体。

第九节　路基防排水施工

一、防排水设置种类

路基防排水施工是一个系统性和综合性较强的工程，防排水系统主要由各种拦截、拦蓄、输送、排放地表水和地下水的防、排水设施组成。排水设施包括天沟、平台截水沟、侧沟、排水沟等，其功能是将路基范围内的积水纵向排出。

二、路堤段梯形排水沟施工

(一)结构形式

路堤段梯形排水沟如图 4-2-28 所示。

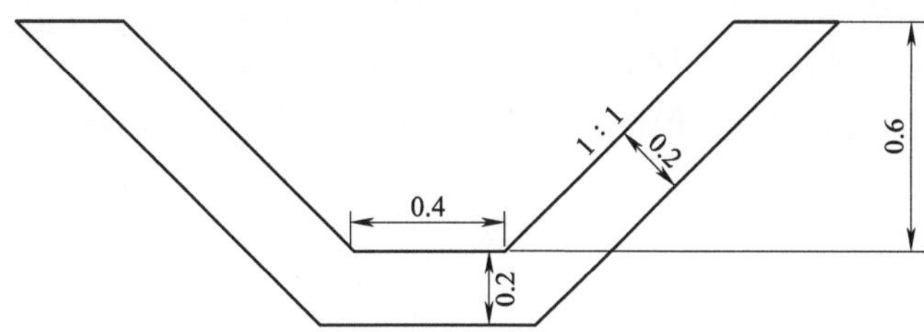

图 4-2-28　路堤段梯形排水沟示意(单位：m)

(二)施工关键工序及技术要点

1. 排水沟基坑开挖

测量放出开挖边线，采用小型挖掘机或专用开槽机开挖，开挖时应尽量减少对路基的扰动，应选择无雨时作业，注意防水，沟壁超挖部分应用混凝土回填。

2. 模板安装

沟底及侧壁地基采用 M10 水泥砂浆找平，安装水沟内侧两边模板，在木模板背肋两端安装连接杆件，用扒钉钉牢实。在墙顶部位设临时支撑托住木模板,墙身混凝土灌注至顶部时拆除。

3. 混凝土浇筑

沟身采用C25混凝土现场浇筑,混凝土应按一定厚度、分层灌注,各分段内的混凝土应一次性浇筑完成。排水沟混凝土浇筑如图4-2-29所示。

图4-2-29 排水沟混凝土浇筑

4. 混凝土养护

混凝土灌注完成后,应在收浆后12 h内覆盖和洒水养护,养护时间不得小于15 d。

三、路堑段矩形钢筋混凝土侧沟

(一)结构形式

路堑段矩形排水沟如图4-2-30所示。

(二)施工关键工序及技术要点

1. 排水沟基坑开挖

测量放出开挖边线,采用小型挖掘机或专用开槽机开挖,开挖时应尽量减少对路基的扰动,应选择无雨时作业,注意防水,沟壁超挖部分应用混凝土回填。

2. 沟身钢筋绑扎

沟底浇筑C20混凝土垫层,厚5 cm,待垫层混凝土强度达到1.2 MPa后进行沟底及沟身钢筋绑扎,钢筋均采用HPB300钢筋现场制作绑扎,钢筋间距18 cm,混凝土保护层厚度5 cm。

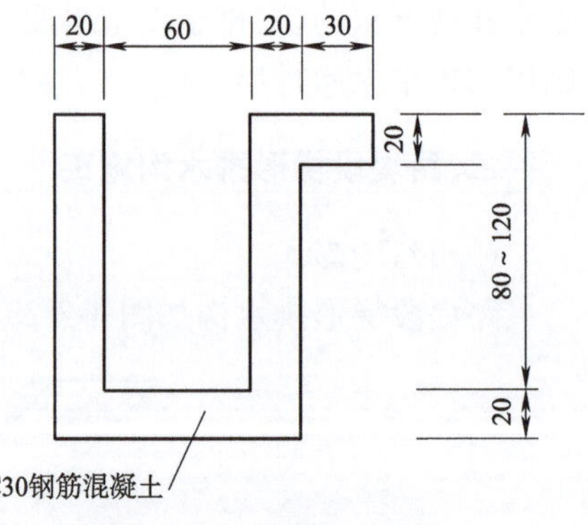

图4-2-30 路堑段矩形排水沟示意(单位:cm)

3. 模板安装

同路堤段梯形排水沟施工。

4. 混凝土浇筑

同路堤段梯形排水沟施工。

5. 混凝土养护

同路堤段梯形排水沟施工。

四、电缆槽排水

(一)结构形式

电缆槽排水如图4-2-31所示。

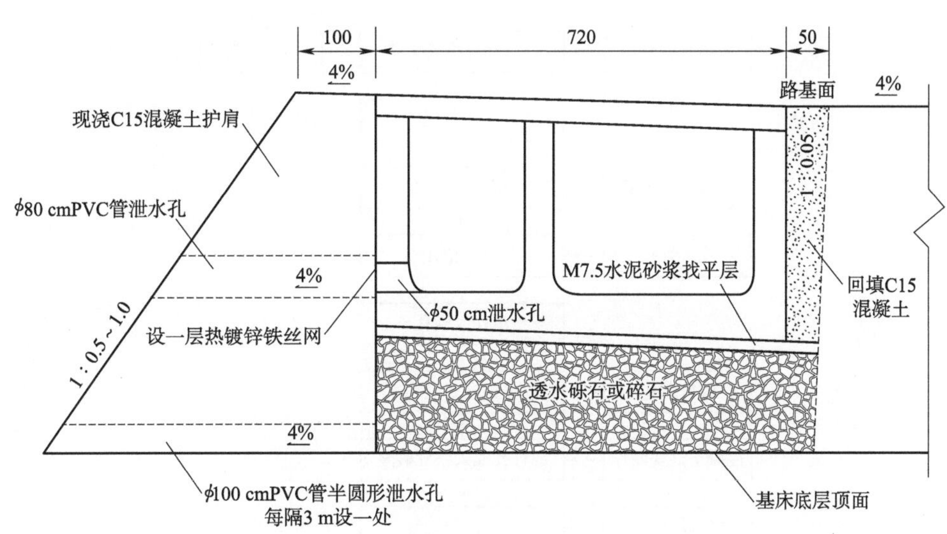

图 4-2-31 电缆槽排水示意(单位:mm)

(二)施工关键工序及技术要点

电缆槽外侧与基床底层顶面设 C15 混凝土护肩,护肩顶宽 10 cm,现场浇筑。路肩坡度 1∶0.5～1∶1.0,护肩每隔 2～3 cm 预埋 ϕ80 mm PVC 管与电缆槽泄水孔衔接;同时与电缆槽泄水孔孔口处设一层 150 mm×150 mm 热镀锌铁丝方眼网,用 M7.5 砂浆将镀锌网固定在孔口处。

第十节 路基防护工程施工

一、框架梁锚杆施工

(一)施工准备

(1)准备锚杆钻机、注浆等相关设备。

(2)清理表面浮土及松动岩石,沿坡面搭设脚手架。

(3)测设定出锚杆孔位。

(4)室内试配 M35、M40 水泥砂浆配合比。

(5)锚杆施工前,先选择相同地层分别进行一组 3 孔的抗拔试验孔,以求出设计地层水泥砂浆与孔壁的实际剪切强度,校核设计选取参数,抗拔试验由施工、设计、监理人员共同参加。若与设计相符,则指导全面施工。

(二)施工工艺

1. 施工工艺流程

框架锚杆梁施工工艺流程如图 4-2-32 所示。

2. 施工要求

(1)框架梁坡面布置形式为井字型,框架梁一般梁宽 0.4 m,高 0.3 m,现场浇筑时框架梁下部用厚 5 cm 的 M30 水泥砂浆找平。

(2)非预应力框架锚杆梁采用全长砂浆黏结性锚杆,锚杆体与水平面的夹角为 15°～20°,长度一般为 6～12 m,锚孔直径 110 mm,锚杆用 1 根 HRB400ϕ25 mm 钢筋点焊并联制作,杆身每隔 1.5 m 设 ϕ12 mm 钢筋对中支架一个,锚杆外露弯折 10 cm,采用厚 7 cm 混凝土锚头封闭,锚孔内灌注 M35 水泥砂浆。

(3)预应力框架锚杆梁采用高强预应力螺纹钢筋,锚杆体与水平面的夹角为 15°～20°,长度一般为 10～12 m,锚孔直径 110 mm,锚杆用 1 根直径 32 mm 的 PSB785 预应力螺纹钢筋,杆身每隔 1.5 m 设 ϕ12 mm 钢筋对中支架一个。锚孔内灌注 M40 水泥砂浆。

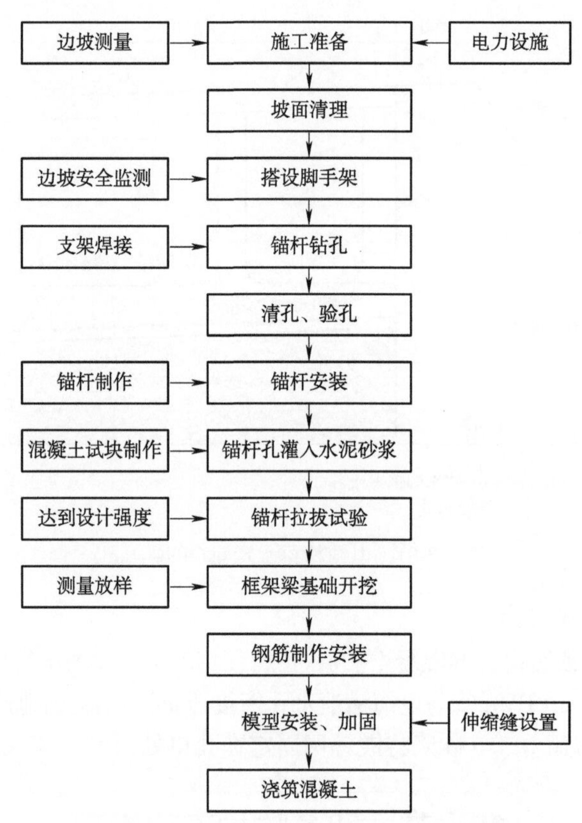

图 4-2-32　框架锚杆梁施工工艺流程

3. 施工方法

(1)锚杆施工方法

①施工准备

锚杆施工前首先做好现场临电设施,保证满足施工需求,然后通知测量组对边坡坡率、位置以及锚杆孔位进行测量放样。

②坡面清理

现场根据测量放样结果,对现场不满足设计要求的边坡进行人工清理,保证边坡内无树根、碎石、松散土等不良情况。

③搭设脚手架

现场满足施工条件后,安排施工作业人员搭设脚手架,脚手架搭设完毕由安质部组织对其进行验收,当满足相应承载能力和稳固条件合格后方可进行钻孔施工。

④钻机就位

锚孔钻进施工,根据坡面测量放置孔位,准确安装固定钻机,并严格认真进行机位调整,确保锚孔开钻就位纵横误差满足规范要求。

钻孔要求须采用风动钻进,禁止采用水冲钻进,确保锚杆施工不会恶化边坡岩体的工程地质条件和保证孔壁的黏结性能。钻孔速度根据使用钻机性能和锚固地层控制,防止钻孔扭曲和变径,造成下锚困难或其他意外事故。钻进过程中对每个孔的地层变化、钻进状态(钻压、钻速)、地下水等情况做好施工记录。如遇塌孔、缩孔等不良钻进现象时,立即停钻,及时进行固壁灌浆处理(灌浆压力 0.1～0.2 MPa),待水泥砂浆初凝后,重新扫孔钻进。钻孔孔位、孔深、斜度要符合设计要求。为确保锚孔直径,要求实际使用钻头直径不得小于设计孔径。为确保锚孔深度,实际孔深要不小于设计孔深,并且实际钻孔深度大于锚索设计长度 0.2 m 以上。

如遇到底层松散破碎易塌孔时，应采用跟管钻进技术。如遇塌孔，应立即停钻，灌浆固壁(灌浆压力 0.1～0.2 MPa)，初凝后重新扫孔钻进。钻孔完成后必须使用高压风清孔，清除孔内岩粉和积水。

锚杆杆身每隔 1.5 m 设钢筋对中支架一个，采用 ϕ12 mm 钢筋焊接。

⑤清理

钻进达到设计深度后，不能立即停钻，要求稳钻 1～2 min，防止孔底尖灭、达不到设计孔径。在钻孔完成后，使用高压空气(风压 0.2～0.4 MPa)将孔内岩粉及水体全部清除出孔外，以免降低水泥砂浆与孔壁岩土体的黏结强度。除相对坚硬完整之岩体外，不得采用高压水冲洗。若遇锚孔中有承压水流出，待水压、水量变小后方可下安锚筋与注浆，必要时在周围适当部位设置排水孔处理。如果设计要求处理锚孔内部积聚水体，一般采用灌浆封堵二次钻进等方法处理。

⑥验孔

锚孔钻造结束并经现场监理检验合格后，进行下一道工序。孔径、孔深检查一般采用设计孔径、钻头和标准钻杆在现场监理旁站的条件下验孔，要求验孔过程中钻头平顺推进，不产生冲击或抖动，钻具验送长度满足设计锚孔深度，退钻要求顺畅，用高压风吹验不存明显飞溅尘渣及水体现象。同时要求复查锚孔孔位、倾角和方位，全部锚孔施工分项工作合格后，即可认为锚孔钻造检验合格。

⑦锚杆制作及安装

锚杆的制作应搭建高于地面 50 cm 以上的与锚筋设计长度相适用的制作台及简易防晒防雨棚，受地形限制，需在边坡平台上进行锚筋制作的，也应搭架制作，同时应做好防晒防雨措施。

a. 锚杆材料：预应力锚杆采用 ϕ32 mm 的 PSB785 预应力螺纹钢筋，非预应力锚杆采用 ϕ25 mm 的 HRB400 螺纹钢筋。

b. 锚杆体组装：锚杆组装前钢筋应平直，并经除油和防锈处理合格。锚杆需采用单根钢筋，不可连接。沿锚杆体轴线方向每隔 1.5 m 设置一个对中支架，并于锚筋体绑扎牢固。采用二次补充注浆的锚筋体组装，应同时装放二次注浆管和止浆密封装置，止浆装置应设在自由段和锚固段分界处，并具有良好可靠的密封性能。用密封袋作止浆密封装置，密封袋两端应牢固的绑扎在锚筋体上。

c. 注浆管：注浆管应满足设计要求，具有的足够强度。保证在注浆施工中注浆顺利、不堵塞、不爆管或破损、断裂。

锚杆结构如图 4-2-33、图 4-2-34 所示。

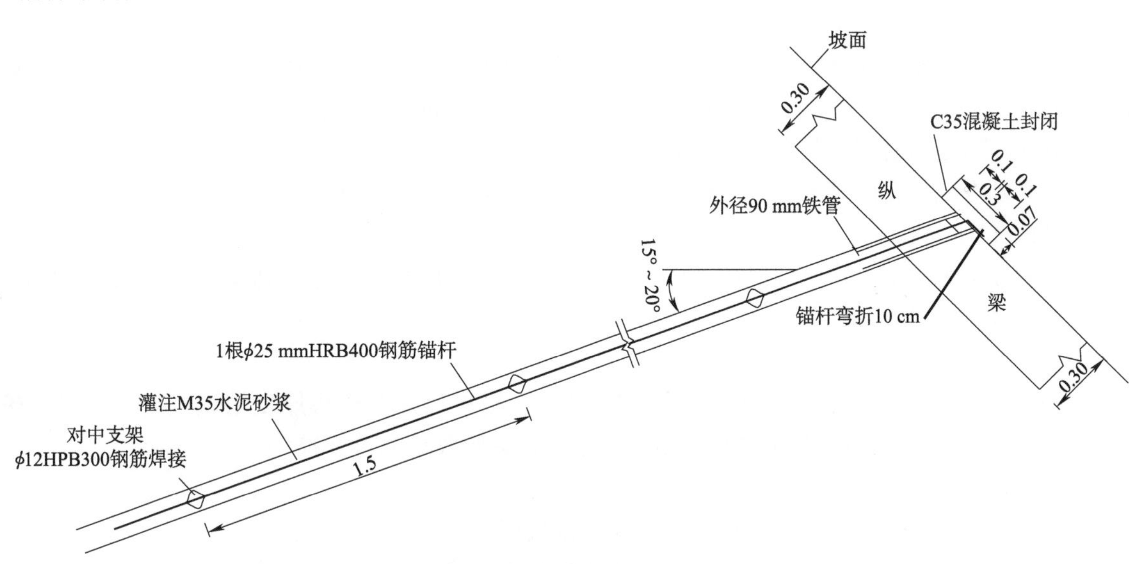

图 4-2-33　非预应力锚杆结构(单位：m)

⑧锚杆孔灌入水泥砂浆

锚孔注浆应采用孔底注浆法，注浆管宜随锚杆一同放入钻孔内，注浆管应插至距孔底 5～10 cm 处，并

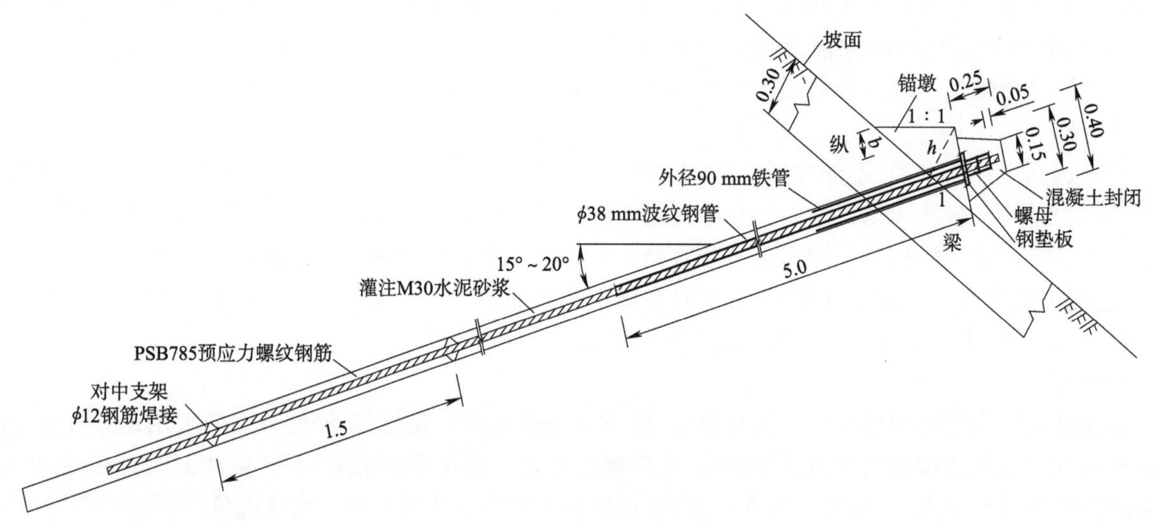

图 4-2-34 预应力锚杆结构(单位:m)

随浆液的注入逐渐拔出。注浆应自孔底一次性有压注浆,中途不应停浆,注浆压力应达到设计或试验确定的压力,不宜小于 0.6~0.8 MPa。孔内注浆时应一直到孔口流出新鲜浆液后方可停止注浆,确保注浆饱满密实,并在浆液初凝前进行二次补浆。

非预应力锚杆孔内采用 M35 水泥砂浆注浆,预应力锚杆孔内采用 M40 水泥砂浆注浆。

⑨锚杆抗拔试验

当采用预应力锚杆时,必须在施工之前进行锚固力抗拔试验,根据试验曲线求出锚固底层水泥砂浆于孔壁的实际剪切强度,验证预应力锚杆设计;检验锚固施工工艺,指导施工。

一般每个工点或相邻工点相同底层条件下,不少于 3 组检验孔,当工点底层变化大时(岩性、风化程度),适当增加。每组检验孔为 3 孔,各孔自由段不小于 5 m;锚固段长分别为:硬质岩时,分别为 1.5 m、2 m、2.5 m;土质、全风化层及软质岩时,分别为 2 m、3 m、4 m。

(2)框架梁施工方法

①施工准备

施工现场三通一平工作要完成,进入工作面等施工辅道已经修建完毕;各钢筋、砂石材料已经试验抽检合格;各施工机具已进场并满足施工生产要求;各作业人员已进场并进行技术交底培训;根据工程需要及工程划分,技术人员、管理人员及其他人员均已到位。

框架梁必须在锚杆孔内砂浆强度达到设计强度的 70%以上方可施工。

②测量放样

各开挖后断面的复测工作已经完成,开挖坡体在人工修整其坡度比等达到要求,然后测放出框架纵梁、横梁位置及施作起始范围。

③框架梁基础开挖

尽量修整好边坡,凸出地方要削平,按后按框架竖梁、横梁尺寸及模板厚度精确挖出单根梁肋轮廓。其中最下一级边坡平台有网格坡脚基础,测量放线后经监理验收后方可开挖。

④钢筋制作安装

a. 先施工竖梁,并于接点处预留横梁钢筋,竖梁形成后,再施工横梁。

b. 在施工安置框架钢筋之前,先清除框架基础底的浮渣,保证基础密实,并在底部铺一层 1∶3 水泥砂浆垫层。

c. 在坡面上打短钢筋锚钉,准备好与混凝土保护层厚度一致的砂浆垫块。

d. 绑扎钢筋,用砂浆垫块垫起,与坡面保持一定距离,并和短钢筋锚钉连接牢固。

⑤模板安装、加固

a. 模板采用木模板按设计尺寸进行拼装。模板线型在曲线段时每 5 m 放一控制点挂线施工，保证线形顺畅，符合施工要求。

b. 立模前首先检查钢筋骨架施工质量，并做好记录，然后立模板。

c. 模板表面刷脱模剂，模板接装要平整、严实、净空尺寸准确，符合设计要求并美观。

d. 用脚手架钢杆支撑固定模板，模板底部要与基础紧密接触，以防跑浆、胀模。

e. 检查立模质量，并做好原始质检记录。

为便于养护，纵向每隔 80 m 左右设一道现浇混凝土阶梯形踏步。伸缩缝按 10～20 m 一道，设置与横梁中间，宽 2 cm。

⑥混凝土浇筑

a. 浇筑前应检查框架的截面尺寸，要严格检查钢筋数量及布置情况。

b. 框架主筋的保护层厚度一定要满足设计要求，最小不能少于 50 mm，箍筋净保护层不得小于 35 mm。

c. 钢筋宜制成整体长骨架，其制作、搭接、安装要符合设计及技术规范要求。

d. 浇筑框架混凝土必须连续作业，边浇筑边振捣。浇筑过程中如有混凝土滑动迹象可采取速凝或早强混凝土或用盖模压住。各竖梁混凝土应不间断浇筑，若因故中断浇筑，其接缝按施工缝处理。

e. 锚杆框架的施工是锚杆与混凝土框架两项工程密切配合的过程。锚杆和框架的相对位置比二者的绝对位置更重要，务必须精确测量，准确定位。

4. 施工设备和劳动力

施工设备和劳动力配置见表 4-2-22、表 4-2-23。

表 4-2-22 劳动力组织

工　种	数　量	备　注
风钻机手	8 人	4 套设备
锚杆制作、钢筋加工	4 人	
框架钢筋绑扎、混凝土浇筑	18 人	包括锚杆安装、灌浆作业人员 5 人
其他辅助人员	7～10 人	坡面清理、框架梁槽开挖等
张拉压浆人员	8 人	负责张拉和压浆
技术人员	2 人	负责现场测量放样、质量控制等技术作业

表 4-2-23 机械设备配备

设备名称	规　格	数　量	备　注
风动凿岩机		2 台	根据锚杆打设深度、直径配备钻头
潜空钻		1 台	
电动灌浆机		1 台	锚杆灌浆
砂浆搅拌机	200 L	1 台	锚杆砂浆拌和
空气压缩机	9 m^3	1 台	
千斤顶		1 套	50 t
柴油发电机	75 kW	1 套	提供施工用电
施工吊篮及配套器具		1 套	设备提升
钢筋加工设备		1 套	锚杆加工、框架梁钢筋加工
插入式振捣泵			框架梁混凝土振捣

5. 技术要求及检测

(1)框架梁应嵌入坡面并与坡面密贴顺接。锚索框架梁施工时，如坡面局部松软，应挖除并采用混凝

土和浆砌片石嵌补。

(2)锚杆(索)孔的布置形式及间距应符合设计要求。

(3)锚杆注浆体强度等级、锚杆抗拔力、布置形式、锚杆长度、锚头及锚杆未锚入土层部分的处理应符合标准规定。

(4)框架梁锚杆的设置应符合表 4-2-24 的规定。

表 4-2-24 框架梁锚杆施工的允许偏差

序　　号	检验项目	允许偏差
1	锚杆孔深	−50 mm
2	锚杆长	−30 mm

(5)框架梁锚索的设置应符合表 4-2-25 的规定。

表 4-2-25 框架梁锚索施工的允许偏差

序　　号	检验项目	允许偏差	检验方法
1	锚索位置	±50 mm	采用符合精度要求的仪器量测
2	锚索孔径	+10 mm	尺　量
3	锚索倾角	1%	导杆法量
4	锚索孔深	+100 mm	尺量钻杆长

(6)锚索应严格按照设计张拉力及张拉工艺进行张拉并锁定。

(7)框架梁各部允许偏差、检验数量及检验方法应符合表 4-2-26 的规定。

表 4-2-26 框架梁各部允许偏差、检验数量及检验方法

序号	检验项目	允许偏差	施工单位检验数量	检验方法
1	平面位置	±50 mm	每段护坡每 50 m 长抽样检验 4 点	采用符合精度要求的仪器量测
2	基底高程	±50 mm	每段护坡每 50 m 长抽样检验 3 点	
3	坡顶高程	$^{0}_{-20}$ mm	每段护坡每 50 m 长抽样检验 3 点	
4	框架净距	±50 mm	每段护坡每 50 m 长抽样检验 6 处(上、中、下部各 2 处)	尺　量
5	框架宽度及边槽高度	≥设计值		尺　量
6	框架梁厚度及嵌置深度	≥设计值		尺　量
7	护肩、镶边及基础厚度、宽度	≥设计值	每段护坡每 50 m 长抽样检验 3 组	尺　量
8	踏步宽度、厚度	≥设计值	每踏步抽样检验 1 处	尺　量
9	坡面平整度	≤40 mm	每段护坡每 50 m 长抽样检验 3 处	3.0 m 长直尺量测

注:每 50 m 护坡作为一段,每段护坡长不足 50 m 按 50 m 计。

6. 质量控制

(1)严格控制锚点放线,确保其在设计准确位置。当出现坍孔时,应及时处理,处理方法是:应立即停钻,取出钻头,灌浆固壁(灌浆压力 0.1～0.2 MPa),初凝后重新扫孔钻进,钻孔完成后必须使用高压风清孔,清除孔内岩粉和积水。

(2)钻孔过程中应注意锚固段地质情况,确保锚固段地质与设计相符合。如果有不符,应通知监理工程师及设计单位,采取措施进行处理。

7. 安全、环保水保措施

(1)安全措施

①工作人员上岗前进行培训,掌握了基本原理和基本操作步骤,并经考核合格后,方能上岗操作;

②张拉设备应安设稳定,牢靠;

③操作锚索张拉时，操作人员应站在两侧，孔口方向严禁站人，以防飞锚伤人。危险地段设防护装置。

(2)环保水保措施

①施工场地内修建施工排水系统并确保畅通。工地废水排放前先经沉淀池沉淀，并采取必要的净化措施处理后方可排放。有害物质要定点存放并按有关规定处理。

②运输可能产生粉尘的车辆配备挡板及棚布，防止粉尘飞落，减少对生产人员和当地居民造成危害，必要时进行洒水。

③工程完工后及时清理现场垃圾，做到文明退场。

二、重力式挡土墙施工

(一)施工工艺流程

重力式挡土墙施工工艺流程如图 4-2-35 所示。

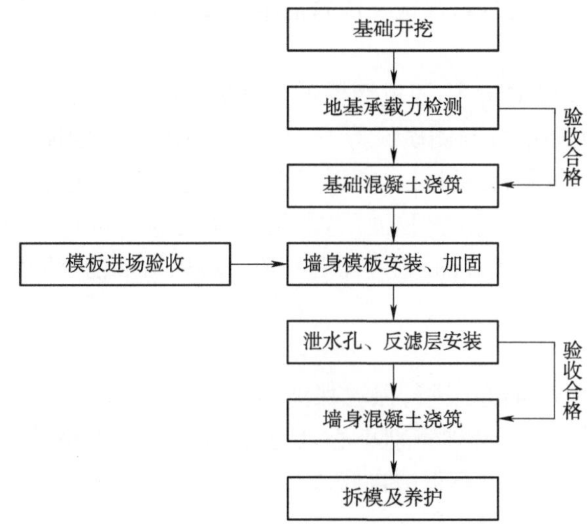

图 4-2-35　重力式挡土墙施工工艺流程

(二)施工方法

1. 基础开挖

采用人工配合挖掘机进行基槽开挖，开挖宽度、深度严格参照测量交底，开挖过程中预留约 10 cm 土层人工开挖，基础开挖到位后将基底表面虚渣清除干净。

2. 地基承载力检测

基础开挖到位后经质检工程师检查合格后，由试验室做动力触探，确定地基承载力是否达到设计要求。若试验承载力达不到设计要求，则需进行设计变更。

3. 基础混凝土浇筑

待检测符合设计要求后进行挡墙基础浇筑，基础采用 C35 混凝土。在浇筑过程中需插入 ϕ16 mm 螺纹钢筋，接茬钢筋沿线路横、纵向呈梅花形布置，间距为 20 cm。接茬筋长 60 cm，埋入基础混凝土 30 cm，外漏 30 cm。

基础浇筑中采用插入式振动棒进行振捣，混凝土必须振捣密实，振捣应快插慢拔。无漏振、无蜂窝麻面。

4. 墙身模板安装加固

(1)模板采用钢模，模板进入场地后应进行试拼，检查模板的平整性、顺直度，是否有凹凸，若不符合要求不得使用。

(2)模板拼装前表面应清理干净，并涂刷脱模剂。

(3)两块模板连接处粘贴双面胶带,以减少模板缝隙防止漏浆,保证混凝土观感质量。

(4)模板安装前由测量人员放出模板边线,打入钉子拉出轮廓线,并植入 ϕ20 mm 钢筋,用于模板底部支撑。

(5)端模采用竹胶板加工制作,与钢模接头处必须拼接密实、加固牢靠,保证密实度,防止漏浆、跑模。

(6)模板上部采用钢管加固,靠近边坡一侧应深入平台,在接茬筋与模板上部焊接 ϕ20 mm 钢筋拉伸,保证模板的稳定性。

5. 泄水孔、反滤层安装

(1)挡土墙背部设置 0.5 m 厚反滤层,现场采用袋装砂砾石堆码整齐,袋状砂砾石应装填饱满密实。距墙顶 0.5 m 高范围内及最低泄水孔下部 0.3 m 处设置 0.5 m 厚黏土防渗隔水层。

(2)挡土墙身地面以上部分每隔 2 m 上下交错呈梅花形布置两排泄水孔,采用 ϕ10 cm 规格 PVC 塑料排水管,其位置允许偏差为 15 mm,并设 4%向外倾斜坡度。安装时用铁丝对 PVC 管进行固定,管口采用编织袋或泡沫填塞,并与模板紧密接触,保证在浇筑混凝土过程中不会有水泥浆渗入管内。

6. 墙身混凝土浇筑

混凝土浇筑采用汽车吊吊装储料斗,通过溜槽进行浇筑。现场浇筑从低处开始分层均匀进行,分层厚度 30 cm,采用插入式振捣器振捣,并与侧模保持 5~10 cm 的距离,当混凝土表面不再下沉或无明显气泡时移动至下一点继续振捣,切勿漏振或过振。在混凝土浇筑过程中,如表面泌水过多,应及时将水排走或采取逐层减水措施,以免产生松顶,浇筑到顶面后,及时抹面,定浆后进行二次抹面,使表面平整。

墙身沿线路方向每隔 10 m 设置 2 cm 宽伸缩缝一道。缝内沿墙前、墙背和墙顶三边塞填深度不少于 0.2 m 的沥青麻筋。

7. 模板拆除及养护

混凝土浇筑完毕后 1 h 内对混凝土进行保温保湿养护,养护时间最少不得小于 7 d,在混凝土强度达到设计值 80%后拆除模板,拆模时,必须特别小心,切勿损坏墙面。严格控制挡墙线形,确保平顺、美观,严格按照交底及设计、规范要求施工,不得擅自修改。

当温度低于 5 ℃时混凝土表面禁止洒水。

(三)主要机具设备

重力式挡土墙施工主要机具设备配置见表 4-2-27。

表 4-2-27 重力式挡土墙施工主要机具设备配置

设备名称	规 格	数 量
振捣棒	50 型	4
发电机		1
电焊机		2

(四)劳动力组织

重力式挡土墙施工劳动力组织见表 4-2-28。

表 4-2-28 重力式挡土墙施工劳动力组织

工 种	数 量	备 注
技术人员	2 人	负责测量放样、质量控制等技术工作
混凝土工	4 人	混凝土捣固
架子工	5~8 人	立 模
其他辅助人员	8~12 人	搬运片石、基础开挖等作业

(五)挡土墙验收标准

(1)明挖基坑开挖底面应完整,无伤损、无浮渣。台阶的平、立面应平顺,斜面地基应平整、无贴补,立面应平顺。

(2)明挖基坑底面地基承载力应符合设计要求。首段基坑地基承载力应经设计、施工、监理三方共同检验合格后方能进入下道工序。

(3)换填基础的底面高程应符合设计要求。

(4)换填填料的压实质量应符合设计要求。

(5)挡土墙墙面应平顺整齐。墙顶、两端面与基础连接处应密贴封闭。

(6)泄水孔孔径应符合设计要求,孔位应按上下左右间隔2～3 m交错布置,墙背易积水及反滤层最低处必须设置泄水孔。最低一排泄水孔应设于反滤层底部,其向外排水坡坡度不应小于4%,进水口应用透水土工布包裹,并确保排水通畅。

(7)墙后反滤层、黏土隔水层的材料应符合设计要求。

(8)墙后反滤层袋装砂卵砾石、透水土工布、反滤层最低处隔水层的设置位置、构造尺寸及厚度应符合设计要求。

(9)明挖基坑各部尺寸允许偏差、检验数量及检验方法应符合表4-2-29的规定。

表4-2-29　明挖基坑各部尺寸允许偏差、检验数量及检验方法

序号	项　目	允许偏差	施工单位检验数量	检验方法
1	台阶尺寸	±100 mm	每个基坑4点	尺　量
2	斜面基底坡率	±1%	每个基坑4点	水平尺与楔形尺量计算
3	基底工程	0～50 mm	每个基坑5点	测量仪器测量

(10)明挖基础顶面高程、前边缘距路基中线距离、基础宽度、基础襟边宽度(高度)、起讫里程(长度)、沉降缝(伸缩缝)位置及宽度允许偏差、检验数量及检验方法应符合表4-2-30的规定。

表4-2-30　明挖基础各部尺寸允许偏差、检验数量及检验方法

序号	项　目	允许偏差(mm)	施工单位检验数量	检验方法
1	基础顶面高程	±20	每基坑3点	测量仪器测量
2	前边缘距路基中线距离	+500	每基坑3点	钢尺量
3	基础宽度	±50	每基坑3点	尺　量
4	基础襟边宽度(高度)	±20	每明挖基坑基础段3组	尺　量
5	起讫里程(长度)	±100	每不同结构尺寸段1处	测量仪器测量、尺量
6	沉降缝(伸缩缝)位置	±50	每　道	尺　量
7	沉降缝(伸缩缝)宽度	±4	每基坑3点	尺　量

注:非水平基础底面高程应检测墙趾、墙踵处高程。

(11)墙面垂直度、斜度、平整度允许偏差、检验数量及检验方法应符合表4-2-31的规定。

表4-2-31　挡土墙墙面的允许偏差、检验数量及检验方法

序号	项　目		允许偏差	施工单位检验数量	检验方法
1	垂直度	$h\leqslant 6$ m	10 mm	3处	吊线尺量
2		$h>6$ m	15 mm	3处	吊线尺量
3	斜　度		±3%设计斜度	3处	坡度尺或吊线尺量
4	平整度		20 mm	3处	3.0 m直尺,尺量

(六)安全环保措施

(1)脚手架的搭设及拆除必须符合相关规定。

(2)施工人员现场必须佩戴安全帽,高处作业时系安全带。

(3)施工吊斗提升时,装载物不得超过吊斗帮。

(4)尽量少占或绕避林地、耕地,保护原有树木及地表植被。临时用地范围的耕地采取措施复耕。

(5)施工场地内修建施工排水系统并确保畅通。工地废水排放前先经沉淀池沉淀,并采取必要的净化措施处理后方可排放。有害物质要定点存放并按有关规定处理。

(6)运输可能产生粉尘的车辆配备挡板及篷布,防止粉尘飞落,减少对生产人员和当地居民造成危害,必要时进行洒水。

(7)工程完工后及时清理现场垃圾,做到文明退场。

三、喷播植草施工

(一)施工工艺流程

喷播植草施工工艺流程如图 4-2-36 所示。

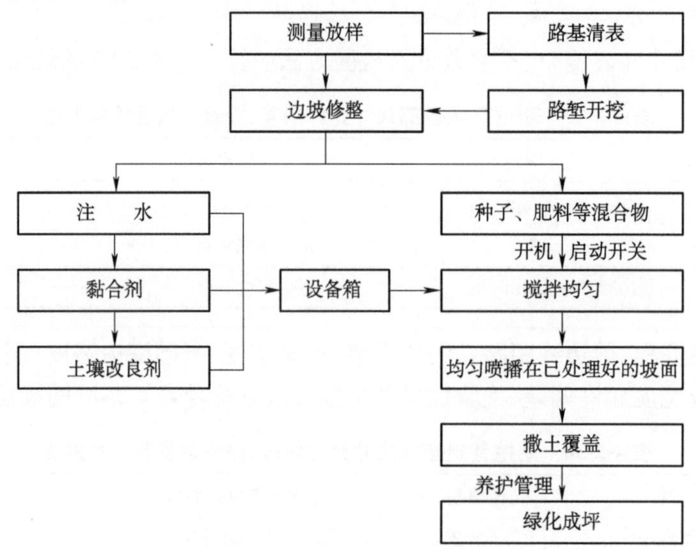

图 4-2-36　喷播植草施工工艺流程

(二)施工方法

(1)准备工作:喷植前先修好天沟等排水设施,修整坡面嵌补凹槽、坑洼、准备好喷植混合材料等,喷植材料随拌随喷。

(2)草籽选择:草籽、树种选用根系发达、茎矮叶茂并适于当地成活率高的多年草种。喷播草籽含量不小于 15～20 g/m^2。

(3)试喷:大面积的喷播工程施工前先进行试播,以得到合理的种子、肥料、农药、保水剂和营养土等的配合比。喷投物料要有一定的稳定性,喷到预定坡面上忌浆材沿坡面流动。

(4)喷播:连续向喷射机供料;保证喷射机工作风压稳定;完成或因故中断作业时,将喷射机和输料管内的积料清除干净。

(5)养护:在施工完毕后,进行精细的养护管理,养生期不少于 30 d,在养生期内,用透气农膜覆盖,避免雨水直接冲刷。对漏喷、草籽发芽成活过稀部位进行补种或喷补。

(三)劳动力组织

边坡绿色防护施工作业人员见表 4-2-32。

表 4-2-32　边坡绿色防护施工作业人员统计

序　号	工　种	单　位	数　量
1	培土工	人	10

续上表

序　号	工　种	单　位	数　量
2	植草工	人	16
3	养生工	人	8
4	杂　工	人	12
5	防护员	人	1
6	安全员	人	1
7	电　工	人	1

(四)验收标准

(1)边坡植物防护的种类及数量应符合设计要求；

(2)边坡植物防护的防护范围应符合设计要求，并应沿坡面连续覆盖；

(3)边坡客土填筑方法、客土厚度、边坡坡率应符合设计要求；

(4)喷混植生制作基材所用种植土、养生材料、水泥等材料规格、品种、技术条件应符合设计要求，进场时应进行验收；

(5)喷混植生所用的种子、挂网材料、锚杆的品种、规格应符合设计要求；

(6)固土网垫铺设的允许偏差、检验数量及检验方法应符合表 4-2-33 的规定；

表 4-2-33　固土网垫的允许偏差、检验数量及检验方法

序　号	检验项目	允许偏差	施工单位检验数量	检验方法
1	搭接宽度	+300 mm	沿线路纵向每 100 m 各抽样检验 5 处	尺　量
2	上、下边埋入土深度	不小于设计值		
3	回转长度	不小于设计值		
4	固定钉长度	不小于设计值		
5	固定钉间距	+50 mm		

(7)喷混植生防护各部的允许偏差、检验数量及检验方法应符合表 4-2-34 的规定。

表 4-2-34　喷混植生防护各部的允许偏差、检验数量及检验方法

序号	检验项目	允许偏差	施工单位检验数量	检验方法
1	平面位置	±50 mm	每段护坡抽样检验 4 点	采用符合精度要求的仪器量测
2	地面高程	±50 mm	每段护坡抽样检验 3 点	
3	坡顶高程	0～20 mm	每段护坡抽样检验 3 点	
4	坡　度	0.5%	每段护坡抽样检验 3 点	吊垂线
5	挂网搭接宽度	±50 mm	每段搭接缝检验 3 点	尺　量

注：每 50 m 护坡作为一段，每段护坡长不足 50 m 按 50 m 计。

四、抗滑桩施工

(一)基本要求

(1)抗滑桩须隔桩开挖，并及时做好锁口、护壁；

(2)桩身混凝土必须连续灌注，不得形成水平施工缝；

(3)水泥标号、钢筋型号的材料必须满足设计规范要求，严禁使用不合格材料；

(4)混凝土浇筑、钢筋焊接必须满足设计规范要求；

(5)钢筋混凝土强度必须达到设计强度。

(二)施工方法

1. 施工准备

(1)测量放样。现场核对设计,按设计测定桩位,进行施工放样,用涂有红油漆的竹片桩准确标示桩中心点位,并测设每个桩位高程。放样时要根据工地具体情况和施工可能发生的误差,每边较设计尺寸略大一些(一般为5 cm)。然后整平孔口场地。

(2)整平孔口地面,设置地表截、排水及防渗设施,雨季施工期间,应搭设雨棚,做好锁口,孔口地面加筑适当高度围埂,防止地面水流入。

(3)为了确保施工人身安全,井口设防护栏杆(薄壳支护高出地面者可不设)及供起吊人员装卸料用的脚踏板和井口开关门。

(4)备置起吊用特制的活底箱、桶及0.5 t卷扬机。当桩间距离较短(5～7 m)时要考虑开挖与护壁混凝土灌注有工序间隙时间。

(5)配备井内用的高压送电线路及低压照明、发电机和变配电设备、爆破器材、通信设备及管路和安装材料。

(6)当井内有地下水时,还应配备潜水泵或其他类型的高扬抽水机。

2. 桩身开挖、支护

(1)土质开挖采用短镐、铲、锹人工开挖,铁桶装土渣,卷扬机起吊出渣。

(2)弧石或基岩,须进行放炮;在滑动面以下土质坚硬的地方,为加快施工进度,也需爆破松土,爆破时要注意眼孔布置和装药量。

爆破装药量及炮眼距井壁最小距离见表4-2-35,炮眼的数目和装药量见表4-2-36。

表4-2-35 爆破装药量及炮眼距井壁最小距离参考

炮眼深度(mm)	最大装药量(g)	距井壁最小距离(mm)
600	200	300
1 000	300～400	600

表4-2-36 炮眼的数目和装药量参考

井孔截面(m^2)	炮眼数(个)	一次起爆装药量(g)
2×4	3～4	1 200
2.5×4	3～4	1 200
3×3	3～4	1 200
3×4	6～7	1 800

注:表中装药量系指坚硬土层,如为弧石,用药量可适当减少;井内炮眼很多时,应按总装药量控制每个眼的装药量,反之,则按眼深控制装药量。

(3)井壁塌方处理:在施工过程中,因土层较弱、松散、地下水作用,或因放炮作用引起塌方面积较小时,必须严格控制井内及邻近的放炮,立即进行护壁支护,在塌空处填充块石,护壁适当加筋,浇灌混凝土未达到设计强度80%前不宜拆除模板顶撑。当塌方严重时,土质过于松散和地下水作用继续坍塌时,必须加强观察,清除危石及悬土,在塌方处搭制托梁暗柱,并用木楔、长钉加固钉牢,里面用块石或废木填充,以阻止土石继续坍塌。并立即支护,适当加密塌方处钢筋,浇灌混凝土未达到设计强度80%前不能拆除模板顶撑。

(4)井孔的开挖支护:

①混凝土薄壳护壁的每节开挖深度为0.6～2.0 m,护壁厚度见表4-2-37。

②当桩孔位于堆积层中或土质松散地点时,则需使用木质支撑,随挖随支,井口密,下部稀,底部挖出岩石视情况可开支或不支。

表 4-2-37 护壁厚度(m)

序号	土质类别	每节挖深	护壁厚度	说明
1	扰动松散土或弃渣	0.6～1.0	0.25～0.30	含水地层灵活掌握；井口一节宜高出地面 0.3～0.5 m
2	中密土夹石	1.0～1.5	0.20～0.25	
3	密实黏土、砂黏土夹卵石、碎石	1.5～2.0	0.2	

③钢筋笼的制作与安装。绑扎钢筋有两种作法，一种是单根钢筋放到井下定位绑扎。但井下绑扎，电焊工作量大，对工人健康不利。另一种是根据起吊设备和抗滑桩深度情况，整体吊装，将钢筋预制成每节 5～7 m 的钢筋笼，逐节放到井下搭接焊牢。为防止钢筋笼在搬运和下井过程中变形，每节钢筋笼可增设直径 25～28 mm 加劲箍筋两道或增加钢轨，型钢等，钢筋笼就位后，其与护壁的间距应以混凝土块楔紧。

④桩身混凝土灌注：

a. 灌注前，应检查断面净空，凿毛混凝土护壁。

b. 桩身灌注应严格按照监理中心试验室给出的配合比拌制。

c. 混凝土坍落度控制在 70～90 mm，当振捣不便时可放宽到 100～140 mm。混凝土灌注必须连续进行，不得形成水平施工缝。

d. 当岩体有滑动迹象或需加快施工速度时，应与中心试验室联系，配制速凝，早强混凝土。

(三)施工工艺

抗滑桩施工工艺流程如图 4-2-37 所示。

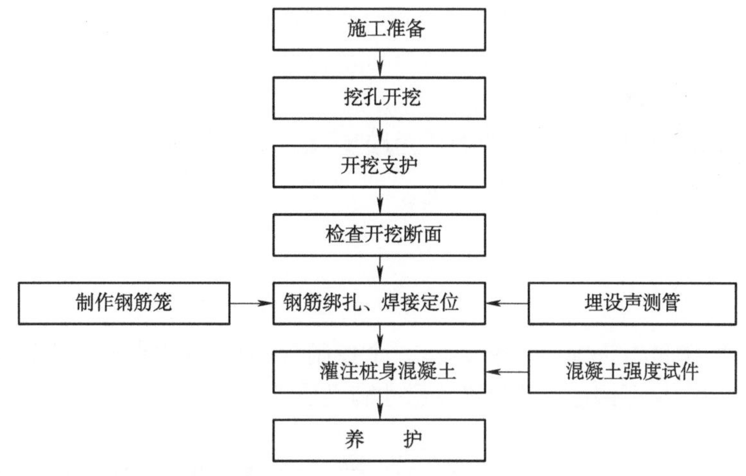

图 4-2-37 抗滑桩施工工艺流程

(四)质量控制要点

(1)在施工过程中，为确保施工人员的安全和建筑物部位的准确性，应建立观测系统，布置对滑坡体、建筑物位置的准确观测，防止发生突然事故。

(2)挖孔过程中，应经常检查桩身净空尺寸和平面位置。孔的中轴线偏斜不得大于孔深的 0.5%，截面尺寸必须满足设计要求。孔口平面位置与设计桩位偏差不得大于 5 cm。

(3)护壁混凝土强度等级 C20，如作为桩身混凝土的一部分，不应低于桩身混凝土强度等级。

(4)孔内爆破应采用浅眼爆破。炮眼深度，硬岩层不得超过 0.4 m，软岩层不得超过 0.8 m。应严格控制用药量，装药深度不得超过炮眼深度的 1/3。孔内爆破应采用电引起爆。

(5)爆破前，对炮眼附近的支撑应采取防护措施。护壁混凝土强度尚未达到 2.5 MPa 时，不宜爆破作业。

(6)挖孔至设计高程后，应进行孔底处理，做到平整，无松渣、泥污等软层，如地质情况与设计不符，应会同有关单位妥善处理。

(7)应按设计要求埋设声测管，以备桩体质量检测用。

(五)文明施工及环境保护措施

(1)工具必须放在吊斗内。上班时先送工具后送人入井,下班时,先送人后吊工具出井。工作人员上下井时,必须空手扶稳钢筋梯。严禁借用起吊绳索或吊斗上下。

(2)井口必须设专人值班看守防护,不准任何料具小石块落入井内伤人。

(3)装料时,吊斗不能装得太满。起吊架子、安全栅、绳索、滑轮、辘轳、机具等,每班操作前要认真检查,发现问题及时处理。

(4)注意检查木支撑和已成护壁有无变形,如有问题,立即撤出工作人员,并报告有关部门。

(5)放炮后,施工人员下井前,应事先测定孔底有无毒气,如有毒气,应迅速排除。在距桩孔口 1 m 范围内的地面上,不得堆放任何物资,防止落入孔中伤人。

五、路堑边坡骨架施工方法

(一)施工工艺流程

路堑边坡拱形骨架施工工艺流程如图 4-2-38 所示。

(二)施工要求

(1)路基边坡防护采用 C30 混凝土现浇拱形骨架,主骨架纵向净距 3 m,宽度 0.6 cm,一般地段厚 0.6 m,特殊地段厚 0.8 m;支骨架宽度 0.5 m,一般地段厚 0.4 m,特殊地段厚 0.6 m,横向净距及拱间净距为 3 m。

挡水缘宽 10 cm,高出混凝土面 10 cm,强度等级与主骨架强度等级一致。

(2)沿线路方向每隔 15～20 m 在支骨架与主骨架连接处及对应基础、镶边等位置设置一道伸缩缝,伸缩缝宽 2 cm,缝内全断面填充沥青麻筋,伸缩缝均为贯通缝,严禁切割设置假缝。

(3)每隔 80 m 左右沿坡面与主骨架处设置一道踏步,宽 1 m,厚度同主骨架,两侧分别设置混凝土拦水缘。

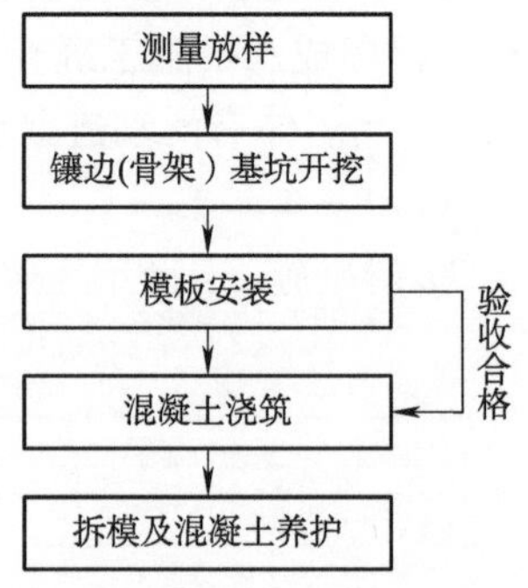

图 4-2-38 路堑边坡拱形骨架施工工艺流程

(三)施工方法

1. 镶边施工方法

(1)测量放线

首先进行测量放线,测量组按设计每隔 25 m 一个控制桩,边坡变化点处应进行加密。控制桩采用木桩,并带线贯通,撒上白灰,保证镶边开挖位置及尺寸满足设计要求。

(2)镶边基坑开挖

边坡骨架施工应自上而下分级开挖,首先应对施工骨架上镶边及下镶边,保证护坡稳定性。镶边基础采用挖机开挖,并预留 10 cm 虚土人工清理。土层稳定性差时应分段跳槽开挖,开挖过程中需随时检查开挖位置及坡率。

(3)镶边立模

待开挖至设计位置及深度,清除表面虚土、树根等杂物后,进行模板安装。安装时应带通线立模板,安装结束后应复核模板位置及高程的准确性。

(4)混凝土浇筑

自检合格后报监理工程师验收,验收通过后进行混凝土浇筑。

上、下级镶边施工完毕后进行骨架、渗沟开挖施工。

(5)混凝土养护

混凝土浇筑完毕后应及时覆盖,并经常洒水保持表面湿润,常温下养护期不得少于 7 d。

2. 骨架施工方法

(1)测量放线

现场施工通过控制桩拉出主骨架、支骨架的具体位置,并用白灰将其轮廓线洒出,方便开挖,同时保持精度。

(2)骨架基坑开挖

现场开挖采用人工配合机械,开挖至沟槽底时,预留 10 cm 采用人工清理。开挖深度必须满足设计要求。

骨架开挖宜自下游向上游进行开挖,应随挖随支撑,施工完毕迅速回填,不可暴露太久,以免造成坍塌,也可以间隔进行开挖。开挖必须保证两壁平顺,基础表面应平整,严禁出现反坡或凹凸不平现象。保证不得有松土留在沟槽中,四周及底部必须人工拍打密实。一般根据施工能力及天气情况确定开挖长度,不得将开挖好的沟槽长时间晾置。

基坑开挖完毕后由现场技术员对沟槽深度、宽度尺寸进行尺量,若不满足设计要求,应通知现场施工人员重新开挖,直至满足设计尺寸。

(3)模板安装

主骨架和支撑渗沟采用土模,支骨架采用定型钢模。通过已施工上、下镶边带通线,控制支骨架模板高程及位置。模板安装完毕后应检查其稳定性,并进行加固。

拦水坎采用 10 cm 高钢模,配合支骨架模板进行施工。

(4)混凝土浇筑

拦水坎与骨架分两次浇筑,待骨架混凝土初凝前,混凝土面进行凿毛并插入 ϕ16 mm 螺纹钢筋,接茬筋长 20 cm,深入骨架 12 cm,外漏 8 cm。骨架应与坡面密贴,骨架流水面应与草坡表面平顺,骨架基础与侧沟平台连接时应整体浇筑。现场浇灌从低处开始分层均匀进行,分层厚度一般为 30 cm,采用插入式振捣器振捣,并与侧模保持 5～10 cm 的距离,切勿漏振或过振。振捣应快插慢拔,插点要均匀排列,逐点移动,顺序进行,不得遗漏,做到均匀振实。移动间距不大于振捣作用半径的 1.5 倍(一般为 20～30 cm)。振捣上一层时应插入下一层 5～10 cm,以使两层混凝土结合牢固。

在混凝土浇灌过程中,如表面泌水过多,应及时将水排走或采取逐层减水措施,以免产生松顶,浇灌到顶面后,及时抹面,定浆后再二次抹面,使表面平整。

(5)模板拆除及养生

模板及支架拆除时的混凝土强度,应符合设计要求;侧模,在混凝土强度达到 2.5 MPa 以上,且其表面及棱角不因拆模而受损时,方可拆除。拆模宜按立模顺序逆向进行,不得损伤混凝土,并应减少模板破损。当模板与混凝土脱离后,方可拆卸。当拆除临时埋设于混凝土中的木塞和其他预埋部件时,应采取措施,混凝土不得受损。拆除模板时,不得影响混凝土的养护工作。

混凝土浇灌完进行收浆后,应及时晒水养护,养护时间最少不得小于 7 d,在常温下一般 3 d 即可拆除侧身模板,拆模时,必须特别小心,切勿损坏面层。

根据"一先、两控、三同步"的施工组织方式做到边坡成型与边坡绿化同步,如图 4-2-39 所示。

图 4-2-39　边坡骨架与绿化同步施工

六、路堤边坡防护施工方法

(一)施工工艺流程

路堤边坡施工工艺流程如图 4-2-40 所示。

(二)施工要求

(1)路堤两侧边坡采用两种防护形式,其中边坡斜长大于 3 m 的采用拱形骨架喷播植草防护,施工工艺同路堑边坡施工。斜长小于 3 m 的采用空心砖客土撒播草籽加灌木防护。

(2)路堤坡面每隔 10 m 设置一道排水槽,排水槽由预制场集中加工。

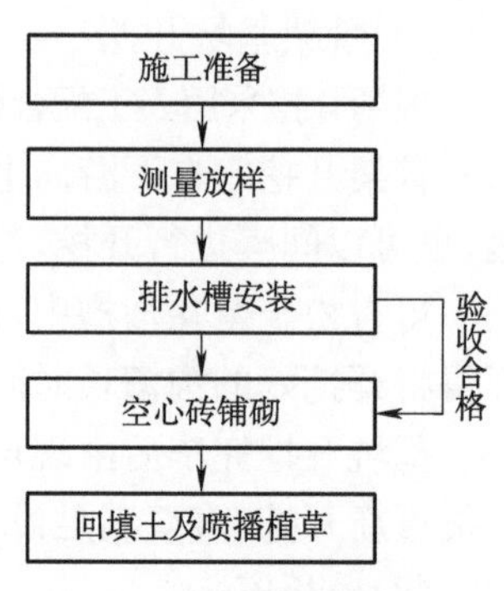

图 4-2-40　路堤边坡拱形骨架施工工艺流程

(三)施工方法

1. 施工准备

施工前应修整好坡面,清除浮土,填补坑凹,使坡面大致平整。空心砖在预制场预制,采用定制的高强度塑料模板。混凝土由拌和站集中搅拌,混凝土运输车运送,人工机械振捣。

混凝土空心砖采用 C25 混凝土预制,为正六边形,空心砖内客土植草。

2. 测量放样

首先进行测量放线,每隔 10 m 一个控制桩,并在施工完毕的上、下镶边上用油漆做标记,上下带通线,撒上白灰,以保证排水槽开挖位置及尺寸满足设计要求。

3. 排水槽安装

根据设计要求,每隔 10 m 在路堤两侧交错设置排水槽。

排水槽安装前应上下带通线,保证排水槽在同一坡面上,然后用砂浆进行沟槽找平。安装应从下往上依次拼接,拼装排列应整齐、平顺、紧密、美观。拼装缝用砂浆进行填塞,抹平。

4. 空心砖铺砌

砌筑空心砖前,先对边坡进行修正、夯拍、检查验收,达到要求后进行下一道工序。混凝土空心砖应自下而上铺设,铺设前在混凝土空心砖下需要铺 3～5 cm 的砂垫层以便调平和滤水,铺设时用橡皮锤击打使空心砖与坡面密贴,不得使用铁锤等硬物。

5. 回填土及喷播植草

空心砖铺设完后,报监理检验,合格后进行客土施工。客土厚 0.2 m,与空心砖表面平齐。

空心砖内部回填土应为适宜植物生长的黏性土,然后再撒播草籽。

第十一节　路基沉降控制与评估

路基变形监测分四阶段进行。第一阶段:路基填筑期间的监测,主要监测路基填筑期间地基沉降及路堤坡脚边桩位移,控制填筑速率。第二阶段:路基填筑完后的变形监测,通过实测数据推算最终沉降量,直到工后沉降分析可满足轨道铺设要求为止。第三阶段:铺设轨道施工期间的监测。第四阶段:铺设轨道后及试运营期间的监测(按要求交相关单位)。

路基变形监测包括路基面沉降监测、基底沉降监测、路基本体沉降监测。路基变形监测以路基面沉降和地基变形监测为主,并有针对性的对路涵过渡段差异沉降进行重点观测,观测期不少于 6 个月。在线路两侧设置地基和路肩观测桩、在地基和基床表层底面设置剖面沉降变形观测装置或在线路中心设置沉降板。

一、监测断面设置及原则

(1)测点的设置位置不仅要根据设计要求,同时还应针对施工掌握的地质、地形等情况调整或增设。

(2)观测点最好设在同一横断面上,这样有利于测点看护,便于集中观测、统一观测频率,更重要的是便于各观测项目数据的综合分析。

(3)变形监测断面的间距一般不大于 50 m,对于地势平坦、地基条件均匀良好、高度小于 5 m 的路堤或路堑可以放宽到 100 m;对于过渡段和地形地质条件变化较大的地段适当加密。每个工点应不少于 2 个监测断面；根据工点长度、工程地质条件，确定监测断面数量，其中长度小于 50 m 的工点，有 2 个监测断面，过渡段必须有至少 1 个监测横断面。

(4)路基施工至基床表层一半厚度时，开始进行路基面监测，时间不少于 6 个月。根据监测结果，分析评价地基的最终沉降量完成时间，及时调整设计措施使地基处理达到预定的控制要求。同时作为竣工验收时控制工后沉降量的依据。由于填土压实标准高，选用的监测设备应精度高，性能稳定，同时尽量避免造成施工干扰。工作基桩是作为控制测点的基准桩，因此，必须打设在变形区以外，校核基点用以控制工作基点，要求布设在变形区以外地基稳定的地点。

二、监测测试项目

以路基中心沉降监测为重点，其他包括路基面位移监测、基底沉降位移监测、路堤本体沉降监测、深层沉降监测，另外还有软土或松软土地段的边桩位移监测等。

三、测量的精度及频度

观测频率应与位移速率相适应，位移越小，观测频率也可减慢，反之位移越大，观测频率越要加快。

测量精度达到二级水准测量标准；测量频度：在路堤填筑期间，应每天监测一次，各种原因停工期间，前 2 天每监测一次，以后每 3 天测试一次。填筑施工完成后至铺设无砟轨道期间，前 15 天内每 3 天监测一次，第 15～30 天每星期监测一次，第 30 天后每 15 天监测一次，雨后应加密监测。具体应根据监测数据的变化情况，调整监测频度。

四、路基沉降控制

1. 路基沉降变形观测范围及内容

根据不同的路基高度及不同的地基条件，主要内容有：

(1)路基面的沉降变形观测，在路肩设沉降观测桩；

(2)路基基底沉降观测，在路基基底设沉降观测板；

(3)路基水平位移观测，在路基坡脚两侧设位移观测桩。

2. 观测点设置

观测点设置如图 4-2-41 所示。

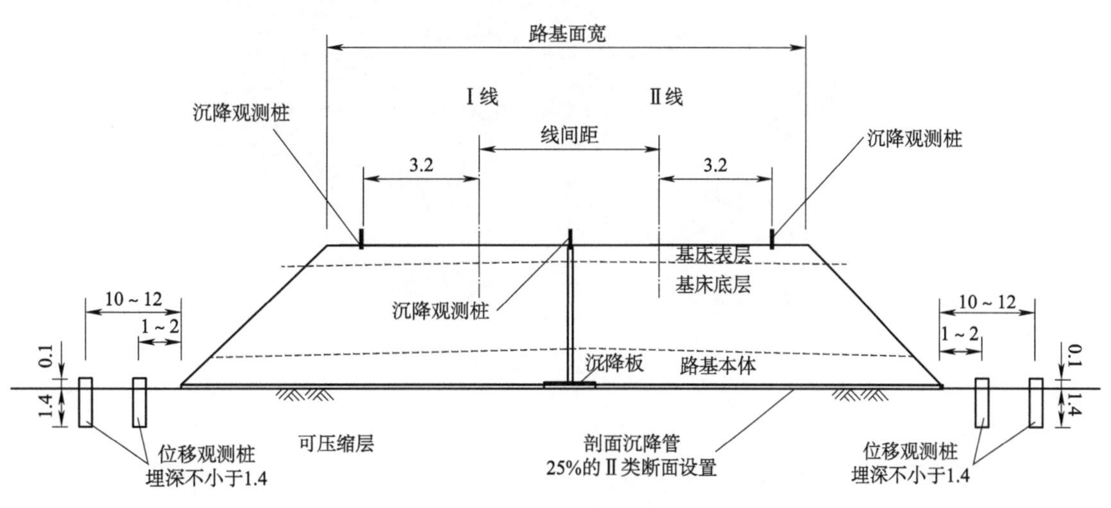

图 4-2-41　路基变形观测桩设置示意(单位：m)

3. 观测元件与埋设

观测元件除沉降观测桩外，均在地基加固完成后路堤填筑施工前埋设。

(1)沉降观测桩

选择 ϕ20 mm 钢筋，顶部磨圆，底部焊接弯钩，待基床表层级配碎石施工完成后，在观测断面通过测量埋置在设计位置，埋置深度不小于 0.3 m，桩周 0.15 m 用 C15 混凝土浇筑固定，完成埋设后测量桩顶高程作为初始读数，如图 4-2-42 所示。

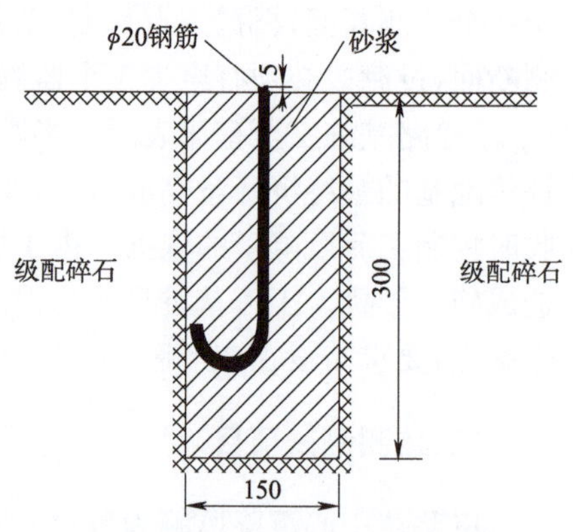

图 4-2-42　路基沉降观测桩埋设布置(单位：mm)

(2)沉降板

沉降板由钢底板、金属测杆(ϕ20 mm 镀锌铁管)及保护套管(ϕ49 mmPVC 管)组成，钢底板尺寸为 50 cm×50 cm，厚 3 cm，或钢底板尺寸为 30 cm×30 cm，厚 0.8 cm，如图 4-2-43、图 4-2-44 所示。

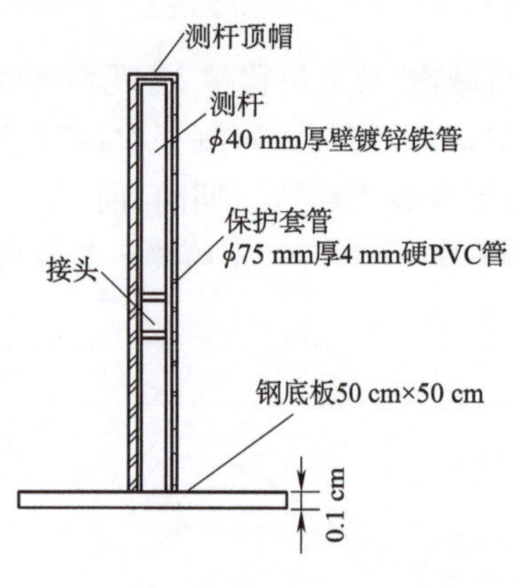

图 4-2-43　路基沉降观测板埋设布置

图 4-2-44　路基沉降观测板埋设现场

(3)位移观测桩

采用 C15 钢筋混凝土预制，断面采用 15 cm×15 cm 正方形，长度不小于 1.5 m，并在桩顶预埋 ϕ20 mm 钢筋，顶部磨圆并刻画十字线。

4. 观测技术方法与要求

(1)沉降观测桩观测方法

采用水准测量方法，按测量精度要求和频次定期观测路肩观测桩顶面测点高程。

(2)沉降板观测方法

采用水准测量方法，按测量精度要求和频次定期观测沉降板测杆顶面测点高程。沉降板观测时应在测杆头上套一个专用的测量帽。测量帽下部以刚好套入测杆为宜，测量帽上部以中心为一半球型的测点。在沉降板测杆接高时应同时测量接高前后的测杆高程。

(3)观测频次

路基沉降观测的频次不低于表 4-2-38 的规定。

表 4-2-38　路基沉降观测频次

观测阶段	观　测　频　次	
填筑或堆载	一　般	1 次/d
	每天填筑量超过 3 层时	1 次/每填筑 3 层
	沉降量突变	2～3 次/d
	填筑间隔时间较长	1 次/3 d
堆载预压或路基施工完毕	一　般	1 次/周
架桥机(或运梁车)通过	全　程	前 2 次通过时的前后各 1 次;其后每天 1 次,连续 2 次;其后每 3 天 1 次,连续 3 次;其后 1 次/周
无砟轨道铺设后	第 1 个月	1 次/2 周
	1 个月以后	1 次/月

实际工作进行时，观测时间的间隔还要看地基的沉降值和沉降速率。当两次连续观测的沉降差值大于 4 mm 时应加密观测频次；当出现沉降突变、地下水变化及降雨等外部环境变化时应增加观测频次。路基施工各节点时间(包括路基堆载预压土前后、卸载预压土前后、运梁车架桥机通过前后、基床表层施工、轨道板底座施工、铺板、轨道板精调以及铺轨时间)应具有沉降观测数据。观测应持续到工程验收交由运营管理部门继续观测。

路基沉降观测施工工艺如图 4-2-45 所示。

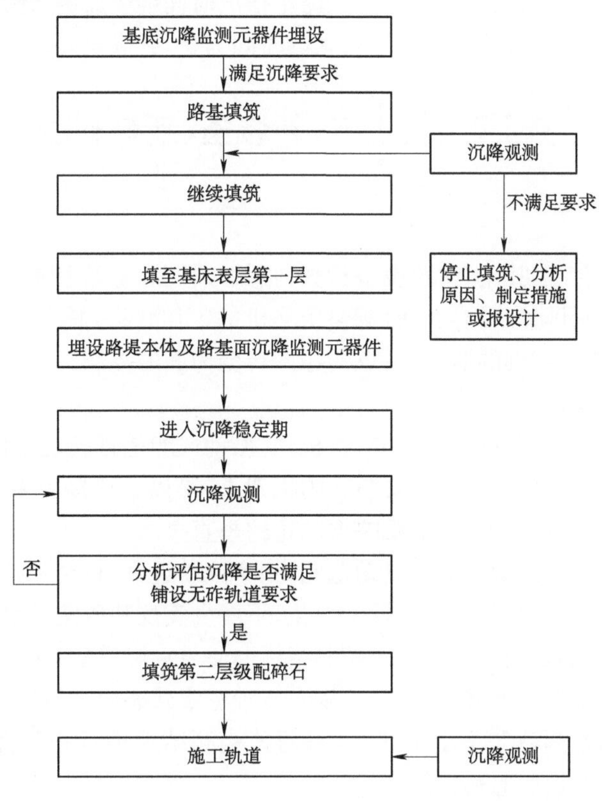

图 4-2-45　路基沉降观测施工工艺流程

5. 实时沉降监测系统

为严格保证路基工后沉降不大于 15 mm,赣深铁路在填筑作业完成后采用自动化 DCM 物位计监测系统(图 4-2-46),实时测量路基沉降与水平位移。配合土压力盒、空隙水压计、柔性位移计等检测元件和无线自动化综合测试系统完成路基沉降与稳定性长期测量(图 4-2-47)。

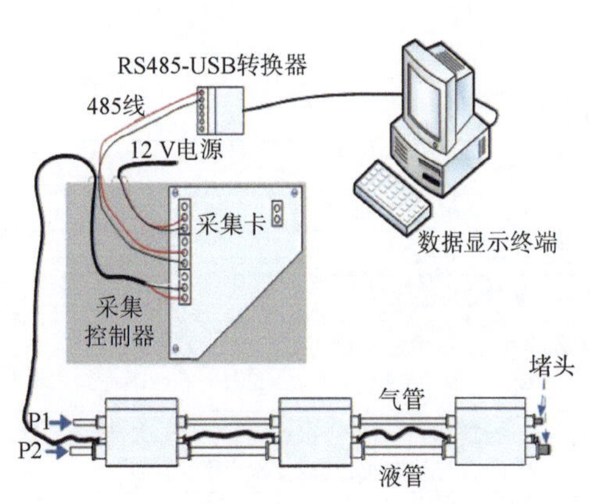

图 4-2-46 DCM 物位计监测系统示意

图 4-2-47 沉降变形自动监测现场

五、沉降评估

路基施工至设计高程后,先持续监测,根据检测数据,绘制"时间—填土高—沉降量"曲线,按照实测沉降推算法或沉降的反演分析法,分析并推算总沉降量、工后沉降值以及后期沉降速率,并初步分析推测最终沉降完成时间,确定铺轨时间。

根据分析结果,结合工期要求,验证、调整设计措施使地基处理达到预定的变形控制要求。当评估结果表明沉降还不能满足要求时,则研究确定是延长路基摆放时间继续监测,还是采取(或调整)地基加固措施,即进行"监测→评估→调整"循环,直到工期要求的时间为止,并满足要求。

第十二节 新工艺、新工法、新装备、新材料的应用及效果

一、连续压实控制技术

路基填筑采用连续压实控制技术,按照设备检查、相关性校验、过程控制、质量检测四个阶段进行,使压实效果可视化,可根据显示屏显示结果随时调整压路机的工作状态,减少漏压和过压,能对路基压实程度、均匀性、稳定性进行动态和持续的监测,由点的控制转变为面的控制。

1. 连续压实控制技术的施工应用介绍

(1)设备检查:主要是检查加载设备(振动压路机)的振动性能是否满足规程要求,特别是其振动性能。

安装检测设备时,振动传感器必须垂直安装在内机架上,可以直接接受来自振动轮的振动信号,如果传感器不垂直安装,得到的信号就不能准确反映振动轮的垂直振动。

设备调试时,要控制压路机振动频率的波动范围,频率波动过大,将会导致激振力出现更大的波动,人为造成路基压实质量的不均匀和量测结果的异常变化,不能真实反映压实质量。

(2)相关性校验:主要目的是确定连续压实控制指标 vcv 与常规质量验收指标之间的相关系数。可将试验段碾压成轻度、中度和重度三种密实状态,分别在三种密实状态内进行连续检测和常规质量验收指标检测,每种压实状态区内的检测数量不小于 6 组,将两种检测结果进行相关性分析,当相关系数 $r \geqslant 0.7$ 时,确定相关系数和连续压实控制的目标值。

(3)过程控制:过程控制主要是在碾压过程中对压实程度、压实均匀性和压实稳定性进行实时控制。

(4)质量检测:质量检测是在碾压完成后对整个碾压面进行的连续检测。可依据碾压面的压实状态和压实程度分布状况,确定压实质量的薄弱区域,以便于在压实最薄弱区进行常规质量验收。

2. 应用效果分析

(1)质量控制更趋于科学性

采用连续压实控制技术,能够实时反映整个作业面的整体压实质量。

(2)施工效率大幅度提高

①提高检测效率,减少重复检测时间。路基连续压实控制系统通过设定 vcv 值,操作手能够直接从驾驶室里的屏幕上实时了解当前压路机所处碾压段落的压实程度、碾压遍数等信息,与常规只采用压实遍数进行控制的方法相比较,可减少重复检测时间,缩短施工周期,加快路基施工进度。

②有针对性地指导作业,提高机械工作效率。连续压实控制系统的显示屏幕可以直观地向操作手提供压实的参考线和当前填筑层的压实程度,有利于操作手对碾压遍数和压实质量检测时间的确定;同时,可防止欠压、过压及漏压现象的发生,特别是在夜间施工时,为操作手提供了便利条件。

(3)施工成本大幅度降低

①节约人员成本。一是减少重复检测时间,节约检测人员成本。根据连续压实控制系统 vcv 值的控制原理,当 vcv 值达到目标值时,即可进行试验检测工作。多次检测、校验结果表明,当 vcv 值达到目标值后,常规的各项检测指标均能达到规范要求。这与以往通过"控制压实遍数、指标检测、不达标再碾压、复检直至达标"的控制方法相比较,能够减少重复检测次数和所需资源,缩短施工周期。二是提高机械工作效率,节约操作人员成本。连续压实控制系统的显示屏幕可以直观的给操作手提供压实的参考线,并能反映出当前填筑层的压实程度,做到了碾压遍数的优化和重复碾压区域的精确定位,杜绝了过压、欠压及漏压,从而节约操作人员成本。三是缩短路基施工周期,节约管理人员成本。采用连续压实控制系统进行路基填筑碾压,可大大缩短路基填筑施工时间,从而节约了现场管理人员成本。

②降低油耗。采用连续压实控制系统,操作手可以直接从屏幕上了解路基碾压的实际情况,不会出现盲目碾压,避免过压、漏压及欠压,这样就能很好地提高机械工作效率,从而降低压路机械的油耗量。

二、水沟滑模施工工艺

1. 工艺特点

(1)水沟开挖采用挖掘机定型铲斗一次开挖成型,开挖形成的水沟断面规则、沟壁密实、线形美观,且工效较传统开挖方式有很大提升。

(2)滑模机设备组装难度小,操作简便,设备投资费用较小。

(3)混凝土浇筑采用滑模机对沟底及侧壁一次摊铺挤压浇筑成型,整体性好,质量可靠。

(4)滑模机采用柴油机作为行走及振捣动力不受电力影响,施工方便。

(5)施工现场不需要安装模板,减少了材料堆放,施工流水作业,人走料清,无须单独进行场地清理,满足环境保护要求。

(6)在保证混凝土供应的前提下,理论摊铺效率可达 60 m/h,效率高。

2. 工艺原理

(1)通过测量控制确定水沟平面位置、纵坡及高程,采用定型挖斗,水沟开挖一次成型。

(2)安装滑模机,通过进料仓灌入混凝土。当混凝土进入推进器后,启动液压泵站,油缸作伸缩运动,推进器将混凝土推进挤压到水沟开挖槽与滑模机模板形成的梯形空腔内,利用液压油缸的推力作用和附着式振动器对混凝土的连续振动进行压实和振捣;滑模机利用液压油缸产生挤压的反作用力,沿水沟两侧安放的槽钢轨道前行。混凝土连续供应,水沟一次性浇筑成型。

三、路基骨架护坡泄水管定位装置

骨架上沿坡面设置直径 10 cm 的 PVC 泄水孔,每个拱斜长范围不少于 2 个,其向外排水坡不少于

4%，其尾部采用无纺布包裹2层，采用定制专用定位装置固定，有效避免了泄水管在浇筑混凝土过程中容易出现偏位、泄水管底部容易漏浆堵塞、泄水管容易出现反坡的问题的出现。定位装置如图4-2-48所示。

图4-2-48 定位装置

四、路基核心土夯实机

为解决传统路基排水沟槽、骨架核心土不密实等问题，制作了与挖掘机配套使用的专用核心土夯实机。通过核心土夯实机，对已开挖沟槽、骨架核心土进行夯实，保证骨架及空心砖基底密实，确保路基整体稳定性。核心土夯实如图4-2-49所示。

图4-2-49 核心土夯实

五、水沟专用开槽设备

为解决传统路基排水沟基槽开挖成型效果差、工效低等问题，对现有挖掘机挖斗按照排水沟基槽形状尺寸进行改装，制作了专用开槽设备开挖沟槽。排水沟预制板在预制厂集中后，运输至施工现场，以M7.5水泥砂浆分段砌筑，按照设计要求设置沉降缝。该装置的使用，降低管理成本，提高了工效。专用设备开槽施工如图4-2-50所示。

六、土模嵌槽法

为防止路基边坡发生滑塌病害，赣深铁路应用土模嵌槽法以减少边坡防护工程基槽开挖量，削减模板使用数量及费用，提高了施工工效并节约了工程成本。同时现场采用吊模施工（图4-2-51），对嵌入坡面以

图 4-2-50 专用设备开槽施工

下部分直接采用土模，外露部分及挡水缘使用吊模一次浇筑成型，使骨架防护结构与边坡原状土紧密嵌合，有效增加了抗冲刷能力，减少骨架脱空，确保结构防护作用发挥，强化了边坡稳定性(图 4-2-52)。

图 4-2-51 整体吊模施工工艺

图 4-2-52 土模嵌槽施工工法边坡防护效果

七、矩形抗滑桩工法

抗滑桩作为稳定滑坡体最有效的加固方式之一，被广泛应用于铁路工程建设领域，受到诸多边坡加固设计者的青睐。针对传统抗滑桩采用人工挖孔，伴随着施工周期长、安全隐患大等缺点，赣深铁路提出了采用“分段开挖→施工矩形锚固桩锁口→旋挖钻开钻锚固桩→吊装钢筋笼→混凝土浇筑→安装预制混凝土挡板”的新型路基矩形抗滑桩施工工艺(图 4-2-53)。经实际工程对比分析，利用机械垂直开挖技术避免了施工人员下井作业，加强了安全作业保障，提高了施工作业效率，是传统爆破开挖工法的 10 倍。由于抗滑桩外露部分使用了钢模施工，保证了其表面平整、光滑，形状、尺寸正确，外观质量较优(图 4-2-54)。同时该工艺经济效益高，相较于爆破开挖锚固桩工法平均单桩节约 3.4 万元。

八、骨架护坡施工一体化机具

为有效强化边坡的安全性和稳定性，提高施工效率和质量，赣深铁路采用自行研发的“骨架护坡施工一体化机具”(图 4-2-55)，由挖掘机和特制的铣挖钻头组装的专用机械开槽，做到一次成型，开槽尺寸准确，线型平顺。同时换用配套的夯实机具进行夯实，采用自行研发的夯实机具对沟槽底部骨架核心土进行夯实，确保了路基整体稳定性，有效防止边坡不均匀沉降。

图 4-2-53 定制矩形切头钻头

图 4-2-54 路基矩形抗滑桩成品样式

由于预制混凝土六棱块结构简单,排水性好,在保证护坡稳定的前提下,搬运、砌筑方便,满足景观要求,而且环保实用,因此在边坡建设中广泛使用。为改善传统六棱块铺设方法易造成表面不平顺、安装不密贴、高程定位不准确等技术问题,赣深铁路采用自行研制的一字形定位工装(图 4-2-56)对骨架护坡六棱块进行准确定位安装,提高了安装工效,保证了六棱块表面平整、缝隙均匀、线型顺直(图 4-2-57)。

图 4-2-55 自行研发铣挖、夯实一体化机具

图 4-2-56 自行研制一字形定位工装

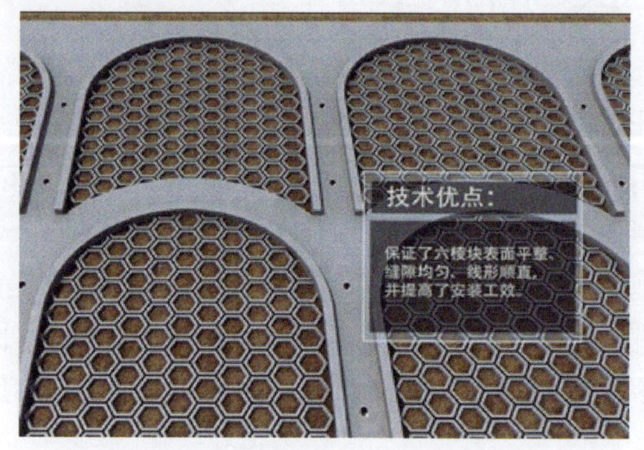

图 4-2-57 骨架护坡六棱块施工效果

九、软土路基信息化施工工法

由于赣深铁路全线软土、松软土段落较多,为保证路基具有较高的强度和良好的稳定性,需要对软土地基进行处理。我国以往针对软土地基的处理方式多为换填处理、排水固结法、强夯和强夯置换、振冲挤密碎石桩和振冲挤密砂桩等,这些工法质量不可控,易造成工后沉降超标。为解决沉降变形的问题,赣深

铁路沿线主要采用 CFG 桩、冲击压实、变截面挤密螺纹桩、堆载预压等方式强化地基，与此同时应用智能控制型长螺旋转机系统对桩基施工全过程进行实时记录(图 4-2-58)，基于自动化监测方式对桩长、桩身垂直度、提钻速度等参数进行同步监测，实现了质量信息化控制。施工过程中采集的各项原始数据，经综合处理后得到“高精度桩位信息”“垂直度偏差值”“钻进深度值”“钻进电流值”等关键数据，实时显示在车载终端上(图 4-2-59)，辅助操作人员精准施工，确保了成桩合格率，保障了施工机械全天 24 h 高效工作。通过现场施工发现，利用长螺旋法加固地基施工具有噪音及振动小、施工速度快等特点，而且工艺易于掌握。同时对成桩桩身质量及复合地基与单桩载荷力的检测表明，在地基加固、减少路基沉降量方面效果显著，为控制工后沉降奠定坚实的基础。

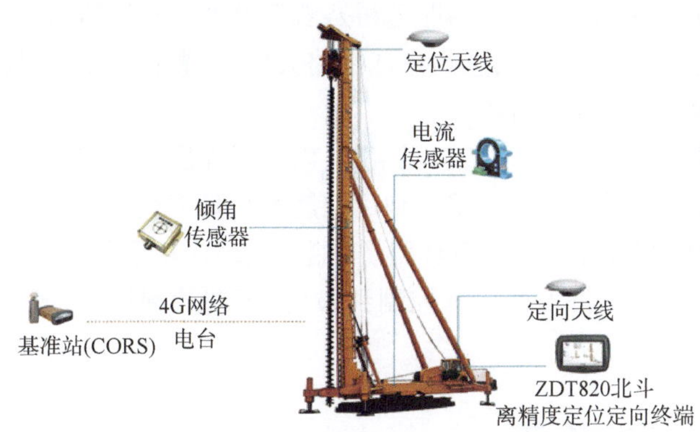

图 4-2-58 智能控制型长螺旋转机

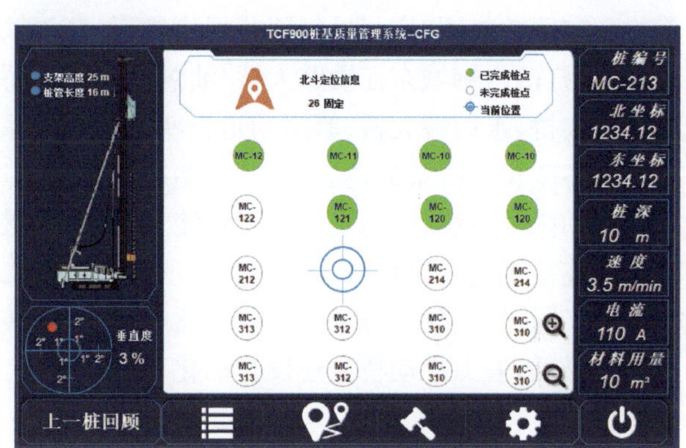

图 4-2-59 可视化桩基质量管理系统

十、深挖路堑客土喷播施工工法

由于赣深铁路工期紧任务重，传统的边坡防护施工方法如拱形截水骨架、锚杆框架梁、锚索框架梁等无法满足工期要求，故寻找各工序可节约工期的可能性，以绿色植被生态防护为构想，最终采用深挖路堑框格内客土喷播的施工工艺，如图 4-2-60 所示。

深挖路堑客土喷播能在岩石上为植物创造生长条件，也能满足对土壤要求严格的花草的生长。它恢复了因工程建设开发而破坏的生态系统，制造与自然表土相近的生长基础，培育出稳固边坡和与周边环境和谐的植被，有效地恢复生态和形成可粗放管理的优美植物群落，从而防止水土流失等自然灾害，保证高速公路路基稳定和行车安全。

图 4-2-60 深挖路堑框格内客土喷播施工工艺流程

第三章　桥涵工程

赣深铁路广东段桥梁247座,共计157.510 km,特殊结构梁多,技术难度高,风险大。以三跨东江、三跨京九为走向,加设一系列跨高速、跨国道等重要基础设施的长大桥梁,形成赣深铁路腾飞于粤东大地的美貌。在国铁集团、广州局集团公司指导下,赣深铁路广东段攻克了“两路七桥八隧”中的“七桥”重难点工程,精心打造出柳城东江铁路大桥、汕湛高速特大桥、小金口特大桥、惠州东江铁路大桥、潼湖特大桥、凤凰互通特大桥、水田特大桥、笋岗动走线特大桥等一系列桥梁精品工程。

在各座长大桥梁的建设过程中,始终加强施工过程控制,秉持以工装保工艺、以工艺保质量的要求,提出了自动张拉系统、滚笼机加工钢筋笼工艺、钻孔桩桩头环切工艺、可重复利用钢筋笼吊具工艺、桩基声测管丝扣连接工艺、承台环切工艺等20项新工艺新工法,研发了墩身自动喷淋养护装置、现浇箱梁移动式侧模装置、钻孔桩混凝土桩头超灌控制器等14种新装备,力争将工程质量控制到最优,工期缩到最短,成本控制到最低,着力推动桥梁建设自动化、精细化。

第一节　基础施工

一、钻孔桩施工

(一)工艺流程

钻孔桩施工工艺流程如图4-3-1所示。

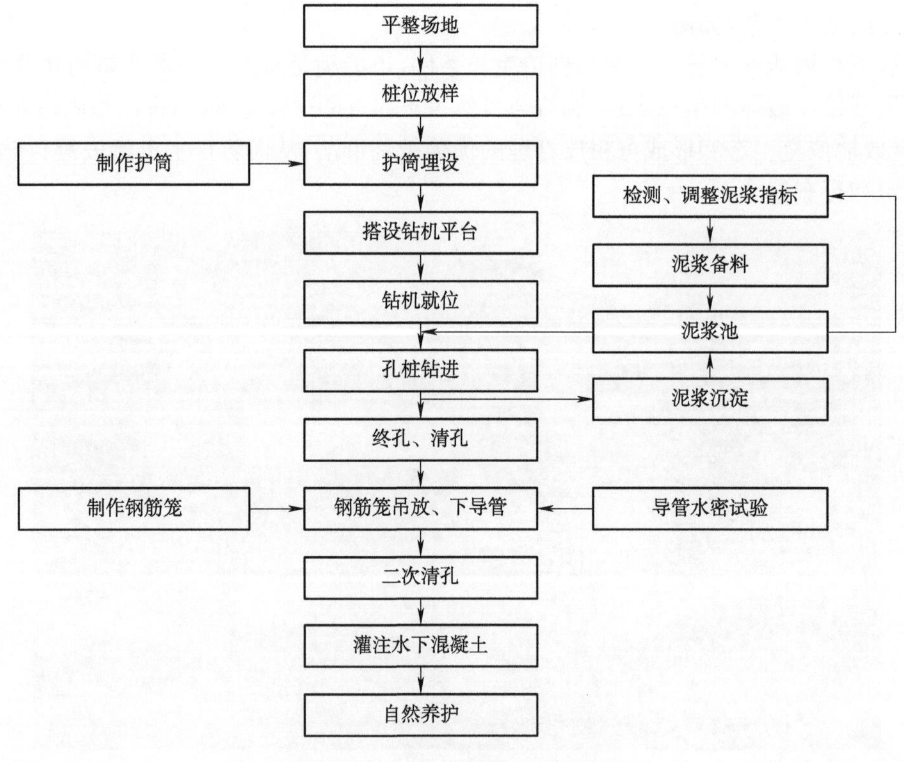

图4-3-1　钻孔桩施工工艺流程

(二)施工关键工序及技术要点

1. 施工准备

(1)钻孔桩开工前,进行测量放样,平整场地;设置供电、供水系统及修筑道路;安装混凝土搅拌站,材料进场试验,选定配合比;制作护筒,绑扎钢筋笼,制备泥浆,以及钻机检查、导管试拼试压等。

(2)本标段桥区多为鱼塘、水田或菜地,地表地质为黏土,地表很难直接支撑运输设备通过以及支撑钻机进行施工,在开工前要沿线路纵向修筑汽车运输便道,在每个墩、台钻孔位置均需要填筑钻孔平台。

(3)埋设护筒

①护筒用钢板加工制作,内径大于桩径 20～40 cm。深水处的护筒内径比桩径大 40 cm,钢护筒在普通作业场合及中小孔径条件下,一般使用不小于 8 mm 厚的钢板制作;在深水、复杂地质及大孔径等条件下,应用厚度不小于 12 mm 的钢板卷制,为增加刚度,采用不小于 10 mm 的钢板,在护筒上下端和接头外侧焊加劲肋。护筒在旱地时,护筒顶端高出地面 0.5 m,并高出地下水位 1.5～2.0 m 以上;孔内有承压水时,高出稳定后的承压水位 2.0 m 以上。

②护筒中心竖直线与桩中心线重合,平面位置偏差不大于 5 cm,倾斜度偏差不大于 1%。

③护筒埋入深度,黏性土时不少于 1.0 m,砂性土时不少于 2.0 m。当表层土松软时将护筒埋置到较坚硬密实的土层中至少 0.5 m。岸滩上埋设护筒,在护筒四周回填黏土并分层夯实;护筒顶面中心与设计桩位偏差不大于 5 cm,倾斜度不大于 1%。水中筑岛,护筒宜埋入河床面以下 1 m。

④开挖泥浆池,选择和备足良好的造浆黏土或膨润土,造浆量为 2 倍的桩的混凝土体积,泥浆比重可根据钻进不同地层及时进行调整。

2. 钻孔

根据地质情况,选用旋转钻机钻孔。用高液限黏土用泥浆机拌制的泥浆护壁法钻孔。

(1)钻机就位前,对钻孔各项准备工作检查。

(2)安装钻机时要求底部应垫平,保持稳定,不得产生位移和沉陷,顶端用缆风绳对称拉紧,钻头在护筒中心偏差不得大于 50 mm。

(3)泥浆护壁时,在地质不良部位或易坍孔地段提高泥浆黏度及比重。

(4)钻孔及开挖,在中心距离 5 m 以内任何桩的混凝土浇筑完成 24 h 后,才能开始钻孔施工。

(5)钻孔作业分班连续进行,填写的钻孔施工记录、交接班时交代钻进情况及下一班注意事项,经常对钻孔泥浆进行检测,随时注意地层变化。

(6)因故停钻时,保持孔内具有足够的水位和要求的泥浆相对密度和黏度,处理孔内事故时必须将钻头提出孔外。

(7)钻孔达到要求后,用仪器对钻孔的中心位置、孔径、倾斜度、孔深进行检查,并填写质检记录表,合格后方准进入下道工序施工。

3. 清孔

清孔的目的是使孔底沉渣、泥浆相对密度、泥浆中含钻渣量等指标符合规范要求。

4. 钢筋笼加工

采用滚笼机钢架加工场加工,钢筋笼主筋、箍筋间距均匀。保护层采用圆饼形高强砂浆垫块,每 2 m 设置一道,每道 4 块梅花形均匀沿钢筋笼四周布置。

5. 运输及安放钢筋笼

(1)钢筋笼运输

无论采取何种方法运输骨架,都不得使骨架变形。当骨架长度在 9 m 以内时可用两部平板车直接运输。当长度超过 9 m 时,采用炮架车运输。

(2)骨架的起吊和就位

钢筋笼安装采用汽车吊,为了保证骨架起吊时不变形,采用三点吊装。当骨架进入孔口后,应将其扶正徐徐下降,严禁摆动碰撞孔壁。孔口用钢管临时支承于孔口。钢筋笼入孔后,应采用吊筋牢固定位,以免在灌注混凝土过程中发生掉笼或浮笼现象。

6. 水下混凝土灌注

采用直升导管法灌注水下混凝土。导管上设漏斗，漏斗下设隔水栓。开始时漏斗中储备足量的混凝土拌和物，其数量要保证在切断隔水栓首批混凝土灌注下去后，使导管下口埋入混凝土中 1～3 m。以后尽量采用连续快速灌注，混凝土拌和物通过导管进入已灌好的混凝土中，并始终保证导管口埋在混凝土中(控制在 2～6 m 范围内)。为使灌注工作顺利进行，应尽量缩短灌注时间，使整个灌注工作在首批混凝土初凝以前的时间内完成。

灌注结束后，用测绳准确测出桩顶的混凝土面高程，并按规范要求考虑超灌余量。

7. 桩基检测

对于桩长大于 40 m 的钻孔桩，按设计要求在钢筋笼安装时预埋声测管，成桩后采用声波透射法进行检测。根据设计要求，在监理工程师在场的情况下，对桩的完整性采用超声波无破损法或动测法进行检测；并委托有资质的单位，按要求进行静载抗压试验或全长钻孔取样试验。

二、桩基承台施工

(一)工艺流程

桩基承台施工工艺流程如图 4-3-2 所示。

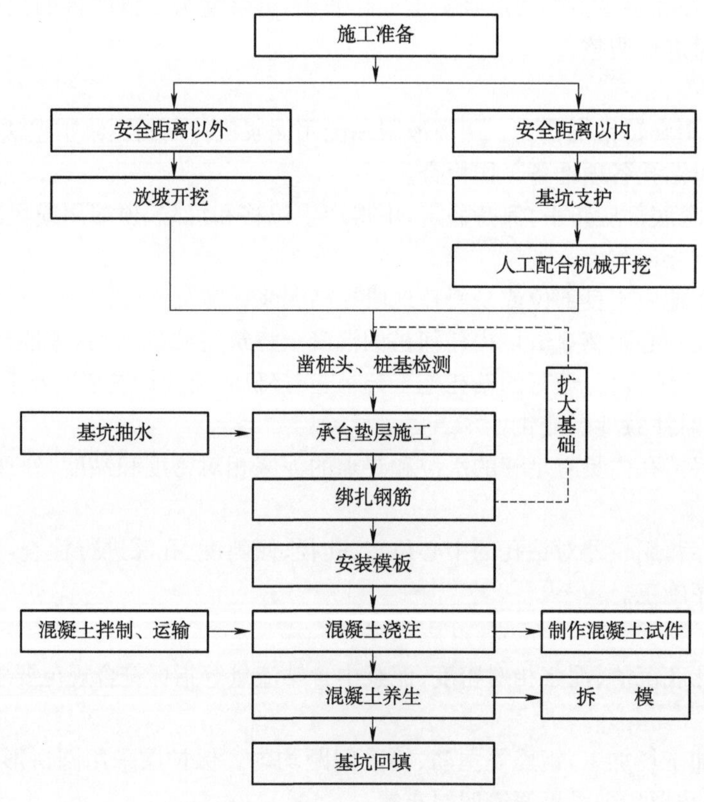

图 4-3-2　桩基承台施工工艺流程

(二)施工关键工序及技术要点

1. 施工准备

(1)挖机、自卸车就位，抽排水设备要齐全、完整。供电电缆要完好，以确保其正常供电和安全用电。

(2)对于基坑较深、边坡不稳或基坑边缘距便道距离不足时，采取插打钢板桩进行基坑防护；对于水中基坑用筑岛、土袋围堰抽排河水、便桥钢板桩围堰等形式进行防护施工。

①筑岛：对于在河岸附近、小水塘和水沟中的承台可直接用筑岛施工。必要时插打钢板桩防护。

②土袋围堰:在桥址两侧打设,结构如图 4-3-3 所示,两侧堆码土袋,堆码的土袋上下、左右层相互错开,堆码密整齐。中间打设两排木桩并回填黏土至围堰顶面。对施工桥址处形成一围蔽区域,用抽水机组抽排区域中的水,并用机械清除上层淤泥,晾晒 2～3 d 后根据现场地质情况回填不同厚度的塘碴,现场备有 20～30 mm 厚的钢板用于应急使用。

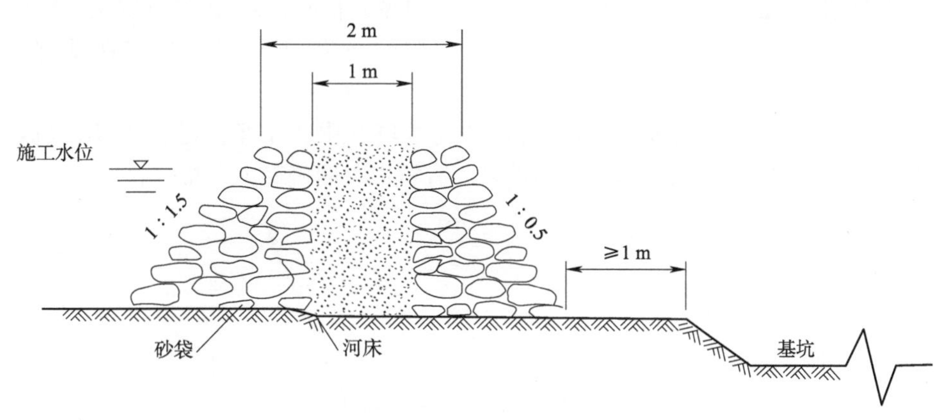

图 4-3-3　土袋围堰

③便桥及钢板桩围堰施工平台:主要适用于流速较大的深水河床、砂类土、黏性土河床及淤泥质较深基坑。打设钢板桩前按承台设计尺寸各边加宽 1.5 m。钢板桩用定型规格的接口类型一致,并且连锁紧密。上部四周用焊接槽钢围撑,并在四个角处焊接槽钢斜撑。对于较深承台单个挖掘机无法足开挖要求的,可用两台挖掘机或长臂挖掘机进行开挖。

2. 施工放样

先根据施工图纸计算出承台四个角的坐标,然后根据坐标按照所布导线进行桩位放样。桩位放样完成后利用水准仪测出承台位置的原地面高程,然后根据实测高程和设计高程值推算出从原地面下返 H 距离为承台底面高程。则开挖深度为 H＋垫层厚度。根据高度和坡度(放坡开挖时)推算出上口开挖线的位置。然后在基坑上口线的位置撒(白灰)开挖标志线。

3. 基坑开挖

(1)基坑开挖前应测定基坑中心线、轮廓线、方向和高程。有地面水淹没的基坑,应先修筑围堰、改河、改沟、筑坝排开地面水后再开挖基坑。

(2)基坑采用机械开挖,人工配合清底。

(3)基坑坑壁坡度应在确保边坡稳定、施工安全的原则下确定,并应符合下列规定:

①当在天然土层上开挖基坑,基坑深度在 5 m 以内,采用 1∶0.5 坡比分层开挖方法。无水土质基坑底面,按基础设计平面尺寸每边放宽 80 cm。简支梁承台平面尺寸为长 10.3 m×宽 5.7 m,承台基坑底面尺寸为长 11.9 m×宽 7 m;连续梁基坑底面尺寸按以上放宽原则施作。顶面开挖尺寸按照 1∶0.5 坡比和基坑高度确定,如图 4-3-4 所示。

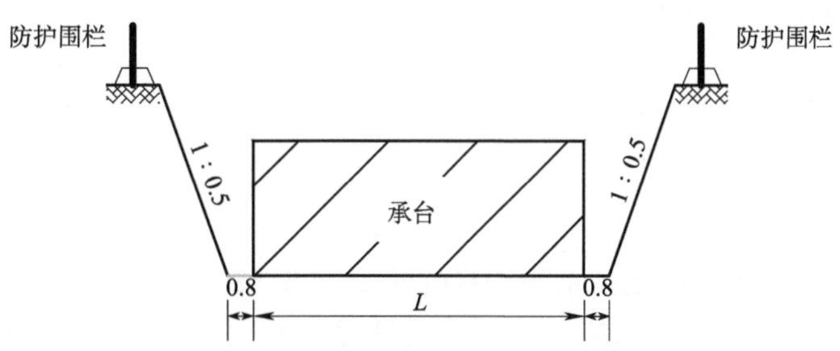

图 4-3-4　承台基坑底面示意(单位:m)

②当基坑深度大于 5 m 时,编制专项施工方案,经计算后确定开挖方案。

(4)当地下水位在基坑底以上时,地下水位以上部分可放坡开挖;地下水位以下部分,当土质易坍塌或基坑底以上水位较深时,应加固坑壁开挖。

(5)基坑顶有动载时,坑顶缘与动载间应留有大于 1 m 的护道。

(6)基底应避免超挖,松动部分应人工铲除。当采用机械开挖时,不得破坏基底土的结构,应在设计高程以上保留 20 cm 由人工开挖。墩台基础位置处为湿陷性黄土,基坑开挖要求在基坑底面以上预留 0.1 m 土层,夯实至设计高程。

(7)当基坑有积水时,坑底四周设环形排水沟,并在基坑其中 1 个角落处设置集水坑,如图 4-3-5 所示。集水坑深50 cm。排水沟至集水坑间设 1%坡度。有积水时明确专人负责抽排。

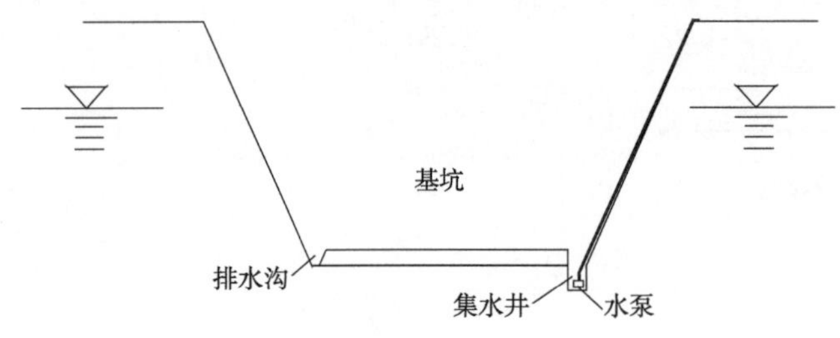

图 4-3-5 基坑明沟排水示意

(8)在靠近便道一侧的基坑小里程坡面上开挖安装人员上下专用通道,专用通道根据土质情况按照 1∶1～1∶1.5 进行放坡,通道宽度为 1.0 m,开挖供作业人员行走的步梯,步梯尺寸为宽 0.3 m,高 0.2 m。

4. 桩头凿除及检测

采用环切 2 刀的方切割并破除虚桩头。破桩过程为:基坑开挖→测定高程→环向切割 2 刀→打开缺口→剥出钢筋→加深缺口→断口分离→吊离断体→凿除残余→清洗桩头。桩体埋入承台长度及桩顶主筋锚入承台的长度应符合设计要求;桩头伸入承台 0.1 m。

桩头处理:切割前在桩顶高程处弹墨线标示切割位置,沿墨线环向切割,形成上下分离切缝。切割深度宜控制在 5 cm 左右,凿除混凝土时严禁破坏桩体下部的混凝土。

5. 大体积混凝土施工保证措施

施工时按批复的混凝土配合比,严格执行。降低入模前混凝土浇筑的温度,采用冷却水配制混凝土,粗细骨料均搭设遮阳棚,避免日光暴晒。夏季施工尽量安排在晚 9 时～次日晨 8 时,以最大限度地降低大体积混凝土入模温度。

第二节 墩台施工

一、墩身施工工艺流程

墩身施工工艺流程如图 4-3-6 所示。

二、主要施工步骤

1. 承台顶处理

(1)设计及规范要求

严格按照《高速铁路桥涵工程施工技术规程》(Q/CR 9603—2015)第 9.1.2 条执行,具体如下:

①墩台施工前,将基础顶面凿毛。清洗干净,整修连接钢筋,并在基础顶面测定墩台中线、高程、标出墩台立模位置。

②工墩台身与基础的时间不应相差太长,墩台身施工控制在基础完工后 14 d 内进行。

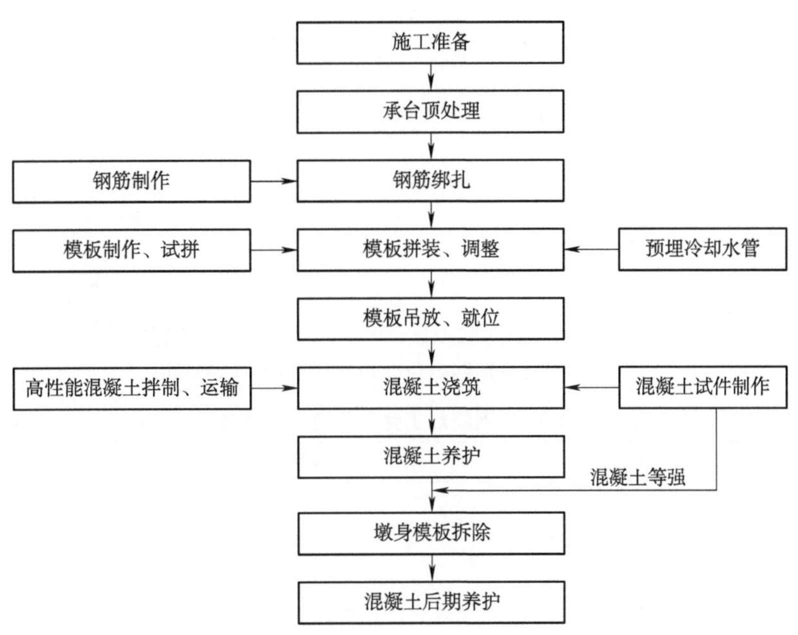

图 4-3-6 墩身施工工艺流程

(2)施工技术要求

①墩台顶面凿毛前,需由技术人员对墩台轮廓放样并弹出墨线,采用手持切割机沿轮廓墨线切缝。

②墩台身范围内凿毛,采用机械凿毛处理,并使凿毛面露出 75%以上新鲜混凝土面,混凝土强度不小于 10 MPa。

③墩台面凿毛处理后,立即清理承台顶面虚渣,并用清水冲洗干净。

④承台清理干净后,再次测定墩台中线、高程,标出墩身模板立模线。

2. 钢筋制作与绑扎

(1)设计及规范要求

①接头的施工参考设计文件及《铁路混凝土工程施工技术规程》(Q/CR 9207—2017),钢筋接头必须分散布置,且同一截面上的钢筋接头截面面积不得大于截面总面积的 25%,钢筋接头避免设在基顶以上 3 m 范围内。

②设综合接地钢筋,综合接地采用部颁现行通用参考图《铁路综合接地系统》[通号(2016)9301]。

(2)施工技术要求

①在钢筋加工场集中下料和弯制,平板车运输至现场,在现场进行绑扎和焊接。钢筋下料、弯折、绑扎均严格按设计图纸及施工规范操作。

②加工制作前,进行除锈、除污处理,表面无油渍、漆污、铁锈及泥土等杂物。

③接长采用焊接连接或机械连接。

④绑扎采用 ϕ0.7 mm 铅丝绑扎,无漏绑、松动现象,钢筋骨架结实稳固,并有足够的刚度,在灌注过程中不发生任何松动。钢筋骨架安装要求在模型中的位置正确,不倾斜、扭曲,保护层厚度达到规定厚度。

⑤墩身钢筋垂直度较高,成型钢筋易发生倾斜和弯曲,每隔 2.5 m 采取纵横向加固,待混凝土灌至其高度时,再撤除。

⑥钢筋绑扎采用胎卡具定位,在墩身内侧分组拼装设置,每 3 m 高设置一道。墩身钢筋定位架内置型断面如图 4-3-7 所示。

⑦钢筋在绑扎胎具上集中绑扎,绑扎完成后采用 25 t 吊车吊装。

(3)验收标准

钢筋加工、安装及保护层厚度允许偏差和检验方法见表 4-3-1、表 4-3-2。

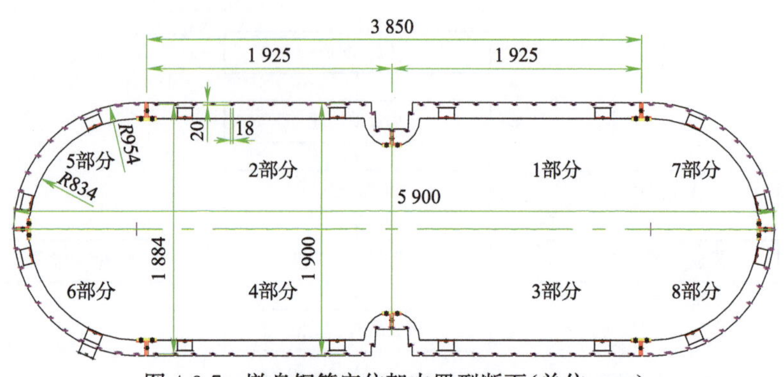

图 4-3-7 墩身钢筋定位架内置型断面(单位:mm)

表 4-3-1 钢筋加工允许偏差和检验方法

序号	检查项目	允许偏差(mm)	检验方法
1	受力钢筋全长	±10	尺量
2	弯起钢筋的弯折位置	20	
3	箍筋内净尺寸	±3	

表 4-3-2 钢筋安装及保护层厚度允许偏差和检验方法

序号	检查项目	允许偏差(mm)	检验方法
1	受力钢筋排距	±5	尺量两端、中间各 1 处
2	同一排中受力钢筋间距	±10	
3	分部钢筋间距	±20	尺量连续 3 处
4	箍筋间距	±10	
5	钢筋保护层	$^{+10}_{0}$	尺量两端、中间各 2 处

3. 模板安装

(1)设计及规范要求

①墩台优先采用统一制作的整体式钢模板,模板板面平整,接缝严密不漏浆,拆、装施工操作方便,并制订模板的安装、使用、拆卸等措施。

②墩台模板及支架需经计算有足够的强度,刚度与稳定性。

③模板安装前应进行试拼,检测合格后,对其进行编号存放,墩台模板采用整体分段吊装时,分段高度应根据吊装能力并结合墩台结构分段情况确定,一般控制在 2~4 m,并有足够的整体性与刚度。

④墩台模板必须与承台基础顶面密封,密封材料不得侵入墩身。

⑤模板组装完毕后,对模板的垂直度、平整度、错台、拉杆和螺栓的连接牢固程度进行检验,合格后方可浇筑混凝土。

(2)施工技术要求

①桥梁根据墩身高度及墩身坡比共计配置 12 套墩身钢模板。模板分节高 0.5 m、1 m、2 m、顶帽及托盘模板组合拼装。

②板均由专业厂家生产制造面板采用 $\delta=6$ mm 的 Q235 钢,法兰采用 $\delta=12$ mm×120 mm,纵肋采用[8 槽钢,抱箍采用[20 槽钢,小横、竖肋采用 8 mm 钢板,间距 28 cm,对拉杆采用 ϕ32 mm 精轧螺纹钢,端头车丝,拉杆预留孔 ϕ40 mm。墩身构造如图 4-3-8 所示。

③板采用吊车人工配合安装,确保轴线、高程符合设计要求后加固,保证模板在灌注混凝土时受力后不变形、不移位。模内干净无杂物,拼装平整严密模板整体拼装时要求错台<1 mm,拼缝<2 mm。

④板安装完成后,采用缆风绳对角<60°设置 4 根缆风绳固定模板,并利用全站仪校正钢模板垂直方向倾斜度。

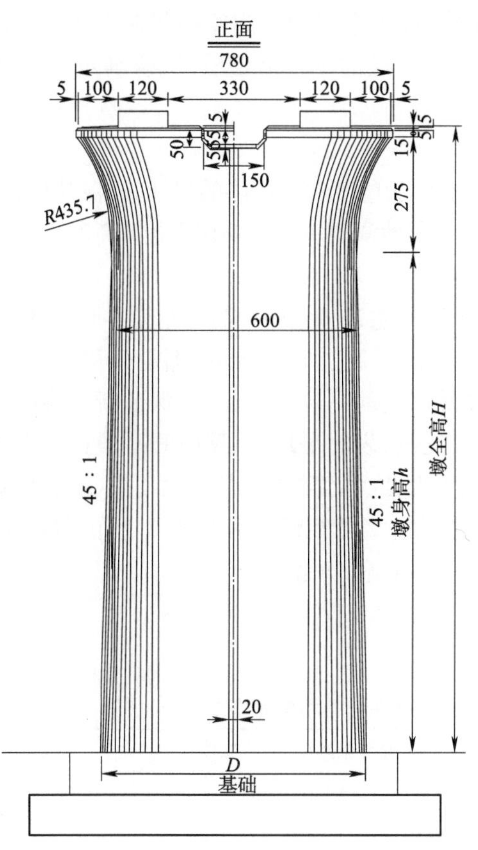

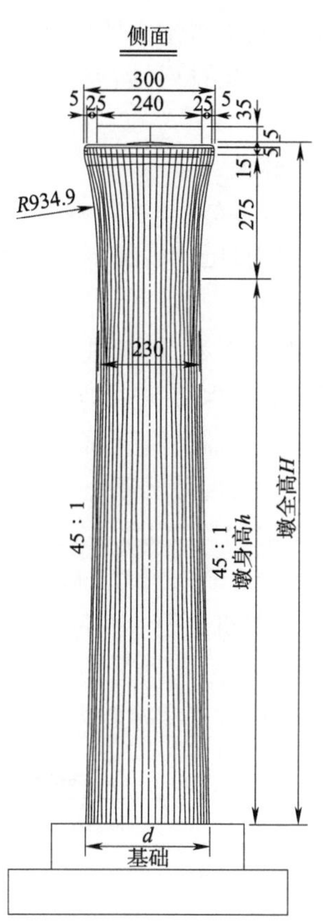

图 4-3-8　墩身构造示意(单位:cm)

(3)验收标准

墩身模板安装允许偏差和检验方法见表 4-3-3。

表 4-3-3　模板安装允许偏差和检验方法

序　　号	检查项目	允许偏差(mm)	检验方法
1	前后、左右距中心线尺寸	±10	测量检查每边不少于 2 处
2	表面平整度	3	1 m 靠尺检查不少于 5 处
3	相邻模板错台	1	尺量检查不少于 5 处
4	模板表面平整度	5	2 m 靠尺和塞尺不少于 3 处
5	同一梁端两垫石高差	2	测量检查
6	墩台支承垫石顶面高程	0 −5	
7	预埋件和预留孔位置	5	

4. 混凝土浇筑

(1)设计及规范要求

①施工时尽量减少施工接缝,并按施工规范加强接缝处理,以提高整体性。

②墩身顶帽施工时应按设计要求预留支座螺栓孔。

③施工应减小基础施工与墩身施工的时间间隔,以防止混凝土收缩不同引起桥墩的墩身混凝土开裂。

④浇筑混凝土时应安排专人检查模板、钢筋、沉降观测点及预埋件的位置和保护层的尺寸,确保位置符合设计要求。

⑤墩台混凝土浇筑根据模板设计要求和使用情况,严格控制一次性连续浇筑高度。

⑥墩台混凝土浇筑应在整个截面内按一定厚度、顺序和方向分层浇筑,分层厚度按不大于 60 cm 控制。

⑦混凝土振捣器应缓慢自然垂直插入混凝土中,振捣器与模板间距控制在10～20 m。

⑧振捣器插点均匀排列,插点距离不应大于振动半径的1.5倍,经过试验确定(一般情况下振动作用半径为30～50 cm)。

(2)施工技术要求

①浇筑混凝土时,安排专人检查模板、钢筋、预埋件的位置和保护层的尺寸,确保其位置符合设计要求。

②根据模板受力计算书,墩身高度26 m以内一次性浇筑完成,每小时浇筑高度不大于2 m,混凝土初凝时间控制在8 h内。

③浇筑采用泵送对称、连续进行,每层灌注厚度不超过60 cm,采用插入式振动棒振捣,混凝土振捣时,振动棒与模板必须保持5～10 cm的间距,插入下层混凝土5～10 cm,振动棒移动间距不超过振动器作用半径的1.5倍,振捣器要垂直插入混凝土内,并要插入前一层混凝土,以保证新旧混凝土结合良好;混凝土振捣密实的标志是:混凝土停止下沉、不冒气泡、泛浆、表面平坦;振捣时间一般控制在30 s以内。

④混凝土浇筑时出料口高度不宜大于2 m,墩台下部首次浇筑时,采用串筒下接(彩条布或土工布)方式,确保出料口高度不大于1 m;布料时一般墩帽以下墩身部分设2个布料口,墩帽设3个布料口(异型墩除外)。

⑤现场混凝土浇筑过程中按每100 m^3留取同条件试件一组。

(3)验收标准

混凝土墩台允许偏差和检验方法见表4-3-4。

表4-3-4 混凝土墩台允许偏差和检验方法

序　号	检查项目	允许偏差(mm)	检验方法
1	墩台前后左右边缘距设计中心线尺寸	±20	测量检查不少于5处
2	桥墩平面扭角	2°	
3	表面平整度	5	1 m靠尺检查不少于5处
4	支承垫石顶面高程	0 −10	测量检查
5	预埋件和预留孔位置	5	

5. 混凝土养护

(1)设计及规范要求

混凝土养护根据《铁路混凝土工程施工质量验收标准》(TB 10424—2018)第6.4.9条执行。

(2)施工技术要求

拆模后的墩台身混凝土立即使用保温保湿的无纺土工布覆盖,外贴隔水塑料薄膜,采用自行设计的喷淋式养护系统进行养护,始终保持混凝土表面湿润,避免形成干湿循环,养护时间不少于14 d。

(3)验收标准

混凝土养护见表4-3-5。

表4-3-5 不同混凝土保温保湿最低期限

水胶比	大气潮湿(RH≥50%),无风,无阳光直射		大气干燥(20%≤RH<50%),有风,或阳光直射		大气极端干燥(RH<20%),大风,大温差	
	日平均气温 T(℃)	养护时间(d)	日平均气温 T(℃)	养护时间(d)	日平均气温 T(℃)	养护时间(d)
>0.45	$5 \leqslant T < 10$	21	$5 \leqslant T < 10$	28	$5 \leqslant T < 10$	35
	$10 \leqslant T < 20$	14	$10 \leqslant T < 20$	21	$10 \leqslant T < 20$	28
	$T \geqslant 20$	10	$T \geqslant 20$	14	$T \geqslant 20$	11
≤0.45	$5 \leqslant T < 10$	14	$5 \leqslant T < 10$	21	$5 \leqslant T < 10$	28
	$10 \leqslant T < 20$	10	$10 \leqslant T < 20$	14	$10 \leqslant T < 20$	21
	$T \geqslant 20$	7	$T \geqslant 20$	10	$T \geqslant 20$	17

6. 模板拆除

(1)设计及规范要求

模板拆除根据《铁路混凝土工程施工质量验收标准》(TB 10424—2018)第 6.4.10 条执行。

(2)施工技术要求

①期间混凝土强度未达到规定强度之前，不得承受外荷载。当混凝土强度满足拆模要求时，方可拆模。

②除墩身模板，采用由上至下、人工配合吊车吊运。拆模时，为防止模板在起吊时滑模或反弹，损伤墩身混凝土面及棱角，用棕绳栓系控制模板移动。

三、桥梁接口工程施工

1. 桥梁下部结构综合接地

综合接地由接地线、接地设置、引接线、接地端子以及基础网闪络保护接地设置构成，综合接地系统的接地电阻不大于 1 Ω。桥梁的桩基础，在每根桩采用一根钢筋作接地钢筋，桩基钢筋的接地在承台中环节，如图 4-3-9 所示。

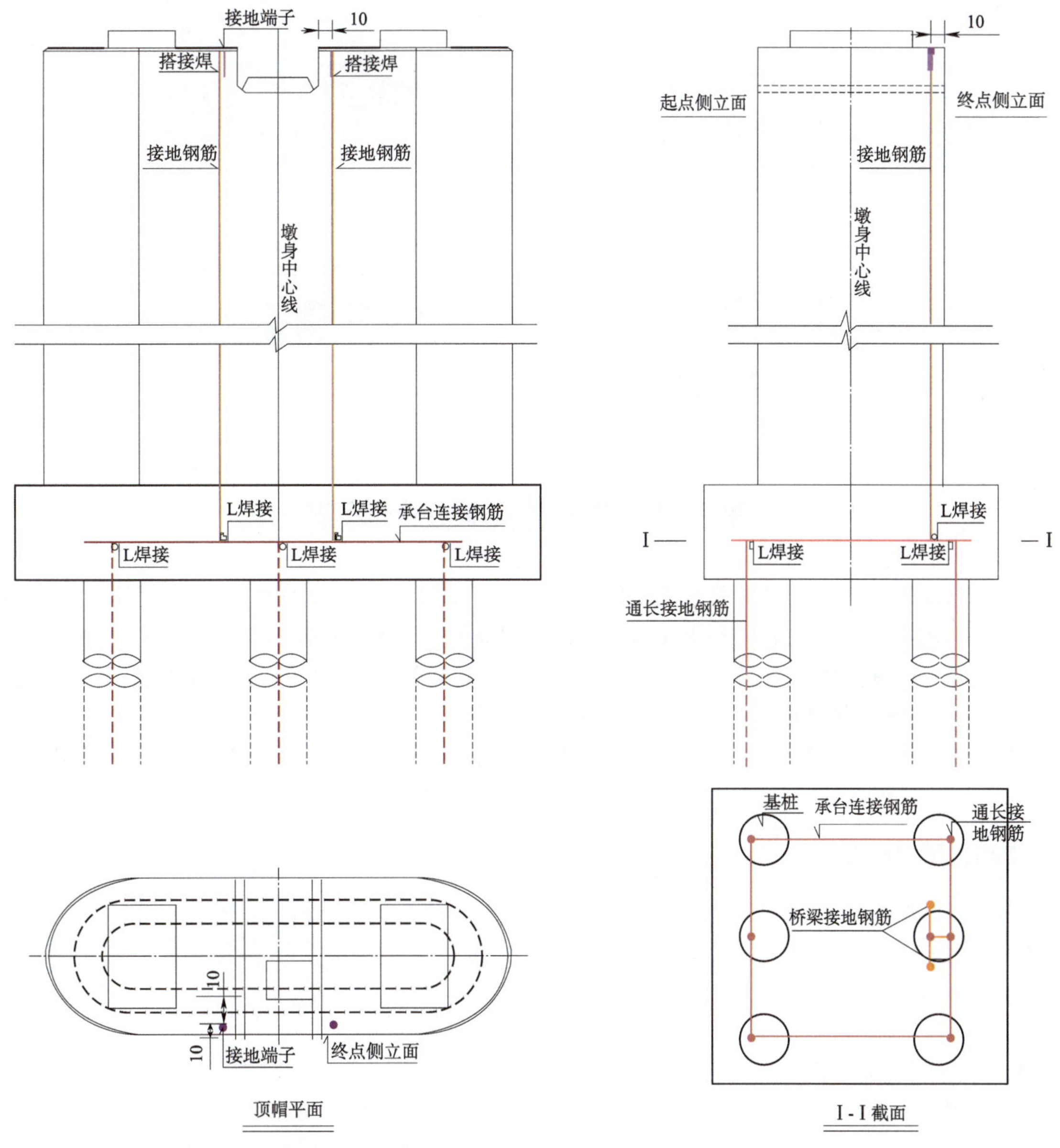

图 4-3-9 桥梁下部结构综合接地示意(单位:cm)

桥墩中设两根接地钢筋一端与承台中的环接钢筋相连,另一端与墩帽处的接地端子相连,在每个桥墩的墩帽处设置两个接地端子。

2. 桥墩预留电缆上下桥滑槽

(1)根据通信、信号、电力和接触网供电电缆的上下桥需要,在每隔 500 m,在桥墩及对应箱梁位置需预埋滑行槽道以便于安装爬架。

(2)在桥墩正面大小里程侧、位于桥墩直线段范围内,各预埋两行滑行槽道,槽道间距 1.5 m,型号:HZA29/20,长 500 mm;T 形螺栓:HZS29/20M12,螺杆长 60 mm。

(3)为确保预埋槽道安装的准确,采用钢筋定位法。预埋槽道的锚钉与钢筋网片冲突时,不允许切断锚钉;不得在未安装 T 形螺栓前剔除槽道内发泡填充物。

四、施工平台及爬梯

墩身模板设置环向平台,平台与模板背带连接,平台宽 1.0 m、层高 1.8 m、栏杆高 1.2 m,统一采用型钢定型加工与模板配套使用,并设置专用工作爬梯,有效保障工作安全,如图 4-3-10 所示。

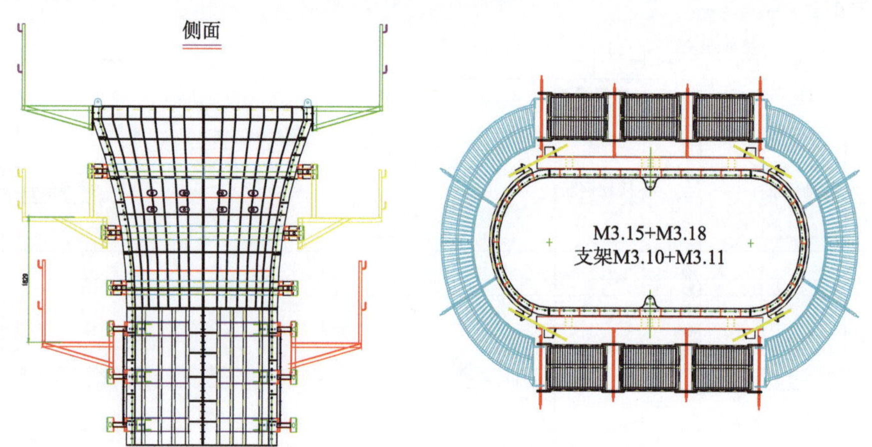

图 4-3-10 施工平台设计示意

第三节 T 形简支梁的制运架

赣深铁路(GSSG-8)标正线里程范围 DK374+300～DK404+867,正线长 30.567 km,联络线长度 9.46 km,广深铁路Ⅰ、Ⅱ线改造 1.84 km。联络线、工区走行线、笋岗线需架设 T 梁 246 孔,32 m T 梁 217 孔、24 m T 梁 29 孔;制梁场 1 座设在塘厦 DK403+750。T 梁采用集中预制,提梁机装梁、运梁车运输、架桥机架设的施工方法。根据深圳指挥部指导性施工组织设计的要求及总体工期的安排,投入 1 套 180 t 运架分离设备运架塘厦梁场预制的 T 梁。桥间转移、过路基、过隧道、调头时可自行完成,也可用运梁车驮运完成。

一、T 形梁预制施工

(一)简支 T 梁预制

预制 T 梁施工工艺流程如图 4-3-11 所示。

(二)模板工序

1. 模板工艺流程

模板施工工艺流程如图 4-3-12 所示。

(1)采用固定钢底模:底模骨架采用双工字钢组合梁,面板采用厚 10 mm 钢板。底模分段运输逐段拼接,拼接时需注意保证各段的中心线对齐在同一直线上。在底模台座间加塞钢垫板,通过精确抄平来控制

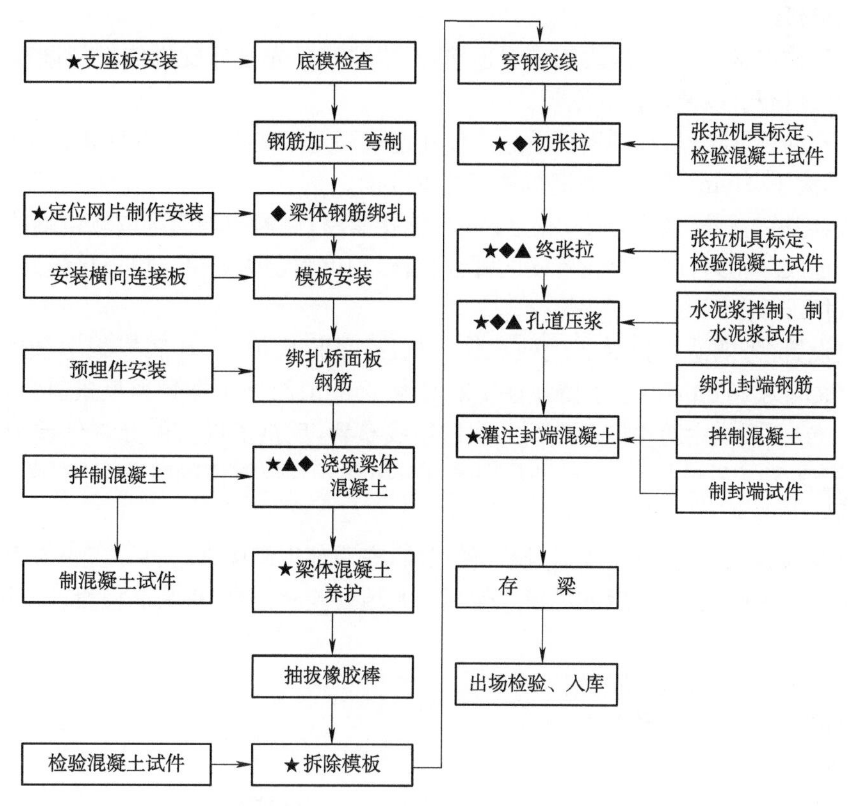

注：▲ 特殊过程 ◆关键工序 ★质量控制点

图 4-3-11 预制 T 梁施工工艺流程

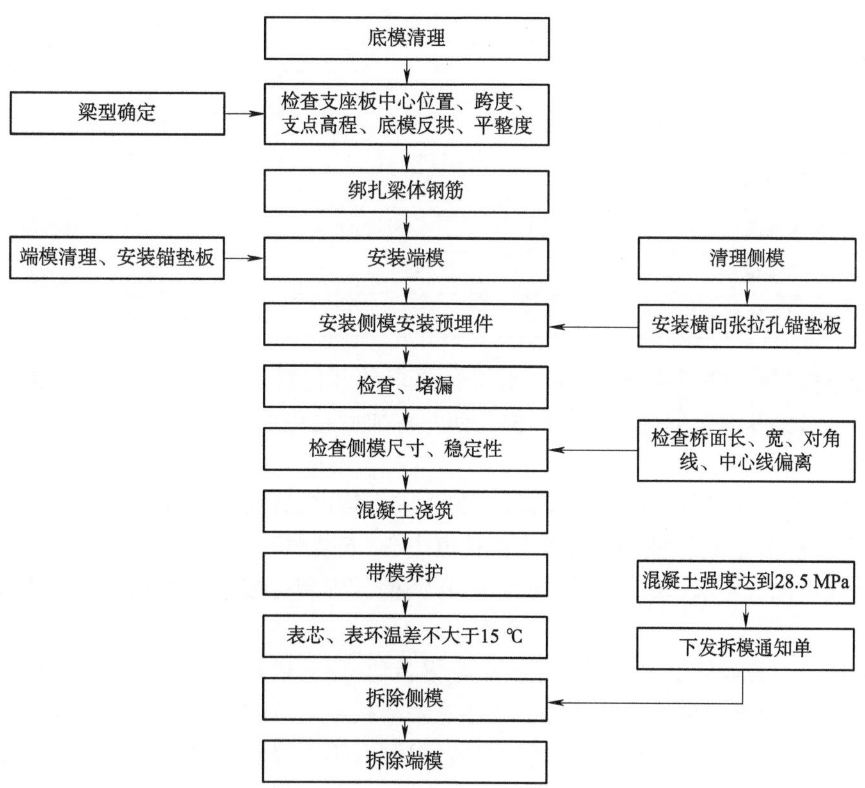

图 4-3-12 模板施工工艺流程

反拱值,以确保底板弧线平顺。

(2)底模板分块连接拼装:块与块之间满焊连接,严格按照预先设计反拱值进行调整。调整完成后在支座板的位置打好螺栓孔,以便定位支座板。

(3)底模螺栓孔的预留:支座预埋钢板通过定位孔连接固定于底模上,因此底模加工时须预设定位孔,定位孔位置偏差不大于 2 mm,确保预埋钢板预埋位置准确。

(4)模板连接:底模与侧模采取对接,用上下拉杆连接紧密;侧模与端模采取侧包端的方式利用螺栓连接,结合部位嵌入橡胶条密封,底模上设置横向螺纹拉杆,用以固定两侧模。模板接缝处用橡胶条密封,接缝处错台不得超过 2 mm。

(5)底模反拱设置:为抵消张拉后产生的梁体上拱度,铺设底模时,在底模板上预留反拱及压缩量,32 m T 梁预留反拱值为 40 mm,底模预留弹性压缩值为 32 mm;24 m T 梁预留反拱值为 20 mm,底模预留压弹性缩值为 16 mm。反拱由跨中向两端按二次抛物线布置,反拱值设置的允许偏差为±1 mm,待前期试生产梁终张拉完成 30 d 后进行确认,通过数理统计分析梁长和反拱值的变化,如有必要,对反拱值和压缩量进行相应调整。

(6)底模检查及验收:底模安装完成后,投入使用前,安质部组织检查验收。当底模因某种原因经过大修或改装后,须重新组织验收,合格后方可投入使用。并填写验收记录,作为底模投产使用的依据,验收内容及标准如下:

①底模强度、刚度和稳定性能满足施工需要;

②底模基础安置于可靠的基底上,不下沉;

③尺寸允许偏差见表 4-3-6;

④每次移完梁后,都须对底模进行检查,以确认底模是否损伤或变形。

表 4-3-6 底模尺寸允许偏差

项　　目		标准值	允许偏差
跨度线与设计位置偏差		—	±15 mm
底模板中心线与设计位置偏差		—	≤2 mm
反拱值	24 m	20 mm	±1 mm
	32 m	40 mm	±1 mm
底模平整度		—	≤2 mm/m
底模宽度		880 mm	$^{+5}_{0}$ mm
底模总长		—	+15 mm
底模对角线长		—	±15 mm

(7)底模的调整、维修:底模检查完毕,对不符合要求的部位进行调整,调整完毕,对调整部位进行复验。底模须定期维修保养。对偏差较大的部位及偏差有加大趋势部位,及时调整维修。

2. 端模安装

(1)端模板进场后对其进行全面的检查,保证其预应力管道预留孔偏离设计位置不大于 3 mm。

(2)锚垫板安装前需先十字画线确定锚垫板孔道中心,安装时采用十字线与端模十字线重合来控制锚垫板孔道与端模孔位同心要求,采用模板槽型定位孔调整。安装完成后检查锚垫板安装型号和安装紧固效果。

(3)安装端模时,将橡胶棒穿过相对的端模孔慢慢就位,因管道较多,安装模板时要特别注意不要将橡胶棒挤弯,重点检查橡胶棒的坐标。另一方面要注意锚垫板在对位时避免顶撞钢筋骨架。

(4)锚垫板型号选择配套的止浆套,并紧贴安装,目测看不到缝隙为准,理顺橡胶棒。配套止浆护套颜色用颜色标记区分开:ϕ70 mm 止浆护套用白色标识,ϕ80 mm 止浆护套用蓝色标识,ϕ90 mm 止浆护套用红色标识。

(5)安装前检查板面是否平整光洁、有无凸凹变形及残余粘浆，端模锚垫板管道孔眼须清除干净，用双面胶封堵，防止出现堵孔现象。

3. 侧模板的安装和检查

(1)模板安装前检查外观有无损伤部位，配件是否齐全，板面是否平整、光洁、有无凹凸变形及多余黏浆，模板接口清除干净。

(2)检查所有模板连接端部和底角有无碰撞而造成影响使用的缺陷或变形，振动器支架及模板焊缝处是否有开裂破损，如有须及时补焊、整修。

(3)侧模与底模间的连接采用横向底拉杆进行连接，侧模与底模拼缝处安装"燕尾胶条"，以保证拼缝平整严密。

(4)侧模拼装后接缝处错台不大于 2 mm，不平整度不大于 2 mm/m。

(5)侧模安装完成后，用上下拉杆连接稳固。调整紧固件后检查整体模板的长、宽、高尺寸及不平整度等，并做好记录。不符合规定者，及时调整。

(6)侧模安装做到位置准确，连接紧密，侧模与底模、侧模与端模接缝密贴且不漏浆。侧模与端模连接后，检查梁长、梁宽、模板垂直度、桥面对角线及预埋 T 钢、联结板位置、密贴情况。

模板安装完毕后，各部尺寸应符合表 4-3-7 的技术要求。

表 4-3-7 模板安装尺寸允许偏差

序号	项　目	允许偏差	检查方法
1	底模总长	+15(跨度 $L>16$ m)	用 20 kg 测力计、50 m 钢卷尺悬空检查
2	底模板宽	$^{+5}_{0}$ mm	钢卷尺检查
3	侧模总长	±15(跨度 $L>16$ m)	用 20 kg 测力计、50 m 钢卷尺悬空检查
4	桥面对角线	≤15(跨度 $L>16$ m)	用 20 kg 测力计、50 m 钢卷尺悬空检查
5	底模板中心线与理论位置偏差	≤2 mm	钢卷尺、拉线检查
6	桥面板内外侧与设计位置偏差	≤5 mm	钢卷尺、拉线检查
7	腹板中心线与设计位置偏差	≤10 mm	钢卷尺、拉线检查
8	横隔板与设计位置偏差	≤2 mm	线锤、卷尺量测
9	横隔板厚度	$^{+10}_{-5}$ mm	钢卷尺检查
10	模板倾斜度偏差	≤3‰	线锤、卷尺量测
11	侧模、端模高度差	±5 mm	钢卷尺检查
12	底模、侧模及端模不平整度	≤2 mm/m	钢板尺、塞尺
13	侧模及端模纵、横向预应力筋孔偏离设计位置	≤3 mm	钢卷尺检查
14	桥面宽度	$^{+10}_{0}$ mm	钢卷尺检查
15	腹板厚度	$^{+10}_{0}$ mm	钢卷尺检查
16	底板厚度(在侧模下翼缘拐角处高度)	$^{+10}_{0}$ mm	钢卷尺检查
17	顶板厚度(在侧模上翼缘拐角处高度)	$^{+10}_{0}$ mm	钢卷尺检查

4. 模板密封

(1)模板安装后，各处接缝处需进行密封，防止漏浆；

(2)梳齿板处采用胶皮门帘进行封堵；

(3)模板接口缝隙采用橡胶条进行密封；

(4)横向张拉孔、预留筋孔以及较大的接口缝采用橡胶条进行密封；

(5)锚垫板安装与锚穴间隙采用双面胶密封;

(6)锚垫板喇叭口与抽拔橡胶棒间隙采用定制的防护套(两片式)进行填塞封堵。

5. 模板拆卸

梁体混凝土初凝后,及时拆除锚垫板、连接板等预埋件的固定螺栓和下隔墙盖板,抽拔纵向橡胶棒。

6. 质量控制要点

(1)模板具有足够的强度、刚度和稳定性,能保证梁体各部形状、尺寸及预埋件的位置准确。

(2)模板清渣干净、脱模剂涂刷均匀后,方可进行安装工作。

(3)单扇新制模板验收标准,各部尺寸应符合表 4-3-8 的技术要求。

表 4-3-8 单扇新制模板验收标准

序号	检查项目	允许偏差	备 注
1	端模高度	$^{+5}_{0}$ mm	
2	端模宽度	≤3 mm	
3	2N1 锚穴口偏离角度	≤0.1°	
4	2N2～N7 锚穴口偏离角度	≤0.1°	
5	N1～N7 预应力孔道偏离设计位置(南到北,下到上)	X 轴方向	预应力孔道位置允许偏差 3 mm
		Y 轴方向	
6	模板工作表面平整度	≤2 mm/m	
7	纵向预应力孔垂直位置偏差	±2 mm	
8	纵向预应力孔水平位置偏差	±2 mm	
9	上翼缘底高差	$^{+5}_{0}$ mm	

(4)安装端模板前,特别注意检查锚垫板规格、型号是否正确,压浆预留孔眼是否向上并填塞,锚垫板是否与锚穴孔道同心密贴。

(5)拆模时,梁体混凝土强度不得小于 30 MPa。

(6)梁体混凝土芯部与表层、表层与环境温差均不大于 15 ℃,方可拆除模板。

(7)考虑多片式 T 梁配孔时可按以下几个措施尽量减少横向张拉孔对位误差。

(三)钢筋工序

1. 钢筋施工工艺流程

钢筋施工工艺流程如图 4-3-13 所示。

2. 施工方法

(1)钢筋加工

采用调直机、钢筋切断机以及钢筋弯曲机等机械设备进行钢筋半成品加工。

(2)预应力管道定位网

采用直径为 ϕ10 mm、ϕ8 mm HPB300 钢筋制作而成,均在定位网胎卡具上焊接加工。

(3)钢筋绑扎

梁体钢筋的绑扎在底膜上进行绑扎。梁体钢筋的定位主要依靠在底膜安装临时绑扎胎具(严格按照设计图纸上钢筋间距、钢筋型号刻槽)和焊接的竖向卡筋完成,施工时将对应型号的钢筋摆入相应的槽中,确保钢筋的相对间距符合设计要求。

在钢筋绑扎胎卡具上标明定位网位置,然后按照预设位置安装定位网,将定位网与梁体钢筋连接,定位网按图纸要求设置,然后再布筋绑扎其他钢筋。

垫块厚度为 35 mm。可有效地保证梁体钢筋保护层的厚度及耐久性,绑扎垫块时垫块数量不少于 4 个,绑扎垫块和钢筋的扎丝头不得伸入保护层内。

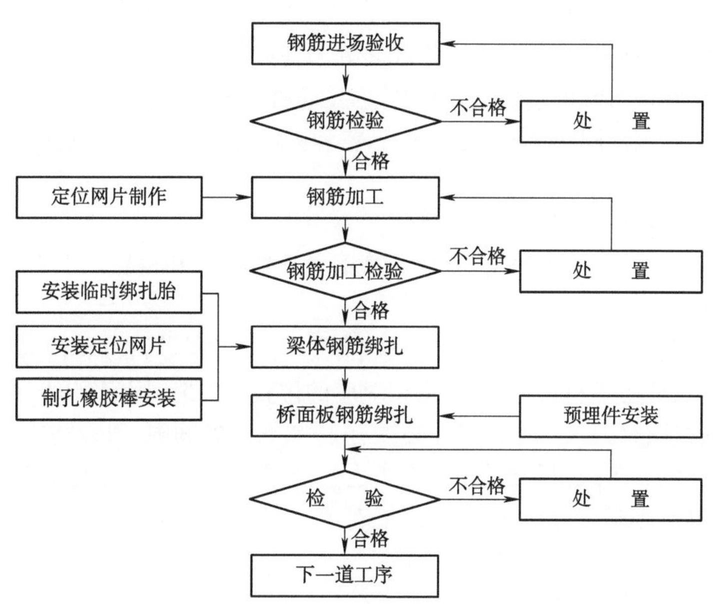

图 4-3-13 钢筋施工工艺流程

预应力孔道成型:纵向预留孔采用橡胶抽拔棒成孔对管道的方向、位置进行检查和调整,确保管道定位准确,抽拔棒顺直,无死弯,保证预应力管道偏差≤4 mm。

预应力管道接头部位需交错布置,严格按照坐标位置控制,保持良好线形,橡胶棒接头设在跨中处,并错开承插,接头处采用 0.5 mm 厚、长 300 mm 的铁皮包裹,橡胶棒与铁皮管间隙不得大于 1 mm,并在套接处用塑料胶带缠紧,密封不漏浆,防止水泥浆串入橡胶抽拔棒内,相邻两孔道接头相互交错不小于 500 mm。

(4)桥面钢筋吊装

钢筋骨架绑扎完毕后,采用 2 台 40 t 龙门吊进行吊装,钢筋吊装要使用专用的钢筋吊具,在吊具上设置的吊索使用铁链吊顶面板钢筋,一共布置 44 个吊点。铁链上部固定在吊具上,吊装时铁链穿过钢筋并挂在吊具的挂钩上,设置的吊点较多可以防止钢筋骨架在吊装中变形。同时钢筋吊装就位后,要对局部的变形进行调整(包括钢筋的间距、保护层的厚度和预埋件的位置等)。

3. 钢筋的运输及储存

(1)进场的钢筋须按牌号、规格、厂名、级别分批架空堆置在钢筋存放区。

(2)钢筋在储存过程中要防止锈蚀、污染和避免压弯。

(3)钢筋使用随解捆(盘)随使用,做好解捆(盘)钢筋的防护工作。

4. 钢筋的调直

(1)工艺流程:备料→调直→码放。

(2)钢筋使用钢筋调直机进行调直,钢筋拉伸调直后不得有死弯。具体要求见表 4-3-9。

表 4-3-9 钢筋调直具体要求

序 号	项 目	标 准
1	HPB300 钢筋(盘条)调直伸长率	≤2%,无死弯、垂皮、断裂现象
2	HRB400E 钢筋(盘螺)调直	横肋高 h(−0.5 mm～+0.4 mm)

(3)质量要求:

①钢筋平直,无局部折曲,钢筋表面无油污。

②加工后的钢筋,表面无削弱钢筋截面的伤痕。

(4)钢筋调直注意事项：

①要经常检查调直设备是否正常,经常维修使之处于完好状态。

②工作状态时,严禁在调直线两端站人,跨越或触动正在调直的钢筋。

③要建立健全岗位责任制。调直设备要专人负责,各种机具发现异常要停机检修,严禁机械带故障工作。

5. 钢筋下料

工艺流程:备料→调整定位挡板→切断→堆放。

钢筋下料是根据所生产桥梁的配筋图,分别计算钢筋下料长度和根数。下料时先长后短,合理配料,避免浪费。

(1)备料:将同规格钢筋,根据不同长度进行长短搭配,先备长料,后备短料,以尽量减少短头。

(2)调整定位挡销:在准备下料长度时,选用相对应的位置,将挡销固定牢固。

(3)切断:钢筋切断机固定刀片与冲切刀片必须有 1～2 mm 的间隙,刀刃磨成一定的角度。钢筋端头要顶到刻度线挡板外,将钢筋落入切断机切断,为防止差错,要试断一根,检查合格后,再成批切断。

(4)堆放:钢筋切断后,按规格分别堆放,下部垫起 20 cm。

(5)质量要求：

①钢筋的断口不得有马蹄形或起弯等现象。

②钢筋的下料长度力求准确,其允许偏差±10 mm。

③盘条光圆钢筋在加工弯制前先用调直机调直。

④在切断过程中,如发现钢筋有裂纹,立即停止工作并及时向技术人员反映,妥善处理;钢筋切断检查标准见表 4-3-10。

表 4-3-10 钢筋切断检查标准

序　号	项　目	标　准
1	钢筋切断长度偏差	±10 mm
2	钢筋外观	无氧化铁皮、无裂纹

6. 钢筋弯制

工艺流程:准备→安装弯曲定位胎卡具→试弯→检验→合格→批量生产。

(1)钢筋弯曲前,对形状复杂的钢筋,根据钢筋设计尺寸,用石笔将各弯曲点位置划线。

(2)设计图纸所标尺寸为钢筋中心线间距尺寸。钢筋端部有标准弯钩者,其标注尺寸为自弯钩外皮顶切线与钢筋轴线交点的尺寸。所有受拉热轧光圆钢筋的末端做成半圆形弯钩,弯钩的弯曲直径≥2.5d(d 为钢筋直径),钩端留有≥3d(d 为钢筋直径)的直线段。受拉热轧带肋钢筋的末端采用直角形弯钩,弯钩的弯曲直径≥4d(d 为钢筋直径),钩端的直线段长度≥5d(d 为钢筋直径)。弯起钢筋中间部位弯折处的弯曲直径≥14d(d 为钢筋直径)。使用光圆钢筋制成的箍筋,其末端带有弯钩(半圆形、直角形或斜弯钩),弯钩的弯曲内直径要大于受力钢筋直径,且不小于箍筋直径的 2.5 倍;弯钩平直部分的长度为箍筋直径的 5 倍。

(3)钢筋弯制时先试弯一根,检测其各部尺寸是否符合规范要求,过程中如发现钢材脆断、过硬、回弹或对焊处开裂等现象及时停止制作并向主管技术人员反映,查出原因并正确处理;

(4)箍筋的末端向内弯曲,以避免伸入保护层;

(5)质量要求：

①钢筋形状正确,平面上没有翘曲不平现象。

②钢筋末端弯钩的直线段不小于钢筋直径的 5 倍。

③钢筋弯曲点处无裂缝。

钢筋截断加工成型后,各种型号钢筋抽取 3 根进行检查,检查合格后,按编号分类、分批、整齐存放于钢筋半成品存放区,下面用钢筋支架或方木、混凝土枕垫起,防止锈蚀和污染,并设置标识牌。钢筋成型检查标准见表 4-3-11。

表 4-3-11　钢筋成型标准

序号	项　　目	允许偏差
1	受力钢筋顺长度方向的净尺寸	±10 mm
2	箍筋中心距尺寸偏差	±3 mm
3	钢筋成型后方向尺寸偏差	±5 mm
4	弯曲钢筋的弯折位置	±20 mm
5	成型后钢筋不在同一平面的偏差	<10 mm
6	钢筋不垂直度(顶偏离垂线)	$<d$
7	复杂图形各弯折部分的高度与设计图	±5 mm
8	钢筋标准弯钩端部顺直段长度	$^{+10}_{0}$ mm
9	钢筋标准弯钩内径的偏差	±0.5d(d 为钢筋的直径)
10	成型后钢筋外观无锈坑或可剥落之锈皮及油渍	良好

7. 定位网片的制作

定位网采用 ϕ10 mm、ϕ8 mm 圆钢加工，在专用的定位网模具上焊接。模具采用 3×3 角钢焊接而成，严格按照定位网坐标加工，钢筋位置采用模具上的豁口定位，整体加工成型。定位网加工均采用点焊，焊接牢固，成形后的网片不得扭曲变形。定位网加工成形后，按图纸编号挂牌标明并堆放。定位网加工允许误差符合表 4-3-12 规定。

表 4-3-12　管道定位网胎具检验标准

序号	项　　目	检查方法	验收误差(mm)
1	定位网模具长度	尺　量	±2
2	定位网模具宽度	尺　量	±2
3	定位网模具槽孔间距(定位网网格内径比橡胶棒直径大 4 mm)	尺　量	±1

8. 钢筋绑扎

(1)钢筋绑扎胎具制作

制作钢筋绑扎胎具、吊具。绑扎胎具主要是控制钢筋的位置和间距、箍筋的倾斜度、垂直度。在绑扎胎具上用油漆标出定位网片、腹板分布筋的位置。

(2)钢筋绑扎工艺流程

安装临时胎具→梁体钢筋绑扎→预应力孔道安装→安装端模→安装侧模→吊装顶板钢筋→安装预埋件。

(3)钢筋绑扎工艺

T 梁钢筋分梁体钢筋和桥面钢筋两部分。为了保证钢筋绑扎位置的准确及加快模板的周转时间，特制钢筋绑扎胎具。钢筋绑扎采用分体式绑扎，即同时进行梁体钢筋和桥面钢筋的绑扎。梁体钢筋绑扎在制梁台座上进行，桥面钢筋在绑扎胎具上进行。

(4)绑扎要求

①在钢筋的交叉点，用 22 号扎丝绑扎，按逐点改变绕丝方向(8 字形)交错扎结。蹬筋、桥面筋其两端交点都绑扎；钢筋弯折角与纵向分布筋交点都绑扎；其余各交点采用梅花形跳绑；绑扎点拧紧，如有扭断的扎丝必须重绑；为保证绑扎后的钢筋骨架不变形，骨架所有绑扎点的绑扎方向为"人字形"，扎丝绑扎完毕，末端弯向内侧，扎丝末端不得深入混凝土保护层内。

②保护层垫块的设置要求：垫块呈梅花形布置，底板及翼缘板底面间隔不大于 0.5 m，腹板处不大于 0.5 m，且不少于 4 个/m^2。

③钢筋绑扎、接头的其他要求按照施工大样图的要求施工。

④绑扎钢筋时,配置的钢筋级别、直径、根数和间距符合设计图纸要求。

⑤在绑扎钢筋前,对照施工图核对钢筋直径、规格、数量和编号,备足材料,同时备足混凝土垫块、绑扎工具及扎丝。

⑥钢筋骨架安装尺寸偏差见表 4-3-13。

表 4-3-13 钢筋绑扎允许偏差

序号	项 目	允许偏差
1	桥面主筋间距及位置偏差(拼装后检查)	≤15 mm
2	底板钢筋间距与设计位置偏差	≤8 mm
3	箍筋间距及位置偏差	≤15 mm
4	钢筋保护层厚度与设计偏差	+5 mm,0
5	其他钢筋偏移量	≤20 mm
6	箍筋的不垂直度	≤1.0%
7	保护层垫块	≥4 个/m^2,绑扎牢固
8	管道定位筋网片间距	±10 mm
9	预留管道在任何方向与设计位置的偏差	≤4 mm

(5)钢筋垫块的布设与绑扎

梁体钢筋在底膜安装临时绑扎胎具,靠模板面一侧绑扎标准混凝土垫块,以保证混凝土的保护层厚度不小于 35 mm。钢筋垫块采用锥形垫块,同梁体强度细石混凝土材料制成,保护层厚度除顶板为 30 mm 外其他部位均为 35 mm。

垫块绑扎时使纵向分布筋卡入垫块凹槽,扎紧绑线,使垫块不可随意串动。所有垫块都在钢筋骨架安装就位前绑扎。绑扎垫块扎丝头不得伸入保护层内。

钢筋骨架底部的垫块需要承担整个骨架的重量,因此要求有足够的强度和刚度,以免发生变形和被压碎;侧面垫块由于不承受骨架的重量,但在底、腹板钢筋吊装时易于滑移,因此必须轻吊轻放。在下落梁体钢筋骨架时必须对位准确,采用吊锤线坠法来确保梁体钢筋骨架纵向中心线与底模板纵向中心重合,然后方可徐徐下落,确保准确就位。

(四)混凝土工序

1. 施工工艺流程

混凝土施工工艺流程如图 4-3-14 所示。

2. 配合比设计

混凝土配合比选定是保证 T 梁质量的关键,混凝土配合比应根据原材料品质、混凝土设计强度等级、混凝土耐久性以及施工工艺对工作性的要求,通过计算、试配、调整等步骤选定。混凝土配合比需经过强度、弹性模量、耐久性、拌和物工作性能的试验验证。混凝土的耐久性指标必须经有资质检验单位检验合格并出具合格报告。

以通桥(2017)2101—Ⅰ/Ⅱ简支 T 梁(钢横梁人行道方案)为例,根据施工图说明,该处梁体混凝土强度等级为 C55,选定配合比见表 4-3-14。

3. 混凝土拌制

混凝土采用拌和站集中拌制,严格按照施工配合比(试验室对砂、石含水率进行测定)进行配料、称量,配料误差控制在允许范围内。混凝土搅拌投料顺序为:先向搅拌机投入细、粗骨料、水泥、粉煤灰搅拌均匀,再加入外加剂和拌和用水拌和,搅拌时间以最后一种材料投入搅拌机内开始计算,1 m^3 搅拌时间为 120 s。

前三盘试验室应逐盘测试混凝土的坍落度、坍落度扩展度、含气量、出机温度。单片梁具体要求见表 4-3-15。

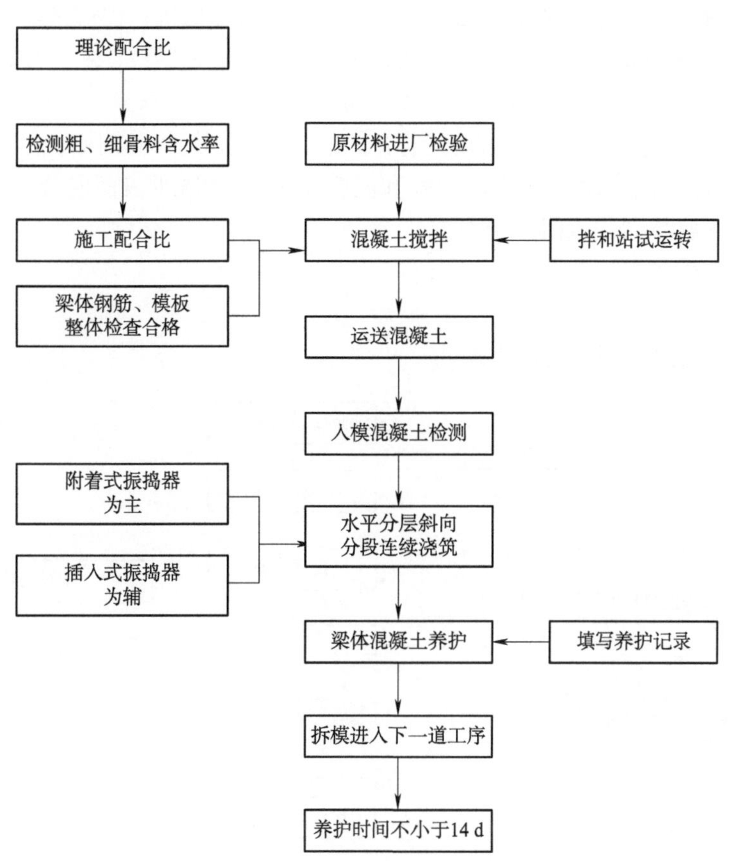

图 4-3-14 混凝土施工工艺流程

表 4-3-14 梁体 C55 混凝土设计配合比

材 料	规 格	用量(kg/m³)
普通硅盐水泥	P·O 42.5	415
砂	河 砂	626
碎石(5～20 mm)	5～10 mm,30% 10～20 mm,70%	1 171
水	井水	142
减水剂	GK-3000	5.39
粉煤灰	F类Ⅰ级	75
引气剂	GK-9A	4.90
坍落度	140～180 mm	

表 4-3-15 混凝土拌制要求

混凝土强度等级	入模含气量		坍落度		出机温度	
	质量要求	测试次数(次/片)	质量要求	测试次数(次/片)	质量要求	测试次数(次/片)
C55	2%～4%	2	140～180 mm	2	5 ℃～30 ℃	2

4. 混凝土浇筑

混凝土采用一次性连续浇筑成型,每片梁浇筑时间不宜超过 3.5 h。混凝土滞留时限不应超过 1 h,浇筑间断时限不超过 2 h。

(五)梁体养护

采用自然养护,对梁体覆盖洒水养护。自然养护须注意以下事项:

(1)混凝土浇筑完成,收浆抹平,在梁体浇筑完成 1 h 之内对梁体进行保湿养护,采用土工布覆盖桥面板洒水养护,不得使混凝土外露面长时间暴露在太阳下,以免混凝土产生干裂。不得使用麻袋或对混凝土表面有污染的材料进行覆盖,以免影响混凝土外观质量。

(2)每次洒水量以保持混凝土表面湿润度为标准,土工布覆盖养护时以保持土工布湿润即可。

(3)混凝土养护期间,重点加强混凝土的湿度和温度控制,尽量减少表面混凝土的暴露时间,及时对混凝土暴露面进行紧密覆盖,减少表面水分蒸发。

(六)预应力张拉工序

1. 张拉工艺流程

预应力张拉施工工艺流程如图 4-3-15 所示。

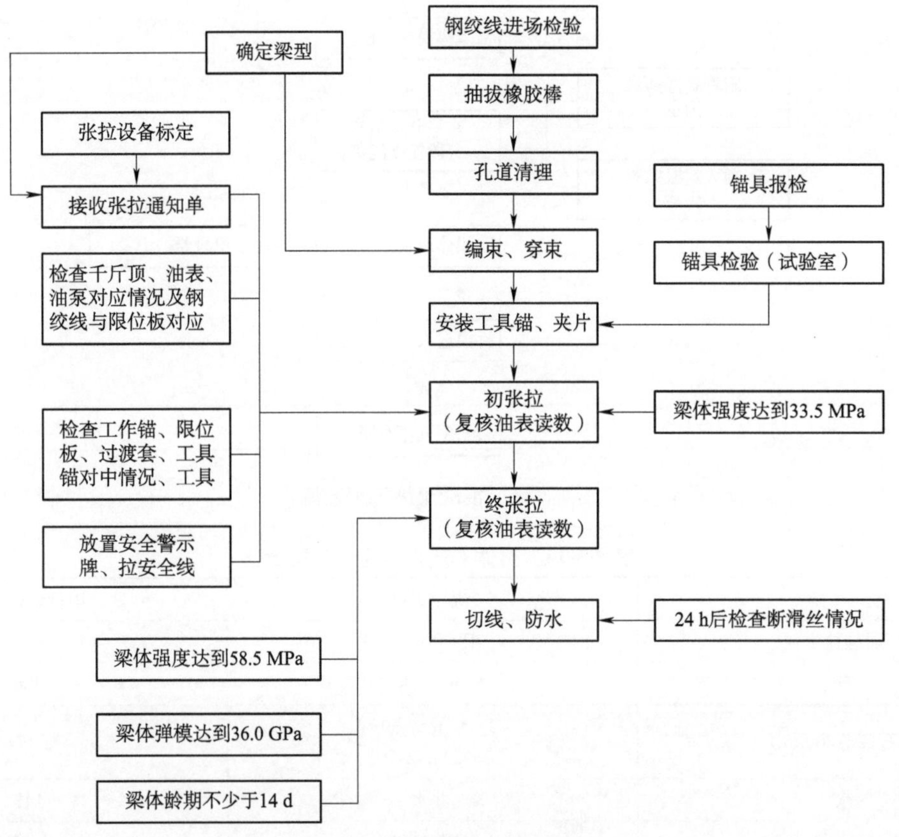

图 4-3-15 张拉施工工艺流程

2. 预应力张拉设备

张拉千斤顶选用湖南联智桥隧技术有限公司生产的 TYZ/60-VⅡ/LZ 型铁路桥梁预应力自动张拉系统。整个系统由 2 台千斤顶、2 台电动液压站、2 台高精度测力传感器、2 支高精度位移传感器、PLC 控制器、主机共同组成;可同时控制 1 对千斤顶同步工作。

电脑预设张拉工艺,一键操作实现张拉全自动化控制,伸长值显示,张拉数据实时曲线采集及校核报警,张拉结果记录存储、无线数据传输及网络传输,信息化管理。

3. 预应力张拉准备

进行管道摩阻试验:预制梁试生产期间,需对两片梁体进行预应力的管道、锚口和喇叭口摩阻测试,以确定预应力的实际损失,然后由设计单位对张拉控制应力进行调整,正常生产后每 100 片进行一次孔道摩阻试验。

根据摩阻试验报告测定的管道偏差系数 k、管道摩擦系数 μ、锚口+喇叭口摩阻损失取值以及设计单位调整后的张拉控制应力计算张拉伸长值。

4. 钢绞线编束、穿束

(1)编束

下料与编束:钢绞线下料场地平坦,采用砂轮切割机切割,编束用 20 号铁丝绑扎,间距 1.5 m,编束时应先将钢绞线用梳板理顺,并尽量使各根钢绞线松紧一致。钢绞线下料长度=设计工作长度+1 700 mm,各钢束严格按照施工图下料长度进行下料,采用下料槽保证钢绞线顺直。每束钢束,尽量采用同一盘上的钢绞线,以求力学性能一样,防止因弹性模量互不相等而产生应力不均的现象。当涉及钢绞线批接口问题时,由工程部对该批钢绞线下达通知,指定剩余钢绞线应用于哪片梁的哪个孔道,并做好记录,不同批次钢绞线弹性模量相差 5 GPa 以上的不得用于同一孔道,对于相差 5 GPa 以内的弹性模量、且直径范围在同一限位板规定直径内的钢绞线可用在同一孔道内,弹性模量按平均值计算。其允许偏差和检验方法除相关专业验收标准有特殊规定外,必须符合表 4-3-16 的规定。

表 4-3-16 预应力筋下料长度的允许偏差和检验方法

项 目	允许偏差(mm)	检验方法
与计算长度差	±10	尺 量
束中各根钢绞线长度差	5	

(2)穿束

穿束方法:采用卷扬机整孔穿束,速度控制在 10 m/min 之内,电动机功率为 1.5~2.0 kW。钢束的前端装有穿束套环和牵引头。穿束套环用无缝钢管制成,其牵引头做成锥形,前端安有拉环,使用时将一端钢绞线端部穿入套环中,牵引头从套环内钢绞线中间伸出,使钢绞线与套筒套紧,采用卷扬机拉牵引头上拉环穿索即可。

5. 预应力张拉步骤

预施应力按初张拉和终张拉两个阶段进行。预应力束张拉前,清除管道内的杂物及积水。混凝土强度达到 33.5 MPa 时,拆除端模及侧模,对预制梁进行带模初张拉。张拉孔道数量、编号及张拉力值按设计控制。

(1)初张拉

当梁体混凝土强度达到 33.5 MPa,按照设计要求对梁体进行初张拉。初张拉在预制台座上进行,初张拉结束后方可进行移梁。

张拉顺序:0→0.2σ_k(测工具锚夹片外露)→持荷 30 s→σ_{k1}→持荷 2 min(测工具锚夹片外露)→回油锚固。其中,σ_k为张拉控制应力;σ_{k1}为指初张设计应力。

(2)终张拉

当梁体混凝土强度达到 58.5 MPa,弹性模量达到 36 GPa 且混凝土龄期大于 14 d 时,进行终张拉。箱梁终张后立即实测弹性上拱,实测弹性上拱值不大于 1.05 倍的设计计算值。

张拉顺序:0→0.2σ_k(测工具锚夹片外露)→持荷 30 s→σ_k(保持控制应力,持荷 2 min,测工具锚夹片外露)→回油至 10 kN 测量油缸伸长量→回油锚固(测工作锚夹片外露)→画线作钢绞线滑丝观察标记。

经过预初张拉的预应力束张拉顺序:0→σ_{k1}(测工具锚夹片外露)→σ_k(保持控制应力,持荷 2 min 测工具锚夹片外露)→回油至 10 kN 测量油缸伸长量→回油锚固(测工作锚夹片外露)→画线作钢绞线滑丝观察标记。

(七)管道压浆工序

1. 孔道压浆工艺

(1)拌浆工艺

①搅拌前,先清洗施工设备。清洗后的设备内不留残渣、积水,并检查搅拌机的过滤网。在压浆料由搅拌机进入储料罐时,经过过滤网,过滤网空格为 3 mm×3 mm。

②浆体搅拌操作顺序为:先在搅拌机中先加入实际拌和水用量的 80%,开动搅拌机,均匀加入全部压浆剂,边加入边搅拌,然后均匀加入全部水泥。全部粉料加入后再搅拌 2 min;然后加入剩余的 20%的拌

和水,继续搅拌 2 min。

③搅拌均匀后,现场进行出机流动度试验,每片梁做三次试验,其流动度符合以下规定:出机流动度 18 s±4 s。30 min 后的流动度控制在 30 s 以内。

④将搅拌好的水泥浆经过 3 mm×3 mm 的过滤网倒入储浆筒内,储浆筒内的水泥浆要不停地进行搅拌,防止水泥浆的沉淀。

(2)压浆工艺

①压浆前,应清除梁体孔道内杂物和积水。

②浆体压入梁体孔道之前,应首先开启压浆泵,使浆体从压浆嘴排出少许,以排除压浆管路中的空气、水和稀浆。当排出的浆体流动度和搅拌罐中的流动度一致时,方可开始压入梁体孔道。

③压浆的最大压力不宜超过 0.6 MPa。压浆充盈度应达到孔道另一端饱满并于排气孔排出与规定流动度的相同浆体为止。关闭出浆口后,应保持不小于 0.5 MPa 且不少于 3 min 的稳压期。

④对于进行压力补浆时,让管道内浆体自由地从出口端流出。再次压浆,直到出口端有匀质浆体流出,0.5 MPa 的压力下保压 5 min。此过程应重复 1~2 次。

⑤如果选用真空辅助压浆工艺,在压浆前应首先进行抽真空,使孔道内的真空度稳定在−0.06~−0.08 MPa 之间。真空度稳定后,应立即开启管道压浆端阀门,同时开启压浆泵进行连续压浆。

⑥压浆顺序先下后上,同一管道压浆应连续进行,一次完成。从浆体搅拌到压入梁体的时间不应超过 40 min。

⑦管道压浆时限应符合下列要求:

a. 终张拉完毕,应在 24~48 h 内进行管道压浆。

b. 压浆后可以提前交库,但需保证 28 d 标准试件的强度达到规定值。

c. 压浆强度未达到 28 d 强度要求之前,不得进行静载试验或出场架设。

⑧压浆时浆体温度应在 5 ℃~30 ℃之间,压浆及压浆后 3d 内,梁体及环境温度不应低于 5 ℃,否则应采取养护措施,以满足要求。在环境温度高于 35 ℃时,应选择温度较低的时间施工,如在夜间进行;当环境温度较低时用棉篷布对梁体进行覆盖。

⑨工作完毕,全面冲洗设备,清理场地。抽拔橡胶棒时不得有水泥浆反溢现象。

2. 质量控制要点

(1)压浆过程中,每片梁制作 3 组试件(40 mm×40 mm×160 mm),2 组标准养护试件,进行 7 d 和 28 d 抗压强度和抗折强度试验。1 组做备用试件。

(2)施工中需做好详细的压浆记录。记录项目应包括:压浆材料计量、配合比、压浆日期、出机流动度、环境温度、保压压力及时间、真空度、现场压浆负责人、监理工程师等项目。

(3)水泥浆搅拌结束后,立即采用高速搅拌压浆台车连续压注,同一孔道压浆一次完成,不得中途停压,因故中途停压不能连续一次压满时,立即用压力水冲干净,处理干净后再压浆。

(4)压浆后 28 d 内梁体起吊或移动,必须待随梁养护的水泥浆试件强度达到设计强度的 100%(即抗压 50 MPa、抗折 10 MPa)后方可进行。

(5)压浆时,浆体温度在 5 ℃~30 ℃之间,压浆及压浆后 3 d 内,梁体及环境温度不得低于 5 ℃。当环境温度超过 35 ℃时,尽量安排在低温时段施工。

(八)封锚工序

为防止水及其他有害介质侵入梁体,腐蚀锚具及外露钢绞线,压浆后 3 d 内及时进行梁体封锚。封锚混凝土采用 C55 补偿收缩混凝土。按配合比掺入适量膨胀剂,同时适当减少用水量,降低水胶比,使混凝土满足施工要求。

1. 凿毛

(1)在封锚之前先进行锚穴凿毛,凿毛在端模拆除之后进行,要充分均匀,不得有光滑面,凿毛面以露出新鲜混凝土 90%。

(2)凿毛后锚穴须清理干净,封锚前用水清洗湿润。

2. 封锚钢筋

绑扎封锚钢筋之前,对锚具进行防锈处理,为加强后填充部分混凝土与梁体的连接,以及为加强后灌注部分混凝土与梁端的连接,在锚垫板上安装2根一端带螺纹一端带弯钩的短钢筋勾住并与钢筋网片进行绑扎处理,使之与封锚钢筋连为一体,放置钢筋网片,网片及锚固钢筋要有准确的保护层,且不得小于35 mm。

3. 混凝土施工

(1)封锚混凝土采用120型搅拌机进行拌制,在配制混凝土拌和物时,水、水泥、掺合料、外加剂的称量准确到±1%,粗、细骨料的称量准确到±2%(均以质量计)。投料顺序为:碎石、砂、粉煤灰、水泥、膨胀剂,搅拌均匀后,再加水及减水剂搅拌。

封锚混凝土配合比见表4-3-17。

表4-3-17 C55封锚混凝土配合比

材　料	规　格	用量(kg/m³)
普通硅盐水泥	P·O 42.5	406
砂	河沙	637
碎石(5～20 mm)	5～10	1 440
水	地下水	142
减水剂	GK-3000	5.88
膨胀剂	UEA型	45
粉煤灰	F类Ⅰ级	39

(2)锚穴填充采用补偿收缩混凝土,锚穴内设置钢筋网,利用原锚板螺孔拧入带钩的连接螺钉将钢筋网与锚垫板连接。封锚前应将封锚处混凝土凿毛,并对锚具进行防水处理,混凝土填充应分两个步骤,首先用较干硬的混凝土填充至距离锚穴顶5 cm左右,并捣固密实,然后再用正常硬度混凝土填满、抹平,要求混凝土密实,无蜂窝麻面,与梁端面平齐,封锚混凝土各处与梁体混凝土的错台不超过2 mm,封锚混凝土养护结束后,在梁端均匀涂刷聚氨酯防水涂料,涂刷厚度2.0 mm,涂刷宽度至梁体边缘2 cm处满涂。

4. 混凝土的养护

(1)封锚混凝土养护方法采用自然养护,盖塑料薄膜充分保持混凝土湿润,养护时间不小于14 d。

(2)质量认证合格前每片梁每班次制作抗压强度试件10组,28 d标养后进行强度试验未知法评定。

5. 封端防水施工

(1)封锚混凝土养护结束后,揭开养护薄膜晾干表面,在梁端2.0 mm厚的聚氨酯防水涂料。

(2)现场准备:梁端封锚施工已经完成,梁端表面无尖锐异物、不起砂、不起皮及无凹凸不平现象。梁端平整度满足空隙不大于3 mm/m的要求。

(3)防水施工步骤:

①基层进行预处理:要求基层坚固、干燥、平整,无杂物。凹凸不平处采用打磨机进行打磨。

②配比:A料∶B料=1∶2(质量比)。施工时先将B料搅拌均匀,再将A料B料按1∶2的重量比混合均匀,搅拌器具必须干燥、洁净。

③一般采取3～4遍涂刮,第一遍用刷子或滚刷涂刷一遍,第2～4遍将混合料用塑料或橡胶板刮涂。厚度不小于2.0 mm。

(4)注意事项:

①混合好的涂料应在20 min用完,随配随用。涂膜固化前严禁与水接触;

②施工温度应高于5 ℃方可施工;

③施工时,避开高温时段,气温较高时尽量选择在早上或晚上气温较低时进行;
④防水层未完全固化前严禁刮蹭踩踏;
⑤施工现场严禁烟火。
(5)质量要求:
①梁端防水施工前应对混凝土干燥度进行验证;
②涂料主剂、固化剂须按设计进行配制,每种组分的称量误差不得大于±2%;
③配制好的涂料应在20 min内用完,随配随用;
④不得使用风扇或类似工具缩短干燥时间;
⑤喷涂后4 h或涂刷后12 h内须防止霜冻、雨淋及暴晒;
⑥制作涂层时,不得因流溅或其他原因而污染梁体。

二、T形梁运输施工

(一)移梁准备

1. 人员要求

(1)提梁机操作人员必须有从事同类工作经验,并经地方技术监督局培训取得相关资格证件,并进行进场培训。

(2)技术人员向作业人员下发技术交底书,对危险源进行告知。认真落实存梁支护方案,对存梁支护进行全方位检查,并按规定频次观测存梁台位沉降变化,以及梁体支护变化,如遇外界环境作用(如季风、雨期)影响时,须加大观测频次并认真填写检查记录。

2. 设备要求

移梁采用一台900 t提梁机直接将初张拉完毕的T梁提运至存梁台位上。安全人员、机械管理人员必须经常性地组织人员对提梁机机械使用状况进行日检、月检和年检,严禁设备带故障运行,保证设备始终处于良好运行状态。

3. 材料要求

(1)支撑木要求规格为ϕ150 mm的圆硬木。
(2)严禁使用软木朽木,另外有以下缺陷的木材也不可用于支撑:
①天然缺陷。如木节、扭曲斜纹理以及因生长应力或自然损伤而形成的缺陷。
②生物危害的缺陷。主要有腐朽、变色和虫蛀等。
③干燥及机械加工引起的缺陷。如干裂、翘曲、锯口伤等。

4. 梁体要求

(1)提梁时确保梁体已经完成初张拉工序;
(2)梁体无明显缺陷,或缺陷经修补后需经过验证;
(3)压浆后浆体抗折强度达到75%以上。

(二)梁体移运

(1)首先做好移梁的准备工作,检测用电线路,机械设备是否正常,工作监控人员到位。

(2)移梁采用一台900 t提梁机直接将初张拉完毕的T梁提运至存梁台位上。

(3)吊点设在梁端1 850 mm(32 m/24 m),起吊时将吊装带双束穿过底模活动板处,吊装带双束应在活动板中部且两束不得交叉。梁体两端的吊装带距梁端距离应保持一致,并挂在提梁机的起吊勾上。吊离台座后,梁体底部高出模板1 m,方可移梁。

(4)应在吊装带与梁体接触面之间夹垫橡胶块,以防止起吊过程中吊装带磨损梁体混凝土。

(5)搬运过程要有专人指挥,搬运时提梁机的行走速度及提升高度应按指挥人员的要求保持一致,梁体两端高差不超10 cm。

(6)梁体移至存梁位置后,在统一指挥下,使梁体缓慢落在存梁台座上。确定梁体在存梁台上安放稳妥，及时在梁体两端打入直径为150 mm柱形撑梁木，在撑梁木底端与梁体上翼缘根部插入木楔，保证梁体稳固，防止突然事故发生。

(7)存梁台座在初次存梁时，须动态观测存梁台座的沉降情况，同时，在梁体底面必须搭设安全枕木跺，防止地基沉降的不稳定造成梁体的倾斜。

(三)梁体存放

1. 单层存梁

(1)桥梁存放应按规格类型配对存放。

(2)支点至梁端距离为1.45 m。

(3)桥梁存放完毕后，检查梁体存放水平状态，之后再做支撑，大面支撑应采用ϕ150 mm的圆木支撑于存梁条基上与桥梁上翼缘根部，支撑间隙用楔木填塞紧固。

(4)小面支撑用枕木支撑在端隔板下方，支撑枕木与端隔板间使用木楔紧固。

2. 双层存梁

(1)必须待下层梁终张拉后，且跨度相对应。

(2)支点位置相同，且只能存2层。

(3)第二层桥梁存放前，应在支撑面位置铺设预制好的2根存梁垫块，并使其处于水平状态。

(4)存梁时在下层梁端划分中心线，上层梁端划分重心引线，确保存梁上层重心线与下层中心线重合，见表4-3-18。

表4-3-18　T梁重心位置(mm)

梁　　型	边　　梁	
	竖向距梁底	横向偏向腹板中心
(2017)2101-Ⅰ	1 486	外侧69
(2017)2101-Ⅱ	1 267	外侧72

(5)第二层梁小面的支撑加固方法与单层存梁的支护方法相同。

(6)第二层的大面支护在距梁端头1 m处用ϕ150 mm的圆木支撑于上层梁体的上翼缘根部与下层梁体的防撞墙内侧。注意支撑间隙用楔木填塞紧固。

(7)桥梁存放完毕后，应在上层最外侧的两片桥梁端头悬挂铅垂线，设专人看护，观察其变化情况。双层存梁支护如图4-3-16所示。

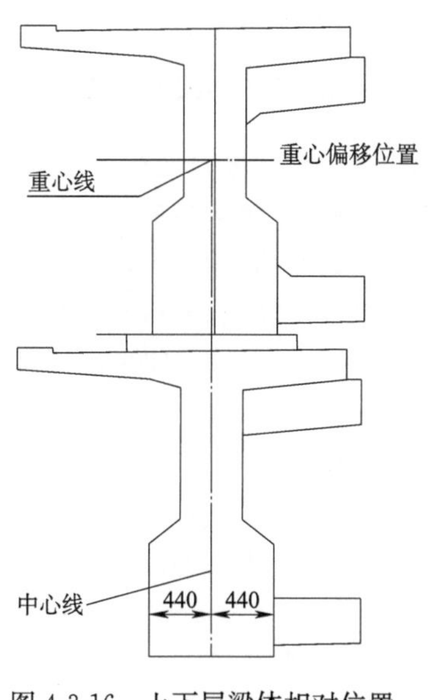

图4-3-16　上下层梁体相对位置示意(单位:mm)

(四)质量控制要点

1. 起落梁的安全、质量保证措施

(1)从事T梁移、装运的作业人员持证上岗。作业人员必须经过岗前培训，对施工设备性能、具体工艺、安全质量注意事项做到应知、应会，并经考试合格后方可从事此项工作。

(2)T梁在移落梁、存放、装车及起吊等项作业进行前，必须先检查设备是否处于良好状态，不合要求时，应及时检修。

(3)从事T梁移、存放、装车及起吊的所有工作人员必须严格执行有关的安全规程，操作准确，稳妥可靠，服从指挥，配合协调。

(4)T梁的移、存放、装车及起吊必须设专人密切监控T梁的受力状况，严格按照相关要求作业，不得违章作业，更不得盲目蛮干。

(5)提梁机吊梁时，吊装带与梁体底板边缘接触部位必须加橡胶垫板，以防吊装带损伤梁体混凝土。

(6)T梁起吊时需设专人监控，吊梁的起吊高度按有关规定进行，如发现异常情况应及时处理。

(7)开车前应认真仔细检查机械设备、防护及照明设施是否完好。

(8)操作人员专人指挥、信号准确、配合协调,得到指挥的操作命令后,方能起动作业。

(9)龙门吊起吊时,先试吊,确认吊装平稳,制动良好后方可进行作业。

(10)如遇暴雨、雷击或六级以上大风,应停止吊装作业,并切断电源,固定好龙门吊。

(11)操作人员要在提梁机每吊装完一片T梁后认真检查钢丝绳、吊钩、卷扬机及制动等关键部位,如无异常情况方可作业。

(12)进行梁体倒运或吊装时,当从梁体存放区域中间进行提梁时,尤其被吊梁体两侧有梁体紧挨的情况下,要对紧挨的梁体加强支护,格外注意被吊梁体悬空时对两侧梁体的碰撞。

2. 存梁台座的安全、质量保证措施

(1)存梁台座在验收合格后方能投入使用。

(2)在存梁台座存梁完成后,由专人负责对存梁台座基础、存梁台座有无混凝土开裂、挤碎等不利于存梁情况进行检查、巡视,对不利情况及时进行反馈、处理。

(3)由梁场测量组严格按照沉降测量方案及时对台座的沉降进行观测,对测量数据超标的情况及时进行反馈、处理。出现不利情况及时停止存梁。

(4)大风、大雨等恶劣天气,加强对存梁台座等的巡视、检查。

3. 双层存梁极端天气安全保证措施

(1)大风

6级以上大风禁止进行双层存梁作业,对已经存放好的梁体,技术人员应对支护情况逐一检查,必要时对梁体采用刚性连接(刚性连接即把相邻两片梁体通过T钢用螺栓连接起来或把相邻两片梁体的梳子筋焊接连接),确保梁体存放安全。

(2)大雨

①做好存梁台座基础排水工作,确保雨水能够及时排出,减少对基础的浸泡;

②加大沉降观测频次,对存在沉降的基础进行评估,当发生均匀沉降时,采取对存梁台座顶面用细砂找平的方法,保证梁体存放安全;当发生不均匀沉降或存梁条基有开裂情况时,立即吊走上层梁体,并对下层梁体加大支护力度,以免发生意外。

三、T形梁架设施工

(一)架梁前复核

(1)梁体规格质量应符合设计要求。重点对制造技术证明书进行检查。

(2)对运架范围内的运架通道进行验收,保证满足运梁荷载、运行和架桥机通过净空要求,过连续梁、路基等结构物线下提供报告后,方可通过。

(3)在T梁架设前首先要对垫石高程、坐标和支座预埋孔位置、深度,垫石强度等与线下单位、监理单位共同进行复核,合格后出具交接记录,架梁开始施工。将支座纵横十字线和锚栓孔纵横中心线、梁端线弹在墩台垫石顶面上,作为梁就位的依据,确保架梁的高程和坐标准确。若超标要对垫石高程和锚栓孔位置、深度进行处理,以免影响架梁。

(4)根据垫石高程和设计高程,计算出梁底高程。

(二)支座安装

(1)简支T梁支座安装详见铁路桥梁球形支座(图号:TJQZ—通桥8160),根据全桥梁片布置和桥形坡度值,确定支座安装型号和安装位置。坡度为$0\leqslant i\leqslant 4‰$时,采用$i=0$支座;$4‰<i\leqslant 12‰$时,采用$i=8‰$支座;$12‰<i\leqslant 20‰$,采用$i=16‰$支座;$20‰<i\leqslant 30‰$,采用$i=$XX‰支座。

TJQZ系列简支梁球型支座类型可分为固定(GD)、横向活动(HX)、纵向活动(ZX)、多向活动(DX)四类。根据横桥向两个支座中心距的大小,支座的布置方式如图4-3-17所示。

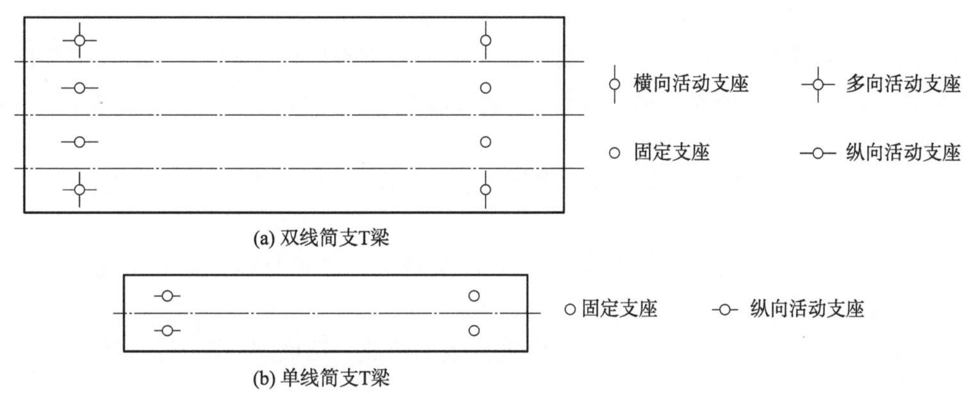

(a) 双线简支T梁

(b) 单线简支T梁

图 4-3-17　简支 T 梁支座布置

赣深单线 T 梁每孔采用固定支座(GD)、纵向活动支座(ZX)各二个;固定支座安装在下坡端,固定支座和纵向支座分别在梁的两端。

(2)支座进场后,根据《铁路桥梁球型支座》(TB/T 3320—2013)、《铁路桥梁钢支座》(TB/T 1853—2018)对支座的外观尺寸及合格证进行检查、验收,符合设计要求才能进行安装。

(3)支座安装前将梁底支座预埋板和墩身垫石顶面清理干净,做到无泥土、无浮沙、无积水、无冰雪和油污等杂物,对支承垫石顶面须进行凿毛处理。

(4)支座安装时,根据《铁路桥涵工程施工质量验收标准》(TB 10415—2018),梁底支座预埋板和墩身垫石顶面验收平整度,合格后方进行支座安装。

(5)支座安装后,支座上表面与梁底支座预埋板须密贴,支座四角高差≤2 mm,支座安装后,其允许误差应符合表 4-3-19 的规定。

表 4-3-19　支座安装允许误差

<table>
<tr><th>序号</th><th colspan="3">项　目</th><th>允许偏差(mm)</th><th>检验方法</th></tr>
<tr><td>1</td><td colspan="3">支座中心纵向位置偏差</td><td>20</td><td rowspan="7">测　量</td></tr>
<tr><td>2</td><td colspan="3">支座中心横向位置偏差</td><td>10</td></tr>
<tr><td>3</td><td colspan="3">T 梁同端支座中心横向距离</td><td>+15
−10</td></tr>
<tr><td rowspan="9">4</td><td rowspan="9">钢支座</td><td rowspan="2">下座板中心十字线偏转</td><td>下座板尺寸<2 000 mm</td><td>1</td></tr>
<tr><td>下座板尺寸>2 000 mm</td><td>1‰边宽</td></tr>
<tr><td rowspan="2">固定支座十字线中心与全桥贯通测量后墩台中心线纵向偏差</td><td>连续梁或跨度 60 m 以上简支梁</td><td>20</td></tr>
<tr><td>跨度小于 60 m 简支梁</td><td>10</td></tr>
<tr><td colspan="2">固定支座上下座板中线的纵横错动量</td><td>3</td><td rowspan="5">测　量</td></tr>
<tr><td colspan="2">活动支座中心线的横向错动量</td><td>3</td></tr>
<tr><td colspan="2">支座底板四角相对高差</td><td>2</td></tr>
<tr><td colspan="2">活动支座中线的纵向错动量</td><td>3</td></tr>
<tr><td colspan="2">上下座板及摇、辊轴之间的偏转</td><td>1</td></tr>
</table>

(三)T 梁运架作业方式

赣深 8 标东莞南站 4 条联络线,1 条工区走行线,深圳东站—笋岗货场之间笋岗线 T 梁采用 JQJ180 t 架桥机及 TLQ100、TLQ102 运梁车运架 T 梁,作业方式利用梁场提梁机装 T 梁到运梁车上、运梁车通过路基上桥运梁、架桥机架 T 梁的方式作业。

1. 运梁

(1)运输支点设置在梁腹板下,距梁端距离≤3.5 m,而且支点应位于同一平面上,T 梁同一端支点相对高差不得大于 2 mm;装梁时各支点对位要准确,纵向偏差为±10 mm,横向偏差为±5 mm,如位置偏差超标,须重新对位。

(2)启动前全面检查一遍 T 梁的支垫及支撑捆绑加固情况,查检运梁车的方向及制动系统等,确认无误后方可运行。

(3)运梁过程中,操作人员要高度集中精力,密切注意观察运梁车及前方道路情况,发现异常,及早采取措施,非紧急情况,严禁高档位急起急停。

(4)雨雪及大风 6 级以上等恶劣条件下,不得进行运梁作业。路面湿、滑及冰冻等要采取相应防护措施,降低运梁速度。

2. 喂梁

喂梁分为三种情况,分别是常规喂梁、低位喂梁和大头车喂梁。常规喂梁是用高度为 1.5 m 的常规运梁车在架桥机常规作业时进行喂梁;低位喂梁是用高度为 1.1 m 的运梁车在架桥机低位作业时喂梁;大头车喂梁是用带有驾驶楼的大挂运梁车在架桥机常规作业时喂梁。

3. 落梁

预制 T 梁落梁前,应确认垫石支座承载力范围内有凿毛,落梁边线及落梁端线清晰可见,锚栓孔内无积水及其他杂物;在支承垫石承力区表面用 M50 干硬性砂浆垫平、压实。通过吊具将梁片调整水平后,前后天车同步匀速下落至支座底部距干硬性砂浆垫层表面相距 10 mm 时,先落稳固定端,再落稳活动端。落稳后用水平尺以及吊坠对梁体的水平(重心对地垂直)进行卡控。若未达到水平(重心对地垂直),将梁片提起,用 M50 干硬性砂浆找平,直至梁片落稳后达到水平(重心对地垂直)为止。

架梁顺序:双线先架左边梁→左中梁→右中梁→右边梁;单线先架设墩顶有接触网杆基础侧的边梁,然后再架另一侧边梁,具体为先架设墩顶有接触网杆基础侧的边梁,落稳后进行加固支撑,并用导链斜拉至上一跨梁前端加固,然后架设另一侧边梁,落稳后进行横向连接焊板的焊接,并焊 50 道临时连接钢筋。

落梁完成后,梁体横向连接应符合下列规定:

(1)应按设计要求数进行横隔板焊连,每单线孔焊接梁端连接隔板和跨中连接隔板共 20 块;连接隔板需满焊,焊缝厚度 8 mm(图 4-3-18)。

(2)设计有横向预应力的桥梁,除应焊完规定的连接隔板外,还应按设计要求穿上横向预应力钢棒,将螺母全部拧紧。

(3)为了保证施工及运梁通道的安全,要求焊接横向钢筋,运梁通道横向钢筋焊接 50 道,其余焊接 30 道。焊缝要求饱满无焊渣。

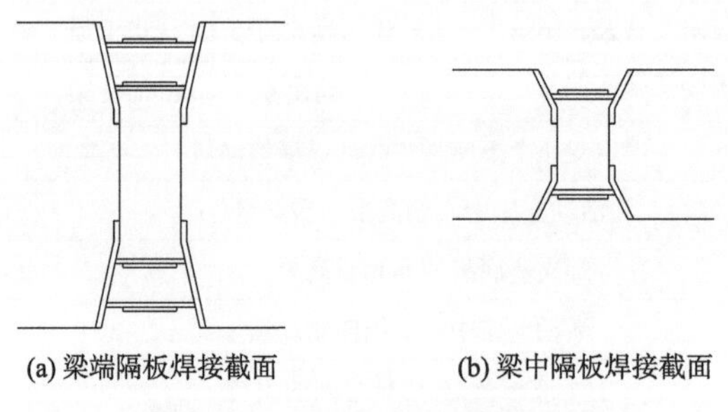

图 4-3-18 梁端和梁中隔板布置

4. JQJ180 型公铁两用架桥机施工工况

JQJ180 型公铁两用架桥机架梁施工工艺包括常规架梁、首末孔梁架设、变跨架梁、低位架梁等。

(1)常规架梁

①架桥机处于待架状态,梁片运输至架桥机尾部。

②架桥机前起重小车吊梁,与尾部喂梁车同步前行。

③梁片后吊点运行至架桥机后起重小车位置后,停止喂梁,后起重小车吊梁。

④架桥机前、后起重小车吊梁同步前行,走行到位后落梁;架桥机循环架设本跨梁完成后,喂梁车返回运梁。

⑤架桥机由液压系统提升起来,再由自带卷扬机拉动走行轨至刚刚架设完成的梁上,对好轨道方向、轨距、高低,由液压系统落架桥机至轨道上,后车驱动架桥机过孔,辅助支腿上桥墩。

⑥起重小车吊梁纵走到位后,落梁,第一片梁落至距垫石顶 10 cm,第二片梁落至距第一片梁梁面 10 cm 高处;通过前后横移液压缸进行横移梁作业,架桥机主梁横移梁约为 1.1 m。横移、落梁过程中密切监视 T 梁与已架 T 梁的前后位置,不得撞击已架 T 梁或前支腿。架设双线梁,则中间 2 片梁可通过前后支腿的横移小车横移就位,边梁仍需在横移小车走行到位后,通过主梁的横移使梁片就位。横移小车横移时,应注意不要超过横移量,在接近设计位置时要提前变频降速。

⑦辅助支腿加固好后,前支腿前行至待架孔桥墩。

⑧后车驱动架桥机继续前行到位,架桥机完成过孔,准备下一孔梁作业。

(2)首末孔梁架设

①首孔 T 梁的架设与正常架梁作业相同,只需将后支腿支撑在桥台胸墙上即可,如图 4-3-19 所示。

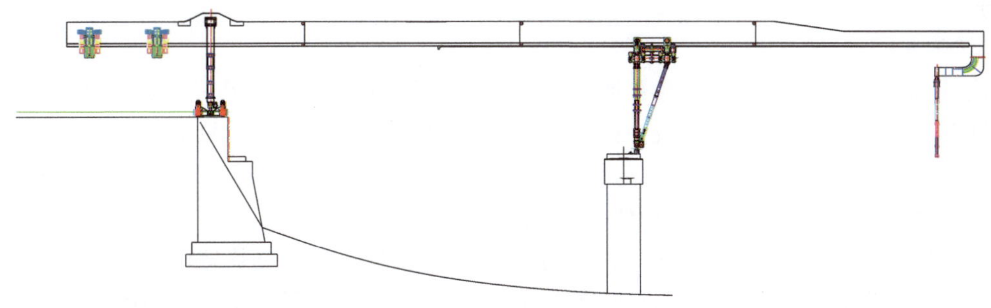

图 4-3-19 首孔 T 梁架设

②架设最后一孔梁时,只需将辅助支腿、前支腿向上提升 3 m,支撑在桥台胸墙上即可进行架梁作业,如图 4-3-20 所示。

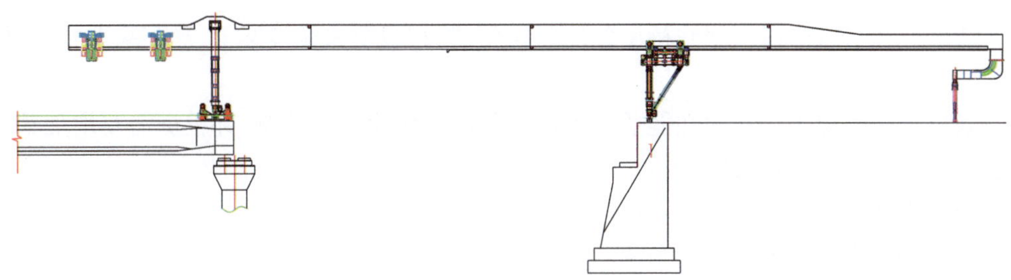

图 4-3-20 末孔 T 梁架设

(3)变跨架梁

架桥机在架梁作业过程中经常会遇到变跨问题,变跨作业的繁简程度在一定程度上影响总体施工工期。JQJ180 型架桥机变跨极其方便,需要变跨作业时,只需利用前支腿走行机构移动相应距离(从 32 m 跨后退 8 m 变跨至 24 m),即可进行正常架梁作业,如图 4-3-21。

(4)低位架梁

JQJ180 型架桥机低位架梁工艺和常规架梁工艺相同,只需将架桥机的走形系统拆掉,使架桥机由原来 8.6 m 降为 7.5 m 的高度即可,然后配合低位运梁车进行喂梁。

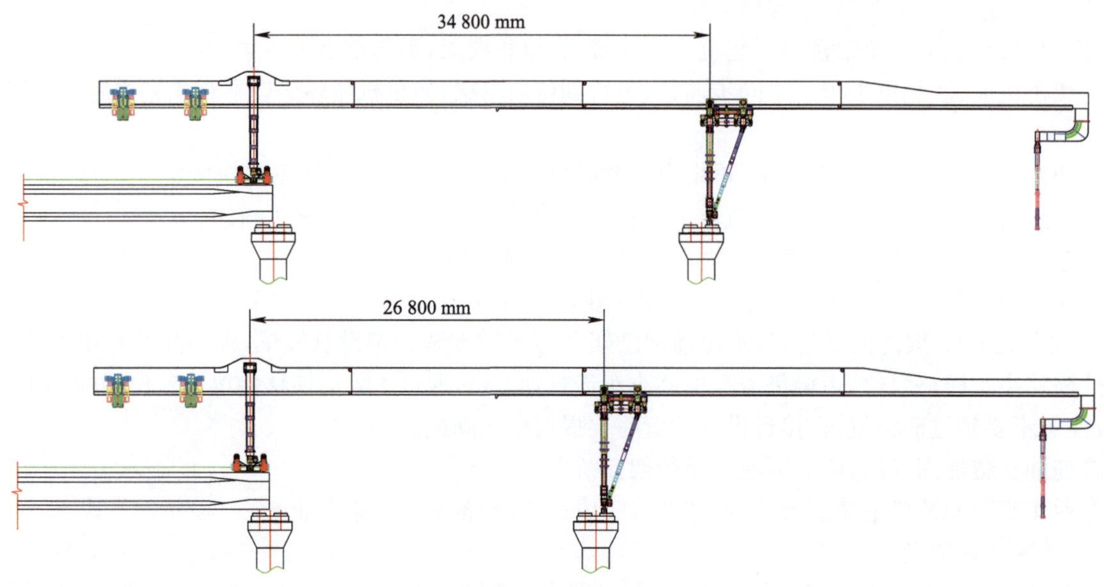

图 4-3-21　变跨架梁

(四)砂浆灌注

(1)单线 T 梁架设采用坐浆法。落梁前,先在支承垫石顶面铺一层厚 20～30 mm 的 M50 干硬性无收缩砂浆代替临时千斤顶,砂浆顶面铺成中间略高于四周的现状,调整高程和水平,T 梁落梁就位,再用 M50 流动性无收缩砂浆将螺栓孔灌注密实(可每榀梁灌浆或者架完一座桥后统一灌浆)。待梁体两端均就位落梁后,用临时支撑圆木挡住梁体两侧,防止梁体侧倾。

(2)T 梁安装顺序、多片梁之间的连接、湿接缝的浇筑及横向预应力筋均按设计规范进行。

(3)在以上工作进行完毕后,应及时拆除各支座上下连接钢板及螺栓,安装支座围板。

(4)砂浆养护:砂浆灌注完毕初凝后,采取保湿措施对砂浆进行养护。用土工布将暴露面覆盖,并及时采取洒水等措施对砂浆进行保湿养护 3d 以上。

(五)特殊条件下架梁

1. 一般规定

(1)当在特殊线路、特殊气候、特殊桥梁条件下架梁,既有线及邻线换架梁,需要采取特殊措施时,应符合有关规定。

(2)特殊条件下架梁应选用技术性能适合于特殊条件下作业的架桥机,并根据需要增加辅助架梁设施或设计新型吊具等特殊措施进行架设。

(3)特殊条件下架梁应符合下列规定:

①经过分析计算,应有足够的安全系数。

②操作前应进行不必要的试运转、试吊。

③采取的措施应符合安全技术规程等相关标准的规定。

④架梁方案应报请有关单位批准。

⑤既有线及邻线换架梁应符合营业线施工安全的有关规定。

2. 特殊线路条件下架梁主要内容

本段 4 条联络线和 1 条工区走行线曲线半径 400 m,属于小曲线半径架梁,笋岗动走线 T 梁坡度大于 12‰属于大坡度架梁,联络线有多处输电线路下架梁。

(1)铁路架桥机在小半径曲线上架设 T 梁,宜采取下列措施:

①可采取拨道、横向牵拉和摆臂相结合的办法对位架梁;

②可加宽墩帽,确保 0 号柱的支立位置;

③当喂梁困难时,可将梁按所需方向偏装到机动平板车上,也可将梁预先装进主机,再用机车顶送。

(2)铁路架桥机在大坡道上架设 T 梁时,宜采取下列措施:

①具有自行性能的架桥机,在大于其允许自行坡度线路上架梁时,可用机车推送;

②架桥机在大坡道上对位时,宜在机身两侧设专人持铁鞋或木楔监护;

③可在桥头线路端头安放用螺栓与钢轨相连接的固定式止轮器,架桥机车轮下均塞入铁鞋并用木楔塞紧;

④通过调整架桥机前支柱(0 号柱)的支垫高度,减小大臂的倾斜度;

⑤当坡度变化很大,车辆有脱钩可能时,可用钢丝绳将钩头缚住。

(3)架桥机输电线下架设桥梁时,可按照下列规定执行:

①架桥机与输电线最小距离应满足表 4-3-20 的要求;

表 4-3-20　架桥机与输电线的最小距离

输电线路电压(kV)	最小距离(m)
<1	1.5
1～20	2
35～110	4
154	5
220	6
330	7

②严禁人员从架桥机和电线之间通过;

③雨、雪、大雾等不利气候条件下,不得在输电线下架梁。

3. 特殊气候条件下架梁

(1)当最大风力等级大于 6 级时,不应架梁。在 4～6 级风中架设 T 梁时,应采取下列措施:

①架梁单位应及时掌握风向、风力情况,并密切观测风速变化;

②作业人员应有可靠的安全防护措施;

③吊梁走行及落梁时应选在风力较小时进行;

④落梁后应及时进行支撑。

(2)暴雨后或在长期阴雨中架梁时,应根据路基质量、连续下雨的天数、总降雨量和排水等情况,采取下列措施:

①运梁和架梁前,应检查作业范围的路基、桥涵有无病害,并进行加固或整治;

②雨中作业易发生漏电及电气短路等故障,应加强检查防护;

③已压过道或架过梁的路基,在暴雨或久雨后,应整修加固重新压道后方可架梁;

④轮胎式运梁车通行地段,应清除路基级配碎石上的污泥沟痕,严防轮胎侧滑。

第四节　简支箱梁的制运架

一、箱梁预制

整孔箱梁预制工艺流程如图 4-3-22 所示。

二、箱梁运架工序

(一)运架一体机提梁

(1)支座安装检查合格后,方可进行箱梁的吊运。

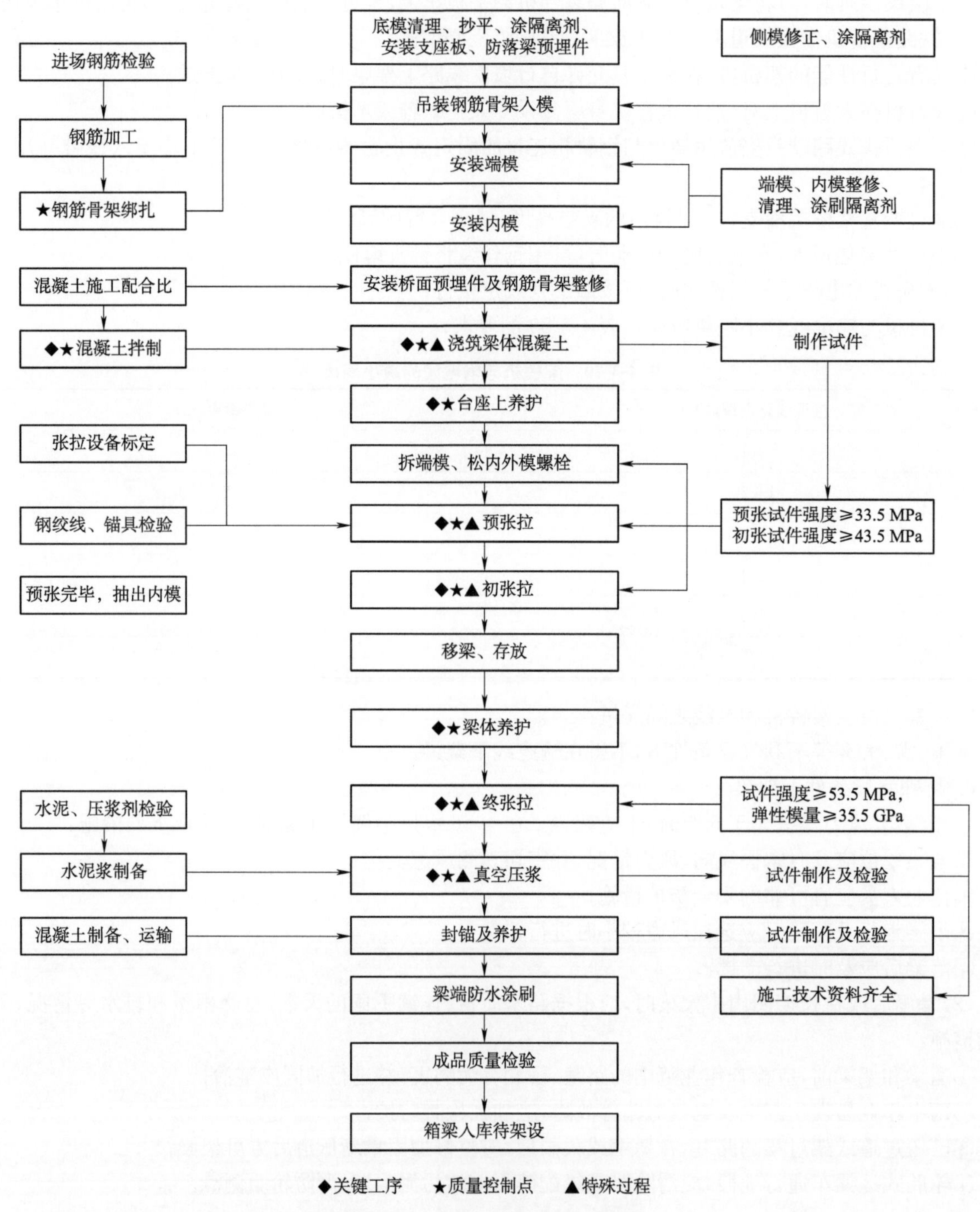

图 4-3-22 整孔箱梁预制工艺流程

(2)运架一体机纵移到待提箱梁位置。

(3)运架一体机吊杆通过吊装孔连接在待提箱梁上，要求连接牢固可靠。

(4)运架一体机提升箱梁，在第一次吊梁时，运架一体机 1 号吊梁小车同时收绳，缓缓提升箱梁，进行箱梁的试吊，其间工作人员注意检查运架一体机各部分状况，检查合格后，方可开始正式提梁。提梁过程中保持箱梁处于水平状态。

(二)运架一体机运梁

(1)运架一体机运梁前检查

①主机发动机工作状态良好(油、水、电、紧固、润滑、方向、制动、胎压均正常)。

②通信信号、运梁道路状况良好。

(2)途中行驶

①运架一体机载梁运行时，有道路参照线时，应沿预先设置的道路参照线前进，主机纵向中心线与道路参照线允许偏差保持在±100 mm之内；当无参照线时，运梁车司机及运梁车巡视人员应密切注意运梁车走行方向，以免运梁车碰到路堑边坡和已架桥梁的翼缘板。

②主机行走过程中，运行速度不得超过3 km/h，当主机在已架桥面上运行时，主机司机应更严格控制运梁车速度。

③运行中各种仪表显示超过正常值时，应立即停车检查，并及时采取相应的措施，严禁高档位急起急停。

④主机行走过程中，应有专人对运梁车进行随行监护，监护人员、操作人员应高度集中精力，密切注意观察路面、清除障碍，发现路面下沉等不正常情况，应及时发出信号，通知操作人员和班组负责人员采取相应的措施，保证主机安全。

(3)运梁到位

运架一体机运梁到导梁机尾部后，运架一体机开始上变位平台，运架一体机达到架梁状态。

(三)运架一体机架梁作业

1. 正常工况架梁

主机起吊导梁，并将3个辅助滚轮和桥面滚轮反扣在导梁上，运行至桥台；安放后滚轮支腿；主机挟导梁前行，放置导梁；抽出扁担梁；上升前、后走行轮组缓冲油缸，使主机处于高位，架梁小车前移至马鞍下，主机与架梁小车对接；关闭走行轮组刹车，并在后走行轮组安放刹车枕木；利用架梁小车抽动导梁前移9 m后停止，并调整辅助滚轮支撑；前移4号辅助滚轮，靠近3号辅助滚轮；拆除4个50 t千斤顶，前抽导梁9 m，调整3、4号辅助滚轮位置；前移4号辅助滚轮10 m，前移2号辅助滚轮10 m；抽动导梁前移4.9 m，准备安装中滚轮支腿；辅助3号滚轮位置并支撑，安装中滚轮支腿；导梁前抽10 m，支撑中滚轮支腿油缸，安装机械锁并锚固；拆除3号辅助滚轮垫块，导梁前抽8.5 m；继续前抽导梁至，导梁与桥台锚固位，使用锚固拉杆将导梁与桥台固定；拆除主机后走行轮组的枕木，收起前走行轮组缓冲油缸，使前走行轮处于离地状态，架梁小车与主机同步前行29 m；主机后走行轮组安放枕木，拆除导梁锚固拉杆，前抽导梁，安放前滚轮支腿；前抽导梁至导梁尾部与桥台相距100 mm，支撑前滚轮支腿，安装机械锁，并锚固支腿；安装导梁尾部锚固装置，主机与架梁小车同步前行；主机前移到位，主机后走行轮放置枕木，拆除导梁锚固拉杆，前抽导梁4 m，保证后支腿能进行折叠即可；待导梁停止上下震动后，进行折叠后支腿，回抽导梁；回抽到位，支撑后腿油缸，安装后腿机械锁，安装导梁锚固拉杆；顶升后滚轮支腿，安装后滚轮支腿反扣轮；打开轮组走行平台，将其落到低位；主机退回，架梁小车运行至导梁末端，上升前走行轮组缓冲油缸，使主机与架梁小车脱离；主机退回梁场取梁，检测导梁的前中后滚轮支腿的反扣轮；前移中滚轮支腿，安装机械锁，并与前滚轮支腿使用拉杆将其进行连接；前移后滚轮支腿，安装机械锁，使用支腿锚固紧固；主机挟梁上走行轮组平台，与架梁小车对接；回收前走行轮组油缸，使前走行轮组脱离轮组走行平台。主机挟梁与架梁小车前移至落梁位置；将轮组走行平台与桥梁搭接塞进平台内，抽动导梁，留出落梁位；落梁到位，安装导梁尾端与桥面的连接拉杆，拉出轮组走行平台桥面连接，与桥面搭接，为主机退回桥面准备；主机与架梁小车一起退至导梁尾端，主机升起走行轮组缓冲油缸，主机与架梁小车脱离；主机退回桥面，准备利用滚轮支腿牵引滚轮支腿，保证导梁后腿与桥面的锚固可靠；调整导梁的方向，牵引前、中滚轮支腿安装到下一墩台上；牵引后滚轮支腿安装到下一墩台，进入下一个架梁循环过程。

2. 隧道内架梁

详见第二篇第六章第四节。

3. 最后两孔(末跨)架梁

完成倒数第三孔梁架设，主机不动，将导梁与已架梁用拉杆连接，主机退回；主机与架梁小车同步前行,保证架梁小车中心线距离中滚轮支腿中心线 9 m,拆除导梁与已架梁的连接,使其与导梁处于分离状态;将导梁与已架梁连接,拆除走行轮组平台的销轴,起升轮组走行平台,使其底面不低于导梁底面;主机前移 19 m,拆除导梁与已架梁连接,收后滚轮支腿油缸,使其与导梁脱离;主机与架梁小车退回,使架梁小车运行至导梁末端,顶升主机前走行轮组油缸;主机与架梁小车对接,收起主机前走行轮组油缸;放置辅助滚轮,继续前抽导梁,留开落梁位,落梁到位,安装导梁与桥面连接;主机与架梁小车前行,使主机前走行轮组位于路基上,拆除导梁与桥面连接,拆除轮组走行平台销轴,升起轮组走行平台,回收后支腿,油缸,使其与导梁脱离;拆除导梁与桥面连接,回抽导梁 11 m,再将导梁与桥面连接,主机退回桥面,支起主机前走行轮组;摆放辅助滚轮,前抽导梁,留出支腿折叠位;主机取梁,与架梁小车对接,收起前走行轮组支撑油缸,保证轮组与走行面脱离;落梁到位,收回吊具;主机运来后滚轮支腿横移装置、起吊扁担梁,横移后滚轮支腿至桥台侧面。

4. 连续梁架梁

连续梁架梁过程与正常首末孔架梁作业程序一致。

5. 坡道和曲线上架梁

(1)运架一体机坡道架梁

运架一体机在坡道架梁过程与平道架梁作业程序一致,主要在放置导梁时,利用三个滚轮支腿的升缩来减小导梁的坡度,同时在喂梁时主机后车缓冲要相对平道架梁时升高一些,这样可以让主机和吊运的箱梁更水平,以此来保证坡道架梁的安全性。

(2)运架一体机曲线架梁

运架一体机在曲线架梁作业时,主要用前中滚轮支腿的横移油缸,来调整滚轮支腿在桥墩上放置的正确位置和导梁的直线度,确保满足主机正常架梁的条件。

6. 过隧道运梁卡控要点

(1)提梁过隧道四个走形梁位置各设一个监护,注意监视道路情况、运架一体机状况和箱梁状况,以 0～1.5 km/h 速度行驶。

(2)进入隧道前,前后提梁小车同步下降,将箱梁降到合适高度(确保箱梁梁翼缘距隧道内壁距离不小于 180 mm),出隧道后,立即将箱梁提取到正常运梁高度,运输箱梁。

7. 运架一体机调头

在完成一个方向的架设任务后,仅需将导梁机在桥面上进行 180°的回转即可向反方向架梁。

使用吊车将调头回转支承吊至已架梁梁面,回转支承桥面托架放置在桥面相邻两孔箱梁的上方,与桥面吊梁孔固定在一起。运架一体机携导梁机走行到回转支承的正上方,将导梁机落放在回转支撑上,运架一体机离开回转位置。通过 10 t 的推转油缸推动上下转盘进行回转,整机进行 180°转向,运架一体机携导梁机前行,将回转支承调离梁面,完成运架一体机调头工作。

三、横移梁施工

(一)工程概况

下行疏解线福龙路特大桥位于广东省深圳市龙华区,主要跨越广深港高铁及福龙路,为单线桥,全桥长 1 650.21 m,全桥孔跨布置为:2-24 m 简支箱梁+17-32 m 简支箱梁+1-24 m 简支箱梁+2-32 m 简支箱梁+1-24 m 简支箱梁+28-32 m 简支箱梁。

桥址于新建赣深铁路 ZD′K000+769.96～+966.32 处(10 号～16 号为门式墩,9 号墩、17 号墩为单线圆端实体墩)跨越既有广深港高铁(K2392+500～+810),夹角 8°,采用门式墩跨越,如图 4-3-23 所示。

在远离既有线外侧采用承插型盘扣式钢管支架进行现浇简支梁施工并搭设滑道系统,滑道系统由钢管柱+箱型滑道梁+不锈钢板+滑座+反力座+牵引系统构成,通过连续千斤顶拖拉的方式将箱梁从制梁位置拖拉至设计桥位位置,如图 4-3-24 所示,箱梁横移距离见表 4-3-21。

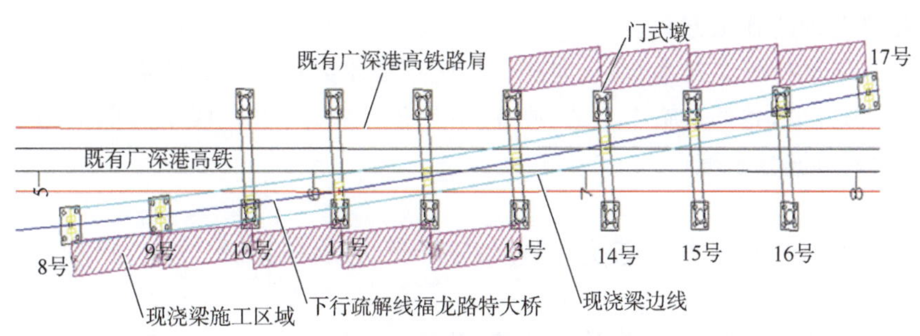

图 4-3-23 横移梁平面布置

图 4-3-24 箱梁横移施工效果图

表 4-3-21 箱梁横移距离统计

现浇梁孔号	横移距离(m)	现浇梁孔号	横移距离(m)
第 9 孔	4.6	第 14 孔	17.5
第 10 孔	7.4	第 15 孔	13.7
第 11 孔	10.2	第 16 孔	9.7
第 12 孔	13.2	第 17 孔	5.58
第 13 孔	16.8		

因第 9 孔～第 17 孔梁上跨既有广深港高铁，原设计采用移动模架进行施工，考虑广深港既有线运营安全变更为，在既有线外侧进行支架现浇后通过滑道系统将现浇梁推拉至设计位置。

8 号～17 号墩线路纵坡为 9.8‰，考虑横移安全，调整支架高度，使现浇梁水平横移避免在横移过程中发生纵向移动。

总共有 9 孔箱梁需要进行横移顶推施工，共 17 个施工天窗点时间，每个天窗点仅有 240 min。

(二)横移梁施工工艺

1. 技术准备

开工前组织施工技术及管理人员对施工现场进行详细的勘察，进一步了解设计意图，收集与本工程有关的设计、施工及验收的技术规范、规程等。

开工前进行图纸会审，根据对图纸的自审记录以及对设计意图的了解，结合有关技术范围、规程，方便施工、保证质量,制订合理的施工方案。

开工前对施工班组进行施工技术交底,向相关的施工技术人员及工人说明工程的概况、施工内容、施工进度计划、施工组织方案,尤其是施工工艺、质量标准、安全技术措施、成本降低措施和相关施工规范要求,对关键工序组织人员进行示范。

2. 施工准备

(1)清点滑道(含试拼装)、钢垫块、反力座、连续千斤顶、顶升千斤顶、支座,并摆放在施工对应横移箱梁的墩底。

(2)连续千斤顶、顶升千斤顶试运转,检查油路、泵站。

(3)箱梁横移支架与墩身的附墙件焊接,并检查横移支架连接件,立柱焊接情况。

(4)横移梁距离测量复核、支座预埋螺栓孔复核、滑道轴线测量放样。

(5)安装横移支架钢立柱、钢盖梁监测应变计。

(6)影响横移的盘扣支架及顶托拆除、箱梁底模拆除。

(7)焊接滑移工作平台。

(8)钢盖梁滑道位置除漆、割除临时围栏。

3. 施工机具准备

以同时横移 2 孔箱梁为例,施工机具配备见表 4-3-22。

表 4-3-22 施工机具配置

序 号	物 资	型 号	单 位	数 量	备 注
1	吊 车	50 t	台	2	
2	吊 车	80 t	台	4	
3	卸 扣	5t	个	16	
4	钢丝绳	ϕ8.7 mm	根	8	
5	组合滑道		套	2	
6	反力座		个	4	
7	钢垫板	0.2 cm	块	100	
8	钢垫板	0.5 cm	块	100	
9	钢垫板	1 cm	块	50	
10	钢垫板	2 cm	块	50	
11	钢垫板	3 cm	块	50	
12	钢支墩	29 cm	块	40	
13	钢支墩	12 cm	块	40	
14	焊 机		台	8+4	
15	反压板	250 mm×100 mm×20 mm	块	60	
16	反压板螺栓及螺母	M24×120 mm	个	200	一次性
17	M24 扳手		把	16	
18	10 磅锤		把	8	
19	M24 螺栓		套	100	滑道连接
20	连续千斤顶	120 t	个	4+1	油泵、同步操作主控台
21	顶升千斤顶	200 t,ϕ26 cm	个	8+2	油泵、同步操作主控台
22	钢绞线	ϕ15.2 mm	根	10+2	
23	砂轮切割机			4	配套电缆线
24	5 孔锚具		套	4+2	滑座与钢绞线连接

续上表

序　号	物　资	型　号	单　位	数　量	备　注
25	锚具夹片		套	4+2	
26	四氟滑板	700 mm×450 mm×25 mm	块	8	
27	撬　棍		根	6	
28	焊　机		台	8	
29	氧气乙炔		套	4+2	
30	大　锤		把	6	
31	黄　油		桶	2	
32	安全带		个	40	
33	牵引绳	L=3 m	根	6	ϕ10 mm,2 根备用
34	滑移刻度尺		个	4	
35	等离子切割机		台	8	
36	支座扳手	ϕ45 mm	把	4	
37	支　座		个	8	
38	防落梁		个	8	
39	支座砂浆		包	50	高强快速

4. 横移梁施工工艺

(1)横移梁支架

横移支架采用 ϕ630 mm×10 mm 钢管桩,钢管立柱安装完成后采用双拼 20 b 槽钢进行焊接,如图 4-3-25 所示。钢管桩落在条形基础上,条形基础用 ϕ630 mm×10 mm 钢管桩加固,桩间距 1.5 m,采用 90 型液压震动锤施打至设计位置。

图 4-3-25　横移支架

(2)牵引滑移系统

①滑座

滑座由 10、12、16 mm 厚的钢板焊接而成,如图 4-3-26 所示。滑座尺寸为 660 mm(长)×760(宽)mm。在滑座上部钢板上放置橡胶板,保证箱梁的底部受力均匀。滑座下部 660 mm×600 mm 钢板形成凹槽,内嵌 25 mm 厚 MGE 滑板,MGE 滑板与滑道不锈钢接触面加工成小圆孔,以便储存润滑黄油。侧面设置 5.5 cm 高防脱槽板内侧同样需镶嵌滑板,起导向和纠偏作用。两个滑座通过 2 根 10 cm 槽钢制作而成的连接杆进行连接。

②滑道

滑道由 2 根 HM588×300 型钢加工而成宽度 600 mm,上铺 4 mm 厚不锈钢板,滑道由标准节段 2.5 m 及

图 4-3-26　滑座

非标准节段 1.87 m、1.63 m、0.58 m 通过 M20 高强螺栓连接所要长度。8 号～17 号墩线路纵坡为 9.8‰，考虑横移安全，调整支架高度，使现浇梁水平横移避免在横移过程中发生纵向移动。在小里程高端上墩顶垫石处的滑道高 238 mm，在大里程低端上墩顶垫石处的滑道高 588 mm，如图 4-3-27 所示。

图 4-3-27　滑道

③反力座

反力座由 12 mm、16 mm 钢板焊接而成，承压板上需开一个 ϕ80 mm 的圆孔，以便钢绞线穿过。反力安装板与牵引千斤顶采用 4 个 M20 螺栓连接。反力座处下钢板需要与钢盖梁顶采用 4 根槽钢进行焊接，当在单线混凝土墩顶时，在墩顶通过 4 根 ϕ25 mm 精轧螺纹钢及反压梁与墩顶连接，如图 4-3-28 所示。反力座是滑移施工的主要受力点，滑移前应重点检查。

④牵引钢绞线

牵引反力座通过 5 束 ϕ15.2 mm 低松弛左旋钢绞线与滑座构成传力系统，如图 4-3-29 所示。横移系统张拉固定端设置在反力座处，活动端设置在滑座上，通过锚具及夹片与滑座连接。采用低松弛左旋钢绞线，可以有效保障左右受力不平衡旋转。安装钢绞线时两端应确保水平，钢绞线不能拧在一起。

一孔箱梁滑移重量为 500 t，横移启动时的静摩擦系数 $\mu_{静}=0.096$，横移过程中的动摩擦系数 $\mu_{动}=0.064$，当在滑动面涂抹二硫化钼锂基脂与黄油调和润滑剂时，摩擦系数可以降低 0.02。

启动横移时所需的最大牵引力为 483 kN，横移过程中所需的最大牵引力为 322 kN，动力储备系数为 5。

牵引索钢绞线的安全系数按横移时钢绞线最大不超过其 70% 的屈服强度计算，安全系数取 3.78。

⑤箱梁牵引设备

牵引采用两台 120 t 连续千斤顶，箱梁横移采用 ZLD 智能连续顶推系统，由主控台、泵站、连续顶等部

图 4-3-28　反力座固定

图 4-3-29　牵引钢绞线及锚具夹片

件组成，如图 4-3-30 所示。泵站采用变频调速控制流量技术，可实现无级调速。连续顶采用激光传感器做伸长位移采集，精度 0.02 mm，与泵站油泵变频器组成闭环控制，达到精准同步，实现压力、位移同步双重控制。本系统的原理是通过连续顶的前顶和后顶交替工作，达到顶推力不间断传递的效果。

图 4-3-30　ZLD 智能连续顶推操作系统

(3)横移梁施工流程

①拼装滑道、滑道加固、焊接限位钢板，检查滑道轴线偏差、平整度；

②安装牵引千斤顶、千斤顶调试；

③安装钢绞线及夹片；

④滑道涂抹黄油、拆除滑座限位工字钢及钢楔；

⑤按照 8 m/h 进行滑移梁施工；

⑥到达距离设计位置 10 cm 时停止滑移进行测量复核确定最终滑移距离；

⑦采用点动操作滑移到位。

(4)滑道安装

考虑施工成本，9 孔箱梁横移配置了 2 套滑道，由于每孔梁滑移距离不同，需要标准节＋调整节进行安装。安装时应编制滑道倒运清单，明确没孔滑道的组成长度及调配，避免在天窗点内返工。

安装滑道前，需提前将滑道安装中线进行测量放样，滑道与钢盖梁顶部连接按照间距 2.5 m 安装扣压板(螺栓采用 M24×120，压板采用 250 mm×100 mm×20 mm 钢板)连接，每节滑道连接处采用钢支墩进行抄垫，如图 4-3-31 所示。滑道平面及高程控制在 2 cm 内。检查滑道是否存在错台，特别是在滑道拼接接头处。在滑道设计位置处焊接限位钢板防止超拉、过滑。

图 4-3-31 扣压板及钢支墩

(5)滑座检查

滑移前应检查滑座与滑道的平面位置关系、滑座的连接杆。未启动滑移前，需在滑道两侧焊接 4 根限位工字钢及钢楔，防止因外界干扰引起箱梁滑移，如图 4-3-32 所示。

图 4-3-32 滑道限位工字钢及钢楔限位

(6)牵引横移

按照 8 m/h 的速度进行滑移，启动时理论计算牵引力为 24 t，通过几孔箱梁的横移，箱梁横移实际平均启动力为 32～36 t，箱梁横移实际最大启动力为 65 t，横移梁单侧牵引极限值不得超过 78 t。

横移过程中技术人员反复观测滑座与滑道有无密贴。主控台操作人员要确保两端滑移距离相同。当滑动牵引力超过 30 t 时应降低横移速度。

当滑座与滑道顶紧时需要通过单端张拉进行纠偏。滑动到距设计位置 0.1 m 处停止滑动，进行测量复核，确认最终滑移距离后采用手动操作点动到位。

(7)滑移同步监测

连续顶采用精度 0.02 mm 的激光位移传感器(图 4-3-33)做伸长位移采集，与泵站油泵变频器组成闭环控制，达到精准同步，实现压力、位移同步双重控制。

横移过程中分别在滑道上安装横移刻度尺(图 4-3-33)，在箱梁底板端部中线位置安装指针，横移过程中，两端技术人员每滑移 10 cm 进行对报，如两端横移距离偏差超过 10 cm，需要停止两端同步牵引，改为单侧点动牵引操作，将滑移滞后端进行纠偏。

图 4-3-33 激光位移传感器及横移刻度尺

(8)滑移应力监测

为了确保预应力混凝土简支箱梁横移施工的顺利实施，施工过程中需要对横移支架、钢盖梁、现浇箱梁进行监测。应力监测采用无线自动综合监测系统，通过土木工程智慧监测云网平台实现手机和电脑实时数据采集、分析和预警。

侧位现浇预应力混凝土简支箱梁横移施工监控重点包括四个方面的内容：承插式盘扣脚手架拆除时端部横移钢管立柱应力监测(测点布置在钢立柱根部)；横移施工过程中横移钢管立柱应力监测(测点布置在每个钢立柱根部)；横移施工过程中钢盖梁应力监测(测点布置在钢盖梁内箱室对应滑道的顶板下方)；横移到位后现浇箱梁位移监测(测点布置在每孔现浇箱梁右侧人行道挡板侧面，每孔梁布置两个点)。

①拆除盘扣架时钢立柱应力监测

以第 15 孔现浇梁为例，测点布置如图 4-3-34 所示，其中 1 号测点和 5 号测点靠近既有线，6 号和 7 号测点布置在中间钢管两侧，32 m 主梁按 500 t 重量控制。

13 号～14 号钢管桩桩底应力与温度实测情况如图 4-3-35、图 4-3-36 所示。13 号和 14 号盘扣支架模板已全部拆除，导致测点应力值出现上升趋势，而后又趋于平缓。

13 号钢管桩应力最大值出现在 1 号测点，最大值为 87.2 MPa(此时处于模板拆除阶段)，趋于平缓后应力为 76.4 MPa＜215 MPa，满足规范要求。

14 号钢管桩应力最大值出现在 5 号测点，最大值为 58.4 MPa(此时处于模板拆除阶段)，趋于平缓后应力为 56.1 MPa＜215 MPa，满足规范要求。

②横移过程钢立柱应力监测

以第 16 孔现浇梁为例，测点布置如图 4-3-37 所示，其中 1 号测点和 5 号测点靠近既有线，32 m 主梁按 500 t 重量控制。

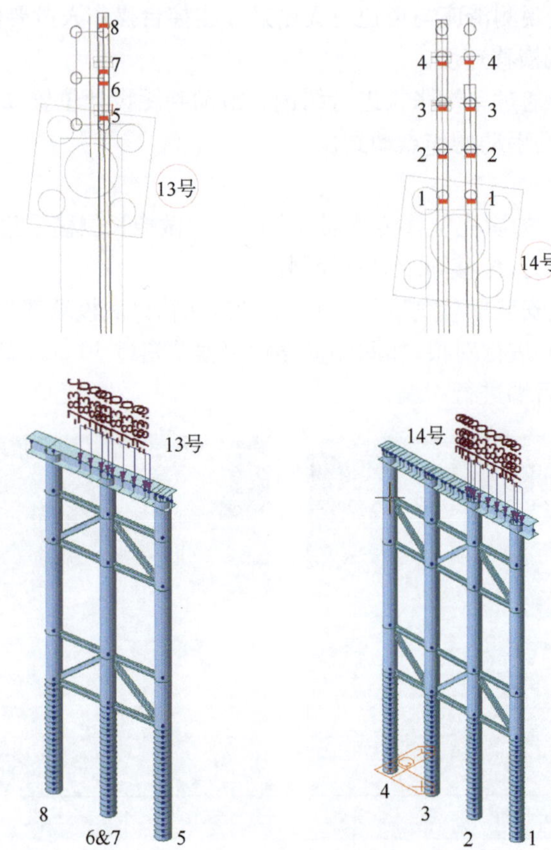

图 4-3-34　拆除盘扣架钢立柱应力监测布置

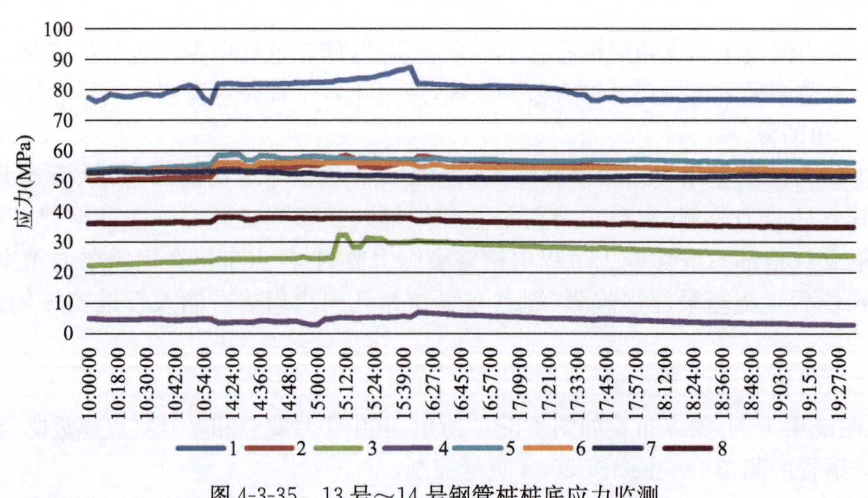

图 4-3-35　13 号～14 号钢管桩桩底应力监测

5. 滑道拆除施工工艺

(1)滑道拆除流程

4 台顶升千斤顶、钢支墩安装到位→箱梁顶升→拆除钢绞线→拆除千斤顶→拆除反力座→拆除滑座→拆除滑道→滑道调用至其他部位。

(2)顶升千斤顶

拆除滑道时，将 2 台 YD200-250 顶升千斤顶放在垫石内侧，距离滑座 2 cm 位置处，同时在垫石顶安装 4 个临时钢支墩。千斤顶顶升 2～3 cm 时滑座与梁底脱离，同时采用不同厚度的钢板将临时钢支墩与

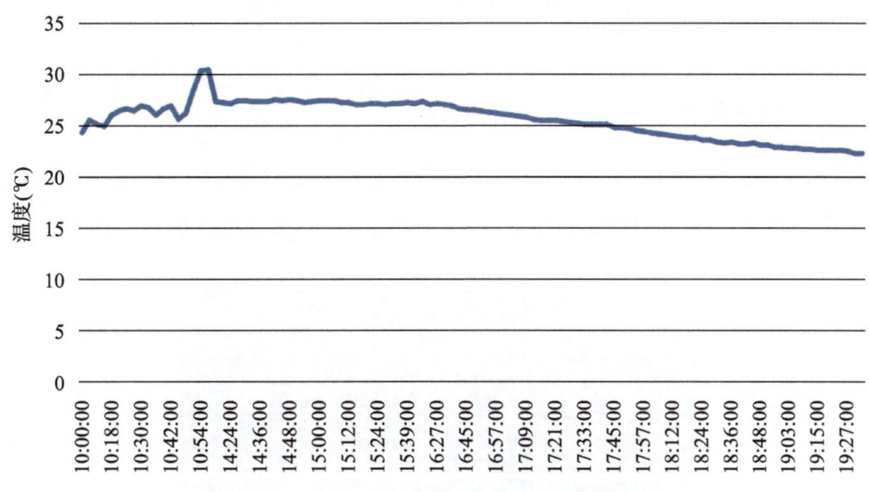

图 4-3-36　13 号～14 号钢管桩桩底温度监测

图 4-3-37　横移梁时钢立柱应力监测布置

梁底的间隙进行抄垫。

(3)滑道横桥向拉出拆除

当滑道侧存在邻近箱梁时，滑道只能从箱梁侧面横向拖拉出箱梁底。正式拆除梁底滑道前，应先拆除牵引钢绞线、连续千斤顶、反力座、箱梁底以外滑道。在钢盖梁上方焊接钢板作为倒链对拉点，设置滑道导向钢板，安装倒链，拖拉滑道移出箱梁底，调离滑道。

(4)滑道顺桥向拉出拆除

当滑道侧不存在邻近箱梁时，滑道能从箱梁正面顺桥向拖拉出箱梁底。正式拆除梁底滑道前，应先拆除牵引钢绞线、连续千斤顶、反力座、箱梁底以外滑道。

在钢盖梁垫石侧面焊接圆钢作为倒链对拉点，安装倒链，拖拉滑道移出箱梁底，调离滑道。此方法安全隐患小，施工时间短。

6. 落梁施工工艺

(1)落梁流程

4 台顶升千斤顶安装到位→箱梁滑移到位→抄垫千斤顶钢板→抄垫箱梁支撑钢板→顶升箱梁→拆除钢绞线、滑座、滑道→初步安装支座→顶升千斤顶逐步落梁→落梁纠偏→精调支座→支座灌浆。

(2)千斤顶安装及钢垫板准备

采用 4 台 YD200-250 顶升千斤顶进行落梁，参数见表 4-3-23。

表 4-3-23 YD200-250 顶升千斤顶参数

型 号	项 目					
	公称张拉力(kN)	公称油压(MPa)	张拉活塞面积(m^2)	行 程(mm)	质 量(kg)	外形尺寸(mm)
YD200-250 顶升千斤顶	2 000	53	5.309×10^{-2}	250	130	ϕ310×4450

拆除滑道后，将顶升千斤顶向梁端移动，放置在梁底防落梁的正下方，如图 4-3-38 所示。

图 4-3-38 顶梁千斤顶及箱梁支撑钢板平面位置

(3)支座安装

在拆除滑道后进行支座安装，通过 4 个手动液压千斤顶及方木顶升支座，通过支座上钢板螺栓将支座上钢板与梁底预埋钢板进行连接，如图 4-3-39 所示。安装完成后应检查支座下螺栓是否在预留螺栓孔内。落梁前应提前将支座抄垫钢板放在支座正下方。

图 4-3-39 安装支座

(4)落梁

由于线路存在纵坡，在确保水平滑移的基础上，落梁高度存在高低端。高端落梁高度 612 mm，低端落梁高度 293 mm。

一孔梁大小里程端按照每次落梁 6 cm 交替进行落梁作业，每落一次顶升千斤顶需要顶梁 1 cm 后，分别抽出 4 个临时钢支墩 6 cm 厚钢板后进行落梁。当低端落梁到位后，高端继续按照每次 6 cm 进行落梁。当高、低端分别落梁到位后，测量复核箱梁平面位置及高程。

7. 支座灌浆

支座灌浆模板采用∠63 角钢焊接而成，用螺栓进行拼接。支座灌浆采用快速高强度支座砂浆拌制。

落梁作业完成前进行砂浆拌制作业，复核支座平面位置和高程确认无误后进行支座灌浆。砂浆灌注完成后铺设养生布并固定牢固，对砂浆进行养生，待下一个天窗点再拆除支座灌浆模板并清理干净所有物料。

第五节　简支、连续梁的桥位现浇

一、简支箱梁支架法现浇施工

混凝土由拌和站集中拌和，混凝土输送泵和混凝土泵车进行浇筑。梁片混凝土养生采用覆盖土工布浇水养生。支架体系高度小于 8 m 的采用盘扣式满堂支架体系，如图 4-3-40 所示，支架体系高度大于 8 m 的采用钢管柱贝雷梁支架体系，如图 4-3-41 所示。

图 4-3-40　盘扣式满堂支架施工

图 4-3-41　钢管柱贝雷梁支架施工

(一)施工工艺流程

简支箱梁支架法现浇梁施工工艺流程如图 4-3-42 所示。

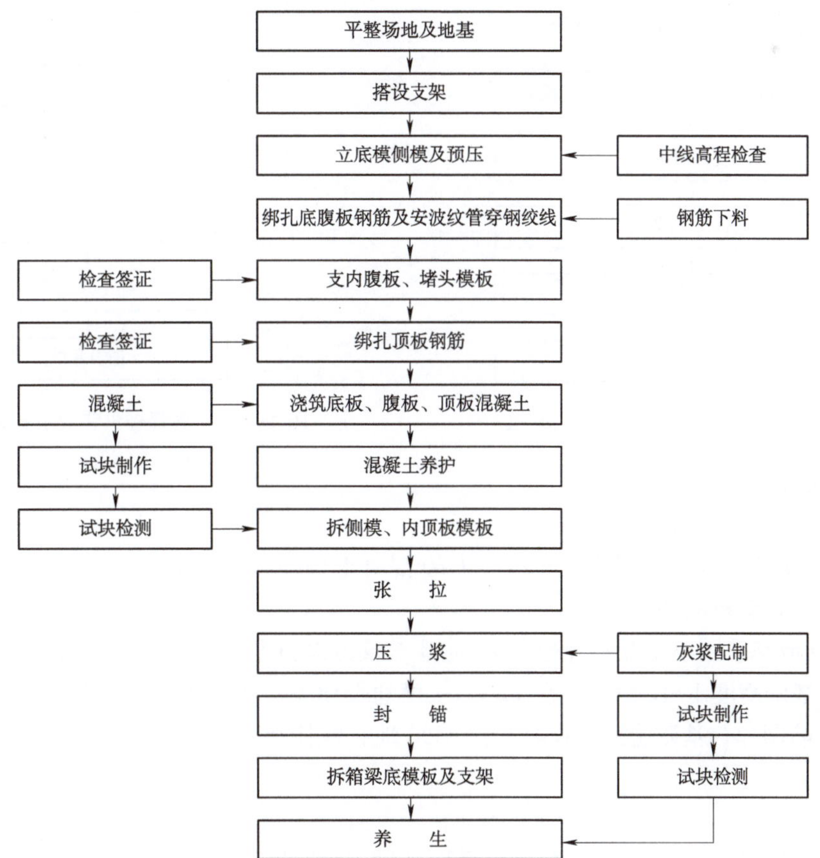

图 4-3-42　简支箱梁支架法现浇梁施工工艺流程

(二)施工关键工序及技术要点

1. 支架施工方法

(1)盘扣式满堂支架施工

梁下净空≤8 m的简支箱梁采用盘扣式满堂支架现浇施工。底托立于宽度20 cm,厚度5 cm的木板上。支架采用可调顶、底托的盘扣式钢管支架。顶托上部顺桥向铺设14号工字钢,横向铺设10 cm×10 cm方木,模外模采用定制钢模,内模采用木模。盘扣式支架施工工艺流程如图4-3-43所示。

(2)钢管柱贝雷梁支架施工

梁下净度>8 m的简支梁采用一跨式钢管柱双层贝雷梁支架现浇法或利用桥梁承台各设置一排、中部位设置条形基础安装两排钢管柱的单层贝雷梁形式。钢管柱顶部放置3根Ⅰ36a工字钢作为横向分配梁,在横向分配梁上部搭设双层贝雷梁,贝雷梁上部采用Ⅰ14a工字钢及10 cm×10 cm分配方木作为龙骨。底模外模采用定制钢模,内模采用木模。钢管柱贝雷梁支架施工工艺流程如图4-3-44所示。

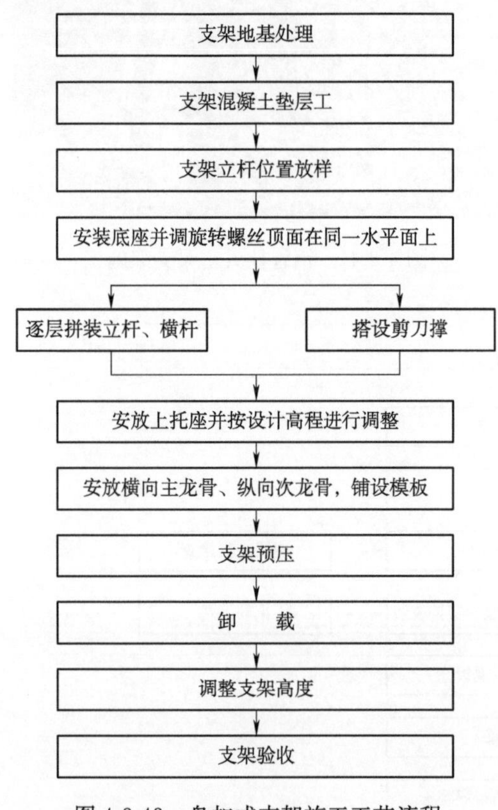

图4-3-43　盘扣式支架施工工艺流程

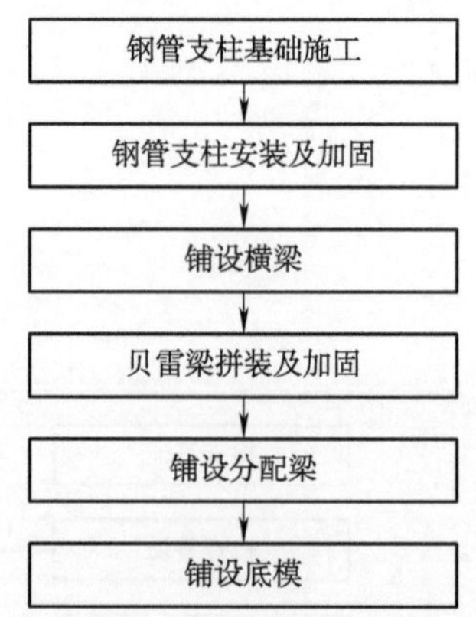

图4-3-44　钢管柱贝雷梁支架施工工艺流程

2. 地基处理方案

(1)盘扣式满堂支架地基处理方案

地基换填50 cm厚粗圆粒土,灌筑15 cm厚C20混凝土垫层,处理后的地基承载力不得小于180 kPa。

(2)钢管柱贝雷梁支架地基方案

条形基础下方地基采用小型夯机进行夯实,地基承载力检测应不小于180 kPa。钢管柱基础采用C30混凝土条形基础,基础高度1 m,基础宽度1.5 m,长度通长设置。在条形基础底部放置二层间距20 cm×20 cm、ϕ16 mm钢筋网片。基础施工时预埋8根M20地脚螺栓及直径80 cm、厚度1 cm圆形钢板。

3. 支架预压

(1)预压方法

支架预压是为了消除地基的弹性及非弹性变形,确保支架的安全性。支架预压采用与实际施工荷载1.1倍重物,采用预制的1.8 m×1.2 m×0.6 m混凝土预制块或枕木垛进行预压。加载采用分级加载。

预压按总荷载的 0→60%→100%→110%→100%→60%→0 进行加载及卸载，检查各杆件焊缝有无开裂情况，同时记录加载施力和位移数据。

(2)加载测量

预压前测量原始高程(预压前 0%)。每级加载完成 1 h 后进行支架的变形观测，以后每隔 6 h 监测记录各监测点的位移量，当相邻两次监测位移平均值之差不大于 2 mm 时，方可进行后续加载。全部预压荷载施加完成后，应间隔 6 h 监测记录各监测点的位移量。当连续 12 h 监测位移平均值之差不大于 2 mm 时，方可卸除预压荷载。卸载后测量各沉降观测点的高程。支架卸载 6 h 后，应监测记录各沉降观测点的高程。预压施工如图 4-3-45 所示。

图 4-3-45 预压施工

(3)模板预拱度的调整

支架预拱度值的大小主要考虑：

①支撑体系承重后引起的弹性变形值；

②箱梁预应力和自重引起的变形值；

③箱梁预拱度值。

4. 支座安装

在安装支架前，对墩台的中心线、高程进行复测，检查螺栓孔的位置，对有问题的及时处理。预偏量值应根据支座实际安装温度与设计安装温度之差、预应力施加引起的弹性压缩量和梁体混凝土收缩、徐变量计算确定。

安装支座前先对混凝土垫石凿毛湿润，由吊车配合就位后，利用螺旋千斤顶支起支座，使支座板与桥墩支承垫石顶面之间留出 20～30 mm 空隙，同一梁端支座板应安装在同一水平面上，平面高差不得大于 1 mm，支座底板四角相对高差不大于 2 mm。支座位置调整好后，安装灌浆模板，采用重力灌浆方式向支座底部灌入支座灌浆料。灌浆时从支座中心部位向四周注浆，直至模板与支座底板周边间隙观察到灌浆材料全部灌满为止。强度达到 20 MPa 后，拆除模板，检查是否需要进行补浆，拧紧下支座板锚栓，拆除临时千斤顶，安装支座围板。

5. 底模安装调整

底模采用定型钢模拼接成型，使用 25 t 汽车吊进行安装，按照支架图纸在横梁铺设底模，底模安装时要根据箱梁张拉起拱度、箱梁及支撑系统自重下沉确定预留拱度，底模高程通过钢楔及砂箱进行调整。支架模板安装完成如图 4-3-46 所示。

6. 钢筋和内模安装

钢筋统一在钢筋厂加工，梁体纵向钢筋到现场焊接。钢筋绑扎前，先检查底模的偏位和梁底高程，符

图 4-3-46　支架模板安装完成

合要求后先绑扎底板和腹板钢筋。底板钢筋绑扎后，焊接底板固定钢绞线的 U 形环将 ϕ90 mm 波纹管固定。支座顶的分布钢筋和钢筋网片和梁体钢筋一次绑扎成型。内模采用带内支架的钢模板或木模板，采用 25 t 吊车进行拼装，并在通风孔的位置安装拉杆，把内外模连成整体，模板接缝处用密封条，防止拼缝漏浆。内模安装固定检查无误后，绑扎顶板钢筋。顶板钢筋绑扎完成后，在相应位置预埋挡砟墙、竖墙、接触网基础钢筋等，在相应位置将预埋钢筋及预埋件与梁体钢筋一同绑扎、安装，以保证预埋筋与梁体的连接。顶板钢筋绑扎完成后，最后检查模板的中线、高程和结构尺寸无误后，开始浇筑混凝土。

锚垫板下的螺旋筋按设计位置准确安放并固定，防止灌混凝土时滑落或移位导致张拉时锚下崩裂，安放顺序应注意和竖向、纵向分部筋的绑扎顺序。端部锚下钢筋比较密集，绑扎时数量不得缺少。

钢筋若遇预应力钢绞线可适当移动钢筋位置。所有梁体预留孔处均增设相应的螺旋钢筋；桥面泄水孔处钢筋可适当移动，并增设螺旋筋进行加强。施工中为确保腹板、顶板，底板钢筋的位置准确，根据实际情况加强架立筋的设置。钢筋绑扎内模安装见图 4-3-47 所示。

图 4-3-47　钢筋绑扎内模安装

7. 混凝土施工

混凝土由拌和站集中拌制，输送车运输到现场，两台输送泵泵送入模，插入式振捣器振捣。由于梁体混凝土数量较大，为保证浇筑质量，施工采取泵送混凝土连续浇筑，一次成形，灌注时间不宜超过 6 h。

梁体混凝土浇筑顺序如图 4-3-48 所示。梁体浇筑由跨中向两端对称进行，先浇筑腹板倒角①，再浇筑底板②，然后腹板③，最后浇筑顶板混凝土④。

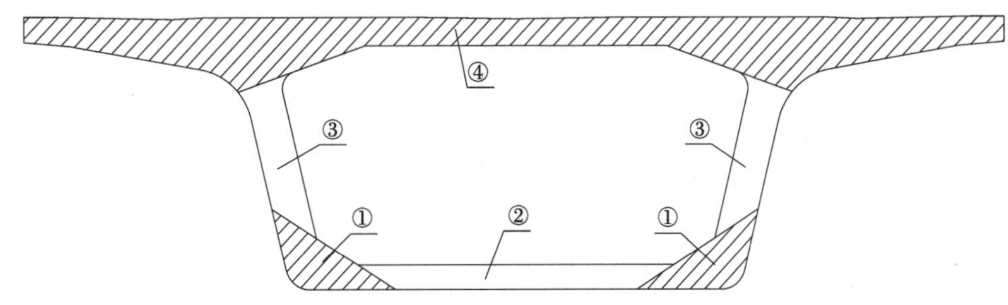

图 4-3-48　梁体混凝土浇筑顺序

混凝土采用水平分层、斜向分段，两侧对称浇筑。混凝土浇筑时，先从腹板对称下料，每层控制在 30 cm 左右，每段长度不大于 5 m，待腹板倒角浇筑完成时，停止从腹板下料，改用从顶板预留孔下料，浇筑底板混凝土，混凝土底板浇筑完成后再浇筑腹板及顶板。浇筑时应防止混凝土离析，混凝土下落距离不超过 2 m。并应保持预埋管道不发生挠曲和移位，禁止管道口直对腹板槽倾倒混凝土。

混凝土的振捣用插入式振捣棒，振捣器移动间距不超过其作用半径的 1.5 倍，振捣棒不得撞击波纹管、各种预埋件，避免其跑位。混凝土振捣应用 ϕ50 mm 振捣棒，钢筋较密处也可以用小直径振捣棒振捣，振捣器在每一个位置中振捣延续时间一般掌握在混凝土不再下沉、无显著气泡上升、顶面平坦一致并开始浮现水泥浆为止，一般不宜超过 40 s，避免过振；振捣器拔出时不可太快太猛，以免留下孔迹和空洞。

梁体混凝土浇筑完毕后，箱梁顶板混凝土高程采用专用模具进行控制，最后赶压成形，二次收浆抹面，以防止表面收缩裂纹的产生保证防水层基面平整及桥面流水坡度。

箱梁翼板底面及腹板位置养护采用自动喷淋养护机，首先在箱梁翼板两侧安装轨道，然后倒挂安装自动喷淋养护机，设定好养护间隔时间，自动行走喷淋养护。

8. 张拉

预施应力应按预张拉、初张拉和终张拉三个阶段进行，张拉设备采用自动张拉设备。

按每束根数与相应的锚具配套，带好夹片，将钢绞线从千斤顶中心穿过。张拉时初始应力达 $0.2\sigma_k$时停止供油。检查夹片情况完好后，画线做标记。

向千斤顶油缸充油并对钢绞线进行张拉。张拉值的大小以油压表的读数为主，以钢绞线的伸长值加以校核，实际张拉伸长值与理论伸长值应控制在±6%范围内。

油压达到张拉吨位后关闭主油缸油路，并持荷 5 min，测量钢绞线伸长量加以校核。在保持 5 min 以后，若油压稍有下降，须补油到设计吨位的油压值，千斤顶回油，夹片自动锁定则该束张拉结束，及时作好记录。全梁断丝，滑丝总数不得超过钢丝总数的 0.5%，且一束内断丝不得超过一丝，也不得在同一侧。

9. 管道压浆、封端

预应力终拉完成后，应在 48 h 内进行管道压浆，采用智能真空辅助压浆系统，压浆前管道内应清除杂物及积水，压浆时及压浆后 3 d 内，梁体及环境温度不得低于 5 ℃，压入管道的水泥浆应饱满密实，同一管道压浆应连续进行，一次完成，水泥浆压入管道的时间间隔不应超过 40 min。

10. 支架、模板拆除

(1)箱梁浇筑完成后，待强度达到设计要求的 60%时，即可开始拆除侧模、内模。侧模脱离梁体后将侧模整体滑移到下一孔梁位。混凝土强度达到设计强度 80%，张拉完成后将砂箱中的砂子放出，使底模及贝雷梁统一均匀下落，与梁体脱离，人工配合吊车将底模拆除，在地面进行整修，吊装到下孔梁使用。

(2)支架拆除顺序的确定应根据变形“从大到小”的原则来确定，即先卸落变形较大的位置，后卸落变形较小的位置，横桥向应同步进行。单跨现浇梁支架落架时，采用从跨中向两边顺序进行，首先将跨中支点处砂箱卸落，再卸落两侧，然后拆除模板。

二、现浇梁施工

(一)悬臂梁段施工

悬臂灌注法的主要施工设备挂篮是能沿轨道行走的活动作业台车,它支承在已完成的悬臂梁段上用以进行下一梁段的施工。待新灌梁段施加预应力及管道压浆后,挂篮前移,进行下一个梁段的施工,如此逐段循环直至完成全部梁段。

悬臂梁段的钢筋、波纹管、混凝土、预应力施工工艺同0号块相应内容的施工。悬臂梁段两端混凝土浇筑不平衡重不超过20 t。

悬臂浇筑施工工艺流程如图4-3-49所示。

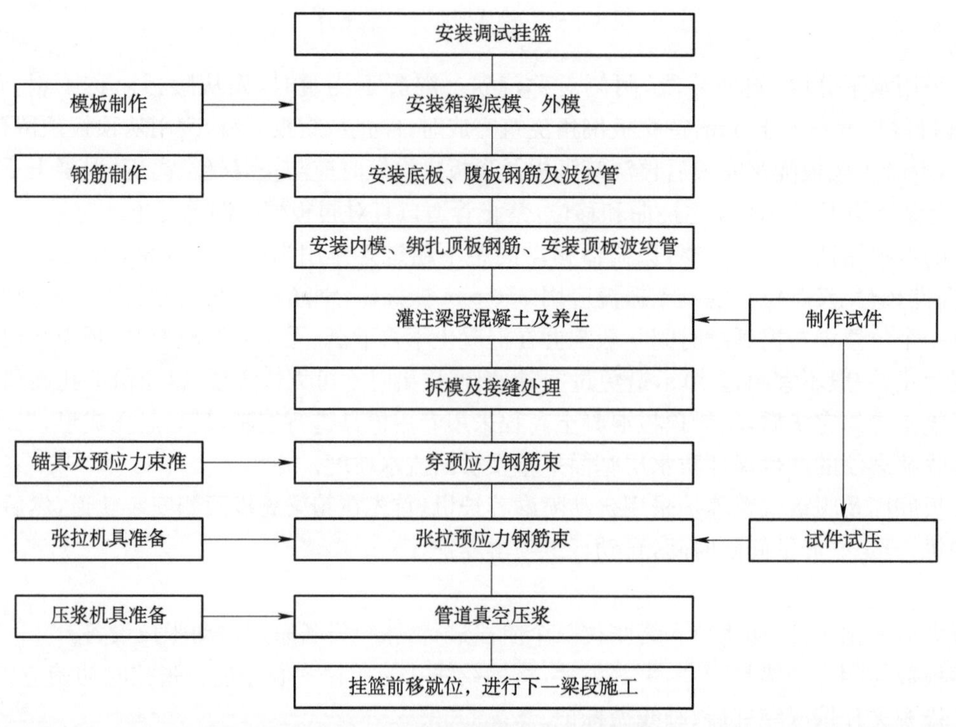

图4-3-49 悬臂浇筑施工工艺流程

1. 挂篮设计

挂篮采用两片主桁的三角形式,每只挂篮总重460 kN。由主桁架、底模平台、模板系统、悬吊系统、锚固系统及走行系统六大部分组成。

2. 挂篮拼装与预压

(1)挂篮拼装

挂篮拼装在0号块达到设计强度并进行预应力张拉后进行,以吊车辅助作业在0号块梁顶面拼装。为加快拼装进度,减少桥面拼装的工作量,根据现场的吊装能力,对于一些重量较轻的构件单元可组拼吊到桥面后再拼装。

采用汽车吊将其吊装到0号块梁面,在梁面上将挂篮组拼成型。挂篮拼装时保持两端基本对称同时进行。挂篮拼装顺序:滑道→支座→纵梁→后锚固→立柱→主桁架→吊挂系统→底模平台→内外模系统→附属设施。吊装及拼装作业前对吊装机械及机具进行安全检查,并对施工作业人员进行技术交底,在操作过程中,地上、空中有专人进行指挥及盯控。

(2)挂篮预压

为检验挂篮各部构件的力学性能及结构安全性,也为了消除其非弹性变形检测其弹性变形情况,为后续施工的线形监控提供挂篮变形参数,挂篮正式使用前必须对其进行预压。

①预压方法

采用钢绞线加砂袋施加等效荷载法对挂篮进行预压。

②预压荷载

预压荷载取最大节段重量的 1.2 倍分 50％、75％、100％、120％四级施加。预压具体位置对此荷载进行修正以实际模拟混凝土节段的重量。

③试验测量

每级加载完毕 1 h 后测量挂篮变形值。全部加载完毕后，每隔 6 h 测量一次每个测点的变形值，连续预压 24 h，当最后测量时间段的两次变形量之差为 2 mm 时结束。按分级加载的相同重量逐级卸载并测量各级卸载后的变形值。根据加、卸载实测数据，绘制各测量点位的变形曲线，分析计算挂篮在各阶段荷载作用下的变形值。

当设计预压荷载全部加完，卸荷后，再测定各测点的高程，统计分析测量结果，确定预压弹性变形值及非弹性变形值，与理论值相比较，建立档案资料，为各节段挂篮施工时底模平台的预拱度值提供依据。

④结果处理

根据沉降观测数据，计算各点有关变形值：

总变形＝加载稳定后读数－初始状态读数

非弹性变形＝卸载后读数－初始状态读数

弹性变形＝总变形－非弹性变形

(二)边跨现浇段施工

两边跨现浇段施工时采用承台上设置钢管落地支架。

现浇段端模根据梁端尺寸加工成木模，外模根据梁体尺寸加工成大块钢模，内模用小块钢模或木模拼制，内模与外模间设置拉杆加固牢固。现浇段施工时一次浇筑成型。

边跨现浇段的钢筋、波纹管、混凝土、预应力施工工艺同 0 号铁相应内容的施工。

1. 工艺流程

边跨现浇段施工工艺流程如图 4-3-50 所示。

2. 支架设计与施工

(1)支架设计

现浇支架构造如图 4-3-51 所示，支架施工时进行严格控制。支架采用双排 ϕ630 mm×9 mm 钢管拼装支立于承台与条形基础上，支墩下部与承台及条形基础上的预埋钢板焊接固定。支墩上部设 2Ⅰ40b 工字钢横垫梁，纵桥向铺设Ⅰ20b 分配梁，高度方向中间设Ⅰ20a 纵横向连接系；上部布设 10 cm×10 cm 木方及 15 mm 竹胶板形成底模体系。

(2)支架施工

①地基处理

边跨现浇段支架设双排钢管支撑，一排立于承台上，一排立于条形基础上，条形基础尺寸为宽 1.2 m×高 1 m×长 10.5 m，条形基础下各打入一排 3 根 ϕ63 mm 钢管桩，其中 773 号钢管桩打入深度为 5 m，776 号钢管桩打入深度为 4 m。经过验算，地基承载力符合要求。

②支架施工

支架预埋件位置及高程应准确设置，满足钢管支撑精度要求。垂直度偏差不应大于高度的 1/500。根据施工现场吊装设备能力和场地条件分节、分层安装钢管支撑。钢管与基础及钢管接头之间应连接牢固，接头空隙应采用适当厚度的钢板填塞紧密。下层剪刀撑安装完成后方可进行上层钢管安装。剪刀撑安装之前采取临时措施稳定钢管。

③支架预压施工

为避免在边跨混凝土施工时，支架不均匀沉降及消除支架的非弹性变形，应在底模、侧模安装后应对支架进行预压，同时测量其弹性变形。预压采用钢筋、沙袋。预压时避免平均分布重量，必须按梁的重量

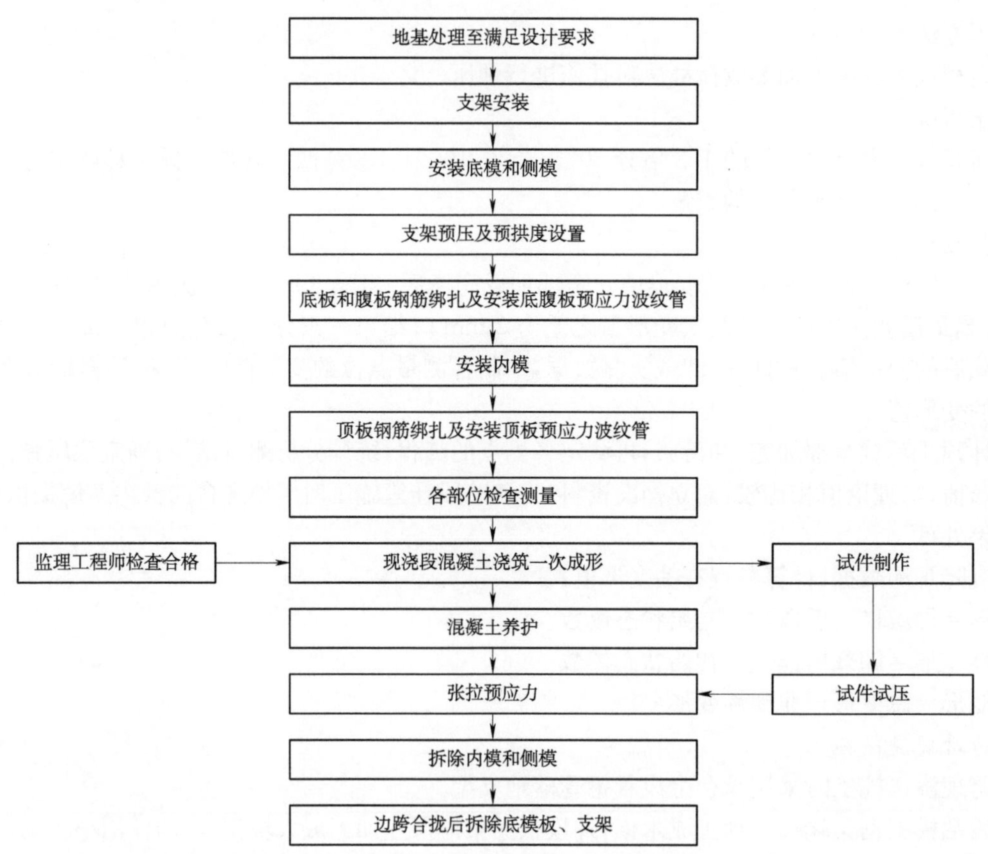

图 4-3-50　边跨现浇段施工工艺流程

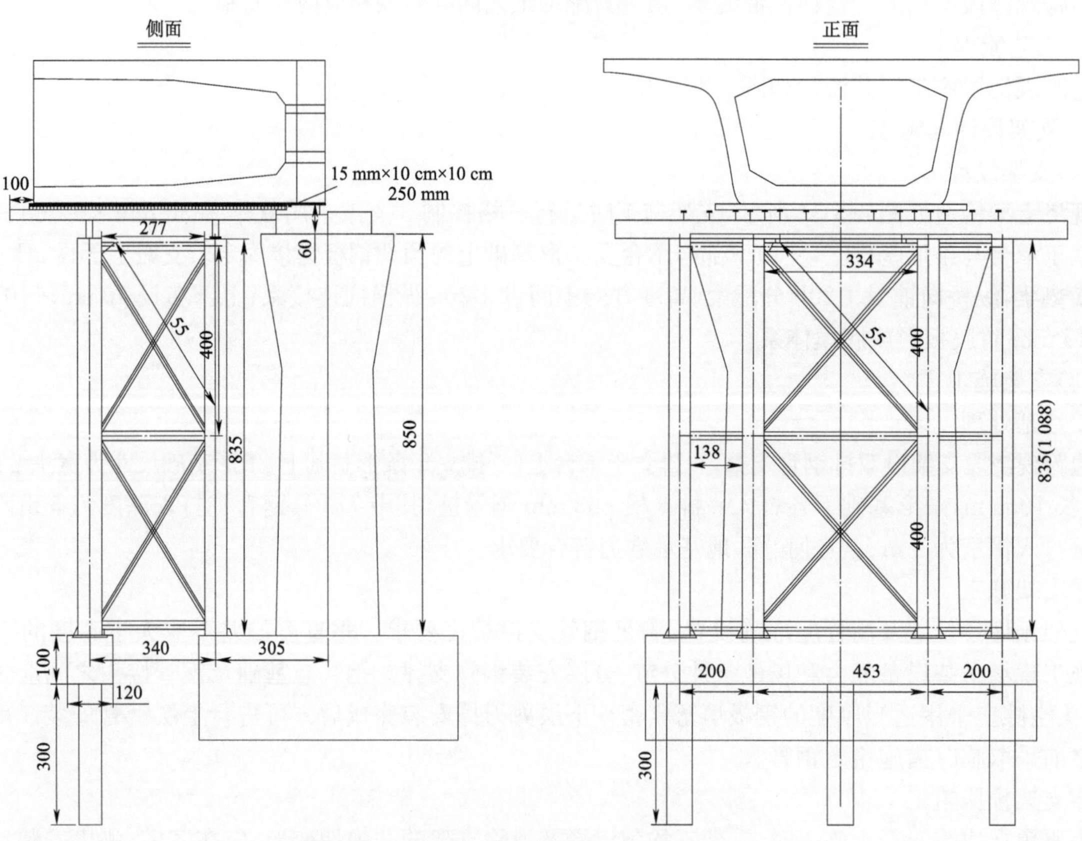

图 4-3-51　边跨直线现浇段施工支架(单位:cm)

分布情况进行布载，加载重量为梁重的 1.2 倍。加载过程中必须采取措施，确保加载物稳定不滑脱。

每级加载完毕 1 h 后进行支架的变形观测，测点布置在边跨段的两端、$L/4$、$L/2$、$3L/4$ 处(L 为跨长)，横桥向根据截面的结构形式，将测点布置在边跨截面的底、顶板中间位置和腹板中间位置。支架预压荷载全部加载完毕后，每 6 h 测量一次每个测点变形值，观测 24 h，最后两次观测值平均值之差不大于 2 mm 时，即可开始分级卸载。

支架预压结果的处理同挂篮预压结果处理方法。

(3)边跨施工

边跨施工前，永久支座已安装到位，此时应再次检查支座的型号、位置、放置方向是否与设计图纸一致。

悬臂梁段的钢筋、波纹管、混凝土、预应力施工工艺同 0 号块相应内容的施工。

(4)边跨现浇段施工时的观测

边跨现浇段施工过程中对各点的高程、轴线、焊缝等派专人进行现场观测，发现异常及时调整和处理。

(三)合龙段施工

桥梁悬灌合龙段施工是保证梁体质量的关键所在，这期间梁体的内力、变位均会发生很大的变化。同时，控制好合龙段的施工，对于控制桥梁的线形也具有重大的意义。合龙段施工前将各 T 构上挂篮退至相应位置，改用吊架施工。吊架内模、外模、底模均可采用相应的挂篮模板，用吊杆吊于两端的梁段上，吊架长度可根据合龙段的长度来确定。主梁合龙的顺序严格按设计要求进行。

合龙时按先边跨合龙后中跨合龙的顺序。

1. 合龙段施工工艺

合龙段施工工艺如图 4-3-52 所示。

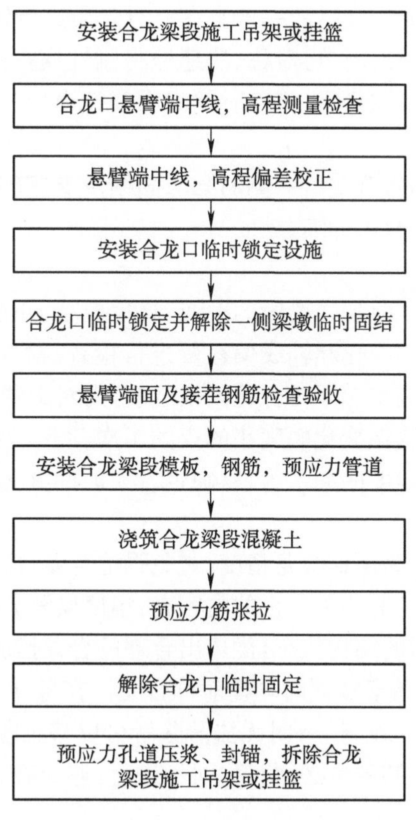

图 4-3-52 合龙段施工工艺

2. 合龙段的配重

合龙段的配重施工是保证在合龙施工过程中合龙段两端的梁段不产生相对移位和产生不合理的线形。每梁端配重总重为合龙段混凝土重量的一半,随混凝土的浇筑卸载同等重量的配重。配重采用混凝土块或现场其他可用材料。配重施工顺序为:

(1)T 构两端的挂篮同时对称在原地拆除;

(2)按照两端平衡的原则进行配重;

(3)在合龙锁定后持续测量观测,掌握梁体高程变化的情况并对变化情况进行分析。

3. 合龙口的临时锁定

合龙之前先按设计要求将合龙口处的梁端锁定,锁定方式如图 4-3-53 所示。

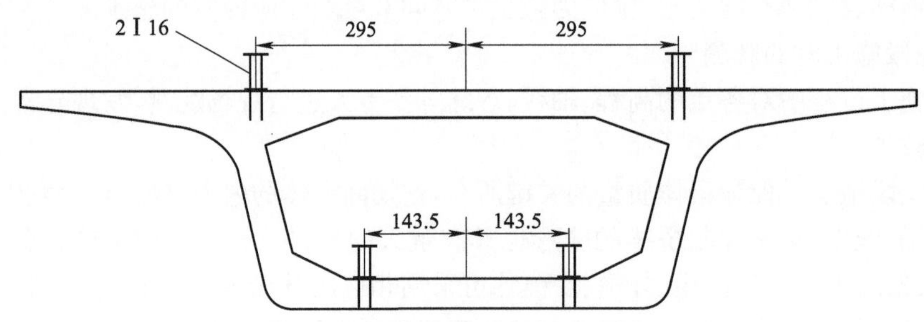

图 4-3-53　合龙段临时锁定措施(单位:cm)

(1)用刚性支撑锁定方案,使合龙段两端形成可以承受一定弯矩和剪力的刚结点,防止由于温度等各种因素影响在合龙前就产生变形。对刚性支撑的构件和支撑位置严格按设计要求实施。

(2)合龙口临时锁定,应在合龙口最大、悬臂端高程符合设计要求和相关规定时进行锁定。由于梁体收缩变形滞后于最低环境温度约为 2～3 h,故一般宜在一日之晨进行锁定。锁定前,应先将刚性支撑的一端与梁端预埋件焊接,到计划锁定时间时,再对称、快速地将刚性支撑的另一端于梁体预埋件焊接。本桥采用支拉共同锁定方式,当刚性支撑联锁后,将临时预应力筋按设计要求张拉力值尽快张拉,形成支一拉锁定结构将合龙口锁定。

(3)合龙口临时锁定后,应立即将合龙口一侧的梁墩固结及支座临时锁固约束解除,使梁的一侧能在合龙口临时锁定装置连接下沿支座自由伸缩。

4. 合龙段施工注意事项

(1)接近合龙段的几个梁段施工时加强梁段的中线、高程控制,并进行联测。在各 T 构最后一节梁段张拉完成后,对全桥的箱梁顶面高程变化和轴线偏移量进行检查,检查合龙段两端高程情况,如果高程与线形控制不符时,通过配重作相应调整。同时合龙段锁定前,需对悬臂断面进行 48 h 连续观测,一般间隔时间为气温变化幅度大时 1 次/h,气温变化幅度小的夜间 1 次/2 h。观测气温与悬臂端的高程变化、气温与合龙段长度的变化、气温与梁体温度的关系等,以确定合龙时间并为选择合龙口锁定方式作力学验算、锁定时机提供依据。

(2)加强合龙前的监测和分析:为保证合龙精度,避免强迫合龙,使合龙后的结构状态满足设计精度的要求,合龙前对合龙方案仔细准备。监测和分析的内容有:温度监测分析、挠度计算分析、压重计算分析及合龙时机的掌握。通过评价合龙后的结构状态,优选出合理的合龙措施。

(3)连续梁体系多个单 T 形刚构必须同时均衡对称合龙。在各 T 形刚构架最后一节梁段浇筑张拉完成后,清除 T 形刚架上不必要的施工荷载,一时无法清除者可以移至墩顶梁段上,使各 T 形刚构架上的施工荷载处于相对平衡状态。合龙时卸载也必须对称同步进行,避免在合龙段端部造成相对变形,产生“剪力差”变位,影响合龙精度。

(4)合龙段混凝土施工。根据合龙段施工季节选择在一天中温度最低的时间进行。合龙段混凝土采用补偿收缩混凝土,强度等级较设计要求等级提高一级。浇筑完成后,时值气温开始上升为宜。注意振捣和养生质量，以防裂缝发生。

(5)合龙段混凝土一次浇筑成型，时间尽量缩短，控制在 2～3 h 内完成，不得多于 4 h。

(6)合龙段混凝土加强养护，覆盖防晒，保持箱梁混凝土的潮湿，合龙段及两悬臂端部 1 m 范围必须加以覆盖，并适当降低合龙段以外箱梁顶面由于日照引起的温度差。合龙段混凝土浇筑后，保湿养护时间不少于 14 d。

(7)混凝土强度与弹性模量达到设计值 100%及龄期不少于 5 d 后方可张拉预应力束，合龙段预应力束张拉后，对称拆除合龙口临时锁定。预应力束应严格按照设计要求的张拉顺序双向对称张拉。

(8)在跨中合龙段合龙束张拉之前，不得在跨中范围内堆放重物或行走施工工具。

5. 预应力筋张拉

合龙段预应力筋张拉施工工艺同 0 号块相应内容的施工，张拉顺序为先腹板束、再顶板束、后底板束，先长后短，从外到内左右对称张拉。

6. 孔道真空压浆及混凝土封锚

合龙段压浆与混凝土封锚施工工艺同 0 号块相应内容的施工。

7. 挂篮行走

挂篮施工完一节梁段后，完成预应力张拉和压浆，待压浆液强度满足要求后，挂篮即可前移施工下一梁段。

(1)挂篮行走程序

①测量标出已施工梁段的中线及高程，并宜按间距不大于 0.5 m 测量标出移动位置横向标线，以观测和保证 T 构两侧挂篮同步对称前移。

②将已施工梁段顶面找平，其上铺设钢枕及轨道，锁定轨道。

③放松挂篮后支座精扎螺纹钢筋锚杆，使挂篮后支座钩板倒钩于走行轨道上，放松内、外模前后吊杆及底模架前后吊带，底模架后横梁用 2 个 10 t 倒链葫芦悬挂在外模走行梁上。

④拆除后吊带与底模架的联结，解除桁架后端锚固螺杆。

⑤挂篮轨道前端安装倒链，并标记好前支座移动的位置。

⑥用倒链葫芦缓慢拉动主桁架前移，使主桁架、底模、外模一起向前移动。注意 T 构两边要对称、同步前移。

⑦移动到位后，锚固挂篮后支座，安装后吊带，将底模架吊起。解除外模走行梁上的一个后吊杆，将吊架移至前一梁段顶板预留孔处，再与吊杆连接，用同样的办法将另一吊架移至前一梁段。

⑧挂篮行走就位后，调整立模进行下一梁段施工。

(2)挂篮行走注意事项

①前移挂篮过程中，设专人指挥。挂篮移动速度不宜大于 0.1 m/min。梁体两端的挂篮设备行走距离必须同步，避免梁体两端力矩相差过大。

②挂篮行走之前，安装的滑道必须严格按设计间距布放，滑道的锚固系统必须符合设计要求，避免挂篮行走时挂篮主构架体系偏离滑道。

③挂篮行走时，施工操作和技术人员要随时检查挂篮后钩板和挂篮行走滑道与梁体的锚固件，一旦发现异常，必须立即停止前移挂篮进行处理。

8. 结构体系转换

连续梁部施工时，在连续梁合龙前，永久支座处于非受力状态，且连续梁体部分要与墩身保持为固结刚构体系。因此，在连续梁施工期间，合龙之前须在墩顶布置临时支座，承担连续梁的本身及施工荷载，并使梁体与墩身固结，形成一个 T 形刚构架，抵抗扭转力矩。在中跨合龙前，即对临时支座采用风镐对称均匀凿除，使永久支座受力，实现结构体系转换。预埋在临时支座内的钢筋用氧焊切割掉。

第六节　大跨度桥梁施工

赣深铁路沿线修建数座大型桥梁，包括“两路七桥八隧”重难点工程中七座大型桥梁，分别为：柳城东江铁路大桥、汕湛高速特大桥、小金口特大桥、惠州东江铁路大桥、潼湖特大桥、凤凰互通特大桥、水田特大桥、笋岗动走线特大桥。这些桥梁施工难度大、风险高，此处以潼湖特大桥为例，介绍大跨度桥梁施工。潼湖特大桥共设计有9联连续梁，采用挂篮悬灌法施工。悬臂现浇连续梁施工工艺以该桥(75＋125＋75)m连续梁施工为例进行说明。需要说明的是该桥(88＋160＋88)m连续刚构梁墩梁为刚性连接，墩身与0号梁段现浇为一体，无墩梁临时固结工序与永久支座安装工序，其余同其他连续梁施工。悬浇梁段采用菱形挂篮悬臂对称灌注。采用塔吊进行材料等垂直运输，混凝土采用泵送浇筑挂篮。0号块支架采用膺架结构，边跨现浇段支架采用碗扣式支架。中墩临时锚固措施采用钢管桩支墩，内灌C40混凝土，钢管桩与梁底采用精轧螺纹钢筋锚固。

一、墩顶现浇段(0号段)施工

墩顶现浇梁段(0号段)采用万能杆件拼装落地支架法或墩顶托架法施工，0号段在墩旁支架上浇筑完成。

0号块采用墩旁对称安装三角支托架法现浇施工，边跨直线段采用钢管桩支架法现浇施工，中跨、边跨合龙段采用悬空吊架法(利用一侧挂篮)施工，连续梁各悬臂节段采用菱形挂篮法施工。合拢顺序为：先合龙中跨，后合龙边跨。

挂篮法连续梁施工流程如图4-3-54所示。

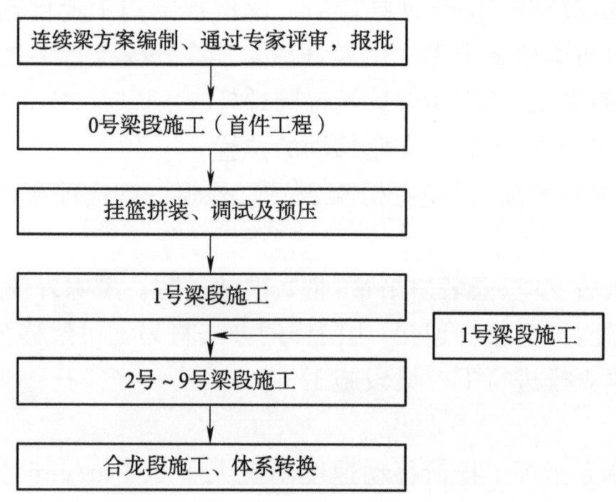

图4-3-54　挂篮法连续梁施工流程

连续梁设计为三向预应力体系。纵向钢绞线束采取左右侧、前后端对称张拉，真空注浆机注浆；横向预应力采用25 t千斤顶单根张拉，左右侧对称交错施工；竖向预应力精轧螺纹钢筋采用60 t千斤顶左右侧对称张拉。

混凝土集中拌和，混凝土运输车运至现场，混凝土泵车泵送入模，插入式振捣。

钢筋集中加工、存放，统一运输，塔吊吊装。

(一)0号梁段施工工艺流程

0号梁段施工工艺流程如图4-3-55所示。

(二)三角支(托)架施工

0号梁段长10 m，桥面宽度12.6 m，采取支架现浇法施工。支托架横向设置呈三角形，支托架分别由主桁架(上平杆、斜撑杆)、斜撑横联杆、下铰座组成。主桁架均采用2组[32、[22、[16(共6根)双拼组合

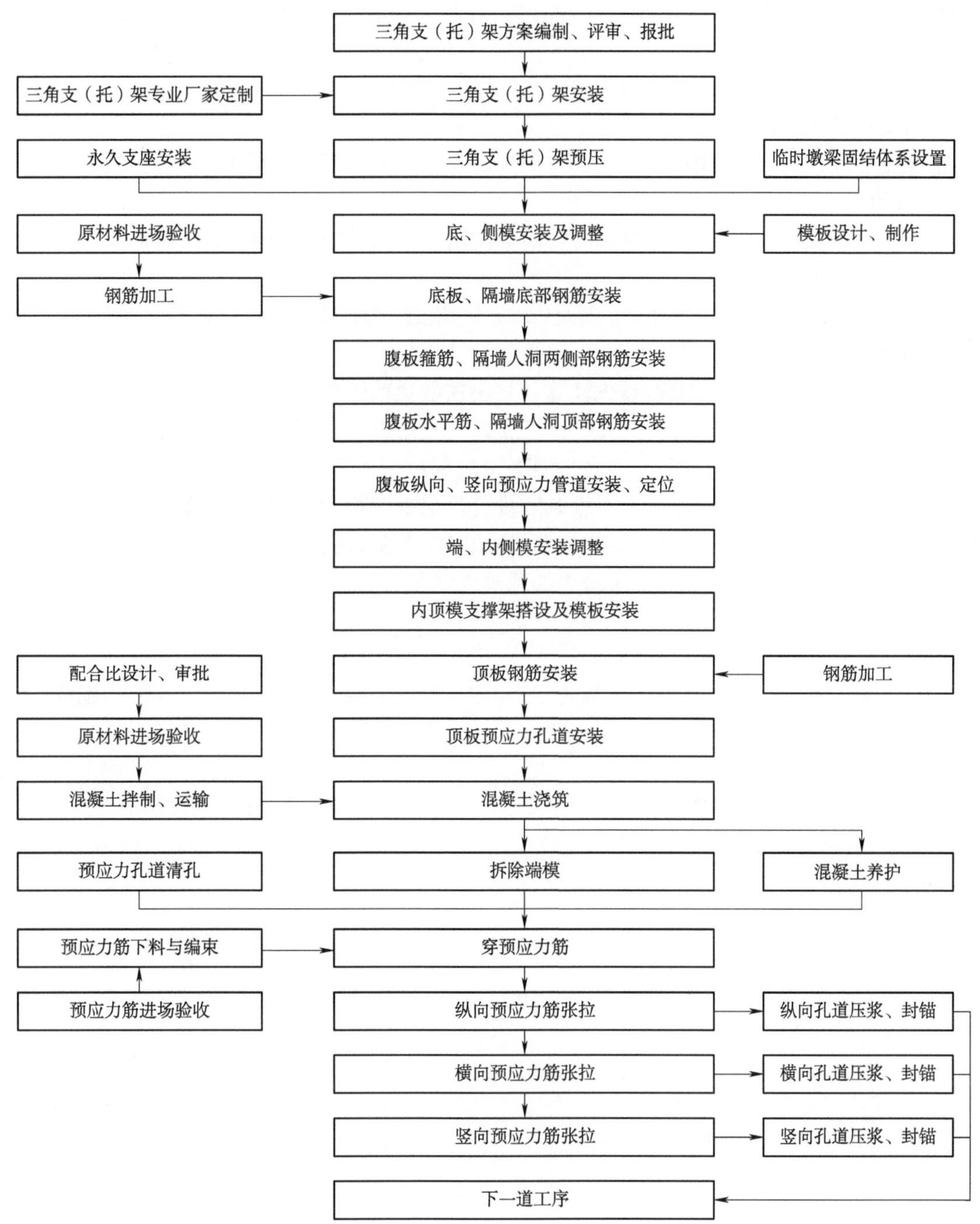

图 4-3-55　0 号梁段施工工艺流程

梁。在三角形端部交点处采取铰接，销轴为直径 80 mm 高强钢棒，每侧两片三角主桁架之间采用[22 双拼组合梁横联。

三角(托)架安装：先将直径 32 mm 精轧螺纹钢穿入墩身事先预埋孔道，两端预留安装上、下铰座及双螺母的工作长度；安装托架铰座(牛腿)，铰座底板与墩身间的缝隙必须垫塞楔形钢板，并用灌浆料封堵密实；安装主桁架，先将主桁架上平杆与斜撑杆铰接组合后整体吊装，分别与墩身侧面安装的下铰座联结，同样采用销轴为直径 80 mm 高强钢棒铰接；安装斜撑横联杆。

三角支(托)架安装完成后，采用竖向穿心千斤顶对称预张拉精轧螺纹钢，一般张拉力统一控制在 50 kN 左右。保证螺母、铰座板与墩身密贴，且各根精轧螺纹钢均匀受力。

在托架顶面放置前、后横梁(双拼 I 40b 组合)，横梁与三角(托)架间利用钢枕跺调整横梁高程；布置纵桥向分配梁(Ⅰ32 b),腹板下各布置 4 根(加密)、底板下布置 6 根;然后在纵向分配梁上铺 10 cm×10 cm 方木(纵向间距加密)。

安装底模,底模采用建筑专业竹胶板拼接。

(三)三角支(托)架预压

支(托)架搭设完成后,严格按照已报批的支架预压专项方案进行加载预压。

1. 预压目的

提前消除支(托)架的非弹性变形,掌握支(托)架的刚度、稳定性及施工弹性变形规律。

2. 预压材料

采用(1 m×1.2 m×1.5 m)C20 混凝土预制块(4.2 t/块)堆载,预制时预埋 ϕ25 mm 钢筋吊环作为吊装用。

3. 加载重量及方法

按照最大施工荷载的 1.2 倍加载,首先计算 0 号块在墩顶范围外悬空部分施工重量,然后按(施工重量+模板重量)×1.2 倍加载。堆载预压采用分级加载的方法进行。压重的先后顺序按照混凝土的浇筑顺序进行,先浇筑混凝土的部位先压重,后浇筑混凝土的部位后压重,采用五级加载法:20%,60%,80%,100%,120%。整个堆载过程必须由专人对堆载数量进行记录核算,保证堆载数量无误。

加载时加载重量工区要按照混凝土结构放置,加载时注意左右前后对称进行。

每级加载和卸载后都要认真测量记录每个加载段或卸载后的变形量,以用于调整 0 号梁段底模立模高程,控制梁体线形。

4. 测点布设

横向每侧布置三排,纵向布置二排,每侧共 6 个测点,测点采用 ϕ16 mm 或 ϕ20 mm 短钢筋,测点分别设置于 0 号底模之上,保证预压物体不碰撞观测点位。具体点位布置如图 4-3-56 所示。

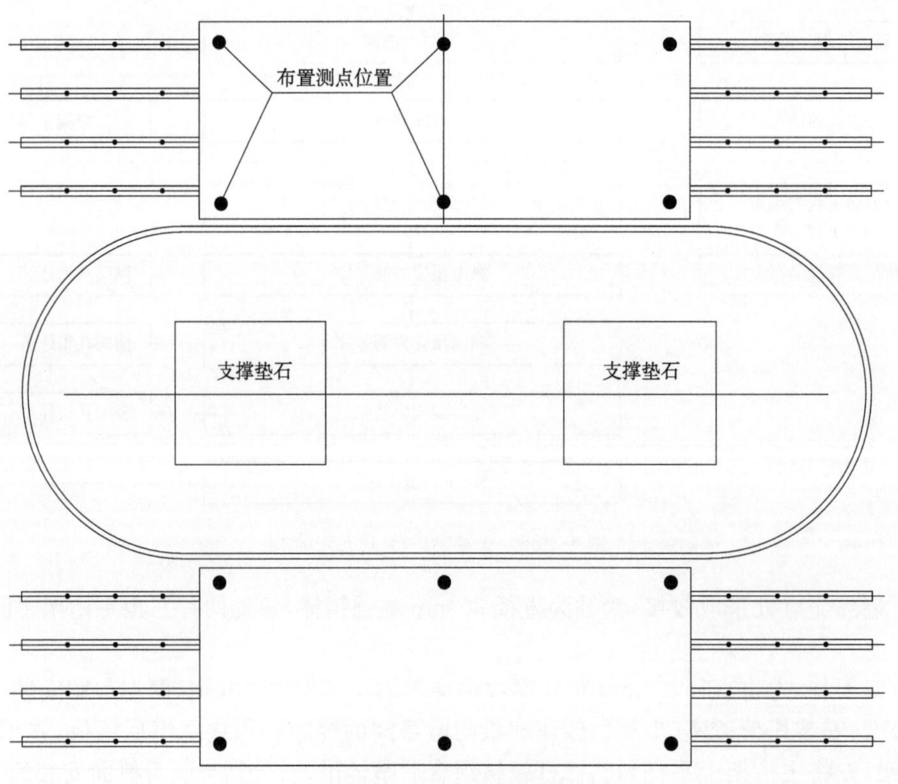

图 4-3-56 测点位置布置

5. 变形测量

(1)支(托)架加载前测量、记录各测点的初始值,每级加载完成 1 h 后进行支(托)架的变形观测,以后间隔 6 h 检测记录各测点的位移量，当相邻两次监测的位移量之差不大于 2 mm 时方可继续加载。

(2)全部加载完毕后应间隔 6 h 监测记录各监测点的位移量，当连续 12 h 监测位移量平均之差不大于 2 mm 时，方可卸载。

(3)支架卸载后 6 h 监测、记录各监测点位移量。根据堆载及卸载前后观测数据表以及逐步进行加载和卸载的观测值，计算出弹性和非弹性变形值，根据结论调整底模预拱度。

(四)永久支座安装

在箱梁 0 号段施工之前，按设计中线及水平安装永久支座，0 号段混凝土直接浇筑在支座上板上。

支座安装时，支座四周不得有 0.3 mm 以上的缝隙，支座中线水平位置偏差不得大于 2 mm，并保持清洁。安装支座下摆时，其中心与上摆中心的纵向偏移值应包括梁体混凝土的收缩徐变及温度等变化引起的位移量，当体系转换全部完成时，梁体支座中心应符合设计要求。

(1)永久支座选择：首先对应施工图纸及设计技术交底说明要求，明确本联连续梁各墩对应选择安装的支座吨位、规格型号、支座安装位置、预偏量方向(一般远离固定支座端设置预偏)，严格按照技术交底施工。

(2)明确设计图纸给出的各墩支座预偏量 Δ_1。

(3)计算确定活动支座实际预偏量。活动支座位移量指桥梁施工阶段结束后，活动支座的上支座板偏移支座理论中心线的位移，主要分为两部分：因梁体的弹性压缩、混凝土收缩徐变引起的位移量 Δ_1(即设计图纸所示偏移值)；另外，因体系温差影响，导致梁体热胀冷缩，引起的位移量为 Δ_2，故活动支座位移量为 $\Delta_1+\Delta_2$。因活动支座的预设偏移量是抵消施工阶段各桥墩活动支座产生的纵向水平位移量，故支座预设偏移量与支座位移量相反，即支座预设偏移量为 $\Delta=-(\Delta_1+\Delta_2)$。

(4)永久支座安装要求：

①支座安装前先检查支座连接状况是否正常，但不得任意松动上、下支座板连接螺栓；支座预偏量在工厂组装时已预设。

②凿毛支座就位处的支撑垫石表面，清除预留孔中的杂物，安装灌浆模板。

③用混凝土楔块楔入支座四角，找平支座，并将支座底面调整到设计高程，在支座底面与支撑垫石之间应留有 20～30 mm 空隙。

④仔细检查支座中心位置及高程后，用无收缩高强度灌注材料灌浆。灌浆材料抗压强度不得低于 50 MPa。

⑤采用重力式灌浆的方式，灌注支座下部及锚栓孔间缝隙，灌浆过程从支座中心向四周注浆，直至从钢模板与支座底板周边间缝隙观察到灌浆材料全部灌满为止。

⑥灌浆前初步计算所需的浆体体积，灌注时所用浆体体积不能与计算值产生过大误差，应防止中间缺浆。

⑦灌浆材料终凝后，拆除模板及四角楔块，检查是否有漏浆处，必要时进行补浆，并用砂浆填堵楔块抽出后的空隙，拧紧下支座板地脚螺栓。

(5)永久支座安装允许偏差和检测方法见表 4-3-24。

表 4-3-24　永久支座安装允许偏差和检测方法

序号	项　目	允许偏差(mm)	检测方法
1	支座板四角高差	1	水平尺靠量检查四角
2	支座螺栓中心位置	2	尺量检查(含对角线)
3	支座板平整度	2	尺　量

(五)墩梁临时固结施工

参考类似跨径的连续梁墩梁临时固结施工图纸，拟定采取在主墩顶支承垫石两端距墩身外侧范围内预埋普通螺纹钢筋作为墩梁临时固结，浇筑 C50 钢筋混凝土临时支墩，临时支墩要求能够承受中支点处最大竖向力为 21 630 kN，高程与永久支座安装高程保持一致。依据最不利偏载计算，确定墩梁固结钢筋

采用 ϕ28 mm 螺纹钢筋，墩顶单侧 120 根，长度控制为埋入墩身 1 m，伸入梁体 1 m。实际计算临时支墩截面及预埋钢筋均符合施工要求。

墩梁临时固结布置如图 4-3-57 所示。

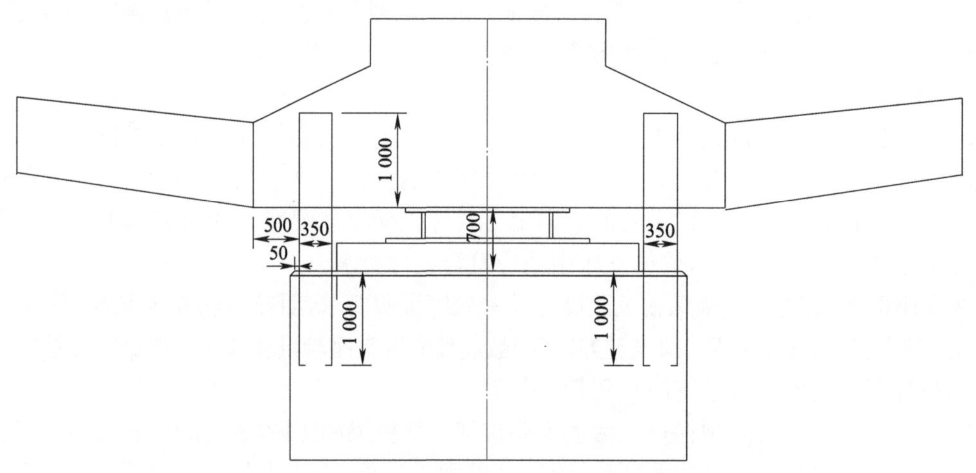

图 4-3-57 墩顶临时固结布置(单位：mm)

(六)0 号梁段底、侧模板安装

1. 底模安装

在三角支托架搭设时，考虑到底板在桥梁纵桥向坡度要求，先计算横梁下支撑钢枕高度，调整横梁高程；分配梁安装完成后，在铺设 100 mm×100 mm 方木前，利用设置在分配梁顶楔形垫块调整底模的坡度。墩顶部分支座四周采用方木或Ⅰ25b 工字钢作为底模支撑，并且设置横、斜杆将竖向支撑联结成整体受力支撑托架；0 号梁段底模均采用桥梁建筑专用竹胶板。

在墩身两侧底模高程最低处分别预设两个 200 mm×200 mm 槽口，布置活动底模，方便底模杂物清洗后及时封闭。

底模高程控制：根据附近基准水准点测量底板立模高程，并结合预压时变形测量数据，预留底板沉降量。钢筋绑扎前再次报请项目部精测队复测底模高程。

2. 外侧模板安装

外侧模采用厂制定型钢模，部分利用挂篮外侧钢模板。定型钢模面板采用 $\delta=6.0$ mm 钢板，背肋为[8 槽钢，间距 40 cm，背楞为双[10 槽钢桁架，外侧模利用外侧桁架与底部纵向分配梁联结，底部设置横向对拉杆，顶部两侧采用型钢临时拉结固定。模板外侧采用[12 槽钢斜向支撑，确保模板及加固措施具有足够的强度、刚度和稳定性。模板安装时要求内部空间结构尺寸与 0 号梁段结构尺寸保持一致；立模过程中严格采用水平尺调整，确保整体垂直度。

3. 端模安装

端模上有钢筋和预应力管道伸出，提前在模板上预留孔洞，确保位置准确。模板采用 8 mm 的钢板制作成定型模板，采用双[12 槽钢加固。

(七)0 号梁段底板、腹板、横隔墙钢筋绑扎

1. 钢筋加工、运输

钢筋下料及半成品加工在钢筋厂加工集中生产。

(1)钢筋下料：采用钢筋切断机进行下料，切断后的钢筋安装设计图纸规定的类型进行编号，分类堆放、并标识使用部位。

(2)钢筋接长：采用电弧焊焊接，焊接前先选定焊机工艺和参数，制作焊接试件，见证取样检测合格后，方可成批焊接。形状复杂的钢筋，须先放好大样，再加工。纵向钢筋需焊接后调运到梁部绑扎，尽量避免在梁上进行焊接作业。为满足施工规范要求的规定，施工时应调整，使同一截面接头不超该截面钢筋总数的 50%。

(3)冷拉调直:成盘钢筋和弯曲的钢筋需调直。经调直后的钢筋保证平直,无局部弯折,表面无削弱钢筋截面的伤痕,表面洁净,无损伤、油渍等。

(4)钢筋存放:各类钢筋半成品要求按规格、型号及安装部位分类存放,标识清楚。重点变截面处腹板箍筋、底板及隔墙水平筋等尺寸需要渐变时,每种类型、每种结构尺寸钢筋要求分类、统一编号。

(5)钢筋运输:在运输安装过程中各类钢筋不得出现错位、混乱摆放。钢筋半成品在厂内经验收合格后用运输车运至施工桥位处存放,再根据绑扎安装部位需要依次采用塔吊垂直就位,人工进行绑扎。

钢筋加工允许偏差和检验方法见表 4-3-25。

表 4-3-25　钢筋加工允许偏差和检验方法

序号	项　　目	允许偏差(mm)	检验方法
1	受力钢筋全长	±10	尺　量
2	弯起钢筋的弯折位置	20	
3	箍筋内净尺寸	±3	

2. 底板、腹板、横隔墙钢筋安装

安装顺序:外侧模及底模安装完成、报验合格→底板在支承垫石周围位置安装防落梁挡块预埋钢板→绑扎支座顶板位置钢筋网片→绑扎底板底层钢筋→安装定位腹板箍筋、横隔墙竖向筋→安装腹板外侧水平筋、横隔墙过人孔洞以下部分钢筋及横隔墙底部横向预应力筋定位→竖向预应力筋安装定位→腹板内侧、横隔墙纵横向水平筋、底板顶层钢筋→腹板内纵向预应力孔道定位→安装倒角钢筋,底、腹板架立筋及腹板各种预留孔→内模支立前报验。

3. 钢筋绑扎及腹板内纵向、竖向预应力孔道定位具体要求

(1)当梁体钢筋与预应力管道、梁体泄水孔和通风孔及预埋件位置冲突时,适当移动梁体钢筋或进行适当弯折,以保障预应力结构位置为准。

(2)保障梁体混凝土保护层厚度不小于 35 mm,且绑扎铁丝的尾段全部放在钢筋骨架内侧,不得伸入保护层内。

(3)在施工梁体预留孔处全部安装相应的螺旋钢筋,桥面泄水孔处梁体钢筋适当移动,并增设螺旋筋和斜置的井字形钢筋进行加强;施工中为确保钢筋位置准确,根据实际情况加强架立钢筋的设置,采用增设架立钢筋数量或增设 W 形或矩形的架立钢筋等措施。

(4)采用垫块控制净保护层,混凝土垫块与梁体混凝土同强度,以保证梁体的耐久性,垫块的数量不少于 4 个/m^2。

(5)在钢筋绑扎时,根据预应力孔道设计位置进行孔道波纹管安装定位,采用定位钢筋或制作定位网片固定,定位钢筋牢固焊接在钢筋骨架上,管道位置和钢筋骨架钢筋相碰撞时,移动钢筋。孔道定位必须准确可靠,严禁波纹管上浮,偏位。直线段平均 0.5 m,弯道部分适当加密设置定位钢筋一道,定位后管道轴线偏差不大于 5 mm。切忌振捣棒碰穿孔道。

(6)锚具垫板及喇叭口尺寸正确,喇叭口的中心线要与锚具垫板严格垂直,喇叭口和波纹管的衔接要平顺,不得漏浆,并杜绝堵塞孔道,绑扎钢筋和浇筑混凝土时不得踩压波纹管,焊接作业时应采取防护措施,防止高温烧伤波纹管。

(八)0 号梁段内模安装

1. 0 号梁段腹板及横隔墙模板安装

(1)底、腹板及横隔墙钢筋报验合格后,开始支内侧模板。内模采用竹胶板与 100 mm×100 mm 方木背肋组拼而成,采用 ϕ20 mm 圆钢作内外模及横隔墙处前后侧模对拉拉杆,拉杆配 100 mm×100 mm×20 mm 的钢垫板,并在腹板内侧设拉杆外套 PVC 管以利于拉杆拆除。左右侧腹板间增设水平内撑杆件,固定、保证腹板结构尺寸,且在混凝土浇筑过程不移位、不变形。

(2)过人洞等模板采用钢木结合模板。孔洞内部用 100 mm×100 mm 方木背肋及支撑。

(3)模板采用 ϕ20 mm 拉杆加固,包括内外模之间以及双侧外模板之间的对拉,对拉拉杆与外模背楞对应布置,外模与内模设 ϕ20 mm 圆钢对拉;横隔板处梁顶之上设 ϕ20 mm 圆钢对拉拉杆。

2. 内顶模支撑架搭设及内顶模安装

(1)内顶模支撑架采用直径 48 mm 钢管脚手架搭建,底部采用直径 25 mm 粗钢筋做牛腿支撑;顶部安装顶托支承方木,支撑架横向水平杆件同样配置顶托,侧向顶撑腹板内模背肋,形成整体支承架,支撑架立杆间距为 60 cm×60 cm,水平杆件步距及纵向间距为 60 cm。经力学检算,支架整体刚度、强度及稳定性满足施工要求。

(2)内顶模统一采用桥梁建筑专用竹胶板及 100 mm×100 mm 方木组拼;方木背肋间距为 30 cm,内顶模采取现场组拼形式,注意检查各方向内顶倒角处的结构尺寸及加固措施。

(九)0 号梁段顶板钢筋安装及各向预应力孔道定位

内顶模施工完成,并报验合格后开始施工顶板钢筋及预应力结构。

1. 施工顺序

绑扎顶板底层钢筋及各方向倒角筋→横向预应力筋安装、定位→纵向预应力孔道定位→竖向预应力筋定位及锚盒安装→安装顶板纵向水平钢筋→安装顶板横向钢筋。

2. 预应力波纹管的安装及定位具体要求

(1)0 号块设纵、横、竖三向预应力筋。其中竖向预应力孔道采用内径 50 mm 铁皮管成孔;纵、横向预应力管道采用铁皮波纹管成孔,波纹管铁皮厚不小于 0.35 mm,且具有一定强度,在搬运和浇筑混凝土过程中表面无油污、不得损伤、不变形、不漏浆。

(2)波纹管位置采用 U 形钢筋和井字形钢筋固定,定位筋牢固焊接在钢筋骨架上,如管道位置与骨架钢筋相碰时适当调整钢筋位置保证波纹管线型。定位筋间距不大于 500 mm,在曲线段适当加密至 30 cm 以保证管道位置准确。

(3)保证锚具垫板及喇叭管尺寸及安装位置正确,喇叭管的中心线与锚具垫板严格保持垂直,喇叭管和波纹管的衔接平顺,不得漏浆。浇筑混凝土前纵向波纹管道内穿内衬管,待混凝土初凝后及时拔除,防止、杜绝堵塞管道。

(4)压浆管道布置,对腹板束、顶板束在 0 号段梁中部设置三通管,以利于排气,保证压浆质量,确保梁体质量。

(5)波纹管接头要连接牢固,为保证接头不漏浆,接头安装顺穿束方向套进,接头一般用一段 30 cm 长的套管套住两端接头,然后在接缝左右各 5 cm 长范围内缠上胶带,防止漏浆。

(6)0 号块钢筋、波纹管安装注意事项

锚头垫板要与螺旋筋中轴线垂直,并预先焊牢;底模、腹板钢筋安装完毕后进行模板安装和绑扎顶板钢筋时,应在箱梁内铺上脚手架,不应直接踩在钢筋上。

0 号梁段由于钢筋、管道密集,如钢绞线管道、普通钢筋发生冲突时,可进行局部调整,调整原则是调整普通钢筋,保持预应力筋管道位置不动,严禁随意切割,调整位置后应进行补强处理。

(十)0 号梁段顶板各类预埋件、预留孔洞、桥面系钢筋预埋施工

0 号梁段顶板钢筋施工完成后及时梳理、完成各种预埋件、预留孔设置。

(1)桥面系钢筋:含防护墙、A、B 墙钢筋预埋、安装:根据施工图纸,准确放样安装位置,纵向挂线施工,要求所有钢筋安装定位保持高程一致,纵向线形一致,所有钢筋统一与顶板骨架钢筋点焊联结,防止混凝土浇筑时踩踏变形、错位。

(2)综合接地:依据综合接地施工图纸,在线路左右侧挡砟墙内统一埋设直径 20 mm 钢筋(通长设置)作为接地钢筋,且与梁体内预埋接地钢筋联结,通长接地钢筋上每隔 2 m 焊接 L 形钢筋(直径 16 mm 圆钢),L 形钢筋一端与接地钢筋焊接长度为 20 cm,另一端竖直朝上布置。

(3)挂篮施工前后吊带预留孔、后锚杆预留孔或者预埋杆件:要求依据挂篮设计图示尺寸,计算明确预留孔及预埋件数量及具体预埋位置。

(4)泄水孔:严格执行设计图纸施工。

(5)其他拟定在 0 号梁段埋设的基准水准点、梁体线形观测点等。

(十一)0 号梁段混凝土施工

1. 混凝土的拌和、运输

(1)严格按配合比报告进场原材料,在进场之前按批次进行检验,保证所使用的是合格材料。

(2)拌和混凝土前,测定粗、细骨料的含水率,及时确定混凝土施工配合比,雨天含水率有明显变化时,增加含水率的检测次数,及时调整施工配合比。

(3)原材料的称量采用自动计量装置,按批准的施工配合比计量。

(4)混凝土的拌和采用强制式拌和机,在拌和站集中拌和,初盘混凝土要进行坍落度、含气量等各项指标检测,保证出站的是合格的混凝土。

(5)混凝土性能指标要求坍落度:160～200 mm;含气量:2%～4%。

(6)混凝土的运输采用混凝土罐车运到现场,浇筑采用混凝土泵车泵送入模。

2. 0 号梁段混凝土浇筑顺序安排

0 号段混凝土浇筑采用一次浇筑成形。浇筑顺序如图 4-3-58 所示,混凝土浇筑前在顶板上开孔,下串桶至底板,施工从横隔墙至人孔下方(1.3 m 高)处直接浇筑,然后从两侧悬臂端浇筑底板、腹板、顶板,翼缘板应从外侧向内侧浇筑,分成四个浇筑区域。由于横隔墙和腹板高度均在 2.3～4.7 m 之间,顶板、腹板钢筋和波纹管较为密集,浇筑过程中需保证混凝土的下落高度不大于 2 m,防止混凝土下落过程中离析和骨料下沉。要严格对称水平分层浇筑,上下层前后浇筑距离应保持在 1.5 m 以上。每次浇筑均应一次连续浇筑完毕,中间不得中断,混凝土分层厚度宜在 30 cm。混凝土施工时墩身前后两侧对称浇筑。

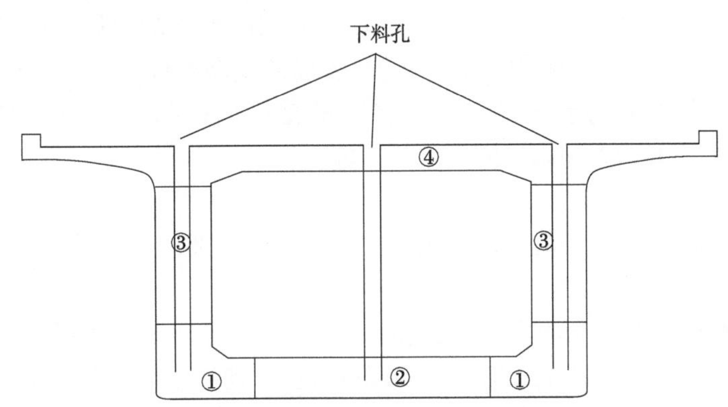

图 4-3-58　混凝土浇筑顺序及下料布置示意

3. 0 号梁段施工质量保证措施

(1)在浇筑混凝土前检查预应力波纹管道管身是否完好,并对模板、管道、钢筋、预埋件认真检查,报监理批准后方可浇筑。混凝土浇筑前在预应力波纹管口内穿入 PVC 衬管,浇筑过程中安排专人来回抽动内衬管,防止进浆后堵塞。

(2)混凝土浇筑采用串桶斗把混凝土灌注到死角位置,浇筑混凝土前在内腹板位置加设观察孔,浇筑混凝土时通过观察孔观察混凝土的振捣情况,在混凝土快浇筑到观察孔时,用小钢模封闭加固。

(3)在混凝土浇筑时,要求保证混凝土对称浇筑;施工底板部分的混凝土时,注意在腹板与底板结合部位、支座板顶部、纵向张拉束锚下等处钢筋密集、竖向预应力筋注浆波纹管集中于此,振捣时不要碰触竖向预应力筋及其注浆管,且防止过振、漏振现象。浇筑底板时预留部分混凝土量,由浇筑腹板部分的混凝土时补充,腹板部分的混凝土从腹板顶口浇入,用插入式振捣器振捣。由于混凝土具有流动性,会有部分混凝土从腹板底口流入底板,所以,振捣腹板上部的混凝土时,要注意控制插入深度和振捣时间,适当让部分腹板混凝土流入底板内,以补充底板混凝土至设计厚度,并要保证腹板内每个部分都被振捣密实。流入底板的混凝土由人工摊平,并用平板振捣器加以振捣,使底板厚度达到设计要求的厚度。振捣混凝土时注意不要将振动棒碰触钢模板,以免震动模板,引起腹板混凝土过多的流入底板。

(4)混凝土振捣以高频插入式振捣器为主,同时配有部分附着式振动器。严格按振动棒的作用范围进行,严防漏捣、欠捣和过度振捣,预应力喇叭管附近钢筋密集,空隙小,配备小直径的插入式振捣器。振捣时不可在钢筋上平拖,不可碰撞预应力管道、模板、钢筋、辅助设施(如定位架等)。对捣固人员要认真划分施工区域,明确责任。杜绝漏振及过振等现象,振捣时振捣器不直接接触波纹管,以确保预应力管道的通畅。混凝土浇筑过程中,派专人用通孔器及时清理波纹管道,保证每根波纹管道都畅通,以免影响下道工序。另外,混凝土振捣时特别注意对锚下、扁管下方、钢筋较密处、箱梁底面竖向预应力钢筋垫板处混凝土的捣实,防止出现蜂窝及不密实,确保张拉时混凝土不出现拉裂,导致预应力散失。

(5)顶板混凝土必须二次抹面。混凝土在振捣平整后即进行第一次抹面,第二次抹面在混凝土近初凝前进行,以防早期无水引起表面干裂。浇筑横隔板和腹板时,控制混凝土浇筑的速度,保证混凝土浇筑不翻浆。

4. 0 号梁段混凝土拆模、凿毛

拆除底、内模板时混凝土强度达到设计强度 100%;梁体混凝土芯部与表层、箱内与箱外、表层与环境温差均不宜大于 15 ℃,并应保证梁体棱角完整。采用吊车配合人工拆除 0 号段侧模和内模,拆模时,要保证梁体混凝土的棱角完整。

梁段端部侧模拆除需在保证混凝土表面及棱角不被破坏,拆除后,待强度达到 20%~30%后,使用凿毛机凿毛混凝土表面,保证外露部分为新鲜的粗骨料,以利于和下一节段混凝土更好的粘接。

5. 大体积混凝土夏季施工措施

大体积混凝土夏季入模温度不应大于 30 ℃,混凝土表面与内部温差应控制在 25 ℃,表面温度与大气温度的差值不应大于 20 ℃,降温梯度不得大于 3 ℃/d。根据要求,对底板混凝土进行温度检测;底板混凝土中部中心点的温升高峰值一般略小于绝热温升值。一般在混凝土浇筑后 3 d 左右产生,以后趋于稳定不再升温,并且开始逐步降温。对大体积混凝土养护,应根据气候条件采取控温措施,并按需要测定浇筑后的混凝土表面和内部温度,将温差控制在设计要求的范围内;当设计无具体要求时,温差不宜超过 25 ℃,表面温度的控制可采取调整保温层的厚度等措施。

6. 0 号梁段混凝土养护

(1)0 号梁段混凝土浇筑完成,终凝后在梁顶、底板顶面、梁端部位洒水,第一层覆盖薄膜保湿,薄膜留孔洞渗水,第二层覆盖土工布,洒水养护。

(2)0 号梁段内外侧模及内顶模拆除完成,整个梁段布置自动喷淋养护系统:梁顶布置塑料水桶($2\ m^3$)2 个,梁体各部位布设直径 20 mm 钢管,环形布置,且分别从预留孔及泄水孔内分别向底板、腹板外侧方向伸出管头,布设喷头。顶板设置自动喷头 2 个,两侧翼缘板及腹板外侧各布置自动喷头 2 个,喷头朝向腹板及翼缘板侧;腹板内通过预留孔洞下穿钢管,两端各布置 1 喷头,旋转喷淋各混凝土表面;端头部位自顶部设置水管自流水的方式养护。确保 0 号梁段混凝土养护期内,混凝土表面长期保持湿润。

(十二)0 号梁段预应力筋的下料、穿束、张拉及孔道压浆

1. 0 号梁段采用三向预应力体系

(1)纵向预应力:本桥连续箱梁纵向预应力采用抗拉强度标准值为 1 860 MPa 的低松弛高强钢绞线,公称直径为 15.20 mm,锚固体系采用自锚式拉丝体系,张拉采用与之配套的机械设备,预应力孔道采用金属波纹管,真空压浆,灌浆料采用高性能无收缩防腐灌浆剂。

纵向钢束计算参数:管道摩阻系数 $\mu=0.23$,管道偏差系数 $k=0.002\,5$,一端锚具回缩 6 mm,松弛损失 $0.024\sigma_{con}$。施工前完成管道摩阻试验,现场实测锚圈损失值,据此调整锚外张拉控制应力,以使锚下张拉控制应力与设计一致。

预应力钢筋及锚具、夹具和连接器进场时,应对其质量指标进行全面检查,对预应力钢筋进行断破负荷、屈服负荷、弹性模量、极限伸长率试验,对锚具进行外观及外形尺寸、硬度、静载锚固系数性能试验,其质量必须符合设计要求和相关验收标准的规定。

0 号梁段纵向张拉只张拉顶板束 T0(15ϕ15.2 mm),每侧 3 束,共张拉 6 束;锚下张拉控制应力(含管道摩

阻、锚圈、喇叭口等各项预应力损失值取设计张拉控制应力的5%）；采取左、右对称，前、后端对称张拉。

(2)竖向预应力：采用ϕ32 mm预应力精轧螺纹钢筋。抗拉屈服强度f_{pk}=830 MPa，采用$\phi_{内}$ 50 mm铁皮管制孔，锚固体系采用JLM-32型锚具。锚下张拉控制应力为0.9f_{pk}，单延米参考伸长值为3.7 mm。采用YC100A型千斤顶单端张拉。0号梁段共张拉竖向预应力筋96根。施工中采用二次张拉工艺，锚固时锚具回缩量不大于1 mm。

(3)中横隔墙内横向及顶板横向预应力筋：本桥横隔墙及顶板横向预应力筋采用抗拉强度标准值为1 860 MPa的低松弛高强钢绞线，公称直径为15.20 mm，采用扁平锚具锚固，采用内径70 mm×19 mm的扁形镀锌金属波纹管成孔。单端交错张拉，锚下控制应力σ_{con}=0.7f_{pk}，横向钢束张拉端总伸长量参考值为80 mm。锚槽待张拉压浆后加设钢筋网用补偿收缩混凝土填封。

2. 0号梁段预应力筋的下料

钢绞线下料长度等于设计长度+2倍的工作长度。

钢绞线下料开盘前，将钢绞线捆放置于搭设的框架内，以防抽拉钢筋线时整孔散落，开盘下料时，将抽出钢绞线摊置在平坦地面上，整理顺直后，按下料长度使用切割片切割，不得使用电气焊切割。下料时，切割口两侧各5 cm处先用铁丝绑扎，然后切割，下料后每隔1～1.5 m绑扎一道18～22号铁丝，保证预应力筋束顺直不扭转，不松散。

3. 预应力筋穿束

穿束前，先检查预应力管道是否畅通，再使用空压机将孔道内灰尘、杂物吹干净，钢绞线穿束采用人工配合机械的方法，步骤如下：

(1)用人工将单根钢绞线从穿束端送进孔内，直到另一孔口；

(2)利用已穿好的钢绞线牵引ϕ16 mm钢丝绳从孔一端拉至穿束端；

(3)钢丝绳一端设挂钩，勾在钢束端部钢环内；

(4)钢丝绳系好钢筋环，开动卷扬机，收拉钢丝绳，将钢绞线束从穿束孔端拉至另一端。钢绞线穿束过程中要基本保持水平或采取措施保证入口附近钢束的水平。

4. 预应力筋张拉

(1)张拉前准备：锚具进场后，分批对其外观尺寸、硬度、静载锚固性能等按规范要求进行抽检，抽检合格后方可使用。张拉机具正式使用前，委托有资质的计量单位对千斤顶、油压表、油泵进行配套检验，并计算出张拉力和油压表读数的一元回归方程式，以备正式张拉时使用。

(2)张拉：0号梁段预应力钢绞线张拉在混凝土强度达到设计强度95%和弹性模量达设计100%后进行，且保证张拉时梁体混凝土龄期不少于7 d。预应力分阶段一次张拉完成，纵向预应力筋两端同步且对称张拉，最大不平衡束不超过1束。张拉顺序先腹板再顶板后底板，从外向内左右对称进行。张拉过程中保持两端的伸长量基本一致。0号块横向预应力张拉顺序从外侧至内侧交替单端对称张拉。预应力束张拉完毕24 h后复查，确认无滑丝、断丝后才能切割钢绞线。应采用砂轮锯切割钢绞线。切割预留长度从锚环算起不少于30 mm。在切割多余预应力筋时用湿纱布将锚垫板根部的预应力筋包裹并在切割过程中不断浇水降温防止因夹片受热发生滑丝现象。

(3)实际伸长量计算

在相应张拉力下量取与对应千斤顶油缸外伸量，将每个张拉循环初张拉力和终张拉力下对应的千斤顶油缸外伸量的差值，作为本次张拉循环中钢绞线的伸长量。各张拉环节伸长量之和为张拉总伸长量。钢筋束实际伸长量ΔL的计算公式为

$$\Delta L=\Delta L_1+\Delta L_2-\Delta L_3-\Delta L_4$$

式中　ΔL_1——从初拉力至最大张拉力间千斤顶活塞的实测伸长值；

ΔL_2——初拉力以下的推算伸长值，可采用相邻级的伸长值；

ΔL_3——两端工具锚夹片的实测回缩值；

ΔL_4——其他需要扣除的压缩值。

(4)应力张拉程序

0→10%δ_k(初应力)→20%δ_k(应力)→100%δ_k控制张拉力(持荷 5 min)。

δ_k 以不同预应力控制应力根据设计图中的数据和钢绞线的各种损失计算为准。

(5)伸长值计算

预应力施工前,根据下述公式计算每束钢绞线的理论伸长值,报监理工程师批复后作为现场施工的依据。

$$伸长值公式:\Delta L=\frac{PL}{AE}\times\frac{[1-\mathrm{e}^{-(KX+\mu\theta)}]}{KX+\mu\theta}$$

式中 P——张拉力(N);

X——从张拉端至计算截面的孔道长度(m);

A——预应力筋断面积(mm);

E——预应力筋实测弹性模量(MPa);

K——孔道偏差系数,横向、竖向和纵向 $K=0.003$;

μ——摩阻系数,横向 $\mu=0.26$、竖向 $\mu=0.35$;

θ——从张拉端至计算截面切线角之和(rad)。

计算时钢绞线弹性模量应取实际试验值,μ 和 K 值需实验校核调整。另外,箱梁纵向束线形为平曲线和竖曲线的组合,因此,伸长值应分段计算,再叠加得出整束伸长值。

(6)预应力张拉采用张拉力和伸长量双控,以张拉力为主,实际伸长量与计算伸长量差值控制在±6%以内,对于伸长量不足的查明原因后采取补张措施,并观察有无滑丝、断丝现象,做好张拉记录。

(7)张拉技术要求

张拉前检查锚垫板附近情况(混凝土浇筑时该处要注意,因该处钢筋密,管道多,要加强重视,既要保证锚后混凝土密实又不能影响管道),若有蜂窝及其他严重缺陷在拆模后立即研究补救措施,待混凝土强度和弹性模量达到后方可张拉。

锚垫板及夹片洗净油污并擦拭干净,清洁锚垫板上的混凝土,检查压浆孔。

检查锚垫板与管道轴线是否垂直,若有偏差,应进行校正,否则会使个别钢绞线受力过大产生断丝现象。

对使用的张拉设备进行性能试验,不符合其技术性能的不能使用。

张拉千斤顶在使用前必须与其配套使用的油压表共同进行压力—油压值的标定工作。千斤顶在下列情况下进行标定:出厂后初次使用;张拉作业不超过 200 次,且不超过三个月;更换新的压力表;校验后经过三个月而未使用;千斤顶经过大修、严重漏油,经拆开检修后;震动、损伤或油压锐减及其他异常情况。

油压表的规格:精度等级为 0.4 级,油压表在运输、存放和使用过程中防止日晒、受潮和震动,油压表在下列情况下进行校验:出厂后初次使用;压力表用于张拉作业达 200 次;校验周期不超过一个月;更换用油规格、使用超过允许偏差、发现异常故障(张拉时预应力筋多次断裂、伸长量相差过大等)时。

张拉后预应力钢绞线的断丝、滑丝,不得超过规范规定。

(8)滑丝和断丝处理

张拉过程中,有多种原因都可能引起预应力筋滑丝和断丝,使预应力受力不均,甚至不能建立足够的预应力,从而影响桥梁的使用寿命。因此要控制预应力筋的滑丝和断丝情况,当滑丝和断丝在允许范围内不需要处理,当超过允许范围的,则需处理。

5. 真空辅助压浆

(1)施工流程

①管道压浆采用高性能无收缩防腐灌浆剂压浆。浆体在储料罐中应持续搅拌,以保证浆体的流动性。

②启动真空泵抽真空,使真空度达到−0.06～−0.08 MPa 并保持稳定;

③启动灌浆泵,当灌浆泵输出的浆体达到要求时,将泵上的输送管道接到锚垫板上的引出管上,开始灌浆;

④灌浆过程中，真空泵保持连续工作；

⑤待抽真空端的气流分离器中有浆体经过时，关闭气污分离器前端的阀门，稍后打开排气阀，当水泥浆从排气阀顺通流出，且稠度与灌入的浆体相当时，关闭抽真空端所有的阀门；

⑥灌浆泵继续工作，压力达到 0.6 MPa 左右，持续持压 3～5 min；

⑦关闭灌浆泵及灌浆端阀门，完成灌浆。

(2)注意事项

①张拉完成后，宜在 48 h 内进行压浆。压浆前清除管道内杂物及积水。

②搅拌机的转速不低于 1 000 r/min，浆叶的最高线速度限制在 15 m/s 以内。浆叶的形状应与转速相匹配，并能满足在规定的时间内搅拌均匀的要求；压浆机采用连续式压浆泵，其压力表的最小分度值不应大于 0.1 MPa，最大量程应使实际工作压力在其 25%～75%量程范围内；储料罐应带有搅拌功能；过滤网空格不应大于 3 mm×3 mm。

③搅拌前，应先清洗设备。清洗后的设备内不应有残渣、积水。在压浆材料由搅拌机进入储料罐时，应经过滤网。

(3)浆液的技术要求

①抗压强度大于 55 MPa，抗折强度大于 10 MPa；

②凝结时间：初凝大于 4 h，终凝小于 24 h；

③静置条件泌水率：3 h 小于 0.1%，24 h 为 0；毛细泌水率：3 h 小于 0.1%；

④压力泌水指标：0.14 MPa 下，最大泌水率不大于 6%；

⑤流动度：出机流动度 18±4 s，30 min 后流动度 30 s；

⑥充盈度：无肉眼可见水囊，无直径大于 3 mm 的气囊；

⑦28 d 限制膨胀率 0～0.1%；

⑧含有机渗透迁移性阻锈剂(严禁使用亚硝酸盐或铬酸盐等成分的阻锈剂)。

(4)压浆过程控制措施

①压浆前应清除梁体孔道内的杂物和积水。

②压浆前，应采用密封罩或水泥浆等对锚具夹片空隙和其他可能漏浆处封堵，待封堵材料达到一定强度后方可压浆。

③压浆顺序先下后上，曲线孔道和竖向孔道宜从最低点的压浆孔压入，由最高点的排气孔排气或泌水。

④梁压浆充盈度应达到孔道另一端饱满并于排气孔排出与规定流动度相同的浆体为止。关闭出浆口后，保持 0.50～0.60 MPa 且不少于 3 min 的稳压期。

⑤同一孔道压浆应连续进行，一次完成。从浆体搅拌到压入梁体的时间不应超过 40 min。

⑥压浆后应从压浆孔和出浆孔检查压浆的密实情况，如有不实，应及时补灌，以保证孔道完全密实。

⑦按设计要求采用补偿收缩混凝土封锚。

(十三)模板及支架拆除

支架拆除程序应遵守由上而下，先搭后拆的原则，使梁底板、翼缘板与梁体分离，拆支架时先拆翼板后底板，由外向里。拆模时，要左右对称，同时拆除，纵向由两端向中心依次拆除。采用吊车配合人工拆除底模和支架。拆除时保留临时支撑，并注意避免磕碰临时支撑，保证 T 构安全。支架拆除时，每根杆件均系上缆风绳，保证构件不会侵入公路内。

二、挂篮悬浇施工

连续梁选用菱形挂篮进行悬臂施工，挂篮进场后先对挂篮进行验收，验收合格后方可进行挂篮拼装施工。

0 号梁段施工完毕且混凝土强度达到设计强度，张拉、压浆完成后，在墩顶形成两个墩梁固结 T 构。

然后根据设计图施工顺序要求,在 0 号梁段顶面同时拼装两套挂篮,安装调试合格进行预压,消除非弹性变形和掌握弹性变形规律后,方可组织梁段利用菱形挂篮两端对称进行悬臂灌注施工。

(一)挂篮主要构造

挂篮构造如图 4-3-59 所示。

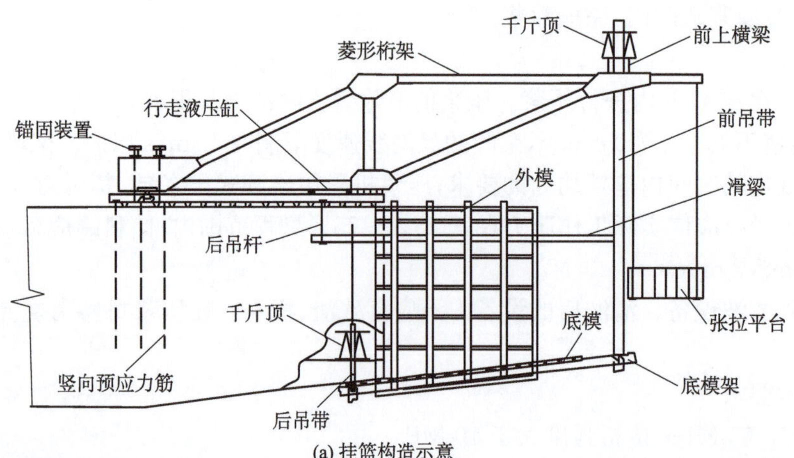

(a) 挂篮构造示意

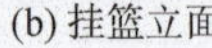
(b) 挂篮立面

(c) 挂篮正面

图 4-3-59 挂篮

1. 挂篮组成

挂篮主要由主构架、行走及后锚系统、吊杆系统、底拖系统、模板系统等几部分组成。

2. 主构架系统

每片菱形架包含上弦杆 1 根、下弦杆 1 根、斜杆 2 根,立杆 1 根,共 5 根杆件,菱形架均选用大型槽钢抱方焊接,并加设补强板和腹板加强,防止受力后扭曲;各杆件间采用焊接形式连接;在主构架上弦杆前端设有前上横梁,用于悬吊各前杆,前上横梁上设置施工操作平台及护栏以便于施工及安全;主构架竖杆之间用中门架连接,加强菱形架的稳定性。各类挂篮杆件结构形式为:菱形架竖杆及前后斜杆采用双[32 普通热轧槽钢组焊,前横梁及前后托梁均采用双Ⅰ40 工字钢组焊,中门架由□120×120 方管与□120×60 方管组焊,底纵梁采用Ⅰ32 号工字钢,内外导梁采用双[32 普通热轧槽钢组焊,吊杆采用 PSB830ϕ32 精轧螺纹钢。挂篮施工时需要在两片菱形架外侧设置揽风绳,防止风力过大使菱形架摇摆。

3. 行走及锚固系统

在梁体腹板两侧各预留 2 个直径 100 mm 的精轧螺纹钢预留孔,将后锚杆穿过预留孔,下端通过斜垫块和精轧螺纹钢螺母与梁体锚固，上端通过扁担梁锚固于挂篮尾部的后锚梁上；挂篮在浇筑完一段箱梁、混凝土强度达到要求，且预应力张拉完成后，液压千斤顶缓慢均匀地推动两片主桁架向前移动。在挂篮尾部设反扣轮系统，行走轨道表面设置 10 mm 厚钢板，滑移支座底部设置 4 mm 厚不锈钢板，为便于操作，保证轨道便于拆除，设计采用了撤轨的形式，行走轨道通过梁体预留孔利用精轧螺纹钢锚固，在无竖向预应力筋时需通过预埋钢筋或者梁体腹板两侧预留孔进行锚固。

4. 吊杆系统

本挂篮吊杆均采用精轧螺纹钢，用千斤顶提升装置来调节底托系统的高程。

5. 底托系统

底托系统由前后托梁、底纵梁、托梁吊架和底模等几部分组成；底纵梁与前后托梁采用焊接形式连接。浇筑混凝土时，后托梁通过后吊杆锚固于已浇筑好梁体的底板，前托梁通过前吊杆与前上横梁相连。

（二）挂篮法悬臂现浇工作原理

当底模、外模随菱形桁架向前移动就位后，分别安装箱梁梁段底板和腹板钢筋，并安装纵向预应力钢筋管道以及竖向预应力筋和管道。将内模架从已灌梁段箱体内拖出，待内模安装完毕再绑扎安装顶板钢筋以及安装横向预应力筋和管道，然后灌注梁段混凝土。混凝土养生，当其强度达到设计强度的 95%、弹性模量达 100%且混凝土龄期大于 7 d 后，方可开始进行新浇筑梁段预应力筋的张拉和管道压浆作业（必须要求混凝土试件现场同期养护、试压），随后，挂篮再向前移动，进行下一梁段的施工。如此循环，直至所有的梁段悬灌完成。

（三）挂篮的制作、试拼与测试

1. 挂篮制作

挂篮在专业厂家定制，试装配与测试（承载力、变形试验）均在工地进行。挂篮所用的钢材均采用正规大型钢厂生产的型钢和板材，其力学性能符合相应国家标准的要求。按照以往设计菱形挂篮的经验，挂篮重量与梁段重量之比可以控制在 0.35 左右。

挂篮制作时，材料尺寸允许偏差为±1 mm，切割型钢与板件长度允许偏差为±2 mm，型钢剪切线与边缘垂直度≤1.5 mm，主拉杆端头连接板上螺栓孔采用刨铣加工，制成的孔成正圆柱形，孔壁光滑无损伤，其直径比高强螺栓杆公称直径大 1.5～2.0 mm，允许偏差为＋0.43～0.00 mm。

杆件接长或增加附件时焊接符合焊接规范的有关规定，对焊缝进行探伤和 X 射线拍片抽验。焊接前先拟定焊接工艺，选择合适的焊条、适宜的焊接层数、坡口形状、电流大小等，并进行试焊。

2. 挂篮对拉试验

挂篮安装前必须通过加工场地内的试拼验收，挂篮试验在平整的场地上进行，拼装完成后除对几何尺寸、焊接质量等内容检查外，还要对主桁架、前后吊带、销子进行力学试验。挂篮主桁架力学试验采用两榀主桁架反扣对拉，以消除其弹性变形和检验主桁架的安全性。对拉采用梁体千斤顶和精轧螺纹钢加载，挂篮加载试验按预先制定的分级加载进行，加载按悬浇最大荷载的 1.2 倍分五级进行试验，测试前后吊点的挠度值，用以指导立模高程，挂篮主桁承载力及变形试验，如图 4-3-60 所示。

（四）挂篮拼装及预压

主桁架对拉试验完成，检测合格后用塔吊配合人工整体吊运在墩顶 0 号块上进行拼装，并通过挂篮后锚系统与梁体进行临时锚固，吊装挂篮前后横梁，在挂篮上横梁及部分悬吊系统组装完成后，便可通过吊杆及四只 10 t 倒链与挂篮底横梁相连接。底篮拼装结束后，利用倒链将挂篮底篮提到 1 号块就位，然后继续完善后吊杆、后锚杆及内、外模板滑行轨道等部件安装。

1. 测量放样

待 0 号或 0～1 号块施工完毕，张拉压浆且满足要求后，在箱梁顶面设置施工测量控制点。

由测量组在箱梁两侧腹板顶面位置放出每组轨道（一个挂篮共两组轨道）的中心线；然后再由现场施工人员根据中心线放出轨道单根型钢的中心线和单根型钢的翼缘边线，所有放样线均采用弹墨线形式。

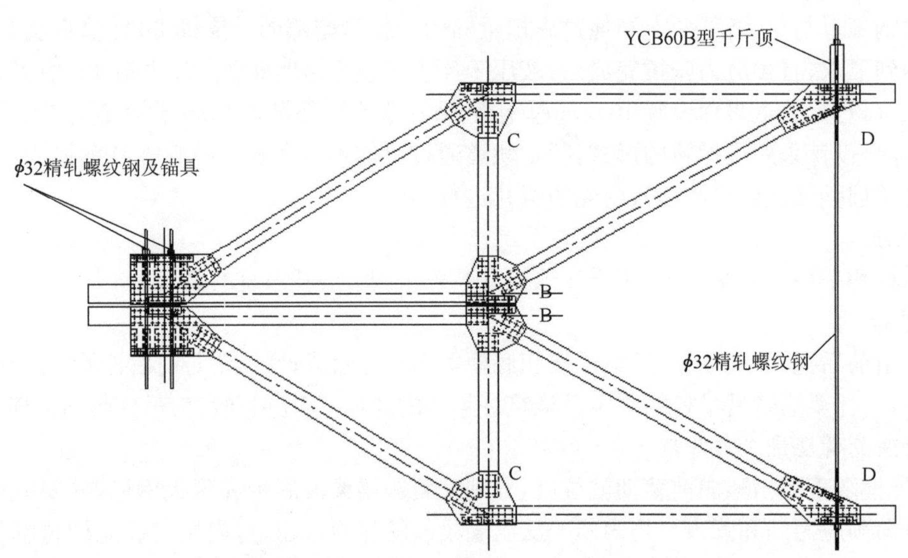

图 4-3-60　挂篮主桁承载力及变形试验

2. 铺设轨道

用 M20 级砂浆调平行走轨道铺设位置,调平层高差必须满足规定要求。待砂浆达到强度要求后恢复放样线并且铺设行走轨道,受箱梁横坡影响,为了调平挂篮,一侧需设置枕梁或方木,在前支点位置必须加密。

轨道接长时,相邻两根轨道的对接应平顺,接头应满足拼装标准要求,轨道连接螺栓紧固。在行走轨道上安装锚固扁担梁,锚固扁担梁采用竖向预应力筋通过千斤顶张拉后锚固。轨道铺设完毕后,由技术人员检查铺设情况,包括轨道底部与梁顶的接触是否紧密、轨道位置和高差、锚固间距和紧固情况等。轨道铺设完毕后,在轨道上安放走棍。

3. 拼装挂篮主桁

挂篮主桁运输至墩位后,单个挂篮主桁架在地面拼装完成,再吊至墩顶锚固,挂篮主桁拼装起重设备主要采用吊车。

在行走轨道上安放主梁前后支腿后,安放主梁并将其锚固,再将主梁与前后支腿栓结固定。

在主梁上安装立柱底座,立柱底座与主梁用长螺栓临时栓结。

安装立柱,使其与主梁栓结固定,有立柱底座的将立柱穿入中横梁后与底座销结固定。然后安装立柱平联和主梁平联。

安装斜拉带,由于斜拉带与立柱、主梁之间采用销棒连接,穿入销棒时需用葫芦配合安装,穿入销棒后应调整斜拉带的位置,使其位于销棒中央,且偏位应满足规定要求,此时主桁片安装完毕。

4. 安装挂篮锚固系统

锚固系统主要有挂篮锚固和行走锚固,均采用扁担梁及精轧螺纹钢筋连接锚固。挂篮后锚点设置原则尽量靠近后支腿或后销棒中心,施工过程中如需调整锚固位置必须按照此原则执行。

行走轨道相邻锚点的最大间距不超过设计规定(相邻间距设计值为 1.5 m),在挂篮行走时,需不断转换锚固位置,以保证锚点之间相邻间距满足要求。

在安装轨道和主梁的同时应安装锚固系统。锚固系统由扁担梁、接长筋和箱梁竖向预应力筋组成,通过千斤顶张拉每根锚筋来实现锚固。

最后安装后横梁,并将其与主梁栓结固定。

5. 安装挂篮前后悬吊

吊带采用精轧螺纹钢。安装上前横梁,将其与主梁栓结固定;安放前吊带锚固扁担梁,并与上前横梁栓结固定;用吊车提升前吊带,穿进锚固扁担梁后,用吊带承重销锚固;安放千斤顶和提升扁担梁,按照上述方法安装后悬吊,即安装后吊带和反扣轮;箱内后锚带则安装在底篮上,在箱内只需将锚固扁担梁、千斤顶及提升扁担梁安放好即可。

6. 安装挂篮底篮

在拼装平台上放出底篮横梁及吊带位置，以便拼装底篮及拼装好的底篮垂直位置安装。

根据放样线安放底篮前后横梁，并在底篮前后横梁上安装吊带的锚固扁担梁，均采用栓结固定，箱内后锚带扁担梁则临时栓结固定。在横梁上安装底篮纵梁，纵梁与横梁间采用焊接，铺设底模板，底模板拼缝间应设置双面胶，底模板与底篮纵梁应固定，底模拼装时应控制好其横桥向的偏位。底模拼好后在箱内后锚带位置切割出吊带预留孔。

底篮拼装完毕并经检查后，即可将底篮安装就位。在现场设置 2 台吊车作为提升设备，2 台吊车同步提升底篮至安装位置，然后用 2 个倒链葫芦牵引微调底篮就位。分别将前吊带、后吊带及行走吊带与底篮连接。连接好后可放松吊点，所有荷载由吊带承担。

在箱内用倒链葫芦配合提升后锚带并安装锚固，箱内后锚带底部的扁担梁与底篮后横梁可不栓结，但必须保证挂篮每次就位时扁担梁居于设计位置。

底篮安装就位，外侧模前移到位后，调整底篮高程，把所有吊带用千斤顶提升就位，上好吊带承重销，挂篮主体拼装完毕。

7. 挂篮预压

(1)预压目的：验证挂篮的设计承载力和消除其非弹性变形，同时测出挂篮在加载过程中的实际变形值(即挂篮挠度)，以便修正挂篮悬浇过程中各块件的立模高程。

(2)加载预压材料同 0 号梁段，人工配合机械吊放。

(3)加载按本联连续梁最大阶段计，考虑施工总荷载按最大阶段 1.2 倍进行加载预压。

(4)测点布设，加载顺序、方式及数据处理同 0 号块支架预压。

(五)模板调整

挂篮预压完毕后，根据预压结果调整底模。模板施工工艺同 0 号梁段。

(六)箱梁悬浇施工

1. 工艺流程

悬臂段挂篮法施工流程如图 4-3-61 所示。

2. 挂篮前移

(1)当 1 号块预应力张拉压浆完成后，拆除锚固在梁体底板的内后吊杆和在梁体顶板的外侧模后提吊杆，调节前上横梁上千斤顶的高度，使外侧模、底模及内侧模脱离混凝土表面。

(2)拆除后锚钢筋，将倾覆力传递给反扣轮。

(3)在已浇筑好的 1 号块铺设等长的轨道，并与原有轨道连接为一整根轨道。

(4)行走轨道前端设置行走附件，利用钢索穿过前滑移支座与行走附件与后端千斤顶相连接。挂篮行走时，内导梁在顶板预留孔处及时安装导梁吊架，保证结构稳定性；挂篮移动必须匀速、平移、同步，采取划线吊垂球的方法，随时掌握行走过程中挂篮中线与箱梁轴线的偏差，如有偏差，使用梁体线形控制千斤顶逐渐纠正；为安全起见，挂篮尾部用钢丝绳与竖向蹬筋临时相连，随挂篮前移缓慢放松。底模、侧模、主构架及内模系统同时向前移动，直至 2 号块浇筑位置。

(5)挂篮就位后，进行后锚，将倾覆力由反扣轮传递给后锚钢筋。

(6)安装底模后吊带。

(7)调整模板位置及高程。

(8)待浇梁段腹板钢筋绑扎完毕后，将内模拖出就位，调整高程，安装梁段顶板钢筋，做好浇筑准备。

3. 外模调整

外模随挂篮前移一起进入下一节段就位，外模就位后根据设计调整断面尺寸和高程。外模前端高程通过水准测量进行调整，同时，用吊线检查其垂直度及横断面尺寸，并及时调整、紧固模板底脚螺丝和横向拉条螺丝，外模的后端用水平千斤顶紧固，使其已浇箱梁密贴、固定，以防漏浆影响工程的外观质量。

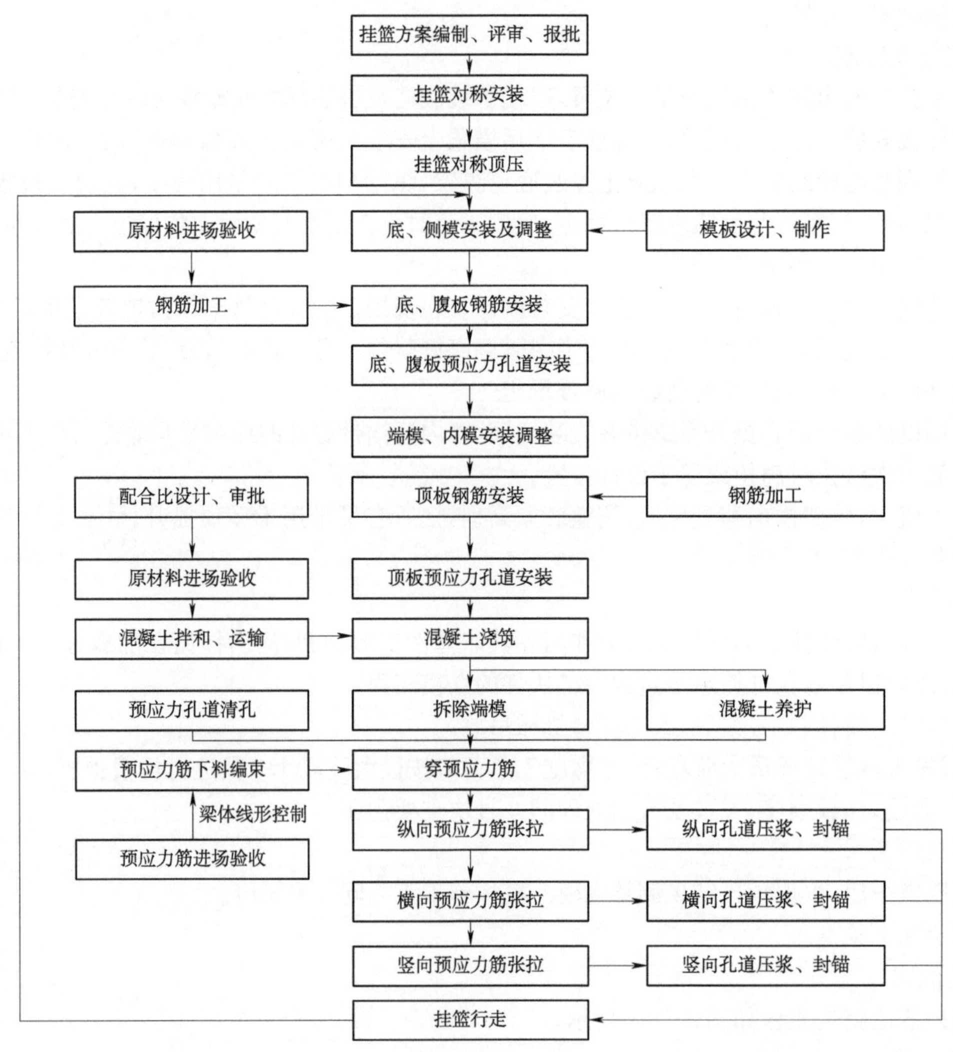

图 4-3-61　悬臂段挂篮法施工流程

4. 底板、腹板钢筋及预应力管道施工

挂篮底模与浇筑完成混凝土重叠长度不得小于 10 cm,挂篮底模、外侧模调整到位以后,即可进行底、腹板钢筋绑扎及预应力管道安装,钢筋及预应力管道在加工场加工,运至现场绑扎安装。纵向预应力束管道施工方法和工艺同 0 号块。

5. 端模及内模施工

为便于箱梁节段连接钢筋和波纹管的定位与固定,同时为便于模板的拆除、以及箱梁断面尺寸变化后的改制,箱梁端模采用钢模组拼而成,制作时根据箱梁端面钢筋与波纹管的布置位置和直径进行精确放样、打孔,以便于端模的现场安装与定位。

内模使用厂家制作的钢模板,在底板与腹板钢筋绑扎、焊接完成后,利用滑行轨道拉出就位,然后根据顶板底模的立模高程,通过滑行轨道的前、后吊杆进行调整。内模定位与调整是通过内支撑及模板拉杆螺栓实现。

6. 顶板钢筋与预应力管道施工

内模施工完毕后,绑扎箱梁顶板钢筋,安装纵向束的定位架间距按照曲线段不大于 30 cm、直线段不大于 50 cm 进行布设,其工艺及要求同 0 号块。

7. 预埋件施工

预埋施工应有专人负责,以确保预埋施工的及时与准确,以防遗漏和返工。预埋件包括护栏钢筋、通风孔、泄水孔、挡砟墙钢筋、挂篮施工预埋件及预留孔、挠度控制观测点等。

8. 混凝土浇筑及养护

浇筑顺序：先前后尾，两腹向中，对称浇筑混凝土。两腹板对称浇筑，然后灌中间部位的底板，顺序为先前后尾。浇筑顶板及翼板混凝土时，应从两侧向中央推进，以防发生裂纹。每段梁段混凝土端面要人工凿毛。混凝土浇筑时，两悬臂段应同时对称浇筑，并确保两端最大不平衡重不超过设计允许值 10 t。悬浇块浇筑工艺和养护同 0 号块。

9. 预应力施工

纵向束随着节段的接长延伸，穿束难度也随之加大，因此，穿束方法分成两种，一般束长 60 m 以内采取人工穿束；60 m 以上采用钢丝绳和卷扬机牵引穿束，其张拉、压浆工艺同 0 号块。

（七）箱梁悬浇施工过程线形控制

1. 挠度控制

挂篮移动就位后，对箱梁底模进行中线放样、高程测量。前一梁段中线和高程有偏差的，在下段梁应当进行适当纠正，每段梁浇筑完毕后需在梁面上放出中线（弹出墨线），布置点测出高程。张拉后，复测中线和高程并计算出张拉后梁段的挠度值。

箱梁在悬浇施工中，对已浇梁段和准备浇筑的块在主要施工工况下的挠度变化进行测量监控，并掌握其规律，以便对待浇块件的立模高程进行必要调整，以满足设计与施工规范的要求。

2. 施工监控

梁体节段施工监测是在各梁段施工过程中，跟踪观测 6 种工况（即挂篮走行前后、混凝土灌筑前后、预应力张拉前后），获取正在施工梁段和已成梁段在每种工况下的变形值，与理论计算值进行比较、分析后，提供较合理的施工立模高程。

（八）挂篮拆除

所有悬臂施工块段浇筑完毕，可进行挂篮拆除，其拆除顺序为：

(1)利用吊车提升挂篮底篮，拆除前后悬吊吊带后，下放底篮至地面。

(2)外侧模拆除采用塔吊将模板整体下放至地面后再解体的方法实施。内模在箱内拆除后，人工搬运至梁顶，吊装到地面上。

(3)挂篮上部拆除利用吊车进行。包括斜拉带、立柱及其平联、主梁及其平联、前后悬吊、前横梁、中后横梁、前后支腿及行走轨道等。

(4)挂篮拆除后，将各种构件分类，小件入箱，进行存放。

三、线形控制

为确保施工中结构的可靠性和安全性，同时保证桥梁线形及受力状态符合设计要求，应对桥梁悬臂施工进行控制。

（一）线形控制相关参数的测定

1. 挂篮的变形值

施工挂篮的变形通过挂篮荷载试验测定。在挂篮拼装后，采用反压加载法进行荷载试验，加载量按最不利梁段重量计算确定。分级加载，加载过程中测定各级荷载下挂篮前端变形值，得到挂篮的荷载与挠度关系曲线。

2. 施工临时荷载测定

施工临时荷载包括施工挂篮、人员、机具等。

3. 箱梁混凝土容重和弹性模量的测定

混凝土弹性模量的测试主要是为了测定混凝土弹性模量 E 随时间 t 的变化规律，现场取样后通过万能试验机进行测定，分别测定混凝土在 7、14、28、60 d 龄期的 E 值，以得到完整的 E-t 曲线。混凝土容重的测量通过现场取样，采用试验室的常规方法进行测定。

4. 预应力损失的测定

本桥施工中主要测定纵向预应力钢绞线的管道摩阻损失，以验证设计参数取值和实际是否相符，根据有效预应力计算由预应力施工引起的悬臂挠度。测定时，在预定的测点位置，将波纹管开孔，采用电阻应变片和电阻应变仪测量钢绞线的实际管道摩阻损失。

5. 温度观测

为了摸清箱梁截面内外温差和温度在截面上的分布情况，在梁体上布置温度观测点进行观测，以获得准确的温度变化规律。

(二)施工预拱度计算

在桥梁悬臂施工的控制中，最困难的任务之一就是施工预拱度的计算。箱梁预拱度计算根据现场测定的各项参数由专业程序计算得出。

(三)悬臂箱梁的施工挠度控制

(1)根据预拱度及设计高程，确定待悬灌梁段立模高程，严格按立模高程立模。

(2)挠度观测资料是控制成桥线型最主要的依据，在现场成立专门的观测小组，加强观测每个节段施工中混凝土浇筑前后、预应力张拉前后 4 种工况下悬臂的挠度变化。每节段施工后，整理出挠度曲线进行分析，及时准确地控制和调整施工中发生的偏差值，保证箱梁悬臂端的合龙精度和桥面线型。为了尽量减少温度的影响，挠度观测安排在早晨太阳出来前进行。

(3)合龙前将合龙段两侧的最后 2～3 个节段在立模时进行联测，以保证合龙精度。

(四)高程监测

1. 高程测点布置与监测安排

在每个箱梁节段上布设二个对称的高程控制点，以监测各段箱梁施工的挠度及整个箱梁施工过程中是否发生扭转变形。

2. 测量仪器选择与测量时间安排

采用 S1 精密水准仪来进行高程测量监控，每次读数都采用主尺、辅尺观测，测量时间安排在一天温度变化较小的时间里观测。

3. 箱梁悬灌段高程控制程序

箱梁悬灌段高程控制程序如图 4-3-62 所示。

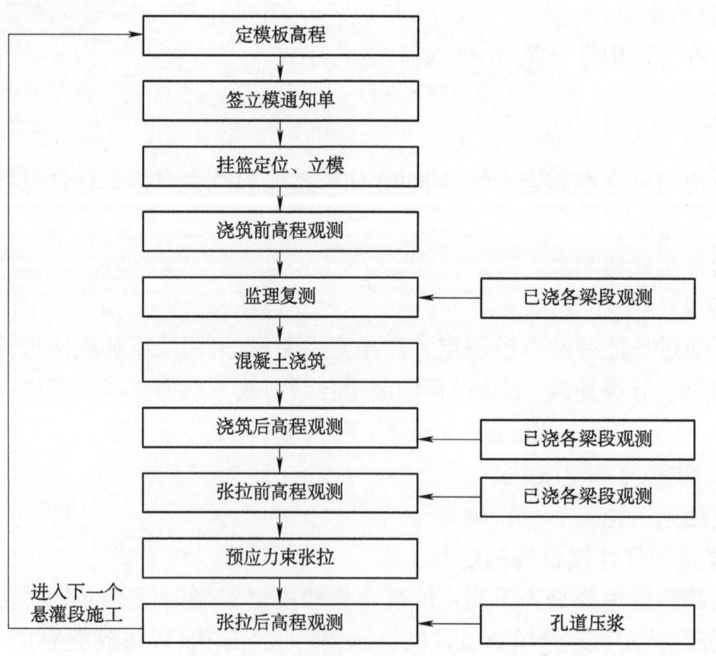

图 4-3-62　悬灌段高程控制程序

(五)悬臂施工中的中线控制

在0号段施工完后,用测距仪将箱梁的中心点放置0号段上,并在箱梁段未施工前将两墩0号段上放置的箱梁中心点进行联测,确认各箱梁中心点误差在精度范围内,进行下一步的箱梁施工测量。测量仪器采用J2级经纬仪。

箱梁中心线的施工测量,首先是将经纬仪安置在0号块的中心点,后视另一墩0号段中心点,测量采用正倒镜分中法。为使各箱梁段施工误差不累积,各箱梁施工段均以0号段中心点作为基点进行拉距,在距离超过钢尺的有效范围后,另选择基点。

四、边跨现浇段施工

(一)施工工艺

边跨现浇段施工参考0号段施工方法,施工工艺如图4-3-63所示。

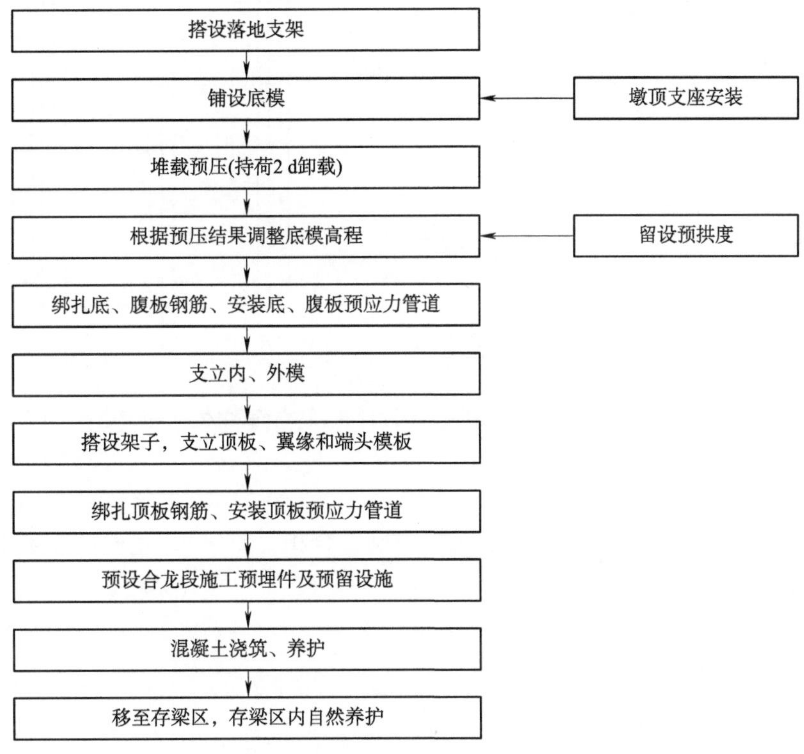

图4-3-63 边跨现浇段施工工艺

(二)支架设计及搭设

1. 地基处理

地基处理前先将边跨等高度现浇段处场地推平、碾压密实,软弱地基采用旋喷桩、钻孔桩或钢管桩,然后采用混凝土硬化地面(采用钻孔桩和钢管桩不用硬化),以减小沉降量,同时做好地基的排水,防止雨水或混凝土浇筑和养生过程中滴水对地基造成影响。

2. 支架设计

支架设计要进行支架刚度和稳定性验算、地基允许承载力的验算、地基沉降的验算,各项验算指标符合规范要求后进行支架搭设。

3. 支架搭设

支架可采用万能杆件或其他形式。支架搭设设纵、横向斜杆,以确保支架结构稳定。

铺设底模时在底模与分配梁间设置圆钢管作为滑动层,以确保边跨合拢临时束张拉时梁体与支架之间的相对滑动,但在边跨合拢锁定前,采取临时措施限制底模的纵向移动。

(三)支架预压

按设计重量的1.2倍进行预压,进行支架变形观测,预压方案同0号块。

(四)直线段模板、钢筋及混凝土施工

现浇直线段底模、内模采用竹胶板,外模采用定型钢模,内外模拼装后采用直径20 mm拉杆对拉;箱梁内顶板采用钢管支架支撑,钢管支架直接支撑在底板混凝土垫块上(图4-3-64);钢筋、预应力施工同各悬浇节段;采用泵送混凝土浇筑,由一端向另一端一次性浇筑完成。

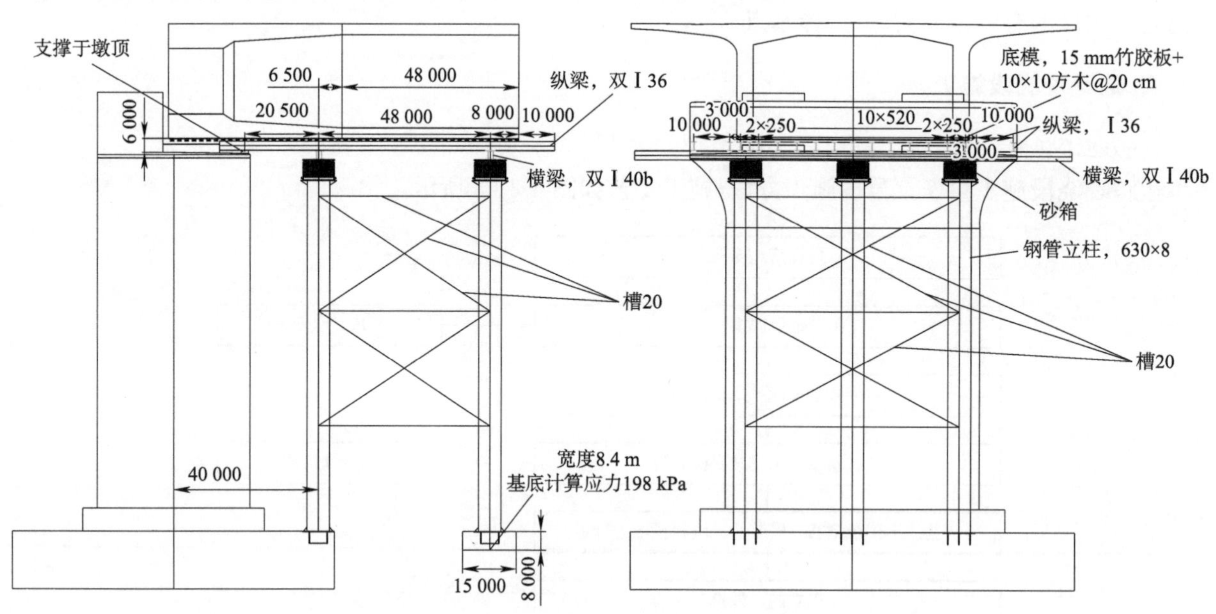

图4-3-64 边跨现浇段支架设计正、侧立面(单位:mm)

五、合龙段施工

合龙顺序:先合龙中跨,后合龙边跨。合龙温度控制符合相关要求,合龙段两端悬臂高程及轴线符合设计和验标要求。

(一)合龙段施工工艺流程

合龙段施工工艺流程如图4-3-65所示。

(二)中跨合龙

1. 中跨合龙步骤

挂篮上依次对梁段对称浇筑完成,每段梁浇筑前和浇筑中加强检测保证线形,纵向预应力束、T束及横向预应力筋张拉及锚固→拆除各T构跨中挂篮→在跨中安装合龙吊架及支撑型钢、加配重水箱→钢筋绑扎、预应力管道安装→合龙劲性骨架锁定、张拉2根C1与2根D1(每束张拉力120 t)钢绞线束→浇筑中跨合龙段(选择当天最低温度时间浇筑混凝土,浇筑过程中逐级卸除水箱配重)→待合龙段混凝土强度达到设计值时,张拉上述C1、D1钢绞线束张拉控制应力到设计值→张拉底板其余2根D1束→使用绳锯拆除墩顶临时固结措施,使永久支座受力,完成体系转换→张拉跨中剩余顶、底板束及横、竖向预应力筋→拆除悬吊合龙支架,完成中跨合龙。

2. 中跨合龙吊架安装

中跨合龙吊架利用既有挂篮和相应模板改装组成。吊架安装步骤如下:

(1)将挂篮的底篮整体移至合龙段另一悬臂端;

(2)在悬臂端预留孔穿入钢丝绳,用两组滑车吊起底篮前横梁及内滑梁的前横梁;

(3)拆除挂篮的前吊杆;

(4)用卷扬机调整所有的钢丝绳,使底篮及内滑梁移到相应位置,安装锚杆、吊杆和连接器将吊架及模

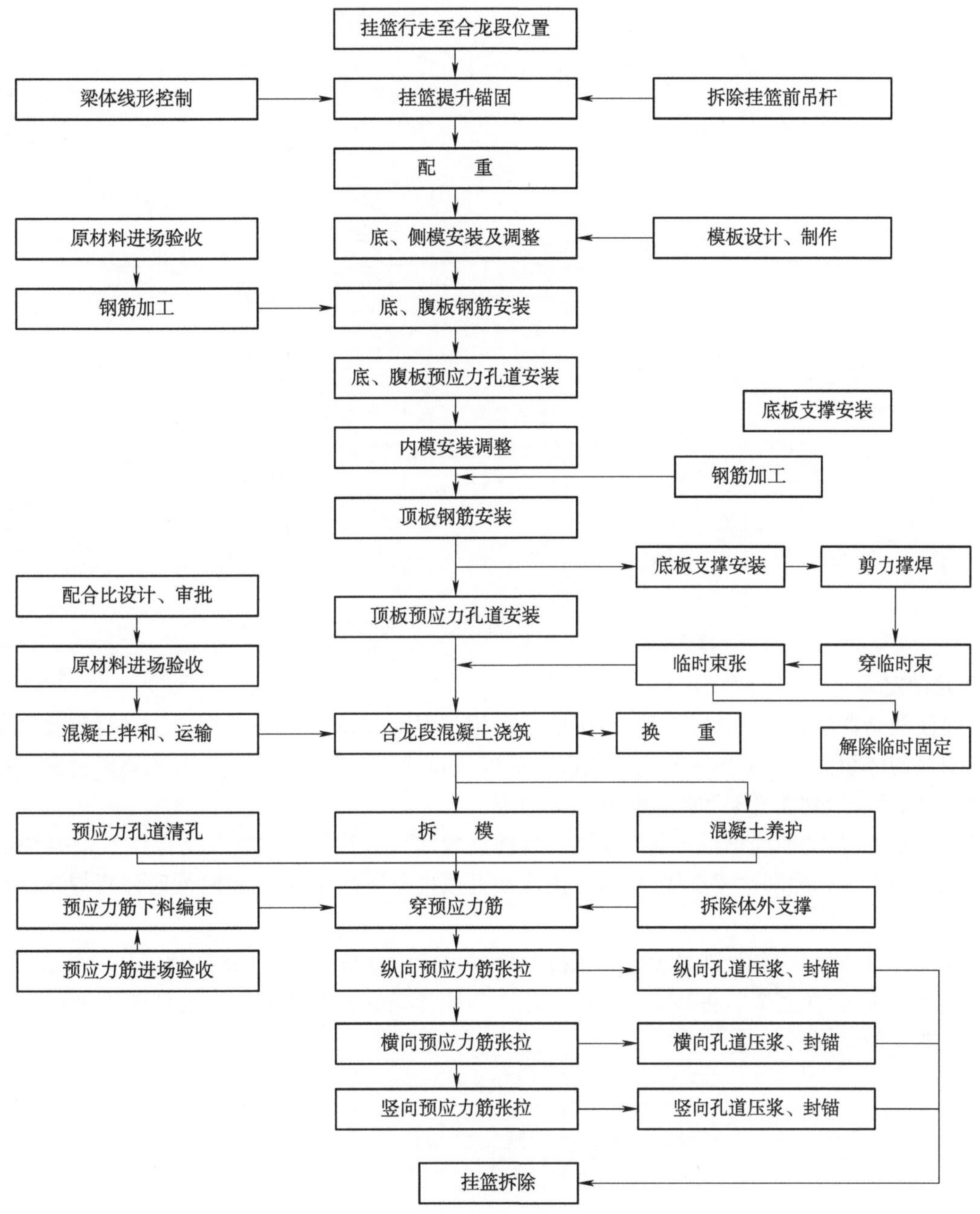

图 4-3-65　合龙段施工工艺流程

板系统锚固稳定；

(5)将主桁系统退至 0 号块拆除。

3. 配重、张拉合龙预应力钢束

在 T 构两悬臂端预备配重水箱。复核现浇段和悬臂段线形、配重，完成中跨合龙段的劲性骨架锁定，临时张拉 2 根 C1 与 2 根 D1(每束张拉力 120 t)钢绞线束。中跨配重及合龙流程如图 4-3-66 所示。

4. 合龙锁定设计

合龙锁定拟定采用又拉又撑的方法，即用劲性骨架承受压力，用临时预应力束受拉力。劲性骨架根据温度荷载计算其所需截面积，同时验算其压杆稳定性；临时预应力确保降温时劲性骨架中既不出现拉应力，又要满足升温时骨架不受压过大而失稳，具体张拉吨位根据合龙期间可能出现的温度范围计算，合龙锁定温度选择在设计要求的合龙最佳温度范围内。

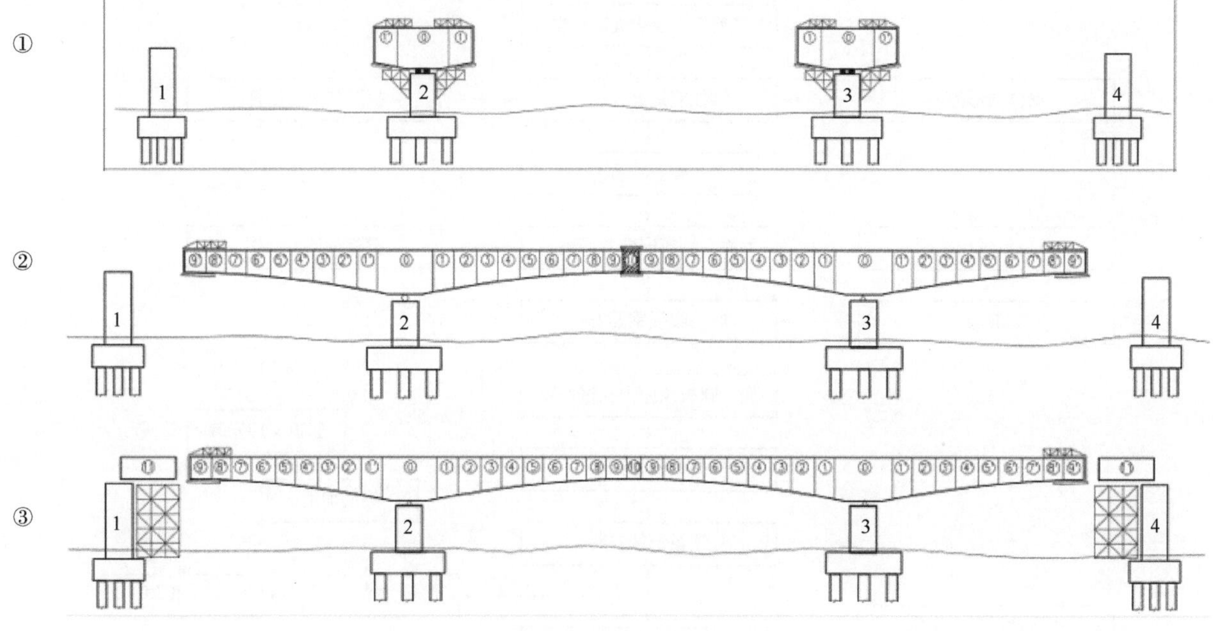

图 4-3-66　中跨配重及合龙流程

5. 合龙锁定

合龙前使两悬臂端等高度临时连接，尽可能保持相对固定，以防止合龙段混凝土在浇筑及早期硬化过程中发生明显的体积变化。锁定时间按合龙锁定执行，临时锁定是合龙的关键，合龙锁定遵循又拉又撑的原则，即锁定包括焊接劲性骨架和张拉临时预应力束。

支撑劲性骨架采用“预埋钢板＋双拼槽钢＋预埋钢板”组成，其断面面积及支撑位置根据锁定设计确定，合龙时，在两工字钢之间设置连接钢板，并由连接钢板将工字钢焊接成整体，同时注意焊缝设在不同截面处。

临时预应力束按设计布置，临时预应力张拉吨位按锁定设计确定，劲性骨架顶紧后进行张拉，临时束张拉锚固后不压浆，合龙完毕后将补张到设计吨位。劲性骨架的锁定严格按照设计图纸进行施工。劲性骨架施工如图 4-3-67 所示。

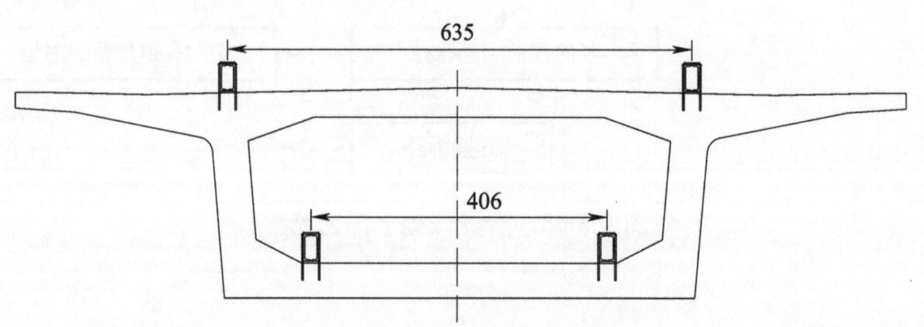

图 4-3-67　合龙段劲性骨架正立面(单位：cm)

6. 钢筋、模板及预应力筋施工

普通钢筋在钢筋加工厂集中加工，在合龙段现场绑扎安装，绑扎时将劲性骨架安装位置预留，等劲性骨架锁定后补充绑扎。底板束管道安装前，试穿所有底板束，发现问题及时处理。合龙段底板束管道采用加厚波纹管，管道内穿入钢绞线芯棒，以保证合龙段混凝土浇筑后底板束管道的畅通。其余预应力束及管道安装同箱梁悬臂注梁段。

7. 合龙段混凝土浇筑

合龙段混凝土浇筑过程中，按新浇筑混凝土的重量平衡卸载(即水箱放水)。合龙段混凝土浇筑选择在一天中气温最低时浇筑，可保证合龙混凝土处于气温上升的环境中，在混凝土受压的状态下达到终凝，混凝土浇筑速度 10 m^3/h 左右，浇筑时间控制在 3～4 h。

8. 合龙段张拉

待合龙段混凝土强度和弹性模量达到设计要求，且龄期不小于 10 d 时，张拉 2C1、2D1 到设计值；拆除墩顶临时固结措施，使永久支座受力，完成体系转换；张拉跨中剩余顶、底板束及横、竖向预应力筋，然后拆除悬吊合龙支架，完成中跨合龙。

(三)边跨合龙

1. 边跨合龙步骤

悬臂段浇筑完成，中跨合龙段施工完成→边跨合龙段吊架施工、加配重水箱→钢筋绑扎、预应力管道安装→合龙劲性骨架锁定、张拉 2 根 BC1 与 2 根 BD1(每束张拉力 120 t)钢绞线束→浇筑边跨合龙段(选择当天最低温度时间浇筑混凝土，浇筑过程中逐级卸除水箱配重)→待合龙段混凝土强度达到设计值时，张拉上述 BC1、BD1 钢绞线束张拉控制应力到设计值→张拉底板其余 2 根 BD1 束→拆除边墩顶支座临时锁定，使永久支座受力，完成体系转换→张拉剩余顶、底板束及横、竖向预应力筋→拆除悬吊合龙支架，完成边跨合龙。

2. 边跨合龙吊架安装

边跨合龙模板采用挂篮模板改装成吊架进行施工，安装步骤、顺序同中跨合龙段吊架施工。

3. 施工荷载

(1)合龙吊架自重及混凝土浇筑前作用于合龙吊架的荷载。

(2)直接作用于悬臂的荷载。

(3)合龙混凝土自重。平衡配重在合龙锁定之前加到相应悬臂端，可使合龙锁定之后骨架处于“不动”，避免薄弱处受剪破坏。

(4)平衡配重。

采用在悬臂端的水箱中加水的方法设平衡重，近端及远端所加平衡重吨位由施工平衡设计确定。

4. 边跨配重及合龙流程

边跨配重及合龙流程如图 4-3-68 所示。

(1)悬臂浇筑及边跨等高度现浇段施工完毕，将挂篮移至合龙段。

(2)加水箱配重，钢筋绑扎，预应力管道安装，边跨合龙段锁定。

(3)选择当天最低温度时间浇筑混凝土，逐级卸除水箱配重。

(4)边跨合龙段预应力张拉及锚固完毕，临时固结支座解除，拆除模板及支架。

(5)合龙锁定设计及合龙锁定同中跨合龙段。

(6)钢筋、模板及预应力筋施工、边跨合龙段混凝土浇筑同中跨合龙段时。

(7)待合龙段混凝土强度和弹性模量达设计要求，且龄期不小于 10 d 时，张拉 2BC1、2BD1 到设计值；拆除边跨吊架，张拉剩余边跨合龙钢束。

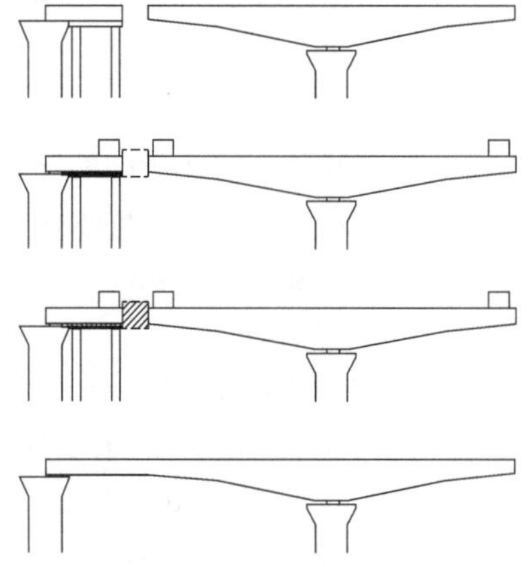

图 4-3-68　边跨配重及合龙流程

(8)在边跨合龙束张拉、压浆完成后解除边墩永久支座临时锁定，拆除边跨现浇段支架。

(四)合龙段施工要点

合龙段施工的影响因素较多，需要克服温度、临时荷载的影响，尤其应避免日照不均匀而产生的箱体混凝土内部的温度梯度，使箱梁悬臂端产生复杂的变化，因此，合龙段一般宜安排在夜间施工。其施工要点如下：

(1)严格控制箱梁悬浇施工挠度，合龙时，两悬臂端的高差不应大于 1.0 cm，轴向偏移不应大于 1.5 cm。

(2)合龙施工前,应加强天气形势资料的收集与观察,以便选择在较为稳定的天气下施工。同时,对箱梁悬臂端进行 24 h 跟踪观测,根据实测的温度资料和合龙施工所需要的工作时间,选择合适的低温时段,进行合龙段劲性骨架锁定焊接和浇筑 C50 补偿收缩混凝土。

(3)钢筋绑扎前根据合龙段混凝土重量和水箱容重,通过力矩计算水箱设置相应位置,在混凝土浇筑过程中配重水箱随浇筑随向外排水,水由水箱底部阀门外接水管,穿过梁体泄水孔引至墩下排水沟内。

(4)绑扎合龙段箱梁的底板和腹板钢筋,并绑扎固定预应力波纹管和预应力筋。在箱梁底板和腹板普通钢筋、预应力波纹管安装完毕并经现场监理验收合格后再支立箱梁合龙段的内箱模板。箱梁内箱合龙段的模板为组合钢模板。

在合龙段模板和钢筋经现场监理验收合格后进行合龙段混凝土施工。合龙段混凝土一次整体浇筑成型。灌注腹板混凝土时,斜向或水平分层厚度为 30～50 cm,采用插入式振捣器振捣,振捣时振捣器必须插点均匀,快放慢拔,做到不漏振、过振、欠振,且不能让振捣棒触碰模板和波纹管。采用混凝土泵输送混凝土。混凝土浇筑必须连续进行。箱梁顶面高程采用焊高程控制桩的方法进行控制。混凝土表面为毛面,在混凝土终凝后 6～10 h 即应对混凝土进行洒水或覆盖养护。在箱梁混凝土强度达到设计强度的 70%后方可将合龙段箱梁的内箱模板拆除,而外模则在合龙段预应力筋张拉完毕后再与挂篮进行整体拆除。

(5)待合龙段混凝土强度及弹性模量达到 100%设计强度时,且混凝土龄期达到 10 d 后方可进行预应力束张拉。施工顺序:按照纵向顺序左右两端对称;先顶板纵向、后底板纵向预应力筋的张拉,再横向、竖向预应力张拉。

(6)在合龙段施工过程中,同时对以下工况进行观测,即吊架就位前,混凝土浇筑前、后,合龙束张拉后,拆除临时锚固后。

(7)合龙段预应力张拉前,禁止在跨中范围内堆放重物或行走施工机具,严防人为因素造成合龙段混凝土开裂。

(五)梁端封锚

(1)封锚混凝土采用 C50 补偿收缩混凝土。封锚在注浆后进行。

(2)封锚前对锚穴进行凿毛处理,同时清洗端部及支承板浮浆,外露钢绞线用聚氨酯防水涂料涂刷,以防止预应力筋端部锈蚀。

(3)对锚圈与锚垫板间的交接缝用聚氨酯防水涂料防水处理,涂料厚度为 1.5 mm。

(4)锚穴内应按设计要求设钢筋网,封锚钢筋严禁与预应力锚具、钢束连接或焊接。

(5)待封锚混凝土初凝后,应采用保温、保湿养护。

(六)下人孔处理

根据连续梁的跨度,合理设置梁面下人孔位置(图 4-3-69),方便工人在梁面和内室工作及合龙段施工后箱梁内室的工作。下人孔在混凝土浇筑前用竹胶板做成模板,提前预留出下人孔位置。混凝土强度达到后,将下人孔的钢筋从中间部位割开,将钢筋弯曲朝向混凝土侧,避免工人上下磕碰。处理完后,在下人孔四周设置钢管围栏,并设置爬梯。

孔洞封堵:将原有钢筋调直,帮条焊接补强,浇筑补偿收缩混凝土封堵。

(七)防水层、保护层

防水层应符合《时速 350 公里高速铁路常用跨度梁桥面附属设施》[通桥(2013)8388A]要求。保护层采用 C40 纤维混凝土保护层。

(八)预埋件、预留孔的设置

连续梁施工中梁体内各种预埋件、预留孔与模板、钢筋骨架同时安装,保证施工设置齐全、位置准确,各种预埋件孔全部设置螺旋钢筋。

1. 桥面预埋件

挡砟墙、竖墙、接触网预埋件等严格按设计图纸进行预埋,在相应位置将预埋筋及预埋件与梁体钢筋

图 4-3-69 下人孔洞防护

一同绑扎、安装,以保证预埋件筋与梁体的相连,安装时严格按照设计图纸施工,确保位置准确无误。接触网支柱基础预埋件具有方向性,锚栓严格按照图纸中的尺寸进行预留,准确定位,施工过程需不断的进行检查和校正。施工完毕后采取有效的措施对螺栓外露部分进行防护,以避免支柱安装前损坏螺纹。支柱基础顶面应保持水平,预埋钢板面应与基础顶面平齐,预埋锚栓应保持与基础水平面垂直。

2. 通风孔

在箱梁两侧腹板上设计有直径 100 mm 的通风孔一层,通风孔距顶板 1.5 m,顺桥向间距 2 m 布置,若通风孔与预应力管道位置相干扰时,可适当移动通风孔位置并保证预应力筋的保护层大于 1 倍管道直径,在通风孔处增设直径 170 mm 的螺旋筋。

3. 泄水孔

本桥泄水孔排水系统采用直排式,挡砟墙内侧沿桥面板纵向设置 PVC 泄水孔,泄水孔四周用井字筋或螺旋筋进行加固,电缆槽内积水通过防护墙流到泄水孔,桥面保护层铺设时设置 2%的流水坡。在 0 号块隔板两侧较低处设置直径 100 mm 的泄水孔,在灌注梁底板混凝土时,根据泄水孔位置设置一定的汇水坡,避免箱室内积水。

4. 检查孔

为保证桥梁维修和养护,在箱梁隔板及中隔板墙均设置进入孔,可进入箱体内进行检查。在简支梁梁端及连续梁支座边支点底板设置进人槽,连续梁中墩吊篮上方箱梁底板设置检查孔。检查孔施工时注意相关预埋件的预埋。

5. 接地钢筋

梁体顶板挡砟墙底左右两侧设置 2 根直径 16 mm 的钢筋并贯通整片箱梁,在梁两端隔板和 0 号块隔板处设置 4 根直径 16 mm 的横向接地钢筋,纵、横向接地钢筋采用 L 形钢筋焊接连接成整体,根据设计图纸在梁底板处、桥面板预埋接地端子作为箱梁的综合接地。

6. 预埋伸缩缝型钢

本桥设计为有砟轨道,在连续梁梁缝处施工时预埋伸缩缝耐候钢。

7. 接触网立柱及下锚拉线基础

根据设计图纸要求,梁体施工时应根据图纸设计位置预埋 M39 锚栓、钢板以及需与梁体钢筋一同绑扎的钢筋;支柱基础中心距线路分界线距离为 5 750 mm。预埋钢板应与基础顶面齐平,螺栓外露部分应与基础水平面垂直,螺栓顶部偏离垂直位置的距离不应大于 1 mm。预埋钢板、基础面以下 150 mm 范围内的螺栓及其外露部分均应采用锌铬涂层防锈处理。

六、施工注意事项

(一)混凝土施工顺序

现浇梁施工时,认真控制截面的施工尺寸,并注意梁上施工机具的布置,做到平衡施工,混凝土浇筑时保持对称施工,最大限度地减少偏载,严格控制箱梁自身静载,大风天气停止施工。同时进行两个相同的节段浇筑时,两侧混凝土不平衡重在 20 t 之内。浇筑腹板,要严格对称水平分层浇筑,上下层前后浇筑距离应保持在 1.5 m 以上。单侧挂篮施工由挂篮的前端向后端顺序浇筑,以防挂篮前端变形较大造成两相邻的梁段底板出现错台。底板浇筑完以后,在浇筑腹板时左右的高差应小于 1.5 m,防止左右偏载对挂篮的使用造成影响;每次浇筑均应一次连续浇筑完毕,中间不得中断,混凝土分层厚度宜在 30~40 cm。

(二)悬臂灌注梁临时固结及体系转换

1. 临时固结

施工考虑的荷载包括:悬臂灌注梁本身加临时支座最大不平衡荷载,临时支座同时设置与梁体及桥墩连接钢筋,满足施工挂篮、人群、机具设计要求的最大荷载,满足设计混凝土灌注最大不平衡荷载不大于 20 t 的要求,行走时的抗倾覆安全系数大于等于 2。在箱梁 0 号段施工之前,按设计中线水平安装永久支座,0 号段混凝土直接浇筑在支座板上。永久支座不受力。

为承受悬臂施工中 T 构梁重量及产生的不平衡力矩,经过检算设计墩梁临时固结措施,通过墩梁临时固结,将悬臂箱梁临时锚固在主墩顶。

2. 临时固结的解除(体系转换)

临时固结在边跨合龙段合龙后拆除,拆除采用空压机配合人工凿除的方法进行。拆除顺序为两侧同时对称进行,拆除完成后,恢复实际结构支撑状态,完成体系转换。

3. 合龙段施工要点

合龙段施工主要需解决三个问题:吊架的安装、合龙段的临时锁定、合龙段混凝土浇筑。

合龙段施工前应两端配重,其目的一是减少混凝土浇筑时的挠度变形,保证混凝土质量;二是保持 T 构两端的不平衡弯矩小于主墩顶临时固结所能提供的不平衡弯矩。合龙段混凝土选择在一天中气温较低时进行浇筑。合龙段因混凝土浇筑后,气温的变化会引起梁体的伸缩变形,同时梁体左右日照温度不同还会引起梁的扭曲变形,需对合龙段进行临时锁定保持合龙段无相对变形。合龙段临时锁定要抵抗温度应力、T 构两端不平衡弯矩等多种外力,保证悬臂 T 构施工安全和合龙段不出现裂纹,根据上述需求,需要将合龙段用刚性骨架进行临时锁定,待混凝土初凝后再进行拆除。

第七节　特殊结构桥梁施工

赣深铁路特殊结构桥梁包括斜拉桥和系杆拱桥。

一、斜拉桥施工

(一)塔柱施工

惠州东江铁路大桥矮塔斜拉桥主塔高 56 m,为钢筋混凝土结构,设置于桥面中间。索塔横向为双柱,整体上呈独柱式,塔柱截面为矩形实体截面,桥塔上段标准截面为 2.4 m×4.8 m,塔柱下端在墩塔梁固结处纵向分叉为两个独立塔柱,呈倒 Y 形,每个塔柱截面为 2.4 m×2.4 m。

综合考虑施工周期以及模板操作周转等因素,选用 ZMP-100 型液压自爬模,共配置 12 榀爬升架体及 8 榀井筒平台架体。本工程模板体系采用钢木结合模板,曲线段以直代曲,标准节段浇筑高度 6.62 m,模板设计高度 6.85 m,其中模板下包已浇混凝土面 100 mm 以保证浇筑质量,模板上口挑出 40 mm 防止水泥浆外溢。

主塔施工采用塔梁同步施工工艺，即在主梁完成2号块箱梁悬臂浇筑施工后，同步开始塔柱施工。

(二)斜拉索施工

基频法测试索力以张力弦振动理论为基础，通过测试弦振动基频而计算索力值。根据动态监控的索力结论进一步指导后续钢绞线张拉的索力控制。成桥后，为使每根索中各钢绞线索力均匀，采用等值张拉法进行二次调索，即每根钢绞线的拉力以控制压力表读数为准，传感器读数进行监测。挂索前，将监测传感器安装在一根不受外界影响的钢绞线上，安装顺序：支座垫板→传感器→单孔工作锚。随后张拉时每根钢绞线的拉力按当时传感器的显示变化值进行控制。通过以上索力控制，索力均匀性可控制在每根斜拉索的各股钢绞线的离散误差不大于理论值的±3%。

二、系杆拱桥施工

(一)施工顺序

钢箱系杆拱制作→基础、承台及墩柱施工→临时墩的钢管和梁部支架→拱脚梁段安装→浇筑梁部混凝土→张拉梁体第一批预应力→搭设拱肋支架→拱肋、横撑安装焊接→焊缝补涂及最后一道面漆施工→拆除支架→安装吊杆→张拉吊杆→张拉梁体第二批预应力、拆除支架→调整吊杆索力。

(二)桥梁施工工艺

1. 支架

支架体系采用盘扣式满堂支架，支架立杆采用A型，规格为 ϕ60 mm×3.2 mm，水平斜杆规格为 ϕ48 mm×2.5 mm，竖直斜杆规格为 ϕ48 mm×2.5 mm。进行受力分析时，支架纵向布局为实心段60 cm，箱室部位为90 cm；横向布局为60 cm，盘扣竖杆和水平杆之间连接采用盘扣连接，步距1.5 m。为加强支架的整体性，支架顶部和底部均设置水平斜杆，支架体外立面向内的第一跨每层均设置竖向斜杆，并在架体内部区域每五跨纵横向通高设置竖向斜杆。竖直斜杆和水平斜杆与竖直剪刀撑和水平剪刀撑作用相同，一般情况下，盘扣支架采用竖直斜撑和水平斜撑，当有特殊情况无法按照要求设置竖直斜撑和水平斜撑时，需设置竖直剪刀撑和水平剪刀撑。剪刀撑与盘扣支架杆件使用扣件连接。支架顶部设置顶托，顶托伸出顶层水平杆长度不得大于65 cm，丝杆外漏长度严禁大于40 cm，可调顶托插入立杆长度大于15 cm。支架底部设置底托，底托外漏长度不大于30 cm，顶托和底托长度均为60 cm，丝杆外径48 mm，托板厚度5 mm。基础采用C20混凝土现浇，厚度20 cm，所需地基承载力为180 kPa。地面设置不小于2%的排水坡，四周设置排水沟，以排除雨天流向支架范围内的地表水。

2. 底模、内模及外模

底模采用18 mm厚的竹胶板，内模及外侧模全部采用厚度15 mm竹胶板，箱内支架采用扣件式支架，间距1 m，立杆底部位于钢筋支架上，立杆顶部设置顶托，纵向设置10 cm×10 cm的方木，横向设置10 cm×10 cm的方木，间距30 cm，上倒角及下倒角模板背面设置一处背楞，并用架管加固固定。侧模背楞间距30 cm，使用对拉筋对拉加固。

(三)施工过程

(1)租赁的A型盘扣支架，立杆规格为 ϕ60 mm×3.2 mm，横杆、斜杆规格为 ϕ48 mm×2.5 mm，顶托及底托全部采用A型，进场的方木规格为10 cm×10 cm进口杉木，工字钢为Ⅰ16，进场材料均符合方案要求。

支架横向间距0.6 m，实体段纵向间距0.6 m，空箱段纵向间距0.9 m，四个拱脚部位立杆支架进行加密，纵横向间距均为0.3 m。因无0.3 m横杆构件，采用立杆内插法使用扣件与周围架体固定，支架两侧超出系梁边缘2.4 m，超出系梁部分横向间距布置为0.6 m+1.2 m+0.6 m，中间的1.2 m作为纵向通道。两侧都设置了盘扣架配套爬梯，宽1.2 m。立杆底部都配置了A型底托和底管节，横杆步距1.5 m，最外侧第一跨通高设置了竖向斜杆，内部每隔4跨设置了通高斜杆。立杆顶部设置了A型顶托，Ⅰ16分配梁纵向布置，中间底板翘起部位，使用顶托和50 cm的调整立杆调整了架体顶部高度，使用方木将Ⅰ16工字钢两侧固定在顶托壁上，增加稳定度，如图4-3-70所示。

图 4-3-70 支架施工

支架作业时，共投入作业人员 16 人，2019 年 7 月 2 日开始施工，2019 年 7 月 17 日完成，共 16 d，搭设体积 33 212 m^3。

(2)底模方木采用 10 cm×10 cm 的进口杉木，间距 30 cm，厚度为 15 mm，模板间采用双面胶密封。底模拼装时，木模板制作及拼装共 10 人，2019 年 7 月 18 日开始拼装，2019 年 8 月 3 日完成底模的拼装，历时 16 d，共拼装底模 1 286 m^2。

(3)支架预压采用袋装碎石进行预压(图 4-3-71)，按照梁重，分三级进行，每级加载重量分别为梁重和施工荷载最大值的 60%，100%，120%，加载到每级时，进行沉降观测，如实记录观测数据。预压完成分析了支架的变形。结合设计提供的成桥线形调整底模高程。

图 4-3-71 支架预压

支架预压现场投入 2 台汽车吊，16 个作业人员，在白天进行袋装碎石的吊装预压，预压碎石通过自卸汽车运输至施工现场散堆存放，使用 1 m^3 的编织袋装袋，吊车调运预压，每台吊车配装碎石挖机 1 台，汽车吊 1 辆，司机各 1 人，装袋挂钩人员 2 人，桥上卸勾人员 1 人，现场记录人员 1 人，整个桥共投入 2 台汽车吊，2 台挖掘机，4 名司机，6 名作业人员，2 名现场技术员。从 2019 年 8 月 4 日开始预压施工，2019 年 9 月 8 日卸载完成，共 37 d，堆载预压重量 5 230 t。

(4)钢筋在系梁右侧的临时加工作业棚内进行加工，汽车吊吊装在支架上进行安装，钢筋接长采用单面焊，焊接时，焊接接头进行了预弯。

钢筋模板施工时,共投入模板工 18 人,钢筋工 27 人,2019 年 9 月 9 日开始施工,2019 年 11 月 18 日完成底腹板钢筋绑扎,历时 41 d,边腹板及顶板底模 2019 年 11 月 30 日完成,历时 12 d,顶板钢筋 2019 年 12 月 22 日绑扎完成,历时 22 d。整个系梁共安装模板 31 956 m^2,安装钢筋 339.1 t。

(5)系梁内模及外侧模全部采用厚度 15 mm 竹胶板。在箱内钢筋上焊接了箱内支架的钢筋支架,方便后续箱内支架的拆除。中腹板及横隔板下倒角都架立了模板,边腹板向上翘起部分,上部架立了 80 cm 长的模板,顶板底模上开孔安装了泄水孔及箱内排水孔管固定件,并用聚氨酯泡沫胶进行了封堵缝隙。

系梁混凝土采用 2 台 46 m 臂长的汽车泵泵送入模,插入式振动棒振捣,投入 3 台汽车泵,2 台正常浇筑,1 台现场备用,现场投入 50 振捣棒 15 台,30 振捣棒 5 台,作业人员 45 人。2019 年 12 月 30 日 6 时 58 分开始浇筑,2019 年 12 月 31 日 22 时 15 分浇筑完成,历时 39 h,共浇筑 C50 混凝土 1 726 m^3。

(6)吊杆安装在拱肋、系梁、横梁施工完成并达到设计要求以后再进行。吊杆拉索根据现场实测长度在工厂内制作成成品索,利用吊机安装拉索,上端冷铸锚头穿过上锚箱球型支座卡紧后,使用螺母锁紧;下端穿过下锚箱索道管后,然后利用张拉吊篮将专业人员降到梁底面吊杆张拉段,旋下张拉端螺母,利用专用的张拉设备进行对称张拉,多次张拉后达到设计值。

(7)系杆拱拱肋涂装。钢构件出厂时外表面涂装两道厚度为 40 μm 特制环氧富锌底漆、两道厚度为 40 μm 环氧云铁中间漆、一道厚度为 40μm 氟碳面漆;钢构件内表面涂装两道厚度为 40 μm 环氧富锌漆、一道厚度为 40 μm 环氧厚浆漆;钢构件高强螺栓连接部位摩擦面采用无机富锌防锈防滑涂料或用电弧喷铝层,无机富锌防锈防滑涂料的厚度为(150±40) μm,电弧喷铝的厚度为(150±50) μm,涂装工艺按照《铁路钢桥保护涂装》(TB/T 1527—2011)的有关规定进行。出厂时栓接板面抗滑移系数不小于 0.55,安装时不小于 0.45,栓接点外露的摩擦面涂层与涂料涂层搭接处应涂装特制环氧富锌防锈底漆,栓接点螺栓、螺栓头处涂装特制环氧富锌底漆,涂装前螺栓应除油,螺母及垫圈应水洗清除皂化膜。构件运输及安装过程中,会有划痕磨痕等外表面缺陷,在施工现场拱肋安装完成后,进行最后一道厚度为 40μm 氟碳面漆补漆。涂装效果如图 4-3-72 所示。

图 4-3-72 涂装效果

第八节 桥面系工程施工

一、主要结构物

桥面铺装施工主要包括挡砟墙、信号通信电力电缆槽、接触网支柱基础、人行道挡板和桥面防水层、保护层、伸缩缝的铺设安装施工。人行道盖板、挡板、声屏障及所需遮板在预制场统一预制、统一运输和现场统一安装;挡砟墙、电缆槽竖墙、接触网支柱基础等在梁体浇筑完成后在现场采用预拌混凝土进行浇筑。桥面系安装施工的总体要求:横平竖直,挡砟墙、栏杆、盖板要平、顺、直,色泽一致,外形美观。

二、施工顺序

准备工作(包括技术及物资设备的准备)→挡砟墙→接触网基础→防水层→保护层、伸缩缝→桥梁栏杆。

三、施工方法

1. 挡砟墙

挡砟墙在梁体施工完成后进行现场灌注,梁体施工时在挡砟墙相应部位预埋挡砟墙钢筋,灌注梁体混凝土时一同灌注 100 mm 高的挡砟墙,待制作桥面时在现场灌注至要求高度,以确保挡砟墙与梁体的整体性。

2. 接触网支柱基础

接触网支柱基础按照设计图纸施工。现浇简支箱梁施工时,注意预留相关预埋件,预埋件的位置要符合设计要求,误差符合规范要求。钢料按照设计要求涂刷防腐涂料。

3. 电缆槽

根据通信、信号、电力等专业需要,在挡砟墙外侧设置电缆槽。电缆槽由竖墙和盖板组成。盖板为预制结构,竖墙在梁体现浇完成后进行现场浇筑并预留排水孔;竖墙按设计设置伸缩缝,缝隙采用沥青板填缝。现浇箱梁施工时在电缆槽竖墙相应位置预埋钢筋,使竖墙与梁体连为一体,以保证竖墙在桥面上的稳定性。

4. 遮板、人行道栏杆施工

遮板施工采用集中预制,现场安装。对预制构件进行严格检查,确保成品质量,各部分尺寸最大误差不得超过 2 mm,对角线误差不得超过 4 mm,遮板安装前进行三维放线设计,逐块检查后安装。采用 10 mm 厚的木板夹在两块遮板之间,保证安装的缝隙均匀一致。

5. 围栏、吊篮、踏梯和检查梯

吊篮角钢及步板均采用现场工厂化集中加工制作,统一安装,尺寸及预留孔位置要符合设计要求,误差符合规范要求。检查梯按照工程数量进行统一集中加工,焊接质量符合设计和规范要求;检查梯在现浇简支箱梁施工完成后进行安装,所有钢料均按设计要求涂刷防腐涂料。

6. 防水层

除通信电力电缆 A、B 墙内防水层在安装盖板前施工外,其他部位防水层均应在有砟道床铺设前施工。在 A、B 墙之间防水层采用聚氨酯防水涂料涂刷,厚度不得小于 2 mm。

7. 伸缩缝

伸缩缝由耐候钢型材、橡胶密封带、锚固钢筋等组成。伸缩缝通过锚固钢筋与梁端挡水台钢筋连接。橡胶密封带安装时,应结合环境温度确定密封带安装尺寸。梁端防水装置应满足两侧梁体的顺桥向、横桥向和竖桥向的位移以及梁体的转动要求。防水装置注满水后 24 h 内无渗漏。

8. 主要经验及体会

挡砟墙在模板组装过程中,模板的脱模剂要涂刷均匀,避免拆模后混凝土颜色不一致。模板根部尤其要注意封闭良好,防止跑浆,产生大量蜂窝麻面的现象。

第九节　涵洞工程施工

一、施工准备

基坑开挖需做好遮阳准备和排水准备。为防止基坑开挖后受日光的暴晒,须准备充足的遮阳棚将基坑盖好,边施工边封闭。排水根据现场情况疏通出入口做排水沟或挡水堰将水沿原沟排走,基坑内排水可通过在基坑四边挖集水沟用水泵将水抽出。施工便道、施工场地布置好并作好充分的施工准备后，才能进行基坑开挖，以及基底的处理工作。

二、基底处理

涵洞底坑处理主要类型为 CFG 桩和换填。

1. CFG 桩施工

涵洞基地处理方式一般与路基处理相同，采用 CFG 桩地基加固时，CFG 桩施工与路基 CFG 桩同步进行。

2. 基坑开挖及排水

根据设计要求定出基坑中心线及开挖边线，工作坑采用机械开挖为主，机械开挖至基坑顶设计高程 0.2 m 时，为避免扰动基底，采用人工清底修整。基坑开挖后应加强防护和排水工作，如有需要，及时设置排水沟，开挖后应及时完成下部结构的施工，不得暴露时间过长。

3. 测量放线

基坑开挖完成后，用全站仪进行测量放线。测放出涵身纵横十字线，以便控制涵身基础垫层的铺设范围。同时放好控制桩和护桩，以方便控制基础模板的位置。

4. 垫层的设置

出入口基础垫层设置可在人工将高程清到设计高程后，采用小型夯实机械先对基坑底进行夯实，然后再分层夯填砂夹碎石垫层，分层厚度 10～15 cm，夯至设计高程后整平垫层表面，在报检合格后，即可立模进行出入口基础混凝土的浇筑工作。

在基底褥垫层施工至设计高程后，整平褥垫层顶面，按测放出的涵身十字线立好模板，进行涵身垫层的浇筑施工。

三、涵节施工

(1)在涵节基础混凝土及垫层混凝土养护强度不小于 2.5 MPa 时，再进行测量放线，测放出涵洞纵向中心线、涵身中心里程桩及横向中心线，按照设计尺寸挂好涵身纵向中心线、墙身内外侧钢筋绑扎线，依据配套钢筋设计图进行涵身底板钢筋绑扎作业，且同一截面上的接头不能超过 50%(两钢筋接头相距在 30 cm 以内或两焊接接头在 50 cm 以内，或两绑扎接头的中距在绑扎长度以内，均视为同一截面，并不得少于 50 cm)，且同一截面内同一根钢筋上的接头不超过 1 个。

(2)涵身底板钢筋绑扎完毕后，进行模板拼装。模板采用钢模板，采用混凝土垫块控制混凝土的结构尺寸，以保证涵节形状尺寸、大面、端面平直。模板拼装好后经检查合格，进行混凝土的浇筑施工。涵身混凝土的浇筑分两阶段施工，先浇筑涵身底板(浇筑至涵身下倒角顶面处)，待底板混凝土强度达到设计强度的 70%后，再施工边墙及顶板。现场施工如图 4-3-73 所示。

图 4-3-73 模板工程

(3)混凝土浇筑时采用集中拌和,混凝土运输车运送至施工现场,混凝土坍落度严格控制在标准坍落度的±15 mm范围内,混凝土的倾落高度不超过2 m。振捣采用插入式振动器,一般振捣时间不得小于20～30 s,以保证混凝土的密实度。浇筑腹板时同一截面同时分层进行,并防止撞击钢筋和模板。两次浇筑的接缝处保证有良好的衔接面。在混凝土初凝后,将倒角处混凝土表面凿毛。

(4)涵身施工时,先绑扎涵节两侧墙身钢筋,再进行涵节内模和墙身内外模的拼装作业,内外侧模板均用钢管支架进行加固,在顶板处设置可调丝扛油托,以便调整顶板模板的高度及平整度。待墙身和顶板模板按设计及规范要求拼装加固好后,经检查无误,进行涵身顶板的绑扎工作,绑扎时按要求调整好各排钢筋的间距,且在钢筋与模板间垫好垫块,以防露筋。

四、附属工程施工

翼墙、帽石采用现浇混凝土施工方法。技术人员测量放样立模控制边线,严格按线立模。模板采用组合钢模和木模配合使用,外露部分用钢模。要求搭配合理、拉杆及支撑紧固、面板顺直、接缝严密。下口加设海绵条,外侧用黏土或砂浆包严以防漏浆。混凝土由中心拌和站拌制,罐车运至工地。插入式振动棒振捣密实。翼墙沉降缝及防水层施工与涵节处相同。

附属工程包括涵洞出入口铺砌、锥坡及边坡防护。涵洞出入口铺砌与路基排水沟、改沟顺接要通畅,排水有出路。铺砌均采用M10水泥砂浆浆砌片石,下设厚10 cm碎石垫层。

五、沉降缝及防水层施工

1. 沉降缝施工

沉降缝施工步骤:安装钢筋支架和横筋→固定中埋止水带→安装聚乙烯泡沫塑料板→填塞水泥砂浆。

2. 防水层施工

涵洞顶部防水层结构由C40细石混凝土、改性沥青弹性防水卷材、M10水泥砂浆排水坡组成;墙身防水层结构采取涂刷聚氨酯防水涂料2 mm。

(1)防水卷材的铺贴

涂刷高聚物改性沥青基层处理剂,用量不少于0.4 kg/m²,用长柄滚刷进行涂刷,要涂刷均匀,不漏底面,不堆积。待处理剂达到干燥(不粘手为准)可施工防水卷材的纵横向搭接,搭接长度不小于100 mm。在已涂刷处理剂并干燥的基层表面留出搭接尺寸,将铺贴卷材的基准线弹好,按线进行卷材的铺设。卷材铺设采用多台喷灯同时烘烤。为保证卷材与基层的黏结,卷材热熔铺贴过程中应边铺贴边滚压,排气黏合。滚压工具采用1.0 m长的钢辊,重约15～20 kg。卷材搭接处的上层和下层卷材应完全热熔黏合,以保证搭接处粘贴牢固,搭接处有自然溢出的热熔沥青为标准。防水施工如图4-3-74所示。

图4-3-74 防水施工

(2)保护层施工

防水层铺贴完成后即可开始浇筑保护层。保护层采用C40细石纤维混凝土浇筑。保护层表面要平整、流水畅通。保护层自然养护时间不少于28 d。

第十节 沉降变形控制与评估

一、施工质量控制

桥梁墩台沉降要控制在规范规定的范围内。施工中根据地质资料、桩长、桩径选择钻机，清孔要彻底。在浇筑水下混凝土前，复查桩底沉渣厚度，不满足要求时进行二次清孔。墩台施工阶段，使用理论高程控制，消除分阶段施工变形影响。

二、沉降变形观测技术控制

在进行沉降观测时，必须使用精密水准仪。施工过程中应及时整理沉降观测点的沉降量，如超过规定值，应暂停施工，待沉降稳定后再恢复填筑，必要时采取相应工程措施。

严格按照制定的观测时间进行，否则得出的数据不是最原始的数据，沉降观测将不具有实际意义。其他各个阶段中应依次进行复检，根据具体施工情况按时进行，严厉杜绝不测或补测等行为，以此确保沉降观测数据的精确性和真实性，并在施工中起到应有的作用。下部结构的沉降变形观测按照固定的观测路线和观测方法进行。观测路线必须形成附合或闭合路线，采用水准测量的方式，按测量精度要求和频次定期观测，使用固定的工作基点对应沉降变形观测点进行观测。桥涵基础沉降和梁体徐变沉降变形的观测精度为±1 mm，读数取位至0.01 mm。墩台基础沉降观测频次见表4-3-26。

表4-3-26 墩台基础沉降观测频次

观测阶段		观测频次		备注
		观测期限	观测周期	
墩台施工到一定高度		—	1次	设置观测点，进行首次观测
墩台混凝土施工		全程	完成后1次	相应墩台
预制梁桥	架梁前	全程	1次/月	相应墩台
	预制梁架设	全程	架梁前后各1次	
桥位施工桥梁	制梁前	全程	1次/月	
	上部结构施工中	全程	荷载变化前1次，荷载变化后前3天1次/天	
架桥机(运梁车)通过		全程	首期通过前1次，首次通过后前3天1次/天，以后1次/周	相应墩台
桥梁主体工程完工后		第1～3个月	1次/周	
		第4～6个月	1次/2周	
		6个月以后	1次/月	
轨道铺设期间		前后	1次	竣工后沉降长期观测
轨道铺设完成后		第1个月	2次/周	
		第2～3个月	1次/月	
		第4～12个月	1次/3月	
		12个月以后	1次/6月	

每个涵洞基础施工完成后开始进行首次沉降观测，以后根据下表中要求的时间间隔进行观测，涵洞顶填土沉降的观测应与路基沉降观测同步进行。涵洞沉降观测频次见表4-3-27。

表 4-3-27　涵洞沉降观测频次

<table>
<tr><td rowspan="2">观测阶段</td><td colspan="3">观 测 期 限</td><td rowspan="2">备　　注</td></tr>
<tr><td colspan="2">观测频次</td><td>观测周期</td></tr>
<tr><td>涵洞基础施工完成</td><td colspan="2">—</td><td>—</td><td>设置观测点</td></tr>
<tr><td>涵洞主体施工完成</td><td colspan="2">全　程</td><td rowspan="2">荷载变化前后
各1次或1次/周</td><td>观测点移至边墙两侧</td></tr>
<tr><td>涵顶填土施工</td><td colspan="2">全　程</td><td></td></tr>
<tr><td>涵洞完工～轨道铺设前</td><td colspan="2">≥6个月</td><td>1次/周</td><td>岩石地基的涵洞,一般不宜少于2个月</td></tr>
<tr><td>轨道铺设期间</td><td colspan="2">全　程</td><td>1次/天</td><td></td></tr>
<tr><td rowspan="3">轨道铺设完成后</td><td rowspan="3">24个月</td><td>0～3个月</td><td>1次/月</td><td rowspan="3">竣工后沉降长期观测</td></tr>
<tr><td>4～12个月</td><td>1次/3个月</td></tr>
<tr><td>13～24个月</td><td>1次/6个月</td></tr>
</table>

三、沉降评估

提交观测数据给评估单位,进行沉降评估。

第十一节　新工艺、新工法、新装备、新材料的应用及效果

一、新工艺新工法应用及效果

1. 自动张拉系统

现浇简支箱梁张拉施工采用了自动张拉系统。张拉智能平台启动系统后,由现场操作人员启动张拉程序,智能张拉平台系统发出信号,传递给智能张拉仪张拉系统,通过张拉系统控制专用千斤顶按预先系统编制的张拉顺序进行对称均衡张拉。张拉过程中智能张拉平台系统对每一级进行测量和记录,测量每一级张拉后的活塞伸长值的读数,并随时检查伸长值与计算值的偏差。张拉时,通过智能张拉系统平台和智能张拉系统控制好专用千斤顶加载速度,确保给油平稳,持荷稳定,持荷时间为5 min。张拉过程中,系统自动校核测量数据,当实际伸长值与理论伸长值相差大于±6%时系统将自动报警,停止张拉。

该工艺相比传统工艺,对张拉过程实现了智能控制,消除了人为误差,提高了施工质量。

2. 滚笼机加工钢筋笼工艺

在桥梁工程施工中,钢筋笼加工是桩基础施工的重要环节。钻孔桩钢筋笼加工基本是采取手工作业的方式进行,由于人员不固定,往往导致施工质量不稳定,特别是主筋、箍筋间距难以保证。

设置标准化钢筋加工厂,推广了滚笼机加工钢筋笼的工艺。钢筋主筋由人工穿过固定旋转盘相应模板圆孔至移动旋转盘相应孔中进行固定;箍筋先焊接在一根主筋上,然后通过固定转盘及旋转转盘转动,把箍筋缠绕在主筋上,同时进行焊接,从而形成成品;这样不仅保证了钢筋间距,而且提高了钢筋笼加工质量,并提高工作效率一倍以上。钢筋笼加工见图4-3-75所示。

3. 钻孔桩桩头环切工艺

桥梁工程承台基坑开挖后,在桩顶高程位置和桩顶以上10 cm处用墨线弹出2道水平切割线,形成一个10 cm宽环切带,人工用切割机沿切割线绕桩头环向水平切割一周,主筋保护层厚度为7 cm,切割深度3～4 cm。采用风镐将环切带内混凝土凿除剥离出钢筋,竖向剥离出桩头部分主筋。使用风镐在环切带处将桩头打断,垂直吊出桩头后,使用小型风镐凿平桩头,桩顶面应平整、密实,并冲洗干净。该工艺相比传统工艺,有效避免了桩头凿除过程中对桩身的损伤,保证了桩身的完整性,整体吊离桩头,缩短了凿桩时间,从而提高工效。环切桩头如图4-3-76所示。

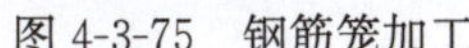
图 4-3-75 钢筋笼加工

图 4-3-76 环切桩头成型

4. 可重复利用钢筋笼吊具工艺

使用两根 3.0 m 长 ϕ45 mm 的钢管作为钢筋笼固定杆，在钢管两端焊接 ϕ22 mm 精轧螺纹钢螺母，并且在一端拧入长度 50 cm 的 ϕ22 mm 精轧螺纹钢螺杆(反扣)，螺纹钢端头焊接吊环。

根据护筒顶面高程计算出吊筋长度，调整吊具长度至规定值后，将吊具与钢筋笼主筋顶端正扣螺纹钢拧紧，使用时在钢管表面涂废机油并用塑料薄膜包裹，在混凝土初凝之前反复旋转吊具钢管 2～3 圈，初凝后再旋转 2～3 圈，待混凝土强度足以支撑钢筋笼后抽出固定杆。钢筋笼吊具如图 4-3-77 所示。

图 4-3-77 钢筋笼吊具

5. 桩基声测管丝扣连接工艺

桥梁桩基在混凝土灌注时对声测管密封性、抗渗漏、抗压等方面要求特别严格，施工极易造成堵管或管变形，声测管现场焊接，但接口及管底封口的密封及抗渗漏性很难保证质量。项目部采用内径 50 mm 钢管制作接头，随钢筋笼分段安装，每段之间采用螺旋式声测管接头。声测管无须现场焊接，采用螺旋式连接，螺旋带动双扣，锁紧密封胶圈，轴向端密封，有效防松动，防渗漏，方便快捷安全可靠，降低了成本。安装每个接头用时不到 1 min，大大节约工时。桩基声测管接头加工如图 4-3-78 所示。

6. 承台环切工艺

桥梁墩身施工前，按照设计图纸放出墩身圆弧端顶点及端点，用墨线在承台顶面弹出桥墩轮廓线。沿该轮廓线用小型切割机切出约 3 cm 的环向竖直面，再进行凿毛，凿毛表面平整，露出新鲜石子，残留的浮碴及时清除，并用高压水冲洗干净。承台环切工艺解决了传统工艺中承台顶部凿毛范围不规则的问题，保证了墩身与承台混凝土的黏结质量和外观质量。承台环切如图 4-3-79 所示。

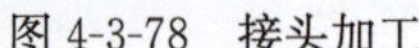

图 4-3-78　接头加工

图 4-3-79　承台环切

7. 连续梁底预留清扫孔

针对连续梁 0 号块清扫困难问题,研制了升降清扫孔,改进了连续梁 0 号块施工工艺。该工艺主要利用水往低处流原理,在 0 号块最低点即墩顶支座间开设清扫孔,施工时,将梁底清扫孔模板、支架体系单独设置,形成整体可升降装置,清扫时,降低清扫孔支架体系,废渣随水流经清扫孔流出;浇筑时,上升清扫孔支架体系,形成闭合。有效清除了连续梁 0 号块施工过程中产生的废渣,保证了实体工程的质量。

施工工序:钢管柱设立→铺设纵横向工字钢→搭设脚手架→预留梁底清理孔洞→搭设梁底模板→梁体钢筋绑扎并设置预埋件→梁底清理孔排出废渣并恢复原状→混凝土浇筑。0 号块清扫底模预留孔如图 4-3-80 所示。

图 4-3-80　0 号块清扫底模预留孔

8. 标准化施工场地及标准化泥浆池拼装围护

施工现场封闭及泥浆池围护采用直径 6 cm 钢管(或混凝土柱)作为立柱,立柱两侧各设置三个“之”字形挂钩,由上至下套入方钢和钢丝网片制作的防护网片单元。立柱入土深度≥0.5 m,钢丝网片和方钢边框间采用 2 mm 扁钢和铆钉进行固定。

该工艺有效保证了现场文明施工,立杆及防护网单位重复利用,缩短了基坑围护时间,提高了工效。施工场地围护如图 4-3-81 所示,泥浆池拼装围护如图 4-3-82 所示。

9. 标准化基坑

承台施工中,基坑开挖按照施工规范要求进行放坡,基坑底开挖尺寸按承台外 1 m 作业空间进行控制。汛期施工期间基坑上口外 0.5 m 处设挡水围堰,围堰采用编织袋装土填筑,单排双层堆码。基坑开挖时坑底预留排水坡,排水方向向施工便道一侧,坑底汇水处施作直径 0.5 m、深度 1.0 m 集水井,雨天时内置污水泵抽排积水。基坑上口外 1 m 处设置硬隔离防护，并涂刷红白油漆，防护网为方钢边框＋钢丝网片的结构单元。在基坑大里程侧设置跨度 1.2 m 爬梯，爬梯立杆打入土体不小于 0.3 m，脚踏板采用 1.2 m×0.3 m×0.02 m 木板，踏面设置一道 0.03 m 宽防滑木条，钢管采用扣件连接，爬梯两侧设置高度不小于 1.2 m 的钢管扶手栏杆，钢管刷红白相间油漆。

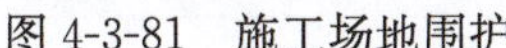
图 4-3-81 施工场地围护

图 4-3-82 泥浆池拼装围护

该工艺有效保证了现场文明施工，爬梯及防护网单位重复利用，缩短了基坑围护时间，提高了工效。标准化基坑围护如图 4-3-83 所示。

10. 标准化现浇梁临边防护

现浇梁施工中，现浇梁两端头防护利用既有现浇梁组合钢模两侧端头钢管作为端头立杆，中间部位立杆与翼缘钢板模板及箱梁内模板连接，采用红白相间两排钢管作为横杆以扣件连接立杆，上横杆高度 1.2 m，下横杆高度 0.6 m，立杆间距 2.0 m，护网采用 5 cm×5 cm 铁丝密目网，作业平台台面满铺不低于 40 mm 厚的木板并绑扎牢固。梁部翼缘板处利用侧模桁架上的挑架立柱，使用 2 m×1.3 m 的金属防护网片进行临边防护，网片之间、网片和立柱之间使用铁丝绑扎牢固。

该工艺有效保证了现场文明施工，网片和立柱重复使用，提高了工效。现浇梁临边防护如图 4-3-84 所示。

图 4-3-83 标准化基坑

图 4-3-84 现浇梁临边防护

11. 深基坑双壁自浮式新型钢围堰平台结构

根据惠州东江铁路大桥桥址区东江实际水文、地质条件，自行设计一套双壁自浮式新型围堰平台结构体系，兼做深基坑围堰和桩基施工平台，形成全封闭施工空间，提出钢围堰陆上整体拼装、气囊浮运和锚定卷扬机定位安装工法，解决大型钢套箱水下安装难题，消除施工过程对东江水域的污染隐患，如图 4-3-85～图 4-3-89 所示。

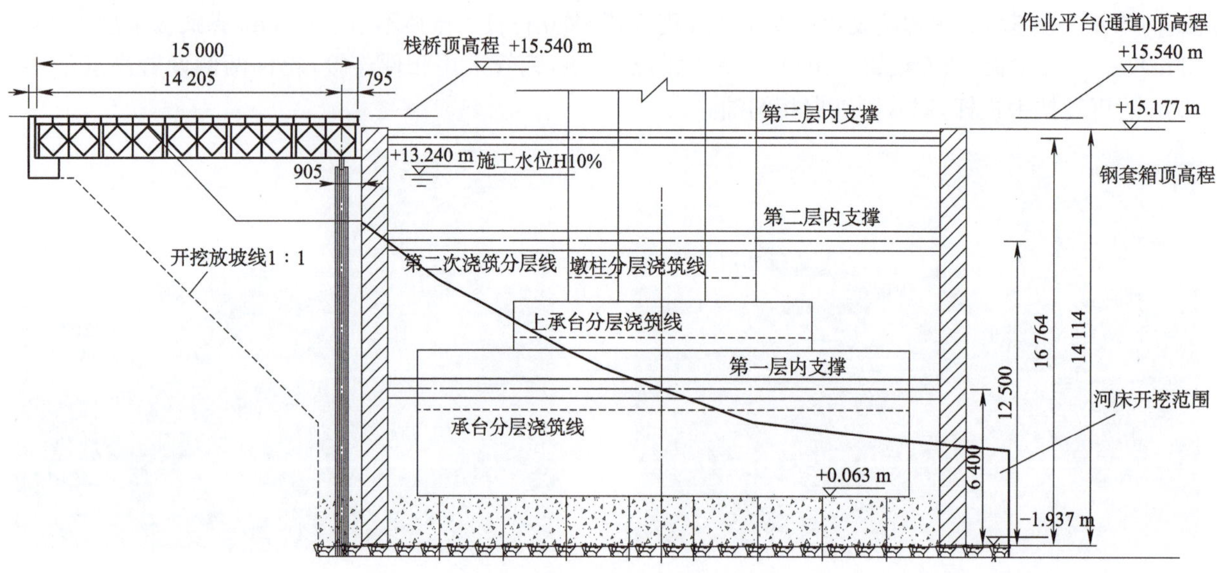

图 4-3-85 双壁自浮式钢围堰总体布置(单位:mm)

图 4-3-86 钢套箱拼装

图 4-3-87 钢套箱气囊下水

图 4-3-88 钢套箱水上浮运

图 4-3-89 钢套箱定位

12. 0 号块支架反支点预压施工技术

利用 BIM 技术划分 0 号块投影面积混凝土荷载,布设相应数量的精轧螺纹钢,锚固端锚固在承台中,张拉端固定在支架分配梁的马凳上，通过 100 t 穿心式千斤顶对精轧螺纹钢进行分级张拉，施加反作用力于整个支架上，消除支架的非弹性形变，实现对整个 0 号块支架的分级预压。采用 0 号块支架精轧钢反支点预压工艺，操作简单方便，完成单个 3 000 m^3 0 号块预压施工只需 4 d，解决传统堆载预压投入的大量机械设备、材料难题，规避了堆载施工安全风险。

13. 大截面连续梁挂篮设计优化

惠州东江铁路大桥 31.2 m 宽单箱三室变高度整体箱形截面，挂篮悬臂浇筑最大节段重量达 813.5 t。

根据桥型特点，挂篮选用施工操作空间相对大，受力明确的分离式菱形挂篮结构形式(图 4-3-90)。左右两侧各设置两榀独立的主桁架，分别设置横联、平联以及横梁，提高了挂篮结构的通用型，有效解决了挂篮行走过程中四榀主桁架难以绝对同步行走的问题。

考虑到箱梁桥梁宽 32 m，主桁架为两个独立主桁架系统，四榀主桁架并未连接成一个整体，因此行走状态时底篮的后悬吊没有设置边横联连接底篮，而是将悬吊设置在底篮与外滑梁之间，此方式不仅降低了挂篮的重量，同时也降低了底篮后托梁的悬挂距离，减小了底篮后托梁行走过程中的变形量。

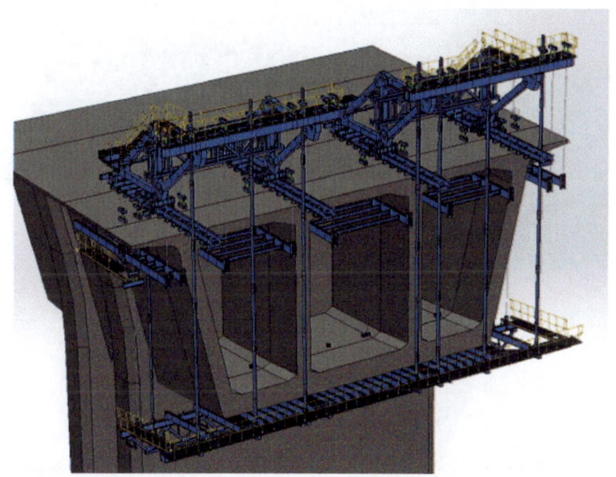

图 4-3-90　分离式主桁架系统挂篮

14. 腹板钢筋模块化绑扎、整体吊装工艺

箱梁钢筋模块化绑扎、整体吊装工艺在预制梁场胎模化施工中运用较为成熟，这是首次将模块化绑扎、整体吊装施工工艺应用在单箱多室大尺寸截面悬浇箱梁钢筋施工上。针对单箱多室大尺寸截面悬浇箱梁腹板的结构特点，从钢筋下料、箍筋定位、节段钢筋拼接、预应力管道定位、劲性骨架设计等方面制定的一套完整、技术先进的腹板钢筋安装工艺技术。对劲性骨架加固、整体吊装稳定性计算等工艺技术采取保障措施，实现采用起重设备进行单箱多室大尺寸截面悬浇箱梁腹板钢筋整体吊装，确保了整体吊装的安全可靠性。单箱多室大尺寸截面悬浇箱梁腹板的模块化胎架、整体吊装绿色施工技术提高了悬浇箱梁斜腹板安装进度，使得每节段施工工期缩短 3 d，取得了良好的经济效益。

15. 充分利用 BIM 技术指导现场施工

(1)主桥整体建模、三维可视化交底、重点碰撞部位检查

①建立惠州东江铁路大桥主桥上下部结构信息、斜拉索体系、桥面附属设施以及列车行走的信息化模型(图 4-3-91)，按结构的施工分段，进行动画施工模拟，形成三维可视化施工工序流程交底，让架子队更好地理解各项施工工序安全质量控制点。

②建立 0 号块、斜拉索锚块、塔顶索鞍模型(图 4-3-92)，对塔梁索交接点等重点碰撞部位进行钢筋、索鞍、索套管、锚固构造碰撞检查分析，对发生冲突位置的钢筋及时与设计单位沟通优化。BIM 技术的应用增进了钢筋下料与现场布置之间的协作，加强了整合，因此也大大降低了施工阶段因为构件互相干扰而导致返工延误的风险。

图 4-3-91　惠州东江铁路大桥主桥整体 BIM 模型

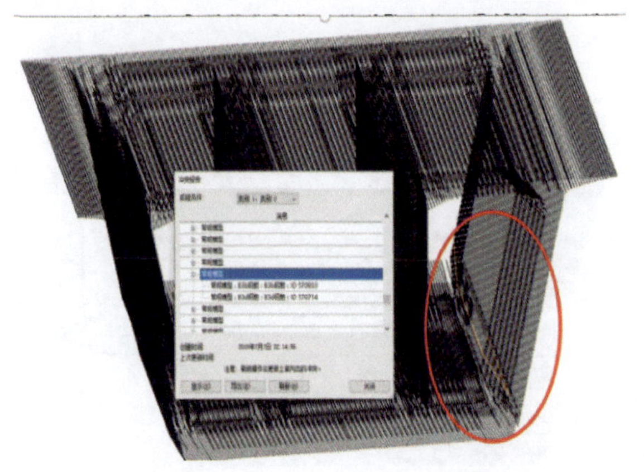

图 4-3-92　惠州东江铁路大桥 0 号块 BIM 碰撞检查模型

(2)支架、模板、挂篮整体建模,三维可视化交底

针对支架、模板、挂篮,在设计阶段利用 BIM 技术模拟试拼装,提前发现模板存在的缺漏,及时完善设计,避免造成现场施工安装时发现设计缺陷,节省不必要浪费时间。同时利用 BIM 技术进行拼装模拟,形成三维可视化拼装图,让架子队更直观地理解结构拼装要点。

16. 推广使用预应力智能张拉压浆技术系统

预应力智能张拉压浆采用计算机智能云控制系统对预应力钢筋张拉应力、伸长率、压浆饱满度进行自动监测控制(图 4-3-93)。采用大循环智能压浆施工技术,持续循环压力排尽孔道空气,保证压浆密实,避免或明显减少钢绞线锈蚀,提高桥梁结构的耐久性,采用双孔同时压浆,提高工效、提高工程施工进度。

17. 深水桥梁桩基础反循环成孔泥浆处置绿色施工技术

采用科学的泥浆循环系统空间布置,各组泥浆循环系统互不干扰,钻孔过程中各钻机之间不冲突,节省了施工平台空间,提高了施工效率,降低了施工成本;钻渣沉淀过滤箱与封闭式钻渣储蓄箱配合使用,实现不间断施工,同时还能回收循环利用,节约长远的施工成本;反循环成桩系统在整个泥浆循环过程中钻渣、污泥和泥浆均在封闭的管路中输送循环,保证了施工场地的清洁性和环保性,解决现有技术中的严重的环保问题与技术问题,节省了大量的环境清洁与治理成本。

18. 大跨度“先梁后拱”下承式系杆拱施工技术

采用常规原位支架法进行安装,即在主跨桥梁梁体完成挂篮浇筑施工并完成张拉后,在桥面上安设拱肋临时支架(在地面胎架进行组拼焊接,焊接完成后采用汽车吊将拱肋支架吊装至桥面上,经平板车短驳至安装位置后安装临时支架)。钢拱肋安装应遵循左右、前后对称的原则,同时桥面临时材料应注意对称

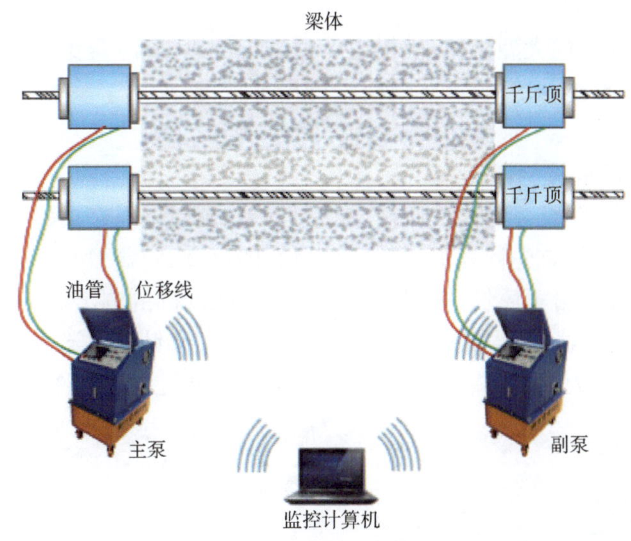

图 4-3-93 智能张拉示意

存放。最大不平衡安装不超过一个吊装节段。具备吊装横撑条件时及时起吊安装好横撑，增加抗侧倾能力，有利于拱肋安装过程中的安全稳定。

吊杆张拉优化采用倒装法，倒装法运用于吊杆张拉计算的基本原理是：首先建立预张拉阶段的结果状态模型，此时的模型应使得桥梁内力达到该阶段的理想状态。在此状态下，按照吊杆张拉的逆次序，逐步拆除各阶段张拉的吊杆单元。每拆除一次作为一个模型进行计算，计算得到的结构内力状态即为正装施工到此阶段的内力状态，而下一阶段将被拆除吊杆的内力就是按照正装顺序时该吊杆的初始张拉力。利用倒拆法可逆向求解吊杆在各施工阶段内的合理张拉值，并使得系梁和拱肋的相应内力和位移状态满足规范要求；如果吊杆索力值达不到成桥索力，则采用正装迭代法，求解线性方程组，得到新的吊杆施工张拉力，然后循环进行倒拆正装，直到成桥索力满足要求。如果吊杆张拉过程中结构受力不满足规范要求，则调整吊杆张拉顺序，重新进行倒拆正装，直到满足规范要求。

二、新装备新材料应用及效果

1. 墩身自动喷淋养护装置

墩身自动淋养护系统由蓄水箱、高扬程水泵、时间继电器、输水管、喷淋管组成。蓄水箱容量不小于 1.5 m^3。水泵扬程高于桥墩 5 m。输水管采用直径 2.5 cm 塑料软管，连接水泵与喷淋管。喷淋管采用 PVC 管制作，喷淋管 50 cm 间距设置一个喷头。自动控制系统由时间继电器及电磁开关组成。时间继电器由专人设置，根据大气温度调整喷淋间隔时间，每次喷淋 5 min。

该工艺既节约了人力、又避免了常规养护模式下覆盖不严密、湿度不易达标的弊端。墩身自动喷淋养护装置如图 4-3-94 所示。

图 4-3-94 墩身自动喷淋养护装置

2. 现浇箱梁移动式侧模装置

现浇简支箱梁施工中，为缩短模板安装时间，研发了现浇箱梁移动式侧模装置。在箱梁侧模桁架下安装走行系统和千斤顶，梁体混凝土强度满足要求后使用桁架下方的千斤顶进行落模；走行轨道位于贝雷梁上方，利用卷扬机或人工将侧模分组拖曳至下一孔梁支架处进行拼装施工。现浇箱梁侧模采用滑车+工字钢走行轨的移动方式完成相邻孔跨的侧模拼装，滑车可循环利用,整个移动过程只需 3 h。

整个移动过程无须使用任何大型机械,模板也无须进行倒运,同时避免了模板反复吊装造成的损坏变形,侧模滑移到位后由于是整体移动,仅需对模板进行局部校准,缩短了模板周转及拼装时间。现浇箱梁侧模纵移如图 4-3-95 所示。

3. 钻孔桩混凝土桩头超灌控制器

钻孔桩施工中,为有效控制桩头高度及质量,制作了钻孔桩混凝土桩头超灌控制器,由扶手杆、取灰器两部分组成。桩基灌注施工时,首先计算桩顶与护筒顶面的高度,将高度标记于桩头控制器上,桩头控制时,人工旋转取样,观测桩顶混凝土质量,根据插入深度可以较准确的测出桩头高度。

常规测绳测量桩顶混凝土高程,误差较大,混凝土浪费较大。钻孔桩超灌高度控制装置操作简单,能有效控制桩头高度及质量,最大限度控制了成本流失。桩头超灌控制器如图 4-3-96 所示。

图 4-3-95　昌平高架特大桥现浇箱梁侧模纵移

图 4-3-96　桩头超灌控制器

4. 分布钢筋定位卡具

在承台、墩身、现浇梁工程施工中,钢筋绑扎采取手工作业的方式进行,主筋、箍筋间距往往难以保证,为此推广使用钢筋定位卡具工艺。钢筋卡具由 50 mm×50 mm×5 mm 角钢制作,并在其上按钢筋间距切割卡槽。两个卡具上下间隔 4～6 m 各一个,当夹具之间分布钢筋绑扎完毕后,并依次抬高两层卡具,直至钢筋绑扎完毕。钢筋定位卡具既准确定位钢筋,又操作方便,提高了钢筋绑扎工效,又确保钢筋骨架搭设整体效果,对于钢筋位置及混凝土保护层起到了很好的控制效果。墩身钢筋定位卡具如图 4-3-97 所示。

图 4-3-97　墩身钢筋定位卡具

5. 墩身模板调节器

桥梁工程墩身施工中,针对模板错台施工调节困难,且调整时费时费力费工问题,利用液压钳改制了简单的墩身模板调节器。该装置由液压钳、顶推器、卡槽三部分组成;当调整模板错台时,将模板调节器卡槽卡在模板背楞上,液压钳顶推器对准相邻模板背楞进行推顶,达到调整模板错台的目的。

墩身模板调节器装置操作简便、占用空间小、调整幅度精确、可以多方位、多角度对模板进行调整,有效提高了模板间错台调整精度,更好的保证墩身模板接茬的平顺度,降低了机械设备配合调整模板的台班及人员调整模板的时间,确保了墩身的成品外观质量。

6. 桥梁支承垫石易拼装塑钢模板加预埋孔精确定位装置

采用钢模板或竹胶板,预留孔设置普遍采用 PVC 管临时固定,一次投入大,成孔质量低。赣深 3 标支承垫石施工采用了易拼装塑钢模板加预埋孔精确定位装置。塑钢定型模板,转角位置通过直接三角铁和扭力扳手连接。预埋孔精确成孔定位装置分为两大部分，一是定位盘，二是成孔装置。定位盘采用角铁，根据相对位置关系，加工成可以限位的井字框，与模板相对位置通过定位杆确定。

易拼装塑钢模板无须拉杆、钢管等加固材料，安装简单方便，大大提高了功效。预埋孔精确成孔定位装置保证了预埋孔的精度，避免了预埋孔二次定位，解决了预埋孔定位难，定位不准的问题，既保证了精度，又极大提高了功效。垫石易拼装塑钢模板如图 4-3-98 所示。

7. 墩顶防护安全装置

在支承垫石施工中，根据墩顶尺寸及墩顶的结构特性，设置了配套且简单实用、宜安装、宜固定的围护栏。该围护栏共八片，对称布置。围护栏立柱采用 3 cm 直径钢管，平杆采用 3 cm 直径钢管，网片采用 2 mm 铁丝网。在立柱两侧设置子母扣，方便挂接连成整体。在四个角点位置，设置活动的角撑杆，以便固定角度，防治扭转。第 2 片和第 6 片，根据墩身的凹槽、形状拟合制作。护栏非常轻便，便于携带及提升到墩顶；连接方便，通过片与片之间的子母扣可以很快拼接完成；安全，巧妙利用墩顶的结构特征，限制了围护栏的平动及转动；可重复利用，保证墩顶作业安全。墩顶防护安全装置如图 4-3-99 所示。

图 4-3-98　易拼装塑钢模板

图 4-3-99　墩顶防护安全装置

8. 垫石专用养护罩

在桥梁支承垫石施工中，为保证养护质量，制作了垫石专用养护罩。养护罩骨架采用钢筋焊接，采用 0.5 mm 厚的塑料布包裹，尺寸较垫石尺寸增大 10 cm，塑料布内衬土工织物，强化了塑料布的抗破坏性能。垫石浇筑拆模后，在预留孔内注满水，用专用养护套罩住养护。该工艺的采用减少了养护人员投入，养护质量得到了保证。垫石专用养护罩如图 4-3-100 所示。

图 4-3-100　垫石专用养护罩

9. 标准化盘扣式支架体系

桥墩施工中，采用盘扣式钢管脚手架。采用标准构件进行搭设，包括立杆、横杆、钢制脚手板、钢制梯道板等。立杆采用套管承插连接，水平杆和斜杆采用杆端和接头卡入连接盘，用楔形插销连接，形成结构稳定体系的钢管支架。墩身盘扣式脚手架如图 4-3-101 所示。

现浇简支箱梁施工中,墩高小于等于 6 m 的简支箱梁采用盘扣式钢管脚手架。采用标准构件进行搭设,包括立杆、横杆、钢制脚手板、钢制梯道板等。立杆采用套管承插连接,水平杆和斜杆采用杆端和接头卡入连接盘,用楔形插销连接,形成结构稳定体系的钢管支架。现浇梁盘扣式脚手架如图 4-3-102 所示。

盘扣式支架较传统碗扣式支架具有搭拆快捷、杆件标准、安全性能高的优点,同时节约工时和劳动力,大幅度提高施工效率。

图 4-3-101 墩身盘扣式脚手架

图 4-3-102 现浇梁盘扣式脚手架

10. 标准化一跨式拼装梁柱现浇梁支架

现浇简支箱梁施工中,墩高大于等于 6 m 的简支箱梁采用一跨式拼装梁柱支架法现浇施工。支架体系由下至上依次为 ϕ63 cm 钢管立柱→ϕ63 cm 落梁沙箱→横向 3×Ⅰ56a 工字钢→纵向双层贝雷架体系→横向Ⅰ16 工字钢→纵向 10 cm×10 cm 分配方木。贝雷架每 3 排/4 排为 1 榀,使用 90 cm/45 cm 支撑架进行连接(每两片贝雷梁连接处及端部均设支撑架),贝雷架单元为 3 m、2 m、1.5 m 等三种形式。钢管柱采用高度 12 m、6 m、3 m、2 m、1 m、0.5 m 直径 63 cm 定型钢管柱搭设(部分立柱需配 0.3 m 调整节),上下钢管柱之间采用高强螺栓连接。

采用一跨式拼装梁柱支架,贝雷架及钢管柱按照定尺加工拼装,循环使用,减少了工作量;同时由于钢管柱直接安装在承台上,不需要对墩间地面进行压实换填处理,承台沉降量较条形基础相比很小,支架搭设质量得到了保证。一跨式拼装梁柱支架如图 4-3-103 所示。

11. 标准化装配式步梯

现浇梁施工中,采用了整体装配式步梯。该步梯结构为:人形梯单侧宽 1.1 m,成之字形布置,层高 1.5 m,坡比为 1∶1,每步楼梯高度 20 cm,楼梯间设休息平台,平台尺寸 2.1 m×0.9 m,两侧设扶手,扶手高 0.9 m,外侧挂 5 cm×5 cm 安全铁丝密目网。与以往高桥墩钢管脚手架搭设施工平台及人员上下通道相比,能够确保作业人员施工及上下通行安全,同时节约了成本,并且组合步梯安装、拆除方便,安全性能更高。标准化步梯如图 4-3-104 所示。

图 4-3-103 一跨式拼装梁柱支架

图 4-3-104 标准化步梯

12. 大体积混凝土温控智能系统

智能温控系统的连接顺序：

(1)在测点上布置测温传感器，传感器埋于混凝土中；

(2)在每个测温站点上，设置1个现场数据采集器，采集同一平面位置不同高度的测点温度；

(3)将传感器连接现场数据采集器；

(4)所有现场数据采集器连接同一个数据适配器；

(5)该数据适配器连接一个GPRS上网设备，将测温数据上传至网络云端；

(6)检测人员通过上网方式在手机和电脑上查看实时测温数据。

根据大体积混凝土温度实时监测的结果，及时报告监测结果，对超过温控标准的情况应第一时间通知现场施工作业人员，以便于采取必要措施，防止温度裂缝产生。

13. 推广使用基频法索力动态监控系统

基频法测试索力以张力弦振动理论为基础，通过测试弦振动基频而计算索力值。根据动态监控的索力结论进一步指导后续钢绞线张拉的索力控制。成桥后，为使每根索中各钢绞线索力均匀，采用等值张拉法进行二次调索，即每根钢绞线的拉力以控制压力表读数为准，传感器读数进行监测。挂索前，将监测传感器安装在一根不受外界影响的钢绞线上，安装顺序为：支座垫板→传感器→单孔工作锚。随后张拉时每根钢绞线的拉力按当时传感器的显示变化值进行控制。通过以上索力控制，索力均匀性可控制在每根斜拉索的各股钢绞线的离散误差不大于理论值的±3%。

第四章 隧道工程

赣深铁路广东段正线隧道共98座,累计长度122.634 km,全线5 km以上长大隧道有8座,合计56.48 km。隧道重难点工程包括“两路七桥八隧”中的“八隧”,即石门岗隧道、松岗山隧道、林寨隧道、东源隧道、义合隧道、横岭隧道、博罗隧道、银瓶山隧道。其中,最长隧道为松岗山隧道,全长9 881 m,采用单洞双线方案;羊台山高铁并行隧道,全长3 534.57 m,为国内罕见大跨度、小间距燕尾式出岔隧道,两隧道结构间最小净距为91 m,隧道最大宽度25.6 m,最大断面积370.5 m^2。

针对隧道施工,深圳指挥部带领施工单位始终坚持“四个标准化”要求和“工装保工艺、工艺保质量安全”的原则,配备隧道一级工装设备和先进施工工艺来保证隧道施工质量安全,应用衬砌模板台车、防水板铺挂半自动台车、钢筋定位卡具、水沟电缆槽台车等7种先进设备,提出水压光面爆破、红外线激光定位、衬砌逐窗浇筑和拱顶带模注浆、水沟电缆槽快速施工等10项先进工艺技术,开发铁路隧道仰拱开挖安全预警系统、信息化TSP在线环境监测系统、隧道门禁、安全定位系统及视频监控系统。

第一节 一般隧道施工

一、超前支护

(一)超前长管棚

1. 施工工艺流程

超前长管棚施工工艺流程如图4-4-1所示。

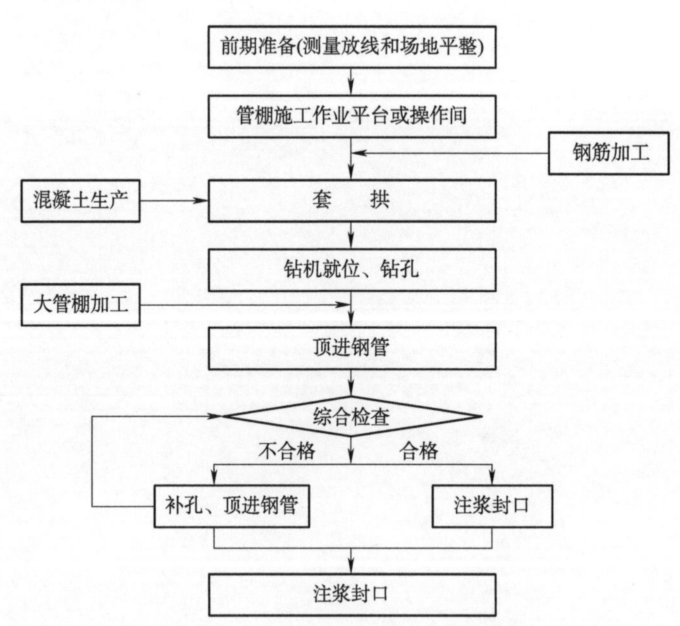

图4-4-1 超前长管棚施工工艺流程

2. 工艺要求

超前长管棚采用水平地质钻机造孔,钢管采用钻机推进器顶进,高压注浆泵注浆。

施作套拱:在洞口里程外起拱线以下路基土石方留一长约5 m平台,然后在洞外洞口交界处架立两榀钢拱架Ⅰ18轻型工字钢,间距0.75 m,用连接筋焊接成一整体。在钢拱架上安设导向钢管,数量、环向间距和外插角与长管棚设计一致。导向钢管的安装要测量精确定位,使钢管位置与方向准确无误,导向钢管与钢架焊为整体。然后按设计浇筑导向墙,导向墙厚1.0 m,宽1.0 m,环向长度根据工地实际情况确定。导向墙完成后,喷射15 cm厚C20混凝土封闭周围仰坡面及掌子面进行加固并防止浆液渗漏。搭设钻孔平台架、安装钻机。

钻孔:采用水平地质钻机,从导向管内钻孔。开孔时,低压慢转,钻进过程中利用倾斜仪等测量设备有效监测钻孔方向,保证终孔偏斜率在1/2 000以内,孔深误差+0.2 m。

安装长管棚钢管:钻孔达到深度后,依次拆卸钻杆。管棚钢管顶进采用钻机连接套管自动顶进,钢管节段间用丝扣连接,顶进时,采用5 m和3 m节长的管节交替使用,以保证隧道纵向同一断面内的接头数不大于50%,管壁上按设计钻压浆孔。钢管顶到位后,钢管与导向管间隙用速凝水泥等材料堵塞严密,以防注浆时冒浆。

注浆:注浆前先将孔内泥沙清洗干净(可用高压水冲洗),再进行注浆。

浆液采用水泥浆,注浆压力0.5~2 MPa,注浆参数根据现场试验予以调整。

(二)超前注浆小导管

超前小导管采用ϕ50 mm或ϕ42 mm钢管,小导管长5 m或4.5 m。环向布置间距30 cm或40~50 cm,超前小导管施工前用喷射混凝土封闭掌子面,然后施作注浆小导管形成一定厚度的加固圈后,进行开挖等作业。小导管施工工艺流程如图4-4-2所示。

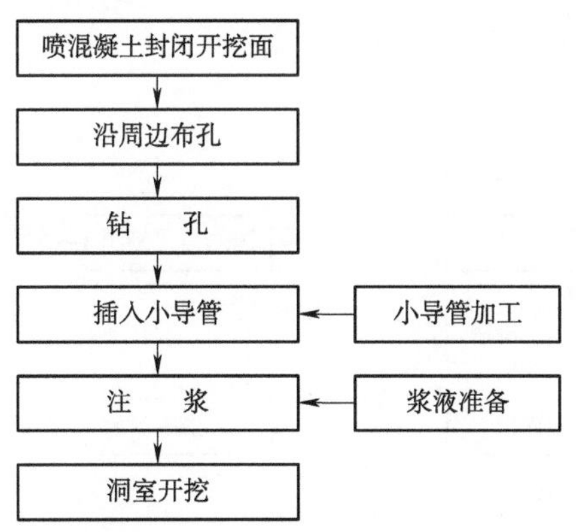

图4-4-2　小导管施工工艺流程

注浆作业中认真填写注浆记录,随时分析和改进作业,并注意观察施工支护工作面的状态。小导管注浆工艺流程如图4-4-3所示。

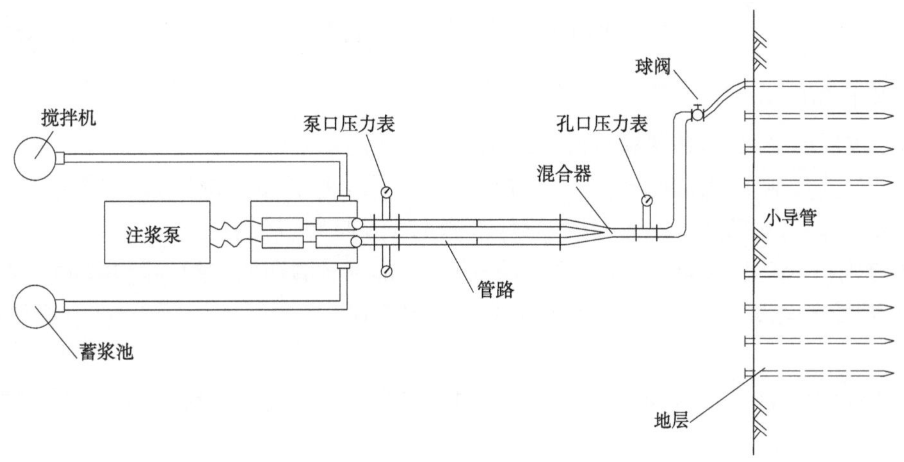

图4-4-3　小导管注浆工艺流程

二、洞身开挖

(一)不同围岩地段的开挖方法

一般隧道开挖采用新奥法原理组织施工，Ⅲ级围岩地段采用台阶法施工，Ⅳ、Ⅴ级围岩地段采用三台阶法、三台阶临时仰拱法或六步CD法。

1. 三台阶法

一般级围岩采用台阶法开挖，台阶长度5～8 m，周边眼采用光面爆破减少对围岩的震动以控制成形。上台阶风钻钻孔，挖掘机扒渣到下断面，下台阶利用风钻，开挖循环进尺为3 m。下断面出渣利用装载机装渣，自卸汽车运渣至指定的弃渣场地。

2. 三台阶法施工

对Ⅴ级围岩利用大拱脚台阶法开挖。大拱脚台阶法主要适合于少爆破和弱爆破围岩的隧道开挖，开挖进尺控制在0.6～1.0 m。开挖、支护过程中量测紧跟、及时反馈，以调整支护参数。大拱脚台阶法的施工工序和大拱脚台阶法施工工艺流程如图4-4-4所示，三台阶法施工工序如图4-4-5所示，实际施工场景如图4-4-6所示。

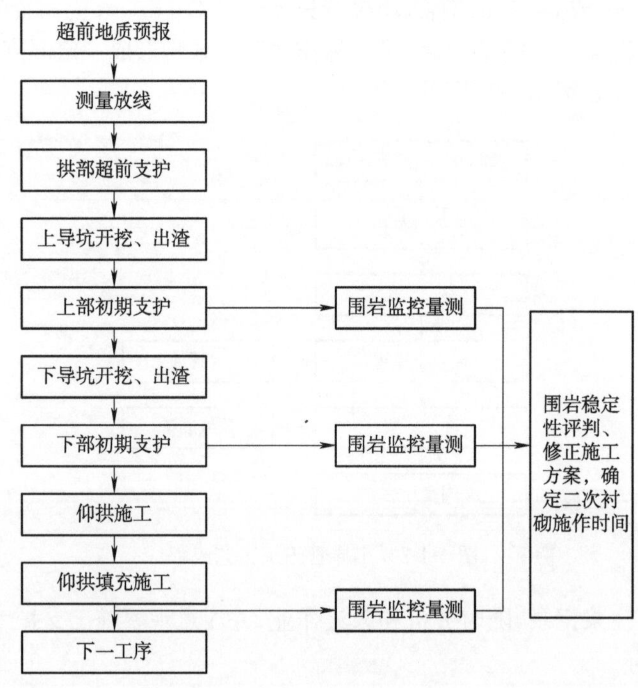

图4-4-4　台阶法施工工艺流程

3. 三台阶临时仰拱法施工

对Ⅴ级围岩浅埋段采用三台阶临时仰拱法，施工工序如图4-4-7所示。

(1)开挖①部台阶；施作①部洞身的初期支护，即初喷4 cm厚C25混凝土，架立钢架；复喷混凝土至设计厚度后钻设系统锚杆，底部架立临时钢拱架封闭，喷10 cm厚C25混凝土。

(2)上台阶施作至适当距离后，开挖②部台阶；施作②部洞身的初期支护，即初喷4 cm厚C25混凝土，接长钢架；复喷混凝土至设计厚度后钻设系统锚杆，底部喷10 cm厚C25混凝土封闭(必要时底部可设置临时钢拱架)。

(3)开挖③部台阶，及时封闭初期支护，即施作洞身结构的初期支护及封底钢架和喷混凝土。

(4)浇筑该段内Ⓝ部仰拱。

(5)浇筑该段内Ⓥ部隧底填充。

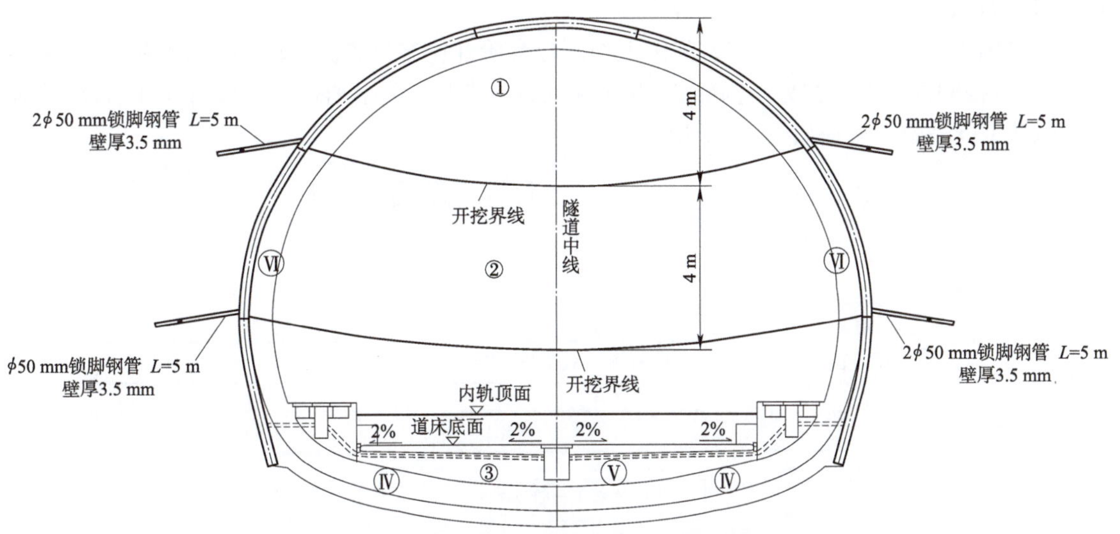

图 4-4-5　三台阶法的施工工序横断面

图 4-4-6　三台阶法实际施工场景

(6)利用衬砌模板台车一次性浇筑Ⅵ部二次衬砌(拱墙衬砌一次施作)。

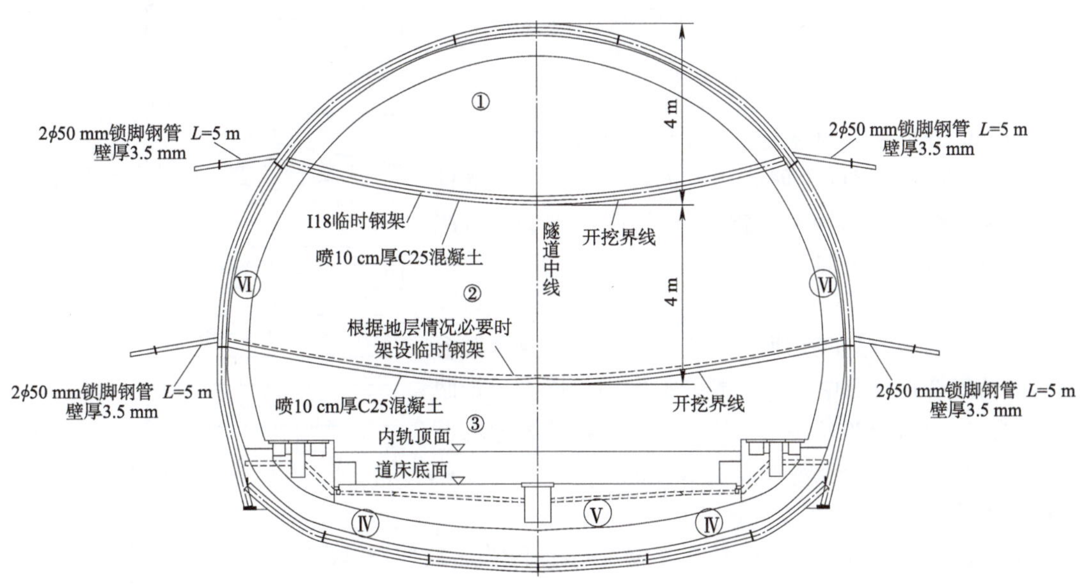

图 4-4-7　三台阶临时仰拱法施工工序横断面

4. 六步 CD 法施工

隧道Ⅴ级围岩采用六步 CD 开挖法，先由上至下分台阶开挖隧道单侧导坑，并及时施作导坑初期支护和临时支护，再按同样顺序开挖另一侧导坑，两侧导坑纵向错开长度根据现场地质情况并结合具体施工情况确定。六步 CD 法施工流程如图 4-4-8 所示。

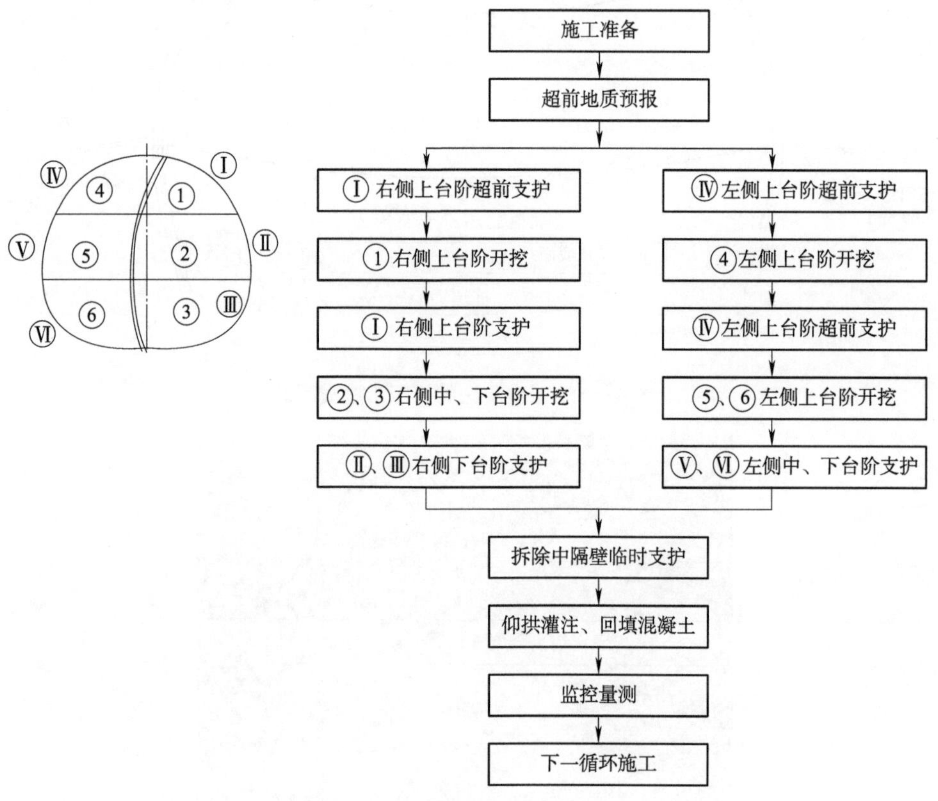

图 4-4-8 六步 CD 法施工流程

(二)光面爆破

1. 施工工艺流程

光面爆破施工工艺流程如图 4-4-9 所示。

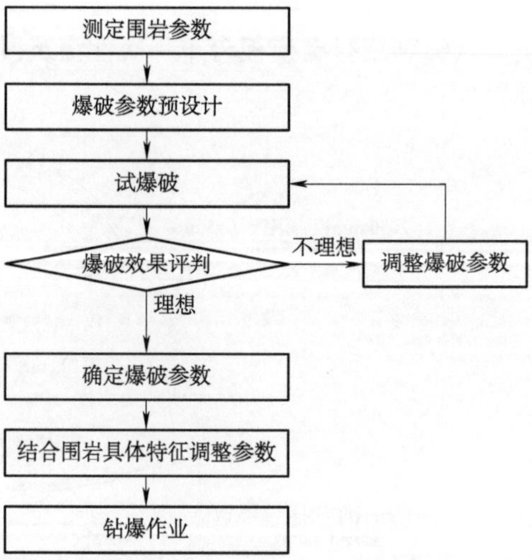

2. 钻爆设计

(1)设计原则

据地质条件，开挖断面、开挖进尺，爆破器材等编制光面爆破设计方案。根据围岩特点合理选择周边眼间距及周边眼的最小抵抗线，辅助炮眼交错均匀布置，周边炮眼与辅助炮眼眼底在同一垂直面上，掏槽眼加深 20 cm。

(2)钻爆设计要求

光面爆破作业由爆破工程师进行设计。合理选择爆破参数，根据围岩情况合理选择中空直眼或斜眼掏槽。爆破后炮眼痕迹保存率要求：硬岩≥80%，中硬岩≥60%，并在开挖轮廓面上均匀分布，两次爆破衔接台阶不大于 15 cm。

测定围岩参数
爆破参数预设计
试爆破
爆破效果评判
不理想
调整爆破参数
理想
确定爆破参数
结合围岩具体特征调整参数
钻爆作业

图 4-4-9 光面爆破施工工艺流程

(3)掏槽方式选择

直眼掏槽操作较简单，钻孔方向易掌握应首先选择；当石质较硬、断面较大时，采用斜眼掏槽，以便减少钻眼数量。

(4)放样布眼

钻眼前,测量人员要用红铅油准确绘出开挖面的中线和轮廓线,标出炮眼位置,偏差不得超过 5 cm。在直线段,可用 3～5 台激光准直仪控制开挖方向和开挖轮廓线。

(5)定位开眼

采用钻孔台车钻眼时,台车与隧道轴线要保持平行。台车就位后按炮眼布置图正确钻孔。对于掏槽眼和周边眼的钻眼精度要求比其他眼要高,开眼偏差要分别控制在 3 cm 和 5 cm 以内。

(6)钻眼

钻工要熟悉炮眼布置图,要能熟练地操纵凿岩机械,严格按钻爆设计实施。定人定位,周边眼、掏槽眼由经验丰富的司钻工司钻。以确保周边眼有准确的外插角(眼深 3 m 时,外插角小于 3°;眼深 5 m 时,外插角小于 2°),尽可能使两茬炮交界处台阶小于 15 cm。同时,应根据眼口位置及掌子面岩石的凹凸程度调整炮眼深度,以保证炮眼底在同一平面上。

(7)清孔

装药前,必须用由钢筋弯制的炮钩将石屑刮出,将小于炮眼直径的风管插入炮眼,用高压风将炮眼吹净。

(8)装药结构及堵塞方式

装药采用分片分组按炮眼设计图确定的装药量自上而下进行,雷管“对号入座”。所有炮眼均以炮泥堵塞,堵塞长度不小于 20 cm。

(9)联结起爆网络

起爆网络为复式网络,以保证起爆的可靠性和准确性。联结时要注意:导爆管不能打结和拉细;各炮眼雷管连接次数应相同;引爆雷管应用黑胶布包扎在离一簇导爆管自由端 10 cm 以上处。网络联好后,专人负责检查。

(10)光面爆破控制标准

根据技术规范,采用严格的光面爆破控制标准。光面(预裂)爆破控制标准见表 4-4-1。

表 4-4-1　光面(预裂)爆破控制标准

序　号	项　目	Ⅳ级围岩	Ⅴ级围岩
1	拱部平均线性超挖量(cm)	15	10
2	边墙平均线性超挖量(cm)	10	10
3	仰拱、隧底平均线性超挖量(cm)	10	10
4	拱部最大超挖量(cm)	25	15
5	仰拱、隧底最大超挖量(cm)	25	25
6	两炮衔接台阶最大尺寸(cm)	15	15
7	炮眼痕迹保存率(%)	≥60	
8	局部欠挖量(cm)	5	5
9	炮眼利用率(%)	95	100

(11)微震爆破施工参数控制

①不良地质地段采用微震控制光面爆破。微震爆破作业段最大一段允许装药量:

$$Q_{max}=R^3\times(v_{kp}/K)^{3/a}$$

式中　Q_{max}——最大一段爆破药量(kg);

v_{kp}——安全速度(cm/s),取 $v_{kp}=2$ cm/s;

R——爆破安全距离(m);

K——地形、地质影响系数;

a——衰减系数。

K、a 值是针对隧道的具体情况,在多次试爆基础上进行 K、a 值回归分析后确定。根据爆破物距爆心的安全距离要求,并由此推出的每段的最大装药量。

②微震控制爆破参数:上半断面微震爆破参数见表 4-4-2,下半断面微震爆破参数见表 4-4-3。具体实施时,结合试验确定。

表 4-4-2 上半断面微震爆破参数

周边眼间距 E(cm)	抵抗线 W(cm)	眼深 (m)	辅助眼间排距 (cm)	线装药密度 (kg/m)	最大段控制药量 (kg)
30～40	40～50	1.5	80～90	0.15～0.25	≤4.5

表 4-4-3 下半断面微震爆破参数

周边眼间距 E(cm)	孔排距 (m)	眼深 (m)	线装药密度 (kg/m)	最大段控制药量 (kg)
60～80	0.8～0.9	2	0.2～0.3	≤4.5

(12)光面爆破和预裂爆破参数控制

光面爆破参数见表 4-4-4,预裂爆破参数见表 4-4-5。

表 4-4-4 光面爆破参数

岩石类别	周边眼间距 E(cm)	周边眼抵抗线 W(cm)	相对距离 E/W	装药集中度 q(kg/m)
极硬岩	50～60	55～75	0.8～0.85	0.25～0.3
硬　岩	40～50	50～60	0.8～0.85	0.15～0.25
软质岩	35～45	45～60	0.75～0.8	0.07～0.12

表 4-4-5 预裂爆破参数

岩石类别	周边眼间距 E(cm)	至内排崩落眼间距 (cm)	装药集中度 q(kg/m)
极硬岩	45～50	40	0.3～0.4
硬　岩	40～45	40	0.2～0.25
软质岩	35～40	35	0.07～0.12

光面爆破施工钻孔作业如图 4-4-10 所示。

三、初期支护

(一)初期支护的作用及主要形式

初期支护是复合式衬砌的重要组成部分,初期支护既要与围岩共同变形,又要有足够的强度和刚度能控制围岩变形。初期支护的组成形式应根据工程地质与水文地质情况、隧道净空及覆盖厚度等因素确定,主要支护形式有:喷射混凝土支护、喷(射混凝土)锚(杆)(钢筋)网支护、钢拱架喷射混凝土支护等。洞身初期支护施工工序流程为:开挖后初喷混凝土→系统支护(系统锚杆、钢筋网、型钢钢拱架)施工→复喷混凝土至设计厚度→进入下循环。

图 4-4-10 光面爆破施工钻孔作业

(二)施工工艺

1. 砂浆锚杆施工工艺

按设计施钻锚杆孔,注浆工艺依据锚杆布置位置不同,拱部采用双管排气注浆法;侧墙采用单管注浆法。注浆设备采用专用高压注浆泵。砂浆锚杆施工工艺流程如图 4-4-11 所示。

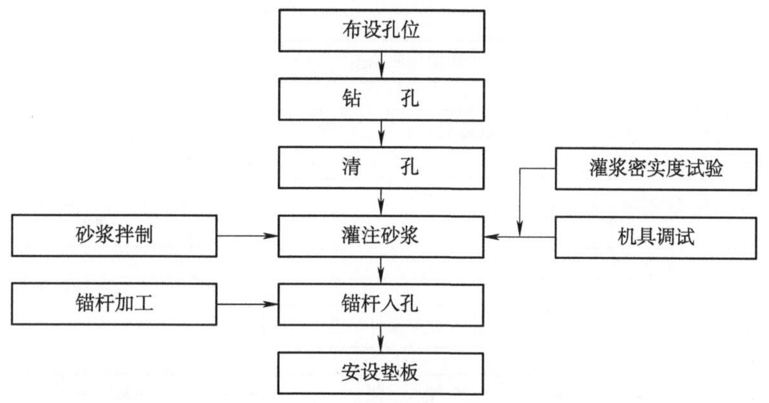

图 4-4-11　砂浆锚杆施工工艺流程

孔深度必须达到施工图纸的规定，孔深偏差值不大于±50 mm。用高压风吹洗清洁锚杆孔，确保孔内不留渣粉，不得用水冲洗锚杆孔。

砂浆采用高浓度砂浆，配合比通过现场实验确定，一般水泥：砂宜为 1：1～1：2(重量比)，水灰比宜为 0.38～0.45。砂浆坚持随拌随用的原则，对超过初凝时间的砂浆作报废处理。砂浆的干缩率必须在允许的范围内。

止浆塞塞入牢固，以确保能承受锚杆及注满锚杆孔砂浆的重量。排气管必须确保插入锚杆孔底，排气孔未出浆前，不得停止注浆。止浆塞在砂浆具有一定强度后方可拔出，拔出时不得振动锚杆。单管注浆、双管注浆作业如图 4-4-12 所示。

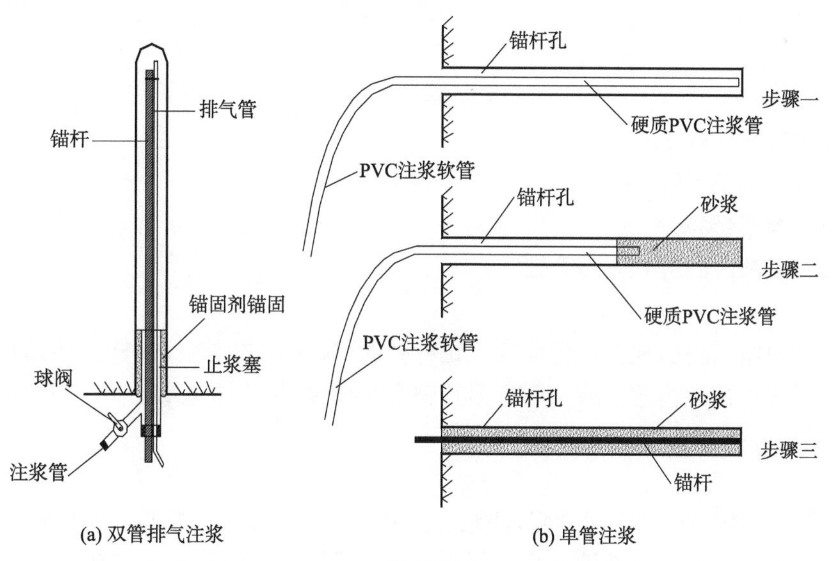

图 4-4-12　单管注浆、双管注浆作业示意

2. 中空注浆锚杆

采用组合式中空注浆锚杆(直径 22 mm，长 4.0 m)或普通中空锚杆(直径 25 mm，长 4.0 m)。一般主要设在拱部范围，采用锚杆钻机或凿岩台车钻孔，注浆泵注浆。中空注浆锚杆施工工艺流程如图 4-4-13 所示。

(1)注浆参数

注浆压力：一般为地下水静水压的 2～3 倍，同时应考虑岩层的裂隙阻力，根据现场情况试验后确定。但瞬间最高压力值不应超过 0.4 MPa。

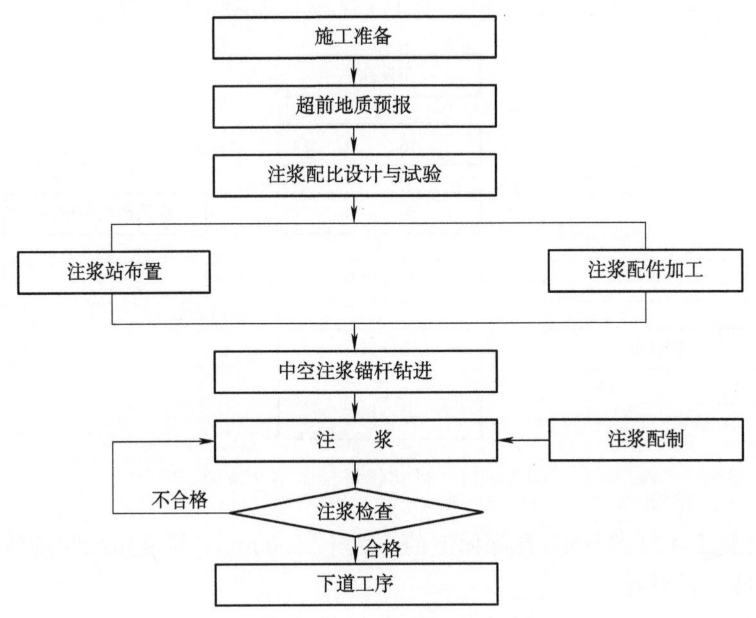

图 4-4-13　中空注浆锚杆施工工艺流程

浆液扩散半径 r：根据已有资料进行工程类比及现场渣体注浆试验情况选定注浆压力范围，确定浆液扩散半径 r 的大小。

注浆孔距 D 与排距 L：

$$D=2r\cos30^\circ$$
$$L=D\sin60^\circ$$

单孔注浆量：

$$Q_{注}=\pi r^2 h\eta\beta$$

式中　r——浆液扩散半径(m)；

h——压浆段有效长度(m)；

η——岩石裂隙率(%)；

β——浆液在裂隙内的有效充填系数。

(2)钻孔

采用锚杆钻机或风钻钻孔，成孔后杆体插入锚杆孔时，保持位置居中，锚杆杆体露出岩面长度不大于喷层厚度；有水地段先引出孔内的水或在附近另行钻孔再安装锚杆；并安设止浆塞和孔口垫板，插入排气管；止浆塞通过锚杆打入孔口 30 cm 左右。

(3)注浆

用注浆泵(1.5～5 MPa)压注水泥砂浆，注浆压力 0.5～1.0 MPa。锚杆孔内砂浆应饱满密实，砂浆内添加适量的微膨胀剂；注浆必须等浆液从孔口周围溢出，才算注满；锚杆垫板与孔口混凝土密贴；随时检查锚杆头的变形情况，待水泥浆终凝后扭紧固定孔口垫板的螺栓。

3. 喷射混凝土施工

隧道喷射混凝土初期支护施工流程如图 4-4-14 所示。

喷射混凝土材料符合设计和规范规定，采用三联机湿喷混凝土。喷混凝土料由洞外自动计量拌和站生产，搅拌生产混凝土时。采用汽车式搅拌输送车运输混凝土，将料卸入三联机，人工或机械手配合三联机施喷混凝土。

喷混凝土前处理危石，检查开挖断面净空尺寸，如有欠挖及时处理后再喷；在不良地质地段，设专人随时观察围岩变化情况，当受喷面有涌水、淋水、集中出水点时，先进行引排水处理。施工机具布置在无危石

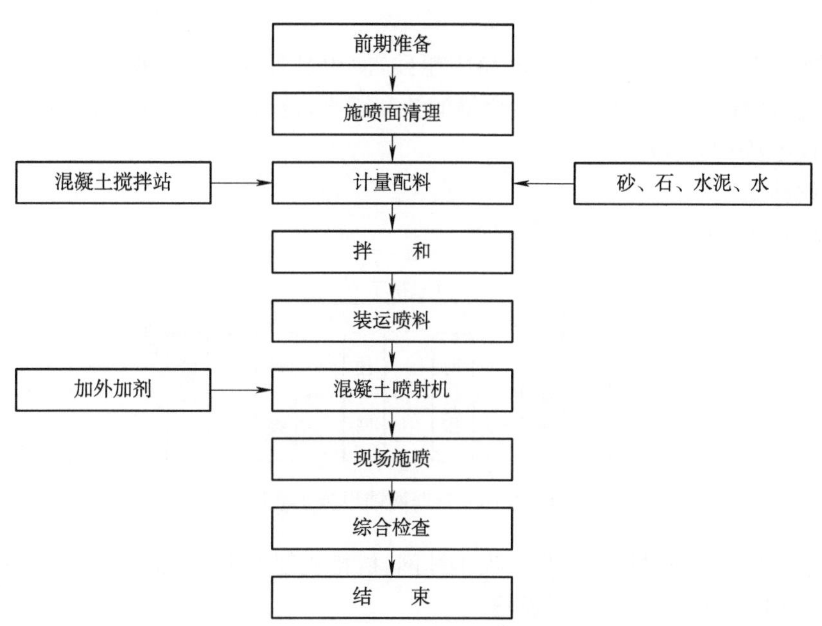

图 4-4-14　喷射混凝土初期支护施工流程

的安全地带。喷射前设置控制喷混凝土厚度的标志。检查电线路、设备和管路。

4. 喷掺纤维混凝土施工工艺

(1)纤维物的主要作用

抗裂:掺入微纤维有效提高混凝土因塑性收缩、温度应力、干缩等因素导致的裂纹的抗裂能力。0.1%体积掺量,抗裂能力提高 100%以上。

抗渗:有效提高混凝土抗渗防潮性能,可作为一种有效的刚性本体自防水添加材料,0.1%体积掺量,抗渗能力提高 100%以上。

抗冲击:有效提高混凝土抗冲击、抗震能力,0.05%体积掺量,锤击测试,初裂及粉碎锤击次数成倍提高,砂浆薄板抗冲击强度测试,提高≥25%。

抗磨:明显提高混凝土砂浆面的耐磨能力达 50%～100%。明显减少起尘、鳞状、片状剥落等破损现象。

减少回弹:喷射混凝土施工时掺加微纤维 0.1%可以比未加微纤维减少回弹量 10%～20%,节约施工成本。

(2)施工工艺流程

喷射微纤维混凝土流程如图 4-4-15 所示。

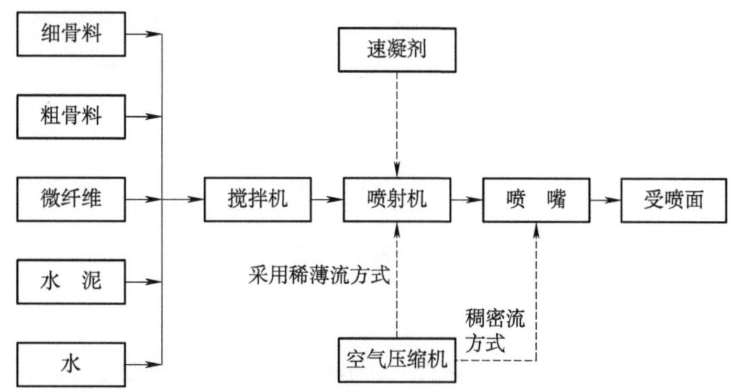

图 4-4-15　喷射微纤维混凝土流程

(3)工艺要求

细骨料选用细度模数大于 2.5 的硬质洁净中粗砂,使用时含水率控制在 5%～7%;粗骨料选用粒径不大于 10 mm 的连续级配碎石或卵石,化验合格的拌和用水;外加剂的选用须经监理工程师批准,其初凝时间不大于 5 min,终凝时间不大于 10 min。

5. 钢筋网铺设施工

钢筋网铺设施工流程如图 4-4-16 所示。

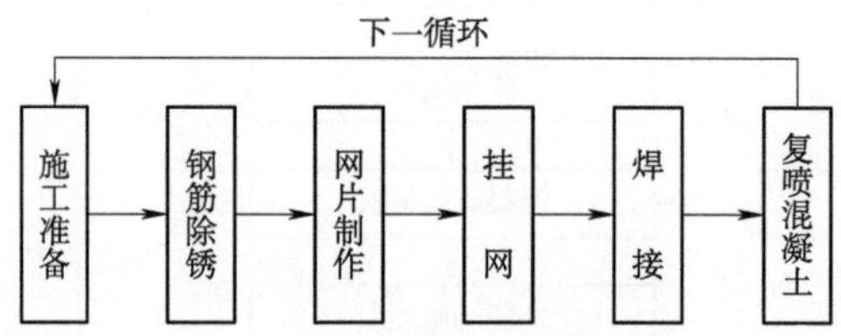

图 4-4-16　钢筋网铺设施工流程

挂网在初喷混凝土及施作锚杆后进行。人工挂网,搭接长度不小于 10 cm。钢筋网片运到洞内后,按围岩的大致起伏形状进行敷设,与锚杆尾焊接。

喷混凝土时,减小喷头至受喷面距离和风压,以减少钢筋振动,降低回弹。保证钢筋网喷混凝土保护层厚度不小于 2 cm。

6. 钢拱架施工

(1)施工流程

钢拱架施工工艺流程如图 4-4-17 所示。

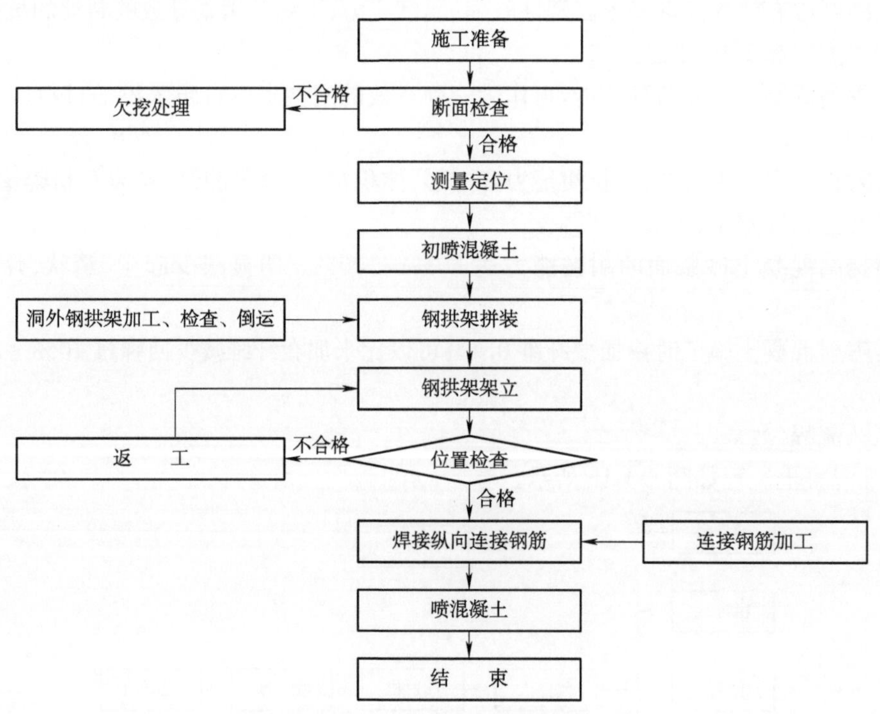

图 4-4-17　钢拱架施工流程

(2)工艺要求

钢拱架按设计尺寸在洞外下料分节焊接制作,制作时严格按技术交底执行,保证每节的弧度与尺寸均符合要求,每节两端均焊连接板,节与节之间通过连接板用高强度螺栓连接牢靠,洞外加工后试拼检查。

钢拱架的下端设在稳固的地层上,拱脚高度低于上部开挖底线以下 15～20 cm。钢拱架要全部被喷射混凝土覆盖，保护层厚度不小于 4 cm。拱脚开挖超深时，加设钢板或混凝土垫块。超挖较大时，拱背垫填混凝土垫块，以便抵住围岩，控制其变形的进一步发展。

四、基底处理、仰拱和填充施工

仰拱、填充紧随开挖进行，Ⅳ级围岩仰拱至掌子面距离不得大于 50 m，Ⅴ级围岩仰拱至掌子面距离不得大于 40 m。仰拱和填充混凝土超前二次衬砌施作，并分段整体灌注，仰拱严禁半幅施工，确保仰拱及底部施工质量。仰拱混凝土灌注前，基底清除干净，达到无虚渣、无积水。仰拱混凝土自中间向两侧对称浇筑，插入式振捣器进行振捣密实。仰拱混凝土终凝后才可进行填充混凝土施工，混凝土强度达到规范要求后方可在其上方行车。仰拱施工流程如图 4-4-18 所示。

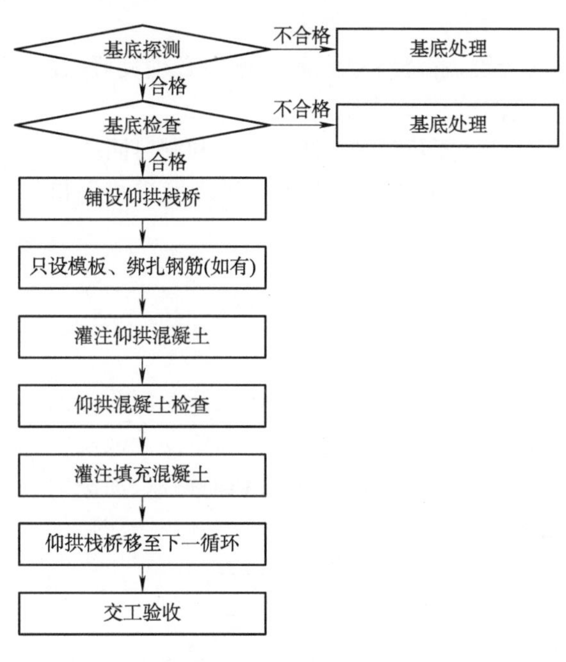

图 4-4-18 仰拱施工流程

五、隧道衬砌施工

1. 隧道衬砌类型

隧道衬砌类型有：明洞衬砌、整体衬砌和复合式衬砌。衬砌混凝土有钢筋混凝土和素混凝土，为减少裂纹可能在混凝土中掺加纤维。防水等级为一级，拱墙设复合防水板，施工缝设止水带。衬砌工序安排采取先浇筑仰拱混凝土再填充混凝土，后拱墙施工，仰拱全幅超前施工，拱墙衬砌采用模板台车施工。

Ⅳ级围岩二次衬砌至掌子面距离不得大于 90 m，Ⅴ级围岩二次衬砌至掌子面距离不得大于 70 m。

拱墙采用 12.1 m 模板台车，泵送混凝土入模，每环在拱顶预留压浆管兼排气管，保证拱顶混凝土与围岩密贴。混凝土采取附着式振捣器振捣，辅以插入式振捣器辅助振捣。特殊地段，附属洞室采用衬砌台架和组合钢模板施工。

2. 注意事项

(1)仰拱应及时施作，仰拱一次开挖长度不宜超过 6 m。

(2)必须清除隧底虚渣、淤泥和杂物，超挖部分用同级混凝土回填。

(3)仰拱混凝土应整体浇筑一次成型，填充混凝土应在仰拱混凝土终凝后浇筑，填充混凝土强度达到 5 MPa 后允许行人通过，达到设计强度的 100%后允许车辆通行。

(4)仰拱、仰拱填充施工前须将上循环混凝土仰拱接头凿毛处理，并按设计要求设置止水带。

(5)根据设计要求，施工缝处钢筋应断开，并要注意与拱墙衬砌施工缝处于同一竖直面上。

六、洞门施工

1. 施工流程

斜切式洞门施工流程如图 4-4-19 所示。

2. 洞门施工要求

(1)隧道洞门要尽早修建。隧道开挖进洞后,为确保洞口浅埋地段的结构稳定性和洞口安全,尽早进行洞口段暗洞二次衬砌施工,然后进行洞口明洞和洞门施工。

(2)洞门结构的所有基础和侧沟铺砌均需置于稳固地基上,基底虚渣必须清除干净。

(3)洞门混凝土结构须分次浇筑,各浇筑单元间的连接必须良好,并应及时施作,以保证洞门各部分结构的共同作用。

(4)洞门混凝土结构施工完成后,要及时进行防水施工和洞口回填。

(5)洞口回填后,及时按照设计要求和洞口周围自然环境进行洞口绿化。

图 4-4-19 斜切式洞门施工流程

七、超前地质预报

1. 超前地质预报流程

施工过程中需要开展施工超前地质预报工作,以获取开挖面前方的地质信息,及时调整隧道施工方案,指导隧道安全施工,避免发生地质灾害,主要方法包括地质素描、地震反射波法(TSP203)、超前钻探、加深炮孔等。超前地质预报流程如图 4-4-20 所示。

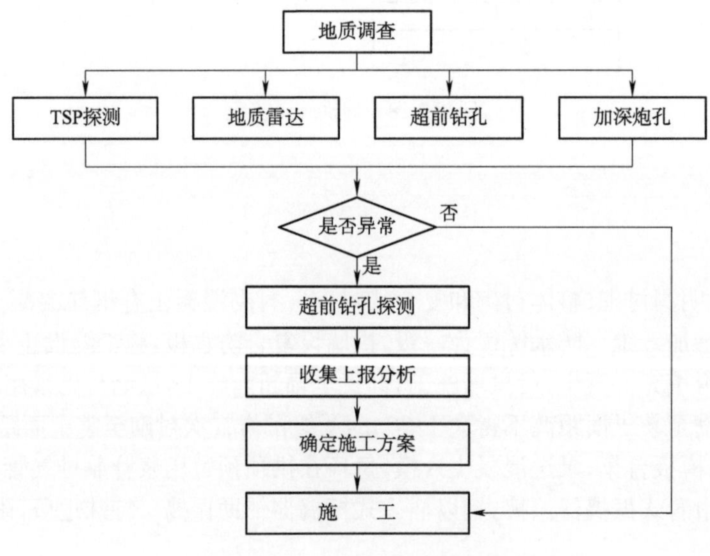

图 4-4-20 超前地质预报流程

按照《铁路隧道超前地质预报施工技术规程》要求,成立专门地质人员进行洞内地质素描工作,及时发现节理、裂隙、软弱夹层、物探异常带、岩体破碎带、富水的岩层分界面、富水地层中的裂隙水及不利结构面等导致坍塌情况的不利地质进行预测预报,并将超前地质预报纳入施工工序。施工过程中将超前地质预报纳入施工工序管理,做到先探测、后施工,不探测不施工。地质超前预报计划见表 4-4-6。根据隧道的地质情况确定,以常规地质法为基础、TSP203 和 HSP 地质超前预报系统作长距离宏观控制、地质雷达作近距离判断、超前水平钻孔和加长炮孔钻探作连续岩溶、地下水等超前探测、地质钻探为辅助验证(重大物探异常段，全程水平地质钻探)，形成综合的地质超前预报系统。

表 4-4-6　地质超前预报计划

预测预报方法	仪　　器	预　报　内　容	预报频率及计划
地质素描	罗盘仪、地质锤、放大镜、皮尺、数码相机等简单工具	对开挖面围岩级别、岩性、围岩风化变质情况、节理裂隙、产状、破碎带分布和形态、地下水等情况进行观察和测定后，绘制地质素描图，通过对洞内围岩地质特征变化分析，推测开挖面前方地质情况	地质素描在每次开挖后进行
超前地质钻探法	回转取芯钻	隧道内富水软弱断层、富水岩溶发育，重大物探异常区	30～50 m
加深炮孔	凿岩机	直接探明前方围岩地段的涌水压力及其含量	每个循环进行加深炮眼探测，炮眼数 5 个，孔深 5 m 以上
TSP 法	TSP 探测仪器	发现节理、裂隙、软弱夹层、物探异常带、岩体破碎带、富水的岩层分界面、富水地层中的裂隙水及不利结构面等导致坍塌情况	100～150 m

2. 预报方法

(1)地质素描

地质素描预测法分为岩层岩性及层位预测法、条带状不良地质体影响隧道长度预测法以及不规则地质体影响隧道长度预测法三种。

依据实测地层剖面图和地层柱状图的岩层层序，反复比较分析，最终推断出掌子面前方一定范围内即将出现的不良地质在隧道中的位置和规模。

(2)超前地质钻探法

在隧道内富水软弱断层破碎带，富水岩溶发育区，重大物探异常区等地质复杂地段应用。为确保施工的安全性，超前水平钻探每循环钻孔长度不应小于 30 m，连续预报是前后两循环孔应重叠 5～8 m。可能发生突泥涌水的地段，超前地质钻探应设孔口管和止水装置，防止高压水突出。富水软弱断层破碎带、岩溶发育区、重大物探异常区等地质复杂地段应采用超前水平钻探为主的综合方法预报前方地质情况。

(3)加深炮孔

加深炮孔是隧道施工期间超前地质预测预报最直接、最有效的方法，可直接探明前方围岩地质情况，指导工程施工。每断面均匀选取 5 孔，孔深 5 m 以上。加深炮孔探测严禁在爆破残留眼中实施。

(4)TSP 法

利用地震波反射回波方法测量。地震波震源采用小药量炸药激发产生，炸药激发在隧道边墙的风钻孔中，通常 24 个炮孔布置成一条直线。地震波的接收器也安置在孔中，一般左右洞壁各布置一个。在一定间隔距离内连续采用上述方法，结合施工地质调查，可以得到隧道围岩的地质力学参数，如动弹性模量、动剪切模量和动泊松比等。工作中结合相关的地质资料和施工地质工作，总结预报经验可以提高预报的准确性。

八、监控量测

监控量测工作是采用新奥法原理设计、施工的隧道在监控隧道围岩稳定性过程中必不可少的重要施工程序，它为初期支护和二次衬砌设计、施工参数的调整提供依据，是确保施工及结构运营安全、指导施工程序、便利施工管理的重要手段。

1. 量测项目和方法

监控量测项目的确定主要考虑以下因素：

(1)工程地质和水文地质情况；

(2)隧道埋深、跨度、结构型式和施工工艺；

(3)隧道施工影响范围内现有建(构)筑物的结构特点、形状尺寸及与隧道轴线的相对位置关系。

监控量测项目分必测项目和选测项目两类，表 4-4-7、表 4-4-8。

表 4-4-7　监控量测必测项目

序号	量测主要项目	量测仪器	测试精度	主要内容
1	洞内外观察	人工观察、数码相机、地质罗盘		开挖面围岩自稳性;岩体破碎带、褶皱节理等情况;核对围岩级别及风化变质情况;地下水情况;支护变形开裂情况;浅埋地段地表下沉情况
2	净空变化	收敛计、全站仪	收敛计:0.1 mm 全站仪:1 mm	根据收敛情况判断:围岩稳定性;支护设计和施工方法的合理性;模筑混凝土衬砌
3	拱顶下沉	水准仪、钢挂尺或全站仪	0.1 mm	监控拱顶下沉值,了解断面变化情况,判断拱顶的稳定性,防止塌方
4	地表沉降	水准仪、钢钢尺或全站仪	0.5 mm	监控浅埋地段地表沉降情况,判断洞口及仰坡稳定

注:h_0—隧道埋深;b—隧道最大开挖宽度。

表 4-4-8　监控量测选测项目

序号	监测项目	测试仪表仪器	测试精度
1	钢拱架内力	钢筋计、应变计	0.05 mm
2	隧底隆起	水准测量、水准仪、钢钢尺	0.05 mm
3	渗水压力	渗压计,频率接收仪	0.01 MPa
4	围岩内部位移	多点位移计、频率接收仪	0.1 mm
5	围岩压力	压力盒、频率接收仪	0.01 MPa
6	二次衬砌接触应力	压力盒、频率接收仪	0.01 MPa
7	钢筋内力	钢筋计、频率接收仪	0.01 MPa
8	喷射混凝土内力	混凝土应变计、频率接收仪	
9	锚杆杆体应力	钢筋计、频率接收仪	0.01 MPa
10	二次衬砌内应	混凝土应变计,频率接收仪	
11	围岩弹性波速	弹性波测试仪	

2. 量测频率和结束标准

(1)量测频率

根据监测数据变化情况而定,见表 4-4-9。

(2)结束标准

根据位移速率判别:位移速率<0.2 mm/d 时,说明变形基本达到稳定,在变形基本稳定 2 周后量测项目可结束。

表 4-4-9　监控量测频率

<table>
<tr><th>监测项目</th><th>监测频率</th><th>备注</th></tr>
<tr><td>洞内、外观察</td><td>开挖面观察开挖后进行;洞内已支护段和洞外观察 1 次/d</td><td></td></tr>
<tr><td>地表或路面沉降</td><td rowspan="4">沉降速率≥5 mm/d,2 次/d;
沉降速率 1~5 mm/d,1 次/d;
沉降速率 0.2~1 mm/d,1 次/2 d;
沉降速率≤0.2 mm/d,1 次/周</td><td></td></tr>
<tr><td>拱顶下沉</td><td></td></tr>
<tr><td>净空收敛</td><td></td></tr>
<tr><td>隧底隆起</td><td>明挖段</td></tr>
<tr><td>建(构)筑物沉降、倾斜及裂缝观测</td><td>1 次/3 d</td><td></td></tr>
<tr><td>地下管线位移</td><td>1 次/3 d</td><td></td></tr>
<tr><td>边坡位移</td><td>根据开挖实际情况进行</td><td></td></tr>
</table>

3. 数据分析和反馈

现场获取监测数据后，应及时对数据进行整理分析，绘制时态曲线图并进行回归分析，预测可能出现的最大位移值，判断隧道支护结构和地表建(构)筑物的安全状态。在暗挖段采用的"非接触量测及分析系统"具有自动计算、绘制时态曲线、回归分析和预测功能；明挖段、地表或路面沉降、地表建(构)筑物的监测数据也要利用计算机进行整理分析。

九、供水、供电、供风

1. 供水

隧道岩隙水资源比较丰富，一般4～9月份是丰水期，1～3月份是枯水期。在隧道洞口附近打设管井取水，一般打井深至20～50 m即可出水供施工使用。用高压水泵抽水至移动水箱，再用水泵从水箱引入隧道内，供洞内高压用水。

2. 供电

线路采用380 V/220 V三相五线系统，电线路固定于边墙上部，电源从布置于洞内的各变压器引接。压力等级：动力设备采用380 V；照明：不作业地段采用220 V，作业面和作业平台等施工现场，采用36 V安全电压供电。洞内照明作业区域，在未成洞地段每隔6 m设挂灯，成洞地段每隔10 m设一盏高压钠灯，以满足施工需要。所有灯具按规定安装悬挂。电力线布置如图4-4-21所示。

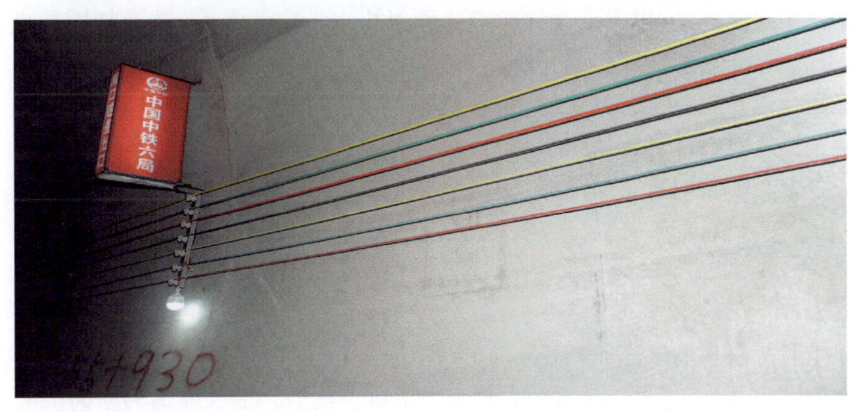

图4-4-21 电力线布置

3. 通风

隧道施工通风主要采用长管路独头压入式通风方案，利用风管对掘进工作面供风，风管采用高强长纤维布基拉链式软风管，直径150 cm。

隧道口采用单口通风，风机设置在隧道掘进口。为保证洞内空气质量，保障施工人员身体健康，工作面配备1台轴流通风机通风。洞内高压风水管布置如图4-4-22所示。

十、主要经验及体会

(1)隧道出口段围岩裂隙水丰富，并且出口段为反坡，充分考虑反坡施工排水的重点、难点，确保了施工进度。

(2)为确保施工安全、质量、环保要积极推进隧道施工成套工装，提高机械化水平，加快施工进度。

(3)隧道施工需从始至终进行监控量测工作，监控量测是施工过程中必不可少的施工程序。监控量测须纳入工序管理，不量测、不进洞，不量测、不施工，所有人员参与监督管理。

(4)要加强洞内外观察，观察掌子面地质变化情况、掌子面及洞周围岩稳定情况、初期支护稳定情况、地下水情况、地表变化情况等，特别对于浅埋隧道、软弱围岩地段更要做好监控量测，预防塌方。

(5)超挖部分采用喷射混凝土或同标号混凝土回填密实，不得人为造成空洞。

图 4-4-22　洞内高压风水管

(6)喷射混凝土表面保证平整度,欠挖部分补炮或采用破碎锤处理,超挖部分挂网补喷,保证凹坑深宽比不大于 1∶10。边墙下部喷到底,因隧底开挖造成的喷混凝土掉落必须在防水层施工前补喷完,凹凸不平处必须处理,保证纵向盲管与围岩密贴。

(7)二次衬砌台车定位准确,以保证设计净空。确保止水带位置准确,端模加固要做到接缝严密不漏浆,稳固牢靠,浇筑混凝土时注意观察,防止跑模。

(8)仰拱施工实行短开挖、早支护、快封闭、勤量测,及时施作钢架支护,闭合成环。

(9)衬砌混凝土浇筑时下部直接从窗口浇筑,左右对称进行,确保混凝土下落距离不大于 2 m,浇筑时加强振捣,起拱线以上必须用附着式振动器,确保混凝土质量。

第二节　长大、重难点隧道施工

全线 5 km 以上长大隧道有 8 座,合计 56.46 km,为松岗山隧道、银屏山隧道、横岭隧道、石门岗隧道、林寨隧道、东源隧道、义和隧道、博罗隧道等一系列长大重难点隧道。最长隧道为松岗山隧道,全长 9 881 m,采用单洞双线方案。另外,羊台山高铁并行隧道全长 3 534.57 m,为国内罕见大跨度、小间距燕尾式出岔隧道,两隧道结构间最小净距为 91 m,隧道最大宽度 25.6 m,最大面积 370.5 m^2。长大、重难点隧道施工以松岗山隧道和羊台山隧道为例。

一、松岗山隧道

(一)隧道概况

松岗山隧道位于广东省和平县上陵镇境内,隧址区位于剥蚀低山区,地势起伏较大,自然坡度 10°～80°,地面高程 300～600 m,局部相对高差大于 100 m。地表植被发育且茂密,多为针叶林与灌木林混合林,交通较为不便。

本隧道采用单洞双线形式,进口里程为 DK145+747,出口里程为 DK155+628,全长 9 881 m。隧道最大埋深约为 353 m。

隧道内设置单面下坡,坡度分别为−19.5‰、−9.4‰。DK145+747～DK147+438.65 段位于半径为 10 000 m 的左偏曲线上,DK155+570.84～+628 段位于半径为 10 000 m 的右偏曲线上,其余均位于直线上。

(二)工程地质及水文地质特征

1. 地层岩性

隧道区出露的地层有第四系、白垩系上统南雄群、喜山晚期侵入岩、燕山早期侵入岩。

2. 地质构造

本测段处于我国大地构造单元华南褶皱系(华南准地台)的九连山隆起区(位于赣粤边界,山脉呈东北～西南走向,北部包括龙南、定南,东连和平)。

断层破碎带:岩体波速较低约 2 100 m/s,推测为断层破碎带 F1,在地表里程 DK146＋085～＋115 附近与线路斜交。

断层破碎带:岩体波速较低约 2 200 m/s,推测为断层破碎带 F2,在地表里程 DK146＋185～＋230 附近与线路斜交。

F4 断层岩体波速较低约 2 800 m/s,推测为岩体破碎带,在地表里程 DK149＋335～＋380 附近与线路斜交,于隧道洞身交于里程 DK149＋300～＋370 附近,断层视倾角为 62°,倾向小里程。

F5 断层岩体波速较低约 2 800 m/s,推测为岩体破碎带,在地表里程 DK149＋775～＋810 附近与线路斜交,于隧道洞身交于里程 DK149＋785～＋835 附近,断层视倾角为 74°,倾向大里程。

在 DK148＋250～＋750 段存在物探异常区,推测为岩体破碎带。

3. 水文地质特征

(1)地表水特征

隧道区地表水多为冲沟水,以及山间谷地沟溪水,地表水弱发育。

(2)地下水类型

根据含水层岩土类别、岩石组合关系、地下水赋存条件及水动力特征,可将本区地下水划分为松散层岩土体孔隙水、基岩裂隙水、构造裂隙水三大类型。

(3)地下水补给、径流和排泄及与地表水的关系

隧道区地形陡峻,地表水径流迅捷,降水沿地表快速径流,一般渗入地下的水量有限,但在断层破碎带、节理发育区以及高陡岩层产状地段,地表水将沿裂隙等渗入地下。花岗岩地段,地表冲沟发育,沟谷较为开阔,花岗岩风化层较厚。

(4)隧道涌水量的预测

采用径流模数法计算,松岗山隧道洞身正常用水量为 2 224 m^3/d,最大涌水量为 3 945 m^3/d。

(三)施工辅助坑道设计

1. 施工辅助坑道设置方案

原设计在隧道中部设 1 号、2 号斜井,因征地拆迁进度滞后,变更设计增加 0 号斜井,相应调整 1 号、2 号斜井位置。松岗山隧道施工辅助坑道设置见表 4-4-10,隧道施工辅助坑道平面如图 4-4-23 所示。

表 4-4-10　松岗山隧道施工辅助坑道设置

辅助坑道名称	类　　型	长度(m)	与线路交点		位　　置	综合坡度
			交点里程	平面角度(与大里程)		
0 号斜井	无轨运输双车道	180	DK147＋485	60°	线路左侧	7.39%
1 号斜井	无轨运输双车道	475	DK149＋450	90°	线路左侧	8.94%
2 号斜井	无轨运输单车道	575	DK153＋400	90°	线路右侧	9.18%

2. 辅助坑道支护结构设计

本隧道运营期间利用 1 号斜井设置防灾救援紧急出口,按永久工程设计;斜井Ⅱ～Ⅳ级围岩地段采用喷锚衬砌,洞口浅埋偏压段、Ⅴ级围岩地段以及斜井与正洞交叉连接段采用复合式衬砌。

斜井与正洞连接段结构应加强处理,衬砌采用降低一级围岩级别复合式衬砌。

3. 施工辅助坑道在隧道主体结构竣工后的处理措施

隧道施工完成后,本隧道 1 号斜井运营期间作为防灾救援紧急出口使用,按永久工程设计,为满足耐久性要求,斜井工区施工完成后,在井身锚喷支护段应采用 C30 喷射混凝土复喷处理,厚度 10 cm。斜井内的防灾通风、应急照明、通信信号等洞内外设施设置要求详见相关专业文件。2 号斜井洞口及与正洞衔

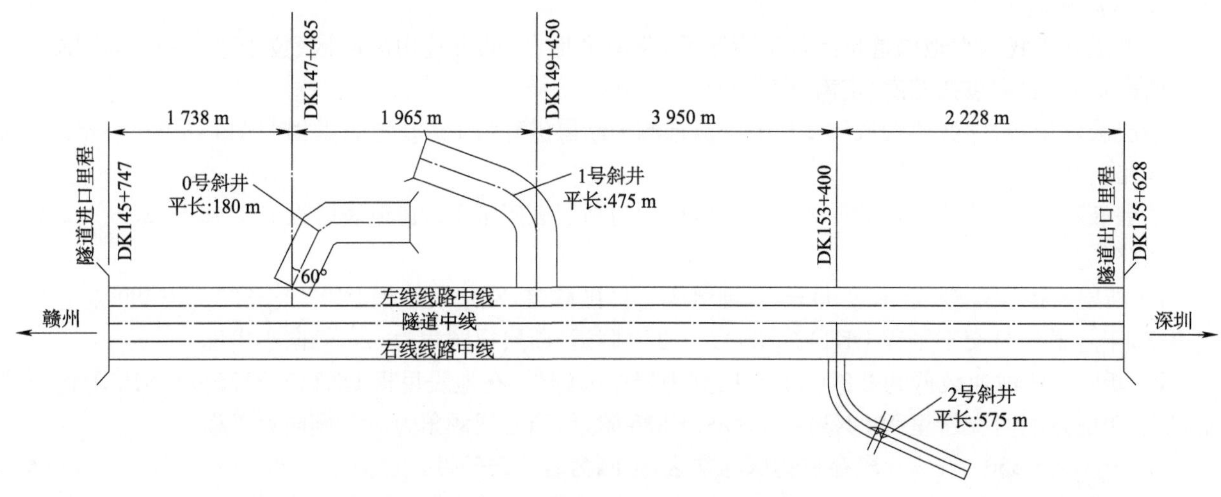

图 4-4-23 松岗山隧道施工辅助坑道平面示意

接处采用格栅门封闭处理,并做好洞内水的引排处理。

(四)围岩级别划分及施工组织

松岗岩隧道围岩级别划分见表 4-4-11。

表 4-4-11 松岗山隧道围岩级别划分

项　目	围岩级别				合　计
	Ⅵ级围岩	Ⅴ级围岩	Ⅳ级围岩	Ⅲ级围岩	
长度(m)	1 469	1 809	3 008	3 595	9 881
占比(%)	14.9	18.3	30.4	36.4	100

变更设计后,本隧道按进口、出口、0 号斜井、1 号斜井、2 号斜井共 5 个工区 7 个工作面组织施工,具体工区划分见表 4-4-12。

表 4-4-12 松岗山隧道各工区施工划分

工　区		里程范围	长度(m)
进口工区	正洞施工	DK145+747～DK146+840	1 093
0 号斜井工区	小里程方向	DK146+840～DK147+485	645
0 号斜井工区	大里程方向	DK147+485～DK148+175	690
1 号斜井工区	小里程方向	DK148+175～DK149+450	1 275
1 号斜井工区	大里程方向	DK149+450～DK151+765	2 315
2 号斜井工区	小里程方向	DK151+765～DK153+400	1 635
出口工区	正洞施工	DK153+400～DK155+628	2 228

(五)主要施工方法及工艺

1. 隧道暗挖段

均按喷锚构筑法原理组织施工,Ⅴ、Ⅵ级围岩地段采用六步 CD 法或三台阶临时仰拱法施工;Ⅳ级围岩地段采用三台阶临时仰拱法或三台阶法施工,Ⅲ级围岩地段采用三台阶法施工,Ⅱ级围岩采用全断面法施工。洞身开挖采用光面爆破。

2. 衬砌支护设计

(1)隧道除斜切式洞门(含缓冲结构)段采用整体式衬砌外,其他地段均采用复合式衬砌。复合式衬砌由初期支护、防水隔离层与二次衬砌组成。本隧道Ⅱ级围岩采用曲墙带底板或曲墙带仰拱两种衬砌结构形式,

Ⅲ～Ⅵ级围岩采用曲墙带仰拱的衬砌结构形式。初期支护采用喷射混凝土，二次衬砌采用模筑混凝土。

(2)全隧道二次衬砌为混凝土结构，拱墙纵向施工缝上部二次衬砌混凝土掺加纤维素纤维，掺量为0.9 kg/m³；并在设置接触网预埋槽道处，采用三肢钢拱架与单层钢筋网片进行加强处理，钢筋间距根据槽道位置对应布置。

(3)钻爆法隧道预留槽道精准定位及其隧道衬砌施工方法。通过利用角钢加工槽道定位模具定位槽道间距，使接触网槽道加工符合设计与规范验收要求。优化操作、流水化作业。该工法的施工流程简单、施工工序优化、作业效率高、节省人力物力，提高生产效率。采用该法施工，准确确保了预埋槽道的位置，减少了后期调整预埋槽道位置的修整工作量。采用二次定位孔螺栓定位法，提高定位精度，保证施工质量。

二次定位孔螺栓定位法施工工艺流程：施工准备→台车模板开孔→通过T形螺栓进行一次固定→绑扎二次衬砌钢筋预留槽道组位置→与接地钢筋网焊接→利用T形螺栓二次精准定位→取出螺栓脱膜。

3. 弃渣及环保

(1)进口工区：弃渣场位于DK145＋750左侧100 m山坳，运距约0.6 km，弃渣场总容量为41.45万m³(松方)。

(2)出口工区：弃渣场位于DK155＋600右侧300 m山坳，运距约0.8 km，弃渣场容量约41.45万m³(松方)。

隧道弃渣采用C25混凝土挡墙支挡，施工完毕后渣场顶进行绿化。

4. 监控量测

监控量测的主要目的在于了解围岩稳定状态和支护、衬砌可靠程度，确保施工安全及结构的长期稳定性，并验证支护结构效果，确认支护参数。

隧道主体工程完工后，沉降变形观测期一般不应少于3个月。观测数据不足或工后沉降评估不能满足设计要求时，应适当延长观测期。

(六)不良地质

不良地质及应对措施见表4-4-13。

表4-4-13　松岗山隧道不良地质及应对措施

序号	不良地质		应对措施
	类　型	地质情况	
1	危岩落石	根据隧址区地质调查，隧道出口局部发育危岩落石	施工时加强支护措施
2	岩体放射性	根据勘测阶段放射性测试成果显示，本线花岗岩放射性均不超标，基本可以排除本线花岗岩放射性对人体的影响	根据隧道埋深加大，放射性增强这一特征，隧道深孔勘探中将进一步完善沿线的侵入岩放射性测试，并根据测试成果，采取相应防护措施

(七)下穿既有京九铁路路基段处理方案

本隧道在DK155＋365～＋405段下穿既有京九铁路路基，隧道拱顶距铁路路基基础底面的覆盖厚度约41.319 m，平面交角约37°。既有铁路为双线铁路，设计时速120 km。该段隧道洞身位于弱风化花岗岩中，施工中采取处理措施如下：

(1)隧道下穿既有铁路路基段采用ϕ89 mm长管棚＋ϕ42 mm超前小导管注浆超前预支护，三台阶临时仰拱施工，采用光面爆破技术，保证既有铁路隧道最小限度地受到爆破的影响。

(2)施工前应对施工场地影响范围内的危险源、危险因素等进行识别，并进行风险评估，制订有效的应对措施及应急预案。如对既有线边仰坡进行危石排查，对路堑顶部斜坡存在松散易坍塌的土体或其他不良地质体，应清除干净；对路堑顶部易松动的落石、块石或危岩，必须全部清除干净，对难以清除者应采取加固措施。

(3)下穿段施工前，应与铁路工务部门联系，爆破作业应在封锁行车条件下执行，并应编制详细的控制爆破施工组织方案及爆破防护方案,按《爆破安全规范》和铁路部门有关规定办理相关手续。爆破施工组织方案及爆破防护方案需经有关部门批准后方可施工。

(4)隧道施工过程中加强监控测量,监测包括新建隧道与既有线路基的监控量测,内容涵盖洞顶沉降观测,净空收敛、洞外地表沉降观测及爆破震速监测,及时掌握围岩动态和支护工作状态,确保松岗山隧道安全通过既有线路基区域及既有线运营安全。

(八)风险评估与对策

通过对勘测资料、地勘报告、设计图进行分析,对本隧道进行风险因素识别,并根据风险因素采用相应的对策措施,从而将风险降低至可接收或可忽略的范围,可以参考设计图纸设计说明“隧道风险评估及对策措施设计表”。

二、羊台山隧道

(一)隧道概况

羊台山隧道位于广东省深圳市境内,为单洞双线隧道,隧道起讫里程为 DK429+373.43～DK432+908,长度为 3 534.57 m,中心里程 DK431+140.715。其中Ⅱ级围岩 2 288 m(含标准段 1 408.53 m,1 号联络线变截面大跨度 507.81 m,2 号联络线变截面大跨度 423.66 m),Ⅲ级围岩 642 m,Ⅳ级围岩 120 m,Ⅴ级围岩 484.57 m,隧道最大埋深 345 m。隧道进口,采用 19 m 倒切侧向开孔式缓冲结构洞门,隧道出口采用 20 m 倒切侧向开孔式缓冲结构洞门。

(二)隧道光面爆破施工控制技术

光面爆破施工控制技术研究主要依托于羊台山隧道施工,在实践中得出理论,在传统的光面爆破工艺基础上优化重点施工环节的控制,炮孔仰角(图 4-4-24)的控制就是光面爆破的关键控制点,控制好仰角就控制住了爆破应力发散的方向,是光面爆破(图 4-4-25)获得平滑的开挖轮廓面的重要因素。研究采用先进的测量设备可以减少放样的误差,提高放样的精度与速度,简化人员复核的步骤。采用三臂凿岩台车等机械化凿岩技术(图 4-4-26),凿岩台车钻杆直径 45 mm,比人工风钻 22 mm 钻杆更粗,钻进时的稳定性更好,凿岩台车机械臂定位比人工更加准确,钻孔精度更高。

图 4-4-24 检查炮孔仰角

光面爆破施工钻眼及装药延长 20 min,清理危石或补炮缩短 20 min,初期支护缩短 20 min,装渣及出渣缩短 20 min,并方便了后续的挂土工布、防水板施工(图 4-4-27)。

光面爆破比非光面爆破减少超挖量 15%,按现行规范标准平均超挖值为 150 cm,即每延米少开挖约 2.0 m^3。减少同标号喷射混凝土超挖回填量约 2 m^3,同时也节省了火工品和因非光面爆破所造成的围岩破碎所需钢拱架支撑、锚杆、钢筋网等初期支护的工程量。

通过三维激光扫描仪每循环对初期支护面进行全覆盖扫描,精确判断围岩超欠挖情况,对整个初期支

图 4-4-25 控制好仰角后光面爆破效果

图 4-4-26 全电脑三臂凿岩台车现场作业

图 4-4-27 光面爆破效果

护面进行全面分析,为优化钻爆设计提供坚实数据基础。

通过断面放样仪(图 4-4-28)的使用,使得钻爆动态调整更加简单快捷。每次调整完钻爆设计,直接将参数导入断面放样仪,投影到掌子面,凿岩台车机械臂可直接开始钻眼施工,提高了交底效率,使得机械臂操作手可以时刻核实钻孔位置是否与钻爆设计相符,质量控制更简单快捷。

图 4-4-28 开挖断面多点激光放样仪

(三)隧道施工机械化

铁路隧道机械化配套施工工法在隧道施工中对开挖、支护、仰拱、防排水、二次衬砌、隧道附属六条作业线进行了机械化施工改造与创新,投入的设备和工装包括三臂凿岩台车、拱架安装机、湿喷机械手、自行式液压仰拱栈桥、仰拱弧形模板及填充模板、仰拱钢端模、智能化自动浇筑无骨架衬砌模板台车及二次衬砌钢端模、旋转伸缩臂式防水板铺设台车、全自动混凝土养护台架、水沟电缆槽门架台车,设备在施工过程中取得了良好的效果。

铁路隧道机械化配套施工工艺流程:开挖支护(三臂凿岩台车,湿喷机械手)→仰供施工(自行式仰供栈桥)→防水板铺设(防水板自动铺设台车)→二次衬砌施工(大净空全自动布料同步带模注浆衬砌台车)→水沟电缆槽施工(整体式液压水沟电缆槽台车)

开挖采用液压三臂凿岩台车施工(图 4-4-29),通过机械的精准定位以及孔序的优化设计,减少了超欠挖量,加快了开挖速度,彻底解决了炮眼间距不均匀,劳动人数多,安全风险大的隐患。

图 4-4-29 三臂凿岩台车施工

喷射混凝土采用回弹量少的湿喷机械手施工(图 4-4-30),喷射混凝土的喷射距离、角度、喷射顺序、喷头移动等对初期支护质量、回弹有很大影响,湿喷机械手混凝土作业经过反复试验,确定相应参数可以严格控制喷射质量及回弹量,保证了喷射混凝土的施工质量,大幅度提升工效,保证了初期支护的质量。

图 4-4-30　喷射混凝土施工

钢拱架采用钢拱架安装机安装(图 4-4-31)，拱架定位更准确，安装更便捷省时省力，原拱架安装需要 2～3 h，采用拱架安装车后仅需要 1.5～2 h，采用拱架安装车后掌子面支护施工作业人员数量由原先的 10 人，减少到 4 人，大大提高安全系数；操作人员不再需要靠“肩扛”安装拱架，降低了劳动强度，减少了人员伤害风险。

图 4-4-31　钢拱架安装施工

锚杆采用数字锚杆台车(图 4-4-32)，钻孔定位更准确，具有凿岩硬度高，钻孔速度快，稳定可靠的特点，锚杆安装更便捷省时省力，节省时间，施工作业人员数量减少，大大提高安全系数，降低了劳动强度，减少了人员伤害风险。

图 4-4-32　锚杆施工

工法创新性地使用了 53 m 长大仰拱隧道,减少走行频率,提高了机械化水平以及隧道施工的整体施工效率。解决了传统仰拱施作时掌子面、仰拱、衬砌之间相互干涉的问题,提高机械化水平,实现了各工序之间平行作业;该工法的施工流程简单、施工工序优化、作业效率高、节省人力物力,提高生产效率;减少了端模的封堵次数,从而减少了施工缝用止水带等等材料,减少人工费和材料费。仰拱施工采用自行式仰拱栈桥(图 4-4-33)配合仰拱弧形模板及填充模板和钢端模施工,减少了掌子面开挖施工运输和仰拱施工之间的干扰,为仰拱施工提供了流水作业工作面,满足隧道仰拱混凝土整幅浇筑一次成型和快速施工的需求。栈桥自带液压式弧形仰拱衬砌模板,有效解决了仰拱衬砌混凝土浇筑难的问题,提高了混凝土浇筑质量。

图 4-4-33　自行式仰拱栈桥

防水层采用旋转伸缩臂式防水板(图 4-4-34)铺设台车,提高防水板铺设质量,节约人力、时间,提高工效,通过遥控操作,实现防水板自动提升铺展、钢筋精准定位,施工更加方便快捷。

图 4-4-34　旋转伸缩臂式防水板施工

二次衬砌采用智能化自动浇筑无骨架衬砌模板台车(图 4-4-35),一键操作,全智能布料,实现二次衬砌混凝土的逐窗分层浇筑。与该台车配套的设备有防顶裂装置、防脱空报警装置、拱顶同步注浆一体机。通过拱顶同步注浆一体机于二次衬砌背后进行带模注浆,进一步提高混凝土密实度。台车端头使用中埋式止水带钢端模,来实现更好的防水效果。

养护采用全自动混凝土养护台架(图 4-4-36),养护台架沿隧道纵向移动即可完成需养护段衬砌混凝土。可按照现场环境条件,确定洒水喷雾间隔。

整体式水沟电缆槽(图 4-4-37)保证了水沟电缆槽的线型控制及外观质量,避免了水沟电缆槽板缝之间的错台。

通过以上六条机械化配套作业线从而达到快速施工、作业人员减少、能耗降低、安全质量可靠的目的。

图 4-4-35 智能化自动浇筑无骨架衬砌模板台车施工

图 4-4-36 全自动混凝土养护台架

图 4-4-37 整体式水沟电缆槽

进一步解决了超大断面隧道硬岩开挖难题，通过技术创新，为隧道施工方法和工艺上积累了施工经验及技术。

(四)信息化在隧道施工中的应用

1. 羊台山隧道大跨段监测措施

为确保羊台山隧道大跨段施工安全,隧道采用监测项目净空变形、围岩压力、接触压力、初期支护混凝土应变、初期支护钢架应变、二次衬砌钢筋应力等检测项目(图 4-4-38)。

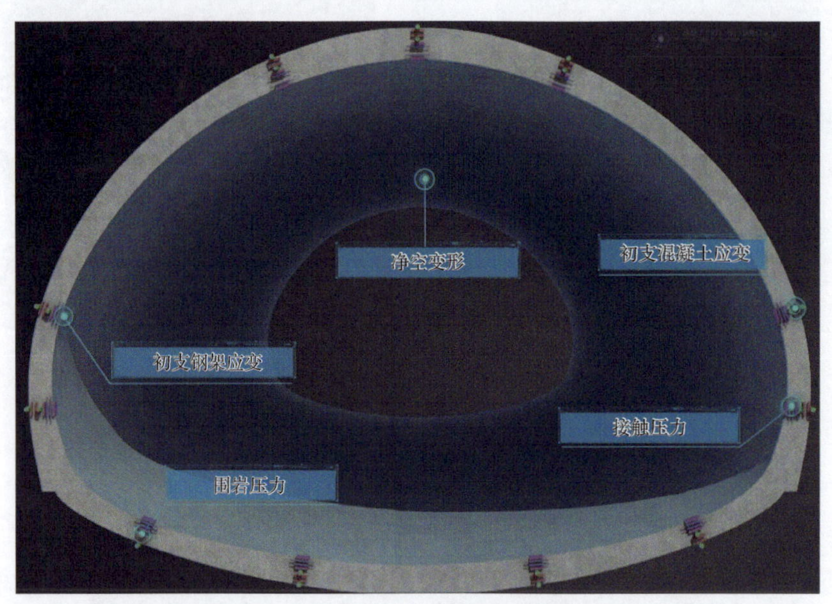

图 4-4-38 羊台山隧道大跨段监测

2. 洞内实时安全管理系统

隧道洞口采用物联网领域内先进的 RFID 远距离射频识别技术,并整合传感技术、视频技术、多媒体显示技术等多领域高新技术的智慧施工隧道—隧道安全管理系统。采用安全管理系统(图 4-4-39)从根本上解决施工人员进出的自动化识别(图 4-4-40,图 4-4-41),替代“人工翻牌进洞”的管理。在保证既定系统功能正常应用的前提下,利用先进技术对系统进行整合利用,最大限度地利用资源将隧道各项施工作业、管理提升到更高水平的管理平台上。

(五)BIM 技术在隧道施工中的应用

羊台山隧道开发应用了羊台山隧道群 BIM 工程管理平台(图 4-4-42)。建立羊台山隧道群 BIM 模型(图 4-4-43),将地质病害、地形、隧道以三维形式展现,再通过 GIS 技术将病害数据、地形、隧道进行整合,可非常直观地展示它们的相对位置关系,能有效辅助管理单位进行隧道地质灾害整治。并在云上部署施工管理平台,通过 BIM 施工管理平台,完成施工过程中的安全、质量、进度管理,在平台上将信息资料进行共享,提高了资源共享水平、管理水平。

图 4-4-39 安全管理监控系统

图 4-4-40 人脸识别门禁系统

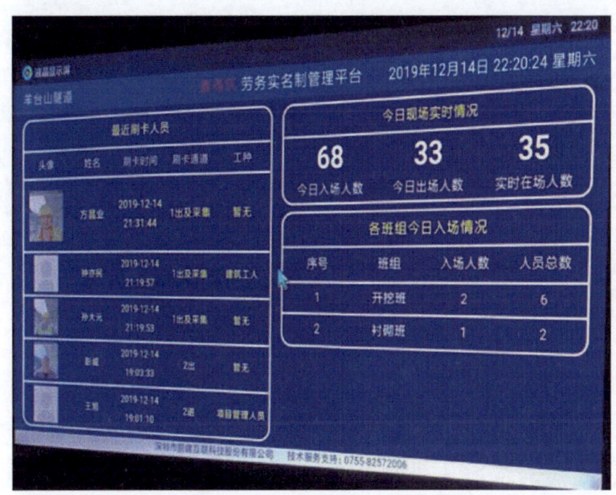

图 4-4-41 人脸识别信息监控系统

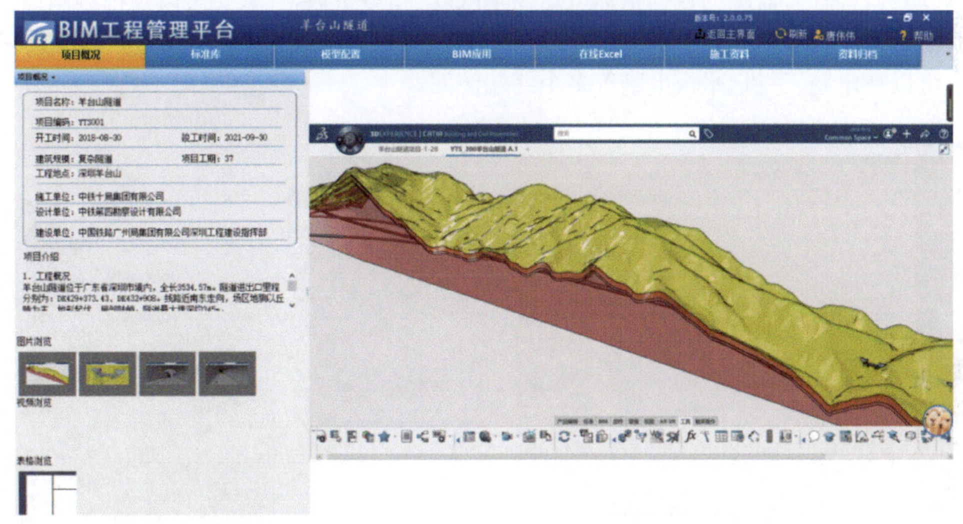

图 4-4-42 羊台山隧道 BIM 工程管理平台

图 4-4-43 羊台山隧道燕尾式出岔小间距 BIM 模型

(六)隧道施工环水保管理

(1)拌和站采用全封闭设置(图 4-4-44)。

图 4-4-44　拌和站全封闭设置

(2)拌和站配置除尘系统、废弃混凝土骨料分离系统。

(3)采用信息化 TSP 在线环境监测系统(图 4-4-45)。对施工现场、隧道洞内(PM10)、洞外(PM2.5)及道路扬尘环境进行监测,监测的数据指标包括扬尘浓度、噪声指数,气象要素以及视频画面及气象参数。通过物联网以及云计算技术,实现了实时、远程、自动监控颗粒物浓度以及现场视频、图像的采集;数据通过网络传输,可以在电脑、手机、平板电脑等多个终端访问。

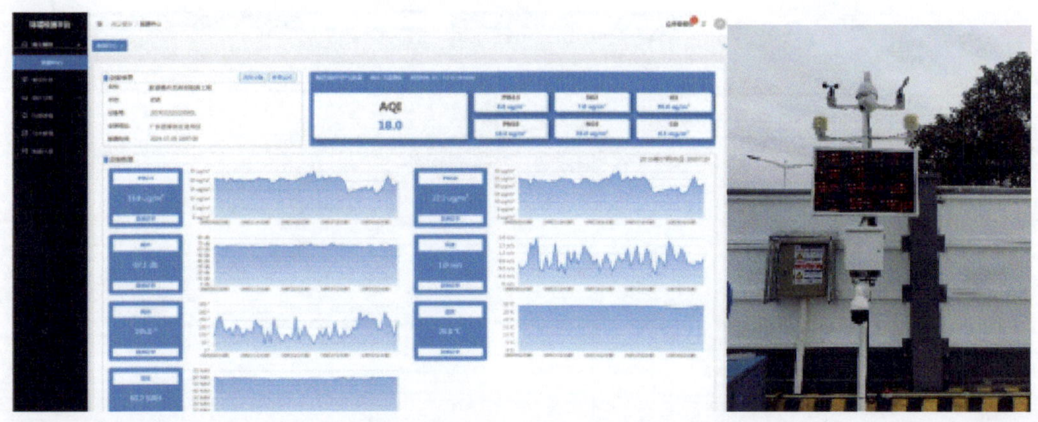

图 4-4-45　信息化 TSP 在线环境监测系统

(4)施工过程中,落实"六个 100%"管理,即 100%围挡,出入车辆 100%冲洗(图 4-4-46),拆除作业 100%湿法作业,渣土车辆 100%密闭运输,施工现场地面 100%硬化,物料堆放 100%覆盖(图 4-4-47)。

图 4-4-46　出入车辆冲洗

图 4-4-47　物料堆放覆盖

第三节 特殊不良地质条件隧道施工

一、断层破碎带段施工

1. 施工原则

断层段隧道严格按“早预报、先治水、前支护、短进尺、弱爆破、强支护、快封闭、勤量测，步步为营，稳步前进”的原则组织施工。

2. 超前地质预报

采用开挖面地质素描、TSP203地震反射法、地质雷达、红外探水和超前钻探进行超前地质预报。对围岩的破碎和富水程度进行预测和验证。及时进行信息收集、处理、反馈，以调整施工方案和施工方法。

3. 施工方法

根据超前地质预报所揭示地质断层及地下水的水量情况按设计采取超前预注浆、局部注浆、开挖后径向注浆和超前小导管注浆等注浆方式，并确定注浆的范围。注浆结束后，对注浆效果进行检查，确认是否进行补注浆，是否可以开挖。

(1)开挖：根据现有资料针对不同断层采取不同的开挖方法，在开挖过程中根据实际情况适时进行调整。

(2)初期支护：采用喷(混凝土)、锚(杆)、网(钢筋)、(复)喷(混凝土)支护紧跟、钢拱架加强支护。喷射混凝土厚度需符合设计要求，同时加强监控量测工作，根据位移量测结果，评价支护的可靠性和围岩的稳定状态，及时调整支护参数，确保施工安全。

(3)钢架紧跟开挖施作，及时封闭成环，对双侧壁导坑法施工地段，辅助钢架支护在衬砌前逐段拆除。

(4)辅助支护施工措施根据实际进行改进，保证施工安全。

(5)仰拱超前施工，衬砌适度紧跟，及时形成封闭结构，提高衬砌结构的承载力；施工缝、沉降缝做特殊处理，一方面为了防水，另一方面可减弱地层活动性对衬砌结构的危害。

二、涌水、透水地段施工

隧道的涌水或透水，给隧道施工带来困难，施工中做好超前探水预报，依据涌水量大小，分别采取超前预注浆或径向注浆措施。

(1)在隧道内可能发生涌突水地段，先超前探明前方地下水分布与水量后，以预注浆堵水为主，排放为辅的措施，将绝大部分地下水尽可能封堵在围岩外，少量水由隧道排放。

(2)钻孔时，发现岩层变化，沿钻杆流水增多或空气变冷，出现雾气响声，四周渗漏加大，必须停钻，钻杆不撤，采取对策，有突出危险时，撤出工作人员及设备后再作处理。

(3)初期支护尽早成环，改善支护的受力结构，并使仰拱尽可能地靠近掌子面，同时做好中心排水沟，使地下水顺沟排出洞外，避免洞室内出现大量涌水而影响施工。

(4)洞内备足大流量水泵，当发生突水时，便于急救抢险。

三、地表浅埋地段施工

1. 施工原则

地表浅埋坍塌地段严格按“早预报、前支护、短进尺、弱爆破、强支护、快封闭、勤量测，步步为营，稳步前进”的原则组织施工。

2. 超前地质预报

采用开挖面地质素描、TSP203地震反射法、地质雷达、红外探水和超前钻探进行超前地质预报。根据超前地质预报所揭示地质情况对坍塌区域地表采用设计措施进行加固，然后根据地表处理加固效果确定隧道是否需要采取其他加固措施。

第四节 洞口工程施工

隧道洞口段工程包括洞口土石方开挖、边仰坡防护及洞口段衬砌、明洞、洞门、明暗洞交接处的施工等。结合隧道洞口地形、地貌、工程地质和水文地质条件，并考虑到施工开挖边坡的稳定性，本着“早进晚出”“减少开挖”的原则，洞口与明洞工程采用明挖法施工。及时进行边仰坡及岩面喷锚防护施作并加强对山坡稳定情况的监测、检查，确保施工安全。

洞口段施工工艺流程如图 4-4-48 所示。

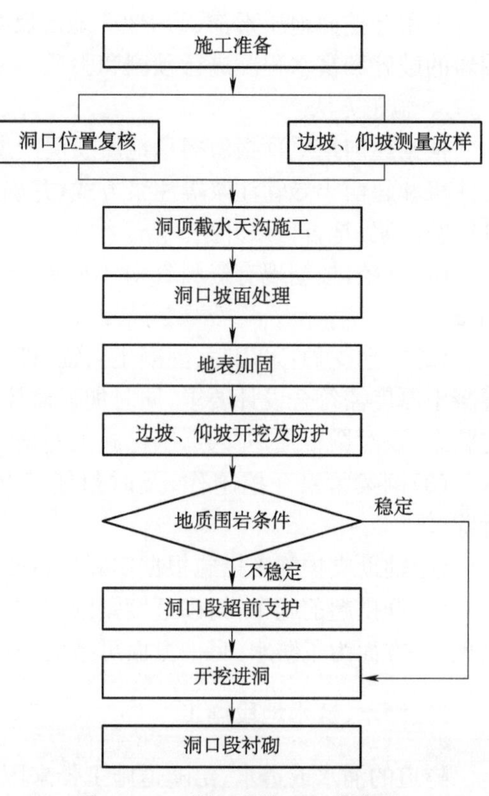

图 4-4-48 洞口段施工工艺流程

一、洞口排水及坡面处理

施工前先进行测量放线，根据测量放线做好边坡开挖轮廓线和截水天沟，以利截排水，同时将洞口段开挖线以外10～15 m 范围的漏斗、洼地等进行处理，防止地表水向下渗漏或陷穴等继续扩大影响隧道施工安全，确保边仰坡稳定。施工前均需做好排水系统，确保洞口段排水畅通，避免排水不畅引起的洞口段土体发生大的沉降和变形。

二、洞口边仰坡开挖及防护

根据设计图纸和施工现场布置，在洞口范围内测量放样边坡控制桩，按照设计坡比分层开挖，分层开挖高度 2.0 m，采用随开挖随防护，永久防护坡面锚杆框架梁护坡。

施工中尽量减少对原有植被的破坏和对洞口的扰动，开挖洞口时以尽量减少破坏原有植被和岩体为原则，按设计坡度一次性整修到位，围岩破碎的部位用网喷锚杆加固。洞口场地用铲装机辅以推土机整平压实；遇坚硬石质地层人工钻眼小炮爆破。

三、暗洞进洞施工

采用套拱法进洞，具体做法如下：洞口开挖至起拱线，在洞口衬砌外采用三榀型钢钢拱架紧贴仰坡放置，间距 0.6 m，纵向用 ϕ22 mm 钢筋连接，经测量检查，同隧道洞口开挖断面一致后，与仰坡锚杆焊接固定，施作超前长管棚超前支护，浇筑挂板混凝土固结，形成洞室轮廓。洞口应加强防排水，防止积水长时间浸泡墙脚和隧底，造成边墙围岩失稳。

四、进口段明洞施工

1. 施工顺序

明洞全部采用明挖法施工。明洞段施工工艺流程如图 4-4-49 所示。

2. 施工方法、施工工艺

明洞土石方开挖采取横向分层纵向分段的方法进行施工，采用挖装机开挖，必要时采取弱爆破和人工配合机械刷坡，铲装机装渣自卸汽车出渣。

隧道明洞衬砌在仰拱填充完成后由洞内向洞口方向先仰拱后拱墙的顺序施工。

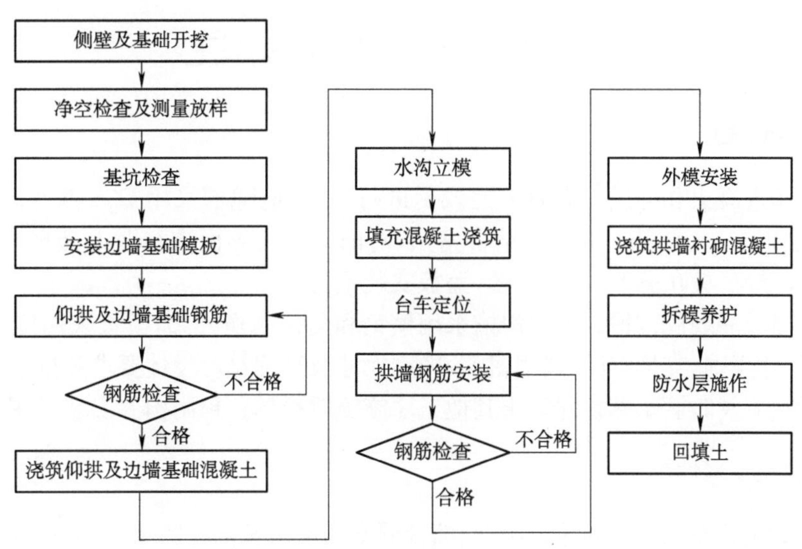

图 4-4-49 明洞段施工工艺流程

明洞衬砌均采用模板台车作内模(喇叭口段采用组合钢模作内模),外模采用组合钢模对拱墙衬砌混凝土一次性灌注,混凝土由自动拌和站生产,罐车运输,泵送入模,插入式振捣器振捣。洞口衬砌与隧道洞门整体灌注后进行洞顶回填施工。

明洞回填分层填筑,每层层厚不大于 1 m,左右对称回填。码砌及浆砌分层错缝进行、夯填密实,确保施工质量。

五、洞门施工

洞口段衬砌施工完毕后,及时施作洞门,洞门尽量在雨季之前修筑完毕,且做好防、排水设施,减少地面水对洞口段施工的影响。洞门施工工艺流程如图 4-4-50 所示。

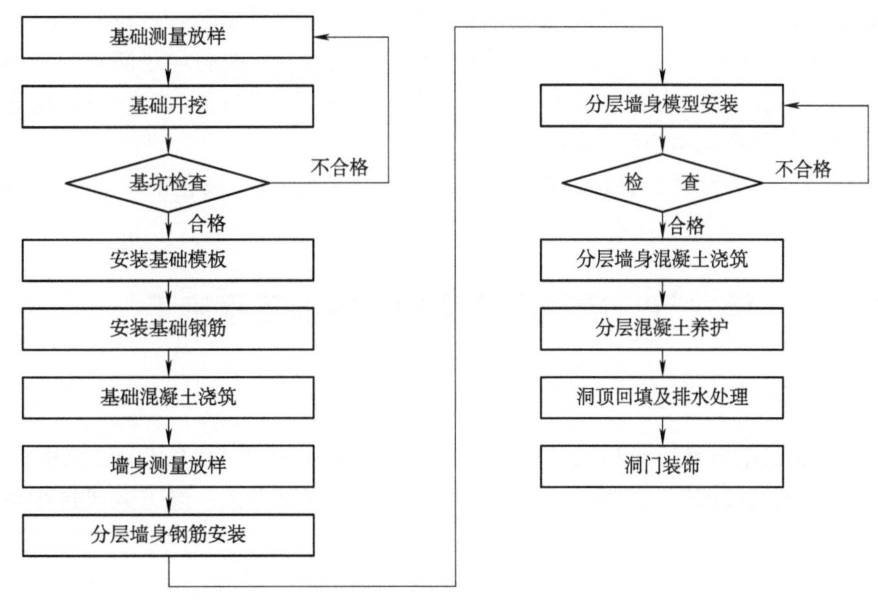

图 4-4-50 洞门施工工艺流程

第五节　洞内设施工程施工

一、水沟及电缆槽施工

沟槽施工在拱墙混凝土和仰拱填充施工完成后进行，水沟电缆槽采用C35钢筋混凝土浇筑，盖板采用C35钢筋混凝土预制。为使新旧混凝土结合密贴，对旧混凝土界面进行凿毛处理。水沟、电缆槽使用自制定型钢模，尺寸准确，棱角分明，线条顺畅，盖板安装平稳。

在边拱混凝土完成后现浇沟槽。电缆沟槽采用槽钢和角钢制作支架，模板采用定型钢模。施工时注意模板安装顺直、尺寸正确、支撑牢固、捣固密实，净空尺寸及高程符合设计要求并按设计间距两侧设泄水孔。铺设平稳。拆模后及时洒水养护并防止其他工序施工时损坏。预制构件安装采用人工配合就位。

二、隧道预留洞及预埋件施工

隧道各种预留洞包括专业需要的综合洞室、综合洞室底部余长电缆腔、综合洞室内部通信及电力等相关专业设备安装空间、隧道内双侧电缆槽、电力电缆沟及通信、信号电缆沟；预埋件主要包括接触网基础预留接口、综合接地端子，施工中应严格根据施工设计文件的尺寸、种类和位置进行预留和安装。

1. 各类洞室的开挖支护

隧道内的各类洞室开挖，在正洞掘进至其位置时一次开挖成形，当施工中发现原定位置地质不良时，施工单位会同设计、监理及建设单位对现场进行调查研究，确定变更位置。开挖后，预留洞室锚喷支护紧跟，并对正洞连接处加强支护。

2. 各类洞室防、排水工程施工

(1)各类洞室与正洞连接处的防、排水工程与正洞一次完成；

(2)与正洞连接的折角处，防水层根据铺设面的形状平顺铺设，不得出现空鼓。

3. 各类预埋管件、预留孔、槽以及各类洞室二次衬砌施工

(1)各类洞室衬砌施工与隧道衬砌同时进行，灌注成一体；

(2)认真检查防、排水工程的质量，只有在防、排水工程符合设计要求时，方可灌注混凝土施工；

(3)衬砌中衬砌边墙内的各类洞室按设计位置进行定位，模板架设时将经过防腐与防锈处理后的预埋管件绑扎牢固，留出各种孔、槽及边墙内的各类洞室位置，并与模板衬砌台车连为一体，确保在灌注混凝土时各类孔、槽及边墙内的各类洞室不产生移位。

在二次衬砌浇筑前，还要注意各种预埋件，按设计图纸指定的里程、高程准确无误地预埋。所有预埋件位置偏差应在允许范围内。

第六节　运营通风及防灾救援工程施工

一、隧道通风方式的选择

洞内施工通风排烟采用自然通风和机械通风相结合的方式。隧道洞口150 m范围内采用自然通风外，其余地段采用以压入式机械管道通风为主、自然通风为辅的通风方式。隧道通风排烟系统平面布置如图4-4-51所示。

二、通风管理

为保证通风畅通，防止通风管被破坏，把通风管悬挂于隧道起拱线以上，并高于洞内行走机械的高度，吊挂风管的缆索要拉平、拉紧；锚杆要打牢、矫直；风管上的吊环间距要设置均匀，做到无一缺损和无一漏挂。

通风筒与风机连接处采用30 m长铁皮变径风筒与软式风筒连接；在工作面风筒末端也增加一节

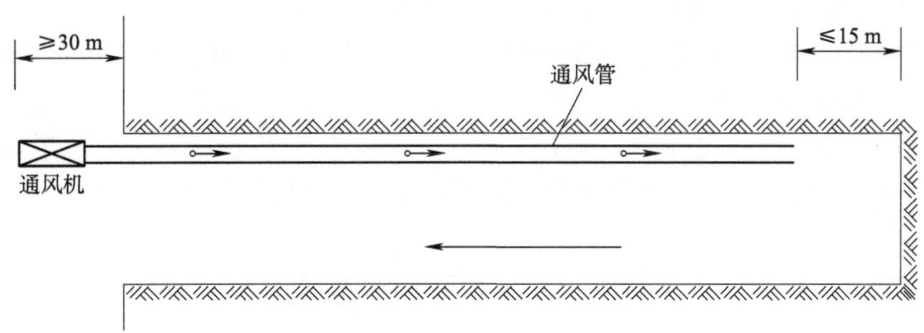

图 4-4-51　隧道通风排烟平面布置示意

10 m 长铁皮风筒，防止爆破时破坏风筒；通风机安装必须稳固，通风方向与正方向一致。

通风设备要定时检修和保养，出现问题，及时维修，保证通风效果。平时要有两台性能良好的通风机备用，以防隧道通风机突然损坏可随时更换，以确保通风系统时刻处于良好状态。做好风机用电计划，避免后期电压降太大，不能满足要求。洞内管线布置如图 4-4-52 所示。

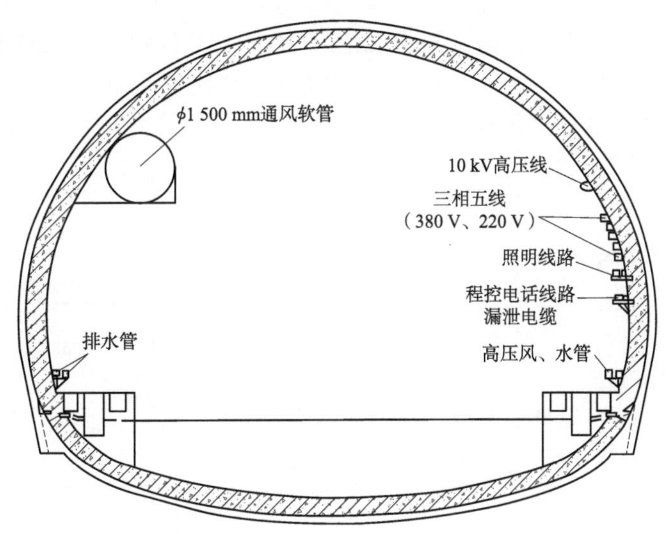

图 4-4-52　洞内管线布置示意

三、隧道通风设计

隧道整个施工过程中，作业环境应符合下列卫生及安全标准：隧道内空气中氧气含量按体积计不得小于 20%，有害气体和粉尘含量符合表 4-4-14 的要求。

表 4-4-14　空气中有害物质的最高容许含量

名　　称	最高容许浓度		备　　注
	按体积计（%）	按重量计（mg/m^3）	
二氧化碳（CO_2）	0.5		
甲烷（CH_4）	0.75～1		开挖面瓦斯浓度大于 1.5%时，所有人员必须撤至安全地点
一氧化碳（CO）	0.002 4	30	特殊情况下，CO 浓度可为 100 mg/m^3，但人员进入工作面时间不得超过 30 min
氮氧化合物换算成 NO_2	0.000 25	5	
含有 10%以下游离 SiO_2 的其他粉尘		10	含有 80%以上游离 SiO_2 的生产粉尘不宜超过 2 mg/m^3

隧道内气温不得高于 28 ℃,洞内噪声不得大于 90 dB。

隧道施工通风为提供洞内各项作业所需的最小风量,每人供应新鲜空气 3 m^3/min,采用内燃机作业时,供风量不小于 3 m^3/(min・kW)。

隧道施工通风的风速不小于 0.15 m/s;工作面最大风速不大于 4 m/s,运输通道和通风洞内不大于 6 m/s。隧道施工采用综合防尘措施,并按规定时间测定粉尘和有害气体浓度。

第七节 防排水施工

隧道防排水是隧道施工质量控制关键点之一,以结构自防水为根本,加强钢筋混凝土结构的抗裂防渗能力,提高其耐久性、防水性,同时以变形缝、施工缝等接缝防水作为重点,以防水层加强防水,是自身施工及管理水平高低的体现。防排水施工按照“防、截、排、堵相结合,因地制宜,综合治理”的原则进行,通过系统治理,达到隧道不渗不漏无湿渍的防水目标。

一、防排水措施

隧道防水等级必须达到《地下工程防水技术规范》(GB 50108)规定的一级防水等级标准,衬砌采用防水混凝土,隧道内设双侧水沟排水与中心排水沟,初期支护与二次衬砌间设柔性防水层或采用新型防排水系统。二次衬砌施工缝、变形缝处设止水带。隧道结构防排水施工工序及流程如图 4-4-53 所示。

二、初期支护防水

喷混凝土施工时喷射密实,抗渗等级满足设计要求。

三、系统盲管施工

1. 环向排水盲管施作方法

隧道初期支护与防水板间设软式透水环向盲管,在泄水孔高程处直接与隧道排水侧沟相连通。环向盲管设置间距满足设计要求。

2. 水盲管施作方法

纵向排水盲管沿纵向布设于隧道左、右墙脚外侧泄水孔高程处分段设置,段长符合设计要求,中间安排水管与隧道排水侧沟相连。

按规定划线,以使盲管位置准确合理,盲管安设的坡度与线路坡度一致。沿线钻孔,定位孔间距在 30～50 cm。

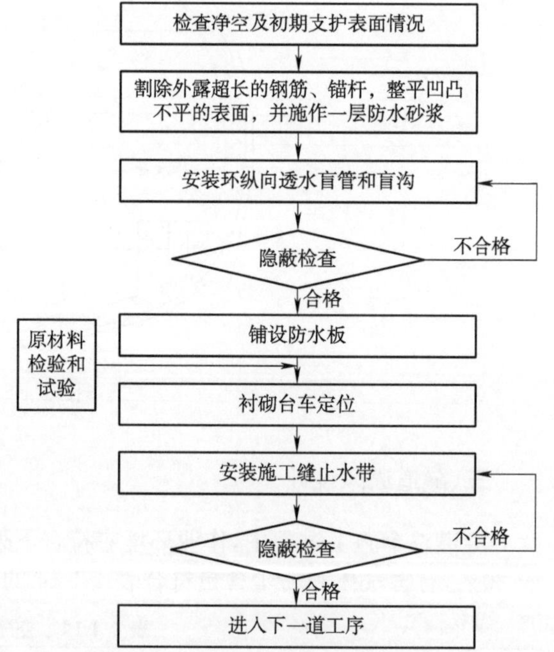

图 4-4-53 隧道结构防排水施工流程

3. 边墙泄水管施作方法

模板台车就位后,开始施作边墙泄水管,泄水管的直径为 80 mm,间距 2 m,在模板台车上对应于泄水管的位置开有与泄水管直径相同的孔,泄水管一端安在模板台车的预留孔上,另一端采用三通连接在纵向排水管上,并固定牢固。

环向与纵向、纵向与泄水管之间的三道连接必须紧密可靠,防止松脱,必要时用防水胶带进行固连。盲管与喷射混凝土层面的间距不得大于 5 cm,盲管与岩面脱开的最大长度不得大于 10 cm。

4. 环向盲沟

按设计要求结合现场实际情况,每设计段长设一排水盲沟与水沟沟身连接。在水量较大地段适当加密。

四、防水层施工

初期支护与二次衬砌间铺设1.5 mm厚EVA防水板和土工布作为防水层，材质符合设计要求标准，防水板采用无钉铺设。无钉铺设施工方法如图4-4-54所示。

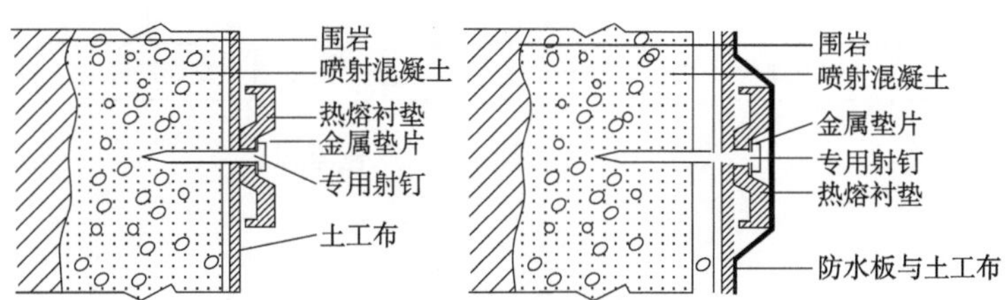

图4-4-54 隧道防水板无钉铺设施工示意

1. 基面与出水点处理

基面处理：铺设防水层前对初期支护大致找平，边墙及拱部补喷找平、底部砂浆找平。对外露的锚杆、管棚等切除、磨平，水泥砂浆封堵找平等，并全环施作一层2 cm厚的防水砂浆。

出水点处理：在铺设防水板前，初期支护喷层表面漏水及时处理，采用注浆堵水或埋设排水管直接排水到边沟，保持基面的干燥。

2. 铺设防水板

防水板采用无钉铺设方法，一次铺设长度根据混凝土循环灌注长度确定，铺设前先行试铺，再加以调整。防水板采用无钉孔铺设，即先用ϕ80 mm塑料垫圈和射钉将无纺布固定于基面上（垫圈间距：拱0.5 m～0.8 m，边墙1.0 m，呈梅花形布置），再将防水板用专用黏合剂黏合在垫圈上。

3. 防水板粘接

防水板环向施工缝采用中埋橡胶止水带＋外贴止水带的复合防水构造，纵向施工缝采用中埋钢边橡胶止水带＋遇水膨胀止水胶的复合防水构造，变形缝采用中埋橡胶止水带＋外贴止水带＋嵌缝材料的复合防水构造。

4. 防水板质量检查和处理

外观检查：防水板铺设均匀连续，接缝宽度不小于25 mm，搭接宽度不小于100 mm，接缝平顺、无褶皱、均匀连续，无假焊、漏焊、焊穿或夹层等现象。

接缝质量检查：防水板搭接用热合机进行焊接或专用胶黏结，接缝为双面缝，中间留出空隙以便充气检查。

要保持防水层接头处的洁净、干燥，同时在下一阶段施工前不得将其破损。

二次衬砌混凝土浇筑前加强对防水层的保护，注意钢筋的运输及绑扎过程中可能对防水板产生的损伤，发现层面有破损及时修补。

5. 铺设防水板的施工技术措施

防水板铺设前，先割除混凝土衬砌表面外露的锚杆头，钢筋尖头等硬物，凸凹不平处需先喷平，使混凝土表面平顺；局部漏水处需先进行处理。

防水板，特别是在凸凹较大的基面上，要预留足够的松弛系数，使其留有余地，并在断面变化处增加悬挂点，保证缓冲面与混凝土表面密贴。同时做好防水板与泄水孔的密闭性连接。

铺设防水板地段距开挖工作面不小于爆破安全距离。

五、止水带施工

止水带施工中采用泡沫塑料对止水带进行定位，避免其在混凝土浇筑过程中发生移位。浇筑混凝土时注意避免混凝土中的尖角石子和锐利的钢筋刺破止水带。止水带全环施作，止水带施作除材料长度原因外只允许有左右两侧边基上部两个接头,接头搭接长度不小于 30 cm。止水带施工工艺流程如图 4-4-55 所示。

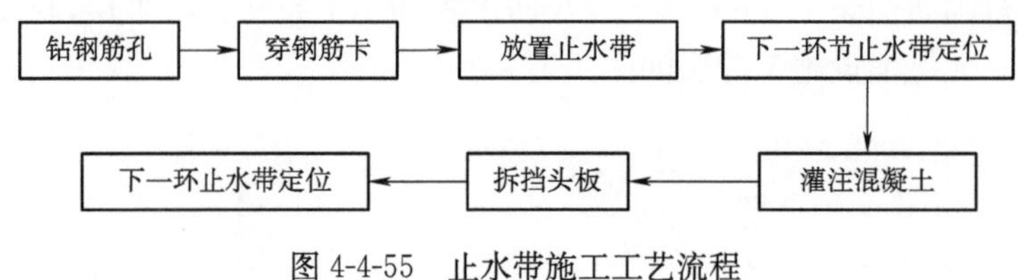

图 4-4-55 止水带施工工艺流程

六、排水边沟施工

进、出口工作面排水边沟与电缆沟槽同时在二次衬砌全部完成后施作。盖板预制,沟槽采用架立定型钢模板立模,人工灌注混凝土,插入式振捣器捣固密实。

七、抗渗混凝土

全隧采用抗渗混凝土施工,混凝土抗渗等级不小于设计标准,因此选用合格的原材料,进行选配混凝土配合比,严格控制外加剂的品质和掺量,严格搅拌时间和运输过程的时间控制,使混凝土浇筑过程做到连续,振捣密实,保护层达到规定要求等措施确保混凝土抗渗性指标达到规范要求。在施工过程中应采用以下技术措施:

1. 降低水灰比

混凝土拌和物的水灰比对硬化混凝土孔隙率的大小、数量起决定性作用,直接影响着混凝土结构密实性。在满足水泥完全水化及湿润砂石所需水量前提下,水灰比越小,混凝土密实性越好,抗渗性及强度越高。防水混凝土水泥用量不得少于 300 kg/m^3,砂率不小于 35%,灰砂比宜为 1∶2.0～1∶2.5。

选择适宜的水泥品种与强度等级:用于防水混凝土的水泥,应具有抗水性好,泌水性小,水化热低。防水混凝土宜选用普通硅酸盐水泥、火山灰质硅酸盐水泥,水泥强度等级不低于 32.5 级。

2. 掺外加剂和外掺料

按设计在混凝土中掺入 HEA 防水剂和外掺料(粉煤灰或硅粉),可按要求改善混凝土性能。

3. 外加剂质量

符合《混凝土外加剂》(GB 8076)标准中规定的各项技术指标要求;用于混凝土中的粉煤灰质量符合标准中规定的各项技术指标要求。外加剂和粉煤灰在混凝土中的适宜掺量,通过试验确定。

4. 限制粗骨料粒径

为抑制混凝土中的孔隙,减少分层离析,需要限制最大石子粒径。因此,防水混凝土的石子粒径不宜过大,石子粒径过大对混凝土抗渗性均不利。在防水混凝土中,采用的石子最大粒径不大于 40 mm。

5. 加强养护

养护对防水混凝土极为重要,是混凝土获得强度和抗渗性的必要条件。因此,混凝土终凝后,立即进行湿润养护,养护时间不少于 14 d。

第八节 辅助坑道施工

一、横岭隧道 2 号斜井

横岭隧道 2 号斜井位于线路前进方向右侧,交于线路 DK277+950 处,与线路大里程夹角 90°,斜井长度 337 m,综合坡度 6.57%。施工前须对洞口既有河道进行改移,不得淤塞地方河道,破坏既有排水体系。

(一)准备工作

河道改移工程施工完成后,进行斜井洞口场地的地基处理。原有河道地基采用挖掘机进行挖除,并换填质量合格的A、B组料，挖除深度为淤泥层下50 cm，淤泥层大于2 m时采用抛石挤淤，待基底硬化稳定后，再进行填筑。填筑采用分层填筑的方式进行，每层厚度控制在40 cm左右，每填筑一层进行碾压一层。

（二）施工方案

1. 地表修筑截水天沟

洞口施工前先进行测量放样，根据测量放样做好边坡开挖轮廓线和截水天沟。截水天沟设于边、仰坡坡顶以外且不小于5 m；同时将影响洞口段开挖线以外10～15 m范围的洼地、危石等进行处理，防止地表水向下渗漏或陷穴等继续扩大影响隧道安全，确保边、仰坡稳定。截水沟要与既有排水系统相连通。

2. 边仰坡开挖

边仰坡刷坡自上而下分层进行，采用人工配合挖掘机进行刷坡作业，每层高度2～3 m，随开挖及时进行临时锚、网、喷等支护。其中锚杆采用ϕ22 mm砂浆锚杆，锚杆采用打设长度为4.0 m，间距1.5 m×1.5 m，梅花形布置；喷射混凝土采用10 cm厚C25网喷混凝土，钢筋网采用ϕ8 mm钢筋网片，网格间距为25 cm×25 cm。

3. 工字钢架设安装

开挖并做出架设工字钢的工作平台，按断面要求提前制作Ⅰ18工字钢，工字钢采用ϕ22 mm钢筋进行纵向连接，工字钢纵向间距取0.8 m，纵向连接筋环向间距取1.0 m。工字钢分上下台阶安装，先安装上台阶工字钢，随着上台阶的深入，对核心土进行逐步挖除，并接长边墙拱架及仰拱拱架。上台阶进入暗洞6 m后才能进行下台阶的开挖与支护作业。特别注意预留核心土，这对稳定围岩和防止边坡垮塌起到重要的稳定作用。拱架之间采用220 mm×230 mm，14 mm厚钢板连接，并采用M27×60螺栓、螺母。

4. 超前小导管施工

拱架安装结束后，进行超前小导管的打设作业。

(1)材料要求

①钢管采用ϕ42 mm无缝热轧钢管制作而成，长度为4.5 m，壁厚3.5 mm，在前部预留孔注浆，孔径10 mm，孔间距15 cm，呈梅花形布置，前端加工成锥形，尾部不钻孔作为止浆段，长度取30 cm。

②注浆材料采用水泥浆液，水灰比为1∶1。水泥采用P·O 42.5硅酸盐水泥。

(2)施工要求

①小导管安设采用钻孔打入法，按设计要求进行钻孔，钻孔直径大于钢管直径3～5 mm，然后将小导管穿过钢架，小导管采用双层小导管(图4-4-56)，打设角度分别为5°～10°和40°。具体根据现场实际情况进行调整。用锤击或钻机顶入，顶入长度不小于钢管长度的90%，并用高压风将钢管内的砂石吹出。

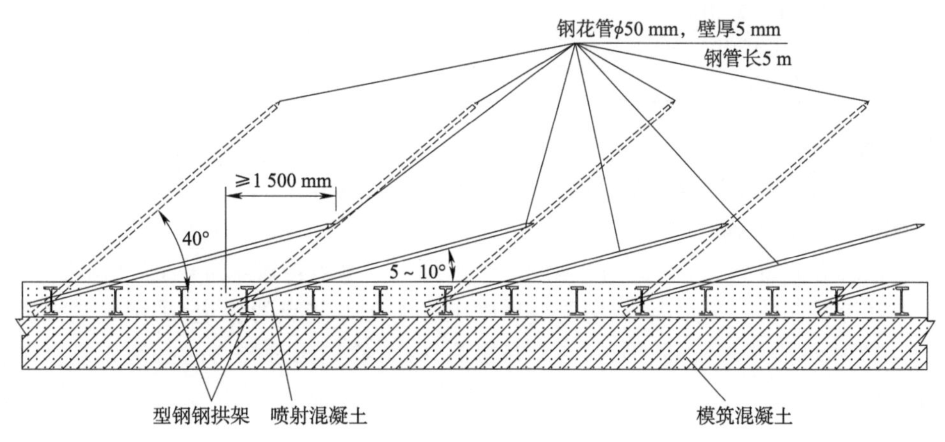

图4-4-56　双层小导管支护示意

②小导管安设后，用塑胶泥封堵孔口及周围裂隙，必要时在小导管附近喷射混凝土，防止工作面垮塌。

③注浆前应进行压浆试验，检查机械设备是否正常，管路连接是否正确，为加快注浆速度和发挥设备

效率,可采用群管注浆(利用分流器,每次3～5根)。

④注浆采用注浆机进行小导管的注浆作业,注浆压力为0.5～1.0 MPa,注浆量达到设计注浆量或注浆压力达到设计终压时可结束注浆。

⑤注浆过程中要随时观察注浆压力及注浆泵排浆量的变化,分析注浆情况,防止堵管、跑浆、漏浆。做好注浆记录,以便分析注浆效果。

(三)地表沉降观测

1. 测点布置

地表沉降量测在隧道浅埋($H_0 \leqslant 2B$)地段为必测项目,其他地段根据设计要求进行。其测点的横向布置范围在隧道中线两侧不小于H_0+B,地表有控制性建(构)筑物时,应适当加宽;布置间距2～5 m,当地表有控制性建(构)筑物时,应适当加密。布置应与拱顶下沉及周边收敛测量的测点在同一断面内。测点布置如图4-4-57所示。

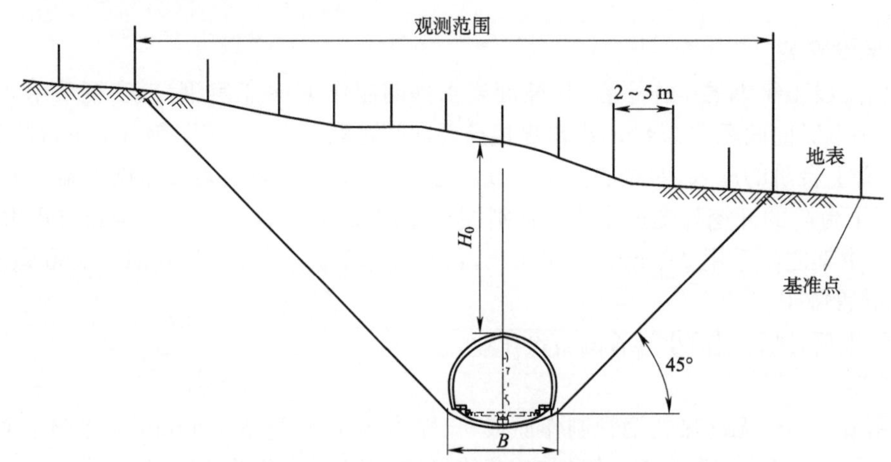

图4-4-57　地表沉降横向观测范围示意

注:H_0—隧道埋深;B—隧道最大开挖宽度。

地表沉降观测点应在开挖前布设在与洞内量测点相同的里程断面上,纵向距离按表4-4-15控制。

表4-4-15　地表沉降测点纵向间距(m)

隧道埋深H_0	量测断面间距
$2B<H_0<2.5B$	20～50
$B<H_0\leqslant 2B$	10～20
$H_0\leqslant B$	5～10

2. 量测仪器的选用

地表沉降通常采用精密水准仪和配套的精密水准尺进行量测。

3. 监控量测的方法和实施

首先沿隧道轴线方向每隔100～150 m埋设一个水准工作基点构成水准网,工作基点埋设在稳定的基岩面上并与隧道开挖线保持一定距离,以免受隧道施工影响工作基点的稳定,采用现浇混凝土方式埋设,工作基点按照《二等水准测量规范》联测,每3个月复测一次,检测出现异常时必须先复查工作基点,特殊情况加密复测频率。

二、义合隧道花坑斜井

义合隧道花坑斜井位于线路右侧,与隧道正洞交于线路DK268+300处,斜井与线路走向垂直,斜井平长430 m,综合坡度7.05%。

斜井井深按200 m的间距共设置一处30 m长缓坡段,以利于会车及安全,缓坡坡度为2%。本斜井坡度较大,在井底交叉段应设置沙袋等防撞缓冲物,以备出现溜车意外事故时使用。

(一)准备工作

规划施工洞口平面布置,合理布局各辅助单元,施工队驻地、空压机房、变压器房、钢构件存放场地、小型材料仓库、水泥库、风机位置、高压水池、沉淀池、值班室等布置合理。

加快大电引入工作,配备备用发电机,加快空压机房的建设,保证进洞工作的顺利进行。

(二)施工方案

1. 地表处理截水天沟

洞口施工前先进行测量放样,根据测量放样做好边坡开挖轮廓线和截水天沟。截水天沟设于边、仰坡坡顶和洞口车场边缘线以外且不小于 5 m;同时将影响洞口段开挖线以外 10～15 m 范围的洼地、危石等进行处理,防止地表水向下渗漏或陷穴等继续扩大影响隧道安全,确保边、仰坡稳定。开挖完成截水沟之后,引入既有排水系统。为防止洞外水倒灌,斜井洞口路面做成 3%的反坡,并在洞外 2 m 处设横向截水沟一道。

2. 边仰坡开挖

进洞前对拱顶开挖线外 2～3 m 的进行喷锚网支护(仰坡切勿开挖面积过大),对临时边坡进行喷锚网支护,对仰坡下的洞口直立面也要实施锚喷网支护。其中锚杆采用 ϕ22 mm 砂浆锚杆,锚杆采用打设长度为 4.0 m,间距 1.5 m×1.5 m,梅花形布置;喷射混凝土采用 10 cm 厚 C25 网喷混凝土,钢筋网采用 ϕ8 mm 钢筋网片,网格间距为 25 cm×25 cm。做好坡面喷射混凝土防护层与原坡面衔接,防止坡面风化,引起水土流失,导致边、仰坡防护受到损坏。开挖边坡坡度为 1∶0.25、1∶1.25 两级边坡,仰坡坡度为 1∶1.25。开挖范围内严禁超挖。

3. 工字钢架设安装

开挖并做出架设工字钢的工作平台,按断面要求提前制作工字钢,工字钢设置 3 榀锁扣钢架,间距为 60 cm。进洞预留变形量控制在 15～20 cm。工字钢采用 ϕ22 mm 钢筋进行纵向连接,纵向连接筋环向间距取 1.0 m。工字钢分上中下台阶安装,先安装上台阶工字钢,随着上台阶的深入,对核心土进行逐步挖除,并接长边墙拱架。上台阶进入暗洞 6 m 后才能进行下台阶的开挖与支护作业。施工中要特别注意预留的核心土。

4. 超前小导管施工

拱架安装结束后,进行超前小导管的安设作业。

(1)材料要求

①钢管采用 ϕ42 mm 无缝热轧钢管制作而成,长度为 4.5 m,壁厚 3.5 mm,在前部预留孔注浆,孔径 10 mm,孔间距 15 cm,呈梅花形布置,前端加工成锥形,尾部 30 cm 范围不钻孔作为止浆段。

②注浆材料采用水泥浆液,水灰比为 1∶1。水泥采用 P·O 42.5 硅酸盐水泥。

(2)施工要求

①小导管安设采用钻孔打入法,按设计要求进行钻孔,钻孔直径须大于钢管直径 3～5 mm,然后将小导管穿过钢拱架,采用单层小导管,安设角度为 5°～10°,具体根据现场实际情况进行调整。用锤击或钻机顶入,顶入长度不小于钢管长度的 90%,并用高压风将钢管内的砂石吹出。环向间距为 30 cm,具体布置如图 4-4-58 所示。

②小导管安设后,用塑胶泥封堵孔口及周围裂隙,必要时在小导管附近喷射混凝土,以防工作面垮塌。

③注浆前应进行压浆试验,检查机械设备是否正常,管路连接是否正确,为加快注浆速度和发挥设备效率,可采用群管注浆(采用分流器,每次 3～5 根)。

④注浆机进行小导管的注浆作业时,注浆压力为 0.5～1.0 MPa,注浆量达到设计注浆量或注浆压力达到设计终压时可结束注浆。

⑤注浆过程中要随时观察注浆压力及注浆泵注浆量的变化,防止堵管、跑浆、漏浆。做好注浆记录,以便分析注浆效果。

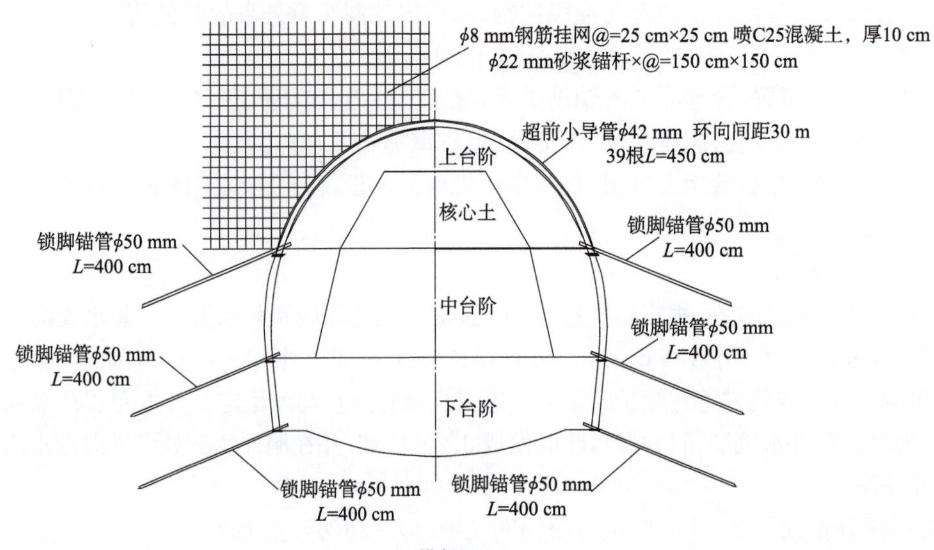

(a) 横断面

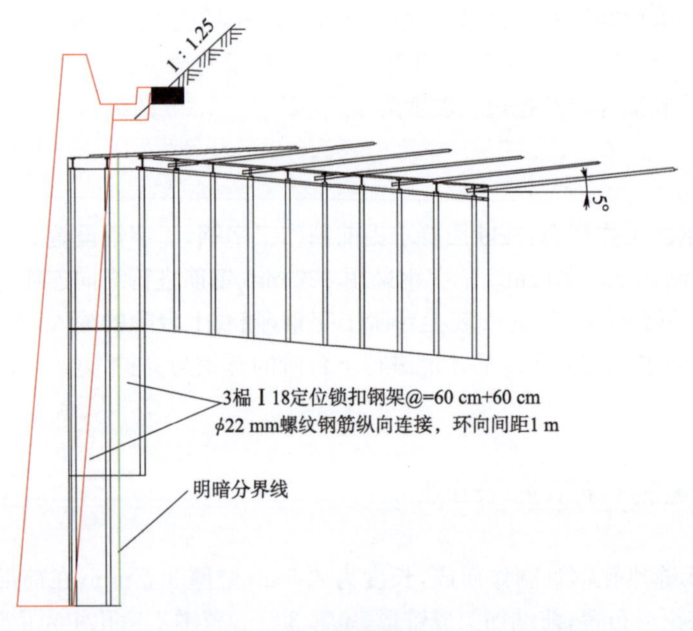

(b) 纵断面

图 4-4-58 义合隧道花坑斜井进洞方案

(三)地表沉降观测

1. 测点布置

地表沉降观测在隧道浅埋($H_0 \leqslant 2B$)地段为必测项目，其他地段根据设计要求进行。其测点的横向布置范围要达到隧道中线两侧不小于 H_0+B，如地表有控制性建(构)筑物时，则应适当加宽；测点布置间距 2～5 m，当地表有控制性建(构)筑物时，测点应适当加密。布置应与拱顶下沉及周边收敛测量的测点在同一断面内。

2. 量测仪器的选用

地表沉降采用精密水准仪和配套的精密水准尺进行量测。

3. 监控量测的方法和实施

沿隧道轴线方向每隔 100～150 m 埋设一个水准工作基点构成洞内监控量测水准网，工作基点埋设在稳定的基岩面上并与隧道开挖线保持一定距离，以免隧道施工影响工作基点的稳定，采用现浇混凝土方式埋设，工作基点按照《二等水准测量规范》联测，每3个月复测一次，检测出现异常时必须先复查工作基点，特殊情况加密复测频率。量测频率应与拱顶下沉和净空变化的量测频率相同，初始读数应在开挖后12 h内完成。

三、义合隧道花坑斜井挑顶施工

义合隧道花坑斜井位于隧道右侧，与隧道正洞交于DK268＋300，斜井与线路90°相交，井底设有40 m的缓坡道，坡率2%。斜井与正洞相交处为微风化花岗岩，岩质较硬。

(一)准备工作

(1)深圳指挥部、架子队测量人员双方采用洞外控制网与线路控制网联网测量定位，确保斜井与正洞交点中线水平准确无误。

(2)管理及作业人员均进行斜井交叉口施工技术交底和安全技术培训，作业人员满足工序要求。

(3)斜井挑顶Ⅰ18工字钢门架、正洞140格栅钢架连接钢架、锁脚锚管、系统锚杆、钢筋网片、螺栓、焊条、斜井与正洞过轨ϕ100 mm PVC管等材料准备齐全。

(4)工程技术、测量人员均熟悉应用参考图、施工图及施工规范验标，超前做好测量放样和施工技术指导工作。

(5)施工水、风、电要保证正常施工。

(6)拌和站、混凝土罐车、空压机、机械手等机械设备准备就绪，确保设备状态良好。

(7)劳动保护用品配备齐全，施工安全措施和安全设施到位。

(二)人员、机械配备

施工作业队伍按专业化配备作业人员，配备性能先进、配套齐全、功率匹配的设备，以满足施工需要。劳动力构成见表4-4-16。

表4-4-16 施工部位劳动力构成

序 号	工 种	人 数	作业内容
1	安全员	1	负责安全管理
2	开挖工人	15	负责钻孔作业
3	支护工人	14	负责初期支护作业
4	机械工	5	各种机械操作
5	电 工	1	电路安装和维护
合 计		36	

主要施工机械设备见表4-4-17。

表4-4-17 主要施工机械设备一览表

序 号	名 称	型 号	数 量
1	挖掘机	220	1台
2	自卸汽车	280	2台
3	装载机	50型	1台
4	湿喷机械手	—	1台
5	通风机	—	1台
6	空压机	20 m^3	3台
7	混凝土罐车	12 m^3	3台

(三)总体施工方案及技术参数

斜井施工至与正洞隧道边墙交界后，先对交叉口处斜井洞身进行加固，加固完后，进行挑顶施工。从斜井与正洞边墙相交里程起，采用过渡小导坑进入正洞洞身开挖，于正洞隧道中线处达到正洞拱顶高程，施工中应预留变形沉落量和临时支护结构厚度,然后再逐步扩挖至正洞标准断面。正洞上台阶标准断面形成后,正洞采用三台阶法同时向进口和出口进行施工。交叉口处施工原则为“超前支护、分部开挖、加强支护、随挖随护、及时封闭、加强监测”。

1. 设计参数

斜井交叉口采用无轨运输双车道Ⅲ级围岩喷锚复合衬砌断面;隧道正洞交叉口地段采用Ⅲb复合衬砌断面,140 格栅钢架,间距 120 cm,预留变形量 9 cm。正洞采用全断面施工方法。

2. 施工参数

(1)斜井交叉口及支护相关参数如图 4-4-59 所示。

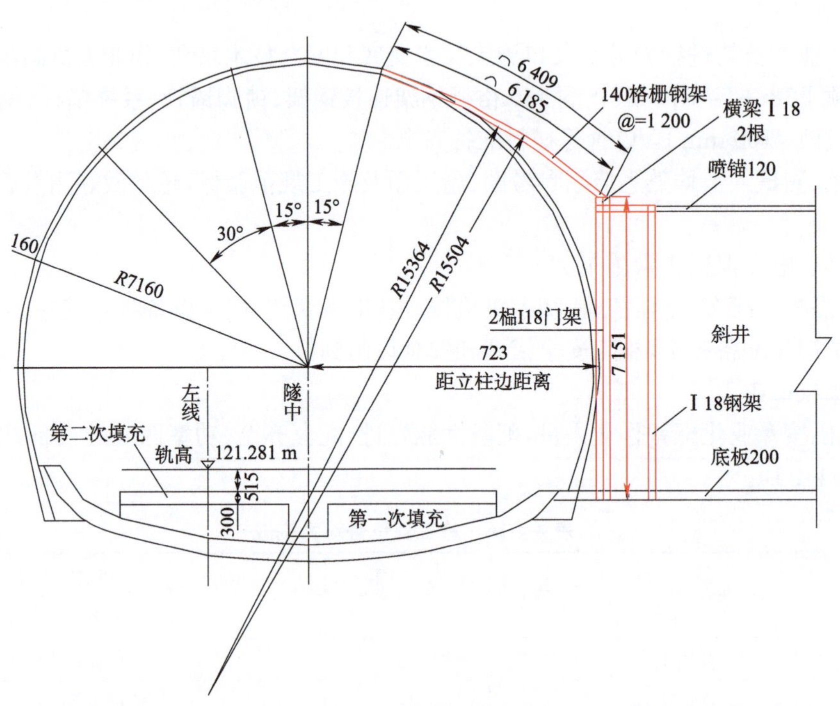

图 4-4-59 斜井交叉口施工技术参数示意(单位:mm)

(2)斜井交叉口挑顶门架图及相关参数如图 4-4-60 所示。

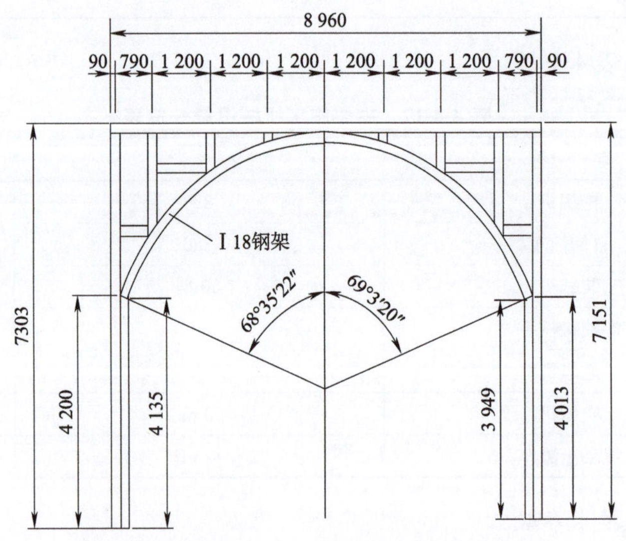

图 4-4-60 斜井交叉口门架示意图(单位:mm)

(四)施工工艺

1. 施工工序

①部:斜井挑顶至隧道中线左偏 15°为①部开挖断面,断面开挖高度约为斜井开挖高度,施工时可以采用登渣开挖支护,也可以利用斜井台架进行开挖,②部施工需架立 1 榀 A 单元格栅钢架和 1 榀与门架连接的格栅钢架,安装之后及时进行锁、锚、网喷支护,完成①部开挖支护。

②部:隧道最大跨度以上未开挖部分为②部开挖断面,②部开挖应先采用小台架开挖,支护 1 榀 A 单元格栅钢架,然后在开挖支护 1 榀 B 单元格栅钢架。

③部:仰拱填充面以上至隧道最大跨为③部开挖支护断面,需安装 C 单元格栅钢架的开挖支护。

④部:隧道正洞仰拱开挖支护。

⑤部:隧道正洞仰拱二次衬砌及填充。

⑥部:隧道正洞拱墙二次衬砌施工。

施工工序横断面如图 4-4-61 所示。

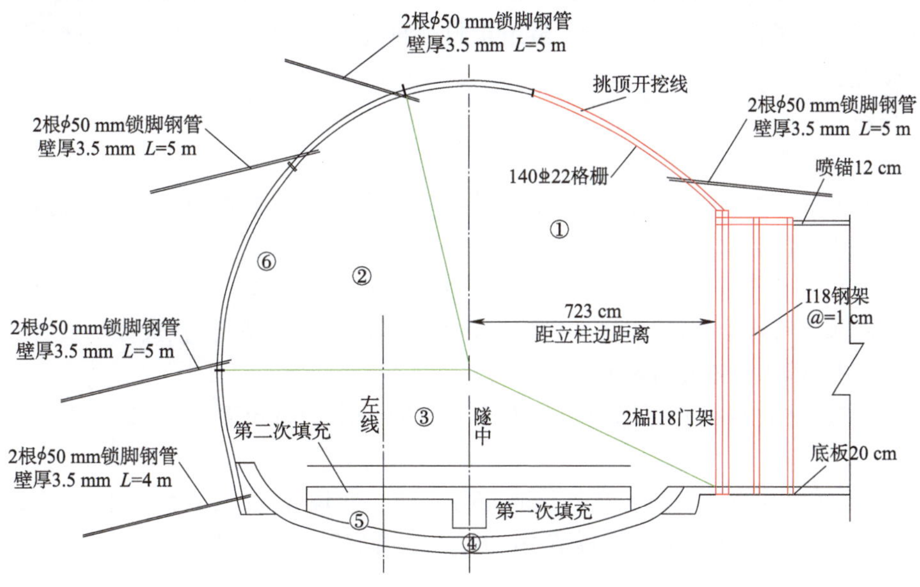

图 4-4-61 义合隧道施工工序横断面

2. 施工技术要求

(1)斜井挑顶

①斜井挑顶应根据实际工程地质和掌子面开挖情况:若地质条件较好,开挖后掌子面稳定,可采用斜井开挖台架结合虚渣进行支垫挑顶,也可以全部采用登渣开挖支护挑顶参照施工步序。

②架立隧道正洞格栅钢拱架时,应逐榀进行锁脚锚管和系统锚杆对格栅钢拱架的锁定,A 单元格栅钢拱架与门架连接格栅钢拱架的连接,格栅钢拱架高处与赣深隧参 01-24A 单元钢拱架连接钢板的连接,低处与斜井门架横梁顶面焊接。

③斜井挑顶时作业人员必须严格按照隧道Ⅲ_b级围岩复合衬砌参数施工,锁脚锚管施作到位,系统锚杆建议采用锚固剂锚固,并与格栅钢拱架焊接牢固。

④斜井挑顶完成后,按照隧道正洞开挖支护参数,转换为正反方向的隧道开挖支护(图 4-4-62)。

⑤在斜井交叉口施工中,工序转换时间长,仰拱封闭相对滞后,要求施工技术主管严格按照各项设计技术参数监控到位,确保斜井与斜井交叉口实现快速有序,顺利过渡。

(2)斜井交叉口

①隧道左侧 B、C 单元钢拱架从上至下施工到仰拱钢拱架时,应及时施工斜井与正洞交叉口地段的仰拱开挖及仰拱二次衬砌。

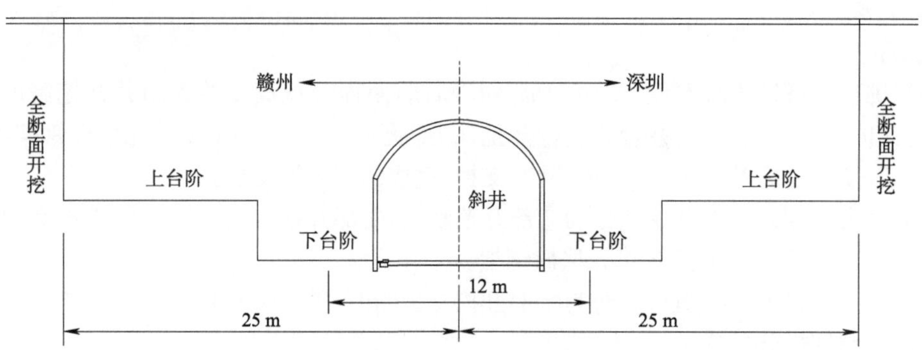

图 4-4-62 斜井进入正洞工序转换示意

②隧道交叉口地段为Ⅲ级围岩,仰拱开挖时要控制装药量,尽量减少超挖,减少围岩扰动。

③隧道交叉口段 50 m 采用仰拱施工,仰拱混凝土一次浇筑到位,斜井交叉口铺底时,一定注意斜井横向排水沟的施工和正洞过轨排水管的埋设。隧道正洞有仰拱地段,仰拱填充分两次填充施工;有底板地段按先底板后衬砌施工。

(五)临时设施

1. 施工排水

当斜井施工到交叉口时,如果水量不大,可临时开挖掌子面集水坑,提前焊接临时钢板水箱,采用潜水泵将开挖掌子面的水抽排到水箱,然后集中排到洞外。

根据辅助坑道集水井设计图要求,隧道排水全部采用在隧道正洞综合洞室及设备洞室内开挖集水井,来进行隧道正洞的施工排水。因此,施工中应根据开挖掌子面渗流水情况,宜选择隧道右侧 DK268+335 综合洞室作为集水井,承担全部花坑斜井的施工排水。

(1)隧道施工与斜井井身排水可通过隧道左右侧临时排水沟自流到 DK268+335 综合洞室内的集水井。

(2)隧道水沟电缆槽和第二次仰拱填充之前,必须在第一次填充面上铺设 10 根 ϕ100 mm PVC 管,横向间距 30 cm,将斜井井身的水永久排至隧道中心排水沟,管底距沟底不小于 40 cm。

2. 工装安装

(1)花坑斜井施工进入正洞后,架子队必须以足够的人力、设备向正反方向施工,精细抓好工序循环作业。

(2)当隧道正反方向仰拱及填充各施工 50 m 时,应组织二次衬砌台车的组装,并根据现场实际情况,确定 2 个台车的组装顺序。

(3)正反方向 2 个二次衬砌台车组装位置可在同一里程安装,由架子队确定台车组装是否考虑加大开挖断面,以方便台车模板安装事宜。

3. 安全措施

(1)高压风管转换为应急排水管

在施工排水预案中必须另外备用 1 台扬程 40 m,管径 150 mm 的多级离心水泵(150GDL160-20×2),并将高压风管转换为应急排水管,设置转换闸阀,作为洞内掌子面涌水应急排水预案。

(2)隧道侧墙橡胶防撞墙

斜井交叉口对应的隧道左边墙是斜井交通运输安全的重要危险地段,根据隧道施工安全要求,在该处设置排列三层,宽度 9.6 m,高 1.8 m 的旧轮胎防撞墙,如图 4-4-63 所示。

(六)安全质量要求

1. 开挖爆破

(1)斜井交叉口隧道开挖应采用弱爆破、少装药,多循环,尽量减少对围岩的扰动。

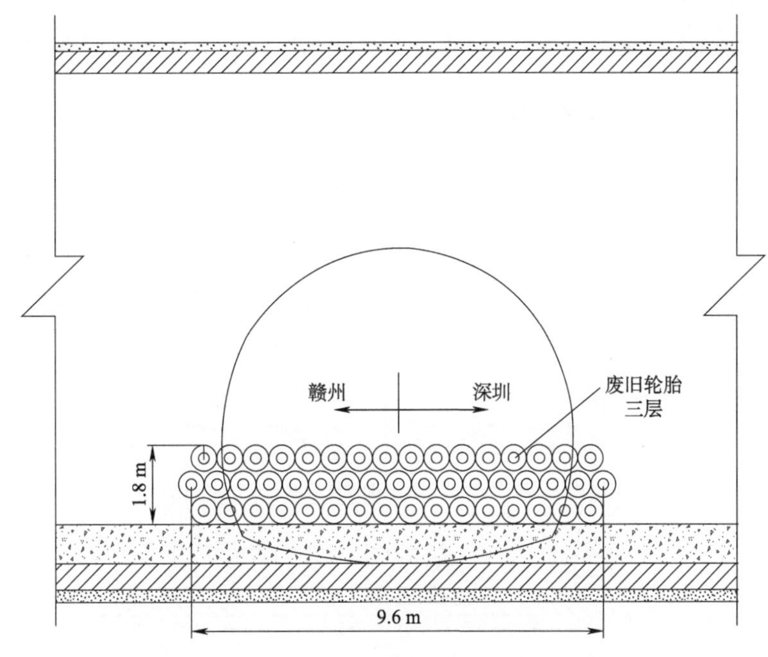

图 4-4-63 斜井交叉口隧道侧墙橡胶防撞墙示意

(2)开挖轮廓线应采用有效测量手段进行控制，轮廓线和炮眼位置宜采用激光导向仪、全站仪等配合测定。

(3)开挖爆破作业不得危及支护结构、机械设备及人员安全，钻眼及装药人员应分区定人。爆破后应及时清理危石，危石清理工作宜采用机械作业。

(4)爆破器材的运输、储存、检验、加工、使用和退库、销毁必须符合国家有关法律、规定和现行《爆破安全规程》(GB 6722)的规定。

(5)超欠挖控制：拱墙平均线性超挖允许 10 cm，最大超挖 15 cm；仰拱平均线性超挖 10 cm，最大超挖 25 cm。

2. 交通安全

(1)斜井挖装运设备应处于良好状态，必须定期检查运输车辆的制动、转向系统和安全装置。

(2)斜井交叉口挑顶、隧道仰拱开挖、仰拱二次衬砌及填充，转换工序多，加之工装设备安装、调试，施工周期 1 个多月，要求架子队要指定专人调度指挥，车辆行车速度控制在 5 km/h，施工照明、通风良好。

(七)安全防护措施及注意事项

(1)施工中必须加强围岩监控量测，根据量测结果及时反馈需要支护信息，确保支护措施安全合理。

(2)挑顶施工以“稳”为主，初期支护“宁强勿弱”，开挖尽量采用弱爆破或不爆破，在确保安全的前提下确保施工进度。

(3)挑顶施工中，应设专人值班，随时观察围岩及支护状态的稳定性。有异常情况及时汇报，并采取施工措施，确保施工安全。

(4)在挑顶处设置缓行标志，必要时安排专人指挥交通。

(5)施工期间，现场施工负责人会同技术人员对各部支护进行定期检查。

(6)锚杆的质量、长度，喷混凝土的质量、厚度，以及钢拱架的安装位置、间距等严格按方案要求施工。

(八)围岩监控量测

1. 量测加点布置

在挑顶门架左、右侧及横梁上方加设 3 个围岩量测点，如图 4-4-64 所示。

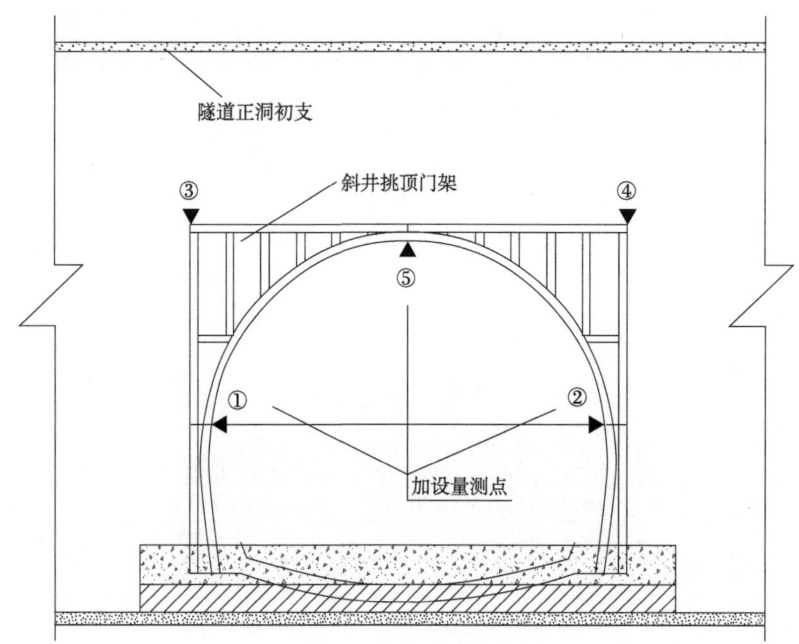

图 4-4-64　交叉口门架量测点布设示意

2. 加点量测与分析

门架加设的围岩量测点主要是掌控交叉口开挖支护的稳定情况:①、②加测点为取得门架收敛数据,③、④、⑤加测点为取得门架下沉数据。围岩监控量测人员必须履行职责,除了施工图和规范要求之外,重点对 5 个加测点进行监控量测,发现测量数据报警,应及时向深圳指挥部相关部门报告,相关人员及时赶赴现场与工区总工、架子队技术主管一起分析原因,制订初期支护加强措施,并认真组织实施。

第九节　隧道沉降变形控制与评估

无砟轨道对隧道等线下工程的工后沉降要求严格、标准高。施工期必须按设计要求,进行系统的沉降变形动态观测。通过对沉降观测数据系统综合分析评估,验证或调整设计措施,使隧道工程达到规定的变形控制要求。分析、推算出最终沉降量和工后沉降,合理确定无砟轨道开始铺设时间,确保无砟轨道结构铺设质量。

一、观测断面和观测点的设置原则

(1)隧道工程沉降观测是指隧道内线路基础的沉降观测,即隧道的仰拱部分。

(2)隧道的进出口进行地基处理的地段,从洞口起每 25 m 布设一个断面。

(3)隧道内一般地段沉降观测断面的布设根据地质围岩级别确定,一般情况下Ⅲ级围岩每 400 m、Ⅳ级围岩每 300 m、Ⅴ级围岩每 200 m 布设一个观测断面。

(4)明暗交界处、围岩级别、衬砌类型变化段及沉降变形缝位置应至少布设两个断面。

二、观测元件与埋设

隧道工程完成后,每个观测断面在相应于两侧边墙处设一对沉降观测点,原则上设于高于水沟盖板 0.2 m 处,如图 4-4-65 所示。

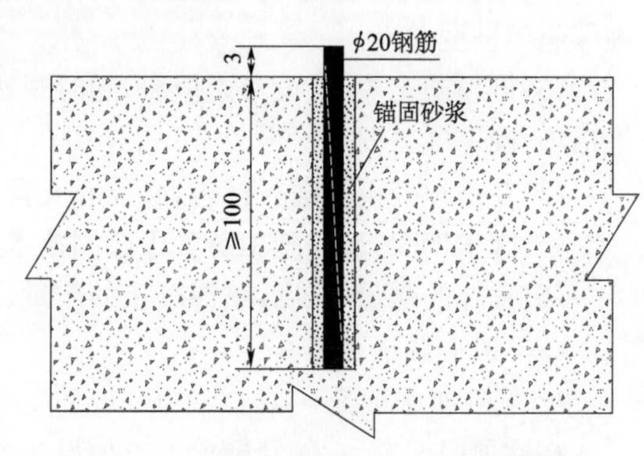

图 4-4-65　隧道观测标设置(单位:mm)

三、观测频次

隧道沉降观测频次见表 4-4-18 所示。

表 4-4-18　隧道沉降观测频次

观测阶段	观测频次		
	观测期限		观测周期
仰拱施工完成至无砟轨道铺设前	6 个月		1 次/周
无砟轨道铺设期间	全　程		1 次/d
无砟轨道铺设完成至试运营开始的观测	全　程		1 次/d
试运营期间	24 个月	0～1 个月	1 次/周
		1～3 个月	1 次/2 周
		3～6 个月	1 次/月

第十节　新工艺、新工法、新装备、新材料的应用及效果

一、隧道门禁及安全定位系统、视频监控系统

结合远距离射频技术、传感技术、视频技术、多媒体显示技术、数字交融技术搭建智慧隧道信息化平台，并依托智慧隧道信息化平台实现隧道内外实时动态监控和数据搜集统计，便于统一决策和调度。

自动化门禁系统，实现班组考勤。隧道施工入口处，安装“隧道人员与车辆出入管理自动化门禁系统”，并在各个洞口设专人管理进出隧道的人员与车辆，利用智能化门禁系统实现了现场管理与远程监督，有效落实了疫情常态化防控政策，避免了外来人员误入施工场地。同时依托门禁系统进行班组量化考勤，视频监控平台可显示进洞各工班人数及详细时间，具有较强的考勤能力，并统计生成各种考勤报表，实现了自动化考勤，极大地提高了考勤效率。

隧道门禁系统由门禁杆、人员闸机、显示屏、视频监控系统、人员定位系统四大部分组成。门禁杆主要为施工机械及设备进出洞口提供进出场道路，人员闸机采用刷卡进入形式，并与定位系统结合。显示屏(LED)与人员定位系统结合，显示进洞各工班人数及洞内人员总人数。人员定位系统采用在安全帽上添加芯片，精确显示施工人员洞内位置，实时掌握各里程段施工人数。视频监控系统实时监控掌子面及二次衬砌施工情况。

二、衬砌模板台车

充分利用衬砌台车，集端头半钢模、分料装置、附着式振捣器、拱顶压浆系统等多功能于一身，有效保证施工缝防水及混凝土质量，有效预防拱顶空洞。拱顶压浆如图 4-4-66 所示，端模安装摄像监控如图 4-4-67 所示。

图 4-4-66　拱顶压浆

图 4-4-67　端模安装摄像监控

三、防水板热熔垫圈激光定位

在防水板铺设前,使用防水板铺挂台车将无纺布固定在预定位置上,再采用带热熔垫圈的射钉钉牢在初期支护表面上。施工中采用红外线激光定位装置,实现热熔垫圈精准定位,热熔垫圈激光定位如图 4-4-68 所示。

图 4-4-68　热熔垫圈激光定位

四、半自动台车铺挂防火板

防水板铺挂使用半自动台车辅助铺挂,台车主要由行走系统、门架支撑系统、作业平台、铺挂拱圈、卷扬机自动提升系统五大部分组成,提高防水板铺设质量和速度。防水板铺挂半自动台车如图 4-4-69 所示。

图 4-4-69　防水板铺挂半自动台车

五、防水板搭接采用自动双缝热熔焊接机(爬焊机)进行焊接

防水板搭接处采用自动双缝热熔焊接机焊接,单条焊缝的有效焊缝宽度不小于 15 mm,焊接后两条缝间留一条空气道,用于检测焊接质量,防水板搭接宽度大于 15 cm。防水板纵向搭接与环向搭接处采用丁字接头,用热熔焊接法焊接。防水板搭接采用自动双缝热熔焊接,如图 4-4-70 所示。

图 4-4-70　防水板搭接采用自动双缝热熔焊接机

六、超前地质预报系统

地质状况先预报，重大灾害免发生。全线控制性和重难点隧道，其地质复杂，采用地质雷达探测技术、超前水平钻探测技术、TSP 探测技术、地质素描等对掌子面前方围岩进行综合超前地质预报，起到了相互补充、修正的效果，且提高了地质构造定位的精度，成功解决了复杂地质条件下的地质超前预报问题。另外，基于互联网技术建立了隧道超前地质预测预报信息系统，对超前地质预报数据进行统一管理，实现了预报数据共享，指导了现场施工，避免了重大地质灾害发生，确保了施工质量和安全。

采用地质雷达探测技术、超前水平钻探测技术、TSP 技术、地质素描等进行超前地质预报，每循环由专业地质工程师检查掌子面围岩情况，地质情况报告及时反馈，指导施工，为施工方案制定提供可靠依据。

七、监控量测纳入工序管理

环境监测智能化，环境保护效果佳。隧道拌和站采用全封闭设置，配置除尘系统、废弃混凝土骨料分离系统，另外采用信息化 TSP 在线环境监测系统对隧道洞内外及道路扬尘环境、噪声指数、气象参数等进行多目标监测，基于物联网以及云计算技术，实现了实时、远程、自动化监控颗粒物浓度以及现场图像的采集，数据通过网络传输，可以在电脑、手机、平板电脑等多个目标终端访问，在智能化施工进程中取得了十分明显的环境质量保护效果。

施工中将监控量测纳入隧道施工工序进行管理，隧道开挖、仰拱及二次衬砌施工等每一道施工工序开始前必须将监控量测数据分析报告作为施工依据。

八、隧道光面爆破及超欠挖

改变“宁超勿欠”的传统观点和错误想法，树立“不欠少超”的观点；加强爆破专项方案设计及交底，提高测量放样精度，提高钻孔精度，动态调整预留变形量，动态优化爆破参数，确保光爆效果。光爆效果如图 4-4-71 所示。

九、改进锁脚锚杆施工工艺

钢拱架与锚杆之间连接采用 U 形钢筋焊接（ϕ22 mm 螺纹钢），钢筋与锚杆焊接采用单面焊，焊接长度不小于 22 cm，与型钢焊接长度为型钢裁面宽度。锁脚施工部位为拱脚连接板以上 50 cm，角度 30°斜向下。改进锁脚锚杆如图 4-4-72 所示。

十、钢筋套筒冷挤压机械连接工艺

施工中将需要连接的带肋钢筋端部插入特制的钢套筒内，利用挤压机压缩钢套筒，使它产生塑性变

图 4-4-71　光爆效果

图 4-4-72　改进锁脚锚杆

形，靠变形后的钢套筒与带肋钢筋的机械咬合紧固力来实现钢筋的连接。钢筋套筒冷挤压机械连接工艺操作简便、速度快；连接后对中性好、性能稳定、连接接头强度大、质量可靠性高；降低动火作业时间，避免引起防水板火灾，并且节约钢材，经济效益好。二次衬砌钢筋套筒冷挤连接如图 4-4-73 所示。

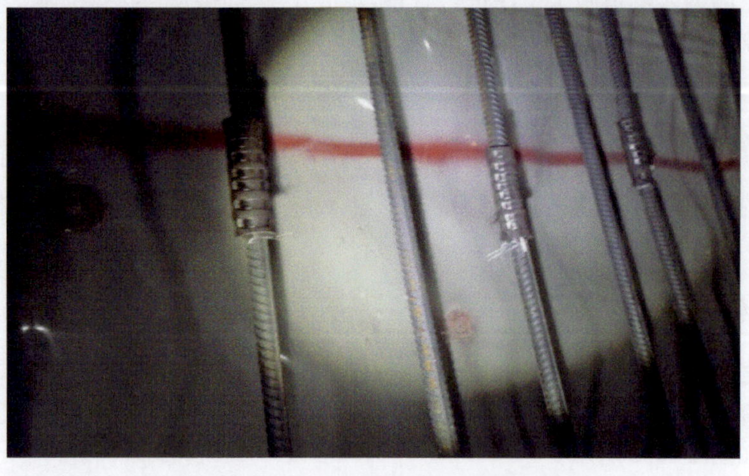

图 4-4-73　二次衬砌钢筋套筒冷挤连接

十一、"五线上墙"施工控制工艺

为确保仰拱施工质量,采用"五线上墙"工艺。"五线上墙"指仰拱上层钢筋线,仰拱下层钢筋线、纵向盲管线、环向盲管线、仰拱混凝土顶面线,施工前由测量组进行测量放样,并用红线明显标记。"五线上墙"如图 4-4-74 所示。

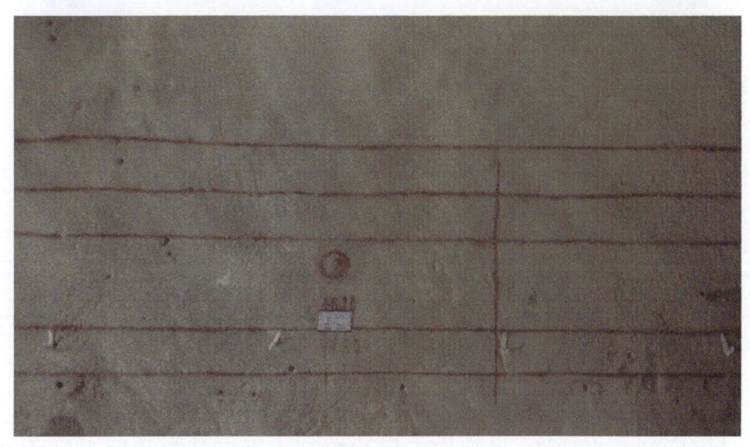

图 4-4-74 "五线上墙"

十二、钢筋定位卡具

隧道钢筋安装使用钢筋限位卡,使钢筋间距均匀符合要求。钢筋卡可使用角钢刻槽加工,相邻槽中心间距为设计钢筋间距,或者采用钢管焊接钢筋的方式。钢筋间距固定好,先点焊固定钢筋,再取出钢筋卡。钢筋定位卡具如图 4-4-75 所示。

图 4-4-75 钢筋定位卡具

十三、橡胶止水带热硫化焊接

橡胶止水带连接采用热熔焊机进行热熔焊接,保证了橡胶止水带连接规范,起到防水效果。仰拱顶面纵向止水带需提前计算止水带下料长度,注意止水带下料长度需考虑超过仰拱端头不小于 1 m,方便与下一循环止水带焊接操作;衬砌环向止水带需连接时,提前计算一环长度,在地面上焊接完成后再进行止水带安装。橡胶止水带热熔焊接如图 4-4-76 所示。

十四、纵向止水带安装及固定工艺

利用简易工装焊接在仰拱台车腹模,腹模的定位采用工装定位,并且为工装提供着力点;可调钢管保

图 4-4-76 橡胶止水带热熔焊接

证止水带位于仰拱设计厚度的一半位置;竖管加工尺寸控制止水带外露和埋入尺寸满足要求;使用拉紧器固定拉紧保证止水带的顺直。止水带固定如图 4-4-77 所示。

图 4-4-77 纵向止水带安装及固定

十五、二次衬砌喷淋养护台车

由于隧道混凝土面悬空,拱顶高度大,因此采用喷淋养护台车进行养护。台车外侧设置环向喷淋软管及雾化喷嘴。采用机械或人工拖行前行。二次衬砌自动喷淋养护台车如图 4-4-78 所示。

十六、水沟电缆槽台车

轨行式液压水沟电缆槽衬砌台车全长 12.1 m(与二次衬砌台车长度相同,以利保证二次衬砌施工缝与侧沟施工缝位置一致),主要由模架系统、行走系统、液压系统和模板系统组成。台车纵向行走由电机驱动,通过横移液压油缸对模板进行横向位置调整,再通过单组模板起升油缸对模板竖向位置进行调整,实现模板精确定位。水沟电缆槽台车如图 4-4-79 所示。

图 4-4-78　二次衬砌自动喷淋养护台车

图 4-4-79　水沟电缆槽台车

十七、湿喷机械手施作隧道初期支护喷射混凝土

喷射混凝土机械手为自行式设备，到达现场后能快速调整机位，水平最远喷射距离为 17.5 m，喷射混凝土实际能力 15 m^3/h。使用电压为 380 V，可以利用自身电源或外部电源，在停电时不会出现混凝土堵管的现象。现场统计数据表明，该机组喷射混凝土的回弹率均可控制在 18%左右，而传统的湿喷机回弹率均在 25%以上。采用湿喷作业有效降低空气中粉尘浓度，现场作业环境得到极大改善，保证了作业工人的身体健康。湿喷机械手进行初期支护喷射混凝土作业如图 4-4-80 所示。

图 4-4-80　湿喷机械手进行初期支护喷射混凝土作业

第五章　轨 道 工 程

赣深铁路广东段轨道设计范围DK133＋893～DK431＋050，设计时速350 km，线路长度295.803 km。针对赣深铁路的工程特点、无砟轨道的选型原则以及无砟轨道结构技术特点分析，全线主要铺设CRTS Ⅲ型板式无砟轨道、CRTS双块式无砟轨道以及长轨枕埋入式无砟轨道三种类型。赣深铁路广东段轨道设计采用全线一次铺设跨区间无缝线路，提高了轨道的整体结构强度和平顺性，优化了行车条件，减少养护维修材料和劳动力消耗，具有明显的经济效益。

为提升现有轨道施工智能化水平、深化部分施工工艺及突破营业线高铁枢纽站改造尚属空白等局限，深圳指挥部聚焦轨道铺设装备自动化升级、施工工艺微创革新及大型高铁枢纽站改造等方面，依托智能化检测系统创新技术，提出新型嵌套式轨排技术，研发自动分枕平台、BMR-3无砟轨道承轨台检测机器人，积极推动我国无砟轨道智能化、自动化施工建设。

第一节　有砟轨道道床施工

总体要求："一清、三面、六线"及"横看成面纵看成线"。"一清"：道床清洁、所有轨枕及零配件上均无散砟；"三面"：两侧砟肩顶点与坡脚线间成平面，两线间成龟背面；"六线"：两侧轨枕外侧、砟肩及坡脚分别成一线。控制重点：道砟质量、清洁度、道床厚度。

一、工艺流程

底砟铺设施工工艺流程如图4-5-1所示。

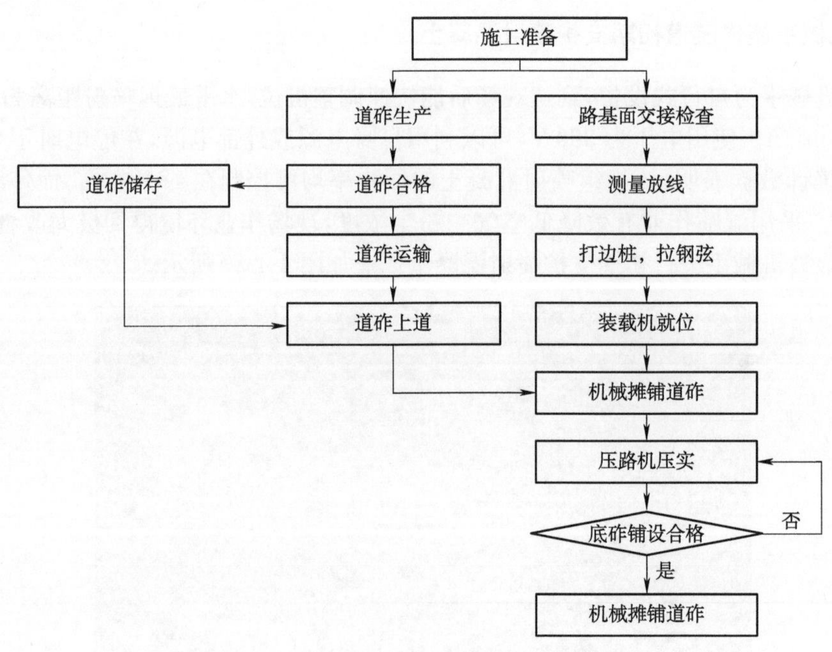

图4-5-1　底砟铺设施工工艺流程

二、施工准备

1. 学习考核、交底

施工前组织专业技术人员认真学习施工组织设计，审阅图纸，澄清相关技术问题，熟悉相关规范和技术标准。制定施工安全保证措施，提出应急预案。对施工人员进行技术交底，对参加施工人员进行岗前培训，考核合格后持证上岗。

2. 收集数据

收集施工作业层中所涉及的各种外部技术数据。铺砟前应由线下施工部门提供线路测量资料，包括线路中桩、基桩和水准点，并进行铺砟前路基面（含桥梁）检查，复测线路中桩、基桩及路基面（含桥梁）高程，形成交接记录。

3. 道砟检验

道砟应按规定进行建场检验、生产检验和出场检验。出场检验在采石场进行。道砟出场前应查验建场检验证书、生产检验证书和产品合格证。

底砟的粒径，0.5 mm 筛以下的细集料中通过 0.075 mm 筛的颗粒含量应不大于 66%。

铺设完成的砟面其纵横坡度、宽度、厚度及中间凹槽等外形方面均需达到设计规定要求，用 3 m 靠尺检查砟面平整度，允许偏差 10 mm，且在曲线上严禁出现反超高现象。

道砟经压实整平后，应采用强度不小于 160 kPa 的机械碾压，其压实密度不低于 1.6 g/cm^3。

同一产地、品种且连续进场的底砟，每 5 000 m^3 为一批，不足 5 000 m^3 时也按一批计，每批抽检一次，采用筛分、专用量规检测或特定检验。

三、施工方法

施工流程：底砟（预铺面砟）施工→分段铺架交接→人工整道→线路全面接收→补砟→交接验收→大机捣固→验收合格。

1. 底砟运输

道砟采用汽车运输，装载机配合装车，利用沿线公路及施工便道运往施工地点，运输前物资员要对车内装运道砟的质量、数量进行检查确认，并做好记录。

2. 底砟摊铺及预铺面砟

采用人工配合机械进行摊铺、压路机分层碾压的施工方法，确保道床摊铺质量。

根据底砟摊铺的厚度，在路肩上引出平桩，并挂拉细弦线，长度控制在 100～150 m。每 10 m 设置一支点，并在两端用加紧器将细弦拉紧。

推土机摊铺时应考虑松铺厚度，待推土机粗平摊铺后，压路机将紧随其后进行压实，最后采用钢钎挂线控制道床顶面，采用人工进行细平，底砟顶面高程误差宜控制在±20 mm，平整度达到规范要求。

路基地段底砟摊铺整平厚度 0.2 m，预铺面砟整平厚度 0.2 m；桥梁及顶面高于路肩的涵洞两端各 30 m，预铺砟面应高于桥台挡砟墙或涵顶不小于 50 mm，并做好顺坡；声屏障边梁及现浇梁，在桥头备砟，架梁后及时散砟，厚度 0.1 m；隧道有砟地段预铺道砟整平厚度 0.25 m。

3. 初步整修

将提前预铺在线路两侧的道砟回填至道心和枕头，人工进行初步整修。

4. 起道

采用顺高就低的方法，将轨节几个点抬高并用道砟垫实。抬高后的轨面应大致平顺，没有显著的凹凸和反超高。重点顺平桥头、坑洼不平地段，使轨道达到平顺。起道时，先起标准股，起道负责人俯身在标准股上，一般距起道器不少于 20 m 看道，目测钢轨外侧下颚高低情况，用手势指挥起道，起另一股时，轨距尺放在靠近起道器已起完的一端，起完一段水平后，如有高低不平情况，先在标准股目测补撬，后找另一股水平高低。

5. 串砟

轨节抬起后立即向轨枕下面串砟，要求串满串实，没有空吊板。串砟时注意轨枕的中部应留出 60 cm 宽的凹槽，避免在列车行驶时压断轨枕。

6. 拨道

在上述工作完成一定长度后进行一次拨道，按照线路中线桩拨正轨道，达到目视直线顺直、曲线圆顺，施工人员分上下股，面向一侧，用撬棍拨道。拨动线路时，腰部挺直，前膝弯曲，身体略向拨道方向倾斜。眼看拨道负责人，听口令，按照指示拨动。拨道允许偏差为±30 mm。拨道前应检查要拨的线路地段轨缝是否合适，必要时应进行调整，以防发生胀轨。

7. 填盒

起拨道完成后，再次人工整修断面，枕盒饱满。

四、技术保证措施

(1)路基面(含桥梁)经检验合格后，方可预铺道砟。铺轨前进行底层道砟预铺，利用既有便道及正线路基将道砟通过汽车运送到路基上，机械进行平整压实。

(2)铺轨前的底层道砟摊铺严格按照《铁路轨道工程施工安全技术规程》(TB 10413)及进行。

(3)铺砟前应取得线下施工单位线路测量资料、中桩、基桩和水准点，并进行铺砟前路基面(含桥梁)检查，复测线路中桩、基桩及路基面(含桥梁)高程，形成交接记录。

(4)道砟进场前应对其品种、外观进行验收，其质量应符合现行铁路碎石道砟相关技术条件规定。道砟生产应有生产检验证书和产品合格证。

(5)道砟进场时的粒径级配、颗粒形状及清洁度应符合现行铁路碎石道砟相关技术条件的规定。

(6)现场技术人员应对每车能够铺砟的长度提前进行量取，并做出明显标记，使得每车能按次序进行卸车同时也能完全控制预铺道砟的方量。

(7)底层道砟可采用摊铺机或其他机械摊铺平整，采用压强不小于 160 kPa 的机械碾压，道床密度不低于 1.6 g/cm^3，道岔前后各 30 m 范围内应做好顺坡并碾压。

(8)作业机械应遵循以下规定：

①运砟车辆不宜长距离频繁行驶在基床表面上，不得破坏路基基床表层。

②运砟车辆在路基面上行驶时，应做到缓行缓停，禁止突然加速、急刹车和急速转弯，载重运行速度应控制在 15 km/h 左右。

③雨天运输车辆禁止在路基面上行驶。

④铺轨前铺砟，砟面应平整，中间不应凸起。

(9)底层道砟砟面应平整，中间不应凸起，中间拉槽宽度应为 60 cm，深度 10 cm。

(10)铺设完成的砟面其纵横坡度、宽度、厚度及中间凹槽等外形方面均需达到规定要求，砟面高程测量后，及时对高处地段进行处理。

(11)摊铺完成后，技术人员应对预铺道床进行全面的几何尺寸及高程进行测量，符合要求后方可进入下道工序。

五、质量技术交底

(一)质量控制

(1)摊铺的底层道砟必须由道砟生产单位提供道砟合格证。

(2)预铺后的道砟砟面应平整，其平整度应满足铺轨需要，砟面中间不得凸起。

(二)质量检验

1. 路基面(含桥梁)检验

路基面(桥梁)经检验合格后，方可摊铺底砟。

2. 基本线路底层道砟摊铺技术要求及检测

(1)底层道砟厚度及宽度

①底层道砟厚度不小于 150 mm,宽度一般为重车 3.5 m、轻车 3.4 m,线间距 4～5 m。底砟厚度允许偏差为±50 mm,半宽允许偏差为(0,+50 mm),高程允许偏差为±20 mm。

②每千米抽检 4 处,观察检查、尺量。

(2)砟面平整度

①砟面应平整,其平整度允许偏差为 30 mm/3 m,砟面中间不应凸起。

②每千米抽检 4 处,观察检查、3 m 靠尺量。

(3)压实密度

①底砟采用压强大于 160 kPa 的机械碾压,压实密度不低于 1.6 g/cm^3。

②每 5 km 抽检 5 处,每处检测 2 个点位;检测碾压机械压强,用道床密度仪或灌水法检测道床密度。

第二节 无砟轨道施工

一、CRTS Ⅲ型板无砟轨道道床施工

CRTS Ⅲ型板无砟轨道,钢轨采用 60 kg/m、定尺 100 m 长、无螺栓孔新钢轨,材质为 U71MnG,采用与 CRTS Ⅲ型板无砟轨道配套的 WJ-8B 扣件。

(一)无砟轨道施工方案

1. 沉降评估及 CPⅢ测量控制网测设评估

铺设无砟轨道前,线下工程的主体和底座混凝土(包括桥梁上防撞墙、伸缩缝、遮板等二期恒载)应全部完工,检验合格。未完成的附属工程不得影响无砟轨道的铺设。

铺设无砟轨道前,按照《无砟轨道铺设条件评估技术指南》对路基、桥涵、隧道变形进行系统评估,确认工后沉降和变形、梁体长期变形、各种过渡段的差异沉降等符合设计要求,满足无砟轨道铺设条件。

2. 钢筋混凝土底座施工

(1)基础面处理

①桥梁及隧道底座范围内基础面应进行拉毛或凿毛处理,凿毛处理时混凝土见新面不小于 50%。底座施工范围内及影响区域内的浮渣、浮浆应清除干净。路基面应平整。

②桥梁与底座连接的预埋钢筋套筒应清洗干净,连接钢筋旋入套筒的长度不小于 28 mm,拧紧力应满足设计要求,连接钢筋端头螺纹应辊轧成型。当梁面套筒被堵塞而导致连接钢筋不能安装时,要两侧各植入一根同规格的连接钢筋,植入深度和外露长度应分别不小于 25 cm 和 15 cm,采用专用植筋胶锚固。

(2)测量放样

根据 CPⅢ测量控制网,利用全站仪按“自由设站,后方交会”的方式放样底座施工的中线、每段底座的起终点桩及高程控制桩,并直接在基础面标注点位,端头模板安装位置等标注准确。桥梁及隧道地段可通过控制桩直接用墨线划出模板安装的边线。

(3)底座钢筋绑扎

底座钢筋先在生产基地内存放和加工钢筋,之后将散料运输到工地现场绑扎成型。在有条件的地方,也可提前在生产基地将底座钢筋网预扎成形后整体运输到工地吊装铺设。钢筋保护层垫层采用与底座混凝土同级或高一等级的水泥砂浆制作。弯曲成型的钢筋应分类集中堆放,根据需要运输到现场绑扎。

现场绑扎钢筋时,根据放样控制点,弹出底层钢筋网片安装墨线,采用定位卡具安装底层钢筋网片,以保证钢筋位置及间距。按规定数量呈梅花形布置保护层垫块。之后绑扎架立钢筋,再绑扎顶层钢筋网片。底座内需要安装的预埋件及接地端子应在钢筋绑扎时同步安装或焊接完成。

(4)底座模板安装

模板制作高度比底座设计高度低 30 mm,模板底部设有调高螺栓,调高螺栓调节范围－30～＋50 mm,曲线超高段按 30 mm 递增设加高模板,模板分块长度结合底座分段情况设置,原则上模板分块长度不超过 5 000 mm。模板安装时,通过调高螺栓调整模板顶面高度与底座设计顶面高程保持一致,并在模板内侧加垫 2 mm 厚钢板并用卡具卡住以封闭模板底部与基础面间空隙。

模板对位安装完成并加固后,应检查模板垂直度,拉线检查伸缩缝模型、端模和侧模的线形,同时检查模板支撑及加固情况,并全部逐点抄平检查,并拉线检查伸缩缝模型、端模和侧模的线形。

(5)混凝土浇筑

混凝土应采用有自动计量装置的搅拌设备拌制,混凝土运输方式为地面由混凝土罐车运送,汽车泵或输送泵输送混凝土上桥和灌注,在特殊地段采用桥面单线作业,混凝土罐车沿桥面运输混凝土进行灌注施工。

混凝土布料应缓慢均匀连续进行,由模板低边往高边进行,左右两副布料的速度要基本保持一致。混凝土采用插入式捣固棒振捣,应注意避免漏捣、过振,振捣过程中应加强检查模板支撑的稳定性和接缝的密合情况,以防漏浆,发现螺栓、支撑等松动应及时拧紧和打牢。振动棒移动距离不得超过振动棒作用半径的 1.5 倍,每点振动时间约 20～30 s。

混凝土抹面及顶面高程控制。混凝土浇筑完成后,应仔细对混凝土顶面收浆、抹面,底座的中间部分搭设跳板,抹面时严禁洒水拉毛。混凝土顶面高程控制以模板顶面为准,浇筑完成后立即用铝合金刮尺对混凝土面找平,并根据实际情况补充混凝土。混凝土面找平后,用木砂板抹面。横向排水坡采用定制尺寸的铁抹子设置,排水坡应光滑平整且坡度不小于 3%。为避免两模板间混凝土出现错台,施工时在两块伸缩缝模板顶部放置水平尺将两侧底座顶面控制在一个高度。

(6)混凝土养护及拆模

底座混凝土施工完成且初凝后立即用土工布覆盖并洒水保湿养护,强度满足设计要求后方可拆除模板,如设计无具体要求,侧模应在混凝土强度达到 2.5 MPa 以上,其表面及棱角不因拆模而受损时,方可拆模。脱模后拆去土工布,洒水后用土工布覆盖,保证 95%以上的湿度,养护时间不少于 7 d。在混凝土未达到设计强度 75%之前,严禁各种车辆在底座上通行。

(7)路基段底座伸缩缝施工

路基段低塑性混凝土底座伸缩缝分为假缝和真缝两种类型。真缝按每隔 4～6 块轨道板设置一道,假缝在真缝以外板与板之间设置。为保证伸缩缝设置平顺,一般可将伸缩缝模板顶部设一横方钢或圆钢,并将伸缩缝通过铁丝或绝缘扎带绑扎固定方钢或圆钢上。施工完成后,拆除方钢或圆钢,即可形成平直的伸缩缝。

3. 中间隔离层及弹性垫层铺设

中间隔离层(土工布)应铺贴平整,无破损,搭接及边沿无翘起、空鼓、褶皱、脱层或封口不严。同一块轨道板的中间隔离层应整块铺设,不得搭接。

弹性垫层设置在限位凸台(或凹槽)四周,在设置范围内将泡沫塑料板与混凝土面密贴,用长度为 30 mm 的钢钉将弹性垫层钉在限位凸台(或凹槽)侧面。

4. 轨道板存放及运输

轨道板存放及运输之前,应按规定进行外观质量及几何尺寸的检查验收。不合格的轨道板坚决不用。

(1)轨道板存放

为保证轨道板存放过程不变形,存放时一般设置条形的钢筋混凝土存放台座,按照轨道板的规格类型及铺设顺序分类、侧面立式存放。同时,为防止轨道板易倾斜甚至倾倒,轨道板存放时应将板之间间距控制在 2 cm 以内,并在轨道板顶端扣上钢制卡具,将轨道板串成整体。

(2)轨道板运输

轨道板施工运输时,采用平放方式。施工运输车采用 15 t 平板汽车,每车运输 3～4 块,轨道板间采用 4 块 20 cm 见方的硬杂木支垫,支垫硬杂木按“四点支承、三点平衡”的要求置于轨道板两端第二至第三承轨槽之间,以保证轨道板的稳定。

(3)轨道板吊装

CRTS Ⅲ型无砟轨道板两侧预留轨道板吊装孔,在吊带末端设置连接螺栓,将连接螺栓旋入吊装孔后即可进行轨道板的吊装。

5. 轨道板粗铺

(1)施工准备

轨道板铺设前,底座混凝土或支承层表面应清理干净,不得有积水和浮渣。在轨道板铺设位置两侧前后位置各放置一块高度 300 mm×100 mm×100 mm 的支承垫木。在两凸形挡台间的底座表面跨轨道板端头 60 cm 左右对称各放置支承垫木,把轨道板放在预先放置的支撑垫木上。

(2)钢筋网片加工

自密实混凝土钢筋网片在基地内集中加工和存放,钢筋间距及绑扎应符合设计及相关标准的要求。钢筋网片应与轨道板同步铺设,采用专用吊具吊装。钢筋网片在运往工地铺设之前,应进行检查验收。

(3)钢筋网片铺设

钢筋网片采用平板汽车运输到工地,通过汽吊+专用吊具吊装上线临时存放,铺板前用汽吊或龙门吊+专用吊具进行铺设,人工配合就位。铺设时,应严格控制钢筋网片边缘距自密实混凝土边缘的距离,检查和调整条型砂浆垫块的支垫位置,确保钢筋保护层厚度满足要求。

(4)轨道板粗铺

轨道板粗铺时,由跨线龙门吊或汽门吊将轨道板吊到铺设位置,人工扶稳轨道板缓缓下落,把轨道板放在预先放置的支承垫木上,并辅助检查使轨道板中心线尽量与设计中线对齐,轨道板边线尽量与设计边线对齐。曲线地段,应注意轨道板的方向。轨道板粗铺时,应将有接地端子的一侧安放在线路外侧。

6. 轨道板精调

(1)轨道板精调系统设站定向

轨道板精调系统每次设站可调 4~5 块轨道板。建站时,全站仪设在精调作业前方距最近的待精调轨道板 5~10 m 的轨道中线位置,全站仪设置高度应尽量靠近标架棱镜的高度。

(2)轨道板精调系统测量

全站仪设站完成后,开始对安装于轨道板承轨槽上的精调标架和适配器进行照准测量。用已设程序控制的全站仪测量放置在适配器或标架上的 4 个棱镜,连接工控机选板,获取温度传感器温度值,确定板型,获取 4 个工位的调整量,根据调整量对轨道板实施调整。

(3)轨道板调整

根据轨道板精调系统测量得出的轨道板偏差,使用精调门架将轨道板精调到偏差值 5 mm 以内。之后,再安装精调爪,并拆除精调门架,通过轨道板精调系统的测量,并配合精调爪、扳手将轨道板精调到合格状态。合格状态的要求为:板内 4 个承轨点平面及高程误差≤0.4 mm,板与板间相邻承轨点平面及高程误差≤2 mm。

(4)轨道板固定

轨道板精调完成后,安装扣压装置将轨道板固定于底座上,以避免自密实混凝土灌注时可能引起的上浮。

7. 板纵向连接及板缝填充

每块板与板之间需要六块张拉锁件对轨道板上预留的预应力钢筋张拉连接,连接采用扭力扳手进行螺母紧锁,当扭力达到 40 kN 时,即纵向连接完成。

连接件及预应力钢筋露出部分用胶管剖开后装上黄油包裹住,再在外面裹上密封胶带。待连接器与剪力板密封包裹完后,即可灌注剩余部分板缝的树脂砂浆。灌注采用竹胶板作模板。

8. 自密实混凝土灌注

(1)自密实混凝土模板安装

CRTS Ⅲ型无砟轨道自密实混凝土灌注采用组合式钢模板,钢模板应严格按自密实混凝土调整层结构的厚度、宽度和设计超高值进行设计和加工。

钢模板安装时，不设超高值的地段线路两侧模板一般比轨道板各宽 10 cm；超高值大于 50 mm 的地段，曲线内侧模板紧贴轨道板侧面安装；轨道板两端模板须紧贴轨道板端面安装，端面安装允许偏差 ±5 mm；模板高度应高于自密实混凝土调整层表面 10 cm 以上。模板四周及底部缝隙采用砂浆、胶布或泡沫块进行封堵，以防止漏浆及漏浆对自密实混凝土的流动性及密实度的影响。

(2)混凝土灌注

自密实混凝土材料对设备、工艺以及外部环境较为敏感，施工时除了做好设备、材料等准备外，还要根据天气条件决定施工，如遇高温、大风、大雨等恶劣天气时应避免施工。

CRTS Ⅲ型无砟轨道板自密实混凝土采用三角灌注料斗以自重力方式灌注。三角灌注料斗由高度约 2 m 的料斗和 3 个带阀门的灌注导管组成，通过阀门可控制混凝土灌注的速度。自密实混凝土灌注时，应提前在待灌注轨道板上安装好三角灌注料斗，并将灌注导管依次放于轨道板上预留的灌注孔，当轨道板上未预留灌注孔时，灌注导管则按前中后三个位置依次放于轨道板一侧的模板内。

(3)混凝土拆模及养护

待混凝土终凝后，将精调爪松开半圈，并采用土工布覆盖保湿养护 7 d。

混凝土强度超过 5 MPa 后，拆除模板和精调爪，对精调爪预留槽四周进行拉毛并用同标号的新鲜混凝土灌注，同时修补混凝土表面缺陷，继续用土工布覆盖保湿养护。模板及精调爪拆除后，应及时清理修补，以待下一次使用，同时清理道床四周的杂物和垃圾，以保证轨道结构及线路整洁。

(二)主要经验及体会

温度控制是无砟轨道施工工艺的一个重要组成部分，其直接影响工程质量，施工时应严格控制混凝土的入模温度。夏季施工时，混凝土的入模温度不应高于 30 ℃。

混凝土浇筑需 1 个轨枕间距接 1 个轨枕间距单向连续浇筑，让混凝土从轨枕块下漫流至前一格。当混凝土量略高于设计高程后，前移到下一格进行浇筑。混凝土振捣时，不能碰触轨排框架及轨排加固设施。

二、CRTS Ⅰ型双块式无砟轨道道床施工

CRTS Ⅰ型双块式无砟轨道，钢轨采用 60 kg/m、定尺 100 m 长、无螺栓孔新钢轨，材质为 U71MnG，轨枕采用 SK-2 型双块式轨枕，配套扣件为 WJ-8B 扣件。CRTS Ⅰ型双块式无砟轨道如图 4-5-2 所示。

图 4-5-2　CRTS Ⅰ型双块式无砟轨道

(一)无砟轨道施工方案

采用双线交替施工。施工区域一次划分为施工准备区、钢筋绑扎区、轨排架设调整区、混凝土浇筑区、

混凝土养护区、模板拆除及后续处理区等，双线交错推进，道床施工组织如图 4-5-3 所示。

第一步：基底清理、测量放线。

第二步：基底层的凿毛、铺设道床板底层钢筋、安装纵横向模板、组装轨排、轨排粗调。

第三步：顶层钢筋绑扎、接地钢筋焊接、轨排精调。

第四步：道床混凝土浇筑、养生、拆除轨道排架进入下一循环。

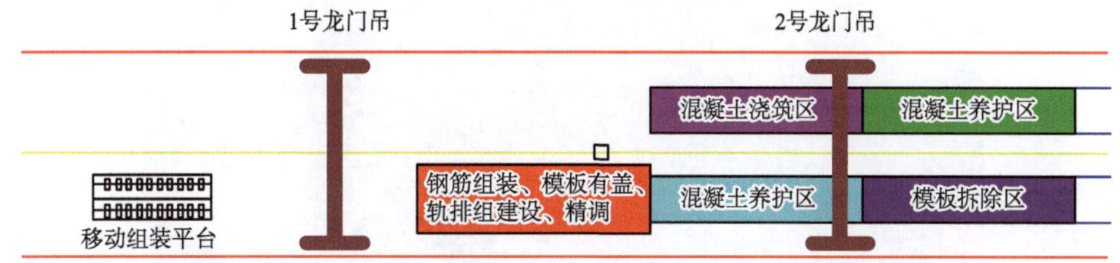

图 4-5-3　道床施工组织

(二)无砟轨道施工工艺流程

无砟轨道施工工艺流程如图 4-5-4 所示。

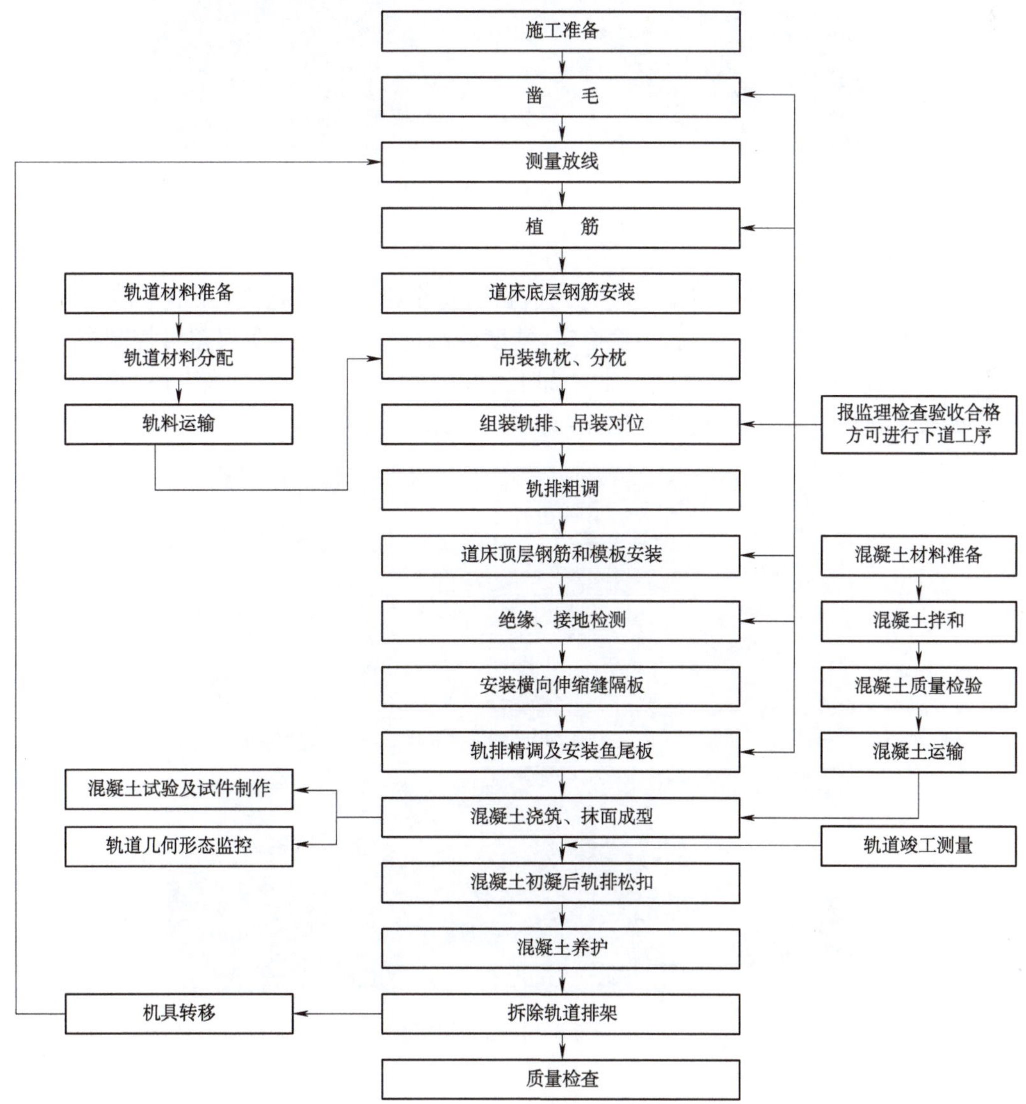

图 4-5-4　无砟道床施工工艺流程

1. 新型嵌套式轨排

新型嵌套式轨排(图 4-5-5)包括工具轨、组合托梁体、高低螺杆、防护墙固定座、锁定装置等组成。组合托梁体由内外套组成,内外套通过十字销轴在竖向螺杆处连接,内套相对外套可相对滑动而不影响竖向高程,设计简约实效。通过轨向调节撑杆调整轨排中线,消除传统轨排对混凝土面的损害。高程螺柱底部设有保护座,可使轨排高程调整更加方便、快捷、精准。

图 4-5-5 新型嵌套式轨排架

2. 自动分枕平台

JY-11 自动分枕平台(图 4-5-6)共有 11 个分枕机构,每个机构相互独立,互不干涉,可满足各种不同轨枕间距需求,分枕机构由卷扬机控制,传输稳定,精度较高,整体轨枕间距误差可控制在 3 mm 以内,轨枕与钢轨垂直度控制在 1 mm 以内,整机自动匀枕时间可在 1 min 之内完成,施工快,效率高,同时具备连续工作能力,提高了轨排组装效率,具有平稳、准确、高效、安全等特点。

图 4-5-6 自动分枕平台

3. 智能精调机器人

轨排智能精调机器人(图 4-5-7)是一种用于替代人工进行双块式无砟轨道精调作业设备。该设备主要分为硬件和软件两部分。硬件部分主要由精调机主结构和执行机构(伺服电机-减速器-万向传动轴)组成,包括车架、横向调整系统,高程调整系统等部件。软件部分主要是自动精调软件,精调软件采用数据地址读取方式精确传输调整数据,可以完全兼容目前施工测量系统(安伯格精调小车),使精调作业时不受人为干扰。自动精调机具备 24 h、全天候野外工作能力。该设备适用于直线段、曲线段,路基、桥梁、隧道全方面适用。采用精调机进行精调作业,能够大幅度减轻工人劳动强度,工人只负责安装套筒,操作简单。

图 4-5-7 智能精调机器人

(三)无砟轨道施工方法

(1)测量放样

放线前,首先对底面进行清理,人工清扫杂物,采用高压水枪冲洗底面,对于有油污地点,采用清洗剂进行清洗,严禁底板表面有泥土或杂物覆盖。由测量班通过全站仪精确放样道床板两侧边线(每个点间距 6 m),并用墨斗线弹出标记。

(2)安装底层钢筋

钢筋由加工厂集中加工。按设计间距要求,结合底面弹线位置,先安装底层纵向钢筋,后安装横向钢筋。纵横向钢筋采用绝缘卡连接,纵向钢筋按照要求进行搭接,搭接长度不得小于 800 mm,采用两个绝缘卡分别在两端进行固定,相邻接头及上下层接头错开不小于 1 m。底层钢筋如图 4-5-8 所示。

(3)散枕

按设计间距 650 mm 调整轨枕间距,将轨枕放下。散枕如图 4-5-9 所示。

图 4-5-8 底层钢筋

图 4-5-9 散枕

(4)安装顶层钢筋

轨枕散放完成后,将上层横向钢筋放入轨枕中间,然后安装纵向钢筋,纵向钢筋与轨枕桁架间均采用绝缘卡连接。纵向钢筋安装完成后,将上层横向钢筋与纵向钢筋连接,均采用绝缘卡连接,横向钢筋位置与底层横向钢筋对齐。上层钢筋搭接标准同底层钢筋。

(5)安装轨排

按轨枕布置图组装轨排,并按顺序铺设。

①吊装,将待用轨枕使用龙门吊与轨枕专用吊具吊放在轨排组装平台上,每次起吊每垛的1层(4根轨枕),吊装时需低速起吊、运行;

②匀枕,按照组装平台上轨枕块的定位线人工匀枕,轨枕应方正,间距误差控制在5 mm内,并对轨枕表面进行清理;

③检查调整轨枕块位置,并弹线将一侧的螺栓孔布成一条线,偏差小于1 mm;

④吊装轨道排架,人工配合龙门吊,将轨道排架扣件螺栓孔位置与轨枕上螺栓孔位置对齐,平稳、缓慢地将排架放置于轨枕上;

⑤复查轨枕位置并上紧扣件;

⑥对轨排螺栓安装质量及轨枕间距进行检查,合格后龙门吊吊起组装好的轨排至预定地点进行定位铺设。当轨排框架使用10个循环时,应对轨排框架各项参数进行复查,如超标,应返厂整修。轨排安装如图4-5-10所示。

(6)轨排就位

①布设轨排。铺装龙门吊从分枕组装平台上吊起轨排运至铺设地点,按中线和高程定位,误差控制在高程−5~0 mm、中线±5 mm。相邻轨排间使用夹板联结,每个接头安装4套螺栓,初步拧紧,轨缝留6~10 mm。每组轨排按准确里程调整轨排端头位置;

②安装轨向锁定器。隧道地段靠近防护墙一侧:轨向锁定器一端支撑在防护墙底部,另一端支撑在轨排托梁的支腿上;靠近线路中线侧:在距离轨排拖梁支腿外侧50 cm处钻孔(ϕ16 mm,孔深3 cm,孔距对应拖梁支腿位置)预埋长20 cm的ϕ16 mm圆钢,作为轨向锁定器的支撑。轨排就位如图4-5-11所示。

图4-5-10 轨排安装

图4-5-11 轨排就位

(7)纵横向模板安装

(8)轨排粗调

粗调顺序。对某两个特定轨排架而言,粗调顺序:1→4→5→8→2→3→6→7→1→2→3→4→5→6→7→8。轨排粗调顺序如图4-5-12所示。

①中线调整。配备全站仪和测量手簿,采用自由设站法定位,设站时应至少观测附近4对CPⅢ点,测量轨排框架拖梁上的中心基准器,轨排两侧各安排4人同时对轨向锁定器进行调整。中线一次调整不到位时应循环进行,直到中线偏差满足±2 mm要求;

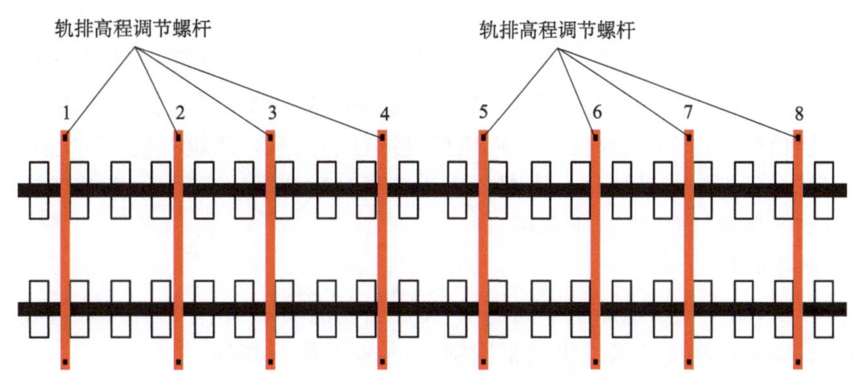

图 4-5-12 轨排粗调顺序

②高程调整。使用精密电子水准仪测量每榀轨排对应拖梁处钢轨的高程(每榀 8 个点),与设计轨面高程对照计算高程差;

③粗调完成后,相邻两排架间用夹板联结,接头螺栓按 1→3→4→2 顺序采用活动扳手拧紧。

(9)钢筋绝缘测试

由试验室试验员负责检测每一处钢筋搭接处的绝缘电阻,钢筋绑扎小组配合,绝缘电阻不能低于 2 MΩ,由欧姆表完成钢筋绝缘检测。对不能满足要求的及时更换绝缘卡,或重新调整。

(10)轨排精调

精调开始前,应清扫钢轨和精调小车的轮子,严禁任何人踩踏。

①全站仪设站。全站仪观测 4 对连续的 CPⅢ点,自动平差、计算确定设站位置,如偏差大于 0.7 mm 时,应删除 1 对精度最低的 CPⅢ点后重新设站。改变测站位置后,必须至少交叉观测后方利用过的 6 个控制点,并复测至少已完成精调的一组轨排,如偏差大于 2 mm 时,重新设站;

②调整中线。采用 54 mm 开口扳手调节左右轨向锁定器,调整轨道中线,一次调整 2 组,左右各配 2 人同时作业。在调整过程中,全站仪一直测量轨道状态测量仪棱镜,接收观测数据,通过配套软件,将误差值迅速反馈到轨道状态测量仪的电脑显示屏幕上,直到误差值满足要求后调整结束;紧扣一侧将中线调整到位,在仪器监控下拧紧松扣一侧,在此过程中,不得扰动已调整好的中线;

③调整高程。粗调后顶面高程应略低于设计顶面高程。用 36 mm 套筒扳手,旋转竖向螺杆,调整轨道水平、超高(旋松超高调整器,调整轨排倾角,使轨排框架至设计高程,旋紧两侧竖向螺杆,使竖向螺杆与地面垂直)。调整后人工检查螺杆与混凝土是否密贴,保证螺杆底部不悬空。调整螺柱时要缓慢进行,旋转 120°为高程变化 1 mm。轨排精调如图 4-5-13 所示。

图 4-5-13 轨排精调

(11)道床板浇筑

混凝土浇筑前,采用高压水清洗整个工作面,不得有积水。清理完成后,将专用塑料防护套罩住轨枕、扣件,对钢轨使用土工布覆盖包裹,防止污染。混凝土浇筑应从一侧向另一侧连续进行,当混凝土从轨枕下自动漫流至下一根轨枕后,方可前移至下一根轨枕继续往前浇筑。浇筑混凝土时,采用 2 根振捣棒进行振捣,尽量不要碰到钢筋,不应扰动轨排。当混凝土浇筑高度达到设计高程时,向前变换浇筑位置,严禁在一个地方进行长时间的振捣,造成混凝土离析。

(12)道床板混凝土收面

收面全过程分 4 次,第 1 次为道床板顶面刮平,使用自制的横梁式刮尺,刮尺垂直放于两根钢轨顶部,由钢轨顶面高程推算出刮尺高度。采取纵向平推刮尺,控制道床板高程。

(13)扣件、工具轨拆除及养护

浇筑完混凝土后,应及时清理钢轨、扣件、调整横梁、轨枕上残留的混凝土,保证轨道清洁。初凝压光后,及时松开螺杆、扣件和鱼尾板,释放钢轨温度应力。待终凝后,及时覆盖土工布,并在土工布上安装滴灌排水管,由时间控制器对水箱内水泵进行控制,定时对轨道板洒水养护,养护期不少于 7 d。浇筑完成 24 h 后,方可拆除螺杆、模板及轨排。拆除过程中,严禁对道床板混凝土碰撞,螺杆孔洞采用同等级无收缩混凝土及时封堵,对道床板缺棱掉角及局部缺陷及时进行修补和整修。道床板养护如图 4-5-14 所示。

图 4-5-14　道床板养护

(14)施工缝处理

施工缝设置在两根轨枕中间,每次进行新的道床板浇筑前,对施工缝周围松散的、不满足要求的部分进行凿出和清理,以使施工缝的表面垂直轨道中心线、竖直、粗糙,以确保新旧混凝土之间具有足够的黏结力。

三、岔区轨枕埋入式无砟轨道施工

岔区内无砟道床采用轨枕埋入式无砟道床。施工方法如下:

1. 底座混凝土施工及检查

底座混凝土施工按照钢筋加工安装、模板安装、混凝土浇筑三个工序进行施工控制。底座施工完毕后及时进行检查,检查底座预埋连接钢筋是否按设计要求进行设置,底座预埋钢筋为 ϕ12 mm 钢筋,加工成门型,露出底座顶面 56 mm。并且底座混凝土表层要进行拉毛处理。

2. 道岔现场预拼装

将岔枕按设计要求排放好后,将钢轨抬到岔枕上,组装轨排。钢轨抬到位后,逐段拨正钢轨,使钢轨落槽,然后进行方向、轨距、密贴调整,调整基本到位后紧固扣件,扣件螺栓采用测力扳手终拧,紧固力矩符合设计规定。

3. 道床板底层钢筋架设

在道岔底座混凝土上架设底层钢筋，道床板钢筋共分为三层，钢筋采用 HRBϕ18 mm、ϕ12 mm 两种类型。施工时先按照设计图架设道床底层钢筋，并对纵向钢筋与横向钢筋以及纵向钢筋搭接处设置绝缘卡。

4. 布设道岔纵移走行轨，吊放道岔

根据岔前、岔心、岔尾中心桩用墨线弹出道岔直股中线，利用全站仪测中线外移桩，定好道岔轨顶高程；用直股中线结合纵移台车轮距，在中心线两侧布设走行轨，用吊车将拼装好的道岔卸在纵移台车上，把卸在纵移台车上的道岔引到道岔的设计位置。

5. 道岔初步定位

通过纵移台车及走行轨推送道岔到道岔定位位置。

6. 调节螺杆支撑架安装及纵移台车、走行轨移除

进行道岔方向调整。以固定岔尾为基准(用锤球对照岔尾中心桩)，分别调整岔前、岔心及渡线位置。线形基本调整后，采用几十台手摇起道机同时抬升轨排，将道岔轨排顶起，使用岔枕两端预留孔安装调节螺杆支撑架(控制高程低于设计高程 5～10 mm)，移除纵移台车及走行轨。

7. 道岔高程粗调

利用前期全站仪测中线外移桩定好的道岔轨顶高程，并将测量交底下到施工队；根据交底上的测量数据将高程调整到设计高程以下 5 mm 位置。

8. 横向调整锚固螺栓及侧向三角支撑架安装

在道岔直股侧隔三个岔枕边的底座混凝土层上用钻孔取芯机钻眼，把锚固螺栓埋入并与岔枕底部钢筋焊接，然后用砂浆固定。在道岔的曲股侧安装侧向三角支撑架，加强对道岔的稳固。

9. 架设中、上层钢筋

架设中、上层钢筋，并对钢筋交叉点(含岔枕桁架钢筋)进行绝缘处理。

钢筋布置时应保证钢筋与定位杆的间距在 30 mm 以上。所有钢筋交叉点处均采用绝缘卡绝缘，穿过岔枕钢筋桁架的纵向钢筋间距可酌情调整。

钢筋绑扎及接地处理完成后，进行绝缘性能测试，确保钢筋绝缘性能符合要求后方可进行下道工序作业。

10. 剪力棒安设

两分块单元道床板间在接缝处用剪力棒连接。剪力棒采用直径 28 mm 的光圆钢棒，剪力棒设在桁架钢筋上，桁架钢筋与剪力棒通过软塑料进行绝缘，施工前先对剪力棒一段进行涂沥青防锈处理。

11. 道岔第一次精调

用轨检小车测量道岔的高程、水平、轨距偏差，结合道岔设计及误差要求，通过岔枕处的调节螺杆丝杆高度精调起平道岔，调节锚固螺栓对水平方向进行调整以及用轨距拉杆对轨距进行调整。精调时高程、水平、轨距偏差等各项指标以确保直股控制在±1 mm 范围内为主，同时兼顾曲股。

12. 立模前的精调

第一次精调结束与立模后最后一次精调期间，对道岔进行精调。具体操作如下：安排两个精调技术员及四个工人，利用轨检小车上的数据显示指导工人用活动扳手通过对岔枕两端的调节螺杆和横向调节地锚螺栓来调节高程、水平、轨距并采集数据，打印出数据，技术员和测量工程师共同对数据比较研究后，到现场指导线路调节工对个别岔枕处不太理想的轨距、水平等进行调节。

13. 模板安装及固定

模板安装前进行杂物清理。安装用槽钢加工制造的侧向模板，并设置加固装置，在岔枕上弹好墨线；道床板两边高程的控制用墨线在钢模上弹好，为方便夜间施工好辨认墨线，在墨线的边上粘贴厚的反光胶。

14. 道岔检查与评估

道岔调整工作完成后，根据现场道岔精调情况，提出申请，由建设单位组织设计、监理、外方专家、施工

等单位组成检查组,对道岔的钢筋及接地、模板、支撑体系、加固措施、几何线形、最后一次精调数据等进行全面检查与评估。

15. 道床板混凝土浇筑

为方便混凝土浇筑施工,根据设计图每 3 根轨枕侧面及模板内表面用墨线弹出道床板高程。道岔最后一次精调到位并固定后,再用轨检小车进行道岔位置的检测并采集数据生成报表存档,然后进行钢轨扣件的覆盖保护,洒水湿润支承层及岔枕。道床板采用 C40 的混凝土浇筑,统一由拌和站集中供应,混凝土搅拌运输车运输混凝土,输送泵车泵送混凝土入模,采用人工捣固、收光、抹面。灌注顺序从岔中向岔前、岔尾两个方向进行。

16. 伸缩缝的设置

道岔单元之间设横向伸缩缝,缝宽 20 mm,伸缩缝根据岔枕铺设情况垂直于直股线路中心线布置,用聚乙烯泡沫板填充,聚乙烯泡沫板至道床顶面留出 35 mm 的空间,用聚氨酯密封胶封面。道床板每隔 4～6 m 设横向伸缩假缝,缝深 80 mm,宽 8 mm,用聚氨酯密封胶封面。

17. 松开调节螺杆及扣件

防止因温度影响钢轨变形传递到早期混凝土,混凝土浇筑完后,根据浇筑时间,松开调节螺杆及扣件,3 h 后松开调节螺杆 1/4 圈,原则是每次松 20 根轨枕,再过 3～4 h 完全松开,并取出调节螺杆,同时松开扣件,螺栓帽平齐螺杆即可,调节螺杆取出后,清除混凝土,加适当润滑油后备用。

18. 养护与拆模

混凝土浇筑 12 h 后,喷洒养护剂,并用土工布覆盖,洒水养护,至少养护 7 d。混凝土达到一定强度后,至少 3 d,可拆模。

19. 混凝土残渣的清理

浇筑 2 d 后,对钢轨表面、扣件、岔枕表面等部位进行混凝土残渣清理,并水洗。

20. 调节螺杆孔的灌注

混凝土浇筑,拆除调节螺杆后,留下的孔,在 7 d 养护结束后要用 C40 无收缩砂浆进行灌注。

21. 混凝土浇筑后的测量

7 d 养护后,在上紧钢轨扣件的情况下,对道岔的几何线形再次做检查,用轨检小车采集高程、水平、轨距等数据,一是对比检查道岔在混凝土浇筑前后是否发生变化,对整个支撑体系的稳定性进行评估,其次是发现道岔内部是否存在有超限点,为制定道岔修正方案提供数据支持。道岔修正通过偏心椎体和调高垫片进行调节完成。

四、BMR-3 承轨台检测机器人

BMR-3 型承轨台检测机器人由全线行驶小车与检测模具组成(图 4-5-15),通过数据链路组成一个整体。在全站仪的配合下,可实现全线路承轨台高程与中心位置的自动化检测,小车走停、模具定位、全站仪测量、数据保存等均由电脑控制,自动、重复完成,无须人工干预,检测效率是传统人工测量的 2 倍以上,检测精度可达±0.3 mm,达到了节约人力、缩短工期的目的。同时,能自动获取并保存检测结果,检测数据通过垫板分析软件处理,得到准确的采购与安装文件,降低了调整垫板造成的成本浪费,指导了运行轨和垫板的精准采购与安装,确保优质、高效地完成赣深铁路无砟轨道施工(图 4-5-16)。

CRTS Ⅲ型板式无砟轨道机器人智能检测系统创新技术在赣深铁路中的推广应用,极大地提高了无砟轨道铺设精度及效率,取得了良好的社会效益,对新建高铁及既有高铁轨道的改造升级发挥了重大借鉴和指导作用;同时,提升了工艺标准和建设水平,保证了工程质量、进度和成本的有序可控,创造了巨大的经济效益,实现了我国无砟轨道向智能化建造发展,铸就了“赣深精品无砟轨道”示范性工程。

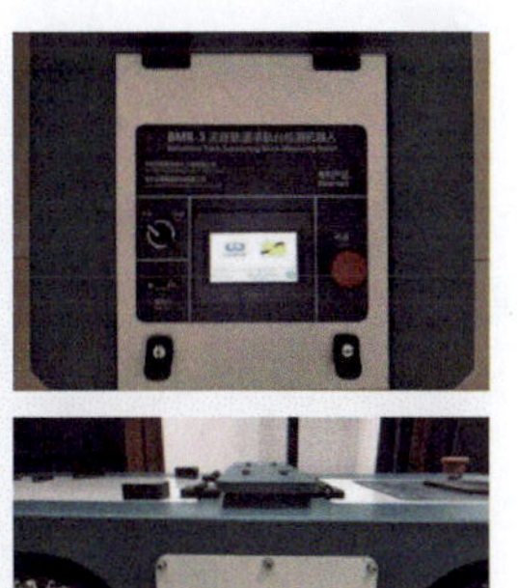

图 4-5-15 BMR-3 无砟轨道承轨台检测机器人

图 4-5-16 施作成型的无砟轨道

第三节 跨区间无缝线路施工

一、长轨铺设施工方案

长钢轨铺设计划采用两台有砟无砟一体式牵引车配合 WZ500 铺轨机推送车，由铺轨基地开始往大小里程同时铺轨；长钢轨在铺轨基地装车后，机车运送长轨列车通过铺轨基地 L4 道岔经 L2 道岔进入赣深正线右线，开始长钢轨铺轨作业。

（一）无砟轨道铺轨

全线铺轨分大、小里程两部分，由两台铺轨机组同时铺轨。左、右线由同一台铺轨机组按铺完右线再铺左线原则铺设。1 号铺轨机组由铺轨基地往小里程方向铺轨，2 号铺轨机组由铺轨基地往大里程方向铺轨，大里程 2 号机组铺设至博罗北站 4 号岔后经 4 号/2 号渡线进入左线铺轨，1 号长铺机组铺设右线至河源东站 3 号岔前退机至博罗北站，经 4 号/2 号渡线进入赣深左线，往小里程方向铺轨。与正线相同侧的站线同时铺设。

（二）有砟轨道长钢轨铺设

有砟轨道长钢轨铺设地段主要为车站到发线及联络线，轨枕布置形式为 1 667 根/km，预先按照轨枕间距将锚固好的轨枕摆放就位，然后采用牵引车进行长钢轨拖拉就位，如图 4-5-17 所示。

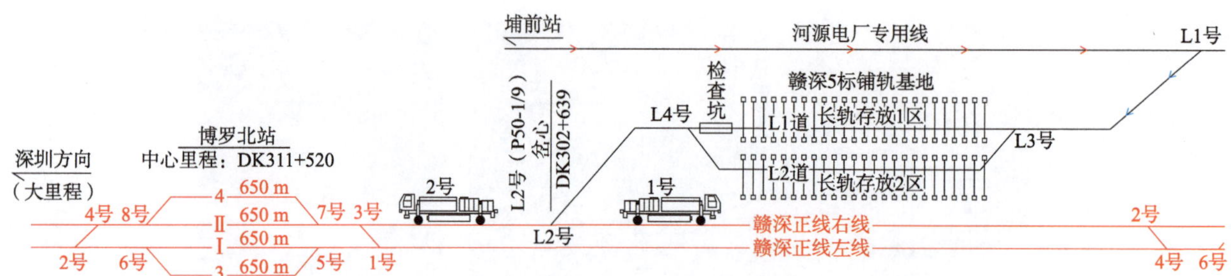

图 4-5-17 长钢轨进场及铺设示意

(三)大坡道地段铺轨

大于 12‰的大坡道地段采用两台机车对长钢轨运输车进行运输，全线最大坡道为 29.5‰，同时长铺机组最大作业坡度为 33‰，满足铺设作业条件。

二、长钢轨铺设施工方法及工艺流程

(一)WZ500 铺轨机简介

1. 铺轨机组成

WZ500 型无砟轨道长钢轨铺设机组由钢轨牵引车、钢轨推送车及钢轨运输车组三大部分组成。

(1)钢轨牵引车主要起钢轨铺设导向作用，以保证钢轨推送平顺、稳定。本项目采用有砟无砟一体式钢轨牵引车。

(2)钢轨推送车主要完成分轨、推送等操作。

(3)钢轨运输车组装载、运送钢轨。钢轨推送车上布置钢轨拖拉及变形过渡装置、推送装置、液压系统、动力电控系统、分轨装置、对轨装置等。

每组铺轨机组配套设备还有地面滚筒和地面滚筒收集运输车，地面滚筒数量为 120 套，地面滚筒收集运输车 2 台。

2. 主要技术参数

(1)作业类型：引导推送式铺轨、换铺轨；

(2)适用道床类型：国内各型无砟道床铺轨；

(3)一次运输钢轨量：24 根(6 km)；

(4)铺设钢轨长度：500 m 及以下；

(5)铺设钢轨类型：60 kg/m 及以下；

(6)最小作业半径：2 500 m；

(7)最大作业坡度：33‰；

(8)作业环境温度：−20 ℃～+50 ℃。

(二)长钢轨铺设施工工艺

本标段铺轨计划两套长轨机组分两个方向同步向前推进，后方四列长轨车为前方送轨，工艺流程如图 4-5-18 所示。

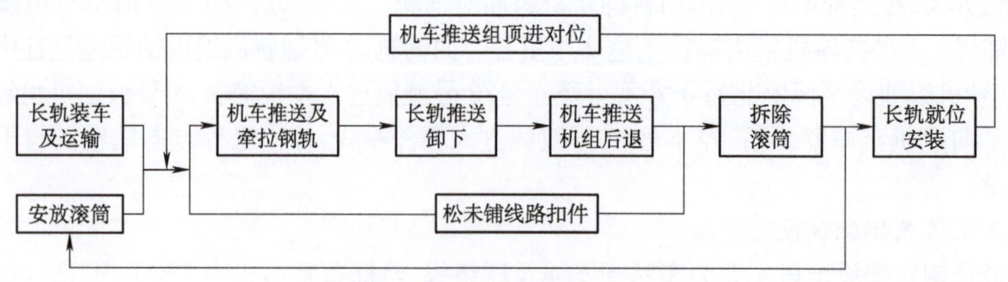

图 4-5-18 无砟轨道长轨铺设工艺流程

(三)施工程序

1. 长轨运输支架安装加固要求

(1)无砟轨道 500 m 长钢轨运输车装载加固方案

①双层 500 m 长钢轨运输支架分类及数量见表 4-5-1。双层 500 m 长钢轨运输车组装载钢轨 24 根，每层 12 根。车组分首车、尾车、锁轨车、装载车四种；装载车由 N17 平车和运轨支架组成(图 4-5-19、图 4-5-20)；首车、尾车是在装载车的基础上加挡轨装置(图 4-5-21)和过渡支架(图 4-5-22)；锁轨车是在装载车的基础上增加锁轨装置(图 4-5-23)。

表 4-5-1　双层 500 m 长钢轨运输支架分类及数量

序　号	名　称	单　位	数　量	备　注
1	运轨支架	套	50	不带间隔铁
2	运轨支架	套	18	带间隔铁
3	挡轨支架	套	2	
4	锁轨支架	套	4	
5	过渡支架	套	2	
6	支楔	个	74	

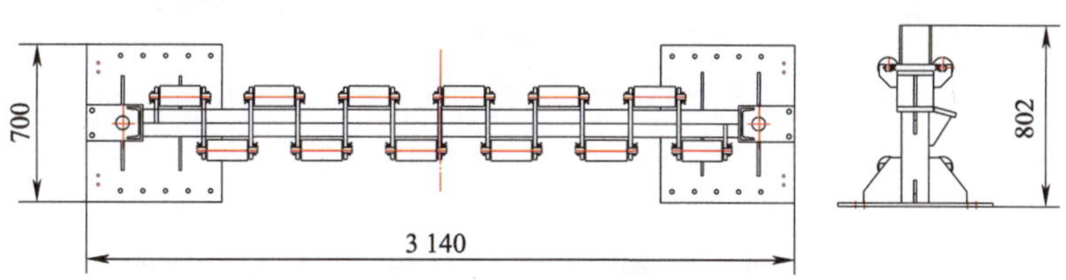

图 4-5-19　运轨支架(不带间隔铁)(单位：mm)

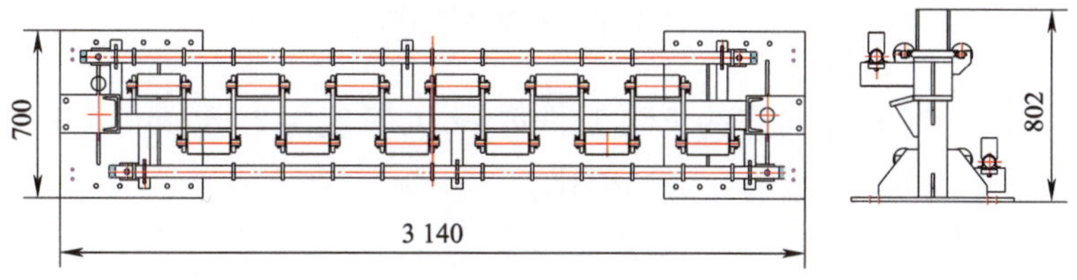

图 4-5-20　运轨支架(带间隔铁)(单位：mm)

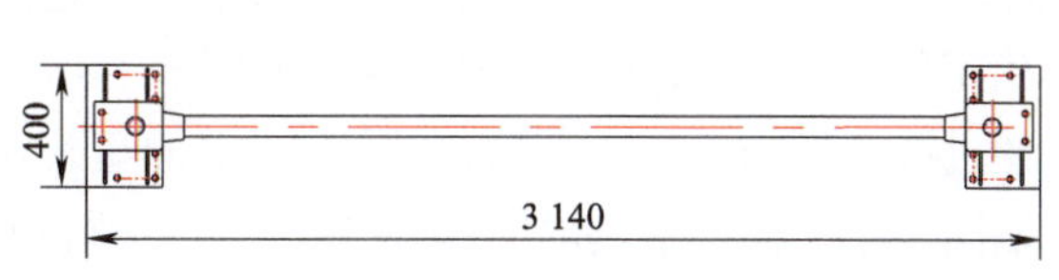

图 4-5-21　挡轨支架(单位：mm)

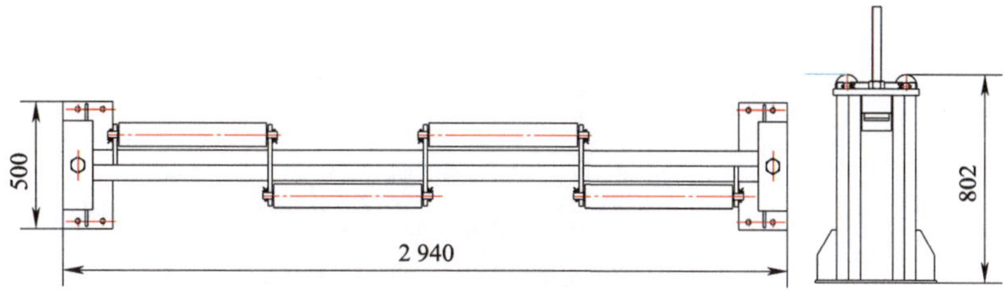

图 4-5-22　过渡支架(单位：mm)

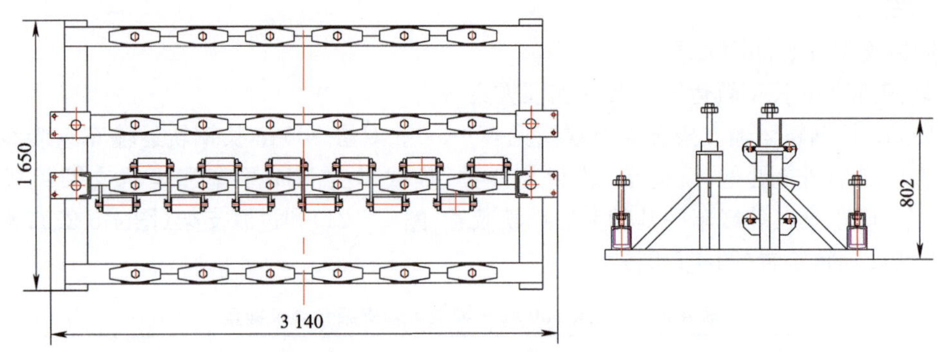

图 4-5-23　锁轨支架(单位:mm)

②双层 500 m 长钢轨运输支架使用的运输车辆

双层 500 m 长钢轨运输支架使用的运输车辆为 37 辆 N17 平板车,其结构如图 4-5-24 所示。

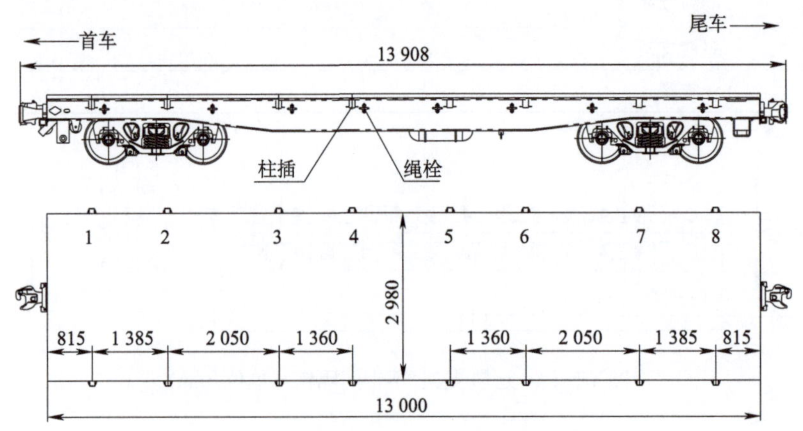

图 4-5-24　N17 平板车结构示意(单位:mm)

N17 平板车长度为 13 000 mm(含车钩长约 13 908 mm),宽度为 2 980 mm。车身两侧共有柱插 8 组,绳栓 8 组,自左往右排序依次标记为第 1、2、…、8 组。

③支架安装及加固方案

首车及尾车安装及加固:安装过渡支架 1 套+挡轨支架 1 套+运轨支架(带间隔铁)1 套。首车第 2 组柱插位置安装过渡支架,第 4 组柱插位置安装挡轨支架,第 7 组柱插位置安装运轨支架;尾车第 2 组柱插位置安装运轨支架,第 5 组柱插位置安装挡轨支架,第 7 组柱插位置安装过渡支架。

过渡支架:将过渡支架吊至平板车指定位置,使过渡支架的中心线与平板车中心线重合,使用道钉,从过渡支架底板上安装孔位置钉入平板车,使过渡支架与平板车密贴;利用 ϕ6 mm 的盘条,四圈八股进行加固,盘条的一端固定于支架上的固定孔,另一端固定于车体上临近的绳栓,使用小撬棍进行扭紧,如图 4-5-25 所示。

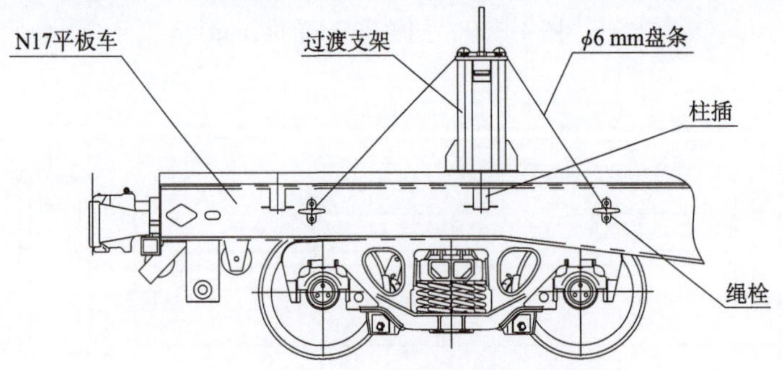

图 4-5-25　过渡支架安装加固示意

挡轨支架:将挡轨支架吊至平板车指定位置,使过渡支架的中心线与平板车中心线重合;在挡轨支架底板上焊接一块插板,将插板插入平板车柱插内,在柱插底部平放一块方垫板 1,使用 M20 mm×210 mm 的螺杆传入方垫板 1 及插板上的孔内,拧紧螺帽进行连接;利用 ϕ6 mm 的盘条,四圈八股进行加固,盘条的一端固定于支架上的固定孔,另一端固定于车体上临近的绳栓,使用小撬棍进行扭紧,如图 4-5-26、图 4-5-27 所示。

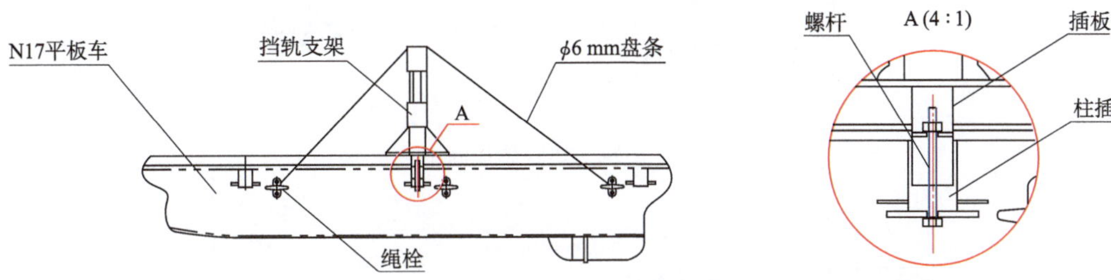

图 4-5-26　挡轨支架安装加固正视示意

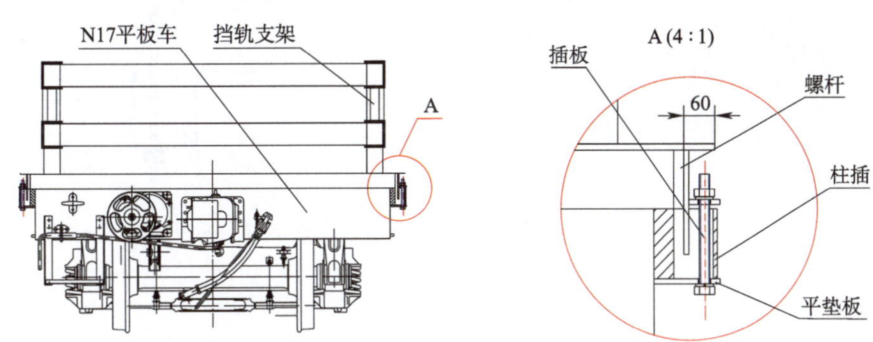

图 4-5-27　挡轨支架安装加固左视示意

插板及方垫板 1 是用厚 10 mm 的钢板加工而成,具体尺寸如图 4-5-28 所示。

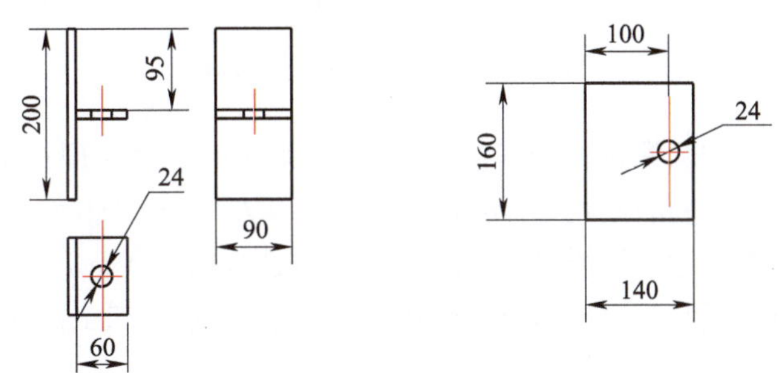

图 4-5-28　插板及方垫板 1(单位:mm)

运轨支架:将运轨支架吊至平板车指定位置,使运轨支架中心线与平板车中心线重合;在柱插底部平放一块方垫板 2,使用 M10 mm×400 mm 的丝杆将运轨支架底板与平垫板 2 进行连接,丝杆两端使用并帽,以防止螺帽松脱;使用 8 号铁丝,五圈十股进行加固,铁丝一端固定于支架上的固定孔,另一端固定于车体上临近的绳栓,使用小撬棍进行扭紧;或者使用 ϕ13 mm 的钢丝绳及绳卡代替 8 号铁丝,如图 4-5-29、图 4-5-30 所示。

方垫板 2 是用厚 10 mm 的钢板加工而成,如图 4-5-31 所示。

锁轨车安装及加固:安装锁定支架 2 套。在平板车的第 2、7 组柱插位置各安装 1 套锁轨支架。

锁轨支架:将锁轨支架吊至指定的位置后,使锁轨支架中心线与平板车中心线重合;在挡轨支架底板上焊接一块插板,将插板插入平板车柱插内,在柱插底部平放一块方垫板 1,使用 M20×210 mm 的螺杆传

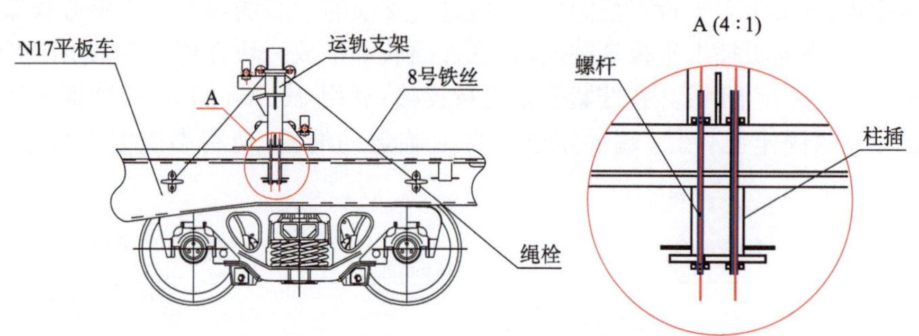

图 4-5-29 运轨支架安装加固正视示意

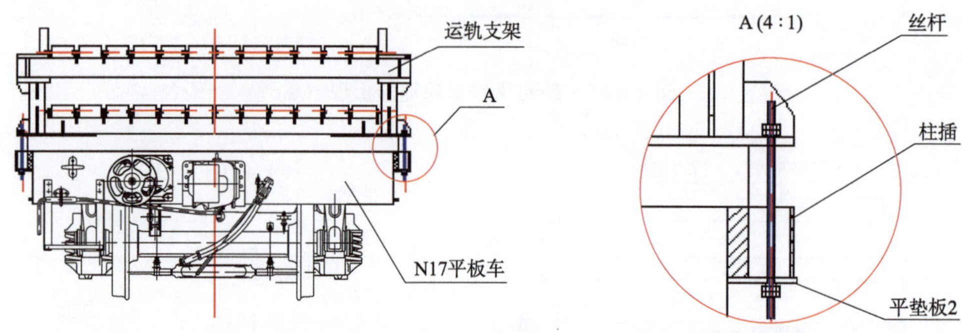

图 4-5-30 运轨支架安装加固左视示意

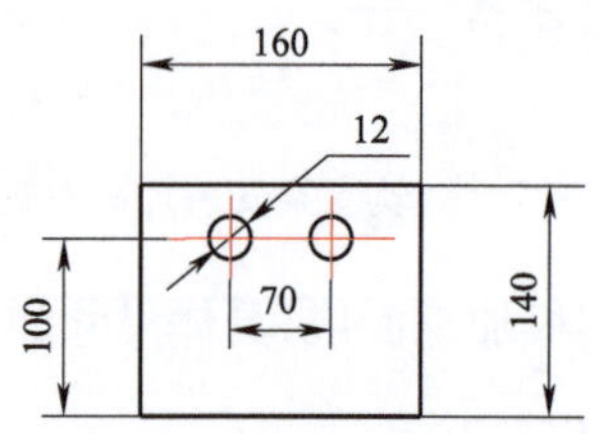

图 4-5-31 卡板 2(单位:mm)

入方垫板 1 及插板上的孔内,拧紧螺帽进行连接;在锁定支架的另一边使用钢板加工一个弓形卡板,将挡轨支架底板及平板车面板夹在一起;利用 $\phi6$ mm 的盘条,四圈八股进行加固,盘条的一端固定于支架上的固定孔,另一端固定于车体上临近的绳栓,使用小撬棍进行扭紧,如图 4-5-32～图 4-5-34 所示。

插板及平垫板 1 与挡轨支架的一样,弓形卡板由厚 10 mm 的钢板加工而成,如图 4-5-35 所示。

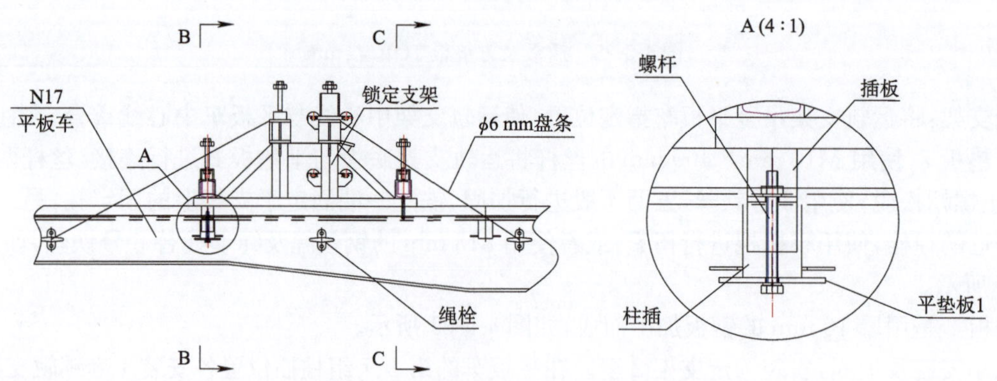

图 4-5-32 锁轨支架安装加固正视示意

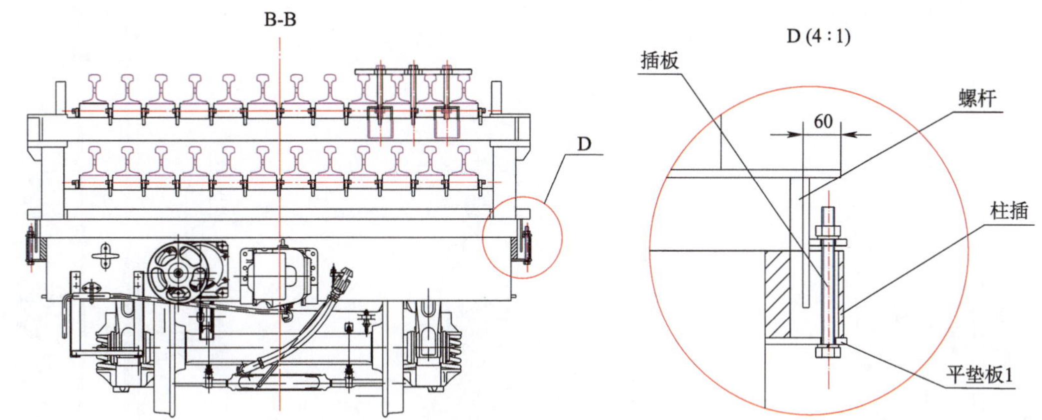

图 4-5-33 锁轨支架安装加固 B-B 截面示意

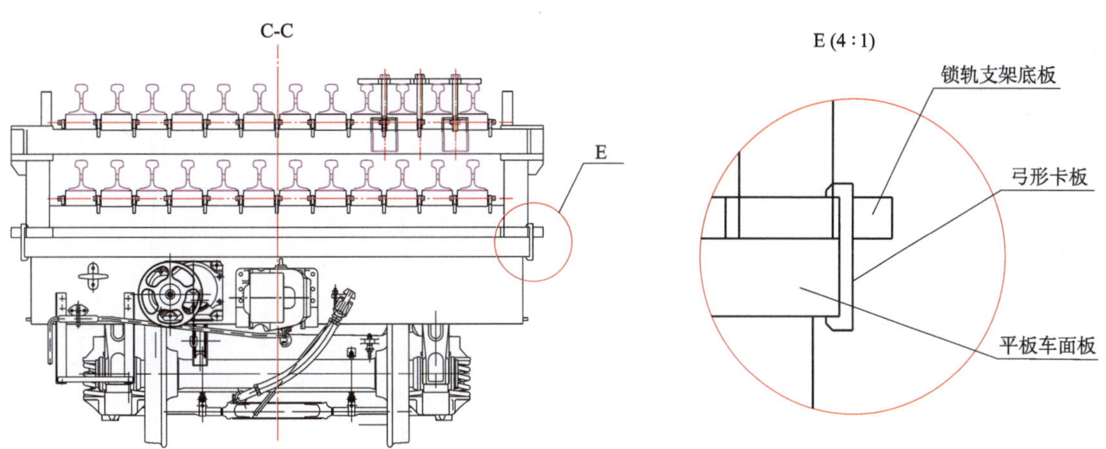

图 4-5-34 锁轨支架安装加固 C-C 截面示意

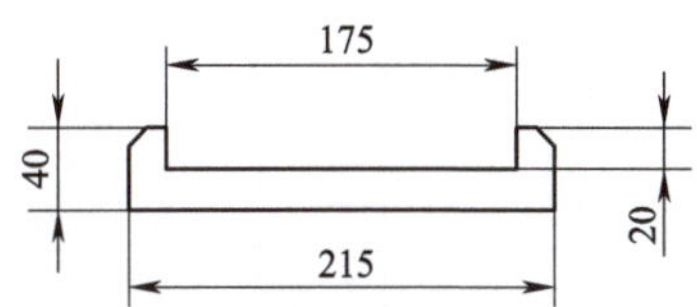

图 4-5-35 弓形卡板(单位:mm)

装载车安装及加固:安装运轨支架 2 套。装载车的运轨支架和首车的运轨支架的安装及固定方式一样。

每 4 套支架安装 1 套带间隔铁的运轨支架,以保证钢轨在运输过程中不出现相邻 2 根钢轨轨底相互倾轧的现象。

首车/末车的安装如图 4-5-36 所示,锁轨车的安装如图 4-5-37 所示,装载车的安装如图 4-5-38 所示。

④长钢轨列车编组顺序

按照正常运输 500 m 长钢轨的工况进行编组,其编组为:首车(过渡支架 1 组+挡轨支架 1 组+运轨支架(带间隔铁)1 组)+16 辆装载车(2 组运轨支架×16)+2 辆锁轨车(2 组锁轨支架×2)+17 辆装载车(2 组运轨支架×17)+尾车(1 组运轨支架+1 组挡轨支架+1 组过渡支架)。

⑤装载加固材料

根据装载加固方案,双层 500 m 长钢轨运输支架加固需要的材料见表 4-5-2。

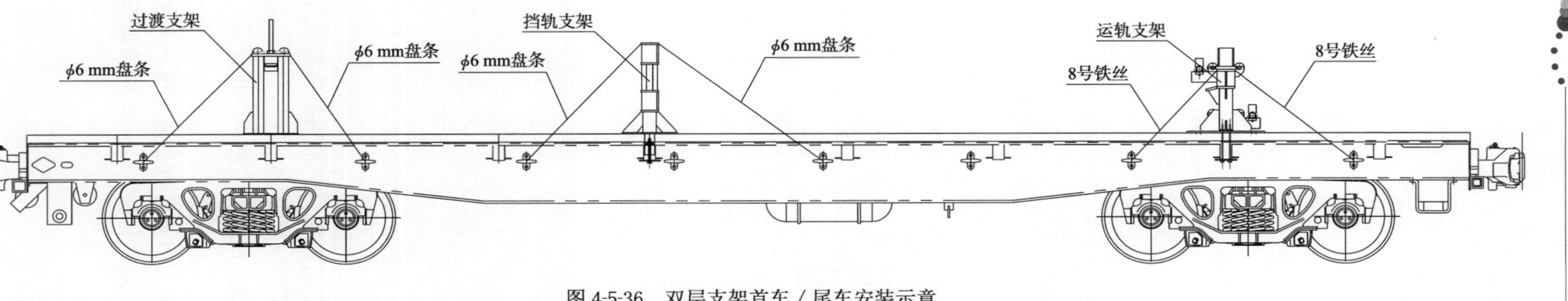

图 4-5-36 双层支架首车／尾车安装示意

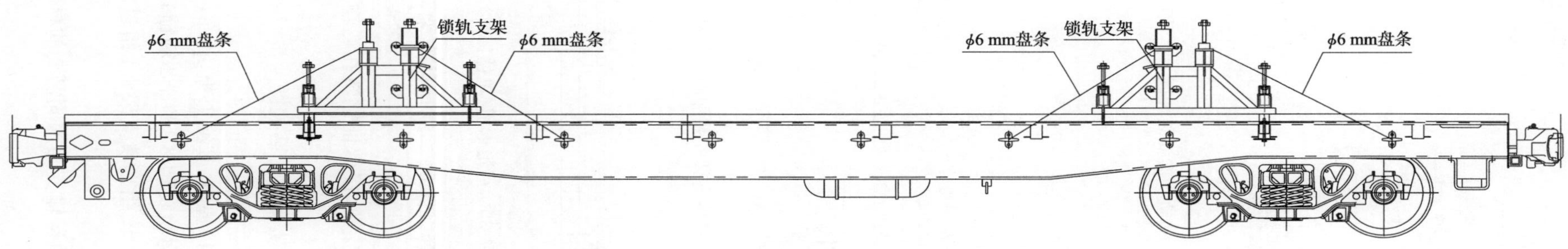

图 4-5-37 双层支架锁定车安装示意

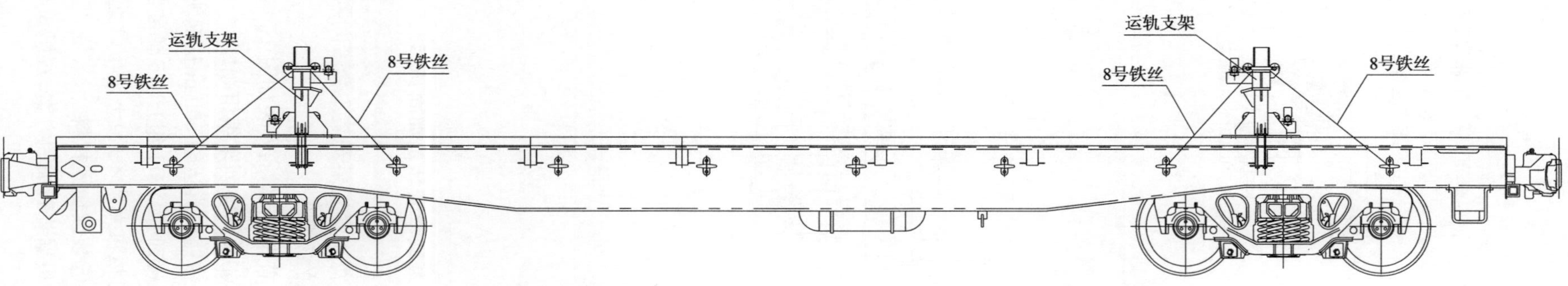

图 4-5-38 双层支架装载车安装示意

表 4-5-2 双层 500 m 长钢轨运输支架装载加固材料

序号	材料名称	规格型号	单位	数量	备　注
1	盘　条	$\phi 6$	kg	100	加固过渡支架、挡轨支架、锁轨支架
2	铁　丝	8 号	kg	270	加固运轨支架
3	螺　栓	M20×210	套	12	含螺杆、螺帽、平垫、弹垫
4	丝　杆	M10	根	272	400 mm/根
5	螺　帽	M10	个	1 088	与丝杆配套，每根配 4 个螺帽
6	道　钉		根	16	加固挡轨支架
7	钢　板	$\delta 10$	m^2	1	加工插板及垫板用
8	电焊条			若干	
9	小撬棍		根	4	紧固盘条和铁丝用

⑥注意事项及技术要求

a. 将各种支架中的固定装置中的插板插入到平车的柱插孔中，插板平板靠车体边，螺栓安装在插柱孔上，防止在工作过程中松动。每班检查螺栓紧固情况，不允许有松动。把方垫板、插板和插柱连接固定。插板与支架焊接为一体。所有支架均按以上步骤安装完成，并检查螺栓紧固情况。

b. 锁轨支架和挡轨支架用盘条 4 圈 8 股拉牵绑固；运轨支架用 8 号铁丝 5 圈 10 股或 $\phi 13$ mm 的钢丝绳绑固。

c. 钢轨运输车(图 4-5-39)组上的部件对称布置，以便双向作业。

图 4-5-39　钢轨运输车施工

d. 锁定车用盘条。盘条主要性能指标：盘条公称直径 6 mm，破断拉力 9.47 kN 和许用拉力 4.73 kN。使用盘条拉牵加固的方式主要为八字形，拉牵应尽可能对称。拉牵加固时，将单股或双股盘条在货物和车辆的两拴结点间往返缠绕，并应拽紧盘条使各股松紧度尽量一致，剩余部分穿插缠绕于绳股上，使用绞捆绞紧，盘条尾端朝向车内。

e. 盘条使用注意事项：禁止使用受损、使用过的和表面有裂纹、折叠、结疤、耳子、分层、夹杂的盘条。绞紧时不得损伤盘条。拉牵时，禁止盘条两端头相互搭接缠绕。盘条不得用作腰箍下压式加固。

f. 应使每根钢轨在同一个钢轨滚道上只压在一个滚子上，且同根钢轨在不同滚道组成所受压钢轮的位置应相同。

⑦锁轨

在钢轨锁定车上，须对已装载层钢轨进行锁轨。

a. 每个锁轨车装载层锁轨装置共有 12 个，每个锁轨装置能同时对两根相邻钢轨进行锁定。

b. 安装横向锁轨装置。安放间隔座组成、中间间隔座组成。安装挡板组成，安装螺杆组成。旋转螺母，使挡板组成和间隔座组成、中间间隔座组成侧面与钢轨的头底部接触，拧紧螺母，拧紧力矩不小于 400 N·m。横向锁定如图 4-5-40 所示。

⑧启动长轨列车

把已安装在长轨列车上的钢轨从存轨基地转至铺轨现场。在钢轨运输过程中，机车启动与制动加速度不大于 0.2 m/s^2。

在已铺钢轨端部安放铁鞋，推送车前转向架的前轮并与钢轨的接触点离已铺钢轨端部 550 mm 以内停车，使列车制动。

⑨车钩缓冲停止器

车钩缓冲停止器由钢板、木板和螺杆等部件组成，安装在车辆端梁的冲击座和车钩的钩头背之间，用

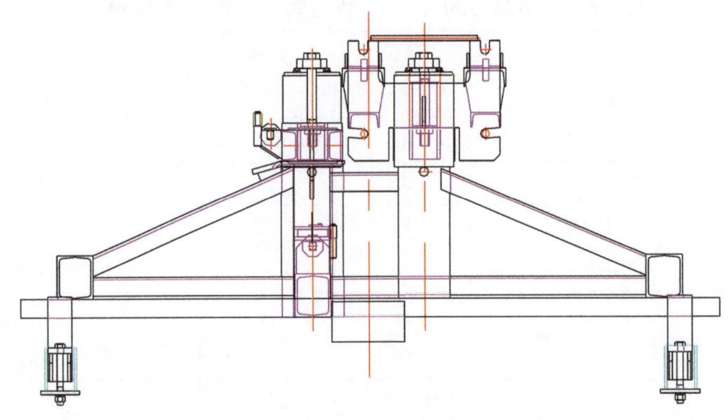

图 4-5-40 横向锁定示意

以减缓列车运行中,连挂车组各车辆间相对距离的急剧变化。

2. 长钢轨装车运输

长轨运输支架经检查安装合格后,500 m 长钢轨采用铺轨基地的 32 台 3 t 固定龙门吊联合进行装车作业,根据铺轨计划表组织长钢轨运输车在存轨场装车线装车,按照装车表,将已选配并标识好的长钢轨按顺序装车,装车时由内向外。每层钢轨经核对无误后,进行加固锁定,防止运输途中钢轨串动,危及行车安全。

3. 机车对位

长轨列车在已铺区间运行速度应控制在 60 km/h 以下(具体限速以项目部根据实际情况下达的限速文件为准),经过车站道岔前应停车确认道岔进路。在靠近施工地段 500 m 运行限速 5 km/h,在接近已铺长轨轨头 10 m 处应一度停车,以 0.5 km/h 的速度进行对位。对位时要在钢轨上划出停车标志,并派专人安放铁鞋和止轮器。

4. 拖拉钢轨准备工作

取出首车上钢轨挡,松开待拖拉的一对钢轨的压紧块(注:拖拉钢轨从钢轨中心距最接近 1 505 mm 的一对开始,再逐步向内或向外成对拖拉即可)。同时启动柴油机、液压系统及开动卷扬机;把卷扬机钢丝绳从换向轮上开始,经分轨导框到达钢轨前端。离钢轨前端约 5 m 处安装钢轨夹具。

5. 卷扬机拖拉钢轨

卷扬机把钢轨端头拖到推送机构的辊轮前端,取下钢轨夹具;启动推送机构,推送钢轨;当钢轨端头离推送前端辊轮约 15 m 时,钢轨变形装置上抬,钢轨变形装置靠到钢轨底部,当钢轨端头离道床面高度约 200 mm 时,在钢轨底部放置地面滚筒,并在离已铺钢轨约 10 m 的前方放置地面滚筒,在已铺钢轨前端约 500 mm 处放置木方,停下推送机构。

6. 牵引钢轨

启动轮胎式钢轨引导车;钢轨与轮胎式钢轨引导车连接。轮胎式钢轨引导车前行;同时启动推送机构。铺轨列车的推进速度不大于 3 km/h。

7. 放置滚筒

在钢轨往前牵引并推送过程中每隔 5～10 m 将滚筒均匀放置在承轨槽之间的道床上,曲线地段应适当加密。防止钢轨侧翻措施为:长钢轨由牵引车拖拉至钢轨完全落在地面滚筒上,传送车调整装置到钢轨落地点的区段为悬空状态;针对小半径曲线地段容易造成侧翻的措施是:采用人工用撬棍辅助钢筋框架固定长轨的方式防止长轨侧翻(图 4-5-41)。在曲线地段长铺时,在易翻段每边安装 3 个固定框(图 4-5-42),固定框底部用螺栓固定在扣件孔上。

8. 钢轨对位

当钢轨尾端脱开推送机构时,连挂机车,缓解列车。列车后退直到钢轨尾部落到短木枕上,列车停止。取下钢轨对接装置,两组斜楔分别与已铺钢轨和刚铺的钢轨安装好;油缸与斜楔装好。启动油缸,把钢轨对接,安装钢轨连接器。拆下钢轨对接装置,放到车上。

图 4-5-41 易侧翻段

图 4-5-42 钢轨固定框

9. 撤出滚筒

钢轨引导车后退到对接位后前行，从钢轨底下取出地面滚筒，放到引导车上。

10. 安装扣件

长钢轨落槽后，直线段宜每隔 5 根枕安装一组扣件，曲线段宜每隔 3 根枕安装一组扣件。注意接头前后三根枕扣件应安装齐全。

11. 设备转移

铺轨机组前行，重复上述步骤铺设第二对轨。

(四)无砟铺轨机长轨铺设

(1)摆开上层钢轨的挡轨装置；

(2)松开上层待拖拉的一对钢轨的锁轨装置；

(3)开动柴油机，液压系统减压，松下夹轨油缸；

(4)开动卷扬机反转，把卷扬机钢丝绳从换向轮处牵引至离钢轨前端 4 m 处安装钢轨夹具；

(5)开动卷扬机正转，卷扬机把钢轨端头拖到推送机构的前端；

(6)启动推送油缸，使推送油缸压紧将要铺设的钢轨；

(7)启动推送电机正转，推送钢轨；当钢轨前端离推送前端约 15 m 时钢轨过渡装置上抬，让钢轨顺利通过过渡装置；

(8)使钢轨过渡装置靠到钢轨底部，并给悬臂端钢轨底部加一定的作用力；

(9)牵引车退至悬臂钢轨前端，使牵引车上的夹轨装置夹住钢轨；

(10)当钢轨尾端脱离一组推送机构时，停止钢轨推送和牵引车牵引，操作过渡装置下降，使过渡装置最低处处于略高于已铺钢轨顶面。钢轨前端接近道床面并能够与牵引车连接时，应停止过渡装置下降，以保持钢轨自然顺畅；

(11)牵引车启动，牵引速度减至 3 km/h 直至钢轨落下；

(12)平直或上坡道床时，牵引车缓慢后退对接钢轨；

(13)下坡道床或弯道时，取下钢轨对接装置，两组斜楔块分别与已铺钢轨和刚铺好的钢轨安装好；油缸与楔块装好；

(14)从钢轨对接处将地面滚筒收集运输车置于刚铺设的钢轨上，从钢轨底下取出地面滚筒，放到地面滚筒收集运输车上，沿钢轨输送到前面牵引车处，装到牵引车上。

三、无缝线路施工

(一)钢轨焊接

1. 施工准备

对现场焊接、热处理、接头粗磨、精磨、探伤及外观质检等关键岗位人员进行培训，使培训人员掌握质量控制要点和方法，且经考核合格。

2. 施工方法

现场闪光接触焊分为工地单元轨节焊接和应力放散锁定焊。在线路达到初期稳定状态后,实施单元轨节焊接,即将已铺设的 500 m 长轨焊接成 1～2 km 单元轨节。待此单元轨节应力放散锁定后与下一单元的长轨进行锁定焊接。

3. 工艺流程

K922 移动式闪光焊机在进场后需先进行焊接的型式试验,试验合格后方可上线进行焊接作业。闪光接触焊焊接工艺流程如图 4-5-43 所示。

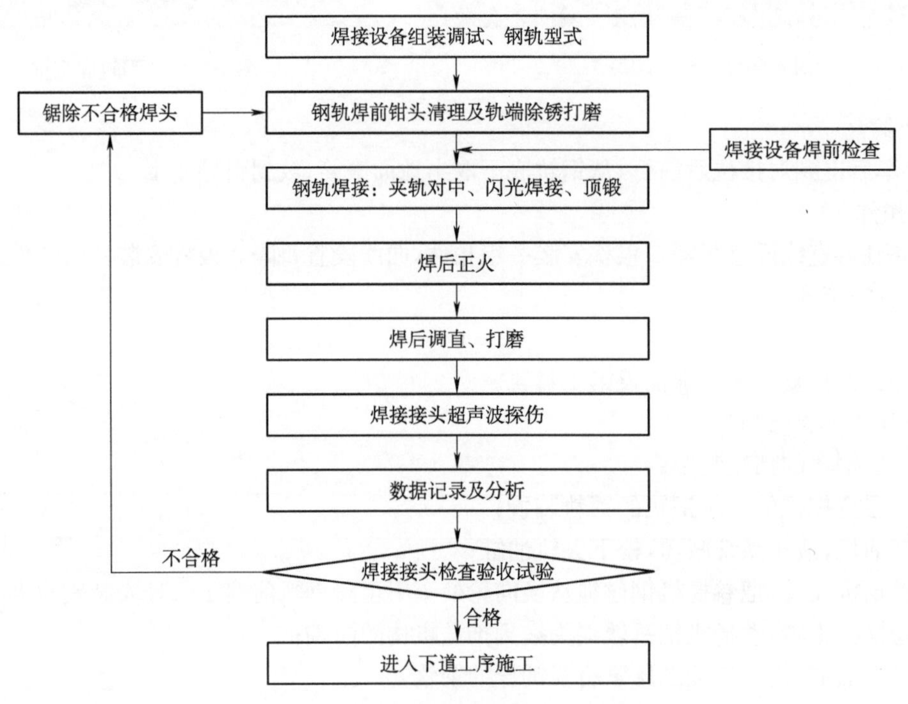

图 4-5-43 闪光接触焊焊接工艺流程

4. 钢轨焊接前准备工作

(1)矫直钢轨

采用矫直的方法纠正钢轨端部弯曲。对于无法矫直的钢轨端部弯曲,应将弯曲的钢轨端部锯切掉,锯切后钢轨的端面斜度不应大于 0.8 mm。

(2)焊前除锈

利用手提式砂轮机在距待焊钢轨端面 600 mm 范围内除去氧化皮并打磨夹紧区;钢轨与闪光焊电极接触部位应除锈打磨,接触面不得有任何污垢;若厂家钢印在该处,打磨成与轨腰平齐,但切亏母材量≤0.2 mm。若打磨后的待焊时间超出 24 h 或打磨后有油水、玷污,则必须重新打磨处理。

5. 钢轨焊接前设备检查

焊接前应按照焊机使用说明检查主机、冷却系统、液压系统、电气控制系统是否正常;检查动力电压、水温、水位、油温、油位钳口上的焊渣及其他碎屑、推瘤刀上的焊接飞溅物是否清除,焊接参数是否符合实验结果。一切正常之后,在操作司机、工长签字确认后方可进行焊接工作。

6. 钢轨焊接

(1)准备工作完成后,用机车或轨道车推送移动式焊轨车运行到焊接接头处,特制集装箱将二位端前墙向上旋转到与顶棚平齐并锁定。确保两钢轨间隙位于导轴上标记的正下方,降低焊机直到压在钢轨上。

(2)焊机机头上的两对钳口将两钢轨轨头夹紧,自动对准系统接头两侧各 500 mm 范围内在水平和纵向两个方向上自动、精确对准(两端钢轨在纵向同时被相对抬高 0.6～0.8 mm/m)。两钳口在通过 400 V

的直流的电压后形成两个高压电极，提高焊接电流，启动焊接，激活自动焊接工序；分别进入预闪阶段、稳定的高压闪光阶段低压闪光，加速闪光、以及顶锻阶段。顶锻完成以后整个焊接过程结束。随后钢轨夹紧装置快速松开两钳口，在焊机头内的推瘤刀立即进行推瘤，从而完成一侧钢轨的焊接作业。

(3)焊机机架张开到最大位置，提起升焊机直至完全离开钢轨焊接接头，去除推瘤焊渣，清洁焊机内部。然后将焊机调整到另一侧完成钢轨焊接。在完成一组焊接接头后，每间隔三根轨枕上紧扣件，焊机前行到下一个焊接接头处。

(4)焊接和推凸技术要求：

①焊接前轨温不宜低于 10 ℃。

②焊接接头轨头和轨底、轨底顶面斜坡的推凸余量不应大于 1 mm，其他位置推凸余量不得大于 2 mm。推凸不得切及母材，推凸时不应将焊渣挤入母材，焊渣不应划伤母材。

7. 焊后正火及粗打磨

正火作业前焊接接头表面温度应低于 500 ℃，然后用氧气-乙炔加热器将焊缝温度加热到 850 ℃(轨底角)～950 ℃(轨头)之间，轨头冷却采用自然冷却，温度降低到 300 ℃以下后进行精打磨。

8. 钢轨精整及平直度检验要求

(1)外形精整要求

利用仿型打磨机对焊接接头焊缝中心线两侧各 450 mm 范围内的轨顶面及轨头侧面工作边进行精磨。

(2)测量平直度要求

钢轨焊接接头温度低于 50 ℃，测量长度为 1 m，以焊缝中心线两侧各 500 mm 位置的钢轨表面作为基准点。分别在轨顶面纵向中心线、轨头侧面工作边上距轨顶面 16 mm 处的纵向线位置上测量。

9. 探伤

每个钢轨焊头均应进行超声波探伤，并填写探伤记录。探伤前应将焊缝处温度降低到 40 ℃以下，并清理焊缝两侧各 400 mm 范围内的锈斑、焊渣、水渍，确保探头和钢轨配合良好并减少探头磨损。

10. 数据的记录及分析

每完成一个接头的焊接、除瘤、打磨、探伤后，应将相关数据、信息等资料收集、整理，打上焊接标记，填写焊接记录报告及探伤报告。

11. 质量标准及相关要求

(1)钢轨表面质量要求

钢轨焊缝两侧各 100 mm 范围内不得有明显压痕、碰痕、划伤等缺陷，焊头不得有电击伤。

(2)焊缝平直度检验要求见表 4-5-3。

表 4-5-3 焊缝平直度检验要求

部 位	轨顶面	轨头内侧工作面	轨 底
平直度	0～+0.2 mm	0～+0.2 mm	0～+0.5 mm

12. 钢轨焊接质量保证措施

(1)焊轨前必须进行型式检验，确定焊机工艺参数，检验合格后方可施焊。

(2)接缝焊接前，应先检查焊轨外观尺寸，半米内应无大于 0.5 mm 死弯，端面上下、左右平面差不得大于 2 mm，并清除被焊端面和距轨端长 150 mm 范围内的锈蚀、油污及杂质，表面光滑无锈斑，但对母材的打磨量不得大于 0.2 mm。

(3)焊接前，应对焊机的主、辅机，水冷系统，液压系统，制冷系统，供电室等检查，运转正常方能开焊。

(4)现场钢轨火焰正火时，钢轨接头温度必须降至 500 ℃以下，方能开始正火。正火时，一名工人操作，另一名观测火焰温度和钢轨温度，正火达到预定温度后，立即关闭气源。

(5)焊接结束后，一名焊工松开焊机，另一名焊工立即清理掉钢轨上的焊瘤块，焊缝处不得有未焊透、过烧、裂纹、气孔夹碴等有害缺陷。

(6)焊接完成后,对焊缝两侧 500 mm 范围内需打磨,先粗打后精打,用一米直尺检查焊缝顶面、侧面的平直度、光洁度须符合规范要求,但不得横向打磨。

(7)对每一个焊缝,均需做超声波探伤检查,但须待焊缝处温度冷却到 40 ℃以下,并做好记录。

(8)外形精整应保持轨头轮廓形状,外形精整应控制在尽可能短的长度范围内,不应超过焊缝接头中心线两侧各 450 mm 限度,外形精整不应使焊接接头或钢轨产生任何机械损伤或热损伤。

(9)焊接接头非工作面的垂直,水平方向错边应进行纵向打磨过渡,过渡段长度不应大于错边偏差的 10 倍,轨底上、下角应纵面打磨圆顺。

(10)焊接接头及其附近钢轨表面不应有裂纹、明显压痕、划伤、碰伤、打磨灼伤等伤损。

13. 劳动力组织

劳动力组织见表 4-5-4。

表 4-5-4 焊接劳动力组织

序　号	工作内容	人　数	序　号	工作内容	人　数
1	现场带班人员	2	5	正　火	4
2	拆除、安装扣件	14	6	打　磨	2
3	焊接前除锈	4	7	探　伤	1
4	钢轨焊接	3	合　计		30

(二)应力放散

1. 施工前技术条件

(1)放散前轨道中线偏差应满足规范要求±20 mm,轨面高程应达到精调施工前预留距离设计轨面高程的 50～80 mm 后方可进行应力放散施工。

(2)单元轨节长度应满足施工进度和铺设时应力放散最佳效果的要求,以 1 000～2 000 m 为宜,最短不得小于 200 m。单组或相邻多组一次锁定的道岔及其间线路按一个单元轨节计。单元轨节左右股接头相错量不应大于 100 mm。

(3)焊轨放散前应按设计要求埋设位移观测桩,以便放散完成后及时设置位移观测标志。

(4)无缝线路锁定时准确确定并记录锁定轨温,设计锁定轨温为 30 ℃±5 ℃,无缝道岔的锁定轨温应与两端单元轨节锁定轨温一致。相邻单元轨节间的锁定轨温温差不大于 5 ℃,同一区间内单元轨节的最高与最低轨温差不得大于 10 ℃。同一单元轨节左右股钢轨锁定轨温差不应大于 3 ℃。

(5)胶垫应放正无缺损,扣件安装齐全,扣压力符合设计要求。

(6)其中有砟道床经分层铺砟整道,达到初期稳定状态后,方可进行放散作业。道床要求饱满密实,压实度不小于 1.6 g/cm³。枕木头外侧道砟厚度不小于 20 cm,枕木盒内道砟低于枕木中心面不得小于 5 cm。

2. 施工方法

应力放散施工有两种放散方法:第一种为滚筒放散法,即实际轨温在设计锁定轨温范围内,放散时在钢轨下加垫滚筒,利用撞轨器撞击钢轨,使钢轨自由伸缩,等钢轨充分回弹后,即钢轨内应力达到零应力然后迅速锁定线路;第二种方法为综合放散法,即实际轨温低于锁定轨温下限值时,钢轨下垫上滚筒,将要放散的单元轨节一端与已放散锁定的线路焊接,靠无缝线路提供反力,一端安装钢轨拉伸器,根据当时轨温计算出单元轨节的拉伸量,等单元轨节在当时的施工温度下处于自由伸缩状态时,进行位移零点标记,再用拉轨器将单元轨节拉伸至计算出的拉伸量,各测点位移均达到计算位移量后进行锁定。对于区间线路将根据现场轨温灵活采用放散方法,对于道岔由于不易进行拉升,所以只能选择滚筒放散法,即道岔铺设必须在设计锁定轨温范围内进行。应力放散、锁定焊接施工工艺流程如图 4-5-44 所示。

滚筒放散法工艺流程:施工准备→拆扣件→垫滚筒→敲轨→测轨温→钢轨反弹→拆滚筒→上扣件(隔

二上一)→上完所有扣件→作位移观测标记。

拉伸器滚筒放散法工艺流程：施工准备→拆扣件→垫滚筒→安装撞轨器→安装拉伸器预拉伸敲击使钢轨处于自由伸缩状态→每隔 100 m 设 1 个临时观测点标记→测轨温计算各点拉伸量→拉伸并用撞轨器撞击、观测各点位移量→各点位移达到放散要求后拆滚筒→上扣件(隔二上一)→上完所有扣件→作位移观测标记。

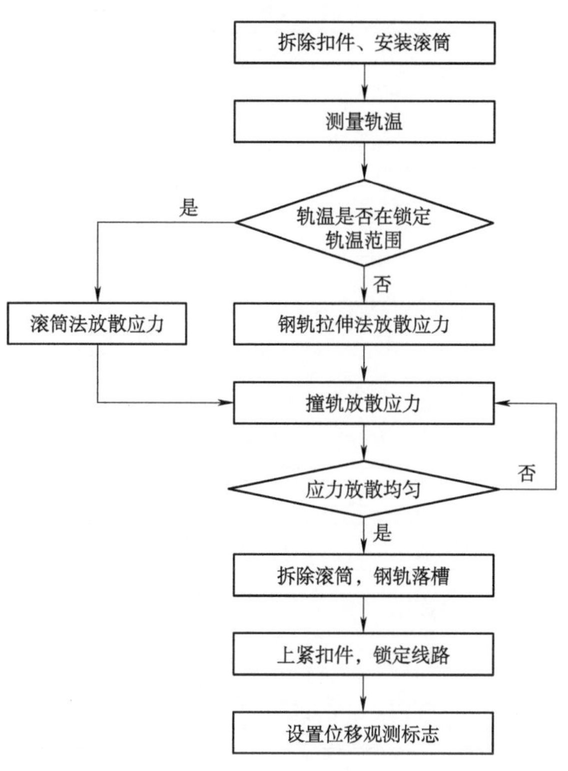

图 4-5-44 应力放散、锁定焊接施工工艺流程

3. 应力放散施工准备

(1)轨道状态检测

在应力放散前全面对轨道进行检测，检测项目有：轨道几何尺寸、轨面高程、线路中线位置、道砟密实度不小于 1.6 g/cm^3、道床饱满程度，通过全面的质量检测，确认线路已达到初步稳定，方可准备进行线路锁定施工。

(2)近期轨温调查

调查施工现场温度情况，合理安排放散时段，根据现场实际测量轨温确定锁定时间。

(3)拉轨

为方便焊接施工，待滚筒安装完毕后对钢轨进行拉轨作业，直到前后两股钢轨轨缝拉至 5 mm 内。

4. 焊接

焊前拆除扣件、安放滚轮、除锈、轨头对位、焊接、接头正火、焊头粗打磨均与单元轨焊接施工工艺及验收标准相同。

5. 应力放散

应力放散时首先量测钢轨温度，当轨温在设计锁定轨温范围内时采用滚筒法放散应力和线路锁定，当轨温在锁定轨温范围以下时采用拉伸器滚筒法放散应力和线路锁定。

6. 滚筒法

当轨温在设计锁定轨温范围内时采用滚筒放散法。每 300～500 m 一台撞轨器，放散应力过程中，始终有专人在轨头量测位移变化情况，当位移出现反弹时，单元轨节内应力为零。

7. 拉伸器滚筒法

当轨温低于设计轨温时，采用拉伸放散法。根据单元轨节长度和设计轨温与实测轨温差，按公式$\Delta L=\alpha L\Delta t$($\alpha=11.8\times10^{-6}$ m/℃)计算出钢轨的拉伸量，其中，L 为单元轨节长度；Δt 为设计锁定轨温与现场实测轨温之差。

8. 线路锁定、焊机位移

安装绝缘块、扣件，按设计扣压力紧固扣件，并核实锁定轨温，填写施工记录表。锁定线路后焊机移位到下一接头处待焊。

9. 注意事项

无缝线路应在设计锁定轨温范围内锁定，无缝道岔的锁定轨温应与两端单元轨节锁定轨温一致。相邻单元轨节间的锁定轨温温差不大于 5 ℃，同一区间内单元轨节的最高与最低轨温差不得大于 10 ℃。同一单元轨节左右股钢轨锁定轨温差不应大于 3 ℃。

10. 劳动力配置

劳动力配置见表 4-5-5。

表 4-5-5 应力放散劳动力配置

序　号	项目名称	需要人数(人)	备　注
1	松、紧扣件	20	2 人一组
2	散、摆绝缘块	20	2 人一组
3	垫、取滚轮(撞轨)	40	
4	散、收滚轮	16	4 人一组,分别推一辆装滚轮的工具车
5	焊　接	6	
6	拉伸钢轨	4	
7	焊接前轨头处理	3	
8	初　磨	2	
9	正　火	6	
10	精　磨	6	
11	轨道车司机	2	
12	队　长	1	
13	现场管理技术员(除焊机)	3	放散 1 人,正火、精磨各 1 人
14	探　伤	2	
合　计		131	

11. 机械、机具配置

应力放散线路锁定机具配备见表 4-5-6。

表 4-5-6 应力放散线路锁定机具配备

序　号	名　称	单　位	数　量
1	K922 闪光焊机组	台	1
2	轨道车	辆	1
3	小平板车	辆	10
4	探伤仪	台	1
5	滚　筒	个	400
6	对讲机	台	15
7	扳　手	把	50
8	压　机	台	10
9	撞轨器	台	2
10	拉伸器	台	2
11	锯轨机	台	1
12	电动扳手(柴油机)	台	6
13	撬　棍	根	50
14	手　锤	把	50
15	方　尺	把	1
16	轨温表	块	6
17	石　笔	盒	2

注:此机具配置为 2 000 m 长钢轨机具配置,施工时人员按 100 m 一组进行分工。

四、质量控制措施

(一)长钢轨焊接

1. 过程记录

焊接操作人员应记录焊接过程,记录"钢轨移动闪光焊接操作记录表",记录应保留。

2. 产品检验

(1)应对每个焊接接头(成品)进行成品检验。

(2)成品检验的项目包括外观和超声波探伤。

(3)外观和超声波探伤检验应符合规范要求。

3. 型式检验

(1)出现下列情况之一时应进行型式检验:

①焊轨组织初次生产;

②正常生产后,改变焊接工艺,可能影响焊接接头质量;

③更换焊轨设备;

④钢轨生产厂、或钢轨型号、或钢轨牌号、或钢轨交货状态改变,首次焊接时;

⑤生产检验结果不合格;

⑥停产一年后,恢复生产前。

(2)型式检验的项目及试件数量见表 4-5-7。

表 4-5-7 型式检验的项目及试件数量(个)

外观	超声波探伤	落锤	疲劳	拉伸	冲击	硬度	静弯		显微组织	断口
		移动式闪光焊					轨头受压	轨头受拉		
全部试件	全部试件	15	3	1	1	2	12	3	1(利用硬度试件)	15(利用静弯试件)

注:硬度试件 2 个,包括测试轨顶面硬度 1 个和测试纵断面硬度 1 个。

(3)型式检验受检试件用钢轨的生产厂、型号、牌号、交货状态应与焊接生产用钢轨相同,受检试件应是相同工艺焊接的接头。

(4)不同牌号钢轨之间的焊接,焊接接头的质量要求按照强度级别较低的钢轨执行;热轧钢轨与热处理钢轨之间的焊接,焊接接头的质量要求按照热轧钢轨执行。

(5)型式检验结果符合规定的试件为合格试件。静弯受检试件、疲劳受检试件应连续试验合格。

(6)型式检验报告中,应明示以下内容:焊轨组织名称、焊接材料的型号及生产厂、主要焊接操作人员姓名及操作许可证编号、钢轨生产厂、钢轨型号、钢轨牌号、钢轨交货状态、检验设备、详细的检验结果等。

4. 生产检验

(1)出现下列情况之一时应进行生产检验:

①连续焊接 600 个接头;

②焊接工况变化,对某个焊接参数经行修正之后;

③焊接出现故障、记录曲线异常,故障排除之后;

④焊机停焊钢轨 1 个月以上,开始焊接生产前。

(2)生产检验的项目及试件数量见表 4-5-8。

表 4-5-8 生产检验项目及试件数量(个)

外观	超声波探伤	落锤	硬度	断口
5	5	5	2	5

注:①硬度试件 2 个,包括测试轨顶面硬度 1 个和测试纵断面硬度 1 个;

②外观和超声波探伤检验合格后的试件作为落锤和硬度试件。

(3)静弯试件应连续试验合格。

(4)生产检验使用随机加焊的试件,生产检验结果应符合相关规定,检验合格后方可继续生产。

(5)生产检验有 1 个及以上试件不合格时应予复验。

5. 注意事项

(1)焊轨前必须按《钢轨焊接接头技术条件》中有关规定进行型式检验,确定焊机工艺参数,检验合格后方可施焊。

(2)接缝焊接前,应先检查焊轨外观尺寸,半米内应无大于 0.5 mm 死弯,端面上下、左右平面差不得大于 2 mm,并清除被焊端面和距轨端长 150 mm 范围内的锈蚀、油污及杂质,表面光滑无锈斑,但对母材的打磨量不得大于 0.2 mm。

(3)焊接前,应对焊机的主、铺机,水冷系统,液压系统,制冷系统,供电室等检查,运转正常方能开焊。

(4)现场钢轨火焰正火时,钢轨接头温度必须降至 500 ℃以下,方能开始正火。正火时,一名工人操作,另一名观测火焰温度和钢轨温度,正火达到预定温度后,立即关闭气源。

(5)焊接结束后,一名焊工松开焊机,另一名焊工立即清理掉钢轨上的焊瘤块,焊缝处不得有未焊透、过烧、裂纹、气孔夹碴等有害缺陷。

(6)焊接完成后,对焊缝两侧 500 mm 范围内需打磨,先粗打后精打,用一米直尺检查焊缝顶面、侧面的平直度、矢度、光洁度须符合规范要求,但不得横向打磨。

(7)对每一个焊缝,均需做超声波探伤检查,但须待焊缝处温度冷却到 50 ℃以下,并做好记录。

(8)焊接最后一对接头前,应根据设计锁定轨温计算长度,将钢轨终端超长部与进行处理。

(9)长轨锁定需在设计锁定轨温范围时,严禁用撞轨或强制拨入的办法改变长轨长度。

(10)铺设过程中,应随时填写整理以下技术资料,以纳入竣工文件:轨道平面布置图、铺设日期、时间与实际锁定轨温记录及实留轨缝尺寸、钢轨焊接记录及质量检查记录、焊缝编号和钢轨编号对照表、位移观测桩位置图及观测记录。

(二)应力放散

1. 单元轨节及焊接接头焊缝偏差控制措施

单元轨节长度根据线路和施工等情况综合考虑,一般取 1 000～2 000 m,最短不小于 200 m,无缝道岔中单组或相邻多组一次锁定的道岔及其间线路组成一单元轨节。进行配轨及施工,应注意单元轨节两股钢轨的接头相错量不得超过 100 mm。施工前,制定详细的单元轨节配轨表,提交焊轨厂,有规律、按顺序码放。

2. 应力放散与锁定控制措施

无缝线路锁定之前采用支垫滚筒、撞轨器等专用机具进行应力放散,使其在设计锁定轨温范围之内准确地锁定。相邻单元轨节间的锁定轨温温差不大于 5 ℃,同一区间内单元轨节的最高与最低轨温差不得大于 10 ℃。同一单元轨节左右股钢轨锁定轨温差不应大于 3 ℃。现场填写应力放散记录表,对于达不到设计锁定轨温拉伸量严禁锁定。

3. 在设计的锁定温度范围内锁定

一次铺设跨区间无缝线路的锁定焊接、应力放散锁定作业,由铺轨始端依次向终端连续延伸进行,在设计允许锁定温度范围内施工时,锁定焊接、应力放散、锁定线路的作业流程、方法、措施为:

(1)先将第一段完成线路整理作业的单元轨节,在设计锁定的轨温下进行应力放散,并予以锁定。锁定后的单元轨节两端实际存在一段伸缩区。

(2)将第二段单元轨与第一段单元轨进行焊接。

(3)将已锁定线路一侧伸缩区长度范围和待焊入单元轨节松开,间隔 10 m 左右设置一滚筒,将长轨置于滚筒,使轨条处于自由伸缩状态。

(4)对新焊连的单元轨节,采用撞轨等措施放散应力,待终点轨端位移出现反弹时,可视为出现当时轨温下的零应力,则可上紧扣件锁定。

4. 无缝线路的低温拉伸锁定

低温拉伸锁定作业的程序是：对将拉伸锁定的单元轨节与无缝线路进行焊连。拆除已锁定线路伸缩区长度(应计算确定)内和待焊入单元轨节的扣件，按应力放散方法将长轨放散应力到当时轨温下的零应力状态。

$$\Delta L = \alpha L \Delta t$$

式中 ΔL——单元轨节拉伸量(mm)；

α——钢轨线膨胀系数 0.011 8；

L——单元轨节长度(m)；

Δt——设计锁定轨温与锁定作业轨温之差(℃)。

5. 无缝线路的高温锁定

无缝线路一般不宜安排在轨温高于设计锁定轨温上限时铺轨，为了满足建设工期要求，可能发生在轨温高于设计锁定轨温条件下铺轨。但高于设计锁定轨温，无法锁定线路。待所铺轨道在设计锁定轨温或低温拉伸焊连锁定时，会存在轨条长度不足的问题，可通过拉回前方未锁定的长轨或焊入短轨的方法解决，但短轨长度不得小于 12 m。施工时应尽量避免作为常规方法组织施工。

6. 桥隧地段应力放散与锁定控制措施

桥上尽量少设或不设钢轨伸缩调节器。

大跨度根据设计检算，确定是否需要设置钢轨伸缩器，不设置钢轨伸缩调节器的连续梁及相邻简支梁采用小阻力扣件。

7. 岔区地段应力放散与锁定控制措施

正线道岔内全部钢轨接头实施焊接或胶接(绝缘接头)，并与两端长轨条焊联，形成无缝道岔。

无缝线路位移观测控制措施：跨区间无缝线路应按单元轨节等距离设置位移观测桩(图 4-5-45)，桩间距离不宜大于 500 m；当单元轨节长度不足 500 m 整倍数时，可适当调整桩间距离。

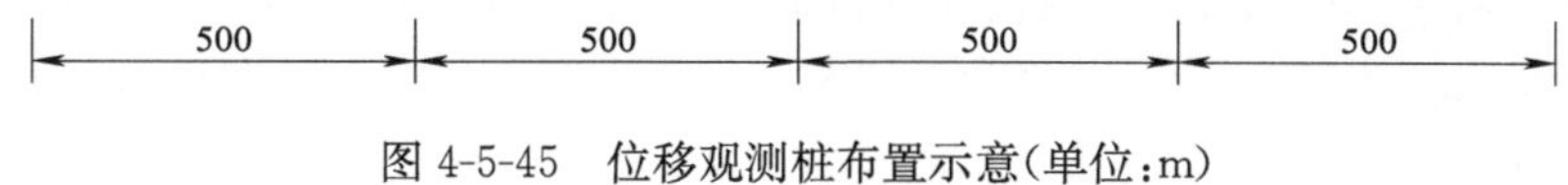

图 4-5-45 位移观测桩布置示意(单位：m)

第四节 道岔施工

一、轨枕埋入式无砟道岔施工

在线下单位完成路基段验收合格后，达到铺岔条件后进行 CPⅢ桩位、水准点、CPⅢ成果评估资料、岔位里程等相关内外资料交接，交接工作完成后，方能开始下一步工序。

(一)施工顺序

施工准备→道岔支承层或底座板施工(线下)→道岔铺设前工序交接→施工放样→钢筋摆放(线下)→道岔原位组装及调整→钢筋绑扎并绝缘测试(线下)→道岔粗调→道岔第一次精调→安装模板(线下)→道岔第二次精调→道床板混凝土浇筑(线下)→道床养护(线下)→拆除支撑螺杆、模板(线下)→道岔焊接→安装电转设备(四电)→工电联调→两端线路焊联与道岔锁定→道岔第三次精调→检查、验收。

(二)道岔存放及场地处理

施工现场道岔存放场地一般选择在两端咽喉区附近，方便道岔吊装作业，场地应平整坚实，必要时可用挖掘机和 50 t 压路机碾压成型。存放平台顶面水平高差不大于 10 mm，转辙器、可动心轨辙叉轨排、可动心轨辙叉组件最多码垛两层，钢轨件的码垛层数不得多于 4 层，每层轨件采用木质垫块垫实垫平，衬垫应按高度方向垂直设置，垫块间距不得大于 5 m，存放台两端距道岔构件两端横担不大于 1 m。存放的岔料应进行覆盖，并安排专人看守。

(三)道岔进场验收及成品保护

在施工过程中,严禁用任何钝器敲击道岔钢轨及构件,安排专人对道岔成品进行看守、定期进行日常检测和及时进行维护。

(四)CPⅢ控制基桩交接

成立道岔交接协调小组,负责与线下单位对岔料运输便道和存放场地协调。在道岔铺设前,交接小组按照有关规定、规范、验收标准等与线下单位进行CPⅢ控制基桩桩位、水准点、站场路基沉降评估资料、平整度、宽度、岔位里程等相关内外业资料进行交接,并由测量组对CPⅢ桩位成果进行复核,复核合格后方可使用。

(五)道岔区基标测量

无砟道岔以CPⅢ为基准,根据站场设计图进行道岔区控制基桩测量,并进行道岔基桩放样。道岔基桩测设应满足下列要求:

(1)道岔桩基应与站线轨道同时测设,精确放样道岔岔前、岔心、直股岔后、侧股岔后四大线路中心控制基点。

(2)道岔相邻50 m范围内设置基桩,距线路中线的距离应为3～4 m,按坐标直接测设。

(3)道岔桩采用导线测量或后方交会法测量,测量的主要技术要求应符合现行铁路工程测量规范要求。

(4)道岔基桩的埋设稳固、可靠、不易破坏和便于测量处设置,基桩标识清晰齐全。

(5)加密基桩每隔5 m设置在线路中线的两侧,直股不应少于5个,侧股不应少于2个。

(六)钢筋安装、绝缘及混凝土浇筑

施工现场选取合适场地设置1处钢筋加工棚,彩钢板搭设成型。安放钢筋调直机1台、断筋机1台、弯曲机1台、切割机2台等,负责钢筋加工。

1. 钢筋安装

(1)底座板上下层钢筋均为HRB400ϕ12 mm钢筋绑扎,底座底层钢筋保护层为35 mm,顶面和侧面保护层均为50 mm。在钢筋绑扎前,确定钢筋绑扎位置,确保上下层横向钢筋对应;底座钢筋搭接长度不小于35 d,同一连接区段内纵向钢筋的搭接接头面积百分率不大于50%。

(2)道床板内底层纵向钢筋采用HRB400ϕ20 mm,底层横向钢筋HRB400ϕ16 mm,中层纵向钢筋HRB400ϕ20 mm,中层横向钢筋HRB400ϕ16 mm,上层横向钢筋和两侧箍筋均为HRB400ϕ12 mm,道床底层钢筋保护层为35 mm,顶面和侧面保护层均为40 mm。道床钢筋应按设计和规范安装,预埋及部件位置正确、定位牢固(图4-5-46)。道床上下层纵横向钢筋均采用现场绑扎。钢筋安放完成后在钢筋下安装混凝土保护层垫块,最外侧各1个,中间0.6 m间距,纵向间距0.8 m,梅花形布置,确保不少于4个/m^2。

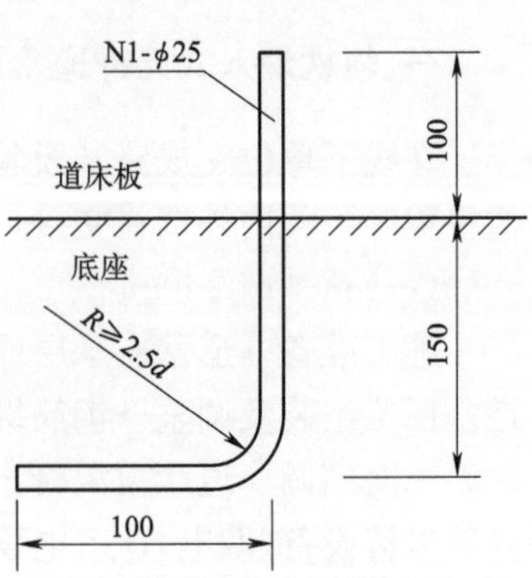

N1-ϕ25
100
道床板
底座
R≥2.5d
150
100

图4-5-46 L型预埋钢筋大样图(单位:mm)

2. 绝缘

道岔底座内钢筋按绝缘设计,钢筋间设置小型绝缘卡,当与连接钢筋冲突时可沿线路方向适当调整底座钢筋位置。绝缘卡采用带尾巴型绝缘绑扎带。为保证钢筋与绝缘卡的连接紧密,绝缘卡的卡力不得小于25 N。

3. 模板安装

根据道岔区线路控制基桩放样出道岔底座施工边桩,检查无误后进行模板安装作业。根据弹出的模板边线,精确安装侧模板、结构端缝模板和凹槽模板。两侧模板连续设置,在结构缝处安装横向模板。模板安装应稳固牢靠,接缝不得漏浆。彻底清理模板范围内的杂物并刷脱模剂。混凝土入模前应对基床面喷水雾湿润。

4. 混凝土浇筑

(1)岔区底座混凝土由线下单位供应,为C30钢筋混凝土;岔区道床板混凝土为C40钢筋混凝土,浇筑前应检测混凝土坍落度、含气量及入模温度。混凝土搅拌运输车运输,泵送入模,机械振捣。

(2)在灌注前,需将模板上的杂物清除干净,不允许有铁锈水泥,并且模板接缝不密实处,采用双面胶嵌塞密贴。操作插入式捣固棒振捣,应快插慢拔,振动棒移动距离不超过振动棒作用半径的1.5倍,且插入下层混凝土内的深度为5~10 cm,确保混凝土密实。

(3)混凝土强度大于2.5 MPa,其表面及棱角不因拆模受损时方可拆模,模板拆除后及时清理、涂油后集中存放,以便下次利用。凹槽四周应振捣密实,底座表面抹平。

(4)混凝土浇筑完毕后采用土工布覆盖洒水养护施工方法,养护时间不少于14 d,设专人养护。

(5)底座混凝土初凝前,表面应按设计进行拉毛处理,拉毛深度宜为1.5~2.0 mm,两侧按设计要求设置3%的排水坡。底座外形尺寸允许偏差值见表4-5-9。

表4-5-9 底座外形尺寸允许偏差

序 号	项 目	允许偏差
1	顶面高程	±10 mm
2	宽 度	±10 mm
3	中心线位置	3 mm
4	平整度	10 mm/3 m
5	伸缩缝位置	10 mm

(6)道床板混凝土表面应按设计进行收光,收光次数至少3~4次,两侧按设计要求设置排水坡,排水坡按线路中心和两边高程控制。道床外形尺寸允许偏差值见表4-5-10。

表4-5-10 道床外形尺寸允许偏差

序 号	项 目	允许偏差
1	顶面高程	±10 mm
2	道床板顶面与承轨台相对高差	±5 mm
3	中心线位置	2 mm
4	平整度	5 mm/1 m
5	伸缩缝宽度	±5 mm
6	伸缩缝位置	10 mm
7	道床板表面排水坡	−1%,+3%
8	承轨面高程	$^{+2}_{-8}$ mm

(7)注意事项:

①转辙机平台施工前提前与四电进行沟通,共同确认转辙机平台位置。确保后期不影响转辙机安装;

②桥梁段施工前需提前与线下分部沟通,提前预留转辙机平台位置,避免干扰;

③钢筋绑扎时注意钢筋间距、保护层厚度以及绝缘处理;

④转辙机采用木模支护,浇筑前检查模板是否加固牢固。

(七)道岔组装

1. 组装平台

根据铺设位置在已经绑扎的钢筋网上摆放方木,注意避开竖向支撑杆位置。

2. 道岔拼装

按道岔铺设图进行道岔拼装,人工配合吊车采用专业吊具将岔轨、岔枕散布到相对应的位置。轨道中心线与道岔线路中心线偏距按不同分段道岔轨排的中心位置根据道岔控制桩定位。

(1)安装道岔转辙器与辙叉间连接钢轨,主要是直上股、直下股、曲上股、曲下股,以及辙叉部分的直基本轨和曲基本轨、护轨等。

(2)安装钢轨扣件,依次安装T形螺栓、弹条、限位螺母和盖形螺母。

(八)道岔粗调

1. 道岔粗调

道岔粗调利用道岔控制基标和精调小车测设进行调整。

2. 道岔高程调整

(1)安装竖向支撑螺杆,在螺杆底部放置铁垫片,如图 4-5-47 所示。

图 4-5-47 道岔竖向支撑杆及横向轨撑(桥梁段)

(2)根据道岔控制点,调整竖向支撑螺杆,通过调整竖向支撑限位装置的螺杆位置调整轨枕的竖向位置,进而实现钢轨上下位置的调整,使得钢轨高低和道岔水平符合要求,轨面高程控制在−5～0 mm。

3. 道岔轨向调整

道岔轨向调整通过地锚螺栓或横向轨撑来完成方向调整。

4. 道岔支距、查照调整

轨距及支距调整。调整时应以直基本轨工作边为基准,调整时先轨向后轨距,导曲线部分采用支距法控制曲上股的轨向,再通过曲下股调整曲股的轨距。

5. 密贴调整

道岔的密贴调整主要为调整尖轨、心轨密贴和顶铁间隙;

首先确保尖轨与基本轨密贴、可动心轨在轨头切削范围内应分别与两翼轨密贴、顶铁与尖轨或可动心轨轨腰间隙和限位器两侧的间隙值均需满足道岔粗装要求。

(九)道岔检查与精调

道岔混凝土浇筑前必须对道岔进行检查和精调,采用精调小车及其他检测工具检测道岔方向、高低、水平、轨距等几何形位指标,根据精调小车检测数据确定精调数值。随精调小车移动,根据检测反馈数值逐点对道岔水平、方向进行精调。

(十)混凝土浇筑后的测量及道岔精调

混凝土浇筑结束养护 7 d 后,在紧固钢轨扣件的情况下,对道岔的几何线性再次做检查,用精调小车采集高程、水平、轨距等数据,一是对比检查道岔在混凝土浇筑前后是否发生变化。道岔精调作业遵循"先轨向,后轨距;先高低,后水平;先直股,后曲股;先整体,后局部"的原则。

(十一)道岔焊接

1. 焊接顺序

无砟道岔钢轨接头均采用铝热焊,首先焊接道岔区内部钢轨接头,具体焊接顺序为先直、后曲、先外、后内。道岔焊接顺序如图 4-5-48 所示。

2. 道岔铝热焊焊前准备

道岔焊接及锁定前,应对道岔及线路进行检查。保证道岔几何形位符合设计要求;道岔直、曲尖轨方正,可动心轨位置、尖轨尖端位置正确;道岔方向正确,渡线上的反向曲线或岔后附带曲线圆顺,正矢符合规定。

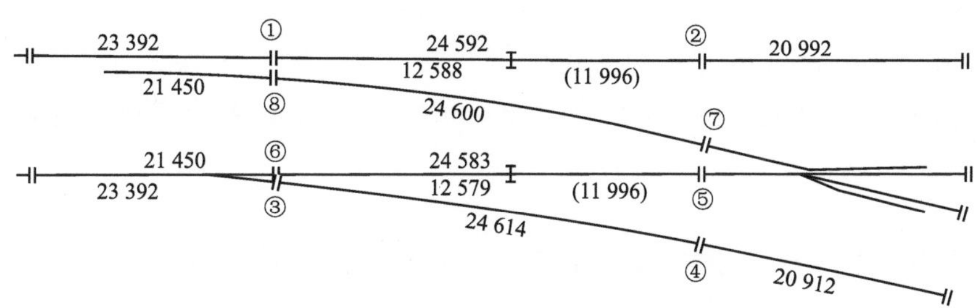

图 4-5-48　18 号高速道岔接头焊接顺序

道岔焊接前，预先了解待焊钢轨的轨型、材质及检查待焊钢轨有无损伤，焊接前与现场技术人员沟通，对每个待焊接头进行油漆编号。准备铝热焊机具，并测量钢轨温度。根据轨温考虑铝热焊的预留焊缝值，标定在钢轨接头。

3. 道岔铝热焊接防护

铝热焊接时，须对焊接影响范围内除钢轨接头以外的道岔零部件及道床板钢筋等材料加装防护，防止焊剂烧蚀。

4. 道岔焊接打磨

焊接接头的技术指标应满足 TB/T 1632.1 和 TB/T 1632.3 的技术要求及有关焊接工艺要求。

5. 道岔焊接清理

焊接施工结束，拆除砂型、坩埚及支架后，应清理作业产生的杂物、残渣，道床和钢轨轨下的颗粒用吹风机清理干净。

6. 道岔焊接后复位、复测

焊接施工结束，再次检测道岔几何形位，复测线路高程、方向，对因钢轨拉伸产生的偏移及时调整复位，再进行道岔精细调整。

(十二)四电单位进行道岔转换设备安装、检验、调试

转换设备的安装、调试流程如图 4-5-49 所示。

(十三)与四电单位进行道岔工电联调

电务转换设备安装调试完成后，由工务和电务技术人员相互配合进行道岔工电联调及定位。

(十四)道岔轨道几何状态检测

道岔轨道内部几何状态检查和调整尖轨与基本轨是否密贴，尖轨与滑床板是否密贴，尖轨跟端限位器是否密贴等，此项工作与道岔线型调整后期同步进行。如果尖轨与滑床板间存在较大间隙的调整，应优先使用调高垫板，然后用滚轮调整片调整。

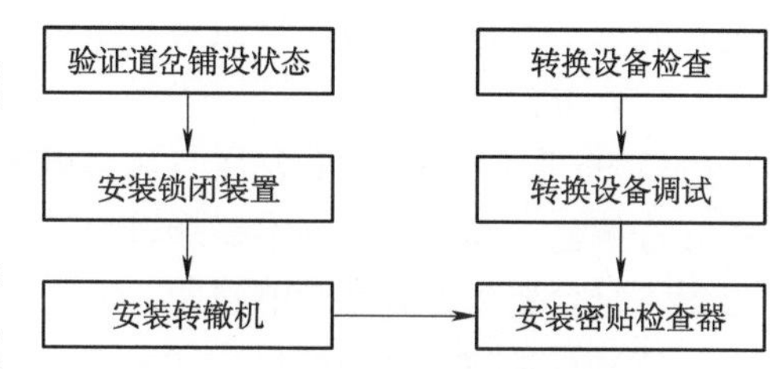

图 4-5-49　道岔转换设备安装流程

二、道岔道床板施工

(一)测量放样

无砟道岔以无砟轨道控制网(CPⅢ)为基准，根据站场设计图进行道岔桩位放样。道岔区控制基桩测设应满足下列要求：

(1)无砟道岔以无砟轨道控制网(CPⅢ)为基准。

(2)应在道岔始端、道岔中心、道岔终端直股和侧股的两侧位置及过渡段起讫点、道岔直股前后 100 m 范围内测量控制基桩，道岔控制基桩横向允许偏差不应大于 1 mm。

(3)道岔加密基桩的测设要求：加密基桩每隔 5～10 m 设置在线路中线的两侧，转辙器、导曲线和辙叉起始点应增设基桩，标定点位，控制点标识应清晰、齐全。加密基桩的横向允许偏差不应大于 2 mm。相邻加密基桩相对允许偏差：平面位置 2 mm、高程 1 mm。

（二）原位组装

1. 根据测设的道岔控制桩位置安装组装平台

在道岔位置中心两侧各连续摆放 100 mm×100 mm×2 m 的方木，平台高程应当保持一致，不能出现高低不平的现象。

2. 布放岔枕

道床板底层钢筋绑扎完毕，绝缘测试合格，组装平台安装完毕后，根据测设的道岔控制桩位置摆放岔枕。

(1)从前至后按顺序摆放。

(2)选好方向，确定第一根岔枕的位置和方向。

(3)弹画岔枕中心线。

(4)定出直股最后一根岔枕位置(里程与中线偏差不超过 2 mm)。

(5)方正岔枕，以第一根岔枕为基准方正岔枕，应与调整岔枕间隔一并进行。

(6)粗调高低，对高低差明显(以 10 mm 高差区分)的岔枕进行粗调。

(7)调整时严禁用撬棍插入岔枕扣件螺栓套管内撬拨岔枕。

(8)利用长钢尺核实岔枕摆放间隔、方正。

(9)铺设岔枕时，带编号一侧铺设在道岔直股外侧，侧股辙后短岔枕带编号一侧铺设在道岔侧股外侧。

3. 垫板安装

(1)按照道岔铺设图摆放轨枕上橡胶垫板，安放平垫板、滑床板、护轨垫板、支距垫板。

(2)缓冲调距块安放到弹性铁垫板的复合定位套内，缓冲调距块有四个沟槽面朝下，并保证其下表面与复合定位套下表面齐平。

(3)盖上盖板，有橡胶面向下；在垫板螺栓上套上弹簧垫圈，涂抹铁路专用油脂，用手拧套管，保持螺栓的垂直度，并注意一定让螺纹入扣，在旋入一定深度后，再改用扭矩扳手将螺栓拧紧，严禁锤击打入，扭矩在 300～350 N·m，扭力按照大于 10%加力；然后安放轨下橡胶垫板于承轨台上。

将道岔配轨、岔尖、岔心吊至岔位，安装道岔弹条扣件，进行道岔组装，期间还要对岔枕间距不合格的进行最后一次排查整改。注意道岔组装后基板螺栓和弹条一定要达到相应的扭矩。

（三）道岔初步定位

(1)按照测设的岔前、岔尾点对整组道岔进行初步定位，并按照测设的中线点对道岔轨排进行拨正，中线允许偏差 2 mm，保证基本线形、道岔全长。按照道岔铺设图进行岔枕位置的复核，尖轨与辙叉处的岔枕位置不符合要求会直接影响轨距。

(2)道岔轨距、支距调整

①确认直线尖轨及曲线尖轨的质量状态，若发现问题预先顶调。

②对滑床垫板位置进行顶调，一般情况下使垫板外调至极限位置。

③确定框架尺寸(尖轨尖端处轨距和直线尖轨轨头切削起点轨距及基本轨间距离)。

④调整直线尖轨固定端及跟端轨距。

⑤调整直线尖轨与曲基本轨密贴。

⑥从基本轨前端到道岔跟端，通过拨道的方式调整直线尖轨的直线度，用 10 m 线绳 5 m 交错的方法从尖轨尖端开始测量直尖轨工作边直线度，要求最大偏差不超过 2 mm。

⑦调整曲线尖轨密贴段至尖轨跟端支距。

⑧调整密贴段以后的直、侧股轨距。调整尖轨轨底与滑床台板密贴。

⑨调整可动心轨辙叉范围内轨距时，采用更换不同规格的缓冲调距块改变垫板位置实现叉心位置的调整，但仍要适当的拨道来确保叉心直股的直线度。

⑩曲股辙后支距垫板区域可以通过轨距块调整支距，曲股其他区域还可以通过缓冲调距块配合来调整支距。

(3)按照测设的岔前、岔尾点对整组道岔进行初步定位,并按照测设的中线点对道岔轨排进行拨正,保证基本线形、道岔全长。岔枕定位允许偏差及设计定位允许偏差见表 4-5-11。

表 4-5-11 岔枕初定位允许偏差(mm)

序号	检 验 项 目	允 许 偏 差
1	岔枕相对于直股的垂直度	牵引点两侧和心轨部分±2,其余±5
2	岔枕位置偏差	±5
3	轨面高程	0,−5
4	中 线	2

(四)安装支撑调整装置

根据布置的高程控制桩,用手摇式起道机同时将道岔轨排起至高程位置(控制高程低于设计高程 5 mm 左右),安装道岔支撑系统。安装道岔支撑系统支撑后,拆除道岔组装平台。

1. 岔枕端部竖向支撑调整装置安装固定

岔枕端部竖向支撑调整装置由竖向支撑调整螺杆、支撑垫板(70 mm×70 mm×4 mm 铁板)及岔枕预留孔组成。

2. 道岔侧向支撑调整装置安装固定

侧向支撑调整装置由固定三脚架、侧向支撑调整丝杆和钢轨卡铁组成。安装时先安装固定三脚架,两侧三脚架对称布置,三脚架底部与基础层牢固连接;在钢轨底部的对应位置安装卡铁,再用侧向支撑调整丝杆将卡铁与固定三脚架连接。K_{c1}、K_{c2}、K_{c3}三块道床板每隔 3 根岔枕安装一对侧向调整装置,其余各道床板每隔 2 根岔枕安装一对侧向调整装置。侧向调整装置安装时应注意避开转辙机台座,在台座对面位置加密一处侧向调整装置。

3. 长岔枕区域竖向辅助支撑调整装置安装固定

道岔可动心轨辙叉部分采用长岔枕,由于可动心轨辙叉质量较大,易使长岔枕产生较大挠曲变形,为满足道岔水平的要求,在长岔枕区域安装竖向辅助支撑调整装置。

(五)道岔一次精调

道岔侧向/竖向支撑调整系统安装固定完毕后,要确保轨检小车和全站仪没有损伤的情况下,对道岔及扣配件进行检查,用扭力扳手检查螺栓扭矩是否达到设计要求。用塞尺检查尖轨与基本轨密贴、轨底与台板密贴是否达到设计要求。为保证精调搭接长度,道岔前后各接长悬出 6.25 m 钢轨,同样安装枕木,竖向及侧向支撑系统。

1. 道岔一次精调测量

道岔精调测量工作采用水准仪、全站仪、精调小车完成,利用无砟轨道道岔区 6~8 个 CPⅢ控制点。

2. 道岔水平调整

通过精调小车对道岔轨面逐点测量,确定道岔高程调整数值。调整顺序:先调整高程基准轨,再通过水平调整另外一根钢轨高程。调整支撑螺杆丝杆高度、精调起平道岔。轨面高程精确调整后,要求道岔高低、水平不超过设计限值。滑床台板坐实坐平,垫板与台板的间隙不超标。

3. 道岔方向调整

利用精调小车、全站仪测量控制。调整顺序:先调整方向基准轨,再通过轨距调整另外钢轨方向,利用侧向支撑丝杆使道岔横移对中并固定,再从道岔两侧加密测量基标拉弦线复核轨道中线。

4. 道岔支距、间隔调整

(1)轨距及支距调整

调整时应以直基本轨一侧为基准,按照先调支距再调轨距的步骤进行,使尖轨跟端起始固定位置支距、尖轨跟端支距和导曲线支距(包括尖轨密贴段以后、跟端以前范围)允许偏差符合设计要求。

(2)密贴调整

调整尖轨、心轨密贴和顶铁间隙应同调整轨距、支距相结合。确保尖轨与基本轨密贴、可动心轨在轨头切削范围内应分别与两翼轨密贴、开通侧股时,叉跟尖轨尖端与短心轨密贴。尖轨或可动心轨轨底应与台板接触。顶铁与尖轨或可动心轨轨腰间隙和限位器两侧的间隙值不超限。

(3)间隔调整

通过调整顶铁调整片、扣件使可动心轨辙叉咽喉宽度、趾跟端开口、护轨轮缘槽宽度、查照间隔、尖轨非工作边与基本轨工作边的最小间距等调整到位,不得大于设计允许偏差值。

道岔一次精调后监理单位对道岔几何尺寸进行检查验收。道岔精细调整到位后,应符合表 4-5-12 的要求。

表 4-5-12 道岔主要结构尺寸允许偏差

序号	检查项目	检查方法	允许偏差
1	轨 距	逐枕用轨距尺	±1 mm 变化率小于 1/1 500 mm
2	支 距	支距尺	±1 mm
3	尖(心)轨第一牵引点前与基本轨密贴	塞 尺	缝隙≤0.5 mm
4	尖(心)轨其余部分与基本轨密贴	塞 尺	缝隙≤0.8 mm
5	顶铁与尖轨或可动心轨轨腰的间隙	塞 尺	缝隙≤0.5 mm
6	尖轨轨底与滑床台、心轨轨底与台板的缝隙	塞 尺	缝隙≤1.0,且 1.0 mm 缝隙不得连续出现
7	闭合状态下,尖轨轨底和辊轮的间隙	塞 尺	≤2 mm
8	打开状态下,尖轨轨底和滑床台板的缝隙 Δ	塞 尺	2 mm≤Δ≤3 mm
9	各牵引点前后各一块滑床台板	塞 尺	缝隙≤0.5 mm
10	尖轨限位器两侧缝隙偏差	卡 尺	±0.5 mm
11	尖轨各牵引点处开口值	卡钳、钢板尺	±3 mm
12	可动心轨跟端开口距	卡钳、钢板尺	±1 mm
13	心轨实际尖端至直股翼轨趾端的距离	尺 测	+4 mm,0 mm
14	护轨轮缘槽宽度	卡钳,钢板尺	+1 mm,−0.5 mm
15	岔枕铺设相对于直股的垂直度	方 尺	牵引点两侧和心轨部分 4 mm,其余 10 mm
16	岔枕位置偏差	卷 尺	±5 mm
17	道岔全长	卷 尺	±10 mm
18	查照间隔	轨距尺	≥1 391 mm

弹条螺栓、岔枕螺栓、限位器螺栓、翼轨间隔铁螺栓、长短心轨与间隔铁螺栓的扭力应达到设计值。

(六)道岔电务转换设备检测、调试、拆除

1. 道岔转辙机检测

道岔转辙机上道前,应对电气、机械性能进行测试,满足设备设计性能指标后,方可安装。

2. 道岔电务转换设备检测、调试

按照设计图,安装道岔电务转换设备。以垂直于道岔直股基本轨定位,在各牵引点分别安装转换装置和锁闭装置。

电动转辙机通电后,检测各牵引点动程和牵引力,检查转换机构工作状态,检查锁闭装置锁闭到位和表示状态,分别调试到位。

3. 道岔工电联调及定位

配合电务转换设备调试,进行道岔调整。局部细调轨距、支距及轨向调整,重点对尖轨和可动心轨密贴段检查调整,使允许偏差符合设计要求。

密贴调整与电务转换设备调整同步进行,确保尖轨与基本轨密贴、可动心轨在轨头切削范围内应分别与两翼轨密贴。

4. 道岔系统工电联调检测、标记、记录

道岔系统工电联调检测过程中，应对转换装置、锁闭装置工作性能检测值和道岔轨距、方向、密贴和间隔等几何尺寸检测值进行详细记录。调整到位后，做定位标记。

5. 道岔电务转换设备拆除

在转辙机基坑混凝土浇筑时，为消除施工干扰，防止电务转换设备受损，须在道岔系统工电联调结束，做好定位标记后，拆除道岔电务转换设备。拆除时，严格按照操作规程进行，防止设备损坏。

6. 道岔系统复测、调整

拆除道岔电务转换设备后，再次检测道岔几何形位，复测线路高程、方向，对因拆除作业产生的偏移及时调整复位，再进行道岔精细调整。

(七)道岔二次精调

道床板混凝土浇筑施工前，须对道岔系统进行二次精调。

1. 道岔区精调小车检测

道岔二次精调，采用精调小车检测道岔方向、高低、水平、轨距等几何形位指标，根据精调小车检测数据确定精调数值。

2. 道岔水平、方向微调

随精调小车移动，根据检测反馈数值逐点对道岔水平、方向进行微调定位。调整支撑螺杆高度、精调起平道岔。调整侧向支撑丝杆，对道岔方向超限点作局部精调。

3. 数据采集

把 8 个徕卡圆棱镜插 CPⅢ控制桩上，然后把全站仪调平。进入全站仪设站程序，选用后方交会方法设站。对 8 个棱镜依次进行后视，然后进入设站平差信息界面查看设站信息和各 CPⅢ控制点的误差，X、Y、H 和水平定向误差必须控制在±0.7 mm 以内。

4. 道岔部件防护措施

道岔二次精调结束，对道岔钢轨部件、垫板、滑床垫板、扣件等应加装临时防护，防止混凝土浇筑时的污染。

混凝土浇筑前对二次精调的道岔进行数据采集、分析，监理单位检查并查看精调数据，满足规范要求后进入下道工序施工。

三、道岔线性整治

混凝土浇筑结束，养护结束后，在紧固钢轨扣件的情况下，对道岔的几何线性再次做检查，用精调小车采集高程、水平、轨距等数据，使用调高垫片和偏心调整锥套对轨道线性精细调整，以消除混凝土浇筑过程不可避免地对道岔线性产生的干扰和道岔缺陷引起的线性偏差及其他缺陷，使道岔线性符合规范要求。

道岔线性调整的目的既要使道岔轨道线性达标，又要使调整工作尽可能修正钢轨扣件及联结件。无砟高速道岔检查项目见表 4-5-13。

表 4-5-13 无砟高速道岔检查项目

序号	检 查 项 目	检查方法及数量	检查标准或要求	管理类别
1	轨 距	逐枕用轨距尺测量	±1 mm，变化率小于 1/1 500	B
2	水 平	逐枕用轨距尺测量	≤1 mm(直股) ≤2 mm(侧股)	B
3	扭 曲	测量基线长 3 m	≤2 mm	B
4	高 低	用 10 m 弦测量 30 m 弦 5 m 校核(轨道几何状态测量仪)	≤2 mm	B
5	方 向	用 10 m 弦测量 30 m 弦 5 m 校核(轨道几何状态测量仪)	≤2 mm	B

续上表

序号	检 查 项 目	检查方法及数量	检查标准或要求	管理类别
6	直尖轨第一牵引点前与曲基本轨密贴	塞 尺	间隙<0.5 mm	A
7	直尖轨其余部分与基本轨的密贴	塞 尺	间隙<1.0 mm	B
8	直尖轨工作边直线度	弦线，钢板尺测	1.5 mm/10 m	B
9	直尖轨与曲基本轨间顶铁的密贴	塞 尺	间隙<1.0 mm	C
10	直尖轨轨底与滑床台的密贴	塞 尺	间隙<1.0 mm	B
11	曲尖轨第一牵引点前与直基本轨密贴	塞 尺	间隙<0.5 mm	A
12	曲尖轨其余部分与基本轨的密贴	塞 尺	间隙<1.0 mm	B
13	曲尖轨与直基本轨间顶铁的密贴	塞 尺	间隙<1.0 mm	C
14	曲尖轨轨底与滑床台的密贴	塞 尺	间隙<1.0 mm	B
15	直基本轨与曲线尖轨组装后，尖轨各控制断面(轨头宽度大于 15 mm)相对基本轨顶面的降低	平尺、钢板尺、深度尺	±0.5 mm	B
16	曲基本轨与直线尖轨组装后，尖轨各控制断面(轨头宽度大于 15 mm)相对基本轨顶面的降低	平尺、钢板尺、深度尺	±0.5 mm	B
17	转辙器部分最小轮缘槽	卡钳、钢板尺	≥65 mm	A
18	尖轨限位器间隙值偏差	焊联前测量，卡尺	±0.5 mm	B
19	支 距	支距尺	±2 mm(18 号及以下道岔)	C
20	心轨尖端至第一牵引点处与翼轨的密贴(直)	塞 尺	间隙<0.5 mm	A
21	心轨其余部位与翼轨的密贴(直)	塞 尺	间隙<1.0 mm	B
22	心轨尖端至第一牵引点处与翼轨的密贴(曲)	塞 尺	间隙<0.5 mm	A
23	心轨其余部位与翼轨的密贴(曲)	塞 尺	间隙<1.0 mm	B
24	道岔心轨组装后，心轨各控制断面(轨头宽大于 15 mm)相对翼轨顶面的降低值	平尺、钢板尺、深度尺	±0.5 mm	B
25	叉跟尖轨与短心轨的密贴	塞 尺	间隙<1.0 mm	C
26	直向开通心轨轨底与台板的密贴	塞 尺	间隙<1.0 mm	B
27	侧向开通心轨轨底与台板的密贴	塞 尺	间隙<1.0 mm	B
28	心轨直股工作边直线度	弦线，钢板尺	1.5 mm/10 m，尖端不允许抗线	B
29	长心轨轨腰与顶铁的密贴	塞 尺	间隙<1.0 mm	C
30	短心轨轨腰与顶铁的密贴	塞 尺	间隙<1.0 mm	C
31	叉跟尖轨轨腰与顶铁的密贴	塞 尺	间隙<1.0 mm	C
32	护轮轨缘槽宽度	卡钳，钢板尺	$^{+1.0}_{-0.5}$ mm	B
33	查照间隔	轨距尺	≥1 391 mm	A
34	尖轨各牵引点处开口值	卡钳、钢板尺	±3 mm	B
35	可动心轨辙叉第一牵引点处开口值	卡钳、钢板尺	±1 mm	B
36	牵引点位置岔枕间距偏差	卷 尺	$^{+5}_{0}$ mm	B
37	焊接接头平直度偏差	轨顶面和轨头内侧工作面，1 m 平尺测	(+0.2,0)mm/m	B
38	岔枕位置偏差	卷 尺	±5 mm	C
39	岔枕铺设相对于直股的垂直度	方 尺	牵引点两侧和心轨部分 3 mm，其余 5 mm	C

续上表

序号	检 查 项 目	检查方法及数量	检查标准或要求	管理类别
40	自密实混凝土、乳化沥青砂浆封边	目　测	整洁、无离缝	B
41	螺栓扭矩	扭矩扳手	超过设计要求 10%	B
42	岔枕螺栓	目　测	丝扣均应涂专用长效防腐油脂	C
43	扣件安装	目　测	符合规定	B
44	零部件	目　测	无缺少、无失效	A
45	产品标记及支距点标记	目　测	正确齐全	C
46	密贴状态下，尖轨轨底和辊轮的间隙	塞　尺	1 mm≤Δ<2 mm	B
47	斥离状态下，尖轨轨底和滑床台板的间隙	塞　尺	2 mm≤Δ<3 mm	B
48	转换过程中辊轮状态	目　测	滚动，与尖轨轨底接触	B
49	转换杆件沿线路纵向偏移量	钢板尺	≤5 mm	C
50	转辙机安装螺栓孔与基本轨直线距离偏差	卷　尺	≤3 mm	C
51	各牵引点两侧锁闭框中心位置偏差	钢板尺	≤3 mm	B
52	各牵引点外锁闭两侧锁闭量偏差	钢板尺	≤2 mm	B
53	尖轨、心轨转换阻力	专用仪器	≤设计指标	A
54	牵引点密贴检查(密贴段)	专用样板	4 mm 不锁闭	A
55	牵引点间密贴检查(密贴段)	专用样板	5 mm 无表示	A
56	道岔中线位置偏差	轨道几何状态测量仪	≤10 mm	A
57	道床板平整度(长枕埋入式)	1 m 平尺	3 mm/1 m	B
58	转辙基坑深度	卷　尺	(+10,0)mm 底部不应有反坡	B
59	转辙基坑宽度	卷　尺	(+5,0)mm	B

四、道岔钢轨焊接

道岔内及前后钢轨使用铝热焊焊接，焊接流程如图 4-5-50 所示。

(1)辙叉轨排与导轨连接部，先直股，后曲股；

(2)导轨与导轨之间，先直股，后曲股；

(3)导轨与尖轨跟部，先直尖轨，后曲尖轨；

(4)基本轨焊接，先直股，后曲股；

(5)道岔前后钢轨焊接顺序；先岔前，再岔后；先直股，再曲股。

1. 施工准备

(1)检查施工现场，焊接前设专人根据焊接物品清单进行清点以防漏带，影响施工。

(2)检查施工机具且试用，保证焊接前设备性能良好。

(3)检查钢轨端头有无裂缝、倾斜或其他缺陷。

(4)检查轨缝大小与位置以及接头相错量情况。焊缝不得落在轨枕上，轨缝位置须距轨枕承轨台边缘 100 mm 以上。

(5)测量轨温。在钢轨背光一侧测量轨温，环境温度不宜低于 10 ℃，必要时可采取加热措施。

(6)焊接钢轨两侧 15 m 范围内必须严格按规定上紧扣件，确保焊接时轨缝间隙不得发生移动，影响焊接质量甚至发生钢水泄露。

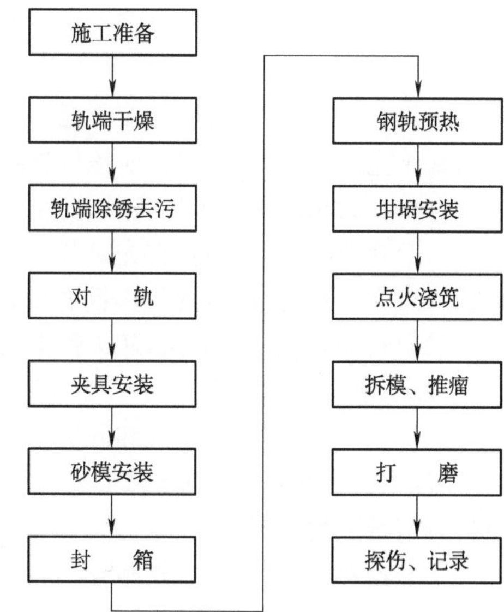

图 4-5-50　道岔铝热焊接工艺流程

2. 轨端干燥

对轨端除锈去污前可用预热枪对钢轨焊缝两侧 1 m 范围内烘烤，充分排除钢轨表面水分及油污。

3. 轨端除锈去污

(1)用带有钢丝刷的角磨机对焊接钢轨端部、两侧、轨头和轨底的锈污进行打磨清洁,范围为 50 mm,特别要重视轨底的清洁。

(2)打磨完成后,轨头端部边缘需倒角 45°。

4. 对轨

(1)轨缝调整:在轨头和轨底的两侧进行测量,同等条件下,轨缝须满足 28^{+2}_{-1} mm。

(2)尖点对正:将 1 m 直尺的中点与焊缝中点重合,用钢楔子或者对轨架进行高度调节,焊缝两侧各 0.5 m 处钢轨轨顶面的上拱量为 1.5～2 mm,严禁出现低接头,接头轨顶错边量不大于 0.2 mm。

(3)水平对直:用 1 m 直尺分别紧贴钢轨的轨头、轨腰、轨脚,一般情况下必须做到三处均密贴方为水平对正。

(4)对轨先调高低,后调水平。

5. 夹具安装

(1)夹具装置安装要与轨面平行;

(2)在调整预热枪高度时,首先要调整预热枪与轨面平行;

(3)用多用塞尺测定夹具安装位置,并调整定位预热枪的高度,预热枪头到轨面的高度为 40 mm。

6. 砂模安装

(1)检查砂模应无受潮、无裂纹、无变形,各组件完整,状态良好。有裂痕或受潮的砂型不能使用。

(2)砂模浇筑孔略做修整,防止高温时砂脱落,形成夹渣。

(3)将砂模与钢轨接触面进行摩擦,使砂模与钢轨结合部位密贴。

(4)如果砂模与钢轨接触面吻合不好,则会发生漏钢水的严重后果。

(5)底模一定要对中,并且与钢轨紧贴。

(6)砂模浇筑孔要与左右轨角对称,以确保两侧轨底受热均衡。

(7)砂型中央与轨缝中央一致,砂型与钢轨垂直,两片砂型要对齐,不要错开,对于砂型与钢轨接触缝隙较大可塞入白卡纸,防止封箱砂落入轨缝。

(8)在扭紧夹具时,应由一人完成,均匀夹紧。

(9)要试放分流塞,使分流塞在砂型中高低松紧合适。

7. 封箱

封箱过程是比较关键的步骤之一,在操作的时候应该特别留意,如果封箱不严密,会发生漏钢水的问题,封箱完成后,焊接负责人应该检查封箱是否达到要求,以确保焊接质量。

(1)在封箱时要盖上砂型盖,防止砂粒落入砂型中形成夹渣。

(2)封箱分两步进行,首先对各缝隙关键部位压紧封砂,打好基础,然后整体封箱并用捣实棒捣实。

(3)在封箱过程中,两侧模板之间的砂要略高于砂型模板,防止钢水从两侧流出。

(4)封箱先从轨底开始,从下往上按顺序进行,封箱速度要快。

8. 预热过程的控制

(1)工作压力控制:氧气和丙烷的工作压力分别是 4.5 bar 和 1.2 bar,如果使用的是氧气和乙炔气,其工作压力也分别是 4.5 bar 和 1.2 bar。在调压过程中,首先将氧气打开,而后开启并调节丙烷压力与流量,调节预热枪火焰。

(2)预热火焰的调节:先稍开氧气阀门,再打开燃气阀门,然后点火逐渐交替打开两个阀门,直至氧气阀门完全打开为止,再通过调节丙烷阀门来调节火焰大小,使火焰的长度保持在 15～20 mm,火焰为中性焰,预热枪头应距轨顶面 40 mm。

(3)密切关注整个预热过程:在预热过程中,应该密切关注轨头受热颜色变化过程,轨腰预热完成的温度为 950 ℃～1 000 ℃,预热时间参数 3.5～4.5 min,最终以轨段预热效果为准,其颜色为亮黄色。

(4)预热枪头须调至轨缝中央,以保证预热效果。

(5)预热完后,先关丙烷,枪头朝上,注意安全。

9. 坩埚的使用

(1)使用坩埚前须检查坩埚,受潮、有裂纹的坩埚不能使用。

(2)须清除坩埚内的杂物,易熔塞表面须干净。

(3)从焊剂包装中取出焊剂,混合均匀后(反复倾倒三次),将焊剂旋转倒入坩埚中,并使其顶部形成锥形,插入高温火柴,盖上坩埚盖,预热完成后,立即将坩埚安置在砂模侧模板的定位耳处。

10. 焊剂高温反应

焊剂反应时间:10～15 s;镇静时间:10～18 s。

11. 拆模

浇铸完成后 2 min,移去坩埚,并将其放在安全干燥的地方,然后移去灰渣盘,并将灰渣倒入坩埚中,保持环境干净。浇铸完成 4.5 min 后,先拆除侧模板和夹紧装置。

12. 推瘤

(1)浇铸完成 8 min 以后开始推瘤。浇铸棒在推瘤完成 20 min 后打掉。

(2)推瘤过早会因为焊头硬度不够而拉伤轨面。

(3)推瘤过迟会给推瘤带来困难。

(4)清理浇铸棒时,锤击方向应沿钢轨纵向敲击。

13. 热打磨

(1)推瘤完成后,就可以进行热打磨,浇筑完成 1 h 后可进行冷打磨。焊后接头温度降低到 300 ℃以下才能放车通行。

(2)应沿钢轨纵向打磨,不得横向打磨,焊缝表面不得出现打磨灼伤(发黑、发蓝)。

(3)打磨时母材消耗量不应超过 0.5 mm。

14. 精磨

(1)使用精磨机或仿型打磨机具对焊接接头的轨顶面及轨头侧面工作边进行外形精整,精磨后焊缝轨头应保持与母材一致的轮廓形状。

(2)精磨作业应在焊后 24 h 进行。

(3)精磨后,焊头及其附近的钢轨表面不应有明显的压痕、碰痕、划伤等缺陷。

(4)使用 1 m 长靠尺检查最终打磨结果,轨顶面和工作面在高度和水平线性的精度要求见表 4-5-14。

表 4-5-14 焊接接头平直度允许偏差(mm)

检查项目	轨顶面	轨头内侧工作边	轨底(焊筋)
允许偏差	$^{+0.2}_{0}$	$^{+0.2}_{0}$	$^{+0.5}_{0}$

注:轨顶面中,符号"+"表示高出钢轨母材规定基准面;轨头内侧工作面中符号"+"表示凹进;轨底(焊筋)中符号"+"表示凸出。

15. 外观及探伤检查

钢轨焊头应进行超声波探伤,施工单位观察检查、探伤仪检查,监理单位旁站。

(1)探伤人员资质要求

探伤人员应持有铁道部门无损检测人员技术资格鉴定考核委员会颁发的Ⅱ级或以上级别的技术资格证书,并经过钢轨焊缝探伤技术培训方能独立上岗作业。

(2)焊接接头探伤要求

①钢轨焊接后均应对焊接接头进行超声波探伤,并填写探伤记录。记录应包括仪器、探头、焊接接头编号、测试数据、探伤结果及处理意见。

②探伤时焊接接头的温度不应高于 40 ℃。

③探伤前应对探测系统校准。

④扫查前检查探测面表面粗糙度,应无锈蚀和焊渣,打磨面应平顺、光滑,打磨范围应能满足探伤扫查的需要。

⑤使用双探头或单探头对轨头、轨腰、轨底分别进行探测。如发现内、外缺陷要及时向施工人员反映,采取补救措施。

⑥清理焊缝两侧各 100 mm 范围,确定无锈、无裂纹、无毛刺等再涂抹机油,进行全端面探伤,不合格焊头须切掉重焊。编写焊头编号,做好记录。

16. 收尾工作

(1)检查焊好的接头,做好原始记录并编写焊接序号。

(2)清理道床。

(3)将轨道恢复正常,并进一步清理焊接现场。

(4)把灰渣、废钢料、砂模等清理干净,装入坩埚中,在离开的时候带到指定的场所处理。禁止将其乱丢在铁路沿线,造成对铁路沿线的污染。

17. 铝热焊接注意事项

(1)雨天焊接时,必须搭设帐篷。当温差变化大时必须使用拉轨器在保证轨缝大小稳定的情况下进行焊接。

(2)铝热焊剂应当密封包装,要有干燥的储藏环境,要有包装标记,便于识别产品类型,生产日期。

(3)砂模是预制好的,并与待焊钢轨断面吻合;包装上有标记,便于识别产品类型,生产日期;不得受潮、破损、开裂。

(4)坩埚使用前不得受潮、破损、开裂。配备限制钢水飞溅的坩埚盖;坩埚底部易塞用来控制钢水流下的时间,必须保持完好状态。

(5)冬季使用氧气、丙烷或乙炔采取保温措施,以保证气体的压力正常。

第五节　轨道及道岔精调

一、有砟轨道精调

(一)精调测量数据采集

1. 精测精调前准备工作

(1)成立组织机构

①成立领导小组。

②成立技术保障组、物资保障组及时跟踪现场精调情况,做好技术数据分析和物资保障。

③结合项目自身工期成立多个精测小组,配合 09-32 捣固车线路养护,提前利用绝对轨检小车测量并导出 1.2 m 一个点位数据资料,提供给 09-32 捣固车机组作业人员。

(2)技术资料准备

①CPⅢ测设单位应将长轨精调前的 CPⅢ复测评估合格后的资料交于精调单位;

②收集线路技术资料,包括设计要求、曲线、坡度及竖曲线资料等。

③收集相关道岔图纸、扣件说明书。

④收集相关动态、静态验收标准、技术规程等相关规范。

(3)精测精调前的轨道检查

对全线轨道几何状态(线路平面±20 mm 以内、高程－50 mm)、扣件(接触面是否被污染,是否扣紧、压实、安装到位)及道床(是否缺砟或太满影响改道)、焊缝平直度等进行检查,检查是否满足要求,同时注意电容、电磁枕的抽换是否结束,尽可能在抽换完成后进行轨道精调。

(4)设备准备见表 4-5-15～表 4-5-18。

表 4-5-15 每个有砟线路精调组所需工机具

序 号	机具名称	规格或型号	单 位	数 量	备 注
1	25t 起道机		台	5	
2	拨道器		台	3	
3	方枕器		台	1	
4	机械道尺	0.5 mm	把	1	
5	电子道尺	0 级	把	2	
6	电动冲击扳手		把	1	
7	套 筒	ϕ36 mm	个	6	
8	发电机		台	2	
9	丁字扳手	ϕ36 mm	把	5	
10	内燃捣固棒		把	10	
11	内燃扳手		把	2	
12	平板车		台	1	
13	塞 尺		把	2	
14	直钢尺	150 mm	把	3	
15	卷 尺	5 m	把	2	
16	防护用品		套	2	
17	石 笔		箱	1	
18	活动扳手	450	把	2	
19	加长扳手	ϕ36 mm	把	2	
20	太阳伞		把	2	
21	九齿耙		把	5	
22	扒砟耙		把	2	
23	土 箕		个	60	
24	绳 子		米	50	
25	撬 棍		根	6	
26	手 锤		把	2	
27	扭矩扳手		把	1	
28	轨温计		个	2	
29	头 灯		盏	10	人均 1 盏

表 4-5-16 精测每组所需工机具

序 号	机具名称	规格或型号	单 位	数 量	备 注
1	绝对轨检小车		台	1	
2	全站仪	1″及以上	台	1	
3	电 脑		台	2	
4	脚 架		副	1	
5	圆棱镜		个	3	
6	相对轨检小车		台	1	

表 4-5-17 精捣每组所需机械

序　　号	机具名称	规格或型号	单　　位	数　　量	备　　注
1	配砟车		辆	1	
2	捣固车	09-32	辆	1	或 09 以上
3	稳定车		辆	1	

表 4-5-18 每组配合人员需求

序　　号	人员类别	数　　量	备　　注
1	测量员	2	精　测
2	辅助人员	1	
3	现场带班人员	1	轨距精调
4	发料人员	3	
5	收料人员	2	
6	技术人员	2	
7	作业人员(非标件更换)	4	
8	辅助人员	4	线路精捣
9	配合人员	9	道岔捣固

(5)精调件准备

根据设计扣件类型采购相对应的非标扣件,注意建设单位或设备管理单位对非标扣件的型号及质量要求。

(6)人员培训

组织参与大养和精调施工人员进行本方案和相关验收标准、技术规程的学习,并对重要标准(例如轨距允许偏差等)和注意事项(例如扣件拆卸长度、精调允许作业温度)进行考核,合格后方允许参与精调施工。

2. 线路轨距精调

轨距、轨距变化率及轨向精调分粗调、全面精调及全面找细复调 3 个阶段,流程如图 4-5-51 所示。

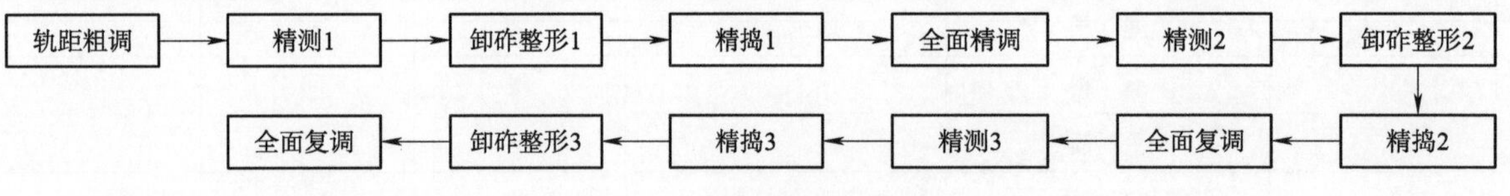

图 4-5-51 线路轨距精调流程

(1)有砟线路轨距粗调阶段

第一步:

全面检查扣件是否齐全,扣压力必须做到三点密贴;

检查扣件锚固螺栓是否涂油;

检查轨枕位置是否准确、方正:轨枕应正位,并与轨道中心线垂直。枕间距为 600 mm,允许偏差为±20 mm,连续 6 根轨枕的距离为 3 m±30 mm;

检查电容枕、电磁枕是否按设计就位;

全面检查承轨槽是否干净、是否有道砟等异物;

检查胶垫是否串动、准确,轨距挡板是否就位;

螺旋道钉是否因套管堵塞拧不到位或锚固螺栓损坏使螺母拧不到位;

检查钢轨轨面是否脏污或有异物;

用轨道精调小车检查线路状态。

第二步：

对检查发现的问题进行初整；

全面整理轨底胶垫、扣件安装状态及扣压力；

对轨道精调小车检查出来的大、小轨距及轨距变化率不良地段进行调整。

第三步：

用轨道精调小车复检已精调地段，并进行分析；

召开质量分析会，分析轨道检查仪波形图，总结经验教训。

(2)有砟线路轨距全面精调阶段

有砟线路轨距全面精调的前提条件：大机完成普通捣固后，平面与设计偏差为±20 mm，高程低于设计高程 50 mm，或第一遍精捣后，平面及高程接近设计线形。

第一步：

用轨道精调小车全线推检，分析轨距、轨距变化率及轨向；

现场调查，找准基准股，先改基准股、再改非基准股；

全面清扫轨面及承轨槽，确保干净、无异物。

第二步：

带油脂，对螺栓套管没有油的螺栓进行涂油；

对有砟轨道轨距进行调整。

第三步：

用轨道精调小车复检已精调地段，并进行分析；

召开质量分析会，分析轨道检查仪波形图，总结。

注意事项：

①拆开扣件时要测量轨温，严禁全段拆开扣件精调，根据实际轨温控制拆开的长度；

②在进行轨距精调时采用轨道精调小车检测的办法进行，轨向靠传统目视控制；

③道尺必须在上道前与标准道尺进行核对，两组搭接时要顺接；

④在精调前要对扭矩扳手扭矩进行试验，扣件扣压力以 3 点密贴为准，空隙不大于 0.5 mm，扭矩不能超标；

⑤承轨槽必须清扫干净，同时验证承轨槽的宽度误差，使用标准轨距挡板后，检验轨距挡板与轨底的缝隙；

⑥精调方向：沿列车运行方向进行作业；

⑦分析大机精捣后轨距的变化规律，大机捣固后一般会出现 0.3～0.5 mm 的轨距变化。

第四步：

根据轨道精调小车检测数据及现场复核结果，确定需要调整的处所及股别，用道尺测量该处轨距，在钢轨上标记。

松开螺栓道钉，取出弹条。

根据需要调整轨距，确定轨距挡板的组合，如图 4-5-52 所示。

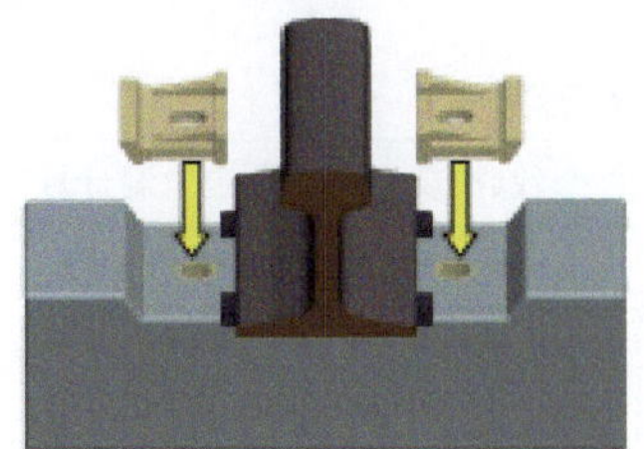
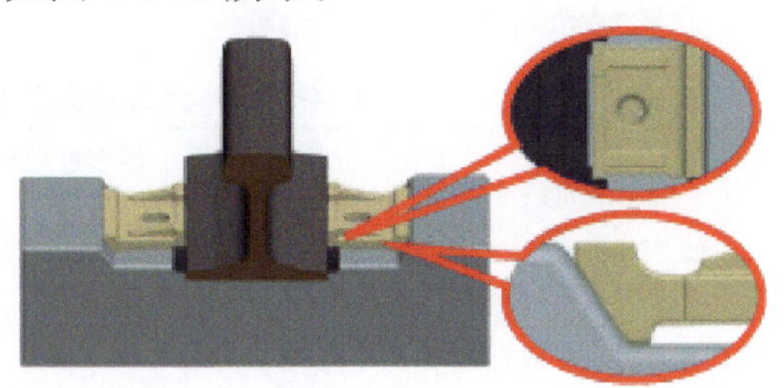

图 4-5-52 轨距挡板安装 1

安装轨距挡板。清除轨距挡板及承轨槽脏污物,将轨距挡板组合放置在轨下垫板两边耳之间。轨距挡板不应压住轨下垫板,安装轨距挡板时,不得用锤或其他工具猛烈敲击轨距挡板使其入位,如图 4-5-53 所示。

图 4-5-53 安装轨距挡板 2

安装弹条。将弹条摆放到位,将螺旋道钉套上平垫圈且在螺纹部分涂满铁路专用防护油脂,然后拧入套管,紧固弹条,W2 型弹条安装扭矩为 130～170 N·m,如图 4-5-54 所示。

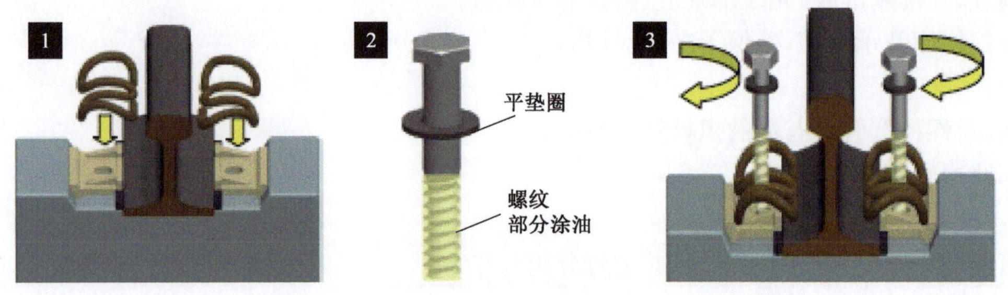

图 4-5-54 安装弹条

(3)有砟线路轨距全面复调阶段

大机完成第一遍或第二遍精捣后,进入有砟线路轨距全面复调阶段。

第一步:

分析用轨道精调小车验证轨距、轨距变化率和轨向,对不良地段用电子道尺进行复检。

第二步:

根据轨道精调小车检查数据,在现场查找超限处所,根据复核情况及轨距变化规律进行轨距精调。

第三步:

用轨道精调小车复检已精调地段,并进行分析;

召开质量分析会,分析轨道检查仪波形图,总结经验教训。

(4)联调联试期间轨距精调

依据轨/动检车峰值扣分和波形图结合现场检查、复核情况进行精调。在保证轨枕位置正确的前提下,在联调联试期间可采用精调件进行精调。

①作业前必须掌握该地段实际锁定轨温,根据作业轨温条件进行作业,应严格执行“作业前、作业中、作业后测量轨温”制度。

②无缝线路作业轨温条件见表 4-5-19。

表 4-5-19 无缝线路作业轨温条件

作业项目	线路平面条件	最多连续松开扣件个数(按现场实测锁定轨温计算)				
		−10 ℃及以下	−10～0 ℃	0～+10 ℃	+10～+20 ℃	+20 ℃以上
改道、垫板作业	R<2 000 m	9	40	15	禁 止	禁 止
	R≥2 000 m 或直线	15	40	20	禁 止	禁 止
更换扣件或涂油	—	隔一松一、流水作业				禁 止

③判断弹条是否安装到位的标准:以弹条中部前端下颚刚好与钢轨接触为准,两者的间隙不大于 0.5 mm。

④在大规模安装前,先选取 5～10 个扣件进行安装,测出使弹条能按照以上标准达到正确安装位置的实际安装扭矩。

⑤改轨距时要考虑轨向,不能改完轨距后产生轨向。

⑥改轨距过程中,严禁敲击钢轨。

3. 轨距精调注意事项

(1)轨距精调作业

①建议精调轨距开始后,尽量不要同时进行稳定车作业,稳定作业尽量在前期捣固时完成。前期尽量完成电熔枕、电磁枕的抽换工作。

②为了使调整时不影响 TQI 中轨向数据;有的地方全线以大机加载的钢轨为基准轨,有的项目采用老式的曲线上轨为基准轨。

③提前完成轨道标配工作:放散后会出现扣件缺失、螺栓失效、胶垫歪斜或缺失、轨枕歪斜或左右不居中,导致扣件不落槽现象。精捣、轨距精调前必须全线对扣件、胶垫等检查、修补,螺杆必须保证涂油满足验收条件。精捣结束后再出现以上问题,会严重影响轨道 TQI 数据。

(2)配件采购

轨距调整件采购,以米攀项目为例,去年开通段轨距块的更换量达到 21%(当时精度是±1 mm,具体情况因项目而定)。

(3)工作量情况

一个小组 10 人左右,第一遍一工天 1.2～1.5 km,第二遍一工天 3 km 左右(消缺为主)。如第一遍调完后该段开稳定作业,第二遍调整量较大。

(二)精捣测量数据采集

1. 测量前的准备工作

轨道精调小车软件设置、输入并核对轨道测量仪电脑中的线形文件及全站仪 CF 卡中的控制点文件。第一遍作业前必须对作业地段进行轨道精调小车每 1.2 m 点测量,控制好测量精度以及准确度,最终提供平面及高程调整数据。

2. 设置安全防护

上道前在计划测量区段按营业线施工办理,进行登记防护,确保人身和行车安全。

3. 全站仪校准及轨道精调小车校准

每天测量之前要对全站仪进行校准,在稳固的轨道上对精调小车的超高传感器进行校准,校准后可在同一点进行正反两次测量,测量值偏差应在 0.3 mm 以内。

4. 全站仪设站

全站仪采用后方交会的方法进行设站,为了确保全站仪的设站精度,建议使用 8 个 CPⅢ控制点,如果现场条件不满足,至少也应使用 6 个控制点;电子气泡调到居中,使倾斜角 L 和倾斜角 T 的偏差数值在 1 mm 以内;设站中误差:东坐标/北坐标/高程≤0.7 mm,水平定向误差≤1.4″;下一区间设站时至少要包括 4 个上一区间精调中用到的控制点,以保证轨道线形的平顺性;全站仪设站的位置应靠近线路中心,每次设站均要在精测台账上登记,建议在晚上进行精测。

5. 数据采集

(1)测量时应尽量保证工作的连续性,轨道精调小车应由远及近靠近全站仪的方向进行测量。

(2)轨道测量时目标距离控制在 120 m 内。

(3)搬站后并将轨道测量仪退后 20 m(道岔区段退后 15 m)重复采集进行搭接段测量。

(4)第一遍测量搭接控制在 3 mm 以内,第二遍测量搭接控制在 2 mm 以内,第三遍测量搭接控制在 2 mm 以内,第四遍测量搭接控制在 2 mm 以内,如果各遍搭接超差,需重新设站、重新进行搭接测量。

(5)平曲线、竖曲线段需采集前后 120 m 数据,方能保证顺接。

(6)为大机精捣提供数据时,每隔 1.2 m 采集一次数据。

6. 导出数据

按需要格式导出精测数据提供给大机机组人员。

7. 编制精调方案

(1)大机精捣方案

根据精测数据计算出实际轨面高程、平面位置与设计轨面高程、平面位置的差值编制大机精捣方案,具体如下:

方案编制原则:实际高程比设计高程大时,记录需落道的里程、高程及长度,进行落道,同一区段有几处需要落道时,待落道完毕并重新精测后再做方案;方案按 1‰进行顺坡;按单台大机捣固做方案,单次起道量不大于 30 mm;方案起终点不能在缓和曲线上。

(2)人工整治方案

首先按制订的精调作业标准修改轨道检查仪软件中的限值设置;第二步打开测量数据;第三步按调整量计算原则分别进行平面、高程调整,调整量应按 0.2 mm 控制,且应分别按长、短波进行检算;第四步对调整完的线形按照超限标准进行控制,确保线路平顺,如图 4-5-55 所示。

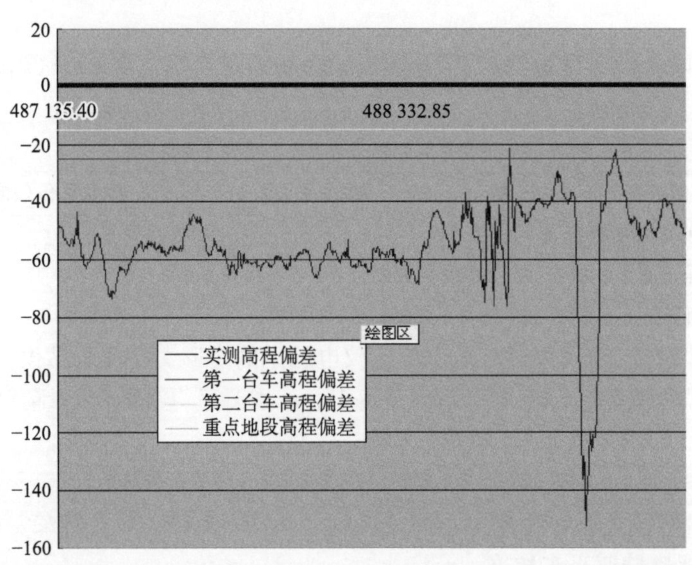

图 4-5-55 大机精捣方案

(3)有砟线路大机精确捣固

精确捣固根据精测数据编制的方案进行纯数据化捣固,第二遍大机自动顺平进行捣固、拨道,稳定车在大机后全面稳定。

(4)优化线路数据采集处理

有个别地段可能会出现高于设计高程的现象,有砟段尽量避免此类现象发生,最好处理方法为"落道",工期不允许的情况下必须查明原因上报总工,同意后进行顺坡处理;为保证线路的平顺性,顺坡的原则是以该段最高点再加 5 mm 起道量,然后把高于设计高程的高差进行万分之一坡率顺接。

(三)大机精捣

1. 有砟线路大机精确捣固

精确捣固根据精测数据编制的方案进行纯数据化捣固,第三遍大机自动顺平进行捣固、拨道,稳定车禁止在最后一遍精捣后进行稳定工作。

2. 大机作业静态标准

(1)第一遍精捣后标准:大机作业水平偏差不超过 1 mm,延长 18 m 的距离内三角坑不得大于 3 mm,

曲线的超高顺坡率≤0.5‰;正矢差不大于2 mm,正矢连续差不大于3 mm,圆曲线最大最小正矢差不大于4 mm;10 m弦测量轨向不大于2 mm,且50 m范围内不得有两个及以上的连续轨向;高低用10 m弦长量不大于2 mm。

(2)第二遍精捣后标准:大机作业水平偏差不超过1 mm,延长18 m的距离内三角坑不得大于2 mm,曲线的超高顺坡率≤0.5‰;正矢差不大于2 mm,正矢连续差不大于3 mm,圆曲线最大最小正矢差不大于4 mm;20 m弦测量轨向不大于1 mm,且50 m范围内不得有两个及以上的连续轨向;高低用10 m弦长量不大于2 mm。

(3)第三遍精捣:根据第二遍精捣后的TQI分析数据制定相应捣固计划。如果TQI数据已经满足验收要求,建议大机自动起、拨道,进行加强捣固。如果TQI不满足验收要求,建议进行第三遍精测并按精测数据进行捣固作业。

(4)建议精捣前两遍后进行稳定作业,精捣第三遍(最后一遍)严禁稳定车上道作业。

(5)拨道量按横向偏差控制,误差在±3 mm以内。

(6)抬道量按高程控制,误差在±5 mm以内。

(7)根据多个项目捣固经验,一般精捣2遍后TQI值基本在2.7~2.8以内。

3. 大机精捣线路条件

(1)完成一遍轨距、轨向精调;

(2)第一遍精捣条件是平面基本到位,平面方面:线路平面与设计偏差小于20 mm;高程方面:线路高程比设计高程低30 mm;

(3)通过一遍普捣、三遍精捣,达到平纵断面设计要求。

4. 大机精捣大机条件

(1)精捣前必须进行调试标定状况良好,保证提供的数据通过捣固后能全面实现;

(2)当大机不能实现数据时,应停止精捣,安排调试;

(3)当大机不能够稳定地实现或不能100%实现时,应通过后面的试验计算实现率,通过调整精调方案来实现精捣目标。

5. 数据采集和方案设计

(1)采用绝对轨检小车根据CPⅢ数据,每5 m采集一处数据(采用连续测量方法)。

(2)按平行和吻合设计线形的原则设计精捣方案,原则上最大起道量不超过50 mm。大机采用09-32或以上型号捣固车进行作业。

(3)遇变坡点或曲线ZH、HZ时,应延长至变坡点或曲线头两侧200 m。

6. 大机精捣工法及人工配合

必须实现人、机、网三合一。大机精捣方案必须用精测所采集的CPⅢ数据,根据设计线形进行方案设计后导入大机进行起拨道作业。

(1)大机配合

①大机根据设计线形及精测数据编制大机精捣方案;

②大机根据当次作业范围准确定位在线路标注大机作业起点;

③大机根据精捣方案进行捣固。

(2)测量组配合

①测量组每5 m精测1处后,将数据交大机;

②每50 m标注1处线路里程,平面曲线5个桩应单独在轨枕标注,竖曲线应明确标注起点、中点、终点准确位置和里程,以上用白色油漆在轨枕中部顶面标注。

③道岔每遍精捣前在每50 m(道岔捣固时在尖轨顺坡接头、尖轨跟、岔趾及岔跟4处)处标注起道量、拨道量及方向(第一遍用黑色油漆、第二遍用黄色油漆、第三遍用绿色油漆),同时安排人员进行大机作业地段道床状况进行检查,当道床不饱满低于轨枕面时,严禁进行大机捣固。

④进行精捣时,第一遍后安排劳动力补充道砟,以便满足第二遍大机养护条件,同时应在捣固后用道尺进行检查,在稳定车后也要安排人员检查。

⑤第二遍大机精捣时,线路平面应控制在离设计线形平面 10 mm,高程 30 mm 以内。

⑥道岔捣固时,安排人员对曲股长岔枕进行起道捣固。

7. 稳定车作业

(1)捣固车作业后稳定车同步稳定线路,采用慢速重稳,垂直预加载 10.0 MPa,预置下沉量 10~20 mm,振动频率 28~35 Hz(根据设计院提供的桥梁共振频率确定),作业速度第一遍为 0.6 km/h,第二遍为 0.8 km/h,第三遍为 0.8 km/h,第四遍及以后为 1 km/h。

(2)稳定车桥上作业要求:一是桥上道砟深度不小于 150 mm;二是要求振动频率不小于 30 Hz;三是要求不得在桥梁范围内起、停振,桥上不得停机。

8. 注意事项

(1)大型养路机械作业轨温条件

①一次起道量小于等于 30 mm,一次拨道量小于等于 10 mm 时,作业轨温不得超过实际锁定轨温±20 ℃。

②一次起道量在 31~50 mm,一次拨道量在 11~20 mm 时,作业轨温不得超过实际锁定轨温−20 ℃~+15 ℃。

(2)无缝线路整理作业轨温条件

①当轨温在实际锁定轨温−30 ℃以下时,伸缩区和缓冲区禁止进行整理作业。

②在跨区间无缝线路上的无缝道岔尖轨及其前方 25 m 范围内综合整理,允许在实际锁定轨温±10 ℃内进行作业。

(3)扒道床、起道、拨道作业轨温条件

①在实际锁定轨温±10 ℃范围内,可进行不影响行车的扒道床起道和拨道作业。

②在实际锁定轨温(+15,−20)℃范围内,连续扒开道床不得大于 50 m 起道高度不得大于 40 mm,拨道量不得大于 20 mm,禁止连续扒开枕头道床。

③在实际锁定轨温+20 ℃范围内,连续扒开道床不大于 25 m,起道高度不大于 30 mm,拨道量不大于 10 mm,禁止连续扒开枕头道床。

(四)道岔几何尺寸精调

1. 有砟道岔精测精调准备

(1)高速道岔类型

有砟高速道岔主要分为 12 号单开道岔、18 号单开道岔、42 号单开道岔三种。

本方案以 18 号单开道岔为例。

(2)扣件组成

扣件系统由轨下垫板、轨距块、T 形螺栓等组成,如图 4-5-56 所示。

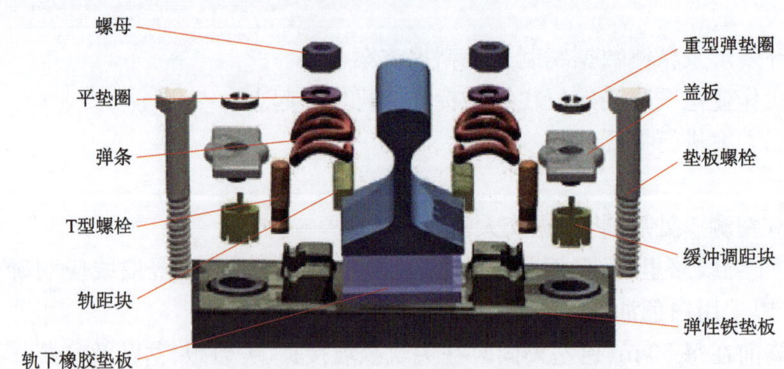

图 4-5-56 道岔扣件系统

①弹性铁垫板：在钢轨中心线处的厚度为 27 mm，承轨槽设有 1∶40 的轨底坡，垫板孔中心与螺栓中心不重合，偏离 1.5 mm，如图 4-5-57 所示。

②轨距块：轨距块分为 9－11、10－12 两种型号，用于调整钢轨左右位置，如图 4-5-58 所示。

③缓冲调距块：分为 4－11、5－10、6－9、7－8 四种型号，用于调整垫板位置，如图 4-5-59 所示。

④垫板螺栓：分为 A、B 两种型号，正常安装时采用 A 型，调高量大于 15 mm 时采用 B 型，如图 4-5-60 所示。

⑤盖板：垫板螺栓通过盖板扣压弹性铁垫板，盖板上附有弹性较好的橡胶垫圈，既不对弹性铁垫板产生较大压力也可防止垫板倾翻如图 4-5-61 所示。

图 4-5-57　弹性铁垫板

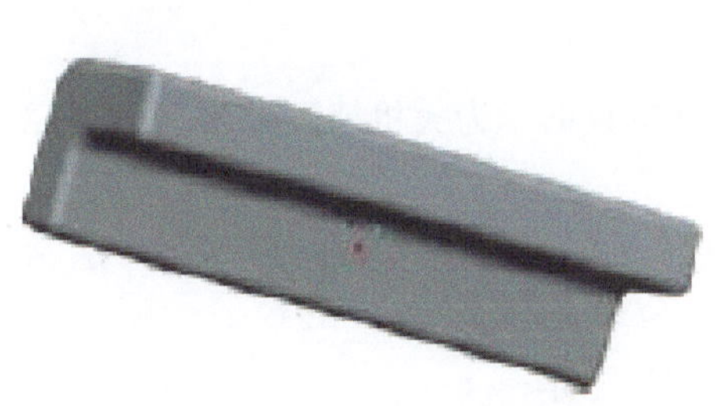

图 4-5-58　轨距块

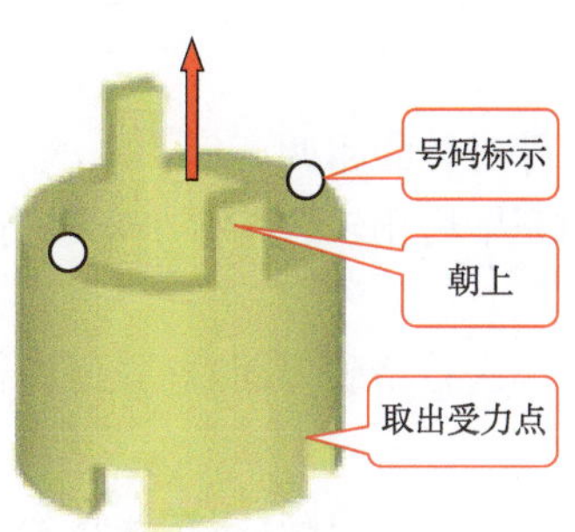

图 4-5-59　缓冲调距块

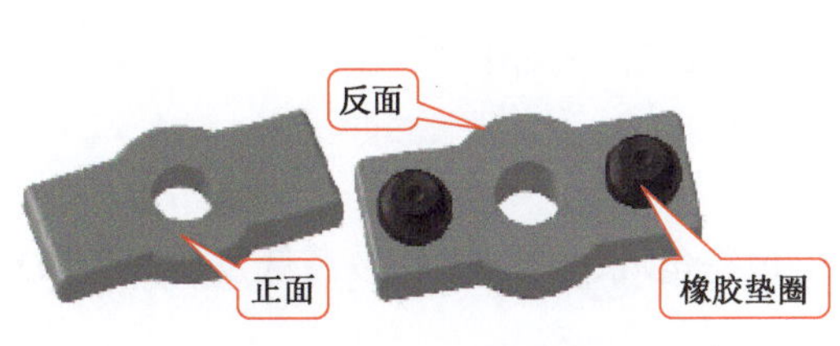

图 4-5-60　垫板螺栓

图 4-5-61　垫板螺栓

(3)主要技术要求

①扣压件扣压力不小于 10 kN。

②防爬阻力大于 10 kN。

③根据技术条件的要求，扣件钢轨高低调整量为＋26、－4 mm。

④根据技术条件的要求，钢轨左右位置调整量为－4～＋2 mm，轨距调整量为－8～＋4 mm，调整级别为 1 mm。

⑤预埋件在混凝土轨枕中抗拔力大于 100 kN。

⑥轨底坡为 1∶40。

(4)线路条件准备

①道岔轨道状态平顺，道床稳定，经道岔捣固车捣固一遍以后，无明显缺陷。

②扣配件的安装及状态达到《高速铁路轨道工程施工质量验收标准》(TB 10754)要求。

③道岔轨面高程应满足离设计轨面高程预留 20～30 mm 的要求；道岔平面要分别达到与设计偏差不大于 10 mm 的要求。

④道岔经放散、锁定,已连接成跨区间无缝线路。

2. 有砟道岔精测精调流程

精调前道岔尺寸检查见表 4-5-20。

先选取一组道岔作为示范,统一作业流程、标准后全面铺开进行精调。

道岔养护一遍经稳定后,进行无缝线路放散、锁定,轨道状态经检查达到拼装精度要求后(表),开始精调作业。

表 4-5-20 精调前道岔尺寸检查(mm)

序　号	检验项目		偏差及要求
1	轨　距	尖轨尖端	±1
2		其　他	±2
3	支　距		±2
4	尖轨及顶铁密贴		<1.0

第一步:

利用调整件对轨距粗调;

轨距粗调完毕后用轨道精调小车进行轨道测量,测量数据作为大机捣固的依据,工程部针对数据编制精捣方案;

道岔捣固车进行精确捣固,捣固后进行稳定,安排人员进行检查并整平道床,第一遍精捣完成。

第二步:

第一遍精捣后进行轨距、轨距变化率全面精调,卸砟、配砟;

用轨道精调小车进行轨道精测,编制精捣方案;

使用道岔捣固车进行精确捣固。第二遍捣固及稳定后分别安排人员进行检查并整平道床,第二遍精捣完成。

第三步:

第二遍精捣后再进行轨距、轨距变化率全面复调,卸砟、配砟;

视线路状况及轨检车检测情况安排第三遍大机精捣。

第四步:

联调联试期间,根据轨/动检车情况对成段出现三角坑、小高低、长波高低及轨向超限地段安排大机精捣或普捣。

3. 有砟道岔精测精调原则

(1)有砟道岔轨距精调作业标准

有砟道岔轨距精调作业标准同本方案轨距精调作业。

(2)有砟道岔水平、三角坑及小高低调整原则

①联调联试前,水平、三角坑、小高低及大轨向原则上由大机捣固完成。在大机作业过程中,出现单个不连续的超限水平、三角坑,且不影响安全的,原则上不倒车返工。

②联调联试期间,水平、三角坑及小高低精调做如下处理:

峰值小于 5 mm、不连续出现的水平、三角坑及小高低采取垫板的方式进行处理;

对于大于 5 mm 及连续的采用大机或人工捣固方式进行处理;

(3)应将道岔及道岔前后 200 m 作为道岔捣固单元,若是离缓和曲线或竖曲线较近,则将该缓和曲线或竖曲线纳入道岔捣固单元。

4. 有砟道岔轨距精调

有砟道岔轨距精调分准备工作、道岔状态检查及轨距精调三个阶段。

(1)准备工作阶段

①技术资料收集复核；

②线路平纵断面资料；

③道岔铺设图；

④站场平面图。

(2)道岔状态检查确认阶段

①道岔轨道状态须达到初期稳定状态

用万能道尺检查，轨距偏差为－2～＋2 mm，轨距变化率不得大于1‰，水平偏差±4 mm；高低、轨向偏差±4 mm(直线10 m弦量，曲线20 m弦量)；三角坑(扭曲)偏差4 mm(基长8.25 m)。

②检查扣配件状态

“扣件的轨距块离缝不应大于6%，最大离缝不应大于0.5 mm；扣压力小于规定的不应大于8%；胶垫无缺损，偏斜量大于5 mm的不应大于8%。

③检查轨枕状态和间隔

轨枕应正位，岔枕全部垂直于道岔直股，除牵引点处岔枕间距为650 mm，与牵引点相邻的两处岔枕间距为575外，其他位置岔枕间距为600 mm，允许偏差为±20 mm，连续6根轨枕的距离为3 m±30 mm。

④对线路纵断面、平面要进行全线测量

有砟道岔轨面高程应满足离设计轨面高程预留40～50 mm的要求；道岔平面与设计偏差不大于10 mm。

⑤检查钢轨状态和焊缝

道岔经放散、锁定，已连接成跨区间无缝线路；存在的伤损钢轨已更换；平直度不达要求的，已进行打磨处理，打磨后仍然不合格的，已进行重新焊联。

⑥检查道砟

道砟的材质、品种、级别、级配、颗粒形状及清洁度应符合《高速铁路轨道工程施工质量验收标准》(TB 10754—2018)中第12.2.1条、第12.2.2条要求。道砟的饱满程度应满足大机作业的要求。

(3)有砟道岔轨距精调阶段

轨距、轨距变化率及轨向精调分粗调、全面精调及全面找细复调三个阶段。

①有砟道岔轨距粗调阶段

第一步：

用钢尺检查轨枕间距是否符合标准，轨枕应正位，岔枕全部垂直于道岔直股，除牵引点处岔枕间距为650 mm，与牵引点相邻的两处岔枕间距为575 mm外，其他位置岔枕间距为600 mm，允许偏差为±20 mm，连续6根轨枕的距离为3 m±30 mm；

检查道岔全长、辙叉及导曲线全长是否标准，检查道岔弯折点及可动心道岔结构是否标准；

全面检查各部零配件是否齐全、到位、扣压力是否达标，并检查道岔及扣配件密贴状况；

检查轨下铁垫板是否安装正确；

检查胶垫是否串动、准确，轨距挡板是否就位；

检查扣件锚固螺栓是否涂油；锚固螺栓是否因套管堵塞拧不到位；

全面检查承轨槽是否干净、是否有砟等异物；

检查钢轨轨面是否脏污或有异物；

检查道岔框架尺寸及每根轨枕侧向、直向轨距；

检查道岔中交位置是否准确。

第二步：

对检查发现的问题进行初整；

全面整理轨底胶垫、扣件安装状态及扣压力；

对轨道精调小车检查出来的大、小轨距及轨距变化率不良地段进行调整；

第三步：

用轨道精调小车复检已精调地段，并进行分析；

召开质量分析会，用投影仪分析轨道检查仪波形图，总结经验教训。

第四步：

用道尺检查道岔每根轨枕的轨距，目视道岔轨向，确定需要调整的处所及股别、调整数量；

调整数量少时，优先调整轨距块，轨距块无法调整时再用缓冲调距块进行调整。

滑床板及护轨垫板部位调整轨距：松开垫板螺栓，取出弹条、盖板；根据轨距配置表调整轨距块或缓冲调距块来调整钢轨轨距，见表 4-5-21。将盖板安放在弹性铁垫板上，装有橡胶垫圈一面朝下；选择适当型号的垫板螺栓，套上弹簧垫圈，并将螺纹部分涂满铁路专用油脂；紧固垫板螺栓，扭矩为 300～350 N·m；质量复检。

其他部位调整轨距：根据轨距配置表调整轨距块或缓冲调距块来调整钢轨轨距，见表 4-5-21、表 4-5-22。

表 4-5-21　滑床板及护轨垫板部位轨距配置(mm)

序　号	单股钢轨位置	钢轨内侧		钢轨外侧	
		缓冲调距块		缓冲调距块	
		外　侧	内　侧	内　侧	外　侧
1	+2	4	11	4	11
2	+1	5	10	5	10
3	0	6	9	6	9
4	−1	7	8	7	8
5	−2	8	7	8	7
6	−3	9	6	9	6
7	−4	10	5	10	5

表 4-5-22　一般部位轨距配置(mm)

序　号	单股钢轨位置	钢轨内侧			钢轨外侧		
		缓冲调距块		轨　距　块	轨　距　块	缓冲调距块	
		外　侧	内　侧			内　侧	外　侧
1	+2	6	9	12	9	6	9
2	+1	6	9	11	10	6	9
3	0	6	9	10	11	6	9
4	−1	6	9	9	12	6	9
5	−2	9	6	11	10	9	6
6	−3	9	6	10	11	9	6
7	−4	9	6	9	12	9	6

调整量为−1～+2 mm 时，通过调整轨距块进行调整轨距。

调整量为−2～−4 mm 时，通过调整轨距块结合缓冲调距块进行调整轨距。

②有砟道岔轨距全面精调阶段

精调原则：先整体，后局部；先直股，后曲股；先轨向，再轨距；转辙区和辙叉区少动；两端线路顺接；建立道岔单元进行调整，原则上岔与岔之间距离小于 200 m 应单元调整；转辙器区先将尖轨前端(3 号承轨台)及跟端(40 号承轨台)处基准股平面调整到位,然后利用弦线调整直基本轨平面位置;利用道尺量轨距调整直尖轨平面位置,再开通曲股检查曲尖轨与直基本轨的密贴,控制尖轨前端与基本间隙 0.5 mm、其余部分 1 mm 以内。辙叉区调整轨向及平面,注意心轨处轨距加宽。连接部分先调整直股的轨向、轨距,再调整曲股的轨向及轨距(利用支距与轨距调整曲股的平面)。

精调步骤:先调整直向基准股的轨向,再调整基准股轨距,然后根据密贴情况调整非基准股的轨向,最后用道尺调整非基准股轨向。

③有砟道岔轨距全面复调

精调前确保道岔平面与设计平面偏差小于 10 mm,高程与设计偏差小于 20 mm;

拆除转辙机安装杆件进行精调;

利用轨道精调小车进行精测复核道岔精调结果;

大机精捣后进行工电联合整治道岔。

④道岔精调注意事项

道岔精调须与站区两头 200 m 进行精调;

岔心宁高勿低,岔心高程高于两侧 1～2 mm 左右;

在高程一致、平面到位后,才进行道岔焊联。

(五)轨道不平顺性检查

相对不平顺数据(TQI)测量是对轨道几何状态以测量数据与设计数据的偏差值进行的轨道检查,数据影响车辆行驶的平稳性以及乘客的安全舒适度。

影响轨道平顺度的主要因素为轨距、水平、三角坑、左右轨高低、左右轨轨向。

目前,有砟轨道除轨距是以人工作业进行调整外,其余 6 项主要靠捣固机进行精捣作业。先以绝对测量数据确保施工符合线路设计线形需要,起道量剩余 8～10 cm 后在轨道要求的标配前提下进行人工轨距调整后使用轨检仪进行数据的初步采集、分析。起道量剩余 3 cm 轨距要确保人工调整到验收标准(直线区间要求固定单轨调整,曲线区间以超高股为基准股,低股作为调整轨),然后进行相对数据和绝对数据的再次采集,起道量达到设计后再次进行轨检数据采集,如果轨距和单侧轨向影响数值大则再次对轨距进行调整,原因可能是扣备件的扣压力不足导致精捣后的数据变化,如果是水平不达标需要捣固机给予 0.5～1 cm 的普起量,调整下插深度给到最佳状态进行最后消缺,如果高低偏差值影响数据特别大,绝对测量进行再次采集,以消除长波不平顺,需要特别注意的是在桥上有护轮轨的地段,一定要注意安装时间不宜过早安装,防止应力过大导致捣固车作业质量不达标,确保精捣时道砟的饱满以及道床的密实度,否则会影响数据的精准度及变化。

(六)安全管理

(1)轨道精调精整作业必须严格执行有关工程线安全质量管理办法和营业线施工管理办法。

(2)精调精整作业后撤出线路前要对精调区段及走行区段重新确认,确保工机具无遗漏,线路能够正常行车。

(3)作业人员作业中要注意人身安全,不得倚靠桥上栏杆,不得踩踏电缆槽盖板。在隧道内测量精调作业时,佩戴照明灯具,严禁两线间行走,避开隧道内集水井,避免人身伤害。

(4)精调精整工作作业队要注意防火安全,点燃的烟头不得随意丢弃在线路上、隧道内或桥下。

(5)线上运送精调机具及材料,严禁使用电动或机械动力(电瓶车、改造摩托车等)运输。

(6)精调精整作业工机具要在明显处粘贴反光标示。

(7)凡是涉及高空作业必须做好安全保障措施。

(8)作业前后,需对工机具进行清点,对清点情况进行留存。

(9)作业组与防护员之间需配备对讲机。

(10)人员下道避车的同时,必须将作业机具、材料移出线路,放置、堆码牢固,不得侵入限界。

(11)人员、机具上道前,作业地点两侧 20 m 处应设置移动停车信号牌(灯)。

(12)准确掌握职工身心状态,对于不适合上线作业人员要及时调整,杜绝打架斗殴、突发疾病等综治事件发生。

(13)注意大型机械施工作时的防护作业,作业详细区段必须上报调度室。

(14)大型养路设备作业结束返回时必须联系调度室,得到允许后方可返回。

(15)大型养路设备进入隧道口时,由于洞内、外光线差异较大,这一段区域司机处在视线盲区,必须减速慢行。

(16)捣固车作业时严禁在捣固装置附近的临线站人,由于声音嘈杂听不到临线行车时鸣笛声,易出事故问题。

(17)捣固作业时车辆前后 5 m 严禁站人。

(18)由于项目部管理不到位,造成的质量安全责任事故,构成违法的,将依法处理。对项目部考核按照公司有关文件执行。

二、无砟轨道精调

(一)工作范围及内容

1. 工作范围

350 km/h 正线段无砟轨道长轨精测精调。

2. 工作内容

(1)长轨铺设后轨道检查及处理,包含扣件安装、钢轨及焊接检查;

(2)采用轨道几何状态测量仪进行无砟轨道静态数据采集;

(3)编制无砟轨道静态数据分析报告及精调方案;

(4)采用扣件安装机具按照精调方案进行轨道精调;

(5)采用轨道检查仪进行轨道相对状态检测;

(6)联调联试期间轨道缺陷查找及处理。

3. 工期规划

轨道精调静态验收指标达标截止日期前完成标段内轨道精调精整工作,精调精整工作作业队在线路开通运营后,方可退场。

根据精调的任务量,预期配置精调作业面。预计每套测量设备及人员,共计投入人员 6 人,每组配备测量技术员 2 人,普工 2 人,防护员 2 人。项目工期计划见表 4-5-23、表 4-5-24。

表 4-5-23 长轨精测项目工期计划(1 组人员)

项目内容	时　间(天)	平均效率
第一次精测	13	1.5 km/d
第二次精测	4	10 km/d
第三次精测	4	10 km/d
第四次精测	4	10 km/d

表 4-5-24 长轨精调项目工期计划(1 组人员)

项目内容	时　间(天)	平均效率
第一次精调	15	1.2～1.5 km/d
第二次精调	14	3 km/d
第三次精调	8	5 km/d
第四次精调	8	8 km/d

4. 主要仪器设备见表 4-5-25。

表 4-5-25 主要仪器设备

序号	名 称	数量	规格、型号	用途、功能
1	轨道几何状态测量仪	2	相对小车	轨道测量
2	智能全站仪	2	0.5″Leica TS60	轨道测量
3	数字轨距尺	6	海特 0 级	轨道测量及无砟轨道调整
4	棱 镜	18	Leica GPR121	轨道测量
5	轨道几何状态测量仪	1	绝对小车 0 级	轨道 TQI 检测
6	数据处理软件	2	Railwaychk	数据处理
7	起道器	7	YQ-88B	抬起钢轨
8	自动内燃机扳手	7	YLB-750G	
	扭力扳手	3		检测扭力
9	塞 尺	3		检测离缝
10	温度气压计	3	SENLOD DYM3	测量温度气压
11	弦 绳	6	恒远信	线型检测
12	撬 棍	6		
13	钢 刷	6		
14	石 笔	50		
15	对讲机、红黄旗、口哨	3		
16	轨温表	6	海 特	检测轨温

(二)技术方案

1. 技术标准

(1)无砟轨道静态调整技术标准

根据《高速铁路工程测量规范》(TB 10601)对轨道静态平顺性偏差要求及无砟轨道长轨精调经验,本项目无砟轨道静态平顺技术标准见表 4-5-26。

表 4-5-26 轨道静态平顺性允许偏差

序号	项 目	规范标准		建议标准	
		允许偏差	检测方法	允许偏差	检测方法
1	轨 距	±1 mm	相对于 1 435 mm	±0.5 mm	相对于 1 435 mm
		1/1 500	变化率	1/1 500	变化率
2	轨 向	2 mm	弦长 10 m	1 mm	弦长 10 m
		2 mm/8a(m)	基线长 48a(m)	1 mm/5 m	基线长 48a(m)
		10 mm/240a(m)	基线长 480a(m)	3 mm/150 m	基线长 480a(m)
3	高 低	2 mm	弦长 10 m	1 mm	弦长 10 m
		2 mm/8a(m)	基线长 48a(m)	1 mm/5 m	基线长 48a(m)
		10 mm/240a(m)	基线长 480a	3 mm/150 m	基线长 480a(m)
4	水平/超高	1 mm	—	0.5 mm	—
5	扭曲(基长 3 m)	2 mm	—	1 mm	—
6	与设计高程偏差	10 mm	—	5 mm	—
7	与设计中线偏差	10 mm	—	5 mm	—

注:1. 表中 a 为轨枕/扣件间距;
2. 站台处的轨面高程不应低于设计值。

(2)无砟轨道动态技术标准

根据《高速铁路联调联试及运行试验指导意见》(铁集成〔2010〕166 号)要求,无砟轨道动态测试评判标准包含局部不平顺幅值管理标准和区段轨道不平顺均值管理标准。

①轨道动态几何尺寸容许偏差管理值见表 4-5-27。

表 4-5-27 轨道动态几何尺寸容许偏差管理值

速度等级		200～250 km/h				300～350 km/h			
标准等级		验收Ⅰ	验收Ⅱ	Ⅲ	Ⅳ	验收Ⅰ	验收Ⅱ	Ⅲ	Ⅳ
42 m 波长	高低(mm)	4	5	11	14	3	5	10	11
	轨向(mm)	4	5	8	10	3	4	6	7
70 m 波长	高低(mm)	5	6	15	—	—	—	—	—
	轨向(mm)	5	6	12	—	—	—	—	—
120 m 波长	高低(mm)	—	—	—	—	5	6	12	15
	轨向(mm)	—	—	—	—	5	6	10	12
大轨距(mm)		—	+4	+8	+12	+3	+4	+7	+8
小轨距(mm)		−2	−3	−6	−8	−2	−3	−5	−6
水平(mm)		4	5	10	13	3	5	7	8
三角坑(mm)		—	4	8	10	3	4	7	8
轨距变化率(基长 2.5 m,‰)		0.8	1	—	—	0.8	1	—	—

注:1. Ⅰ、Ⅱ级为动态验收等级,Ⅲ、Ⅳ级为临时补修和限速等级,Ⅲ、Ⅳ级仅作为联调联试期间轨道状态过程评价和调整的依据;
2. 表中管理值为轨道不平顺计算零线到波峰的幅值;
3. 水平偏差管理值不包含曲线按规定设置的超高值及超高顺坡量;
4. 三角坑偏差管理值包含缓和曲线和曲线超高顺坡造成的扭曲量。

②TQI 管理值见表 4-5-28。

表 4-5-28 轨道不平顺质量指数(TQI)管理值(mm)

速度等级(km/h)	管理标准	高 低	轨 向	轨 距	水 平	三角坑	TQI
							Ⅰ级
$300\leqslant v\leqslant 350$	静态验收标准	0.25×2	0.25×2	0.15	0.15	0.2	1.5
	动态验收标准	0.3×2	0.3×2	0.2	0.2	0.2	1.8

注:适用于轨道不平顺波长为 42 m 以下,计算单元长度 200 m。

2. 无砟轨道长轨精调施工流程

(1)施工文件准备和审核

①准备并熟悉长轨精调精整工作的相关标准、规范、规程、技术条件、指南等;

②施工单位需提前整理好测量相关的技术资料;包括:线路平面、纵断面和超高设计资料、CPⅢ复测数据、曲线要素、坡度、变坡点等书面资料;

③施工单位的精调精整工作作业队具备国家测绘乙级及以上资质,近三年来有在设计速度 350 km/h 高铁上参与过轨道精调的业绩。

(2)人员、仪器、精调配件准备

①测量人员具备中级测工证等;

②检查轨道测量仪、全站仪等测量仪器的工作状态,复核线路参数等。轨道检测小车、全站仪(角度测量精度不大于 0.5″)、0 级道尺(检校周期:3 个月校核一次)、气象传感器 CPⅢ棱镜组件等精调设备符合国家标准,专业检定单位出具的合格检定证书;

③为保障精调工作的顺利进行,精调前 5～10 d,扣件调整件需到位,且需满足精调精整持续施工。

(3)精调前作业面验收

①施工单位需安排专人对需要精调的段落进行全面检查，钢轨、扣件干净无污染，无缺少或损伤；

②焊接平顺(<0.2 mm)，焊缝平直度：轨顶面控制在(0，+0.2)mm(+表示凸出)以内，轨头内侧工作面控制在(0，+0.2)mm(+表示凹进)，对于钢轨支嘴等严重超标焊缝提前介入单位督促进行切除重焊；

③扣件扭矩和扣压力达到设计要求。消除扣件与轨距挡块、轨距挡块与钢轨、钢轨和轨下垫板不密贴、钢轨工作边有残留混凝土等情况。不密贴程度控制在 0～0.5 mm 以内。

(4)无砟轨道长轨精调流程

无砟轨道长轨精调流程如图 4-5-62 所示。

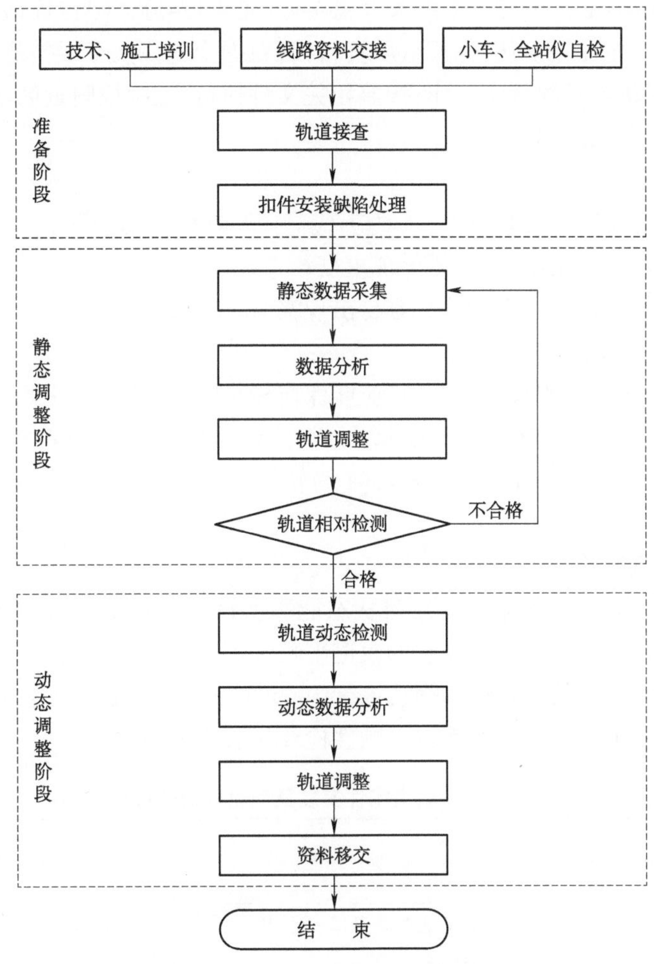

图 4-5-62　无砟轨道长轨精调流程

(5)轨道精调注意事项

①标段内大面积展开无砟轨道长轨精调精整工作可与首件工程同时进行。

②长轨精调尽量以中长波偏差控制为主；对轨道进行复测，根据复测结果和轨道中长波，进行统计分析，制定调整方案(每次提报方案不少于 9 km)，高程调整以垫为主，最大降幅不得大于 3 mm，左右调整不得大于 4 mm，全线原则上应无断链、断高，根据复测结果进行统计分析。

③轨距要求控制在 1 mm 以内，水平控制在 0.5 mm 以内，相邻承轨台间轨距递变不得超过 0.4 mm，相邻承轨台间水平递变不得超过 0.3 mm，且不能连续交替正负水平；高程及平面 200 m 范围内最大最小偏差值不大于 3 mm。

④编制无砟轨道长轨精调精整工作施工方案，标段内第一遍绝对精调测量方案需经施工单位工程管理部、设备管理单位介入组共同审批后，方可实施。

⑤对偏差较大、无法通过扣件调整的轨道数据的道床板、遇坐标换带、线型不准确、轨道板偏差大于8 mm以上以及其他问题时，应第一时间上报，经精调精整工作管理及验收小组组织有关专家确认后，施工单位进行揭板处理；不得以打磨承轨面和挡肩的方式代替精调。所有轨枕必须外观质量合格。

⑥轨道精调前半个月提交CPⅢ复测评估成果表，并同步对沿线已破坏CPⅢ桩进行修复和复测。

⑦测量中必须记录精度不达标的CPⅢ立柱编号，为下一步精调提供保障。如遇钢轨轨面脏污，应先进行清理，再进行测量，确保精度达标。

⑧道岔和温度调节器区段CPⅢ网一次建网、一次测量、统一平差；建议，整个站区及前后300 m线路作为一个精调单元精调；线路精调以道岔绝对位置为标准进行顺接。

⑨连续梁在长轨精调前，必须复测该连续梁及搭接CPⅢ点位，施工单位评估复测成果，若数据变化值在误差范围值之内，监理单位见证确认，保留纸质资料；若数据变化值大于误差范围值，报评估单位项目部评估后方可使用更新成果进行长轨精调工作；按照相关文件执行，连续梁附近区域铺设小阻力扣件。

3. 轨道静态几何状态数据采集

(1)无砟轨道轨枕编号

为保证轨道静态数据与现场钢轨扣件的一一对应，应对扣件或承轨槽进行编号，编号原则应具有如下要求：

①具有唯一性，上下行应分别编号，不得出现重复；

②每一区间不宜编号过多，防止现场编号容易出现漏编、错编现象；

③编号与里程相关联，便于查找；

④编号应标示在道床板便于查找的位置，且应能保留较长时间，便于线路运营期的轨道维护；

⑤轨枕编号按照CPⅢ桩号进行标记，以每个CPⅢ桩对应的第一根轨枕开始编号，编号形式例：156301001，(156为公里数，301为CPⅢ桩编号，001为轨枕编号)，如遇道岔截止，在岔后重新计算轨枕编号，并在备注中标明。

(2)轨道扣件安装及钢轨检查

进行轨道静态数据采集前，为确保轨道几何状态能真实反映道床板的几何位置，避免因扣件安装错误、扣件配件缺失、钢轨焊接、打磨不平顺导致的轨道平顺性不良，从而导致轨道采集数据不准确。因此在进行轨道静态数据采集前，应对轨道扣件和钢轨进行100%检查，对存在的上述问题进行处理后方可开展轨道静态数据采集工作，轨道扣件安装及钢轨平顺性检查见表4-5-29。

表4-5-29 轨道扣件安装及钢轨平顺性检查

序号	检查项目		标准	检查方法	备注
	项目	子项			
1	钢轨	表面质量	表面无裂纹、无低塌、无掉块、无污染	目测	
2		硬弯	无明显硬弯	2 m平直度检测尺、塞尺	可先目测，再采取尺量
3		平直度	0.4 mm/2 m		
4	焊缝	平直度	0.1 mm/1 m，0.2 mm/2 m	1 m，2 m平直度检测尺、塞尺	
5	扣件安装	扣件安装	安装正确、无缺失、无损坏、无污染	目测	
6		道钉扭力	不小于设计值	扭力扳手	
7		弹条与轨距块间间隙	<0.5 mm	塞尺	可先目测检查，再采用塞尺检查
8		轨底外侧与轨距块间间隙	<0.5 mm	塞尺	
9		空吊	<0.3 mm	塞尺	
10	垫板	垫板安装	无缺失、无损坏、无污染	目测	

(3)轨道扣件安装缺陷处理

针对轨道扣件安装存在的扣件配件缺失、安装错误、弹条扣压力不足等问题，应按要求进行扣件的重新安装或补齐；应对造成垫板存在空吊的原因进行分析并合理消除空吊；钢轨和焊缝存在问题的，由铺轨单位进行处理，确保上述问题得到处理后方可进行轨道数据的采集工作。

(4)线路参数计算及输入

①线路参数计算

根据设计单位提供的设计线路参数，包含线路曲线参数、坡度表、超高表和断链表，按照轨道数据采集软件的要求进行曲线五大桩的计算，计算完成后再次进行方位角的复核，确保计算参数的准确。

②线路参数的输入

轨道数据采集软件线路参数的输入按照平曲线、竖曲线和超高分别输入，上下行分别建立项目输入，建议在进行长轨精调时按照运营里程进行线路参数的输入，避免采用施工里程导致的断链过多，同时采用运营里程也便于与运营期间一致。

(5)轨道静态数据采集

①仪器自检及校准

全站仪自检及校准流程如图 4-5-63 所示。

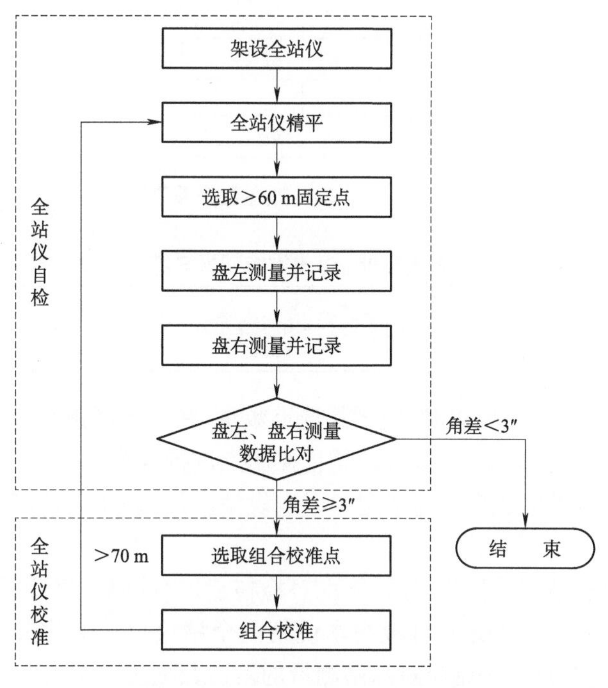

图 4-5-63　全站仪自检及校准流程

②轨道静态数据采集

无砟轨道静态数据采集，数据采集流程如图 4-5-64 所示。

架设全站仪：全站仪应架设在与轨道几何状态测量仪棱镜同一直线位置，高度尽量与棱镜同高，与轨道几何状态测量仪距离在 5～65 m 之间。

建立作业文件：作业文件按每工作日为基础，在更换线型参数和基准轨时应建立新作业文件。

超高及轨距校准：超高在轨道数据采集前必须进行校准，且掉头测量差≤0.3 mm，可进行多次校准。

轨距校准：GJY-T-TSY-I 小车可根据现场测量记录进行检查。轨距校准采用 0 级电子道尺进行校准。

全站仪设站：全站仪设站选点不得少于 8 个 CPⅢ控制点，且全站仪前后应各为 4 个，前后均得有大于 60 m 以上 CPⅢ控制点，设站精度按表 4-5-30 执行。

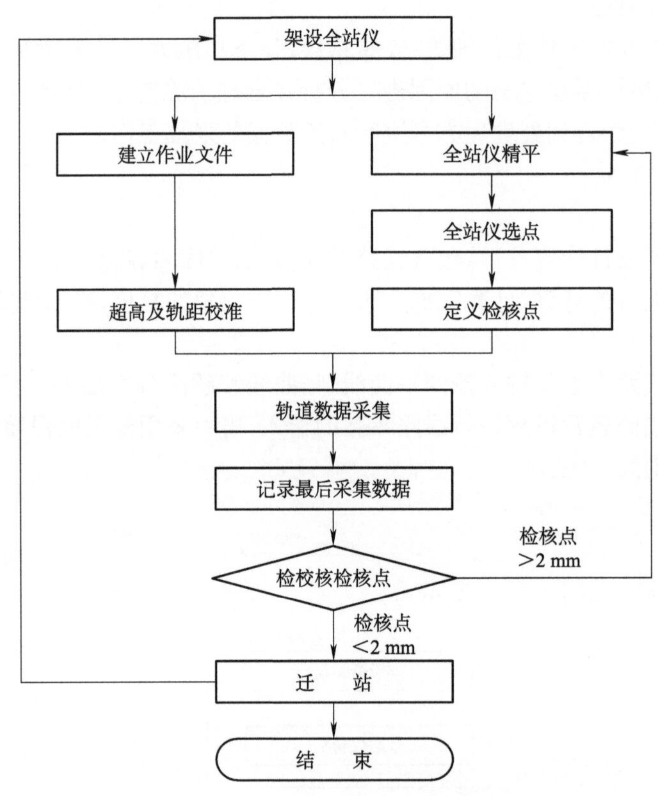

图 4-5-64　无砟轨道静态数据采集流程

表 4-5-30　自由设站精度要求

项　目	X	Y	Z	方　向
中误差	≤0.7 mm	≤0.7 mm	≤0.7 mm	≤2″

当设站精度不能满足表 4-5-30 要求时，应增加选点数量，在大跨度连续梁等特殊结构导致 CPⅢ精度较差，不能满足设站精度要求时，应立即对该段 CPⅢ控制点进行复测，并采用新复测 CPⅢ点进行设站。

定义检核点：在全站仪设站完成后立即选定一个本设站内最远 CPⅢ控制点作为检核点，测量其三维坐标并记录；

检核点检核：本设站轨道数据采集完成后，再次对检核点进行测量，将测量三维坐标与定义时三维坐标进行检核，如其 X、Y、H 差小于 2 mm，可视为本设站内全站仪位置变化较小，可满足轨道测量精度要求，本设站测量轨道数据真实有效，否则应对本站测量的轨道数据进行重测。

③轨道静态数据采集质量控制

道岔前后 200 m 应与道岔作为一个单独区间进行轨道静态数据采集和分析，确保道岔平顺性。

在进行道岔数据采集时，整组道岔数据采集应采用相同 8 个 CPⅢ控制点进行设站，确保道岔采集数据的搭接精度。

在进行轨道数据采集时应合理分配每台轨道几何状态测量仪工作区段，同一台轨道几何状态测量仪应尽量连续测量，减少不同轨道几何状态测量仪间的搭接，避免系统误差对测量数据的影响。

在进行轨道数据采集时，测量小车必须停止稳定，且所显示的轨道高程偏差和中线偏差数据变化应小于 0.3 mm，表明测量数据稳定，否则应缩短设站距离。

测量组应配置温度气压计，及时修正全站仪温度和气压，消除环境变化对测量精度的影响。

轨道数据采集应安排在夜间作业，避免阳光直射、外界稳定剧烈变化等因素对测量数据的影响。

在轨道数据采集过程中全站仪迁站和测量小车行走均应匀速轻放，避免剧烈振动对仪器造成影响。

各标段搭接段长轨精调前，需测量搭接处相邻标段 300 m 轨道数据，取得相邻标段搭接处 3 km 轨道测量数据，将标段内搭接处调整方案提交给相邻标段，数据出现变化时，及时相互沟通，重新精调；同时，标段内每次精调前，必须与上次精调区段搭接 300 m。

(6)轨道静态数据分析

①轨道静态采集数据质量验收

在进行轨道静态数据分析计算前，对采集数据进行初步分析和计算，确保采集数据精准，验收内容包括搭接误差是否超限、所测量的轨道平面和高程数据是否有不精确数据、现场设站精度是否满足要求等，具体验收内容和要求见表 4-5-31，对不满足要求的数据必须废弃予以重测。

表 4-5-31 无砟轨道静态数据验收

序号	验收项目	标准	检测方式
1	搭接精度	≤1 mm	检查原始数据或现场记录
2	轨向图形	无突变、无锯齿状	对原始数据绘图检查
3	高低图形		
4	轨向数据有效性	相邻扣件之差大于 0.5 mm 测量点不大于测量数据的 10%	对原始数据进行计算
5	高低数据有效性		

②无砟轨道静态数据分析流程

经过验收合格的轨道静态数据即可进行轨道平顺性分析和计算，通过测量软件和后处理软件的转化，导入长轨精调软件中进行轨道的模拟计算，最终形成轨道精调方案。

无砟轨道静态数据分析计算流程如图 4-5-65 所示。

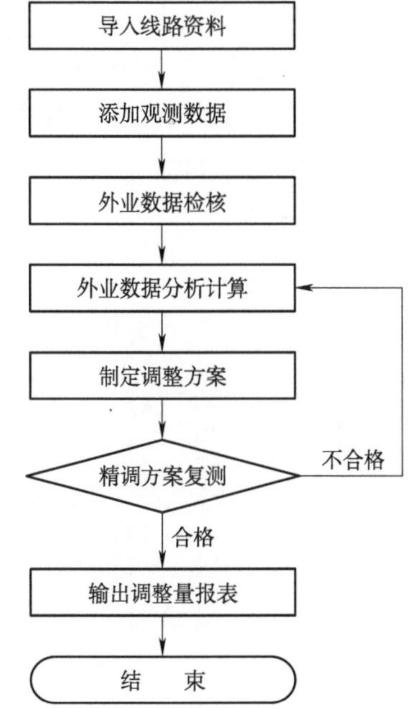

图 4-5-65 无砟轨道静态数据分析计算流程

③轨道静态数据分析原则

"重检慎调"原则：针对轨道测量数据中轨道存在的轨向和高低不平顺，先对测量数据进行分析，确保测量数据的精准后再进行模拟适算，杜绝不合理、错误精调方案的出现；

"先整体、后局部"原则：在进行轨道模拟分析时，先确定分析段轨道整体线型，确定整体调整方案，再对存在的高低、轨向短波不平顺进行调整；

"先轨向、后轨距，先高低、后水平"原则：在专业长轨精调软件中将导向轨轨向和高低调整平顺，确保轨道平顺性指标满足要求后，再按照 0.5 mm 要求对轨距和水平进行调整。

④无砟轨道静态数据分析

确定整体精调方案：目前，大部分长轨精调项目完全按照测量规范中对轨道平顺性要求进行轨道的精调，导致高低、轨向长波不平顺未能得到控制，在联调联试期间其 TQI 较大、容易出现长波长-高低和长波长-轨向超限，严重制约轨道的平顺性。因此，在进行轨道静态数据分析前，必须对需要分析的静态数据进行整体方案的确定，采用绘制轨道平面偏差和高程偏差图的方式确定整体调整量，按照平面、高程偏差要求进行整体方案的确定。

轨向调整：调整平面基准轨的轨向，按照整体分析方案中平面调整量要求，对轨道平面整体偏差进行控制，再按轨向短波(30 m 弦，5 m 检核)值控制在 1.0 mm 的要求进行调整，同时要保证平面基准轨线型平顺，无突变，无周期性小幅振荡，轨向和轨距调整如图 4-5-66 所示。

轨距调整：轨距的调整是在平面基准轨已满足平顺性要求的基础上，对非基准轨和轨距进行调整，使非基准轨满足线型平顺，无突变，无周期性小幅振荡，轨距在±0.5 mm 以内，轨距变化率≤1.5‰，同时轨

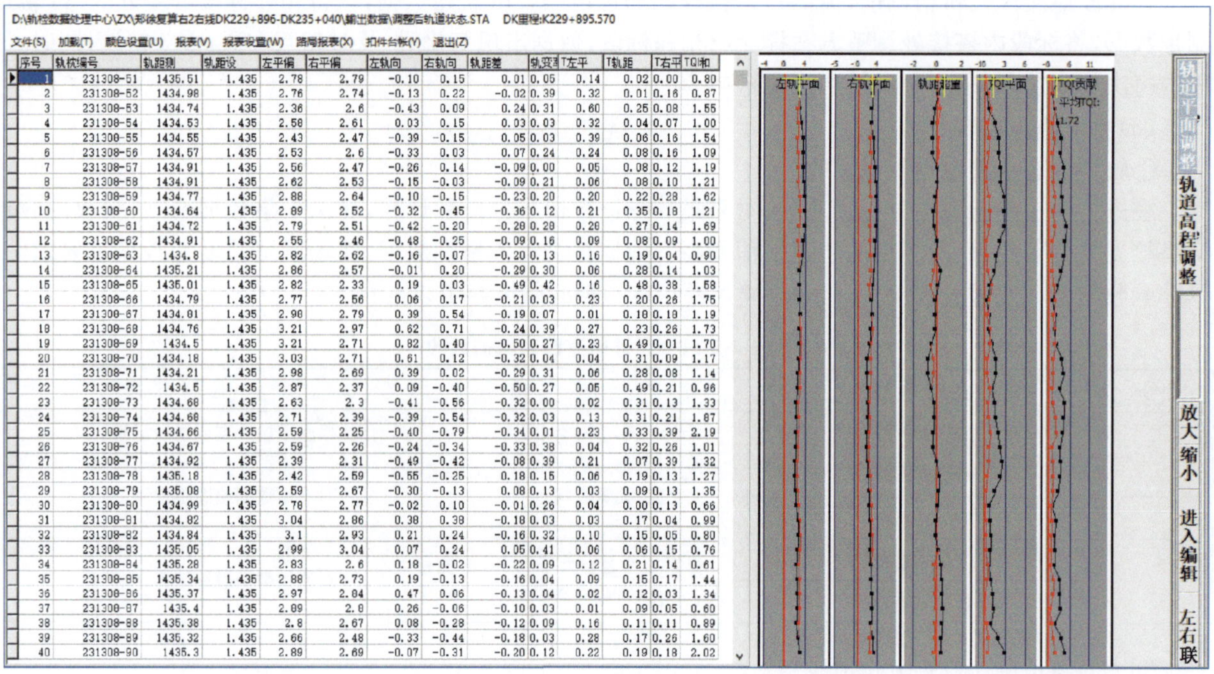

D:\轨检数据处理中心\ZX\郑徐复算右2右线DK229+896-DK235+040\输出数据\调整后轨道状态.STA　DK里程:K229+895.570

文件(S)　加载(T)　颜色设置(U)　报表(V)　报表设置(W)　路局报表(X)　扣件台帐(Y)　退出(Z)

序号	轨枕编号	轨距测	轨距设	左平偏	右平偏	左轨向	右轨向	轨距差	轨变	T左平	T轨距	T右平	TQI和
1	231308-51	1435.51	1.435	2.78	2.79	-0.10	0.15	0.01	0.05	0.14	0.02	0.00	0.80
2	231308-52	1434.98	1.435	2.76	2.74	-0.13	0.22	-0.02	0.39	0.32	0.01	0.16	0.87
3	231308-53	1434.74	1.435	2.36	2.6	-0.43	0.09	0.24	0.31	0.60	0.25	0.08	1.55
4	231308-54	1434.53	1.435	2.58	2.61	0.03	0.15	0.03	0.03	0.32	0.04	0.07	1.00
5	231308-55	1434.55	1.435	2.43	2.47	-0.39	-0.15	0.05	0.03	0.39	0.06	0.16	1.54
6	231308-56	1434.57	1.435	2.53	2.6	-0.33	0.03	0.07	0.24	0.24	0.08	0.16	1.09
7	231308-57	1434.91	1.435	2.56	2.47	-0.26	0.14	-0.09	0.00	0.05	0.08	0.12	1.19
8	231308-58	1434.91	1.435	2.62	2.53	-0.15	-0.03	-0.09	0.21	0.06	0.08	0.10	1.21
9	231308-59	1434.77	1.435	2.88	2.64	-0.10	-0.15	-0.23	0.20	0.20	0.22	0.28	1.62
10	231308-60	1434.64	1.435	2.89	2.52	-0.32	-0.45	-0.36	0.12	0.21	0.35	0.18	1.21
11	231308-61	1434.72	1.435	2.79	2.51	-0.42	-0.20	-0.28	0.28	0.28	0.27	0.14	1.69
12	231308-62	1434.91	1.435	2.55	2.46	-0.48	-0.25	-0.09	0.16	0.09	0.08	0.09	1.00
13	231308-63	1434.8	1.435	2.82	2.62	-0.16	-0.07	-0.20	0.13	0.16	0.19	0.04	0.90
14	231308-64	1435.21	1.435	2.86	2.57	-0.01	0.20	-0.29	0.30	0.06	0.28	0.14	1.03
15	231308-65	1435.01	1.435	2.82	2.33	0.19	0.03	-0.49	0.42	0.16	0.48	0.38	1.58
16	231308-66	1434.79	1.435	2.77	2.56	0.06	0.17	-0.21	0.03	0.23	0.20	0.26	1.75
17	231308-67	1434.81	1.435	2.98	2.79	0.39	0.54	-0.19	0.07	0.01	0.18	0.18	1.19
18	231308-68	1434.76	1.435	3.21	2.97	0.62	0.71	-0.24	0.39	0.27	0.23	0.26	1.73
19	231308-69	1434.5	1.435	3.21	2.71	0.82	0.40	-0.50	0.27	0.23	0.49	0.01	1.70
20	231308-70	1434.18	1.435	3.03	2.71	0.61	0.12	-0.32	0.04	0.04	0.31	0.09	1.17
21	231308-71	1434.21	1.435	2.98	2.69	0.39	0.02	-0.29	0.31	0.06	0.28	0.08	1.14
22	231308-72	1434.5	1.435	2.87	2.37	0.09	-0.40	-0.50	0.27	0.05	0.49	0.21	0.96
23	231308-73	1434.68	1.435	2.63	2.3	-0.41	-0.56	-0.32	0.00	0.02	0.31	0.13	1.33
24	231308-74	1434.68	1.435	2.71	2.39	-0.39	-0.54	-0.32	0.03	0.13	0.31	0.21	1.87
25	231308-75	1434.66	1.435	2.59	2.25	-0.40	-0.79	-0.34	0.01	0.23	0.33	0.39	2.19
26	231308-76	1434.67	1.435	2.59	2.26	-0.24	-0.34	-0.33	0.38	0.04	0.32	0.26	1.01
27	231308-77	1434.92	1.435	2.39	2.31	-0.49	-0.42	-0.08	0.39	0.21	0.07	0.39	1.32
28	231308-78	1435.18	1.435	2.42	2.59	-0.55	-0.25	0.18	0.15	0.06	0.19	0.13	1.27
29	231308-79	1435.08	1.435	2.59	2.67	-0.30	-0.13	0.08	0.13	0.03	0.09	0.13	1.35
30	231308-80	1434.99	1.435	2.78	2.77	-0.02	0.10	-0.01	0.26	0.04	0.00	0.13	0.66
31	231308-81	1434.82	1.435	3.04	2.86	0.38	0.38	-0.18	0.03	0.03	0.17	0.04	0.99
32	231308-82	1434.84	1.435	3.1	2.93	0.21	0.24	-0.16	0.32	0.10	0.15	0.05	0.80
33	231308-83	1435.05	1.435	2.99	3.04	0.07	0.24	0.05	0.41	0.06	0.06	0.15	0.76
34	231308-84	1435.28	1.435	2.83	2.6	0.18	-0.02	-0.22	0.09	0.12	0.21	0.14	0.61
35	231308-85	1435.34	1.435	2.88	2.73	0.19	-0.13	-0.16	0.04	0.09	0.15	0.17	1.44
36	231308-86	1435.37	1.435	2.97	2.84	0.47	0.06	-0.13	0.04	0.02	0.12	0.03	1.34
37	231308-87	1435.4	1.435	2.89	2.8	0.26	-0.06	-0.10	0.03	0.01	0.09	0.05	0.60
38	231308-88	1435.38	1.435	2.8	2.67	0.08	-0.28	-0.12	0.09	0.16	0.11	0.11	0.89
39	231308-89	1435.32	1.435	2.66	2.48	-0.33	-0.44	-0.18	0.03	0.28	0.17	0.26	1.60
40	231308-90	1435.3	1.435	2.89	2.69	-0.07	-0.31	-0.20	0.12	0.22	0.19	0.18	2.02

图 4-5-66　轨向和轨距调整示意

距无周期性小幅振荡。

高低调整：调整高程基准轨的高低，按照整体分析方案中高低调整量要求，对轨道高程整体偏差进行控制，再按高低短波(30 m 弦，5 m 检核)值控制在 1.0 mm 的要求进行调整，同时要保证高低基准轨线型平顺，无突变，无周期性小幅振荡，高低和水平调整如图 4-5-67 所示。

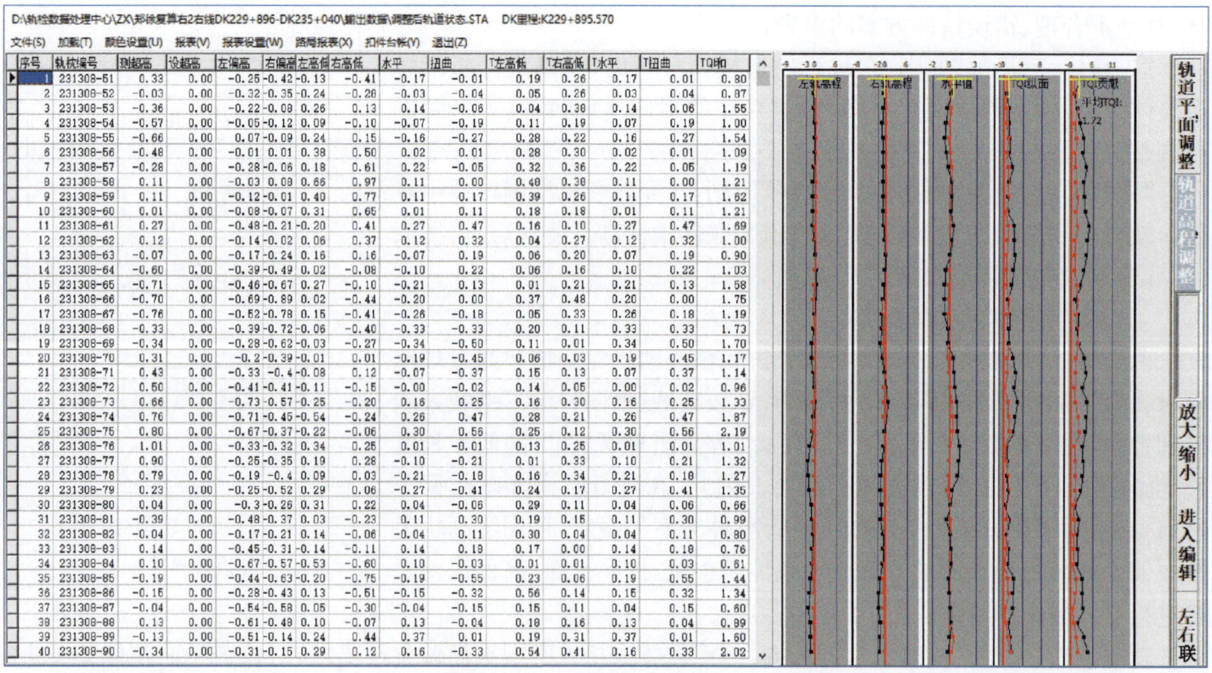

D:\轨检数据处理中心\ZX\郑徐复算右2右线DK229+896-DK235+040\输出数据\调整后轨道状态.STA　DK里程:K229+895.570

文件(S)　加载(T)　颜色设置(U)　报表(V)　报表设置(W)　路局报表(X)　扣件台帐(Y)　退出(Z)

序号	轨枕编号	测超高	设超高	左偏高	右偏高	左高低	右高低	水平	扭曲	T左高低	T右高低	T水平	T扭曲	TQI和
1	231308-51	0.33	0.00	-0.25	-0.42	-0.13	-0.41	-0.17	-0.01	0.19	0.26	0.17	0.01	0.80
2	231308-52	-0.03	0.00	-0.32	-0.35	-0.24	-0.28	-0.03	-0.04	0.05	0.26	0.03	0.04	0.87
3	231308-53	-0.36	0.00	-0.22	-0.08	0.26	0.13	0.14	-0.06	0.04	0.38	0.14	0.06	1.55
4	231308-54	-0.57	0.00	-0.05	-0.12	0.09	-0.10	-0.07	-0.19	0.11	0.19	0.07	0.19	1.00
5	231308-55	-0.66	0.00	0.07	-0.09	0.24	0.15	-0.16	-0.27	0.28	0.22	0.16	0.27	1.54
6	231308-56	-0.48	0.00	-0.01	0.01	0.38	0.50	0.02	0.01	0.28	0.30	0.02	0.01	1.09
7	231308-57	-0.28	0.00	-0.28	-0.06	0.18	0.61	0.22	-0.05	0.32	0.36	0.22	0.05	1.19
8	231308-58	0.11	0.00	-0.03	0.08	0.66	0.97	0.11	0.00	0.48	0.38	0.11	0.00	1.21
9	231308-59	0.11	0.00	-0.12	-0.01	0.40	0.77	0.11	0.17	0.39	0.26	0.11	0.17	1.62
10	231308-60	0.01	0.00	-0.08	-0.07	0.31	0.65	0.01	0.11	0.18	0.18	0.01	0.11	1.21
11	231308-61	0.27	0.00	-0.48	-0.21	-0.20	0.41	0.27	0.47	0.16	0.10	0.27	0.47	1.69
12	231308-62	0.12	0.00	-0.14	-0.02	0.06	0.37	0.12	0.32	0.04	0.27	0.12	0.32	1.00
13	231308-63	-0.07	0.00	-0.17	-0.24	0.16	0.16	-0.07	0.19	0.06	0.20	0.07	0.19	0.90
14	231308-64	-0.60	0.00	-0.39	-0.49	0.02	-0.08	-0.10	0.22	0.06	0.16	0.10	0.22	1.03
15	231308-65	-0.71	0.00	-0.46	-0.67	0.27	-0.10	-0.21	0.13	0.01	0.21	0.21	0.13	1.58
16	231308-66	-0.70	0.00	-0.69	-0.89	0.02	-0.44	-0.20	0.00	0.37	0.48	0.20	0.00	1.75
17	231308-67	-0.76	0.00	-0.52	-0.78	0.15	-0.41	-0.26	-0.18	0.05	0.33	0.26	0.18	1.19
18	231308-68	-0.33	0.00	-0.39	-0.72	-0.06	-0.40	-0.33	-0.33	0.20	0.11	0.33	0.33	1.73
19	231308-69	-0.34	0.00	-0.28	-0.62	-0.03	-0.27	-0.34	-0.50	0.11	0.01	0.34	0.50	1.70
20	231308-70	0.31	0.00	-0.2	-0.39	-0.01	0.01	-0.19	-0.45	0.06	0.03	0.19	0.45	1.17
21	231308-71	0.43	0.00	-0.33	-0.4	-0.08	0.12	-0.07	-0.37	0.15	0.13	0.07	0.37	1.14
22	231308-72	0.50	0.00	-0.41	-0.41	-0.11	-0.15	-0.00	-0.02	0.14	0.05	0.00	0.02	0.96
23	231308-73	0.66	0.00	-0.73	-0.57	-0.25	-0.20	0.16	0.25	0.16	0.30	0.16	0.25	1.33
24	231308-74	0.76	0.00	-0.71	-0.45	-0.54	-0.24	0.26	0.47	0.28	0.21	0.26	0.47	1.87
25	231308-75	0.80	0.00	-0.67	-0.37	-0.22	-0.06	0.30	0.56	0.25	0.12	0.30	0.56	2.19
26	231308-76	1.01	0.00	-0.33	-0.32	0.34	0.25	0.01	-0.01	0.13	0.25	0.01	0.01	1.01
27	231308-77	0.90	0.00	-0.25	-0.35	0.19	0.28	-0.10	-0.21	0.01	0.33	0.10	0.21	1.32
28	231308-78	0.79	0.00	-0.19	-0.4	0.09	0.03	-0.21	-0.18	0.16	0.34	0.21	0.18	1.27
29	231308-79	0.23	0.00	-0.25	-0.52	0.29	0.06	-0.27	-0.41	0.24	0.17	0.27	0.41	1.35
30	231308-80	0.04	0.00	-0.3	-0.26	0.31	0.22	0.04	-0.06	0.29	0.11	0.04	0.06	0.66
31	231308-81	-0.39	0.00	-0.48	-0.37	0.03	-0.23	0.11	0.30	0.19	0.15	0.11	0.30	0.99
32	231308-82	-0.04	0.00	-0.17	-0.21	0.14	-0.06	-0.04	0.11	0.30	0.04	0.04	0.11	0.80
33	231308-83	0.14	0.00	-0.45	-0.31	-0.14	-0.11	0.14	0.18	0.17	0.00	0.14	0.18	0.76
34	231308-84	0.10	0.00	-0.67	-0.57	-0.53	-0.60	0.10	-0.03	0.01	0.01	0.10	0.03	0.61
35	231308-85	-0.19	0.00	-0.44	-0.63	-0.20	-0.75	-0.19	-0.55	0.23	0.06	0.19	0.55	1.44
36	231308-86	-0.15	0.00	-0.28	-0.43	0.13	-0.51	-0.15	-0.32	0.56	0.14	0.15	0.32	1.34
37	231308-87	-0.04	0.00	-0.54	-0.58	0.05	-0.30	-0.04	-0.15	0.15	0.11	0.04	0.15	0.60
38	231308-88	0.13	0.00	-0.61	-0.48	0.10	-0.07	0.13	-0.04	0.18	0.16	0.13	0.04	0.89
39	231308-89	-0.13	0.00	-0.51	-0.14	0.24	0.44	0.37	0.01	0.19	0.31	0.37	0.01	1.60
40	231308-90	-0.34	0.00	-0.31	-0.15	0.29	0.12	0.16	-0.33	0.54	0.41	0.16	0.33	2.02

图 4-5-67　高低和水平调整示意

水平调整：水平的调整是在高低基准轨已满足平顺性要求的基础上，对非基准轨和水平进行调整，使高程非基准轨满足线型平顺，无突变，无周期性小幅振荡，水平在±0.5 mm 以内，水平变化率≤1.5‰，同时水平无周期性小幅振荡。

⑤轨道精调数据复核

轨道静态数据分析完成后，由技术负责人进行复核，复核内容及标准见表 4-5-32，经复核满足要求的分析数据可形成精调方案，否则应进行重新分析。

表 4-5-32　轨道静态数据分析复核检查

序　号	检查项目	标　准
1	轨　向	线型平顺、无突变、无周期性小幅振荡
2		30 m 弦 5 m 检核短波值≤1.0 mm
3	高　低	线型平顺、无突变、无周期性小幅振荡
4		30 m 弦 5 m 检核短波值≤1.0 mm
5	轨　距	≤0.5 mm
6		0.8 mm/2.5 m
7	水　平	≤0.5 mm
8	三角坑	2 mm/3 m

⑥无砟轨道长轨精调方案

轨道精调方案是指导长轨精调现场施工的重要技术资料，包含如下轨道几何参数：轨枕/扣件编号、里程、基准轨、高程调整量、平面调整量、调整后超高、调整后轨距、设计超高(曲线段)、调整前后轨道高程和平面偏差对比图，为便于扣件更换各班组备料，在调整方案中统计各型号调整件的用量。

(7)无砟轨道调整件备料

①WJ-8 型扣件安装及调整件型号

WJ-8 型无砟轨道扣件由螺旋道钉、平垫圈、弹条、绝缘轨距块、轨距挡板、轨下垫板、铁垫板、铁垫板下弹性垫板和预埋套管组成。为了钢轨高低位置调整的需要，还包括轨下微调垫板和铁垫板下调高垫板。具体配件如图 4-5-68 所示。

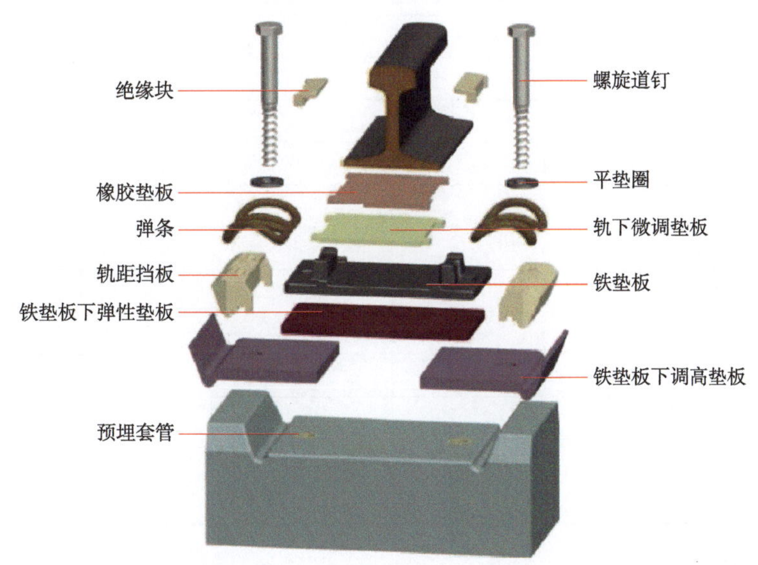

图 4-5-68　WJ-8 型扣件安装及配件

轨距挡板分非钢轨接头处用和钢轨接头处用两种，非钢轨接头处用的轨距挡板又分 2 号、3 号、4 号、5 号、6 号、7 号、8 号、9 号、10 号、11 号和 12 号等十一种规格，标准轨距时均使用 7 号，此次精调中使用轨距挡板主要为 2-12、4-10 号；绝缘轨距块分非钢轨接头处用(Ⅰ型)和钢轨接头处用(Ⅱ型)，非钢轨接头处用的绝缘轨距块又分5号、6号、7号、8号9号、10号、11号、12号、13号等九种规格,标准轨距时均使用9号;为进一步提高精度,使用部分内插的0.5 mm级的绝缘轨距块。轨向调整范围为±9 mm内,具体配置见表4-5-33。

表4-5-33 轨向调整配件配置

单股钢轨调整量(mm)	钢轨外侧		钢轨内侧	
	轨距挡板	绝缘轨距块	绝缘轨距块	轨距挡板
−5	10	11	7	4
−4	10	10	8	4
−3	10	9	9	4
−2	7	11	7	7
−1	7	10	8	7
0	7	9	9	7
+1	7	8	10	7
+2	7	7	11	7
+3	4	9	9	10
+4	4	8	10	10
+5	4	7	11	10

钢轨高低位置调整通过更换轨下垫板、轨下微调垫板以及铁垫板下调高垫板完成。轨下垫板分2 mm、3 mm、4 mm、5 mm和6 mm五种厚度,正常安装时采用6 mm厚轨下垫板;轨下微调垫板按厚度分为1 mm、2 mm、5 mm三种规格(考虑进一步提高精度,采用部分厚度0.5 mm规格的轨下微调垫板);铁垫板下调高垫板按厚度分为10 mm和20 mm两种规格,铁垫板下调高垫板由两片组成,应成副使用。钢轨高低位置调整范围为−4~+26 mm内,具体配置见表4-5-34。

表4-5-34 WJ-8型扣件垫量组合(mm)

钢轨高低调整量	轨下垫板厚度	轨下微调垫板总厚度	铁垫板下调高垫板厚度
−4	2	0	0
−3	3	0	0
−2	4	0	0
−1	5	0	0
0	6	0	0
+1~+10	6	1~10	0
+11~+16	6	1~6	10
+17	3	0	20
+18	4	0	20
+19	5	0	20
+20	6	0	20

②扣件调整件备料

扣件调整件的备料应遵循“提前预估、尽早进场、多次修正”原则,防止进料不及时影响现场扣件更换作业。

提前预估:即在开始进行长轨精调工作前,采集1/4长比例的轨道数据,进行本项目扣件调整件的预计,其估算量不宜过大,防止部分型号调整件进料过多造成浪费。

尽早进场:通过其他项目长轨精调施工经验,由于调整件需求量较大,而厂家对扣件调整件的生产均按订单数量生产，一般较少有库存，因此产能在短时间内无法满足现场用料需求，需要提前预估将用料计划提报给厂家进行生产，提前组织扣件调整件进场，避免各单位均开始进行扣件更换作业后调整件不能及时进场耽误生产。

多次修正：在进行长轨精调过程中，可通过测量数据精确计算扣件调整件用料数量，在完成轨道测量的 30%、50%、80%和 100%各个阶段即可根据所测轨道数据计算全部扣件调整件用量。

4. 无砟轨道扣件更换

(1)无砟轨道扣件更换流程

无砟轨道扣件更换流程如图 4-5-69 所示。

第一步：基准股高程调整。

第二步：基准股平面调整。

第三步：基准股紧固螺栓后，道尺进行轨距、水平测量，标出基准股回撬量。

第四步：非基准股高程调整。

第五步：非基准股平面调整。

第六步：非基准股紧固螺栓后，道尺进行轨距、水平测量，标出非基准股回撬量。

第七步：依次对基准股、非基准股未调整到位的位置进行修正。

第八步：用轨检小车进行相对测量进行回检，并制定修正方案。

第九步：依据修正方案，再次进行标记、调整、回检、修正等步骤；直至达到目标要求。

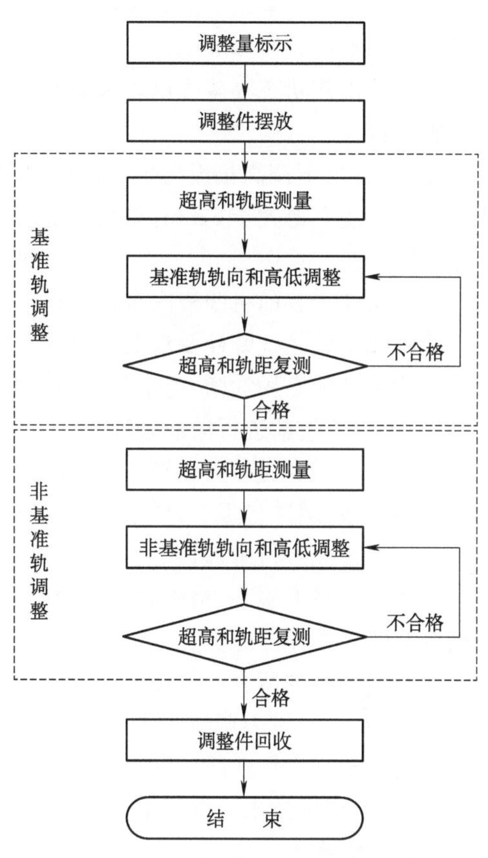

图 4-5-69　无砟轨道长轨精调扣件更换施工流程

(2)无砟轨道扣件更换

①调整量标识

由技术人员按照轨道精调方案，将需要调整扣件调整量标识在钢轨上。在进行标识时，必须对该扣件编号区间扣件数量进行复查，确认现场扣件区间扣件数量与精调方案中扣件数量一致，同时标识完一个更换区段后应对标识进行检查，避免造成错标、漏标。

②扣件调整件摆放

标识完成后，由作业人员按照标识调整量根据与调整件的对应关系摆放对应型号的扣件调整件，调整件应摆放在需调整扣件处，不得随意摆放，防止在扣件更换时用错调整件。

③轨距和超高测量

为保证精调质量，检查精调后钢轨的实际调整量与精调方案是否吻合，在扣件更换前必须对需要调整的扣件处钢轨进行轨距和水平的测量，并将测量结果标识在该处钢轨上便于调整后复核。

④扣件更换

拆除需要调整扣件螺旋道钉，将摆放在该处扣件调整件按扣件安装要求装入，需要注意的是，在拆除螺旋道钉时，在更换扣件两端各多松卸 2 个道钉。在安装扣件调整件时同时将扣件内、承轨槽处的杂物清理干净，确保扣件安装密贴、正确；无缝线路作业轨温条件见表 4-5-35。

按照现场轨温—实际锁定轨温所得结果比照表 4-5-35 轨温范围确定最多连续松开扣件个数。

⑤扣件安装标准

弹条安装标准：弹条中部前端下颚与绝缘轨距块不宜接触，两者间隙不得大于0.5 mm；或使用扭矩扳手检测螺旋道钉扭矩时，W1 型弹条为 130～170 N·m，X2 型弹条为 90～120 N·m。

表 4-5-35 无缝线路作业轨温条件

作业项目	线路平面条件	最多连续松开扣件个数(按实际锁定轨温计算)				
		−10 ℃及以下	−10～0 ℃	0～+10 ℃	+10 ℃～+20 ℃	+20 ℃以上
改道、垫板作业	R<2 000 m	9	40	15	禁 止	禁 止
	R≥2 000 m或直线	15	40	20	禁 止	禁 止
更换扣件或涂油	—	隔一松一、流水作业				禁 止

轨距挡板应与承轨槽挡肩密贴,间隙不得大于0.5 mm;钢轨与绝缘轨距块、绝缘轨距块与铁垫板挡肩间缝隙之和不得大于1 mm。

在扣件正常状态安装或钢轨调高量不大于15 mm时,用S2型螺旋道钉,调高量大于15 mm时用S3型螺旋道钉。

0.5 mm轨下调高垫板每个位置只允许使用1片;轨下微调垫板不得放在轨下垫板上,放入轨下微调垫板的总厚度不得大于6 mm,总数不得超过两块。铁垫板下调高垫板每副由两片组成,只能单副使用,不能摞叠使用。

精调扣件安装前将凹槽内杂物清理干净。

精调取出的轨枕螺栓要求倒立斜放在钢轨轨底角,防止涂油后的螺纹被污染。

精调中携带专用油脂,对个别缺油螺栓重新涂油。如大区段螺栓油脂不足,及时上报,由轨枕厂提供油脂,施工单位重新进行涂油处理。

发现扣件缺少、损坏、套管失效等现场无法解决问题问题,及时记录现场相关信息,并上报,不得漏装轨下调高垫板,缓冲垫板等,导致钢轨空吊。

对用料情况进行掌握,施工单位运料到现场后,精调精整工作作业组负责人与标段现场监控人员共同确认并在送料单上签字,精调后更换的调整件要求分类摆放在两线间底座板附近,且不得高于轨道板,并由精调精整工作作业组负责将用料量及剩余量进行统计。

轨道精调后的所有扣件按照设计标准进行安装复紧。

轨面50 m范围内调整变化率不能超过10 mm;开通前需给站后单位预留足够的精调时间。

精调精整工作作业队加强对线上设备成品和半成品的保护。扣件更换结束后,按规定扭力上紧螺栓;调整结束后,现场技术人员须用弦线或者道尺复核调整效果,确保轨道精调正确无误;避免造成钢轨表面擦伤等钢轨病害。

⑥调整效果复核

扣件更换完成且螺旋道钉安装后,再采用0级电子道尺对轨距和超高进行复测,并与调整前轨距和超高进行对比,如轨道的实际调整量与精调方案中的调整量差小于0.3 mm,则可视为合格,反之则更换调整件再次进行调整并复核,当实际调整量与精调方案不一致时,应将实际调整量记录在精调方案中,便于后期制作“一建一档”资料。

⑦非基准股调整

基准轨扣件更换完成且调整效果经检查符合要求可进行非基准轨扣件更换工作。非基准轨扣件更换与基准轨扣件更换相同。

⑧材料回收

轨道调整完成后由专人将更换下来的调整件进行回收,并按型号分类存放。必须专人清点发放、回收,精调件是消耗量很大的配件,如不按要求管理后期难以控制,会造成很大浪费。

5. 无砟轨道道岔精调

(1)无砟轨道道岔线型测量

用轨道几何状态测量仪测量道岔线型,测量范围包括道岔前后各300 m范围。全站仪依据CPⅢ点在中线位置设站,对扣件螺栓对应的轨道位置进行逐点测量,全站仪测量范围宜为5～80 m,两次设站重复测量不应少于5点，重复测量区应避开转辙器及辙叉区。先测量直线段线型，后测量曲线段线性，并对承轨台位置按岔枕编号的方式进行标记。

(2)无砟轨道道岔线型测量

道岔精调作业应遵循“先方向，后水平；先直股，后曲股；先整体，后局部”的原则。

①第一次精调

按照调整量优先调整道岔直基本轨的岔前缝及与导轨相连的位置，为道岔转辙器调整确定基本方向。

沿道岔直基本轨外侧在转辙器全长范围张拉30 m以上的钢弦线，使用钢板尺检查扣件螺栓处弦线距FAKOP区拉槽的距离，对偏差大于1 mm的点通过更换偏心锥的方式予以调整。

对照设计图，用支距尺检查曲基本轨与直基本轨间距，对偏差大于1 mm的点通过更换偏心锥的方式调整曲基本轨轨向。

用塞尺检查曲尖轨与直基本轨、直尖轨与曲基本轨间隔铁间隙，对间隙大于1 mm的点进行调整。

用轨距尺或轨道几何状态测量仪检查转辙器区段直向轨距，对偏差超过1 mm的点通过更换偏心锥的方式调整曲基本轨及直尖轨轨向。

30 m钢弦线向岔后方向平移，两次张线时搭接区不应小于10 m，用钢板尺检查扣件螺栓处弦线距导轨外侧的距离，对偏差大于1 mm的点通过更换偏心锥的方式予以调整。

以直向轨距控制尖轨后导轨方向的调整，以支距控制曲向尖轨后导轨轨向的调整，以曲向轨距控制曲向基本轨后导轨轨向的调整。

辙叉区原则上不做调整。

直向调整时，同时完成道岔前10 m及道岔后30 m线路轨向的调整。

直向调整完成后，将道岔尖轨、心轨转到曲向位置。

以轨距控制辙叉区段曲向基本轨后导轨轨向的调整。

调整完成后，用轨道几何状态测量仪复测道岔轨道线型数据，并评估和计算新的线型调整量。

②第二次精调

对照调整量清单，按直接更换偏心锥的方式完成拟定的轨距、轨向超差点的调整，通过30 m弦线、支距尺和轨距尺检查调整效果。

每调整完成一次，用轨道几何状态测量仪复测道岔轨道线型数据，重新评估和计算线型调整量，再重新调整和复测，重复以上过程直到评估结果显示道岔轨距、轨向合格。

高程调整时，以尖轨侧为基准轨，对照调整量清单直接更换调高垫板，以水平变化值控制调整量，用电子水准仪复测调整效果，不合格处重复调整及复测，再以水平控制另一股钢轨高程的调整。

(3)无砟轨道道岔线型测量

①道岔轨道内部几何状态检查和调整项目是尖轨与基本轨密贴，尖轨与滑床板密贴，尖轨跟端限位器等。

②道岔轨道内部几何状态的检查和调整，应安排在道岔线型调整的后期同步进行。

③尖轨与滑床板间存在较大间隙的调整，应优先使用调高垫板，然后用滚轮调整片调整。

④无砟轨道线路与道岔顺接

在道岔轨道短波平顺性调整合格的基础上，基本保持道岔区轨道的几何状态，用调整道岔前后轨道线型，完成道岔轨道长波平顺性的调整。

(三)智能精调施工工法

1. 施工工艺流程

高速铁路CRTS Ⅲ型板式无砟轨道采用智能机器人精调施工，如图4-5-70所示，其施工工艺流程如图4-5-71所示。

2. 操作要点

(1)施工准备

项目技术管理人员在施工前，应熟悉相关的设计文件、规范、图纸及验收标准等。测量系统需要提前

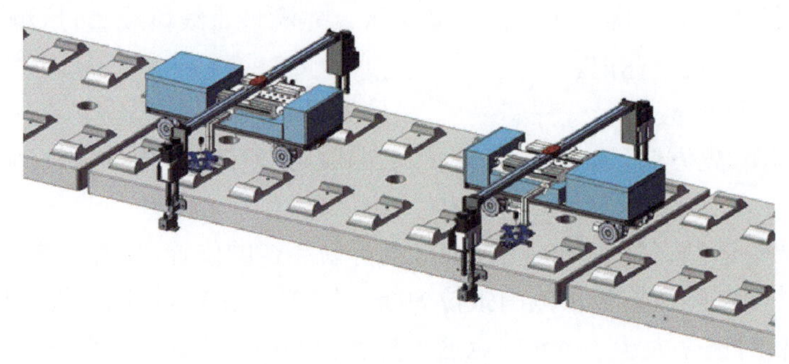

图 4-5-70　智能精调机器人施工精调效果图

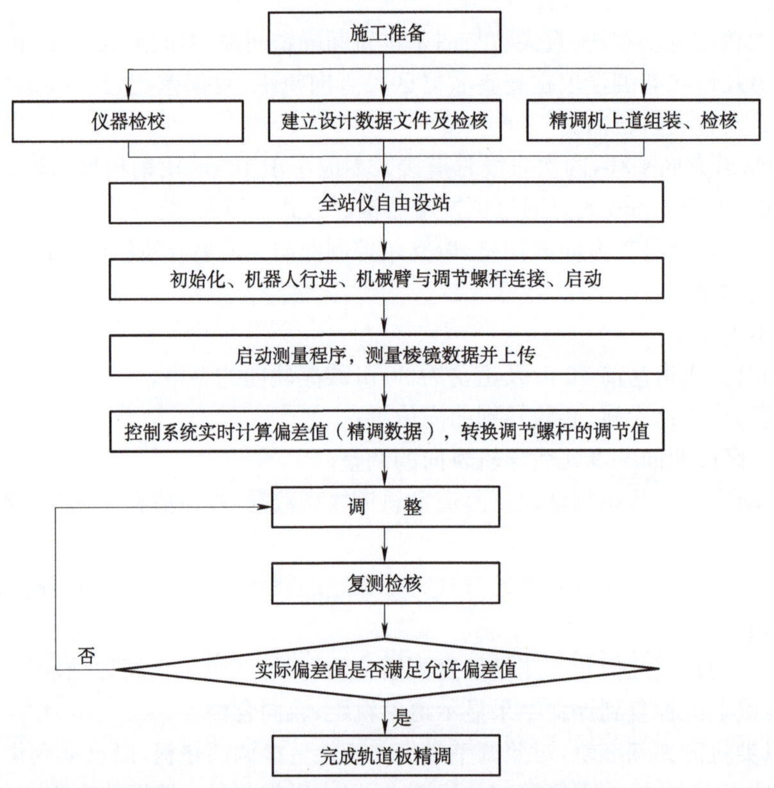

图 4-5-71　无砟轨道长轨精调扣件更换施工流程

准备经评估的 CPⅢ控制网数据录入全站仪,施工前对 CPⅢ控制网现场点位进行再次检查,如发现松动、堵塞等故障,应暂停使用;精调机器人操作系统需提前录入轨道板布板数据,录入数据过程必须经主测、工程部长、总工三级审核,确保准确无误。

施工精调测量及作业人员必须配置专班,施工前对专班人员进行全面技术交底和安全交底,并进行现场操作、故障排除等演练,确保参与人员熟练掌握。

做好施工电源、设备及相关辅助工具的准备,并进行现场调试。

精调前,当日单工作面轨道板粗铺应完成,轨道板粗铺采用测量放样+龙门吊人工铺设,单块轨道板粗铺时,两侧各安装 2 个精调器,安装前的精调器螺杆应归零位,确保中线水平±35 mm 的调整行程,高程±50 mm 的调整行程,一般施工中精度要求前后(里程方向)控制在±10 mm 以内,左右(中线位置)控制在±10 mm、高程±10 mm 以内,便于提高精调作业工效。

(2)仪器、数据检核

①仪器检校

使用前,为确保精调精度满足要求,需事先对全站仪进行全面的检查和自校准,主要检查全站仪的程序是否正常，计量单位、棱镜常数等是否正确，温度、气温、气压、湿度采用现场采集并录入全站仪进行修正，自校准采用全站仪自带程序，通过多次正反镜采集棱镜中心来修正2C偏差和竖角偏差值。

②建立设计数据文件及检核

精调数据文件是精调的依据，数据文件的检查分为内业详细计算对比检查和外业读取的检查。内业通过程序进行各环节的检查后，导出到手持电脑；外业将这些设计的平曲线、竖曲线、超高值、轨道板参数等设计精调数据文件录入程序，检查数据文件数据显示是否正确，确保无误后方可进行精调调整。

③精调机上道组装、检核

精调机器人采用装箱进行运输，作业前，将机载电脑从仪器箱取出，并将机载电脑右上角的急停按钮向右旋转释放，然后将机载电脑的连接线插到设备标注有"HMI"字样的插座上。将精调机器人机组的两台主机吊装至已粗铺的起点轨道板上，放置于轨道板中间位置即可，两台主机连接，安装精调杆、测量标架。将卷线盘上的插头插至现场220 V供电插座上，并确认电压指示灯显示无误后(电压220 V左右)，闭合电源开关；此时机载电脑通电，并进入启动界面。将遥控器从仪器箱取出，并将遥控器上方的急停按钮向右旋转释放。将精调机器人手动大致调到轨道板精调爪位置，遥控器主要用来手动操作智能精调机的行走。

(3)全站仪自由设站

全站仪在施工前进方向60～70 m轨道中心位置，采用后方交会方式采集前后各2～3对CPⅢ点进行设站，设站时，通过程序调取控制点坐标，初瞄一对点后，自动进行后续点的逐一瞄准和采集，采集完后，进行评差，剔除采集偏差较大的控制点，全站仪自动计算后精度控制在0.5 mm以内时进行保存，完成设站。

(4)仪器操作流程

初始化→行进及定位→机械臂与调节螺杆连接→启动。

(5)启动测量程序，测量棱镜数据并上传

通过机载电脑右侧的"A1""A2""A3"按键来选择需要执行动作的伺服调整器，选中时左侧对应的伺服调整器名称将显示绿色、未选中为灰色。按下机载电脑左侧的"HAND0"按键，即开始"请求测量"；机载电脑通过蓝牙向测量手簿发送"请求测量"指令，该指令被手簿接收前，屏幕左下角闪烁显示"请求中……"字样。手簿接收到"请求测量"指令后，立即开始扫描棱镜并进行数据测量，在两个棱镜测量完成后，将最终的测量数据通过蓝牙发送给机载电脑。在测量过程中，屏幕左下角闪烁显示"测量中……"字样。

(6)控制系统计算偏差值，转换调节螺杆的调节值

机载电脑接收到手簿发送的数据后，程序运行计算，计算与设计线型的偏差值，得到需要调整的数值，再转换为螺杆的调节值。操控器设备屏幕中间的蓝色方框内将显示从测量软件接收到的目标调整数据，而右侧的灰色方框将显示当前已经执行过的精调数据。

(7)调整与复核

操作人员按下"RUN"按键，机载电脑将向各个伺服调整器发送启动指令开始精调，各伺服调整器根据指令同步驱动精调爪竖向和横向调节螺杆精确转动调整。

首次精调过程完成后，操作人员可再次按下"HAND0"按键，即开始第二次"请求测量"，此时即为复测过程。操作人员需要根据复测数据，判断是否需要执行二次测量数据进行再次调整，一般1～2循环调整后，当手簿显示复测轨道板的平面、高程偏差小于0.5 mm时，数据显示"绿色"，表示精调精度满足要求，当前轨道板精调结束。自动精调过程中，如需停止，可按下机载电脑左侧的"STOP"按键。

(8)完成轨道板精调

精调结束后，需要人工再按下一次机载电脑右侧的"A3"按键进行扭力释放，机载电脑将自动向各个伺服调整器发送一次扭力释放指令，以确保套在精调爪螺杆上的套筒能够轻松取出，精调机组在手簿指令下前进到下一块轨道板，重复执行行进→定位→测量→调整→复核步骤进行精调。

精调完成后，将侧模和压杠锁定轨道板，拧紧压杠螺栓，为防止轨道板出现上浮，确保压杠绝对锁定。

3. 劳动力组织

具体劳动力组织分工见表 4-5-36。

表 4-5-36 智能机器人精调施工劳动力组织分工

序号	人员类别	数量(人)	分 工 内 容
1	技术人员	1	负责全站仪建站,操作精调机器人手薄的指令和数据分析
2	工 人	1	配合安装棱镜,负责安装、收放精调机器人和电源连接

第六章 站场及运营设备工程

赣深铁路运行速度目标值为 350 km/h，沿线依次分布赣州西、信丰西、龙南东、定南西、和平东、龙川西、东源、河源东、博罗北、惠州北、仲恺、塘厦、光明城、深圳北等 14 座车站。营业线施工是指在铁路营业线路及其邻近区域进行铁路建设工程的施工作业，包括站场及运营设备工程施工，在营业线施工中涉及的技术复杂、风险性大，并且与营业线上运行的列车相互影响、相互制约，是铁路事故的高危点。

为确保营业线施工做到"高质量、高速度"，坚持营业线施工与运输兼顾的基本原则不变，多专业、多方向协同配合，针对赣深铁路营业线施工少有先例参考、施工条件复杂等困难，开展一系列工艺、工法、技术攻关，2 项实用新型专利获授权，创新了营业线相关施工方案、技术若干，完成了营业线Ⅰ级施工 4 次、Ⅱ级施工 32 次、Ⅲ级施工 1 302 次，深圳北站改造工程施工是国内首次成功实现对正在运营的高铁枢纽站进行改造升级，填补了全国大型高铁枢纽站改造领域的空白。

第一节 一般中间站施工

本节以光明城站为例介绍一般中间站施工。新建光明城站站台中心里程 DK422＋259.57，车站设到发线 2 条，按两台夹四线布置，设 450 m×8 m×1.25 m 侧式站台 2 座。车站站坪范围内为平坡，站中心轨顶绝对高程 60.15 m，站场轨顶相对室内地面±0.00 m，高差 19.1 m。站场桥梁横断面，正线采用独柱墩结构形式，到发线、站台梁采用门式墩结构形式。与既有广深港高铁光明城站站场基本一致，从 DK422＋375.880～＋484.57 约 108 m 范围内，站台从桥式站场过渡至路基站场。

一、站场路基施工

站场路基填筑及路堑开挖施工方法、工艺与区间路基施工方法相同，站场土石方施工根据各个站场实际情况独立作业。完成征地拆迁后，测算站场土石方调配，首先进行分段、分片地基加固处理施工，再进行土石方的填筑，在站场范围内形成基底加固，土石方开挖、填筑作业区。填方地段以两结构物或 500 m 为标准纵向划段。每段路基横向交接处也进行台阶处理。

光明城站站场路基土石方 197 714 m^3，土石挖(弃)方 177 747 m^3、土石利用(填)方 11 807 m^3；A、B 组填料 1 210 m^3。

地基处理主要采用挖除换填、CFG 桩、素混凝土桩、钻孔灌注桩、夯实碾压及堆载预压等；路基支挡加固及路基附属工程主要采用桩板挡土墙、预应力锚索、框架锚梁、锚杆加固、播草籽、喷混植生、栽植乔木、栽植灌木、高强金属柔性防护网、土工合成材料等。

二、轨道工程施工

光明城站站线铺设采用 CRTS Ⅰ型双块式无砟轨道，正线双块式无砟轨道由钢轨、扣件、双块式轨枕和支承层(底座)组成。

CRTSⅠ型双块式无砟轨道道床施工工艺流程如图 4-6-1 所示，主要施工设备有轨道排架，专用龙门吊，移动组装平台，专用吊具，纵横向模板等。

1. 测量放线

步骤 1：通过 CPⅢ控制点按设计道床板位置在每块底座板土工布上放出轨道中线控制点(距每块底座板板端 50 cm 处)，用钢钉精确定位，红油漆标识，用墨线弹出轨道中心线。

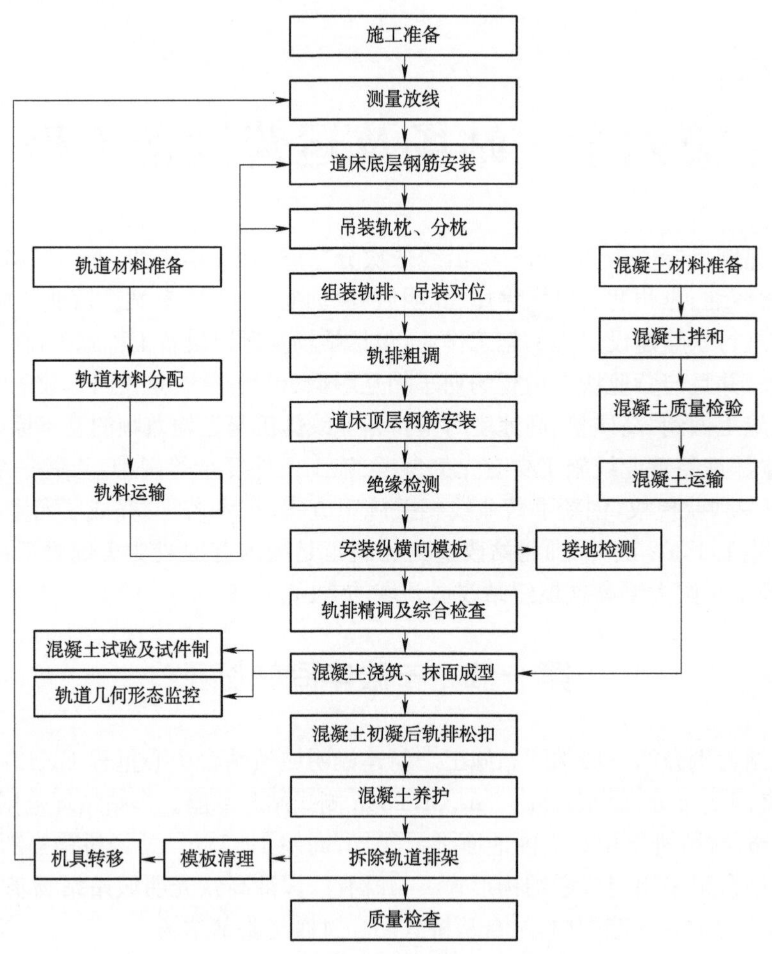

图 4-6-1 CRTS Ⅰ型双块式无砟轨道道床施工工艺流程

步骤 2:以轨道中心控制点为基准放出轨枕控制边线(墨线标识)。

步骤 3:根据弹出的轨道中心线及凹槽的位置,采用墨线定位出道床板底层每根纵、横向钢筋的位置。

步骤 4:测量放样的内容以书面交底的形式反馈至技术员,并交施工作业人员。

2. 安装底层钢筋

模板安装完毕并检查合格后,进行钢筋的铺设。为满足轨道电路传输距离要求,道床板的钢筋采用塑料卡具隔块隔开,并进行绝缘质量检测。

3. 轨排组装和运输

步骤 1:吊装,将待用轨枕使用龙门吊与轨枕专用吊具吊放在轨排组装平台上,每次起吊每垛的 1 层(5 根轨枕),吊装时低速起吊、运行。

步骤 2:匀枕,按照组装平台上轨枕块的定位线人工匀枕,轨枕间距误差控制在 5 mm 内,并对轨枕表面进行清理。

步骤 3:检查调整轨枕块位置,并弹线将一侧的螺栓孔布成一条线,偏差小于 1 mm。

步骤 4:吊装轨道排架,人工配合龙门吊,将轨道排架扣件螺栓孔位置与轨枕上螺栓孔位置对齐,平稳、缓慢地将排架放置于轨枕上。

步骤 5:复查轨枕位置并上紧扣件。

①安装前检查螺栓孔内是否有杂物,螺栓螺纹上是否有砂粒等,并在螺栓螺纹上涂抹专用油脂;

②将螺栓旋入螺栓孔内,用手试拧螺栓,看是否能顺利旋进,若出现卡住现象,则调整后重新对准、旋入;

③使用扭矩扳手按照160 N·m扭矩要求上紧螺栓，轨枕与钢垫板、钢垫板与橡胶垫板必须密贴，弹条前端三点要与轨距块密贴(双控措施)由质检员负责检查每个扣件安装情况，并做好记录。

步骤6：对轨排螺栓安装质量及轨枕间距进行检查，合格后龙门吊吊起组装好的轨排至预定地点进行定位铺设。

4. 轨排就位

步骤1：布设轨排。从分枕组装平台上吊起轨排运至铺设地点，按中线和高程定位，误差控制在高程－10～0 mm、中线±10 mm。相邻轨排间使用夹板联结，每接头安装4套螺栓，初步拧紧，轨缝留6～10 mm。每组轨排按准确里程调整轨排端头位置；

步骤2：安装轨向锁定器。靠近防护墙一侧轨向锁定器一端支撑在防护墙底部，另一端支撑在轨排托梁的支腿上；靠近线路中线侧：在距离轨排拖梁支腿外侧50 cm处钻孔(ϕ16 mm，孔深3 cm，孔距对应拖梁支腿位置)预埋长20 cm的ϕ16 mm圆钢，作为轨向锁定器的支撑。

5. 轨排粗调

对某两个特定轨排架而言，粗调顺序：1→4→5→8→2→3→6→7→1→2→3→4→5→6→7→8(图4-6-2)。

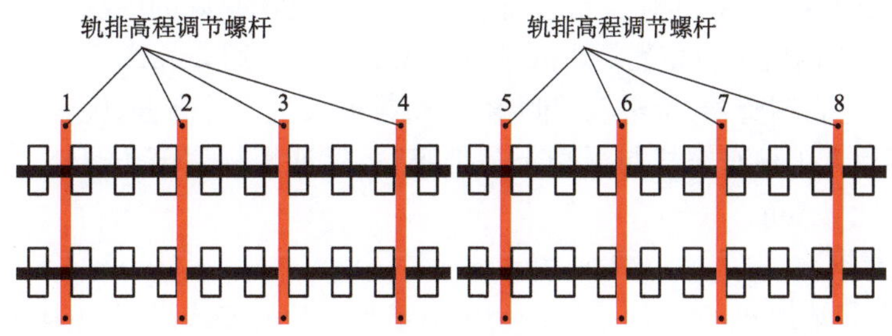

图4-6-2 轨排粗调顺序

步骤1：中线调整。配备全站仪和测量手簿，采用自由设站法定位，设站时至少观测附近4对CPⅢ点，测量轨排框架拖梁上的中心基准器，轨排两侧各安排4人同时对轨向锁定器进行调整。如中心基准器偏离轨道中线左侧，则采用46 mm开口扳手松动右侧轨向锁定器(逆时针旋转)，同时采用46 mm开口扳手拧紧左侧轨向锁定器(顺时针旋转)使轨排向右移动至设计轨道中线位置后拧紧右侧轨向锁定器；如中心基准器偏离轨道中线右侧，则采用46 mm开口扳手松动左侧轨向锁定器(逆时针旋转)，同时采用46 mm开口扳手拧紧右侧轨向锁定器(顺时针旋转)使轨排向左移动至设计轨道中线位置后拧紧左侧轨向锁定器。中线一次调整不到位时循环进行，直到中线偏差满足±5 mm要求。

步骤2：高程调整。使用精密电子水准仪测量每榀轨排对应拖梁处钢轨的高程(每榀8个点)，与设计轨面高程对照计算高程差。当实测轨面高程低于设计轨面高程时，采用36 mm开口扳手顺时针旋转竖向螺杆使轨排上升至设计轨面高程；当实测轨面高程高于设计轨面高程时，松开轨向锁定器，同时采用36 mm开口扳手逆时针旋转竖向螺杆使轨排下降至设计轨面高程。竖向螺杆每旋转120°将升降1 mm，调整轨排高程时逐点调整，粗调后的轨道高程偏差控制在高程－5～－2 mm。

步骤3：粗调完成后，相邻两排架间用夹板联结，接头螺栓按1-3-4-2顺序采用扳手拧紧。

6. 顶层钢筋安装及接地焊接

步骤1：按设计纵向钢筋间距在轨枕钢筋桁架上用白色粉笔标识出纵向钢筋位置并摆放好纵向钢筋，纵向钢筋与轨枕桁架钢筋交叉部位安装绝缘卡，采用塑料绝缘扣按斜向扎结。

步骤2：纵向钢筋摆放完成后采用白色粉笔在道床板最外侧两根钢筋上按设计横向钢筋间距标出横向钢筋位置，安排3人从道床板一端向另一端逐根安装横向钢筋，纵横向钢筋交叉处安装绝缘卡。横向钢筋安装完成后按安装顺序和方式对纵横向钢筋交叉点采用塑料绝缘扣按斜向扎结。

步骤3：进行绝缘电阻测试。先目测检查绝缘卡安装是否良好，有无脱落现象；然后用兆欧表进一步测量钢筋间的绝缘数据，全部检查任意两根非接地钢筋间电阻必须达到2 MΩ以上。

7. 纵横向模板安装

模板安装前先进行以下检查工作:模板平整度、模板清洗情况、脱模剂涂刷情况,更换损坏或弯折的模板,然后安装纵横向模板。

8. 轨道精调

步骤 1:轨枕编号。精调工作进行前首先对轨枕进行编号,编号采用印刷好的不粘胶贴纸粘贴于靠线路侧轨枕顶面端部。

步骤 2:全站仪设站。

步骤 3:测量轨道数据。将轨道状态测量仪放置于轨道上,安装棱镜。使用全站仪测量轨道状态测量仪棱镜。小车自动测量轨距、超高、水平位置,接收观测数据,通过配套软件,计算轨道平面位置、水平、超高、轨距等数据,将误差值迅速反馈到轨道状态测量仪的电脑显示屏幕上,指导轨道调整。

步骤 4:调整中线。采用 46 mm 开口扳手调节左右轨向锁定器,调整轨道中线,一次调整 2 组,左右各配 2 人同时作业。在调整过程中,全站仪一直测量轨道状态测量仪棱镜,接收观测数据,通过配套软件,将误差值迅速反馈到轨道状态测量仪的电脑显示屏幕上,直到误差值满足要求后调整结束;紧扣一侧将中线调整到位,在仪器监控下拧紧松扣一侧,在此过程中,不得扰动已调整好的中线。

步骤 5:调整高程。粗调后顶面高程应略低于设计顶面高程。用 36 mm 开口扳手,旋转竖向螺杆,调整轨道水平、超高(旋松超高调整器,调整轨排倾角,使轨排框架至设计高程,旋紧两侧竖向螺杆,使竖向螺杆与地面垂直)。调整后人工检查螺杆与混凝土是否密贴,保证螺杆底部不悬空。调整螺柱时要缓慢进行,旋转 120°为高程变化 1 mm。

9. 混凝土浇筑及养护

混凝土采用集中拌和站拌和,施工时采用混凝土运输车直卸的方式浇筑,道床混凝土捣固采用振捣器人工进行振捣,表层混凝土振捣完成后,及时修整、抹平混凝土裸露面。浇筑后全面覆盖及保湿养护,养护时间不少于 7d。

10. 轨道排架的拆除和配件清理

当道床板混凝土达到 5 MPa 后(由试验员进行同条件试件抗压强度试验确定具体时间,并通知领工员),首先按顺序旋升螺柱支腿 1～2 mm,然后松开轨道扣件,按照拆除顺序拆除排架,拆卸模板,最后经过技术员确认扣件全部松开后,龙门吊吊起排架运至轨排组装区清理待用,进入下一循环施工。安排专人负责对拆卸的模板、排架及配件等用毛刷进行清洁处理,配件集中储存在集装筐中,备下次使用。

轨道排架拆除完成后,采用 GTZ-YJ 支座灌浆剂封堵桥面所有用于底座板模板加固孔和道床板轨排锁定器支撑孔。

第二节 主要客运站施工

赣深铁路广东段新建的主要客运站即较大车站为龙川西站、惠州北站、东莞南站,站台和线路规模较大,有多条铁路交叉通过,为区域性枢纽车站。

一、路基工程

(一)路基工艺试验

1. 基床表层填筑

基床表层填筑采用填料级配碎石,作为路基基床表层施工时采用以下技术参数经济性合理且满足施工质量要求,施工工艺流程如图 4-6-3 所示。

(1)确定摊铺厚度及碾压组合。虚铺厚度为 25 cm,松铺系数 1.20。

碾压组合:静压 1 遍+弱振 2 遍+强振 2 遍+静压 1 遍。

机械组合:摊铺采用推土机粗平、平地机辅以人工精平、BW226 DH-4 振动压路机(26 t)的组合方式;

本工程所用组合为小松 D155A-3 推土机＋天工 180 平地机＋BW226 D-4 振动压路机(26 t)。

(2)确定压路机行进速度为 2.5～3 km/h。

(3)确定最优含水率为 5.4%。

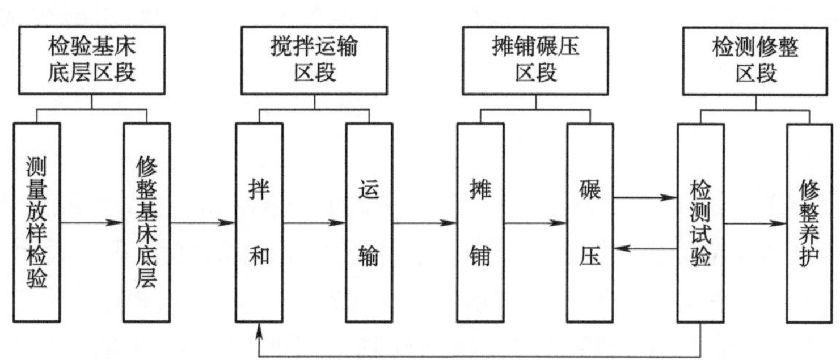

图 4-6-3　基床表层填筑施工工艺流程

2. 褥垫层填筑

施工时碎石虚铺 28 cm，采用 20t 压路机静压 4 遍后的 K_{30}，可以达到《高速铁路路基工程施工质量验收标准》(TB 10751)规定的 $K_{30}\geqslant 130$ 的要求，且经济合理，采用该种压实工艺施工。

3. 基床底层填筑

基床底层填筑采用填料为粗粒土、间断级配细角砾(B 组土)，作为路基基床以下填筑时采用以下技术参数经济性合理且满足施工质量要求。

(1)确定摊铺厚度及碾压组合。虚铺厚度为 35 cm，压实后厚度为 30 cm±1 cm，碾压组合：静压 1 遍＋弱振 2 遍＋强振 2 遍＋静压 1 遍；

(2)确定压路机行进速度为 2.5～3 km/h；

(3)确定最优含水率为 6.9%～10.9%。

4. 基床以下填筑

(1)机械组合：摊铺采用推土机粗平、平地机辅以人工精平、BW226DH-4 振动压路机(26 t)＋小型压实机械碾压的组合方式；本工程所用组合为小松 D155A-3 推土机＋BW226 DH-4 振动压路机(26 t)。

(2)碾压遍数 6 遍，碾压组合：静压 1＋弱振 1＋强振 3＋静压 1，碾压速度控制在 3 km/h。

(3)松铺厚度：当采用 26 t 压路机松铺厚度按 36 cm 控制，压实后厚度控制在 30 cm±1 cm，平均松铺系数 1.18。

(4)含水量控制：施工含水量控制在±2%范围内，本试验段最佳含水量为 11.3%。

(5)最大干密度：本试验段的最大干密度为 2.02 g/cm^3。

(6)松铺系数：通过本试验段确定松铺系数为 1.18。

5. 过渡段填筑

(1)机械组合：摊铺采用推土机粗平、辅以人工精平、BW226DH-4 振动压路机(26 t)＋小型压实机械碾压的组合方式；本工程所用组合为小松 D155A-3 推土机＋BW226 DH-4 振动压路机(26 t)＋蛙夯(YL100L2-2)。

(2)碾压遍数 7 遍，碾压组合：静压 1＋弱振 1＋强振 4＋静压 1，碾压速度控制在 3 km/h；当靠近涵洞侧碾压不到位的地方采用蛙夯(YL100L2-2)进行夯实 4 遍。

(3)松铺厚度：当采用 26 t 压路机松铺厚度按 30 cm 控制，压实后厚度控制在 24 cm±1 cm，平均松铺系数 1.28；对于靠近涵洞侧碾压不到位的地方采用蛙夯(YL100L2-2)碾压的松铺厚度按 20 cm 控制。

(4)含水量控制：施工含水量控制在±2%范围内，本试验段最佳含水量为 5.8%。

(5)大干密度：本试验段的最大干密度为 2.28g /cm^3。

(6)压实延迟时间：掺入水泥的级配碎石的压实延迟时间 174 min。

(7)松铺系数:通过本试验段确定松铺系数为 1.28。

根据各种工艺试验,确定摊铺厚度、碾压遍数及填料含水率范围等,大面积填筑严格按照"三阶段、四区段、八流程"的施工工艺组织施工,采用连续压实控制系统加强对路基填筑质量控制,连续压实属过程控制,发现问题可以实时处理;检测结果连续可视,可以准确定位不合格区域;可减少欠压和过压,节约碾压时间,加快施工进度。

(二)地基处理

1. CFG 桩

龙川西站站场路基 DK218+328.54~+394.32、DK221+650.03~+735 段采用 CFG 桩桩网结构地基处理加固方式,正四边形布置,设计桩径 0.5 m,桩间距 1.8 m,单桩承载力设计值不小于 451.6 kN、654.5 kN 两种;DK214+245~+315、DK215+470~+516.37、DK215+830~+943、DK216+915~DK217+215 段采用 CFG 桩桩筏结构地基处理加固方式,正四边形布置,设计桩径 0.5 m,桩间距 2.0 m。施工工艺流程如图 4-6-4 所示。

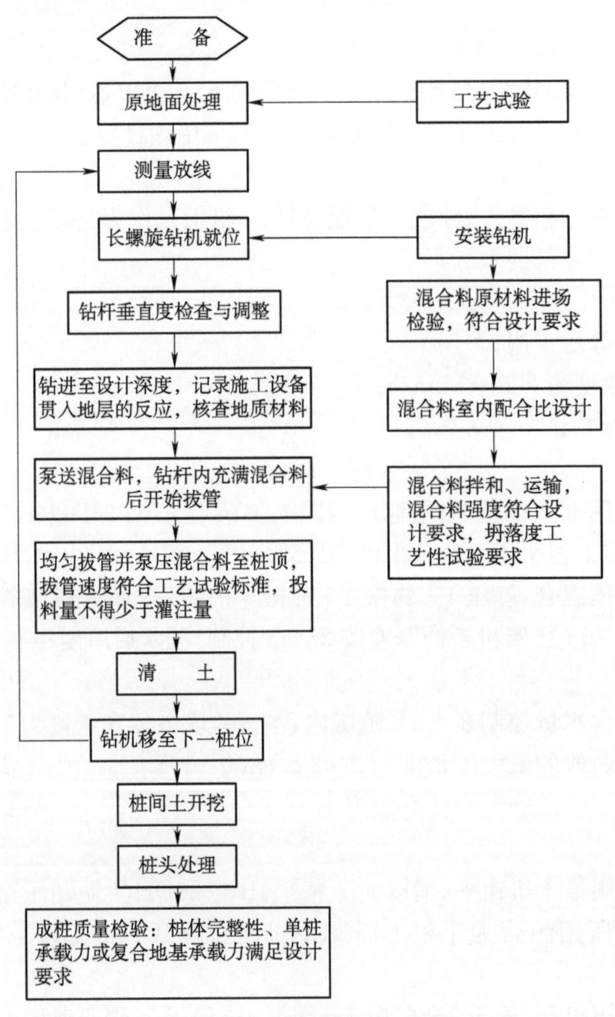

图 4-6-4　CFG 桩施工流程

施工机具:选用长杆螺旋钻机+TCF900/CFG 桩控制系统,该系统由北斗定位高精度定位模块、测深传感器、计量传感器等组成,可以实时解算并记录 CFG 桩基础处理过程中的拔桩速度、灌入量、电流值等信息并上传施工管理平台,动态调整、实现质量信息化控制。

施工过程数据处理:施工过程中采集的各项原始数据,经综合处理后得到钻进深度值、提钻速率、钻进电流值、混凝土灌入量等关键数据,实时显示在车载终端上,辅助操作人员精准施工,确保成桩合格率、系统运行稳定，保障施工机械全天候 24 h 高效工作。优点有：可以根据钻机电流值准确判定进入持力层，防止超钻；控制提钻速率，防止缩颈、塌孔、断桩等现象，保证桩身质量；根据灌入量精准控制桩头超灌。

2. 施工方法

CFG 桩位置采用石灰线方格网进行定位，四周设置定位桩，确保桩位满足验标要求。桩头施工采用环切法，保护桩顶不被破坏，易控制桩顶高程，并不会对桩间土产生扰动；桩帽施工采用定型钢模板，采用挂线施工；桩间土夯实碾压时，采用小型夯实机具压实的方式。

（三）路基过渡段施工

1. 桥路过渡段

(1)填方路基与桥台连接处过渡段

正线路基(路堤)与桥梁相连接处时的桥路过渡段采用倒梯形过渡，基床表层采用级配碎石掺 5%水泥填筑，表层以下倒梯形部分采用级配碎石掺 3%水泥填筑，压实标准满足相关要求。桥路过渡段长度 $L \geqslant a+(H-h)\times n$，且≥20 m，其中，$H$ 为桥台后路基填筑高度；h 为路基基床表层厚度；a 本线取 5.0 m；n 取 3。

桥台与路基结合部设带排水槽的渗水墙。渗水墙采用无砂混凝土块砌筑，长 30 cm、宽 15 cm、厚 10 cm。渗水墙底部设直径 100 mm 高强度丝状渗排水网管，将渗水横向排出路基外。桥台基坑以 C25 混凝土回填或以碎石、改良土分层填筑，并用小型平板振动机碾压，碎石、改良土填筑应满足 $E_{vd} \geqslant 30$ MPa 的要求。过渡段路基填筑应充分压实，距桥台背 2.0 m 范围内应采用小型机具碾压，并适当减少分层填筑厚度。

对于设计速度目标值为 160 km/h 及以下(含站场到发线、动车走行线)路基，于路堤与桥梁连接处设置倒梯形路桥过渡段，基床表层采用 A 组填料或级配碎石填筑，其压实标准与相邻路基基床表层相同；基床表层以下采用 A 组填料，填筑压实标准应满足 $K_{30} \geqslant 30$ MPa/m 和压实系数 $K \geqslant 0.93$ 的要求。当浸水时，浸水部分的填料应满足渗水土的要求。桥台后基坑采用 C15 混凝土或碎石、改良土分层填筑。

(2)挖方路基与桥台连接处过渡段

当台尾为土质、极软岩或强风化硬质岩路堑时，桥台基坑回填 C25 混凝土，基坑外路堑表层 0.4 m 换填级配碎石掺 5%水泥；基床底层填级配碎石掺 3%水泥，其压实标准应满足 $K_{30} \geqslant 150$ MPa/m，$E_{vd} \geqslant 50$ MPa，$K \geqslant 0.95$ 的要求，基床底层换填厚度应满足相应地质条件的基床底层换填厚度要求，当台尾为硬质岩路堑时，基坑底宽 a 取 2 m，过渡段范围基床表层以下采用 C25 混凝土回填。

填筑前，采用小型振动碾压机碾压进行地基的填前压实，两端桥台各 50 m 路基范围内地基处理应先于桥台基础施工前施工。桥路过渡段的填筑必须待桥台混凝土或砌体砂浆强度达到设计强度，地基加固工程经验收合格后方能施工。有条件时过渡段路基应与其连接的路堤同时施工，按大致相同的高度进行分层填筑，分层碾压。

台后渗水板在小型预制场预制，达到设计强度后，汽车运输至现场安装，并按设计横向排水坡度预埋透水软管。过渡段级配碎石由拌和站集中拌制，A、B 组填料由隧道、路堑开挖弃渣或取土场取土进行级配加工，自卸汽车运输，基床以下采用推土机粗平，平地机精平。

大型压路机碾压时，压实范围保持距构造物边缘 2 m，以利结构物稳定安全。大型压路机压实不到位的地方采用小型振动压实设备进行碾压，靠近横向结构物的部位采用平行于横向结构物背壁面碾压。桥路过渡段施工流程如图 4-6-5 所示。

2. 路堤与横向结构物(涵洞)连接处过渡段

(1)施工标准

正线涵路过渡段采用倒梯形过渡。当横向结构物顶面填土厚度 $h \leqslant 1.0$ m 时，横向结构物顶及两侧 20 m 范围内，基床表层采用级配碎石掺 5%的水泥填筑；基床表层以下倒梯形部分采用级配碎石掺 3%的水泥填筑，压实标准同桥路过渡段。当横向结构物顶面填土厚度 $h > 1.0$ m 时，横向结构物两侧 20 m 范围内，基床表层采用级配碎石掺 5%的水泥填筑；涵洞顶面以下倒梯形部分采用级配碎石掺 3%的水泥填筑，

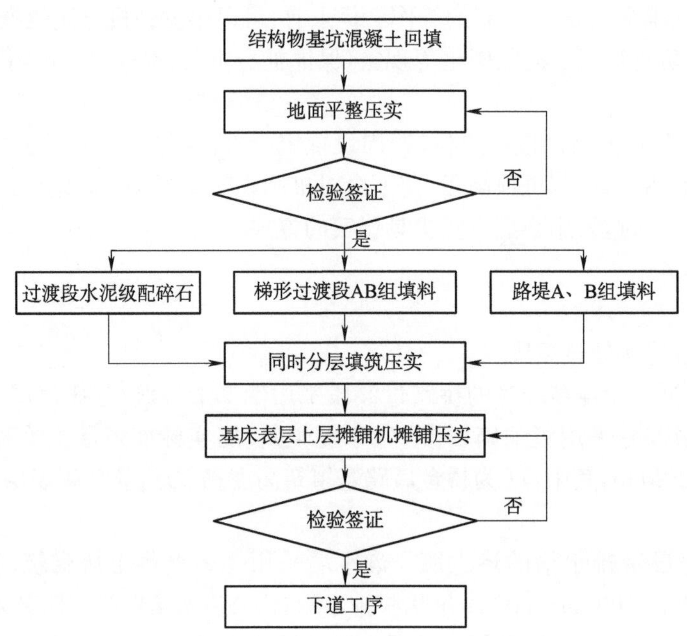

图 4-6-5 路堤与桥台、路堤与横向结构物过渡段施工工艺流程

压实标准同桥路过渡段,

当设计速度目标值为 160 km/h 及以下铁路(含车站到发线)时,路基与所有横向构筑物(立涵洞等)连接处均须设置过渡段,采用倒梯形过渡。当横向构筑物顶距轨底高度 $h \leqslant 1.0$ m 时,单侧过渡段长度 $L=2+2\times(H-h_1)$(h_1 为基床表层厚度);当横向构筑物顶距路肩高度>1.0 m 时,单侧过渡段长度 $L=2+2\times h$(h 为涵顶距地面高度),过渡段范围内采用 A 组填料分层填筑。当横向构筑物顶距路肩高度≤1.0 m 时,结构物顶部应填筑 A 组填料。

过渡段 A 组填料级配要求、压实标准应满足相关规范要求。当横向结构物顶面填土高度大于 3 m,且大于路堤高度的 2/3 时,可不设过渡段。

当横向构筑物位于土质、软质岩及强风化硬质岩路堑中时,构筑物两侧各不少于 20 m 范围内,基床表层换填级配碎石掺 5%水泥,基床底层换填采用级配碎石掺 3%水泥填筑,且压实标准应满足要求;基床底层以下也填筑级配碎石掺 3%水泥,压实标准同基床底层。当横向构筑物位于硬质岩路堑时,构筑物基坑均采用 C25 混凝土回填。

当横向构筑物轴线与线路中线斜交时,应使过渡段的位置与线路中心垂直,避免横向的刚度差异。

(2)施工方法

对涵洞两侧基坑进行清理,做到基坑底部无先期涵洞施工中所产生的垃圾及松土(杂土),浇筑素混凝土(素混凝土强度以施工图设计为准),浇筑后的高程与涵洞基础顶高程一致。

涵路过渡段施工在涵洞两侧对称同时进行。根据过渡段不同部位填料的不同,由涵洞向路基方向、由中心线向路基两侧按顺序依次进行填料的铺设工作。每层填料的松铺厚度一般以预先试验所得数据为准。

每层填料利用人工及推土机松铺填筑完成之后,根据试验段所得出的压实数据及标准进行碾压,使其达到设计规定的压实标准。在涵洞及其两侧 1.0 m 范围内,由于不能使用大型压实设备进行碾压,采用内燃式冲击夯进行夯实,其振压遍数以达到设计要求的压实标准为准。

3. 路堤与路堑过渡段

(1)施工标准

正线路堤与土质、软质岩及强风化硬质岩路堑过渡段:基床以下部分顺原地面纵向挖成不陡于 1∶2 的坡面,坡面上开挖台阶,每级台阶挖入深度不应小于 1.0 m,台阶高度 0.6 m 左右。

正线路堤与硬质岩石路堑过渡段:在路堑一侧顺原地面纵向开挖台阶,台阶高度 0.6 m 左右,每级台阶自原坡面挖入深度不应小于 1.0 m。在路堤一侧设置过渡段，填筑级配碎石掺入 3%水泥，坡率 1∶2。基床表层不小于 20.0 m 范围内采用级配碎石掺 5%水泥填筑。

(2)施工方法

过渡段路堑一侧原地面沿路基中线进行纵向开挖，严格按照路堤与路堑连接过渡段形式设计图所示标准及尺寸进行施工，在施工过程中对松动岩石及浮石加以处理或清除。

施工放线：首先应对其过渡段路基中线进行定位，再测出路堑顶面与路堤底面之间的高差。按设计要求计算出级配碎石坡脚所在位置。

过渡段台阶开挖：其宽度及高度符合设计要求，台阶表面应平整，并稍向内倾。

根据过渡段路堤一侧不同部位不同填料，由路堑向路堤方向按顺序依次进行填料的铺设工作，每层填料的松铺厚度一般以预先试验所得数据为准。

每层填料松铺填筑完成之后进行碾压，使其达到设计规定的压实标准。施工工艺流程如图 4-6-6 所示。

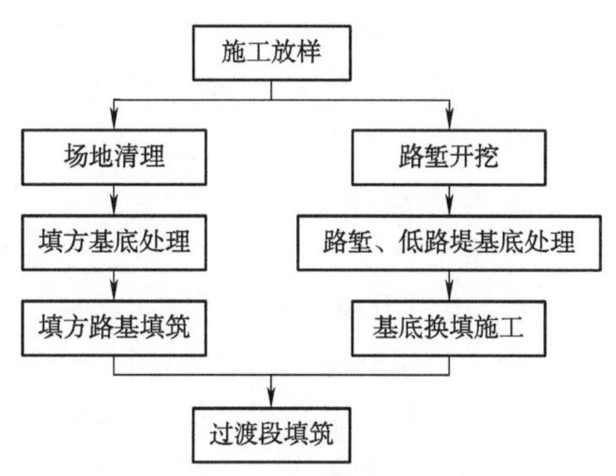

图 4-6-6　路堤与路堑过渡段施工工艺流程

(三)路基防护工程施工

1. 混凝土拱形骨架施工

截水骨架的主骨架为槽形，支骨架为拱形；支骨架和边坡水平线垂直，宽 0.6 m，一般地段厚 0.6 m，特殊地段厚 0.8 m，纵向净距 3.0 m；支骨架按拱形设置，宽 0.5 m，一般地段厚 0.4 m，特殊地段厚 0.6 m，横向净距及拱间净距为 3.0 m。详细布置如图 4-6-7 所示。

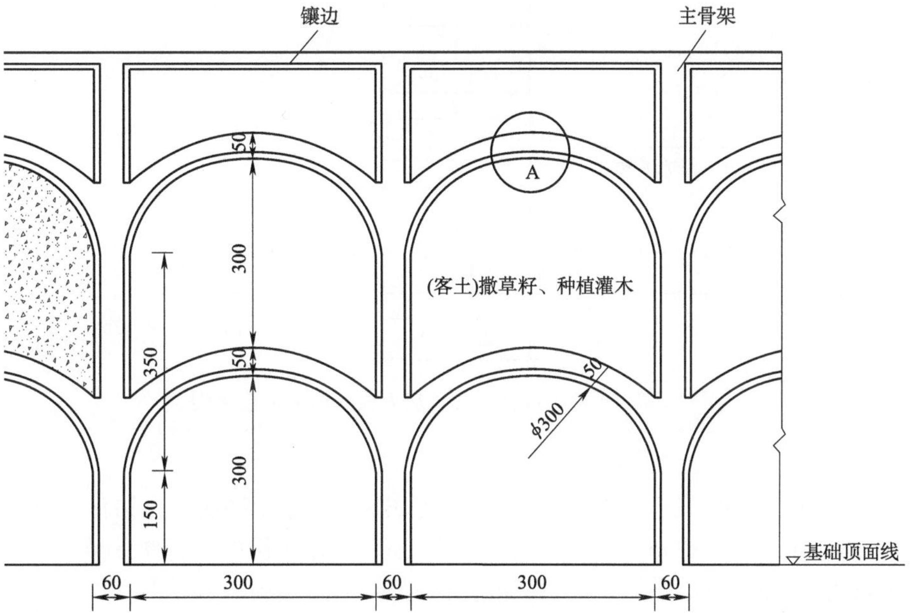

图 4-6-7　截水骨架布置(单位：cm)

骨架内填土坡面与骨架坡面保持一致，骨架应与截水槽同时施工，防止地表水侵入冲毁骨架。为达到整体美观效果，施工时要求沿线路方向拱的位置和高度基本一致，要求从路肩处向下开始布置拱的位置；不足一个完整拱时，路堤坡脚外采用半个拱形或者部分拱形补充。施工时墙背必须与路堤坡面密贴，边坡有局部超挖时，应先行挖台阶，然后用与墙体相同混凝土填筑。

沿线路方向每隔 15～20 m 在支骨架与主骨架连接处及对应基础、镶边等位置设置一道伸缩缝，踏步处伸缩缝应结合踏步设置，伸缩缝缝宽 2 cm，缝内全断面填充沥青麻筋，伸缩缝均为贯通缝，严禁切割设置假缝。

为便于养护,每隔 80 m 左右沿坡面于主骨架处设置一道踏步,宽 1.0 m,厚度同主骨架,两侧分别设置混凝土挡水缘。

浇筑骨架前,应预先布置骨架位置,路堤按从上到下布置,最上级骨架顶部距离路肩下镶边挡水缘按 0.5～1.0 m 布置,路堑按从下到上布置,最下一级支骨架拱圈下缘距离坡脚基础顶面距离为拱圈内半径(1.5 m),依次向上布置。按布置位置在每条骨架起讫点放控制桩、挂线放样,然后人工开挖骨架沟槽,骨架嵌入坡面,应保证主、支骨架埋深。当边坡骨架开槽挖到土工格栅时,应将骨架位置处的土工格栅局部剪断。

施工时先浇筑骨架节点处,再浇筑其他部位骨架,两骨架节点处应处于同一高度。

当边坡地下水发育,或边坡易受地表水影响而失稳时,骨架护坡内应采用仰斜排水孔、支撑渗沟等辅助设施引排地下水。

2. 框架梁施工

框架梁分为预应力锚杆框架梁、非预应力锚杆框架梁和预应力锚索框架梁。

(1)预应力锚杆和非预应力锚杆

预应力锚杆和非预应力锚杆施工与石方开挖采用分段平行流水作业,钻孔采用风动钻进,钻机就位后应校正其孔位。钻孔时根据岩层条件不同调整钻杆、钻链和钻进速度,钻到设计深度后,使用高压风清孔,清除孔内岩粉和积水。注浆管与锚杆一起插入孔内,注浆管喷口距孔底约 50 cm。当天成孔,当天注浆完毕。预应力锚杆和非预应力锚杆施工工艺流程如图 4-6-8 所示。

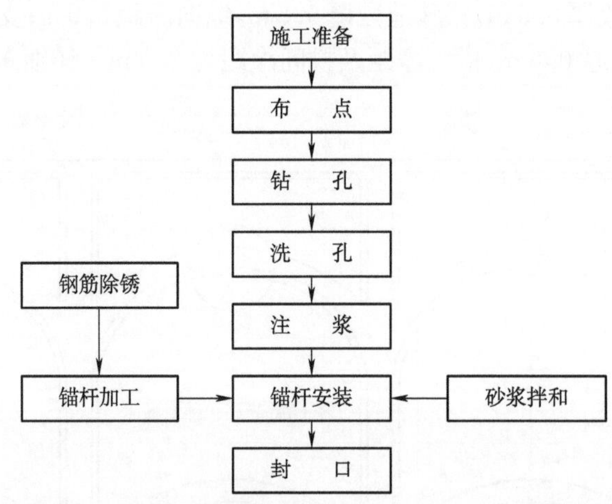

图 4-6-8　预应力锚杆和非预应力锚杆施工工艺流程

(2)预应力锚索

作业平台按设计孔位角度搭设,钻机就位,接通风管、电路,采用干钻法进行钻孔并记录详细的地质资料。锚索孔直径 130 mm,孔深 20 m。钻头直径为 130 mm。钻孔所用的钻杆统一规格,按锚索设计长度将钻孔所需钻杆数好,放整齐,做到钻杆用完孔深恰好到位。为避免孔底残渣影响试验,均比设计孔深多 0.2 m。并在钻孔完成后,反复回钻 3～5 次,用高压风清孔,确保孔底无残渣,并保证注浆时水泥浆与孔壁的黏结。实际孔位和设计孔位误差控制在±5 cm 以内。

锚索孔径 ϕ=130 mm,锚索采用 n=3～5 根高强度低松弛的预应力钢绞线,并用 OVM15－X(X=n)型锚具锁定。锚索孔内灌注 M40 水泥砂浆,锚索注浆采用孔底注浆法。锚索锚固段每 1.0 m 设一个扩张环,用厚度 20 mm 的聚氯乙烯塑料板加工而成,每两个扩张环中间用细铁丝绑扎锚索。锚索张拉分两次逐级张拉,第一次张拉值为总张拉力的 70%。全部锚索张拉够吨位,产生工程效果后,切断外露的工作钢绞线,在锚具顶面外留 100 mm 以上放入线头。在锚孔封锚前,将锚头混凝土凿毛,对锚头空隙进行补充注浆充填密实,用 C30 细石混凝土封闭全部外露的锚具及金属垫板等,保护、防护锁定头。施工流程如图 4-6-9 所示。

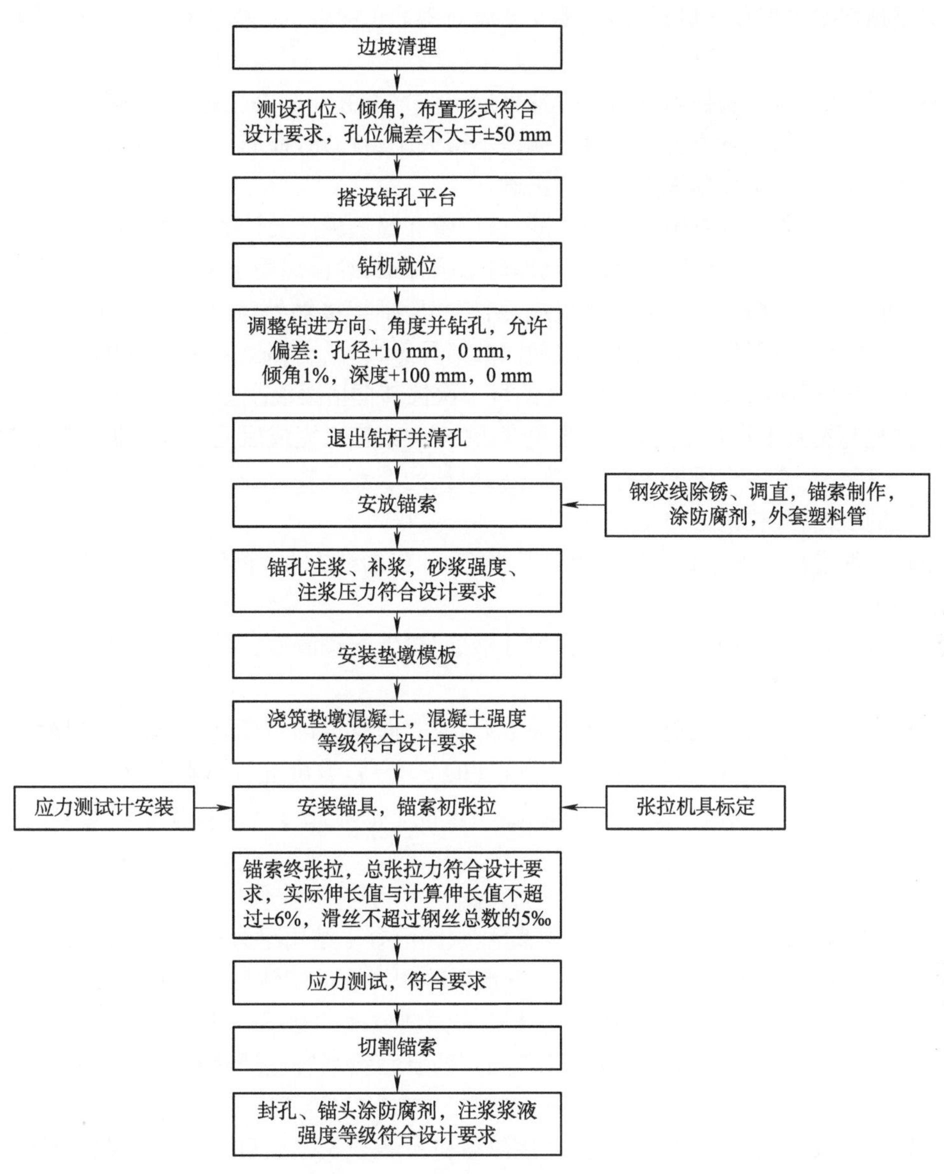

图 4-6-9 预应力锚索施工工艺流程

(3)框架梁施工

钢筋混凝土框架梁采用现场浇筑方式施工，纵梁延伸至坡顶及脚墙顶，横梁延伸至挖方区边界，当延伸长度大于 2 m 时梁上增设锚杆。横梁部分应每隔 10～15 m 设置一道伸缩缝，缝宽 2 cm，用沥青麻筋填塞。钢筋必须除锈，在钢筋绑扎并与锚杆连接锚固好后，尽快施工模板，模板加固要直顺，不得出现凹凸曲折。混凝土浇筑施工时采用小型振动棒，并严格按振动棒操作规程施工，不得震动模板及钢筋，同时制作好混凝土试件。混凝土施工完毕后要及时保养。

框架梁坡面布置形式为井字型，框架梁一般梁宽 0.4 m，高 0.3 m，现场浇筑时框架梁下设厚 5 cm 的 M30 水泥砂浆找平层。

预应力杆采用高强预应力螺纹钢筋，其同距、长度应根据边坡地质情况确定，预应力杆体与水平面的夹角为 15°～20°，设计长度根据岩体破碎程度确定，一般采用 10～12 m，锚孔直径 11 mm，预应力锚杆用 1 根直径 32 mm 的 PSB785 预应力螺纹钢筋制作，杆身每隔 1.5 m 设 ϕ12 mm 钢筋的对中支架一个。

锚墩表面尺寸 0.4 m×0.4 m，应与框架同时浇筑，锚墩表面应与锚杆轴线垂直。

锚索框架梁施工：施工时分四步进行，首先沿坡面加工绑扎钢筋，两立模板，最后浇筑混凝土。浇筑前对每一束锚索要预埋锚垫板和孔口管,锚垫板安装应与钢筋角度垂直。框格梁的交叉处要多加振捣,确保密实。

对于框格梁锚索的肋柱,肋柱内管道设置井字形定位钢筋并点焊在主筋上,不容许铁丝定位,确保管道在浇筑时不上浮、不变位。管道设置的容许偏差不得大于±1 cm,横向不得大于 0.5 cm,肋柱加密箍筋间距可根据实际情况调整,确保预埋管道位置正确。

在混凝土灌注前,必须将锚具中的螺旋钢筋、波纹管和锚垫板按设计要求固定在横梁与竖肋交点处的钢筋上,方向与锚孔方向一致,摆放要平整。浇捣时必须仔细,确保混凝土密实,并不能使锚具移动。施工采用分段进行,每段分别由横梁、顶梁、底梁组成,两相邻段框架接触处(横梁、顶梁、底梁)留 2 cm 宽伸缩缝,用浸沥青木板填塞。由于框格梁底面受坡面凹凸情况影响,凸出部位采用局部打凿,凹入部位,可先用 C30 混凝土衬垫,再进行钢筋安装;凹入量不大的可一次性与框格梁混凝土一起浇筑。

锚筋体应调整与锚具工作台垂直,尽量避免弯折,框架梁施工完成后应从锚垫板空隙补浆口补浆。

在进行钢筋安装时,有一个重要工序,那就是锚斜托的准确安装,按照同一要求,制作专用的锚板使锚斜托突出框架梁的表面,与锚索方向垂直。

在需要做钢绞线混凝土框架处的坡面上进行平整,凸出的地方要刻槽,宽度比梁体略宽,并用砂浆抹平,作为立模的基面。

模板采用木胶合板,施工中要保证梁体的尺寸准确,轮廓线条清晰。模板的安装要有足够的强度和整体性,确保混凝土灌注中模板不变形。

对于锚索框格梁,每段框格梁混凝土浇筑完成后,应立即检查每一管道是否漏浆和堵管。混凝土浇筑后,安排专人养护。在锚固体及锚固墩达到设计强度的 90%后,方可进行锚索张拉。

为了使框格梁的锚梁上表面与锚索轴线垂直,预先将 1 根外径与桩头直径相同的薄壁钢管和垫板正交焊牢。

3. 挡墙施工

(1)挡墙墙身混凝土强度不低于 C30,且应满足《铁路混凝土结构耐久性设计规范》相关要求。

(2)挡墙基础埋深,一般地段不小于 1.0 m,有水流冲刷时在冲刷线以下不小于 1.0 m;墙基位于倾斜地面时,对土质和软岩地基,墙趾埋深≥1.0 m,距墙前倾斜坡面的水平间距 2.0~2.5 m;硬质岩地段,墙趾埋深≥0.6 m,距墙前倾斜坡面的水平间距 1.5 m。挡墙倾斜基底应严格按设计要求施工,不得改缓或改陡;漫水地区挡墙基底需设计为水平。

(3)挡墙基础沿线路方向位于斜坡上时,基底纵坡应不陡于 5%,若陡于 5%时基底做成台阶式。

(4)挡墙后地面横坡陡于 1∶5 时,应将坡面挖成台阶和进行必要的处理后方可填筑,以免填方顺原地面滑动。

(5)墙前基坑采用 C25 混凝土回填,并将回填面做成向外倾斜不小于 4%的横向流水坡,以免积水软化地基。

(6)挡墙墙身强度应达到 70%后方可进行墙后反滤层和路堤填土施工,每段墙身浇筑应一次完成。

(7)为保证挡土墙在施工过程中的自身稳定,施工中墙背应及时回填夯实。墙背填料、压实标准及施工要求应满足规范及设计要求。

(8)墙身沿线路方向每隔 10~15 m 结合墙高或地基条件的变化设置伸缩缝或沉降缝,宽 0.02 m,缝内沿墙顶、内、外三边填塞沥青麻筋,深 0.2 m。

(9)墙身于反滤层内,每隔 2 m 上、下、左、右交错设置 ϕ0.1 m 的 PVC 管泄水孔,其排水坡不小于 4%。有大股水流处,应加密泄水孔,下部防渗层顶面处必须设置一排泄水孔。墙顶 0.5 m 高的范围及最底排泄水孔下部 0.3 m 范围内设防渗层,宽 0.3 m,采用 C25 混凝土浇筑。

(10)墙背上、下防渗层之间设置厚不小于 0.3 m 的袋装砂夹卵砾石反滤层。

4. 桩板墙施工

路堑桩板墙施工时采用从两端向中部隔桩人工挖孔。桩身钢筋笼采用集中加工,现场吊装,桩身混凝土及时连续浇筑，避免桩身形成相对软弱截面。混凝土采用集中拌和，混凝土罐车运送，泵送入孔。桩身混凝土达到设计强度后，方可安装挡土板，进行墙背填土，或开挖桩间土体。桩间土体宜从上至下逐层开挖，随挖随安装挡土板，挡土板集中预制，现场吊装。施工流程如图 4-6-10 所示。

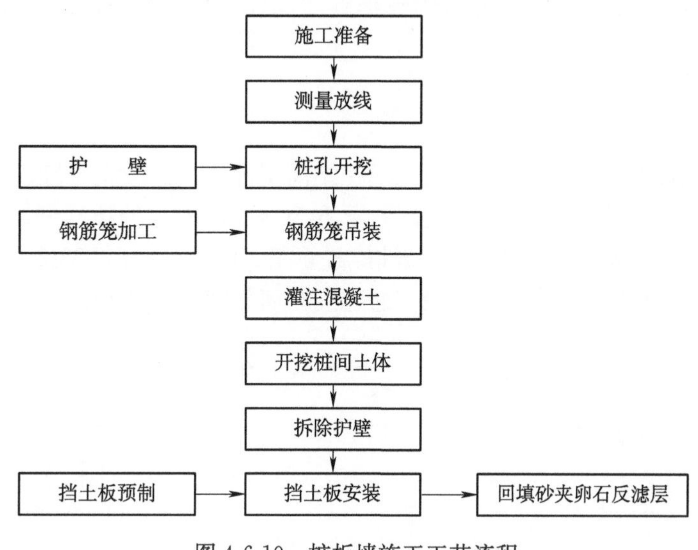

图 4-6-10 桩板墙施工工艺流程

5. 边坡绿化施工

按设计要求放出喷插种草的范围，准备喷播机、草籽、有机肥料、有机纤维素、黏合剂、土壤安定剂、水、无纺布等。

清理坡面、整平，松散部位夯实，然后洒水润湿坡面。

将配制好的草籽混合料放入喷播机中，再加入适量的水搅拌，用喷播机把草籽混合料均匀地喷洒在平整好的坡面上；喷洒混合料完成后，在坡面上铺一层无纺布防护；喷播完成一定时间草籽发芽后，检查每平方米内种子发芽数是否满足要求，若不足则进行补种或补喷。

施工完毕后进行精细的养护管理，包括覆盖、浇水、施肥和病虫害防治。

在施工过程中，同步安装自动养护喷淋系统，可全面覆盖整个坡面混凝土和灌木草籽养护。该系统自带温度检测和空气湿度检测设备，而且可以根据不同地点不同时间的温湿度含水量不一致进行单独喷淋浇水，从而既能达到精确灌溉的目的，又能达到节省用水的目的，降低人工成本，并确保灌木草籽的成活率。

(四)沉降变形观测数据分析与评估

路基沉降观测采用 DCM 物位计自动监测系统，由 DCM 自动观测物位计(含软件)、物位计保护套、基准板、沉降板、定位装载箱、传输总线、工控设备箱组成。

工作原理：变形产生的压力作用到压力感应部件，压力感应部件将压力信号转换成电信号输出；经过控制系统、数据传输系统和数据分析系统，将测量对象的变形量以直观的数字或图表显示。

深层沉降监测、加筋(土工格栅)变形和应力监测按不同的地质地貌单元，选择有代表性地基类型工点进行；在一般路基地段，监测点布置于路基基底和基床底层顶面；软土及松软土路基填筑时，沿线纵向每隔 20～50 m 在距坡脚 2 m 处设置位移边桩。

(五)路基排水

路基排水施工是一项系统性较强的工程，本标段的路基排水工程包括排水沟、侧沟、天沟、排水槽、平台截水沟。

路基防排水工程原则上按“挡护先行、路基完成一段、防护一段、验收一段”进行，在路基主体完工后及时完成路基的防护工程；取弃土场坚持先挡后弃，弃后及时平整绿化，防止水土流失。路基排水尽量与附近桥、涵、车站等排水设备衔接，所有天沟、侧沟、排水沟之水，必须归入涵洞或自然沟槽之中，组成合理的排水系统，同时考虑农田水利综合利用。无砟轨道路基线间排水采用集水井，再通过埋设于路基内(基床表层下一定深度)的横向排水管将水引出路堤坡脚外或排水沟、路堑侧沟内。集水井和横向排水管的设置间距 50.0 m 左右，横向排水管采用 ϕ150 mm 镀锌钢管或高强度耐压复合材料排水管。排水沟模板采用大块整体塑酯模板。

(六)综合接地

1. 施工概况

路基地段，贯通地线设在线路的一侧；贯通地线在站前工程中预先埋设，贯通地线要求尽可能直，禁止形成环装；贯通地线在电缆槽下方，埋设在级配碎石下方 300 mm；贯通地线每间隔 50 m 用分支铜缆引出至信号电缆槽内，露出 100 mm。贯通地线技术规格：截面积 70 mm^2 的环保型接地铜缆；分支铜缆技术规格；截面积 35 mm^2 环保型接地铜缆。路基地段贯通地线断面如图 4-6-11 所示。

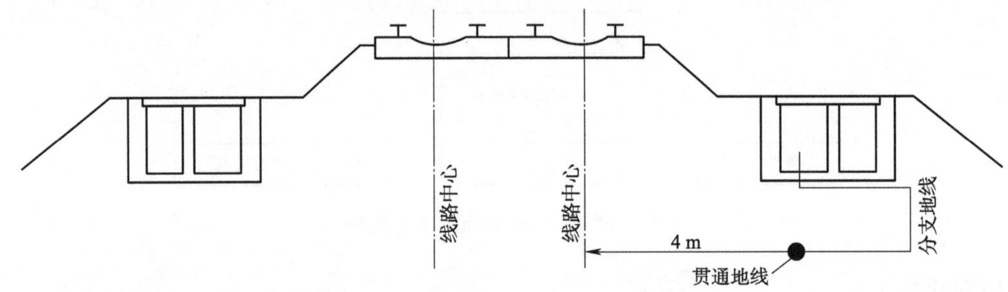

图 4-6-11 路基地段贯通地线断面示意

土质路堑地段，线路两侧均设置贯通地线；在换填级配碎石前，将贯通地线埋设在线路两侧预挖 300 mm 的贯通地线沟内，贯通地线垂直信号电缆槽；贯通地线沟回填土以后再进行级配碎石换填工序，土质路堑地段综合接地断面如图 4-6-12 所示。

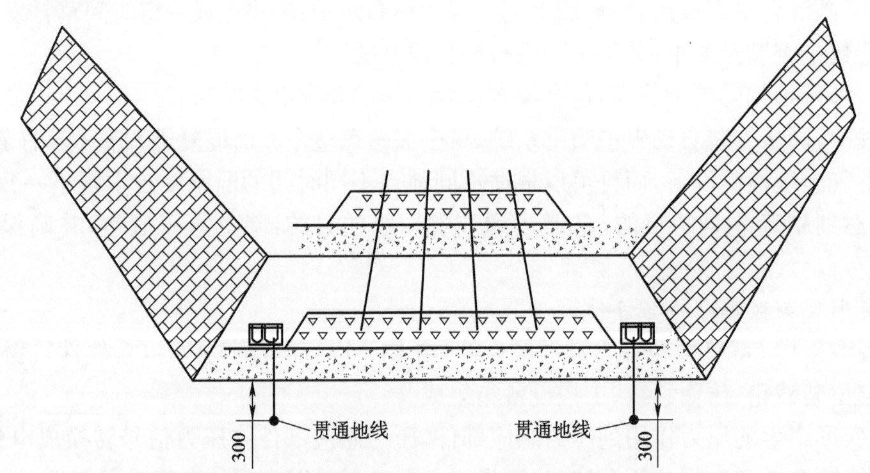

图 4-6-12 土质路堑地段综合接地断面示意(单位：mm)

石质路堑地段，线路两侧均设置贯通地线，贯通地线置于信号电缆槽内；长度超过 200 m 的石质路堑地段需要单独设置接地极；单独接地极接地电阻应小于 4 Ω，可采用爆破换土、增加降阻剂、外引等方式，外引长度应小于 30 m。石质路堑地段综合接地断面如图 4-6-13 所示。

2. 施工过程

(1)路基面碾压平整

路基基床底层 A、B 组填料按正常填筑工艺施工至轨面设计高程，进行路基面的碾压平整，并经检测合格，基床底层填筑至高于贯通地线埋设高度的＋60 mm 处。

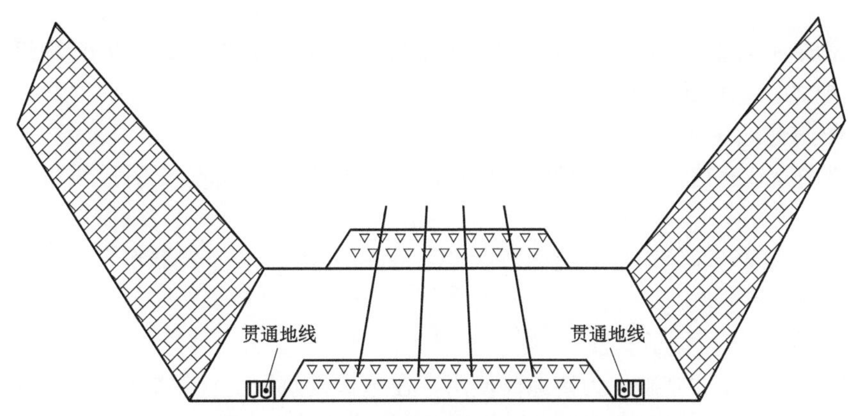

图 4-6-13 石质路堑地段综合接地断面示意

(2)测量定位

在检测合格的路基面上测设纵向贯通地线埋设位置,撒白灰标识。监理人员对其位置进行检查。

(3)成槽

沿白灰线用切割机械在填筑面开挖出约 60 mm 深、宽度略大于贯通地线直径的小槽。清除槽内虚渣及碎石块等坚硬凸出物,达到设计高程且平整无突变起伏,满足铺设贯通地线的要求。监理对成槽质量进行检查,确保电缆埋深。

(4)铺设综合贯通地线

经监理检查合格后向小槽内回填 40 mm 厚的粒径不大于 5 mm 的土壤,然后敷设贯通地线,再回填 40 mm 厚的粒径不大于 5 mm 的土壤,进行人工夯实,地线敷设采用电缆支架,人力拉引。贯通地线接续原则上除配盘长度外不得出现人为接头,困难区段端头间隔 200 m,贯通地线端头处裸铜导体进行密封防腐处理,贯通地线应处于平顺不受力状态。监理对接头质量进行检查,接头质量应满足设计和验标要求。

路堤地段在埋设贯通地线时,先将分支引接线引至路堤边坡并预留出回折长度,然后进行上层填筑施工。引入电缆槽的回折在路基填筑完成后,进行电缆槽开挖施工时,在相应回折位置人工或用小型机具开槽施工,施工方法同贯通地线埋设。

硬质岩路堑地段贯通地线埋设,在切割安装电缆槽时,同时切割 0.2 m×0.2 m 的小槽,铺设贯通地线,槽内回填细粒土并人工夯实。在需要横向连接的位置,同时横向切割出 0.2 m×0.2 m 的小槽,铺设横向连接线,槽内回填细粒土并人工夯实。

(5)分支引接及横向连接线的埋设

贯通地线通过分支引接线侧向水平引至路基边坡,沿护肩底以及电缆槽底引至接触网支柱基础上的接地端子。

分支引接线的埋设:分支引接线埋设工序与贯通地线相同,一端与贯通地线 C 形压接,另一端与接触网支柱基础上预制的接地端子栓接;在引接线中部适当位置再与电缆槽侧壁预制接地端子尾端 C 形压接;每个接触网支柱、跨线建筑物及桥梁与路基、隧道与路基过渡段处各埋设一根分支引接线,材质同贯通地线。

两侧贯通地线间的横向连接:长度超过 1 000 m 的路基地段,每间隔 500 m 左右将上下行贯通地线连接一次;长度为 500～1 000 m 的路基地段,在路基段中间将上下行贯通地线连接一次;长度小于 500 m 的路基地段,不考虑贯通地线的横向连接;横向连接线的规格、埋设深度、埋设工序及工艺与贯通地线相同。

引接线与综合贯通地线用两个 C 形连接器以压接方式连接,压接采用 12t 的专用压接钳并进行检验标定。监理对压接效果进行检查,合格后予以确认。

(6)人工夯实

综合贯通地线及分支引接线、横向连接线敷设完后,回填 40 mm 粒径不大于 5 mm 的土壤,人工用小型冲击夯夯实。监理对夯土质量进行检查,保证夯土密实。

(7)保护层

在夯实施工完成后,经监理确认,在地线位置上部铺设不小于 100 mm 厚的 A、B 组填料。用压路机碾平压实,进行正常的路基填筑施工。

3. 路基与桥梁贯通地线连接

在邻近过渡段的路基通信信号电缆槽侧壁处预留接地端子,并预埋分支引接线将接地端子与贯通地线连接。

桥梁地段的贯通地线沿通信信号电缆槽敷设至路基段,采用 L 形连接器将贯通地线与路基段通信信号电缆槽预留的接地端子连接。

4. 路基地段接地体、接地端子设置

路基地段利用接触网支柱基础作为接地体使用。在施作接触网支柱基础时,在基础沿线路方向起点侧面预制接地端子,接地端子的连接钢筋要求与基础内结构钢筋和至少两根接触网支柱基础螺栓可靠焊接;接地端子供轨旁设备及无砟轨道板等设施接地;接地极通过分支引接线与贯通地线连接。路基地段接地体、接地端子设置如图 4-6-14 所示。

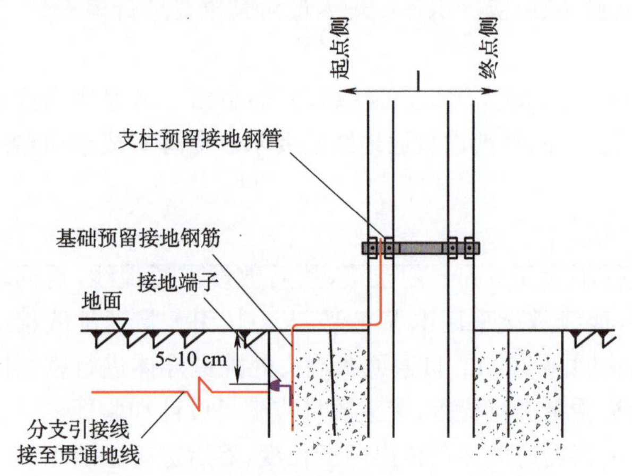

(a) 混凝土支柱杯形或直埋基础(HJ)的接地装置安装示意

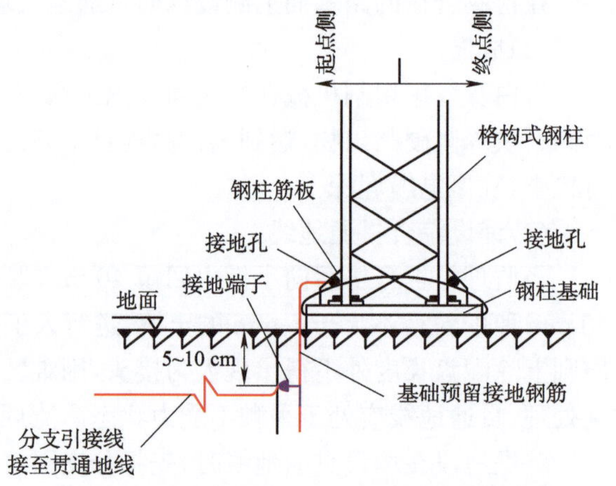

(b) 格构式钢柱基础(GJ)的接地装置安装示意

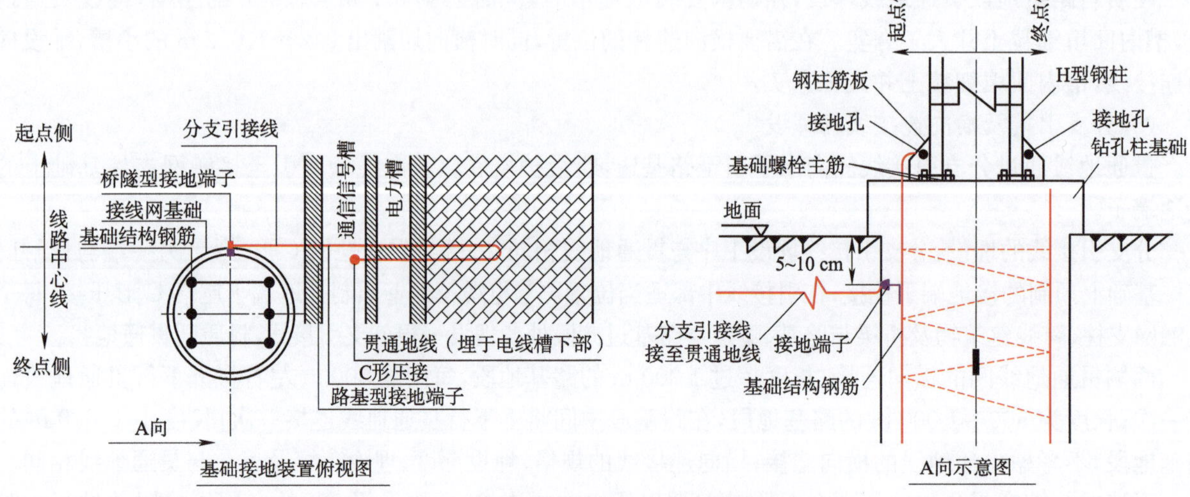

(c) 钻孔桩基础(ZJ)的接地装置安装示意

图 4-6-14 路基地段接地体、接地端子示意

二、涵洞工程

龙川西站共两座涵洞,全部为排水涵,其中 DK215+895 为 2-1.5 m 箱涵,DK217+052 为 2-2 m 箱涵。

涵洞基坑开挖采用机械与人工配合施工。基坑挖土自上而下进行。对于需要进行换填处理的涵洞则根据设计要求进行基础换填,将地基进行加固处理。

框架涵采用现浇混凝土施工;所有施工所用混凝土都采取集中拌制,罐车运输、输送泵输送入模。钢筋集中加工,现场绑扎成型。施工工艺流程如图 4-6-15 所示。

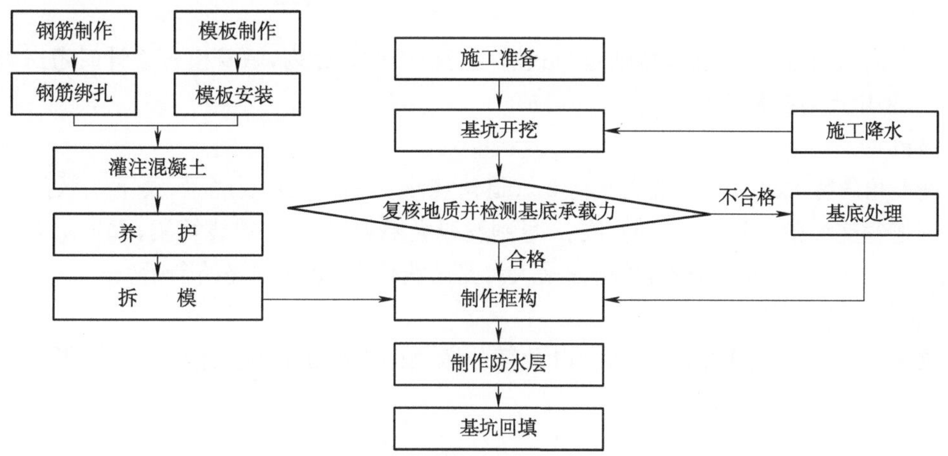

图 4-6-15 涵洞工程施工工艺流程

三、桥梁工程

(一)基础施工

1. 明挖扩大基础

部分桥台基础一般采用明挖扩大基础。

明挖扩大基础的土方开挖采用人工配合挖掘机开挖,石方开挖采用风动凿岩机钻眼,浅眼爆破法开挖,开挖时采用预裂控制爆破,以保证基岩的完整性不被破坏。有水基坑开挖时,采用水泵直接抽水。

基坑开挖完成后,采取内拉外撑钢模板进行基础混凝土模筑。扩大基础混凝土采取洒水覆盖养护措施。

2. 桩基施工

桩基础采用冲击钻和旋挖机进行钻孔桩施工,水下混凝土灌注。为确保钻孔桩钢筋笼加工质量,全线桥梁钻孔桩均采用钢筋笼自动滚焊机制作,取代了钢筋笼手工绑扎制作工艺。

使用“放心灌”灌注桩防超灌智能提醒仪专注于解决灌注桩施工中的管理问题。高效地解决地基工程中灌注桩浇灌时普遍存在的超灌过度和出桩不齐造成的混凝土浪费、施工效率低下问题。

桩头破除前,在设计桩头高程位置采用切割机对钢筋保护层部分进行环形切割,使桩头破除时能有效保证高程一致、桩头及下部钢筋的完整性、平整性等技术要求。

3. 承台施工

陆地承台基坑采用人工配合挖掘机开挖。基坑开挖到设计高程后,采用风镐及人工破除桩头至设计高程。然后平整基坑底面,浇筑混凝土垫层。垫层混凝土达到设计强度后,在其上绑扎承台钢筋,支立模板,浇筑混凝土,洒水养生至规定时间。承台等大体积混凝土要采取控制水化热和混凝土内部降温措施,加强养护,防止混凝土开裂。

(二)墩台施工

墩、台身模板采用厂制整体大块钢模板，墩台身模板四周设置环形上工作平台支架，墩台身模板采用吊车配合安装和拆除。然后绑扎钢筋浇筑混凝土，墩身高度小于 14 m 的桥墩(台)，混凝土一次浇筑施工到顶；墩身高度超过 14 m 的桥墩，采用分次浇筑施工。混凝土由集中搅拌站提供，混凝土运输车运至现场，混凝土输送泵泵送入模内并振捣。墩身混凝土采用塑料薄膜包裹养护。

为解决承台中墩身预埋竖向钢筋间距不均匀的问题，采用专用定型钢胎具。根据钢筋护面宽度和弧线定制，以设计图纸钢筋位置为依据，在胎具内侧整齐切割出钢筋位置卡槽，绑扎过程中胎具切割出来的每个钢筋位置卡槽正好卡住每根钢筋，既准确定位钢筋，又操作方便，提高了护面钢筋绑扎工效，又确保钢筋骨架搭设整体效果。

为确保车站范围内墩身的美观，特别是门式墩墩身位于候车厅内，墩身模板设计时考虑到墩身施工完成后的美观性，采用无对拉杆模板设计。

(三)梁部施工

龙川西站石角碑特大桥有 5 联现浇 6×32 m 道岔连续，2 孔 24 m 现浇梁，寨下工区走行走线有 1 联现浇 3×32 m 道岔连续梁，寨下 1 号到发线、2 号到发线大桥 12 孔现浇单线箱梁，太平山大桥有 2 联现浇 6×32 m 道岔连续，2 孔 24 m 现浇梁，龙川西站大湾路站线桥有 60 孔现浇站台梁。

1. 道岔连续梁施工方案

由于桥梁地势墩与墩之间高差比较大，以及部分墩之间需要留设施工便道，故采用钢立柱贝雷梁支架，具体施工流程如图 4-6-16 所示。

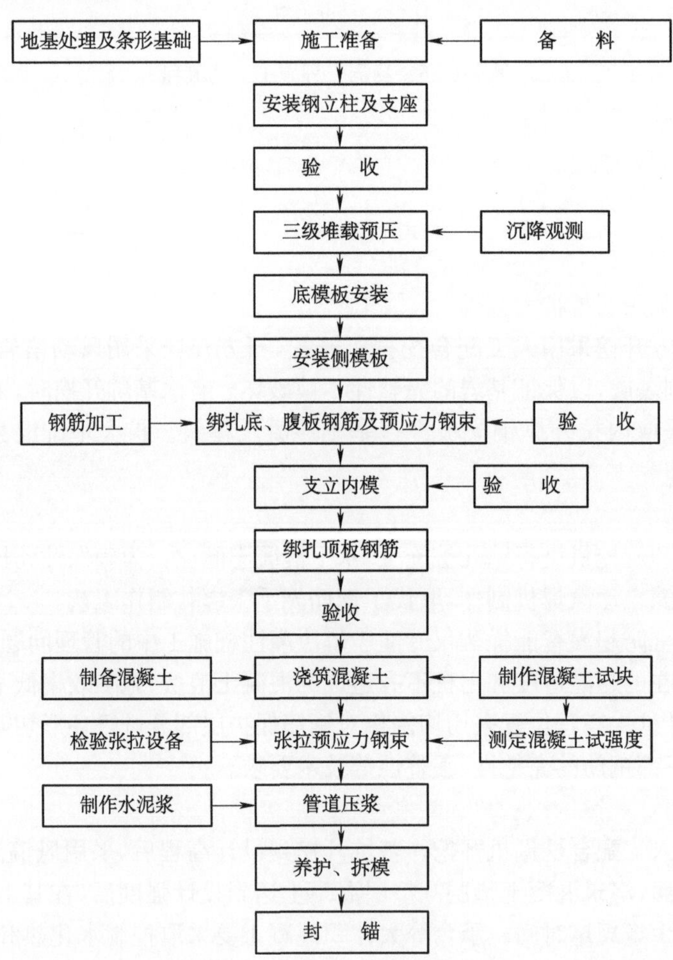

图 4-6-16　道岔连续梁施工流程

9.98 m 宽道岔连续梁跨中钢支墩底部设置 12 m×1.2 m×0.8 m C20 钢筋混凝土条形基础，11.29 m 宽道岔连续梁跨中钢支墩底部设置 24 m×1.2 m×0.8 m C20 钢筋混凝土条形基础，条形基础下设置 0.2 m 厚 C20 素混凝土垫层，地基承载力均不小于 150 kPa。整个支架区域内充分利用地势情况排水，基础四周设置 0.6 m 宽水沟，雨天加强现场巡查，确保水沟通畅，及时排走雨水，严禁基础被水浸泡。钢管柱贝雷梁支架具体布置如图 4-6-17 所示。

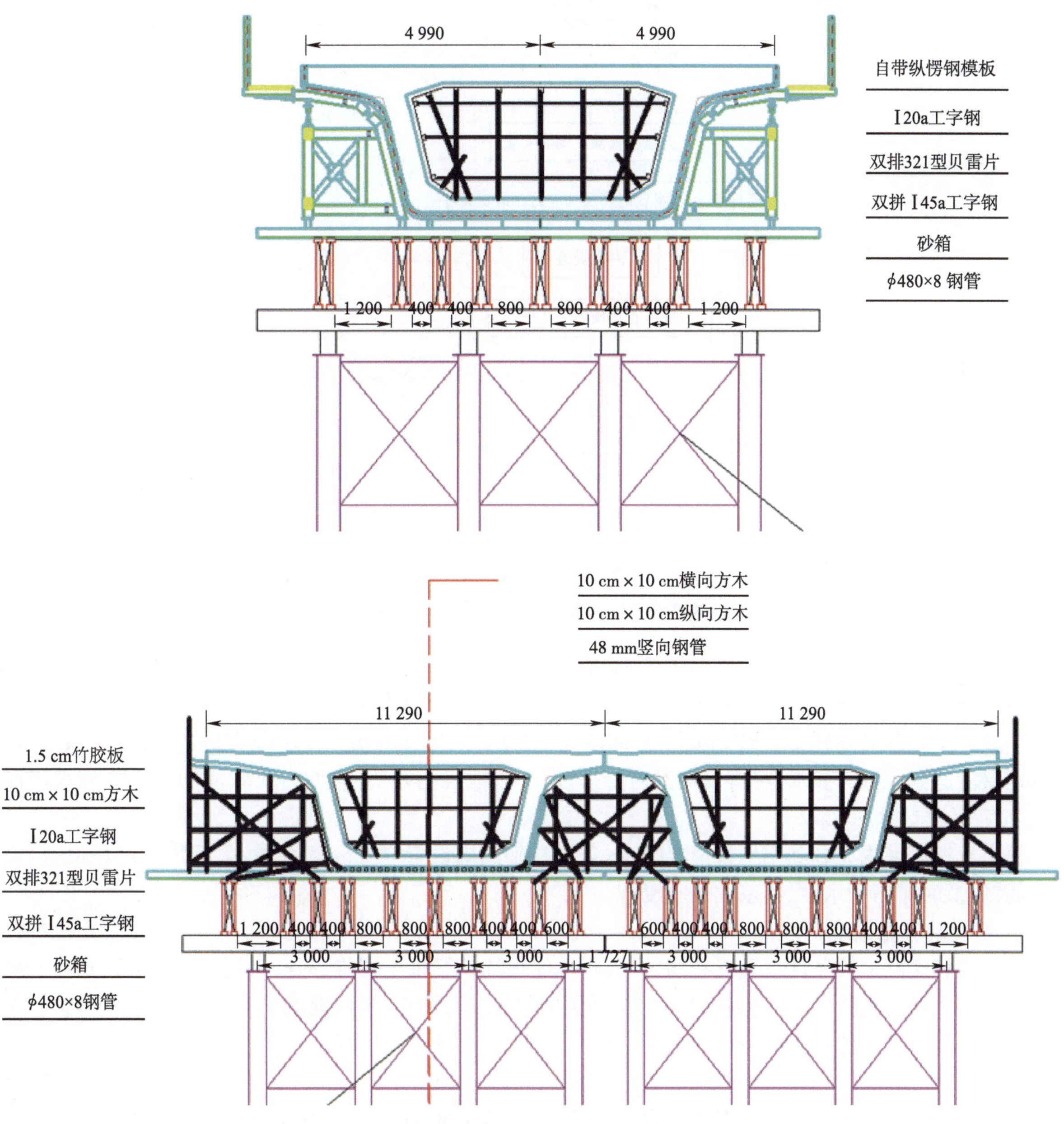

图 4-6-17 钢管柱贝雷梁支架具体布置(单位:mm)

2. 站台梁施工方案

龙川西站和大湾里站线桥站台梁采用支架法现浇施工。结合现场实际地质条件以及现有周转材料，采用螺旋焊管+双拼 I 45a 型工字钢+贝雷梁+ I 20a 工字钢+盘扣+方木+1.5 cm 木模板(底膜板)和满堂红盘扣式支架方木+1.5 cm 木模板(底膜板)两种方案。这两种方案，站台梁翼板支架均安装在到发线单线箱梁上，侧模、端膜、外模均采用木模板，底模采用木模现场拼装，钢筋为 2 号钢筋加工厂集中加工，现场绑扎，泵送混凝土一次浇筑，洒水养生。站台梁支架法现浇工艺流程见工艺流程如图 4-6-18 所示。

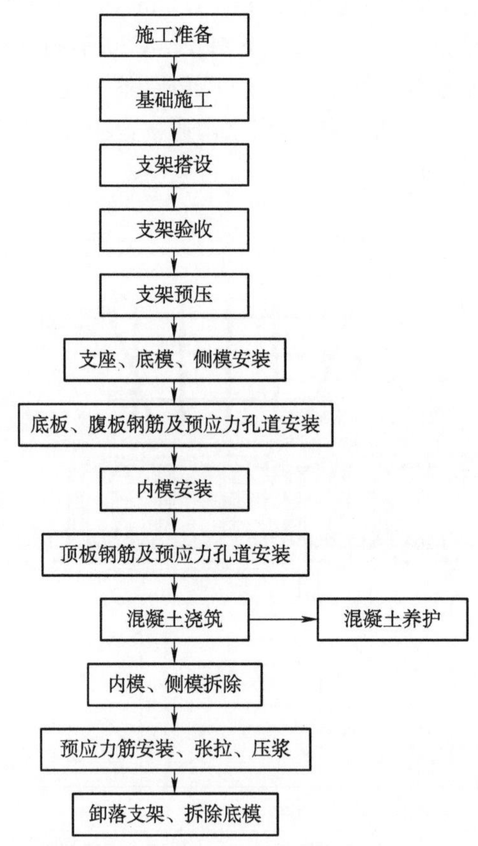

图 4-6-18 站台梁支架法现浇工艺流程

旋螺管支墩底部中间条形基础的 1 级条形基础尺寸 10 m×2 m×0.3 m，2 级条形基础尺寸 9 m×1.2 m×0.7 m，地基承载力均不小于 200 kPa。当基础承载力达不到 200 kPa 时，应先挖除软弱层直至漏出原状土承载力达到 200 kPa 以上，再回填片石(片石层厚 1.5 m)，分层夯实后，方可施工条形基础。如原地层能达到承载力要求，将搭设范围内整平，把松散地表土夯实；靠近门式墩柱的两排立柱采用四拼 630a 工字钢做支撑。

整个支架区域内充分利用地势情况排水，条形基础四周设置 0.6 m 宽水沟，雨天加强现场巡查，确保水沟通畅，及时排走雨水，严禁基础被水浸泡。

3. 单线现浇箱梁施工方案

根据现场实际地质条件以及现有周转材料，单线现浇箱梁采用螺旋焊管＋贝雷梁＋架管方案。侧模、内模均采用木模现场拼装，钢筋为钢筋加工厂集中加工，现场绑扎，泵送混凝土一次浇筑，洒水养护。单线箱梁支架法现浇工艺流程如图 4-6-19 所示。

钢螺旋管支墩底部中间条形基础(无桩基)为长 9 m×宽 3 m×高 0.8 m C20 钢筋混凝土条形基础，地基承载力均不小于 200 kPa。当条形基础下设置桩基时，条形基础为长 9 m×宽 4.5 m×高 0.8 m。

当条形基础(无桩基时)承载力达不到 200 kPa 时，应先挖除软弱层直至漏出原状土承载力达到 200 kPa 以上，再回填 A、B 组料，分层夯实，压实后采用重型动力触探检测地基承载力是否满足设计要求。如原地层能达到承载力要求，将搭设范围内整平，把松散地表土夯实即可。

整个支架区域内充分利用地势情况排水，条形基础四周设置 0.6 m 宽水沟，雨天加强现场巡查，确保水沟通畅，及时排走雨水，严禁基础被水浸泡。

现浇梁施工时，垫石采用人工电镐凿毛，支座位置使用全站仪放样后用墨线弹射出中心线精准就位。支座处采用环氧树脂粘碎石防空鼓工艺施工。

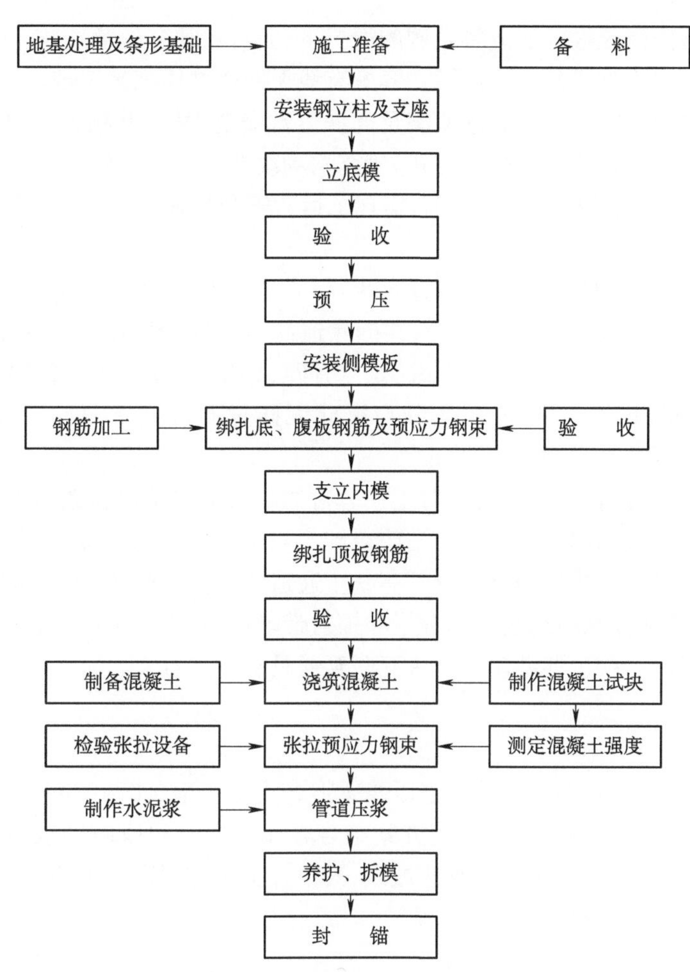

图 4-6-19　单线箱梁支架法现浇工艺流程

第三节　引入枢纽工程施工

一、施工概况

赣深铁路采用线路别结合方向别自北向南引入深圳北站，在引入深圳北站后，既有车站面临极大的运输压力，现有多方向列车接发能力有所欠缺，无法满足行车需求。故在车站不停止运营、现有规模不改动的情况下，首次采取“破旧扩新”的方法，对部分股道和站台进行拆除重建，分两个阶段先后对深圳北站南、北咽喉，东、西半场进行改造，新建两条动走线，完成信号软件换装、接触网、通信、电力、道岔插铺等改造升级，全方位优化提升了多方向列车接发能力，使深圳北站在满足现有多条铁路线路接入的基础上，具备引入赣深铁路及新建深圳北站第二动车所的能力。

深圳北站南咽喉改造方案与原设计方案一致；北咽喉西侧改造，赣深至深圳北上下行联络线本次同时接入深圳北站，下行联络线接入既有动走 A 线，上行联络线平行接入深圳北站，与下行联络线线间距 6.5 m，改建动走 A 线及新建动走双线接入赣深至深圳北上行联络线接入深圳北站，动走线与联络线正线接轨处设置安全线，同时 19、20 道到发线接通广深港正线，改造 17～20 股道接入车站咽喉。北咽喉东侧结合无砟轨道的拆除、插铺道岔，在不增加施工总工期和对车站运输影响的情况下，为更方便股道利用，改建动走 B 线接轨联络线，同时新建动走线接通 1～2 股道，动走线通过赣深至深圳北下行疏解线接入 3～6 股道，改造 1～6 股道及咽喉，本方案接发车进路采用 18 号道岔，动走线接入 1～2 股道进路采用 1 组 12 号道岔。

针对营业线不中断运营的前提下破除、外运无砟轨道的技术难题，总结形成了一整套既有无砟道床破除及外运施工工艺;在国内尚无参考的成熟先例的情况下,面对在既有运营高铁无砟轨道地段插铺无砟道岔的挑战,先后插铺了8组无砟道岔并形成了一套既有线无砟道岔插铺施工技术;在行车密度极大枢纽车站开展大规模站场改建的复杂形势下,为既能满足高铁运营安全,又能兼顾工程改造工期,采用以信号专业为主导,线路和接触网等专业协同配合的方式,研究站场改造施工及运输组织过渡方案,在大型枢纽站的CTCS-3级列控系统升级改造中求的情况下,实现了运营安全与施工安全双赢局面大型枢纽站CTCS-3级列控系统升级改造。

本方案主要工程为路基挖方28万 m^3、填方8.8万 m^3,拆除无砟轨道0.508 km、有砟轨道3.617 km,新建铺轨9.505 km(其中无砟轨道1.876 km),共拆除道岔10组(2组12号有砟、8组18号有砟),插铺16组道岔(7组18号无砟、1组12号无砟、7组18号有砟、1组12号有砟),新建道岔15组(其中11组18号有砟、3组12号有砟、1组12号复式交分),有砟无砟过渡段共13处,以及缆线迁改工程;拆迁712.8 m^2,集中于车站北咽喉。

深圳北站站改工程系国内首次成功实现对正在运营的高铁枢纽站进行改造升级,开启了国内大型高铁枢纽站改造的先河,为后续国内的高铁枢纽站改造施工积累了有益的经验,提供了参考范本。深圳北站扩容扩能是完善京港高铁通道,构建"八纵八横"高铁主通道的重要举措,对未来深圳北高铁枢纽在构建粤港澳大湾区现代化综合交通体系中继续发挥骨干和辐射带动作用,进一步提升客运系统运输能力,带动粤北赣南革命老区的经济发展,推进粤港澳大湾区互联互通具有重大意义。

二、路基轨道改造

深圳北站为路基车站,站房高架,车站路基以路堑形式为主。南、北两端咽喉区紧邻正线的到发线均为无砟轨道,无砟轨道改造比较困难。本过渡方案结合客流高峰时间段封锁股道,深圳北站过渡工程按东、西半场同步改造考虑,计划分两步进行改造过渡,其中各步又分别进行了细分。

(一)第一步:北咽喉西半场改造(67日历天)

1. 施工概况

主要涉及17~20道信号机内移、软件换装、接触网迂回供电及改毛,移设停车标、车挡设置,站台及线间临时隔离设施安装等施工,施工概况如图4-6-20所示。

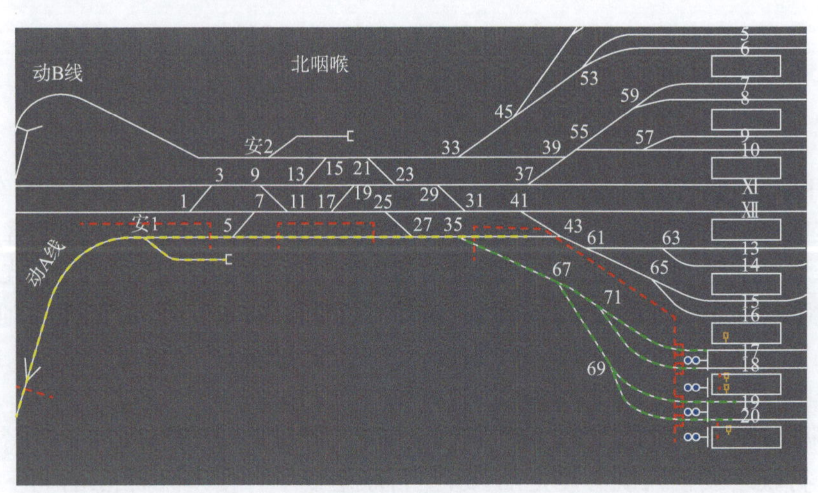

图4-6-20 施工概况

2. 封锁时间

2019年10月10日~2019年12月15日。

3. 封锁范围

封锁动走A线-43号岔(不含43号)后线路及17~20道广州南端改造线路(含安1线),北咽喉既有7号、25号岔开通直股锁闭,封锁情况如图4-6-21、图4-6-22所示。

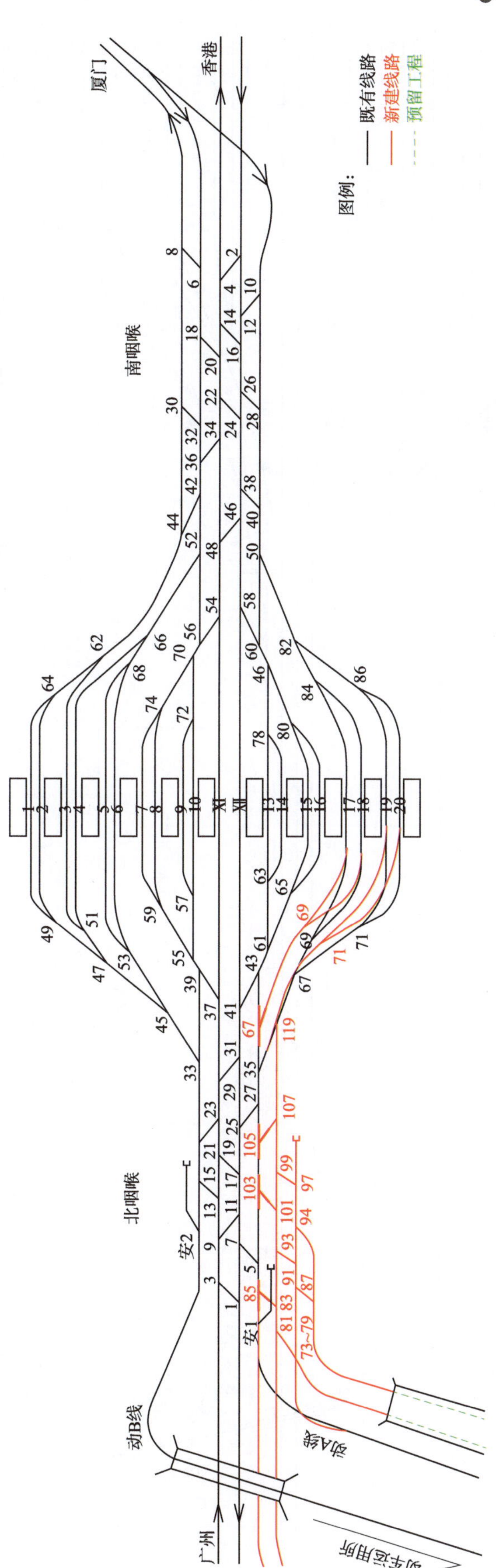

图 4-6-21 深圳北站封锁施工第一阶段

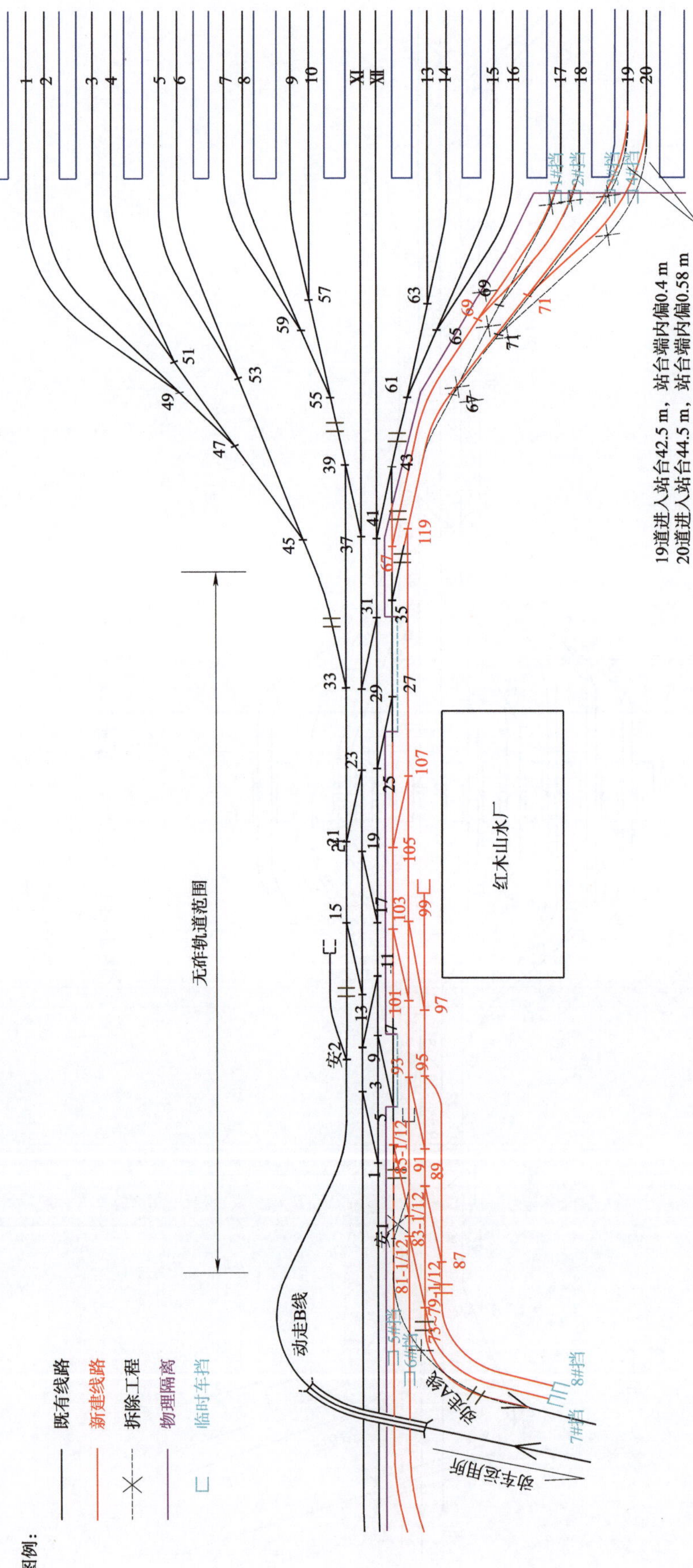

图 4-6-22 封锁北咽喉西半场

4. 限速范围

广深港上行 K2393＋800～K2395＋850 段限速 80 km/h，其限速具体范围如图 4-6-23 所示。

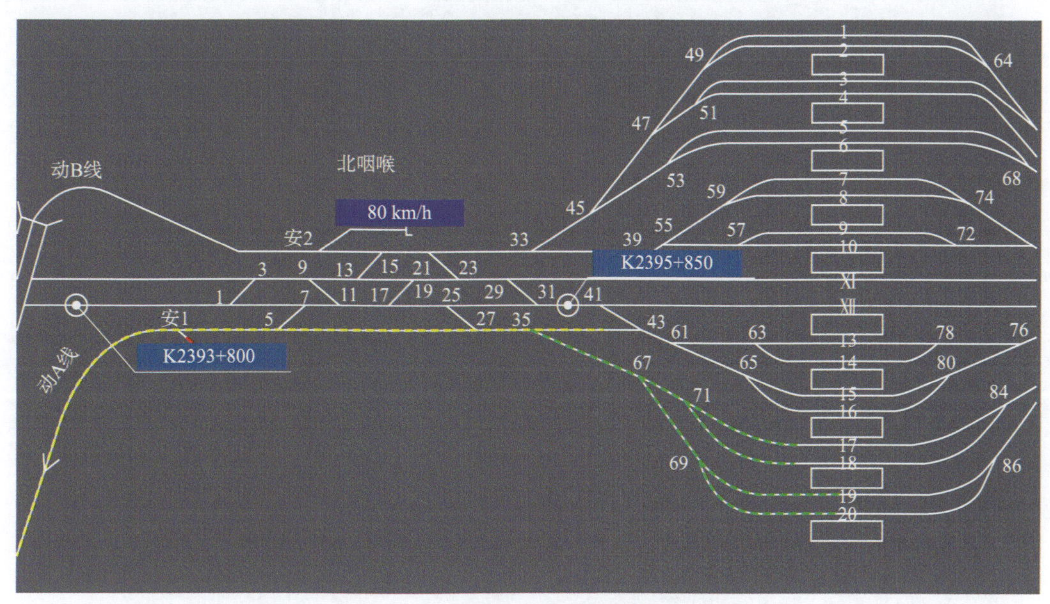

图 4-6-23 北咽喉西半场改造限速范围

5. 设备变化

深圳动车运用所至深圳北站含 17、18、19、20 道北端站台以北线路及安 1、5、27、35、67、69、71 号道岔兼深北动车走行 A 线，停用 XDF、D3、D11 信号机。停用安 1、5、27、35、67、69、71 号道岔，启用新 S17、S18、S19、S20 信号机，如图 4-6-24 所示，由 K2396＋042 移至 K2396＋115 处，及相关轨道设备启用新版列控设备及新版 RBC2 设备，17～20 道有效长度缩短 73 m，作为尽头线使用，仅保留南向接发列车条件，相关 LKJ 数据修改。

6. 施工内容

2019 年 10 月 10 日天窗点内进行 17～20 道站台北端车挡设置，移设 17～20 道北端出站信号机和相关轨道电路设备，更换列控及 RBC 系统软件，保留 17～20 道南向接发列车条件；接触网改锚并拆除相关锚段，停用广深港 218 和 220 供电臂，利用 216 和 219 供电臂迂回供电。封锁期间，实施线间物理隔离，17～20 道站台切割及帮宽，水沟电缆槽过轨管道埋设，拆除无砟及有砟线路，路基换填及处理，线路(含相关道岔)改造，道岔插铺涉及 8 组无砟道岔插铺，西半场 85 号、103 号、105 号、67 号无砟道岔、15 组有砟道岔，如图 4-6-25 所示。插铺 111 号、115 号、117 号无砟道岔需封锁动 B 线及 1～6 道站台北端线路，如图 4-6-26 所示。接触网改造、接触网架设后供电范围恢复，信号改造施工；新增设备及线路经工电联调、静态验收及缺陷克服、信号系统软件挂连及拉通试验完成后，计划在 2019 年 12 月 15 日启用第一版新联锁、TSRS、CTC、微机监测软件，启用第二版列控、RBC 软件，开通北咽喉西半场。

7. 封锁期间影响运输情况

动走 A 线及 17～20 道北端改造线路无法使用，17～20 道作为尽头线使用，无法接发广深港高铁广州南方向列车，仅保留南端接发列车条件；13～16 道动车组进出动车所均需切割广深港高铁正线经动走 B 线运行；封锁期间 17～20 道每股道需依次腾空 2 个天窗点进行接触网换线调整施工。

(二)第二步：北咽喉东半场、南咽喉改造(67 日历天)

1. 封锁时间

2020 年 10 月 10 日～2020 年 12 月 15 日。

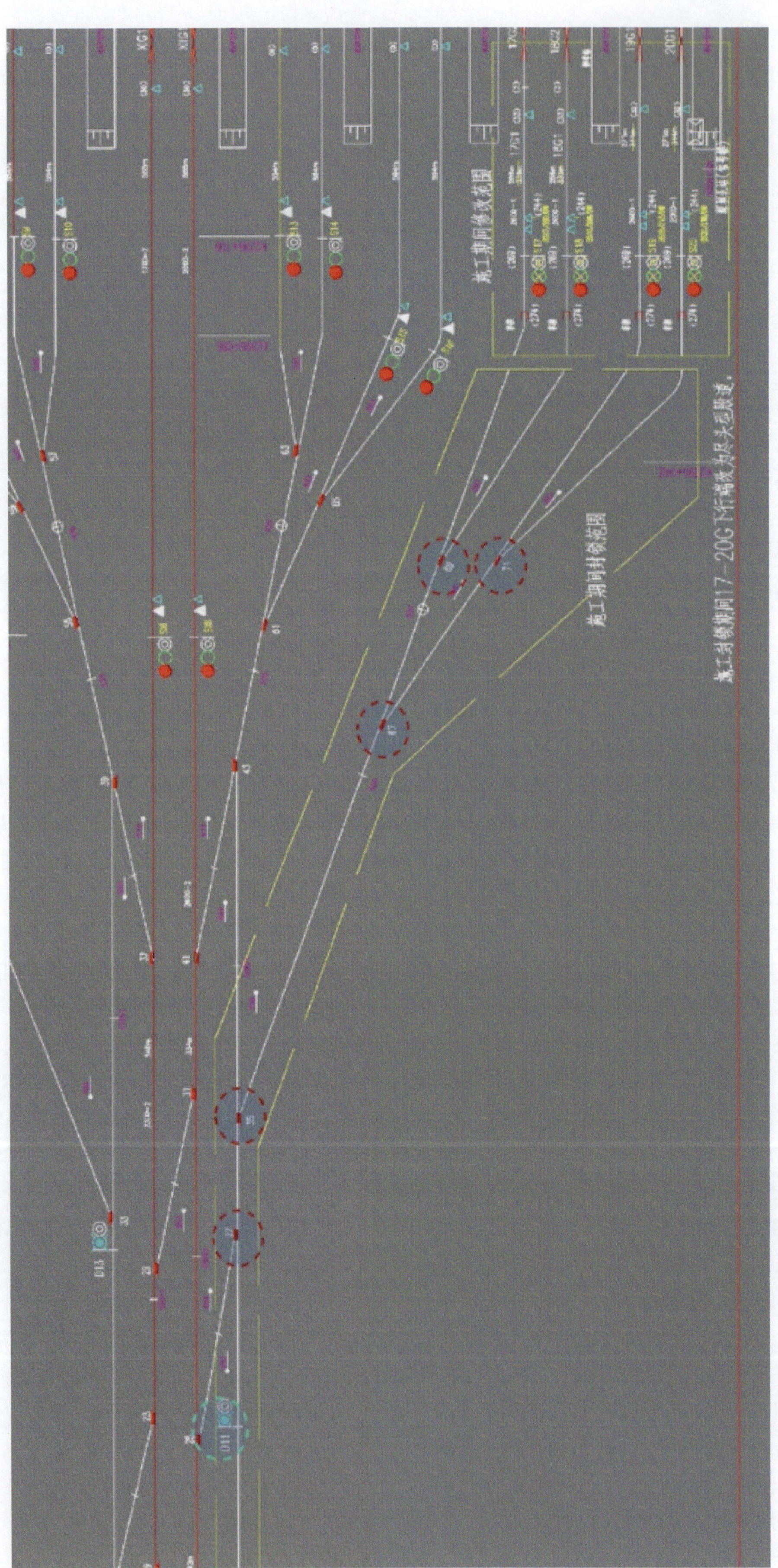

图 4-6-24 北咽喉西半场信号机变化

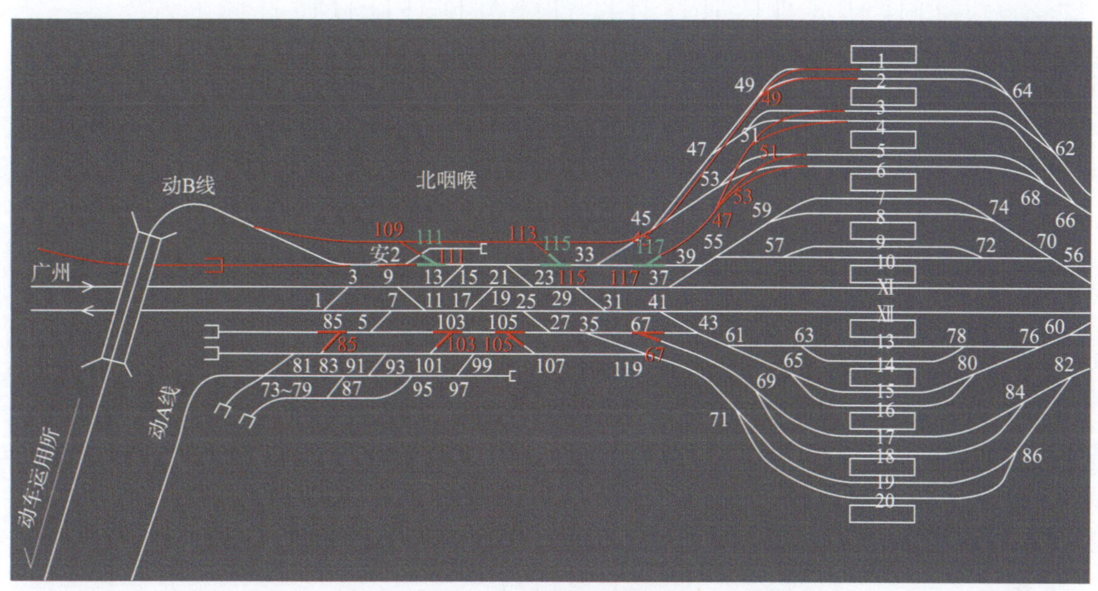

图 4-6-25 北咽喉道岔插铺

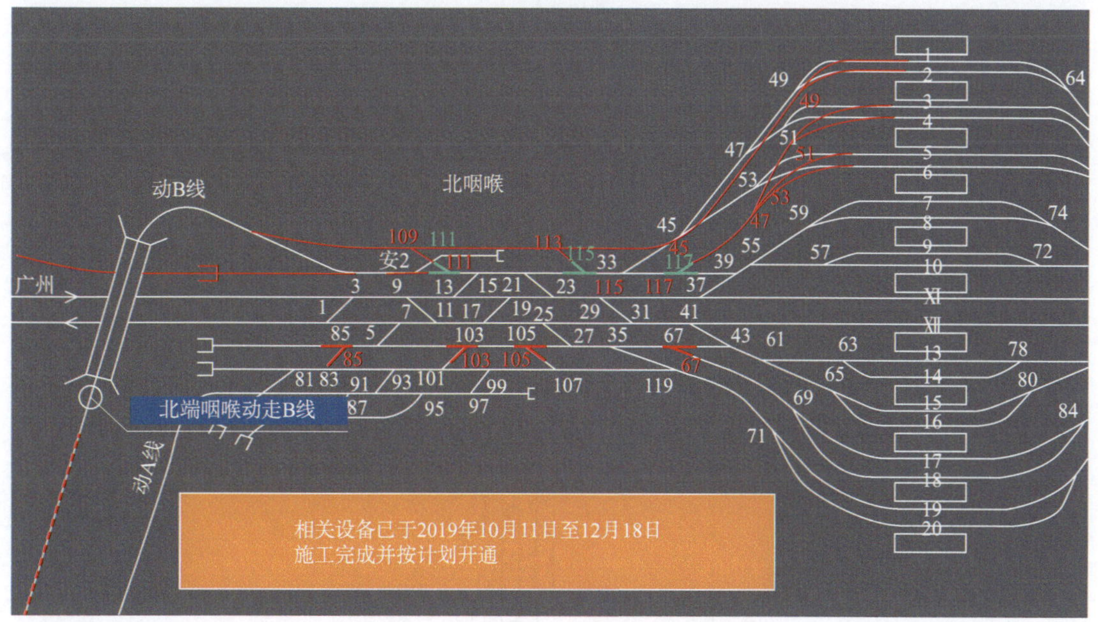

图 4-6-26 封锁动 B 线及站台北端线路

2. 封锁范围

封锁动走 B 线 39 号(不含)岔后线路及 1～6 道北端线路(含安 2 线)。同步南咽喉封锁 10～40 号(含 28 号岔)岔间线路。既有 13 号、23 号岔开通直股锁闭，南咽喉 26 号岔开通直股锁闭，封锁情况如图 4-6-27～图 4-6-29 所示。

3. 限速范围

广深港下行 K2393＋800～K2395＋850 段限速 80 km/h、广深港上行 K2397＋400～＋800 段限速 80 km/h，如图 4-6-30 所示。

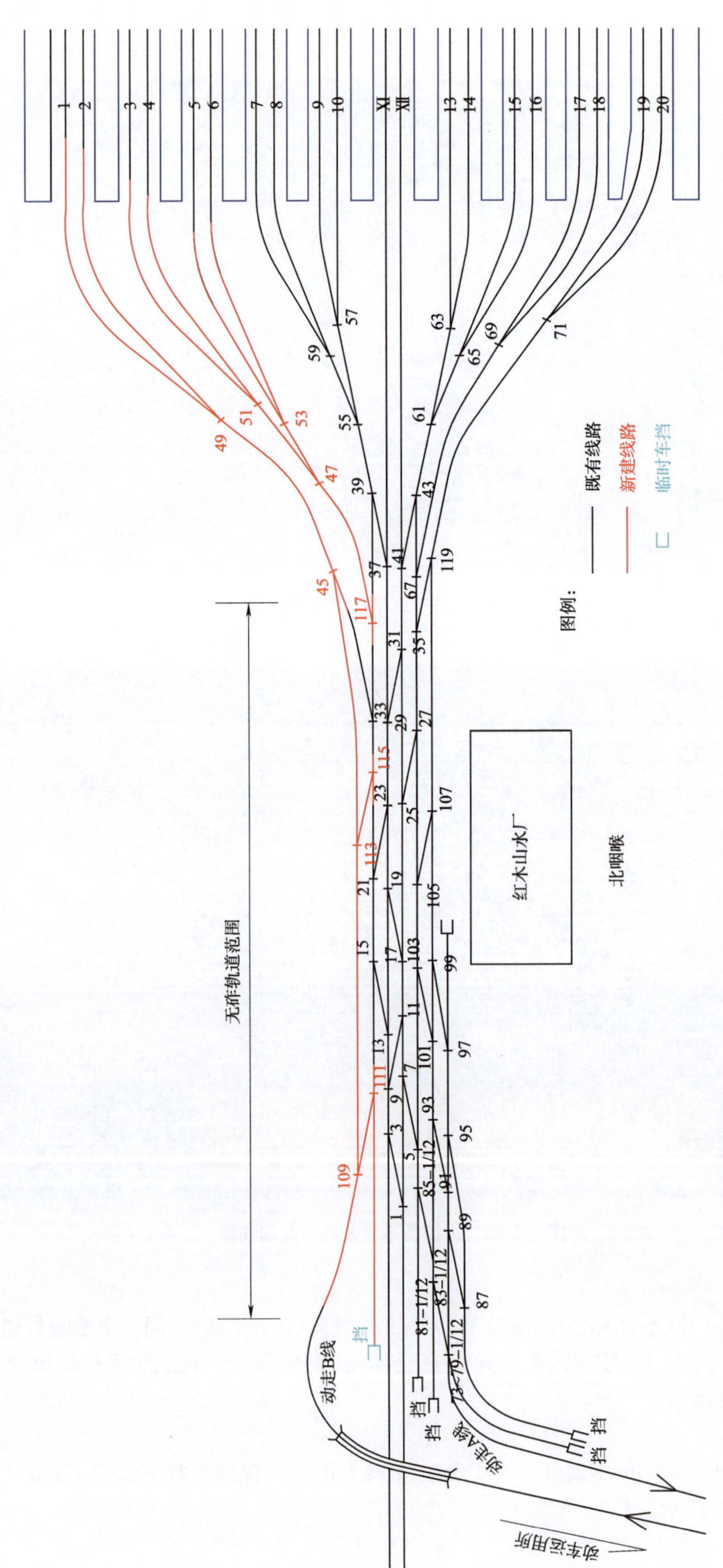

图 4-6-27　封锁北咽喉东半场

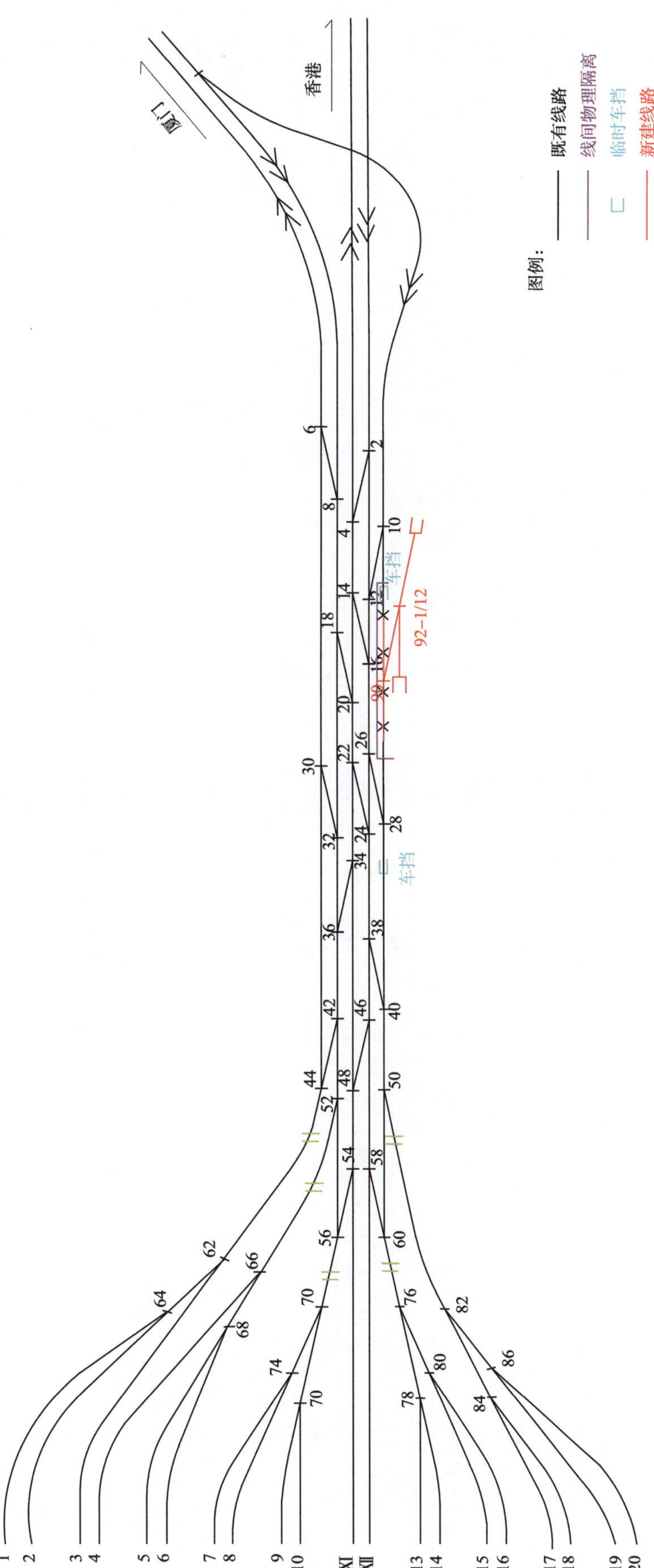

图 4-6-28 封锁南咽喉

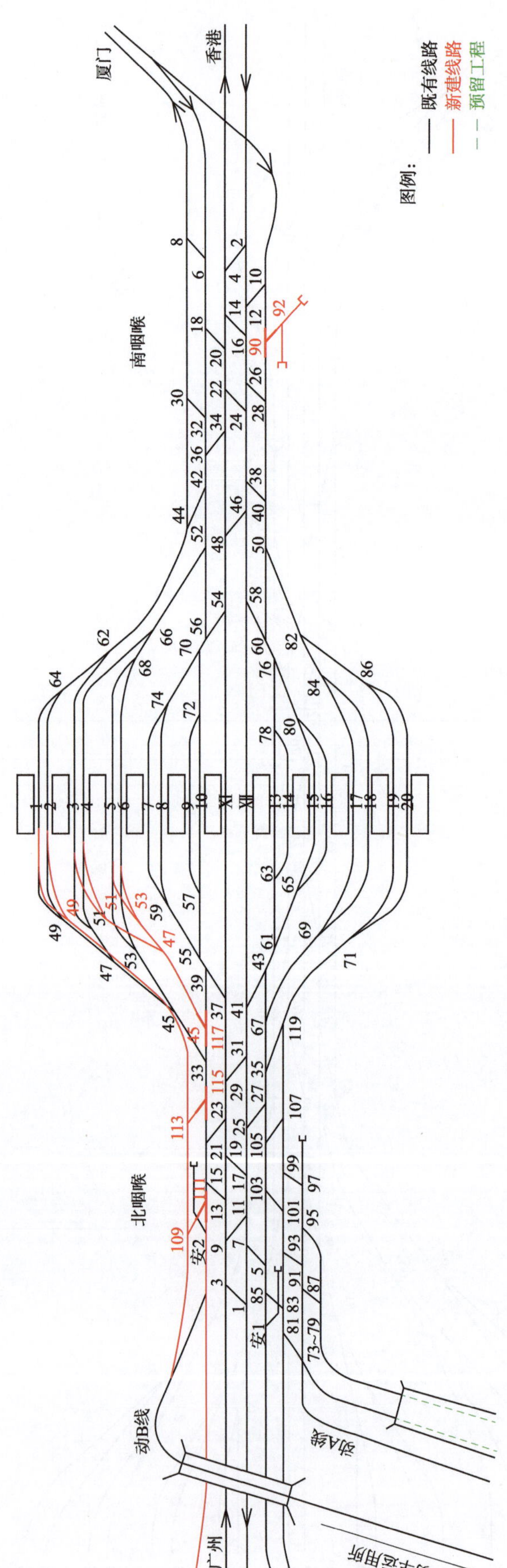

图4-6-29　深圳北站封锁施工第二阶段

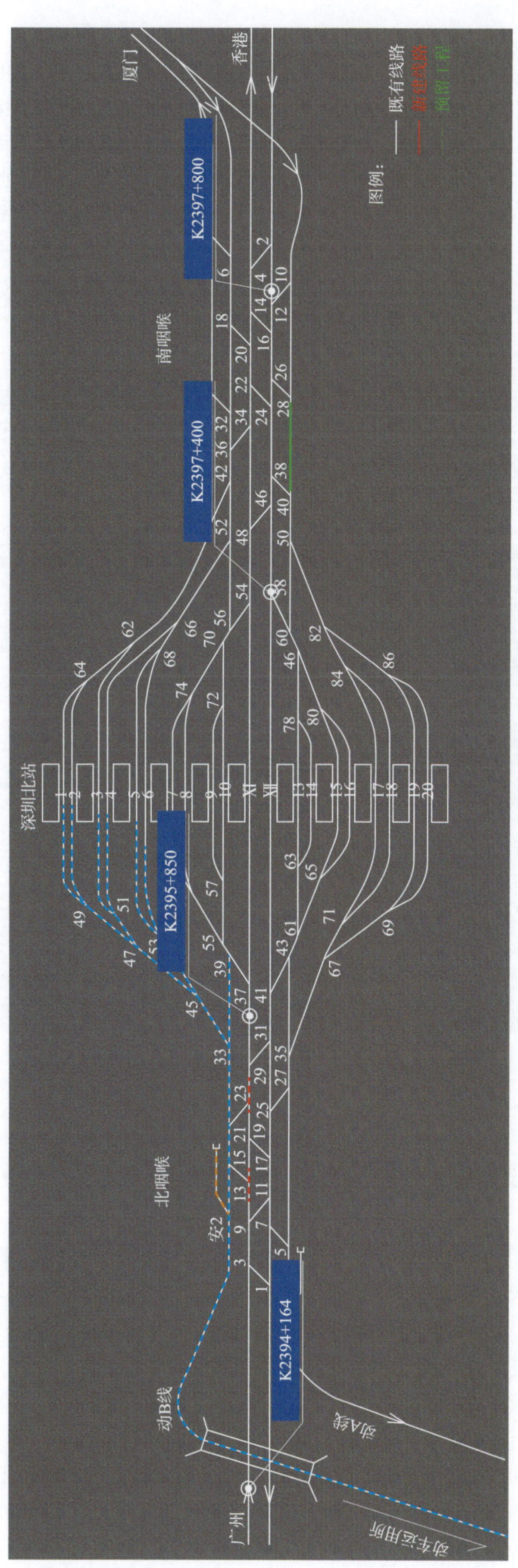

图4-6-30 北咽喉东半场及南咽喉限速范围

4. 施工内容

2020 年 10 月 10 日天窗点内进行 1～6 道站台北端车挡设置，移设 1～6 道北端出站信号机和相关轨道设备，更换列控、CTC 及 RBC 系统软件，保留 1～6 道南向接发列车条件；接触网改锚并拆除相关锚段；停用广深港 217 供电臂，利用 215 供电臂迂回供电。封锁期间，实施线间物理隔离、1～4 道站台切割及帮宽，水沟电缆槽过轨管道埋设、无砟及有砟线路(含相关道岔)拆除、路基换填及处理、线路改造，同步实施接触网改造、接触网架设后供电范围恢复，信号改造施工；南咽喉同步实施无砟线路拆除，无砟道岔插铺，有砟线路及道岔铺设，四电工程改造。新增设备及线路经工电联调、静态验收及缺陷克服、信号系统软件挂连及拉通试验完成后，计划在 2020 年 12 月 15 日信号启用第二版新联锁、TSRS、微机监测软件，启用第三版 CTC 软件及启用第四版列控、RBC 软件，开通北咽喉东半场及南咽喉。

5. 封锁期间影响运输情况

动走 B 线及 1～6 道北端改造段线路无法使用；1～6 道作为尽头线使用，无法接发广深港高铁广州南方向列车，仅保留南端接发列车条件，如图 4-6-31 所示。7～10 道动车进出动车所须切割广深港正线经动走 A 线运行。南咽喉厦深疏解线须迂回广深港上行线行车。封锁期间 1～6 道每股道需依次腾空 2 个天窗点进行接触网换线调整。

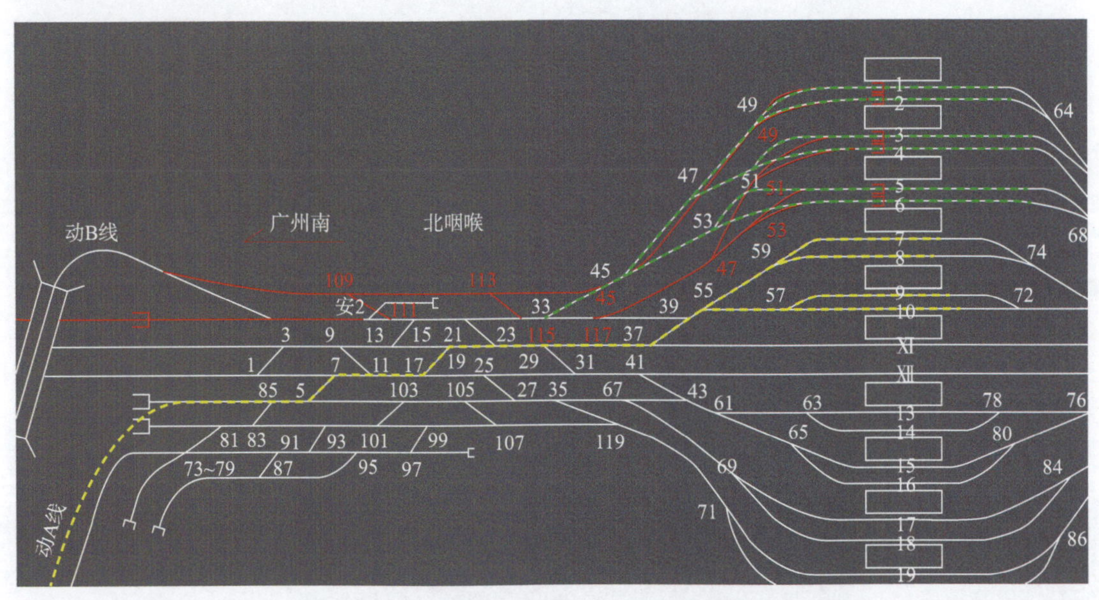

图 4-6-31 封锁期间运输情况

三、电气信号改造

根据深圳北站改造变更设计站场过渡实施方案，深圳北站信号改造工程共分两阶段分步实施。

(一)第一阶段

(1)迁改本次站改影响范围内的既有信号电缆至新设信号电缆槽，影响范围内的既有过轨管接长。

(2)北咽喉封锁动走 A 线 5 号(含)及 27 号(含)～43 号(不含)岔间线路及 17～20 股道北端线路及安 1 线。动走 A 线及 17～20 股道北端改造段线路无法使用，17～20 股道作为尽头线使用，仅保留南端接发车条件，12～16 股道动车组进出动车所切割广深港正线经动走 B 线运行。

①动走 A 线及 17～20 股道北咽喉封闭施工，为保证 17～20 股道在施工期间能接发南咽喉列车，17～20 股道北端设置车挡，移设 S17～S20 出站信号机及新设无源应答器组。深圳北既有列控 TCC 修改(第一次，应答器链接距离修改)；17～20 股道有广深港线 C3 列车运行，则既有广深港 RBC2 修改(第一次)。

②与站前同步实施北咽喉西半场改造，信号配套设置相应室内外设备，拆除相关既有设备，并将新设道岔表示纳入联锁表示。根据过渡信号平面的变化，移设相应轨道绝缘节，室内外设备相应修改。北咽喉

西半场改造完毕，开通动走 A 线及 17～20 股道北端接发车功能。深圳北新设列控中心投入使用，新设列控中心仅管辖赣深引入新增部分，其余维持既有列控中心管辖；深圳北既有列控中心修改（第二次），深北动车所既有列控中心修改（第一次）；深圳北既有信号联锁设备修改（第一次）；深圳北既有 CTC 站机及中心设备修改（第一次），由于邻站透明，深北动车所、福田、光明城、李朗线路所既有 CTC 站机及既有香港段中心设备修改（第一次）；深圳北既有信号集中监测站机及段机设备修改（第一次）；既有广深港线 RBC2 修改（第二次）；既有深圳北枢纽 TSRS 修改（第一次），既有广深港高铁安全数据网修改（第一次）。北咽喉西半场按正式工程开通。

（二）第二阶段

（1）封锁动走 B 线 39 号（不含）岔间线路及 1～6 股道北端线路及安 2 线。动走 B 线及 1～6 股道北端改造段线路无法使用，1～6 道作为尽头线使用，仅保留南端接发车条件，7～11 股道动车组进出动车所切割广深港正线经动走 A 线运行。南咽喉封锁 10～40 号（含 28 号）岔后间线路。

①动走 B 线及 1～6 股道北咽喉封闭施工，为保证 1～6 股道在施工期间能接发南咽喉列车，1～6 股道北端设置车挡，移设 S1～S6 出站信号机及新设无源应答器组，如图 4-6-32 所示。深圳北既有列控 TCC 修改（第三次，应答器链接距离修改）；1～6 股道有广深港线 C3 列车运行，则既有广深港 RBC2 修改（第三次）；南咽喉 10 号道岔与 28 号道岔之间插入 90 号道岔，施工期间 SL4 至 17～20 股道的接发车需走 10/12、38/40 道岔的侧向进路，需将此进路改为自动触发（既有此进路为变更进路），深圳北既有 CTC 站机及中心设备修改（第二次），由于邻站透明，深北动车所、福田、光明城、李朗线路所既有 CTC 站机及既有香港段中心设备修改（第二次），如图 4-6-33 所示。

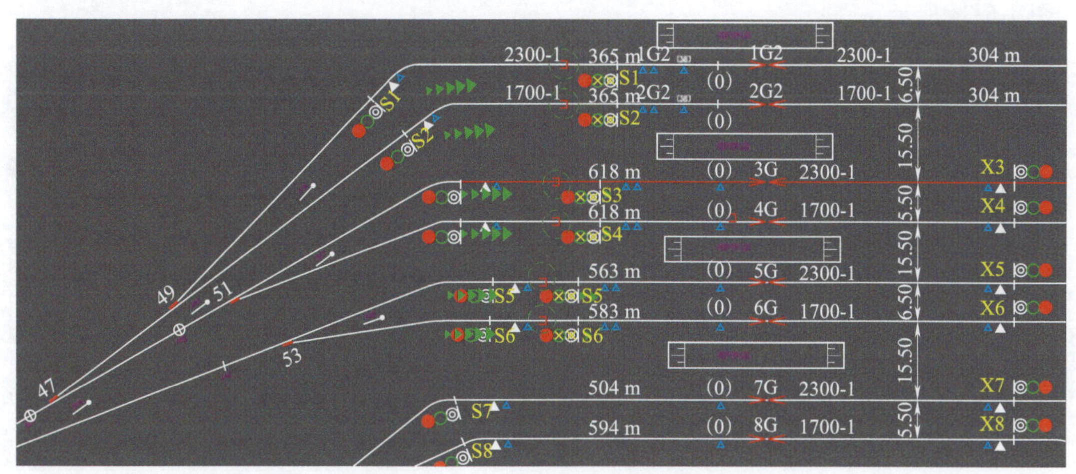

图 4-6-32　1～6 股道车挡、信号机设置

②与站前同步实施北咽喉东半场及南咽喉改造，信号配套设置相应室内外设备，拆除相关既有设备，并将新设道岔表示纳入联锁表示。

（2）根据过渡信号平面的变化，移设相应轨道绝缘节，室内外设备相应修改。北咽喉东半场及南咽喉改造完毕，开通动走 B 线及 1～6 股道北端接发车功能。深圳北新设列控中心修改（第一次）；深圳北既有列控中心修改（第四次），深北动车所既有列控中心修改（第二次）；深圳北既有信号联锁设备修改（第二次）；深圳北既有 CTC 站机及中心设备修改（第三次），由于邻站透明，深北动车所、福田、光明城、李朗线路所既有 CTC 站机及既有香港段中心设备修改（第三次）；深圳北既有信号集中监测站机及段机设备修改（第二次）；既有广深港线 RBC2 修改（第四次）；既有深圳北枢纽 TSRS 修改（第二次）。本次改造结束后深圳北站型及信号软件全部按正式工程启用。

由于站场方案变化，引起深圳北站北咽喉东半场迁改范围增加，具体工点为广深港 K2394＋000～K2396＋200，其余维持原设计迁改范围不变。

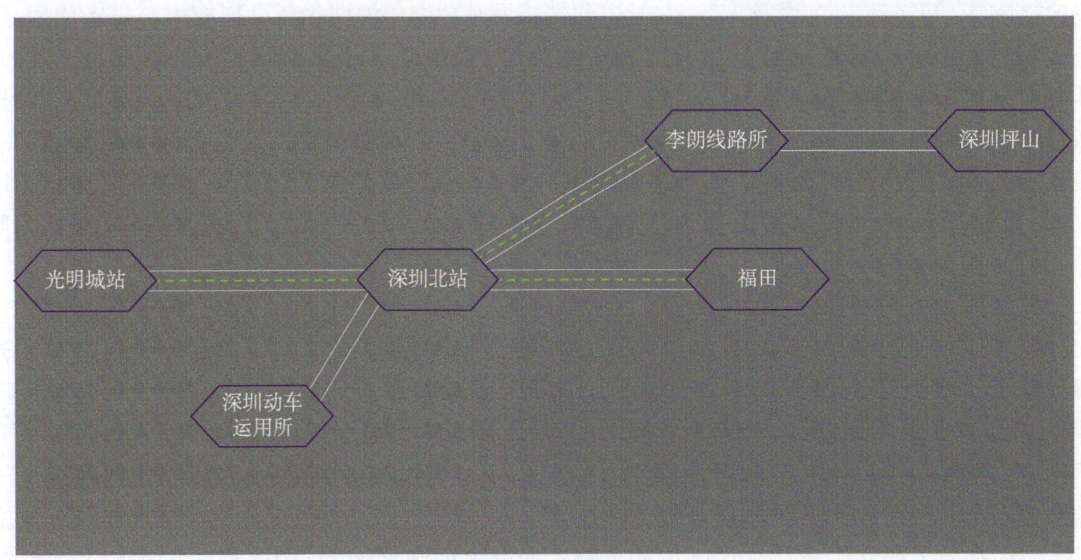

图 4-6-33　站点改造

(3)接触网停电期间拆除 1、2、3、4、5、6 道北端 K2396＋135 处 39 号道岔侧股岔后 K2395＋744 处 23 号道岔侧股岔后,K2395＋385 处 13 号道岔侧股岔后,K2395＋172 处深北动车走行避险,K2395＋300 处临时接触网终端标,拆除 7 道出发信号机、扼流变中性点吸上线,联建 1 道出发信号机扼流变中性点吸上线,如图 4-6-34 所示。

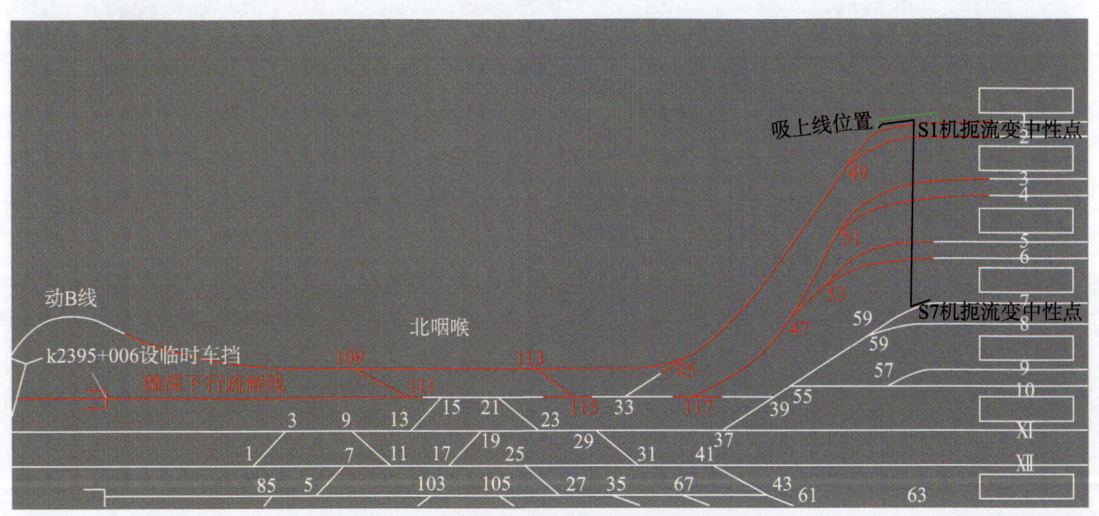

图 4-6-34　扼流变中性点吸上线拆除、联建

(4)由于动车所 A 线进站信号机 XDF、第二动车所 B 线进站信号机 XD2B 至 3～10G、13～20G 无码区长度大于 1 470 m(直线距离,考虑了 2%余量),当由动车所 A 线进站信号机 XDF 或第二动车所 B 线进站信号机 XD2B 至 3～10G、13～20G 办理接车进路时,存在列车在 PS 模式下由 UU/UUS 变为无码后运行 1 470 m 后仍无码,列车限速降为 0 km/h,并输出最大常用制动的情况。

(5)若在接车进路末端补码,由于从动车所至深圳北站的所有列车都需在深圳北站股道上停车,则接车进路末端区段均补 HU 码。在 PS 模式下车载接收到 HU 码时列车限速降为 0,并输出最大常用制动,与不补码情况相同。因此本次按接车进路不补码设计,建议在行车管理办法中规定由动车所 A 线进站信号机 XDF 或第二动车所 B 线进站信号机 XD2B 至 3～10G、13～20G 办理接车进路时若应答器丢失转为 PS 模式下停车后,应有相应行车管理办法。

XG1 口及南咽喉深汕联络线接入口仅预留后续接入条件，区间暂无设备；XG1 口及南咽喉深汕联络线接入口相关的接发车进路均不允许办理；深圳北站计算机联络锁控显界面按照《车站计算机联锁操作显示技术规范》的显示要求进行修改，如图 4-6-35 所示。动 15 轨轨道区段由 78 m 缩短为 65 m，73～79 道轨轨道区段由 117 m 加长为 130 m，修改相应列控数据，1～6 道股道由尽头线恢复为到发线使用。具体设备变化以电务段在“运统—46”登记为准。

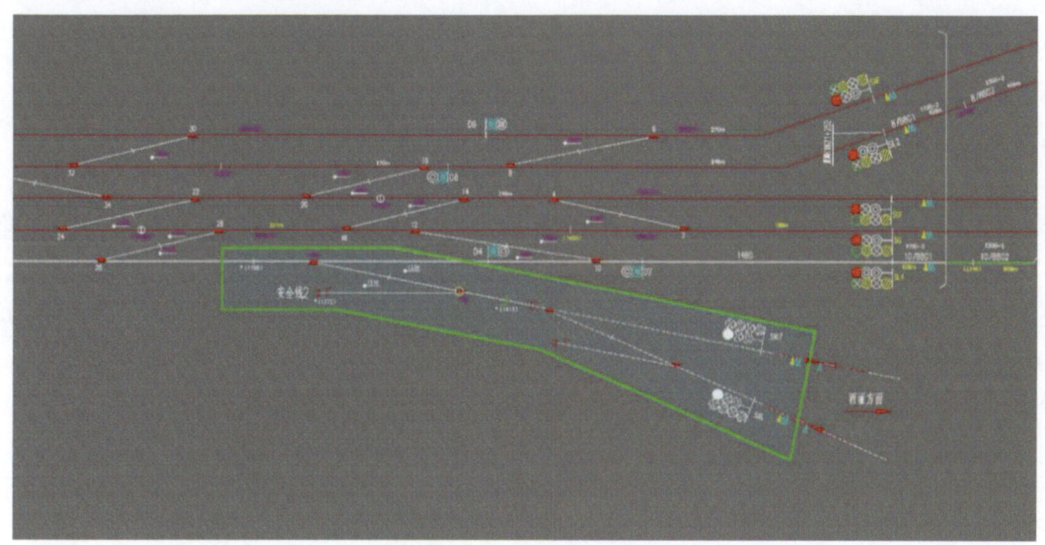

图 4-6-35　XG1 口改造

由于上、下行股道均有向动车所发的列车，当存在转线作业时，建议在行车管理办法中规定在非 FS 模式下司机可通过 DMI 进行上下行载频选择。2020 年 12 月 4 日 2:30～5:00 进行正线及 1～6 道拉通试验，完成后开通新站型。12 月 4 日～12 月 19 日每日进行拉通试验。12 月 19 日拉通试验完毕后正式启用工务、信号、接触网相关设备，拉通试验如图 4-6-36 所示。

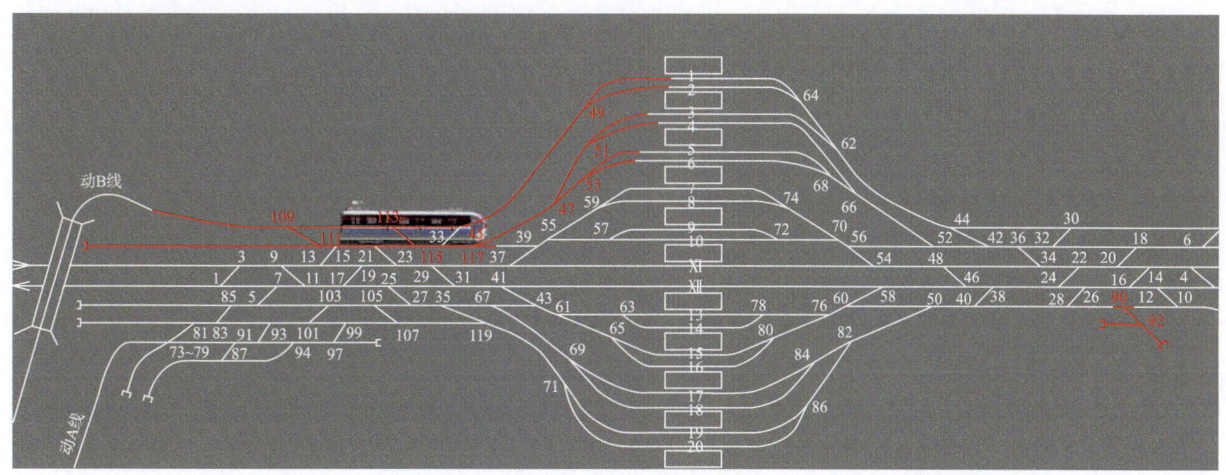

图 4-6-36　拉通试验

第四节　接轨站过渡施工

以赣深铁路引入深圳北站为例。深圳北站为路基车站（以路堑形式为主），南、北两端咽喉区紧邻正线的到发线均为无砟轨道，无砟轨道改造比较困难。结合相关项目建设及广深港高铁香港段开通计划，为减小对既有线运营的干扰,减少改造难度,对深圳北站的改造按在广深港高铁香港段开通运营前完成考虑。为减少信号改造工程量和改造难度,要求深圳动车运用所动车组出入库信号设置改造工程在深圳北站改造完成后改造或与本工程同步改造完成。

既有线及车站均正常运营,所有改造考虑利用夜间天窗时间实施。深圳北站过渡工程按东、西半场同步改造考虑,计划分三阶段进行改造过渡,其中各阶段又分别进行了细分。

一、实施准备阶段

(1)完成征地拆迁,实施咽喉改造部分对既有线无影响的场坪平整工作;

(2)实施既有电缆槽外侧路基工程、接触网基础、新建电缆槽、水沟、桥涵接长;

(3)分别迁改电力、接触网、通信、信号纵、横向电缆,拆除既有电缆槽、水沟;

(4)封锁 5 号～27 号道岔、35 号～43 号道岔间线路并安装临时车挡,下行动走线(A 线)径路改为经由 5 号-7 号-25 号道岔(经广深港上行正线)与车站西半场沟通,封锁 10 号～28 号道岔间线路并安装临时车挡,厦深下行联络线通过 10 号-12 号-38 号-40 号-50 号道岔(经广深港上行正线)与车站西半场沟通;信号软件修改及调试(第一次);

(5)凿除新建 103 号、105 号、67 号、90 号道岔处无砟轨道;实施剩余路基工程。

二、东西半场咽喉改造第一阶段

本步骤主要为无砟和有砟道岔、线路工程及信号调试工程,工期为 76 个天窗点。

(1)对应的无砟线路上插入无砟道岔,同步实施咽喉地段硬横跨接触网改造;

(2)铺设既有线以外的道岔和股道;

(3)道岔间铺设有砟临时过渡线路,临时线路驳接期间封锁 1～6 道进出动车段和至广深港正线广州方向的径路、封锁 7～10 道进出动车段径路,信号软件修改及调试(第二次),此步骤需要工期 4 天;

(4)驳接 95 号道岔与上行动走线(动走 B 线),1～6 道经 45 号-101 号-95 号道岔径路进出动车段,7～9 道经 37 号-23 号-21 号-95 号道岔(经广深港上行正线)径路进出动车运用所;

(5)凿除 21 号～33 号道岔间无砟轨道,封锁 21 号～39 号道岔间线路,7、8、9、10 道通过 39 号-37 号-23 号-21 号道岔(经广深港下行正线)径路进出动车运用所,需花费 10 天时间;

(6)无砟线路上插铺 103 号无砟道岔;

(7)同时,封锁 17、18、19、20 道北咽喉,在线路中插入 105 号(无砟)、69 号、71 号、107 号道岔;

(8)同时,驳接 107 号道岔与新建的动走线;

(9)解除 19、20 道封锁,开通 17～20 道向南发车功能,17、18 道未开通至动车所径路,需花费 7 天时间;

(10)89 号、91 号、67 号、88 号无砟道岔铺设完成,解除 5 号～27 号道岔、35 号～43 号道岔、10 号～40 号道岔间封锁,下行动走线及厦深联络线恢复原进路;

(11)实施下行动车走行线过渡工程,按过渡方案进行驳接,下行动走线(A 线)经 81 号-83 号-85 号道岔引入车站西半场,信号软件修改及调试(第三次);

(12)103 号、105 号无砟道岔铺设完毕,解除 21 号～39 号道岔间线路封锁;7、8、9、10 道进出动车所径路调整为经 39 号-103 号-101 号道岔;解除 17、18 道到发线北咽喉封锁,开通 17、18 道至广深港正线及动车所径路;信号系统相应调试 2 天。

三、东西半场咽喉改造第二阶段

本步骤主要为轨道和信号改造工程,工期为 2 个天窗点。

(1)拆除 95 号～15 号道岔间临时过渡线路和 5 号道岔前线路,插铺 97 号、79 号无砟道岔(均不控制工期)；

(2)拆除 101 号～45 号道岔间过渡线路、过渡道岔，101 号～103 号道岔间按相应施工方案铺设线路；

(3)实施下行动车走行线(A 线)改造工程，按永久方案经 73 号道岔进行驳接，拆除动走线过渡工程，信号软件修改及调试(第四次)。

本步改造工程完成后，深圳北站恢复正常运营。待 55 天后，97 号、79 号无砟道岔将完成插铺，再对车站信号系统进行最后一次现场调试后按正式工程开通。

第五节　动车整备基地施工

一、工程概况

新建深圳北第二动车所紧靠并行既有动车所，全长 2.058 km，占地面积 1 611.7 亩(其中二期占地 817.4 亩)，与既有动车所合设，新建动车所 4 条存车线在既有动车所咽喉接轨设计，两所高程等高，轨面高程 96 m。新建深圳北第二动车所规模为近期新建 32 条存车线，8 线库，3 条人工补洗线，3 条不落轮镟临修线，远期预留 16 条存车线，4 线检查库，进所端咽喉采用 12 号道岔，其他咽喉采用 9 号道岔。新建动车所与既有动车所共用所内环形道路，既有动车所与新建动车所 4 条存车线连接使用 9 号道岔，与既有标准一致。预留综合维修工区及高铁物流基地位于远期预留存车线西侧，结合地形布置高铁物流基地生产生活房屋，预留 2 条货物线，货物站台 550 m，按 2 台夹 1 线布置。深圳北第二动车所，剥蚀丘陵地貌，地势起伏较大，地面高程多在 75～120 m 之间，原始地表变化大，地表多堆积人工弃土，设计类型为深路堑、填土场地路基。

主要工程内容：开挖土石方 309.6 万 m^3，填方 180.8 万 m^3；新建接长涵洞 4 座，全长 735.36 横延长米；新建 32 条存车线、8 线检修库，预留 16 条存车线、4 线检修库；铺轨 35.2 km，铺道岔 101 组。边坡加固及支挡工程主要有重力式挡墙、预应力锚杆框架梁、一般锚杆框架梁、拱形骨架、被动防护网。

二、路基工程

按照“试验先行、样板引路、以点带面、一次达标、全面创优”的质量管理思路，对路基工程提出四项措施。

(1)坚持路基机械化施工，体现“设备保工艺”的理念；

(2)坚持工艺试验制度，体现“工艺保质量”的理念，以工艺试验成果规范施工；

(3)坚持对路基质量分层、分区控制，体现精细化管理、精细化施工的理念；

(4)坚持强化对路基薄弱环节的控制，用坡度尺、松铺厚度控制墩等自制工具进行质量控制。

路堑开挖根据地形情况采用挖掘机配合自卸汽车运输或铲运机开挖运输，路堑挖方采用横向台阶分层开挖(图 4-6-37)，深挖路堑采用“竖向分层、纵向分段，阶梯掘进”的方式施工；合理安排运土通道与掘进工作面的位置及施工次序，做到运土、排水、挖掘、防护互不干扰，以确保开挖顺利进行。路基防护、排水工程与路基成型协调进行，深挖路堑开挖一阶、防护一阶，与路基成型平行流水作业，并紧随路基尽早完成。路堑地段的附属工程及时施作，并紧随路基成型尽早完成。

三、边坡防护工程

认真处理好防护工程施工中的每一个细节，对测量放线、坑槽开挖、模板支立、混凝土浇筑、养护、坡面处理、边坡绿化等工序全面进行梳理分析，细化各工序的施工工艺，达到内实外美的良好效果。为了提升边坡防护的防护效果，模板采用整体式定型钢模一次浇筑成型(图 4-6-38)。施工中坚持绿化防护与拱形骨架及锚杆框架梁协调统一，认真做好品种比选。

图 4-6-37 路堑分段分层开挖

图 4-6-38 路基边坡防护

利用 BIM 建模进行边坡参数化模型仿真模拟施工、工程量统计、图纸复核、线型调整(图 4-6-39),解决了防护工程沉降缝错缝的缺陷及景观设计,实时可视化。

图 4-6-39 边坡防护工程 BIM 建模示意

第七章　房屋建筑及给排水工程

赣深铁路广东段共设车站10座，新建车站9座，分别为和平北站、龙川西站、河源北站、河源东站、博罗北站、惠州北站、仲恺站、东莞南站以及光明城站，引入既有车站1座为深圳北站。赣深铁路全线站房设计遵循"畅通融合、舒适便捷"的原则，按照"站城融合、功能复合、文化契合、智能统合、绿色结合、经济适合"的目标，基于三维可视化的BIM模型技术，倾力打造精品站房新标杆，带领区域迈进高铁新时代，为粤东人民量身打造特色精品站房。其中河源东站作为带动河源市经济发展的关键性综合交通枢纽之一，其工程建设不仅是河源市的亮点工程，也是赣深全线的精品示范站点。

工程涉及房屋建筑总面积321 287 m^2，其中站房总面积169 100 m^2，四电及配套生产生活房屋总面积152 187 m^2；站台雨棚建筑总面积113 953 m^2，共设25个站台。施工过程中，着力于优化细部效果，秉承着"于寻常处见功力、从细微处见真章"的施工原则，力求突破常规建设思路，对多方面工艺工法进行探索和创新，在客站内的候车大厅、候车站台、吊顶、屋面、地面等各部位进行一体化深度优化。赣深线新建客站均采用"智慧建造＋智慧管理"的信息化建设模式，不断推进落实精品工程建设标准，力求将客站的整体面貌再提升一个档次，围绕质量优、功能强、亲和力高的目标全力打造赣深铁路高品质客站。

第一节　一般站房施工

以精品工程河源东站为例。河源东站以"展翅高飞，扬帆起航"为设计切入点，采用横向线条形体的"三河之源、魅力槎城"方案，通过流线形体展现交通建筑的国际化与现代感，横向线条如连平河、忠信河、新丰河之水般自由流淌，采用向上延展的设计元体现了"两个河源"展翅高飞、扬帆起航的独特含义，最终形成独具特色的思源之站。河源东站候车大厅整体设计理念设计核心源自河源河流和客家民居：以客家民居"十厅九井"造型中提取元素，以"客家古邑，三河之源"为核心设计语言，候车厅吊顶靠幕墙两侧降低，形成两侧河堤、中心河流的空间意向，水波纹吊顶设计灵感源于万绿湖水波纹，与槎城的水上木筏造型有机融合，最终形成一幅独具客家特色的"画里岭南"。

河源东站的建立使河源市"东拓西优、南扩北连、中心提升"的城市空间发展战略得到有效落实，高铁站所在的江东新区城市建设、产业发展起步区初步建成，人口规模稳步增加，城市功能显著完善，园林城市建设取得进展，为构建集约紧凑、功能复合、组团式、网络化城市空间结构打下坚实基础。赣深铁路开通后将结束河源市不通高铁的历史，实现广东省"市市通高铁"的目标，为粤港澳大湾区建设增强助力。

一、桩基础施工

桩基础施工过程中，严格按照施工图纸设计文件及规范要求组织施工，桩身混凝土应均质、完整，强度等级必须符合设计要求。孔口搭接焊需经培训考试合格的焊工持证上岗，保证焊接质量，无夹渣、焊瘤等质量通病。在平整场地后利用坐标放样精确定出桩位中心，采用双检制复核，经复核无误后，埋设护筒，护筒四周采用黏土回填并分层夯实，护筒顶部高出地面300 mm。之后对护筒位置进行复测，符合要求后方可进行下道工序施工。

混凝土灌注桩施工工艺流程如图4-7-1所示。

图 4-7-1　混凝土灌注桩施工工艺流程

二、地下防水工程施工

(一)施工缝处防水节点处理

(1)竖向施工缝应避开地下水和裂隙水较多的地段,并宜与变形缝相结合;

(2)竖向施工缝浇筑混凝土前,应将其表面清理干净,再涂刷混凝土界面处理剂或水泥基渗透结晶型防水涂料,并应及时浇筑混凝土;

(3)采用中埋式止水钢板时优先选用 3 mm 厚热浸锌 Q235B 材质,钢板搭接部位应满焊,搭接长度不小于 50 mm,四边围焊;选用中埋式橡胶止水带时,应采用 S 形。

外墙施工缝构造如图 4-7-2 所示。

(二)防水收头处理

(1)地下室的外墙顶部的防水设防高度,应高出室外地坪高程 500 mm 以上。

(2)外墙卷材收头应采用水泥钉固定;收头外侧应涂刷聚氨酯防水涂料。

(3)地下外墙与车库顶板阳角部位,防水卷材施工至车库顶板平面 200 mm,防水甩茬 300 mm,并做临时防护措施(可采用木胶板防护或细石混凝土防水保护层),保护防水不被破坏。

(4)地下外墙防水导墙处防水卷材临时甩茬:外侧预留 300 mm,内侧预留 600 mm;甩茬用导墙砖临时压盖达到保护甩茬的效果。

防水导墙防水保护做法如图 4-7-3 所示。

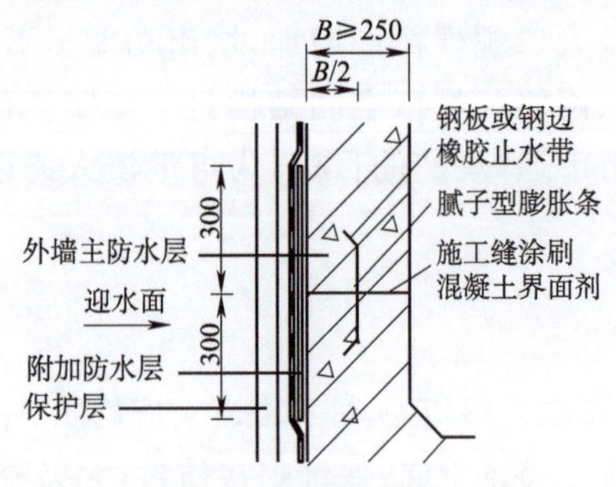

图 4-7-2　外墙施工缝构造(单位:mm)

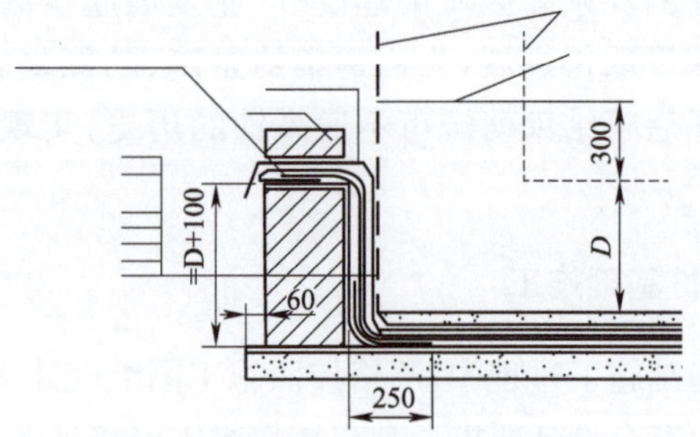

图 4-7-3　防水导墙防水保护做法示意(单位:mm)

(三)地下外墙防水保护层

为防止地下回填土沉降拉裂防水层引发防水渗漏事故,地下外墙防水保护层宜采用砌砖保护层(图 4-7-4)。

(1)若地下外墙高度较高,可随回填土施工分多层砌筑;
(2)砌砖砂浆强度 M5。

图 4-7-4　砖墙保护层

三、钢筋工程

1. 设置钢筋样板展示区
钢筋样板展示区如图 4-7-5、图 4-7-6 所示。

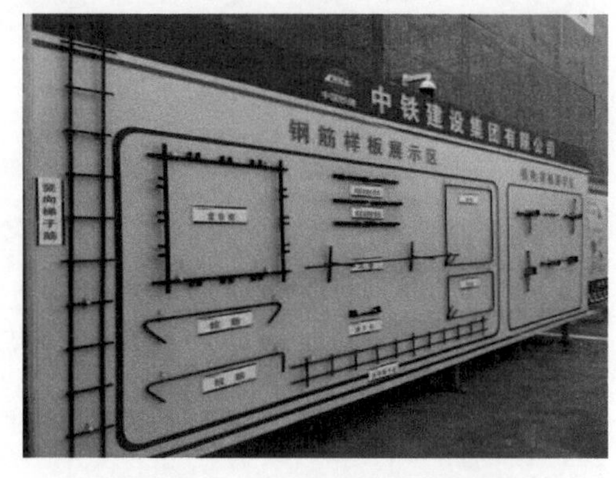

图 4-7-5　钢筋原材料、加工样板

图 4-7-6　钢筋安装样板

2. 严格控制钢筋半成品加工及码放
钢筋半成品码放如图 4-7-7 所示。

图 4-7-7　钢筋半成品码放整齐

3. 直螺纹钢筋切头、码放、安装及验收

直螺纹钢筋切头、码放、安装及验收确保不触碰质量红线。

4. 钢筋安装

钢筋绑扎应符合要求遵循“七不绑五不验”原则。

(1)“七不绑”:混凝土接茬未清到露出石子不绑;钢筋污染未清理干净不绑;未弹好线不绑;未检查钢筋跑位情况不绑;未按 1∶6 调整偏位钢筋不绑;未检查钢筋接头错开长度情况不绑;未检查钢筋接头质量是否合格不绑。

(2)绑扎质量:钢筋的钢种、直径、外形、形状、尺寸、位置、排距、间距、根数、节点构造、锚固长度、搭接接头、接头错位和绑扎牢固以及保护层控制措施等必须符合规范、规程、标准。

钢筋绑扎如图 4-7-8～图 4-7-11 所示。

图 4-7-8 基础底板钢筋绑扎

图 4-7-9 地梁钢筋绑扎

图 4-7-10 框架梁钢筋绑扎

图 4-7-11 板筋绑扎

钢筋安装辅助使用定位筋,如图 4-7-12、图 4-7-13 所示。

5. 钢筋验收及成品保护

(1)“五不验”:钢筋未完成不验;钢筋定位措施不到位不验;钢筋保护层垫块不合格、达不到要求不验;钢筋纠偏不合格不验;钢筋绑扎未严格按技术交底施工不验收不验。

(2)钢筋验收前后需对作业面钢筋进行成品保护,直至混凝土浇筑完成。

四、混凝土工程

1. 基本要求

混凝土的施工工艺和混凝土外观决定着结构本身的观感质量,混凝土施工工艺是否合理、保证措施是否有力,直接决定着混凝土外观效果,必须进行策划预控。

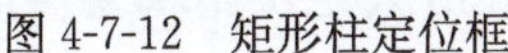
图 4-7-12 矩形柱定位框

图 4-7-13 圆柱定位框

混凝土配制的强度等级和性能(抗渗、抗冻、低碱及其他特殊要求),必须符合设计要求和规范、标准。

混凝土浇筑过程应按有关规定抽测坍落度和制作标养试块和同条件养护试块。同条件养护试块宜在浇筑振捣地点制作。同条件试块必须与结构部位同条件养护,并用钢筋笼加锁保管。

2. 混凝土浇筑

(1)混凝土浇筑前应做好技术交底工作,确定混凝土浇筑路线,绘制浇筑路线图。

(2)浇筑竖向尺寸较大的结构物时,应分层浇筑,分层浇筑厚度应有控制措施。

(3)板类构架可采用钢筋制作可周转板厚控制器,进行板厚控制。

3. 混凝土收面

混凝土收面应控制好时间,保证收面压光、拉毛的效果,防止裸露混凝土表面产生塑性收缩裂缝,在混凝土初凝前和终凝前,分别对混凝土裸露表面进行抹面处理。每次抹面可采用铁抹子压光磨平两遍或木抹子磨平搓毛两遍的工艺方法。对于易产生裂缝的结构部位,应适当增加抹面次数。

为防止上部墙柱模板支设底部不平,缝隙过大,造成混凝土浇筑时烂根,在顶板(或基础底板)混凝土浇筑后,要加强顶板在墙柱根部 200 mm 范围内的混凝土二次压面,用木抹子将墙柱根部拉线找平压光,墙体两边及柱四周高度保持一致。

4. 混凝土养护

(1)混凝土养护宜从初凝后开始养护,但要以不冲刷混凝土表面为宜。

(2)对于混凝土浇筑面,尤其是平面结构,宜边浇筑成型边采用塑料薄膜覆盖保湿。塑料薄膜应紧贴混凝土裸露表面,塑料薄膜内应保持有凝结水。

(3)当混凝土表面不便浇水或用塑料布时,宜涂刷养护剂。

(4)混凝土浇水养护的次数应根据天气情况确定,以保持混凝土处于湿润状态为次数控制原则。

5. 混凝土施工缝处理

(1)在施工缝处继续浇筑混凝土时,已浇筑的混凝土抗压强度不应小于 1.2 MPa。

(2)施工缝应剔除软弱层及松动石子、松动混凝土,包括木条等杂物,露出密实混凝土。

(3)施工缝处碎渣等应清理干净,外露钢筋插铁所沾灰浆油污应清刷干净,接茬处理应到位,接缝平实。

(4)施工缝可根据不同部位分为水平和竖向施工缝,浇筑混凝土墙应该区别对待。

五、砌体结构

1. 测量放线

在二次结构进行砌筑前,测量放线应放出:建筑 1 m 线,二次结构墙身位置线、控制线,门窗洞口位置线及其他需要预留的位置线,并标识清晰、明确。

2. 上反坎台

(1)在卫生间、浴室、外围墙体等有水房间处采用轻骨料混凝土小型空心砌块、蒸压加气混凝土砌块砌筑墙体时，墙底部宜现浇混凝土坎台，其高度宜为 200 mm，混凝土强度≥C20。

(2)坎台混凝土宜与混凝土地面一次浇筑成型，浇筑密实，侧面平整、顺直，无胀模、蜂窝、麻面等质量缺陷。

(3)在地下室或首层二次结构墙体下部应砌筑高度不小于回填土完成面 150 mm 高的实心砖，防止墙体底部受潮。

3. 构造柱

(1)二次结构砌构造柱应提前优化确认，在二次结构深化图纸中明确构造柱位置、尺寸及构造做法，并经设计等相关单位签字确认。

(2)拉结筋应提前加工成型，严禁现场弯折；拉结筋间距≤500 mm，入二次结构墙深度≥600 mm，竖向间距差≤100 mm，末端 90°弯钩；

(3)马牙槎应先退后进，上下对齐，对称砌筑；马牙槎凹凸尺寸≥60 mm，高度≤300 mm；

(4)构造柱模板加固，应采用对拉螺杆穿构造柱加固(图 4-7-14)，不得在砌体墙上随意开洞；

(5)为保证构造柱混凝土浇筑密实，宜在构造柱模板顶部设置漏斗形下料口(图 4-7-15)，下料口高出构造柱顶面 50 mm；浇筑时漏斗中也浇满，拆模后打凿掉即可。

(6)砌体马牙槎与模板接触边缘应粘贴双面胶带，防止漏浆；构造柱与砌体交接处平整，马牙槎棱角清晰；无漏浆、气孔、起皮、烂根等质量通病。

(7)填充墙的拉结筋采用化学植筋的方式设置时，应进行实体检测。实体检测可按照《砌体结构工程施工质量验收规范》(GB 50203)的规定，自购植筋拉拔仪，在监理的见证下，对化学植筋按照附录 B 进行抽样检测并按照附录 C 填报相关检测记录。

图 4-7-14　造柱模板穿墙螺杆设置在构造柱中

图 4-7-15　顶部漏斗形浇筑口

4. 砌体结构砌筑

(1)二次结构砌筑前应绘制排砖图，排砖应做到统一、整齐、美观。通过排砖实现灰缝位置的控制、洞口位置的控制、拉结筋位置的控制并对砌体提前统一定尺加工以达到减少损耗的目的。

(2)砌块的相对含水率对砌体的施工质量影响很大，故砌筑前应根据砌块类型、施工工艺、气候条件等确定对砌块何时浇水润湿或是否浇水湿润。

(3)砌筑前应设置皮数杆带线，转角处均应设立，保证“上跟线，下跟棱，左右相邻要对平”。

(4)砌筑灰缝横平竖直、厚薄均匀，不得出现假缝、瞎缝、通缝；灰缝饱满度≥80%，水平灰缝平直度≤10 mm，竖向相邻灰缝错开不小于 1/3 砖，错缝呈一条直线；采用原浆勾缝者，必须随砌随勾。

(5)墙面垂直度≤5 mm，表面平整度≤8 mm。

(6)砌体的转角处和交接处应同时砌筑，对不能同时砌筑而又必须留置的临时断处应砌成斜槎，斜槎水平投影长度不应小于高度的 2/3。

(7)设置在砌体灰缝内的钢筋,应采取防腐措施;

5. 墙顶斜砖砌筑

(1)为减少砌筑墙体收缩变形的不利影响,斜砌砖施工应在砌筑完 14 天后进行。

(2)塞口斜砖水平角度 60°～90°之间,由墙体中间向两侧呈“倒八字”砌筑;塞口斜砖须采用专用实心砖;中部及两端采用混凝土预制混凝土三角块支垫斜砖。

(3)斜砌砖应采用挤浆法塞砌,保证砂浆饱满。

6. 二次结构门窗洞口

(1)当门窗洞口两侧可不设置构造柱,因安装门窗需要,在门窗洞口两侧上、中、下部可采用混凝土实心预制块或实心非轻质砌块嵌砌。

(2)门、窗洞口上侧过梁采用预制构件(图 4-7-16),两侧入墙≥240 mm,入墙深度一致。

图 4-7-16 门洞口过梁及洞口边预制

7. 砌体结构线管开槽、封堵

(1)砌体结构上管线、线盒开凿前应弹线切割,保证开凿顺直、规整。

(2)线槽切割开凿宜采用专用器具,未经设计同意,严禁开水平槽。

(3)线槽封堵应密实,平整,修补完成面低于墙面 2 mm,为便于后续抹灰挂网找平。

六、钢结构

首次采用的钢材、焊接材料、焊接方法、接头形式、焊接位置、焊后热处理制度以及焊接工艺、预热和后热措施等参数的组合条件,应在钢结构构件制作及安装施工之前进行焊接工艺评定。焊缝表面不得有裂纹、焊瘤等缺陷。一、二级焊缝不得有表面气孔、夹渣、弧坑裂纹、电弧擦伤等缺陷,且一级焊缝不得有咬边、未焊满、根部收缩等缺陷。

七、金属屋面

压型金属板屋面(图 4-7-17)应按围护结构组织施工,并应具有足够的承载力、刚度、稳定性和变形能力。金属屋面板的连接及紧固件选择应通过设计计算确定,直立锁边铝镁锰板与T码支座的咬合连接强度应符合设计要求。采用直立锁边连接的压型铝镁锰板宜采用长尺寸板材,应减少板长方向的搭接接头数量,但其单板长度不宜超过 50 m。台风地区应选用屋面板与支座连接强度高、抗风揭能力强并经抗风揭(掀)试验验证为安全可靠的金属屋面系统。

图 4-7-17 金属屋面

八、网架滑移施工

大高差支座曲面钢网架胎架滑移施工通过采用普通钢管脚手架搭设滑移平台(图 4-7-18),解决了异型曲面钢网架的拼装难题,具有操作简单、施工便捷、降低成本等效果。该方法通过曲面钢网架设计参数构建曲面钢网架的三维模型,从而获取多个预设区域内的底面坐标信息,以底面坐标信息确定作业平台的数量、位置布局和高度等装配信息,根据作业平台的装配信息搭建由多个子作业平台组合而成的作业平台,根据三维模型的坐标信息于作业平台上搭建曲面钢网架,该方法通过对不等高的支座曲面钢网架的图形分析,获取底面的坐标信息并划分不同的区域以制定多个高度不同的作业平台,通过该种方法可以有效地针对此类异型结构或曲面结构的钢网架进行施工,且作业平台承受力稳定,具有良好的承载力,同时还可滑移,便于施工操作,提高了施工效率。

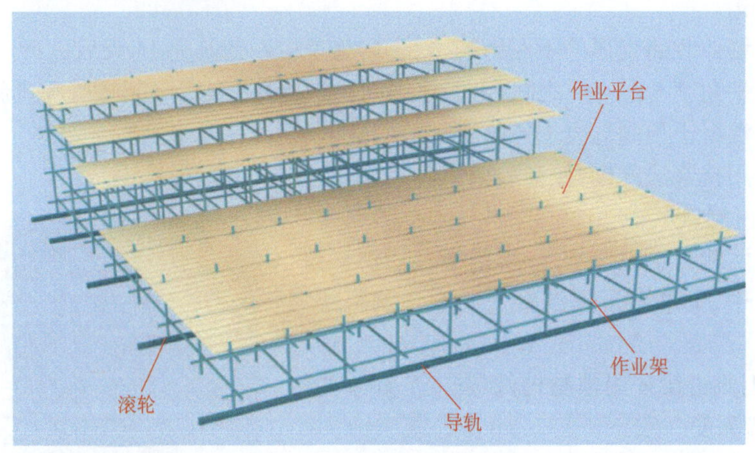

图 4-7-18　滑移平台效果图

第二节　区域性枢纽站房施工

以龙川西站为例。

一、龙川西站建筑概况

1. 站房

龙川西站站房采用四坡屋顶与稳重基座相结合的“秦汉之韵、厚德龙川”设计方案(图 4-7-19)。

站型:线正下、侧式站房;层数:地上一层,局部夹层;站场规模:4 台 12 线;车站规模:最高聚集人数 1 150 人。

建筑面积:19 980 m^2;建筑高度:23.70 m;地下通道覆盖面积:1 273 m^2;地下消防水泵房面积:321 m^2。

图 4-7-19　龙川西站站房效果图

2. 站台雨棚

雨棚采用双柱及部分单柱两侧悬挑的钢结构形式(图 4-7-20),雨棚面积 21 600 m^2,防水等级为一级,主要柱距 10.9 m,站台雨棚高度 6.3 m。

基本站台尺寸:450.0 m×12 m×1.25 m,2、3、4 站台尺寸:450.0 m×12 m×1.25 m。

图 4-7-20 龙川西站台雨棚效果图

3. 其他建筑

人行地道宽 11.3 m,停车场面积 18 700 m^2。

二、龙川西站装饰装修工程

(一)外立面幕墙工程

站房设计从秦汉风格出发,汲取佗城历史建筑特点,采用四坡屋顶与稳重基座相组合,并汲取龙川学宫的建筑形式,将其柱廊转化为简洁有力的竖向立柱支撑,两侧基座相对敦实,石材立柱有序排列向两侧展开(图 4-7-21)。

图 4-7-21 龙川西站正立面

采用玻璃幕墙、铝板幕墙和石材幕墙相结合装饰。玻璃幕墙采用中空钢化 Low—E 玻璃,具有良好的通透性、隔热性和安全性,幕墙造型庄重典雅,线条流畅,色泽均匀,胶缝饱满顺直(图 4-7-22)。单元板块采用 BIM 技术预先排版,整齐划一。

(二)候车大厅

1. 吊顶

(1)公共区域铝条板板面平顺、线条顺直(图 4-7-23、图 4-7-24)。板材超长距布设,板材密拼形成整体无缝效果,离缝控制精确,整体空间感强。

图 4-7-22 外立面玻璃幕墙

图 4-7-23 进站大厅密拼铝条板吊顶

(2)吊顶板材收边过渡采用刻纹铝板和白色铝板,过渡自然。白色铝条板与深灰色灯槽铝板组合运用,细部做法精巧。

(3)全面排版,对节点部位进行细化,收口处进行深化设计,做好前期策划;铝条板卡入龙骨的卡槽后,应选用与条板配套的插板与邻板调平,插板插入板缝应固定牢固。

(4)公共区域吊顶应该遵循整体美观大方、细部节点处理完善的原则。

(5)吊顶用吊杆需与钢结构网架球形接口栓接,吊顶上的灯具、风口及检修口和其他设备,应设独立吊杆安装,不得固定在龙骨吊杆上。

(6)施工时应从空间一端开始,按一个方向依次进行,并拉通线进行调整,将板面调平,板边与接缝调匀、调直,以确保板边和接缝严密、顺直,板面平整。

(三)柱顶节点处理

(1)有柱帽处采用整体性柱帽,设计巧妙,便于施工,美观大方。

(2)柱顶处理(图 4-7-25)充分考虑结构误差,确保整体效果。

图 4-7-24 候车室吊顶

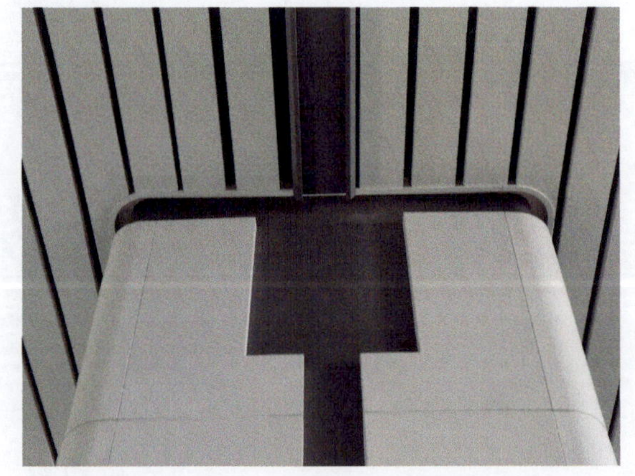

图 4-7-25 龙川西站柱顶节点

(四)内墙饰面工程

(1)石材墙面表面平整光洁,排版合理,分格缝整齐一致,细部处理细致,阴阳角顺直,采用弧边转角设计(图 4-7-26)。

(2)做好前期策划、整体排版,对节点部位、门洞口进行细化,收口处理细腻;墙面排版综合考虑地面装修面层分缝情况,做到墙、地分缝统一。

(3)转角及各阴阳角采用,圆滑平顺。

(4)对厂家进行技术交底,按排好的版下料,依次进行编号。

(5)现场根据编号对号安装,及时调整施工误差,保证安装效果横平竖直、分缝整齐一致。

(五)玻璃栏板

(1)玻璃栏板采用装配式,玻璃嵌入铝合金槽安装(图 4-7-27)。

图 4-7-26 龙川西站墙面石材

图 4-7-27 龙川西站玻璃栏板

(2)通过立柱做矩形方管(63 mm×40 mm),使立柱与扶手横杆吻合对接。

(六)电气工程

(1)站台雨棚照明、客服等管线集合天沟底部铝板内敷设,桥架侧边外露部位喷涂处理,与雨棚整体效果统一,灯具排列整齐(图 4-7-28)。

(2)雨棚上安装的动、静态标识屏等设备应有专项安装方案,且不得互相借用吊杆及支架,必须满足防振、防风、防变形的要求(图 4-7-29)。

图 4-7-28 站台雨棚灯具

图 4-7-29 站台标识屏安装

(七)站台、雨棚工程

(1)站台边缘至安全线的距离为 1 000 mm,安全线的宽度为 100 mm,提示盲道(点状)的宽度为 600 mm;站台外侧帽石应采用红色花岗岩石材,站台帽石厚度不应小于 50 mm,铺面的机刨缝应平行于轨道;安全线应采用耐磨、防渗漏、抗污染、防滑的白色微晶石,厚度不小于 15 mm;盲道砖应采用黄色特制专用材料,厚度不低于 20 mm(不含点厚);盲道内侧为浅色站台铺面石材。

(2)站台铺面应采用花岗岩铺面,基本站台上花岗岩铺面板厚不应小于 50 mm,其他站台花岗岩铺面板厚不应小于 30 mm。

(3)站台铺面的标准块材尺寸应根据站台的宽度、柱网尺寸、帽石、安全线、盲道等综合排定。站台铺面石材应综合考虑站台宽度、各类构筑物位置匀称铺设,交接处收口应规整。块材大小不宜小于 600 mm×600 mm。

(4)帽石铺装面缝应与站台面上的安全线、盲道及其他铺装材料面缝相对应;石材铺面所设伸缩缝应对应雨棚柱纵向居中设置。

(5)站台铺面的站台两端为弧形时(图 4-7-30),应在保证帽石、安全线、盲道宽度的基础上,不应出现小于 1/2 站台铺面标准石材的小块石材,曲线段站台面应采用扇形分格形式铺贴,通过调整砖缝宽度达到边缘不出现错台,整齐顺滑。曲线内、外侧站台挡墙限界应按《铁路技术管理规程》曲线上建筑限界加宽方法的计算结果再退让 20 mm。

(6)桥式站台铺面应随结构变形缝设置,盖板宜采用铝合金防滑面板,采用足够的变形量及防水构造。

(7)站台铺面坡度不宜大于 1%,站房与基本站台相接时,应由站房坡向站台,门内外高差不应大于 15 mm,并以斜面过渡。中间站台宜由中间往两侧找坡。

(八)站台雨棚屋面

(1)站台雨棚屋面采用金属屋面宜选用耐腐蚀金属屋面系统。

(2)站台雨棚屋面防水等级宜按Ⅰ级设计。

(3)站台雨棚的避雷带宜设于雨棚上翻檐口内侧,宜与防坠落措施合设,避雷带设置应整齐、美观并应满足防雷接地的其他相关构造要求。

(4)站台雨棚变形缝上下部均应设置盖板,板底变形缝盖板颜色与雨棚涂装颜色一致;变形缝盖板及封檐板应固定牢固。

(5)检修马道(图 4-7-31)边框采用铝型材,表面阳极氧化,与屋面采用 L50×4 热镀锌角钢进行固定,间距严格按 1 158 mm 一道设置,保证马道与屋面板可靠连接。现场安装时,马道边框必须与屋面角钢固定牢靠,且拉通线控制好整体平整度。

图 4-7-30　弧形站台铺面

图 4-7-31　龙川西站雨棚马道

第三节　采暖与通风施工

一、采暖工程施工

赣深铁路地处南方地区,冬暖夏热,不设置采暖系统。

二、通风与空调工程施工

(一)工程概况

各站候车大厅空调冷源采用蒸发冷却式冷水机组,机组设于屋面。候车厅为高大空间,采用全空气一次回风系统。过渡季节采用全新风，蒸发冷却式冷水机组不运行，组合式空调机组全新风模式运行。售票厅、母婴候车室、办公管理用房等房间均采用多联机系统。消防中控室、综合监控室、变电所均设置分体空调。通信机械室、信息机房、信息配线间等机房设置机房专用空调。

(二)各系统管道材质及连接方式

空调风道采用镀锌层质量为 235～385 g/m³ 的镀锌钢板；空调水管管径≤80 mm 采用热镀锌钢管，螺纹连接，管径≥100 mm，采用无缝钢管、法兰、卡箍或焊接。空调供回水管保温材料选用柔性橡塑泡沫制品，厚度满足设计要求。

1. 镀锌钢板风管制作施工工艺

(1)共板法兰风管制作

风管板材拼接的接缝应错开，不得有十字形拼接缝；风管与配件的咬口缝应紧密，宽度一致、折角应平直、圆弧应均匀，且两端面应平行。风管不应有明显的扭曲与翘角，表面应平整，凹凸不应大于 10 mm。风管薄钢板法兰的折角应平直，弯曲度不应大于 5‰，弹簧插条或弹簧夹应与薄钢板法兰这边宽度相匹配。角件与风管薄钢板法兰四角接口的固定应稳固紧贴，端面应平整，相连处的连续通缝不应大于 2 mm。

(2)角钢法兰风管制作

矩形风管法兰由四根角钢组焊而成，划线下料时应注意使焊成后的法兰内径不能小于风管的外径，用砂轮切割机按线切断；下料调直后放在冲床上冲击铆钉孔及螺栓孔、孔距不应大于 150 mm。冲孔后的角钢放在焊接平台上进行焊接，焊接时按各规格模具卡紧压平。

2. 风管及风管部件安装工艺

(1)风管的组合与安装

风管接口的连接应严密牢固。风管法兰的垫片材质应符合系统功能的要求，厚度不应小于 3 mm。垫片不应突入管内且不得突出法兰外；垫片接口长度不应小于 30 mm。

(2)风阀安装

对于大型尺寸风管上的风阀，需要分段制作，在现场拼装成整体后再安装到管道上，拼装时要严格保证多个阀片之间的连接及其联动性能。

(3)消声器及静压箱的安装

大尺寸静压箱为分段制作，到现场组装后安装。运输过程中要避免静压箱的预制件变形，造成现场组装的困难。大尺寸静压箱要采用加固，且设置单独的支吊架。加固形式，及支吊架设置要合理。

(4)风口安装

风口的外表装饰面平整、叶片或扩散环的分布匀称、颜色一致、无明显的划伤和压痕；调节装置转动灵活、可靠，定位后无明显自由松动。

3. 风管保温施工工艺

矩形风管或设备保温钉的分布应均匀，其数量底面不应少于 16 个/m²，侧面不应少于 10 个/m²，顶面不少于 8 个/m²。首行保温钉至风管或保温材料的边沿的距离应小于 120 mm。

4. 风机盘管安装工艺

(1)风机盘管等末端设备在安装前应检查每台设备有无损伤、锈蚀等缺陷。

(2)风机盘管在安装前应进行风机三速试运转及盘管水压试验。试验压力应为系统工作压力的 1.5 倍，试验观察时间应为 2 min，不得渗漏为合格。

(3)风机盘管安装应设单独的支、吊架，固定应牢固，并应保证设备安装的水平和垂直度。

(4)暗装的卧式风机盘管安装时吊顶应留有活动检查门，便于机组能整体拆卸和维修。

5. 空调水管支、吊架施工工艺

(1)管道支架的设置和选型要保证正确，符合管道补偿移位和设备推力的要求，防止管道振动。管道支架必须满足管道的稳定和安全，允许管道自由伸缩并符合安装高度。

(2)管道支架加工制作前应根据管道的材质、管径大小等按标准图集进行选型。支架的高度应与其他专业进行协调后确定,防止施工过程中管道与其他专业的管线发生碰撞。

(3)临近阀门和其他大件管道须安装辅助支架,以防止过大的应力,临近水泵、冷水机组等设备的接头处亦须安装落地支架以免设备受力。对于机房内压力管道及其他可把振动传给建筑物的压力管道,必须安装弹簧支架并垫橡胶垫圈以达到减震的目的。

(4)垂直安装的总(干)管,其下端应设置承重固定支架,上部末端设置防晃固定支架。管道的干管三通与管道弯头处应加设支架固定,管道支吊架应固定牢固。

6. 空调水管安装施工工艺

(1)管道焊接连接

管道焊接材料的品种、规格、性能应符合设计要求,管道坡口形式及尺寸符合规范要求。对口平直度的允许偏差应为1%,全长不应大于10 mm。管道与设备的固定焊口应远离设备,且不宜与设备接口中心线相重合,管道的对接焊缝与支、吊架的距离应大于50 mm。

(2)管道丝扣连接

螺纹连接管道的螺纹应清洁规整,断丝或断丝不应大于螺纹全扣数的10%。套丝采用自动套丝机,套丝机使用前应用润滑油润滑,加工次数为1~4次不等,管径DN15~DN32 mm,套2次;管径DN40~DN50 mm,套3次;管径DN70 mm以上,套3~4次,套丝完成后的管螺纹应采用标准螺纹规检验。

(3)管道法兰连接

法兰连接管道的法兰面应与管道中心线垂直,且应通信。法兰对接应平行,偏差不应大于管道外径的1.5‰,且不得大于2 mm。连接螺栓长度应一致,螺母应在同一侧,并应均匀拧紧。紧固后的螺母应与螺栓端部平齐或略低于螺栓。

7. 空调水系统阀门附件安装工艺

(1)阀门安装

阀门安装前应进行外观检查,阀门的铭牌应符合现行国家标准规定。工作压力大于1.0 MPa及在主干管道上起切断作用和系统冷热水运行转换调节功能的阀门和止回阀,应进行阀门壳体强度和阀板密封性能试验,其他阀门可不单独进行试验。阀门的安装位置、高度、进出口方向应符合设计要求,连接牢固紧密。安装在保温管道上的手动阀门的手柄不得朝下。电动阀门的执行机构应能全程控制阀门的开启和关闭。进行模拟动作试验。机械传动应灵活,无松动、卡滞现象。驱动器通电后,检查阀门开启、关闭行程是否能到位。

(2)管道法兰安装

选好法兰装在相连接的两个管端,将法兰套在管端后要注意两边法兰螺栓孔是否一致,先点焊一点,校正垂直度,最后将法兰与管子焊接牢固。平焊法兰的内外两面都必须与管子焊接。如管端不可与法兰密封面平齐,要根据管壁厚留出余量。

(三)主要设备安装

1. 新风机组安装工艺

(1)安装前核对新风机组与图纸上的设备编号。

(2)设备不得承担外接管道的重量,所有进出风管应设支撑和固定支架,固定时地脚螺栓稳固,承受荷载房屋应满足规范要求,并有防松动措施。

(3)机组安装时应注意减震基础及吊装机组弹簧减震器的选择和安装。

(4)供回水管与机组的连接应正确,机组下部冷凝水管的水封高度应符合设计或设备技术文件的要求。

(5)机组与风管采用柔性短管连接时,柔性短管的绝热性能应符合风管系统的要求。

2. 空调机组安装工艺

(1)安装前核对空调机组与图纸上的设备编号。由于部分空调机组分段组装或散件组装,对分段或散件运输的空调机组应检查清楚所含组件。

(2)空调机组各功能段的组装应符合设计的顺序和要求,各功能段之间的连接应严密,整体外观应平整。

(3)设备不得承担外接管道的重量,所有进出风管应设支撑和固定支架,固定时地脚螺栓稳固,承受荷载房屋应满足规范要求,并有防松动措施。

(4)机组安装时应注意减震基础及吊装机组弹簧减震器的选择和安装。

(5)供回水管与机组的连接应正确,机组下部冷凝水管的水封高度应符合设计或设备技术文件的要求。

(6)机组与风管采用柔性短管连接时,柔性短管的绝热性能应符合风管系统的要求。

3. 空调水泵安装工艺

(1)管道与水泵的连接应采用柔性接管,且应为无应力状态,不得有强行扭曲、强制拉伸等现象。

(2)减震器与水泵及水泵基础的连接应牢固平稳,接触紧密。

(3)水泵的平面位置和高程允许偏差应为±10 mm,安装的地脚螺栓应垂直,且与设备底座应紧密固定。

(4)同一泵房内多台水泵安装时,应保持水泵安装高度一致,相应管道、阀门安装位置一致,保持美观。

(5)水泵安装位置靠近建筑物时,应预留足够的检修空间。

4. 冷水机组安装工艺

设备吊装就位后,使其中心与基础轴线重合。并列的机组,须排列整齐,高程一致。机组找平在与压缩机底面平行的其他加工面上进行,纵横向不水平度不应超过 1/1 000;压缩机在主轴上找正,纵向的不水平度不应超过 0.5/1 000;压缩机在机组中分面上找正,横向不水平度不应超过 1/1 000。

5. 风机安装工艺

(1)风机安装(吊装)

风机的进出口不得承受外加的重量,相连接的风管、阀件应设置独立的支、吊架;风机的隔振钢支、吊架,其结构形式和外形尺寸应符合规定,焊接应牢固;风机减震器的安装位置应正确,各组或各个减震器承受荷载的压缩量应均匀一致,偏差应小于 2 mm。风机的叶轮旋转应平稳,每次停转后不应停留在同一位置上。风机安装应保证水平度及垂直度。风机安装时叶轮不应与风机壳相撞,调整好风机气流方向。

(2)风机落地安装

风机落地安装时,固定设备的地脚螺栓应紧固,并有防松动措施,按要求设置减震装置,并采取防止设备水平位移的措施。通风机传动装置的外露部位以及直通大气的进、出风口,必须设置防护罩、防护网或采取其他安全措施。

(四)多联机系统安装

1. 室内机安装

(1)放线打孔,制作安装室内机吊杆(ϕ10 mm),吊杆长度根据吊顶高度以及室内机尺寸来确定。吊杆采用丝杆,以便调节室内机高度及水平。

(2)打开包装,检查室内机外表无损后,可进行吊装,依据设计高程,用水平仪校正水平度,采用上下对夹定位法紧固固定螺栓。

(3)在吊顶结束后,安装室内机面板或固定风口,并注意成品保护。

2. 冷媒水管安装

(1)冷媒管线布置:需依据设计高程、路由、设置支吊架,根据管径不同,吊架间距为(1～1.5 m)只做支托用途,不可用力卡死。

(2)冷媒管必须选用质量可靠,管径、管壁符合工艺要求的铜管。

(3)使用前需做清洁处理,可用净布抽拉法,对内壁进行处理。

(4)清洁后铜管穿套管用满足设计要求的保温护套,留出焊接部位。

(5)焊接采用专用磷铜银焊条进行钎焊,焊接过程中持续充氮,以防止产生氧化膜,焊点应光滑平整无泄露。

(6)穿墙或楼板的位置时,均应设套管,应符合规范要求。

(7)冷媒分支必须根据设备技术要求配置连接。

(8)在冷媒管系统试压合格后,对焊点处补做保温。

3. 室外机安装

(1)核对型号、依施工图检查室外机基础,复测安装尺寸,应满足空调设备技术资料中室外机要求的间距尺寸。并在安装前仔细检查基础是否达到养护强度,表面的平整度等等。

(2)利用建筑物中运输及吊装设备将室外机运至安装地点,并对基础放线、定位,混凝土基础可埋设地脚螺栓或打膨胀螺栓(ϕ10～12 mm)。

(3)拆除包装,检查外观是否无损,根据设计图纸按设备的标注名称,核对名称、规格型号,同时清点随机部件清单,并做记录,之后便可就位,因外机较轻,可采用小型升降工具或人工抬放就位。

(4)试运行:电气配电到位后(也可接临时用电),按照规范要求,对设备进行试运转,期间安排专人看护,监视设备的电流、电压和温升。如有异常,立即停机检查并做好记录。

第四节 给排水工程施工

一、给排水施工方案

(一)给排水及消防工程概况

各站从站房室外生活及消防合用环路上各处各引一根给水管作为站房室内给水系统、消防水池补水水源。候车室开水间内设置过滤加热一体式电加热直饮水设备供应饮用水。室内生活污、废水合流。室外雨、污分流,站房污废水经化粪池处理达标后排至市政污水接口。

(二)套管预留预埋施工工艺

1. 套管制作

(1)根据施工图纸核对结构墙、板厚度以确定套管长度,按照相关规范规定选定套管管径。

(2)用钢尺量好长度,在管道上画出切割线,对于 DN150 mm 以下管道可以采用切割机进行切割,DN200 mm 以上管道使用空气型等离子切割机、割管机或气割进行切割,镀锌钢管禁止使用热切割,套管切割后应剔除切口的卷边、瘤渣、毛刺,复核切口的平整度,若出现马蹄口、斜口等情况,需进行打磨处理。

(3)选定合格厚度的钢板,先在钢板上用“冲子”冲出圆心点,然后用圆规按照套管外径作为翼环内圈的半径画出翼环的内圈线,再按规范要求翼环宽度画出翼环的外圈线。

(4)使用等离子切割机或气割进行切割时应注意防火,加工场地须配备合格的灭火器材。

(5)套管与翼环拼装前先在套管上画出翼环安装线,将打磨后的翼环套在管道刻度线位置,用电焊先固定一个点,用角尺调整翼环与管道的垂直度后按相隔 120°共计固定 3 个点即可。刚性防水套管为中间一个翼环,柔性防水套管中间及迎水面设两个翼环,背水面设有法兰及法兰压盖。

2. 套管安装

(1)墙上套管在土建完成钢筋施工且模板安装之前进行,楼板上围土建模板和钢筋均施工完毕混凝土浇筑之前进行。

(2)套管安装前应核对制作好的防水套管型号无误,测量出套管坐标、高程并做好标记,墙上安装时在套管中心点上做出十字坐标线,纵线控制坐标,横线控制高程,高程线必须从现场固定高程点引来,不得就近引用土建结构柱上不经复核的高程控制线,并且现场所有部位的高程控制线均应以同一处固定高程控制点作为参考进行复核,以确保高程无误;坐标线应选用不同的两根轴线对同一坐标进行复核,以确保坐标无误。楼板安装时同样需画十字坐标控制线,并用中心点两侧参考线对坐标点进行复核以确保坐标正确无误。

(3)套管焊接固定后,套管内部需采用轻型柔性材料填塞,口部采用胶带密封,以免混凝土进入套管内部。

（三）给排水管道支架、吊架施工工艺

应设置防晃支架和固定承重支架。立管底部设一个承重固定支架，同时间隔 2.6 m 设置防晃支架。管道的干管三通与管道弯头处应加设支架固定，管道支架吊架应固定牢固，固定支架必须安装在设计规定的位置上，不得任意移动。立管支架现场安装制作时，采用"吊垂线"法，从立管安装位置的顶端，吊线锤，逐层核对，在能够确保该管线能够施工的有效尺寸范围内；再确定好该管线具体安装位置，标注需要设置支架的地点，测量出该点支架外形尺寸，编号登记，依次制作安装。

（四）镀锌钢管、衬塑钢管安装施工工艺

1. 镀锌钢管、衬塑钢管安装（沟槽连接）

(1)用切管机将管子按所需长度切割，切口应平整，端面应垂直于管轴线，误差不应超过外径的 1%，且最大不超过 2 mm。切口处若有毛刺，应用砂轮机或锉刀将其打磨光滑。

(2)安装管道时将需加工沟槽的管子水平架设在滚槽机和尾托架上，将管子端面与滚槽机止推面贴紧，使管轴线与滚槽机止推面呈 90°，启动滚槽机电机，同时缓慢压液压手柄，利用上、下压轮缓缓压出沟槽，用游标卡尺量测沟槽的深度和宽度，是否符合沟槽规范，当沟槽的深度符合要求时，滚槽机卸荷，取出管子。在滚槽机滚压沟槽过程中，严禁管子移位（纵向或角向位移），再次检查管子端口的沟槽段，确保无质量问题存在后进行下步安装。

(3)将橡胶密封圈套上接口部位的一端端部，接口部位的另一端的管子、配件或附件靠近已套上橡胶密封圈的一端，两端的端部应留有间隙，间隙应符合标准要求，移动橡胶密封圈，使橡胶密封圈位于接口中间部位，校直管道中轴线，在橡胶密封圈上涂抹专用润滑剂，在接口位置的橡胶密封圈的外侧安放沟槽式接头，确保接头内缘卡进沟槽内，并置于沟槽中间位置，用手压紧卡箍的耳部，在卡箍螺孔位置，穿上螺栓，并均匀轮换拧紧螺母。

2. 镀锌钢管、衬塑钢管安装（螺纹连接）

(1)套丝

螺纹连接管道的螺纹应清洁规整，断丝或断丝不应大于螺纹全扣数的 10%。套丝采用自动套丝机，套丝机使用前应用润滑油润滑，加工次数为 1～4 次不等，管径 DN15～DN32 mm，套 2 次；管径 DN40～DN50 mm，套 3 次；管径 DN70 mm 以上，套 3～4 次，套丝完成后的管螺纹应采用标准螺纹规检验。

(2)管端清理

套丝后应使用细锉将管端的毛边锉光，再用毛刷清除管端和螺纹内的切屑。

(3)管道安装

管材与管件连接前，应检查玛钢管件是否完好无损，然后将管件用手捻上管端丝扣，在确认管件接口已插入镀锌钢管后，用管钳对管道进行连接，管道连接应牢固，接口处的外露螺纹应为 2～3 扣，不应有外露填料。

(4)管端防腐

管端及管螺纹清理加工后，应进行防腐、密封处理，宜采用防锈密封胶或聚四氟乙烯生料带缠绕螺纹，同时应用色笔在管壁上标记拧入深度。

（五）排水铸铁管安装施工工艺

(1)在插口上面画好安装线，承插口端部的间隙取 5～10 mm，在插口外壁上画好安装线，安装线所在平面应与管的轴线垂直。

(2)在插口端先套入法兰压盖，再套入胶圈，胶圈边缘与安装线对齐。

(3)将插口端插入承口内，为保持橡胶圈在承口内深度相同，在推进过程中，尽量保证插入管的轴线与承口轴线在同一直线上。

(4)紧固螺栓，使胶圈均匀受力，螺栓紧固不得一次到位，要逐个逐次逐渐均匀紧固。

（六）PPR 管安装施工工艺

PPR 管的膨胀量相比金属管较大，为防止管道因热膨胀而造成破坏，立管安装，在相邻两个支管附近各安装一个固定支架，将管道膨胀限定在两个支架之间，并在一定距离设置弯曲管给予补偿。竖井中两个固定点之间的距离不能超过 3.0 m；水平管安装，管径 20～50 mm 的管道可采用固定吊架，使用电缆夹固定住管道限制膨胀，管夹间距离约 0.5～1.5 m。横支管与竖井内立管连接时，需留有一定空间或采用非直连方式吸收膨胀量。

(七)UPVC 管安装施工工艺

室内塑料排水管道安装控制要点见表 4-7-1。

表 4-7-1　室内塑料排水管道安装控制要点

项　　目	允许偏差	检验方法
水平管道纵、横方向弯曲	1.5 mm/m	用水准仪(水平尺)、直尺、拉线和尺量检查
	全长(25 m 以上)≤38	
立管垂直度	3 mm/m	吊和尺量检查

(八)HDPE 管安装施工工艺

(1)焊接断面必须是垂直 90°，接口处需通过刨刀刨平，错位不超过 1 mm，闭合管端的最大间隙不超过 0.3 mm。

(2)热熔对焊后管道的总长度会变短，预制时测量尺寸要注意。

(3)加热完成后，退开夹具，迅速取出电热板，然后合龙两管端，其切换时间应尽可能短，不得超过 5 s。

(4)完成后要检查焊缝高度，错边，接口宽度及对中情况，不合格的要锯开重焊。

(九)钢丝网骨架塑料复合管安装施工工艺

(1)熔焊前要保证电熔套筒内表面和封口表面清洁，不允许有污物、油等。

(2)熔焊表面去除氧化层要干净，处理完毕后最好使用塑料薄膜封住避免二次污染。对于已经打磨好的焊接表面，严禁用手摸或粘有其他污物。

(3)熔焊表面不允许有水，一旦熔区内有水将直接影响焊接质量。

(4)对于钢骨架电熔套筒焊接时，可以通过观察连接部位电熔套筒的变形大小，套筒上观察孔针增长高度以及用手摸电熔套筒外表面温度等来判断熔焊效果。

(5)由于带骨架后聚乙烯与骨架的收缩和膨胀不同，因此焊接时应严格按焊接工艺参数，同时注意观察孔和手摸电熔套筒外表面温度。

(十)变频给水泵组安装施工工艺

(1)变频供水泵组采用减振器进行减振。安装前对基础进行验收，确保基础的水平度及安装位置符合设计施工规范要求。

(2)减振器安装于浮动基础之下或泵组底板之下。

(3)水泵就位过程中应保证就位不能损坏设备基础及已安装好的减振器。

(4)水泵的进出水管及阀件应进行固定，确保水泵本体处于自由状态。水泵和管路之间应采用柔性连接。

(5)泵组安装完成后检查其水泵泵体水平度(或垂直度)是否符合施工验收标准要求。

二、消防工程施工方案

(一)潜污泵安装施工工艺

水泵底座及滑轨固定牢固。水泵的进出水管及阀件应进行固定，确保水泵本体处于自由状态。水泵和管路之间应采用柔性连接。泵组安装完成后检查其水泵泵体水平度(或垂直度)是否符合施工验收规范要求。

(二)消火栓箱安装

(1)消火栓安装应牢固、平直，安装后的箱体上下角的水平位移不得超过 2 mm，消防水管进入箱内应“横平竖直”，不得斜进箱内。

(2)安装室内消火栓,栓口朝外,阀门中心距地面 1.2 m,允许偏差 20 mm。阀门距箱侧面为 140 mm,距箱后内表面为 100 mm,允许偏差 5 mm。

(3)安装消火栓水龙带,水龙带与水枪快速接头绑扎好后,根据箱内构造将水龙带挂在箱内的挂钉上,启动消防水泵的按钮设在消火栓箱内。

(三)消防水泵安装

(1)消防泵的基础尺寸、平面位置、高程、应符合设计要求,其安装基准线与建筑轴线距离偏差不应超过±20 mm,定位基础的面、线或点对安装基准线的平面位置偏差不应超过±2 mm,高程偏差不应超过±1 mm。

(2)泵的纵横向水平度偏差不应超过 1/10 000,测量时应以加工面为基准点。地脚螺栓的垂直度误差不应超过 1/100,距孔壁的距离不应小于 15 mm,底端不应碰到孔底;地脚螺栓上的油脂和污泥,应清除干净,但螺纹部分应涂上油脂;螺母与垫圈间、垫圈与消防泵底座间的接触,均应良好;拧紧螺母后,螺栓必须露出螺母 1.5～5 个螺距。

(3)底座垫铁宜采用斜垫铁和平垫铁,并应靠近地脚螺栓,垫铁块数每组不宜超过 3 块,并少用薄垫铁,放置垫铁时,薄的放中间,最厚的放下面,且应相互焊接牢固。

(四)喷淋头安装

安装前检查喷头的型号、规格、使用场所应符合设计要求。安装在易受机械损伤处的喷头,应加设喷头防护罩。喷头安装时,溅水盘与吊顶、门、窗、洞口或障碍物的距离应符合设计及规范要求。当喷头溅水盘高于附近梁底或高于宽度小于 1.2 m 的通风管道、排管、桥架腹面时,喷头溅水盘高于梁底、通风管道、排管、桥架腹面的最大垂直距离应符合规定。当梁、通风管道、排管、桥架宽度大于 1.2 m 时,增设的喷头应安装在其腹面以下部位。

(五)报警阀组及附件安装

1. 报警阀组安装

报警阀组的安装应在供水管网试压、冲洗合格后进行。安装时应先安装水源控制阀、报警阀,然后进行报警阀辅助管道的连接,水源控制阀、报警阀与配水干管的连接,应使水流方向一致。报警阀组安装的位置应符合设计要求;当设计无要求时,报警阀组应安装在便于操作的明显位置,距室内地面高度宜为 1.2 m,两侧与墙的距离不应小于 0.5 m,正面与墙的距离不应小于 1.2 m;报警阀组凸出部位之间的距离不应小于 0.5 m. 安装报警阀组的室内地面应有排水设施。

2. 报警阀组附件安装

报警阀组附件的安装应符合下列要求:压力表应安装在报警阀上便于观测的位置。排水管和试验阀应安装在便于操作的位置。水源控制阀安装应便于操作,且应有明显开闭标志和可靠的锁定设施。在报警阀与管网之间的供水干管上,应安装控制阀、检测供水压力、流量用的仪表及排水管道组成的系统流量压力检测装置,其过水能力应与系统过水能力一致;干式报警阀组、雨淋报警阀组应安装检测时水流不进入系统管网的信号控制阀门。

(六)消防水炮安装

消防水炮的支架现场制作安装,墙体或混凝土柱安装支架时,支架固定在墙体内或用膨胀螺栓固定在柱上,钢柱安装支架时,应焊接在柱上,或用包箍固定在柱上,水流指示器及电动蝶阀需水平安装,间距不小于 500 mm。

(七)水箱安装施工工艺

1. 水箱基础安装

使用水平尺对槽钢底座进行找平,精度要求为:水平度偏差不超过 1 mm。槽钢底座采用热沥青进行防腐处理。

2. 水箱安装

水箱安装完毕后应做满水试验,注水时应注意缓慢地向水箱内注入,随时观测水箱的受力及是否渗漏,满水后静置 24 h 观察,不渗不漏为合格。饮用水水箱在满水试验合格后宜采用 0.03%医用高锰酸钾消毒液灌满管道进行消毒。消毒液在水箱中应静置 24 h,排空后,再用饮用水冲洗。饮用水的水质应达到现行的国家标准,并取得相关部门颁发的证书。

(八)保温材料安装施工方法

(1)使用的胶水应为厂家提供的配套胶水。胶水使用前摇匀,为防止胶水挥发过快,先将大罐胶水倒入小罐逐次使用。使用短且硬的毛刷涂以均匀、薄薄的一层胶水在管壳的粘结面上,用"指触法"判断胶水干化的程度,再进行粘结。

(2)在管壳内表面及管壳纵向缝的接缝处均匀涂刷胶水,再将管壳包裹在管道上,注意管壳得纵横缝必须错缝搭接,不能有通缝,纵向缝不要设置在管低和管顶的中心垂线上。

(3)管壳与管壳间的环缝用同等材料的薄板材进行搭接,确保管壳内无空气进入。

(4)阀门及法兰的保温采用板材保温,所有接缝处必须涂抹胶水。

第八章 通信工程

通信系统是高铁运行的“中枢神经”，关系到列车与车站间的信息传输、旅客乘车期间的通信、站车购票数据等，牵一发而动全身，因此，通信系统工程被称为“行车安全的保护神”。新建赣深铁路与既有铁路交叉11处，在河源市和平县境内以隧道形式下穿京九铁路1次、龙川县境内跨越京九铁路1次，在惠州市博罗县境内跨越京九铁路1次，在惠州市仲恺高新区跨越京九铁路、莞惠城际各1次，在东莞市塘厦镇跨越广深Ⅰ、Ⅱ、Ⅲ、Ⅳ线，在深圳市龙华区境内以隧道形式上跨广深港高铁。笋岗动走线在深圳市境内跨越广深Ⅲ、Ⅳ线，无线网络覆盖关系复杂。

通信工程形成各具工程特征与突出亮点的技术创新成果集群，为后续新建高速铁路或既有铁路提质增效等方面再添重要借鉴。通信工程提出了GSM-R核心网接口监测及综合分析系统、同频干扰监测系统、通信网络安全防护及运营支撑平台、智能视频及周界入侵报警系统等先进的系统平台。通信防雷箱与电力配电箱合设，实现防雷和配电单元的智能化监控以综合网管为数据基础，按照“网络智能运行、资源智能管理、系统智能维护、业务智能应用”的原则，在保证网络安全的前提下，实现通信网络的智能运维，构建赣深铁路通信运维支撑智能系统，搭建广铁通信运维支撑平台的基础设施。

第一节 工程概况

一、工程范围

正线及车站站线（下行K2063+208.566～K2360+234.000，上行K2063+208.566～K2360+234.000）；

深圳动车所二场及动车走行线（二场K0+722.74～K3+000.03；动走C线K0+000.00～+713.41；动走D线K0+000.00～+722.74）；

莞塘深联络线（下行K0+000～K2+070.73，上行K0+000.00～K2+314.31）；

莞塘广联络线（下行K0+000.00～K2+040.43，上行K0+000.00～K1+844.23）、阳深联络线（上下行K0+000.00～K6+962.904）；

阳深疏解线（K0+807.915～K3+790.779）；

广深Ⅰ、Ⅱ线改线（广深K105+500～K107+700）；

笋岗动车走行线。

二、主要技术标准

（1）铁路等级：高速铁路；

（2）设计行车速度：350 km/h；

（3）正线数目：双线；

（4）正线线间距：5.0 m；

（5）最小平面曲线半径：一般地段7 000 m，困难地段5 500 m；

（6）最大坡度：一般地段20‰，困难地段30‰；

（7）到发线有效长度：650 m；

（8）列车运行控制方式：自动控制；

(9)调度指挥方式:综合调度集中;

(10)最小行车间隔:3 min。

三、主要工程量

通信工程光电缆 1 661.3 条公里,新设传输系统设备 151 套,接入设备 79 套,会议电视会场设备 14 套,应急现场设备 2 套,综合视频前端摄像头 1 240 套,视频监控节点设备 10 站,开关电源设备 132 套,电源与环境监控分站设备 245 套,电源防雷设备 232 套,区段数字调度交换机 14 套,通信基站 BTS 设备 67 套,铁塔 135 座。

四、工程特点

通信施工敷设受站前、房建施工因素影响,施工制约因素较多,接口调查、核实等工作间短,配合协调工作量大,工期主要集中在后期,且通信专业必须要在节点内完成光缆线路施工,为各专业、各系统提供传输通道,工程基本上处于零工期的状态。

第二节　通信工程施工方案与工艺方法

一、工程实施情况

(一)主要工期节点

2020 年 5 月 8 日赣深铁路广东段四电系统集成工程主要人员进场,2020 年 6 月 28 日开工,2021 年 11 月 30 日达到开通运营条件。主要施工节点:2020 年 12 月 1 日通信铁塔基础开始动工实施,12 月 20 日完成通信专业第一座铁塔基础的施工,2021 年 3 月 28 日组立第一座铁塔;2021 年 1 月 10 日开始室内设备安装,2021 年 1 月 15 日开始进行光电缆敷设,2021 年 4 月 13 日完成首件工程验收,2021 年 7 月 1 日开始静态验收,2021 年 8 月 15 日完成静态验收,2021 年 8 月 16 日正式开始联调联试,2021 年 10 月 29 日正式开始试运营,2021 年 11 月 13 日完成初步验收,2021 年 11 月 20 日完成安全评估,2021 年 11 月 30 日达到开通运营条件。

(二)施工组织

1. 工程实施原则

全面贯彻落实铁路建设要求,围绕质量、安全、工期、投资、环保、文明施工、技术创新等方面的目标要求,坚持安全第一、质量至上原则,以控制工程为重点,以科学管理为保障,以经济合理为基准,全面实施标准化管理;安全、优质完成建设任务。

2. 项目施工组织

针对本工程的规模和特点,以及站后四电工程中重难点工程的分布情况,满足建设单位对整个工程的总体布局,在深圳市龙岗区设立"中国铁路通信信号股份有限公司赣深弱电集成项目经理部(以下简称项目部),项目部设置 7 个职能部门:工程管理部、技术管理部、安质环保部、物资设备部、商务管理部、计划财务部、综合管理部,在龙川、惠州、深圳设置 3 个综合工区、12 个施工作业队和 1 个中心料库,规定相应的职权范围,保证项目管理有序、有效地运转。

3. 工期保证措施

项目部组建曾参加过多次类似高速铁路工程施工的优秀管理人员组成精干高效的现场指挥机构,抽调曾多次参加高速铁路工程施工经验的专业队伍承担本工程的施工,并成立保证施工工期领导小组,确保本工程施工工期的实现。

加强施工管理,合理增加投入;发挥机械化施工优势,全力保障施工生产;搞好对外关系,确保施工生产顺利进行;抓好资金管理,确保资金投入;科学组织,加强协作,全方位保证工程建设工期,严密组织多工作面平行交叉流水施工；确保原材料的供应、保证机械设备的提前到位，以满足工程进度的需求。

二、系统技术方案

(一)传输系统

赣州西至塘厦新设同步数字系列(SDH)10 Gb/s 长途骨干及汇聚层传输系统，车站新设 SDH 10 Gb/s ADM 设备。为提高传输系统可靠性和满足传输通道需求，利用京九铁路既有及本工程敷设的部分光缆，将部分车站的 SDH 10 Gb/s 传输系统与既有传输系统连通。

赣州西至塘厦新设 SDH 2.5 Gb/s 传输及接入系统，车站新设 SDH 2.5 Gb/s 传输及接入系统设备。区间基站、牵引变电所及信号中继站等处设置 SDH 622 Mb/s 传输系统设备。站内信息接入点可以采用 SDH 622 Mb/s 或 SDH 155 Mb/s 传输及接入系统设备等。

铁路局调度所设置传输系统网元管理中心设备，通信维修车间设网管复示终端。

(二)GSM-R 专用移动通信系统

根据全路 GSM-R 网络技术规划和本线所处的位置，本工程没有新设交换子系统(SSS)，利用广州节点既有核心网设备，扩容满足本线无线子系统的接入需求。

赣深 BSC 接入广州局核心网，新建赣深 BSC 在广南机房，核心网设备在东山通信楼机房(基础机房和专用机房)。CS 域 A 口需提前按照设计 24 个 E1，分别调通广南机房到东山通信楼机房，提前 2 M 误码测试。PS 域 Gb 口采用 IP 的方式接入，按照设计通过接入广南机房梅汕 2 台交换机接入广州局 PS 域核心网，提前配通到东山通信楼机房 SGSN 的路由。

更新广州既有主备 GRIS 服务器软件，包含软件许可 license、GPS 数据更新等内容。通过广州 GGSN 与广州 GRIS 相连，由广州 GRIS 接入广州 CTC 中心。

赣深铁路全线与既有线共计交汇并线 9 处，其中，与京九线的并线交汇区域共有 3 处，并行 2 处；赣深铁路与莞惠线的并线交汇区域共有 1 处；赣深铁路与广深线的并线交汇区域共有 1 处；赣深铁路与广深港的并线交汇区域共有 1 处；与既有深圳北车站交汇 1 处。

1. 与京九线交汇

赣深 DK154～DK164 区段两线各自独立覆盖，不做相邻关系，仅从频点上区分开。

赣深 DK213～DK224 区段关闭京九 TuoCheng 基站，在赣深 LongChuanXi 上增加两面天线覆盖京九线；关闭京九 TC-LK01 基站，在赣深基站 LCX-DY02(位于交叉点)上增加两面天线覆盖京九线。在原京九 TC-LK01(K2112＋670)处安装直放站远端机连接到赣深基站 LCX-DY02，作为补强。相应修改京九线 GSM-R 数据。

赣深 DK301～DK315 区段关闭京九基站 PQ-YCZ01 和 PQ-YCZ02，用赣深 HYD-BLB05(DK304＋500)、HYD-BLB06(DK308＋000)、BoLuoBei(DK311＋520)3 个基站来兼覆盖京九线。在赣深 3 处基站上各增加一面天线。

赣深 DK338～DK348 区段关闭京九基站 TM-HZ01(K2240＋900)，同址增加直放站远端机，连接到赣深基站 BLB-HZB08(DK339＋626)处直放站近端机。关闭京九基站 TM-HZ02(K2245＋480)，其连接的直放站 TM-HZ02/R1～R4 更换为数字直放站远端机设备，并连接到赣深基站 BLB-HZB09(DK345＋480)处直放站近端机为主信号，京九 TM-HZ03(K2250＋025)基站为从信号，同时在 TM-HZ03 处增设数字直放站近端机和远端机。相应修改京九线 GSM-R 数据。

赣深 DK378＋400 区段两线独立覆盖，互相不添加邻区关系，通过频率规划避免干扰。

2. 与广深线交汇

赣深与广深交叉点 DK401＋400，在交叉点附近设置直放站远端机 DK401＋400(主用信源基站为塘厦车站基站)，并往广深方向增加两面天线。关闭广深基站 ZMT-LC01，利用直放站 DK401＋400 覆盖两线交叉区域，广深基站 ZhangMuTou、LinCun 均与赣深 TangXia 基站添加领区关系。相应修改广深铁路 GSM-R 数据。

3. 与广深港交汇

赣深 DK418＋700 与广深港汇合处，利用广深港既有基站覆盖。赣深在汇合处设置基站 TX-GMC03(DK418＋700)，安装 3 面天线覆盖。与其距离 1.1 km 的广深港基站 HM-GMC08 关闭，广深港基站 HM-GMC07、GuangMingCheng 均与赣深 TX-GMC03 添加邻区关系。相应修改广深港 GSM-R 数据。

深圳北附近与广深港并行区段，利用广深港既有基站和直放站近端机设备，并新设直放站远端机覆盖本线隧道区段，新设直放站远端机接入广深港既有近端机。此区段新设直放站远端机以及羊台山隧道出口处的直放站近端机均采用与广深港既有系统能够兼容的模拟直放站设备。

(三)数字调度通信系统

调度通信系统由调度所型调度交换机、车站型调度交换机、调度台、值班台、其他各类固定终端(电话分机)、网管终端及录音仪等设备组成。通过调度所调度交换机与 GSM-R 系统互联，实现有线和无线调度业务互通(列车及相关作业人员配置移动终端)。

本线在广州客专调度所设置调度台，实现全线的调度业务。调度所型调度交换机利旧扩容其他工程在广州客专调度所设置的主备用调度所型调度交换机，具体方案为：广州调度所新调度楼主用调度交换机和广州调度所老调度楼备用调度交换机各扩容 4 路 2 M 接口数字中继板和 8 路 2 M 接口调度台接口板各一块。

全线新建车站、4 个线路所及深圳北动车所新设车站型调度交换机，按和平北～河源东、博罗北～东莞南、光明城～深圳动车所二场边跨、羊台山所～深北动车所组建 3 个 2 M 数字环接入广州调度所的调度交换机。

(四)电话交换及接入系统

利用并扩容惠州铁通既有程控交换机，全线自动电话用户统一通过接入网系统分段分别接入上述交换机。根据本线需求的具体情况，对惠州既有电话交换机扩容相应数量的 V5.2 接口板等板卡。

编号方案：自动电话长途区号归属维持既有不变，沿线新增自动电话用户均采用光纤接入网系统解决，通过接入网接入铁通公司当地交换机，分段纳入既有铁路电话交换网，统一编号组网，实现与既有铁路电话专网的互通。

(五)数据网系统

本工程数据通信系统属于铁路数据通信网的区域网络，由核心节点、汇聚节点、接入节点组成。

1. 核心节点

本线核心节点利用广州调度所既有设备，实现区域网络与骨干网络间数据的快速转发，利用既有设备包括核心路由器、反射路由器等，新建网管系统。

2. 汇聚节点

本工程在龙川西和深圳北各新设 2 台汇聚路由器作为汇聚节点，提供数据流量高速汇聚与转发。

3. 接入节点

在沿线各新建车站、动车所设置接入节点路由器设备，负责各站用户的数据上传。每个接入节点设置 2 套接入路由器和 2 台三层以太网交换机，构建双平面。在和平北、龙川西、博罗北、深圳北设置高端接入层路由器，在河源东、河源北、惠州北、仲恺、塘厦、光明城设置低端接入层路由器，各相邻车站接入路由器间以 GE 光口裸光纤互联组网。各高端接入层路由器采用 GE 光通道链型双归连接至本地汇聚路由器，采用骨干层 SDH 10 G 传输系统提供的 GE 通道连接至异地汇聚路由器。在沿线各新建车站设置 2 台三层以太网交换机。在沿线各区间基站、直放站(隧道外)、信号中继站、线路所、牵引变电所、AT 所、分区所、开闭所等通信接入节点设置 1 台三层交换机设备。参照区间 622 Mb/s 接入层传输系统组网形式，以及区间通信节点在线路左右侧位置，采用光纤直连方式，组建 4 个区间千兆数据通信环，满足信号专业、牵引供电专业等以及通信专业数据业务提供不同带宽需求。

利用站内光缆将站房、综合维修车间(工区)、公安派出所、动车所综合楼、检查库以及站内电力配电所等站内通信节点单独组建千兆数据通信系统，设置三层交换机设备，采用光纤直连方式，与相应车站的三层交换机设备共同组建站内数据通信系统，满足站内业务接入点处的不同带宽通道需求。

4. 系统网管

本工程在广州调度所网管中心新建数据网网管服务器 2 套，在各维修车间设置网管复示终端，对本网内的业务进行管理，并按照与通信综合网管系统之间所定义的规范和接口接入通信综合网管系统的接口。

数据通信系统网管能完成管理信息的交换及安全管理、配置管理、故障管理和性能管理。

5. VPN

本线数据网采用 MPLS VPN、VLAN 技术实现各种业务系统的共网承载、转发与业务隔离。

6. 路由协议

本线数据网采用 IS-IS 动态路由协议，并将本线所有节点作为一个自治域，以保证路由快速运算与链路保护的快速保护与收敛。

7. 网络安全

本线数据网可通过采用网络物理隔离，保障硬件安全，实施安全管理制度，配置数据安全策略等措施保证网络的安全。

(六)综合视频监控系统

综合视频监控系统由视频区域节点、视频接入节点、视频采集点、用户终端以及视频网络组成。

本次综合视频系统应满足相关技术规范要求。本线为时速 350 km 以上客运专线铁路，按照初步设计批复意见、《关于发布设计时速 200 km 及以上铁路区间线路视频监控设置有关补充标准的通知》(铁总建设〔2016〕18 号)、《铁路综合视频监控系统技术规范》(Q/CR 575—2017)以及有关铁路综合视频监控系统等最新技术规范要求执行，系统具备图像故障自动检测、智能分析功能，并同时采用前端与后端相结合的分析方式。系统采用云存储方式，在各个车站信号楼通信机械室设置相应的服务器和磁盘阵列。

独立设置的综合视频监控系统安全防护应满足《铁路综合视频监控系统技术规范》(Q/CR 575—2017)第 7 章网络安全防护的要求。

1. 视频区域节点

本工程对广州调度所既有视频区域节点的互联互通平台进行扩容，在区域节点增设分转发服务器 1 台等。区域节点应具备对本线视频图像质量进行诊断功能。

2. 视频接入节点

本工程在深圳北站设置Ⅰ类视频接入节点，其他新建车站设置Ⅱ类视频接入节点。Ⅰ类视频接入节点具有接入并管理Ⅱ类视频接入节点的能力。

Ⅰ类视频接入节点配置视频管理服务器、视频分转发服务器、云存储服务器、行为分析服务器(不少于 2 台)、存储设备、视频监控终端及网络设备等，负责对辖区内视频信息进行接入、存储、分发、调用和上传等。实现视频的接入、处理、分发及转发、调用、控制、视频内容分析、告警、系统管理、电子地图和与其他业务系统的互联和联动等，并对其接入的所有视频图像和视频告警信息自动存储。当区域节点故障或区域节点与接入节点间连接故障时，Ⅰ类视频接入节点内的用户可正常调看本节点视频。Ⅱ类视频接入节点配置视频分转发服务器、云存储服务器、存储设备、视频监控终端及网络设备等。

3. 视频采集点

在车站、站房、维修车间(工区)、区间基站、信号中继站、电力电气化节点、动车所等节点通信、信号机房设置视频前端采集设备，在通信及信号区间机房院落、牵引供电及电力供电机房院落、桥梁救援疏散通道、隧道口、车站咽喉区等处新设高清视频采集点；利用 GSM-R 基站和部分直放站铁塔设置线路监控高清视频采集点，实现对线路路基、路基与桥梁结合部及长度 6 km 以上桥梁等区段的视频监控。

本工程设置了电源、会议电视、电源和动力环境监控、综合网管、应急通信、时钟及时间同步等设备。

三、主要施工工艺

(一)施工安排

总体施工安排:首先进行通信铁塔施工,再依次进行光电缆敷设、设备安装、系统调试,传输系统和接入网系统的调试应在信号列控、行车指挥系统及电力电气化远程控制系统调试前完成,为相关专业提供控制通道;其他终端通信设备在综合调试前完成安装和调试,达到综合调试条件。

考虑到通信系统设备多、建设周期较短,为保证工期,采用平行与流水作业相结合的方法进行施工,将本标段通信施工划分为3个施工区段,分别安排架子队负责施工,架子队下设作业班组,负责各自管辖的分部、分项工程的施工。各施工区段间及各专业施工队伍间采取平行作业方式,根据各区段站前及房建工程的施工进度,及时安排具备施工条件地段的工程施工,早具备条件早施工,晚具备条件的晚施工,减少后期施工压力,严格安排各节点工期的施工进度计划,确保全线总工期不变。

(二)主要施工流程

通信系统整体施工流程:施工准备→通信铁塔施工→光电缆线路施工→设备安装和调试→各子系统调试→通信系统联调。

主要系统施工流程:移动通信系统:定测→铁塔基础施工→铁塔组立→设备安装→设备单机调试调试→系统测试。

光电缆线路施工流程:径路复测→光电缆敷设→光电缆接续→引入成端→光电缆特性测试。

光电缆线路采用槽道敷设方式,施工时与信号专业密切配合,统一协调进行敷设,避免反复揭开槽道盖板,提高工效,减少对站前基础设施的扰动。光电缆过轨采用预埋好的钢管进行防护。光缆敷设可采用人工和机械牵引两种方法,在尚未铺轨的施工区段可采用机械牵引方法敷设。

设备安装及调试流程:设备机架安装→设备配线→设备单机调试→设备系统调试。其他子系统包含数据通信系统、调度通信系统、会议电视系统、应急通信系统、通信综合网络管系统、时钟及时间同步系统、综合视频监控系统、通信电源防雷及接地系统、电源及环境监控系统等。

综合调试流程:各通信端口测试→各子系统软件测试→各子系统联网测试→各子系统功能测试→综合测试。

(三)施工方法

1. 施工准备阶段

在工程施工准备阶段,主要进行驻地建设、施工现场调查、线路定测、对参建人员进行安全和技术交底、提报物资设备计划、对光电缆和漏缆单盘测试、防护材料采购及检验等准备工作,涉及既有线施工内容的及时申报既有线施工作业计划。

2. 主体施工阶段

主体施工阶段主要包含通信线路工程、通信设备安装和系统调试。根据作业环境分为室外施工部分和室内施工部分。

室外工程施工:主要完成无线通信铁塔基础修建和安装、天馈系统安装、漏泄电缆安装施工、长途和地区站场光电缆线路电缆槽道清理或光电缆沟开挖、光电缆敷设、接续、测试、终端制作、中继段指标测试等。

室内设备安装施工:光电综合引入柜安装、高频开关电源柜安装、传输及接入网设备安装、数据通信设备安装、无线通信设备安装、数字调度专用车站分系统设备安装、电源及环境监控设备安装、自动电话安装以及相关设备配线等。施工中将根据设备到货情况、机房建筑情况,合理安排通信设备安装和配线施工进度,实现按计划进行单机加电调试和系统调试。

通信设备安装施工方法应符合施工作业指导书要求,设备安装牢固、倾斜度满足验标要求;设备配线正确、走线规范,质量符合验标要求;设备接地牢固,接地电阻合格。在施工中,加强与其他专业沟通和协调,使提供给其他专业的通信接口类型和技术标准有一致性,避免后期调试出错。

第三节 重难点工程与精品工程

一、重难点工程

根据现场各站前标段的施工进度、地理条件与外部环境、施工难易程度、施工工期节点要求，确定赣深铁路接入广深港高速、深圳枢纽及扩容改造、广州调度中心扩容改造及各系统接入为重难点工程。

深圳北站通信机房引入赣深铁路新设 48 芯光缆 3 条、24 芯光缆 2 条，同时新设传输、接入、数据网、视频、电源、动环、数调、GSM-R 等系统设备并根据需要对既有设备进行扩容。

广州调度所增加传输、数据网、数调、会议电视、视频、应急、综合网管等系统新设设备及既有设备扩容。广州核心网机房 GSM-R 系统设备安装及既有设备扩容，广州南站传输设备扩容；粤东环 OTN 设备全网扩容。

赣深铁路扩容改造及中心接入 2021 年 8 月 10 日完成相关工作，涉及既有设备扩容改造及各子系统中心接入，工期紧、质量要求高、行车干扰和交叉施工干扰大。项目部积极与设备管理单位沟通，组织了相关厂家调查既有设备型号、容量，编制了扩容改造及中心接入专项方案。

二、精品工程

(一)创新工艺工法

通信工程形成各具工程特征与突出亮点的技术创新成果集群，严格落实国铁集团四电工程细部工艺标准，开展工艺创新、工法创新、工具创新，发工程实现了 BTS 设备采用抽拉式安装，增加 ODF 中间配线柜，信号电缆一次与二次成端采用透明材质的成端盒和封灌胶，三相断相保护器采用双套冗余设计，采用定型板实现芯线定位等 36 项工艺工法微改微创。

(1)BTS 设备采用抽拉式安装。对设备机柜内部结构及布局进行改进，增设可抽拉式装置，方便施工和后期维护，如图 4-8-1 所示。

图 4-8-1 BTS 设备抽拉式安装

(2)增加 ODF 中间配线柜。定制专用 ODF 中配柜(图 4-8-2)，柜内后侧增加两列走线槽，设备侧和线路侧尾纤分开走线，便于后期查找、维护。

(3)ODF 柜内增加防护。智能 ODF 配线单元背面增加光缆束管的保护罩(图 4-8-3)，保障了 ODF 单元拉出回退时束管不被挤压损伤。光缆开剥、固定处增加挡板防护，提升了 ODF 配线柜的整体美观度。

(4)传输设备子框增加尾纤槽，有效解决了因传输设备跳纤过多，尾纤无法合理收纳的问题(图 4-8-4)。

(5)机柜样式统一，柜门增设横撑及防尘网(图 4-8-5)；工厂化定制机柜底座，增加托臂，提高机房整体性，同时便于防静电地板的铺设。

(6)为防止电池监测模块因粘贴不牢脱落及监测线布放随意、凌乱现象，利用滑轨固定模块，电池架侧壁增设电池监测模块线缆槽(图 4-8-6)，合理提高美观度。

图 4-8-2 ODF 中间配线柜

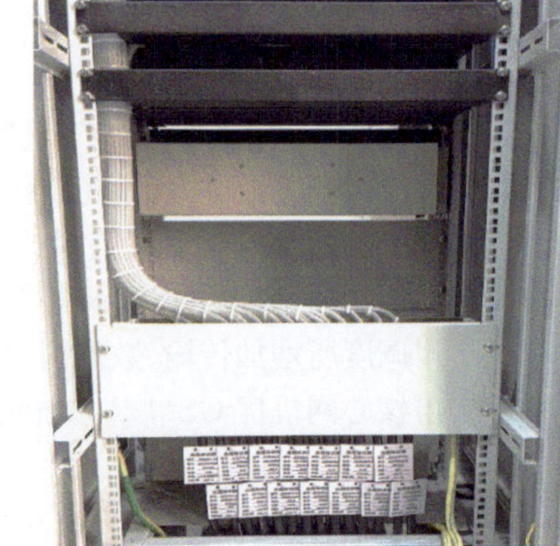

图 4-8-3 ODF 柜内防护

图 4-8-4 传输设备子框增加尾纤槽

图 4-8-5 柜门增设横撑及防尘网

图 4-8-6 电池架侧壁增电池监测模块线缆槽

(7)高开柜增设透明绝缘防护板(图 4-8-7)、防止误碰，提高安全性。

(8)柜内空余位置利用盲板进行封堵，既能提高机柜整体的美观度，又能有效防尘、降低设备故障率、延长设备使用寿命(图 4-8-8)。

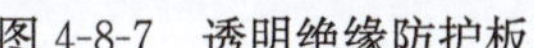
图 4-8-7　透明绝缘防护板

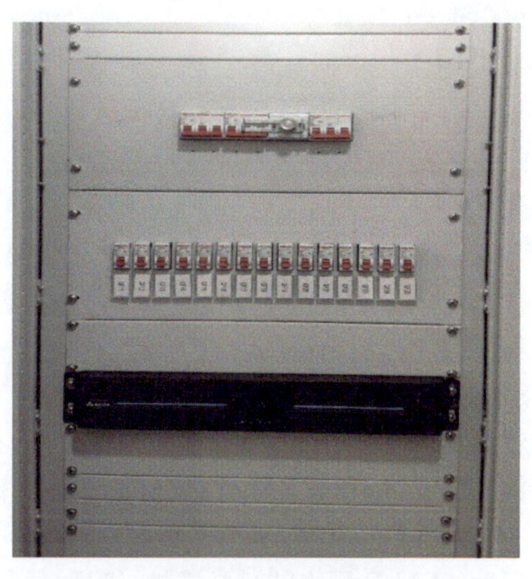

图 4-8-8　柜内盲板封堵

(9)改进光缆封堵方式。光缆引入通信机房时，采用阻燃型特制模具分层分类别排列光缆(图 4-8-9)，使得光缆引入无交叉、封堵严实。

图 4-8-9　阻燃型特制模具排列光缆

(10)优化光电缆间布局。根据车站电缆引入间空间结构，优化布局，利用铝合金走线架进行光缆敷设、盘留及绝缘节固定(图 4-8-10)，同时悬挂光缆标识牌、张贴光缆一览表，提高直观性，便于后期查找、维护、检修。

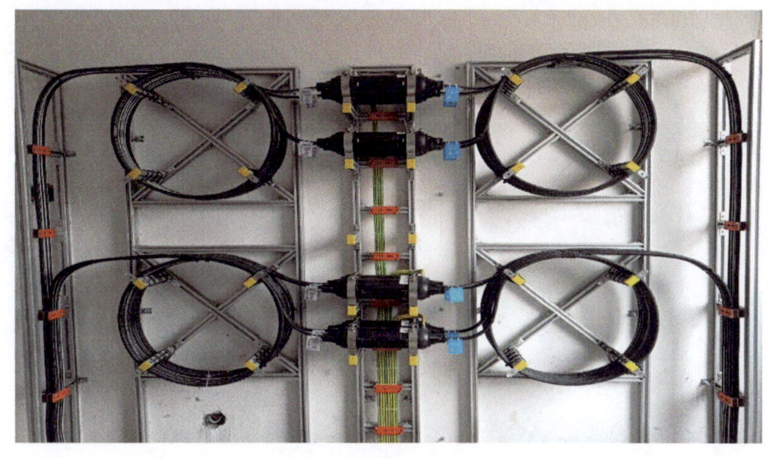

图 4-8-10　铝合金走线架固定

(二)优化设计

1. 一体化电源防雷配电箱

通信防雷箱与电力配电箱合设,实现防雷和配电单元的智能化监控、故障录波、本地监控管理和组网通信等智能化功能,减少机房内壁挂设备数量、节省设备所占空间;实现集中配线、集中管理和模块化配置,提高配电线路的安全可靠性,降低故障率。

2. 赣深与广深港并线区段既有基站设备更换

赣深铁路与广深港高铁并线区段 GSM-R 覆盖,因广深港基站设备停产、停服、设备故障高,不宜按原设计方案利旧、扩容,新设基站设备 5 套。

3. GSM-R 核心网接口监测及综合分析系统

通过对路局间各接口的业务和信令数据等进行采集,并将采集到的接口数据和 GSM-R 网络运行产生的基础数据、故障信息等各类信息进行自动化、智能化、综合分析处理,实现超时故障判断与分析、行车数据分析、C3 无线超时和列调故障统计分析、网络性能分析、设备告警信息管理、工单及备品管理,从而达到指导和帮助 GSM-R 网络的日常维护、管理、优化工作。

4. 同频干扰监测系统

同频干扰监测单元无线天线馈线通过在铁塔的架设,实现对应区域的同频干扰监测,具备同频干扰及 GSM-R 系统以外的其他信号源产生的同频干扰、带内异频等无线干扰的实时监测及告警功能。

5. 铁塔监测系统

非接触式铁塔监测系统具备全天候监测铁塔水平位移、垂直度功能。

(三)项目创新实现建维一体

1. 通信网络安全防护及运营支撑平台

以综合网管为数据基础,按照“网络智能运行、资源智能管理、系统智能维护、业务智能应用”原则,在保证网络安全的前提下,实现通信网络的智能运维,构建赣深铁路通信运维支撑智能系统,搭建广铁通信运维支撑平台的基础设施。

2. 智能视频及周界入侵报警系统

综合视频监控系统采用“云平台”架构建设,满足接入广州局集团公司既有区域节点及在建的视频云中心平台条件。新增周界及异物入侵报警系统,共享综合视频监控系统Ⅰ、Ⅱ接入节点设备转发存储及视频流资源。周界入侵现场监测设备对人员入侵铁路周界的行为(穿越、翻越、破坏围栏等)进行监测、报警。

第九章　信号工程

信号工程在整个高铁系统里承担着“中枢神经”和“控制大脑”的作用，是保证高铁高速、安全、平稳运行的关键，体现了我国高铁尖端工艺技术核心。赣深铁路采用中国通号自主研发的CTCS-3级国际先进列车控制系统，它是高铁实现高速度、高密度运行的中枢神经和智慧大脑，是目前世界最先进、最安全、最高效的高铁列车运行控制系统。

该系统由计算机联锁(CBI)、列控中心(TCC)、无线闭塞中心(RBC)、临时限速服务器(TSRS)、自动防护设备(ATP)组成。CTCS-3级列车控制系统的成功研制，填补了国内空白，摆脱了列车运行控制系统部分核心设备长期受制于人的不利局面，保障了我国高速铁路健康和可持续发展。

第一节　工程概况

一、工程范围

正线及车站站线(下行 K2360＋234.000～K2063＋208.566，上行 K2360＋234.000～K2063＋208.566)；

深圳动车所二场及动车走行线(二场 K0＋722.74～K3＋000.03；动走C线 K0＋000.00～＋713.41；动走D线 K0＋000.00～K0＋722.74)；

莞塘深联络线(下行 K0＋000～K2＋070.73，上行 K0＋000.00～K2＋314.31)；

莞塘广联络线(下行 K0＋000.00～K2＋040.43，上行 K0＋000.00～K1＋844.23)、阳深联络线(上下行 K0＋000.00～K6＋962.904)；

阳深疏解线(K0＋807.915～K3＋790.779)；

广深Ⅰ、Ⅱ线改线(广深 K105＋500～K107＋700)；

笋岗动车走行线。

二、主要技术标准

(1)铁路等级：高速铁路；

(2)设计行车速度：350 km/h；

(3)正线数目：双线；

(4)正线线间距：5.0 m；

(5)最小平面曲线半径：一般地段 7 000 m，困难地段 5 500 m；

(6)最大坡度：一般地段 20‰，困难地段 30‰；

(7)到发线有效长度：650 m；

(8)列车运行控制方式：自动控制；

(9)调度指挥方式：综合调度集中；

(10)最小行车间隔：3 min。

三、主要工程量

信号工程包括和平北、龙川西、河源北、河源东、博罗北、惠州北、仲恺、东莞南、光明城赣深场等9座车站,老隆所、羊台山所、塘厦所等3个线路所,中继站9～25等17个中继站。主要包括:光电缆敷设2 667.9 km,联锁道岔318组,轨道电路1140区段,信号机410架,CTC设备安装13站,计算机联锁设备安装13站,列控设备安装30站,信号集中监测设备安装30站、电源设备安装32套、RBC设备安装3套,TSRS设备安装1套。

第二节 信号工程施工方案与工艺方法

一、主要工期节点

2020年5月8日赣深铁路广东段四电系统集成工程主要人员进场,2020年6月28日开工,2021年11月30日达到开通运营条件。主要施工节点:2020年8月21日完成信号专业《赣深铁路广东段通信、信号施工技术及工艺标准》的审查,2020年9月27日完成赣深铁路通信、信号工程第一批甲供、自购物资设计联络会,2021年3月20日开始进行光电缆敷设,2021年3月25日开始进行室内外设备安装,2021年4月13日完成首件工程验收,2021年7月1日开始静态验收,2021年8月15日完成静态验收,2021年8月16日正式开始联调联试,2021年10月29日正式开始试运营,2021年11月13日完成初步验收,2021年11月20日完成安全评估,2021年11月30日达到开通运营条件。

二、施工组织

1. 工程实施原则

全面贯彻落实铁路建设要求,围绕质量、安全、工期、投资、环保、文明施工、技术创新等方面的目标要求,坚持安全第一、质量至上原则,以控制工程为重点,以科学管理为保障,以经济合理为基准,全面实施标准化管理;安全、优质完成建设任务。

2. 项目施工组织

针对本工程的规模和特点,以及站后四电工程中重难点工程的分布情况,满足建设单位对整个工程的总体布局,在深圳市龙岗区设立"中国铁路通信信号股份有限公司赣深弱电集成项目经理部(以下简称项目部)。项目部设置7个职能部门:工程管理部、技术管理部、安质环保部、物资设备部、商务管理部、计划财务部、综合管理部,在龙川、惠州、深圳设置3个综合工区、12个施工作业队和1个中心料库,规定相应的职权范围,保证项目管理有序、有效地运转。

将本标段工程划分成三个施工区段:一工区负责赣粤省界至河源东(不含)(DK133＋893～DK277＋280)信号工程施工及设备的安装、调试;二工区负责河源东(含)至塘厦(含)(DK277＋280～DK408＋050)信号工程施工及设备的安装、调试;三工区负责塘厦(不含)至深圳枢纽(DK408＋050～深圳枢纽)信号工程施工及设备的安装、调试。

3. 工期保证措施

(1)多措并举,全力确保赣深铁路弱电工程高质量按期开通。根据现场情况,强化人员力量、智能工装、技术团队投入。

(2)充分运用数据信息管控手段,利用二维码、数据平台、建库扫码等方式模拟施工,进行可视化管控,做到现场施工信息动态管理、实时分析。同时加强视频作业指导的信息化建设,形成直观可视、交互及时、使用便利的信息管控手段,覆盖各专业、各道工序的视频作业指导,有效推进现场施工作业。

(3)精心筹划弱电工程施工安排,与站前、铺轨、房建施工单位紧密沟通和配合,详细掌握工程进展和施工动态,加强施工资源的配置,制定剩余工程施工组织计划表,找缝插针,确保安全、优质、高效地完成赣深铁路弱电工程。

三、系统技术方案

(一)运输调度指挥系统

1. 概述

赣深铁路行车指挥系统采用调度集中(CTC)系统。CTC 系统由调度中心系统、车站系统、调度中心与车站及车站与车站网络子系统三部分构成。

调度集中系统满足《调度集中系统技术条件》(Q/CR 518—2016)、《列车调度指挥系统(TDCS)、调度集中系统(CTC)组网方案和硬件配置标准》(运基信号〔2009〕676 号)、《CTC 自律机与计算机联锁通信接口的要求》(运基信号〔2006〕312 号)、《铁路列车调度指挥系统(TDCS)/调度集中系统(CTC)信息安全技术方案评审意见》(公函〔2011〕28 号)等铁路总公司相关规定。

赣深铁路广东段按属地化管理纳入广州局集团公司管辖。在广州局客专调度中心新设赣深调度台管辖,分界位置为定南南上行进站信号机。

广深Ⅰ、Ⅱ线新设广深线塘厦所,纳入既有广州局 TDCS/CTC 调度中心广深二台管辖。

深圳动车所二场及动走线纳入既有广州局客专调度中心深圳北枢纽台管辖。

2. CTC 中心方案

本线定南南(不含)至深圳北站(不含)段线路纳入广州局调度所赣深调度台管辖。广州局调度所客专 CTC 中心新增通信前置服务器、应用服务器、CTC-RBC 接口服务器、CTC-TSRS 接口服务器、调度台、信息安全、通信质量监督设备等,其余中心软硬件设备利用既有进行修改。

中心新增设备配置标准执行《列车调度指挥系统(TDCS)、调度集中系统(CTC)组网方案和硬件配置标准》(运基信号〔2009〕676 号)。

本线接入广深Ⅰ、Ⅱ线,广深二台线路数据发生变化且增加了对赣深台的接口,需相应修改中心对应的通信前置服务器、TD 接口服务器、调度台软件。

本线接入深圳北,增加对赣深台的接口,需相应修改中心对应的通信前置服务器、TD 接口服务器、调度台软件。

3. CTC 车站方案

赣深铁路广东段在和平北、老隆所、龙川西、河源北、河源东、博罗北、惠州北、仲恺、东莞南、光明城、羊台山所、广深线塘厦所、深圳动车所二场,共新设 13 个车站(所)CTC 车站子系统设备,CTC 车站子系统设备配置满足《调度集中系统技术条件》(Q/CR 518—2016)等文件的规定。

本工程在龙川西、惠州北各设 1 套 CTC 车站服务器设备,管理本线新建车站级行车指挥、车站级数据处理和集中存储。

CTC 车站子系统主要设备包括车站自律机、车站服务器、车务终端(值班员终端和信号员终端)、车务管理终端、电务维护终端、采集及控制分机、网络设备、防火墙、电源设备、防雷设备、与联锁及列控系统接口设备等。新建各站 CTC 分机设置网络安全和通道质量监督设备。网络安全系统满足《列车调度指挥(TDCS)/调度集中(CTC)信息安全技术方案评审意见》。

车站系统与无线通信系统接口,完成列车车次号校核信息传送、调度命令信息传送等。车站 CTC 分机设于信号机房,与车站联锁、列控设备接口,完成车站的本地控制及调度中心控制时的链路通信任务等,并按计划实施自动控制或按调度中心进路命令人工控制列车或控制调车进路的建立。

本次深圳北动车所、深圳北、常平城际场、樟木头城际场、平湖城际场、深圳东、笋岗、深圳站等既有 8 套 CTC 站机软件配套修改。

4. CTC 组网方案

CTC 网络子系统由调度所 CTC 系统双局域网、系统广域网、车站双局域网三部分组成。CTC 系统拟定为国家信息系统信息安全保护等级 4 级,CTC 系统独立组网,设计为双网,通道为双环结构,每个通道为 2M 数字通道。各车站、调度所配套设置网络设备。

赣深铁路广东段正线车站间、中心与车站间采用一个独立、冗余的双 2M 数字通道;断开既有广深Ⅰ、Ⅱ线樟木头城际场至平湖城际场站间通道插入塘厦所;深圳动车所二场单独成环回 CTC 中心。根据《列车调度指挥系统(TDCS)、调度集中系统(CTC)组网方案和硬件配置标准》(运基信号〔2009〕676 号)要求,车站通信机械室至信号机械室应采用光纤通道,与通信专业的接口采用光接口,专业分界点为信号机械室内 ODF 架。

5. CTC 复示终端

根据《调度集中系统技术条件》(Q/CR 518—2016),结合本线维修体制,在惠州电务段、广州电务段调度中心和电子设备车间,龙川西、惠州北和深圳北 3 个信号车间分别设置 CTC 复示终端。复示终端由通信专业提供的 2M 数据通道与 CTC 中心系统连接。

6. CTC 远程控显终端

老隆所设置 1 套 CTC 远程控制终端,主控站设置于龙川西站信号楼。

广深线塘厦所设置 1 套 CTC 远程控制终端,主控站设置于樟木头城际场信号楼。

光明城信号楼内分别设置羊台山所、光明城广深港场共 2 套 CTC 远程控制终端。

7. CTC 系统的网络安全设备

调度中心及车站信息安全防护应满足《铁路列车调度指挥系统(TDCS)/调度集中系统(CTC)信息安全技术方案》(公函〔2011〕28 号)文件要求。TDCS/CTC 的信息安全设备应按照国家信息安全等级保护的相关要求配置,包括安全计算环境、安全区域边界、安全管理中心等环节。

(二)列控系统

1. 概述

赣粤省界至羊台山所(含)采用 CTCS-3 级列控系统(简称 C3);羊台山所至深圳北站、塘厦联络线、深圳动车所二场及动车走行线采用 C2 级列控系统;塘厦所至笋岗段维持与广深铁路一致的 C2 级列控系统,笋岗联络线不开行动车组,采用 C0 级列控系统。

列控系统由车载和地面设备构成。本线配置时速 350 km 动车组装备 CTCS-3 级列控车载设备,并兼容 CTCS-2 级车载设备功能。列控地面设备由无线闭塞中心(RBC)、列控中心(TCC)、ZPW-2000 系列轨道电路、应答器、轨旁电子单元(LEU)、临时限速服务器、安全数据网及接入设备等组成。

赣深铁路广东段区间采用 ZPW-2000 型无绝缘轨道电路自动闭塞,满足双线双方向运行要求,区间不设地面区间通过信号机;赣深铁路广东段正线闭塞分区分界点处地面正向设置停车标志牌。

2. 闭塞

赣深铁路广东段区间采用 ZPW-2000 型无绝缘轨道电路自动闭塞,满足双线双方向运行要求,区间不设地面区间通过信号机、设置区间信号标志牌,列车运行以列控车载设备(ATP)显示作为行车凭证,正方向按自动闭塞追踪运行,追踪间隔时分满足运输要求,反方向运行按自动站间闭塞行车。站间安全信息传输及方向电路由列控中心完成。

(1)中继站设置

区间轨道电路传输电缆长度不超过 7.5 km(个别区段不大于 10 km),当站间距离大于轨道电路传输电缆长度要求时,在区间适当位置设无人值守的信号区间中继站。结合线路实际情况及行车布点情况,本线共设置 17 个区间中继站(中继站 9～25)。

(2)轨道电路

赣深铁路新建正线区间采用由计算机编码控制的 ZPW-2000 系列无绝缘轨道电路,区间不设地面通过信号机,设置区间信号标志牌。

新建车站老隆所、河源北站、博罗北、仲恺站、光明城站、羊台山所站内全站采用与区间同制式的移频轨道电路。新建车站和平北站、龙川西站、河源东站、惠州北站、东莞南站、光明城站列车进路上采用与区间同制式的移频轨道电路,其他区段采用不对称高压脉冲轨道电路。

深圳动车所二场站内采用不对称高压脉冲轨道电路,股道采用叠加发码。

深圳北站与深圳动车所二场间的动车走行线区间采用 ZPW-2000 系列有绝缘轨道电路，按自动站间闭塞设计。

广深线塘厦所在既有广深Ⅰ、Ⅱ线上接入，区间通过信号机点灯由继电器控制，按发送 N+1、接收双套冗余配置，维持既有码序发码标准及采用继电编码方式，站间安全信息传输及方向电路由列控中心完成。站内采用移频脉冲轨道电路。

ZPW-2000 系列无绝缘轨道电路发送盒按 1+1、接收“双机并用”的方式构成冗余，轨道电路发送编码采用列控中心(TCC)电子编码，利用 TCC 安全传输通道传送站间联系信息。

RBC 移交边界区段采用延时性接收器。

根据《赣深铁路广东段省界至塘厦段 ZPW-2000 区间轨道电路室外监测及诊断系统变更设计审查会议纪要》，本线 ZPW-2000 区间轨道电路均设置室外监测及诊断系统。

多线并行区段，相同载频区段不能并行，同方向载频线路的调谐区应错位设置，不应有重叠区域。

3. 列控中心

(1)列控中心设置方案

列控中心满足《列控中心技术条件》(TB/T 3439—2016)、《列控中心区间占用逻辑检查暂行技术条件》(铁总运〔2015〕156 号)的要求。

赣深铁路广东段正线新建 CTCS-3 级列控系统。深圳动车所二场采用 C2 及列控系统，站内、站间(深圳动车所二场与深圳北站)行车作业均采用列车方式。

赣深铁路广东段和平北、老隆所、龙川西、河源北、河源东、博罗北、惠州北、仲恺、东莞南、光明城、羊台山所、深圳动车所二场、广深线塘厦所 13 个车站、17 个信号中继站各设置 1 套通号院 LKD2-T2 型列控中心设备。

本线与既有广深Ⅰ、Ⅱ线接轨，引起樟木头城际场、平湖城际场、常平城际场、深圳东站配套修改 TCC。

(2)应答器及 LEU

本线应答器设置满足《CTCS-3 级列控系统应答器应用原则(V2.0)》(科技运〔2010〕21 号)及《CTCS-2 级列控系统应答器应用原则(V2.0)》(科技运〔2010〕136 号)的要求；既有广深Ⅰ、Ⅱ线改造部分维持既有标准。根据《2016 年 ATP 车载设备整治工作会议纪要》，在工区与到发线衔接处的调车信号机处设置调车应答器。用于向 CTCS-2/CTCS-3 级列控系统车载设备提供进路信息、位置、等级转换、定位、线路参数、限速、自动过分相等信息。

LEU 通过专用的应答器电缆连接列控中心设备和室外的有源应答器，应答器电缆长度控制在 2.5 km 以内。当有源应答器传输电缆长度超过 2 500 m 时，采用将电子编码单元(LEU)放置在异地(无条件时可设置在室外)，地面列控中心采用远距离安全控制。

大号码道岔有源应答器设置在大号码道岔外方发送 U2S 码闭塞分区入口内 200 m 处，距离信号机房均大于 2.5 km，对应设置室外 LEU。羊台山所部分信号机处有源应答器距离信号机房大于 2 500 m，需对应设置室外 LEU。机房至远程 LEU 机柜的光纤通道采用一主一备冗余设置。本线在老隆所、仲恺、羊台山所大号码道岔外方及羊台山所远距离有源应答器处均设有远程 LEU 设备。

本线老隆所、仲恺、东莞南、羊台山所设置远程 LEU 机柜，远程 LEU 冗余设置。

4. 无线闭塞中心(RBC)

(1)设备配置

RBC 数据分析工作站集成 RBC 数据分析工具、数据回放工具、网络数据分析工具三位一体，通过图形界面可以重现指定时段 RBC 设备运行状态、RBC 与联锁、RBC 与 TSRS、RBC 与相邻 RBC 等外部接口状态、C3 列车状态等信息，从而快速定位故障点。结合使用 RBC 数据分析工具和网络数据分析工具，可以详细分析故障时段 RBC 运行中的各项接口信息、列车运行无线报文、系统报警、网络原始抓包数据等信息，从而准确判断具体故障原因。

赣深铁路广东段共设置3套RBC,集中设置在惠州北RBC机房,RBC机房配套设置一套RBC电源屏。RBC设备组成、硬件及功能要求、技术及接口要求均应满足《无线闭塞中心RBC技术条件》(TB/T 3330—2015)的规定。

(2)切换方案

为保证列车在RBC控制权切换时不减速运行,RBC1向列车发送的行车许可应越过RBC边界,延伸该区段线路允许速度运行20 s的距离加一个完整的制动距离,RBC1的行车许可的延伸区域原则上尽可能覆盖在区间线路。

RBC切换预告应答器组YG-R设置:在RBC切换边界外方设置至少由两个无源应答器构成的应答器组,用于向列车发送前方RBC连接信息。该应答器组距RBC切换边界的距离应大于列车按该区段线路允许速度运行20 s的距离,同时RBC切换点应与级间转换点至少间隔一个常用制动距离,与MSC切换里程错开一个闭塞分区设置。本工程各RBC间直接通信,不设置RBC切换预告应答器组。

5. 临时限速

根据调度区划方案,赣深铁路广东段临时限速信息由新设1套对应赣深台的临时限速服务器管辖,临时限速服务器管辖范围与调度台管界一致。

赣深TSRS与昌赣TSRS2、广深二台TSRS、深圳北枢纽TSRS存在接口,预留与龙梅龙TSRS、广汕TSRS、广河TSRS、深茂TSRS接口。赣深TSRS与29套TCC设备存在接口。

本项目新设的临时限速服务器与无线闭塞中心(RBC)同址设置,设于惠州北站。本项目影响既有的深圳北枢纽TSRS、广深二台TSRS,数据和软件需配套进行修改。

6. 级间转换

C2、C3级间转换点的设置满足以下要求:当进行CTCS-3级向CTCS-2级转换时,RBC提前一定距离开始给列车发送等级转换预告信息,同时在转换分界点设置应答器发送无条件等级转换命令信息,强制车载设备在通过分界点后转换为CTCS-2级控车。CTCS-3级系统的行车许可必须越过CTCS-2/CTCS-3级边界至少一个完整常用制动距离。级间转换点设置应保证GSM-R无线覆盖。线路上须设置级间转换点实现跨线列车车载设备的控制模式转换。

(1)莞塘深联络线

①C2→C3等级转换;②C3→C2等级转换。

莞塘深联络线线路较短且存在约400 m的分相区,为避免等级转换预告、执行应答器组落入分相区内,结合联络线速度80 km/h的有利条件,级间转换方案如下:

下行线正向:将东莞南站BX兼做正向C3→C2等级转换预告应答器组,在距离区间分割点F09往东莞南站方向200 m处设置正向C3→C2等级转换执行应答器组B07;赣深RBC3数据管辖范围塘厦所进站信号机XGS处,等级转换执行点距RBC管辖边界的距离为1 188 m,满足速度80 km/h、坡度−23.5‰的常用制动距离要求。

上行线反向:将东莞南站出站口有源BSL兼做反向C3→C2等级转换预告应答器组,在距离区间分割点F12往东莞南站方向200 m处设置反向C3→C2等级转换执行应答器组B14;赣深RBC3数据管辖范围塘厦所进站信号机XGSF处,等级转换执行点距RBC管辖边界的距离为1 171 m,满足速度80 km/h、坡度−29.5‰的常用制动距离要求。

(2)莞塘广联络线

①C2→C3等级转换;②C3→C2等级转换。

莞塘广联络线线路较短且存在约400 m的分相区,为避免等级转换预告、执行应答器组落入分相区内,结合联络线速度80 km/h的有利条件,级间转换方案如下:

下行线反向:将东莞南站进站有源应答器BXG兼做反向C3→C2等级转换预告应答器组,在距离区间分割点F11往塘厦方向100 m处设置反向C3→C2等级转换执行应答器组B13;赣深RBC3数据管辖范围塘厦所进站信号机STF处,等级转换执行点距RBC管辖边界的距离为1 002 m,满足速度80 km/h、坡度-25‰的常用制动距离要求。

上行线正向：将东莞南站出站有源应答器 BS4、BS6/BS8 兼做正向 C3→C2 等级转换预告应答器组，TCC 控制有源应答器随进路发送 C3→C2 等级转换预告信息，将 XGF 外方 250 m 处 FDW 应答器单补双定义为正向 C3→C2 等级转换执行应答器组 B14；赣深 RBC3 数据管辖范围塘厦所进站信号机 ST 处，等级转换执行点距 RBC 管辖边界的距离为 1 174 m，满足速度 80 km/h、坡度-29‰的常用制动距离要求。

(3)阳深联络线

羊台山所至深圳北站间线路采用 C2 级列控系统级列控系统，深圳北站采用 C3 级列控系统，为实现列车跨不同等级线路运行，采用如下行车组织方式：

①C3 等级列车经深圳北站开往赣深铁路

当 C3 列车经阳深联络线正方向运行时，在阳深上行联络线正向设置 C3 转 C2 应答器组自动转为 C2 等级运行。当 C3 列车经深圳北下行联络线反向和下行疏解线反向运行时，列车在深圳北股道停车后由司机手动人工转为 C2 等级运行。

②C3 等级列车由赣深羊台山所至深圳北站方向运行

在羊台山所至深圳北站间联络线上设置 C3→C2 等级转换点，实现列车自动转为 C2 等级运行。

下行线正向：将羊台山所进站有源应答器组 BX 定义为正向 C3→C2 等级转换预告应答器组，随进路发送 C3/C2 等级转换信息，在分割点(1298)往 XC1 方向 200 m 处设置正向 C3→C2 等级转换的执行应答器组，赣深 RBC3 数据管辖范围至深圳北站进站信号机 XG1、XG 处，等级转换执行点距 XG 的距离为 3 711 m 满足速度 160 km/h、坡度-15‰的常用制动距离要求，等级转换执行点距 XG 1 的距离为 4 092 m 满足速度 160 km/h、-20‰的常用制动距离要求。

下行疏解线不再单独设置 C3→C2 等级转换点，利用在深圳北下行联络线上设置的 C3 转 C2 等级转换点即可。

上行线反向：将羊台山所分割点 F4314 处的定位应答器 B4316 补双定义为反向 C3→C2 等级转换预告应答器组，将进路信号机 SL2 处的区间应答器组 BSL2 定义为反向 C3→C2 等级转换的执行应答器组。赣深 RBC3 数据管辖范围至深圳北站进站信号机 XGF 处，等级转换执行点距 RBC 管辖边界的距离为 4 407 m，满足速度 160 km/h、坡度-15‰的常用制动距离要求。

阳深上行联络线 C3→C2 方案：扩大广深港 RBC2 数据管辖范围至羊台山所进站信号机 S 处，广深港 RBC2 不与羊台山所 CBI 接口通信。

因联络线速度较高，为避免当 1 离去有限速时，C2、C3 速度曲线不一致引起列车制动，应在距出站口应答器大于一个车尾保持长度(500 m)之外设置 C3→C2 预告应答器组和执行应答器组。

在羊台山所管辖的分割点 F4362 往羊台山所方向 100 m 处新设正向 C3→C2 等级转换预告应答器组 YG-3/2，将区间标志牌 4356 处设置的 Q 应答器组定义为正向 C3→C2 等级转换执行应答器组 ZX-3/2。广深港 RBC2 数据管辖范围至羊台山所进站信号机 S 处，等级转换执行点距 RBC 管辖边界的距离为 1 891 m，满足速度 160 km/h、坡度 15‰的常用制动距离要求。

(4)动车走行线

深圳动车所二场及动走线采用 C2 级列控系统，深圳北站采用 C3 级列控系统，因动走线线路较短只有 498 m、613 m，不满足 C3→C2、C2→C3 等级转换点的设置条件。

动车进出深圳动车所二场采用 C2 完全监控模式，动走线不设 C2→C3 及 C3→C2 等级转换点，进入第二动车所的 C3 动车组需在深圳北站停车后人工转为 C2 等级运行至动车所。

7. 自动过分相

本线采用动车组断电过分相，需要列控车载设备根据地面设备提供的分相区信息，在适当位置给动车组过分相装置发送指令，实现自动过分相。

每处过分相均按照科技运〔2010〕21 号的设置原则，采用三组区间应答器组(第一组为分相区外方第 7 个闭塞分区入口处区间应答器组、第二组为列车接近 20 s 外方最近的区间应答器组、第三组为列车接近

10 s 外方最近的区间应答器组)发送分相区断电标起点位置及长度等分相区信息。C3 列控车站设备通过 RBC 提供的分相区相关信息实现列车自动过分相。

8. 信号系统与地震预警监测系统接口

本线有 1 处公跨铁立交桥设置了异物侵限监测电网,监测网的设计满足《铁路自然灾害及异物侵限监测系统工程技术规范》(Q/CR 9152—2018)相关要求。

信号与防灾有关异物侵限接口参照《信号系统与异物侵限监控系统接口技术条件》(运基信号〔2009〕719 号)相关要求,当异物侵限监控系统检测到异物侵限时,由列车运行控制系统进行安全防护。

区间发生异物侵限灾害时,列控中心应控制异物侵限灾害所影响闭塞分区的轨道电路无条件发 H 码,计算机联锁按轨道电路占用方式对异物侵限灾害进行防护,无线闭塞中心应按照无条件紧急停车区处理异物侵限灾害。

(三)联锁系统

1. 计算机联锁方案

计算机联锁系统应满足《计算机联锁技术条件》(TB/T 3027—2015)等部颁相关技术标准和文件的规定,并应能适应本线站场布置和运输作业的要求,符合铁路信号"故障—安全"原则。

联锁系统应能与 CTC、TCC、RBC、信号集中监测等系统设备接口实现信息交互,并遵循规定的接口标准和通信协议。

联锁系统定时与 CTC 系统进行时钟同步,同步失败时,应报警提示。联锁系统内部应具备可靠的时钟同步机制,确保本系统内部相关设备时钟的一致性。有关时钟同步要求应满足《信号地面设备系统时钟同步方案》(运电信号函〔2012〕109 号)文件规定。

本段各站采用安全冗余结构的计算机联锁系统。

赣深铁路广东段和平北、老隆所、龙川西、河源北、河源东、博罗北、惠州北、仲恺、东莞南、光明城、深圳动车所二场、羊台山所、广深线塘厦所 13 座车站(含线路所)新建硬件冗余型计算机联锁设备。

2. 信号显示

(1)正线车站

本工程新设车站及线路所进站、出站、进路信号机正常状态不显示,仅起停车位置作用;对以隔离模式运行的动车组列车和施工路用列车,信号机点亮,灭灯视为红灯。当车站出站信号机点灯并显示进行信号时,须保证站间区间空闲。

在进站信号机(正向、反向)外方 900 m、1 000 m、1 100 m 处应设置预告标。室外标志牌(如禁停牌、预告标等)采用反光型标志牌。

(2)广深线改造车站

广深线塘厦所为利用或改造线路,需兼顾普速列车作业,故该范围内车站的信号机构及显示方式维持既有(普通四显示机构、常态着灯)。信号机距警冲标距离维持既有标准不变。

(3)动车所

按动车组进动车所检修作业的要求,本次设计在深圳动车所二场存车线部分股道(受股道有效长限制)中间适当位置并置设置 2 架调车信号机,将股道分成两段,以满足一股道存放 2 列 8 辆编组动车组的要求。深圳北动车所在深圳北动车所动车组出入库信号设置改造工程基础上,按既有标准设置信号机。

3. 站内轨道电路及电码化

(1)正线车站

①ZPW-2000 型有绝缘移频轨道电路设置范围及相关要求

正线车站动车走行进路采用计算机编码控制的 ZPW-2000 型有绝缘移频轨道电路。维修工区道岔纳入车站联锁,轨道区段按高压脉冲轨道电路设计。

站内无岔区段或到发线的 ZPW-2000 轨道电路长度不应超过 650 m(线间距不小于 5 m),区段最小长度应满足列车以最高运行速度通过时车载设备轨道电路信息正常接收,按照 $L_{min} \geqslant v_{max} \times 2.5\ s + 20$ 计算。

站内道岔区段轨道电路长度应小于 400 m，特殊情况不应大于 650 m（在没有相同基准载频并行条件下）。每个道岔区段不宜超过 2 组道岔。当区段只有一组道岔时，无受电分支长度不应大于 160 m。当区段有两组道岔时每个无受电分支长度分别不应大于 80 m 和 160 m。

区间、正线车站轨道电路载频统一排列。绝缘节两侧采用不同基准载频。特殊情况下车站轨道电路机械绝缘节（道岔区内或股道的分割点）两侧可采用相同基准载频的-1 型、基准载频的-2 型载频。上行线采用偶数载频：2 000 Hz、2 600 Hz；下行线采用奇数载频：1 700 Hz、2 300 Hz。车站上行侧到发线采用偶数载频；下行侧到发线采用奇数载频。

②高压脉冲轨道电路设置范围及要求

正线车站除动车走行进路相关轨道区段采用 ZPW-2000 型有绝缘移频轨道电路外，其余轨道电路采用高压脉冲轨道电路，满足《轨道电路系统不对称高压脉冲轨道电路》（TB/T 3553—2019）要求，见表 4-9-1。

表 4-9-1　高压脉冲轨道电路极限长度

类　型		扼流变压器设置情况	极限长度(m)
到发线及无岔区段	一送一受	送、受端均设	900
		送、受端均不设(非电化)	
		以上情况当道床电阻≥1 Ω/km	1 100
道岔区段	一送一受或一送多受	一送一受(总数不超过 2 台扼流变压器)	600
		一送两受、一送三受(总数不超过 4 台扼流变压器)	400

(2)改造车站

深圳北动车所轨道电路制式同既有标准，采用 25 周轨道电路。

广深线塘厦所站内轨道电路制式与既有广深线标准一致，采用 ZPW-2000 型有绝缘移频轨道电路，列控编码。

(3)深圳动车所二场

深圳动车所二场采用高压脉冲轨道电路，相关要求同正线车站。部分股道（受股道有效长限制）设分割信号机满足停两列短编组动车，存车线设计 ZPW-2000 叠加电码化、继电编码。

4. 其他

(1)转辙设备

配合站场专业设计，正线 18 号及以上道岔、60 kg/m-12 号道岔的牵引设备均采用三相交流转辙机，按多转辙机分线分动方式控制并采用钩式外锁闭安装装置；其他 12 号 AT 道岔、9 号道岔按直流转辙机设计。

根据《铁路道岔转换设备安装技术条件》（TB/T 3508—2018），对于线路通过速度大于 160 km/h 的道岔设密贴检查装置，密贴检查器安装于线路两侧。

(2)接近锁闭区段设置

联锁车站内列车或调车均设接近锁闭。

联锁车站站内列车或调车进路均设置接近锁闭。

C3 区段接近区段长度应大于列车以最高运行速度在允许 RBC 连接中断超时（T_NVCONTACT＝20 s）时间所行走距离＋列车由最高速度触发最大常用制动至停车所走行的距离。

新建正线正向最高时速为 350 km，根据以上原则，正向接车、反向接车、侧向接车，直进直出或直进弯出的正线发车按 8 个闭塞分区设接近锁闭区段。弯进直出或弯进弯出的正向/侧向发车按“接车进路＋股道”作为接近锁闭区段。到发线始发车的发车进路按照股道作为接近锁闭区段。

阳深联络线最高运行速度为 160 km/h，接车及通过进路接近锁闭按 3 个闭塞分区设接近锁闭区段。其余联络线、动走线最高运行速度均为 80 km/h，接车及通过进路接近锁闭按 2 个闭塞分区设接近锁闭区段。

CTCS-3级线路车站人工解锁列车进路延时时间，接车进路、正线发车进路和经由18号以上号码道岔侧向的发车进路为4 min，其他侧线发车和引导进路为60 s。

(3)延续进路的设置方案

根据《铁路技术管理规程(高速铁路部分)》相关规定，本线正线车站、线路所以及动车所进站口外方制动距离内有大于6‰的坡道时不设计接车进路的延续进路。既有线车站延续进路设计原则维持原设计标准，深圳东、笋岗改造范围进站外方有大于6‰下坡道，设置延续进路。

(4)站内轨道电路分路不良整治方案

综合维修工区范围内区段采用高压脉冲轨道电路；在正线间渡线道岔区域及到发线与工区接轨区域采用轨面喷涂技术措施解决分路不良问题。

(四)信号集中监测

1. 车站监测设备

新建车站、中继站均新设信号集中监测系统，对CTC、列控和联锁设备及信号其他基础设备(如转辙机、轨道电路、电缆绝缘、电源屏、主副熔丝转换装置等)进行实时监测，通过IP数据网(100 M通道)将有关信息传递至电务段及综合维修工区、车间，构成信号集中监测系统。

对计算机联锁、CTC、列控中心及LEU、综合智能电源屏等设备，以及ZPW-2000无绝缘轨道电路、道岔缺口等的监测，应充分利用各自设备监测信息，各主体设备通过与信号集中监测设备的接口，实现集中监测的功能，避免监测信息的重复采集。监测系统设信号机房环境监控接口。

深圳北动车所、樟木头城际场结合站场改造对既有信号集中监测站机软硬件配套修改。

信号机房环境监控由通信专业统一设计。

2. 维护终端设置

根据属地化管理原则，考虑分别在惠州电务段、广州电务段调度中心和电子设备车间及龙川西、惠州北、深圳北信号车车间、各车站信号工区内设置信号集中监测终端。

3. 中心设备

本线赣粤省界至塘厦段各车站、中继站集中监测分机均联网至合肥电务段集中监测总机系统，合肥电务段修改监测总机设备。本线塘厦至深圳北段各车站、中继站集中监测分机均联网至合肥电务段集中监测总机系统，合肥电务段修改监测总机设备。

4. 车站设备

本线各新建车站及中继站分别设置1套车站信号集中监测子系统，并满足《铁路信号集中监测系统技术条件》(运基信号〔2010〕709号)和《铁路信号集中监测系统安全要求》(运基信号〔2011〕377号)的要求。

赣深铁路广东段和平北、老隆所、龙川西、河源北、有河源东、博罗北、惠州被、仲恺、东莞南、光明城、羊台山所、深圳动车所二场、广深线塘厦所等13个车站、17个信号中继站新设信号集中监测站机。

深圳北动车运用所、樟木头城际场站集中监测分机利旧修改。

5. RBC、TSRS监测

RBC、TSRS分别在惠州电务段电子设备车间、广州电务段电子设备车间和惠州北RBC工区设置维护终端，负责管理RBC、TSRS系统维护信息，RBC和TSRS暂不与信号集中监测系统交互信息，仅预留接口。

6. 监测组网方案

信号集中监测系统采用IP数据网提供的100 M监测网专用数字通道，用于信号集中监测系统的信息传输，道岔缺口监测系统与信号集中监测系统共用监测网传输通道。

各车站通信数据网设备提供FE光接口与信号集中监测系统相连，信号中继站通信传输设备提供FE光接口与信号集中监测系统相连，并利用通信传输网接入相邻车站。

车站通信机械室至信号机械室必须采用光纤通道和光接口设备。

赣深铁路广东段信号集中监测系统网络通道连接关系如图4-9-1所示。

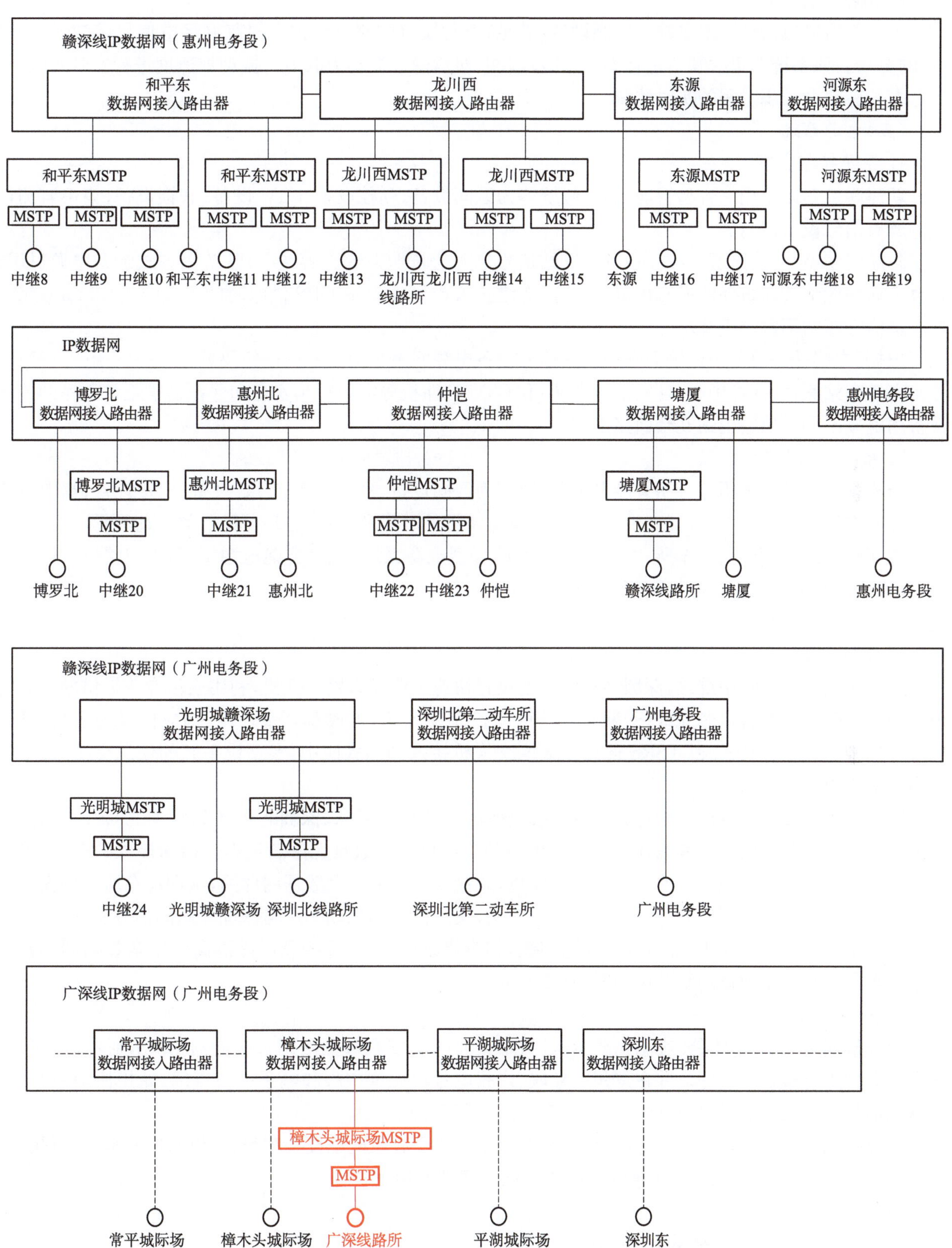

图 4-9-1　赣深铁路广东段信号集中监测系统网络通道连接关系

注：车站 IP 数据网通道需求为 100 M；中继站利用通信传输网接入相邻车站后接入 IP 数据网。

7. 道岔缺口监测

本线各新增道岔设置道岔缺口监测设备,满足《道岔缺口监测系统技术规范》(运电信号函〔2015〕315号)的要求。该系统对道岔缺口进行实时、同步监测,对承受大振动力的道岔振动加速度进行实时监测,做到对多项参数全动态过程的实时监测。

(五)电源系统

1. 系统技术方案

新建联锁车站采用综合型智能电源屏,统筹为区间设备、列控设备、CTC设备、联锁设备、集中监测设备等所有信号设备供电。

各新建车站(含线路所、动车所)及中继站信号电源应按照双套大容量UPS备用方式配备电源,UPS容量负荷按照除转辙机外的所有用电量计算,有维护人员值守车站UPS供电时间不应小于30 min,无维护人员值守车站不宜小于2 h。

根据《中国铁路总公司运输局高铁车站信号设备电源冗余整治专题会议纪要》(运电高信函〔2013〕180号),高铁车站联锁、列控中心(含安全数据网)和CTC自律机等涉及行车安全和保证运输正常秩序的关键设备用电按不同模块输出的冗余回路配置。

2. 系统设备配置

新建联锁车站应采用综合型智能电源屏,统筹为区间设备、列控设备、CTC设备、联锁设备、集中监测设备等所有信号设备供电,以提高供电效率,减少电源屏的种类和数量,合理分配各类负荷容量。

各新建车站、线路所、动车所、中继站均新设综合型电源系统(包含智能电源屏、UPS电源)。惠州北RBC用房内新设一套电源屏供RBC、TSRS使用。

(六)信号安全数据网

1. 组网方案

正线车站、线路所、中继站、深圳动车所二场设置快速工业以太网交换机,利用通信专业提供的不同物理路径(线路两侧)的各4芯光纤(子网间环接区间扩充到8芯)组成双冗余环网,构成信号安全数据网。各站列控中心、联锁、RBC和TSRS通过以太网交换机接入到以太网中,实现设备间的信息交换,设备间的通信采用以太网通信。

既有深圳北TCC1机柜内设置有2台三层交换机,深圳北TCC1、深圳北TCC2、深圳北CBI均挂接在TCC1内的三层交换机上。考虑到TCC1机柜内的交换机端口数量无法满足本次赣深接入的需求,本工程在深圳北站TCC2机柜内新设2台二层交换机,并接入广深港安全数据网环网,深圳动车所二场安全数据网左右网均接入既有深圳北TCC2左右网交换机,实现深圳第二动车所与深圳北站间信息交互。

由于本工程接入广深Ⅰ、Ⅱ线和广深港高铁,相应修改广深Ⅰ、Ⅱ线及广深港高铁安全数据网。赣深铁路广东段信号安全数据网络结构如图4-9-2所示。

2. 网络管理

全线按属地化管理、维修,在惠州北RBC机房设置一套安全数据网网管服务器EMS,对本段的信号安全数据网进行维护和管理。并在惠州电务段、广州电务段调度中心和电子设备车间、龙川西信号车间、惠州北信号车间、深圳北信号车间各设置1套EMS网管终端。

在惠州北RBC机房与惠州电务段和广州电务段调度中心及电子设备车间、龙川西信号车间、惠州北、深圳北信号车间各提供一路2 M通道,供EMS网管终端使用。

(七)其他系统

1. 动车段(所)集中控制系统(CCS)

深圳动车所二场新设调度集中控制系统(以下简称CCS),CCS主要实现以下功能:

(1)根据采集的站场信息,结合室外少量的车号和列位采集装置,实现动车所内的动车组位置追踪功能。在系统界面中查看任一动车组的实时位置,历史现车位置,同时自动完成作业计划报点。

(2)通过CTC分机自动接收路局调度所下达的进出动车所的列车作业计划,自动接收动车运用所下

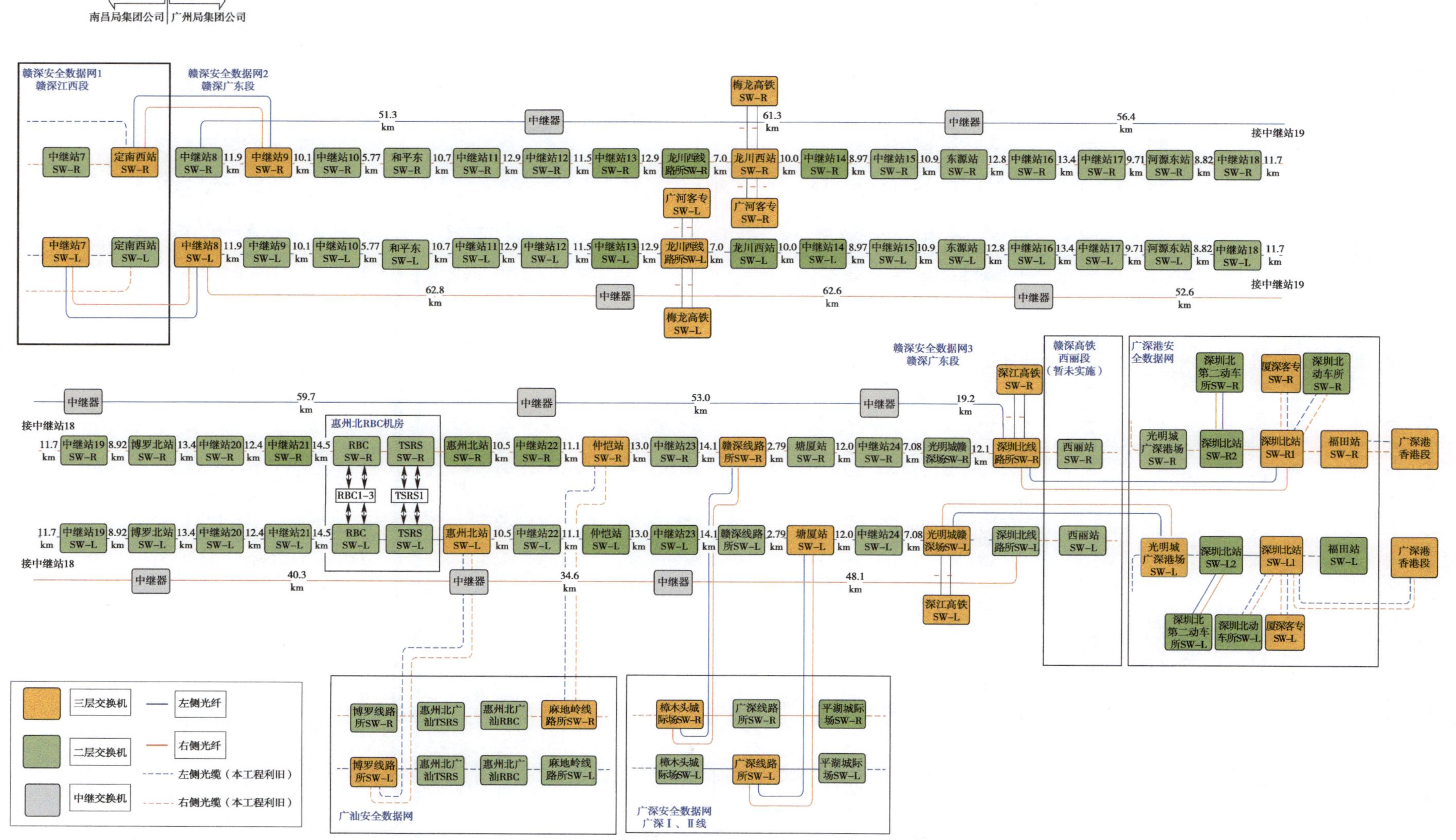

图 4-9-2 赣深铁路广东段信号安全数据网络结构

达的动车所调车需求计划,通过计划管理软件整合为一体化的作业计划。

(3)自动生成技术作业大表,完成动车所作业计划的宏观编制与管理,自动完成作业实绩线的生成。

(4)实时自动采集动车所内列、调车运行及现场信号设备状态信息,实现进出列车进路的人工和计划自动选排、控制。

(5)根据系统生成的调车作业计划或指令,实现各场调车进路的人工和计划自动选排、控制。

(6)实现调度实时表示与管理,显示站场及实时现车信息,邻站信息、检查检修信息等。

(7)实现与相邻的正线车站站场显示信息的站间透明。

(8)实现与相邻正线车站的行车作业预告同意办理,自动生成行车日志。

(9)实现与 CTC 系统信息交互,接收站场信息、阶段计划、调度命令、邻站信息、预告及报点及出入段车次号等信息。

(10)实现与动车组管理信息系统信息交互。接收检修调车需求等信息,发送动车位置及车组号等信息。

(11)实现与计算机联锁系统信息交互,接收站场信息,下达操作命令等信息。

动车所调度集中控制系统主要由追踪服务器、集中控制服务器、网络服务器、消息服务器、数据库服务器、接口机等机房设备和信号员终端、值班员终端、站调终端等操控终端以及网络设备构成。

将 CCS 系统设备全部设置在深圳北动车所检查库边跨,行车、车辆及其他专业调度人员集中在深圳北动车所边跨调度室合署办公,在边跨调度室使用 CCS 系统操作终端完成动车所的行车作业。为防止 CCS 系统故障影响行车,考虑将第二动车所的联锁、CTC 设备以增设远程终端的方式接入深圳北动车所边跨调度室,满足应急备用的要求。深圳动车所合署办公工程项目中已在深圳北动车所合署办公楼预留了深圳动车所二场 CCS 系统设备所需面积。

CCS 系统的结构如图 4-9-3 所示。

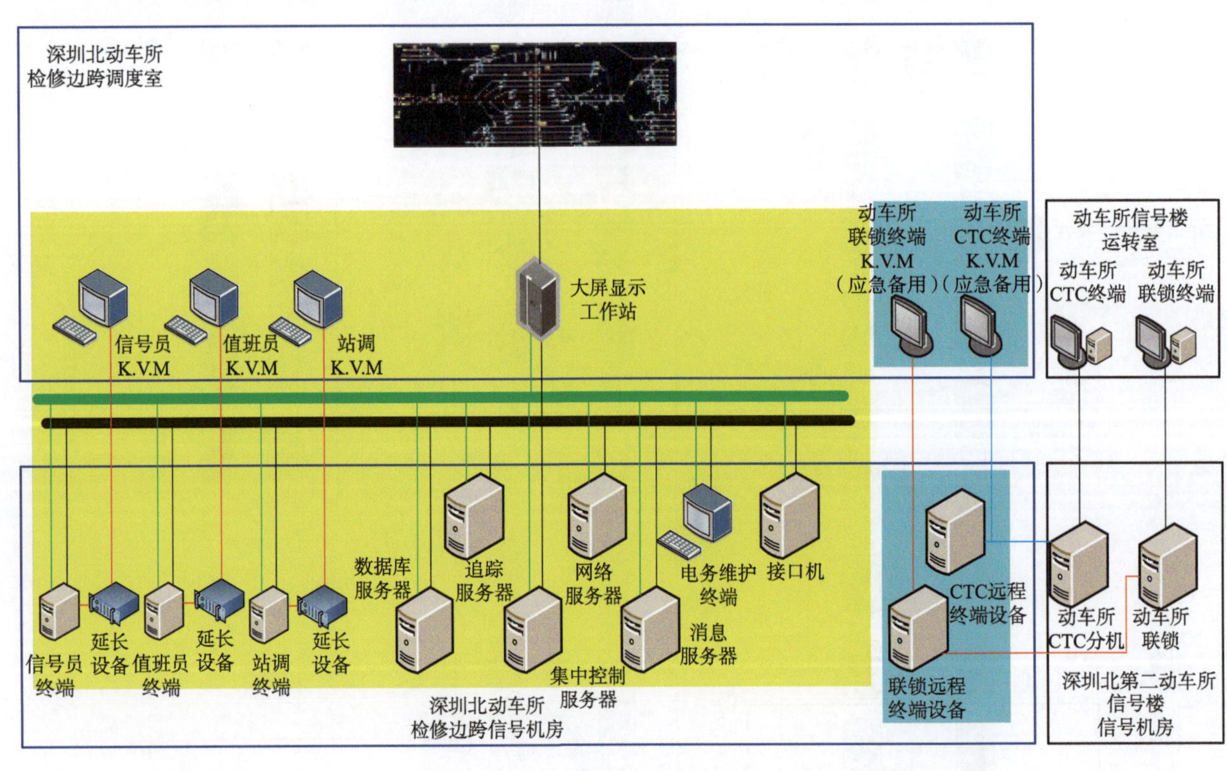

图 4-9-3 CCS 系统的结构

2. 调车防护系统

深圳动车所二场设置调车防护系统，按《动车段(所)调车防护系统暂行技术条件》(铁总运〔2014〕260号)执行，采用室外分散设置的方式。

调车防护系统是在防护信号机外方适当地点设置应答器组，系统根据进路状态或防护信号机显示，通过调车防护装置发送报文。当信号关闭时，系统发送相应报文，触发以调车模式运行的动车组制动；当信号开放时，系统发送通过报文，允许动车组通过该组应答器，为动车组调车作业安全提供防护。

分散式调车防护系统由室外调车防护装置、无源应答器组成，调车防护装置包括采集模块、报文存储和发送模块及监测模块，通过实时采集信号机点灯状态，选择并发送调车防护装置自身存储的报文；调车防护装置通过采集信号机电源电压或电流的方式判断信号机点灯状态，通过与信号机点灯电源并接实现电压采集，通过电流互感器采集信号机点灯电流。

分散式调车防护系统结构如图 4-9-4 所示。

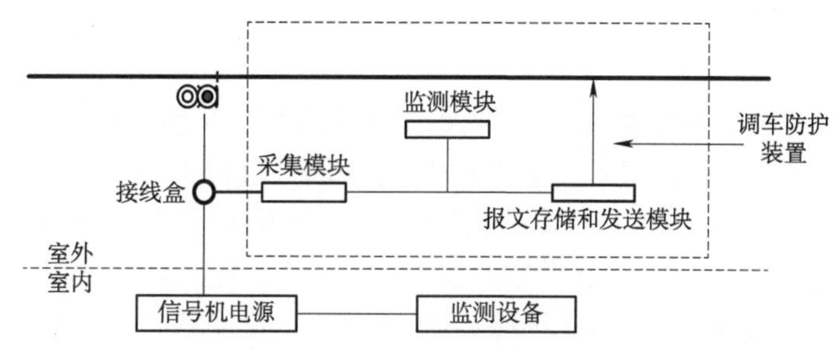

图 4-9-4 分散式调车防护系统结构

深圳动车所二场咽喉区部分调车信号机处设置一套分散式调车防护装置及一个无源应答器(安装距离不满足时取消)，与调车信号机箱盒间采用应答器专用电缆连接。

在距调车信号机 20 m±0.5 m 处设置由一个调车防护装置和一个无源应答器构成的应答器组，受站场条件限制时，可向信号机方向移设，但距信号机不得小于 15 m。两个相邻的调车防护应答器组间距离不宜小于 35 m。

3. 机车信号测试环线

深圳动车所二场 8 条检查库线处设机车信号测试环线。

4. 信号接口司法记录及诊断系统(IRD)

信号接口司法记录及诊断系统(IRD)针对 C3 线路无线超时频发、电务侧 RBC 端缺少车地无线消息监测手段、无线通信业务复杂、诊断方法智能性欠缺等运维痛点而研发定制。IRD 系统为列控系统服务的地面侧监测设备，系统不占用信号安全网、RBC 系统和 ISDN PRI 线路网络资源，不向以上网络和线路发送任何数据，保障了专用网络的安全性。IRD 系统紧密结合 RBC 维护人员日常工作需求，通过旁路方式实现 RBC 与通信侧 MSC 之间、RBC 与 CTC 之间、TSRS 与 CTC 之间的接口监测，记录以上设备间的通道状态、通信信号强度、交互数据等。同时提供无线故障的快速定位、业务故障的辅助分析、经典案例的学习指导等功能，有效降低维护人员工作强度，提高维护的有效性和时效性。

5. "北斗+铁路"监测监控平台

基于北斗高精度定位技术，在惠州北站信号楼布设北斗地基站，可覆盖半径 20 km 区域；在惠州北站行车区间布设路基沉降监测点、桥梁沉降监测点、隧道沉降监测点、在信号楼铁塔布设铁塔偏移沉降监测点、用于监测行车区间的安全，预防由于自然灾害造成的路基沉降，隧道滑坡等；并在轨旁箱盒里安装监测模块，用于监测箱盒的闭合状态及温度湿度；制作惠州北站区间的站场高精度二三维地图；作业人员佩戴北斗高精度定位终端；结合站场高精度地图，能实时显示人员位置信息。将铁路安全风险管理理念与上道作业人员安全、铁路设施设备监测相结合，使用"云-端-图-网"系统架构，融合 GIS 地图可视化技术、物联网、大数据等技术，以高精度铁路沿线及站场地图为基础形成时空基准，从根本上提升赣深铁路运营风险管理水平，真正实现人员防护智能化、行车区间监测自动化以及报警形式多样化的核心管理目标,极大程度保障了赣深铁路线路上道作业人员安全及行车区间的安全性,同时也降低了自然和人为因素带来的风险和损失。

6. 全生命周期系统

响应国家建设"智慧交通"号召,践行"智慧赣深"发展战略,赣深铁路引入全生命周期管理理念,实践电务设备器材全生命周期管理体系,助力建设"智慧广铁""智慧赣深"。为电务设备器材唯一赋码,采集电务设备器材从设计、采购、使用、监测、维护、检修、报废等整个生命周期各个环节产生的海量数据,结合物联网、大数据、人工智能等技术,通过数据挖掘、治理和分析,构建电务设备器材资产管理数据模型,健康预测数据模型,成本管控数据模型。目标实现提前预测电务设备器材健康状态(PHM);实现电务设备器材全生命周期成本管理(LCC);降低设备器材故障率,提高电务设备维护效率,为电务设备器材信息化、数字化、智能化管理提供决策辅助。

四、主要施工工艺及方法

(一)施工安排

本工程桥隧比例高,材料运输困难、施工难度大,加上土建接口预留工作矛盾突出,对工期产生一定影响。因此,根据工程特点和指导性施组对工期的要求,将采取分段组织、平行作业的方法来组织施工。各段的施工采用已成熟的施工工法、施工工艺;并采用新技术、新方法、新装备参与施工;新设备的安装按照供应商提供的技术规格书和安装标准并在供应商技术指导下组织施工,确保了工程质量。

为确保工程进度,全线划分为三个施工区段,紧跟土建接口进度和物资供应进度跟进施工,电缆敷设紧盯电缆槽铺设进度,做到了"土建形成一段、电缆敷设一段";轨旁设备安装,在土建桥梁、轨道提供作业面之后先行开工;室内设备安装要紧盯房建进度,设备房间提供后及时进行设备安装。室内外设备安装完成后利用自备电源分片、分区先进行了单项送电试验。

(二)主要施工流程

光电缆线路、室外设备位置复测→电缆敷设→电缆接续、测试→室外箱盒安装、配线→室内设备安装、配线→室内外设备自检、单体调试→室内模拟试验→室内外联锁试验→全线信号子系统联调→试运行测试和验收。

(三)施工方法

1. 施工准备阶段

(1)施工前期协调、沟通准备:开工前与地方政府、公安、交通等主管部门及相关单位进行沟通,建立密切联系,消除施工障碍,为施工创造一个和谐、融洽的内、外部环境。

(2)现场调查、测量:项目部工程管理部牵头组织项目专业工程师、施工作业队班组长、作业队班组技术员(或技术骨干),进行现场调查与施工定测工作,以利于熟悉现场设备安装位置、现场施工条件及情况。检查结构预留孔洞、沟槽及设备基础是否符合要求,发现与设计不符者,做好记录并及时提出,并与土建施工单位协商处理。

(3)编制施工方案:进场后组织人员编制工程实施性施组、专项施工方案、施工手册、作业指导书、作业要点示范卡。

(4)核对设计文件,组织图纸会审:接到设计文件后,结合设计技术交底,对设计文件进行审核,充分了解设计意图,核对地形地貌、工程地质和水文地质,编写设计文件审核记录。如现场与设计不符,及时与设计单位联系,同时抄报监理与建设单位。

(5)技术交底:组织技术骨干结合本工程的特点,充分考虑本工程的工期、质量要求和施工时的相互干扰等,对施工方案进行优化,提出施工方法和施工组织方案,编制切实可行的施工组织方案实施计划,制定施工图技术交底工作计划。

(6)进场人员岗前培训:针对本工程标准高、工期紧的特点,组织技术人员和相关专家对管理人员、技术工人、安全员等进行培训。培训内容包括:既有线施工、验收标准,技术标准和施工技术指南、技能培训、工程质量、职业道德，以及国家、行业、地方现行的有关工程质量、施工安全、环境保护等法律法规。

2. 主体施工阶段

主体施工阶段主要包含信号电缆工程、设备安装和系统调试。根据作业环境分为室外施工部分和室内施工部分。

(1)电缆工程施工

光电缆线路施工主要在区间路基槽道和桥梁槽道中敷设光电缆，在站场和区间中有少量开挖直埋式施工。在槽道中敷设光电缆时与通信专业同步施工，达到了打开一次槽道完成该区段内的所有光电缆敷设施工，从而有效减少反复打开槽道造成的人工浪费，减少因多次槽道打开施工导致光电缆被挤压损坏的情况发生，同时也避免了槽道盖板因多次掀揭导致损坏。

(2)室外工程施工

主要完成箱盒安装配线、地面固定信号、轨旁设备安装、应答器及防护装置安装、转辙装置安装等。

(3)室内设备安装施工

光电缆引入、室内机柜安装配线、电源设备安装、单机调试、系统设备调试等。施工中根据设备到货情况、机房建筑情况，合理安排设备安装和配线施工进度，实现了按计划进行单机调试和系统调试。

第三节　重难点工程与精品工程

一、重难点工程

(一)赣深接入广深Ⅰ、Ⅱ线

赣深铁路在既有广深Ⅰ、Ⅱ线樟木头至平湖区间插入塘厦所，新增道岔 6 组、联络线 4 条；东北联络线与中继 24 连接，西南联络线与东莞南站连接；联络线和广深线采用 C2 级列控系统。主要涉及深圳北、深圳北动车所、樟木头、平湖站改造，涉及深圳枢纽台、深圳枢纽 TSRS、深圳枢纽 RBC、广深二台、广深线 TSRS 软件修改。施工风险大，难度高，影响范围广，赣深铁路接入既有广深Ⅰ、Ⅱ线工程是否顺利，将直接影响既有广深Ⅰ、Ⅱ线正常运营，因此是赣深铁路重点工程，也是难点工程。

1. 概述

赣深铁路正线采用 CTCS-3 级列车运行控制系统，正线正向设计线路速度为 350 km/h，区间采用 ZPW-2000 系列无绝缘轨道电路，不设地面区间通过信号机、设置区间信号标志牌，列车运行以列控车载设备(ATP)显示作为行车凭证，正向按自动闭塞追踪运行，反方向按自动站间闭塞行车。

既有广深Ⅰ、Ⅱ线均采用 CTCS-2 级列车运行控制系统。

赣深铁路由东莞南站莞塘广、莞塘深联络线接入广深Ⅰ、Ⅱ线，在广深Ⅰ、Ⅱ线新建广深线塘厦所，引起樟木头城际场至平湖城际场区间布点相应调整。

广深线塘厦所站内新设信号机 12 架，道岔 6 组，轨道区段 14 个，站内采用 ZPW-2000 移频脉冲轨道电路由列控中心编码控制发码方向、站联信息传输、方向电路控制。区间维持继电编码，增设继电式区间逻辑检查功能。广深线塘厦所管辖区间信号电缆新设。新设 CTC 系统、联锁系统、闭塞系统、微机监测系统、缺口监测系统、电源系统(含 UPS、电池)等。

2. 运输调度指挥系统

①调度台划分

赣深铁路省界至塘厦段，纳入广州局集团公司新设的赣深调度台；赣深铁路接入后广深Ⅰ、Ⅱ线，新设广深线塘厦所归属广深二台 CTC 管辖；赣深调度台与广深二台分界在东莞南站莞塘广联络线 XG、XGF；莞塘广联络线 XGS、XGSF 进站信号机处。

②赣深铁路接入樟木头城际场修改内容

赣深铁路接入广深Ⅰ、Ⅱ线后，引起广深二台所有车站(常平城际场、樟木头城际场、平湖城际场、深圳东、笋岗、深圳、茶山、常平普速场、土塘、樟木头普速场、塘头厦、平湖普速场、平湖南Ⅰ场、平湖南Ⅱ场、平湖南Ⅲ场、平湖南Ⅳ场)车务终端(含远程终端)的站间透明信息修改,同时修改广深二台软件。

3. 列控系统

(1)临时限速

广深二台 TSRS 临时限速服务器修改内容:修改广深二台 TSRS 软件,修改常平城际场、樟木头城际场、平湖城际场、深圳东站 TCC 与 TSRS 接口数据,新增广深线塘厦所 TCC 纳入 TSRS 管辖。增加与赣深 TSRS 通信接口。

广深二台 TSRS 软件按两版编制,第一版将广深线塘厦所 TCC 纳入管辖,修改常平城际场、樟木头城际场、平湖城际场、深圳东站 TCC 与 TSRS 接口数据。第二版软件在第一版基础上增加赣深 TSRS 接口。

(2)列控中心

赣深铁路引入广深Ⅰ、Ⅱ线,引起以下修改:

常平城际场、樟木头城际场、平湖城际场、深圳东站、笋岗站、石牌城际场。

(3)应答器

修改樟木头城际场、平湖城际场相关应答器报文。

(4)信号安全数据网

安全数据网修改的主要内容如下:

①樟木头城际场既有右网二层交换机改造为三层交换机,与赣深铁路中继 24 右网互联实现广深Ⅰ、Ⅱ线与赣深铁路右网通信;

②新设广深线塘厦所左网三层交换机与赣深铁路东莞南站左网互联实现广深Ⅰ、Ⅱ线与赣深铁路左网通信;

③在广深Ⅰ、Ⅱ线安全数据网结构中插入广深线塘厦所安全数据网设备,实现广深线塘厦所与相邻车站及 TSRS 通信;

④广深Ⅰ、Ⅱ线网管服务器软件修改将广深线塘厦所安全数据网交换机纳入管辖。

4. 信号集中监测系统

赣深引入广深Ⅰ、Ⅱ线,引起广州电务段集中监测总机修改,樟木头城际场集中监测站机修改。

(二)赣深接入深圳枢纽

赣深线引入深圳枢纽接入深圳北站,深圳北站已预留引入接口,本次接入后各系统软件适应性修改。新建深圳动车所二场,深圳动车所二场至深圳北站增加动走左、右线,深圳动车所二场及动车走行线采用 C2 级列控系统。深圳北动车所至第二动车所新增联络线一条,采用场联方式;深圳北动车所新增道岔 3 组、存车线 2 条。赣深铁路接入深圳北枢纽是否完成,直接影响赣深铁路能否如期进入联调联试,起关键性作用,因此是赣深铁路重点工程,也是难点工程。

1. 概述

既有广深港高铁、厦深铁路交会于深圳北枢纽,广深港采用 CTCS-3 级列控系统,厦深铁路采用 CTCS-2 级列控系统,在深圳北至李郎线路所区间设置 C3→C2 等级转换。

深圳北动车走行线已于 2019 年升级改造为 CTCS-2 级列控系统,动车进出动车所采用 C2 完全监控模式。动走线不设 C3/C2 等级转换点,进入动车所的动车组在深圳北站停车后人工转为 C2 等级运行至动车所。

2019～2020 年间共分两阶段四步骤实施了深圳北站站场改造工作,预留了赣深铁路接入站场条件,但深圳北站的 XG、XGF、XD2B、XD2A、XG1 口暂未开通。

本次赣深铁路接入深圳北枢纽,新建羊台山所(C3)、新建深圳动车所二场(C2),改扩建深圳北动车所。

赣深铁路由阳深联络线引入深圳北站 XG1、XG、XGF 口进站信号机,羊台山所与深圳北站的集中区分界位于深圳北站 XG1、XG、XGF 处,区间设备全部由羊台山所控制。新建深圳动车所二场,深圳动车所二场及动走线引入深圳北站 XD2B、XD2A 口进站信号机，深圳动车所二场及动车走行线采用 C2 级列控系统。深圳动车所二场与深圳北站的集中区分界位于深圳北站 XD2B、XD2A 处，区间设备全部由深圳动车所二场控制。深圳北动车所至第二动车所新增联络线一条，采用场联方式。深圳北动车所新增道岔 3 组、存车线 2 条，在既有深圳北站涉及 CTC、安全数据网通道调整。

结合本次赣深引入，同步实施深圳北站股道分割，实现双端发码功能。

2. 运输调度指挥系统

集团调度中心修改的主要内容：修改广州局集团客专 CTC 中心深圳北枢纽通信前置机、深圳北枢纽 CTC-TSRS 接口服务器、深圳北枢纽 CTC-RBC 接口服务器、厦深 CTC-TSRS 接口服务器、对 TDMS 接口服务器、对 GSM-R 接口服务器、对铁总接口服务器软件；修改广州局集团深圳北枢纽台、广州南枢纽台、厦深台、应急调度台 CTC 软件及相关维护终端配置、数据；修改客专与 TD 接口服务器软件；修改客专与铁总接口服务器软件。

3. 列控系统

(1)临时限速

广深港 TSRS 软件修改，具体修改内容：增加与赣深 TSRS1 接口通信，赣深 TSRS1 与武广 TSRS4 管辖分界在深圳北站进站信号机 XG、XGF、XG1 处；赣深 TSRS1 向武广 TSRS4 传递深圳北站(TCC1、TCC2)涉及的赣深铁路台管内深圳北上、下行联络线、下行疏解线区间正线临时限速信息；新增管辖深圳动车所二场动左线、动右线、深圳动车所二场临时限速；增加与深圳动车所二场 TCC 接口通信，实现列控中心初始化，并实现深圳动车所二场往动左线、动右线发车 TCC 管辖范围内动走线限速下达；修改管内深圳北站(TCC1、TCC2)往动走线、阳深联络线、疏解线方向临时限速管辖范围。

(2)无线闭塞中心(RBC)

广深港 RBC2 软件修改，具体修改内容：广深港 RBC2 数据覆盖范围延伸至羊台山所 S 进站信号机；广深港 RBC2 增加往 XGF 信号机发车进路信息；修改与联锁的接口码位信息。

(3)列控中心

深圳北动车运用所列控中心软件修改主要内容：增加与深圳动车所二场 TCC 接口通信，实现场联进路拼接进路报文发送；新增去往深圳动车所二场的场联进路报文；修改列控中心监测维护终端数据；修改 TCC 与 CBI、CSM、CTC 等接口信息。

(4)应答器

应答器修改的主要内容：修改深圳北站 BXG、BXGF、BXG1 相关无源应答器报文，数据范围向赣深铁路方向延伸；修改深圳北站 BXD2A、BXD2B 相关无源应答器报文，数据范围向深圳动车所二场方向延伸。

(5)信号安全数据网

安全数据网修改的主要内容：既有深圳北站 TCC2 机柜内新增 2 台二层交换机(左右网各 1 台)，将 TCC2 上新增的 2 台二层交换机分别插入广深港安全数据网环网；深圳动车所二场安全数据网左右网均接入既有深圳北 TCC2 左右网交换机，实现深圳第二动车所与深圳北站间通信及临时限速信息获取；羊台山所设置三层交换机，与既有深圳北站 TCC1 上的三层交换机进行安全数据网右网套袖；在光明城赣深场和既有光明城广深港场设置三层交换机，进行安全数据网左网套袖，实现与广深港高铁安全数据网联通；深圳北站 TCC2 增加 2 个 ODF 架、光明城广深港场增加 1 个 ODF 架；广深港网管服务器软件修改。

4. 信号集中监测系统

赣深引入深圳枢纽，引起广州电务段集中监测总机修改，深圳北、深圳北动车运用所信号集中监测站机修改。

二、精品工程

(一)创新工艺工法

严格落实国铁集团四电工程细部工艺标准，开展工艺创新、工法创新、工具创新，发挥“专业、专注、专长”的技术优势,发扬“追求卓越、精益求精”的工匠精神,施工工艺采用“分层、分类、分槽”三分技术,创新“平顺分明、直齐圆柔”工艺八字法,产品实现“横平竖直、整体划一、拐角圆润、轻柔缓和、顺畅平整、层次分明”的工艺美。

1. 可视化电缆成端技术

室内电缆一次、二次成端采用透明材质的成端盒、封灌胶,使电缆成端工艺质量可视化;同时在一次成端处将电缆铝护套断开,有效阻止雷电、牵引回流等进入机械室(图 4-9-5)。

2. 监测型断相保护器

三相断相保护器采用双套冗余设计,同时具备电源电压、相位监测功能,并将报警信息接入信号集中监测系统(图 4-9-6)。

图 4-9-5　可视化电缆成端技术

图 4-9-6　监测型断相保护器

3. 优化电源设备高度

优化电源屏、电池柜高度,保持与其他机柜高度一致,使机房整体布局(图 4-9-7)整齐美观。

图 4-9-7　机房整体布局

4. 改进电源防雷箱安装方式

电源防雷箱(图 4-9-8)采用一路一箱内嵌安装方式,代替既有壁挂方式,并对外电网监测箱尺寸进行优化,与防雷箱尺寸保持一致,使其更加整齐美观。

5. 改进接地铜排安装

由地面安装改为机柜底座侧面安装,避免接地铜排受外力破坏,并用不同颜色区分接地用途,便于维护检查(图 4-9-9)。

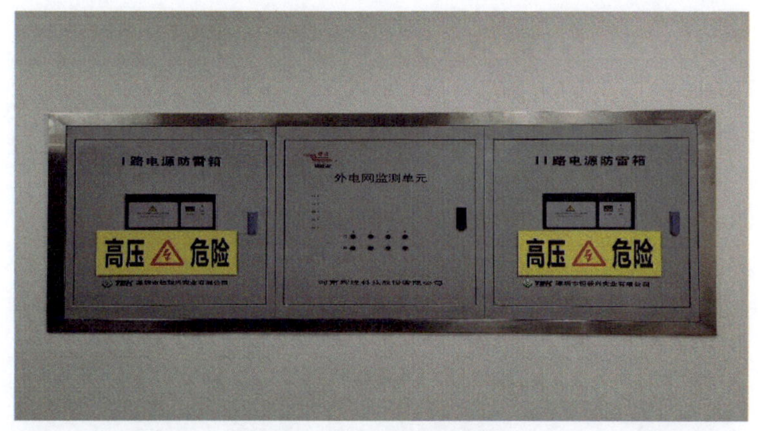

图 4-9-8 改进电源防雷箱

图 4-9-9 改进接地铜排安装

6. 增加电源用途标识

组合柜电源零层采用不同颜色的端子帽、侧面配线端子采用不同颜色套管以区分电源用途，便于迅速查找电源位置(图 4-9-10)。

图 4-9-10 电源用途标识

7. 一体式监测漏流组合

采用定型板实现芯线定位、用途标识清晰、线缆弯曲一致(图 4-9-11)。

8. 移频柜断路器防护罩

采用可视化防护罩便于维护，并具备防尘、防误动、用途标识清晰等功能(图 4-9-12)。

9. 线把专用固线架

采用“3D 打印技术”制作线把专用固线架(图 4-9-13)，保证线把平直、不受力，配线一致，提升整体配线工艺。

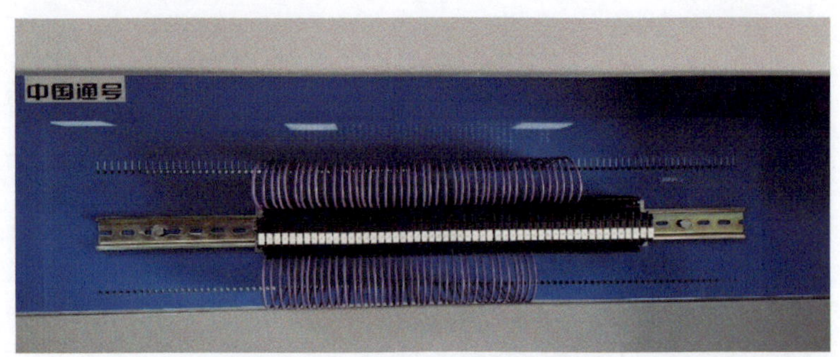

图 4-9-11　一体式监测漏流组合

图 4-9-12　移频柜断路器防护罩

10. 室内加装系统原理框图

设备加装系统原理框图,便于设备维护故障查找(图 4-9-14)。

图 4-9-13　线把专用固线架

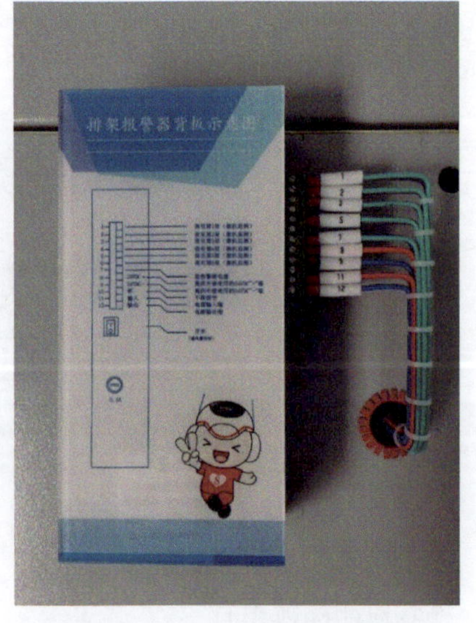

图 4-9-14　室内加装系统原理框图

11. 优化信号电缆外护套标识

在原电缆外护套标识“生产厂家、电缆型号、米标”等信息的基础上,增加“项目名称、始终端”标识(图 4-9-15)。

12. 免维护式标志牌

采用粘贴式标志牌,提升轨旁设备安全性能(图 4-9-16)。

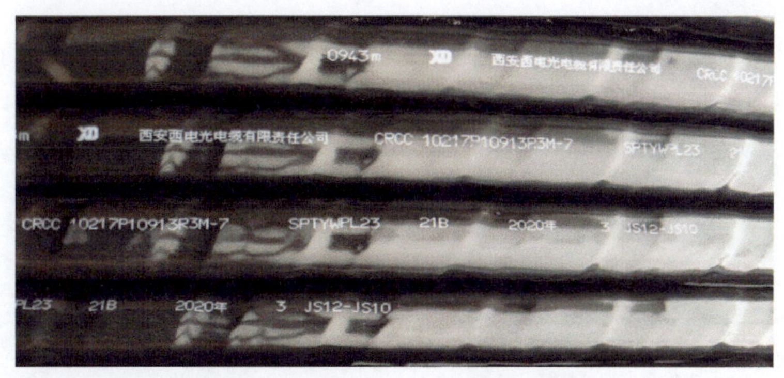

图 4-9-15　优化信号电缆外护套标识

13. 箱盒配线端子防护帽

具备防尘、防松脱、防短路等功能，并用不同颜色区分端子用途(图 4-9-17)。

图 4-9-16　免维护式标志牌

图 4-9-17　箱盒配线端子防护帽

14. 化学锚栓限高器

优化锚栓植入工艺(图 4-9-18)，针对不同高度锚栓采用不同尺寸的限高器，提升施工标准。

图 4-9-18　化学锚栓限高器

15. 复合材料拼装式围台

河源东、深圳北第二动车运用所有砟线路地段信号室外设备基础采用复合材料拼装式围台(图 4-9-19)，实现线路排水良好，防止线路积水造成翻浆冒泥的线路病害。

16. 高密封等级防护盒

使用 ZPW·HFS 型高密封等级防护盒(图 4-9-20),密封等级达到 IP67,并采用了强度更高的新型复合材料。适用于隧道内潮湿、多尘的环境,对轨道电路室外设备起到良好的防护作用。

图 4-9-19 复合材料拼装式围台

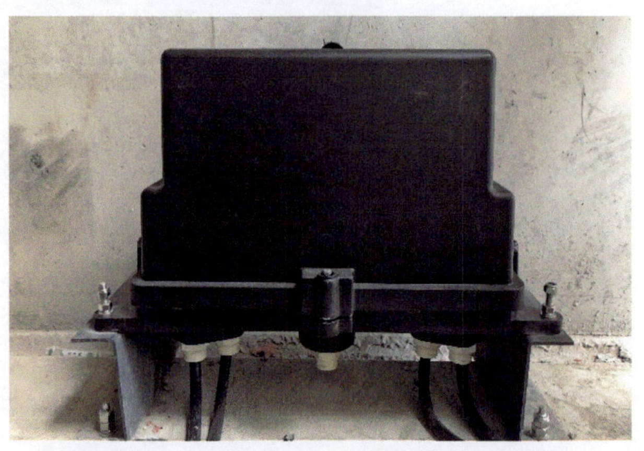

图 4-9-20 ZPW·HFS 型高密封等级防护盒

(二)智能工装应用

运用工法智能手段,利用 BIM 技术真正实现了正向指导施工,实现了优化施工设计、物料精准提报、虚拟施工,并利用二维码、BIMFACE 等方式进行可视化交底,做到现场精细化施工。创新应用智能布线机器人、自动钢轨钻孔机、轨道电路模拟器、信号电缆绝缘自动检测、计算机联锁驱动采集模拟试验箱等多项新技术,极大地提高了施工效率及精度,降低了劳动强度。

1. 优化施工设计进行虚拟建造

在工程开始之前完成了模型的建立,结合图纸及现场的实际,初步进行设备的摆放,线缆的布放,对每一道工序进行可视化推演,模拟施工全过程,论证及优化施工方案,实现工程虚拟建造。施工技术人员在施工前利用 BIM 模型进行碰撞检查,彻底消除硬碰撞、软碰撞,优化工程设计,减少在施工过程中可能存在的错误与返工的可能性,对设备、缆线、走线槽排布方案进行优化,并利用碰撞优化后的三维方案,进行施工交底、施工模拟,提高施工质量,同时也提高了与建设单位沟通的便捷。

2. 物料准确提报,实现精确物资管理

项目部根据蓝图构建 BIM 图纸三维模型,形成安装材料 BIM 模型数据库。根据 BIM 图纸自动生成线缆、走线架、固线器等物料数量及规格型号,结合施工进度,方便施工精准物料提报,防止“长料短用、整料零用”,做到物尽其用,减少浪费及边角料,把材料消耗降到最低限度节约成本。

3. 利用 BIM 技术虚拟施工

机房布线过程中需要不断调整线缆布放先后顺序,影响施工进度,增加人工成本。根据 BIM 虚拟施工过程,生成线缆布放顺序,缩短工期。根据 BIM 可视化效果进行专项施工方案、关键工艺展示、将复杂部位简单化、透明化,对专项方案的工序进行合理排布,能够提前对重要部位的安装进行动态展示,提供施工方案讨论及技术交流、交底的虚拟现实信息,使施工技术人员看到并了解施工过程和结果,直观了解整体布置情况、施工细节。

4. 利用二维码技术进行可视化交底

赣深铁路作为首次 BIM 全景试点项目,应用广联达 BIMFACE 实现二维码轻量化展示,结合施工方案、BIM 模型、施工模拟进行基于 BIM 技术的可视化交底,方便了施工人员随时随地查阅相关标准并根据 BIM 图纸进行精细化施工。

5. 智能布线机器人

适用于线缆线束的自动化布线,具有自动放线、自动剥线、自动裁线、自动布线、识别线号、自动绑扎、自动绕线等功能,实现了电缆线束的全程无人干预式自动化布线。

6. 自动钢轨钻孔机

通过人机界面进行设置和操作，利用 PLC 编程的方式进行命令输出，操作方便；包含自动制动、手动制动和无线遥控多种制动方式；采用双编码器进行测距，双轨测量程序自动在触摸屏上显示平均值，测量准确度更高；钻孔过程中，通过阻尼器自动减速缓慢钻孔，直到钻透，防止了钻头扎刀崩刃，保证钻孔质量。

7. 轨道电路模拟器

轨道模拟器将传统制作模拟盘的过程用电子智能方式代替，采用 VB. NET 程序建立 PC 机与控制板串行通信联系，通过把每个轨道区段模块化处理，把各站的站场图形拼接并预制在电脑中。试验时，将电脑与控制器、分线盘连接，只需在显示屏上点击鼠标，即可实现对应轨道区段的自动控制。

8. 信号电缆绝缘自动检测

实现 48 芯及以下信号电缆自动绝缘测试和电源混电测试，自动上传测试数据，随时控制不达标被测点的暂停及重新开始测试。

9. 计算机联锁驱动采集模拟试验箱

采用小型电子元件、PCB 制版技术、集成化安装，运用开关电源分别输出驱动采集两路电源，运用开关通断控制驱动电路，由发光管亮灭判断采集电路是否正确。通过功能转换开关和接线柱可实现单驱单采、双驱双采、轨道模拟试验功能，可有效地进行计算机联锁驱动、采集及轨道模拟试验。

（三）优化设计

(1)赣深铁路广东段全线车站站内采用一体化轨道电路的股道增加绝缘防破损防护功能。

(2)赣深铁路广东段全线各车站增加高铁股道双端发码功能、有效消除和克服轨道电路邻线干扰、提升 C2 行车许可安全性，股道增加一处分割。

(3)全线增加 ZPW-2000 区间轨道电路室外监测及诊断系统，具备“11 段”智能在线监测、诊断功能。

(4)为保证设备及行车安全，沿线各站安装电源屏 UPS 配置在线监测均衡系统，对单个电池工作状态、电压、电阻、容量进行监测，并将信息纳入集中监测，并保证全线设备统一、便于现场设备维护管理。

(5)为减少运营单位在线路所的人员配置，在主控站增加远程控制终端，同时方便后期运营维护，统一管理。

(6)完善智能信号集中监测功能，完善图形化、智能化分析系统功能，实现故障自诊断、故障点智能判断、显示在电路图中，指导故障应急查找处置，并接入电务段和局电务部中心，相应增加电务段和局电务部的相关网络设备，在两级中心设置接口服务器和对中心存储设备扩容，在信号车间、信号工区设置终端。

(7)全线液压道岔缺口监测配置油压、油位监测功能，并与信号集中监测系统一并采用 VPN100 M 数据通信网组网。在车间、工区设置终端，接入电务段及电务部调度指挥中心时需对相应数据库服务器等进行扩容。

(8)在赣深铁路沿线 2 个车间、8 个工区建设、25 个机械室，增加作业卡控作业管理子系统、作业盯控子系统、机械室出入安全卡控子系统。

（四）项目创新实现建维一体

在智能方面以“智能监测、智能诊断、智能维护、智能应急”为依托，着力从电务 8D 大数据智能运维平台、智能 CTC 系统、电缆在线监测系统等方面提升智能化水平，实现设备运营状态自适应、故障状态自诊断。

1. 电务 8D 大数据智能运维平台

赣深铁路广东段信号相关设备接入电务段电务安全监控技术体系(8D)综合平台，集电务安全、生产、管理于一体，全面提升电务设备保安全能力，增强设备维护和应急能力。

2. 智能 CTC 系统

实现了在风雨雪等恶劣天气或设备故障等应急情况下的列车运行计划智能快速自动调整功能；融合了 CTC 调度管理和信号逻辑关系，拓展自律卡控条件，完善提高行车调度指挥闭环控制程度，实现命令和进路安全的综合智能化卡控；通过行车信息数据平台的建设，为铁路运输跨专业、跨部门的相互配合、协同作业、高效组织提供智能化技术基础；为行车调度指挥人员提供基于日常业务场景的实操环境，有利于提高调度指挥水平；列车运行计划实时发送至ATO系统，实现了计划上车，动车组按计划自动运行，助力高铁实现自动驾驶功能。

3. 电缆在线监测系统

配置电缆在线监测系统及路径监测系统，对电缆芯线运用状态进行监测，并对电缆故障点进行快速定位查找。

第十章 信息工程

信息工程集成和共享调度、客票、客服、车辆、综合视频监控、车站建筑设备监控等客运相关数据，整合站车旅客服务与客运生产业务，实现站车客运作业统一指挥和智能联控。信息工程中精品工程坚持“智慧铁路”理念，全程采用BIM技术，在前期规划、中期施工和后期维护中充分发挥BIM作用，高效结合运用倾斜摄影技术，通过施工指导动画、虚拟现实、增强现实等形式有效提高规划的预见性和合理性，采用BIM技术进行机柜位置模拟、摄像机模拟覆盖等技术促进了施工管理的科学性和精确度，提升了维护的便利性和准确性，是对科技赣深、智慧赣深的有力实践。

第一节 工程概况

一、工程范围

正线及车站站线(下行K2063+208.566～K2360+234.000，上行K2063+208.566～K2360+234.000)；

深圳动车所二场及动车走行线(二场K0+722.74～K3+000.03；动走C线K0+000.00～+713.41；动走D线K0+000.00～K0+722.74)；

莞塘深联络线(下行K0+000～K2+070.73，上行K0+000.00～K2+314.31)；

莞塘广联络线(下行K0+000.00～K2+040.43，上行K0+000.00～K1+844.23)、阳深联络线(上、下行K0+000.00～K6+962.904)；

阳深疏解线(K0+807.915～K3+790.779)；

广深Ⅰ、Ⅱ线改线(广深K105+500～K107+700)；

笋岗动车走行线。

二、主要技术标准

铁路等级：高速铁路。

设计行车速度：350 km/h。

正线数目：双线。

正线线间距：5.0 m。

最小平面曲线半径：一般地段7 000 m，困难地段5 500 m。

最大坡度：一般地段20‰，困难地段30‰。

到发线有效长度：650 m。

列车运行控制方式：自动控制。

调度指挥方式：综合调度集中。

最小行车间隔：3 min。

三、主要工程量

主要工程量由赣粤省界至塘厦段、塘厦至深圳北段(含深圳枢纽)两部分组成，见表4-10-1、表4-10-2。

表 4-10-1 赣粤省界至塘厦段(DK133+897～DK404+867.27)信息工程主要工程量

序号	名　称	单位	数量
1	安装票务系统(含票务安全设备)	站	8
2	安装旅客服务系统集成平台服务器设备	站	8
3	安装综合显示系统	站	8
4	安装客运广播系统	站	8
5	安装视频监控系统	站	8
6	安装入侵报警系统	站	8
7	安装时钟系统	站	8
8	安装车站安全检查设施	站	8
9	安装 UPS 电源	套	8
10	安装交稳电源	套	12
11	车站办公自动化系统	站	8
12	车站综合布线系统	站	8
13	综合维修车间/工区办公自动化系统	套	5
14	派出所公安管理信息系统	套	5
15	动力环境监控系统中心站扩容	套	1
16	动力环境监控系统分站设备	套	37
17	机房门禁系统	套	13

表 4-10-2 塘厦至深圳北(DK404+867.27～深圳枢纽)信息工程主要工程量

序号	名　称	单位	数量
1	安装票务系统(含票务安全设备)	站	1
2	安装旅客服务系统集成平台服务器设备	站	1
3	安装综合显示系统	站	1
4	安装客运广播系统	站	1
5	安装视频监控系统	站	1
6	安装入侵报警系统	站	1
7	安装时钟系统	站	1
8	安装车站安全检查设施	站	1
9	安装 UPS 电源	套	1
10	安装交稳电源	套	1
11	车站办公自动化系统	站	1
12	车站综合布线系统	站	1
13	动力环境监控系统中心站扩容	套	1
14	动力环境监控系统分站设备	套	2
15	机房门禁系统	套	2
16	动车组管理信息系统服务器设备	套	2
17	公安管理信息系统	套	2
18	警务区公安管理信息系统	套	1
19	段所视频监控系统	站	1
20	派出所视频监控系统	站	1
21	信号楼、线路所办公自动化系统	套	4

续上表

序号	名　称	单位	数量
22	动车所办公自动化系统	站	1
23	门禁系统	站	1
24	安装 UPS 电源	套	4
25	安装电源及环境监测系统设备分站	站	1
26	动车所综合布线系统	站	1

第二节　信息工程施工方案与工艺方法

一、主要工期节点

2020 年 5 月 8 日赣深铁路广东段四电系统集成工程主要人员进场，2020 年 6 月 28 日开工，2020 年 8 月 1 日河源东站开始进场施工，2021 年 5 月 27 日完成首件工程验收，2021 年 7 月 1 日开始静态验收，2021 年 8 月 15 日完成静态验收，2021 年 8 月 16 日正式开始联调联试，2021 年 10 月 29 日正式开始试运营，2021 年 11 月 13 日完成初步验收，2021 年 11 月 20 日完成安全评估，2021 年 11 月 30 日达到开通运营条件。

二、施工组织

1. 工程实施原则

以全力打造赣深铁路精品、绿色、智能、人文工程为目标，扎实推进工程质量、安全、工期、投资控制和建设一体化等基础管理工作，用精心、重精细、求精致、创精品，全面指引赣深铁路弱电系统高起点、高质量建设，坚决完成“将赣深铁路建成一条高质量、高标准的精品高速铁路线”的使命任务，在确保安全优质按期完成赣深铁路建设开通工作的同时，着力助推高铁建设新标杆，扮靓中国高铁世界名片。

2. 项目施工组织

针对本工程的规模和特点，以及站后四电工程中重难点工程的分布情况，满足建设单位对整个工程的总体布局，在深圳市龙岗区设立“中国铁路通信信号股份有限公司赣深弱电集成项目经理部(以下简称项目部)，项目部设置 7 个职能部门：工程管理部、技术管理部、安质环保部、物资设备部、商务管理部、计划财务部、综合管理部，在龙川、惠州、深圳设置 3 个综合工区、12 个施工作业队和 1 个中心料库，规定相应的职权范围，保证项目管理有序、有效地运转。确保向建设单位交付一个功能完备、技术先进的客服信息系统工程。

3. 工期保证措施

项目部组建曾参加过多次类似高速铁路工程施工的优秀管理人员组成精干高效的现场指挥机构，抽调曾多次参加高速铁路工程施工经验的专业队伍承担本工程的施工，并成立保证施工工期领导小组，确保本工程施工工期的实现。

在确保安全和质量的前提下，保证实现阶段性工期目标。要科学合理地安排施工工序和施工进度，做好前期准备工作，加强资源配置，优化施工方案，强化工期管理。并在实施过程中及时调整进度计划，加强施工组织管理与协调，保证人、材、物按时按需供给。

三、系统技术方案

(一)信息集成概述

客运服务系统由票务系统和旅客服务与生产管控平台(以下简称管控平台)组成。其中票务系统由窗口售票、自动售票、补票和自动检票系统组成；铁路旅客服务与生产管控平台由旅客服务、客运管理与指挥、设备管理运用监控、应急指挥等应用组成，集成和共享调度、客票、客服、车辆、综合视频监控、车站建筑设备监控等客运相关数据，整合站车旅客服务与客运生产业务，实现站车客运作业统一指挥和智能联控。

旅客服务应用按照车站功能布局与列车实时运行情况，对综合显示、客运广播、视频监控、自动检票、时钟、信息查询、站台求助、自助寄存等旅客服务功能和设备进行集中管控，实现旅客服务业务融合、联合操控、集中管控、信息共享和应急联动，为旅客提供全方位信息服务。

其他系统主要由办公管理信息系统、公安管理信、门禁系统、电源及设备房屋环境监控系统、综合布线系统、电源与防雷接地系统、铁路停车场管理信息系统组成。为满足客运服务系统及其他系统业务需求，保证各系统安全、可靠、稳定、高效的运行，票务系统、公安管理信息系统网络采用单独组网的方式，采用专用通道，专网运行；旅客服务信息系统与办公自动化系统及网络采用两网融合组网的方式；安全保障平台、电源、接地与防雷为保障客运服务系统安全运营提供强有力的支撑。

（二）客票系统

本线客票制式采用磁介电子客票，车站售、检票采用自动与人工相结合模式。

平台设备：各车站票务系统处理平台设置售检票应急服务器。

终端设备：各站新设票务系统终端设备，包括窗口售票设备、全功能自动售票机、非现金自动售票机、非现金售退一体机、柱式检票机、补票机、手持移动检票终端、临时身份证制证设备、公安自助制证一体机、人工及自助实名制核验设备以及进出站检票闸机等；在自动售票机、进出站检票闸机等设备上配置多功能合一（二代身份证、港澳台居民居住证、回乡证、电子护照等）读卡器，在窗口售票机、补票机、自动售票机配置学生证读卡器和身份证读卡器；各站售票室配置退票扫描枪 1 台。

票务系统网络独立设置，车站局域网采用核心层、接入层二级结构。在各新建车站设票务系统专用局域网，终端设备通过接入层交换机连接到核心交换机，组成二级的物理架构，以千兆为核心骨干，百兆到终端的方式组网。客票系统通过 MSTP 传输系统承载，采用星型方式组网，接入广州局客票系统网络。为满足本线票务系统接入，经与广州局集团公司相关处室充分沟通，在广州局调度所客票中心新设路局级客票中心服务器（10 核，2CPU，128 G ECC）2 台，新设路局级自动售检票服务器（10 核，2CPU，128 G ECC）2 台，新设路局级人脸及二维码识别前置服务器（10 核，2CPU，128 G ECC）2 台考虑，并新设局端路由器及交换机各 2 套。考虑调度所客票中心安全系统，路局端实名制验票联网网闸扩容、调试、接入等工程。

（三）旅客服务与生产管控平台

1. 系统概况

本线铁路旅客服务与生产管控平台接入广州局集团公司管控平台运行。根据与路局对接情况，广州局集团公司既有普速铁路电子客票改造时建设有路局临时旅客服务与生产管控平台，广州局集团公司在既有广深港、厦深、南广改造项目中拟建设路局级旅客服务与生产管控平台，若本线开通前路局级旅客服务与生产管控平台尚未建成，则利用路局临时旅客服务与生产管控平台过渡。客运业务管理模式采用中心站管理小站模式，由惠州北站管辖沿线的小站。

铁路旅客服务与生产管控平台由旅客服务、客运管理与指挥、设备管理运用监控、应急指挥等应用组成，集成和共享调度、客票、客服、车辆、综合视频监控、车站建筑设备监控等客运相关数据，整合站车旅客服务与客运生产业务，实现站车客运作业统一指挥和智能联控。

2. 旅客服务应用

旅客服务应用按照车站功能布局与列车实时运行情况，对综合显示、客运广播、视频监控、自动检票、时钟、信息查询、站台求助、自助寄存等旅客服务功能和设备进行集中管控，实现旅客服务业务融合、联合操控、集中管控、信息共享和应急联动，为旅客提供全方位信息服务。

本线各站管控平台通过数据网通道上联至广州局集团公司管控平台，在正常情况下，由广铁集团管控平台直接控制各车站系统，实现统一指挥，当其出现故障等应急情况下，各车站即刻启动车站应急管理平台，转入站控模式，完成本站旅客服务系统应急处理功能。

(四)综合显示系统

综合显示系统为旅客提供引导及资讯信息,为车站客运服务人员提供生产信息。车站综合显示系统包括同步、异步、PDP 控制器、LED 显示屏、LCD 显示屏、计算机终端等设备,接入车站旅服集成平台。

系统架构如图 4-10-1 所示。

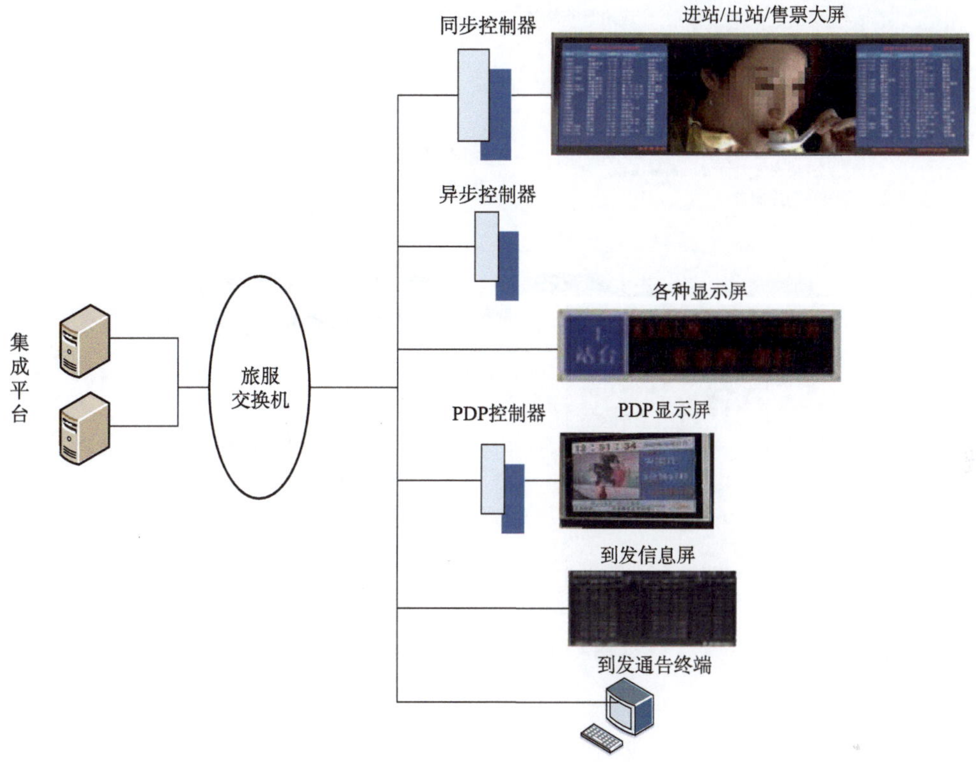

图 4-10-1 综合显示系统结构

(五)客运广播系统

各站客运广播系统主要由音源设备、扬声器、无线呼叫站、消防接口、功率放大及自动倒换设备、噪声探测器及控制设备、扬声器及回路检测设备等组成,接入车站旅服系统网络联网运行。系统具备自动广播、人工广播、应急广播等广播模式。当发生紧急事故(如火灾)时,可根据程序指令自动切换到紧急广播工作状态。

车站客运广播系统架构如图 4-10-2 所示。

(六)车站视频监控系统

视频监控子系统包括售票区域、安检区及公共区域视频监控系统,均采用 1080 p 全高清网络摄像机。在车站信息机房及信息设备间设置视频接入交换机,采用千兆光口接入本站通信机械室综合视频接入节点核心交换机。

公共区域 IP 摄像机采用光纤或六类网线就近接入信息机房或信息设备间的视频接入交换机,安检区摄像机采用光纤接入信息机房视频接入交换机,视频图像由综合视频监控系统(通信专业设计范围)统一存储及管理,重点区域(按每站 10%考虑)视频存储时间为 90 天,其余区域视频存储时间为 15 天。

监控系统主要布点原则:在旅客进出站集散厅、候车区、售票区、票据库、安检区、站台、站前广场、进出站通道、安检通道附近、重点治安防范区域等处均设置摄像机。在各楼层办公区域走道、售票室、自动售票区设置半球/枪型摄像机。

车站视频监控系统架构如图 4-10-3 所示。

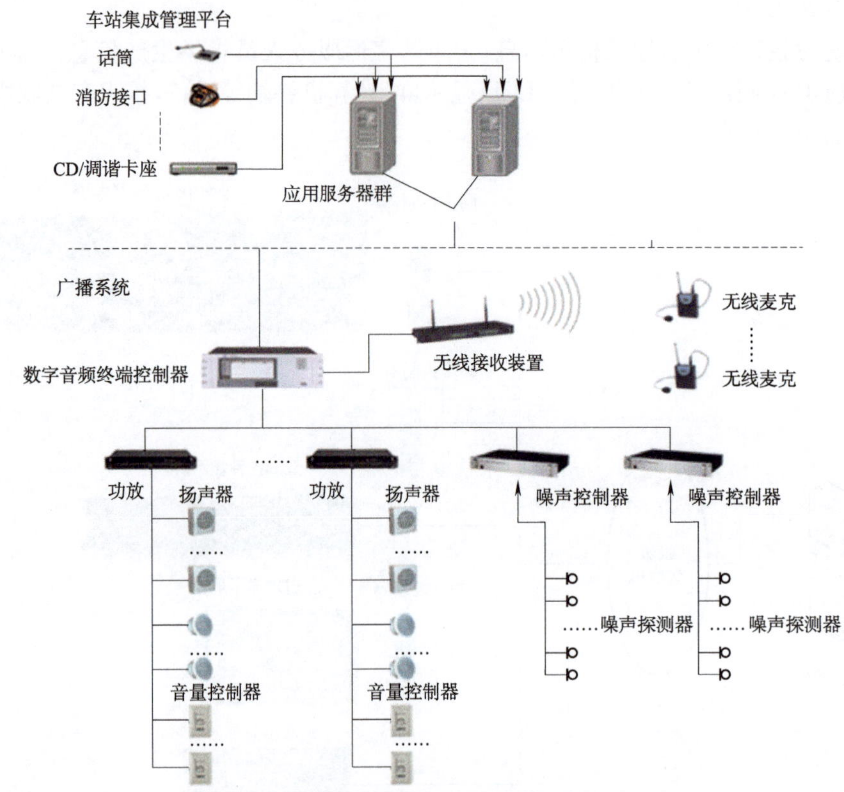

图 4-10-2 广播系统结构

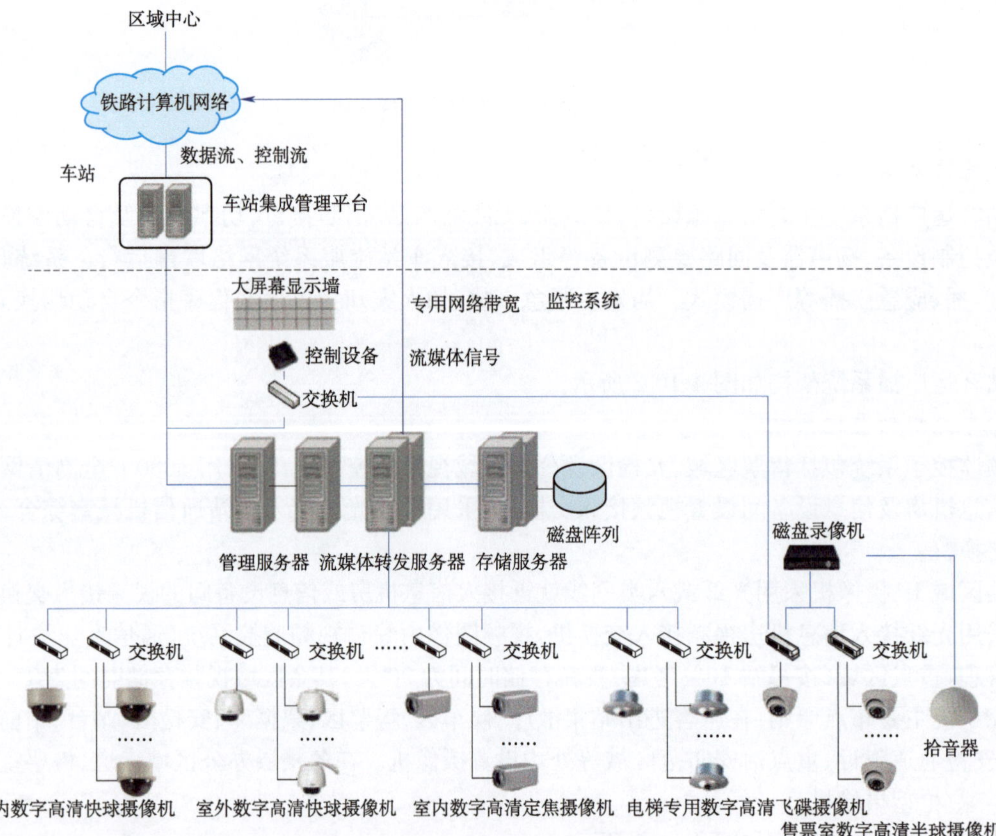

图 4-10-3 车站视频监控系统结构图

(七)车站时钟系统

本线在路局新设一台 NTP 母钟及车站授时时钟,车站时钟接入车站旅服网络,由路局母钟通过旅服网络统一授时,并由路局中心的 NTP 母钟进行集中网管。

各站候车厅、售票厅、出站厅采用 ϕ600 mm 单面子钟,站台子钟采用 ϕ800 mm 双面指针式子钟,通过光纤/UTP 21-6 接入车站旅服交换机。

车站时钟系统架构如图 4-10-4 所示。

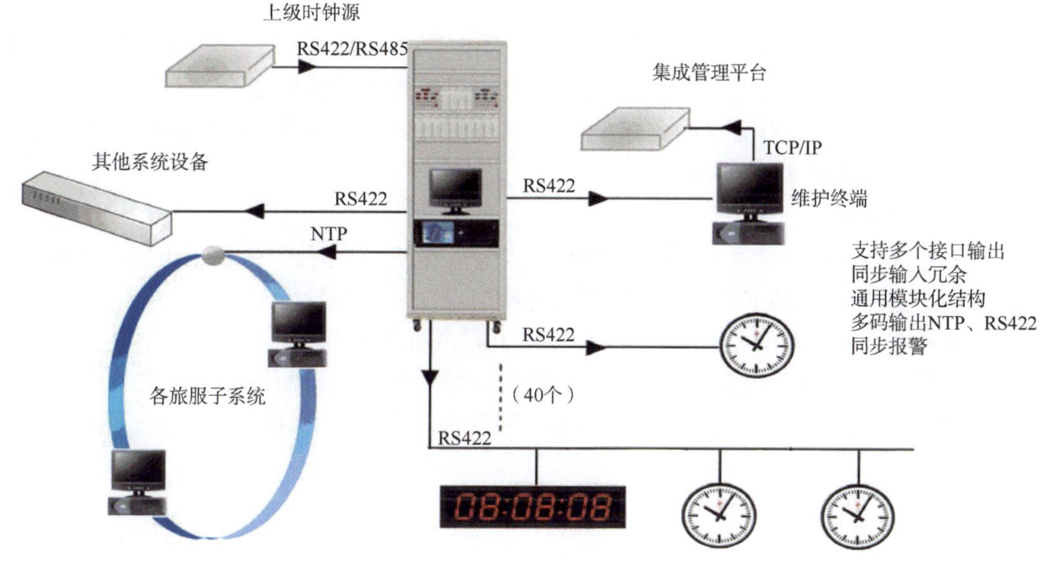

图 4-10-4 时钟系统结构

(八)车站旅客携带物品安全检查设备

系统完成对进站旅客随身行包的安全检查,确保站、车安全。安检系统主要设备包括:双源双视角安检仪(含管理微机、桌椅、电动传送履带及延伸带 2 个、上下坡道等)、安检门、防爆罐、防爆毯、手持金属探测仪及安检视频监控系统。

安检视频监控系统包括高清网络摄像机(每套安检仪 4 台)、安检视频接入交换机,视频图像接入车站综合视频监控系统。在安检区域设置现场机柜,供安检交换机及配线设备安装。安检现场平面如图 4-10-5 所示。

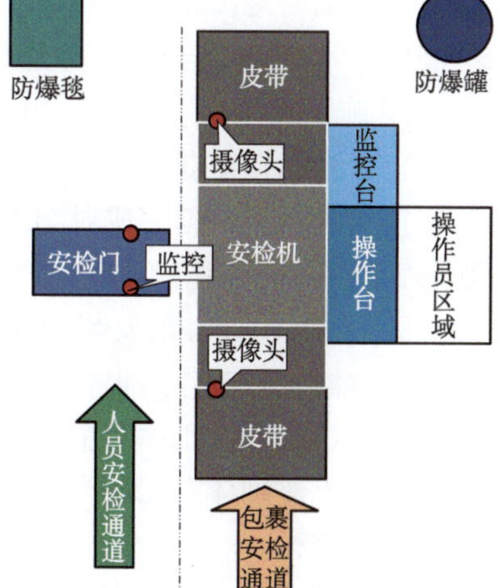

图 4-10-5 安检现场平面图

(九)车站入侵报警系统

在各新建车站公安值班室设置报警控制主机,在票据、进款室设置双鉴探头及撤布防键盘,在售补票室设置紧急按钮,在客运值班室设报警警灯,在公安值班室设声光报警器。

(十)服务设施系统

1. 电源系统

电源系统负责为客运服务信息系统设备提供工作电源,保持设备稳定工作,包括不间断电源(UPS)、蓄电池、配电柜及稳压电源等设备。

2. 电源及环境监控系统

在车站信息机房、信息配线设备间设置电源及设备房屋环境监控系统分站设备。电源及环境监控系统接入车站办公网,利用车站办公网与局域网设备,并利用办公网广域网通道接入深北信息所动环主系统。

在车站信息机房、信息配线设备间设置 RTU 设备,由智能一体化采集器、监控模块及环境传感器、探测器(温/湿度、烟雾、水浸、空调控制等)等构成,对信息电源(含电池单体监测)、机房温度、湿度、烟感、红外、水浸、门磁进行监测,从而实现对电源设备、空调的工作运行状况及机房环境的监控。

车站信息机房、信息配线间设备视频监控纳入电源与环境监控系统。在车站信息机房、信息配线设备间设置网络摄像机,和平东、龙川西、东源、河源东、博罗北、仲恺、塘厦在信息机房设置 1 台网络硬盘录像机,惠州北在信息机房设置 2 台网络硬盘录像机,视频图像本地独立存储,图像存储时间 30 天。

(十一)其他系统

1. 办公自动化系统

车站办公管理信息系统局域网与车站管控平台共同组网,路由器、防火墙、核心交换机共用,接入层交换机分设。在站房内信息机房、信息配线设备间各设置办公网接入交换机 1 台。办公管理信息系统局域网通道利用综合布线系统,站房内综合布线系统由信息专业设计。车站办公网广域网通道采用通信专业数据网 VPN 通道,主备用各 10M 带宽。

2. 公安管理信息系统

车站公安警务室公安管理信息系统由交换机、公安业务微机、打印传真一体机组成。公安业务微机设置在车站公安值班室,网络设备安装在车站信息机房或信息配线设备间。

车站公安警务室公安管理信息系统采用 FE 专线上联至所属派出所。其中和平北站公安警务室接入和平东公安派出所,龙川西站公安警务室接入龙川西公安派出所,东源、河源东站公安警务室接入河源东公安派出所,博罗北、仲恺、惠州北站公安警务室接入惠州北公安派出所,东莞南站公安警务室接入塘厦公安派出所。

四、主要施工工艺及方法

(一)施工安排

首先进行站台线管预埋,再依次进行管槽安装、光电缆敷设、设备安装、系统调试;根据工期要求,结合工程实际情况和各专业的特点,在深圳设立项目经理部(局指),在龙川、惠州分别设立 2 个工区和 1 个中心料库,在和平北站、龙川西站、东源站、河源东站、惠州北站、博罗北站、东莞南站、光明城、深圳北动车所附近设置 9 个施工作业队负责各专业施工。各专业根据开工时间先后及各阶段施工内容不同,采取平行与流水作业相结合的方法组织施工。

(二)主要施工流程

根据本项目特点,实施过程分为五个阶段进行。

1. 施工准备

工程开工报审获批后,项目指挥部完成组织机构及管理制度的建立,施工人员、材料、机具陆续入场,工程技术人员施工前完成对图纸的复核及各类方案的编制工作,作业人员完成安全技术交底及岗前培训,现场管理人员与接口单位建立联系,项目进入准备阶段。

2. 管槽、吊挂件的安装预埋

该阶段主要工作是根据设计提供的沟槽管洞和综合布线图纸敷设钢槽及线管,在指定位置安装设备的吊挂件、壁挂件,工序集中在土建结构完工之后,预埋管槽在土建混凝土浇筑或找平前实施,吊顶内管槽敷设则在土建砌体完工后入场,吊顶封板前完成,整个过程与土建浇筑、砌体、找平、吊顶、抹面等相关工序交叉同步进行。

3. 各系统终端设备的配线

管槽安装完成后,根据设计图纸在既有管槽中敷设各系统强弱电线缆,为保证与土建专业的交叉施工顺利进行,缆线敷设阶段需在土建吊顶封板前完工。

4. 终端设备的安装及缆线成端

该阶段的实施在墙地面装修界面交付后,信息专业根据设计及厂家提供的安装图纸,在指定位置安装终端设备及配线接续成端。

5. 终端设备加电及调试

该阶段主要开展设备加电及调试工作，票务系统和旅客服务与生产管控平台调试人员陆续入场，项目进入静态验收准备阶段，由专业工程师完成各子系统调试后项目进入联调联试，客服信息系统具备试运行条件。

（三）施工方法

1. 综合布线系统

综合布线系统又称结构化布线系统，是一种模块化的、灵活性极高的应用在客运车站内的信息传输通道，它由线缆和相关连接件组成，能使语音、数据、图像、设备和交换设备与其他信息管理系统彼此相连，也能使这些设备与外部铁路通信网相连接。它由布线系统的支架、吊架、线槽、保护管及信息机房和设备间向外布放的信号线和电源线组成。

(1)综合布线施工流程

综合布线施工流程按时间先后顺序主要包括：材料入场检验→路径复测→弹线定位→钻孔、支架安装、开槽→管槽铺装→线缆敷设→断路测试→接续成端→性能检验测试→提交验收。

(2)综合布线施工工艺

①预埋地面线槽施工工艺要求。

a. 在站房中预埋线槽(图 4-10-6)，宜按层设置，每一路由进出同一过路盒的预埋线槽均不应超过 3 根。

b. 线槽直埋长度超过 30 m 或在线槽路由交叉、转弯时，宜设置过线盒；过线盒应能开启，盖面应于地面齐平，盒盖应能防水与防灰。过线盒和接线盒应能抗压。

c. 从金属线槽至信息插座模块接线盒间或金属线槽与金属钢管之间连接时，线缆应用软管保护。

图 4-10-6 预埋线槽施工现场

②吊顶桥架施工工艺要求

a. 缆线桥架底部应高予地面 2.2 m 及以上，顶部距建筑物楼板不宜小于 300 mm。

b. 缆线桥架水平敷设时，支撑间距宜为 1.5～3 m。垂直敷设时固定在建筑物结构体上的间距宜小于 2 m，距地面 1.8 m 以下部分应加盖金属盖板。

c. 直线段缆线桥架每超过 15～30 m 或跨域建筑物变形缝时，应设置伸缩补偿装置。

d. 金属桥架敷设时，在接头处、每间距 3 m 处、离开线槽两段出口 0.5 m 处、转弯处，应设置支架或吊架

③缆线敷设施工工艺要求

a. 布放的线缆应平直，不得产生扭绞、打圈等现象，不应受到外力挤压和损伤。

b. 在布放前，线缆两端应贴有标签，标明起始和终端位置以及信息点的标号，标签书写应清晰、端正和正确。

c. 电缆桥架水平安装时，宜按荷载曲线选取最佳跨距进行支撑，跨距一般为 1.5～3 m。垂直敷设时，其固定点间距不宜大于 2 m。

d. 在电缆桥架上可以无间距敷设电缆，电缆在桥架内横断面的填充率：电力电缆不应大于 40%；控制电缆不应大于 50%。

e. 信号电缆、电源线、双绞线缆、光缆及建筑物内其他弱电线缆应分离布放。不同电压、不同用途的电源，不宜敷设在同一层桥架上，强电和弱电电缆如受条件限制需安装在同一层桥架上时，应用隔板隔开并保持一定的距离。

f. 电缆桥架内的电缆应在下列部位进行固定：垂直敷设时，电缆的上端及每隔 1.50～2 m 处；水平敷设时，电缆的首、尾两端、转弯及每隔 5～10 m 处。

g. 布放线缆应有冗余。在二级交接间、设备间双绞电缆预留长度一般为 3～6 m，工作区为 0.3～0.6 m。

h. 布放线缆，在牵引过程中吊挂线缆的支点相隔检举不应大于 1.5 m。

④线管敷设施工工艺要求

线管采用镀锌钢管或 PVC 管。镀锡钢管的管与管连接采用丝扣连接，用圆丝板套丝扣；管子的切断可用切割机切割；管子的弯曲用弯管器，或用现成的弯头连接；PVC 管采用 PVC 胶和连接件进行。

2. 客服信息系统

设备安装施工流程如图 4-10-7 所示。

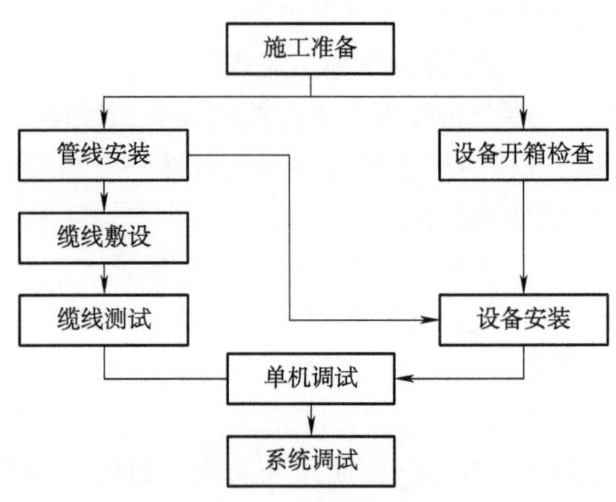

图 4-10-7　设备安装流程

第三节　重难点工程与精品工程

一、重难点工程

信息专业属于整个工程项目项目实施的最后阶段，工程的完成情况直接影响到项目的开通运营，针对本线的进度情况及项目实施的要求，分析本工程主要的重难点工程有以下几点。

1. 旅客服务平台的变更设计

根据《关于印发客站旅客服务和生产管控平台(智能客站大脑)总体技术方案评审意见的通知》(科信运函〔2019〕12 号)，旅客服务平台与生产管控平台的应用势在必行，涉及与各专业之间的接口工作大幅度增加，目前这个平台的实施情况还处于起步阶段，各方面可借鉴和参考的项目很少。平台中心为深圳北站，代管下面各站，深圳北站属于既有站，后期的实施过程中，存在系统的过渡，割接，实施难度较大，需要进行充分的调研及方案的制订。

2. 与相关专业之间的接口问题

主要涉及与通信专业的接口、电力专业的接口、火灾自动报警系统(FAS)系统接口、动车专业的接口、建筑、结构专业接口、暖通专业接口、静态标识专业分工、界面及电梯设备接口。尤其涉及与站房装修专业的对接，在方案的二次优化设计，直接影响到直观的效果。同时信息工程的实施工期基本与站房的进度同步实施，施工条件较为恶劣，需要见缝插针，合理规划施工作业顺序，受制于站房界面的交付情况，尤其需要做好抢工期的准备。

二、精品工程

根据《关于印发〈高速铁路通信工程细部设计和工艺质量标准〉等 5 项建设标准的通知》(铁总建设

〔2018〕35 号），在京沈、京张、商合杭、连徐等客专的基础上，结合本工程实际，项目部与设备接管单位一同紧密研讨、巧聚凝思，进一步提炼和创新施工工艺。

1. BIM 应用

采用 BIM 技术提前进行机柜位置布置(图 4-10-8)，机柜内部设备布局，线缆敷设路径的优化。

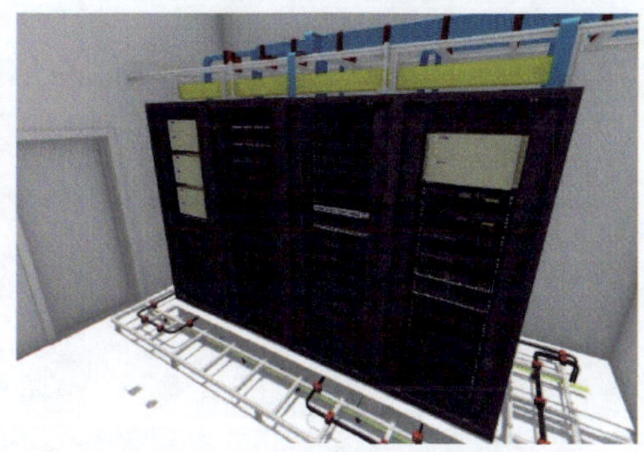

图 4-10-8　BIM 技术机柜位置布置

2. 定制化机柜配电单元

定制生产机柜配电单元(图 4-10-9)，配置 UPS、稳压电源两路输入配电单元及 4 路输出单元。

3. 配电柜标签激光喷印，蓄电池开关集成到配电柜

在生产电源设备前，完成机房电源线缆路由调整优化，电源空开位置预先规划，空开标签激光喷印，规避后期施工及运维期间标签脱落风险。蓄电池开关箱集成到配电柜，美观的同时也方便后期的检修维护(图 4-10-10)。

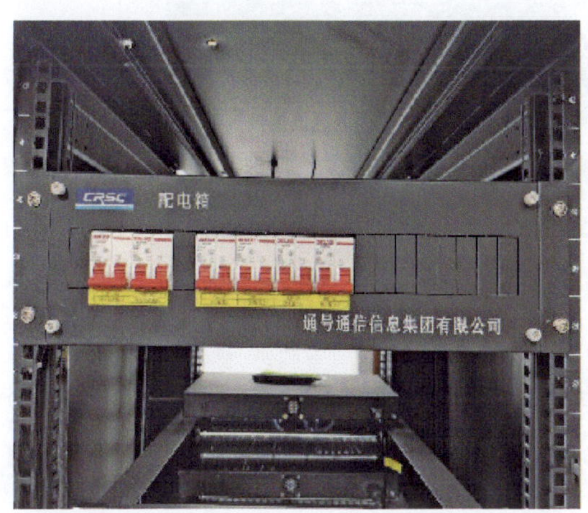

图 4-10-9　定制化机柜配电单元

图 4-10-10　配电柜标签激光喷印及开关集成到配电柜

4. LED 显示屏创新

LED 显示屏外观创新，采用窄边设计，结合人体视觉感官，优化屏体造型，展示效果更加美观(图 4-10-11)。

5. 摄像机支架定制生产

站台摄像机的支架、吊杆、底座及装饰罩采用工厂加工定制，在不影响覆盖范围和运营需要的情况下，站台摄像机尽量采用与动态显示屏、静态标识及桥架相结合的方式安装(图 4-10-12)。

6. 摄像机模拟覆盖

摄像点位进行模拟覆盖，使摄像机的布局更加合理。

7. 摄像机集中供电应用

使用集中供电模式，对车站摄像机电源进行分区域集中供电(图 4-10-13)，优化调整摄像机电源安装位置，电源系统安装在方便日常维护位置，达到降低后期维护人力、物力、时间成本、能够快速解决故障的目的。

图 4-10-11 LED 显示屏外观

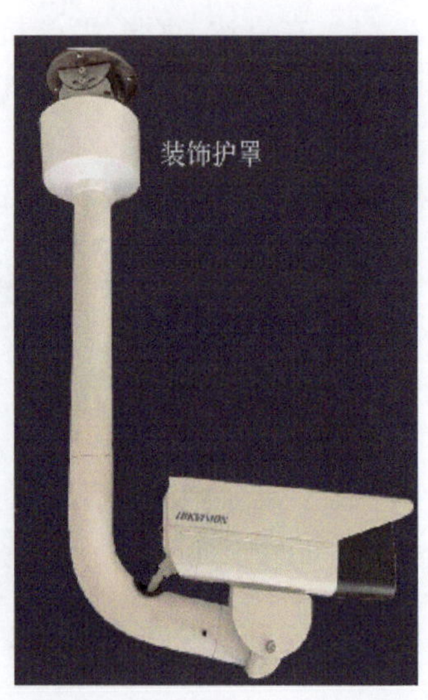

图 4-10-12 摄像机定制支架

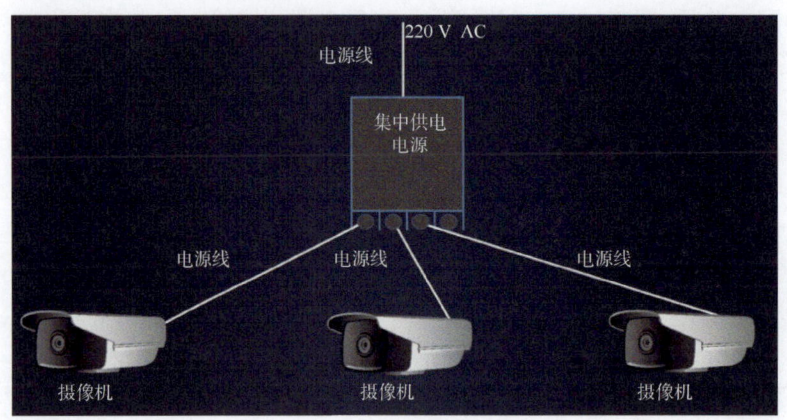

图 4-10-13 摄像机集中供电

8. 综合服务台功能集中化

综合服务台的设计结合客运信息设备设计,集成售退改签、办公、旅服平台等功能(图 4-10-14)。

9. 开放式窗口设计

全线采用开放式售票窗口设计,提升旅客的服务(图 4-10-15)。

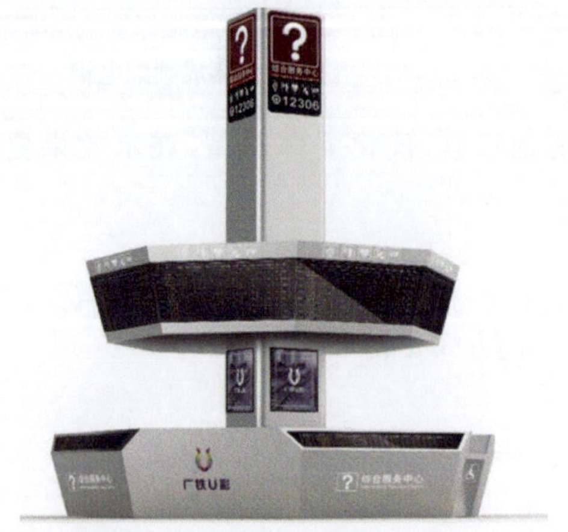

图 4-10-14 综合服务台

图 4-10-15 开放式窗口设计

10. 定制扬声器

根据建筑结构及装修形式，确定扬声器设备选型、外形、颜色；同一区域扬声器安装应整齐美观，排列均匀，高度一致(图 4-10-16)。

图 4-10-16　定制扬声器

11. 电子地标系统应用

站台电子地标(图 4-10-17)屏替代传统静态站台面标识，实时更新乘车信息，提升旅客乘车体验。

12. 通过式热成像测温型安检门

通过式热成像测温型安检门将热成像测温与通过式金属探测安检门融合(图 4-10-18)，集成声音报警，提示体温异常，集成布局，方便车站应用管理，避免了后期增设改造。

图 4-10-17　电子地标系统

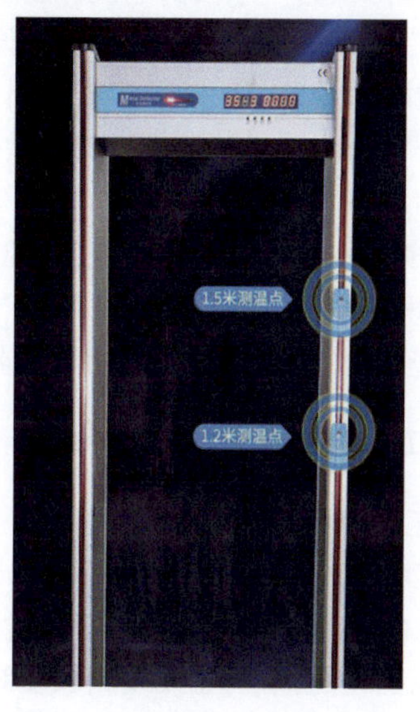

图 4-10-18　通过式热成像测温型安检门

第十一章　电力工程

电力工程以强电工程为主，主要以供电和牵引变电工程为主。供电系统运用先进的测量、传感、控制、通信、信息、人工智能等技术，以智能化牵引供电设施和高速双向通信网络为基础。围绕“建设精品工程、打造新标杆”的目标和要求，深圳指挥部坚持以安全第一、质量至上为抓手，高标准建设、保工期推进、抓集成谋划、推智慧创新，以“精品赣深、建维一体”为目标，体现了我国高铁尖端工艺技术核心。

电力工程应用了智能巡检机器人巡检线路，搭建了智能变电所“云架构”，BIM＋GIS技术信息化数字化平台，提出智了能辅助监控系统、牵引供电PHM系统、牵引供电系统广域测控系统。

第一节　工程概况

一、工程依据

(1)《高速铁路电力工程细部设计和工艺质量标准》(Q/CR 9522—2018)、《高速铁路电力牵引供电工程细部设计和工艺质量标准》(Q/CR 9523—2018)、《广州局集团有限公司2020至2024年安全优质标准线建设规划》(广铁办发〔2020〕2号)等相关建设标准文件；

(2)赣深铁路广东段四电设计图纸及相关文件；

(3)广州局集团公司深圳工程建设指挥部标准化管理文件及相关要求；

(4)《赣深铁路(广东段)智能牵引变电所方案研讨会议纪要》(深建指纪要〔2020〕216号)、《学习国铁集团领导重要指示精神及推进赣深铁路广东段站后“四电”及信息客服精品工程建设会议纪要》(深建指纪要〔2020〕206号)；

(5)现行有关施工技术规范、标准、技术规程及规章制度；

(6)现行中华人民共和国法律、广东省地方法规；

(7)各站段精品工程建设相关要求、现场调查情况及以往类似工程的施工经验。

二、工程范围及主要技术特点

1. 工程范围

本工程范围为赣粤省界(DK133＋893)至深圳北(DK438＋594.45，不含)段，包括正线、塘厦疏解线、深圳北联络线、深圳北第二动车所(含走行线)及笋岗动车走行线等相关范围内的电力、牵引供电、房屋建筑及其他工程的施工，正线线路长度约297.026 km。

2. 主要技术标准

铁路等级：高速铁路；

设计行车速度：350 km/h；

正线数目：双线；

正线线间距：5.0 m；

最小平面曲线半径：一般地段7 000 m，困难地段5 500 m；

最大坡度：一般地段20‰，困难地段30‰；

到发线有效长度：650 m；

列车运行控制方式：自动控制；

调度指挥方式:综合调度集中;

最小行车间隔:3 min。

3. 主要工程数量

(1)电力工程

新建 10 kV 配电所 8 座,改造既有广深港铁路光明站 10 kV 配电所 1 座,10/0.4 kV 变电所 22 座,区间箱式变电站 127 座,电力高压电缆 2 756 条 km,隧道照明 111.01 km。

(2)牵引供电变电工程

新建牵引变电所 6 座,分区所 6 座,AT 所 12 座,开闭所 2 座。

(3)牵引供电接触网工程

支柱安装 9 109 根,吊柱安装 6 679 根,承导线各 929 条 km,正馈线保护线各 605 条 km,隔离开关安装 352 台,避雷器 696 台。

(4)房建工程

通信房屋 3 069.44 m^2,信号房屋 13 696.75 m^2,电力房屋 6 533.79 m^2,电牵房屋 16 977.83 m^2,动车房屋 49 218.01 m^2,其他房屋 1 273.76 m^2。

第二节 电力工程专业标准及特点

一、接触网专业

1. 接触悬挂类型

正线采用 AT 供电方式,联络线、动车组走行线等采用带回流线的直接供电方式。正线采用全补偿弹性链型悬挂,其余线路(站线、正线间渡线、动车走行线、存车场等)悬挂方式采用全补偿简单链型悬挂,广深Ⅰ、Ⅱ线改造区段为全补偿简单链形悬挂。

2. 接触网线材及张力配置

承力索、接触线均采用抗拉强度高、耐腐蚀能力强、耐高温性能好的铜合金线,见表 4-11-1。

表 4-11-1 接触网线材及张力配置

线材名称	线材用途	材料名称	线材规格	额定张力(kN)
承力索	正 线	铜合金绞线	JTMM120	23
	站线、动走线、动车所	铜合金绞线	JTMM95	15
接触线	正 线	铜合金接触线	CTMH150	28.5
	站线、动走线、动车所	铜合金接触线	CTS120	15

3. 主要设备选择

(1)隔离开关

车站两端、AT 所附近、长大隧道(大于 5 km 隧道或隧道群的出入口,大于 10 km 隧道的出入口和隧道中部)设置绝缘锚段关节及电动隔离开关,接触网电分相采用带中性段的绝缘锚段关节形式,电分相中性段两端各设置一台双极电动隔离开关,供电线上网开关采用单极电动隔离开关纳入远动。

(2)避雷器

采用氧化锌避雷器。

(3)分段绝缘器

正线间渡线及侧线采用具有消弧功能的分段绝缘器。

(4)道岔定位方式

与正线相关的 18 号道岔采用无交叉方式定位布置。42 号大道岔区接触网采用第三辅助式无交叉方式定位布置;站线 18 号道岔及 18 号以下道岔采用无交叉或交叉线岔布置。

4. 接触悬挂主要参数

(1)接触线高度

正线工作支接触线悬挂点高度为 5 300 mm,惠州北存车场、深圳北第二动车所接触线工作支悬挂点高度为 6 000 mm,河源东存车线接触线工作支悬挂点高度为 6 000 mm,广深Ⅰ、Ⅱ线导线高度为 5 600 mm。

(2)结构高度

正线接触网结构高度一般为 1 600 mm,隧道内不小于 1 100 mm,个别困难点不宜小于 800 m,最短吊弦不小于 500 mm;联络线、动车所结构高度一般为 1.4 m,最短吊弦长度不宜小于 400 mm。

(3)跨距及拉出值

接触网标准跨距路基地段为一般 50～55 m,最大跨距不大于 60 m。隧内跨距一般为 40～55 m,箱梁桥上跨距一般不大于 50 m,T 梁桥上跨距一般为 32.7 m。相邻跨距之差不宜大于 10 m。

(4)侧面限界

正线、联络线、动车走行线路基区段侧面限界不小于 3.0 m(无砟轨道)或 3.1 m(有砟轨道)。站内正线与站线间立柱时,优先满足对正线侧面限界不小于 3.0 m(无砟轨道)或 3.1 m(有砟轨道),困难时直线区段对正线侧面限界满足不小于 2.44 m,对侧线不小于 2.15 m 正线。

(5)锚段长度

正线接触网锚段长度一般不超过 2×700 m,个别困难情况下不超过 2×750 m。单边补偿的锚段长度不超过 750 m。站线接触网最大锚段长度不宜大于 2×800 m,个别困难时不宜大于 2×900 m;单边补偿的锚段长度不超过 850 m。附加导线锚段长度一般不超过 2 000 m,困难时不应超过 3 000 m。

(6)中心锚结

正线及站线均采用防断中心锚结;车场内下锚困难时可采用防窜中心锚结。

(7)补偿装置

全线下锚补偿一般均采用棘轮补偿装置,传动比为 1∶3,传动效率≥97%,隧道外坠砣均采用圆形铁坠砣组,隧道内采用满足安装空间要求的带滑轮框架矩形铁坠砣组。

(8)锚段关节形式

全线非绝缘锚段关节、绝缘锚段关节一般采用五跨关节,困难地段采用四跨关节。

(9)接触网绝缘距离

27.5 kV 接触网绝缘器件、隔离开关及避雷器的绝缘泄露距离不小于 1 400 mm;上、下行正线间、分场分束供电的横向分段绝缘子串的绝缘泄露距离为 1 600 mm。上、下行接触网带电体间的距离正常情况下不小于 2 000 mm,困难时不小于 1 600 mm。

(10)支柱

路基及箱梁桥上采用热浸镀锌 H 形钢柱。T 梁桥区段采用格构式钢柱;跨越多股道且线间距不能立腕臂柱时采用硬横跨结构,动车所内采用软横跨结构。隧道内、硬横跨下采用倒立吊柱,隧道内吊柱设置斜撑。

(11)基础

桥上基础由桥梁专业预留,正线、站线、中心锚结及附加导线等接触悬挂下锚采用下锚拉线基础。

(12)支持结构形式

全线采用绝缘旋转平腕臂支持结构。工作支定位器一般采用铝合金限位定位器,设置防风拉线及等电位连接线,道岔、关节处可采用铝合金非限位定位器。腕臂支持结构均采用腕臂支撑,定位装置中的定位管固定一般采用吊线,定位管吊线不受力时改为支撑固定。矩形定位器正、反定位均设防风拉线。

(13)绝缘器件

腕臂用绝缘子采用抗弯强度不小于16 kN棒式绝缘子。隧道外腕臂用绝缘子的公称爬电距离按不小于1 400 mm设计，隧道内腕臂用绝缘子的公称爬电距离按不小于1 600 mm设计。

二、牵引变电专业

1. 牵引变电所主接线

新建牵引变电所进线采用两回独立的220 kV电源，正常时，由一路电源供电，另一路电源热备用。

牵引变压器侧采用线路变压器组接线方式。牵引变电所设两台主变，采用单相牵引变压器。正常运行时，一台运行、一台固定备用，设置备用电源自投装置。

220 kV电压互感器接在进线隔离开关外侧，供测量、保护及计费用，同时作为220 kV备用电源检压自动投入用。220 kV进线侧设置一组电流互感器，供测量、保护及计费用。220 kV电压互感器计量线圈精度为0.2S级，220 kV电流互感器计量线圈精度为0.2 S级。

2. AT分区所

分区所同一方向供电臂的上、下行馈线分别通过断路器、电动隔离开关接入2×27.5 kV并联母线。并联母线采用电动隔离开关分段，正常运行时分段隔离开关闭合，上、下行并联供电运行；故障情况下可打开分段隔离开关实现上、下行分别供电。

全所设置四台自耦变压器，同一供电臂设置两台自耦变压器，各通过断路器、电动隔离开关接入并联母线。自耦变压器采用固定备用方式，正常时一台运行，一台备用，设有备用自动投入装置当运行的自耦变压器故障时，另一台自耦变压器自动投入。27.5 kV电压互感器设置于每条进线的首端。分区所设置两台自用变压器，分别由接于10 kV电力综合负荷贯通线和一级负荷贯通线的10 kV三相电力变压器供给。

3. AT所

AT所上、下行馈线分别通过断路器、电动隔离开关接入2×27.5 kV并联母线。并联母线采用电动隔离开关分段，正常运行时分段隔离开关闭合，上、下行并联供电运行；故障情况下可打开分段隔离开关实现上、下行分别供电。

设置两台自耦变压器，各通过断路器、电动隔离开关接入并联母线。自耦变压器采用固定备用方式，正常时一台运行，一台备用，设有备用自动投入装置，当运行的自耦变压器故障时，另一台自耦变压器自动投入。27.5 kV电压互感器设置于每条进线的首端。AT所设置两台自用变压器，分别由接于10 kV电力综合负荷贯通线和一级负荷贯通线的10 kV三相电力变压器供给。

4. 开闭所

开闭所采用单母线接线，两路进线电源，一主一备。设备用电源自投装置，互为备用。

5. 总平面及生产房屋配置

新建牵引变电所主变压器采用户外低式布置；220 kV配电装置采用户外单体中式布置；2×27.5 kV/27.5 kV配电装置为户内GIS开关柜布置方式。预留电能质量治理装置场地。分区所、AT所自耦变压器采用户外低式布置，2×27.5 kV/27.5 kV配电装置为户内GIS开关柜布置方式。各所内设有与外部公路衔接的运输通道和巡视小道。牵引变电所生产及辅助生产房屋按一层房屋设计，设有27.5 kV高压室、二次设备室、储藏、检修、值守、通信室等房屋并设电缆夹层。

分区所、AT所、开闭所的生产及辅助生产房屋按一层房屋设计，配有27.5 kV高压室、二次设备室、检修、通信室等房屋并设电缆夹层。

三、电力专业

1. 10 kV变配电所

龙川西10 kV配电所、惠州北10 kV配电所、深圳北动车所10 kV配电所为两进十二出，和平北10 kV配电所、河源北10 kV配电所、河源东10 kV配电所、博罗北10 kV配电所和东莞南10 kV配电所均为两进十出。各配电所主接线为两路电源供电,单母线母联断路器分段,正常运行时两路主用电源同时供电,当一路电源失电,另一段母线母联断路器自动投入,由另一路电源供电,贯通回路经调压器供电。全所电力设备纳入 SCADA 系统,具备远程操控功能。

2. 10/0.4 kV 箱式变电站

箱变 10 kV 进出线回路设高压负荷开关,环网接线,贯通电缆进出线电缆头均安装有测温装置,可探测电缆头内部实时温度,变压器馈出回路采用带熔断器负荷开关。变压器采用三相干式环氧树脂变压器,低压侧设有双电源转换开关,为 RTU、UPS、环控进行供电;高压负荷开关和带电动操作机构的低压负荷开关均纳入远动 SCADA 系统,具备远程操控功能。

3. 10 kV 贯通电缆

铁路两回 10 kV 贯通线,全部采用非磁钢带铠装的单芯铜芯电力电缆,分别沿铁路两侧预置电缆槽敷设。电缆一端直接接地,另一端经护层保护器接地。

4. 10/0.4 kV 变电所

高压环网开关柜采用 SF6 负荷开关、变压器采用带外罩的干式变压器、低压开关柜采用组合式柜型并配置数字化仪表。变电所内高压环网柜、变压器、低压开关柜布置在同一房间内。

四、远动系统

1. SCADA 系统调度端

本线对广州局集团公司既有供电调度系统进行软件扩容改造,接入赣深牵引及电力供电调度工作站,以及相应的前置服务器及通信接口设备;负责对牵引供电设施、电力设施进行实时数据采集和集中监控管理,对各被控站设备运行状态和运行环境实时监视;在深圳供电段、龙川西、惠州北供电车间设置复示终端。

2. 被控站

牵引供电系统的被控站设置在沿线牵引变电所、分区所、AT 分区所、开闭所及牵引所亭/车站/区间网开控制站内。电力供电系统的被控站设置在沿线电力配电所、变电所、区间箱变内。牵引供电系统各被控站及电力配电所的远动终端功能由所内综合自动化系统实现。牵引所亭/车站/区间网开关控制站、电力变电所、区间箱变处设置专用远动终端。

3. 远动通道结构

赣深铁路供电调度系统的通道需求按业务分为:电气化远动通道、电力远动通道、故障测距通道、维护通道。电气化及电力远动通道设置主备通信通道,故障测距通道及维护通道各设置一条通信通道。

五、房建专业

1. 建筑结构分类标准

(1)一般房屋建筑结构的安全等级为二级;结构设计使用年限为 50 年。

(2)建筑抗震设防类别:信号楼室、牵引变配电所、变配电所及含有信号楼的站房综合楼等为乙类(按本地区抗震设防烈度提高一度采取抗震构造措施),其他房屋为丙类。

(3)地基基础设计等级:一般为丙级。

2. 建筑装修标准

(1)外墙饰面:一般采用涂料饰面,少部分采用陶瓷面砖饰面。

(2)内墙饰面:一般采用 05J909 工程做法标准图集。

(3)顶棚及吊顶:一般采用 05J909 工程做法标准图集。

(4)楼、地面:一般生产房屋、材料间采用细石混凝土地面,办公房屋采用地砖地面,卫生间、浴室、餐厅、厨房采用防滑地砖地面,走廊及楼梯间楼地面做法与相应室内楼地面做法一致,有防腐、防静电等工艺要求的房屋则按工艺要求设计。

(5)踢脚:一般采用 05J909 工程做法标准图集。楼地面为混凝土或水泥砂浆的,采用水泥砂浆踢脚,做法详见 05J909-TJ2-踢 1D;楼地面为地砖的,采用地砖踢脚;做法详见 05J909-TJ8-5D;楼地面为防静电活动地板的,做法详见 05J909-TJ8-5D;卫生间等房间内墙面全部为面砖的,不设踢脚。

3. 结构类型

一般房屋采用混凝土框架结构,对于矮小的一般生产房屋可采用砌体结构。楼屋面均采用现浇钢筋混凝土板。

4. 基础

(1)基础形式

①地基持力层埋深≤2.0 m

视上部结构方案、荷载大小、地质条件等因素,分别采用无筋扩展基础(混凝土实心砖、混凝土或毛石素混凝土基础)、扩展基础、筏形基础、柱下条形基础。

②地基持力层埋深>2.0 m

当存在软弱松散及填土层较厚(>15 m),且不含中粗砂、碎石类土层及孤石等影响预制管桩施工的情况时,采用预制管桩基础;当含有中粗砂、碎石类土层及孤石等使得预制管桩施工困难时,采用钻孔灌注桩。均考虑沉降临界点以上的软土及填土层对桩基的负摩阻作用。

当 2 m<填土厚度≤6 m,且不存在软弱土层、地下水及持力层较好时,可考虑采用人工挖孔桩基础(一柱一桩);人工挖孔桩最小直径取 1 200 mm(可扩大头),按柱下独基进行承载力计算。

对于矮小的房屋,当存在软弱松散及填土层≤15 m,考虑采用高压旋喷桩桩对室内地坪地基进行加固处理。

(2)软土及填土较厚的室内地坪处理形式

软土及填土厚度较厚(>15 m)时,对于四电等跨度不大的重要房屋,考虑在室内地面加设一层钢筋混凝土板,钢筋混凝土板与房屋基础设计成整体。

软土及填土厚度≤15 m 时,对于四电等跨度不大的重要房屋,考虑采用高压旋喷桩桩对室内地坪地基进行加固处理。

(3)基础防腐

混凝土和水泥砂浆宜选用普通硅酸盐水泥或硅酸盐水泥;地下结构或在弱腐蚀条件下,可选用矿渣硅酸盐水泥。

受硫酸根离子作用且腐蚀性等级为强腐蚀、中等腐蚀的地下结构,可选用铝酸三钙含水量不大于 5%的普通硅酸盐水泥、矿渣硅酸盐水泥或抗硫酸盐硅酸盐水泥。

第三节 工程质量创优及细部工艺标准

一、总体部署

项目部通过借鉴昌赣、京沈、杭黄、京张、沪通、深茂、汉十、沪通等精品工程的成果经验,进行消化、吸收、总结。结合赣深实际,以跳出铁路做精品的眼光学习国网先进经验,进行消化吸收再创新,集众智凝共识,形成了践行“建维一体”,打造“精品、智能、绿色、人文”赣深的建设理念和目标。示范段及创优工点如下:

接触网专业:博罗北站;

变电专业:博罗北牵引变电所;

电力专业:深圳北第二动车所 10 kV 配电所;

四电房屋专业:东源牵引变电所。

二、质量目标

赣深全线强电工程按精品工程建设，争创国优，确保部优，瞄准一流、打造精品、建维一体、一次成优，打造世界标准铁路(高铁)。

(1)单位工程一次验收合格率100%；

(2)主体工程优良率达到100%；

(3)顾客满意度100%。

(4)杜绝一般及以上产品质量安全事故发生；减少较大及以上质量问题发生。

(5)竣工文件做到真实可靠，规范齐全，一次交接合格。

三、细部工艺标准

1. 调压器安装

原设计调压器是从夹高压室引下至一层电缆沟，再引上至支持绝缘子固定支架，墙体安装固定支架固定电缆，调压器接线柱铜排连接。优化为引线采用上引接方式，高压电缆从夹层引下，预留PVC管，使用横向桥架对调压器的高压电缆进行固定，电缆线直接与调压器连接，不再使用硬母排，并用绝缘防护套对接头进行包封防护(图4-11-1、图4-11-2)。

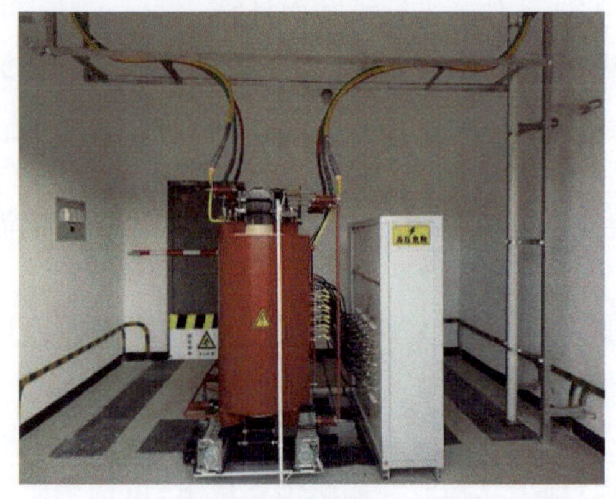

图4-11-1 调压器及上引线

图4-11-2 调压器防护栅栏

2. 配电所夹层电缆支架安装

运用BIM技术进行电缆预敷设模拟实现电源一侧、电源二侧，一级贯通侧、综合贯通侧电缆的分侧敷设，避免电缆交叉；满足电缆弯曲半径，准确的定位了每根电缆在支架的位置从而确定电缆支架形式及位置，通过调整支架层数实现高压电缆在电缆夹层的预留，调整支架高度通过BIM技术的碰撞试验，使电缆分层布置。夹层采用铝合金走线架布设，电缆排列整齐，层次分明；进出夹层处设置电缆标牌，便于故障检修(图4-11-3)。

3. 高压电缆敷设

采用可调H形钢支架(图4-11-4)敷设，并用尼龙卡箍固定，布线整齐、电缆层次分明、转弯顺畅(图4-11-5)。

4. 配电所一、二次电缆敷设

依据一、二次图纸，结合BIM技术对一、二次电缆进行预敷设，根据BIM的模拟结果制定详细的敷设方案。现场施工时将BIM仿真敷设的结果1∶1复制到现场，即可高效、准确的完成一、二次电缆敷设；一次电力电缆与二次电缆分开布置，电缆敷设时做到“直、齐、圆、清、固、顺、分、明”；采用无线槽工艺配线，线芯路径顺畅，标识清晰、整齐美观、便于维护。控制电缆芯线、绑扎带、备用芯线封帽颜色统一，电缆标识牌高度一致，排列整齐(图4-11-6)。

图 4-11-3 配电所夹层电缆支架安装

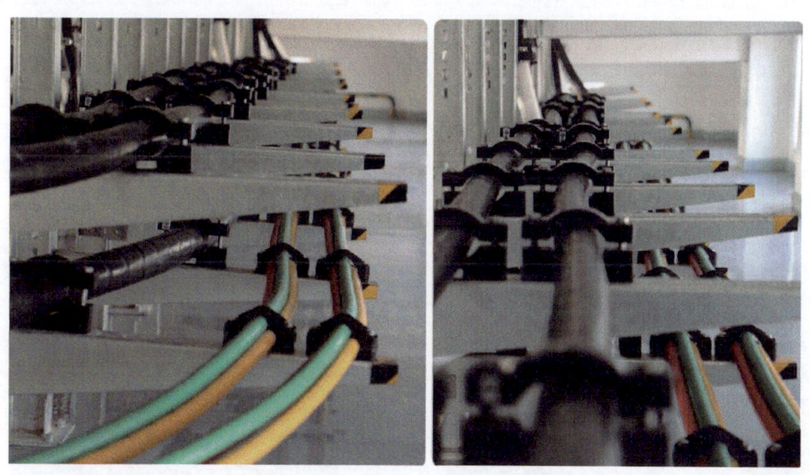

图 4-11-4 电缆敷设 H 形钢支架

图 4-11-5 高压电缆敷设

5. 室外隔离开关柜布置

配电所室外隔离开关箱集中布置、兼顾排水与检修、运维一体、整齐、美观(图 4-11-7)。

图 4-11-6 配电所一、二次电缆敷设

图 4-11-7 室外隔离开关柜

6. 二次电缆接线

二次电缆根据电缆清册合理分布,电缆线芯绝缘层颜色应统一。配线颜色选择原则:预留线缆增加热缩帽,红黑搭配(替代以往绝缘胶带封包)及预留线号的标识(图 4-11-8),便于后期维护使用;交、直流回路分色标识,便于后期维护;盘、柜二次配线的线缆后侧增设网格材料,使每根电缆能够顺直绑扎固定(图 4-11-9),实现回流清晰美观,便于维护;线号管应采用圆形白色塑料管(图 4-11-10),双侧标识,便于检修;制作接线弧度辅助工具(图 4-11-11),接线时利用辅助工具进行起弯,使之达到统一弧度的效果;屏、柜底板处的电缆孔采用模具进行防火封堵,做到平整、美观。

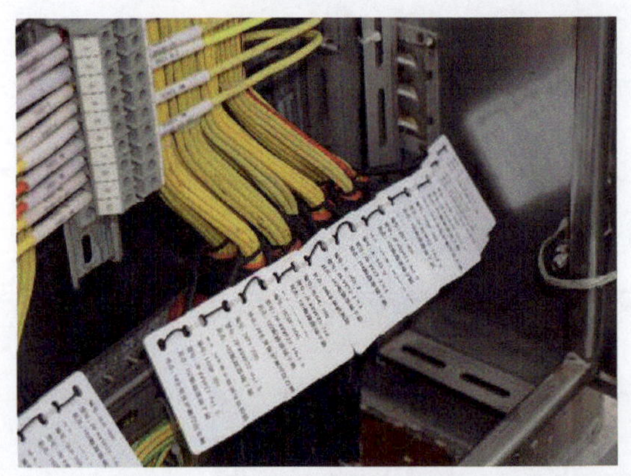

图 4-11-8 电缆标示牌悬挂

图 4-11-9 二次接线

图 4-11-10 备用芯封堵

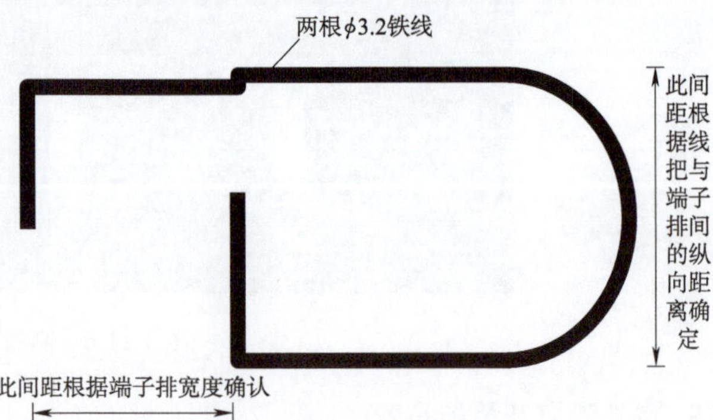

图 4-11-11 二次接线工具

7. 防火封堵

采用防火泥将盘柜预留电缆封堵(图 4-11-12)盒内填充密实,然后进行压平处理,防火泥填充外形要保持光滑、美观。

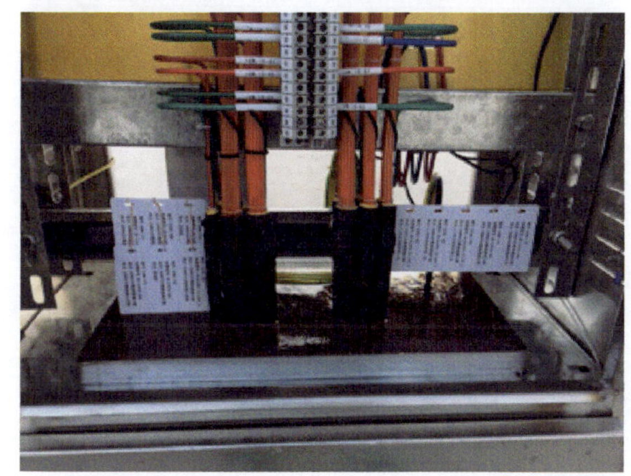

图 4-11-12　盘柜封堵

8. 架空线路

导线架设宜采用机械化张力牵引放线;绝缘线连接应采用专用线夹或接续管,并应绝缘处理;接地引下线宜安装在顺线路方向、设备接地端的同侧,接地引下线端头外露并沟线夹 20～30 mm;电缆引下应采用角钢支架固定,地上 2 m 应穿钢管进行保护(图 4-11-13)。

图 4-11-13　架空线路支线杆

9. 箱式设备施工

箱变基础表面圆润、平滑牢固(图 4-11-14),操作平台宽度满足运营检修要求,箱变接地(图 4-11-15)引出至少四处,分别为工作接地及保护接地使用。预留接地扁钢,沿基础竖直连接接地装置,并增设安装、检验试验项目,体现建维一体理念。箱变基础施工完成后进行黄、黑色警戒色喷漆。箱式设备电缆夹层内设置电缆支架,并采用工厂化预制,爬梯如图 4-11-16 所示,支架安装如图 4-11-17 所示。箱变内高低压侧分别安装三层支架,电缆迂回敷设,保证了检修通道,节约了空间。

10. 电缆线路

电缆敷设应优化路径,使其顺畅、平面无交叉、标识正确清晰;按照“高低压分离、避免交叉”的原则敷设,便于运营维护;区间电缆采用机械化敷设,提高电缆敷设质量;贯通电缆敷设采用品字形抱箍固定,贯通电缆按色分相设置，固定绑扎带改为品字形抱箍。桥梁区段采用蛇行方式进行敷设(图 4-11-18)，品字形抱箍间隔 3 m 安装一个。

图 4-11-14 箱变整体

图 4-11-15 箱变接地

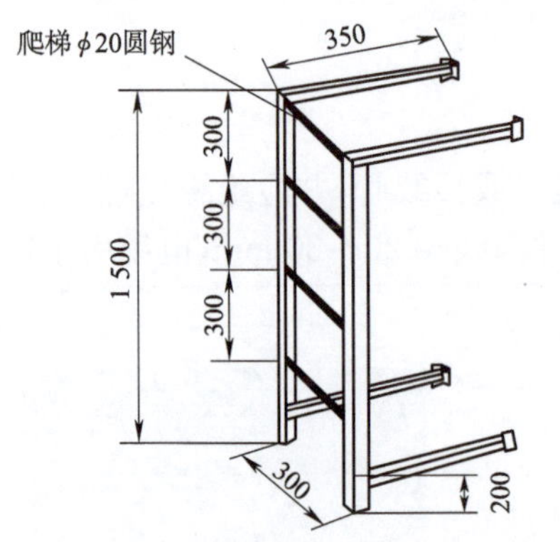

图 4-11-16 爬梯细部设计(单位:mm)

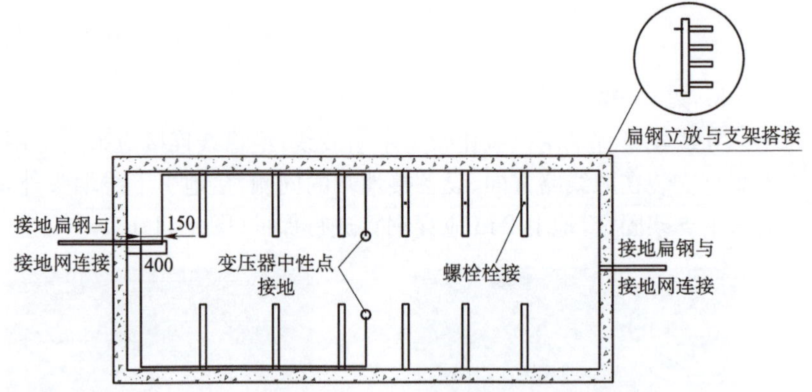

图 4-11-17 支架安装平面示意(单位:mm)

图 4-11-18 电缆固定增设阻燃电缆卡箍及蛇行方式

电缆爬架采用中间带检修爬梯、两侧为电缆钢槽的形式，方便检修，安装完成后在桥墩上成一条直线，不倾斜，节与节之间用 4 mm 编织软铜线连接，在桥上与预留接地端子用 25 mm^2 软电缆连接，在锯齿孔口位置安装保护罩，不让电缆外露，同时在爬架底部砌筑防护桩(图 4-11-19)。

11. 隧道照明设备

沿隧道壁敷设电缆应采用挂架固定(图 4-11-20),引上引下线应穿管或钢槽保护,电缆布线和保护管应整齐平直(图 4-11-21),配电箱(图 4-11-22)设置钢槽便于维护;设备安装应牢固可靠,同类设备安装高度一致(图 4-11-23)。

图 4-11-19　电缆上下桥爬架及底部防护柱

图 4-11-20　隧道壁电缆敷设

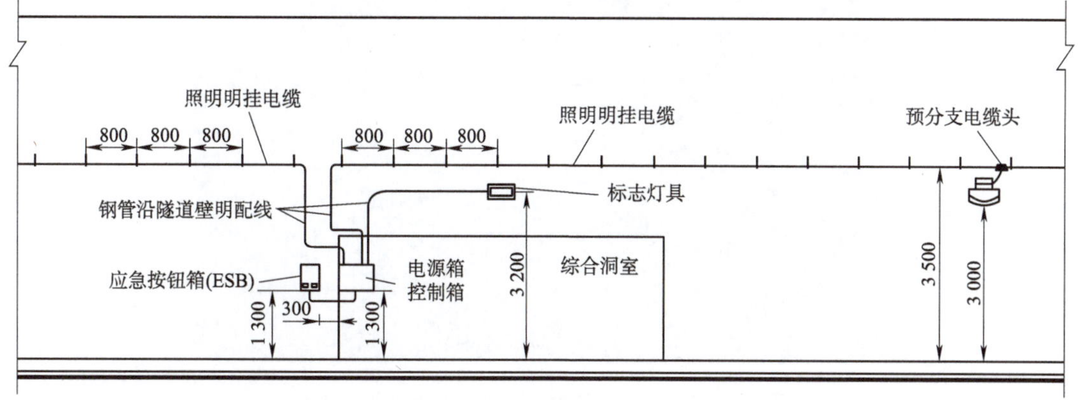

图 4-11-21　标志灯具、应急按钮、电源配电箱布线(单位:mm)

图 4-11-22　隧道配电箱安装

图 4-11-23　隧道照明灯具

12. 基础施工

基础采用倒角工艺(图 4-11-24)，最大限度缓解了外界磕碰对基础边缘的损坏，同时更加美观；基础地脚螺栓设置保护帽(图 4-11-25)，减缓螺栓腐蚀，检修也更加方便。

图 4-11-24　基础倒角

图 4-11-25　基础地脚螺栓保护帽

13. 变压器油池

主变压器油池增设玻璃钢网栅，既提高了巡视人员的人身安全性，又满足主变油池的使用功能(图 4-11-26)。

图 4-11-26　主变压器油池绝缘格栅板及检修平台

14. 模板支护

模板的支护是变电基础施工的重中之重，采用多道加强横撑对模板进行固定防止振捣时跑模。顶部最上层的模板采用全新模板，坚持用一次即换的原则。浇筑时使用食用油作为脱模剂，这种脱模剂也能最大限度地保证基础外观的美观度。

15. 室外架构

根据实际变电所出线情况，结合既有铁路运营经验，将 27.5 kV 馈线由架空线馈出改为高压电缆沿电缆沟馈出，减少了外界对馈出线的影响，减少了接续连接点，提高了供电可靠性，降低了故障概率和检修难度(图 4-11-27)。

图 4-11-27　牵引所室外架构

16. 接地网

电缆沟、竖井、夹层接地母线应单独敷设；接地体为铜材质时应采用放热焊接；接地网沟回填宜采用电动机具分层回填、夯实(图 4-11-28)。

图 4-11-28　接地网焊接

17. 接地引线

接地引线标识应采用喷涂工艺，颜色分界清晰，各颜色尺寸 200 mm±2 mm。接地线露出地面部位和焊接部位应有防腐措施。室外接地(图 4-11-29)扁钢外露部分进行喷漆处理，刷 20 cm 间隔的黄绿漆。电缆沟内电缆支架扁钢刷黑漆。间距应一致协调。在避雷针节与节螺栓连接加焊跨接钢筋，保证避雷针的接地效果。

接地线之间采用热熔焊接,焊接应符合标准要求避免虚焊,焊接点处刷防腐漆防锈漆,每处焊接点必须留照片。所有外露扁钢接地线(图 4-11-30)作热镀锌防锈处理;设备保护接地,由软线采用黄绿硬铜线;安装螺栓封帽,便于运营巡检接地。

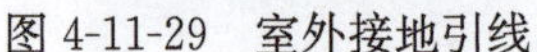
图 4-11-29　室外接地引线

图 4-11-30　外露扁钢接地线

所内端子箱、机构箱、控制屏等箱门接地线(图 4-11-31)由普通的编织软铜线统一优化为可伸缩式的黄绿硬地线,提高了地线的使用寿命,确保接地牢靠。

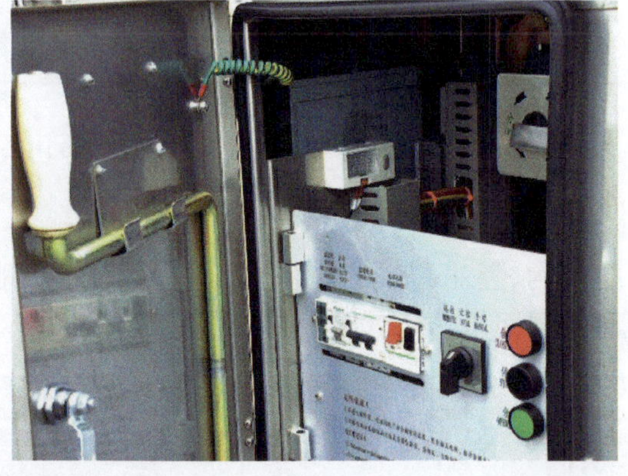

图 4-11-31　箱门接地线

所有接地处均标有清晰明显、符号大小、颜色统一的接地标识(图 4-11-32)。集中接地箱回流电缆(图 4-11-33)采用铝合金扁条外包热缩管进行防护固定,提高了电缆接地可靠性。

图 4-11-32　接地处标识

临时接地检修点(图 4-11-34),原螺栓焊接优化为 L 形直角扁钢,增大了接地端子的接触面积,并配备接地螺栓,提高了接地线的接地可靠性,方便运营管理单位检修挂接地线。

图 4-11-33 集中接地箱回流电缆

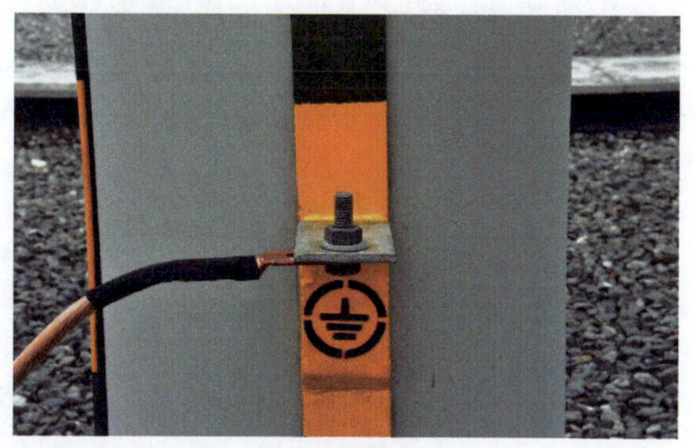

图 4-11-34 临时接地检修点

增设接地小铜排(图 4-11-35)。通过物资设备管口前移,出厂前在控制柜内增设了接地铜排,满足了电缆铠装分别接地的需求,保证了二次系统运行的稳定性。

室内接地(图 4-11-36)采用热镀锌扁钢沿着高压室、控制室墙角处敷设一圈,通过膨胀螺栓固定在墙上,整个接地干线喷黄绿漆(两种颜色长度各 200 mm),外配 M12 的蝶形螺母,方便接地检修使用。

图 4-11-35 接地铜排

图 4-11-36 室内接地制作

18. 室外设备

避雷器工作及保护接地线应分别与地网连接牢固,计数器应绝缘安装。计数器工作保护双接地电缆采用 PVC 管穿管保护,管口采用与套管材质相匹配的管帽进行封堵,整体和谐美观。压互流互保护管优化,原外露电缆长度过长,电缆易老化,优化后改为延长 PVC 管与金属软管连接,避免了电缆外露,延长了电缆的使用寿命,提高了运行质量。为提高保护管的使用寿命,便于运营管理单位检修,设备端子箱及机构箱电缆引下保护管由原设计的 PVC 管优化为工厂定制的热镀锌线槽。

19. 软母线安装

软母线安装(图 4-11-37)施工使用全站仪精确测量悬挂点长度,充分考虑预留长度、弧度值,并采取在预配中心进行预制,使安装后的软母线弧度一致,整齐划一。母线的长度根据要求计算,可以实现统一预配,为确保长度测量精准,对现场档距的测量可以使用经纬仪或者多次测量取平均值的方式,减少误差,保证母线安装后驰度统一且符合设计标准。母线引下线考虑设备与母线的距离,注意同一排的母线弧度一致。设备与设备之间的连接线、相同设备之间的连接线保证长度及弧度一致。

图 4-11-37 变电所软母线安装

所有母线的连接方式采用压接式纯铜镀锡线夹,接型设备线夹压接紧密,导电良好,有良好的电气接触性能,并且接触电阻极为稳定,运行可靠,便于维护。

20. 电缆敷设

电缆敷设应按照“高低压分离、避免交叉”的原则,采用 BIM、三维可视化技术模拟敷设,实现电缆路径顺畅、平面无交叉的目标;标识正确清晰便于维护,预留应满足运营需要。针对电缆沟内的电缆较多,制作电缆分布断面图,便于查找电缆及后期检修维护(图 4-11-38)。

图 4-11-38 电缆敷设

21. 二次配线

控制电缆芯线绝缘层统一颜色为橙色,绑扎带颜色与芯线绝缘层颜色一致,提高整体观感质量;综自测控屏、隔离开关机构箱、断路器端子箱均采用无线槽布线,端子排与门框间距不小于 200 mm,电缆单根成束绑扎,备用芯高出端子排 250~300 mm,并采用黑色热缩套管封帽处理。室外端子箱背反面分别布置不同电源性质的电缆,控制线在正面,电源线在反面,便于后期运营维护(图 4-11-39)。

图 4-11-39 二次配线

22. 数字无人值守变电所亭规划

数字牵引变电所亭由数字化一次设备、广域保护测控系统、数字辅助监控系统及其他设施构成,如图 4-11-40 所示。

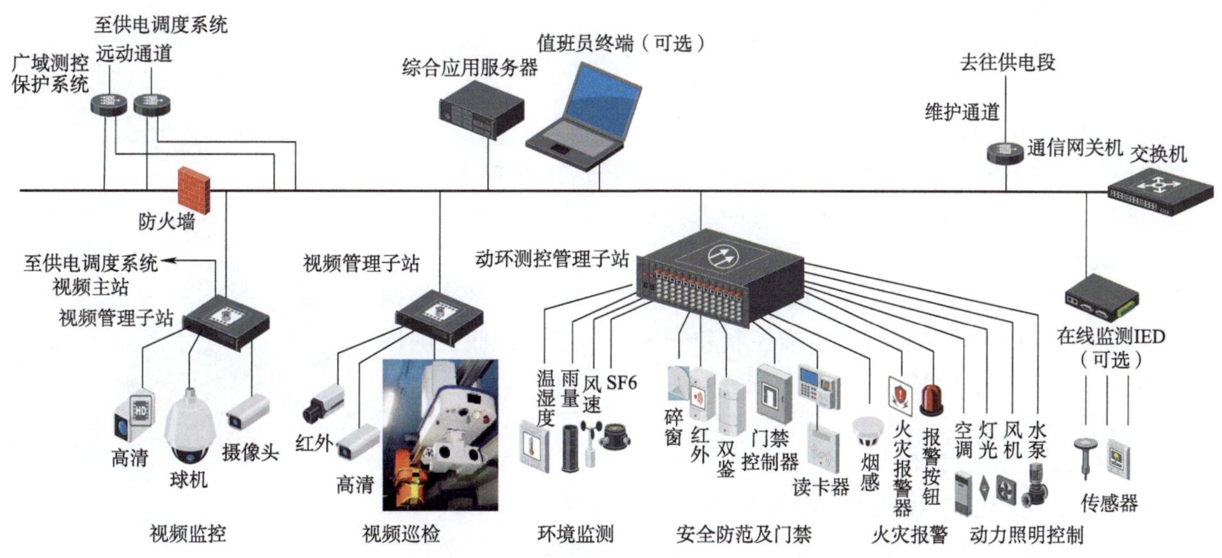

图 4-11-40　数字牵引变电所亭无人值守系统

23. 硬横梁安装

隧道口转换处，将 H 形横梁优化为 PC-1 管型横梁安装门形架的形式(图 4-11-41)。正馈线采用 V 字形悬挂安装，隧道口门形架安装。优化之后效果更为美观顺畅，正馈线角度调整自然，维修难度大大降低。

24. AF 线、PW 线架设

关于站场内附加导线架设。站台内 AF 线、PW 线同侧肩架安装改为分侧安装(图 4-11-42)，加大了风摆时线索之间绝缘距离，减少事故的发生，更便于检修维护，为后期的运营大大降低成本。

图 4-11-41　硬横梁安装

图 4-11-42　AF 线、PW 线架设

25. 避雷线架设

采用支柱升高安装避雷线(图 4-11-43)，不采用肩架安装，结构更加安全可靠，便于运营维护。避雷线在与隧道口间距小于 250 m 的路基和桥梁段，绝缘关节、分相开关及上网、联络开关处均不架设。避雷线架设区段按 400 m 接至贯通地线。

26. 供电线架设

供电线从出所至上网点采用通根架设，减少以前转角处供电线下锚接续，减少供电线断点，实现了运营免维护、少维修。

27. 腕臂预配

优化细部设计,将腕臂预配后粘贴防松标记改为标记膏划线,避免干扰司机视线。

28. 定位管吊线预配

定位管吊线预配按《电气化铁路接触网定位管吊线优化技术方案》(工电供电函〔2019〕24 号)执行,如图 4-11-44 所示。

29. 腕臂安装

采用高铁施工用扭矩可调电动扳手(图 4-11-45),进行力矩的数控调整。施工时可实现螺栓安装扭力精准控制和安装过程数据存储。确保各零部件安装的一次性到位,防止由于安装问题引起的脱落事故。

30. 隔离开关

支柱绝缘子处设支撑板(图 4-11-46),支撑板尺寸:560 mm×140 mm×10 mm,考虑引线的受力和美观,优化为引线采用无断点、直通连接形式,将支撑板出线端由直行改为 30°弯角,引线过渡自然、平直顺畅,连接与固定方式更加牢固,供电质量更加稳定安全。

图 4-11-43 避雷线架设

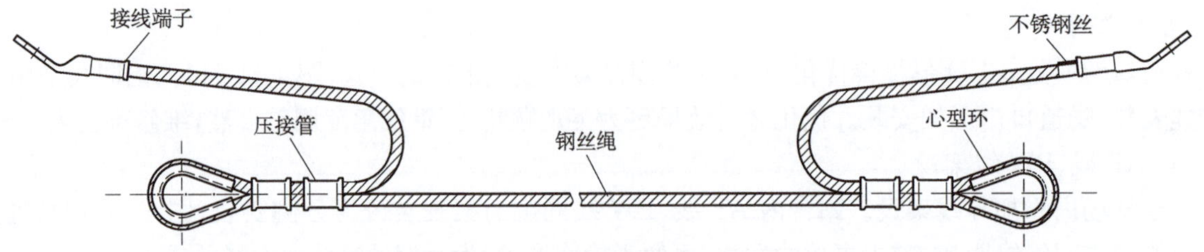

图 4-11-44 定位管吊线预配工艺

图 4-11-45 高铁施工用扭矩可调电动扳手

31. 接地及回流引线

吸上线与扼流变中性点连接增加 L 形转换母排。母排尺寸:585 mm×85 mm×10 mm+200 mm×85 mm×10 mm,材质为镀锡铜。吸上线出入电缆槽宜套波纹管防护,采用非磁性抱箍固定(图 4-11-47)。

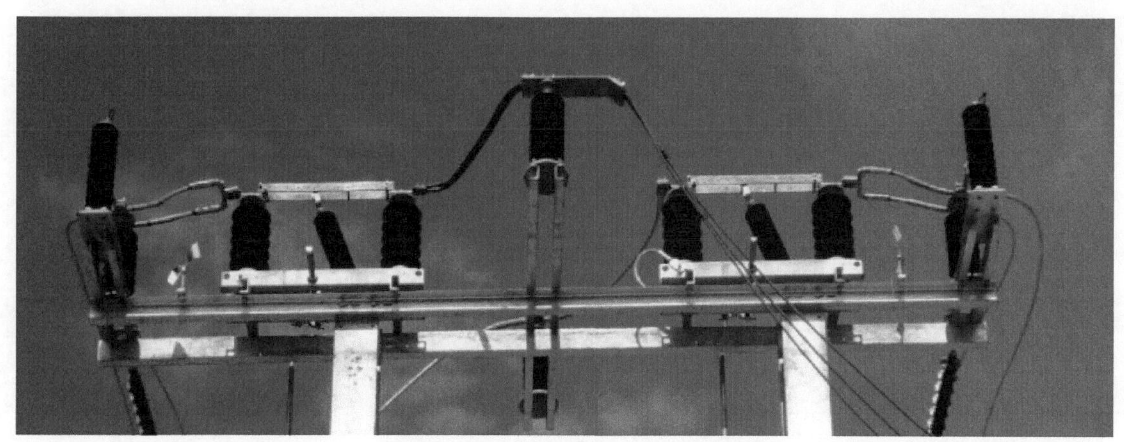

图 4-11-46　双极隔离开关支撑板

32. 接地引线

设备接地引线沿支柱采用不锈钢扎带或地线弯卡固定。电缆接地线鼻子部分采用透明胶布缠绕，便于运营维护。

隔离开关、避雷器、吸上线、避雷线接地引下线的安装按细部设计标准落实。吸上线与 PW 线采用双线夹压接方式，避雷线接地引下线采取单根 70 mm^2 单芯铜缆、双线夹压接方式。隧道内吸上线，尽量靠近吊柱侧。

避雷器和隔离开关实行双引下接地，具体参照细部设计原则。隧道外开关机构箱和隔离开关接地线分别接至支柱基础接地端子和 PW 线上；避雷器接地接至支柱间接地端子上。隧道内隔离开关和操作机构接地接至贯通地线上，敷设至综合接地端子。高压和低压设备接地点间距应大于 15 m。电缆槽内接地点采用水泥包封。避雷器计数器靠田野侧安装。

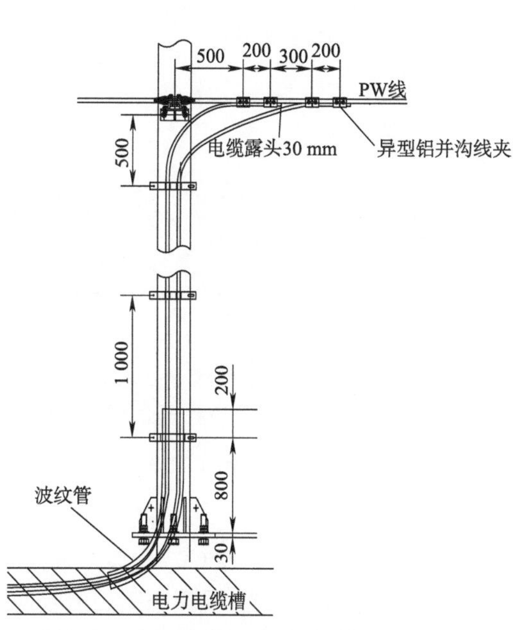

图 4-11-47　接地及回流引线(单位：mm)

33. 27.5 kV 上网电缆接地

近线路侧电缆头屏蔽层及铠装层按 T/F 分别引下接地线接到隔离开关双柱没有连接设备接地的基础接地端子上，另一侧屏蔽层及铠装层通过护层保护器按 T/F 分别引接地线接地。

34. 电缆敷设

各牵引所亭的馈出线高低压电缆敷设由以往直埋敷设改为电缆沟内敷设，便于电缆的维护与检修。

35. 电缆沟

室外电缆井、电缆沟盖板采用无机复合盖板(图 4-11-48)，统一预制，每两块盖板互扣防尘、防水，铺设平整并做相应走向标识。在室外电缆沟盖板下设防通长胶条，防止晃动；室外异型电缆沟统一焊接槽钢支架(图 4-11-49)，避免盖上盖板后高低不平。

电缆沟拐角内侧做成圆弧形状，满足电缆敷设半径。沟底向集水井或综合管沟处设置 5‰的坡度，确保电缆沟水排出所外。

36. 围墙与排水

房屋外墙及围墙外墙结合广州局集团公司“安优线”建筑元素以灰、白相间为主基调(图 4-11-50)；采用 304 不锈钢密闭防盗大门，带小门并加设门挡，挂锁、暗锁双设置。围墙增设人文图案(图 4-11-51)。

图 4-11-48　室外无机复合盖板

图 4-11-49　异型电缆沟加槽钢支架

图 4-11-50　围墙

图 4-11-51　围墙图案

37. 道路

道路采用 200 mm 厚 C25 混凝土面层,按 4～6 m 分仓跳格浇筑,混凝土面采用机械抹光机分粗抹和精抹两道工序进行抹光,混凝土凝固前收面时采用刻槽机刻痕。道路比地面高出 100～150 mm,道路不设马路牙,以便道路排水。牵引变电所道路两侧刷黄色画线漆(图 4-11-52),除道路外采用渗水混凝土替代砾石面层并找坡泄水孔(图 4-11-53)。

图 4-11-52　安全及消防通道

图 4-11-53　渗水混凝土找坡

38. 场坪绿化

独立四电房屋周边播撒草籽、草皮,配以小灌木,保持四季常绿,构建生态工程(图 4-11-54)。

39. 房屋外墙面

外墙所有阳角加设外墙专用 PVC 带纤维网角条,确保墙面平整顺直。所有檐口挑檐及突出墙面的腰线设置鹰嘴和滴水槽,滴水槽要顺直连贯。为保证每处房屋颜色一致,外墙涂料选用同一厂家同一品牌,涂刷做到刷纹顺直、厚薄均匀、不显接头、无流坠、溅沫、透底等质量问题。房屋空调采用有组织排水(图 4-11-55)并加设外机百页罩。

图 4-11-54　围墙外绿化

图 4-11-55　空调有组织排水

采用成品分隔条及滴水线,滴水线在结构在抹灰时安装。防盗网采用不锈钢防盗网,样式统一,由厂家统一制作、安装。

40. 内墙面

内墙涂料选用同一厂家同一品牌,保证颜色光泽一致。第一道漆刷完干后 48 h,才能刷第二道,底漆第一道与第二道刷的方向相互垂直,且每个刷面一次完成,最后,再用喷枪对整个乳胶漆作业面进行喷涂,保证施工质量,避免有刷重或漏刷出现。

41. 地面工程

变、配电所高压室、电缆夹层设备房屋地面由原设计水泥地面优化为中灰色环氧树脂自流平地面(图 4-11-56),耐磨、防滑、易清洁。

42. 防火墙人文图案

牵引变电所室外变压器防火墙增设地方特色人文图案(图 4-11-57)。

图 4-11-56　自流平地面

图 4-11-57　防火墙地方文化图案

第四节　项目创新优化

一、电力专业

1. 强、弱电电缆井防护

路桥、路隧、桥隧过渡电缆井中间采用混凝土隔墙保证了强、弱电电缆通井时的物理隔离,极大提高了运行安全性(图 4-11-58)。

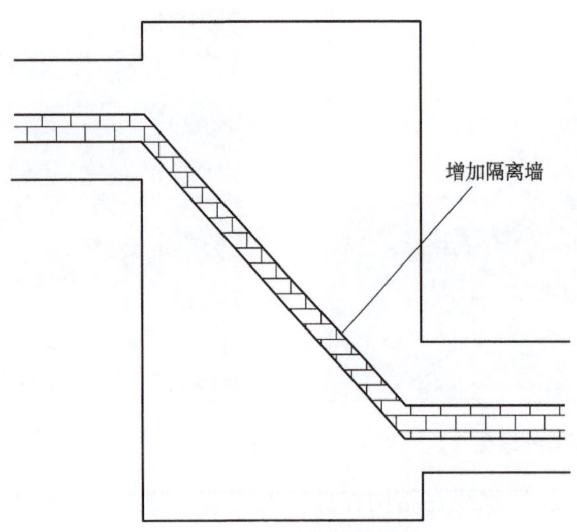

图 4-11-58　强、弱电电缆井

2. 优化隧道内高低压电缆敷设

隧道电缆槽内采用复合电缆支架(图 4-11-59),实现高低压电缆、低压电缆与控制电缆分侧分层敷设(图 4-11-60),提高了后期运维安全性。

图 4-11-59　复合电缆支架

图 4-11-60　电缆隔板

3. 优化桥梁区段高压电缆预留

贯通电缆敷设增设品字形绝缘抱箍,桥梁区段采用蛇行方式进行敷设,品字形抱箍间隔 5 m 安装,保证了高压电缆的预留。

4. 优化调压器电缆引线方式

调压器高压电缆采用上引接方式,高压电缆从夹层引下(图 4-11-61),预留 PVC 管,使用硬母排,并用绝缘防护套对接头进行包封防护。调压器室进线侧增设检修隔离开关,便于运营维护。

5. 优化高压室、控制室绝缘胶垫材质

采用为防滑、环保型材质,既环保,又能保证运维人员安全。

6. 配电所室外隔离开关箱集中布置

兼顾排水与检修、运维一体、整齐、美观(图 4-11-62)。

图 4-11-61 调压器电缆引线方式

图 4-11-62 配电所室外隔离开关箱

7. 运用 BIM 技术进行电缆预敷设模拟

通过运用 BIM 技术模拟实现电源一侧、电源二侧,一级贯通侧、综合贯通侧电缆的分侧敷设,避免电缆交叉;满足电缆弯曲半径,准确的定位每根电缆在支架的位置从而确定电缆支架形式及位置。通过调整支架层数实现高压电缆在电缆夹层的预留,调整支架高度通过 BIM 技术的碰撞试验,使电缆分层布置。电缆夹层电缆支架实行高压、低压电缆支架在空间上独立,高压电缆支架采用丰字形立架,低压电缆使用顶部吊架,实现不同方向、不同用途间的电缆分层隔离,便于后期运维检修方便(图 4-11-63)。

图 4-11-63 电缆预敷设实体

8. 长大隧道内电缆敷设优化

长大隧道内将 5 km 以上隧道照明灯电缆由普通电缆接线盒优化为预分支电缆头,大大提高照明灯具的安全性和电缆 T 接的可靠性。

9. 斜井内电缆敷设优化

斜井内电缆由穿管敷设优化为沿隧道侧壁安装电缆支架后沿电缆支架敷设电缆,方便电缆检修与维护。

10. 电子化地图移交

外电源线路路径测量 GPS 坐标,实现电子化地图移交。

11. 设备全寿命周期管理

设备安装等实现电子化移交,全寿命周期管理,加强过程管控,并增加相关设备信息,便于检修维护。

二、变电专业

(1)基础采用倒角工艺,最大限度缓解了外界磕碰对基础边缘的损坏,同时更加美观;设备基础提前预留接地端子及标识,基础地脚螺栓设置保护帽,减缓螺栓腐蚀,检修也更加方便。

(2)主变压器油池增设玻璃钢网栅(图 4-11-64),既提高了巡视人员的人身安全性,又满足主变压器油池的使用功能。

(3)PVC 管与软管连接需采用专用接头连接(图 4-11-65),软管固定用不锈钢卡具固定,保证了电缆弯曲半径,减少后期运行维护(电缆保护管材质确定,钢柱提前预留固定卡具)。

图 4-11-64　主变压器油池增设绝缘格栅板及检修平台

图 4-11-65　PVC 管与软管连接

(4)220 kV 外电源架空避雷线在接头盒处增设封闭型余缆盘(图 4-11-66),密封性能好,对余缆提供良好的防护,解决余缆暴晒易老化的问题。

(5)优化电缆夹层内低压、控制电缆敷设方式,采用双层铝合金吊架(图 4-11-67),电源与控制电缆分层敷设,电缆固定采用理线器,层次分明,便于检修维护。

图 4-11-66　封闭型余缆盘

图 4-11-67　双层铝合金吊架

(6)优化高压室、控制室绝缘脚垫(图 4-11-68)材质为防滑、环保型材质,保证后期运维人员安全。

(7)设备线夹全部优化为纯铜镀锡压接线夹(图 4-11-69),并与甲供设备配套提供,设计前置,解决接口问题;同时压接式起到了后期免维护作用。

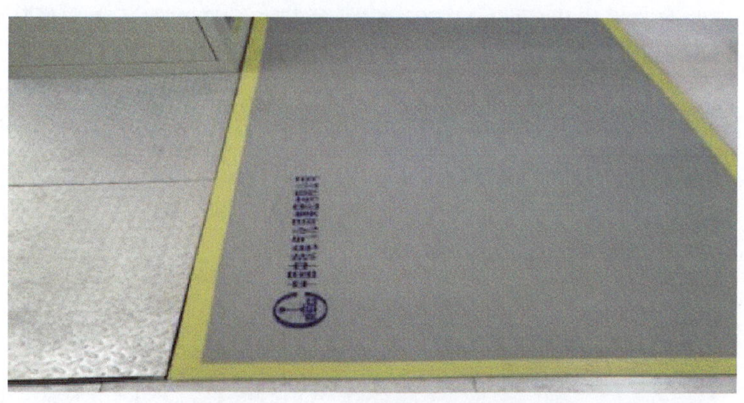

图 4-11-68 高压室、控制室绝缘脚垫

图 4-11-69 纯铜镀锡压接线夹

(8)通过 BIM 进行构支架优化,优化主变低压侧架构,赣深铁路广东段将原设计双排架构(图 4-11-70)形式优化为一字形架构(图 4-11-71),硬母线采用工厂化预制,一次成型,减少母线搭接断点,后期实行免维护。

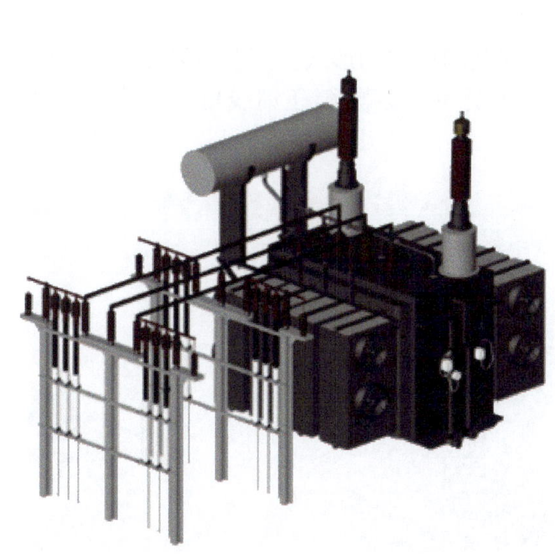

图 4-11-70 原设计双排架构

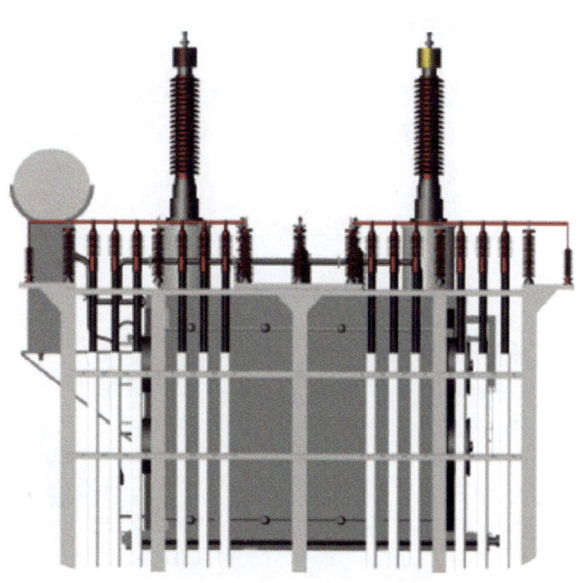

图 4-11-71 优化后一字形架构

(9)利用 BIM 进行电缆路径优化(图 4-11-72),室外预制电缆裕沟保证主变低压侧高压电缆的充分预留;优化电缆夹层内高低压电缆敷设路径,采用人字形敷设,保证了运维检修通道。

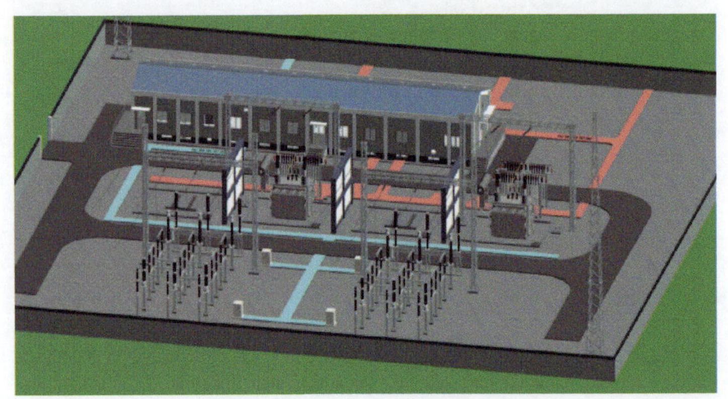

图 4-11-72　BIM 电缆路径优化

(10)高压柜内护层保护器柜(图 4-11-73)外夹层集中安装固定,后期方便检修。

图 4-11-73　高压柜内护层保护器柜

三、接触网专业

(1)隧道口转换处,将 H 形横梁优化为 PC—1 管型横梁安装门形架的形式。正馈线采用 V 形悬挂安装,隧道口门形架(图 4-11-74、图 4-11-75)安装。优化之后效果更为美观顺畅,正馈线角度调整自然,维修难度大大降低。

图 4-11-74　优化前隧道口横梁安装

图 4-11-75　优化后隧道口横梁安装

(2)站台内 AF 线、PW 线安装方式如下图，将原来由同侧安装优化为分侧安装，优化方案结合了赣深铁路沿海地区台风气候环境，加大了风摆时线索之间绝缘距离，减少事故的发生，更便于检修维护，为后期的运营大大降低成本。

(3)避雷线架设将原设计采用增高肩架安装优化为支柱升高柱顶安装避雷线形式，结构更加安全可靠，便于运营维护。

(4)优化细部设计，将腕臂预配后粘贴防松标记改为划标记膏，避免对司乘人员造成视线干扰。

(5)隔离开关支柱(图 4-11-76)绝缘子处设支撑板，支撑板尺寸：560 mm×140 mm×10 mm，考虑引线的受力和美观，优化为 120°折角；材质为镀锡铜。优化后开关引线减少转角处磨损，形状更为顺畅自然，弛度更易控制。

图 4-11-76　隔离开关支柱

(6)27.5 kV 上网电缆接地：近线路侧电缆头屏蔽层及铠装层分别引下接地线接到接地母排，再统一接至接地端子，接地母排设置在柱底接地孔上，便于在地面进行铠装层、屏蔽层环流测试及运营维护(图 4-11-77)。

(7)各牵引所亭的馈出线高低压电缆敷设由以往直埋敷设改为电缆沟内敷设(图 4-11-78)，便于电缆的维护与检修。

图 4-11-77　上网电缆接地

图 4-11-78　电缆沟内敷设电缆

(8)整体吊弦采用耐疲劳吊弦。传统吊弦线采用的是铸造—拉拔—绞合工艺，线材存在应力、缺陷、组织结构不均匀、晶粒粗大等问题，致使吊弦线强度低、韧性极差，积累疲劳次数较低，在使用中易发生断裂。

耐疲劳吊弦线(图 4-11-79)与现有传统的吊弦线相比，采用先进的有针对性的制备工艺，能有效消除传统吊弦线的不足，具有更高的强度及耐疲劳特性，通过测试疲劳寿命有明显提高，有助于提高整体吊弦安全可靠性。

图 4-11-79　耐疲劳吊弦

(9)坠砣行程标识。根据设计的最高与最低温度，计算出坠砣底部最高、平均、最低温度对应的设计 B 值，以此数据来标识出红线；坠砣行程内容包含锚段号、半锚段长度、坠砣 B 值、温度等内容；坠砣行程标识采用白底、黑字、红标识，内容统一美观(图 4-11-80)。

(10)供电线通根架设。供电线从出所至上网点采用通根架设，减少以前转角处供电线下锚接续，减少供电线断点，实现了运营免维护、少维修(图 4-11-81)。

图 4-11-80　坠砣行程标识

图 4-11-81　供电线通根架设

第五节　精 品 工 程

为贯彻“先行之路、精品赣深”的建设目标，吸收京沈、京张高铁探索经验，在赣深全线建成智能牵引供电系统。智能牵引供电系统由牵引变电设备、广域网测控保护系统、辅助监控系统、智能供电调度、预测与健康管理系统等多个子系统集成于一体，以信息化、网络化、自动化、互动化为特征，全面提高牵引供电系统装备的检测、监测智能水平以及运营管理的信息化程度，系统地提升牵引供电系统运行的安全性、可靠性和可用性。

一、应用信息化管理平台

在赣深线升级项目生产技术信息管理系统(图 4-11-82)，并应用于工程管理实践，实现物资计划自动生成，辅助施工计划编制，实现作业票线上开具审批、配套限额领料和现场完成进度提交，实现进度实时更新并形象展示，实现日志、安装记录等档案自动生成等管理功能，利用信息化平台作为手段提高物资计划准确度和落实限额领料、落实质量责任，提高项目管理的准确性、实时性，大大降低管理人员的劳动强度，为项目施工管理决策提供依据。

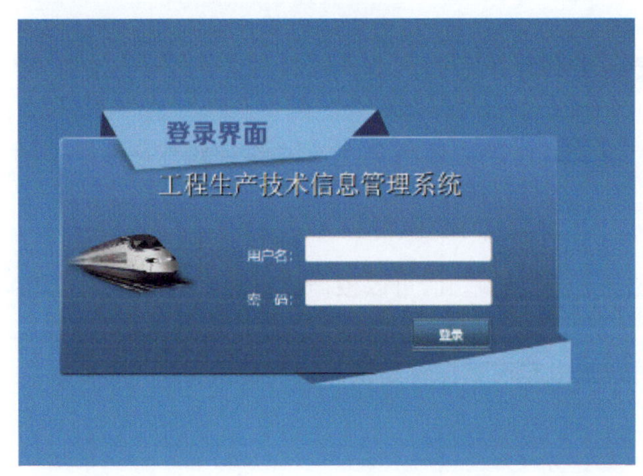

图 4-11-82　工程生产技术信息管理系统

二、深化 BIM 技术应用

1. 呈现整体建设效果

(1)场坪布局优化

结合信息化平台、运用 BIM 技术进行信息建模，实现图纸的三维可视化(图 4-11-83)，采用 BIM 技术对房屋区、设备区、道路区场坪、一二次设备、相关专业接口等进行模拟布置，确保设备安装合理、便于运营维护与检修，使整体效果更加符合审美观念。

(2)优化电缆夹层布局

采用 BIM 模拟优化变配电所电缆夹层内高低压电缆排布(图 4-11-84)，实现了“不同回路不同向、不同相别不同层”的敷设效果，做到“直、齐、圆、清、固、顺、分、明”，很好地解决了电缆夹层内存在电缆回路多、空间小的困难，使得夹层内整齐美观，同时也提高了运维检修效率。

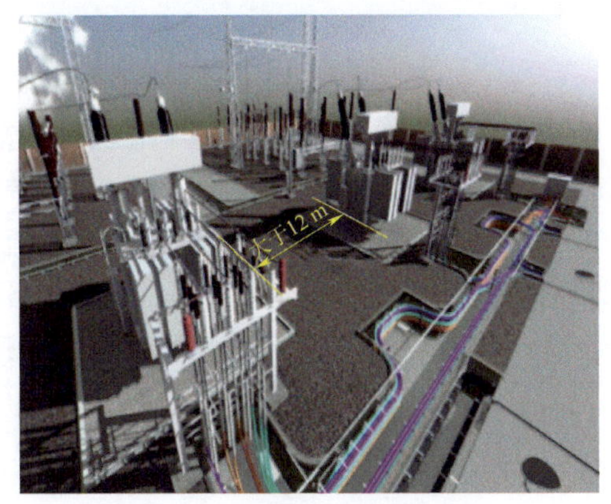

图 4-11-83　BIM 整体建设效果

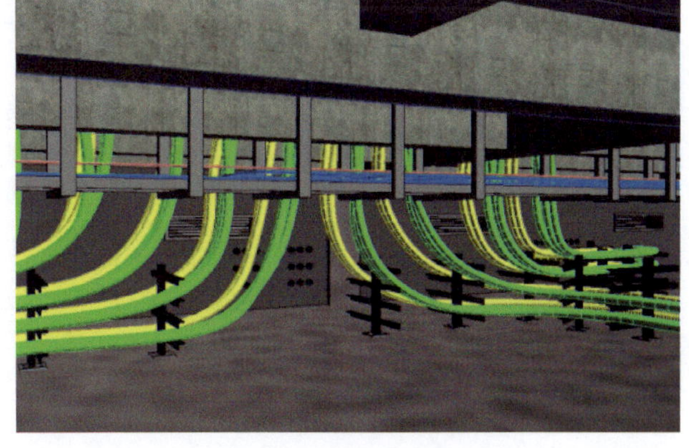

图 4-11-84　BIM 模拟电缆排布

(3)优化房屋的装饰装修

根据运营要求，利用 BIM 技术将房屋的内外墙及围墙的装修进行真实呈现，同时针对房屋的吊顶、灯具、配电箱、房屋内辅助设备的安装，场坪内外排水、排水沟、防火墙及绿化景观等进行提前规划，以保障设备运营单位的运营使用的便利性。

2. 明确接口及细部工艺标准

(1)通过 BIM 技术的应用明确供电专业与房建专业之间的专业接口。房建专业是牵引变电所的保障,主要有基础定位与道路布局的接口、设备安装与电缆沟布局的接口、设备基础及电缆进出通道与房屋结构的接口,通过 1∶1 实体建模解决上述接口问题。

(2)通过 BIM 技术的应用,预留设备安装、缆线安装条件,解决不同设备及材料供应商之间的接口,避免现场加工,保障设备的安装工作一次到位。

(3)通过 BIM 技术的关联功能,实现二次配线的工艺与功能的高效结合,实现电缆回路与接线端子的虚拟呈现。

3. 分工序输出图形及视频技术交底资料

除完成上述两方面前期规划的功能外,基于实体 1∶1 建模的基础,可以根据技术交底的需要,可以输出从单体到工序的完整技术交底资料,有效的提升指导现场作业的效果。利用 BIM 技术的 1∶1 建模能够有效地实现一次成型,内实外美的建设目标,为在短时间内实现赣深铁路精品工程提供保障。

三、工厂化预配区

工厂化预配区是为保证现场安装统一,减少现场和高空作业工作量,减少施工风险点,提高施工效率、质量,并保证安全,使现场人员实现程序化作业,主要有腕臂装置(图 4-11-85)、吊弦(图 4-11-86)、弹性吊索、拉线、接地扁钢、接地线、坠砣、软母线、硬母线等。

图 4-11-85　全自动腕臂预配智能化平台

图 4-11-86　智能化吊弦生产线

四、物流管理区

生产资源管理中心设置物流管理区(图 4-11-87),是工程物资的集散中心和物流管理中心,承担着全线施工生产主要物资的供应任务。利用"数字化物资管理系统",实现物资从计划、采购、入库、验收、单据发料、安装记录反馈的精细化、标准化、集约化、可追溯性及全方位闭环管理,动态掌握和盯控各类物流信息。为利于产品保护,减少中转,结合施工组织要求,科学策划各类物资供应方案,充分利用供应链条各环节的存储资源,考虑物资运输周期,选择最优物资供应方式,与全线各个工点及料场进行信息的无缝对接,保障全线施工生产的需要。

五、安全体验培训区

安全体验培训区(图 4-11-88)是把以往分散式的培训集中在一起,培训内容更加标准规范,将实物体验、图片展示、电化教学相结合,采用现场三维立体式和 VR 虚拟的演示安全教育模式达到视、听、体验相结合的效果,包含安全用电、安全帽撞击试验、高空坠落、消防器材演示等项目,通过模拟铁路强电工程施工现场可能发生的各种安全事故,让体验者亲身体验不安全操作行为带来的危害。

图 4-11-87 物流管理区

图 4-11-88 安全体验培训区

六、检验试验区

检测试验区是规范物资验收管理，对进场物资进行检测试验，主要对象为原材料、线材、电缆、绝缘子、零部件等物资材料。物资检验包含外观检查、资料收集审查、自行组织试验、委托实验室检测、委托第三方权威机构检测等方式。检验试验区配置相应的检测器具：钢卷尺、游标卡尺、镀锌层厚度测量仪、绝缘摇表、台秤等。

针对影响工程实体质量的重要物资要进行第三方检测，比如接触网关键设备零部件、承力索、接触线、绝缘子等，在出厂前组批抽样后送国家铁路产品质量监督检验中心进行检验，检验合格后方能进场使用。为加强电缆产品的质量管理，建立电缆样品库，对每盘电缆进行留样，并按要求进行抽检。

七、线路故障检测装置

当电力线路发生短路故障时，短路故障电流在线监测装置实时采集故障电流的大小与方向信息并根据监测数据分析故障电流回路特性，对于电缆架空线混合线路判断故障发生在电缆侧还是架空线侧，精确定位，大大缩短了电缆线路发生短路故障后的抢修时间，提高了供电可靠性。

八、智能巡检机器人

1. 故障诊断健康管理

通过设置巡检路线，对一次设备进行自动巡检，依次对变压器油位、隔离开关触头温度、断路器气压进行智能识别、分析，保证设备安全，保障变电站正常供电(图 4-11-89)。

图 4-11-89 智能巡检机器人

2. 自动化操控

在主控室,演示出现故障后通过报警邀请操作人员远程连接,采用遥控的方式排除现场故障,完成开门、旋转转换开关、操作分合闸等操作(图 4-11-90)。

图 4-11-90 智能巡检机器人自动化操控

九、智能变电所"云架构"

应用智能安全帽(图 4-11-91)、5G 智能灯杆、实现变配电所亭三维全景监视(图 4-11-92)可视化,提升管控能力。

图 4-11-91 智能安全帽

十、智能辅助监控系统

赣深铁路变电所亭计划变更为数字化无人值守牵引变电所亭,由智能辅助监控系统(图 4-11-93)及其

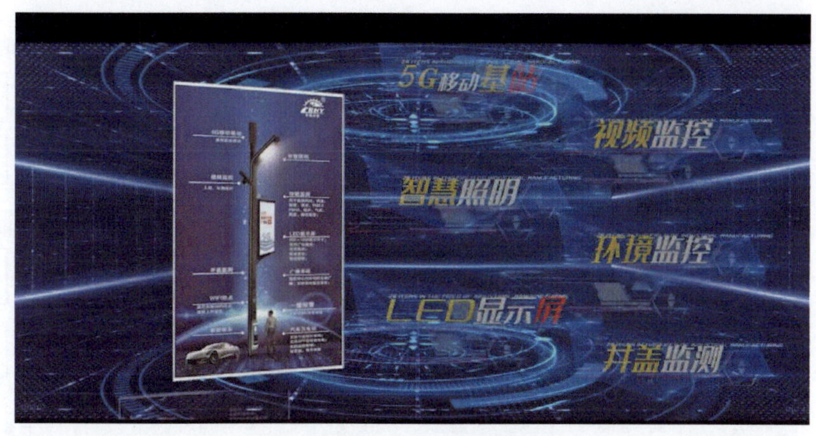

图 4-11-92 三维全景监视

他设施构成。牵引所智能巡检由传统的人工巡检到机器人智能巡检，实现牵引供电设备检修模式由故障检修及定期检修向状态检修转变，降低管理与维护成本。智能辅助监控系统实现对全所视频监视、环境信息监测、安全防范、火灾报警、动力照明控制、设备巡检等功能的高度集成和一体化监控，支持采集接入、数据存储、告警处理、传输通信、联动和监控等功能，具备三维监视、智能监控、可视联动、管理平台化的特点，为无人值守提供技术支持和保证。

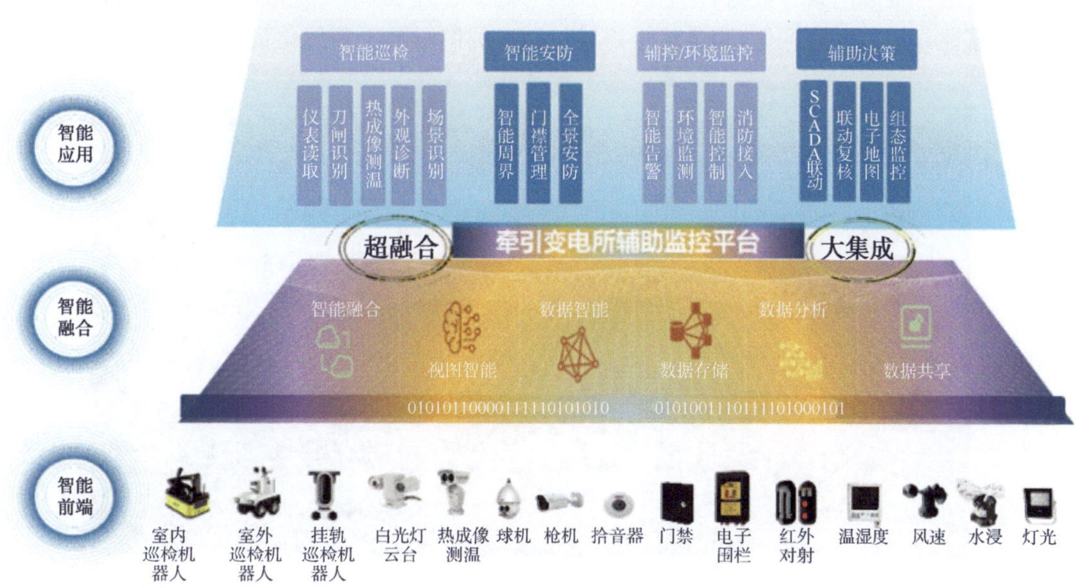

图 4-11-93 智能辅助监控系统

十一、智能供电调度

基于大数据、人工智能等技术，以数据全景可视化、调度协同化、作业自动化、决策智能化的基本要求，实现对牵引供电系统的远程监视控制、智能调度(图 4-11-94)。

十二、牵引供电 PHM 系统

赣深铁路智能运维采用牵引供电 PHM、接触网 PHM，运用云计算、大数据技术，依托广州局集团公司供电系统运维大数据平台，通过与牵引供电 6C 检测监测系统、智能调度系统的智能关联，汇聚智能高压设备、智能牵引变电所、辅助监控系统、接触网安全巡检、接触悬挂高清成像等供电设施各类基础数据、

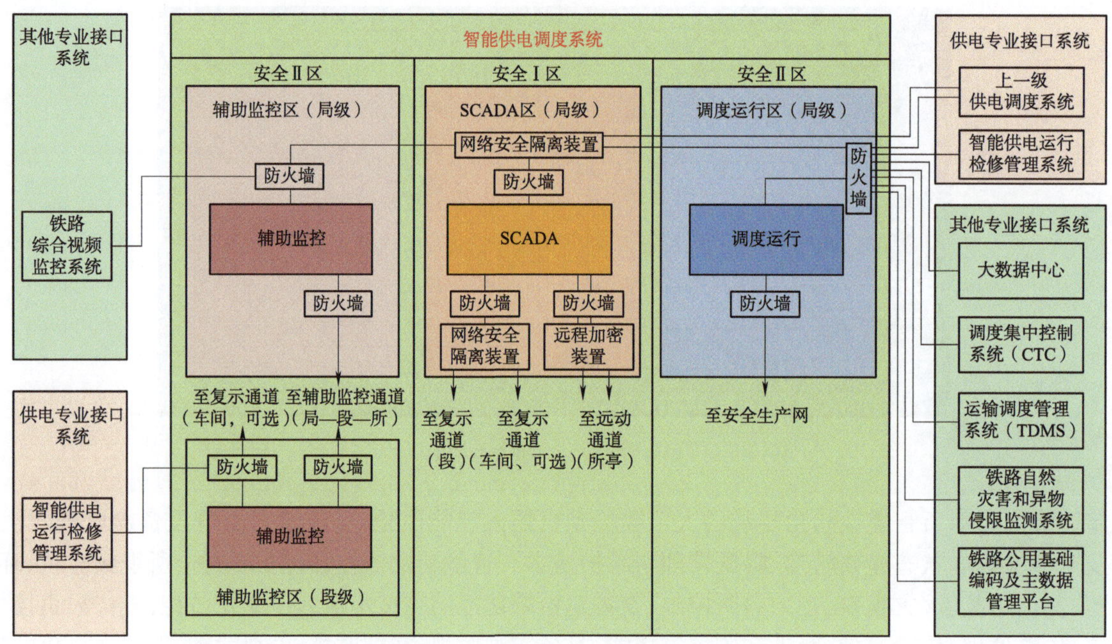

图 4-11-94 智能供电调度系统架构

检测监测数据、运行维修记录等数据，建立故障预测与健康管理模型，实现故障检测预警、健康评估与剩余寿命预测、可靠性分析与风险评估，为最优维修维护策略的制定及不断优化提供依据与支撑（图 4-11-95）。

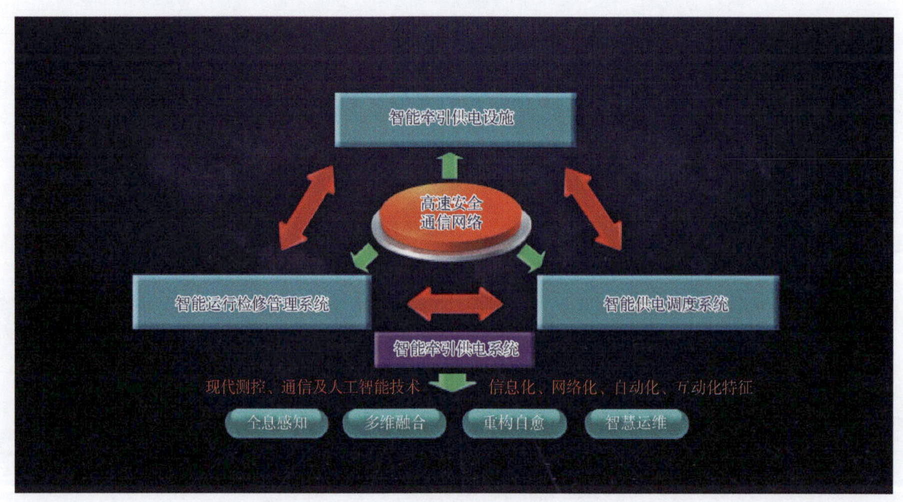

图 4-11-95 牵引供电 PHM 系统

十三、牵引供电系统广域测控系统

牵引供电系统计划采用广域测控保护系统（图 4-11-96）满足智能牵引供电系统的建设需要。具有跳闸速度快，选择性强的特点，供电故障后可自愈重构，缩小停电范围。

（1）跳闸速度快。广域测控保护系统利用无死角的网络化保护，快速切除线路故障，故障切除时间由原来的 100 ms 缩短为 20 ms。

（2）选择性高。利用智能牵引供电系统高速信息网络通道，选择性的切除有故障的供电线路，非故障线路正常供电。

（3）自愈重构。自愈重构功能（图 4-11-97）是最大限度减小故障停电对运输的影响。

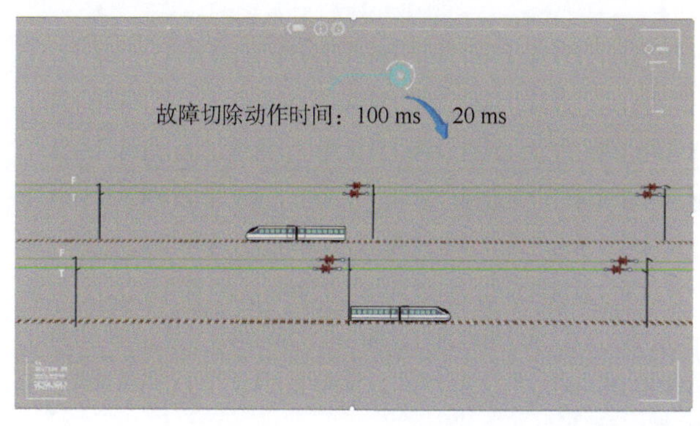

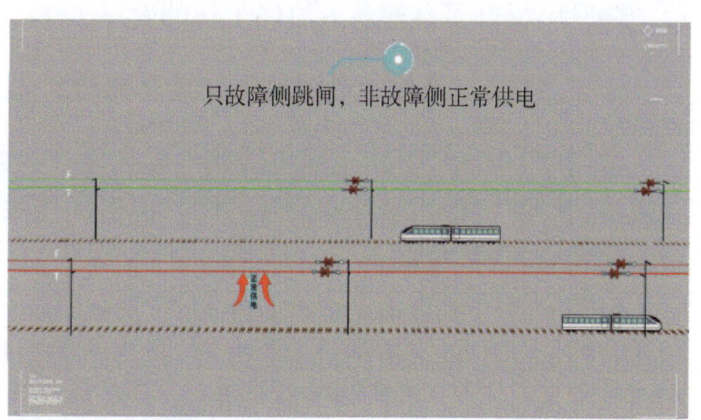

图 4-11-96　牵引供电系统广域测控系统

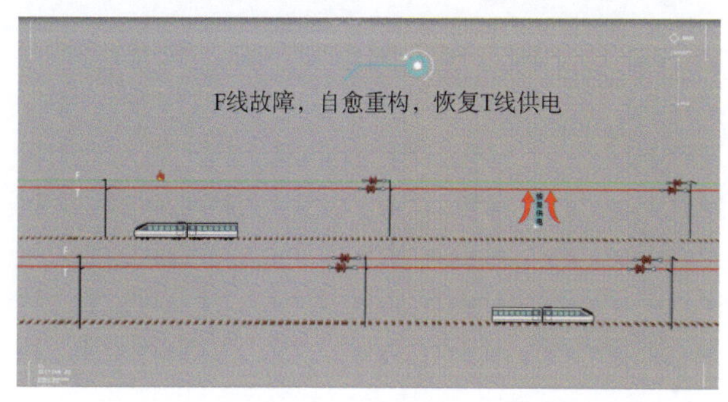

图 4-11-97　牵引供电系统广域测控系统自愈重构

十四、信息化平台＋BIM＋GIS 技术数字化

通过数据集成、系统集成与应用集成，实现了点和面、宏观和微观相结合的 BIM 与 GIS 应用集成，显著提高了建模质量、分析精度、决策效率和成本控制水平。集成海量多源数据具象化设计思路，建立三维实体数据模型，实现施工全过程的可视化、精细化与智能化。基于 BIM＋GIS 后台图纸与基础网零部件管理系统，结合隧道、路基、桥梁图纸资料，为高速铁路三维模型快速生成提供基础数据，从而实现快速自动化生成线路模型与施工模型，实现对工程信息以及施工情况的全方位的监控，改善了工程质量，保障了工期进度，提高了施工效率。

以 BIM＋GIS 系统全线接触网平面布置数据自动生成标准化模型为依托，搭建接触网计算测量数据推送－计算－预配平台，实现数据在接触网施工过程中的自动流转和利用；依据 BIM＋GIS 系统测量的数据反馈指导生产预部件，将零部件的预配信息推送到生产管理中心，实现生产数据与初步模型的融合，最终达成数据数字化移交。以信息互联互通，数据交互共享为前提，BIM＋GIS 系统进一步促进赣深项目四电工程全周期管理的集约高效发展。BIM＋GIS 系统构建出一个包含各精度层级的信息共享云平台（图 4-11-98），为工程管理提供一种即时性的可视化、信息化、标准化的管理工具，推动了传统的微观管理方式向现代化、智能化、宏观化管理方式迈进，加强了管理的针对

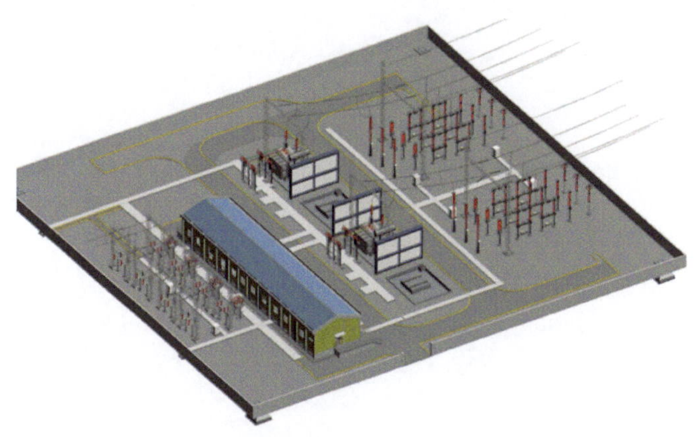

图 4-11-98　信息化平台＋BIM＋GIS 技术数字化模型

性、有效性,提升了参建各方协同工作的效率。

十五、110 kV 及以上电缆故障查找及精确定位工法

常用的 110 kV 及以上输电线路电缆故障查找方法故障的原理有电桥法(电阻电桥法、电容电桥法)、驻波法、脉冲法(低压脉冲和高压冲闪)、声磁同步法、跨步电压法、音频法等,通过对电缆主绝缘和外绝缘检测故障点,查找故障点。

电缆故障一般分为主绝缘故障与外绝缘故障。本工法主绝缘故障查找主要采用冲闪法,冲击闪络法(冲闪法)适用于测试高阻泄漏性故障,对其他类型高低阻故障也可用冲闪法测试。测试方法是通过球间隙给电缆施加冲击电压,使故障点击穿放电,而产生反射电压(或者电流),由仪器记录这一瞬间状态的过程,通过波形分析来测定故障点的位置,然后再采用声磁定位法进行精确定位。外绝缘故障采用全自动高压电桥仪、配合跨步电压法进行故障查找。

第十二章　电气化工程

电气化工程主要以接触网施工为主，电气化工程和电力工程相辅相成，互相依赖，互相配合。赣深铁路电气化工程接触网专业计划安装支柱 9 415 根、吊柱 6 679 根、软硬横跨 449 组，计划架设承导线 929 km、附加线 1 728 km。

以信息化、网络化、自动化、互动化为特征，赣深铁路电气化工程全面提高电气化系统装备的检测、智能监测水平、智能化施工以及运营管理的信息化程度，开发了接触网腕臂安装机器人、隧道吊柱安装设备、接触网钢支(吊)柱自动化组立装置、接触网基础检查装置等，对接触线、吊弦模块化机械化安装。

第一节　工程概况

赣深铁路广东段牵引网供电方式采用 AT 供电方式，动走线、联络线采用带回流线的直接供电方式，站线及动车段存车线采用直接供电方式。全线新建和平东、龙川西、东源、博罗北、惠州北、塘厦 6 座 AT 牵引变电所，供电臂末端设置分区所、原则上在供电臂中部设置 AT 所，新建惠州北存车场、深圳北动车所开闭所各 1 座。

牵引变电所采用 2 路独立进线，并互为热备用，220 kV 电源供电。牵引变电所牵引变压器采用单相接线形式，预留三相 V/X 接线条件。牵引变压器采用自冷，预留风冷条件。牵引变压器、自耦变压器采用固定备用方式，正常运行时，变压器一台(组)运行，另一台(组)备用。

高速正线接触网采用全补偿弹性链形悬挂，露天区段结构高度 1 600 mm，隧道内不小于 1 100 mm。正线接触线采用 150 mm^2 铜合金接触线，站线接触线采用 120 mm^2 铜合金接触线；正线承力索采用 120 mm^2 铜合金绞线，站线承力索采用 95 mm^2 铜合金绞线；正馈线、保护线等附加导线采用铝包钢芯铝绞线。动车运用所检查库内采用简单悬挂。

接触网腕臂柱一般采用 H 形钢柱。站场有条件时优先采用线间立腕臂柱，咽喉区等跨越多股道时，采用轻型硬横梁。接触线悬挂点高度不小于 5 300 mm，跨距长度一般 50 m，最大可采用 60 m。

锚段关节一般采用五跨关节。电分相采用带空气绝缘中性段的绝缘锚段关节形式。接触网下锚补偿一般采用棘轮补偿装置。道岔处接触网悬挂安装方式，与正线相交的道岔采用无交叉方式。

供电线上网采用架空或电缆的方式，正馈线及保护线一般设于田野侧。

电力牵引供电工程数量见表 4-12-1。

表 4-12-1　电力牵引供电工程主要工程数量

序号	主要工程内容	单　位	数　量	
			省界—塘厦(含)	塘厦(不含)—深圳北
一	牵引变电工程			
1	牵引(AT)变电所	座	6	0
2	(AT)分区所	座	5	1
3	AT 所	座	11	1
4	开闭所	座	1	1
二	接触网工程			
1	接触悬挂	条公里	805	154

续上表

序号	主要工程内容	单位	数量	
			省界—塘厦(含)	塘厦(不含)—深圳北
2	正馈线	条公里	541	68
3	保护线	条公里	541	68
4	回流线	条公里	15	12
5	电　缆	条公里	132	36
6	H形钢支柱安装	根	74	20
7	隧道吊柱	根	8 555	1 449
8	硬横梁	组	6 046	754

第二节　施工装备及施工方法

一、施工装备

电气化工程所需施工装备包括轨道吊车、接触网作业车、接触网作业梯车、电气化立杆车、恒张力放线车、轨道平板车、装卸平板车、吊弦压接机、吊弦间距测量器、手搬链葫芦、紧线器等。检测仪器设备包括全站仪、接地电阻测试仪、绝缘电阻测试仪、直流高压发生器、高压绝缘电阻测试器、兆欧表、交直流钳形表、高精度数字万用表、相序表。

二、主要施工方法

1. 牵引变电工程

施工单位应考虑设备采购周期,按要求程序尽早进行采购,结合站房施工进度储备,并提前开展设备安装与调试的技术培训。为保证工期,变电工程各工序应采取平行与流水相结合的办法进行施工。为保证施工质量和施工进度的顺利进行,应选择成熟的施工工艺组织施工;新技术、新工艺、新设备部分的施工,应参照供应商提供的安装规范,制订相应的施工方法和施工工艺,满足工程的施工需要。

2. 接触网工程

施工单位应考虑设备采购周期,按要求程序尽早进行采购备料,并提前开展技术培训和安装示范。为保证工期,接触网工程各工序应采取平行与流水作业相结合的办法进行施工。支柱应尽可能在无砟轨道施工前利用汽车吊进行安装,因本线隧道采用预埋槽道方式,槽道采购及施工必须符合设计及产品要求,并进行试验。承力索宜采用恒张力架线车组进行架设,接触线应采用恒张力架线车组进行架设,保证接触悬挂调整一次到位。接触悬挂安装调整应采用计算微机化、预配工厂化、安装专业化、程序化的一次到位技术和工艺,确保安装质量,重点控制定位装置、整体吊弦、线岔、分段分相关节和电连接等部位。施工完成后应按要求进行相关的检测并及时修复缺陷。

三、施工顺序、组织方式及工期安排

1. 牵引变电工程

(1)施工顺序

施工准备与配合→施工定位与测量→基坑开挖与浇制→预埋件安装→接地网敷设→电缆沟支架安装→构支架组立→室外高压设备安装→主变安装→软母线制安→室内设备安装→电缆敷设及二次配线→室外室内设备自检、单体调试→室内设备单体调试→所内系统调试→SCADA 联调→送电试运行→全线变电子系统联调→先行试验段系统试验→全线联调联试→试运行测试和验收。

(2)施工组织方式

变电专业施工不受线路施工制约，但受大型电气设备供货、外电引入、房屋进度等影响，应立足早准备、早开工、设备早招标，采取程序化、标准化施工方法，保证设备安装和系统调试有充裕的时间。牵引电力远动装置的安装与变电施工同步，SCADA 调试采用同步分级方式，在通道提供后，在最短时间内高质量完成子系统电力远动调试任务，为系统联合调试做好准备。

(3)工期安排

2020 年 4 月 20 日～2020 年 9 月 31 日完成所内地网及基础施工；

2020 年 7 月 1 日～2021 年 1 月 30 日完成所内室外设备安装；

2020 年 12 月 1 日～2021 年 3 月 31 日完成室内设备安装及接线；

2021 年 4 月 1 日～5 月 30 日前完成所内设备试验，并完成静态验收；

2021 年 5 月 30 日全线送电，2021 年 6 月 1 日开始联调联试。

2. 接触网工程

(1)施工顺序

预埋件检查→支柱和吊柱安装→底座、肩架、腕臂及拉线安装→附加线架设→承力索、接触线架设→悬挂调整→设备安装→冷滑试验→送电开通→克服缺点→先行试验段系统试验→全线联调联试→试运行测试和验收。

(2)施工组织方式

接触网工程受站前工程影响较大，施工单位必须制订科学合理的工期进度计划，接触网工程前期应优先安排不受铺架影响的施工项目，站前预留基础完成一段施工一段，站前铺架开始后，接触网剩余工程紧跟铺架工程展开，积极与站前单位沟通紧跟其后、交叉施工，合理调整各专业施工作业面，并制订工程赶工期的应急预案，确保调整后的工程进度、安全、质量目标实现。人员配备充足，材料提前计划、准备充分，一旦现场具备施工条件，应有能力迅速组织施工。

(3)工期安排

2020 年 4 月 20 日～2020 年 7 月 31 日完成所有下部工程施工；

2020 年 4 月 20 日～2020 年 10 月 31 日完成接触网支持结构安装；

2020 年 11 月 1 日～2021 年 4 月 20 日完成所有承、导线及附加导线架设；

2021 年 3 月 1 日～5 月 30 日前完成全线接触网精调，所有设备的安装调试，并完成静态验收；

2021 年 5 月 30 日全线送电，2021 年 6 月 1 日开始联调联试。

四、施工难点和注意事项

赣深铁路站前站后同期施工，站后接触网工程施工进度受铺架施工的制约，施工干扰大；桥梁、隧道工点较多，施工难度大；塘厦联络线涉及既有广深线线路改造，存在施工与运营的相互干扰，确保运营线施工及行车安全是工程难点。

接触网预埋件质量直接影响后期施工，通过过程控制保证预留质量，组织专项安装交接验收。

第三节　施 工 工 艺

一、接口检查

1. 支柱基础及拉线基础预留检查

(1)检查要求

制作专用模板对基础进行检查，模板尺寸不允许存在误差。按照模板及验收标准对基础螺栓间距、偏斜及支柱法兰盘安装空间进行逐一检查。

(2)检查内容

有无遗漏;位置(里程跨距、限界,轨面高差、地面高差、基础高程、基础与护栏之间的距离等),型号,螺栓规格、外露、间距、变形、螺栓布置方向(特别是T形梁桥钢柱、格构式钢柱、350圆钢柱)、外观,基础扭面、外观质量,接地端子;锚柱处CPⅢ桩是否在拉线侧,是否影响坠砣;声屏障与支柱基础之间的距离。

(3)标准卡控点

确保模板顺利套入螺栓根部。基础螺栓(图4-12-1)顺线路方向应与线路中心线平行。硬横梁两基础中心连线应垂直于车站正线(或对应线路中心)。H形钢柱基础中心至线路中心的距离符合设计要求。无砟区段:路基段为3 150 mm、桥梁段为3 250 mm;有砟区段:路基段、桥梁段均为3 250 mm,允许误差0～50 mm。拉线基础距锚柱距离7 000 mm,允许偏差±200 mm;支柱与拉线基础相对位置正确,且不得位于两片梁使用钢卷尺测量基础螺栓外露,外露长度要求:H形钢柱为190 mm,桥钢柱为140 mm,拉线基础为100 mm,误差范围0～10 mm。基础里程位置偏差±500 mm(但相邻跨距差值不得大于10 m),超出设计标准但不影响使用功能的,需通过设计联络解决。

2. 隧道预埋槽道检查

(1)检查要求

有无遗漏(整个或不全);型号(隧道明洞延长造成的槽道里程位置变化,详细统计并上报);位置,里程、跨距,与隧道拱顶中心线横线路方向布置距离,与隧道接缝距离;槽道嵌入深度;槽道横、顺线路方向的倾斜度;双槽道两槽道间的平行度(两端头距离差);相邻槽道组间距;槽道封堵情况;槽道距台车缝距离1 000 mm。

(2)卡控标准

对槽道锈蚀、渗水,混凝土覆盖等问题做好记录,及时反馈站前整改。对照隧道槽道预留平面布置图,核对槽道有无漏埋、错埋、八字形、间距误差等缺陷,对不满足要求的槽道参照设计处理方案,通知站前单位实施整改。

3. 接地端子检查

(1)检查要求

接触网支柱基础设置两个接地端子,其中一个地面上下各10 cm处设置接地端子一个,地面以上接地端子用于接触网设备接地与轨道接地。为便于开关设备接地要求,在现场具备施工条件的情况下(未施工)隔离开关双柱(一般间隔2.5 m)大里程增加一处接地端子,即大、小里程均设置一处外露接地端子。接地端子设置要求与通号(2016)9301-27相同,如图4-12-2所示。

图4-12-1 基础螺栓外露长度检查

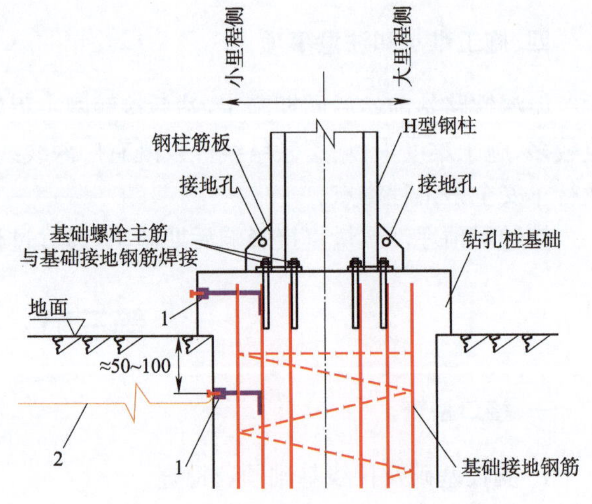

图4-12-2 预留接地端子(单位:mm)

(2)标准卡控点

基础接地端子预留位置、型号、数量、外露等符合设计要求及通号(2016)9301铁路综合接地系统图相关要求。

二、施工测量

1. 硬横梁及350圆钢柱测量

(1)工艺要求

硬横梁高度控制:硬横梁下弦梁距承力索抬高支绝缘距离不小于500 mm控制。测量允许误差±10 mm。

(2)标准卡控点

使用水准仪测量两基础面与车站内最高轨面高差。350圆钢柱高度 H=轨基高差+导高+结构高度+1 200 mm+L(PC1梁 L=563 mm,PC2、PD2梁 L=700 mm)+57 mm+150 mm。横梁吊柱长度=1 200 mm+1 800 mm+100 mm+A(拱值)−260 mm,确保吊柱下端面距轨面高度不得小于5 000 mm。每组硬横梁按同组硬横梁支柱基础中心间距实测值定制横梁中间起拱值 $A=200-\sqrt{200^2-(0.5\times C)^2}$,其中,$C=L_z-0.9$,$L_z$ 为现场测量硬横梁中段长度。硬横梁长度 L_1(图4-12-3)为两基础中心距离,长度允许偏差符合要求(15 m<L≤20 m,为±8 mm;20 m<L≤30 m,为±10 mm;30 m<L≤40 m,为±15 mm;L>40 m,为±20 mm)。

2. 腕臂数据测量

(1)工艺要求

腕臂数据采用激光测量仪测量(图4-12-4)支柱跨距、限界,采用经纬仪或激光测量仪测量支柱斜率,采用水准仪测量基础高程、外轨超高,采用水准仪及CPⅢ复核基础高程,确保腕臂安装结构尺寸一次到位。测量人员要经过培训合格,并保持测量人员相对稳定。

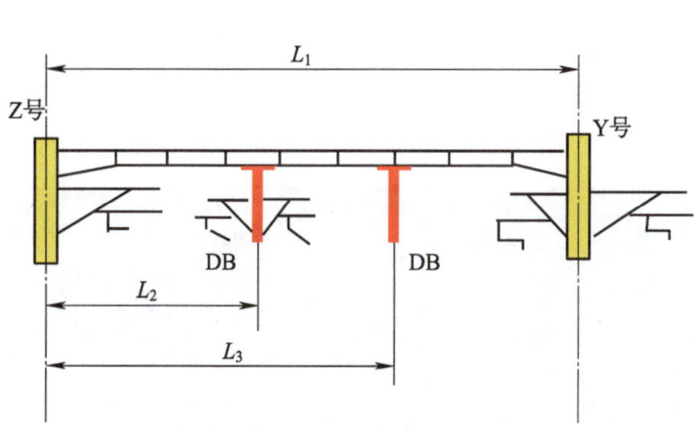

图4-12-3 腕臂测量

图4-12-4 激光测量仪测量腕臂参数

(2)标准卡控点

腕臂测量应在附加线架设完成后进行。测量数据满足计算软件的相关要求,误差精确至毫米。测量工具要经过质量检验部门检测合格。

3. 吊弦数据测量

(1)工艺要求

吊弦数据及调整利用CPⅢ评估成果控制复核接触网导线高度,所有数据保证整锚段一次测量完成。

(2)标准卡控点

吊弦测量应整锚段同等温度下进行测量。测量承力索悬挂点(腕臂悬挂点)的距离,测量跨距数据精确至厘米。利用DJJ-8激光测量仪测量承力索悬挂点距设计轨面高度,同一悬挂点连续测量3次,取平均值,测量数据精确到毫米。有砟区段利用CPⅢ对轨面高程进行复测,测量的承力索高度应考虑轨面高程的误差。

三、支柱安装及整正

1. 支柱安装及整正

(1)工艺要求

支柱组立前,应提前对基础螺栓螺纹内异物进行清理,确保螺母紧固顺畅,同时底部调整螺母高度水平一致,至少有1个螺母紧贴基础面。支柱型号、标识、外观尺寸、预留孔位、挠度与平直度、防腐和表面等质量情况符合技术规范要求。基础预埋螺栓进行防腐处理,采用基础帽形式(图4-12-5)。

图4-12-5 调整螺母安装

(2)标准卡控点

调整螺母的纵向、横向应在同一水平状态,支柱法兰盘底面与基础面至少有1个螺母紧贴基础面,并确保支柱法兰盘上下与螺母之间均有垫片。支柱吊装应采用高强度尼龙吊装带,防止损伤支柱表面漆层及镀锌层。H形支柱平面应与线路平行,支柱不得扭面。支柱铭牌统一在田野侧。

2. 硬横梁架设

(1)工艺要求

硬横梁组装时横梁边段与支柱连接螺栓从线路侧穿向田野侧,横梁边段与中段连接螺栓穿向由线路侧穿向田野侧,所有螺栓穿向统一,紧固后标识螺母防松线,保证整体美观效果(图4-12-6)。

(2)标准卡控点

硬横梁支柱顺、横线路方向均应直立,施工误差不大于0.5%。两支柱中心线应重合,并应垂直于车站正线,偏差不大于1°,同组硬横梁两支柱中心距离应符合横梁跨长,施工偏差为±20 mm。同一组基础顶面高程应相等,相对偏差不超过50 mm(图4-12-7)。

图4-12-6 硬横梁及横梁吊柱安装

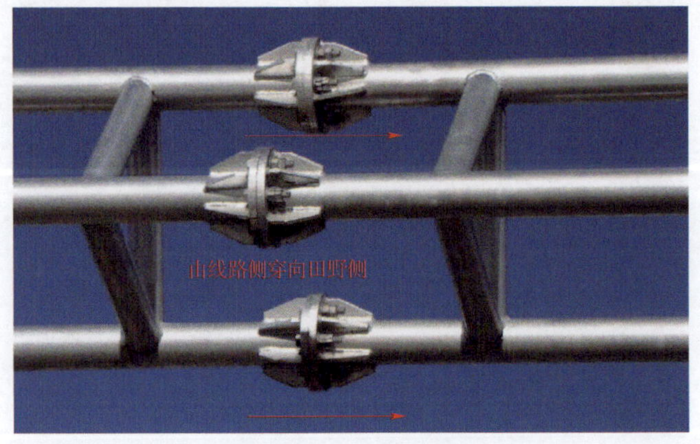

图4-12-7 硬横梁连接

3. 吊柱安装及整正

(1)工艺要求

安装前对检查工具进行检测,确保测量数值准确。吊柱安装时下端横线路方向向受力反方向预留倾斜值,确保受力后吊柱横纵两个平面垂直和平行线路。吊柱安装位置处避免有横梁接头,且能在左右

200 mm 范围内移动不受影响。

(2)标准卡控点

上下部固定杆间连接螺栓均由下向上穿，紧固力矩 120 N·m。吊柱与下部固定杆间连接螺栓由下向上穿，紧固力矩 150 N·m。吊柱限界符合设计要求，吊柱底座与硬横梁间为镀锌调节垫片，垫片面积不应小于 50 mm×100 mm，数量不超过 2 片。

四、工厂化预制

1. 腕臂预配

(1)工艺要求

腕臂装配及吊弦使用计算软件进行科学建模计算(图 4-12-8)，腕臂(图 4-12-9)要整锚段一次计算完成。零部件预配位置允许误差±2 mm，预配后经力矩扳手检查合格后，标记膏划防滑标识。中心线采用激光标线仪校验。各紧固螺栓需按紧固力矩紧固到位，力矩扳手定期进行校验。

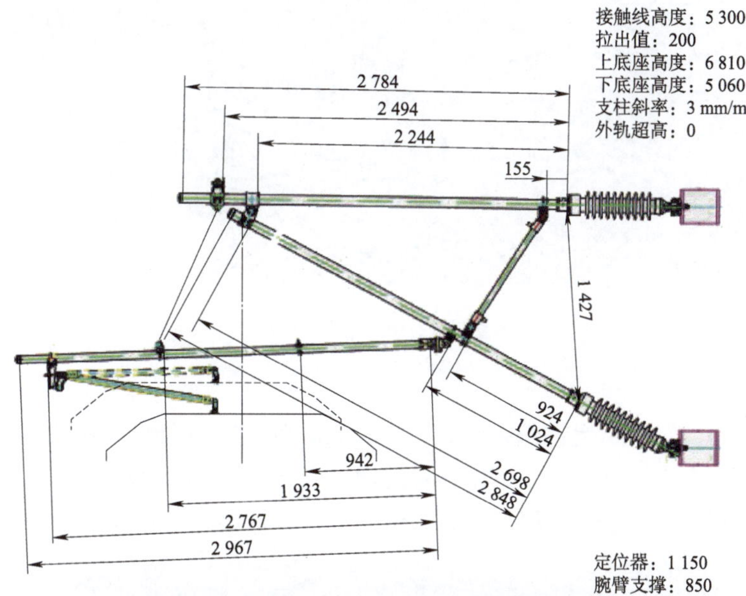

图 4-12-8　腕臂计算软件模拟计算(单位：mm)

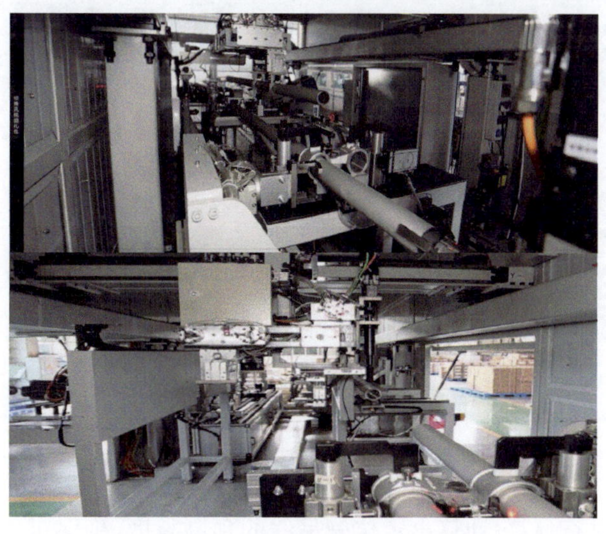

图 4-12-9　接触网腕臂自动化生产线

(2)标准卡控点

预制工具要经过质量检验部门检测合格。管材切割采用切割机,切割长度误差±2 mm。平腕臂打孔采用钻孔机,打孔位置误差±1 mm。零部件预配位置允许误差±2 mm。各零部件螺栓紧固力矩符合要求。按产品要求做好预配产品的检验试验。对成品采取相应的保护措施并合理存放。

2. 吊弦预配

(1)工艺要求

采用成熟的计算软件计算出整体吊弦的预制长度及安装位置,确保吊弦安装后整体效果美观。利用接触网吊弦自动化平台进行预制。两钳压管应在同一平面内,两侧接线端子的弯曲方向相反(图 4-12-10)。

图 4-12-10 吊弦预配

(2)标准卡控点

预配加工长度符合计算结果,允许偏差±1.5 mm,无散股、断股现象,否则为不合格。吊弦尾线预留长度宜为 300 mm,允许误差±5 mm。压接模具要定期检查,每 500 根吊弦抽取 1 根进行拉力检测。吊弦(图 4-12-11)应成锚段预制,并按顺序进行包装,明确标识清楚:区间、锚段号、支柱范围及安装方向顺序。

图 4-12-11 吊弦压接工艺及标识

3. 定位管吊线预配

(1)工艺要求

采用成熟的计算软件进行计算,计算出定位管吊线的预制长度,确保定位管吊线安装后整体效果美观。定位管吊线(图 4-12-12)须根据设计需要和定位形式需要预制,须在专用平台进行,平台设备包括压接工具(电动液压钳及模具)、断线钳。

图 4-12-12 定位管吊线预配

(2)标准卡控点

每个压接管必须一次压接完成,且压接设备压力表上读数需不小于 70 MPa。压接力应不小于 24 t,不允许采用冲压设备。压接模具及参数应符合上图规定。压接后应对不锈钢丝绳末端做焊接封头或冲压封头处理,避免产生毛刺或毛刺外露定位管吊线尾线预留长度宜为 400 mm,允许偏差±10 mm(图 4-12-13)。

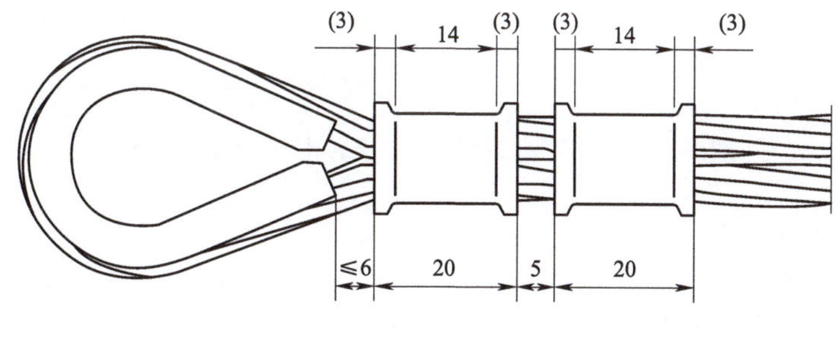

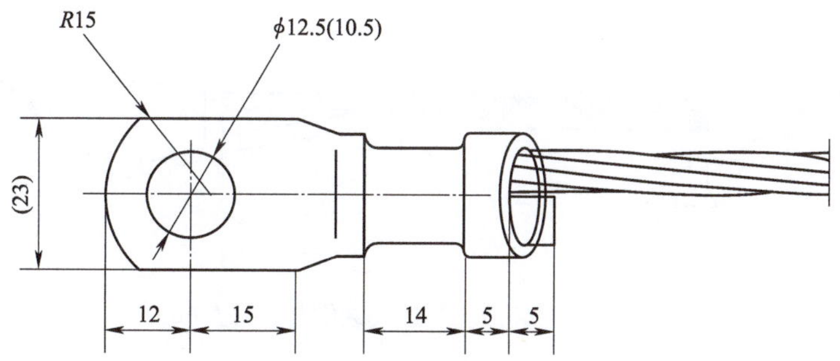

图 4-12-13 压线端子处压接尺寸(单位:mm)

五、下锚装置

1. 拉线安装

(1)工艺要求

拉线底板安装应水平,拉线上联板应与支柱密贴,双耳楔形线夹受力面安装正确。连接螺栓均由田野侧穿向线路侧。拉线型号应符合设计要求,不得有断股、松股和接头。拉线安装应符合设计要求,在任何情况下不得侵入基本建筑限界,拉线与地面角度宜为 45°,不得大于 55°,拉线上所有开口销双支掰开不小于 120°,UT 耐张线夹受力后,U 形螺栓应该有外露,外露长度不应小于 20 mm,不得大于螺纹全长的

1/2。拉线应绷紧,两条拉线松紧一致(图 4-12-14)。

(2)标准卡控点

基础螺栓用力矩扳手紧固至设计值 200～220 N·m。开口销两支夹角大于 120°。NUT 线夹(图 4-12-15)受力后,螺扣外漏不小于 20～50 mm。NUT-4 线夹需安装支撑板,支撑板平面朝上,凸面朝下。

图 4-12-14 拉线安装

2. 拉线联板及上底座使用

(1)接触网下锚拉线

承力索拉线采用 1 000 mm 长联板、接触线拉线采用 500 mm 短联板;H 形钢柱拉线上底座与支柱连接全补偿下锚时螺栓穿向拉线侧、无补偿下锚时螺栓从上往下数 1、3 螺栓穿向拉线侧,2、4 螺栓穿向拉线反侧(圆钢管柱拉线上底座与支柱连接螺栓由主角钢穿向副角钢)。

(2)中锚下锚拉线

拉线联板为 1 000 mm 长联板组件(远离支柱预留孔);拉线上底座与支柱连接螺栓从上往下数 1、3 螺栓穿向拉线侧,2、4 螺栓穿向拉线反侧(圆钢管柱拉线上底座与支柱连接螺栓由主角钢穿向副角钢)。

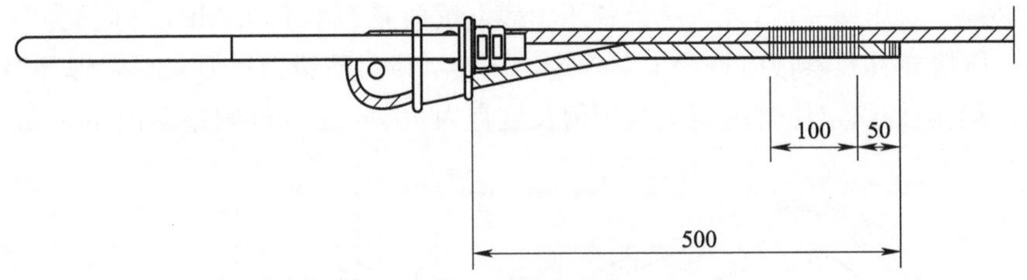

图 4-12-15 NUT 线夹拉线安装绑扎工艺(单位:mm)

(3)附加导线下锚拉线

拉线联板为 1 000 mm 长联板组件(远离支柱预留孔);拉线上底座与支柱连接螺栓 1、3 穿拉线,2 穿行车;NX 线夹(图 4-12-16)与拉线上底座连接时螺栓由田野侧穿向线路侧(含圆钢管柱附加导线下锚底座的与支柱的连接螺栓)。

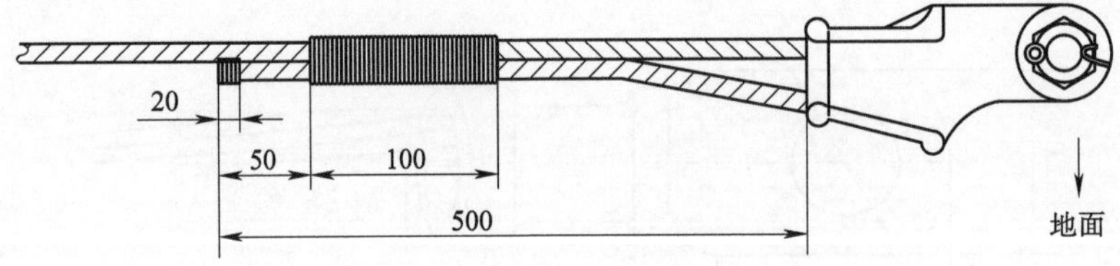

图 4-12-16 NX 线夹拉线安装绑扎(单位:mm)

3. 隧道外下锚补偿装置

(1)工艺要求

棘轮(图 4-12-17)下锚底座与 H 形钢柱连接螺栓由钢柱内侧穿向外侧。用线坠观测,调整调节板,使调节板中心孔与上连接底座的孔中心处在同一铅垂线上,连接底座相对于支柱中性面应左右对称,用力矩扳手紧固调节板螺栓。

(2)标准卡控点

棘轮底座安装水平,制动悬挂轴架垂直,无偏斜扭曲现象,止动卡块与大轮应对齐。棘轮止动卡块与棘轮轮齿间的制动间隙为 20 mm。棘轮底座各连接螺栓紧固力矩都为 120 N·m。上下底座连接(图 4-12-18)角钢内侧间距保证 510 mm。

图 4-12-17 棘轮补偿

图 4-12-18 上下底座连接调整

六、附加线架设

1. 附加悬挂安装

(1)工艺要求

附加线下锚处接续方向统一。对锚跳线驰度合适、弧度圆顺，无扭曲、扭面现象。附加导线整体及对锚与接地体、带电体相互间绝缘距离的最小值应符合验标规定。预绞式接续条缠绕方向与导线外层绞向一致，缠绕均匀，不得漏股、散股。根据下锚连接杆长度确定跳线的预留长度(图 4-12-19、图 4-12-20)。

图 4-12-19 AF 线倒鞍子

图 4-12-20 附加线对锚

(2)标准卡控点

附加线展放过程中对线索进行防护，防止线索损伤。接续条接头位置距支柱 700～800 mm，统一安装在大里程方向，接续条在对接头两边应相等；预绞式接续条要均匀的缠绕，不得漏股、散股。接续条位置要均匀涂抹导电膏。下锚连接零件的螺栓穿向都由田野侧穿向线路侧。

2. 隧外附加导线对向下锚安装

(1)工艺要求

一般情况下隧道口附加线下锚采用 PW 线侧壁下锚、AF 线顶部对锚；两隧道间距小于 250 m 时，隧道口附加线下锚采用 PW 线顶部对锚、AF 线顶部对锚形式(图 4-12-21)。附加线接续位置统一在隧道口侧(PW线侧壁下锚时接续位置在由下向上第一个与第二个线夹之间,图4-12-22),接续条缠绕紧密,有序,接续条需均匀涂抹导电膏。

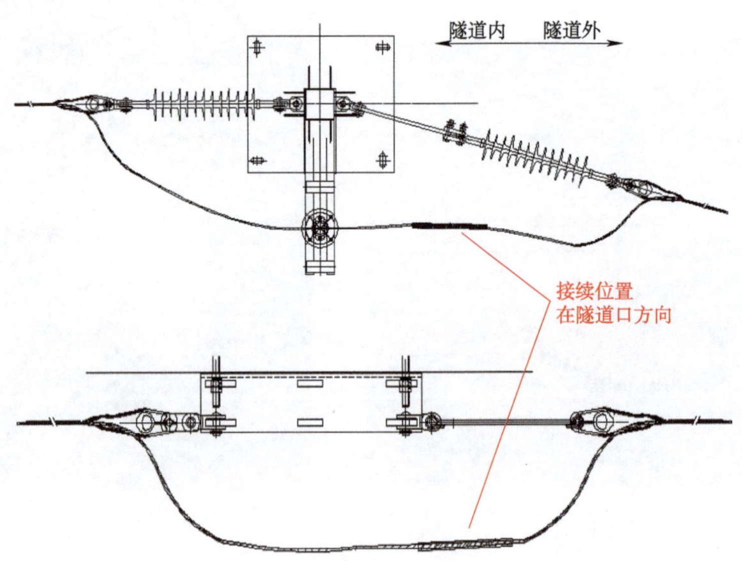

图4-12-21 隧道口PW线顶部对锚、AF线顶部对锚

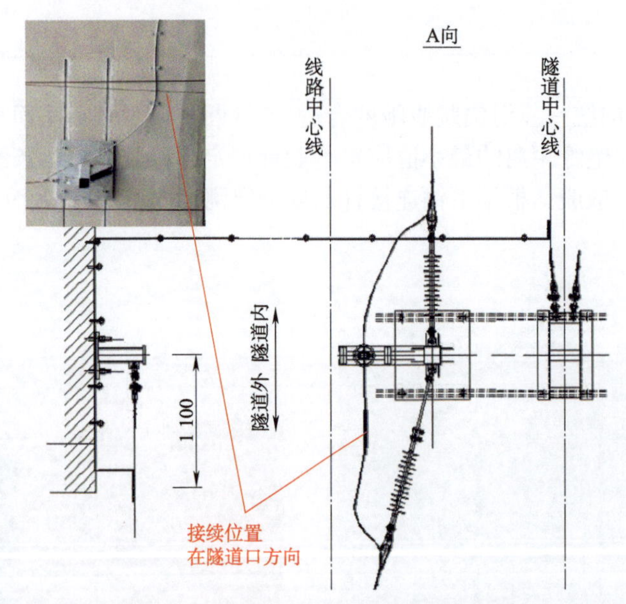

图4-12-22 隧道口PW线侧壁下锚、AF线顶部对锚(单位:mm)

(2)标准卡控点

对向下锚时,悬挂点两侧弧度顺直美观一致(正馈线对锚时保证与支柱侧绝缘子裙边保证大于500 mm)。

3. 隧道内附加线对向下锚安装

(1)工艺要求

隧道内附加线接续位置统一在小里程方向(赣州侧),接续条缠绕紧密,有序,接续条需均匀涂抹导电膏。对锚连接螺栓垂直于线路方向田野侧穿向线路侧,顺线路方向穿向来车方向,竖直方向由上向下穿。PW线对向下锚底座(Ⅰ型)角钢安装在隧道中心侧(图4-12-23)。

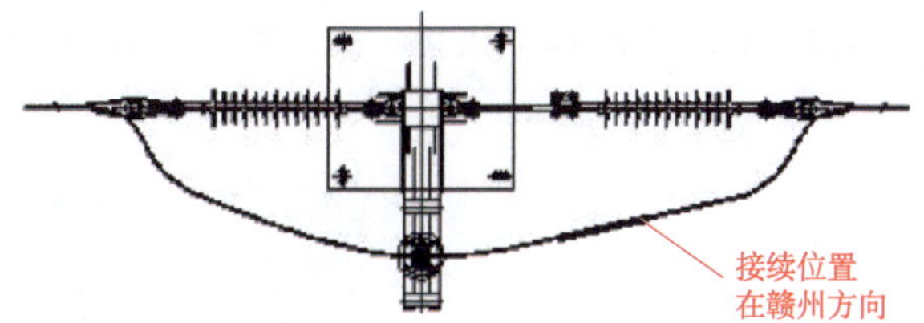

图 4-12-23 隧内 AF 线对锚安装

(2)标准卡控点

对向下锚时,悬挂点两侧弧度顺直美观一致(正馈线对锚时保证与支柱侧绝缘子裙边保证大于 500 mm)。

七、腕臂安装

1. 工艺要求

腕臂底座应呈水平状态。腕臂棒式绝缘子排水孔朝下。连接螺栓应标记防松标识线(图 4-12-24)。

2. 标准卡控点

底座安装后用水平尺测量应呈水平状态。腕臂上下底座间距、下底座到轨面的间距偏差控制在 0～20 mm。瓷质绝缘子釉面光滑,表面无破损。开口销两支夹角大于 120°。腕臂安装完成后,模拟测量承力索高度及拉出值,偏差不大于±20 mm。

八、承力索架设

1. 承力索架设

(1)工艺要求

承力索采用人工架设或小张力放线,展放过程对线索进行防护,防止线索损伤。采用尼龙绳悬挂放线滑轮,禁止用铁线悬挂,避免划伤平腕臂表面(图 4-12-25)。

图 4-12-24 单腕臂安装

图 4-12-25 承力索架设

(2)标准卡控点

腕臂偏移量允许偏差±20 mm。线索架设时严禁拖地展放,防止磨损线面。承力索安装在承力索座内时,正定位承力索放在靠近支柱侧的槽内,反定位承力索放在远离支柱侧的槽内,中锚中间柱承力索放在线路侧。(承力索受力侧指向压紧螺栓的原则)承力索归位时配线长度为 160 mm,两侧露出线夹部分长度相等,安装完成后,检查承力索及辅助线的复合衬垫是否在承力索座中心。

2. 承力索中心锚结绳安装

(1)工艺要求

承力索中心锚结线(图 4-12-26)夹螺栓紧固前,需在螺栓旋停位置均匀涂抹 1～2 滴螺纹锁固胶,涂抹长度约 8 mm,涂抹后需尽快将螺栓紧固到规定的紧固力矩。承力索中锚线夹螺栓组用扭矩扳手交替紧固,采用沿对角线顺序循环多次紧固至力矩 46 N·m。承力索与中锚绳分别包压衬垫,在距腕臂中心200 mm 处,对称安装中心锚结线夹。螺栓由线路穿田野侧,长螺栓在上,短螺栓在下。

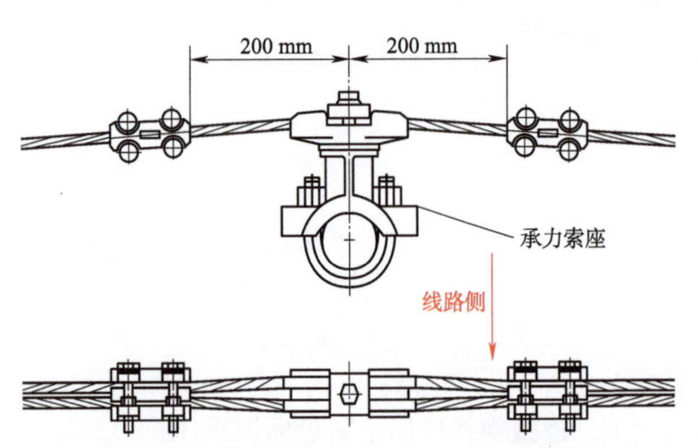

图 4-12-26 承力索中心锚结安装

(2)标准卡控点

隧外承力索中锚绳放在承力索座靠近支柱侧的线槽内(隧内中锚绳放在远离吊柱侧),中锚线夹螺栓长螺栓在上短螺栓在下。承力索中心锚结绳的最低点应不低于该跨承力索的最低高度。承力索中心锚结的张力应严格按当日温度与张力对照表安装。中心锚节腕臂应垂直于线路,允许偏差为±10 mm。螺纹锁固胶在该中心锚结线夹调整到最终的安装位置后才可涂抹。

九、弹性吊索安装

1. 工艺要求

弹性吊索在预配车间统一标准裁剪预配后发放,严禁现场裁剪预配。弹性吊索在承力索架设后进行初安装,安装前检查腕臂偏移复核设计要求,应从中锚向两侧(或者无补偿下锚向补偿侧)一次进行,不得跨越式进行。精调时应对整锚段接触网高度测量分析后,根据分析确定弹吊线路张力增减,应从中锚或无补偿下锚向补偿侧一次进行,不得跨越式进行。

2. 标准卡控点

长 170 mm 侧安装弹吊张力计,弹吊留头30 mm 侧安装在中锚或无补偿下锚侧,170 mm 留头安装在补偿下锚侧,中心锚结柱弹吊短头安装在赣州侧;弹性吊索上两个吊弦线夹处的接触线高度与定位悬挂处的接触线等高,允许偏差±5 mm,不得出现 V 字形。弹性吊索安装张力:直线区段为 3.3 kN,曲线段 3.5 kN。跨中第一吊弦与相邻弹性吊索吊弦的高度差必须小于 5 mm,不得出现 V 形。调整时保证相邻吊弦接触网高差不大于5 mm,相邻定位点高差不大于10 mm。弹性吊索线夹螺栓穿向统一。线夹螺栓由上向下穿,紧固力矩为 23N·m,其中短螺栓在线路侧,长螺栓在田野侧。弹性吊索中心标记点与腕臂管中心重叠,允许偏差±20 mm。弹性吊索长出170 mm 的一端朝向下锚方向(图 4-12-27)。

十、接触线架设

1. 工艺要求

接触线架线采用恒张力架设,张力应为 8~12 kN,放线张力值控制误差±8%;按 3~5 km/h 匀速行驶,架设前厂家应完成调制器的安装调试,并进行现场服务指导。S 钩的长度符合要求,长度分别为 0.9 m、1.1 m 两种(长度不含滑轮长度),放线过程中不得使用错误(图 4-12-28)。

2. 标准卡控点

接触线应每 300 m 检查一次平直度,最大空气间隙应不大于 0.1 mm/m。每跨内 S 钩的数量不得少于 4 根,S 钩挂承力索端套塑料管,悬挂均匀,保证悬挂后呈受力状态。挂 S 钩时应从上向下拉,不可人为

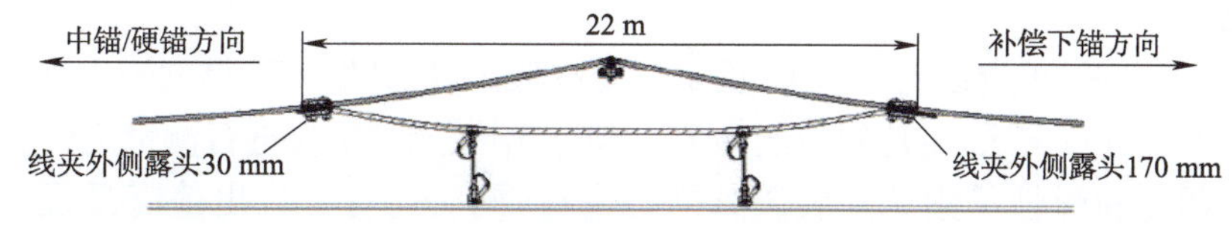

中锚侧安装

下锚侧安装

图 4-12-27　弹性吊索安装

(a) 接触线展放

(b) 接触线落锚

(c) 接触线平直度检测

图 4-12-28　接触线架设

抬动接触线，避免产生波浪弯，将 S 钩及时更换为尼龙绳固定，数量与 S 钩相同，高度均匀。

十一、悬挂安装调整

1. 定位装置安装

(1)工艺要求

定位装置应在接触线中心锚节安装后 24 h 内完成安装，防止线索自然延伸后扭面。悬挂安装时，应从中心锚节或无补偿下锚向补偿侧依次进行安装。铝合金定位结构，应注意轻拿轻放，防止表面氧化铝层被刮蹭。零部件的紧固，需要采用力矩扳手按标准力矩进行紧固(图 4-12-29、图 4-12-30)。

图 4-12-29　定位管安装

图 4-12-30　定位器与定位支座连接

(2)标准卡控点

正、反定位管均应水平,正定位允许抬头,反定位允许低头,但其坡度不得大于 150 mm/m。用坡度检测仪测量定位器坡度并进行记录,定位器坡度为 8°～13°。用激光测量仪进行测量定位点导高及拉出值并记录。定位装置的调整和弹性吊索的安装调整同时进行、同时达标。拉出值满足设计要求,允许偏差±20 mm。接触线非工作支和工作支定位管间的间隙不应小于 50 mm。零部件力矩值参照力矩标准表,严禁超力矩进行紧固。铝合金腕臂正定位采用定位管支撑,反定位采用定位管吊线连接。

2. 整体吊弦安装

(1)工艺要求

吊弦安装应根据吊弦布置安装表进行现场跨距实测,并行吊弦位置在钢轨对应进行标记,当实测跨距有偏差时,保证两端吊弦距悬挂点的距离,并均匀分摊到跨中各吊弦位置(图 4-12-31)。

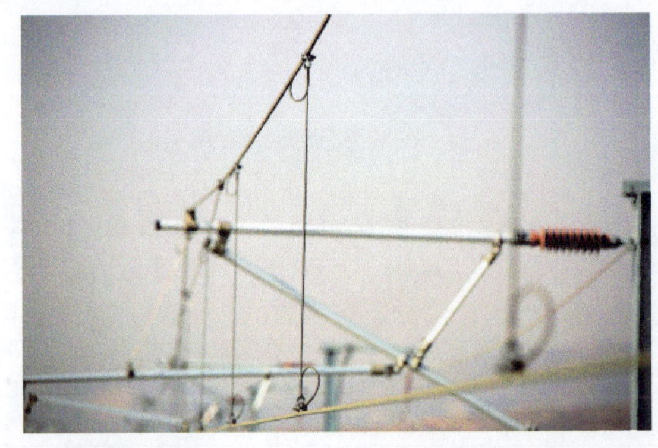
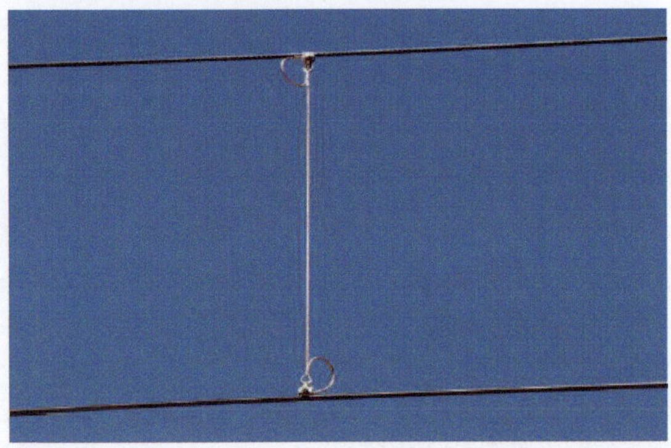

图 4-12-31 整体吊弦

(2)标准卡控点

吊弦线夹与承力索、接触线间的接触面涂电力复合脂,线夹紧固力矩符合设计要求(图 4-12-32、图 4-12-33)。吊弦应垂直,允许偏差±20 mm。吊弦载流环与接触线夹角斜上 45°,禁止导流环与吊弦本线相磨,承力索载流环朝向来车方向,接触线载流环与行车方向一致,载流环位于螺栓尾侧。用专用扭矩扳手紧固吊弦线夹,紧固时采用标准工具装置防止动垫圈旋转,紧固后接线端子与承力索成 45°角。接触线吊弦线夹螺栓在直线段由田野侧穿向线路侧,在曲线段由低轨穿高轨,紧固力矩为 25 N·m。承力索吊弦线夹螺栓穿向与接触线吊弦线夹穿向相反夹紧固力矩为 25 N·m。18 号无交叉道岔处,正侧线(大拉出值)不采用交叉吊弦,侧侧线(小拉出值)采用交叉吊弦。

图 4-12-32 承力索吊弦线夹安装

图 4-12-33 接触线吊弦线夹安装

3. 锚段关节调整

(1)工艺要求

非绝缘关节下锚非支接触线抬高 500 mm,四跨非绝缘关节中心柱两接触线等高,五跨非绝缘关节两中心柱非支抬高 150 mm，两线间距为 500 mm；绝缘锚段关节(图 4-12-34)下锚非支抬高 500 mm，两线间距为 500 mm，四跨绝缘锚段关节中心柱两接触线等高，五跨绝缘关节两中心柱非支抬高 150 mm，中心柱处一支线索距另一支线索任何部位应保证在 450 mm 以上(一支承力索座距另一支平、斜腕臂、承力索、斜拉线、定位管、特型定位器)。

图 4-12-34　锚段关节调整

(2)标准卡控点

非转换柱处两接触线垂直、水平间距复核设计要求施工允许偏差±20 mm。两接触线等高处施工允许偏差±10 mm。两接触线水平间距符合设计要求，施工允许偏差±50 mm。接触线非支抬高量应符合设计要求，施工允许偏差±20 mm。非支接触线位于定位管上方时，其对应间隙大于 60 mm。

4. 电连接安装

(1)工艺要求

线夹安装位置要根据温度曲线表确定。电连接安装(图 4-12-35)位置与计算软件的计算位置一致，电连接长度计算，保证弧度合理、美观。电连接线夹安装后，应及时使用直流电阻测试仪测量电阻，电阻值应小于同等长度承导本线的电阻值。

图 4-12-35　电连接安装

①横向电连接安装工艺要求

每锚段安装一处，安装于中心锚结处武汉方向接触线中心锚结线夹侧(距相邻吊弦线夹 500 mm)，硬锚安装于锚段中间(距第二根吊弦线夹 500 mm)；安装位置接触网结构高度 800 mm$\leqslant H \leqslant$1 000 mm 选用 C 形横向电连接，接触网结构高度 $H>$1 000 mm 选用 S 形横向电连接(图 4-12-36)。

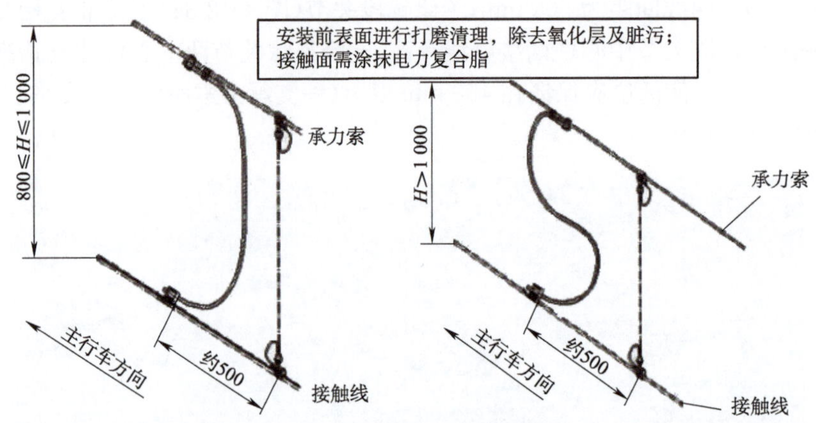

图 4-12-36 横向电连接线安装(单位:mm)

②关节电连接

每个关节安装 4 根,开口侧 2 根,闭口侧 2 根。绝缘关节开关柱处不装关节电连接,只装开关引线;非开关侧开口需装 2 根电连接,闭口侧需装 2 根电连接,分相三腕臂两侧各装 1 根电连接。

(2)标准卡控点

压接时承力索电连接线露出线夹长度为 5～10 mm(压接线夹),接触线电连接线露出线夹长度为 10～20 mm(图 4-12-37)。螺纹卡子均应保证卡子从一端电连接线末端插入后,在另一端露头 1～3 mm。电连接线夹安装处承力索、接触线沟槽、电连接线及线夹内部应打磨及清洁后在零件需要压接的内表面分别均匀地涂一层电力复合脂。电连接处接触线高度应与最近吊弦等高,允许偏差 0～5 mm。接触线吊弦线夹与电连接线夹的中心距离按 500 mm 控制,防止电连接弧度与吊弦相磨。

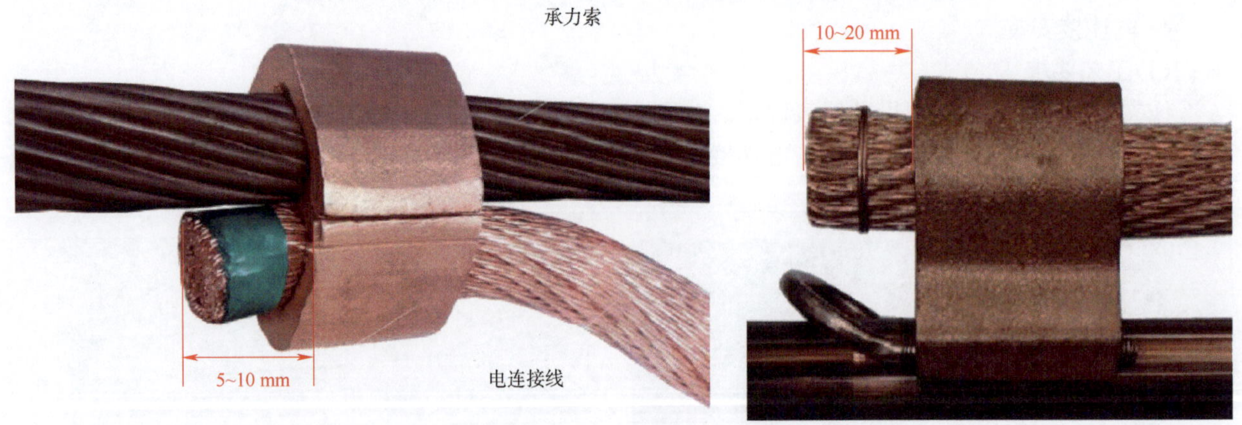

图 4-12-37 电连接安装及压接

十二、设备安装

1. 工艺要求

安装前需详读说明书。分段绝缘器安装位置应符合设计文件要求,连接牢固可靠,受电弓与分段绝缘器的接触面,应与轨面平行。安装后两端接触线应平直、美观。受电弓能平滑通过,无打弓现象,连接螺栓符合力矩要求。调整吊弦尾线盘圈与本线固定牢靠,盘圈靠近承力索侧,盘圈直径 100 mm,连接吊弦反向连接。

2. 标准卡控点

分段绝缘器安装(图 4-12-38)高度允许偏差为±5 mm。为防止紧线器卡线位置受力出现硬弯,紧线器距断线位置距离保证 4 m。受电弓与分段绝缘器的接触面,应与轨面平行。分段绝缘器中心安装位置拉出值 0～100 mm，分段绝缘器本体中心与承力索绝缘子中心、接触线上的安装中心在同一铅锤线上。在安装完成后，承力索和接触线张力、腕臂偏移值、定位器偏移、吊弦偏移及补偿下锚 B 值均保持原参数不变。分段绝缘器的负驰度控制根据安装说明书，一般为 50～70 mm，最小值 20 mm。

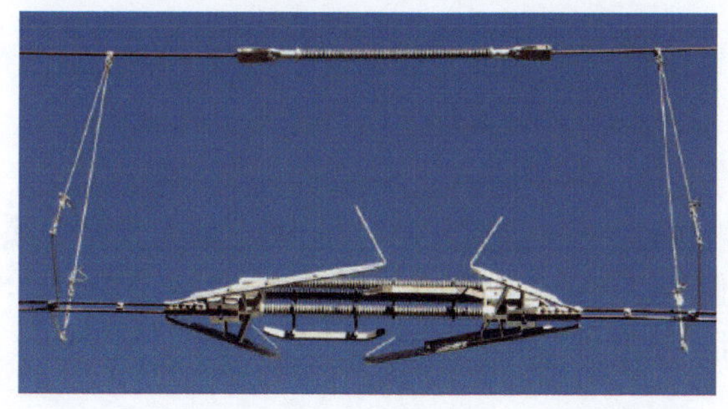

图 4-12-38　分段绝缘器安装

十三、接地及回流引线安装

1. 接地及回流引线安装

(1)工艺要求

吸上线(图 4-12-39)采用两根 VV-1×70 mm^2 的绝缘铜缆上杆采用非磁性抱箍固定，吸上线出入电缆槽时套波纹管防护，用压接式线夹与 PW 线并接，并涂电力复合脂，首个线夹安装位置距支柱 500 mm，两个线夹安装位置相距 300 mm。回流电缆上桥时沿桥墩电缆桥架敷设，有序排列，并按设计要求进行固定，采用非磁性固定件，防止磁路闭合，产生涡流。

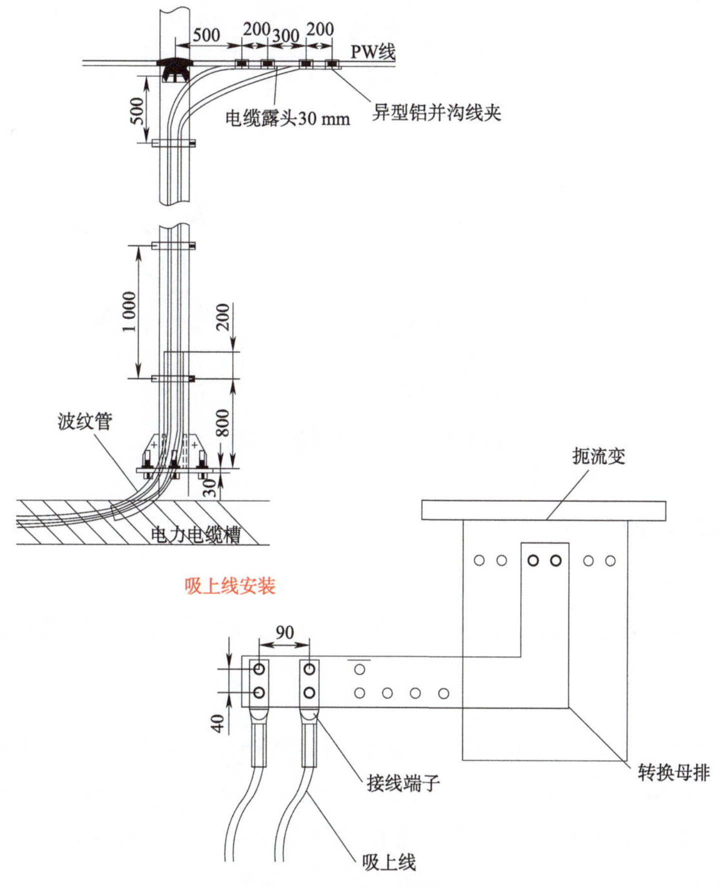

图 4-12-39　吸上线安装(单位：mm)

(2)标准卡控点

接地端子连接采用 VV-1×70 mm^2 绝缘铜缆,两端采用 M16 铜镀锡设备线夹压接。回流电缆在桥上及路基地段与 10 kV 电力电缆同沟敷设,采取物理隔离。吸上线经压接式线夹安装后外露 30 mm,保留线夹两端绝缘外皮。

2. 避雷线接地线安装

(1)工艺要求

保护接地和工作接地均采用接地电缆与接地端子连接。设备接地在支柱凹面内采用抱箍固定。回流电缆进入电缆沟前从支柱基础根部进行开挖,从电缆沟侧面开口进入。路基段先从通信、信号电缆沟 B 墙开槽由水泥槽通过,再进入电力电缆沟。桥梁段从侧面直接进入电力电缆沟时需在混凝土沟开槽,严禁随意破坏电缆盖板。接地方式应满足设备管理及设计单位要求。

(2)标准卡控点

电缆连接后在支柱上安装电缆固定支架,支架安装位置、间距符合设计要求,然后将两根电缆整理顺直,用卡箍依次固定在支架上。波纹管的固定与电缆一致,使用两根波纹管要高度一致,电缆在通过支柱基础时弯度自然,在基础及地面上的固定牢固。每个接地端子最多连接两个线夹,应利用接地预留孔增加接地连接母排,接地母排应位于支柱基础的中间位置。避雷器(图 4-12-40)与开关合架支柱处,避雷器计数器引线应引至 15 m 外接地。

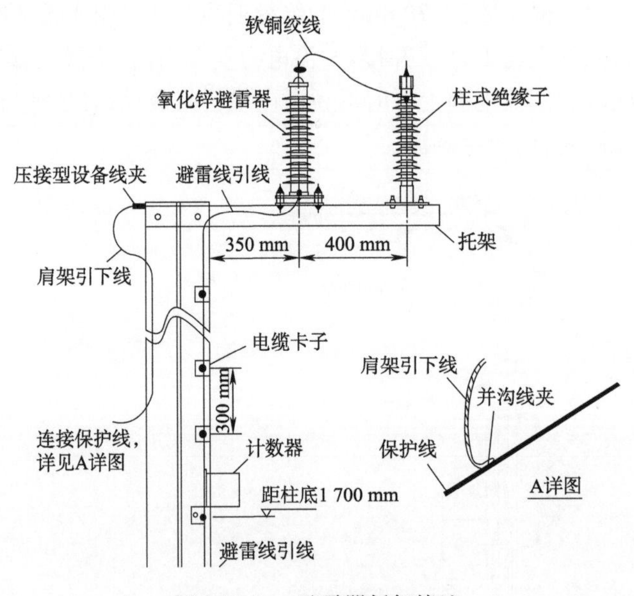

图 4-12-40 避雷器托架接地

十四、高压电缆沿杆安装

1. 工艺要求

电缆弯曲半径满足规范要求。供电线电缆 T、F 线外护套应标识清晰。电缆保护管防火封堵良好、紧密(图 4-12-41)。

2. 标准卡控点

T 线、F 线高压电缆应采用张贴标识进行区分,同时高压电缆外表层每隔 3 米应增加相应标识,以区分每路电源对应电缆。供电线电缆采用非磁性卡箍固定。电缆敷设过程中对电缆外护套采取防护措施,严禁外护套磨损划伤。电缆上杆固定肩架孔距需在设计联络会与开关托架间距尺寸确认。变电所、AT 所采用 3×300 mm 高压电缆,分区所采用 2×300 mm 高压电缆。

十五、供电线通根架设

供电线从出所至上网点采用通根架设(图 4-12-42),减少以前转角处供电线下锚接续,减少供电线断点,实现了运营免维护、少维修。接触网供电线支柱在道路附件应设置防护桩,防护桩尺寸:高 2.5 m(埋深 1.5 m),直径 400 mm,采用高强度混凝土浇筑。

图 4-12-41 高压电缆沿杆安装

图 4-12-42 供电线通根架设

第四节 精品工程

本工程运用接触网腕臂安装机器人、接触网钢支(吊)柱自动化组立装置、吊弦自动标定装置等自动化机械设备,大大减少了人力投入,有效提高了施工智能化、自动化施工水平。

一、接触网腕臂安装机器人

实现供料、腕臂拾取、搬运、对孔、尺寸监测、安装紧固螺母、装配等作业流程全自动,减少高空作业安全风险(图 4-12-43、图 4-12-44)。

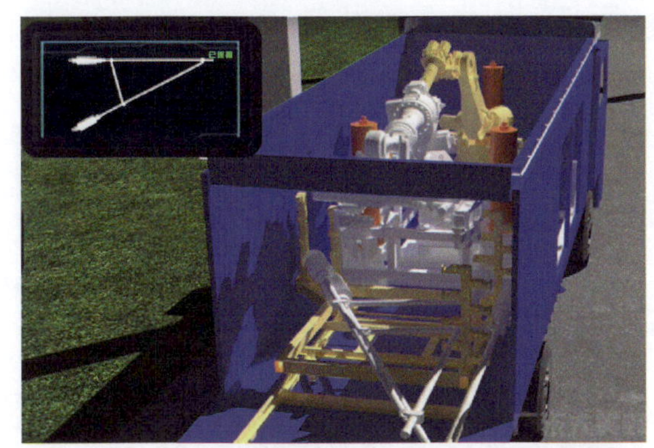

图 4-12-43 接触网腕臂安装机器人概念图

图 4-12-44 接触网腕臂安装机器人实体

二、隧道吊柱安装设备

本设备公铁两用,多自由度机械手臂能够抓取、旋转、安装吊柱。极大地提高工效,减少了高空作业安全风险(图 4-12-45)。

图 4-12-45 隧道吊柱安装

三、接触网钢支(吊)柱自动化组立装置

运用钢支(吊)柱自动化安装车+辅助紧固装置,采用电磁机械臂自动抓举、对位、安装、紧固、记录。做到杆号、杆型匹配,数据实时传输(图 4-12-46)。

图 4-12-46 接触网钢支(吊)柱自动化组立

四、接触线架设(模块化、拼装化机械)

运用恒张力放线车(图 4-12-47)+电动落锚装置(图 4-12-48)。做到全过程张力波动实时记录,自动生成张力曲线图及图表。

图 4-12-47 恒张力放线车

图 4-12-48 电动落锚装置

五、吊弦安装（自动化标位+机械化安装）

采用吊弦自动标定装置（图4-12-49），对吊弦位置进行标定。运用轨行作业平台辅以电动力矩扳手完成吊弦安装。

图4-12-49　吊弦自动标定装置

六、腕臂测量（自动化测量）

运用DJJ-9仪器（图4-12-50），实现自动测量支柱限界、斜率、超高，并实现测量数据自动保存，实时传输（图4-12-51）。

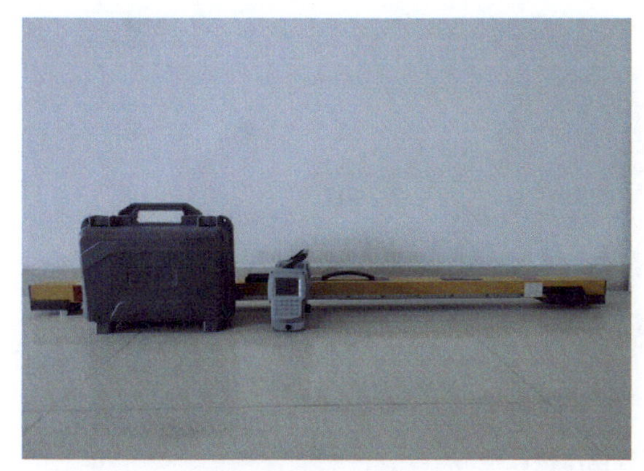

图4-12-50　DJJ-9仪器

图4-12-51　DJJ-9仪器测量

七、吊弦测量（自动化测量）

运用自动测量车，测量承力索高度、跨距、超高，实现数据自动保存，实时传输（图4-12-52）。

八、背负式锂电压接设备

采用背负式锂电压接设备，采用高效环保的锂电电池，背负式设计使施工人员减少50%，操作简单便捷，在确保施工质量安全可靠的同时，有效降低了工程劳动力成本。简捷、方便、高效完成要求采用超高压标准完成的压接工艺（图4-12-53）。

九、数显式电气化接触网弹性吊索安装仪

采用数显式电气化接触网弹性吊索安装仪，通过拉力传感器数字显示方式，安装到位报警提示，达到对弹吊张力有效控制（图4-12-54）。

图 4-12-52 吊弦测量

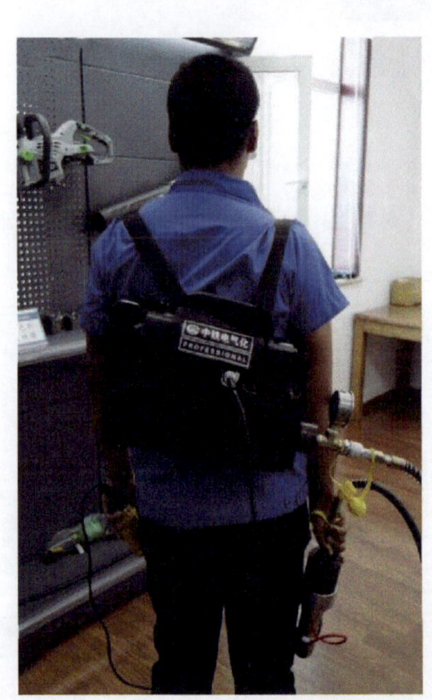

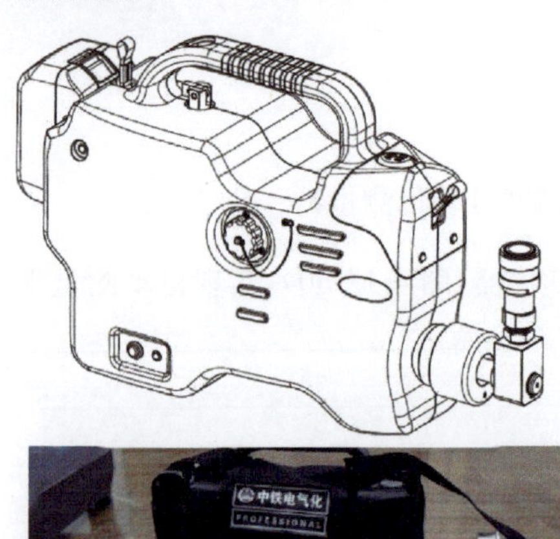

图 4-12-53 背负式锂电压接设备

图 4-12-54 数显式电气化接触网弹性吊索安装仪

十、手推式接触网检测仪

设备可在轨道上推行行走及实现自动测量功能，有效降低了工作人员劳动强度、提升了测量稳定性及工作效率，同时该设备解决了现有大型接触网检测车占用行车区间的重大难题。可对整体结构状态进行检测分析，生成调整报表，准确地反映接触网的结构状态，给出质量的综合评价，为接触网的调整提供科学依据，提高接触网运行监测的质量和效率。

十一、4C 检测（自动化检测）

运用 4C 检测车（图 4-12-55），检测现场导高、拉出值、异物检测并生成波形图（图 4-12-56）。

图 4-12-55　4C 检测车

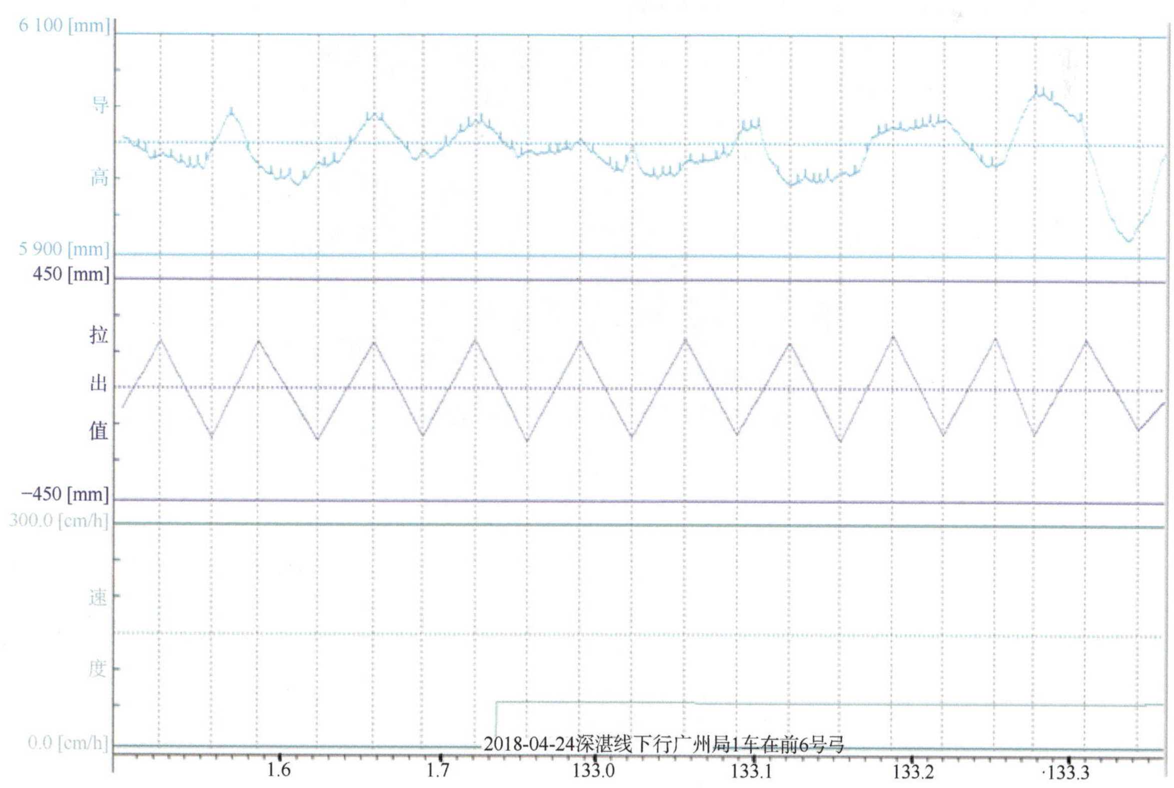

图 4-12-56　检测车生成波形图

十二、隧道槽道自动智能测量系统

实现了高空中的作业机械代替了人工,升降台采用程序化自动控制,全程自动化展开测量平台,自动收缩与变位,从而大大提高了检测效率,减少了人工;数据采用图像与数据报表并存,并自动重构分析,对每个要求的数据都准确的记录,可供随时检索,保证了数据的可追溯性;操作人员在驾驶室中操作;劳动强度小,提高了安全性;全套系统采用自动化操作,简单易用,避免人员直接在恶劣的工况条件下作业(图 4-12-57)。

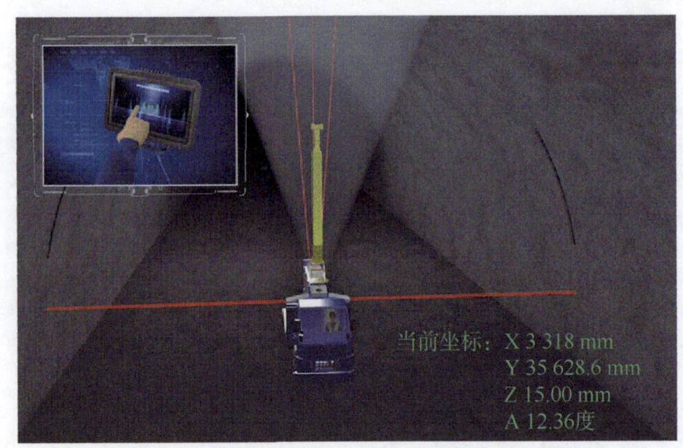

图 4-12-57 隧道槽道自动智能测量系统

十三、接触网基础检查装置

自动快速测量接触网支柱基础及地脚螺栓的数据,代替传统人工作业,测量数据规范统一,自动上传,实时可追溯,数据监测更翔实,提高精度,极大地减轻了人工劳动强度(图 4-12-58)。

图 4-12-58 接触网基础检查

第十三章 综合接地系统

综合接地系统就是全线贯通综合地线，利用它将各种接地有机、合理地结合起来，并处理好它们之间的相互影响，保证高速铁路各系统、各设备之间实现等电位连接。综合接地系统主要由贯通地线、接地体、横向连接线、分支引接线、接地端子组成。系统以沿线两侧分别敷设的贯通地线为主干，充分利用沿线路基、桥梁、隧道、无砟轨道地段构筑物设施内的接地装置作为接地体。

第一节 工程概况

一、综合接地范围

赣深铁路新建正线、联络线均采用综合接地系统。

二、综合接地总体设计原则及要求

(1)综合接地系统设计符合《铁路防雷及接地工程技术规范》(TB 10180—2016)的有关规定，参照《铁路综合接地系统》(通号(2016)9301)通用参考图实施。

(2)综合接地系统以沿线两侧敷设的贯通地线为主干，充分利用沿线桥梁、隧道、路基地段构筑物设施内的接地装置作为接地体，形成低阻等电位综合接地平台。

(3)接触网支柱、距接触网带电体 5 m 范围以内的金属结构物和电气设备接入综合接地系统。

(4)距贯通地线两侧 20 m 范围以内的铁路建筑物、构筑物的接地装置应与综合接地系统等电位连接。

(5)不便与铁路综合接地系统等电位连接的第三方设施(路外公共建筑物、公共电力系统、金属管线等设施)必须采取可靠的隔离或绝缘等措施。

(6)贯通地线的选用应耐腐蚀并符合环保要求，并满足《铁路贯通地线》(TB/T 3479—2017)，其敷设采取相应防护措施。

(7)综合接地系统接地端子处的接地电阻不应大于 1 Ω。

(8)桥梁、隧道、无砟轨道、接触网支柱基础等结构物内的接地装置应优先利用结构物中的非预应力结构钢筋作为自然接地体；当没有结构钢筋可以利用时，增加专用的接地钢筋；当自然接地体的接地电阻达不到要求时应增加人工接地体。预应力钢筋不应接入综合接地系统。

(9)构筑物内兼有接地功能(含连接)的结构钢筋和专用接地钢筋应满足直径不小于 16 mm。当构筑物内兼有接地功能(含连接)的结构钢筋的截面不满足要求时，可将相邻的二根钢筋并接使用(无须改变钢筋的间距)或局部更换直径为 16 mm 的钢筋。

(10)结构物内的接地钢筋之间均要求可靠焊接，保证电气连接。

(11)电力及电力牵引供电等强电设备、设施接地连接线不得进入通信信号电缆槽内。

(12)接地装置应通过结构物内预埋的接地端子与贯通地线可靠连接。接地端子应直接浇筑在混凝土结构内，表面与结构面齐平。

(13)在接地端子处、构筑物内接地钢筋上设置接地系统构件标识。

第二节 路基、桥梁、隧道综合接地系统

一、路基综合接地系统

(一)综合接地贯通电缆的埋设

1. 路基面碾压平整

路基基床底层A、B组填料按正常填筑工艺施工至轨面设计高程下约1.75 mm时，进行路基面的碾压平整，检测合格。

2. 测量定位

在路基面上测设纵向贯通地线埋设位置，撒白灰标识。

3. 成槽

沿白灰线用切割机械或人工以锹、镐等小型工具在填筑面开挖出深约200 mm、宽约200 mm的小槽。清除槽内虚渣及碎石块等坚硬凸出物，达到设计高程且平整无突变起伏，满足铺设贯通地线的要求。

4. 铺设细粒土

在槽内铺设100 mm厚、粒径不大于5 mm的细粒土(或细砂)垫层。

5. 铺设贯通地线

贯通地线敷设采用电缆支架，人力拉引。贯通地线接续原则上除配盘长度外不得出现人为接头，贯通地线端头接续处裸铜导体进行密封防腐处理。

6. 分支引接线及横向连接线的埋设

贯通地线敷设完成后，每隔50 m左右(接触网支柱基础位置)、1 000 m左右(电力电缆槽内设有接地端子处)及公跨铁、人行天桥处引出一根分支引接线。分支引接线和横向连接线与贯通地线的型号、规格相同，引接线和横向连接线与贯通地线用C形连接器以压接方式连接，压接采用12T的专用压接钳。

7. 直通贯通地线接头连接法

(1)将需要接续的贯通地线端头进行修复平整处理，然后将外护层剥去100 mm左右。选择与贯通地线相配备的两只C形铜接头和配套压模。

(2)配备的C形铜接头放入液压钳中固定，把需要接头的两端贯通地线插入C形铜接头的凹槽中，伸出铜接头外10 mm左右。

(3)对接续好的贯通地线进行防水防腐处理，采用FSJD复合绝缘防腐自黏胶带进行螺旋缠绕，螺旋缠绕每圈叠压2/3，按顺、逆方向重复2次缠绕，以保证紧密裹包在接头处的贯通地线上。

8. 分支贯通地线接头T形连接法

(1)将需要接续的主干线贯通地线端头用刀片剖开外护层长度大约100 mm，把需要接续的支线端头剖开同样100 mm左右，并且进行修复平整处理。选择与贯通地线相配备的两只C形铜接头和配套压模。

(2)配备的C形铜接头放入液压钳中固定，把需要接头的两端贯通地线插入C形铜接头的凹槽中，伸出铜接头外10 mm左右，两只C形铜接头间距在40～50 mm。

(3)对接续好的贯通地线进行防水、防腐处理，采用FSDJ复合绝缘防水胶带进行螺旋缠绕，螺旋缠绕每圈叠压2/3，按顺、逆方向重复2次缠绕，以保证紧密裹包在缆芯上。

(4)回填土：贯通地线及分支引接线、横向连接线敷设完后，回填100 mm厚、粒径不大于5 mm的细粒土(或细砂)，人工用小型冲击夯夯实。

(5)保护层施工：在夯实完成后，再在贯通地线位置上部铺设不小于100 mm厚、粒径不大于5 mm的细粒土。用压路机碾平压实，进行正常的路基填筑施工。

(二)接地电阻测试

贯通地线埋设后，进行接地电阻测试，确保综合接地系统的接地电阻不大于1 Ω，并填写相关检验批资料。电阻测试按500 m检测一点。路基地段贯通地线接地电阻测试采用ZC系列接地电阻测试仪，采用直线布极法和三角形布极法。测试应注意：单体接地电阻测试值设计要求不大于4 Ω，困难地段不大于

10 Ω；贯通地线接地电阻测试值不大于 1 Ω。

二、桥梁综合接地系统

桥梁综合接地系统主要包括桥墩内接地钢筋安装、墩底墩顶端子安装、梁内综合接地钢筋安装、贯通地线敷设等。

(一)桥墩内综合接地施工

1. 桩基础桥墩接地设置

(1)接地钢筋设置

在每根桩中应有一根通长接地钢筋，桩中的接地钢筋在承台中应环接。桥墩中应有两根接地钢筋，一端与承台中的环接钢筋相连，另一端与墩帽处的接地端子相连。

(2)接地端子设置

每个桥墩的墩帽顶部左右侧设置 2 个。

2. 明挖基础桥墩接地设置

(1)接地钢筋设置

在基底底面设一层钢筋网作为水平接地极，水平接地极应布满基底底面；钢筋网格间距宜按照 1 m×1 m 设置，中部十字交叉的两根钢筋上的网格节点要求施以 L 形焊接，外围钢筋应闭合焊接，其他节点绑扎；水平接地极钢筋网格的外缘距承台混凝土底面不大于 70 mm；桥墩中应有两根接地钢筋，一端与基底水平接地极(钢筋网)中的钢筋相连，另一端与墩帽处的接地端子相连。以上接地钢筋均可用桥墩中的结构钢筋代替；桥墩承台混凝土浇筑前进行接地电阻检测并记录。

(2)接地端子设置

每个桥墩的墩帽顶部左右侧设置 2 个接地端子。

3. 桥台接地设置

(1)接地钢筋设置

墩体(耳墙、胸墙)内均需设置接地钢筋，参照桩基础桥墩或明挖基础桥墩接地钢筋设置要求实施，桥台面接地钢筋参照箱梁梁体的接地钢筋设置要求实施；应在桥台上表层(或保护层)设纵向接地钢筋，纵向接地钢筋设于防护墙下部及上、下行无砟轨道板间的 1/3 和 2/3 处，并纵向贯通整个桥台。轨道板间的纵向接地钢筋距混凝土表面的距离应小于 100 mm；接地钢筋应优先利用结构物中的非预应力结构钢筋，原则上不再增加专用的接地钢筋。兼有接地功能(含连接)的结构钢筋和专用接地钢筋截面应满足接触网最大短路电流要求。施工时应对接地钢筋做出标识，便于检查。所有接地钢筋间的连接均应保证焊接质量。

(2)接地端子设置

接地端子均采用桥隧形接地端子；胸墙接地端子的设置参照桥墩接地端子设置要求实施。

(二)梁内综合接地施工

1. 预制箱梁接地设置

(1)接地钢筋设置

无砟轨道预制箱梁接地设置应采用梁端的竖向接地钢筋与梁底的接地端子连接，在梁体上表层(或保护层)设纵向接地钢筋，纵向接地钢筋设于防护墙下部及上、下行无砟轨道板间的 1/3 和 2/3 处，并纵向贯通整片梁，在距梁端小里程方向 75 cm 处利用横向结构钢筋与竖向和纵向接地钢筋连接，在防护墙处纵向接地钢筋每隔 2 m 预留引上接地钢筋。

有砟轨道预制箱梁接地设置应采用梁端的横向结构钢筋作为接地钢筋并与梁底的接地端子连接，道砟厚度小于 0.3 m 的梁体上，表面适当位置处应设纵向接地钢筋，上下行间纵向接地钢筋距混凝土表面的距离应小于 100 mm。纵向接地钢筋与梁端的横向结构钢筋连接，实现两侧贯通地线的横连。

(2)接地端子设置

无砟轨道预制箱梁接地设置每孔梁的小里程方向侧设置接地端子 8 个，分别设置在线路两侧的通信信号电缆槽、防护墙、声屏障处桥面 6 个,以及桥梁的底部 2 个。梁面、梁底接地端子距梁端 75 cm、梁底接地端子距梁体中心线 100 cm,防护墙接地端子设置高度,距防护墙底部 15 cm。

无砟轨道预制箱梁接地设置每孔梁的起点侧设置接地端子 8 个,分别设置在线路两侧的通信信号电缆槽、防护墙、声屏障处、桥面 6 个,以及桥梁的底部 2 个。梁面、梁底接地端子距梁端 75 cm、梁底接地端子距梁体中心线 100 cm,防护墙处接地端子设置高度距防护墙底部 15 cm。

2. 无砟轨道现浇连续箱梁综合接地设置

(1)接地钢筋设置

参照预制箱梁综合接地设置。

(2)接地端子设置

参照预制箱梁接地端子设置。

3. 声屏障接地设置

(1)接地钢筋设置

整体式预制混凝土声屏障是每个单元板顶部设置纵向接地钢筋,并贯通整个单元板;在竖墙内设置贯通整跨梁的纵向接地钢筋。每个单元板上部纵向接地钢筋通过混凝土结构内的非预应力结构钢筋与竖墙内的纵向接地钢筋焊接。插板式声屏障是在竖墙内设置贯通的纵向接地钢筋,并与每个声屏障金属立柱的锚栓焊接。

(2)接地端子设置

整体式预制混凝土声屏障是在每跨梁声屏障的起点侧(与梁体起点侧接地端子相对应)预制一个接地端子,并与竖墙内纵向接地钢筋焊接。声屏障接地装置通过起点侧预留的接地端子与桥梁体预留的接地端子实现单点 T 形连接。

插板式声屏障是在每跨梁声屏障的起点侧(与梁体起点侧接地端子相对应)预制一个接地端子,并与竖墙内纵向接地钢筋焊接。

三、隧道综合接地系统

1. 洞身综合接地

(1)从隧道进口 2 m 处开始,在隧道两侧通信信号沟沟底每 100 m 分别设置 1 个桥隧型接地端子,用于隧道接地装置与贯通地线的连接。

(2)从隧道进口 2 m 处开始,在隧道两侧通信信号沟壁靠线路侧每 100 m 分别设置 1 个桥隧型接地端子,用于轨旁信号设备及其他设施接地的接地端子(图 4-13-1)。

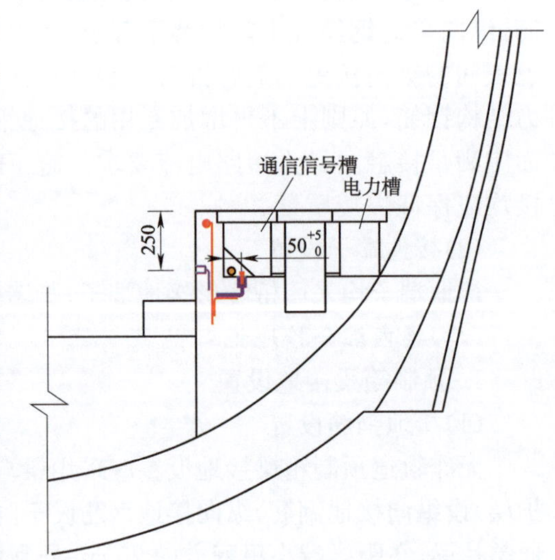

图 4-13-1 隧道槽底和侧壁接地端子布置(单位:mm)

(3)Ⅱ级围岩有底板钢筋及隧道明洞地段,可利用隧道底板下层的结构钢筋网作为接地体。底板接地钢筋网按照 1 个衬砌台车位的长度(12 m)计算,间隔 1 个台车位设置 1 处,其中中部十字交叉的钢筋为连接钢筋,截面应符合接触网最大短路电流的规定,其余可利用结构钢筋。

(4)利用Ⅲ、Ⅳ、Ⅴ级围岩支护的锚杆、钢架、钢筋网片的段落作为接地体;初期支护没有钢拱架或钢筋网片的围岩隧道段落,利用锚杆和专用环向接地钢筋作为接地体。专用环向接地钢筋按 1 个衬砌台车位设置,锚杆环向间距为 2 根锚杆的长度,接地锚杆、钢架、钢筋网片或专用环向接地钢筋间均应焊接。

隧道内的锚杆接地体、二次衬砌的接地钢筋等接地装置均应通过连接钢筋与两侧电缆槽靠线路侧外缘的纵向接地钢筋连接。

(5)二次衬砌接地钢筋用于预埋接触网槽道基础的接地体。

①利用二次衬砌的内层纵、环向结构钢筋作为接地钢筋。

②接触网线垂直向上在拱顶的投影线两侧以 0.5 m 为间隔,各选 3 根纵向结构钢筋作为接地体钢筋。

③在隧道两侧水沟电缆槽盖板上 1.5 m 处的位置,以 1 m 为间隔,选择纵向结构钢筋作为接地钢筋。

④在每个台车位中部选 1 根环向结构钢筋作为环向接地钢筋,并与接触网吊柱弧形基础或接地端子焊接;环、纵向接地钢筋之间焊接;纵向接地钢筋在作业段之间可不连接。

⑤每个作业段内的环向接地钢筋通过连接钢筋与两侧通信信号槽靠线路外缘的纵向接地钢筋连接。

⑥二次衬砌中无结构钢筋地段,按“赣深隧参 01-40、41”施工。

⑦在隧道进出口及隧道内每 500 m 在隧道拱部二次衬砌内测轨面以上 6 m 处设置 2 个接地端子(左右各 1 个),并与环向接地钢筋焊接。

⑧在仰拱填充层内间隔 1 个台车位,设置 1 处钢筋网作为隧道接地体,设置在道床以下 30 cm。每个台车位的隧道接地体应通过连接钢筋与两侧电缆槽靠线路侧外缘的纵向接地钢筋连接。

仰拱填充钢筋网接地体系:隧道底板及有仰拱填充地段钢筋网接地如图 4-13-2 所示。

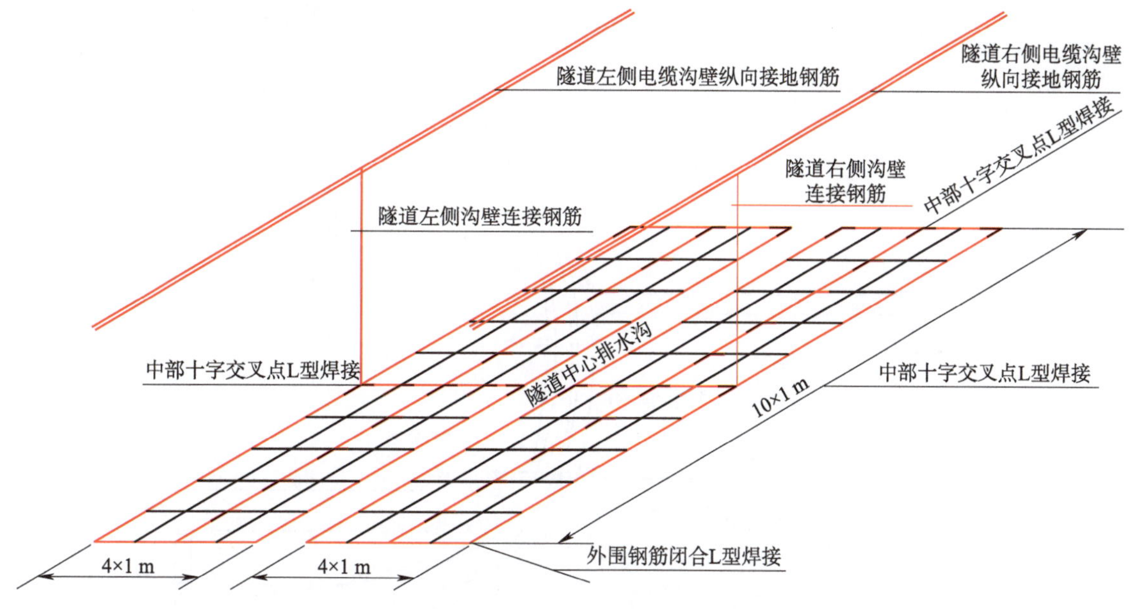

图 4-13-2 隧道底板及有仰拱填充地段钢筋网接地示意

L 形钢筋焊接要求:接地交叉点焊接采用 ϕ14 mm 或 ϕ16 mm 的 L 钢筋进行焊接,焊接长度及焊缝厚度应符合相关要求。接地钢筋采取双面焊接,搭接长度不小于 55 mm,焊缝厚度不小于 4 mm;接地单面焊接,搭接长度不小于 100 mm,焊缝厚度不小于 4 mm。搭接焊应符合。

2. 隧道附属洞室接地

综合洞室接地如图 4-13-3 所示。

(1)隧道综合洞室接地系统主要为专用洞室和变压器洞室,洞室内设置的接地端子及接地钢筋形式基本相同,高程相同。

(2)在每个专用洞室、变压器洞室两侧 1 m 范围内设置 2 根环向接地钢筋与初期支护锚杆接地体连接;洞室两侧墙壁下部设置 2 个接地端子,供洞室设备、设施接地。

(3)接地端子应通过连接钢筋与两侧电缆槽靠线路外侧的纵向接地钢筋连接。

3. 斜切式洞门接地

斜切式洞门接地钢筋如图 4-13-4 所示。

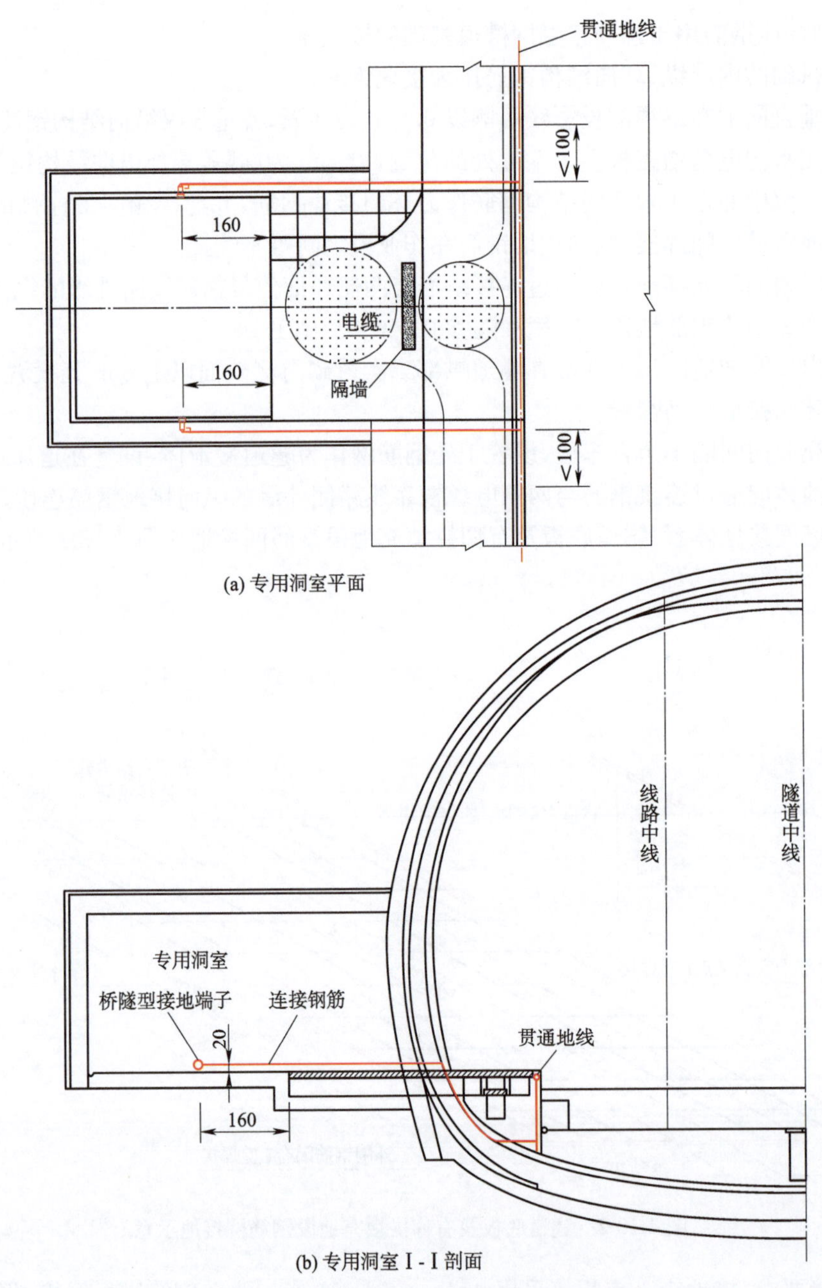

(a) 专用洞室平面

(b) 专用洞室 I - I 剖面

图 4-13-3　综合洞室接地示意(单位:cm)

(1)贯通地线敷设在通信信号槽内底脚,利用二次衬砌环向接地钢筋,接至电缆槽靠近线路侧的纵向接地钢筋上。

(2)明洞部分在二次衬砌内设置纵、环向接地钢筋,设置要求与洞身相同。

(3)隧道减压孔附近应设置 1 根环向接地钢筋,并与减压孔钢筋网焊接。

(4)斜井口应设置接地端子,设置位置有待与设计进一步沟通。

4. 安装工艺流程

隧道接地综合接地安装工艺流程如图 4-13-5 所示。

5. 施工技术要求

(1)接地端子埋设

①接地端子直接浇筑在电缆槽、二次衬砌混凝土内,拆模后的接地端子面应与混凝土面齐平或高出不大于 5 mm。

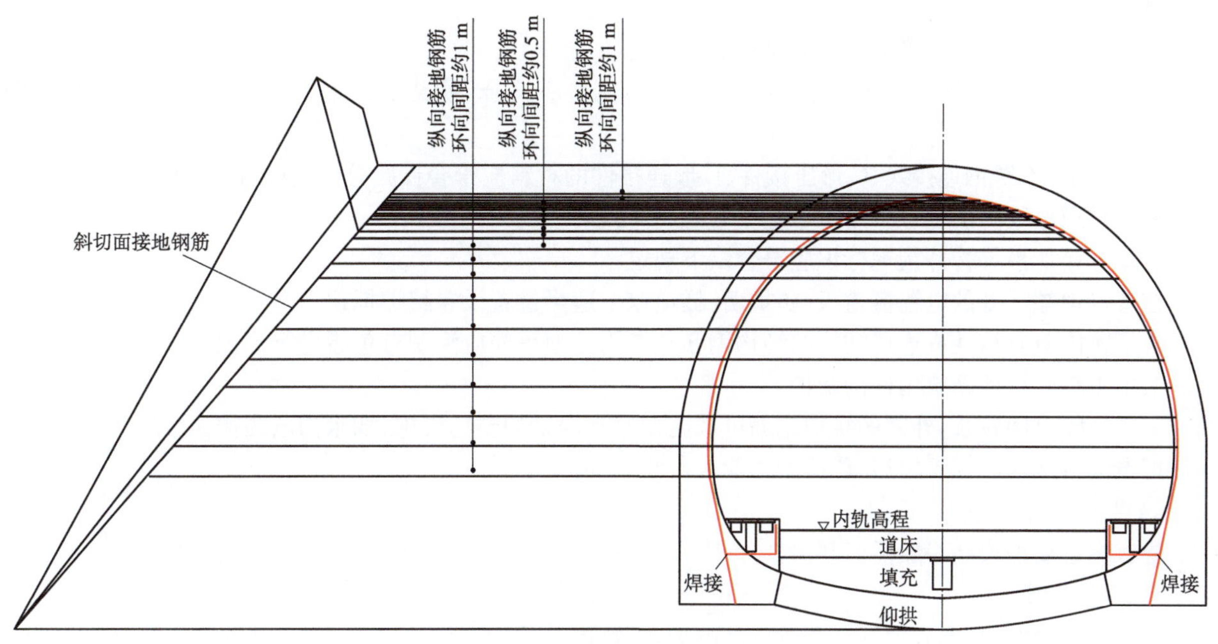

图 4-13-4 斜切式洞门接地钢筋示意

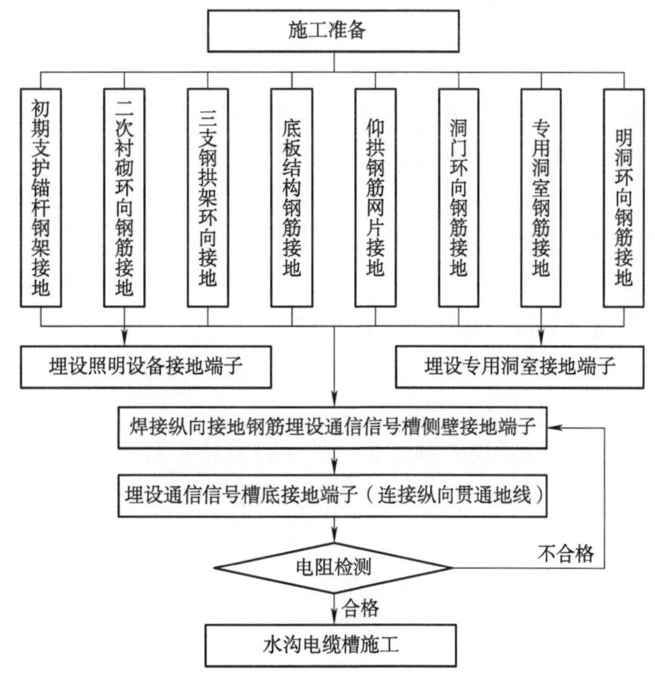

图 4-13-5 隧道接地综合接地安装工艺流程

②施工后的接地端子孔塞应完整，端子孔内无异物堵塞。

③构筑物内兼有接地或连接功能的结构钢筋、专用接地钢筋规格应符合下列规定：

接触网短路电流不大于 25 kA 时，钢筋截面不应小于 120 mm 或直径不小于 14 mm。

接触网短路电流大于 25 kA 时，钢筋截面不应小于 200 mm 或直径不小于 16 mm。

当结构钢筋的截面不符合要求时，可将相邻的 2 根钢筋并接使用，或局部更换直径为 14 mm 或 16 mm 的钢筋。

④结构物内的接地钢筋之间均要求可靠焊接，保证电气连接。如没有注明要求的结构钢筋应按土建

工程要求施工。

⑤综合接地系统通用接地材料应符合下列规定：

贯通地线、分支引接线及横向连接线的材料及规格应符合《铁路贯通地线暂行技术条件》(TJ/DW 142)的规定。

接地端子、不锈钢连接线、C形压接件、L形连接件的材料应符合铁路总公司的有关规定。

外露贯通地线防护软管采用阻燃绝缘尼龙12套管。

⑥综合接地系统构件接地标识应符合以下规定：

在有接地端子处的电缆槽盖板、防护墙、隧道壁上适当位置设置接地标识。

构筑物内兼有接地或连接功能的结构钢筋及专用接地钢筋应涂刷有色漆进行标识。

⑦施工期间接地系统构件的防护：

工序间隔时间较长，外露的接地钢筋可采用刷涂水泥浆的防锈措施，如水沟电缆槽。

埋设的接地端子标识之后，应提醒作业人员注意保护。

6. 劳动力、机具配置

隧道综合接地安装一般需劳动力3～5人。施工主要机具电焊机1台，钢筋切割机1台。

7. 注意事项

(1)施工前相关技术人员仔细阅读设计图纸，了解设计意图和设计要求，必要时邀请设计单位进行技术交底。

(2)应根据二次衬砌台车的长度(施工缝)、变形缝、附属洞室对预埋接地端子的影响，根据隧道长度及构筑物确定锚杆钢架、二次衬砌钢筋、底板钢筋、填充钢筋网片、洞室等接地端子的里程，提前做好规划。

(3)责任划分

①指挥部工程部负责隧道接地端子、贯通地线、接地钢筋及测试仪器等材料的采购计划，负责一级技术交底，统一指导隧道综合接地系统的业务指导。

②工区总工/副总工负责落实现场施工，进行二次交底，督促洞口工程师编制所属管段的接地端子的里程、数量，复核后上报指挥部工程部核对。

③工区洞口工程师将编写好的接地端子里程，置于醒目位置，督促架子队技术员向作业人员进行三次交底，并负责接地端子埋设、贯通地线及接地钢筋的焊接。

④在浇筑二衬及水沟电缆槽混凝土之前，工区要与架子队工程师对贯通地线的接地电阻值进行测试，电阻值应不大于1 Ω，如电阻值超标不得浇筑混凝土。

⑤工区总工/副总工负责对接地系统的测试数值的统计及检查验收，发现问题及时处理。

第十四章　防灾安全监控工程

第一节　工 程 概 况

一、工程范围

正线及车站站线（下行 K2063＋208.566～K2360＋234.000，上行 K2063＋208.566～K2360＋234.000）；

深圳动车所二场及动车走行线（二场 K0＋722.74～K3＋000.03；动走 C 线 K0＋000.00～＋713.41；动走 D 线 K0＋000.00～K0＋722.74）；

莞塘深联络线（下行 K0＋000～K2＋070.73，上行 K0＋000.00～K2＋314.31）；

莞塘广联络线（下行 K0＋000.00～K2＋040.43，上行 K0＋000.00～K1＋844.23）、阳深联络线（上下行 K0＋000.00～K6＋962.904）；

阳深疏解线（K0＋807.915～K3＋790.779）；

广深Ⅰ、Ⅱ线改线（广深 K105＋500～K107＋700）；

笋岗动车走行线。

二、主要技术标准

铁路等级：高速铁路；

设计行车速度：350 km/h；

正线数目：双线；

正线线间距：5.0 m；

最小平面曲线半径：一般地段 7 000 m，困难地段 5 500 m；

最大坡度：一般地段 20‰，困难地段 30‰；

到发线有效长度：650 m；

列车运行控制方式：自动控制；

调度指挥方式：综合调度集中；

最小行车间隔：3 min。

三、主要工程量

防灾电缆敷设 79 km，风雨现场控制箱安装 61 处，风速仪安装配线 42 处，雨量计安装配线 18 处，异物监测安装配线 1 处，地震仪安装配线 6 处，监控单元安装调试 53 站，防灾中心设备安装接入 1 系统。

第二节　主要施工方案

一、主要工期节点

2020 年 5 月 8 日赣深铁路广东段四电系统集成工程主要人员进场，2020 年 6 月 28 日开工，2021 年 1 月 10 日开始室内设备安装，2021 年 1 月 15 日开始进行光电缆敷设，2021 年 3 月 5 日完成首件工程验收，2021 年 7 月 1 日开始静态验收，2021 年 8 月 15 日完成静态验收，2021 年 8 月 16 日正式开始联调联试,2021年10月29日正式开始试运营,2021年11月13日完成初步验收,2021年11月20日完成安全评估,2021年11月30日达到开通运营条件。

2020年5月8日主要人员进场,参加建设单位组织的赣深铁路广东段站后四电及信息客服工程施工图设计技术交底会,对前期预留工程施工调查,进行项目部、分部选址,标准化整章建制,施工准备等。2020年6月4日完成赣深铁路广东段四电标铁路工程管理平台信息化工作培训工作。2020年6月12日完成赣深铁路广东段通信、信号、信息客服工程集成甲供物资技术规格书审查会。

二、施工组织

1. 工程实施原则

全面贯彻落实铁路建设要求,围绕质量、安全、工期、投资、环保、文明施工、技术创新等方面的目标要求,坚持安全第一、质量至上原则,以控制工程为重点,以科学管理为保障,以经济合理为基准,全面实施标准化管理;安全、优质完成建设任务。

2. 项目施工组织

针对本工程的规模和特点,以及站后四电工程中重难点工程的分布情况,满足建设单位对整个工程的总体布局,在深圳市龙岗区设立中国铁路通信信号股份有限公司赣深弱电集成项目经理部(以下简称项目部)。项目部设置7个职能部门:工程管理部、技术管理部、安质环保部、物资设备部、商务管理部、计划财务部、综合管理部,在龙川、惠州、深圳设置3个综合工区、12个施工作业队和1个中心料库,规定相应的职权范围,保证项目管理有序、有效地运转。将本工程划分成三个施工区段:

一工区负责赣粤省界至河源东(不含)(DK133+893～DK277+280)通信工程施工及设备的安装、调试。

二工区负责河源东(含)至塘厦(含)(DK277+280～DK408+050)通信工程施工及设备的安装、调试。

三工区负责塘厦(不含)至深圳枢纽(DK408+050～深圳枢纽)通信工程施工及设备的安装、调试。

各工区下设作业队、材料场(临时料库)。

3. 工期保证措施

项目部抽调参加过多次类似高速铁路工程施工的优秀管理人员组成精干高效的现场指挥机构,抽调曾多次参加高速铁路工程施工经验的专业队伍承担本工程的施工,并成立保证施工工期领导小组,确保本工程施工工期的实现。

加强施工管理,合理增加投入;发挥机械化施工优势,全力保障施工生产;搞好对外关系,确保施工生产顺利进行;抓好资金管理,确保资金投入;科学组织,加强协作。全方位保证工程建设工期,严密组织,多工作面平行交叉流水施工。确保原材料的供应、保证机械设备的提前到位,以满足工程进度的需求。

第三节　系统技术方案

一、灾害监测系统总体构成

灾害监测系统对高速铁路沿线风、雨、雪、地震及上跨铁路的道路桥梁的异物侵限进行有效、准确、实时监测,为调度指挥及维护管理提供报警、预警信息,有效防止或减少灾害对高速铁路列车运行安全的影响。结合本段线路气象、地质条件,本段灾害监测系统对沿线的风、雨、雪、上跨铁路的道路桥梁的异物侵限和地震进行监测报警。灾害监测系统包括风、雨、雪及异物侵限监测系统和地震预警监测系统。

灾害监测系统采用铁路局中心系统、现场监测设备两级架构,灾害监测系统总体架构如图4-14-1所示。

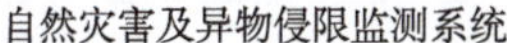

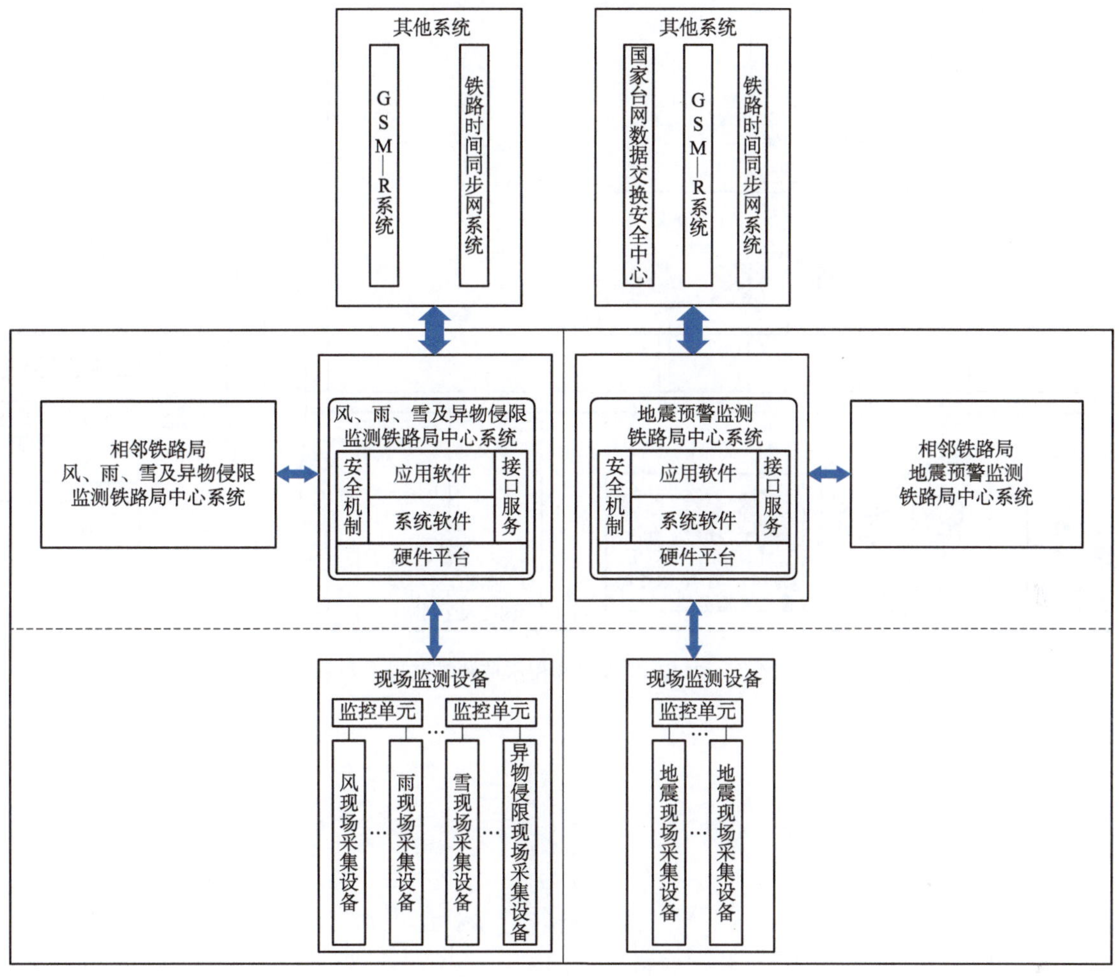

图 4-14-1 灾害监测系统总体架构

二、铁路局中心系统

1. 概述

本工程沿线灾害监测数据按接入广州局集团公司中心系统，中心系统包括风、雨、雪及异物侵限监测铁路局中心系统和地震预警监测铁路局中心系统。

2. 风、雨、雪及异物侵限监测铁路局中心系统

(1)风、雨、雪及异物侵限监测铁路局中心系统组成及主要功能

主要包括信息处理平台、监测终端、网络及安全设备、时间同步设备等。风、雨、雪及异物侵限监测铁路局中心系统构成如图 4-14-2 所示。

风、雨、雪及异物侵限监测铁路局中心系统应具备风、雨、雪及异物侵限监测的实时监测、数据过滤、报警、数据统计查询、设备状态监测、系统管理等功能。

(2)接入风、雨、雪及异物侵限监测铁路局中心系统方案

风、雨、雪及异物侵限监测铁路局中心系统方案如图 4-14-3 所示。

本段风、雨、雪及异物侵限监测信息按接入广州局集团公司风、雨、雪及异物侵限监测路局中心系统设计。接入时对中心系统进行相应改造。

①信息处理平台

本段利用广州局集团公司风、雨、雪及异物侵限中心系统设置的信息处理平台设备，增加双套应用/通

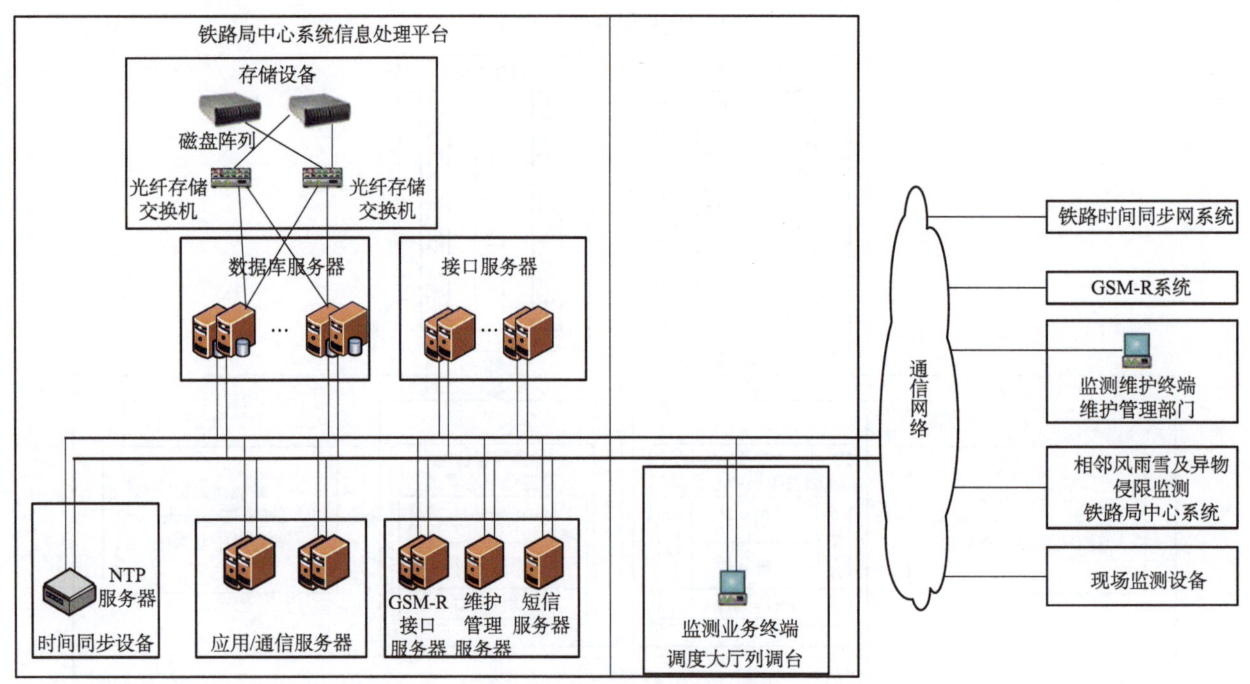

图 4-14-2　风、雨、雪及异物侵限监测铁路局中心系统

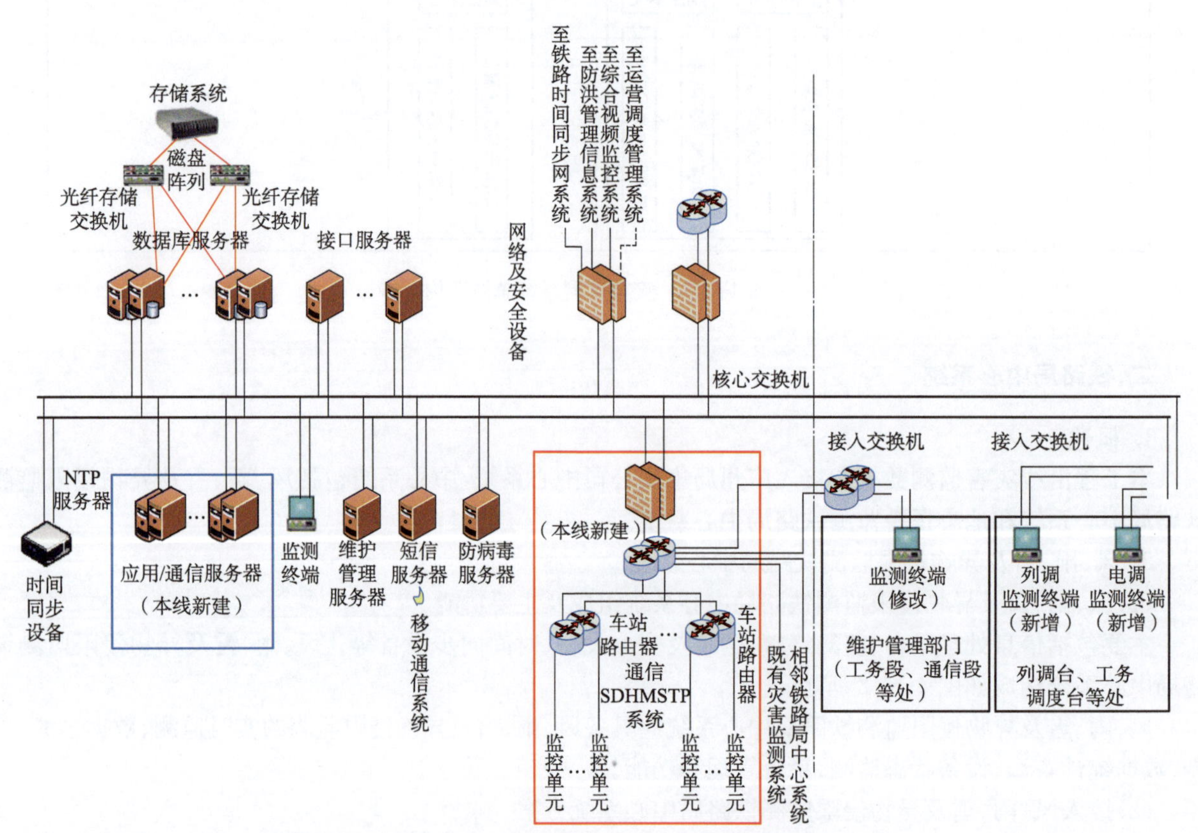

图 4-14-3　风、雨、雪及异物侵限监测铁路局中心系统方案

信服务器，负责处理本线沿线监测点信息，并对铁路局中心的其他服务器软件进行适应性修改。

②网络及安全设备

利用铁路局中心系统设置的既有核心交换机、核心路由器、防病毒服务器等，对配置进行修改。

③时间同步设备

利用铁路局中心系统设置的既有时间同步设备，实现本线现场监测设备与铁路局中心系统的时间同步。

④监测终端

本工程需在新建的赣深列调台新设监测业务终端 1 台。

本工程需对广州局集团公司工务调度台、广州南高铁工务段、惠州工务段、广州通信段监测维护终端软件进行修改。

3. 互联互通方案

南昌局集团公司昌吉赣行调二台与广州局集团公司赣深台灾害监测终端实现互联互通显示。本线昌吉赣行调二台与赣深调度台分界里程为 DK129＋556(定南西上行进站信号机)，风监测点(DK128＋392，DK134＋617)，雨量监测点(DK114＋550，DK129＋900)，雪深监测点(DK116＋600，DK131＋700)报警信息需互联互通。

三、地震预警监测铁路局中心系统

1. 地震预警监测铁路局中心系统组成及主要功能

地震预警监测铁路局中心系统设置服务器、存储设备、监测终端、网络及安全设备、时间同步设备等。地震预警监测路局中心系统构成如图 4-14-4 所示。

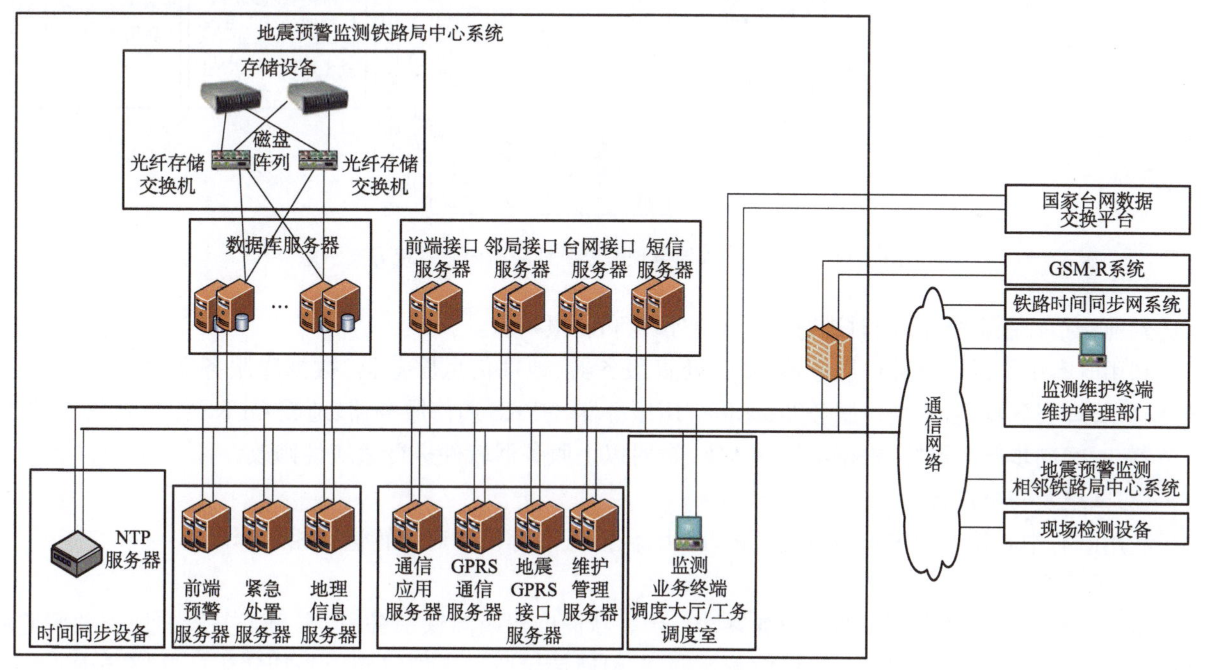

图 4-14-4　地震预警监测铁路局中心系统

地震预警监测铁路局中心系统应具备地震信息接收、处理，紧急处置信息发布，误报解除，报警解除，设备状态监测、维护管理等功能。

2. 本线接入地震预警监测路局中心系统方案

本线接入地震预警监测铁路局中心系统方案图 4-14-5 所示。

本线地震监测信息按接入广州局集团公司地震预警监测路局中心系统。本线接入时，对中心系统进行相应改造。

(1)服务器

本工程新设双套前端预警服务器，用于接收监控单元 P 波预警、阈值报警等信息，并将接收到的信息

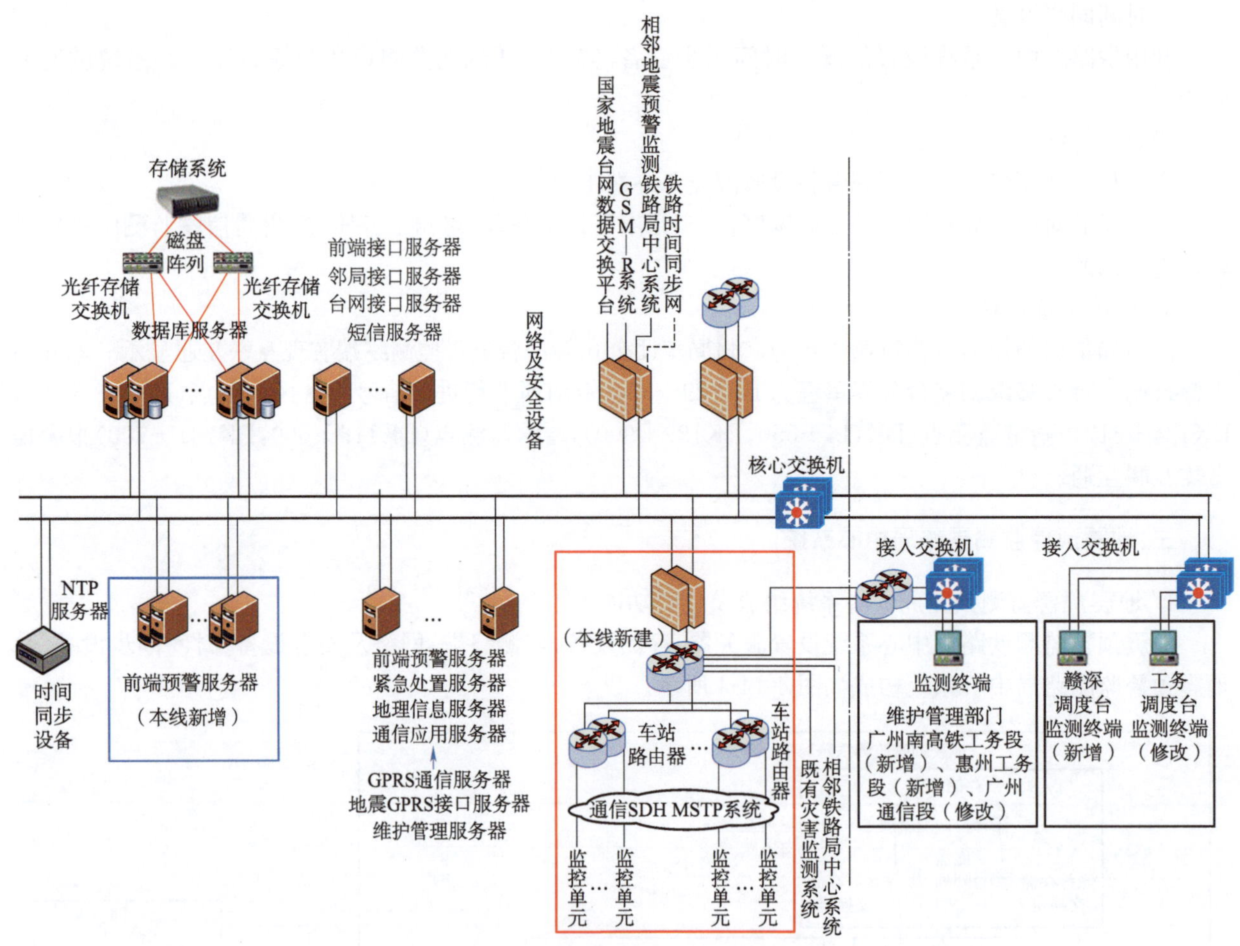

图 4-14-5　本线接入地震预警监测铁路局中心系统方案示意

发送到前端接口服务器中，同时进行多台 P 波预警和误报判识。

利用既有中心的前端接口服务器、紧急处置服务器、地理信息服务器、数据库服务器、邻居接口服务器、维护管理服务器、台网接口服务器、通信应用服务器、GPRS 通信服务器、地震 GPRS 接口服务器、短信服务器、时间同步服务器等，根据本线接入需求，对以上服务器软件进行适应性修改。

(2)网络及安全设备

利用既有中心设置的核心网络交换机、路由器、防火墙等设备对配置进行相应修改。

(3)监测终端

本工程在赣深列调台新设监测业务终端一台。新设广州南高铁工务段、惠州工务段的地震预警监测维护终端。广州局集团公司工务调度监测终端、广州通信段监测维护终端由先期实施的铁路局中心统一设置，本工程需对上述终端软件进行修改，增加本段的地震预警监测相关信息。

四、现场监测设备

1. 风监测现场采集设备

风监测现场采集设备由双套风速风向仪、数据传输单元、传输电缆等组成。

系统应具备对单监测点多台风速风向计实时监测数据进行分析、处理后确定该监测点有效风速数据的功能；根据报警级别、报警阈值、报警及解除时限、控制范围，对有效风速数据进行报警判定，生成大风监测报警及解除信息；具备对大风报警级别、报警阈值及限速值、大风报警及解除时限、报警控制范围等参数的动态配置功能。

本线为南北走向，根据气象资料本段线路主要风向为北风和东风，风速风向计设置于线路下行侧即面向大里程方向左侧线路外侧。

2. 雨量监测现场采集设备

雨量监测现场采集设备由单套雨量计、数据传输单元、传输电缆等组成。

系统应具备 10 min 降雨量、1 h 降雨量、24 h 降雨量、连续降雨量数据分析、处理功能，并具备相应的单项或多项组合报警功能；应具备对监测终端设置雨量报警解除权限功能；应具备对雨量对报警级别、报警阈值、限速值、报警控制范围等参数动态配置功能。

雨量报警限速区段建议参照铁路局防洪管理相关文件执行。

雨量监测与监控单元设置位置同侧。

3. 异物侵限监测现场采集设备

异物侵限监测传感器设置于上跨铁路的道路桥梁外侧。

上跨铁路的道路桥梁异物侵限监测装置由竖直监测电网、支架等组成，如图 4-14-6 所示。

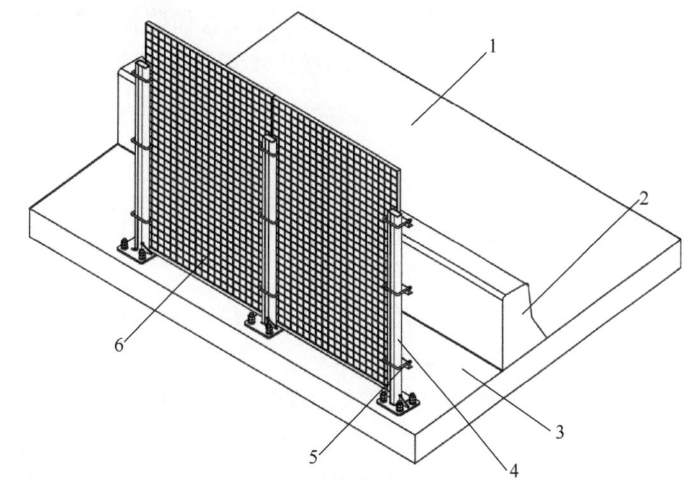

图 4-14-6 监测电网安装示意

1—上跨铁路的道路桥梁防护墙内侧；2—防护墙；3—上跨铁路的道路桥梁防护墙外侧；4—电网传感网支架；5—U 形卡；6—电网传感器

上跨本线的道路桥梁两外侧由桥梁专业预埋预留竖直监测电网安装用基础(含锚栓、法兰盘)。

4. 地震预警监测现场采集设备

地震监控现场采集设备由地震仪、传输电缆等组成。每个监测点含有双套地震仪和仪器墩。

(1)地震预警监测系统

对高速铁路沿线地震实时监测，实现与国家地震台网的信息接入，进行地震数据收集、分析及处理，生成、传输并发布地震警报信息和紧急处置信息，触发铁路相关系统联动，使运行的列车采取限速或停车措施。

报警、预警功能系统应具备阈值报警、P 波预警功能，地震警报级别按照对应的加速度峰值(数值可设定)由低到高划分为三级：

Ⅰ级警报：P 波预警预测加速度峰值大于或等于 40g 或阈值报警实测加速度峰值大于或等于 40g 且小于 80g；

Ⅱ级警报：阈值报警实测加速度峰值大于或等于 80g 且小于 120g；

Ⅲ级警报：阈值报警实测加速度峰值大于或等于 120g。

(2)地震紧急处置功能

地震紧急处置通过触发车载地震装置、牵引供电系统和列控系统三种方式实现，不同方式相互独立。通过触发车载地震装置实施处置的范围为 GSM-R 区段线路(本线设有地震预警现场监测设备)；通过触发列控系统、牵引供电系统实施处置的范围涵地震动加速度0.1g及以上的区段。

根据地震警报级别，紧急处置由低到高划分为三级。

Ⅰ级处置：向车载地震装置发送Ⅰ级报警信息，现阶段通过车载地震装置的语音提示实现司机手动控制列车至160 km/h以下运行，研究车载地震装置控制列车实现最大常用制动减速；

Ⅱ级处置：向列控系统和车载地震装置发送Ⅱ级警报信息，实现列控系统和车载地震装置控制列车紧急制动；

Ⅲ级处置：向列控系统、牵引供电系统和车载地震装置发送Ⅲ级警报信息，实现列控系统和车载地震装置控制列车紧急制动，同时接触网实施断电。

5. 监控单元

监控单元由主机模块、各种监测功能模块、继电器组合模块、防雷单元、UPS电源、机柜等组成。监控单元处理主机以及风、雨、雪、异物侵限监测模块应冗余配置。

监控单元采用模块化结构，各类型灾害监测点均可通过各自子板与监控单元连接，满足风向风速监测、雨量监测、雪深监测、地震监测、异物侵限监测等监测点的接入和监控，同时预留其他灾害监测接入的扩展接口。各监测子项之间相对独立，新增监测子项的接入不影响现有系统的结构。

五、灾害监测网络构成

1. 风雨雪及异物侵限监测网络

监控单元(设置于沿线通信基站、车站等灾害监测机房内)、铁路局中心系统等设备通过通信专业提供的通道连接，构成风雨雪及异物侵限监测专用网络。

监控单元通过主备用各1×2 M通道、主备用各1×FE接口汇聚至具备数据通信网承载条件的车站。

2. 地震预警监测网络

监控单元(设置于牵引变电所、分区所、AT所等)、地震预警监测路局中心系统等通过通信专业提供的通道连接，构成地震预警监测系统专用网络。

相邻铁路局中心之间采用通信数据网承载，主备用通道带宽均不小于10 M/s。维护管理单位(广州南高铁工务段、惠州工务段、广州通信段)监测终端与铁路局中心系统之间采用通信数据网承载，主备用通道带宽均不小于10 M/s。

六、传输及供电线路

风、雨、雪监测点现场控制箱至区间监控单元之间的电缆采用SPTYWPL23内屏蔽铝护套数字信号电缆。

电线、电缆、光缆及其防护材料均应采用阻燃型或采用阻燃防护措施；对易产生火源的车站站台等处电缆应采取填沙、密封电缆槽盖板等防火措施。电缆槽内灾害监测电缆与贯通地线采取隔离措施；站房内线缆尽量采用防静电地板下走线槽方式防护；区间灾害监测电缆敷设于沿线通信信号电缆槽中，现场控制箱至区间监控单元灾害监测电缆，采用电缆沟及钢管防护，线缆裸露部分采用水泥包封。安装在正线桥梁上的灾害监测现场设备，电缆从桥梁引下时，灾害监测电缆利用通信电缆手孔和通信电缆上下桥爬架及上下边坡电缆槽。

第四节 主要施工工艺及方法

一、施工安排

本工程桥隧比例高，材料运输困难、施工难度大，加上土建接口预留工作矛盾突出，对工期产生一定影响。因此，根据工程特点和指导性施组对工期的要求，将采取分段组织、平行作业的方法来组织施工。各段的施工采用已成熟的施工工法、施工工艺;并采用新技术、新方法、新装备参与施工;新设备的安装按照供应商提供的技术规格书和安装标准并在供应商技术指导下组织施工,确保了工程质量。

为确保工程进度,全线划分为三个施工区段,紧跟土建接口进度和物资供应进度跟进施工,电缆敷设紧盯电缆槽铺设进度,做到“土建形成一段、电缆敷设一段”;室外设备安装,在接触网专业提供作业面之后开工;室内设备安装要紧盯房建进度,设备房间提供后及时进行设备安装。室内外设备安装完成后利用自备电源分片、分区先进行了单项送电试验。

二、主要施工流程

电缆线路复测→电缆敷设→现场监控设备安装配线→维护终端安装配线→设备自检、单体调试→子系统调试→系统集成试验→试运行测试和验收。

三、施工方法

1. 施工准备阶段

安装技术人员、质量监督人员及物资管理人员提前介入,主要工作有:

(1)进行技术施工图纸接收与审核,编制物资供应计划,确定物资设备供应厂家,签订供货合同,进行物资筹备。

(2)由技术人员结合本工程的特点,充分考虑本工程的工期要求和高架桥上施工时的相互干扰等,提出施工方法和施工组织方案,编制切实可行的施工组织方案实施计划,制定施工图技术交底工作计划。

(3)检查安装机具的种类、数量及功能是否满足施工要求;检查场地是否满足进场条件。

(4)对各级施工人员进行有关安装工艺质量及安全等方面的培训,并经考核合格,方准参加本工程的施工。

(5)工区工程管理部牵头组织项目技术主管工程师、施工班组长、施工班组技术员(或技术骨干),进行现场调查与施工定测工作,以利于熟悉现场设备安装位置、现场施工条件及情况。

(6)检查结构预留孔洞、沟槽及设备基础是否符合要求,发现与设计不符者,应及时提出,并与相关专业协商处理。

2. 主体施工阶段

主体施工阶段主要包含电缆线路、设备安装和系统调试。根据作业环境分为室外施工部分和室内施工部分。

(1)电缆工程施工:光电缆线路施工主要在区间路基槽道和桥梁槽道中敷设光电缆,在站场和区间中有少量开挖直埋式施工。在槽道中敷设光电缆时与通信专业同步施工,达到了打开一次槽道完成该区段内的所有光电缆敷设施工,从而有效减少反复打开槽道造成的人工浪费,减少因多次槽道打开施工导致光电缆被挤压损坏的情况发生,同时也避免了槽道盖板因多次掀揭导致损坏。

(2)室外工程施工:现场风、雨及异物监测设备。

(3)室内设备安装施工:光电缆引入、室内机柜安装配线、电源设备安装、单机调试、系统设备调试等。施工中根据设备到货情况、机房建筑情况,合理安排设备安装和配线施工进度,实现了按计划进行单机调试和系统调试。

第十五章　客运服务系统

第一节　工程概况

一、系统简介

1. 客票系统

客票系统是以交易处理为核心,建立广泛的销售渠道,适应多种售检票方式、多种支付形式和灵活的营销策略,售票以人工与自助式售票相结合、检票以自动检票为主的实时交易系统。

车站客票系统完成售票、检票、订票、退票、取票、补票和改签。票务系统一方面负责采集和处理站内票务系统设备的运行、交易及账目信息并统一上传到上级票务系统,另一方面实现从上级票务系统统一下载运营参数下发到票务系统终端设备,在网络中断情况下,车站可离线售票,网络恢复后再经车站系统统一上传到路局客票系统。

客票系统通过 MSTP 传输系统承载,采用星型方式组网,各站采用通信专业提供的 FE 专线通道接入广州局客票中心系统。

2. 旅客服务与管控平台

旅客服务与生产管控平台(以下简称“管控平台”)以信息的自动采集为基础,以为旅客提供全方位信息服务为目标,实现客运车站信息自动广播、综合显示、视频监控等功能,运用多样化的服务手段为旅客提供优质的服务,实现旅客服务的信息化。

管控平台的设置旨在体现以人为本的理念,在旅客出行前、进站、候车、乘车、换乘、出站等各环节上提供全方位的信息服务。通过对综合显示、广播、视频监控等服务资源进行有机整合,形成统一的旅客服务平台。

管控平台以集成管理平台为核心,集成综合显示、客运广播、时钟等子系统,连接火灾报警等外部系统,实现对本站旅客服务信息系统的集中监视和控制,完成系统间信息共享和功能联动。

3. 办公自动化系统

办公自动化系统,作为办公自动化系统在基层站段的延伸,完成基层站段与上级机关公文流转的自动处理,实现公文处理流程化、电子化、网络化。

4. 公安管理信息系统

公安管理信息系统实现公安系统数据库检索、接收核查通报、指纹自动识别、网上追逃、警务办公等功能。

二、主要技术标准

(1)信息系统满足铁路车站内管控平台各子系统需要,提供包括售检票、广播、办公、图像等各种信息业务。

(2)信息系统所有子系统满足验标要求,均采用主、备同时开启状态,以应对车站内各种应急的需求。

三、工程特点

客运服务属于整个工程项目项目实施的最后阶段,工程的完成情况直接影响到项目的开通运营,针对本线的进度情况及项目实施的要求,分析本工程主要的重难点工程有以下几点。

1. 旅客服务平台变更设计

根据《关于印发客站旅客服务和生产管控平台(智能客站大脑)总体技术方案评审意见的通知》(科信运函〔2019〕12 号),旅客服务平台与生产管控平台的应用势在必行,涉及与各专业之间的接口工作大幅度增加,目前这个平台的实施情况还处于起步阶段,各方面可借鉴和参考的项目很少。平台中心为深圳北站,代管下面各站,深圳北站属于既有站,后期的实施过程中,存在系统的过渡,割接,实施难度较大,需要进行充分的调研及方案的制订。

2. 与相关专业之间的接口问题

主要涉及与通信专业的接口、电力专业的接口、火灾自动报警系统(FAS)系统接口、动车专业的接口、建筑、结构专业接口、暖通专业接口、静态标识专业分工、界面及电梯设备接口,尤其涉及与站房装修专业的对接,在方案的二次优化设计,直接影响到直观的效果。同时信息工程的实施工期基本与站房的进度同步实施,施工条件较为恶劣,需要见缝插针,合理规划施工作业顺序,受制于站房界面的交付情况,尤其需要做好抢工期的准备。

第二节 各系统设备安装施工工艺

一、售票窗口及终端设备

全线采用开放式售票窗口(图 4-15-1)设计,功能上通过人体工学,优化空间整体格局及局部细节尺寸,提供简易便捷的操作台;视觉上,通过陈列美学,进行隐蔽式设计和操作台的物品(人工售票、窗口对讲、窗口外显、客票打印机和各类读卡器等)布局优化,提供舒适的工作环境,安装过程中需注意如下几点:

(1)人工售票、窗口对讲、窗口外显、客票打印机和各类读卡器等设备结合整体布局,进行选型及优化。

(2)检查左右手出票与售票室内到发通告终端安装方向是否存在冲突。

图 4-15-1 售票窗口安装场景

二、自动售票机

本工程自动售票机分为两种,一种为全功能,另一种只具有银行卡功能(非现金)。自动售票机体积庞大笨重,分落地式和嵌入式两种安装方式,综合布线阶段需要与房建专业保持同步施工,按照设计图纸位置做好管线预埋,嵌入式安装还需在房建专业砌体施工前确定预留孔洞尺寸,以便安装完成后房建专业做收边美化。

自动售票机安装需满足如下要求:

(1)当设备后门靠墙放置时,至少需要保留 1.5 m 以上的空间,以方便对设备内部的模块进行操作及维护。

(2)当设备穿墙放置时,墙体开孔需尺寸需要大于设备外形尺寸,宽度增加 20 mm,高度增加 20 mm,防止设备嵌入墙体时刮伤外表。

(3)自动售票机相邻两台无缝隙紧贴安装,不利于设备散热,两台自动售票机之间至少留有 100 mm 间隙。自动售票机侧面靠墙时,侧面与墙间距离至少要留有 300 mm 间隙(图 4-15-2)。

三、检票闸机

闸机是一种通道管理设备,由外框机箱、制动机芯、翼臂、控制系统、红外传感器、控制设备等部分组成

图 4-15-2　自动售票机

(图 4-15-3),用于管理人流并规范行人出入,票务检票闸机主要应用于客运车站进出站口的票务信息核验,其最基本最核心的功能是实现自动验票、检票、放行,具备防尾随通行功能,可以配合智能卡实现脱机型售票管理系统功能、形成人员进出的无人值守管理。

为了更好地服务客运组织流线管理,合理有效疏导旅客通行,施工过程中需注意以下几点:

(1)闸机为落地式安装的永久性设备,装修专业墙地面铺装前需预埋管槽和缆线,设备的最终定位由施工方出具深化设计方案报建设单位、设计、运营管理单位批复后执行,避免装修和设备安装定型后返工。

(2)闸机定位安装时需预留装修专业的人工检票通道,信息专业的图纸上该通道一般不体现。

(3)预留消防专业闸机联动条件,确保消防险情出现时闸机能切换成疏散通道展开门翼。

图 4-15-3　检票闸机

四、综合显示大屏

车站综合显示系统包括同步/异步/PDP 控制器、LED 显示屏、LCD 显示屏、计算机终端等设备。

LED 显示屏为旅客购票、进站、候车、检票、乘车、出站提供信息显示引导功能,根据投放信息的模式 LED 显示屏又分为同步屏和异步屏,常见的同步屏有进站大屏、出站大屏、票额屏,其余的 LED 显示屏多为异步屏。

LCD 显示屏为旅客进站、候车、检票、乘车提供信息显示引导功能,主要设备包括 PDP 控制器、液晶显示屏(LCD)。

列车到发通告系统主要是将车站值班员和行车指挥中心掌握的到发时刻信息及时、准确地传递给本站其他相关值班人员，以便迅速地为旅客提供乘降车以及其他服务。主要设备采用计算机终端，通常设置在站长室、客运主任室、售票室、检票室、补票室、客运值班室、公安值班室等处。

除终端电脑综合显示系统安装主要采用吊挂或壁挂方式安装，大屏由于自重较大，安装过程遵循如下几点要求：

（1）安装方案深化设计。本项目执行中建设单位及工管中心要求综合显示大屏与装饰材料对边对缝，所以大屏生产前要求厂家与装修单位多次交换了安装意见，并对形成的方案进行了报批。

（2）安装界面的结构受力核算。由于大屏自重较大，现场安装前，信息专业需向结构专业提供大屏安装方案，由结构专业设计对承重受力进行核算，确认安全后方可安装。

（3）成品保护。嵌入墙体式安装的大屏，要消除由于显示模块散热的原因，大屏背板一般裸露在墙体上，设备安装完成后，要消除存在环境湿度大或消防试水等客观原因造成屏体霉变和无法显示的情况。

五、广播系统

车站客运广播系统为旅客购票、进站、候车、乘车、出站等提供公共广播（图 4-15-4），为车站客运服务人员提供业务广播。系统由广播主机、信源、控制及传输、功率放大器、扬声器、应急广播、噪声探测器、无线插播等设备组成。除扬声器、噪声探测器、无线插播设备安装在站房各个功能区外，剩余设备全部集中在信息机房的广播机柜内，安装过程中遵循如下几点要求：

（1）广播系统施工参照施工图，施工图上广播分路不能混淆。广播施工关键在广播线路一定要理顺。

（2）信息专业的广播系统缆线布放一定要跟电源缆线保持距离，电磁干扰对广播系统危害非常大。

（3）候车厅公共区域的广播终端跟 PDP 屏一样，受运营单位多元经营的商铺影响，车站为满足旅客出行方便而建的商铺与广播终端位置冲突，可将广播外移至商铺外侧的合适位置安装。

（4）根据建筑结构及装修形式，确定扬声器设备选型、外形、颜色；同一区域扬声器安装应整齐美观，排列均匀，高度一致。

图 4-15-4　站台广播

六、视频监控系统

视频监控系统终端设备主要由：摄像头、硬盘录像机、编码器、解码器、视频交换机、存储器、视频终端组成。摄像机一般采用壁挂式和吊挂式两种安装方式，站台摄像机在不影响覆盖范围和运营需要的情况下，尽量采用与动态显示屏、静态标识及桥架相结合的方式安装。

七、安检系统

车站安检系统主要由安检仪、安检门、金属探测器和四个高清摄像机组成（图 4-15-5）。安检设备安装应考虑以下几点：

（1）充分预留旅客进站实名验证与安检设施之间的缓冲距离，中小型客运站应大于等于 5 m，直线距离受限无法满足要求时，客运部门应增设人工栅栏绕行分流。

（2）候车区域大的车站安检设施距门不应小于 5 m，一般小站距进站大门不应小于 3 m。

（3）两台安检设备中对中安装间距不应少于 4 m。

（4）安检仪安装在地下站狭长过道内时，设备横向定位需考虑公安部门设置的危化品告示标牌尺寸。

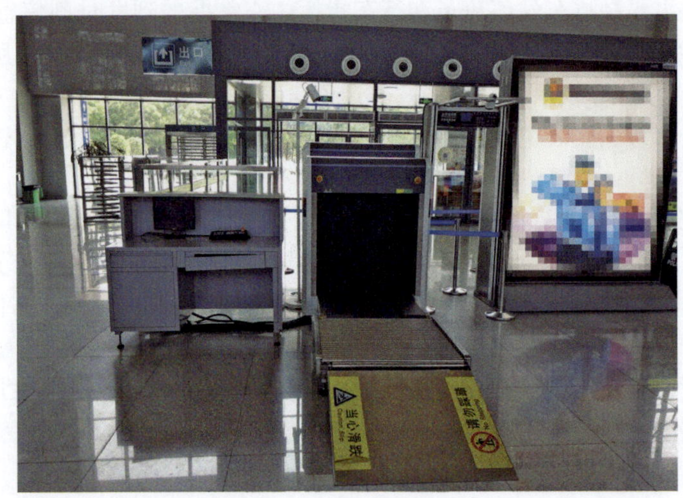

图 4-15-5　安检设施

第十六章　工 程 接 口

第一节　专业间工程接口的施工

接口工程是设施功能相交，并且可能发生冲突或需要协调的部位，具有分布范围广、涉及各个专业、技术标准跨专业性、施工难度大、管理难度大的特点。

一、路基地段专业间接口施工

（一）路基与通信工程接口

1. 电缆槽

通信电缆槽与信号电缆槽合槽，设于两侧路肩上，电缆槽和盖板均设计为C35预制钢筋混凝土，宽72 cm（电力槽、通信、信号槽内净宽分别为20 cm、35 cm，净高为32.8 cm），电缆槽采用侧向排水，于外侧壁底部预留直径5 cm泄水孔，每米一处，将电缆槽内水引出。

电缆槽预制：预制模具全部采用统一定做的专用钢模板，并在使用前进行校正检查和表面清理。钢筋集中加工制作成半成品或成品。混凝土采用集中搅拌，输送车运输；浇筑时采用低频震动台振捣工艺，严格控制振捣时间；浇筑完成后，根据初终凝时间进行表面压光抹面，使其表面平整密实、外观尺寸整齐、表面光滑；灌注完毕终凝后，立即养护，以采用麻布、无纺布进行覆盖洒水的方式进行。小型预制件在运输过程中轻拿轻放，并用麻片、泡沫板等隔离垫进行保护。

电缆槽开槽：因电缆槽位于路肩位置，路基填料在基床部位密实坚硬，按照设计要求，电缆沟槽安排在基床表层完成后开挖。现场采用经纬仪及水准仪分别按设计位置放样出沟槽的位置，设点标识出沟槽开挖的平面及高程位置。开挖采用人工风镐凿除路肩部位填料，产生的废料以人挑肩扛方式清理。

电缆槽安装：槽成型后，人工配合起重机具立即安装电缆槽，挂线施工，安装过程做到轻吊轻放，防止电缆槽损坏。电缆槽安装完成后，对电缆槽与路基基床之间的空隙采用填料回填或与槽同强度等级混凝土回填，人工小型蛙式夯机夯实。

盖板：电缆槽盖板采用C35混凝土预制，盖板厚6 cm。

2. 电缆井

电缆井分为Ⅰ型通信信号电缆井（120 cm×120 cm×90 cm）、Ⅱ型通信信号电缆井（150 cm×120 cm×90 cm）、电力电缆井（180 cm×120 cm×90 cm）、路桥电缆槽过渡电缆井（190 cm×120 cm×（D+32）cm）及路隧电缆槽过渡电缆井[235 cm×120 cm×（D+32）cm]，D为桥梁或隧道电缆槽盖板与路基电缆槽盖板顶面高差。其中Ⅰ型通信信号电缆井、Ⅱ型通信信号电缆井、电力电缆井采用钢筋混凝土浇筑，过渡电缆井采用素混凝土浇筑。

电缆井内设隔墙，分隔通信信号光电缆和电力电缆，隔墙共3种类型：通信信号电缆井分隔墙采用U形槽分隔电力电缆；电力电缆井分隔墙采用U形槽分隔通信信号光电缆；过渡电缆井采用竖墙分隔通信信号光电缆和电力电缆。

电缆井开挖：在基床表层完成后开挖，现场按设计位置设点标识出电缆井开挖的平面及高程位置。开挖采用人工风镐，人工风镐凿除路肩部位填料，开挖产生的废料人挑肩扛方式清理。

电缆井现浇：在电缆井开挖成型后进行，现场按照设计图纸进行钢筋绑扎。模型采用钢模板，模板安装前，先对模板进行清理、除锈、满涂脱模剂，按照已测量放好的基线人工安装模板固定，并保证与相邻电缆槽线形平顺。

3. 过轨管

过轨管采用热浸塑钢管,在中心距电缆井 17.5 cm 处埋设。在路基基床表层第一层级配碎石施工完后,挖槽埋设,按设计图纸确定好过轨管现场埋设的具体位置,当路基填筑达到过轨管的埋设高程,用经纬仪及水准测出平面和水平位置,开槽宽度和长度满足安放管道的要求,深度一般为 15～20 cm,采用人工风镐在 AB 组填料上开挖切槽。

采用夯实机具对槽底土进行夯实、平整水平,检测满足压实标准后安放管道。管道内预留两根铁丝。管道连接为焊接,要保证内壁光滑无毛刺。

回填与路基相同的 A、B 组填料,回填料的最大粒径不得大于 20 mm、且级配良好,必要时回填料中可掺入 5%水泥。采用小型夯实机具夯填密实。

(二)路基与信号工程接口

1. 信号电缆槽

同路基与通信工程接口。

2. 过轨管线埋设

同路基与通信工程接口。

3. 综合接地贯通地线埋设

综合接地电缆按设计要求采用金属外皮保护贯通地线,导线截面为 70 mm^2 的铜缆。路基综合接地线埋设于路基两侧通信、信号电缆槽正下方基床底层 A、B 组填料中,两侧各设一根。

分支引接线的埋设按照路基接触网基础位置向电缆槽内引两个分支电缆。分支电缆水平引至路基边坡,沿干砌片石护肩底以及电缆槽底引入电缆槽靠线路侧内壁位置。电缆槽靠内壁槽底预留孔,分支电缆引入电缆槽后,预留孔采用 C15 混凝土封闭。综合接地电缆纵向通过电缆井时,从电缆井底部通过,当路基工点长度超过 1 000 m 时,每间隔 500 m 左右将上下行贯通地线连接一次。连接线的规格及埋设深度与贯通地线相同。

路堤地段在埋设纵向贯通电缆时先将分支电缆引至路堤边坡并预留出回折长度,然后进行上层填筑施工。引入电缆槽的回折在路基填筑完成后,进行电缆槽开挖施工时,在相应回折位置人工或用小型机具开槽施工,施工方法同纵向电缆埋设。路堑地段在埋设纵向贯通电缆时先将分支电缆引至水沟边并预留出回折长度。

贯通地线敷设完成后按照路基接触网位置左右引出一根分支电缆,分支电缆与综合贯通地线的型号、规格相同,分支电缆与综合贯通地线采用专用压接钳进行 C 形连接,采用接地电阻测试仪在每隔 500 m 位置对地线的接地电阻进行测量,要求接地电阻不大于 1 Ω。

(三)路基与电力工程接口

路基与电力接口主要为电力电缆槽、手井、过轨管。电缆槽内净宽 20 cm,采用现浇或预制的方法进行施工,现浇施工过程主要包括开挖电缆槽、现场绑扎钢筋、浇筑混凝土、铺设中粗砂及铺设盖板。过轨管过轨位置在路基基底,在路基基底完成后填筑前铺设。施工方法同路基与通信工程接口。

(四)路基与接触网接口

接触网支柱基础为 ZJ-B 型,拉线基础为 LXZJ 型。接触网基础位于电缆槽内侧,基础中心距线路中心 3.2 m,基础面高程为内轨面高程下 45 cm。接触网基础采用长螺旋钻干钻孔及人工挖孔成孔,主要施工过程包括测量放线、挖孔、安放钢筋笼、灌注孔桩混凝土、开挖承台基槽、绑扎承台钢筋及预埋件、灌注承台混凝土。

1. 测量放线

按设计图所确定的里程位置放出线路中心,在垂直线路中线方向由线路中心向外 3.15 m 定出接触网基础中心,用铁钉、红漆标示。并沿线路的纵横向放出基础中心桩位的保护桩,以便施工过程中可以随时恢复桩位,进行复核。在上部承台施工时,用经纬仪再次复核基础中心。挖孔:钻孔机就位时,必须保持平稳,不发生倾斜、位移,为准确控制钻孔深度,在机架上或机管上作出控制的准确标尺,以便在施工中进行观测、记录。调直机架挺杆,并确认钻杆垂直,对好桩位(用对位圈),开动机器钻进、出土。人工挖孔时采用气动式风镐,做好安全防护。

2. 挖孔

钻到设计深度后,必须在孔底处进行空转清土,然后停止转动,提出钻杆。清除孔底的松土后人工用木槌进行夯实,弃土在钻孔完成后立刻清除运走。

成孔检查:用测深绳(锤)测量孔深,满足设计要求;用吊绳测定成孔垂直度,不符合要求的用旋挖钻机打磨孔壁,直到符合设计要求。

成孔后如遇特殊原因不能及时灌注混凝土,则在空孔附近做明显安全警示标记,并进行防护。同时对孔口采取有效的防水措施,防止雨水进入孔内。

3. 安放钢筋笼

在成孔的同时,在钢筋房进行钢筋制作,将桩基钢筋、承台钢筋、下锚螺栓形成一个整体,要保证下锚螺栓预留位置的准确。经检查合格后,用汽车运输到下笼地点,放入前应先绑好混凝土垫块(强度不得低于 C25)。吊放钢筋笼时,采用人工配合吊车下放钢筋笼,要对准孔位,垂直吊入、缓慢下沉,避免碰撞孔壁,放至设计位置时进行固定。同时将预留接地端子与桩基础主筋焊接,焊接为双面焊接,长度不小于 6 d(d 为钢筋直径)且不小于 10 cm。近轨侧接地端子在承台顶往下 100 mm 处,远轨侧接地端子在柱脚底板顶往下 55 cm 处。

4. 灌注孔桩混凝土

经过成孔检查后,填好桩孔施工记录,应立即灌注混凝土。混凝土在混凝土拌和站集中拌制,由混凝土罐车运输到工点。混凝土浇筑时,若自由倾落高度大于 2 m,采用串筒下料至孔底。浇筑混凝土时应连续进行、一次灌注完成,采用插入式捣固棒分层振捣密实。

5. 开挖承台基槽

桩基础施工后,及时安排基础承台施工。承台基坑用人工小型机具开挖,开挖尺寸满足设计要求,对误差应进行严格控制。为不破坏路基的整体质量,承台开挖后,路基填土面以下部分不立模板,基坑满灌混凝土;填土面以上部分支模灌注混凝土。承台采用无水机械切缝,人工开挖成形。

承台基槽开挖到位后,清除底部松土,桩基础的顶面采用人工凿毛处理。同时做好基础开挖的防排水措施,基坑内严禁积水,基坑开挖验收合格后进行混凝土浇筑施工。

6. 绑扎承台钢筋及预埋件

承台钢筋在钢筋加工房按设计尺寸下料加工,运至现场进行绑扎焊接。

(1)接触网基础综合接地预留

支柱基础面高程为线路内轨面高程下 45 cm,每个接触网基础预埋两个接地端子,轨道侧预留接地端子为支柱基础面下 10 cm 处,电缆槽侧预留接地端子为支柱基础面下 55 cm 处。接地端子应与桩基础内的主筋进行焊接,若采用双面焊接,焊接长度不小于 10 cm,采用单面焊接,焊接长度不小于 20 cm。接地端子最终预留的表面应与混凝土面平齐,接地端子表面进行封堵,严禁水泥砂浆等渣子进入端子内。

(2)下锚螺栓预埋

接触网基础按基础类型预埋下锚螺栓,螺栓的长度满足设计要求。

(3)螺栓定位

螺栓下部按设计要求用两道 ϕ16 mm 的钢筋环箍定位。螺栓与钢筋环箍采用焊接连接。灌注混凝土前,螺栓上部用地脚螺栓定位钢模进行准确定位,确保混凝土捣固时螺栓不移位。定位钢模用槽钢制作,上面设两排螺栓定位孔,孔径 ϕ40 mm,上下孔距离 22 cm,孔间距严格按 H 形支柱基础螺栓间距尺寸设定。浇筑基础混凝土时,基础顶面伸出的螺栓用定位钢模固定,定位钢模固定在钢管支撑架上,支撑架不得与模板及钢筋笼分连接。通过调节定位钢模及钢管支撑架的位置及高程使地脚螺栓按设计要求精确定位。混凝土灌注完且形成一定的强度后,螺栓上部定位钢模才可以取掉。基础上露出的螺栓采取内涂黄油,外用黄胶带缠裹进行保护。

7. 灌注基础混凝土

基础钢筋及预埋件安装经自检合格后报监理工程师检查,经监理工程师检查合格签证后,进行混凝土浇筑。混凝土在混凝土拌和站生产,由混凝土罐车运输至现场,采用溜槽入模(不高于 2 m 时直接入模)。浇筑混凝土时应连续进行,分层振捣密实。

8. 混凝土养护

混凝土灌注后及时进行养护,暴露面采用篷布、塑料布等进行覆盖,防止表面水分蒸发。暴露面保护层混凝土初凝前,应卷起覆盖物,用抹子搓压表面至少二遍,使之平整后再次覆盖,此时应注意覆盖物不要直接接触混凝土表面,直至混凝土终凝为止。在浇筑完毕 12 h 后对混凝土加以覆盖和浇水养护,养护期不得少于 7 d。

(五)路基与环保接口(声屏障基础)

路基声屏障基础为插板式非金属声屏障,主要施工过程有:挖孔桩施工、钢筋的制作与安装、灌注混凝土、地梁浇筑、边坡恢复。

路基声屏障基础施工前先放孔,孔位的布设应充分考虑涵洞、框构桥、过轨电缆井等建筑物的分布,确认孔位无误后再施工。有涵洞、框构桥分布时,声屏障基础应从涵洞、框构桥两端开始向两侧依次布置。若声屏障基础对其他建筑物产生干扰时,应及时对其他建筑物进行防护,并向设计单位反馈,以及时解决。

二、桥梁段专业间接口施工

(一)桥梁与通信、信号电力接口

1. 电缆槽

在防撞墙的外侧分别设置信号槽、通信槽、电力电缆槽,电缆槽由竖墙和盖板组成,竖墙采用现浇施工,高 340 mm,宽 100 mm,每 2 m 设置一道 10 mm 厚断缝,用油毛毡填塞。注意预留过轨接口。

电缆孔位,模板采用组合钢模。竖墙起分隔电缆、信号、通信电缆沟和支承电缆槽盖板的作用,按每 2 m 一段为一个单元,接触网一般支柱基础及下锚拉线基础连同竖墙一起灌筑。在有接触网支柱等基础时适当调整竖墙长度。施工时保持竖墙顶面高度一致,以保证盖板受力均匀。遮板安装完后浇筑竖墙的混凝土,采用平板振动器进行捣固,确保混凝土质量。盖板采用塑料模具,灌筑盖板混凝土时,其顶面要进行第二次赶光、抹平,底板要放置水平,有利于安装的质量,确保外形美观。安装时盖板下部须抄垫严实,不得形成翘板现象,同时要严格控制盖板顶面的高程。盖板安装好后,盖板间的缝隙应处在一条直线上,错台不大于 1 mm。浇筑竖墙的混凝土,模板采用竹胶板。竖墙大里程距梁端约 900 mm 设置一接地端子,接地端子用胶带包裹,顶面高于竖墙混凝土顶面 3 mm。

2. 桥梁综合接地与相关接口

接地端子与电缆槽应同步形成并作明显标识,电缆桥架及过轨管线按设计完成后需经站前站后的监理和施工单位共同签字验收。贯通地线的敷设采取先路基后桥梁、隧道的分步方式进行。贯通地线的全线贯通接续按照敷设完成一段就和与之相邻已敷设完成的贯通地线进行连接,最后达到全线贯通。桥梁、隧道路段的施工可以和路基路段的引接线引入电缆槽内接地端子板交叉同步施工。

(二)桥梁与接触网接口

桥梁接触网支柱基础分 QJ-B、LQJ-B 两种型号,拉线基础分 QJLX-1、LQJLX-1 两种型号,按照设计图纸,位于电力电缆槽内,距离线路中心 3.25 m,底脚螺栓外露 19 cm,主要施工过程如下:

在水平地面上,放置好精加工的模具,穿好螺栓与底板,进行精心焊接。取出焊接完毕的接触网支柱基础,根据梁体位置与尺寸型号放在梁体模板上。在绑扎钢筋过程中,时刻注意对接触网支柱基础底面钢板以及螺栓的保护,不因任何施工造成螺栓丝扣的损坏。梁体钢筋绑扎完毕后,采用精确测量、坐标定位法固定接触网支柱基础准确里程以及与线路的垂直度,采用水平尺确定支柱的水平面。避免出现扭面、不平整等不规范现象。

浇筑开始前,套上固定标准钢板,内径为 39.5 mm,并检查螺栓间距。浇筑过程由专人负责支柱基础的定位与保护，不因振捣引起超出误差的变形或者砂浆造成对螺栓的污染。浇筑结束后，进行检查核实，对个别存在微小误差的螺栓间距及时调整。混凝土终凝后，取下固定钢板，对螺栓依次进行涂黄油、胶带封闭，使其在梁场以及架设完毕后保证丝扣的洁净。

(三)梁端预留孔洞及电缆爬架

电缆上下桥接口设置采用在梁体及墩身上预埋槽道、梁端预留锯齿孔的方法，槽道型号为 EHMQ-31，长 800 mm，槽道及锯齿孔的位置根据实际需要进行设置，根据电缆上下桥需要方向选取在墩身及梁体预埋槽道。根据通信信号及电力的专业不同选择锯齿孔开孔的位置，锯齿孔预留位置与电缆上下桥方位相同，预留在同专业电缆槽内。

(四)桥梁与环保接口

桥梁声屏障有金属插板式声屏障及非金属插板式声屏障两种形式，桥梁声屏障基础需 U 形底脚螺栓及钢板预埋，预埋时应根据声屏障类型选取合适位置，避免与桥梁结构冲突，应合理控制地脚螺栓螺纹外露高度，满足安装声屏障立柱需要。

三、隧道段专业间接口施工

隧道涉及工程接口主要有综合接地、预埋槽道及管线布置等。

1. 综合接地系统

按设计要求进行接地系统布设，接地电阻符合设计要求。接地端子布置在两侧水沟电缆槽侧壁与初支面接地线可靠连接，焊接质量符合设计要求。

2. 预埋槽道

隧道内接触网悬挂吊柱挂设于槽道内，槽道施工需根据设计里程及位置埋设。隧道接接触网预埋槽道二次衬砌内有钢筋的与钢筋可靠连接，无钢筋段架设三肢拱架于二次衬砌内与槽道可靠连接。槽道埋设深度及宽度需符合设计要求。

3. 管线布置

隧道内主要为过轨管布置，主要为电力过轨管、通信信号过轨管，均采用 ϕ100 mm 镀锌钢管。过轨管埋设于仰拱内，管口与综合洞室底板平齐，并确保管内清洁。

第二节　工程接口质量控制

一、概　　述

工程接口是两个或以上的工程施工项目之间发生相交或接续时可能发生冲突或需要协调的部位。工程接口主要包括强电工程与站前工程接口、强电工程与房建工程接口、强电工程各专业间接口、房建工程各专业间接口、站前工程各专业间接口，其中强电工程与站前和房建工程的接口尤为关键和重要。

(1)强电工程接触网支柱基础、电力电缆槽、综合接地预埋件、隧道内槽道预埋等均要与站前工程同步施工。

(2)强电工程接触网架线及精调，与铺轨施工应统筹安排、同步进行，以确保联调联试的顺利进行。

(3)房建专业按时提供强电设备用房，确保设备安装与施工。

(4)站前和房建工程为强电工程预留、预埋件要与土建工程同步施工并确保准确；强电工程施工单位要根据土建工程施工进度派专人到现场做好预埋、预留的指导和监管工作。

(5)站后强电工程相互间衔接与配合。电力工程为通信、信号工程提供可靠的电源；通信工程给电力、牵引供电提供远动通道；接触网与信号机的距离；牵引变电所回流电缆与接触网回流线(保护线、贯通地线)的连接，变电所馈线、接触网的供电方向应一致；强电专业向房建专业提出强电设备用房计划。

各专业间的主要衔接与配合关系表见表 4-16-1。

表 4-16-1 站前与站后各专业间的主要衔接与配合关系

序 号	项 目	路 基	桥 梁	隧 道	架 梁	铺 轨
1	接触网立柱基础及隧道内预留槽道	●	●	●	○	○
2	综合接地预埋件	●	●	●	△	△
3	电缆槽	●	●	●	△	△
4	过轨管线	●	●	△	○	△
5	声屏障基础	●	●	○	○	○
6	设备安装基础	○	○	○	○	○
7	管线及设备入室	○	○	○	○	○
8	信号设备安装及联锁	●	○	○	○	●
9	房屋建筑	△	○	○	○	○
10	接触网	○	○	○	●	●

注:●表示强相关,△表示弱相关,○表示不相关。

(6)相关专业间的施工技术配合

站前与站后各专业间的施工技术配合见表 4-16-2。

表 4-16-2 站前与站后各专业间的施工技术配合

接口项目	专业工程	接口项目技术条件及进场条件要求	备 注
征地拆迁	征地拆迁	影响工程施工的迁改及征地项目应一并完成,包括站房用地、牵引变电所亭、电力配电所、箱变等工程在内,防止二次征地	
室外电缆敷设(电力、电力牵引供电)	路 基	桥、隧、路基地段,同一区间的电缆槽及衔接部分的过渡槽道应同步贯通,盖板同步到位; 线路两侧电缆槽引入相关站、所、综合洞室的分支电缆槽应贯通,并在路基、护坡形成前完成; 沿线路两侧电力、灾害监测系统电缆槽应及时贯通,过轨防护管、电缆井(手孔)按照设计要求施工完毕,并经站前站后的监理和施工单位共同签字验收; 桥、隧(路)及区间和车站的接合部要考虑电缆过渡路径要考虑电缆弯曲半径	含站台电缆槽
	桥 梁	连续梁及箱梁梁端锯齿槽、桥梁预留翼板下方槽道、上网孔及桥墩预留电缆固定滑道按设计要求施工完毕,预埋、留件经站后监理和施工单位确认	
	隧 道	隧道口处电力电缆槽与通信信号电缆槽必须隔开	
	房 建	中继站、基站、直放站电缆井预留的引入口必须与电力电缆引入口分开,电缆井排水良好; 车站站台电缆槽及至机械室电缆间的引入槽道(或防护钢管)应同步形成; 边坡到设备房电缆井的电缆槽、管道应贯通,并在路基、护坡形成前完成	
综合接地(电力、电力牵引供电)	路 基	接地端子与电缆槽同步形成; 室外桥面、路基、隧道地段通信、信号设备用综合接地端子,预留在电缆槽壁上,并有明显标识; 中继站基础、接地网综合接地端子,应预留在基础侧壁上; 基站、直放站接地网综合接地端子	
	桥 梁	同上	
	隧 道	同上	
	房 建	接地端子与房建同步形成,网格地线与基础同步建成	
预留锚栓、滑道(电力牵引供电)	路 基	接触网基础按设计位置、规格与路基施工同步完成,并按照设计要求全部验收完毕; 应提供路基地段予埋沟槽管线施工资料和交桩,并合理安排路基和接触网交叉施工; 施工应制定占轨计划并报建设单位或运营部门协调后确认	
	桥 梁	预留锚栓、滑道按设计位置、规格与路基施工同步完成,按照设计要求全部验收完毕	
	隧 道	预留 C 形滑道按设计位置、规格与隧道衬砌施工同步完成	

续上表

接口项目	专业工程	接口项目技术条件及进场条件要求	备 注
室内设备安装(电力、电力牵引供电)	房 建	室内设备安装前,设备用房的门、窗、吊顶、静电地板、防雷地线等附属工程完成; 沟槽管线预留规格、位置准确; 设备基础浇筑完成,混凝土强度达到标准; 具备施工电源和试验电源; 站台(含雨棚)工程完成	
供电(电力牵引供电、房屋)	电 力	外电网供电正常(含隧道内通信设备供电),两路电源齐全、稳定	
	房 屋	进场前征地拆迁完成,进场道路基本具备,临电具备接驳点; 场坪填方应达到设计要求; 牵引变电所、开闭所、分区所等房屋门窗安装完毕、内墙面、吊顶粉刷完成,地面应为毛地面,具备基础槽钢安装条件,防静电架空地板应考虑设备支架安装预留; 变配电所房屋门窗安装和墙面粉刷完毕,地面为毛地面,具备基础槽钢安装条件;室外道路已成型,具备设备运输条件;与车站合建的变配电所,应预留设备运输通道;土建工程范围内的电缆吊架、电缆管具备电缆敷设条件; 室外场地平整、与牵引所接引的道路完成,道路应满足大型设备运输要求	
接触网施工(电力牵引供电)	路基、桥梁、隧道	接触网预留基础、拉线基础在站后进场施工前,应按照设计要求全部验收完毕,并确保正确,应提供路基地段予埋沟槽管线施工资料和交桩,并合理安排路基和接触网交叉施工; 成段铺轨工程完成,具备开行架线车占轨施工作业条件,接触网精调前应完成轨道精调;共柱雨棚完成施工; 在铺轨基地应预留接触网作业车停放轨道和杆塔停放场所;车站站线应随同正线同期铺轨,并满足施工车辆临时驻车要求; 整区间至少提供一条供接触网施工占用轨道	

二、路基工程接口质量控制

路基地段综合接地系统中贯通地线、分支引接线的埋设应与路基工程同步实施。贯通地线埋设应精确埋设于通信信号电缆槽外侧内壁正下方的基床中(声屏障处埋设于电缆槽靠线路侧下部),同时应根据设计要求,在接触网支柱、跨线建筑物及桥梁与路基过渡段、通信信号槽接地设计位置、电力槽接地设计位置埋设分支引接线。分支接引线应当预留足够长度与接触网接地系统连接,C形压接稳固,引出的路基型接地端子应采取明显的标示及防护措施。施作过程中按要求进行贯通性和电阻测试。

过轨管埋设的位置(里程)必须与图纸相符,埋设的深度应符合图纸要求,两侧过路基后应进入电缆手孔井,过轨管不应有直接裸露的部分出现,过水沟或电缆沟时,应加装保护套管。过轨管中间有接头时,将两管头对齐固定后外加套管并用粘胶灌注缝隙,要求饱满不透气,并做必要的防腐处理。过轨管内均需预穿 ϕ4.0 mm 铁线 2 根,两端各预留 1 m,并用泡沫填充剂或软布封堵,管口打磨光滑,防止划破线缆。

电缆手孔井的砌筑,图纸有要求的,按图纸要求施工;图纸未注明的按电气化工程施工标准图及有关要求施工。

路基各类槽道放线位置准确,施作前应当对该段路基内通信信号、电力电缆接地位置进行核查,固定路基型接地端子与圬工结构相对位置。

接触网基础施作过程中应保证作为接地钢筋的结构钢筋接地电阻符合要求,并保证与分支引接线、接触网支柱接地口连接畅通,符合要求。

声屏障施工前,应核对线路平纵断面、声屏障平面位置图与现场地形及敏感点的情况是否相符。路桥结合处,声屏障尽量保持在一个轴线上。

三、桥梁工程接口质量控制

桥台与路基基底处理同步完成,满足路桥过渡段填筑的工期要求。

在浇筑桥墩混凝土前预埋电缆上桥槽道预埋件。

在浇筑连续梁及简支箱梁混凝土之间预埋桥面系工程接口预埋件。

支柱基础螺栓的材料应符合设计要求,螺母、垫圈应进行防腐处理。螺栓与螺母数量、规格型号应相匹配。支柱基础施工完毕后应在螺栓上涂抹一层黄油后用塑料膜包住。

按照接触网基础预埋螺栓允许偏差表控制螺栓的位置,严格控制螺栓相互间距、螺栓中心位置误差。预埋螺栓要确保螺栓垂直;螺栓位置要确保支柱安装后垂直于线路。

四、隧道工程接口质量控制

(1)综合接地系统

隧道内接地系统按设计施工,钢筋焊接需满足设计要求的焊接长度,接地电阻小于 1 Ω。

(2)预埋槽道

隧道内接触网预埋槽道埋设位置、埋设深度及宽度需满足设计要求,现场施工在二次衬砌台车上开孔利用 T 形螺栓固定确保槽道埋设位置准确。

(3)管线布置

隧道内过轨管设置需满足设计要求。过轨管埋设于仰拱内,过轨管加工尽量减少焊接接头,接头位置需做好防护措施,严禁混凝土浆液渗入管内。管内穿 2 根 10 号铁丝确保管内通畅,清洁。管口位置用无纺布包裹,确保无浆液及混凝土渗入管内。

五、施工质量保证措施

(1)原材料采购必须通过正规渠道,产品合格证、厂家生产许可证等资质文件必须齐全。

(2)对进场材料必须按规定批次进行检验,未取得质检合格报告不得投入使用。

(3)各分部工程实施前,必须对所涉及的接口列出详细清单,并分配到各架子队,对每个架子队进行接口施工技术交底。

(4)分部工程接口工程衔接、单位工程接口衔接必须由涉及双方到现场进行核对,并进行签认移交。

(5)接地电阻测定按照《铁路防雷及接地工程技术规范》实施。

(6)对于接口的质量通病应当收集建档,由项目部组织各职能部门、各分部、各作业队召开分析讨论会议,防微杜渐,及时消除质量隐患。

第十七章　高性能混凝土及耐久性施工

一、宏观缺陷控制

由于混凝土构件的宏观缺陷(如裂缝、蜂窝等)等的存在,将大大削弱混凝土对钢筋的保护能力,从而缩短整个混凝土结构的使用寿命,并且也会对结构工作时间内的维护带来困难,因此,须严格控制混凝土构件的宏观缺陷。

(1)控制氯离子的早期侵蚀,由于混凝土中的初始氯离子浓度对混凝土耐氯离子性能影响较大,因此,预制构件需满足设计及规范要求的存放期后方可出运。

(2)提高砂、石材料含泥量的控制指标。

(3)混凝土全部采用泵送,严格控制碎石级配。

(4)严格控制混凝土配合比。

(5)严把振捣关,确保混凝土密实。

(6)加强养护,确保混凝土养护质量。

(7)严格施工质量检查制度,保证钢筋保护层厚度,杜绝裂缝产生等关键技术措施落实到位。

二、混凝土裂缝控制措施

针对施工中的各个环节,采取有效的预防措施,把引起裂缝的因素事先排除,确保梁体的完整性与可靠性,根据施工现场的实际情况推出了以下预防措施:

(1)严格监控原材料,对选用的硅酸盐水泥进行严格的试验检测。选择收缩小、水化热小的水泥品种,控制水泥的安定性。

(2)严格按施工配合比控制水胶比和水泥用量,精确减水剂和掺合料的掺量,控制混凝土的收缩和放热量,避免过多的温度应力和收缩应力引发开裂。

(3)精心组织施工,避免高温天气施工,浇筑混凝土时,注意梁体阴阳面的温差不宜过大,防止产生过大的温度应力引发开裂,注意加强养护,特别是早期养护,要及时,要充分,养护时间不能少于 14 d。

(4)非承重模板拆模时间以混凝土强度达到 2.5 MPa 为宜。在施工现场拆模时间为混凝土浇筑 24 h 后(经试验一般能达到 5 MPa 以上)。承重模板必须达到 100%后才能拆除。

(5)加强地基碾压,支架基础施工严格按设计图纸进行,使其具有足够的承载力,也具有抵抗变形的能力,防止不均匀沉降。

(6)梁体周围排水要畅通,防止因水分渗透到基座底而降低承载力,致使出现不均匀沉降发生。

(7)拆模时要用千斤顶及倒链逐渐加力,不要用大锤敲,以防敲碎混凝土,或防止振动波传递引起共振,导致梁体开裂。

(8)混凝土强度达到设计要求时应及时进行预应力张拉,使梁体有一个约束应力并具有一定的预拱度,使其有足够的抵抗变形的能力。

三、混凝土夏期施工措施

当昼夜平均气温高于 30 ℃时,混凝土施工应采取夏(热)期施工措施。

(1)对水泥、砂、石料等材料进行遮阳防晒处理,或在砂石料堆上喷水降温,以降低原材料进入搅拌机温度。水泥入机温度不宜大于 40 ℃。

(2)经常测定混凝土的坍落度,及时调整混凝土配合比,混凝土配合比应考虑坍落度损失,以满足施工所必需的坍落度要求。

(3)尽可能在气温比较低的夜间进行混凝土施工,混凝土入模温度不得高于 30 ℃。

(4)混凝土运输车应设防晒设施,尽量缩短运输时间。在运输过程中宜慢速搅拌混凝土,但不得加水搅拌。

(5)浇筑场地应遮阴,以降低模板、钢筋的温度,在浇筑前在模板、钢筋上喷水以降温,但浇筑时不得有积水。

(6)混凝土浇筑完后,表面立即覆盖清洁的塑料膜,防止水分散失过快。在初凝后撤去塑料膜,用浸湿粗麻布覆盖,并经常洒水,保持潮湿状态最少 7 d。

四、压浆采用高性能无收缩防腐蚀灌浆液

压浆采用真空辅助压浆工艺。

(1)抗压强度大于 55 MPa,抗折强度大于 10 MPa;

(2)凝结时间:初凝大于 4 h,终凝小于 24 h;

(3)静置条件泌水率:3 h 小于 0.1%,24 h 为 0;毛细泌水率:3 h 小于 0.1%;

(4)压力泌水指标:0.14 MPa 下,最大泌水率不大于 6%;流动性:出机流动度 21 s±4 s,30 min 后流动度 30 s。

(5)28 d 限制膨胀率 0~0.1%;

(6)充盈度:肉眼可见水囊,直径大于 3 mm 的气囊;

(7)水泥采用强度等级不低于 42.5 级的低碱硅酸盐或低碱普通硅酸盐水泥,C_3A 含量应不大于 8%;

(8)其余性能应符合《通用硅酸盐水泥》(GB 175)的规定。水经化验符合混凝土拌和及养护用水。

第十八章　经验体会与问题探讨

一、大型临时设施工程

施工便道优先采用地方既有道路，当不能利用既有道路时，新建便道应该遵循永临结合、节约土地、保护环境、耐久适用的原则一次修建达标。

(1)充分利用有利地形，线路尽可能顺直，少占或不占良田好土。

(2)便道干线尽可能地靠近主要工点，以减少引入线长度。引入线以直达用料地点为原则，避免材料二次倒运。

(3)便道干线不应占用路基，减少施工与运输的相互干扰，困难地段占用路基时应采取临时过渡性措施。路堤段便道内边线为路堤侧沟外边线，路堑段便道内边线为路堑天沟外边线，桥梁段便道内边线与承台边线的距离根据地质情况、基坑放坡情况而定，并尽量少征临时用地。

(4)合理布局，尽量使便道与地方交通运输道路形成网络。

(5)施工便道设计荷载按机械、车辆满载最大重量计算。经过灌溉水渠的地段，要埋置钢筋混凝土圆管或设置便桥。

(6)施工便道在危险地段要设置防撞墙或护栏，在急转弯、S形地段、大坡度、靠近居民区地段要设置警示标志。

二、路基工程

为指导地基处理施工，在大规模施工前，选择有代表性的地段，进行CFG桩地基处理、螺杆桩的工艺试验，用来复核地质情况是否与设计相符，判定机械设备、施工工艺的适宜性、核对选用的工艺参数。在CFG桩大面积施工前，应在现场选一块场地进行试桩，根据试桩确定合理的施工工艺，并对按设计要求(桩径、桩长、桩距)制成的桩进行单桩承载力、复合地基承载力、复合地基模量试验，根据试验结果，复核、修正设计，并与设计单位进行沟通。部分软土路基采用CFG桩加固，根据设计桩长、桩间距等采用长螺旋成孔管内泵压混合料灌注成桩法或振动沉管灌注桩法施工。

对于需要挖除换填的部分，当地基条件良好时：对水田、雨季滞水或地下水位高的低洼地段，清除表层种植土，路堤底部填筑渗水性填料，并采用重型机械振动碾压技术压实至路堤本体压实标准；对旱地或山地，清除地表杂草，地表松土$\leqslant$0.3 m时，原地采用压实技术进行填前压实；松土厚$>$0.3 m时，采用翻挖、分层回填压实，或采取其他加固措施。

三、桥涵工程

连续梁等现浇特殊结构作为关键线路上的重难点工程，其施工周期相对较长。项目进场之初，就要加大此类重难点工程所在位置的征地拆迁、跨路和跨河手续的办理、施工方案的编制、物资储备、施工队伍招标和进场等工作，任一环节的脱节，必将影响整体工期，进而增加后期赶工成本投入。

(一)桩基础承台施工

桩基础承台施工前务必复测原地面，对于由于地形变化引起承台基坑埋深过深时，一定要提请进行变更设计，避免深基坑防护，降低安全隐患和施工难度。桩基施工时地质核查工作极为重要，尤其山区地带，务必认真核查，当发现现场地质和设计不相符时，要提请设计单位现场核查确认并进行设计变更。

(二)墩台身施工

墩台身施工时，为减少墩身裂纹，建议安装自动喷淋养护系统，即能节约人工又能保证养护质量，进而提升墩身整体质量。墩身施工时务必做好接地端子、吊围栏U形螺栓等预埋件的定位固定,以免后期植筋整改,加大施工成本和安全隐患。

(三)现浇梁等特殊结构施工

1. 支架施工

支架设计必须进行检算,确保其强度、刚度、稳定性均能满足安全和施工要求。支架预压必须严格进行,以消除支架系统的非弹性变形,并取得弹性变形数值,为底模高程提供依据。安装底模时应按设计要求并结合预压结果设置预拱度。

2. 支座安装

支座安装必须严格按设计及规范要求进行。灌浆前应认真复核平面位置和高程,确保准确。安装前要仔细核对支座型号,以免安装错误。

3. 模板施工

模板的设计、加工必须符合结构尺寸及规范要求。其刚度、强度及支撑稳定性也必须满足要求。混凝土浇筑前对模板进行严格检查,如脱模剂涂抹是否均匀,模板接缝处理是否严密,钢筋与模板之间垫块是否已设置。预埋件和预留孔洞位置务必加强检查验收,不符合要求的必须整改到位,避免后期返工重做。

4. 混凝土养护

梁体混凝土浇筑后的前期要加强温度监测,并事前采取控制措施,防止梁体混凝土由于内外温差过大而造成开裂。必须将混凝土养护作为一道重要工序进行管理,一般可采用覆盖土工布加洒水养护方式,养护时间不得少于设计要求天数。

5. 预应力钢筋施工

预应力施工前,应先在梁外进行摩擦阻力试验,测定孔道及喇叭口摩擦阻力损失,以确定施工张拉控制应力。箱梁的内侧模应在张拉前解除固定和拆除,以免影响预应力的剪力。底模必须在预应力张拉完成后才可拆除。

使用智能张拉技术,该技术能够自动形成相应的张拉数据表格,能够确保所得数据的真实性及准确性。另外,利用不同的管理界面以及远程监控系统能够进行工程的实时监测及控制管理,完成相应的张拉操作之后能及时将相印打印出来并存档,确保资料的完整性。在推动进度的情况下,同时保证了施工质量。

四、隧道工程

经过多方学习探索并进行现场总结,形成了一套高效的施工作业方法,同时制订了一系列措施,包括明确施工员是现场第一责任人,并对施工员、隧道施工队伍及其施工安全质量每月多次检查并进行书面通报,奖罚兑现等等,确保了隧道施工质量及作业安全。

在隧道施工中,严格按照设计要求进行施工,但到了2020年雨季,发现不少隧道存在渗漏现象,经仔细调查,认为原因有三:一是围岩支护不到位。围岩稳定性差的地段,当初期支护、二次衬砌支护不到位,后期岩层扰动造成隧道开挖时封堵水的注浆层破坏、改变地下水流向的疏水管错位、破损,甚至隧道支护结构的破坏,涌水量的增大使现有防排水设施承受了超过其设计值的涌水量;二是防水板、止水带安装不到位,二次衬砌混凝土不密实或存在裂缝。作业人员施工粗糙,可能造成防水板在土工布上固定不牢,基面不平整有气泡、拼接不到位、防水板破裂,施工缝和沉降缝的背贴式止水带、中埋式止水带未安装,止水带搭接不牢固、埋设深度不够等情况,岩层的水通过破裂和拼接不到位的防水板进入衬砌,再透过不密实或存在裂缝的二次衬砌混凝土,在隧道内表面形成渗漏水;通过了防水板、透过了不密实或存在裂缝混凝土的水,再通过未安装好的止水带,在施工缝和沉降缝处便形成渗漏水;当浇筑二次衬砌时,在一定的注浆压力下,流动的混凝土可能将安装不牢、基面不平整、拼接不到位等存在问题的防水板挤压脱落,进而形成二次衬砌夹层或空洞,在一定条件下,造成夹层和空洞积水从而引起渗漏水;三是防排水系统设计存在缺陷。地质勘查工作不足,可能存在现场地下水对混凝土存在腐蚀而未探明,仍按P12的抗渗等级进行设计；山体中矿物质较多，排水设计时预留的安全系数较低，如 40 mm×60 mm 的环向排水虑管就易因口径太小堵塞，且难以疏通；环向、纵向排水虑管不分段接入侧沟，而是通过三通管连接，将水汇集至非全包段的侧沟流出，这种长距离多处汇水的纵向透水盲管，其口径均按 100 mm 设置，当水中矿物质较多其中某处管道堵塞时，就会影响整段的排水，从而加大了衬砌外的水压力，最终引起渗漏水。

五、轨道工程

赣深铁路无砟轨道形式复杂，有 CRTS Ⅲ型板式、CRTS Ⅰ型双块式和道岔埋入式三种轨道形式。其工序开展和质量控制影响范围广、纠错代价大。在无砟轨道施工前期，CRTS Ⅲ型板式无砟轨道施工中存在一些质量问题，有些是前一道工序遗留的问题，如梁面过高、预埋套筒缺失等，无砟轨道施工时要花费大量的人力、物力进行梁面铣刨、打磨，植筋等等。有些则是无砟轨道施工过程中存在的质量缺陷，如底座板厚度不足、横坡坡度不足、限位凹槽四角开裂、底座板表面裂纹和横向贯通裂纹、相邻底座板错台、自密实混凝土离缝等。为解决底座板表面裂纹、自密实混凝土离缝等常见的质量问题。经逐一分析原因，并从混凝土原材质量、底座板“三低一高”混凝土配合比、养护，自密实混凝土性能指标控制、灌注工艺方面提出了相应的解决方案，有以下经验体会：

1. 梁面平整度不满足要求，底座板局部厚度不足

(1)原因分析

①梁面高程控制不到位，梁面混凝土浇筑过高。

②梁体预拱度设置过大，二期恒载施加后，仍不能回归至设计高程，导致梁面过高。

(2)解决方案

①制梁过程中严抓梁面平整度，采用梁面整平机刚度要大，防止梁中间位置由于整平机刚度不足导致中间位置上浮。

②加强连续梁等大跨度特殊结构施工时的线形控制，无砟道床施工前应对梁体进行等重配重预压。

③及时对梁面及时进行高程复测，沿底座板边缘 4 条基线每隔 2 m 进行测量，对梁面侵入底座板部分进行铣刨、打磨，保证底座板厚度符合验标要求。当梁体超高严重时，不能随意铣刨，应请设计单位出具体方案。

2. 梁面预埋套筒缺失、偏位、破坏

(1)原因分析

①梁体施工时，预埋套筒定位不牢固，混凝土浇筑时工人脚踩、碰撞导致开焊脱落。

②预埋套筒高程定位不准确，当高出梁面高过多时，被运梁车等外力损坏。当低于梁面过多时，被梁体混凝土掩埋，无法找出。保护盖安装不到位导致混凝土失效。

③梁面拉毛或铣刨时，未避开预埋套筒，导致套筒被破坏。

(2)解决方案

①制梁采用多点带线确保梁面套筒预埋平面和高程正确。

②制梁预埋套筒认真带好保护盖，并采用胶带二次保护。

③梁面采用机械拉毛或凿毛工程中要避开预埋套筒位置，采用大型车载铣刨设备，可有效避开套筒位置。

④对破坏或偏位的套筒需采用植筋补充；植筋深度≥20 cm，抗拉力≥65 kN，检测数量不少于 1%；植筋施作中要避开梁面预应力孔道和钢筋位置。

3. 底座板排水横坡坡度不够

(1)原因分析

未采用定制工装工具，收面人员操作随意，未按设计坡度收坡。

(2)解决方案

①采用定制工装。

②收面过程中采用电子坡度尺实时量测(第二次收面时进行量测调整)。

③收面设专人全时定岗监测收面,定岗定责。

4. 底座板限位凹槽四角开裂,钢筋锈蚀

(1)原因分析

①混凝土浇筑方式不当,为了避免混凝土外溢并减少对限位凹槽模板的影响,混凝土不直接浇筑到凹槽周边,而是通过混凝土流动性辅以振捣棒振捣到达,致使凹槽周边粗骨料相对较少,水泥砂浆集中。

②在底座混凝土振捣过程中,施工人员潜意识地避让凹槽模板,振捣密实度不足。

③保护层厚度控制不到位,过大或过小。

④限位凹槽模板拆除过早,四周混凝土坍塌。

⑤混凝土养护不到位。

(2)解决方案

①限位凹槽裂缝控制在浇筑混凝土时可以由凹槽四周向外进行浇筑,以避免浮浆堆积于限位凹槽处。

②加强限位凹槽四周 20 cm 范围内混凝土振捣及收面控制。

③凹槽四角增设防裂钢筋网片,并严格控制保护层厚度。

④严格控制限位凹槽模板拆除时间(混凝土初凝后拆除,一般为浇筑完成后 3 h)。

⑤限位凹槽模板拆除时四角同步垂直上提,防止不同步拆除,造成模板对四边混凝土的倾压破坏。

⑥加强底座混凝土养护。

5. 底座板混凝土表面裂纹和横向贯通裂纹

底座表面及横向裂纹一般有表层微细裂纹和横向贯通裂纹 2 种形式。

(1)原因分析

①混凝土配合比不合理,为了利于泵送施工及加快模板周转,为提高混凝土的早期强度,增大了胶凝材料比例,加大了水灰比,坍落度甚至超过 220 mm,致使底座混凝土前期收缩变形较大,形成表面裂纹。

②养护不到位,养护期内未能做到保湿养护。

③保护层厚度控制不到位,过大或过小。

④梁体尤其是大跨度连续梁由于梁体收缩徐变的影响,梁体挠度不断变化,进而导致与梁体 L 形筋连接的底座板横线贯通开裂,跨中位置尤其严重。

⑤重载施工车辆在底座板上行走。

(2)解决方案

①底座板混凝土配合比选定应提高适当提高粗骨料成分,严格执行“三低一高”(低胶材、低用水量、低坍落度、高含气量)要求,并将混凝土入模坍落度控制在 160 mm 以内,坍落度越小对后期底座板开裂控制越好。

②底座板属于薄层结构,受外界温差影响极易开裂,保水养生是最能有效预防底座板开裂的措施,应采用标准为 400 g/m^{2}以上土工布+养生薄膜+滴渗管的组合保水养生 14 d 以上。底座拆模尽量延后,增加带模养生时间。

③底座板顶面收光不少于 3 次。

④严格控制钢筋保护层厚度,尤其是底座板顶面保护层厚度。

⑤严格按照规范对梁体进行徐变观测和评估,工期允许时最好梁体完工后经历冬季和夏季后再施工底座板。

⑥严禁施工车辆在底座板上行走,如受施工环境限制没有其他通行条件的,则必须控制限重通行。

6. 底座板表面平整度不满足要求,高程超标,相邻底座板之间错台

(1)原因分析

①高程控制不到位。

②相邻底座板高程控制线未连接。

(2)解决方案

①底座板高程交底务必正确并在底座板放样时采集高程提前交底，提高工序转换效率。

②采用方钢高程控制带(配合G型卡固定于模板上)控制高程，计算高程带控制应注意底座板顶面平面的延长线为控制高程。

③相邻底座高程应重点控制，高程控制带设置应延伸至端头。

7. 自密实混凝土四角处出现麻面、凸出

(1)原因分析

①四角插板为粘贴模板布。

②四角插板固定不到位，和侧模之间错缝。

(2)解决方案

①自密实混凝土四角插板粘贴模板布。

②过程中控制好灌注时间及灌注速度，根据总结出的灌注规律确定灌注结束时间。

③四角插板插好后用木楔固定牢固，和侧模齐平。

8. 自密实灌注孔及观察孔混凝土离缝

(1)原因分析

①自密实灌注孔及观察孔内多余混凝土清理时间把握不准确，收光抹面操作不当。

②养护不到位。

(2)解决方案

①自密实混凝土灌注孔及观察孔与自密实混凝土一次灌注成型，采用定型微凸圆形模具抹面覆盖，使自密实混凝土呈微凸状，混凝土终凝前再次利用模具抹光收面，以确保灌注孔排水及美观。

②灌注孔及观察孔封闭后，封闭混凝土采用滴管保水养护，使用塑料材质养护桶，桶底设置约10个滴水眼(ϕ2 mm)，将优质土工布(400g/m^2)利用扎带绑扎于桶底(确保平顺)。养生桶装水后置于灌注孔上，每隔一段时间加一次水，确保封闭混凝土始终湿润，养护时间不小于14 d。

9. 自密实混凝土厚度超出80～110 mm范围

(1)原因分析

主要由底座板高程控制不严，顶面高程高于或低于设计值所致。

(2)解决方案

①底座板高程交底务必正确并在底座板放样时采集高程提前交底，提高工序转换效率。

②高程带采用紧线卡安装牢固，计算高程带控制应注意底座板顶面平面的延长线为控制高程。

③采用自密实混凝土厚度检查框架进行自密实混凝厚度检查，厚度不足的地方采用水磨机进行混凝土洗磨，直到自密实混凝土厚度符合规范要求。

10. 自密实混凝土与轨道板、底座板间有离缝

(1)原因分析

①密实混凝土层和轨道板离缝等主要是由于自密实混凝土过稀、浇筑前限位凹槽内积水未清除，由于密度差异，浇筑过程中的泌出水或限位凹槽积水被驱赶至轨道板和自密实混凝土接触面，从而形成离缝。

②自密实混凝土和底座板间有离缝主要是安装自密实模板时由于操作不当导致隔离层土工布形成褶皱，未和底座板混凝土顶面密贴。

(2)解决方案

①加强自密实混凝土性能指标控制，保证满足扩展度、T500、含气量等指标要求。

②灌注前板腔内积水要排出干净，灌注时排浆孔要保证充分排水泥浆，以出现均匀石子后为控制时间点将四角模板插紧。

③自密实混凝土模板合模时对隔离层土工布进行检查，严禁褶皱，确保和底座板混凝土顶面密贴。

11. 精调爪处轨道板裂纹

(1)原因分析

①精调爪螺栓不满足吊装孔深度 13 cm 要求,过长拧不紧,过短承载接触面太小,两个不利因素都容易造成混凝土开裂。

②四名精调操作人员不熟练,配合不默契,精调方向不一致。

(2)解决方案

①在精调爪与混凝土接触面位置添加 1 mm 厚硬质橡胶垫片,能够有效防止开裂。

②四名精调操作人员要相对固定,配合默契度要高,精调操作时方向和幅度要保持一致。

12. P4925 型号轨道板的方向错误

(1)原因分析

P4925 轨道板分 A/B 型,由于施工交底不到位,现场未仔细检查,导致铺设方向错误。

(2)解决方案

①P4925 轨道板分 A/B 型,轨道板存放时要注意区分。

②铺板时要注意每孔 32 m 梁共 2 对 4 块 P4925 轨道板,245 mm 板端朝梁缝处防止,接地端子应在防撞墙侧,左右线分别布置,吊装时注意区分。

六、站场及运营设备工程

铁路客站作为城市展示的窗口,在建设过程中切实践行国铁集团“畅通融合、绿色温馨、经济艺术、智能便捷”的新时代铁路客站建设理念,坚持以人为本,深入实地提取特色地域文化,运用现代建筑语言,艺术的应用于站房建设中。执行国铁集团“精心、精细、精致、精品”的四精建设要求,力求突破常规设计思路,统筹城市、客站的整体规划,在客站内的候车大厅、候车站台、吊顶、屋面、地面等各部位进行一体化深化设计。施工过程中,着力于细部做法提升,以于寻常处见功力,从细微处见真章的施工方法,将车站的整体面貌再提升一个档次,将每一座站房都打造成精品客站、示范工程。

(一)技术管理

施工技术是工程施工的重要保证,是确保工程质量的关键,是安全生产的必要手段。针对工程特点和设计要求,根据国家标准、规程、规范及合同要求,整理、编写了一系列技术文件、资料和施工作业指导书以及工程所需的应急预案。严格按照作业程序组织施工,每个工序开工前,先组织技术人员进行施工图会审,读通看懂设计图纸,有疑问及时提出并反馈解决;施工人员进入现场施工前必须进行技术交底并记录完整备查,明确规范要求、图纸要求、施工方法,使每道工序标准化,程序规范化。

(二)质量管理

(1)选派有丰富实践经验的项目经理、施工员、质管员及有关管理人员,为确保工程质量,采取强化质量管理体系,实行工序控制,落实质量责任制,每道工序每个岗位具体落实到人,出了问题有章可循、有据可查,并从管理人员一直到具体操作人员与经济挂钩进行管理。实施开展分项工程质量管理小组创有活动。

(2)严格执行材料验收和计量管理制度,把好原材料质量关,全部材料由专职材料员采购,进场时由施工员、质量员、材料员共同验收,确认质量合格和现货质量,对需要复测的材料,及时做好复测工作,合格后方可使用,对外加工的构件或半成品,进场时应签收验货,详细核对其品种、数量、规格、质量要求,做到不合格的产品不进场。

(3)把好施工质量关。在工程施工过程中严格按照规定、规范施工,认真做好各道工序的检查、验收关,对各工种的交接工作严格把关,做到环环扣紧,并实行奖罚措施。

(三)安全生产文明施工

1. 安全制度

(1)明确各项管理人员的安全岗位责任制,包括项目经理、技术人员、班组长、专职安全员等,明确应承担的安全责任和应做的工作。

(2)建立安全教育制度。规定对所有进场的职工、民工要进行入场安全教育及针对本工种安全操作规程的教育，并建立个人安全教育卡片。需持证上岗的特殊工种工人都必须经过培训考试，并取得有关部分颁发的合格证书后方可上岗。各工班每天上班前，应做班前安全施工教育。

(3)坚持安全检查制度。规定每月由项目质安部长牵头对工地进行两次安全检查，质安部要不定期地组织人员进行检查，专职安全员必须天天检查。对检查出的问题、隐患要做好文字记录，并落实到人，限期整改完毕，对危及人身安全的险情，必须立即整改，做到对每项都要整改。对每项要整改的问题整改完毕后都要由安全员进行验证。经理部每隔 10 天组织一次安全、消除、文明施工大检查，对工地安全状况进行监督。

(4)坚持安全交底制度。技术人员编制施工方案、技术措施时，必须编制详细的、有针对性的安全措施，并向操作人员进行书面交底，双方签字认可。

(5)坚持安全例会制度。由项目质安部主持，各作业队专兼职安全员参加，总结本周安全情况，安排下周安全工作。

(6)安全事故处理制度。现场发生的安全事故，都要本着"三不放过"的原则进行处理，查明原因，教育大家，并落实整改措施。重大事故必须及时向上级部门及地方有关部门汇报，积极配合和接受有关部门的调查和处理。

2. 安全技术措施

(1)凡在坠落高度基准面 2 m 以上(含 2 m)有可能坠落的高处作业时，必须佩戴保险带，在使用前必须认真检查保险带是否安全可靠，保险带应高挂低用，保险带安全环必须挂在牢靠的物体上，严禁挂在活动物体上。

(2)空作业人员不准穿易滑，硬底或带有铁钉掌的鞋。必须穿橡胶底鞋。

(3)凡高血压、心脏病、癫痫病及其他不适合高处作业的人员禁止从事高处作业。

(4)风力六级以上大风或雨雪天气禁止高空作业。人员和车辆应及时离开施工现场，任何人不得进入施工现场，并挂好醒目警示牌。

(5)高空作业时传递物品时，必须用吊绳拴牢传递物品，禁止抛掷。吊装物体上放置工具、零件时，工具和零件必须与吊装物捆牢，防止坠落下来。

(6)作业用的设施，如搭设的构架、跳板、架子车等必须牢固稳定，搭设后应经施工负责人或安全负责人检查合格后方能使用。

(7)高空作业时不准在同一空间上下层立体交叉作业，施工场地下方严禁无关人员停留或穿行。

(8)采用各类梯子登高时必须检查使用梯子本身是否安全可靠，使用单梯时应把梯子放稳妥并有专人扶梯，梯身与地面夹角以 60°为宜。使用人字梯时必须把梯子下部两头用拉绳连接牢固并有专人扶梯。各类梯子上有人时，不准移动梯子。

(9)设有专用梯上下屋顶时，施工人员必须从专用梯子上下，不得擅自攀爬钢架上下。

(10)使用方梯安装施工时，必须检查方梯是否牢固，安装方梯时，梯身与钢架要用两道绳子捆牢。固定位置的挂钩和麻绳，经专人检查安全可靠无误后方可上人施工。在竖起方梯和拆卸方梯时，方梯倾斜方向严禁站人。

(11)起重作业时施工负责人必须设有专人负责，专人指挥。

(12)起重作业时所有施工人员不能站在起重机吊臂回转所及区域或起吊物下。

(13)起吊钢梁、钢柱时，施工项目负责人的施工人员，必须清楚钢梁、钢柱拼装后的单件重量，根据单件重量合理的选择钢丝绳规格。

(14)氧气、乙炔瓶要远离火源，距离不得小于 10 m，乙炔瓶、氧气瓶之间距离不得小于 7 m。

3. 施工安全保证措施

坚持"安全第一，预防为主"的方针，施工中始终把安全放在首位，严格执行有关施工安全规则和施工安全的规定。为保证施工安全，切实做到杜绝行车安全事故的发生，特制定以下行车和设备的安全保证措施:成立安全生产领导小组,建立完善既有线安全保障体系;在既有线上施工保证施工与行车安全的主要措施施工前,与相关单位签订施工配合协议,明确双方责任,确保施工行车安全;施工中,严格执行、遵守既有线行车施工安全管理的各项规章制度。加强施工检查,保证安全施工,确保既有线行车安全。

七、房屋建筑及给排水工程

在整个施工过程中,加强现场施工安全管理工作,落实贯彻执行施工技术安全操作规程及有关规定,签订施工安全责任制,健全施工班前活动,完善安全交底工作,发现隐患及时整改,实行工地的安全评分检查制度,工程由始至终未发生过安全事故,安全资料及时整理。在整个施工过程中,编制施工方案,做好技术交底,加强施工技术管理工作,实行质量安全目标责任制,做到有计划地进行施工,合理安排人力、物力,同时密切与现场甲方、设计、质监和监理等部门联系,听取合理意见,使施工中出现的问题能及时处理,有效地控制了质量安全隐患。使工程在有关部门的大力支持和配合下,安全质量得到了保证。

本工程已按施工图和规范要求完成地基与基础、主体结构、屋面工程、装饰装修工程、给排水工程、通风与空调工程、建筑电气工程、建筑节能工程、电梯工程分部工程的施工,施工过程中严格按照规定验收程序进行验收,严格执行国家强制性验收规范标准,主控项目全部合格,一般项目合格率100%以上。

八、通信工程

站房通信机房引入通道:应加强设计间协调,因站房是其他设计单位做的,没有考虑通信机房的引入通道,施工时协调困难很大。

工程施工中站前进度滞后,没有给四电施工提供合理的工期,抢工现象很多,影响四电工程的施工工艺质量,建议严格控制站前施工工期。

建议在请维护单位进行施工图纸审核时对维护单位详细说明,使维护单位切实熟悉图纸,详细提出对工程的要求,减少施工工程中的变更。

九、信号工程

做好技术交底和技术培训是保证施工质量和按计划工期施工的关键:在各个单位工程施工开始前,按程序文件要求从项目部到施工班组实施层层技术交底,特别是作业层更详细具体,使每个作业人员掌握技术标准和安全操作规程,施工后,确保一次达标成优。组织举办专题学习班,进行技术培训、学习技术标准、操作工艺和作业指导书,做到各项技术标准和安全操作规程人人明白、各个理解掌握,并按程序文件要求进行严格的考核,对考核未达标者严禁上岗作业,确保安装一次到位,符合设计要求,提高工效保证工程质量和工期,避免因技术层面问题造成的施工质量问题。

需提供合理工期,工程施工中站前进度滞后,没有给四电施工提供合理的工期,抢工现象很多,影响四电工程的施工工艺质量,建议严格控制站前施工工期。

建议在请维护单位进行施工图纸审核时对维护单位详细说明,请他们切实熟悉图纸,把对工程的要求详细提出,减少施工工程中的变更。

十、信息工程

(一)接口管理及施组管理方面

接口管理及施工组织管理过程中容易出现以下问题:

(1)各接口施组不匹配、动态同步调整不到位,如站房专业施组同客服信息衔接工作未设置共同工期节点,总工期调整后,各相关专业未按要求同步调整工期节点;

(2)部分接口专业进度不同步,如系统调试用电、与综合视频平台接口、TDMS接口等不能按客服信息工程进度要求提供,进而影响系统及接口功能调试。

(3)关联项目存在不匹配情况,如互联互通接入实施方案不明晰;关联工程未按施组计划推进,相关接入工程无法按期实施等因素，最终影响项目整体实施进度。

(4)实施性施组编制深度不足，未按中心、车站、关键工序细化落实，前置条件提供时间、应用软件安装调试及系统间接口调试未纳入施组。

(二)设计变更情况管理方面

信息系统需求变化较多，铁总层面技术要求更新较快，在项目实施过程中需要关注最新发布的国铁集团文件、技术要求，以及路局提出的运营需求等信息，及时沟通设计、运营单位召开设计变更梳理会，落实变更内容，出具变更设计，与原设计同步实施，保证验收阶段能够满足最新的验收及测试文件要求。

关注有变更车站办公网两网融合技术要求，旅客服务与管控平台变更(已变更)，新增公安值班室视频及进站核验终变更(已变更)，深圳北第二动车所信息配套变更(已变更)，车站流线调整相关信息配套设备变更(已变更)，车站商务座相关信息配套设备变更(已变更)，深圳北第二动车所周界报警系统变更(已变更)。

(三)施工过程及质量管理方面

1. 施工过程中应关注的问题

客服信息系统工程整体施工进度受制于站房专业、通信专业，且所有施工工作均需要同其他专业施工进度协调配合，给予本专业的施工窗口期不固定且经常被严重压缩，在施工过程中需重点关注以下几个方面问题：

(1)站台雨棚综合布线预埋方案及客服信息设施安装预埋件设置方案必须同站房站台专业施工方案同步制定，并在施工过程中同步实施，需提前同设计、运营管理单位确认各站台终端设备定位，保证所有信息管线及设备预埋件设置到位，避免后期设备安装方式不满足安全标准要求以及预埋不到位造成的管线外露情况(图 4-18-1)。

图 4-18-1 站台雨棚下信息管线预埋

(2)为满足联调联试期间站台封闭要求，所有站台施工需同通信、信号专业同步完成，如有剩余工作量会对联调联试工作造成不利影响，也不利于控制施工质量。

(3)因站房施工进度安排通常最后完成站房与站台间通道，此部分工作未完成造成客服信息工程不满足电力及信息电缆布放条件，最终也会影响整个站台的调试工作，需尽早确定站房至站台线缆布放方案，尽早完成线缆布放及成端测试等工作。

2. 质量管理过程中应关注的问题

站房专业配合方面，设备、功能用房及终端设备安装工作面提供达不到进场或设备安装要求；设备安装交叉干扰较多。如客服用房门窗未及时封闭，有渗水、积灰、设备施工中损坏等情况，有静电地板接地不到位、等电位端子缺失，防尘漆破损情况；线缆敷设方面，存在桥架预留、沟槽管洞预留预埋不满足设计要求情况。

十一、电力工程

电力工程由于线路较长，采用分段施工的方法，结合高速铁路特点，合理划分施工区段，平行展开施工。各作业队负责本区段所有电力项目的施工内容,减少施工场地转移所带来的不便,主要采用轨型车辆机械和不占用轨道的专用机械及人工辅助敷设电缆等方式相结合。

变电所亭为数字化无人值守牵引变电所亭,由智能辅助监控系统及其他设施构成。牵引所智能巡检由传统的人工巡检到机器人智能巡检,实现牵引供电设备检修模式由故障检修及定期检修向"状态检修"转变,降低管理与维护成本。智能辅助监控系统实现对全所视频监视、环境信息监测、安全防范、火灾报警、动力照明控制、设备巡检等功能的高度集成和一体化监控,支持采集接入、数据存储、告警处理、传输通信、联动和监控等功能;具备三维监视、智能监控、可视联动、管理平台化的特点,为无人值守提供技术支持和保证。

采用生产技术管理信息平台+BIM+GIS技术,实现利用全线路参数生成轻量化的全线路BIM模型,再利用接触网平面布置数据自动生成标准化的全线接触网BIM模型,并实现接触网专业计算测量数据推送—计算平台—预配平台(同时到BIM模型),实现数据在接触网施工过程中的自动流转和利用,实现从测量到预配的自动化,实现轻量化的BIM的参数化建模,实现BIM模型对安装、材料、参数等信息的数据集成,为运维工作提供便利化支撑。

十二、电气化工程

为了加强领导,实现创优目标,接触网专业成立质量管理领导小组,主要职责是合理调配资源,搞好内外协调,组织制定质量管理具体实施细则,充分发挥各组织机构的作用,落实安全质量生产责任制。同时,推行全面质量管理方法,建立岗位责任制,工区领导小组、各有关职能部门各司其职,各尽其责,以工作质量来保证工程质量。

接触网专业严格执行干部盯岗制度,盯岗干部进入施工现场协助施工负责人做好施工组织安排,对主要施工工序安全进行把关,确保施工组织和安全措施的落实,在与其他工程进行交叉施工时积极沟通,确保施工顺利进行。同时,协助施工负责人抓好文明施工,树立工区良好形象。盯岗过程中发现问题,及时指出,并给出整改建议。

为加强对突发性事件处理的综合指挥、调度能力,提高紧急救援反应速度和协调水平,确保迅速有效地处理各类重大安全事故,保障员工生命和财产安全,接触网专业成立应急领导小组,以确保紧急事件发生时能够第一时间做出反应,确保安全生产能够顺利进行。接触网专业先后建立触电、高空坠落、火灾、食物中毒、交通安全、防洪防汛防台风、铁路行车事故等各项应急预案,从应急领导小组职责、事故处理流程、事故救援顺序到具体处理程序各个方面详细介绍了事故发生时各个环节应该做出的反应,分工明确,责任到人,通过制定控制目标和应急预案,确保工程重大危险源保持可控状态,保证安全生产顺利进行。

十三、综合接地工程

综合接地工程将各种接地有机、合理地结合起来,是保证高速铁路各系统、各设备之间实现等电位连接的关键。

1. 施工注意事项

(1)贯通地线应整齐地卷绕在电缆盘上。电缆盘筒体半径不小于地线外径的30倍。地线两端应采用专用套封头。

(2)贯通地线应妥善存放,防止进水或受潮,避免日光长期照射。

(3)装卸时严禁从高出抛下装有贯通地线的线盘,产品在运输中应避免线盘间碰撞、摩擦或其他机械损伤。

(4)线盘不允许平放储存及以平放方式吊装及运输,以防线盘损坏伤及产品。

(5)贯通地线线盘滚动方向应与线盘所标方向一致。

(6)贯通地线敷设好后,应及时进行密封、封头等项工作,每天必须封头防护,不得只敷设,不进行包封。

(7)信号槽内砌筑前卫生必须清理干净。

(8)施工前对接地端子进行排查,接地电阻合格后方可施工。

(9)接地端子排查的问题通报给电缆槽施工队伍,存在问题暂由贯通地线队伍进行相应处理。

(10)通往侧沟的排水孔问题通报给电缆槽施工队伍,存在问题暂由贯通地线队伍的进行相应处理。

2. 安全保证措施

(1)严格遵守施工现场安全技术规范,参建员工进行全员岗前安全教育,并贯穿于施工全过程。

(2)教育员工遵守劳动纪律,强化安全意识。严禁酒后上岗,严禁疲劳上岗。

(3)做好劳动保护,配齐配足劳动安全防护用品,正确使用安全防护用品,经常检查安全防护用品,使其处于良好状态。

3. 质量验收程序

(1)严格按照质量验收程序进行验收,对于不合格的部分及时进行整改。

(2)根据贯通地线施工工艺确定施工班组,配备相应的管理人员、技术人员和作业人员,明确岗位和职责,以质量责任制保证施工质量。

(3)对每道工序编制详细的施工实施细则、作业指导书和技术交底,明确贯通地线施工质量控制要点,进行强化学习和培训,并进行现场跟踪技术指导,让每位作业人员对施工技术标准和技术要求做到心中有数,熟练掌握操作技能。

(4)对贯通地线施工技术继续进行研究、消化和吸收,不断摸索新经验,实现再创新,以科学的控制手段,先进的施工工艺保证施工质量。

(5)严格按照中心试验室、设备物资部门选用的原材料进行施工,杜绝使用未经检验或不合格的材料。

十四、防灾工程

灾害监测系统对高速铁路沿线风、雨、雪、地震及上跨铁路的道路桥梁的异物侵限进行有效、准确、实时监测,为调度指挥及维护管理提供报警、预警信息,有效防止或减少灾害对高速铁路列车运行安全的影响。在施工过程中的经验总结如下:

(1)各段的施工选择已成熟的施工工法、施工工艺进行组织施工;采用新技术、新工艺、新设备部分的施工,参照新设备提供商提供的安装说明及技术要求,制定相应的施工方法和施工方案,以满足工程施工需要。

(2)各工序采取平行与流水相结合的办法进行施工,工序间采取合理的搭接。

(3)在首件定标后及时修改完善作业指导书,下发至作业班组,完成三级交底,使每个作业人员掌握本线的施工工艺要求,真正起到首件工程试验先行、样板引路的作用。

(4)室外设备安装前同设计、运营管理单位确认室外终端的设备定位,避免造成返工影响工期。

十五、客运服务系统工程

1. 设计变更情况管理方面

客服信息系统需求变化较多,铁总层面技术要求更新较快,在项目实施过程中需要关注最新发布的铁总文件、技术要求,以及路局提出的运营需求等信息,及时沟通设计、运营单位召开设计变更梳理会,落实变更内容,出具变更设计,与原设计同步实施,保证验收阶段能够满足最新的验收及测试文件要求。

2. 施工过程及质量管理方面

客服信息系统工程整体施工进度受制于站房专业、通信专业,且所有施工工作均需要同其他专业施工进度协调配合,给予本专业的施工窗口期不固定且经常被严重压缩,在施工过程中需重点关注以下几个方面问题:

(1)站房内信息机房及信息配电间的电力引入、空调安装及装修进度需同通信、信号机房同步完成,只有机房、配线间内电源、网络设备具备加电调试条件,才能开展后续工作。根据目前铁总建设管理要求,客服信息专业需同其他专业同步静态、动态验收,需重点关注工期节点安排。

(2)客服信息专业无影响行车系统,但是联调联试工作需要信息专业提供车站办公网作为调度命令下达渠道,所以联调联试开始前需将车站办公系统调试完成,终端设置到位,满足车站办公要求。

3. 质量管理过程中应关注的问题

客服信息施工方面,部分线缆敷设不规范,强弱电线缆未分槽敷设;机柜、设备桥架未接地;机柜门未与柜体接地连接,线缆绑扎、标签标识不到位,机房内缺少设备布置清单;显示屏、吊挂件等安装方式与设计不符;站台雨棚动态显示屏吊杆与雨棚连接固定方式不符合要求。

十六、工程接口

(1)赣深铁路广东段需预留的项目较多,站前标段多,施工条件复杂,工程量大,在进场初期,要积极与站前标段对接,在指挥部的专项组织下,多次对站前进行接口问题专项培训,在施工过程中进行了规范和指导,这对于强电的工程推进起到了重要作用。

(2)运营接管单位的提前介入,在四电单位未进场之前,深圳供电段就提前组织成立了接口检查小组,针对各标段存在的问题进行梳理和指导,有效避免了很多问题的产生。

(3)指挥部组织站前、站后、监理、设计等单位实行月度对接会及周对接会制度,实时对各标段的接口施工完成情况、接口检查情况、以及问题销号情况进行分析和讨论,并在月度会议上给站前单位制定指标,这些都对接口的施工和整改完成起到了决定性的作用。

(4)针对接口施工的问题,指挥部专门组织设计院、供电段、供电部及各站前站后参建单位等召开了接口问题整治方案会,会上针对接口的各种问题都做出了相应的措施,并定期追踪问题整改情况,很大程度上加快了问题整改进程。

(5)各家单位的协同作战:在深圳供电段的指导及各站前标段的积极配合下,在很短的时间内就完成了 90%以上的已完成的接口检查工作,并建立了详细的问题库。

(6)后续项目建议:

①建设单位成立专门接口协调机构,定期协调接口问题。

②站前单位施工隧道槽道前,每个标段进行首件定标,邀请各相关方,包括设计、监理、站后等,进行共同确认,避免返工;施工前必须要与站后施工单位图纸进行复核和确认,避免后期出现大范围整改。

③施工队伍保持稳定,不随便调换人员,做好技术交底。

④站前单位配置专职熟悉四电的接口工程师,统一管理四电接口工作。

⑤施工过程中,有任何疑问,及时联系站后单位。

⑥站前单位使用的龙门吊应结合站后的施工需求进行设计进场,隧道内的高度、隧道外的宽度都会影响站后接触网专业的施工。

十七、高性能混凝土及耐久性施工

混凝土工程是保证整个工程质量的关键,所以要把好质量关,严格按照标准规范进行施工。每次施工时按理论配合比换算成施工配合比,计算每次投料拌和的混凝土重量确定各项材料的实际需用数量。混凝土中的含碱量对耐久性有较为重要的影响,所以应该严格控制碱含量,混凝土总碱含量不应超过 3.0 kg/m³。其次,氯离子含量:由水泥、掺合料、砂、石、外加剂和水带入混凝土的氯离子总量应不超过胶凝材料总量的 0.06%。混凝土中三氧化硫总含量不应超过胶凝材料总量的 4%。混凝土 56 d 氯离子扩散系数(DRCM)不应大于 $5\times10^{-12}\,m^2/s$。电通量:混凝土电通量应小于 1 000 C。抗冻性:混凝土抗冻性应满足 F300 的要求。收缩性:混凝土 56 d 收缩率不应大于 400×10^{-6}。

在混凝土拌制过程中,各种材料的计量系统必须满足称量精度要求,必须经计量检定合格后,方能使用。电子秤、磅秤每半年检定一次,每月使用量程自校一次。每工作班应至少测定含水率一次,遇阴雨天气应增加测定次数,并据此调整混凝土施工配合比,施工配合比的调整应由试验技术人员负责,任何人均不得擅自调整,混凝土拌和物出机后严禁二次加水。试验室接收混凝土开盘证后,及时开具施工配合比通知单。通知单应经驻厂监理签字,由拌和站站长接收。拌和站根据下达的施工配合比通知单在试验人员确认各材料用量输入无误后方可进行拌制。混凝土采用强制搅拌机搅拌,电子计量系统自动计量原材料。混凝土拌制投料顺序:先向搅拌机投入骨料、水泥和掺合料,搅拌均匀后,加水和外加剂,直至搅拌均匀为止。全部材料投入搅拌机开始至搅拌结束所用时间不应少于 120 s。

第五篇

科研与技术创新

第一章 科研项目的立项与组织实施

一、"铁路隧道仰拱开挖安全预警系统研究"科研项目

项目名称:铁路隧道仰拱开挖安全预警系统研究

起止时间:2018 年 08 月 01 日至 2019 年 12 月 31 日。

项目级别:省部级。

完成单位:中国铁路广州局集团有限公司、中铁三局集团有限公司、中南大学、中铁第四勘察设计院集团有限公司。

研究内容:

(1)对不同类型及围岩级别的岩样开展流变试验,获得其流变特性及本构模型。

(2)结合赣深铁路隧道各级别围岩隧道工序随机械化配套及围岩级别的开挖时间,考虑施工步序的时效性,对隧道开挖进行了数值模拟分析,实现考虑施工时效性及空间效应的隧道开挖全真模拟。

(3)研究不同仰拱封闭距离和开挖长度对隧道稳定的影响,以提出更合适的仰拱封闭距离及开挖长度。

二、"超宽四线高速铁路跨江矮塔斜拉桥关键施工技术"科研项目

项目名称:超宽四线高速铁路跨江矮塔斜拉桥关键施工技术

起止时间:2018 年 1 月 1 日至 2021 年 6 月 30 日。

项目级别:局级。

完成单位:中交第三航务工程局有限公司厦门分公司。

研究内容:

(1)研发了深水基础双壁自浮式钢围堰平台结构和整体拼装气囊下水、浮运及定位技术。

(2)研发整桩入岩桩基钢护筒柔化技术。

(3)研发缓黏结预应力在超宽高截面单箱三室箱梁高腹板竖向预应力结构体系中的应用技术。

(4)研制超宽高截面单箱三室箱梁悬浇挂篮装备。

(5)研发单箱多室超宽高大尺寸截面悬浇箱梁腹板钢筋模块化绑扎、整体吊装施工技术。

第二章　科研项目对工程的指导作用和成果的工程化应用

一、“铁路隧道仰拱开挖安全预警系统研究”科研项目

本课题依托赣深铁路赣粤省界至塘厦段站前工程 GSSG-2 标段的松岗山隧道、石门岗隧道、上廖屋隧道等隧道，共计 20 座隧道，全长 25.9 km，针对不同等级围岩的时空效应的变形机制，确定隧道仰拱开挖诱发围岩变形临界值，进而掌握仰拱封闭距离的合理长度指导现场施工。本项目的研究成果主要在以下几个方面得到应用：

(1)选取了本标段典型的围岩，对不同类型及围岩级别的岩样开展流变试验，确定了典型围岩对应的蠕变模型和蠕变模型参数。采用有限差分软件，对隧道围岩赋予流变体，考虑了岩石在开挖后应力释放引起的强度下降以及施工步序的时效性，对隧道开挖进行了数值模拟分析，实现了考虑施工时效性及空间效应的隧道开挖全真模拟。为现场施工提供了预测和指导，并研发了一种具有膨胀螺栓加固的锁脚锚杆支护结构、一种锁脚锚杆固定装置、一种水平位移计，为现场施工变形控制、加快施工进度提供了有力的支撑。

(2)通过实地调研，得到现场施工的机械使用情况及机械施工的时间步序，计算得到现场施工条件下的平均进度，为隧道开挖蠕变模型的数值模拟计算提供时间参数。后期分别构建了不同级别围岩不同开挖工法下不同的仰拱封闭距离以及仰拱开挖长度模型，最后对比规范中的位移限值，得到合理的仰拱封闭距离和仰拱开挖长度。通过数值模拟计算结果优化了作业步距，加快了施工进度，缩短工期 4.2 月。Ⅲ级围岩仰拱封闭与掌子面距离由原来的 90 m 优化为 210 m，Ⅳ级围岩仰拱封闭与掌子面距离由原来的 35 m 优化为 85 m，Ⅴ级围岩仰拱封闭与掌子面距离由原来的 35 m，优化为 60 m，减少了隧道钻孔、爆破、找顶、喷混凝土、初期支护、防水板安装、二衬施作等工序间干扰，充分发挥了机械化作业效率，开挖效率Ⅲ级围岩开挖效率由原来月进度 110 m 上升为 130 m，Ⅳ级围岩由原来 70 m 上升为 85 m，Ⅴ级围岩由原来 45 m 上升为 55 m，加快了施工进度和施工效率。

(3)根据隧道支护体系以及围岩级别，参考相关规范给出的极限位移值，统计分析给出赣深铁路隧道初期支护各隧道段的位移限值，总结了各隧道位移变形的总体特征，确定各分段位移控制比例，提出了针对赣深铁路隧道施工的支护安全位移控制标准。研发了一种井下定位系统，提高了监测点位的布置成功率以及监测数据的准确度。

通过研究，该项目取得申请专利 7 项，获得授权 4 项，软件著作权 1 项，在核心刊物发表论文 5 篇。诸多关键技术应用于赣深铁路隧道，解决了工程中的诸多技术难题，各项质量指标均满足设计及规范要求，取得直接经济效益 5 500 万元。

二、“超宽四线高速铁路跨江矮塔斜拉桥关键施工技术”科研项目

针对国内桥在最宽的大跨度四线高速铁路无砟轨道墩塔梁固结体系混凝土矮塔斜拉桥施工技术难题，项目组采用调研、分析，设计，试验，数值建模等方法开展了主墩深水基础，墩塔梁结构体系，BIM 应用等施工技术的研究，取得了如下主要创新成果：

(1)研制并掌握了国内桥面最宽的无砟轨道墩塔梁固结体系矮塔斜拉桥施工技术。

(2)研制了特大桥梁深水基础自浮式双壁钢围堰结构及成套施工工艺，采用整体拼装气囊下水、浮运及定位技术，解决了受桥梁跨江通航条件的限制且大型船机设备无法进场，常规大型起重设备安装大型钢

围堰工艺无法实施的钢围堰安装技术难题。

(3)研发了整桩嵌岩桩基与封底混凝土之间的钢护筒柔化技术，在保证改良桩基受力的基础上，充分优化施工工序，减少水中桩基施工周期，为今后类似整桩嵌岩桩基满足调节桩身入土深度及改善桩基受力设计要求提供技术借鉴。

(4)研发了特大桥梁高大体积主梁0号块现浇支架临时结构和超宽高截面悬浇挂篮结构，包括“精轧螺纹钢反力预压技术”“单箱多室大尺寸截面悬浇箱梁高斜腹板钢筋模块化绑扎、整体吊装施工工法”“双挂篮原位合龙技术”，通过对主要施工过程进行仿真分析研究，以其先进的技术成果指导现场施工，保证了施工全过程的安全，工期、质量、成本受控。

(5)优化了塔梁同步成桥工艺，设计了塔梁同步施工作业面的平面布置方案，研制了挂篮悬浇梁段和塔身节段同步施工工序的转换技术，保证塔梁同步施工组织的流水节拍，缩短成桥施工工期。

(6)在高速铁路超宽截面单箱三室箱梁腹板竖向预应力结构体系中首次应用新型材料“缓黏结预应力”，通过开展缓黏结预应力筋成套产品(预应力钢绞线、缓凝黏结剂、高密度聚乙烯护套)试验检验技术研究；缓黏结预应力施工工艺研究与应用；通过调整标准张拉适用期与标准固化时间达到优化施工周期的目的，为缓黏结预应力材料及施工工艺技术的成功应用提供技术支撑。

(7)建立高精度满足大跨度超宽高截面预应力钢筋混凝土箱梁矮塔斜拉桥施工的施工监控体系，对施工过程各节段构件应力、应变及索力进行有效的监控量测，应用三维数字控制软件，采用高精度徕卡TCA2003全站仪对高塔柱和斜拉索索鞍进行精密定位、索塔变形进行观测，对成桥过程及成桥后的主梁线形进行分析评价，仿真模拟桥面无砟轨道(二期恒载)各阶段施工线形变化情况，准确确定无砟轨道各阶段预拱度，为主梁高程、无砟轨道高程和斜拉索张力的控制提供了充分的技术依据，确保施工中桥梁结构内力、斜拉索张力和变形始终处于容许的安全范围内，成桥状态(包括成桥线形与成桥结构内力、成桥索力)满足设计文件及规范要求，有效控制了施工风险。

通过研究，该项目取得了发明专利2项，实用新型专利4项，局级工法1项，论文4篇。研究成果在赣深高速铁路惠州东江铁路大桥主桥施工中成功应用，经济社会效益显著，推广应用前景广阔。

第三章 (拟)申报科研成果奖项

赣深铁路项目(拟)申报或获得的科技成果奖项见表 5-3-1。

表 5-3-1 赣深铁路项目科技成果奖项

序 号	项目名称	完成单位	已获奖项	拟申报奖项
1	赣深铁路总体设计	中铁四院勘察设计集团有限公司		湖北省优秀设计奖
2	赣深铁路工程勘测	中铁四院勘察设计集团有限公司		中国铁建优秀勘察设计奖、全国、湖北省优秀测绘工程奖(精密控制测量)
3	运营高速铁路无砟轨道插入道岔关键技术研究及应用	中铁四院勘察设计集团有限公司	中国施工企业管理协会 工程建设科学技术进步奖	
4	赣深铁路剑潭东江特大桥	中铁四院勘察设计集团有限公司	中国铁建、国家铁路局	
5	惠州北站优秀建筑设计奖	中铁四院勘察设计集团有限公司	山西省优秀工程勘察设计委员会	
6	赣深铁路总体设计	中铁四院勘察设计集团有限公司	铁四院优秀工程设计	
7	赣深铁路轨道设计	中铁四院勘察设计集团有限公司	铁四院优秀工程设计	
8	赣深铁路剑潭东江特大桥	中铁四院勘察设计集团有限公司	铁四院优秀工程设计	
9	赣深铁路电力设计	中铁四院勘察设计集团有限公司	铁四院优秀工程设计	
10	赣深铁路给排水及消防设计	中铁四院勘察设计集团有限公司	铁四院优秀工程设计	
11	赣深铁路施工组织及概算	中铁四院勘察设计集团有限公司	铁四院优秀工程设计	
12	赣深铁路隧道洞口高陡边坡加固防护与危岩落石整治设计	中铁四院勘察设计集团有限公司	铁四院优秀工程设计	
13	赣深铁路潼湖特大桥	中铁四院勘察设计集团有限公司	铁四院优秀工程设计	
14	赣深铁路羊台山隧道群	中铁四院勘察设计集团有限公司	铁四院优秀工程设计	
15	赣深铁路柳城东江特大桥	中铁四院勘察设计集团有限公司	铁四院优秀工程设计	
16	赣深铁路下行疏解线福龙路特大桥	中铁四院勘察设计集团有限公司	铁四院优秀工程设计	
17	赣深铁路信号及灾害监测系统设计	中铁四院勘察设计集团有限公司	铁四院优秀工程设计	
18	赣深铁路站场设计	中铁四院勘察设计集团有限公司	铁四院优秀工程设计	
19	赣深铁路光明城站站房设计	中铁四院勘察设计集团有限公司	铁四院优秀工程设计	

续上表

序　　号	项目名称	完成单位	已获奖项	拟申报奖项
20	铁路隧道仰拱开挖安全预警系统研究	中铁三局集团有限公司	中国铁道学会科学技术奖	
21	松岗山隧道工程	中铁三局集团有限公司	山西省铁路优质工程“汾水杯”	
22	和平东站站场路基	中铁三局集团有限公司	中国铁路广州局集团有限公司2020年度创优样板工程	
23	松岗山隧道	中铁三局集团有限公司		
24	铁路隧道仰拱开挖安全预警系统研究	中铁三局集团有限公司	广州局集团科技进步奖	
25	松岗山隧道工程	中铁三局集团有限公司		中国中铁杯
26	新建赣深铁路(广东段)站前工程GSSG-3标	中铁六局集团有限公司		中国中铁杯
27	新建赣深铁路(广东段)站前工程GSSG-3标	中铁六局集团有限公司		赣深铁路浅埋砾岩地层隧道开挖施工工法
28	新建赣深铁路(广东段)站前工程GSSG-3标	中铁六局集团有限公司,中铁六局集团路桥建设有限公司	隧道涌突段帷幕注浆施工工法(中国中铁股份有限公司优秀工法,中国中铁科创[2022]2140号)	
29	新建赣深铁路(广东段)站前工程GSSG-3标	中铁六局集团有限公司,中铁六局集团丰桥桥梁有限公司	JQS1000型架桥机隧道口末孔梁架设及进隧道施工工法(中国中铁股份有限公司优秀工法,中国中铁科创[2022]2140号)	
30	新建赣深铁路(广东段)站前工程GSSG-3标	中铁六局集团有限公司,中铁六局集团路桥建设有限公司	钻孔灌注桩泥浆循环泥砂分离施工工法 GGG(中企)C1152—2020　2020年中国公路建设行业协会	
31	新建赣深铁路(广东段)站前工程GSSG-3标	中铁六局集团有限公司,中铁六局集团路桥建设有限公司	深挖路堑客土喷播施工工法 GGG(中企)A4046—2020 2020年中国公路建设行业协会	
32	新建赣深铁路(广东段)站前工程GSSG-3标	中铁六局集团有限公司,中铁六局集团广州工程有限公司	下穿既有省道浅埋暗挖隧道施工(中铁六局有限公司,科技进步奖)	
33	提高钢板桩水下封底混凝土一次合格率	中铁二十五局集团有限公司GSSG-4标	广东省工程建设优秀质量管理小组三类成果	
34	柳城东江特大桥	中铁二十五局集团有限公司GSSG-4标	中国铁路广州局集团有限公司2020年度创优样板工程	
35	龙川西站站场路基	中铁二十五局集团有限公司GSSG-4标		
36	提高高速铁路道岔连续梁张拉端锚槽施工质量合格率	中铁二十五局集团有限公司GSSG-4标	2020中国建筑业协会质量管理小组活动二等奖	
37	提高水下混凝土质量灌注柱施工质量	中铁二十五局集团有限公司GSSG-4标	2019年广东省工程建设优质质量管理小组二等奖	
38	提高高速铁路软基处理CFG桩施工质量合格率	中铁二十五局集团有限公司GSSG-4标	2019年广东省工程建设优质质量管理小组三等奖	
39	柳城东江特大桥	中铁二十五局集团有限公司GSSG-4标		2023年度中国铁建杯优质工程

续上表

序　号	项目名称	完成单位	已获奖项	拟申报奖项
40	CRTS Ⅲ型板式无砟轨道快速智能测量设备研制及关键技术	中铁四局集团有限公司	2022年度中国铁道学会科学技术三等奖	
41	CRTS Ⅲ型板式无砟轨道快速智能测量设备研制及关键技术	中铁四局集团有限公司	2020年中国施工企业管理协会 工程建设科学技术进步一等奖	
42	CRTS Ⅲ型板式无砟轨道快速智能测量设备研制及关键技术	中铁四局集团有限公司	2019年中国铁路工程总公司科学技术一等奖	
43	CRTS Ⅲ型板式无砟轨道轨道板铺设精度检测方法(发明专利)	中铁四局集团有限公司	2022年中国施工企业管理协会　工程建设行业高推广价值专利大赛一等专利	
44	高速铁路无砟轨道智能测量机器人系统创新技术	中铁四局集团有限公司	2020年中国中铁实用技术创新大赛二等奖	
45	新建赣深铁路GSSG-5标BIM建管一体化应用	中铁四局集团有限公司	安徽省第二届建筑信息模型技术应用大赛三等奖	
46	赣深铁路5标BIM建管一体化应用	中铁四局集团有限公司	2018年广东省第二届BIM应用大赛二等奖	
47	CRTS双块式无砟轨道轨排框架法精调机器人精调施工工法	中铁四局集团有限公司	2021年江西省省级工法	
48	高速铁路CRT SⅢ型板式无砟轨道智能精调施工工法	中铁四局集团有限公司	2022年安徽省省级工法	
49	CRTS Ⅲ型板式无砟轨道铺轨前测量机器人测量工法	中铁四局集团有限公司	2019～2020年度铁路工程建设部级工法	
50	《降低高速铁路无砟轨道不平顺质量指数》	中铁四局集团有限公司	2022年安徽省工程建设质量管理小组活动二等奖	
51	无砟轨道智能施工装备研制及关键技术研究	中铁四局集团有限公司		中国中铁杯
52	广东省惠州市郭屋村东江特大桥BIM技术应用研究	中铁十六局集团有限公司	2019第二届“优路杯”全国BIM技术大赛优秀奖	
53	广东省惠州市郭屋村东江特大桥BIM技术应用研究	中铁十六局集团有限公司	第八届全国BIM大赛施工组优秀奖	
54	广东省惠州市郭屋村东江特大桥	中铁十六局集团有限公司	1. 深水桥梁桩基础反循环成孔泥浆处置绿色施工技术(工法),经评审,成果达到国际先进水平,(中国铁建科工评(2023)第153号) 2. 大跨度“先梁后拱”下承式系杆拱施工技术(工法),经评审,成果达到国内领先水平,(中国铁建科工评(2023)第154号)	
55	潼湖特大桥	中交第三航务工程局有限公司	中国铁路广州局集团有限公司2021年度创优样板工程	
56	剑潭东江特大桥	中交第三航务工程局有限公司	中国铁路广州局集团有限公司2020年度创优样板工程	
57	超宽四线高速铁路跨江矮塔斜拉桥关键施工技术	中交第三航务工程局有限公司	2022年度中国交通运输协会科学技术奖(二等奖)	
58	剑潭东江特大桥	中交第三航务工程局有限公司		广东省建设工程金匠奖

续上表

序　号	项目名称	完成单位	已获奖项	拟申报奖项
59	滃湖特大桥	中铁十九局 GSSG-8 标，中交三航局 GSSG-7 标	中国铁路广州局集团有限公司 2020 年度创优样板工程	
60	银瓶山隧道	中铁十九局 GSSG-8 标，中交三航局 GSSG-7 标	中国铁路广州局集团有限公司 2020 年度创优样板工程	
61	滃湖特大桥	中铁十九局 GSSG-8 标，中交三航局 GSSG-7 标		中国铁建股份有限公司"铁建杯"优质工程奖
62	银瓶山隧道	中铁十九局 GSSG-8 标，中交三航局 GSSG-7 标		中国铁建股份有限公司"铁建杯"优质工程奖
63		中铁十九局	2019 年度辽宁省优秀质量管理小组(QC 小组)	
64	超小间距临近(上跨)既有广深港高铁复杂隧道群综合施工技术研究	中铁十局集团有限公司	2022 年中国中铁股份公司科技进步奖一等奖	
65	软弱破碎围岩全断面隧道掘进机施工及故障诊断技术	中铁十局集团有限公司	中国交通运输协会科技进步奖一等奖	
66	硬岩大断面隧道全工序智能机械化快速施工装备研发与应用	中铁十局集团有限公司	第十八届山东省青年职业技能竞赛创新创效竞赛银奖	
67	超小间距邻近(上跨)既有广深港高铁复杂隧道群综合施工技术研究	中铁十局集团有限公司	山东轨道交通科学技术奖一等奖	
68	超小间距邻近(上跨)既有广深港高铁复杂隧道群综合施工技术研究	中铁十局集团有限公司	山东省土木建筑学会科技进步奖二等奖	
69	长距离燕尾式多跨径超大断面铁路隧道快速施工技术研究	中铁十局集团有限公司	山东省交通工程创新创业大赛二等奖	
70	高速铁路多变跨度超大断面隧道台车研发与应用	中铁十局集团有限公司	山东省交通工程创新创业大赛三等奖	
71	硬岩大跨度隧道大型机械化钻爆法快速施工技术	中铁十局集团有限公司	山东省土木建筑工程建造技术创新成果竞赛三等奖	
72	隧道爆破施工对下方近距运营高铁隧道影响研究	中铁十局集团有限公司	山东省企业技术创新促进会技术创新奖优秀成果三等奖	
73	近距离上跨既有隧道的爆破掘进方案优化设计	中铁十局集团有限公司	山东省企业技术创新促进会技术创新奖优秀成果优秀奖	
74	上跨临近既有线隧道爆破振动响应分析	中铁十局集团有限公司	山东省企业技术创新促进会技术创新奖优秀成果优秀奖	
75	隧道小角度上跨既有线控制爆破减震施工技术	中铁十局集团有限公司	山东省企业技术创新奖优秀成果优秀奖	
76	硬岩超大跨度隧道快速开挖施工技术	中铁十局集团有限公司	山东省企业技术创新奖优秀成果优秀奖	
77	硬岩大断面隧道大型机械化开挖快速施工技术	中铁十局集团有限公司	山东省企业技术创新奖优秀成果优秀奖	
78	超小间距临近(上跨)既有广深港高铁复杂隧道群综合施工技术研究	中铁十局集团有限公司		中国施工企业管理协会工程建设科学技术奖二等奖
79	新建赣深铁路广东段强电、弱电集成工程(GSSG-13 标段)	中铁电气化局集团有限公司	2020 年度中国中铁绿色施工科技示范工程	

续上表

序　号	项目名称	完成单位	已获奖项	拟申报奖项
80	新建赣深铁路广东段强电、弱电集成工程(GSSG-13标段)	中铁电气化局集团有限公司	2021年度中铁电气化局安全标准工地	
81	新建赣深铁路广东段强电、弱电集成工程(GSSG-13标段)	中铁电气化局集团有限公司	2021年度中国中铁安全标准工地	
82	新建赣深铁路广东段强电、弱电集成工程(GSSG-13标段)	中铁电气化局集团有限公司	2020～2021年度中国中铁安全生产优秀集体	
83	新建赣深铁路广东段强电、弱电集成工程(GSSG-13标段)	中铁电气化局集团有限公司	2022年度中铁电气化局优质工程	
84	新建赣深铁路广东段强电、弱电集成工程(GSSG-13标段)	中铁电气化局集团有限公司	2023年度中施企协工程建设项目绿色建造施工水平评价“二星”(已通过未下证)	
85	新建赣深铁路广东段强电、弱电集成工程(GSSG-13标段)	中铁电气化局集团有限公司	北京市质量协会2021年度QC成果三等奖	
86	新建赣深铁路广东段强电、弱电集成工程(GSSG-13标段)	中铁电气化局集团有限公司	北京市质量协会2022年度QC成果二等奖	
87	新建赣深铁路广东段强电、弱电集成工程(GSSG-13标段)	中铁电气化局集团有限公司	中国铁道工程建设协会2022年度QC成果一等奖	
88	新建赣深铁路广东段强电、弱电集成工程(GSSG-13标段)	中铁电气化局集团有限公司		2023年度中国中铁金杯
89	新建赣深铁路广东段强电、弱电集成工程(GSSG-13标段)	中铁电气化局集团有限公司		2024年国家优质奖
90	研制桥梁防撞墙自动钻孔机	中国铁路通信信号股份有限公司	中国铁道工程建设协会QC一等成果	
91	研制桥梁防撞墙自动钻孔机	中国铁路通信信号股份有限公司		赣深铁路广东段弱电集成工程中国铁路通信信号股份有限公司优质工程奖
92	研制桥梁防撞墙自动钻孔机	中国铁路通信信号股份有限公司		赣深铁路广东段弱电集成工程中国通号杯优质工程奖
93		中国铁路通信信号股份有限公司		2024年国家优质工程奖
94	新建赣深铁路塘厦至深圳北段光明城站站房及相关工程	中铁建设集团有限公司	中国铁建股份有限公司“铁建杯”优质工程、2022年广东省工程建设优秀质量管理小组成果	
95	新建赣深铁路广东段站房工程GSSG-16标	中铁城建集团有限公司	湖南省优质工程奖	
96	新建赣深铁路广东段站房工程GSSG-16标	中铁城建集团有限公司	湖南省建设工程“芙蓉奖”	
97	新建赣深铁路广东段站房工程GSSG-16标	中铁城建集团有限公司	中国铁建杯优质工程奖	
98	新建赣深铁路广东段站房工程GSSG-16标	中铁城建集团有限公司	广东省建设工程优质结构奖	
99	新建赣深铁路广东段站房工程GSSG-16标	中铁城建集团有限公司	广东省建筑业绿色施工示范工程	
100	新建赣深铁路广东段站房工程GSSG-16标	中铁城建集团有限公司	中铁建安全标准工地	

续上表

序　号	项目名称	完成单位	已获奖项	拟申报奖项
101	新建赣深铁路广东段站房工程GSSG-16标	中铁城建集团有限公司	广东省市政工程安全文明施工示范工地	
102	新建赣深铁路广东段站房工程GSSG-16标	中铁城建集团有限公司	广东省钢结构金奖	
103	新建赣深铁路广东段站房工程GSSG-16标	中铁城建集团有限公司	中国钢结构金奖	
104	新建赣深铁路广东段站房工程GSSG-16标	中铁城建集团有限公司	中国铁道工程建设协会第四届联盟杯BIM大赛二等奖	
105	新建赣深铁路广东段站房工程GSSG-16标	中铁城建集团有限公司	广东省建筑协会BIM应用成果三类成果	
106	新建赣深铁路广东段站房工程GSSG-16标	中铁城建集团有限公司	湖南省第三届BIM技术应用大赛三等奖	
107	新建赣深铁路广东段站房工程GSSG-16标	中铁城建集团有限公司		中国建设工程鲁班奖
108	赣深铁路站房工程(GSSG-17标)	中铁四局集团有限公司		中国中铁杯
109	河源东站站房	中铁建设集团有限公司	中国铁建杯(省部级)	
110	河源东站站房	中铁建设集团有限公司	"工程建设项目设计水平评价(三类成果)	
111	河源东站站房	中铁建设集团有限公司		中国钢结构金奖
112	河源东站	中铁第五勘察设计院集团有限公司	2022年工程建设项目设计水平三等成果	
113	河源东站	中铁第五勘察设计院集团有限公司		2023年中铁五院集团公司优秀工程勘察设计奖
114	河源东站	中铁第五勘察设计院集团有限公司		2023年中国铁建股份公司优秀勘察设计奖

第四章　技术创新

通过进行赣深铁路的技术创新,形成以下技术创新成果。

一、优秀论文

(1)《大型既有高铁车站改造中接触网设计方案研究》;
(2)《运梁过程中铁路道岔梁有效宽度简化分析与试验验证》;
(3)《赣州至深圳高速铁路桥梁总体设计及技术创新》;
(4)《横岭隧道 1 号斜井大型设备快速挑顶技术》;
(5)《赣深铁路义合隧道开挖支护设备配套技术》;
(6)《CRTSⅠ型双块式无轨道智能化工装配套施工技术》;
(7)《高速铁路复杂地形多旋翼无人机土方工程测量工法》;
(8)《基于无人机技术的高速铁路建设施工信息化管理应用研究》;
(9)《无人机航测技术在高速铁路站场土石方计量中的应用》;
(10)《花岗岩和砂岩流变力学特性试验研究》;
(11)《基于赣深铁路隧道监测数据的位移控制基准研究》;
(12)《考虑围岩蠕变特性的隧道仰拱开挖时序性研究》;
(13)《无砟轨道大跨连续梁一拱组合桥长期变形影响因素分析》;
(14)《C50 自密实补偿收缩混凝土配合比试验研究》;
(15)《浅谈大跨径连续桥梁施工技术在桥梁施工中运用》;
(16)《基于 BIM 整体腕臂改造施工技术及运用》;
(17)《高铁车站到发线无砟轨道接轨的关键技术》;
(18)《高铁车站无砟轨道改建技术》;
(19)《铁路通信光缆故障及防护技术分析》。

二、工　　法

(1) 高速铁路复杂地形多旋翼无人机土方工程测量工法(广东省级工法);
(2) 铁路隧道机械化配套施工工法(广东省级工法);
(3) 矿山法隧道预留槽道精准定位及其隧道衬砌施工工法(广东省级工法);
(4) 53 m 长大栈桥高铁隧道仰拱施工工法(广东省级工法);
(5) 高速铁路 CRTS Ⅲ型板式无砟轨道智能精调施工工法(安徽省级工法);
(6) 高铁车站无砟轨道插铺轨枕埋入式无砟道岔施工工法(安徽省级工法);
(7) CRTS Ⅲ型板式无砟轨道铺轨前测量机器人测量工法(国家铁路局级工法);
(8) 深水桥梁桩基础反循环成孔泥浆处置绿色施工工法(股份公司级工法);
(9) 大跨度"先梁后拱"下承式系杆拱施工工法(股份公司级工法);
(10) 道岔缺口监测系统安装调试工法(股份公司级工法);
(11) 高速铁路接触网 27.5 kV 电缆割接施工工法(股份公司级工法);
(12) 隧道小角度上跨既有线控制爆破减震施工工法(股份公司级工法);
(13) 硬岩大断面隧道大型智能机械化快速开挖施工工法(股份公司级工法);

(14) 110 kV 及以上电缆故障查找方法及精确定位工法；
(15) 大高差支座曲面钢网架胎架滑移施工工法。

三、专　　利

(一)发明专利

(1)一种用于桥墩承台施工的钢套箱的安装工艺(ZL 2019 1 0083593.5)；
(2)一种用于桥梁施工的栈桥的搭设方法(ZL 2019 1 0136414.X)；
(3)一种单箱三室大截面悬浇箱梁腹板钢筋的预制和吊装工艺(ZL 2020 1 1056150.6)；
(4)大断面隧道组合分离式多用途开挖台车及其施工方法(ZL 2020 1 1569039.7)；
(5)一种用于燕尾式大断面隧道的新型衬砌台车及其施工方法(ZL2020 1 1569040.X)。

(二)实用新型专利

(1)抗干扰移动式分层浇筑混凝土模架(ZL 2017 2 1117839.9)；
(2)一种用于 CRTS Ⅲ型轨道板施工的双向调节器(ZL 2020 2 0715163.9)；
(3)一种大跨径斜拉桥的主墩(ZL 2019 2 0086867.1)；
(4)一种大跨径斜拉桥主墩支架的预压结构(ZL 2019 2 0089233.1)；
(5)一种单箱多室大截面悬浇箱梁斜腹板钢筋的预制绑扎胎具(ZL 2020 2 2215793.2)；
(6)一种高速铁路路基的连续压实系统(ZL 2019 2 2281806.3)；
(7)一种水泥搅拌桩施工过程的监控系统(ZL 2019 2 2281807.8)；
(8)隧道沟槽移动模架中的浇筑部分(ZL 2017 2 1117888.2)；
(9)一种用于桥墩承台施工的钢套箱(ZL 2019 2 0089324.5)；
(10)一种高墩边跨配重结构(ZL 2019 2 0982610.4)；
(11)一种滑动式铁路便桥(ZL 2019 2 0173306.5)；
(12)一种密封式转体球铰支座(ZL 2018 2 1357465.2)；
(13)一种桥梁转体结构(ZL 2018 2 1356298.X)；
(14)用于燕尾式大断面隧道的衬砌台车(ZL 2019 2 0840010.4)；
(15)一种隧道内新型钢格栅拱架(ZL 2020 2 1833685.5)；
(16)一种隧道断面二衬钢筋防变形装置(ZL 2020 2 1829384.5)；
(17)一种隧道断面钢拱架防坍塌装置(ZL 2020 2 1833901.6)；
(18)大断面隧道组合分离式多用途开挖台车(ZL 2020 2 3226013.0)；
(19)一次浇筑隧道多条沟槽的移动模架(ZL 2017 2 1117847.3)；
(20)隧道衬砌接触网预留槽道精准定位装置(ZL 2021 2 0350082.8)；
(21)一种隧道施工用台车(ZL 2021 2 0371989.2)；
(22)移动式分层浇筑混凝土模架中的侧支架组(ZL 2017 2 1117865.1)；
(23)钢筋捆扎支架(ZL 2020 2 0186107.0)；
(24)预埋套筒定位装置(ZL 2019 2 2129310.4)；
(25)一种基于 BIM 技术的钢筋混凝土加工装置(ZL 2020 2 1668805.0)；
(26)一种无砟轨道承轨台测量工装的检测装置(ZL 2020 2 0714376.X)；
(27)一种用于 CRTS Ⅲ型轨道板施工的精调机器人(ZL 2020 2 0717816.7)；
(28)隧道沟槽移动模架的中心浇筑组件(ZL 2017 2 1117893.3)；
(29)一种螺纹钢筋连接套筒冷挤压定位装置(ZL 2018 2 0574871.8)；
(30)一种双层轮式移动多功能隧道作业台架(ZL 2018 2 0576066.9)；
(31)一种隧道用施工台车(ZL 2022 2 3139732.8)；
(32)一种具有膨胀螺栓加固的锁脚锚杆支护结构(ZL 2019 2 1597500.2)；

(33)一种锁脚锚杆固定装置(ZL 2019 2 1603902.9);
(34)一种连续梁挂篮施工预压加载装置(ZL 2020 2 3188348.8);
(35)一种桥梁墩身快拆式钢模桥梁板(ZL 2020 2 3188051.1);
(36)一种桥梁墩身椭圆形喷淋养护装置(ZL 2020 2 3188315.3);
(37)一种清洁环保的高栈桥施工平台反循环成桩系统(ZL 2018 1 1554753.1);
(38)用于高栈桥施工平台反循环成桩系统的钻渣沉淀过滤箱(ZL 2018 2 2139886.4);
(39)用于高栈桥施工平台反循环成桩系统的钻渣储蓄箱(ZL 2018 2 2150520.7);
(40)一种道路工程管理用路面排水清堵设备(ZL 2020 2 1732200.3);
(41)一种公路工程管理用绿化型防护装置(ZL 2020 2 1732219.8);
(42)一种隧道自动监测系统(ZL 2020 2 3200094.7);
(43)一种隧道三维扫描小车(ZL 2020 2 3197637.4;)
(44)一种仪表箱(ZL2021 2 3386293.6);
(45)一种接触网螺栓插拔紧固装置(ZL 2021 2 2468556.1);
(46)一种全自动智能接触网腕臂安装车(ZL 2021 2 2468557.6);
(47)一种无线轨道腕臂运输车(ZL 2021 2 2468524.1);
(48)一种应用于接触网腕臂安装的自锁夹具(ZL 2021 2 2468525.6);
(49)一种桥梁防撞墙钻孔机用行走架(ZL 2021 2 1792451.5);
(50)一种装配式雨棚分叉柱拼装胎架(ZL 2022 2 2779702.7);
(51)一种适用于不同荷载要求的网架整体顶升装置(ZL 2022 2 2859770.4)。
(三)外观设计专利
(1)双向调节器(ZL 2020 3 0193900.9);
(2)精调机器人(ZL 2020 3 0192829.2)。

四、著　　作

计算机软件著作一部:考虑开挖步距影响的隧道变形预警软件 1.0.0(ZL 2017 2 1117839.9)。

附录一 大 事 记

一、前期工作审批阶段

2015 年 5 月 20 日，中国铁路总公司批复了《新建赣州至深圳客运专线预可行性研究的审查意见》（铁总计统函〔2015〕539 号）。

2015 年 12 月 22 日，广东省国土资源厅出具了《新建赣州至深圳客运专线（广东段）工程建设项目用地是否压覆矿床的审查意见》（粤国土资矿查〔2015〕344 号）。

2016 年 7 月 6 日，中国铁路总公司、广东省、江西省联合报送了新建赣深铁路可行性研究报告（铁总计统函〔2016〕520 号）。

2016 年 7 月 11 日，河源市人民政府出具了新建铁路赣州至深圳客运专线河源段社会稳定风险评估报告的审查意见。

2016 年 7 月 15 日，惠州市人民政府出具了关于新建铁路赣州至深圳客运专线工程惠州段社会稳定风险评估报告的审查意见（惠府函〔2016〕261 号）。

2016 年 7 月 19 日，广东省地质灾害协会出具了新建铁路赣州至深圳客运专线广东段地质灾害危险性评估报告审查登记表。

2016 年 8 月 9 日，深圳市人民政府出具了新建铁路赣州至深圳客运专线工程深圳段社会稳定风险评估报告审查意见（深府办函〔2016〕134 号）。

2016 年 8 月 16 日，国家发展改革委批复了新建铁路赣州至深圳客运专线节能评估报告的审查意见（发改办环资〔2016〕1854 号）。

2016 年 8 月 28 日，东莞市人民政府出具了新建铁路赣州至深圳客运专线工程（东莞段）社会稳定风险评估报告审查意见（东府函〔2016〕102 号）。

2016 年 8 月 31 日，广东省发展改革委员会上报了新建赣深铁路广东段社会稳定风险评估报告的请示（粤发改交通〔2016〕562 号）。

2016 年 9 月 14 日，广东省住房和城乡建设厅出具了新建铁路赣州至深圳客运专线（广东段）规划选址的审查意见。

2016 年 9 月 19 日，深圳指挥部上报了新建铁路赣州至深圳客运专线先期开工（广东段）施工图审核意见（深建指工函〔2016〕508 号）。

2016 年 9 月 26 日，深圳指挥部上报了新建铁路赣州至深圳客运专线（广东段）先期开工段初步设计预审查意见（深建指工函〔2016〕522 号）。

2016 年 9 月 28 日，国土资源部批复了新建铁路赣州至深圳客运专线项目建设用地预审意见（国土资预审字〔2016〕149 号）。

2016 年 9 月 28 日，中国铁路总公司补充报送了新建赣深铁路可行性研究报告（铁总办计统函〔2016〕323 号）。

2016 年 9 月 30 日，广铁集团上报了新建赣州至深圳客运专线（广东段）DK265＋000～DK280＋750 先期开工段初步设计的请示（广铁师〔2016〕170 号）。

2016 年 10 月 9 日，国家发改委批复了新建赣深铁路可行性研究报告（发改基础〔2016〕2128 号）。

2016 年 10 月 13 日，广铁集团上报了新建铁路赣州至深圳客运专线（广东段）先期开工段站前工程施工图审核报告（广铁建函〔2016〕785 号）。

2016年10月17日,广东省铁路建设投资集团有限公司出具了新建赣深铁路先开段站前工程初步设计的批复(会签稿)有关意见(粤铁投集函〔2016〕358号)。

2016年10月18日,中国铁路总公司　江西省人民政府　广东省人民政府联合批复了新建赣深铁路客运专线DK74+551.500~DK101+855.655、DK265+000~DK280+750段站前工程初步设计(铁总鉴函〔2016〕796号)。

2016年10月19日,中国铁路总公司工管中心批复了新建赣深铁路客运专线先期开工段站前工程施工图审核报告审查意见的函(铁总工管施审函〔2016〕209号)。

2016年11月15日,环保部批复了新建铁路赣州至深圳客运专线环境影响报告书(环审〔2016〕152号)。

2016年11月21日,水利部批复了新建赣州至深圳客运专线水土保持方案(水保函〔2016〕424号)。

2016年12月10日,新建赣深铁路客运专线工程场地地震安全性评价报告通过了专家评审。

2016年12月9日,国土资源部批复了新建铁路赣州至深圳客运专线(河源段)控制性工程先行用地(国土资厅函〔2016〕2000号)。

二、工程建设阶段

1. 2016年度

2016年12月22日,时任中央政治局委员、广东省委书记胡春华,广东省省长朱小丹前往开工现场,看望慰问中铁十六局GSSG-1标一线参建人员,并见证项目开工。

2016年12月23日,深圳指挥部上报了新建铁路赣州至深圳客运专线(广东段)先期开工段站前工程开工建设的报告(深建指报〔2016〕53号)。

2016年12月28日,广铁集团上报了新建铁路赣州至深圳客运专线(广东段)先期开工段站前工程开工建设的报告(广铁计〔2016〕207号)。

2. 2017年度

2017年2月21日,河源市东源县水务局批复了新建赣州至深圳客运专线(广东段)黄村河大桥工程防洪评价报告(东水〔2017〕2号)。

2017年2月28日,和平县水务局出具了新建赣州至深圳客运专线(广东段)黄坭潭浰江大桥工程防洪评价报告的审核意见(和水字〔2017〕10号)。

2017年3月6日,博罗县水务局批复了新建赣州至深圳客运专线(广东段)杨村河(公庄河)特大桥工程防洪评价报告(博水函〔2017〕34号)。

2017年3月16日,中铁十六局GSSG-1标完成了全线第一座拌和站验收。

2017年3月17日,惠州市水务局出具了新建赣州至深圳客运专线(广东段)郭屋村东江特大桥防洪评价的初审意见(惠市水务建管〔2017〕30号)。

2017年3月31日,中铁十六局GSSG-1标完成了全线第一座钢构件加工厂投产。

2017年3月31日,中铁十六局GSSG-1标全线第一座隧道横岭隧道进口开工。

2017年4月7日,交通运输部批复了新建赣深铁路客运专线广东段跨越航道桥梁工程航道通航条件影响审核评价(交水函〔2017〕267号)。

2017年4月14日,广铁集团上报了新建赣州至深圳客运专线赣粤省界至东莞塘厦段初步设计(广铁师〔2017〕49号)。

2017年4月24日,惠州仲恺高新区农村工作局批复了新建赣州至深圳客运专线(广东段)潼湖特大桥(甲子河、水围河)工程建设方案(惠仲农函〔2017〕85号)。

2017年6月27日,河源市水务局出具了新建赣州至深圳客运专线(广东段)柳城东江特大桥工程防洪评价报告的审核意见(河水函〔2017〕101号)。

2017年6月29日,中国铁路总公司　江西省人民政府　广东省人民政府联合批复了新建赣深铁路赣州至塘厦段初步设计(铁总鉴函〔2017〕528号)。

2017 年 7 月 6 日，广东省水利厅批复了新建赣州至深圳客运专线（广东段）郭屋村东江特大桥工程建设方案（粤水建管〔2017〕48 号）。

2017 年 7 月 13 日，广东省水利厅批复了新建赣州至深圳客运专线（广东段）剑潭东江特大桥工程建设方案（粤水建管〔2017〕51 号）。

2017 年 8 月 3 日，中国铁路总公司工管中心出具了新建赣深铁路站前工程施工图审核报告审查意见（工管施审函〔2017〕136 号）。

2017 年 8 月 11 日，中国铁路总公司工管中心批复了新建赣深铁路赣粤省界至深圳段工程指导性施工组织设计的函（工管工技函〔2017〕141 号）。

2017 年 9 月 1 日，深圳指挥部致函铁总经规院委托开展了站房方案征集工作《关于委托征集新建赣深铁路赣州至塘厦段车站建筑概念设计方案的函》（深建指工函〔2017〕465 号），正式启动站房建设工作。

2017 年 9 月 28 日，东莞市水务局出具了关于同意赣州至深圳客运专线（广东段）石马河特大桥工程建设方案的复函（东水务审〔2017〕1020 号）。

2017 年 10 月 26 日，广东省文物局出具了关于新建赣深铁路广东段工程用地范围文物保护事宜的通知（粤文物审〔2017〕158 号）。

2017 年 12 月 12 日，广铁集团质量监督站召开了新建赣深铁路广东段首次全线安全质量会议。

3. 2018 年度

2018 年 1 月 11 日，中铁十六局 GSSG-1 标梧桐山隧道贯通，为赣深铁路广东段首座开挖贯通的隧道。

2018 年 1 月 16 日，广东省水利厅批复了新建赣州至深圳客运专线（广东段）杨村河特大桥跨东江滩地工程建设方案（粤水建管〔2017〕51 号）。

2018 年 3 月 20 日，深圳指挥部致函经规院转发地方政府对各站站房建筑方案选定意见。

2018 年 3 月 28 日，经规院组织召开了站房实施方案准备会。

2018 年 4 月 24 日，中国铁路总公司　广东省人民政府联合批复了新建赣深铁路塘厦至深圳北段初步设计（铁总鉴函〔2018〕248 号）。

2018 年 5 月 3 日，中国铁路总公司工管中心出具了新建赣深铁路引入深圳北站改造工程施工图审核报告审查意见（工管设函〔2018〕79 号）。

2018 年 6 月 5 日，中国铁路总公司工管中心出具了新建赣深铁路塘厦至深圳北站段站前工程施工图审核报告审查意见（工管设函〔2018〕108 号）。

2018 年 6 月 18 日，中铁十六局 GSSG-6 标博罗北制梁场完成了赣深铁路广东段首榀箱梁预制。

2018 年 9 月 1 日，深圳指挥部致函铁总经规院委托开展了光明城站方案征集工作《关于委托征集新建赣深铁路光明城站建筑概念设计方案的函》（深建指工函〔2018〕1038 号），正式启动光明城站房建设工作。

2018 年 10 月 16 日，中铁四局 GSSG-5 标龙川板厂完成了第一块 CRTS Ⅲ型无砟轨道板生产。

2018 年 11 月 18 日，中铁四局 GSSG-5 标龙川板厂通过投产认证。

4. 2019 年度

2019 年 1 月 3 日，广东省交通运输厅出具了赣深铁路（广东段）高速公路交叉工程设计方案的意见（粤交基函〔2019〕70 号）。

2019 年 1 月 23 日，中铁十六局 GSSG-6 标博罗北制梁场完成了赣深铁路广东段首榀预制箱梁架设。

2019 年 1 月 29 日，深圳指挥部致函经规院转发地方政府对光明城站站房建筑方案选定意见。

2019 年 3 月 28 日，经规院组织召开了光明城站实施方案准备会。

2019 年 5 月 14 日，中国铁路总公司批复了关于新建赣深铁路广东段惠州北站等 8 站站房及相关工程修改初步设计文件（铁总鉴函〔2019〕264 号）。

2019 年 5 月 21 日，赣深铁路惠州段 500 kV 上博甲乙线完成迁改，实现了广东省境内首个跨市 500 kV 超高压线路协同迁改。

2019 年 7 月 17 日,国铁集团工管中心出具了关于新建赣深铁路广东段四电及相关工程施工图审核报告审查意见的函(工管设函〔2019〕105 号)。

2019 年 9 月 17 日,中交三航局 GSSG-7 标社溪村特大桥(32+48+48+32)m 连续梁顺利合龙,为赣深铁路广东段全线 15 处跨高速公路连续梁中首座合龙的连续梁。

2019 年 9 月 28 日,中铁十六局 GSSG-6 标杨村河特大桥(40+60+40)m 连续梁顺利合龙,为赣深铁路广东段跨越高等级航道桥梁中首座合龙的连续梁。

2019 年 11 月 4 日,中铁三局 GSSG-2 标 DK160+397.32 处公跨铁框架桥(1-18×10.5 m)施工完成,为赣深铁路广东段唯一公跨铁结构。

2019 年 11 月 6 日,赣深铁路东莞段三电及管线迁改工程 110 kV 莆湖线 19—24 号完成迁改,标记着东莞段全线高压线路完成迁改。

2019 年 11 月 15 日,中铁十六局 GSSG-6 标国道 G205 特大桥(1-96 m)系杆顺利合龙,为赣深铁路广东段首座合龙的系杆拱桥。

2019 年 11 月 22 日,国铁集团工管中心出具了关于新建赣深铁路广东段惠州北站等 8 站站房、生产生活房屋等工程施工图审核报告审查意见的函(工管设函〔2019〕198 号)。

2019 年 12 月 14 日,赣深铁路河源段龙川县变电站片区 220 kV 上龙甲乙线、220 kV 龙和线、110 kV 龙辉甲线、110 kV 龙东线、110 kV 黎辉线五线六处完成迁改。标志着龙川片区超高压电力线路迁改工作完成。

2019 年 12 月 18 日,中铁四局 GSSG-9 标深圳北站第一阶段北咽喉西半场改造工程顺利完成,本次先后插铺的 8 组无砟道岔,信号 CTCS-3 级列控系统大型高铁枢纽站改造和接触网大范围道岔区硬横梁改造、整体腕臂改造施工属于国内首例。

2019 年 12 月 26 日,中铁十六局 GSSG-6 标跨京九路特大桥(64+116+64)m 连续梁转体顺利完成,为赣深铁路广东段首座完成转体施工的桥梁。

5. 2020 年度

2020 年 1 月 6 日,中铁十六局 GSSG-1 标义合隧道贯通,为赣深铁路广东段首座开挖贯通的长大(超 5 km)隧道。

2020 年 1 月 18 日,时任广东省常务副省长林克庆一行,到广东省河源市河源东站施工现场进行调研。

2020 年 3 月 23 日,深圳指挥部向 GSSG-15、16、17 标中标单位发出中标通知书。

2020 年 4 月 14 日,中铁十六局 GSSG-1 标完成了赣深铁路广东段 CRTS Ⅰ型双块式无砟轨道工程首件评估,为赣深铁路广东段首个通过 CRTS Ⅰ型双块式无砟轨道工程首件评估的标段。

2020 年 4 月 17 日,新建赣深铁路广东段四电工程完成招标工作,GSSG-13 标中标单位为中国中铁电气化局集团有限公司(简称:中铁电气化局),负责强电专业施工;GSSG-14 标中标单位为中国铁路通信信号股份有限公司(简称:中国通号),负责弱电专业施工。

2020 年 5 月 15 日,国铁集团、广东省人民政府批复了新建赣深铁路塘厦至深圳北段光明城站站房及相关工程修改初步设计(铁鉴函〔2020〕184 号)。

2020 年 5 月 18 日,中铁六局 GSSG-3 标完成了预制箱梁预制工作,为赣深铁路广东段首个完成桥梁箱梁预制的标段。

2020 年 6 月 4 日,国铁集团工管中心出具了新建赣深铁路塘厦至深圳北段光明城站站房及相关工程施工图审核报告审查意见(工管设函〔2020〕56 号)。

2020 年 6 月 13 日,赣深铁路惠州段 220 kV 陈沥线完成迁改,标志着惠州段超高压电力线路迁改工作全部完成。

2020 年 6 月 28 日,中铁电气化局 GSSG-13 标组立赣深铁路(广东段)接触网第一杆。

2020 年 7 月 4 日,国铁集团副总经理王同军一行,到广东省河源市中铁四局 GSSG-5 标 CRTS Ⅲ型板式无砟轨道施工首件段检查调研。

2020 年 7 月 20 日，中铁四局 GSSG-11 标下行疏解线福龙路顺利完成了国内首次上跨营业线(广深港)钢盖梁吊装。

2020 年 7 月 23 日，深圳指挥部向 GSSG-18 标中标单位发出中标通知书。

2020 年 8 月 12 日，中铁四局 GSSG-5 标赣深铁路广东段 CRTS Ⅲ型板式无砟轨道顺利通过了国铁集团参与指导的首件评估。

2020 年 8 月 16 日，中铁十六局 GSSG-6 标郭屋村东江特大桥(76＋160＋76)m 连续梁顺利合龙，为赣深铁路广东段 3 座跨越东江的特大桥中首座完成合龙的连续梁。

2020 年 8 月 29 日，中铁三局 GSSG-2 标松岗山隧道(9 881 m)顺利贯通，为赣深铁路广东段最长隧道。

2020 年 9 月 7 日，中铁电气化局 GSSG-13 标在惠州市博罗北站组立赣深铁路(广东段)电力工程 10 kV 电源线路第一杆，标志着赣深铁路(广东段)电力工程正式进入施工阶段。

2020 年 9 月 11 日，中铁二十五局 GSSG-4 标柳城东江特大桥转体连续梁转体施工顺利完成。

2020 年 9 月 24 日，中铁十九局 GSSG-8 标银瓶山隧道(9 813.37 m)顺利贯通，为赣深铁路广东段第二长隧道。

2020 年 9 月 27～28 日，深圳指挥部组织中国通号 GSSG-14 标完成通信信号专业第一次设计联络会。

2020 年 10 月 9 日，中铁十六局 GSSG-6 标博罗北梁场顺利完成全部 671 榀箱梁的制运架任务，该梁场为赣深铁路广东段规模最大的梁场。

2020 年 10 月 11 日，中铁电气化局 GSSG-13 标完成赣深铁路广东段首个四电用房封顶。

2020 年 10 月 12～13 日，深圳指挥部组织召开赣深铁路(广东段)接触网、电力及供变电工程第一次设计联络会。

2020 年 10 月 14 日，中铁四局 GSSG-9 标深圳北站第二阶段改造工程正式启动。

2020 年 10 月 23 日，中铁十局 GSSG-10 标伯公坳一号隧道顺利贯通，为赣深铁路广东段唯一一条上跨既有线的隧道。

2020 年 10 月 27 日，中铁二十五局 GSSG-4 标柳城东江特大桥跨越东江连续刚构(88＋160＋88)m 顺利完成。

2020 年 11 月 1 日，中铁电气化局 GSSG-13 标在东源牵引变电所开工，为赣深铁路(广东段)变电专业首件工程开工。

2020 年 11 月 6 日，中铁电气化局 GSSG-13 标完成赣深铁路广东段附加线首件架设。

2020 年 11 月 9 日，由 GSSG-13 标中铁电气化局承建的赣深铁路(广东段)牵引变电所首件河源北牵引变电所房建主体工程封顶。

2020 年 11 月 9 日，深圳指挥部组织中国通号 GSSG-14 标召开了防灾专业甲供物资设计联络会。

2020 年 11 月 10～13 日，深圳指挥部组织了“精品赣深”全线平推检查。

2020 年 11 月 14 日，中铁十六局 GSSG-1 标 CRTS Ⅰ型双块式无砟轨道施工完成，为赣深铁路广东段首个完成全部双块式无砟轨道施工任务的标段。

2020 年 11 月 14 日，中铁十九局 GSSG-8 标塘厦制梁场完成了赣深铁路广东段最后一片 T 梁预制。

2020 年 11 月 17 日，组织中国通号 GSSG-14 标完成四电专业(含信息)空调甲供物资设计联络会。

2020 年 11 月 17 日，中国通号 GSSG-14 标完成赣深铁路广东段漏缆辅助杆第一杆组立，标志着赣深铁路站后弱电工程正式开工建设。

2020 年 11 月 22 日，中铁电气化局 GSSG-13 标房建项目部动车所检查库主库首件钢桁架梁吊装完成。

2020 年 11 月 22 日，中国通号 GSSG-14 标完成赣深铁路广东段通信第一塔组立。

2020 年 11 月 23 日，中铁建设 GSSG-15 标东源站站房工程主体结构封顶，为赣深铁路广东段首座完成主体结构封顶的站房。

2020 年 12 月 2 日，中国通号 GSSG-14 标赣深铁路(广东段)信息客服专业甲供、自购物资设计联络会。

2020 年 12 月 13 日，中铁电气化局 GSSG-13 标完成赣深铁路广东段首座避雷针组立。

2020 年 12 月 16 日，中铁十六局 GSSG-1 标 CRTS Ⅲ型板式无砟轨道施工完成，为赣深铁路广东段首个完成所有无砟轨道施工任务的标段。

2020 年 12 月 16 日，广州局集团公司副总经理赵利民一行，到赣深铁路中铁四局 GSSG-11 标平推检查调研。

2020 年 12 月 18 日，深圳指挥部组织了"先行之路铸精品　党旗高扬示范区"主题党建活动暨全国首例高铁枢纽站改造工程开通仪式。

2020 年 12 月 21 日，时任国铁集团工管中心魏强副主任一行，到河源东站检查调研。

2020 年 12 月 31 日，中铁电气化局 GSSG-13 标完成赣深铁路广东段户外隔离开关箱设备首件安装。

6. 2021 年度

2021 年 1 月 3 日，赣深铁路(广东段)在博罗北至惠州北区间顺利完成首条 10 kV 高压电力贯通电缆敷设。

2021 年 1 月 7 日，赣深铁路(广东段)首台自耦变压器在河源东分区所顺利安装就位。

2021 年 1 月 7 日，赣深铁路(广东段)首台电抗器在光明城至深圳北区间 DK424＋370 直放站一次顺利安装就位。

2021 年 1 月 8 日，赣深铁路(广东段)河源东至博罗北区间福田浦特大桥首件段Ⅰ—1 锚段成功架设首条接触线。

2021 年 1 月 20 日，中铁四局 GSSG-11 标下行疏解线福龙路特大桥最后一片梁横移至既定位置，标志着上跨广深港箱梁横移施工完成。

2021 年 1 月 21 日，赣深铁路(广东段)接触网专业首件工程验收评估在河源东站顺利通过。

2021 年 1 月 21 日，赣深铁路(广东段)首条 10 kV 配电所进线电源电缆在龙川西站顺利敷设，为赣深铁路(广东段)龙川西站全面供电工作奠定了基础。

2021 年 1 月 25 日，由 GSSG-13 标中铁电气化局承建的赣深铁路(广东段)深圳北第二动车运用所八线检查库主库 110 榀钢桁架顺利吊装完成。

2021 年 1 月 28 日，中铁建设 GSSG-15 标和平北站全线首座站房四电用房移交。

2021 年 1 月 30 日，中铁十九局 GSSG-8 标完成塘厦西南联络线特大桥最后一孔 T 梁架设，标志着全线 T 梁架设施工任务圆满完成。

2021 年 1 月 31 日，中交三航局 GSSG-7 标剑潭东江特大桥合龙，为国内最宽的大跨度无砟轨道混凝土铁路桥。

2021 年 2 月 1 日，深圳指挥部组织了"先行之路铸精品　联创共建保开通"党建活动暨赣深铁路广东段首铺仪式，标志着赣深铁路广东段正式开始铺轨。

2021 年 2 月 18 日，赣深铁路(广东段)接触网专业正式启动为期 14 d 的专项验收工作，本次验收项目为附加悬挂、隧内吊柱及 T 螺栓等。

2021 年 2 月 25 日，中铁十六局 GSSG-6 标博罗梁场顺利完成全部箱梁的制、运、架任务，标志着全线箱梁架设全部完成。

2021 年 3 月 8 日，时任国铁集团工管中心魏强副主任一行，到光明城站调研检查。

2021 年 3 月 10～11 日，时任广州局集团公司党委书记、董事长武勇，副总经理赵利民，总工程师郑圣刚等一行，到赣深铁路平推检查调研。

2021 年 3 月 20 日，中铁六局 GSSG-3 标林寨隧道开挖贯通，标志着赣深铁路广东段隧道工程全线贯通。

2021年4月6日，赣深广东段GSM-R通信系统无线电频率使用取得行政许可决定书(国铁许准字〔2021〕第200号)。

2021年4月8日，中铁建设GSSG-18标光明城站无柱雨棚钢结构全部吊装完成。

2021年4月8～9日，国铁集团组织召开新建赣深铁路信丰西、河源东站区示范段现场观摩会。

2021年4月10日，中铁建设GSSG-15标河源东站全线首座站房站台雨棚屋面安装完成。

2021年4月12～13日，中国通号GSSG-14标完成赣深铁路通信专业、信号专业首件工程评估验收。

2021年4月15日，赣深铁路广东段博罗北牵引变电所首台220 kV牵引变压器顺利安装就位，标志着赣深铁路广东段牵引供电系统陆续进入供电设备安装阶段。

2021年4月20日，赣深铁路广东段首条接触网导线在博罗北一惠州北区间成功架设，标志着赣深铁路广东段四电工程施工进入关键阶段。

2021年4月25日，中国通号GSSG-14标完成赣深铁路广东段信号专业首站加电试验。

2021年4月26日，中铁四局GSSG-5标龙川轨道板厂顺利完成了赣深铁路广东段无砟轨道板预制工作。

2021年4月30日，中铁建设GSSG-15标河源东站全线首台电扶梯安装完成。

2021年5月2日，国铁集团副总经理、党组成员王同军、工管中心党委副书记朱旭、广州局集团副总经理赵利民一行，到赣深铁路羊台山隧道、深圳北动车所进行检查调研。

2021年5月19日，中铁六局GSSG-3标无砟轨道全部施工完成，标志着赣深铁路广东段无砟轨道施工全部完成。

2021年5月20日，中铁四局GSSG-11标现浇箱梁浇筑结束，标志着赣深铁路广东段现浇梁施工全部完成。

2021年5月21日，由GSSG-13标中铁电气化局承建的深圳北第二动车运用所八线库主库主体结构封顶。

2021年5月25日，中铁电气化局13标通过了赣深铁路广东段电力10 kV配电所首件工程评估工作。

2021年5月27日，由中铁电气化局GSSG-13标承建的赣深铁路广东段首座配电所—龙川西10 kV配电所一次送电成功，所内全部设备成功启动，为下一步全线联调联试工作奠定基础。

2021年5月27日，中国通号GSSG-14标完成赣深铁路广东段信息工程和客服设施专业首件工程评估。

2021年6月5日，中铁四局GSSG-17标仲恺站率先完成站台雨棚、站台铺装、玻璃栏杆安装等工程的施工。

2021年6月10日，中铁四局GSSG-17标仲恺站率先完成站房外立面幕墙脚手架拆除和站台垂直电梯钢结构骨架的安装。

2021年6月12日，深圳指挥部组织了“先行之路党旗红，安全精品保开通”全线铺轨贯通仪式暨安全生产月动员会，标志着赣深铁路全线正线铺轨顺利完成。

2021年6月15日，中国通号GSSG-14标完成赣深铁路(广东段)通信专业首站加电试验。

2021年6月20日，中铁四局GSSG-17标塘厦站完成站房外立面脚手架拆除和站台铺装工作。

2021年6月21日，随着赣深铁路(广东段)河源东一博罗北区间接触网专业开始验收，标志着由中铁电气化局GSSG-13标承建的赣深铁路(广东段)接触网工程全线进入静态验收阶段，为下一步的冷滑、热滑试验与后期的联调联试奠定了基础。

2021年6月22日，中交三航局GSSG-7上行联络线丰文凹特大桥全桥合龙，标志着赣深铁路广东段所有桥梁均完成合龙。

2021年6月29日，中铁建设GSSG-18标光明城站北地下人行通道混凝土主体结构全部浇筑完成。

2021年6月30日，中铁建设GSSG-15标和平北站外立面整体亮相。

2021年6月30日，中铁四局GSSG-17标塘厦站完成站台装饰装修工程。

2021年6月30日，中铁四局GSSG-17标博罗北站完成站台铺装、站台雨棚装饰等工程施工。

2021年6月30日，赣深铁路(广东段)河源北牵引变电所顺利通过首件定标评估。

2021年6月30日，由深圳指挥部组织，在中国通号GSSG-14标召开了赣深铁路(广东段)通信单位工程验收启动会。

2021年7月2日，赣深铁路东莞段三电及管线迁改工程110 kV莆湖线43-44号完成迁改，东莞段三电迁改工程全部完工。

2021年7月6日，时任广州局集团公司党委书记、董事长武勇，总经理陈敏一行，添乘检查赣深铁路并召开推进现场会议。

2021年7月10日，中铁电气化局GSSG-13标顺利完成了赣深铁路(广东段)电力工程省界至和平东至龙川西区间贯通电缆送电工作，标志着赣深铁路(广东段)全线10 kV贯通线路送电完成。

2021年7月19日，中铁电气化局GSSG-13标顺利完成河源北(成之)220 kV牵引变电所受电启动工作，为赣深铁路(广东段)首个启动受电成功的牵引变电所。

2021年7月27日，赣深铁路BSC成功接入既有核心网，标志着赣深铁路无线通信网络具备使用条件。

2021年8月9～12日，完成赣深铁路接触网冷滑试验。

2021年8月15日，赣深铁路河源段220 kV上龙甲乙线顺利竣工并提前送电，标志着河源段超高压迁改完成。

2021年8月18日，赣深铁路广东段完成全线接触网送电。

2021年8月20日，赣深铁路接入深圳北枢纽。

2021年8月21～23日，完成赣深铁路广东段接触网热滑试验。

2021年10月7日，国铁集团副总经理王同军一行到赣深铁路进行平推检查。

2021年10月15日，国铁集团组织赣深铁路开通前部门集中检查。

2021年10月20日，赣深铁路接入广深线Ⅰ、Ⅱ线工程顺利完成，实现了赣深铁路与既有广深城际线路的互联互通。

2021年10月29日，深圳动车二所接入深圳动车所道岔插铺完成，标志着新老动车所实现了互联互通。

三、验收阶段及开通运营

2021年7月6日，南昌局集团公司以《关于报送〈新建赣深铁路联调联试、动态检测及运行试验大纲〉初审意见的函》(南铁科信函〔2021〕333号)报送了联调联试、动态检测和运行试验大纲。

2021年7月10日，广州局集团公司以《关于报送〈新建赣深铁路客运专线联调联试、动态检测及运行试验大纲〉(V2.0)初审意见的函》(广铁科信函〔2021〕340号)报送了联调联试、动态检测和运行试验大纲。

2021年7月16日，南昌局集团公司印发《关于开展新建赣深铁路南昌局管段工程静态验收的通知》(南铁建设函〔2021〕364号)。

2021年7月23日，广州局集团公司发布《新建赣深铁路工程广州局管段静态验收实施方案的通知》(广铁建函〔2021〕364号)，开始静态验收。

2021年8月10日，广州局集团公司完成了赣深铁路广州局管段工务、电务、供电、房建(四电房屋及站台雨棚)、环境保护与水土保持、自然灾害及异物侵限监测系统专业静态验收工作。

2021年8月20日，赣深铁路广州局管段完成了工务、供电、电务、通信、信号、信息客服工程静态验收报告专家评审，标志着上述工程具备动态验收条件。

2021年8月20日，国铁集团以《关于新建赣深铁路联调联试、动态检测及运行试验大纲的批复》(铁工管函〔2021〕357号)批复了联调联试、动态检测和运行试验大纲。

2021 年 8 月 27 日，完成赣深铁路广州局管段自然灾害及异物侵限监测工程静态验收报告专家评审，标志着自然灾害及异物侵限监测工程具备动态验收条件。

2021 年 9 月 7 日至 11 月 13 日，在国铁集团指导下，南昌局集团公司、广州局集团公司、昌九城际铁路公司按联调联试、动态检测和运行试验大纲启动并进行了联调联试、动态检测等工作。

2021 年 10 月 19～20 日，完成赣深铁路广东段信息、客服工程静态验收报告专家评审，标志着信息、客服工程具备动态验收条件。

2021 年 10 月 28 日，完成赣深铁路广州局管段房建工程(站房及生产生活房屋、深圳第二动车所生产生活房屋、沿线巡护岗亭)静态验收工作。

2021 年 11 月 8 日，南昌局集团公司、昌九城际铁路公司向国铁集团建设管理部上报《关于报送〈新建赣深铁路南昌局管段动态验收报告〉的函》(南铁建设函〔2021〕549 号)。

2021 年 11 月 10 日，赣深铁路共 74 栋件名四电房屋顺利完成各地市住建部门消防备案工作，并依法取得消防备案凭证，其中按抽签要求验收的件名全部验收合格通过，标志着赣深铁路四电用房消防依法备案验收工作全部完成。

2021 年 11 月 13 日，赣深铁路广州局管段开始运行试验。

2021 年 11 月 15 日，广州局集团公司、昌九城际铁路公司向国铁集团建设管理部上报《关于报送〈新建赣深铁路工程广州局管段动态验收报告〉的函》(广铁建函〔2021〕574 号)。

2021 年 11 月 16 日，赣深铁路广东段档案顺利通过广州局集团公司组织的预验收。

2021 年 11 月 17～18 日，赣深铁路广州局管段工务、信息客服、自然灾害及异物侵限监测、电力及牵引供电、通信、信号工程顺利通过动态验收报告专家评审，标志着上述工程具备初步验收条件。

2021 年 11 月 19 日，赣深广东段 GSM-R 通信系统无线电台完成无线电台执照办理工作。

2021 年 11 月 19 日，国铁集团工程监督局南昌监督站、广州监督站分别出具了《新建赣深铁路(江西段)工程质量内部监督工作报告》《新建赣深铁路工程广州局管段工程质量安全内部监督工作报告》，同意通过动态验收，具备初步验收条件。

2021 年 11 月 19 日，昌九城际铁路公司、南昌局集团公司上报了《关于新建赣深铁路南昌局管段静态、动态验收问题及静态、动态验收报告专家组审查意见整改落实情况的报告》(昌九工〔2021〕65 号)，静态、动态验收问题已全部整改销号，专家意见剩余 12 条正在整改中，均不影响开通和运营安全。

2021 年 11 月 19 日，广州局集团公司、昌九城际铁路公司上报了《关于报送〈新建赣深铁路工程广州局管段静、动态验收问题和专家组审查意见整改报告〉的函》(广铁建函〔2021〕582 号)，静态、动态验收问题已全部整改销号，专家意见剩余 19 项正在整改中，均不影响开通运营安全。

2021 年 11 月 19 日，南昌局集团公司、昌九城际铁路公司上报了《关于申请新建赣深铁路南昌局管段工程初步验收的函》(昌九工〔2021〕66 号)，广州局集团公司、昌九城际铁路公司上报了《关于申请新建赣深铁路工程广州局管段初步验收的函》(广铁建函〔2021〕583 号)，提出赣深铁路工程已具备初步验收条件，申请进行初步验收。

2021 年 11 月 19 日，国铁集团有关部门对南昌局集团公司、广州局集团公司、昌九城际铁路公司上报的初步验收申请进行了研究，认为赣深铁路工程基本具备初步验收条件，同意启动初步验收。

2021 年 11 月 21 日，赣深铁路广州局管段联调联试指挥部临时调度台切割至广州局集团调度中心，广州局集团调度中心启用赣深调度台。

2021 年 11 月 22～25 日，赣深铁路通过国铁集团初步验收委员会组织的初步验收。

2021 年 11 月 22 日，国铁集团组成的初步验收委员会组织召开第一次会议：一是认真贯彻落实国铁集团关于加强竣工验收工作的有关要求，传达了国铁集团今年以来关于竣工验收工作的指示精神，按程序宣读了赣深铁路初步验收委员会名单；二是逐一听取了设计、施工、监理、沉降评估等各参建单位、南昌局集团公司、广州局集团公司、昌九城际铁路公司、铁科院集团公司、南昌监督站、广州监督站等工作情况的报告以及工程监督局关于初步验收工程实体质量抽检情况的报告；三是各专业组提出了集中添乘抽查工点需求和分组现场抽查工点意见,对做好初步验收工作提出了明确要求。初步验收委员会分成综合组、工务组、电务组、供电组、客服信息组、房建及生产生活设施组、环水保组、项目资金组、劳动卫生组、土地及经营开发组、路外环境和治安消防组、档案组、机辆组、物资管理组等14个专业组,对赣深铁路全线的内业资料开展了抽查工作。

2021年11月23日,初步验收委员会现场委员和有关参建单位,集体添乘检查了赣深铁路全线,抽查了信丰西站、龙南隧道、龙南东站、定南南站、和平北站、龙川西站、高栋隧道、义合隧道、河源东站、惠州北站、东莞南站、伯公坳一号隧道等12处24个工点。现场检查的委员坚持问题导向,严格按照验收标准规范和有关程序要求,公正客观提出了现场检查发现的问题,与责任单位认真交换了意见。

2021年11月24日,初步验收委员会专业组,结合内业资料检查和集体添乘检查的情况,开展了各专业组现场抽查和检查工作,并形成了专业组工作报告,土地及经营开发组验收结论为原则同意通过初步验收,其他各专业组验收结论为同意通过初步验收。

2021年11月25日,初步验收委员会召开了第二次会议,会议逐一听取了专业组内业、外业检查工作的情况报告,对义合隧道缺陷整治和应急疏散指示标志、惠州北站站场路基沉降评估的核查情况进行了讨论,对专业组发现的问题逐一与南昌局集团公司、广州局集团公司、昌九城际铁路公司、勘察设计等单位认真交换了意见,明确了解决措施、责任单位和完成时限。

2021年11月25日,初步验收委员会召开了第三次会议,讨论了《新建赣深铁路初步验收报告(讨论稿)》,初步验收与会委员逐一发表意见。

2021年11月28日,深圳北第二动车运用所检查库主库进车试运行,标志着动车二所具备了运营检修能力。

2021年11月26～28日,赣深铁路安全预评估。

2021年11月28日～12月2日,赣深铁路安全评估。

2021年12月10日,赣深铁路正式开通运营。

附录二　项目批复等重要文件目录

(1)2015 年 9 月 2 日,江西省文化厅《关于新建铁路赣州至深圳客运专线江西段(工可阶段)文物资源评估结果的批复》(赣文厅字〔2015〕85 号)。

(2)2016 年 7 月 26 日,江西省住房和城乡建设厅《关于新建铁路赣州至深圳客运专线(江西段)规划选址意见的批复》(赣建规〔2016〕41 号)。

(3)2016 年 8 月 16 日,国家发展改革委办公厅《关于新建铁路赣州至深圳客运专线节能评估报告的审查意见》(发改办环资〔2016〕1854 号)。

(4)2016 年 9 月 13 日,江西省赣州市水利局《关于河道管理范围内赣州至深圳客运专线(江西段)涉河桥梁建设方案的批复》(赣市水利建管字〔2016〕76 号)。

(5)2016 年 9 月 14 日,广东省住房和城乡建设厅《关于新建铁路赣州至深圳客运专线(广东段)规划选址的审查意见》。

(6)2016 年 9 月 28 日,国土资源部《关于新建铁路赣州至深圳客运专线项目建设用地预审意见的复函》(国土资预审字〔2016〕149 号)。

(7)2016 年 10 月 9 日,国家发展改革委《关于新建赣深铁路可行性研究报告的批复》(发改基础〔2016〕2128 号)。

(8)2016 年 10 月 18 日,中国铁路总公司、江西省人民政府、广东省人民政府《关于新建赣深铁路客运专线 DK74+551.500～DK101+855.655、DK265+000～DK280+750 段站前工程初步设计的批复》(铁总鉴函〔2016〕796 号)。

(9)2016 年 11 月 15 日,环境保护部《关于新建铁路赣州至深圳客运专线环境影响报告书的批复》(环审〔2016〕152 号)。

(10)2016 年 11 月 21 日,水利部《关于新建赣州至深圳客运专线水土保持方案的批复》(水保函〔2016〕424 号)。

(11)2016 年 12 月 9 日,国土资源部办公厅《关于新建铁路赣州至深圳客运专线(河源段)控制性工程先行用地复函的通知》(国土资厅函〔2016〕2000 号)。

(12)2016 年 12 月 30 日,江西省林业厅《关于同意新建赣深铁路(江西段)先行使用林地的批复》(赣林函字〔2016〕164 号)。

(13)2017 年 2 月 21 日,国土资源部办公厅《关于新建铁路赣州至深圳客运专线(江西段)控制性工程先行用地的复函》(国土资厅函〔2017〕271 号)。

(14)2017 年 4 月 7 日,交通运输部《关于新建赣深铁路广东段跨越航道桥梁工程航道通航条件影响评价的审核意见》(交水函〔2017〕267 号)。

(15)2017 年 6 月 29 日,中国铁路总公司、江西省人民政府、广东省人民政府《关于新建赣深铁路赣州至塘厦段初步设计的批复》(铁总鉴函〔2017〕528 号)。

(16)2017 年 7 月 6 日,广东省水利厅《关于新建赣州至深圳客运专线(广东段)郭屋村东江特大桥工程建设方案的批复》(粤水建管〔2017〕48 号)。

(17)2017 年 7 月 13 日,广东省水利厅《关于新建赣州至深圳客运专线(广东段)剑潭东江特大桥工程建设方案的批复》(粤水建管〔2017〕51 号)。

(18)2017 年 10 月 26 日,广东省文物局《关于新建赣深铁路广东段工程用地范围文物保护事宜的通知》(粤文物审〔2017〕158 号)。

(19)2017 年 12 月 7 日,交通运输部《关于新建赣深铁路江西段跨越航道桥梁工程航道通航条件影响评价的审核意见》(交水函〔2017〕932 号)。

(20)2018 年 1 月 6 日,广东省水利厅《关于新建赣州至深圳客运专线(广东段)杨村河特大桥跨东江滩地工程建设方案的批复》(粤水建管〔2018〕1 号)。

(21)2018 年 4 月 24 日,中国铁路总公司、广东省人民政府《关于新建赣深铁路塘厦至深圳北段初步设计的批复》(铁总鉴函〔2018〕248 号)。

(22)2018 年 10 月 17 日,中国铁路总公司《关于新建赣深铁路桃江水库大桥孔跨调整Ⅰ类变更设计的批复》(铁总鉴函〔2018〕683 号)。

(23)2018 年 11 月 29 日,中国铁路总公司《关于新建赣深铁路赣州至塘厦段信丰西站等 3 座站房及相关工程修改初步设计的批复》(铁总鉴函〔2018〕826 号)。

(24)2019 年 5 月 14 日,中国铁路总公司《关于新建赣深铁路广东段惠州北站等 8 站站房及相关工程修改初步设计的批复》(铁总鉴函〔2019〕264 号)。

(25)2019 年 11 月 6 日,国铁集团工电部《关于新建赣深铁路曲线轨道超高设置方案的函》(工电综技函〔2019〕42 号)。

(26)2020 年 1 月 21 日,国铁集团《关于新建赣深铁路信丰特大桥Ⅰ类变更设计的批复》(铁鉴函〔2020〕27 号)。

(27)2020 年 3 月 17 日,国铁集团《关于新建赣深铁路江西段 DK4+999.47～DK7+230.865 段路基改桥梁工程Ⅰ类变更设计的批复》(铁鉴函〔2020〕82 号)。

(28)2020 年 5 月 15 日,国铁集团、广东省人民政府《关于新建赣深铁路塘厦至深圳北段光明城站站房及相关工程修改初步设计的批复》(铁鉴函〔2020〕184 号)。

(29)2020 年 12 月 21 日,自然资源部办公厅《关于新建铁路赣州至深圳客运专线(江西段)项目建设用地预审意见的复函》(自然资办函〔2020〕2315 号)。

(30)2021 年 1 月 22 日,国铁集团《关于新建赣深铁路楼村特大桥孔跨调整Ⅰ类变更设计的批复》(铁鉴函〔2021〕27 号)。

(31)2021 年 5 月 21 日,国铁集团《关于明确新建赣深铁路局间运输管界划分的通知》(铁运函〔2021〕207 号)。

(32)2021 年 6 月 11 日,国铁集团《关于赣州至深圳高速铁路有关名称的通知》(铁运函〔2021〕252 号)。

(33)2021 年 6 月 23 日,国铁集团工电部《关于京港高速铁路赣州至深圳段运营里程和线路允许速度的函》(工电综技函〔2021〕47 号)。

(34)2021 年 6 月 24 日,国铁集团、广东省人民政府《关于新建赣深铁路河源东站增加存车线Ⅰ类变更设计的批复》(铁鉴函〔2021〕282 号)。

(35)2021 年 6 月 30 日,国铁集团《关于新建赣深铁路柳城东江特大桥孔跨调整Ⅰ类变更设计的批复》(铁鉴函〔2021〕285 号)。

(36)2021 年 7 月 23 日,国铁集团《关于公布京港高铁有关名称的通知》(铁运函〔2021〕308 号)。

(37)2021 年 7 月 23 日,水利部《新建赣州至深圳客运专线(广东段)水土保持方案(弃渣场补充)审批准予行政许可决定书》(水许可决〔2021〕40 号)。

(38)2021 年 7 月 29 日,水利部《新建赣州至深圳客运专线(江西段)水土保持方案(弃渣场补充)审批准予行政许可决定书》(水许可决〔2021〕43 号)。

(39)2021 年 8 月 20 日,国铁集团《关于新建赣深铁路联调联试、动态检测及运行试验大纲的批复》(铁工管函〔2021〕357 号)。

(40)2021 年 9 月 14 日,国铁集团《关于新建赣深铁路牛角窝隧道改路基、新建广州(新塘)至汕尾铁路广汕联络线牛角窝隧道改路基等Ⅰ类变更设计的批复》(铁鉴函〔2021〕407 号)。